日照市志

-RIZHAO SHIZHI-

1989—2013

精编本

日照市地方史志编纂委员会 编

方志出版社
Publishing House of Local Records

图书在版编目（CIP）数据

日照市志. 1989-2013：精编本 / 日照市地方史志编纂委员会编. —北京：方志出版社，2022.2

ISBN 978-7-5144-4747-7

Ⅰ. ①日… Ⅱ. ①日… Ⅲ. ①日照市—地方志—1989-2013 Ⅳ. ①K295.23

中国版本图书馆CIP数据核字（2022）第008112号

日照市志（1989—2013）（精编本）

编　　者：日照市地方史志编纂委员会
责任编辑：程　倩

出 版 者：方志出版社
地址　北京市朝阳区潘家园东里9号（国家方志馆4层）
邮编　100021
网址　http://www.zgfzcb.cn
发　　行：方志出版社图书经销中心
电话（010）67110500
经　　销：各地新华书店
印　　刷：山东黄氏印务有限公司

开　　本：889×1194　　1/16
印　　张：47
字　　数：1200千字
版　　次：2022年2月第1版　　2022年2月第1次印刷
印　　数：0001~2000册

ISBN 978-7-5144-4747-7　　定　价：680.00元

日照市地方史志编纂委员会

主　　任　张　惠　李在武
副 主 任　马先侠　杨原田　林彦芹
委　　员　刘庆召　田　涛　臧新宇　张玉栋　王金祥　孙正武
　　　　　邓洪友　尹德满　李世恩　葛长华　刘汉营　王庆忠
　　　　　肖　梅　田　英　刘　军　钱建德

《日照市志(1989—2013)精编本》编修办公室

主　　任　邓洪友　尹德满
副 主 任　李世恩　王文杰

执笔精编　李世恩
顾　　问　朱洪祥　辛崇法　李振庆　邢茂环
编　　辑　李洪战　范芳丽　刘海涛

凡　例

一、指导思想　本志是《日照市志（1989—2013）》的精编本，以马克思列宁主义、毛泽东思想、邓小平理论、“三个代表”重要思想、科学发展观、习近平新时代中国特色社会主义思想为指导，坚持辩证唯物主义和历史唯物主义的立场、观点和方法，依照国务院《地方志工作条例》和《山东省地方史志工作条例》规定，简要记述日照市自然、环境、经济、政治、文化、社会等各方面的发展变化和成就。

二、篇幅要求　于2017年编纂完成、2018年正式出版发行的《日照市志（1989—2013）》，全志共50编，400余万字，照片615幅，图表437幅，分上中下三卷。按照有关要求，精编本对《日照市志（1989—2013）》的内容进行了比较大的调整、删减、压缩和合并，突出体现历史沿革、自然环境、港口、海洋、经济发展、文化、旅游、体育、对外开放、招商引资、人才引进等内容，对图片、表格和文字进行了大幅度压减，精编成一卷，力求简要记述、查找便捷、携带方便。

三、记述范围　本志记事地域，以2013年日照市行政区域为范围。如无注明，所记全市范围情况含东港区、岚山区和莒县、五莲县两县以及日照经济技术开发区、山海天旅游度假区。

四、时间断限　本志记述上限为建立地级日照市的1989年6月，下限为2013年12月。为保持事物的连续性和完整性，部分内容适当上溯和下延，大事记断限部分，本次精编按照最新要求，只下延至2014年12月，与原志有所不同。

五、体例层次　本志采用编、章、节结构，节下设目，目以下视情况设子目、次子目。编下设无题概述，章、节下根据需要设无题序。本志大事记所记内容，为对日照市政治、经济、文化、社会影响较大的事件。以编年体为主，纪事本末体为辅。

六、体裁运用　本志以记述文体为主，语言力求严谨、简洁、流畅。除引文外，均使用现代语体文。

七、标点、数字、计量单位用法　本志标点符号执行《标点符号用法》（GB/T 15834—2011），数字用法执行《出版物上数字用法》（GB/T 15835—2011）。计量单位原则上使用国家颁布的法定计量单位，个别单位按习惯仍使用原市制单位。

八、资料依据　本志资料来源，以各承编单位提供资料和档案资料为主。部分资料为编者查阅书刊及其他文献所得，一般不注明出处。有关国民经济、社会发展的重要数据，以市统计局公布的为准。市统计局未有的，以有关单位提供的数据为准。如部分数据合计或相对数由于单位取舍不同而产生的计算误差，均未做机械调整。

本志为《日照市志（1989—2013）》精编本，两志互为照应，未尽事宜，以《日照市志（1989—2013）》为准。

日照荣誉

- 全国文明城市
- 国家森林城市
- 全国社会治安综合治理优秀市
- 全国综治最高奖“长安杯”
- 中国魅力城市
- 中国投资环境百佳城市
- 中国城市科学发展创新奖
- 中国十佳绿色城市
- 国家可持续发展试验区
- 中国金融生态城市
- 世界清洁能源奖获得城市
- 全国生态保护与建设示范区
- 联合国人居奖
- 水上运动之都
- 中国人居环境奖
- 中国优秀旅游城市
- 国家园林城市
- 国家卫生城市
- 国家环保模范城市
- 全国绿化模范城市
- 全国生态示范区
- 全国循环经济示范区
- 全国双拥模范城

日照市地方史志历年编纂委员会

（2012年8月）

名誉主任　杨　军
主　　任　李同道
副 主 任　杨留星
委　　员　李崇禧　李卫东　陈志晓　高　岩　张玉栋　周玲玲
　　　　　郝树东　孙成博　郭长海　侯佃华　李世恩

（2015年5月）

名誉主任　杨　军
主　　任　刘星泰
副 主 任　王　斌
委　　员　李崇禧　李卫东　陈志晓　高　岩　张玉栋　周玲玲
　　　　　郝树东　孙成博　郭长海　来风华　侯佃华　李世恩

（2016年2月）

名誉主任　杨　军
主　　任　刘星泰
副 主 任　郇　梅
委　　员　李崇禧　周玲玲　高　岩　陈志晓　李卫东　张玉栋
　　　　　张立春　孙成博　郭长海　孙运国　李世恩

（2017年3月）

名誉主任　刘星泰
主　　任　齐家滨
副 主 任　林彦芹
委　　员　黄秀芹　吕国伟　高　岩　陈志晓　徐桂华　张玉栋
　　　　　张立春　李卫东　丁文渊　孙运国　李世恩

（2018年4月）

名誉主任　齐家滨
主　　任　齐家滨
副 主 任　林彦芹
委　　员　黄秀芹　吕国伟　高　岩　陈志晓　徐桂华　张玉栋
　　　　　张立春　李卫东　丁文渊　孙运国　李世恩

2018年9月日照市地方史志编纂委员会

名誉主任　齐家滨

主　　任　李永红

副 主 任　林彦芹

委　　员　黄秀芹　吕国伟　高　岩　陈志晓　孙运国　张玉栋
　　　　　张立春　李卫东　丁文渊　陈常永　李世恩

《日照市志（1989—2013）》评审委员会

主　　任　刘爱军

副 主 任　翟世林　李　刚

委　　员　李天程　王笃银　丁爱军　朱佩峰　王现军　段祥泰
　　　　　郭能勇　吕福堂　郑玉民　李德辉

《日照市志（1989—2013）》编修人员

主　　编　李世恩

统　　稿　李世恩　朱洪祥　李振庆

常务副主编　朱洪祥

副 主 编　赵建华　丁海燕

编　　辑　修志办组：朱洪祥　辛崇法　陈淑清　李振庆
　　　　　　　　　　邢茂环　范凤学　林凡泉　李可茂
　　　　　史志办组：李洪战　范芳丽　于兴玲　丁　煜
　　　　　　　　　　陈泓嘉　苏秀秀

文史顾问　辛崇法　陈淑清

方言统撰　岳立静

专业校对　李正秀　李学军

编　　务　陈相宁　王一舟　刘　福

序

《日照市志（1989—2013）》是日照升格为地级市后的第一部志书，经过全体编纂人员的努力，历时四年有余，终得付梓，这是全市人民政治文化生活中的一件大事，也是日照社会主义现代化建设进程中的一件盛事，可喜可贺！

国有史，方有志。编史修志是我国的文化传统，是中华民族历史传承绵延不绝、文化文明生生不息的千秋大业。日照地方修志，有史料可查的自明朝开始，赓续绵延，先后有明·万历《日照县志》、清·康熙十一年《日照县志》、清·康熙五十四年《日照县志》和清·光绪十二年《日照县志》。明·万历《日照县志》由于年代久远，已经散失，迄今未见存本。

日照之名，据明·嘉靖《青州府志》纪云“以濒海日出处故名”；清·康熙十一年《日照县志》（卷一）云“县去海二十里，日出初光先照故名，形升若盆，色如火，水扶日而上，滚滚如银浪，俗曰日盆，盖一方奇观也。”日照依山傍海，物华天宝，历史悠久，文化灿烂，以“山海雄观，鱼盐利绕，钟灵毓秀，代多伟人”而著称。作为中华古文明发源地之一，在日照这方土地上，世世代代的日照人薪火相传、繁衍生息，书写了辉煌的历史，也孕育了一代代光耀千秋、名垂青史的先哲前贤、文化巨匠、仁人志士，成为日照历史上最丰厚的文化财富。中华人民共和国成立后，在中国共产党的正确领导下，日照人民不畏艰难、阔步向前，经济建设日新月异，社会各项事业蓬勃发展，取得了令人瞩目的成就，全市人民为之骄傲和自豪。

盛世修志。二十世纪八十年代起，国家启动了修志工作，我市抓住这个机遇，于1992年编修出版了县级版的《日照市志（1840—1989）》。进入21世纪后，国家启动第二轮修志。我市即进行相关准备和资料搜集、整理等工作，并于2013年12月启动编修。在市史志部门的精心组织下，耗时四年多，终于形成了这部洋洋四百多万字的志书，实属不易。今亲睹其成，倍感欣慰！

《日照市志（1989—2013）》，上限起于1989年，个别事件适当上溯，下限止于2013年，大事记下延至2017年底。这部志书门类齐全，分类科学，脉络清晰，内容丰富，文字朴实，语言流畅，体例规范，质量上乘，被评审专家誉为“众多地方志书中不多见的佳作”。在志书编纂期间，全体编纂人员本着对日照人民负责、对日照历史负责的科学严谨态度，任劳任怨，默默奉献，付出了大量心血和艰辛劳动；全市各级各有关部门单位、社会各界积极配合，大力支持编修工作。在此，谨向为修志付出辛勤努力的全体同志和关心支持修志工作的各界人士，致以诚挚的谢意。

日照升格为地级市以来，历届市委、市政府始终扭住发展这个第一要务，艰苦奋斗，积极作为，取得了一个又一个辉煌的成果。中国特色社会主义进入新时代，市委、市政府团结带领全市人民锐意进取、勇于担当，努力探索改革发展新路，立足日照实际，制定了“一个目标、三个导向、五大战略”总体发展战略，实施了一系列重要举措，启动了一系列重点工程，加快建设美丽富饶、生态宜居、充满活力的现代化海滨城市，在全面建成小康社会征程中迈出了坚实步伐，在日照发展史上留下了浓墨重彩的一笔。

“治天下者以史为鉴，治郡邑者以志为鉴。”《日照市志（1989—2013）》既是一部全面记载市情市貌的百科全书，也是一部为社会各界提供翔实资料的大型工具书。希望全市各级各部门和社会各界人士尚志、读志、用志，在为过去近三十年所取得的巨大成就感到自豪的同时，也要充分认清今后所肩负的历史使命和重大责任，在习近平新时代中国特色社会主义思想指引下，戮力同心，砥砺前行，干事创业，在全面建设现代化海滨城市的新征程中，书写更加辉煌灿烂的壮丽篇章。

是为序。

中共日照市委书记　　　　日照市人民政府市长

二〇一八年九月

目　录

第三编　自然资源

第四编　人　口

第五编　城乡建设

第六编　环境保护

第七编　经济综述

第八编　农　业

第九编　茶　业

第十编　林　业

第八编 农 业

第九编　茶　业

第十编　林　业

第十一编　水　利

第十二编　渔　业

第十三编　工　业

第十四编　乡镇企业　民营经济

第十五编　交通运输业

第十六编　日照港

第十七编　信息产业

第十八编　旅游业

第十九编　商业　服务业

第二十编　经济贸易

第二十一编 金 融

第二十二编 财政 税务

第二十三编 计划 物价 统计

第二十四编　国有资产管理　国土资源管理　安全生产监督管理

第二十五编　工商　质监　审计

第二十六编　口岸管理

第二十七编　中国共产党地方组织

第二十八编　地方权力机关

第二十九编　地方行政机关

第三十编　政协地方组织

第三十一编　法　治

第三十二编　军　事

第三十三编　人力资源

第三十四编　民　政

第三十五编　外事　侨务　对台工作

第三十六编　文　化

第三十七编　教　育

第三十八编　科学技术

第三十九编　卫　生

第四十编　体　育

第四十一编　区县概况

第四十二编　经济园区

编 后 记

概　　述

日照，因"日出初光先照"而得名，是一座具有鲜明海洋特色的新兴城市。市域位于山东省东南部，地理坐标为北纬35°04′~36°04′、东经118°25′~119°39′。东濒黄海，西接临沂市，北与青岛市、潍坊市接壤，南与江苏省连云港市毗邻；隔海与韩国、日本相望。2013年年底，全市陆地面积5358.57平方千米，海域面积6000平方千米，常住总人口290.13万人，其中城镇常住人口146.26万人。

改革开放，为日照带来迅速腾飞的机遇。特别是1989年地级日照市建立后，全市以经济建设为中心，坚持稳中求进、好中求快工作基调，稳增长促转调，打基础利长远，抓改革增活力，办实事惠民生，经济社会实现持续健康发展，城乡面貌焕然一新，呈现出经济发展、社会进步、人民群众安居乐业、政通人和的局面。至2013年，日照市先后获联合国人居奖、中国人居环境奖、中国城市科学发展创新奖及中国投资环境百佳城市、中国优秀旅游城市、中国十佳绿色城市、国家可持续发展实验区、国家卫生城市、国家环境保护模范城市、国家园林城市、全国绿化模范城市、中国金融生态城市、水上运动之都、世界清洁能源奖获得城市等称号。

一

日照建置历史悠久。早在旧石器时代，就有人类在这里繁衍生息。夏商时期，日照属东夷。西周时期属莒国，后又相继属越、楚、齐等国。秦统一六国后，实行郡县制，公元前221年置莒县，日照属莒县。西汉时，日照地区置县，先为海曲，后为西海。三国魏时废，并于莒。北宋元祐二年(1087年)，始设日照镇。金大定二十四年(1184年)设日照县。以后，历代沿之。1985年3月撤县建市，1989年6月升格为地级市。1992年12月设区带县，辖东港区、莒县、五莲县。2004年9月，设立岚山区。2013年，全市辖东港区、岚山区、莒县、五莲县4个区县，另设日照经济技术开发区、山海天旅游度假区、日照国际海洋城3个市政府派出机构管辖区，共11个街道、4个乡、40个镇，1730个村(居)、社区。

文化底蕴深厚。在这片土地上，日照人民世代繁衍生息，创造了辉煌灿烂的历史文化，是大汶口文化、龙山文化、东夷文化的重要地区，莒文化的发祥地，是革命老区。市内两城遗址、陵阳河遗址、丹土遗址、尧王城遗址、东海峪遗址、齐长城遗址被列为全国重点文物保护单位，"岚山渔民号子""莒县过门笺"等被列入国家级非物质文化遗产。有5000年历史的日照黑陶被公认为华夏文明瑰宝；日照农民画享誉国内外，被文化部命名为"首批现代民间绘画画乡"。境内名人辈出，既有历史上的军事家、武圣姜尚，孔子弟子、七十二贤人中的曾参、卜商，西汉末年农民起义领袖吕母、樊崇，南北朝文学评论家刘勰，金代状元名臣、经史学家张行简，明代状元、学者焦竑，清代杰出金石学家、方志学家、书法家许瀚，又有中共一大代表王尽美、国民党元老丁惟汾、一代国学宗师王献唐、全国农业劳动模范吕鸿宾、剧作家王安友、作家李存葆、诺贝尔奖获得者丁肇中等近现代知名人物。

地理环境优越。日照市地属鲁东丘陵，背山面海，中部高四周低，略向东南倾斜，山地、丘陵、平原相间分布。最高点为五莲县境内马耳山，海拔706米；最低点为东港区东海峪村，海拔1~1.5米。山地占总面积的17.5%，丘陵占57.2%，平原占25.3%。境内有大小山头4358座。西部为泰沂山脉，大多呈东南、西北走向；北部山脉多呈南北和西南、东北走向；中南部有7条互不衔接的山脉，走向各异；东部属胶东丘陵。至2013年年底，全市土地总面积53.59万公顷，其中耕地面积24.069万公顷。日照海岸位于黄海中部，岬湾相连，北起甜水河口，南到绣针河口，全长168.47千米，属于比较平直的基岩沙砾质海岸。海岸线上有石臼湾、佛手湾两大天然港湾与日照港、岚山港组成的日照港群。近陆岛屿有桃花岛、出风岛；远有平岛、达山岛和车牛山岛组成的"前三岛"。沿海滩涂5000公顷。浅海水域广阔，10米等深线面积2万公顷；20米等深线水域适宜养殖面积6.7万公顷，海洋资源开发利用潜力巨大。

生态环境优美。日照属暖温带半湿润季风区大陆性气候，年平均降水量817.6毫米，年平均相对湿度69%，四季温和，雨热同季，冬无严寒，夏无酷暑，日照充足，气候宜人。境内河流水系发达，纵横交错，有大小河流70余条，分属沭河、潍河和滨海诸小河三大水系，较大的河流有潍河、沭河、傅疃河、潮白河和绣针河等。境内无天然湖泊，主要靠水利设施蓄水。至2013年年底，全市共建各类蓄水工程6210处，总库容14.43亿立方米，大型水库有日照、青峰岭、小仕阳3座。168.47千米海岸线上，有64千米滩平沙细，水清浪稳，被誉为"东方夏威夷"；奥林匹克水上运动公园、五莲山风景区、浮来山风景区等一批国内外知名的旅游景点风光秀美；河山"日照"巨书是世界上最大的汉字摩崖石刻；浮来山银杏树号称"天下银杏第一树"；日照拥有北方最大的绿茶基地、毛竹生长带和野生杜鹃花生长带。

二

综合经济实力显著提升。1989—2013年，日照市经济进入全面、快速发展时期。至2013年，全市地区生产总值上升到1500.16亿元，人均5.28万元，三次产业比例调整为8.7∶52.3∶39.0。社会消费品零售总额476.21亿元。金融机构人民币存贷款余额分别为1780.07亿元和1489.45亿元。公共财政预算收入100.09亿元。日照市为山东半岛蓝色经济区的重要区域，蓝色经济取得长足发展。2013年，全市实现蓝色经济增加值685.37亿元，占全市地区生产总值的45.7%。

农业农村经济稳定发展。在稳定家庭联产承包责任制的基础上，认真贯彻落实党的各项惠农政策，加大农业投入和强农惠农力度，立足粮食安全和农产品有效供给，深入推进农业结构调整，努力搞好农产品深加工，大力发展现代农业。2013年，全市农林牧渔业实现总产值229.16亿元，实现增加值131.45亿元。蔬菜、茶叶、蚕茧、水果、畜牧、水产等为主的特色农业取得快速发展。其中，作为"中国北方第一绿茶之乡"，2013年全市茶园面积1.33万公顷，茶叶产量从1989年的300吨发展到11041吨。优化渔业产业结构，加大海洋资源保护修复力度，入选首批国家海洋生态文明示范区。

工业结构优化升级。1989年地级日照市的建立，揭开了工业发展的历史新篇章，全市工业门类不断拓宽，工业强市步伐加快。特别是进入21世纪，在工业经济总量迅猛膨胀的同时，产业链条向高端延伸，内部结构不断优化，装备制造业、高新技术产业、战略性新兴产业加快发展，逐步形成了以钢铁、汽车零部件、石化、浆纸、粮油食品加工等为主的临港产业集群，临港大工业格局日益完善，工业在全市国民经济发展中的主导地位不断巩固和提高，初步形成行业和门类比较齐全的工业体系。2013年，全市规模以上工业企业578家，完成工业总产值2675亿元。

商业服务业发展势头强劲。全市逐步建立起多种经济成分、多种流通体制、多种经营方式的商品流通和社会化服务体系，城乡市场繁荣兴旺。2013 年，全市有商业交易市场 321 处，各类商业服务业 19469 家，商业网点遍布城乡。境内旅游业快速提升，2013 年全市有国家 AA 级景区 1 个、国家 AAA 级景区 8 个、国家 AAAA 级景区 5 个；旅游收入从 1994 年的 3.9 亿元上升到 210 亿元。

三

城乡建设整体推进。地级日照市建立后，市行政中心东移，新市区综合开发全面启动。按照“突出特色、丰富内涵、完善功能、提升品位”的城建工作思路，大力推进城市交通、通信、能源、供水等公用事业建设，城市整体服务功能、承载力、辐射力和城市形象得到显著提升。2013 年，城市建成区面积由 1989 年的不到 10 平方千米发展到 97.1 平方千米，城市道路长度 1361.73 千米，城市排水管道总长度 1377.38 千米，自来水供水普及率 100%。2008 年起，城中村改造工作稳步推进，高标准城市道路和标志性建筑相互辉映，高水准居民小区从无到有，居住环境发生巨变。实施城乡一体化战略，大力推进村镇规划建设。2013 年，小城镇建成区面积 109.3 平方千米，城镇化率 51.34%；农村人均住宅建筑面积 33.25 平方米，实现村村通硬化路，自来水普及率 84.3%。围绕绿色、生态和健康目标，全面推进宜居环境建设，2013 年全市森林覆盖率 39.2%，城市建成区绿化覆盖率 42.96%，水环境质量保持全省前列，空气质量达到“蓝天白云、繁星闪烁”的天数为 228 天。深入开展环保城市等创建活动，相继被命名为国家环保模范城市、国家园林城市、国家节水型城市、国家级海洋生态文明示范区。

交通信息产业迅猛发展。日照是新亚欧大陆桥“东方桥头堡”和“一带一路”重要节点城市，港路交通发达，产业基础良好，素有“两港通四海、一桥系亚欧”的美誉。1982 年开工建设的日照港，是国家“六五”重点工程，1986 年投产运营。经过 20 多年的建设发展，日照港已由开港之初的单一煤炭输出码头，发展成为拥有石臼、岚山两大港区的多功能、现代化、综合性大港和全球重要的能源、大宗原材料中转基地。2013 年完成吞吐量 3.09 亿吨，规模居山东沿海港口第二位、全国沿海港口第九位、世界港口第十二位。市内沈海高速、青临高速、日兰高速、疏港高速和 G204、G206、S220、S222、S334、S335、S613、S341、S342 等 12 条干线公路纵横分布，兖日铁路、坪岚铁路、胶新铁路、瓦日铁路相继建成运营。至 2013 年，全市公路通车里程 8153 千米，其中高速公路境内全长 162.9 千米；铁路全长 207.2 千米，形成“快慢结合、干支相连、高效便捷”的运输体系。信息化推进工作步伐加快，公共信息网络已覆盖所有城乡，有线传输干线长度 8366.58 千米，电信光缆线路总长度 2.4 万千米，建设公众移动通信基站 3336 个，行政村“村村通电话”“村村通宽带”“村村通有线电视”目标全面完成。广播综合人口覆盖率 98%，电视综合人口覆盖率 93.5%，有线电视网络覆盖率 100%。

四

各项改革不断深化。地级日照市建立后，按照中共山东省委、山东省人民政府“加强港口管理，搞好对外开放，开发建设鲁南，振兴山东”的建市指导思想，全力推进改革开放和现代化建设。农村税费及土地承包经营权流转、股份合作制经济等方面的改革稳步推进，社会化服务体系进一步健全。积极稳妥地完成了党政机构改革和乡镇撤并。财税、金融、投资、住房、价格和社会保障等方面的配套改革全面推进。工业企业改革改制取得突破性进展。以企业改革为重点,以建立现代企业制度为目标,加大产权制度改革力度,大力推进拍卖、租赁、公有民营、破产重组等改革措施,一批企业通过改革改制重组焕发出新的生机。

对外开放水平大幅度提升。依托港口优势,不断扩大对外开放。坚持外资、内资一起引,外力、内力一起借,大力开展招商引资工作,先后引进日照钢铁、山东精品钢、亚太森博浆纸、现代威亚发动机、华海造船等一批产业龙头项目,与世界上 80 多个国家和地区建立经贸合作关系。2013 年,全市完成进出口总值 330.4 亿美元,其中出口由 1993 年的 589 万美元增长到 38.8 亿美元;全市累计批准利用外资项目 1188 个,合同利用外资 47.54 亿美元,累计实际利用外资 39.74 亿美元。其中,总投资过千万美元的项目 121 个,占项目总数的 40.7%。世界 500 强企业中落户日照市的 18 家,投资企业 24 家,合同利用外资 17.51 亿美元,实际到账外资 16.51 亿美元。

五

人民生活水平显著改善。地级日照市建立后,中共日照市委、日照市人民政府以“让老百姓过上好日子”作为一切工作的出发点和落脚点,逐步加大保障改善民生力度,社会各项事业全面发展。1989—2013 年,城市居民家庭年人均可支配收入由 1230 元上升到 25090 元,增长 19.4 倍;农民人均纯收入由 667 元上升到 11304 元,增长 15.9 倍;家用汽车等高档消费品进入普通百姓家庭,每百户城市家庭拥有电脑 87 台、移动电话 215 部、摄像机 7 架、钢琴 4 架、家用汽车 45 辆。

教育科技事业全面发展。不断加大教育经费投入,加快教育设施建设,全面推进素质教育,努力提高教育教学质量。1996 年,完成“两基”(基本普及九年制义务教育、基本扫除青壮年文盲)目标。2012 年,日照市被国务院表彰为全国“两基”工作先进单位。2013 年,全市有高等学校 8 所,在校生 7 万余人;拥有科研机构 246 个,专业技术人员 48668 人。1989—2013 年,获得省国际科技合作奖 1 项,省级科技进步奖 137 项,市级科技进步奖 1749 项;专利申请 14637 件,专利授权 9525 件;高新技术企业 28 家,高新技术产业产值 480.76 亿元。

社会保障体系日趋完善。就业形势总体稳定,社会救助活动广泛开展,城乡低保标准和补助水平不断提高,农村扶贫帮扶工作扎实有效,弱势群体基本生活得到保障。市、区县、街道乡镇三级医疗服务网络不断健全,2005 年实现全市新型农村合作医疗全覆盖,农民参合率 99.99%;2013 年 1 月,在全省率先启动新农合重大疾病医疗保险工作,是年,全市共有医疗卫生机构 589 处,拥有卫生技术人员 13501 人。全市城镇职工基本养老、城镇基本医疗、失业、工伤、生育保险人数分别为 453.94 万人、105.22 万人、21.42 万人、31.47 万人、25.25 万人。

精神文明创建活动日益深入。在加快推进经济建设的同时,深入开展群众性精神文明创建活动。群众性体育活动普遍开展,人民群众文化生活、娱乐方式更加丰富。2002 年起,连续 11 年被国家体育总局表彰为“群众体育先进单位”,规划建设的水上运动基地被批准为“国家水上运动训练基地”“奥林匹克水上公园”和“国家级全民健身基地”。双拥共建取得新成就,先后连续 4 次获“全国双拥模范城”称号;“文明日照”建设成效显著,2011 年被省委、省政府表彰为“省级文明城市”。深化“平安日照”建设,扎实做好信访工作,2013 年再次被评为“全国社会管理综合治理优秀市”。

1989—2013 年,是日照历史发展中的重要时期,在 20 多年改革开放的实践中,市委、市政府带领全市人民,坚持发展第一要务,立足市情,突出特色,发挥优势,不断探索具有日照特色的发展之路。勇于开拓进取的日照人民,将继续发扬勇于担当、苦干实干的精神,不忘初心、继续前进,为努力把日照建成富有创新精神、临港产业发达、生态优美宜居、社会文明和谐、充满活力的现代化新港城而不懈奋斗。

大　事　记

1989 年

6 月 12 日　国务院以（国函〔1989〕43 号）文件批复山东省人民政府，同意日照市升格为地级市，行政区域、人员编制不变。

8 月 26 日　山东省七届人大十一次会议通过《关于组建地级日照市有关事项的决定》，确定地级日照市人民代表大会的届次按原县级市的届次顺延，组建地级日照市的人民代表大会于 1990 年 1 月召开。

9 月 4 日　中共山东省委决定，成立地级日照市建市筹备小组，王渭田、王家政、刘丙寅为筹备小组负责人。

9 月 6 日　省委、省政府印发《关于组建地级日照市的实施意见》，提出日照市建市指导思想是：加强港口管理，搞好对外开放，开发建设鲁南，振兴山东。

10 月 31 日　中共地级日照市委、市纪委领导班子成员和地级日照市人大、政府、政协筹备组成员及原县级市领导班子成员参加的联席会议召开，省委常委、组织部部长谭福德代表省委通报地级市组建情况。下午，全市领导骨干会议召开，谭福德宣布地级日照市委、市纪委领导班子和市人大、市政府、市政协筹备组及中级人民法院、检察院负责人名单：王树文任中共日照市委书记，王家政、刘丙寅、于学田任市委副书记；房训佐、刘京玉、张振业、邵长福、李连成任市委常委；刘京玉任市纪委书记，丁原胜任市纪委副书记；王树文任市人大筹备组组长，史佩涓、徐朋杰、黄献法任副组长；王家政任市政府筹备组组长，房训佐、熊可山、肖开富、何学志任副组长；王家政任市政协筹备组组长，赵全忠、陈学志、伊健民任副组长；于焕伦任市中级人民法院负责人；董书堂任市人民检察院负责人。

11 月 5 日　地级日照市领导机关正式对外办公。

12 月 16 日　市委和市政府筹备组举行新闻发布会，通报地级日照市组建情况和全市发展前景。《大众日报》及省内各市、地报社负责人和部分记者出席会议。

是年　石臼港完成货物吞吐量 840 万吨，成为全国吞吐量最大的十个沿海港口之一。

1990 年

1 月 8—14 日　市政协四届一次（按原县级市届次顺延）会议召开。会议选举王家政为市政协主席，赵全忠、陈学志、伊健民为副主席，徐风文为秘书长。

1 月 9—14 日　市十二届人大一次（按原县级市届次顺延）会议召开。会议选举王树文为市人大常委会主任，史佩涓、徐朋杰、黄献法为副主任，庄资诚为秘书长；选举王家政为市政府市长，房训佐、熊可山、肖开富、何学志为副市长；选举于焕伦为市中级人民法院院长，董书堂为市人民检察院检察长。

2 月 11 日　公安部规定，日照市汽车号牌由“山东 90—×××××”更换为“山东 11—×××××”。1994

年7月,日照市汽车号牌改为“鲁L—×××××”。

4月1日　坪(上)岚(山头)铁路通车典礼在莒南县坪上镇铁牛庙火车站举行。该路全长33.82千米,东起岚山港,西接兖石铁路,开通后使岚山港集疏运系统得到全面提升。

8月4日　中顾委委员苏毅然到日照边防支队看望武警官兵。

8月22日　中国共产党日照市第八次代表大会召开。大会选举市委委员24人、候补委员4人、市纪委委员15人。在八届市委一次会议上,选举王树文、王家政、刘丙寅、于学田、房训佐、刘京玉、张振业、邵长福、李连成为常务委员,王树文为市委书记,王家政、刘丙寅、于学田为副书记。在市纪委第一次全体会议上,选举刘京玉为市纪委书记。

10月14日　省人大常委会主任李振到日照市考察。

10月18日　中国农工民主党日照市支部成立仪式举行,该支部为日照市成立的第一个民主党派支部。

1991年

3月26—30日　市政协四届二次会议召开。

3月27—31日　市十二届人大二次会议召开。会议补选刘京玉为市人大常委会副主任。

4月25—27日　中纪委副书记王德瑛到日照市检查指导党风廉政建设工作。

5月15日　日照兖日水煤浆有限公司石臼中试厂一期工程举行开工典礼,该工程位于石臼港区内,为兖州矿务局与日本企业合资建设。1992年3月9日,水煤浆试产成功;是年3月24日,第一船水煤浆从日照港出口日本。后因市场销售困难等原因,该厂停止生产。

5月16日　日照市发电厂(1996年改制为日照东方热电有限公司)向集中供热的第一批用户供热,结束日照市无集中供热历史。

6月24日　书法家孙鑫在日照市第一中学运动场铺设的近千平方米白布上为日照电视台书写台标“日照”巨字。“日照”二字宽分别为17米、20米,高分别为25.5米、25.5米。其后被镌刻于市区北边的河山顶的一处崖壁上。1994年4月3日,中国大世界基尼斯总部颁发证书,将“日照”摩崖石刻载入吉尼斯世界纪录,成为当时世界上最大的汉字石刻。

8月2日　山东省日照黄海木浆有限公司经国务院批准立项,该项目计划总投资127714万元,生产规模为年产商品漂白化学木浆16万吨。1995年9月15日,国家计委发出通知,将日照市木浆项目列入第一批利用日本输出入银行资金协力贷款项目,贷款额度为1.75亿美元。1997年2月20日,国务院批准日照木浆项目可研报告。1999年3月24日,中国银行向山东日照木浆有限责任公司转贷1.75亿美元日本输出入银行贷款签字仪式在济南齐鲁宾馆举行。

9月5日　全国茶树良种繁育推广经验交流会议在日照市召开。来自全国18个重点茶叶生产基地省市的42名专家和技术人员进行经验交流。

10月1日　台湾海峡两岸商务协调会副会长兼秘书长、润泰企业集团总裁尹衍梁到日照市参加日照一中教学楼落成典礼。该楼名为“书田楼”,可容纳30个教学班,由尹衍梁之父尹书田捐资100万元兴建。

1992 年

1 月 16 日　交通部发出（交函〔1992〕32 号）文件，同意将石臼港更名为日照港。5 月 1 日，石臼港务局更名为日照港务局。

3 月 20—23 日　市政协四届三次会议召开。

3 月 21—24 日　市十二届人大三次会议召开。会议补选何学志为市人大常委会副主任，孙运河为市人民检察院检察长。

4 月 25 日　市委、市政府作出决定，将日照出口加工区改名为日照开发区，新设立岚山开发区，2 个开发区的党工委和管委会均为正处级规格，作为市委、市政府的派出机构，在土地征用等方面享有市级管理权限。

4 月　日照市水产研究所"真鲷塑料大棚室外越冬养殖技术"通过省科委、省海水养殖研究所专家验收，认为该技术填补国内空白，极具推广价值。真鲷俗称"红加吉鱼"，国内外市场供不应求。

9 月 9 日　林业部批准日照市大沙洼林场为"鲁南海滨国家森林公园"。公园总面积 788 公顷，其中林地面积 526.7 公顷。大沙洼林场是日照沿海防护林的一部分。

10 月 20 日　中国社会科学院考古研究所开始对日照市尧王城遗址进行考古发掘。经过 40 天发掘，共出土可修复的龙山文化器物 150 余件。出土的炭化水稻颗粒，是当时唯一发现龙山文化时期人工栽培水稻的实物证据。

12 月 4 日　日照发电厂被国家计委列入"八五"计划，该厂规划总装机容量 240 万千瓦，一期工程 2×30 万千瓦，投资 28 亿元。1993 年 3 月 7 日，山东日照发电厂筹建处正式成立。1995 年 9 月 11 日，日照发电厂贷款协议草签仪式在北京举行，该厂设计装机容量 70 万千瓦，总投资 45 亿元，由中外合资建设，德国、西班牙提供总投资 85%的贷款。国务院副总理邹家华出席签字仪式并会见中外代表。1995 年 11 月 13 日，日照发电厂合作经营合同和章程签字仪式在北京人民大会堂举行，国务院总理李鹏、德国总理科尔出席签字仪式。

12 月 7 日　民政部发布（民行批〔1992〕158 号）文件，同意日照市设区带县，设立日照市东港区，以原日照市的行政区域为东港区的行政区域，区人民政府驻海曲中路；将潍坊市的五莲县、临沂地区的莒县划归日照市管辖。

1993 年

1 月 15 日　日照市人民警察授衔仪式在日照剧院举行。316 名人民警察分别被授予警督、警司和警员衔。

1 月 17 日　省政府在日照市召开日照市区划调整交接会议，交接签字仪式同时举行，从即日起，莒县、五莲县正式划归日照市。

1 月 19 日　市委召开五莲县、莒县、东港区领导骨干会议，宣布 2 个县 1 个区党委、人大、政府、政协领导班子调整组建方案。

2 月 21—22 日　中纪委副书记陈作霖到日照市检查指导工作。

3月5—9日　市政协五届一次会议召开。会议选举于学田为市政协主席，赵全忠、陈学志、刘凤仙（女）、王咸诗、马世治为副主席，王学孟为秘书长。

3月6—10日　市十三届人大一次会议召开。会议选举王家政为市人大常委会主任，史佩涓、浦瑞霆、孙吉芳（女）、赵奉迪为副主任，董瑞昌为秘书长；选举尹忠显为市长，肖开富、陈万光、焉荣竹、刘丕祥、祝利民（女）为副市长；选举于焕伦为市中级人民法院院长，孙运河为市人民检察院检察长。

5月29日　省委、省政府批准设立中共日照市岚山工作委员会、日照市人民政府岚山办事处。7月1日，岚山工委、岚山办事处暨中共岚山开发区工委、岚山开发区管委正式挂牌对外办公。岚山办事处辖岚山、汾水、碑廓、虎山、前三岛5个乡镇、街道，面积251.5平方千米，人口17.82万人。岚山工委、办事处为市委、市政府正处级派出机构，与开发区工委、管委一套班子、两块牌子。

8月2—6日　全国政协经济委员会副主任谢华到日照市考察。

10月10日　省人大常委会主任李振到日照市考察。

11月29日　石臼—岚山沿海公路开工建设。该路全长33千米，规划路面宽10米，双向四车道，修建大中小桥涵122座。1995年8月8日，该路建成通车。

12月15—20日　市政府机关由海曲中路原址搬迁至位于海滨六路（现北京路）日照港务局房地产总公司大楼办公。

12月27日　市委、市政府举行日照新市区建设奠基仪式。省委副书记、省长赵志浩出席并剪彩奠基。

12月30日　19时许，日照港煤炭码头发生特大火灾，烧毁栈桥1000余米及部分电缆、传送带等物资，直接经济损失214万元，除1人轻伤外无其他伤亡。灭火过程历时4小时。经调查认定，火灾原因为传送带机械故障，传送流轮与皮带发热引起。次年1月20日恢复生产。

1994年

1月18日　日照军分区举行成立大会。省委常委、省军区政委刘国福宣读组建军分区命令和任职命令，任命韩朴明为日照军分区政委，庄恩普为军分区司令员。

2月11日　日照市沿海地区遭受暴风雪袭击，损坏各类渔船150艘、渔码头7座、浅海养殖180公顷、沿海防护堤4220米，直接经济损失2051万元。

3月27—30日　市政协五届二次会议召开。

3月28—31日　市十三届人大二次会议召开。会议补选孙运河为副市长、何克睦为市人民检察院检察长。

4月23—24日　全国政协副主席洪学智到日照市调查研究。

5月8日　日照市东港区参展产品乌鱼蛋、日照绿茶和黑陶在第六十二届法国世界博览会上被授予金奖。

6月16日　市委机关由望海路原址搬迁至位于海滨六路（现北京路）日照开发区办公大楼办公。

7月1日　经铁道部批准，原石臼所火车站更名为日照火车站，原日照火车站更名为日照西站。

8月3日　省政府批复日照市总体规划。城市规划区为：日照和石臼街道办事处、丝山乡及奎山乡所辖傅疃河以北行政区域；曲河口水源地周围；涛雒与巨峰之间飞机场预留地；鲁南海滨国家森林公园保护区。用地规模近期48平方千米,远期300平方千米左右。

8月31日　日照港1—8月完成煤炭吞吐量超过1100万吨,进入世界十大煤炭输出港行列。

12月19日　中国驻比利时特命全权大使、驻欧共体使团团长丁原洪到日照市参观考察。

12月30日　日照市动植物检疫局从进口木材中截获检疫性害虫云杉八齿小蠹,此害虫在山东口岸属首次检出。市政府办公室发出通知,要求坚决杜绝此类害虫入境。

1995年

1月13—15日　国务院特区办副主任葛洪升到日照市考察对外开放工作和开发区建设情况。

3月22—26日　市政协五届三次会议召开。会议增选张汉三为五届市政协副主席。

3月23—27日　市十三届人大三次会议召开。会议补选袁文清为市人大常委会副主任。

3月26—27日　冶金部部长刘淇到日照市考察。

5月22—23日　国务院特区办主任胡平到日照市检查工作。

6月23日　中共山东省委决定:尹忠显任中共日照市委书记;班开庆任中共日照市委委员、常委、副书记;王树文不再担任中共日照市委书记、常委、委员职务;朱士杰不再担任中共日照市委常委、委员职务。

7月9—10日　全国人大常委会财经委主任柳随年到日照市考察。

7月11日　日照市多地遭龙卷风、暴雨袭击,致6个乡镇直接经济损失3000多万元。

7月12日　市十三届人大常委会第18次会议举行,会议决定:班开庆为日照市副市长;接受尹忠显辞去日照市市长职务的请求;班开庆代理日照市市长职务。

7月20日　国家科委、国家计委、外经贸部在北京举行"新亚欧大陆桥与日照桥头堡关系研究汇报会",国家和省有关领导芮杏文、马洪、宋法棠等出席。会议对日照桥头堡的战略地位给予充分肯定。

7月26日　由韩国大宇集团独资建设的山东大宇水泥日照粉磨厂工程承包合同签字仪式在日照碧波大酒店举行,该工程建于日照港区内。1995年12月18日,粉磨厂开工建设,该厂设计年产水泥240万吨,总投资1亿美元。1997年6月16日竣工投产。

7月30日　国家计委、国家科委、外经贸部联合批复,正式确认日照市为新亚欧大陆桥东方桥头堡,并将日照—西安沿桥经济带开发建设纳入《中国二十一世纪议程优先项目计划》。

8月12日　《日照市志》(日照为县级市)正式出版发行。该志书120万字,全面记述自鸦片战争至1989年地级市建立140多年日照的历史与现状。

9月12日　日照山海天旅游度假区被省政府批准为省级旅游度假区。度假区南起太公岛三路,北至固山山顶,西起青岛路,东至海岸线,规划面积10平方千米,起步区面积2平方千米。

11月7日　4—8时,日照市沿海地区18个乡镇遭受强风暴雨袭击,损坏渔船124艘,其中砸碎5艘;267个塑料大棚、1600余间房屋被刮坏,3000米院墙被刮倒,有30公顷扇贝被风浪卷走,直接经济损失900余万元。10日,省政府派出慰问组到灾区慰问。

11月30日　经山东省人民政府批准,撤销东港区丝山乡,设立秦楼街道,管辖范围和办事处机关驻地不变。

12月8—11日　中国共产党日照市第九次代表大会召开。市委九届一次会议选举尹忠显、班开庆、熊可山、车金河、邵长福、焉荣竹、李连成、肖开富、韩朴明、莫西云、丁原胜为常务委员；选举尹忠显为市委书记，班开庆、熊可山、车金河、邵长福、焉荣竹为市委副书记。市纪委第一次全委会选举丁原胜为市纪委书记。

12月24日　日照港二期工程通过国家验收并交付使用。该工程包括5个深水泊位及配套设施，年吞吐能力200万吨。

12月29日　日照港至日本关西集装箱班轮开通。这是该港由单一的煤炭输出港向综合型、多功能现代化港口发展的重要标志。

1996年

2月4—7日　市政协五届四次会议召开。会议补选熊可山为市政协主席，董书堂、王学孟、郑志新、程海世为副主席，董衍湘为秘书长。

2月5—8日　市十三届人大四次会议召开。会议补选张振业、单联云为市人大常委会副主任；补选班开庆为日照市市长，徐善来为副市长。

5月6日　日照市市级机关办公大楼落成启用。市委、市人大、市政府、市政协、市纪委机关及部分市直部门相继搬入大楼办公。办公大楼位于新市区北京路以东、泰安路以北，1993年12月27日奠基开工。大楼主体12层，建筑面积39230平方米，总造价7970万元。

5月20日　日照港务局举行建港10周年庆祝大会。全国政协原副主席谷牧发贺电。

6月29日　日照市公务员过渡考试工作基本结束。4442名机关干部分批参加考试，平均分数80.95分，不及格者142人。

7月10日　全国政协常委、国家计委顾问芮杏文到日照市专题考察日照桥头堡培育建设情况。

9月15—20日　中国科学院院士王淀佐、邱大洪、林群、周孝信、黄志镗、程庆国，到日照市考察论证发挥日照区位优势、加快新亚欧大陆桥东方桥头堡建设工作。

10月6—8日　全国政协常委、民盟中央副主席孔令仁，带领华东六省一市、东北三省及青海省的民盟省(市)委负责人到日照市考察。

10月18日　日照发电厂一期工程开工建设。是年11月5日，电力部正式批准一期工程开工，工程规模为2×35万千瓦机组，总投资448855万元，其中外资32401万美元。1999年9月15日，日照发电厂1号机组建成发电并通过验收。2000年1月14日，2号机组通过验收。至此，该厂一期工程两台35万千瓦机组全部建成投产。

10月30—31日　日照市沿海地区遭受特大风暴袭击，损坏渔船、养殖船187艘(其中报废65艘)，冲走、冲毁网具400余条，130多户渔民丧失或基本丧失生产生活条件，直接经济损失3373万元。

11月　莒县通过省政府“两基”(基本扫除青少年文盲，基本普及九年制义务教育)验收。此前1995年10月，东港区、五莲县、岚山办事处已通过“两基”验收。至此，日照市“两基”目标已全面实现。

1997年

1月17—18日　中共中央委员、全国人大常委会委员普朝柱到日照市考察工作。

1月21日　电力部部长史大祯到日照市检查日照发电厂一期工程建设情况。

3月31日　北京—日照特快旅客列车开行庆典活动在京举行。4月1日，日照市在日照火车站举行日照—北京52次特快旅客列车开行庆祝大会，中共中央委员、民政部原部长崔乃夫，省人大常委会原主任李振出席并为52次特快旅客列车剪彩。

4月2—3日　中共中央委员、民政部原部长崔乃夫，省人大常委会原主任李振，省政府特邀顾问、原副省长马连礼到日照市考察。

4月26日　日照市前三岛海域水产养殖区遭江苏省连云港市有关方面人员及渔民的破坏，共毁坏213公顷水面的养殖设备，造成直接经济损失3200万元，间接经济损失7000余万元。农业部黄淮海渔政管理局调查组、国务院调查组分别于4月29日和6月25日到日照市调查有关情况。

7月16—18日　全国人大常委会环境与资源保护委员会主任委员曲格平到日照市检查工作。

7月31日　日照市遭受严重旱灾，1—7月全市累计降雨209.7毫米，其中7月66.3毫米，是1931年有水文记载以来降雨最少的月份。17.3万公顷农田受旱，其中重旱11.4万公顷，成灾8.5万公顷，绝产1.07万公顷；有441个村约35.6万人饮水困难。

8月19日　受11号台风影响，全市遭受百年未遇的强风暴潮袭击，受灾人口170万，成灾人口90多万人，造成直接经济损失约15.07亿元。22日，省政协主席陆懋曾到日照市考察灾情，要求全力搞好抗灾自救。

同日　受11号台风袭击，停泊在日照港锚地的台湾货轮“胜丰”号被狂风巨浪冲出，搁浅在约4千米外的沙滩上。该轮长149.82米，型宽21.80米，型深12.20米，排水量2万吨。经上海海上救助打捞局拖带救助，于9月16日下午脱浅获救。

10月16日　日照港至韩国釜山港集装箱航线正式开通运营，山东省人民政府发出贺电。

10月21日　国家民委决定在日照市设立“国家民委扶贫开发试验区”，为全国第二家此类试验区。

12月25日　市十三届人大常委会举行第37次会议，同意班开庆辞去日照市市长职务；任命焉荣竹代理日照市市长。

12月26日　日照市海上“110”报警服务台正式开通。

1998年

2月13日　日照市出现雷雨冰雹天气，是日照市有历史资料记载以来的最早冰雹初日。

2月21—26日　市政协六届一次会议召开。会议选举王家政为市政协主席，丁原胜、刘凤仙（女）、马世治、张汉三、郑志新、程海世、张守训、张培宏、梁云爱为副主席，董衍湘为秘书长。

2月22—28日　市十四届人大一次会议召开。会议选举熊可山为市人大常委会主任，李连成、何克睦、于焕伦、孙吉芳（女）、袁文清、单联云、葛彦京、杨作田为副主任，董瑞昌为秘书长；选举焉荣竹为日照市市长，莫西云、刘丕祥、孙运河、徐善来、杨文延、郑玉平（女）、董维杰、傅瑞荣为副市长；选举燕振安为市中级人民法院院长，李克英为市人民检察院检察长。

4月15日　日照至青驼高速公路（后为日照至竹园高速公路）经省政府批准正式立项。该路是日照—东明高速公路先期开工建设的一段，日照市内全长78.45千米。是年10月26日，该路全线开工建设。

4 月 21 日　市委、市政府召开市直部门负责人会议，传达省委组织部关于由焉荣竹主持日照市委全面工作的通知精神。6 月 2 日，省委决定，焉荣竹任中共日照市委书记，杨庆文任市委副书记。

5 月 23 日　山东省茶叶生产加工技术研究推广中心在日照市农科所挂牌成立。

5 月 30 日　经铁道部批准，日照至北京特快旅客列车由隔日开行变为每日对开。

6 月 12 日　市十四届人大常委会第四次会议召开。会议决定，任命杨庆文为日照市副市长；同意焉荣竹辞去日照市市长职务；杨庆文代理日照市市长。

7 月 24—25 日　日照市东港区、莒县、五莲县交界 13 个乡镇遭受特大暴风雨袭击。受灾乡镇平均降雨量 230 毫米，受灾人口 17.66 万人，造成直接经济损失 3.65 亿元。灾情发生后，全市迅速开展抗灾自救。

12 月 14 日　奎山 10 万吨供水水源工程竣工。该工程设计规模为日供水 10 万立方米，总投资 8422 万元，主要为日照开发区和新市区供水。

1999 年

2 月 22—26 日　市政协六届二次会议召开。

2 月 23—27 日　市十四届人大二次会议召开。会议补选杨庆文为日照市市长。

4 月 10 日　经铁道部批准，日照至郑州旅客列车正式开通。

5 月 12 日　日照市政府确定每年 5 月 12 日为防空警报试鸣日，并于当日进行首次试鸣。1938 年 5 月 12 日，日本侵略者 5 架军机轰炸日照南湖大集，造成平民死伤 910 人的惨案。为不忘国耻、警示后人，故选定此日为警报试鸣日。2008 年，日照市防空警报试鸣日改为 9 月 18 日。

9 月 25 日　日照市庆祝中华人民共和国成立 50 周年暨建立地级市 10 周年大会在市人民广场举行。省委、省政府、省纪委，中央外联部等中央部委，司法部部长高昌礼、民政部原部长崔乃夫、山东省原省长李昌安等领导，省计委等省直部门、单位，省内各兄弟地市，国内外友好城市，泰国驻华大使馆等外国驻华机构分别发来贺信、贺电。

12 月 18 日　公安部规定，日照市居民新办理身份证，编号前四位数字为“3711”。

12 月 31 日　日照市全年港口货物吞吐量完成 2214 万吨，比 1998 年增长 18%，增幅居全省口岸首位。

2000 年

1 月 12 日　日照市在北京人民大会堂召开的“全国双拥模范城命名大会”上获“全国双拥模范城”称号。

1 月 29 日　市十四届人大常委会第 16 次会议召开。会议决定：夏耕为市人民政府副市长；接受市长杨庆文的请求，同意其辞去市人民政府市长职务；夏耕代理市人民政府市长。

2 月 13 日　经铁道部批准，日照至哈尔滨临时旅客列车（L464 次）开通。

2 月 25—28 日　市政协六届三次会议召开。

2 月 26—29 日　市十四届人大三次会议召开。会议补选夏耕为日照市人民政府市长，选举王胜科为市中级人民法院院长。

4 月 9 日　17—22 时,日照市遭受沙尘暴袭击,最大风力 10 级,损坏房屋 3.8 万间,刮毁瓜果菜等各类大棚 8.5 万个,育苗小棚 5 万个,1 艘渔船沉没,2 艘小马力渔船下落不明,经济损失约 1.8 亿元。

5 月 19 日　日照森博浆纸有限公司举行漂白木浆及纸板工程开工仪式。6 月 29 日,该工程被国家计委列为 2000 年国家重点建设项目,是当年全国唯一列入重点建设的轻工项目。2002 年 10 月 17 日,日照森博浆纸漂白木浆及纸板工程全线竣工投产,工程投资 29.3 亿元,年制木浆能力 29 万吨,产品为高档白卡纸 17 万吨、漂白硫酸盐木浆 13 万吨。

8 月 31 日　东港区大坡乡有机茶叶生产基地通过国际有机食品认证机构 ECOCERT 的审查验收,是全省第一家获此认证的茶叶栽培生产企业。

11 月 9 日　日照至竹园高速公路竣工通车。该路是日照市内首条高速公路,全长 114.3 千米,其中日照段 78.45 千米,1998 年 10 月 26 日开工建设。

12 月 29 日　日照市水产研究所被农业部批准为"中国对虾育种场",时为全国唯一的国家级对虾育种场。

2001 年

2 月 23—26 日　市政协六届四次会议召开。会议补选刘在德为市政协副主席。

2 月 24—27 日　市十四届人大四次会议召开。会议补选房训佐、肖开富、梁云爱、蔡建华(女)、李志久、牟大勇为市人大常委会副主任。

3 月 28 日　同(江)三(亚)高速公路日照段项目可行性报告和开工报告在国务院第 97 次总理会议上一并通过。2001 年 11 月 22 日,该路段正式开工建设,2003 年 12 月 26 日竣工通车。该路段长 62.2 千米,概算总投资 1.2 亿元,自北向南经东港区和岚山办事处的 7 个乡镇。

6 月 25 日　全市领导干部会议举行,会议宣布省委决定:焉荣竹不再担任日照市委书记;夏耕任日照市委书记;李兆前任日照市委副书记。

6 月 27 日　市十四届人大常委会第 25 次会议举行。会议决定:李兆前为日照市人民政府副市长;接受夏耕辞去日照市人民政府市长职务的请求;李兆前代理日照市人民政府市长。

8 月 23 日　上午 10 时至 11 时 50 分,日照市遭受严重风雹灾袭击,风力 8~9 级,阵风 11 级,并伴有 75 毫米降雨和冰雹,冰雹最大直径 5 厘米,全市共有 41 个乡镇受灾,受灾人口 100.9 万人,直接经济损失约 3.96 亿元。

11 月 8 日　日照—菏泽铁路复线全线开通,复线长 445.9 千米,投资 46.4 亿元,开通后日照火车站对开列车由过去 32 对增加至 45 对。

11 月 28 日　市委、市政府印发《关于积极引进大学和科研机构建设大学科技园发展大学经济的意见》,决定在新市区北部规划建设日照大学科技园,成立中共日照市委大学科技园工作委员会(日照市人民政府大学科技园管理委员会),以引进大学和科研机构为主要职能。委员会办公室作为市委、市政府专门工作机构,列市委工作部门序列。大学科技园规划面积 10 平方千米,至 2013 年,累计完成教育科技项目投资 40 亿元,竣工建筑面积 234.5 万平方米,已有 9 所高等院校入驻,在校大学生 7.7 万人。

2002 年

2 月 21—24 日　市政协六届五次会议召开。会议补选邵长福为第六届市政协主席。

2 月 22—25 日　市第十四届人大五次会议召开。会议补选李兆前为日照市市长。

6 月 13—15 日　世界著名物理学家、诺贝尔奖获得者丁肇中回故乡日照市参观考察。

8 月 31 日　日照市获得 2005 年欧洲级世界帆船锦标赛主办权。在加拿大哈密尔顿市皇家帆船俱乐部，经过 33 个会员国代表的投票表决，日照市获 32 票顺利通过。这是国际欧洲级世界帆船锦标赛第一次在亚洲举办，也是中国承办的第一个水上奥运项目。

9 月 25 日　曲阜师范大学日照学院一期工程落成暨开学典礼举行，省人大常委会原主任赵志浩，中国音乐文学学会主席、曲阜师范大学兼职教授乔羽及 4500 多名学生出席仪式。曲阜师范大学日照学院位于日照市大学科技园内，占地 81 公顷，一期二程建筑面积 30 万平方米。

12 月 16 日　全市领导干部会议召开，会议宣布省委决定：夏耕调任青岛市委副书记，不再担任日照市委书记；李兆前任日照市委书记，于建成任日照市委副书记。

12 月 19 日　市十四届人大常委会举行第 35 次会议，决定任命于建成、侯成君、张喜忱为日照市人民政府副市长；接受李兆前市长的辞职请求，同意其辞去日照市人民政府市长职务；接受董维杰副市长的辞职请求，同意其辞去副市长职务；于建成代理市政府市长职务。

2003 年

1 月 1 日　日照发电厂由中国华能集团接管，该厂名称改为“华能国际电力股份有限公司日照电厂”。

2 月 19—25 日　市政协七届一次会议召开。会议选举邵长福为七届市政协主席，莫西云、丁原胜、刘凤仙（女）、程海世、张培宏、傅瑞荣、刘在德、戚素芬（女）为副主席，李广业为秘书长。

2 月 20—26 日　市十五届人大一次会议召开。会议选举李兆前为市十五届人大常委会主任，孙运河、梁云爱、蔡建华（女）、李志久、牟大勇、靳惠民、王应为副主任，司朝瑞为秘书长；选举于建成为市政府市长，张超超、徐善来、侯成君、毛继春、张喜忱、孙雨、解世增、徐清（女）为副市长；选举王胜科为市中级人民法院院长，李克英为市人民检察院检察长。

3 月 31 日　日照钢铁公司举行开工奠基仪式。该公司位于岚山沿海，设计总规模为年产 500 万吨 H 型钢、500 万吨干熄焦，一期工程投资 20 亿元，生产能力 120 万吨钢。是年 9 月 28 日，项目投产。

4 月 4 日　日照市海洋环境监测预报中心建立，是全国首家地市级海洋预报中心。

4 月 8—11 日　中国共产党日照市第十次代表大会召开。在十届市委一次会议上，李兆前、于建成、徐学武、李敏、李守民、党英明、周惠平、孙海亭、张建国、张超超、黄金华、张永霞（女）当选为市委常委，李兆前当选为市委书记，于建成、徐学武、李敏、李守民当选为市委副书记。

4 月 30 日　日照海曲汉代墓地考古成果被中国考古学会等 4 个部门评为“2002 年全国十大考古新发现”之一。日照市政府、山东省文化厅在济南召开新闻发布会对外宣布这一成果。

7 月 1 日　日照至韩国平泽客箱班轮航线正式开通并举行首航仪式。韩国平泽市市长金善基、议长李益宰到日照参加首航仪式并进行友好访问。

7月13日　日照市政府、日照森博浆纸有限责任公司与新加坡金鹰国际集团合资合作签字仪式在济南举行,省长韩寓群出席。根据协议,金鹰国际集团出资收购森博浆纸有限公司现有资产51%的股份,将公司改组为中外合资公司;投资12亿美元建设年产100万吨木浆项目,是山东省当时最大的招商引资项目。

同日　市政府举行授聘仪式,聘请新加坡金鹰国际集团董事会主席陈江和为日照市高级经济顾问。

10月23—26日　山东省第五届农民运动会在日照市举行。迟浩田出席开幕式。

11月12日　日照市政府举行仪式,授予荷兰神经外科专家史迪克日照市"荣誉市民"称号。

11月13—14日　韩国忠清南道唐津郡郡守金洛圣和议长金天焕率代表团到日照进行友好访问并签署两市郡友好交流关系意向书。

11月16日　钢琴家刘诗昆在日照市妇女儿童活动中心举办钢琴独奏音乐会。

11月26日　日照市政府举行仪式,聘请韩国亚太新技术协会会长金钟宅为市政府经济顾问。

12月16日　胶(州)新(沂)铁路建成通车。该路于2001年12月开工建设,全长303.85千米,其中日照段57.7千米,在五莲、莒县设站。2005年7月1日,该路开通客运列车。

2004年

1月8日　日照市在河南省郑州市召开的全国旅游工作会议上获"中国优秀旅游城市"称号。

2月7日　日照市获省政府颁发的"山东人居环境范例奖",并被提报为"国家人居环境范例奖"候选城市。

6月27日　中国茶叶学会成立40周年暨"南茶北引"发展战略专家论坛在日照市举办。

9月9日　国务院以(国函〔2004〕71号)文件下发《关于同意山东省设立日照市岚山区的批复》,批准设立岚山区,区划范围包括2个街道、6个镇。9月24日,山东省人民政府以(鲁政字〔2004〕459号)文件下发《关于设立日照市岚山区的通知》。

9月10—17日　2004年全国帆船锦标赛在日照市举行。12个省市和解放军代表队292名运动员、教练员参加比赛,时为国内最大的帆船赛事。

11月1日　日照国际水上运动基地被国家体育总局水上运动管理中心命名为国家水上运动训练基地。

2005年

2月18—21日　市政协七届三次会议召开。

2月19—22日　市十五届人大三次会议召开。会议补选薄明为市人大常委会副主任。

6月17—19日　物理学家、诺贝尔奖获得者丁肇中回祖籍日照市参观访问。

7月5日　日照水上运动基地开工建设。基地位于万平口潟湖,占地532万平方米,其中水域面积156万平方米,计划投资14亿元。2007年8月27日,水运基地竣工。

8月6日　中国电影百年华诞暨"教授花园杯"第十届电影表演艺术学会奖(金凤凰奖)颁奖晚会在

日照市举行。中国电影表演艺术学会会长于洋出席晚会并致辞。

11 月 17 日　日照市被国家环保总局授予“国家环保模范城市”称号。

2006 年

1 月 23 日　日照市被建设部命名为“国家园林城市”。

2 月 7—10 日　市政协七届四次会议召开。会议补选刘彦芝(女)为市政协副主席。

2 月 8—11 日　市十五届人大四次会议召开。会议补选徐善来为市人大常委会副主任,李守民、刘西良为副市长,巩盛昌为市人民检察院检察长。

3 月 10 日　日照市被国家环保总局命名为“国家级生态示范区”。

3 月 23 日　国家质检总局发布第 43 号公告,宣布对日照绿茶实施地理标志产品保护。日照绿茶由此正式成为国家认可的地理标志产品。

5 月 25 日　日照市两城镇遗址、尧王城遗址、东海峪遗址在国务院发布的(国发〔2006〕19 号)文件中同时被列为全国第六批重点文物保护单位。

6 月 14 日　市十五届人大五次会议召开。大会补选杨军为日照市市长;审议通过关于批准《日照市城市发展战略规划》和《日照市城市总体规划(2006—2020 年)》的决议。

7 月 13 日　日照市被全国爱卫会命名为“国家卫生城市”。

7 月 21 日　首届中国水上运动会新闻发布会在北京人民大会堂举行。会议宣布,经国家体育总局批准,首届中国水上运动会于 2007 年 8 月 28 日至 9 月 8 日在山东省日照市举办。运动会比赛项目设赛艇、皮划艇等共 8 个大项,110 个小项。

7 月 22 日　日照市水产研究所“星斑川鲽全人工育苗技术研究”项目通过国家海洋局专家组鉴定,认为该科研项目达到国际领先水平。星斑川鲽为珍稀濒危鱼种,人工育苗养殖具有较好的经济效益。

8 月 11—12 日　国家体育总局原局长、全国政协教科文卫体委员会副主任袁伟民到日照市考察。

9 月 24 日　现代威亚(山东)有限公司汽车发动机项目获国家发改委批准。项目位于日照开发区,由韩国现代集团独资建设,计划投资 4.9 亿美元,年产汽车发动机 40 万台。

10 月 20 日　祖籍日照的物理学家、诺贝尔奖获得者丁肇中在山东省海外交流协会第四届理事会议上被聘请为该协会永远名誉会长。

2007 年

1 月 6 日　中央电视台《文明之路·世界文明环球纪行》“日照”号暨中国人首次无动力帆船环球航海启航仪式在日照市举行,航海家翟墨将独自驾驶“日照”号帆船,从日照市启航,环球一周后归航日照。

2 月 27 日至 3 月 2 日　市政协七届五次会议召开。会议补选党英明、王坤英(女)为市政协副主席。

2 月 28 日至 3 月 3 日　市十五届人大六次会议召开。会议补选张玉佩、孙承金为市人大常委会副主任。

3 月 15—18 日　中国共产党日照市第十一次代表大会召开。市委十一届一次会议选举李兆前、杨军、李守民、周惠平、孙海亭、张建国、赵效为、侯成君、黄金华、张永霞(女)、钱焕涛、王斌为常务委员会委员,选举李兆前为市委书记,杨军、李守民为副书记。市纪委第一次全体委员会议选举孙海亭为纪委书记。

4月26—29日　民政部原部长崔乃夫到日照市考察。

8月28日至9月8日　首届中国水上运动会在日照市举行。国家体育总局局长刘鹏出席开幕式并宣布开幕。24个省市区代表队、解放军代表队参加8大类111个项目的比赛。

9月17日　首届全国水运会比赛场地被中国奥委会命名为日照奥林匹克水上公园。

9月26日　日照奥林匹克水上公园被国家体育总局命名为国家级全民健身基地。

2008年

1月3—7日　市政协八届一次会议召开。会议选举李守民为八届市政协主席,党英明、戚素芬(女)、王和田、孙承金、王坤英(女)、董淑波、董全宏、林玉营为副主席,李宗江为秘书长。

1月4日　日照市第三次被命名为全国双拥模范城。此前于2000年和2003年连续两届获“全国双拥模范城”称号。

1月4—8日　市十六届人大一次会议召开。会议选举李兆前为市十六届人大常委会主任,周惠平、张玉佩、梁云爱、薄明、高丽萍(女)为副主任,万志新为秘书长;选举杨军为市人民政府市长,赵效为、侯成君、孙雨、解世增、徐清(女)、万同、刘西良为副市长;选举王胜科为市中级人民法院院长,巩盛昌为市人民检察院检察长;选举丁宏利等28人为日照市出席山东省第十一届人民代表大会代表。

1月　经山东省人民政府批准,日照高新技术产业开发区升级为省级高新技术产业开发区。高新技术产业开发区位于日照市主城区,设立于2000年5月。

2月25日　全市领导干部会议召开,会议宣布省委决定:杨军任中共日照市委书记、市委党校校长,提名为日照市人大常委会主任候选人,不再担任日照市市长职务。赵效为任中共日照市委副书记,提名为日照市市长候选人。李兆前不再担任日照市委书记、常委、委员,市人大常委会主任,市委党校校长职务。

4月3日　日照市在北京召开的全国造林绿化表彰大会上被授予“全国绿化模范城市”称号。

5月12日　四川汶川发生强烈地震。14日,市委召开常委扩大会议,传达贯彻中央、省委部署,专题研究安排全力以赴做好支援四川灾区抗震救灾工作。20日,由14名卫生人员组成的卫生监督队紧急驰援灾区。26日,市委召开常委会议,研究落实对口支援北川羌族自治县抗震救灾工作。6月1日,市公路局先遣技术人员启程赶赴灾区,对日照市承担的北川县桃龙乡至马槽乡公路抢通保通任务进行实地勘察设计。该段公路全长16千米,其中需新建5千米,开挖路基土石方37.5万立方米。随后筑路队伍相继到达展开施工。6月11日,日照市选拔处级干部28名,科级及以下干部120名,充实市援川领导小组办公室和市援川领导小组前线指挥部。7月24日,日照市对口支援四川地震灾后恢复重建工作领导小组办公室8名工作人员启程赶赴北川县桃龙乡开展援建工作。12月6日,日照市对口支援的桃龙乡灾后恢复重建的7个项目正式开工,是北川西部乡镇首个开工重建项目。

6月2日　四川地震后,日照市莒县洛河镇东皂湖村刘中明等10位农民自发组织救灾志愿队,自驾“五征”牌农用三轮车,昼夜不停赶往灾区抗震救灾,赢得社会各界的高度赞扬,被媒体称为“最牛志愿队”,其农用三轮车被誉为“最牛救援车”。2009年2月27日,三轮车被绵阳市文物管理局代为收藏,后转送四川地震博物馆。

7 月 23 日　市十六届人大二次会议召开。会议接受李兆前辞去日照市人大常委会主任职务的请求，补选杨军为日照市人大常委会主任，赵效为为日照市市长。

8 月 3 日　日照市沿海出现海市蜃楼奇观。下午 3 时许，万平口以东远处海面随着云层变化，时而平川沃野，时而高山秀峰，景色变幻奇特，持续十多分钟后消失。

8 月 16—17 日　日照市普降大到暴雨，最大降雨点在五莲县挑沟区域，雨量 209 毫米。暴雨造成洪水暴发。17 日 19 时 30 分，潮河镇林泉村一座公路桥被冲垮，桥上 22 人落水，其中 15 人获救、7 人失踪。

8 月 16—17 日　中共中央直属机关工作委员会原常务副书记、国家体育总局原局长伍绍祖到日照市考察。

10 月 8 日　日照市莒县农民救灾志愿队在全国抗震救灾总结表彰大会上被授予“全国抗震救灾英雄集体”称号；日照市驻军某部排长杨军被授予“全国抗震救灾模范”称号。

12 月 17 日　市委、市政府召开全市抗震救灾总结表彰大会，通报表彰日照市荣获全国、全省“抗震救灾英雄集体”和“抗震救灾模范”荣誉称号的集体和个人。

2009 年

1 月 9 日　日照市在全国建设工作会议上获“中国人居环境奖”，住房和城乡建设部部长姜伟新颁发奖牌。

1 月 12—15 日　市政协八届二次会议召开。

1 月 13—15 日　市十六届人大三次会议召开。

5 月 8 日　首届中国日照绿茶节在岚山区安东卫国际商贸城开幕。该届绿茶节布置国际标准摊位 255 个，大型企业特装展位 6 个，共有来自国内外 200 多家知名茶叶加工、流通企业参会。

5 月 18 日　日照市在全国社会治安综合治理表彰大会上被评为“全国社会治安综合治理优秀市”。

6 月 15 日　日照市举行庆祝地级市建立二十周年大会。全国政协副主席、全国工商联主席黄孟复出席大会，物理学家、诺贝尔奖获得者丁肇中发贺电。

10 月 6 日　联合国人居署在华盛顿国家建筑博物馆举行“2009 年世界人居日活动及颁奖仪式”，日照市在仪式上获“联合国人居奖”，市委书记、市人大常委会主任杨军率团出席并领奖。

12 月 22 日　日照至山西省吕梁市兴县铁路（时称“山西中南部铁路通道”）开工建设。是日，国家三项铁路工程——山西中南部铁路通道、合肥至福州客运专线、杭州至长沙客运专线建设动员大会在河南省郑州市举行。

2010 年

4 月 25 日　国务院办公厅发出（国办函〔2010〕79 号）文件，批准日照经济技术开发区升级为国家级经济技术开发区。

7 月 25 日　日照市第一批 14 名援疆干部启程赴新疆喀什地区麦盖提县开展新一轮对口援疆工作。

9 月 20 日　日照市与北川县在北川新县城日照援川指挥部驻地举行援建新县城项目移交仪式。11

月4日,日照市举行欢迎仪式,迎接3000名援建人员凯旋,日照市对口援川任务全面完成。

2011年

1月10日　市政协八届四次会议召开。会议补选毛晖明为市政协副主席。

1月11—14日　市十六届人大五次会议召开。

1月31日　全市领导干部会议召开,会议宣布省委决定:赵效为不再担任中共日照市委副书记、常委、委员职务,另有任用;任命李同道为中共日照市委委员、常委、副书记,提名为日照市市长候选人。

3月26日　东港区被中国工艺美术协会授予“中国黑陶之都”称号,“中国黑陶之都·日照东港”揭牌仪式暨新闻发布会在北京人民大会堂举行。

6月2日　市十六届人大六次会议召开,会议补选李同道为日照市市长。

12月9日　2011年中国科学院院士增选结果揭晓。五莲籍学者葛均波当选中科院“生命科学和医学学部”院士。

2012年

1月1日　由日照市人民政府、山东省旅游局主办,日照市旅游局承办的中国·日照“迎日出、贺新年庆典”活动在万平口演艺广场举行。山东省旅游局、日照市有关领导和近万名市民参加活动。

2月26—29日　中国共产党日照市第十二次代表大会召开。大会选举产生中共日照市第十二届委员会、中共日照市纪律检查委员会和日照市出席省第十次党代会代表。市委十二届一次全体会议选举杨军、李同道、侯成君、邹斌芳(女)、唐慎、钱焕涛、王斌、解世增、刘西良、范真、高勇、高杰为市委常务委员会委员,杨军为市委书记,李同道、侯成君为副书记。市纪委第一次全体会议选举范真为市纪委书记。

2月27日　日照市在北京人民大会堂举行的全国双拥模范城命名表彰暨全国双拥工作先进单位和先进个人总结表彰大会上再次被命名为“全国双拥模范城”,连续第四次获此荣誉称号。

3月19—23日　市政协九届一次会议召开。会议选举刘加顺为市政协主席,孙承金、戚素芬(女)、王坤英(女)、董全宏、林玉营、毛晖明、许传东为副主席,苏海勇为秘书长。

3月20—24日　市十七届人大一次会议召开。会议选举杨军为市人大常委会主任,黄金华、梁云爱、王森勋、高丽萍(女)、崔亮为副主任,万志新为秘书长;选举李同道为市长,唐慎、刘西良、万同、杨留星、陈刚、刘兆亮、郇梅(女)为副市长;选举程乐群为市中级人民法院院长,巩盛昌为市人民检察院检察长。

6月27日　日照国际海洋城揭牌仪式举行。海洋城位于日照市濒海地段中部,规划面积169.7平方千米,起步区面积6.63平方千米。设立中共日照市委国际海洋城工作委员会、日照市人民政府国际海洋城管理委员会,为市委、市政府派出机构。2016年12月28日,市委、市政府下发通知,调整海洋城体制,撤销海洋城工委、管委及其内设机构,实行“指挥部+管理办公室+园区发展商”的管理运营模式。

7月16—17日　物理学家、诺贝尔奖获得者丁肇中应日照市委、市政府邀请,携家人到日照市考察访问。

12月22日　由山东省美术家协会和日照市政协共同主办的《日照陆桥万里图》百米长卷晋京展在

全国政协礼堂举行。

12 月 31 日　省委、省政府在济南召开日照钢铁精品基地开工动员大会，省委书记姜异康、省长姜大明出席会议并分别讲话。日照钢铁精品基地位于岚山区，是国家发改委核准的山东省钢铁产业结构调整重点项目。

2013 年

1 月 11 日　五征集团有限公司获 2012 年度山东省省长质量奖（企业），是日照市企业首次获此奖项。

1 月 25 日　“五莲山号”旅游专列启动新闻发布会在北京举行，北京至日照对开 K51、K52 次铁路客运专列正式冠名“五莲山号”，并于 2013 年 2 月 1 日起开通运行。该专列沿途城市的 40 余家媒体记者参加新闻发布会。

4 月 20—21 日　中组部原部长张全景到日照市考察。

7 月 2—4 日　由文化部、省政府主办的第十届全国舞蹈比赛在日照会展中心举行，来自全国 81 支队伍、1300 名选手和工作人员参加。

9 月 27 日　2013 年中国日照韩国周开幕，日照韩国经贸交流会同时举行。会上日照市与外商签订引进外资额 3.04 亿美元。

10 月 10 日　日照民用机场获国务院、中央军委批准建设。机场位于东港区后村镇山字河村附近，飞行区按 4C 标准设计，新建一条长 2600 米、宽 45 米跑道及 9000 平方米航站楼，并配套建设通信、导航、气象、消防等辅助设施，总投资 13.64 亿元。按中国机场命名惯例，日照民用机场称“山字河机场”。

12 月 26 日　全市地方史志暨《日照市志》二轮修编工作会议召开，会议宣布，《日照市志》二轮修编工作启动。

2014 年

1 月 1 日　据《日照日报》报道，日照市国土资源局组织编纂的《日照市工作用图》全面完成并正式出版，是日照市第一部地图集。

1 月 3 日　大型海上巡逻船“海巡 0582”“海巡 05809”列编暨 2014 年中国航海日护航启航活动在日照市举行。“海巡 0582”主要承担重要水道、岛屿型港口及附近水域的巡逻、监管和应急任务；“海巡 05809”为设计航速最快的高海况船，主要负责恶劣海况下海上巡逻和应急抢险任务。

1 月 5—8 日　市政协九届三次会议召开。

1 月 6—9 日　市十七届人大三次会议召开。

2 月 8 日　日照市被民政部命名为“全国社会组织建设创新示范区”。全国此种示范区共 70 个。

2 月 10 日　傅疃河口国家湿地公园获国家林业局批准建立。公园位于市区西南 10 千米处日照经济技术开发区奎山街道境内，规划总面积 1500 公顷。

4 月 6—7 日　马尔代夫前总统穆罕默德·瓦希德博士到日照市访问。

5 月 6 日　下午 1 时 30 分左右，五莲县九仙山风景区因游客自驾车自燃引发山林火灾。当地干部群众和消防人员2000多人奋力扑救，国家森林防火指挥部紧急调派一架米-171直升机灭火，至7日16时明火全部扑灭。火场过火面积13公顷，无人员伤亡。

5月12日　市委副书记、市长李同道在北京人民大会堂与土库曼斯坦土库曼纳巴特市市长阿纳耶夫·达夫朗共同签署两市建立友好城市关系协议书。

5月14—15日　以中组部原常务副部长、人事部原部长张柏林为组长，辽宁省委原副书记张成寅为副组长的中央群众路线教育实践活动第六巡回督导组，到日照市督导党的群众路线教育实践活动开展情况。

5月14—15日　省委副书记、省长郭树清到日照市就全面深化改革进行调研。

7月11—12日　2014年中国航海日论坛在日照市开办。中国航海学会理事长徐祖远、山东省政府及日照市有关领导出席。

7月20日　中国第一艘现代化综合性远洋科考船"大洋一号"停靠日照港码头，进行为期50天的停航检修工作。维修任务由日照港集团港达船舶重工有限公司承担，是日照港首次承修国家科考船。

8月10日　日照市运动员赵东方、赵梦与其他两名国青队员在德国汉堡世界赛艇青年锦标赛女子四人双桨2000米决赛中勇夺金牌，是日照市首获该项赛事冠军。

8月16日　日照市茶叶学会成立。在第一次会议上，审议通过《日照市茶叶学会章程》《日照市茶叶学会选举办法》，选举产生日照市茶叶学会第一届理事会。

9月16日　涛雒镇下元一村在全国生态文化村经验交流会上获"全国生态文化村"称号。山东省共有7个行政村获此荣誉称号。

9月30日　"中国杂交水稻之父"袁隆平院士在莒县阎庄镇建立的超级稻高产攻关基地"超级稻"收割完毕。日照市农技推广中心组织有关专家测产，实打面积2.35亩，平均亩产968.37千克，创造了中国杂交水稻最高纬度的亩产新纪录，标志着杂交水稻种植再次成功向北延伸。

10月9—11日　世界著名物理学家、诺贝尔奖获得者丁肇中到日照市商谈丁肇中科学馆项目并回故乡省亲。

10月20—29日　市委书记、市人大常委会主任杨军率团访问吉尔吉斯斯坦、哈萨克斯坦、土耳其有关城市，推动在经贸、物流、人文等领域合作。

11月17—26日　市委副书记、市长李同道应邀率团访问美国、巴西、韩国。

12月29日　瓦日铁路全线正式开通。该路2009年12月22日开工建设，时称"山西中南部铁路通道"，全长1260千米（日照境内73千米），总投资998亿元（日照境内约62亿元），是当时世界上一次建成里程最长的重载铁路。2015年1月13日21:43，运载5000吨山西焦煤的55003次列车驶入日照港，是该路建成后首列重载列车。

第一编　区域　建置

日照历史悠久，从莒县陵阳河和东港区两城镇等地考古发掘证明，日照地区属于旧石器时代（北京猿人）及新石器时代后期的大汶口文化和典型的龙山文化的故乡，至今还保留着许多旧石器早期和晚期及新石器时代的历史文化遗存。夏、商时期，日照属东夷，亦称人方。西周至战国前期，日照地属莒国。西汉时，日照地区置县，名海曲，后为西海。北宋元祐二年（1087 年），于莒县始置日照镇。金大定二十四年（1184 年）升日照镇为日照县，历代沿之。1985 年 3 月，撤销日照县，建立县级日照市。1989 年 6 月，日照市升为地级市。1992 年 12 月，日照市设区带县。至 2013 年，辖东港区、岚山区、莒县、五莲县，设日照经济技术开发区、山海天旅游度假区、日照国际海洋城 3 个市政府派出机构管辖区。

第一章　地理位置

第一节　位　置

日照市位于山东省东南部，地理坐标为北纬 35°04′～36°04′、东经 118°25′～119°39′。东濒黄海，西靠临沂市，北与青岛市、潍坊市接壤，南与江苏省连云港市毗邻；隔海与韩国、日本相望。市政府驻东港区，在市境东部偏北，北纬 35°25′35″、东经 119°27′13″。至日照市岚山区驻地 38 千米；莒县县城 59 千米；五莲县县城 47.5 千米。西至省会济南市 380 千米；北至青岛市 108 千米，至潍坊市 170 千米；西南至临沂市 109 千米；南至江苏省连云港市 94 千米。

第二节　面　积

1989 年 6 月，日照市由县级市升格为地级市，以原县级日照市的行政区域为地级日照市的行政区域，其陆域面积南北长 59.8 千米，东西宽 57.95 千米，总面积 1915.17 平方千米，海域面积 6000 平方千米。

1992 年 12 月，日照市设区带县后，以原日照市（因未设市辖区，当地称筒子市）的行政区域设立东港区，辖东港区、莒县、五莲县，境内陆域南北长约 82 千米，东西宽约 90 千米，市域总面积增至 5350.17 平方千米。其中，东港区面积 1915.17 平方千米，莒县面积 1952 平方千米，五莲县面积 1443 平方千米。

1993 年后，东港区先后析出日照经济技术开发区、岚山区、山海天旅游度假区、日照国际海洋城。至

2013年，按照新的测算标准计算，全市陆域总面积为5358.57平方千米。[①] 其中，东港区面积为1264.98平方千米(含日照经济技术开发区、山海天旅游度假区、日照国际海洋城)，岚山区为778.31平方千米，莒县1818.31平方千米(2013年析出中楼镇划归岚山区)，五莲县1496.95平方千米。海岸线总长168.47千米，海域面积6000平方千米。

第二章 建置沿革

日照建置始于西周，至地级市建立前，区域建置和隶属关系多变。设县治之前，先后隶属于莒国和莒县。置海曲县后，又历经多次变动。金大定二十四年(1184年)设日照县后，建置才有了较长时间的稳定。

第一节 中华人民共和国成立前

夏、商时期，日照属东夷，亦称人方。《吕氏春秋·孝行览·首时》载，西周初年的姜太公是“东夷之士”。《史记·齐太公世家》载姜太公是“东海上人”。《后汉书·郡国志三》“西海”注引《博物志》载：“太公吕望所出。今有东吕乡，又钓于棘津。其浦今存。”日照城之东历史上有地名东吕乡，今东港区秦楼街道冯家沟村南有姜公台，传说即为太公钓鱼处之棘津遗址。

西周至战国前期，日照地属莒国。莒国系今鲁东南地区的主要诸侯国，为东夷族所建。鲁哀公二十二年(公元前473年)，越王勾践灭吴，徙都琅琊(今青岛市黄岛区)，日照归越。楚简王元年(公元前431年)，楚灭莒[②]，以莒为邑，日照又属楚，后属齐[③]。周赧王三十一年(公元前284年)，燕将乐毅伐齐，入齐都临淄，齐湣王奔莒，为楚将淖齿杀死。莒人立湣王子法章，是为襄王。周赧王四十五年(公元前270年)，齐将田单破燕军，尽复齐失地，迎齐襄王回临淄[④]。日照仍属齐。楚考烈王八年(公元前255年)，楚又北侵，取鲁，封鲁君于莒[⑤]。日照亦为楚国所占。秦王政二十四年(公元前223年)，秦灭楚，日照又归秦国。

秦统一六国后，在今山东地区设置齐、琅琊(邪)等郡，以郡辖县，行郡县制。始皇二十六年(公元前221年)置莒县，日照为莒县之东境，属琅琊郡。

西汉时，日照地区始置县，名海曲[⑥]，属琅琊郡，治所在今东港区日照街道大古城东南岭，故城遗址尚

---

① 因计算方法所致，全市陆域总面积略大于各区(县)合计面积。

② 见《史记·六国表》。

③ 见《史记·越王勾践世家》：“当初威王之时，越北伐齐，齐威王使人说越王……越王曰：愿齐之试兵南阳(今山东泰山以南，汶河以北地区)，莒地，以聚常(今江苏邳州市东)、郯(今山东郯城县北)之境。”《索隐》：“南阳在齐之西界，莒之西也。常，邑名盖田文缩封之邑。郯，故郯国。二邑皆齐之南地。”按：此事当在楚威王七年(公元前333年)。据此，知莒和日照在此之前已属齐国。

④ 见《史记·田敬仲玩世家》。

⑤ 见《史记·六国表》：楚考烈王八年(前255年)，“取鲁，鲁君封于莒。”十四年，“楚灭鲁，顷公迁下邑，为家人，绝祀。”

⑥ 据清光绪十二年《日照县志》卷一《疆域志》引《元和志》云：海曲故址在莒县东北六十里。《寰宇记》密州莒县东百六十里，汉海曲城。今县治西十里有古城。

存。《汉书·地理志上》载,“海曲”。本注“有盐官”。新天凤四年(17年),因吕母起义毁县衙,海曲县废。元帝时,封城阳荒王子刘光为昆山侯,日照之西北境属昆山侯国①(治所在今五莲县)。东汉时,废昆山侯国,改海曲为西海县,属琅琊郡。

三国时期,山东为曹魏青、徐、兖等地。西海县废后,境域并入莒,属城阳郡。

西晋初年,沿魏制。太康十年(289年),析城阳郡之莒等四县入东莞郡②。刘宋时,沿西晋后期之制。宋明帝失淮北,日照地区随莒县归北魏东莞郡。北魏孝庄帝永安二年(529年)置梁乡县(治所在今日照市东港区两城镇),属胶州东武郡。北齐废梁乡县入莒县,属义塘郡。北周改南青州为莒州,属莒州义塘郡。

隋代实行州、县两级制。炀帝时,又改为郡县制,日照地属琅琊郡莒县③。

唐代,地方行政区分州县两级。太宗时分全国为十道,山东大部属河南道。日照地北境属诸城县,南境仍属莒县,随莒县改属河南道高密郡(密州)。五代因之。

北宋时,日照地属京东东路密州,仍并于莒县。元祐二年(1087年),于莒县始置日照镇。元祐三年(1088年),日照镇由莒县析出,划入胶西县临海军,仍属京东东路密州。

金大定二十四年(1184年)升日照镇为日照县。日照县之名,据明嘉靖《青州府志》载“以濒海日出处故名”;清康熙十一年《日照县志》载“县去海二十里,日出初光先照故名。形升若盆,色如火,水扶日而上,滚滚如银浪,俗曰日盆,盖一方奇观也”。又云“盖取海隅日出之义”④。县治于今日照城⑤。有镇一,为涛洛(雒)。属山东东路莒州。

元统一全国,以中书省统山东,日照县属中书省山东东西道宣慰司益都路莒州,有涛洛(雒)场。

明洪武初年,置山东行中书省。后改为山东等处承宣布政使司,日照县属山东布政使司青州府莒州。

明洪武十七年(1384年),为防倭寇,于日照县南境置安东卫⑥,下设前、后、左、右、中五所。弘治(1488—1505)后,于日照县东置石臼岛寨千户所,县南置夹仓镇巡检司。

清初沿袭明制,设山东省。雍正八年(1730年)升莒州为直隶州,日照县属莒州⑦,为青州府辖。雍正十二年(1734年),降莒州为散州,置沂州府,日照属沂州府。乾隆七年(1742年),裁安东卫并入日照县,置安东卫巡检司,有涛洛(雒)、夹仓、石臼3镇。

民国2年(1913年),撤府设道,日照县属胶东道。1925年冬,改属琅琊道。1928年撤道制,日照县直属山东省政府。

1936年2月,日照县属国民政府山东省第三行政督察区。抗日战争全面爆发后,国民党日照县政府仍隶属行政督察区公署。

---

① 见《汉书·地理志上》。

② 见《晋书·地理志下》。

③ 见《隋书·地理志下》。

④ 见清康熙十一年(1672年)《日照县志》卷一。

⑤ 据清康熙十一年《日照县志》载,时日照县境域东至石臼所二十里接海,西至九里坡莒州界一百里,南至分(汾)水江南赣榆界九十里,北至两城集诸城县界四十里,东北至龙汪口五十里接海,西北至枳沟诸城界一百四十里,西南至平(坪)上集莒州界九十里。西北至本府(益都府)四百六十里,至省城八百里,至京师一千八百里。

⑥ 见清康熙十一年《日照县志》卷一《沿革》。

⑦ 见清光绪十二年版《日照县志》卷一。清《清世宗实录》卷八十九载:雍正七年十二月辛卯,升莒州为直隶州,析沂水、蒙阴、日照三县属之。

1940 年 3 月，中国共产党领导下的日照县抗日民主政府成立。初属中共鲁东南地委领导，1941 年 1 月，隶属莒（县）、日（照）、临（沂）、赣（榆）四县联合办事处（旋改称滨海各县行政联合办事处）。是年 8 月，隶属新设立的山东省战工会之滨海专员公署。1942 年 8 月，在日照县太石公路以北区域析置日（照）北县（1945 年 9 月撤销），属滨海专区第一（滨北）行政区。1944 年 6 月，日照县属滨海专区第三（滨中）行政区（1945 年 4 月改称滨海行政区第三专区）。1946 年 7 月，滨海行政区第三（滨中）专区被撤销，日照县划归滨海行政区第二（滨南）专区。1948 年 7 月，建置鲁中南行政公署，日照属鲁中南行政区第六专区（1949 年 7 月改称鲁中南行政区滨海专区）。

第二节　中华人民共和国成立后

地级市建立前　1949 年 10 月 1 日中华人民共和国成立后，日照县属山东省鲁中南行政区滨海专区。1950 年 5 月，鲁中南行政区被撤销，日照县属山东省沂水专区。

1953 年 8 月，日照县划归胶州专区。1956 年 5 月，改属临沂专署。1967 年，临沂专署改称临沂地区行政公署，日照县隶属不变。

1984 年 7 月 1 日，经临沂地区行政公署批准，建立临沂行署石臼港办事处（县级），与日照县分署而治，办事处驻石臼镇。日照县与石臼港办事处同属临沂地区。

1985 年 3 月 22 日，国务院以国函〔1985〕43 号文批准，撤销日照县和临沂地区石臼港办事处，合并建立日照市（县级），以原日照县和石臼港办事处的行政区域为日照市的行政区域。仍隶属临沂地区。

地级市建立后　1989 年 6 月 12 日，经国务院批准（国函〔1989〕43 号），日照市升为地级市，为山东省直辖市。以原县级日照市的行政区域为地级日照市的行政区域，不设区、不带县。于是年 11 月 5 日正式对外办公。

1992 年 12 月 7 日，经国务院批准（民行批〔1992〕158 号）日照市设区带县，原属潍坊市管辖的五莲县、临沂地区管辖的莒县划归日照市，以原日照市的行政区域设立日照市东港区，日照市辖 1 个区 2 个县。

2004 年 9 月 9 日，经国务院批准，设立日照市岚山区。将日照市东港区所辖的岚山头街道、汾水镇、碑廓镇、虎山乡（以上 4 个乡镇原由岚山办事处代管）和巨峰镇、高兴镇、黄墩镇、后村镇析出划归岚山区。日照市辖 2 个区 2 个县。

至 2013 年，日照市辖东港区、岚山区、莒县、五莲县，另设日照经济技术开发区、山海天旅游度假区、日照国际海洋城 3 个市政府派出机构管辖区。

第三章　行政区划

金、元以前，日照地区行政区划典籍记载很少。明清以后，特别是中华人民共和国成立后，行政区划变更记载比较详细。1992 年日照市设区带县后，各区县行政区划均有调整变更。

第一节 地级市建立前

明代县以下的行政区划，实行乡、隅、里、甲制，乡设乡约，隅设隅头，里设里正（也称里长），甲设甲首。日照县设4乡、8隅、92里。4乡分别是安仁、进贤、观兰、洪宁。安仁乡辖笃孝、惇悌隅；进贤乡辖竭忠、惇信隅；观兰乡辖崇礼、尚义隅；洪宁（凝）乡辖清廉、贵耻隅①。

清乾隆年间，实行乡、社制，日照县设1个镇、5个店、4个乡、84个社。1个镇为夹仓镇；5个店为莲汪店、河山店、傅疃店、涛洛（雒）店、风火店；4个乡是：城东安仁乡，辖22个社；城西观兰乡，辖20个社；城南进贤乡，辖21个社；城北洪宁乡，辖21个社②。

清朝末年，实行乡、社、村制。日照县分关厢（城关）、东乡（旧名安仁乡）、南乡（旧名进贤乡）、西乡（旧名观兰乡）、北乡（旧名洪宁乡），共辖81个社、838个村。为方便钱粮征收，乡下设牌，每乡分4牌，每牌4至6个社不等，全县共分16个牌③。

民国元年（1912年），日照县地方自治筹办处将全县划分为15个区，分别是：城区、坊廓、街头、洪凝（宁）、夹仓、涛雒、安东卫、碑廓、石臼所、皋陆、两城、巨峰、沈疃、三庄、黄墩。区设议事会。此时，原有乡、社仍保留。

民国20年（1931年），日照县将15个区并为7个区，共辖162个乡、19个镇、1083个村。7个区为：以城区为第一区，涛雒、夹仓为第二区，街头、洪宁（洪凝）为第三区（今属五莲县，五莲县于1947年建县），安东卫、碑廓为第四区，石臼所、两城为第五区，巨峰、黄墩为第六区，沈疃、三庄为第七区。抗日战争全面爆发后，国民党日照县政府仍沿用7个区建置，辖23个乡镇、1050个村。

1940年3月，中国共产党领导的日照县抗日民主政府成立，以原行政区划为基础，建立了7个区的人民政权。后根据斗争形势的需要，同年，在原行政区划的基础上新划出八区（碑廓）和九区（黄墩），共辖9个区。

1941年5月，抗日民主政权滨海专署将莒南县的团林区划归日照县管辖。1942年5月，滨海专署将赣榆县汾阳区（柘汪以北）划归日照县管辖。是年9月，中共日照中心县委建立，将原有区划适当缩小，并以地名称谓。先后新建虎山、高兴、大坡等区。

1943年5月，滨海专署将莒南县的薛庆、址坊两个区划归日照县管辖。是年8月，建立日北县，辖区包括原属日照县的一、二、三、五、七区大部村庄。至1944年初，日照县辖碑廓、汾岚、虎山、涛雒、高兴、巨峰、大坡、太平、沈疃、薛庆、址坊、黄墩共12个区。

1945年1月，芦山县建立，日照县的汾岚、碑廓两区划归芦山县。

1945年9月，日本无条件投降，日照县解放。薛庆、址坊两个区划回莒南县。是年10月，日北县撤销，建立藏马县，原属日照县的街头、洪宁（三区）等村庄划归藏马县；三庄、南湖、河山等地划回日照县管辖。全县共设16个区、1个镇，即日城、丝山、河山、奎山、涛雒、虎山、汾岚、碑廓、巨峰、大坡、高兴、太平、沈疃、南湖、三庄、黄墩和石臼镇。1946年又划为14个区、1个镇、1021个行政村。

---

① 见清康熙十一年《日照县志》。
② 见清乾隆二十三年《青州府志》。
③ 见清光绪十二年版《日照县志》。

1947年6月,日照县辖区合并为8个区1个镇、72个乡。8个区即城北、城奎、涛雒、圣岚、巨峰、望海、沈疃、芦山区,1个镇为石臼镇。

1948年4月,日照县调整行政区划,分为12个区,即城关、城北、城东、石臼、奎山、涛雒、安岚、碑廓、巨峰、望海、沈疃、芦山区。

1949年10月1日,中华人民共和国成立,日照县沿用原来的区建置。

1950年5月,日照县划为16个区、1个镇,共设229个乡(称"小乡")。16个区(不久,区按序数排列称谓)分别为:城关(第一区)、河山(第二区)、两城(第三区)、城东(第四区)、石臼(第五区)、奎山(第六区)、涛雒(第七区)、安岚(第八区)、碑廓(第九区)、巨峰(第十区)、高兴(第十一区)、山河(第十二区)、南湖(第十三区)、沈疃(第十四区)、三庄(第十五区)、黄墩(第十六区)。1个镇为城关镇。

1952年12月,日照县调整行政区划,新划出大坡(第五区)、磴山(第七区)、安东卫(第八区)3个区,由原石臼区(五区)、涛雒区(七区)、安岚区(八区)分别划出石臼、涛雒、岚山3个镇,全县共设16个区4个镇、222个乡、1057个行政村。

1953年1月,赣榆县由山东省划归江苏省管辖。是年10月,将原日照县汾岚区(八区)所辖的14个村庄,除汾水、小张家庄外,绣针河以南响石、大王坊、马站等12个村庄划归赣榆县①。

1956年1月,日照县将个别区(镇)进行合并,调整为14个区、2个镇、202个乡,辖1021个村。14个区为河山、吴台、丝山、奎山、涛雒、磴山、安岚、碑廓、巨峰、望海、南湖、沈疃、三庄、黄墩。2个镇分别是城关、石臼。

1958年1月,日照县撤区建乡,改为26个乡、3个镇(直接领村)。分别为莲村、河山、两城、刘家楼、秦家楼、奎山、夹仓、涛雒、下元、虎山、安东卫、朱曹、碑廓、巨峰、大坡、高兴、马庄、将帅沟、南湖、下湖、沈疃、响水河、三庄、竖旗、黄墩、粮山乡和城关、石臼、岚山镇。

1958年8月,全国实行人民公社化,日照县将原辖的26个乡、3个镇改为25处人民公社(简称公社),实行"政社合一"体制。分别为红星(城关)、爱国(莲村)、东风(两城)、海滨(刘家楼)、明星(秦家楼)、灯塔(石臼)、五星(奎山)、金星(夹仓)、海生(涛雒)、磴山(下元)、庆丰(虎山)、海洋(安岚)、前进(朱曹)、英雄(碑廓)、卫星(巨峰)、红旗(高兴)、跃进(马庄)、将帅(将帅沟)、先锋(南湖)、高峰(下湖)、和平(沈疃)、日光(响水河)、幸福(三庄)、宝山(竖旗)、甲子山(黄墩)人民公社。

1959年2月,日照县将原25处人民公社合并为19处人民公社。分别为城关、两城、丝山、石臼、奎山、夹仓、涛雒、下元、虎山、安岚、碑廓、巨峰、高兴、马庄、南湖、下湖、西湖、三庄、黄墩人民公社。公社下设管理区。是年12月,撤销夹仓人民公社,建立金家沟人民公社,1962年6月并入石臼人民公社;同时从西湖人民公社划出陈疃人民公社。

1963年1月,日照县缩小人民公社规模,改19处人民公社为15个区,分别为两城、丝山、城关、石臼、奎山、涛雒、安岚、碑廓、巨峰、高兴、马庄、南湖、西湖、三庄、黄墩区。区以下建立102处人民公社(称"小公社")。

1971年3月,日照县撤销区建置,复改为人民公社,全县共辖21处人民公社。分别为城关、河山、两城、丝山、石臼、奎山、涛雒、虎山、安岚、碑廓、巨峰、大坡、高兴、马庄、南湖、下湖、陈疃、西湖、三庄、竖旗、

① 见1953年《苏鲁两省边界交接会议记录》。

黄墩人民公社。原102处小公社,改称为管理区。

1981年10月,日照县将安岚人民公社划分为岚山头和汾水两处人民公社,时全县辖22处人民公社。

1982年1月,城关和石臼人民公社改称为城关镇和石臼镇。

1984年4月,岚山头人民公社改称为岚山头镇。

1984年5月,按照省政府统一部署,改革人民公社体制,日照县所辖人民公社、镇全部改称为区,区下辖乡、镇(由原管理区改设,亦称小乡镇)。时日照县共辖19个区,区以下设59个乡、5个镇(小乡、镇)。

1984年7月,经临沂行署批准,将日照县境东部的石臼镇、丝山公社、奎山公社和城关镇所辖的8个村、两城公社所辖的19个村析出,划为秦家楼、刘东楼、东明望、张廓、夹仓、刘家寨、金家沟、管家村乡和石臼镇8个乡1个镇,建立临沂行署石臼港办事处(县级),与日照县分署而治,办事处驻石臼镇。

1985年3月,经国务院批准,撤销日照县,与临沂地区石臼港办事处合并建立日照市(县级),以原日照县和石臼港办事处的行政区域为日照市的行政区域。同时撤销各区建置,改称为乡、镇,全市共辖1个办事处、9个镇、12个乡。1个办事处即石臼办事处;9个镇分别是日照、两城、涛雒、汾水、岚山头、碑廓、巨峰、黄墩、三庄镇;12个乡分别是河山、丝山、奎山、高兴、大坡、虎山、南湖、下湖、西湖、东陈疃、小后村、竖旗山乡。原区以下所辖小乡、镇全部被撤销。1988年4月,经省政府批准,石臼办事处改为石臼街道;撤销日照镇设立日照街道;撤销岚山头镇设立岚山头街道。

第二节　地级市建立后

1989年6月12日,日照市升格为地级市,时辖22个乡镇、街道。其中,街道3个,为日照、石臼、岚山头;镇7个,为两城、涛雒、汾水、碑廓、巨峰、黄墩、三庄;乡12个,为竖旗、东陈疃、南湖、尹家河、河山、丝山、西湖、小后村、奎山、高兴、大坡、虎山。全市共有31个居委会、1064个行政村、1281个自然村。

1992年4月,设立日照开发区。

1992年6月,设立岚山开发区。

1992年12月,设立日照市前三岛乡,将岚山头镇刘家海屋等4个行政村析出,归前三岛乡管辖。

1992年12月7日,日照市设区带县,辖东港区、莒县、五莲县1个区2个县、77个乡镇、街道(镇18个、街道3个、乡56个)、2983个村(居)民委员会。其中,东港区辖3个街道、7个镇、13个乡,1064个村、31个居委会;莒县辖5个镇、27个乡,1254个村;五莲县辖6个镇、16个乡,632个村、2个居委会。

1993年4月,莒县部分乡镇行政区划调整,撤销东莞乡和龙王庙乡,以东莞乡和龙王庙乡的行政区域设立东莞镇;撤销中楼乡和孙由乡,以中楼乡和孙由乡的行政区域设立中楼镇;撤销金墩乡,以库山乡和金墩乡的行政区域设立库山乡;撤销柏崖乡,以龙山乡和柏崖乡的行政区域设立龙山镇;撤销果庄乡,将其并入桑园乡;撤销茅埠乡,将其所辖的28个村分别并入碁山镇和招贤镇;撤销大官庄乡和刘家官庄乡,将原刘家官庄乡和原大官庄乡的9个村合并设立刘官庄镇,将原大官庄乡的另外16个村并入夏庄镇;撤销峤山乡,以其原行政区域设立峤山镇。撤并后,莒县共有25个乡镇,其中乡15个、镇10个。

1993年7月,设立日照市岚山办事处,与岚山开发区合署办公,为市政府派出机构,将原属东港区管辖的岚山头街道、汾水镇(后改为安东卫街道)、碑廓镇、虎山乡、前三岛乡5个乡镇划归岚山办事处管辖。

1994年11月,五莲县于里乡、汪湖乡、叩官乡、中至乡撤销乡建制,分别设立于里镇、汪湖镇、叩官镇、中至镇。

1995年3月,东港区小后村乡、东陈疃乡、南湖乡、高兴乡撤销乡建制,分别改为后村镇、陈疃镇、南湖镇、高兴镇;奎山乡撤销乡建制改为街道。是年12月,东港区丝山乡撤销乡建制,改为秦楼街道。莒县浮来山乡、陵阳乡、长岭乡、店子集乡、安庄乡撤销乡建制,设立浮来山镇、陵阳镇、长岭镇、店子集镇、安庄镇。

1996年5月,东港区西湖乡、河山乡撤销乡建制,设立西湖镇、河山镇。

2000年12月,日照市进行乡镇行政区划调整。调整后,全市辖11个乡、36个镇、6个街道共53个乡镇街道建制,2990个村居。东港区原辖23个乡镇街道(包括由岚山办事处管辖的岚山头、汾水、碑廓、虎山、前三岛5个乡镇,日照经济技术开发区辖的北京路街道,此次调整撤销竖旗山乡,将其并入三庄镇;撤销尹家河乡,将其并入南湖镇;撤销大坡乡,将其并入巨峰镇;撤销汾水镇,以原汾水镇的行政区域设立安东卫街道。调整后减少3个乡,东港区共辖20个乡镇街道,含岚山办事处、日照经济技术开发区代管乡镇街道)。莒县原辖25个乡镇,此次调整撤销王家二十里堡乡,将其行政区域并入浮来山镇;撤销王家墩头乡,将其行政区域并入城阳镇;撤销天宝乡,将其行政区域并入碁山乡;撤销大石头乡,将其行政区域并入峤山镇。调整后减少乡镇4个,为21个。五莲县原辖22个乡镇,此次调整撤销山阳乡和罗圈乡,将两乡的行政区域并入洪凝镇;撤销王世疃乡和杜家沟乡,将两乡的行政区域并入街头镇;撤销管帅镇,将其行政区域并入于里镇;撤销魏家乡,将其行政区域并入潮河镇;撤销院西乡,将其行政区域并入许孟镇;撤销七宝山镇和高泽乡,以原七宝山镇和高泽乡的行政区域新设高泽镇;撤销山庄乡,将其行政区域并入石场乡;撤销槎河乡,将其行政区域并入户部乡。调整后减少乡镇10个,为12个。

2001年7月,东港区虎山乡(此时归岚山办事处辖)撤销乡建制,设立虎山镇。2002年2月,莒县碁山乡、洛河乡撤销乡建制,分别设立碁山镇、洛河镇。

2003年4月,市政府决定,原属东港区的奎山街道整建制和石臼、日照街道部分村(居委会)由日照经济技术开发区代管。2004年3月,设立北京路街道。日照经济技术开发区辖2个街道、87个村(居委会)。

2004年9月9日,经国务院批准,设立日照市岚山区,将东港区所辖岚山头街道、汾水镇、碑廓镇、虎山乡(以上4乡镇街道已由岚山办事处代管)和巨峰镇、高兴镇、黄墩镇、后村镇析出,划归岚山区。岚山区辖岚山头街道、安东卫街道、碑廓镇、虎山镇、巨峰镇、高兴镇、黄墩镇、后村镇共8个乡镇(街道)。

2005年3月,将东港区所辖的前三岛乡划归岚山区管辖。

2010年5月,莒县城阳镇撤销乡建制,改为街道;桑园乡、寨里河乡撤销乡建制,设立桑园镇、寨里河镇;五莲县洪凝镇撤镇建制,设立洪凝街道;松柏乡撤销乡建制,设立松柏镇。

2012年6月,设立日照国际海洋城管委会。将东港区所辖涛雒镇整建制划归日照国际海洋城管委会代管(2016年12月撤销该管委会,涛雒镇划回东港区)。

2013年12月,莒县果庄乡撤销乡建制,设立果庄镇;东港区新设卧龙山街道;两城镇撤销镇建制,设立两城街道。卧龙山街道、两城街道由山海天旅游度假区管委会代管。

2013年12月,莒县中楼镇划归岚山区管辖。

自1993年后,全市因一部分乡镇撤销、合并或调整,全市乡镇(街道)由1992年12月设区带县时的

77个减少到2013年的55个。其中,乡镇减少最多的莒县共减少12个。到2013年年底,全市共有11个街道、40个镇、4个乡。其中,东港区辖3个街道、5个镇;岚山区辖2个街道、7个镇、1个乡;莒县辖1个街道、18个镇、1个乡;五莲县辖1个街道、9个镇、2个乡;日照经济技术开发区代管2个街道;山海天旅游度假区代管2个街道;国际海洋城代管1个镇。

2013年日照市各区县行政区划明细表

表1-1

区县 \ 项目 合计	街道(个)	镇(个)	乡(个)
合计	11	40	4
东港区	3	5	—
	日照街道、石臼街道、秦楼街道	河山镇、西湖镇、陈疃镇、南湖镇、三庄镇	—
岚山区	2	7	1
	岚山头街道、安东卫街道	高兴镇、巨峰镇、后村镇、黄墩镇、虎山镇、碑廓镇、中楼镇	前三岛乡
莒县	1	18	1
	城阳街道	招贤镇、阎庄镇、夏庄镇、刘家官庄镇、峤山镇、小店镇、龙山镇、东莞镇、浮来山镇、陵阳镇、店子集镇、长岭镇、安庄镇、洛河镇、碁山镇、寨里河镇、桑园镇、果庄镇	库山乡
五莲县	1	9	2
	洪凝街道	街头镇、潮河镇、许孟镇、于里镇、汪湖镇、叩官镇、中至镇、高泽镇、松柏镇	石场乡、户部乡
日照经济技术开发区	2	—	—
	北京路街道、奎山街道	—	—
山海天旅游度假区	2	—	—
	卧龙山街道、两城街道	—	—
国际海洋城	—	1	—
	—	涛雒镇	—

第四章 勘 界

日照市陆域勘界涉及本市4个区县和青岛市黄岛区,潍坊市诸城市,临沂市莒南县、沂水县、沂南县,以及江苏省连云港市赣榆县。1997年4月,根据国务院《关于开展勘定省、县两级行政区域界线工作的通知》和山东省政府《关于贯彻国发〔1996〕32号文件,做好勘定省、县两级行政区域界线工作的通知》精神,开始全面勘界工作,至2002年5月基本结束。2004年9月,岚山设区后,根据所辖乡镇变动情况,新勘定界线147千米。至2013年,全市已勘定县级陆地边界线1140.244千米,埋设并测量界桩82棵(不含三交点),确定县级边界线交会点10个;调绘边界线带状地形图2320平方千米,形成各类勘界成果资料5200份。其中,县级边界线协议书200余份,1∶1万界线地形图3000幅,勘界技术资料1300余份,其他文字资料20万字。

第一节 市 界

莒县沂水线 1997年6月,莒县与临沂市沂水县联合勘定莒县沂水线,至12月上旬结束,双方签订协议书。2001年12月11日,山东省政府以鲁政函〔2001〕316号文批复同意两地联合勘定的行政区域界线协议书。莒县沂水线共涉及18个乡镇100个村,其中沂水县9个乡镇53个村,莒县9个乡镇47个村,边界线自诸城、莒县、沂水3个县(市)交会点起由北向南到莒县、沂南、沂水3个县级交会点止,全长156.86千米,共埋设花岗岩石界桩8棵。

莒县沂南线 1997年3月,莒县与临沂市沂南县开始联合勘定莒县沂南线,至1998年5月结束,双方签订协议书。2001年3月1日,省政府以鲁政函〔2001〕45号文批复同意两地联合勘定的行政区域界线协议书。共涉及莒县、沂南县双方8个乡镇49个村,其中莒县3个乡镇23个村,沂南县5个乡镇26个村,边界线自北向南从莒县、沂南、沂水3个县级边界线交会点起到莒县、沂南、莒南3个县级边界线交会点止,全长65.276千米,共埋设界桩5棵(不含三交点界桩),界桩类型为双面型花岗岩石界桩。

莒县诸城线 1997年4月,莒县与诸城市开始联合勘定莒县诸城线,至11月结束,双方签订协议书。2001年3月1日,省政府以鲁政函民字〔2001〕39号文批复同意两地联合勘定的行政区域界线协议书。共涉及双方2个乡镇19个村,其中莒县1个乡镇11个村,诸城市1个乡镇8个村,边界线自西向东从诸城、莒县、沂水三县(市)级边界线交会点起到诸城、五莲、莒县三县(市)级边界线交会点止,全长31.251千米,共埋设界桩1棵(不含三交点界桩),界桩类型为双面花岗岩石界桩。

五莲诸城线 1997年4月,五莲县与诸城市开始联合勘定五莲诸城线,至是年11月结束,双方签订协议书。2001年12月29日,省政府以鲁政函民字〔2001〕373号文批复同意两地联合勘定的行政区域界线协议书。共涉及双方16个乡镇113个村,其中五莲县8个乡镇58个村,诸城市8个乡镇55个村,边界线自西向东从五莲、诸城、莒县三县(市)级边界线交会点起到五莲、诸城、黄岛三县级边界线交会点止,全长158千米，共埋设界桩10棵，界桩类型为双面花岗岩石界桩。

五莲黄岛线　2013年4月，五莲县与青岛市黄岛区开始联合勘定五莲黄岛线，至9月结束，双方签订协议书。2014年12月3日，省政府以鲁政函民字〔2014〕37号文批复同意两地联合勘定的行政区域界线协议书。共涉及双方3个镇27个村。其中，黄岛区1个镇9个村，五莲县2个镇18个村。边界线自北向南从黄岛、诸城、五莲三县（市、区）边界线交会点起，到东港、五莲、黄岛3个县级边界线交会点止，全长27.6千米，共埋设界桩3棵（不含三交点界桩），界桩类型为双面花岗岩石界桩。

东港黄岛线　2013年4月，东港区与青岛市黄岛区开始联合勘定东港黄岛线，至9月结束，双方签订协议书。2014年12月3日，省政府以鲁政函民字〔2014〕40号文批复同意两地联合勘定的行政区域界线协议书。共涉及双方3个镇，18个村，其中黄岛区2个镇9个村，东港区1个镇9个村，边界自西向东从黄岛、东港、五莲三县级交会点起，到黄岛东港线入海口3号桩处，全长21.136千米，共埋设界桩7棵，界桩类型为双面花岗岩石界桩。

至2013年年底，岚山区与临沂市莒南县，莒县与莒南县两条行政区域界线尚未勘定。其中，岚山区与临沂市莒南县行政区域界线全长120.98千米，共涉及双方9个乡镇67个村，其中岚山区4个乡镇54个村，莒南县5个乡镇13个村；莒县与莒南县行政区域界线全长64.36千米，共涉及双方3个乡镇11个村，其中莒县1个镇5个村，莒南县2个镇6个村。

第二节　区县界

东港五莲线　1997年4月，东港区与五莲县开始联合勘定东港五莲线，8月结束，双方签订协议书。2001年3月1日，省政府以鲁政函〔2001〕44号文批复同意两地联合勘定的行政区域界线协议书。共涉及双方13个乡镇72个村，其中五莲县6个乡镇37个村，东港区7个乡镇35个村，边界线自西向东从五莲、东港区、莒县三县（区）交会点起到五莲县、东港区、黄岛区三县（区）交会点止，全长122.726千米，共埋设界桩8棵，界桩类型为双面花岗岩石界桩。

五莲莒县线　1997年3月，五莲县与莒县开始联合勘定五莲莒县线，至是年11月结束，双方签订协议书。2001年3月1日，省政府以鲁政函〔2001〕42号文批复同意两地联合勘定的行政区域界线协议书。共涉及双方14个乡镇104个村，其中莒县7个乡镇47个村，五莲县7个乡镇57个村，边界线自北向南从诸城市、五莲县、莒县三县（市）交会点起到东港区、五莲县、莒县三县（区）交会点止，全长171.945千米，共埋设界桩10棵（不含三交点界桩），界桩类型为双面型大理石界桩。

至2013年年底，日照市域行政区域界线尚有东港区与岚山区，东港区与莒县，岚山区与莒县三条行政区域界线尚未勘定。其中，东港区与岚山区界线全长152.616千米，共涉及双方9个乡镇105个村，东港区有4个镇45个村，岚山区有5个镇60个村；东港区与莒县行政区域界线全长17.381千米，共涉及双方2个镇10个村，其中东港区1个乡镇6个村，莒县1个乡镇4个村；岚山区与莒县行政区域界线全长38.845千米，共涉及双方4个镇35个村，其中岚山区1个镇19个村，莒县3个镇16个村。

第三节　省　界

苏鲁线（赣榆—岚山段）　日照市境内省域行政区域界线主要涉及江苏省赣榆县，1953年赣榆县由山东省划归江苏省管辖，并以绣针河为界，将原日照县汾岚区所辖的绣针河以南的12个村庄划归赣榆县。1998年5月，山东和江苏两省召开联合勘定苏鲁线第一次协商会议。2001年9月，山东省人民政府和江苏省人民政府联合上报《关于呈报〈江苏省人民政府与山东省人民政府联合勘定的行政区域界线协议书（第一号）的请示〉》。2001年10月，国务院给山东、江苏两省人民政府下达《关于同意江苏省与山东省人民政府联合勘定的行政区域界线协议书（第一号）的批复》，经过实地勘定的苏鲁边界线，苏鲁线（赣榆—岚山段）西起连云港市赣榆区、临沂市莒南县、日照市岚山区三县区3237055界桩交会点，向东沿苏鲁边界绣针河中心线至3237056、3237057界桩到陆海分界线止，涉及连云港市赣榆区柘汪镇，日照市岚山区碑廓镇、安东卫街道，共涉及双方3个镇（街道）27个村，其中赣榆区1个镇12个村，岚山区2个镇（街道）15个村，全长20.7千米，共埋设界桩5棵，界桩类型为大理石界桩。

鲁苏海域勘界　鲁苏海域勘界于2002年正式启动，至2013年尚未结束。2008年8月，山东省人民政府公布的《关于山东省海岸线修测成果的批复》，明确日照市海岸线起自两城河口的青岛—日照海域行政区域界线，止于日照市岚山区绣针河漫水坝桥与江苏省赣榆县接壤。日照市大陆海岸线总长为168.47千米。

第二编　自然环境

日照市地处黄海之滨，地貌类型多样，有平原、山丘、水域、湿地、海洋等丰富多样的自然景观。地势背山面海，中部高四周低，略向东南倾斜，最高点五莲县与诸城市交界的马耳山，海拔706.7米，最低点东港区东海峪村，海拔1～1.5米。境内河流纵横，水系发达，山地、丘陵、平原、水域相间分布，生态环境优美，依山傍海，山水共拥，日照充足，气候宜人。东部沿海绵延168.47千米海岸线上，有64千米海滩，滩平沙细，水清浪稳，素有“蓝天、碧海、金沙滩”之美誉，被誉为“东方的夏威夷”。

第一章　地　质

日照市位于新华夏系第二隆起带上，区内地层发育齐全，构造作用复杂，构造形式多样，岩浆作用强烈，岩浆岩分布广泛。

第一节　地　层

日照市地层区划属华北地层大区之晋冀鲁豫地层区，以安丘—莒县断裂为界，西部属鲁西地层区，东部跨鲁东地层区和胶南—威海地层区。

境内地层发育较齐全，自太古代至新生代地层均有出露，由老到新主要有太古代沂水岩群、泰山岩群，元古代荆山岩群、五莲群、土门群，古生代长清群、九龙群、马家沟群、月门沟群，中生代莱阳群、青山群、大盛群、王氏群，新生代第四系。由此组成了日照市辖区内复杂的地层系统，其中也蕴藏着丰富的矿产资源。如铁矿赋存于泰山岩群山草峪组、柳杭组地层中；水泥用灰岩矿赋存于寒武纪九龙群张夏组和奥陶纪马家沟群地层中；白云岩赋存于寒武—奥陶纪三山子组地层中；砖瓦用页岩赋存于白垩纪地层中。

太古代地层

太古代地层主要是中太古代沂水岩群和新太古代泰山岩群，分布于昌邑—大店断裂以西，沂沭断裂带内，分布比较零星，多呈残留体形式存在。

元古代地层

元古代地层主要为古元古代荆山岩群；中元古代五莲群；新元古代土门群。

古元古代荆山岩群　主要分布于岚山区巨峰、安东卫，东港区高旺庄、黄山前、黄山、大山、齐家沟等地，呈残留体状包裹于变质变形的侵入体中。为一套变粒岩、斜长角闪岩、石墨大理岩和片岩组合，规模较小。

中元古代五莲群　分布于五莲县城北海眼口村、孙家岭—南院、山王家庄—福禄井一带。为一套斜长角闪岩、黑云变粒岩、二云片岩、石英片岩、石英岩和大理岩组合。

新元古代土门群　零星分布于沂沭断裂带内,在莒县的佟家庄、洛河崖、碁山、肖家沟、大石河、浮来山等地均有出露。包括黑山官组、二青山组、佟家庄组、浮来山组和石旺庄组。为一套页岩、石英砂岩、砂岩、泥灰岩、灰岩、白云岩组合。

古生代地层

古生代地层在境内分布比较局限。寒武系、奥陶系主要出露在莒县东莞、碁山、洛河、浮来山一带。集中分布于安丘—莒县断裂以西,为一套海相碳酸盐岩,岩性以灰岩为主,白云岩次之,另有页岩及少量砂岩,主要是寒武纪长清群,寒武—奥陶纪九龙群,奥陶纪马家沟群。长清群和九龙群主要分布在莒县鸡山、金花山、碁山、虎山、北骡山及夏庄镇南北一带,浮来山—公婆山一带连续出露。长清群包含李官组、朱砂洞组和馒头组;九龙群包含张夏组、崮山组、炒米店组和三山子组;马家沟群主要出露东黄山组、北庵庄组、土峪组和五阳山组。

石炭纪月门沟群分布于莒县小官庄、宋家官庄村北和小野场村南,分布零散,出露不全。仅发育本溪组及少量太原组。在小野场村南出露在两条断层之间,以透镜体的形式存在,无顶无底。岩性为砾岩、含砾砂岩、泥岩夹灰岩透镜体。

中生代地层

中生代地层主要发育在沂沭断裂带内及胶莱盆地中,境内分布广泛,均为白垩系。主要为莱阳群、青山群、大盛群、王氏群。莱阳群包括林寺山组、止凤庄组、水南组、龙旺庄组、曲格庄组、成山后组、马连坡组;青山群包括后夼组、八亩地组、石前庄组、方戈庄组;大盛群包括小店组、大土岭组、马郎沟组、田家楼组、寺前组、孟疃组;王氏群包括林家庄组、辛格庄组、红土崖组。

新生代地层

新生代地层主要发育第四系,分布于境内山间盆地、冲沟、河流两侧、滨海地段等低洼处,分布广泛。各组地层均有出露,包括小埠岭组、于泉组、大埠组、黑土湖组、山前组、临沂组、沂河组,在东部沿海一带发育潍北组、旭口组、寒亭组。

第二节　构　造

日照市大地构造区划南北跨华北板块和秦岭—大别—苏鲁造山带两个一级构造单元,分布于鲁西隆起区、胶辽隆起区、胶南—威海隆起区三个二级构造单元之上。主要的三级构造单元有沂沭断裂带、胶莱盆地及胶南隆起。境内地质构造类型发育齐全,断裂、褶皱、韧性剪切带均有发育,地质构造复杂,前寒武纪结晶基底以不同方向、不同规模、不同层次的韧性剪切构造为基本构造格架,有多期次的褶皱叠加,中生代受沂沭断裂带活动的影响,脆性断裂十分发育,沂沭断裂带之安丘—莒县断裂、昌邑—大店断裂从日照市西部穿过,呈北北东向展布。该断裂带以东规模较大的断裂有呈北东向展布的船坊断裂、日照—青岛断裂。呈北东东向展布的五莲—青岛断裂,为一分划性断裂,构成了胶莱盆地和苏鲁造山带边界,控制并破坏了胶莱盆地内的白垩纪沉积。

市区内基地构造以褶皱为主,断裂系统属扭性构造体系,为“多”字形构造形式。境内主要褶皱结构于市区丝山变质杂岩体褶皱和甲子山变质杂岩体褶皱。其形态多为复式背向斜,如东西向丝山复式向斜和近南北向大旺山复式背斜。以等斜褶皱、倒转褶皱、紧密褶皱为特征,片理、片麻理与褶皱轴平行或基本平行，褶皱两翼地层往往缺乏对称性，背斜核部多系大山沟组地层或岩浆岩体组成，向斜轴部出露地层复杂，个别出露中生界地层。褶皱构造规模较大，是市区变质岩类地层的主要构造形式。

莒县境内构造主要为呈近北北东向深大断裂—沂沭断裂带和呈近东西向分布的次一级断裂构造。该组配套构造有些地段互相切割，形成棋盘构造。其地貌形态因受构造、岩性和气候所控制而使其多样。由于侵蚀构造作用，上升运动明显，水流侵蚀切割作用强烈，由此所造成坡峻较雄伟的低山地形，主要分布在县境北部、东部和东南部，基岩主要有花岗岩、片麻岩等酸性岩石或非石灰岩灰性砂岩构成。在构造剥蚀的作用下，平缓的褶皱并有火成岩的侵入，风化剥蚀作用强烈，构成了地形上的丘陵景观，主要分布在县境东北、西和南部，基岩为钙质和坡积洪积物。再是由于剥蚀、堆积两种作用的因素，造成了残丘和山前倾斜平原，以及因河流和山洪泛滥淤积造成了较大部分冲积平原，主要分布在沿沭河及其支流两侧地区，是为河流冲积洪积层。

五莲县处于胶南隆起区、胶莱中生代陆相火山盆地和沂水断裂带 3 个次级构造单元的结合部位。胶南隆起区位于县城东南部，约占全县总面积的一半。沂沭断裂带之昌邑—大店断裂，纵穿该县西北边缘地区，经过于里的小窑村、管帅村东河、汪湖镇的高化村，一直向北、北东向延伸，在五莲境内的长度约 24 千米。沂沭断裂带是一条深大断裂带，其活动始自太古代，直到现在仍有较强烈的活动；同时，其活动具有长期性、多次性和继承性等特点，对其两侧地形沉积环境、岩浆活动、构造运动、成矿乃至变质及混合岩化等起着控制作用，而且是一个活动枢纽和地应力集中释放带。

第三节　侵　入　岩

侵入岩即岩浆岩，境内侵入岩广泛分布在沂沭断裂带以东地区，岩石类型发育齐全，从超基性、基性、中性、中酸性、酸性至偏碱性均有出露，但以中酸性岩石占优势。时代自新太古代—元古代—中生代均有发育，其中以元古代—中生代侵入岩分布较广。

新太古代侵入岩

主要分布于沂沭断裂带内的汞丹山凸起区。分别为：新太古代晚期的南涝坡序列、峄山序列、沂水序列、傲徕山序列、红门序列。

南涝坡序列　分布于汞丹山凸起等地，规模较小，为基性—超基性的变辉长岩、变角闪辉长岩等。岩石大都已发生变质变形和混合岩化。

峄山序列　分布于汞丹山凸起区，规模很小，主要岩性为花岗闪长岩、石英闪长岩、二长花岗岩系列。岩石大都已发生变质变形和混合岩化。

沂水序列　区内出露雪山单元，岩性为中粒紫苏花岗闪长岩，规模较小，遭受了变质变形和混合岩化作用。

傲徕山序列　区内出露蒋峪单元和条花峪单元（杜家岔河），岩性分别为条带状中粒黑云二长花岗岩和弱片麻状中粒含黑云（角闪）二长花岗岩。

红门序列　主体岩性为石英闪长岩、石英二长岩，侵入体一般较小。

元古代侵入岩

主要发育古元古代莱州序列、中元古代海阳所序列及新元古代荣成序列、月季山序列、铁山序列。

莱州序列　岩性为变辉石角闪石岩、变辉长岩，出露零星，规模小。

海阳所序列　发育通海单元、烟墩山单元和老黄山单元。岩性分别为变辉石橄榄岩（滑石化蛇纹岩）、中细粒变辉石角闪岩、中细粒变辉长岩（斜长角闪岩）。分散出露于沂沭断裂带以东地区，多呈简单侵入体产出。由于受后期岩浆侵入及构造改造作用，多呈一个个小透镜体。日照市蛇纹岩矿即产于通海单元中。

荣成序列　主要分布在岚山区黄墩及东港区范围内，早期岩性为闪长质片麻岩类，晚期为二长质片麻岩类。

月季山序列　广泛出露于岚山区、东港区和五莲县等地，早期岩性为含角闪二长质片麻岩类；晚期为含角闪黑云二长花岗质片麻岩。该序列岩石是日照市建筑用花岗岩、饰面花岗岩矿的主要资源。

铁山序列　主要分布在岚山区老爷顶和黄墩镇，东港区三庄镇竖旗山和五莲县等地。早期岩性为正长质—正长花岗质片麻岩类；晚期为含霓石碱长花岗质片麻岩类。

中生代侵入岩

日照市地处环太平洋岩浆活动带，中生代以来岩浆活动强烈，中生代侵入岩大都处于断陷的边缘及构造交会部位，形成一系列中性、中偏碱性、碱性、中酸性浅成—超浅成侵入岩。其形态呈岩株、岩床、岩脉状等，规模不等，受构造控制，集中分布于五莲、东港等区域，与本区热液充填型金、铜、铅锌、重晶石矿成矿关系密切。

中生代侵入岩主要发育印支期柳林庄序列、燕山早期玲珑序列、燕山晚期伟德山序列、大店序列和崂山序列。

柳林庄序列　主要出露于五莲县街头、岚山区黄墩和东港区南湖等地，岩性主要为角闪石岩、闪长岩和二长闪长岩类。

玲珑序列　分布于东港区南湖等地。岩性主要为弱片麻状细粒含石榴二长花岗岩、中粗粒二长花岗岩。

伟德山序列　主要分布于五莲县王世疃、东港区石臼等地。岩性以花岗闪长岩、二长花岗岩为主。

大店序列　主要分布于莒县南部寨里河一带。为一套正长岩序列，岩性为角闪石英正长岩、石英正长岩。

崂山序列　主要分布于东港区北部两城、五莲县东部松柏—魏家等地。岩性主要为晶洞二长花岗岩、正长花岗岩。

第二章　地　貌

日照市属鲁东丘陵带，总的地势背山面海，中部高四周低，略向东南倾斜，境内广泛发育着低山丘陵及剥蚀平原。其中，山地占总面积的17.5%，丘陵占57.2%，平原占25.3%。东部属胶东丘陵；西部为泰沂山脉系，大多呈东南、西北走向；北部山脉多呈南北和西南、东北走向；中南部有7条互不衔接的山脉，走向各异。境内最高点为五莲县境内马耳山，海拔706.7米；最低点为日照经济技术开发区东海峪村，海拔1~1.5米。

市区（东港区、岚山区）整个地形西北部、西部较高，东部和南部较低。最高桥子山海拔656.9米；最低海拔1~1.5米，位于日照经济技术开发区东海峪村。西部和西北部多为低山丘陵，间有少量沟、河谷平地，东部和南部多山前、岭间、沿河、滨海平地，间有剥蚀丘陵和岛状低山丘陵。

莒县地势北高南低，地形复杂多样，综合地面坡降约1/1000～1/800。四周山丘环绕，中部平原和洼地相接，有大小山头450余座，大多呈南北走向。东有屋楼崮、桥子山，海拔600米左右；西有洛山、浮来山，海拔200米有余；南有马鬐山、老营顶，海拔都在500米以上；北有碁山、金华山等，海拔400米以上。天然形成四周高、中间低，南北狭长的长槽地形，沿沭河两岸为冲积平原区。莒县大部分水库、塘坝分布在四周山丘地区。

五莲县系多山地区，崂山支脉自东北向西南贯穿全境，泰沂山余脉自西延伸至境内，构成由东至西穿越全境的马蹄形隆起带，形成中部低山隆起，南北两向倾斜，河水呈放射状四周分流的地势特征。地势为中间高、四周低。主要地貌类型有山脉、丘陵、平原。沿隆起带两侧，分布着九组较大的山群，海拔100米以上的山有103座，其中海拔500米以上的24座。境内海拔平均为175米，马耳山为该县最高峰，海拔706.7米；最低在潮河镇丹土村以东，海拔18米。

第一节　山脉　山峰

日照市西部为泰沂山脉，大多呈东南、西北走向；北部山脉多呈南北和西南、东北走向；中南部有7条互不衔接的山脉，走向各异；东部属胶东丘陵。境内共有大小山头4358座。海拔500米以上的山峰39座，其中海拔600米以上的山峰共13座，依次为马耳山、九仙山、卢山、马鬐山、桥子山、河山、平垛山、七连山、大青山、尖垛山、垛子崖、十八顶山、会稽山。

马耳山　位于五莲县东北，横跨户部、许孟、松柏3个乡镇，其东北麓延伸至诸城市境内。因山西端主峰二山尖突兀并峙，形如马耳，故名。《水经注》载："马耳山高百丈，上有二石并举。"东西走向，属泰沂山脉，由片麻岩、花岗岩构成，山势陡峭，主峰海拔706.7米，面积40平方千米，为境内最高山峰。有五老峰、松朵峰、鸽崖峰、仙人洞、龙王泉、隐龙寺、石龙寺、齐长城等。马耳山自古有名。据唐代文人萧颖士《马耳山记》记载，仙人洞曾为东晋人葛洪隐居炼丹之地。隐龙寺、石龙寺为北魏正光时所建，至清末仍完好，今已废，仅存遗址。山脊处有横亘绵延的齐长城。《水经注》记载："山上有长城，西接岱山，东连琅琊巨海，千有余里，盖田氏所造也。"《竹书纪年》记载，"齐长城"为周显王十八年（公元前351年）筑建。宋代文人苏轼知密州有"试扫北台看马耳，未随埋没有双尖"诗句吟咏此山。山上有松树、刺槐、桲椤、苹果、山楂等树木，森林覆盖率60%。

九仙山　位于五莲县松柏、街头、户部、叩官4个乡镇交界处，与五莲山并峙。清《山东通志》载有"汉明帝时，有九老人饮酒万寿峰下，一日同化去"而成仙的神话，以此得名。山系为东南、西北走向，由花岗岩构成，面积54平方千米。其主峰卡山垛海拔697米，群峰叠峦，逶迤起伏，陡壁悬崖，气势磅礴。据史料记载，宋代文人苏轼以为此山"奇秀不减雁荡"。东与五莲山隔壑并峙，西连卧象山，南抱牌孤山；向西延伸为哑巴山、平山、长里崖。山上曲径回绕，林木青翠，有松树、柞树、刺槐、板栗、苹果等近百种树木，森林覆盖率达70%以上，有多种药材，蕴藏铜、铁等矿产。山北麓的白龙潭，为天然矿泉水。2013年，被省国土资源厅批准为省级地质公园。

马鬐山　位于岚山区中楼镇与莒南县交界处。海拔662.2米，面积25平方千米。气势雄伟，远望如烈马扬鬃，近看群峰并峙，似巨兽拼搏，浔河绕山，三面临水。《重修莒志》载："马鬐山州南60里，以形似名。"此山是记入《宋史》、载于《齐乘》、见之《齐东野语》的名山。古人有诗云："常把芙蓉况好峰，几多峰好傀芙蓉。马鬐秀色参天起,真个芙蓉几万重。”北宋名儒杨光辅曾居此攻读,南宋红袄军曾据此抗金,元末红巾军曾在此集结反元。

河山 位于东港区河山镇,“以其为境内众河之源因名”(见清·康熙十一年《日照县志》)。走向为北偏东25度,绵亘20余千米,主峰海拔628.8米,高度为日照东部沿海群山之首,常见云雾缭绕,有“河山戴帽,三天雨到”之说(清·康熙十一年《日照县志》载“山上有石洞吐云”)。主峰周围山势陡峭,岩石裸露,山顶较平,向北延伸至两城河,向南至烟墩岭、大古城一带。山体主要由花岗岩构成,林木覆盖率在85%以上。主峰以北200米以上的山头10余个,主要有小河山、相家埠西山等;主峰以南200米以上的山头20余个,主要有崔家山、城山、黄山;河山的东南分支有望台山、三柱山等。

七连山 又名观澜山,位于五莲县洪凝、松柏、街头3个乡镇(街道)接合部,因有7个形态不一的山峰相连而得名。主峰单山峰海拔625米,面积15平方千米。南部的双山峰海拔620.8米,北部的牛头山峰海拔550.9米。境内群山连绵,谷深景幽,东临狭长的南北沟,南有单山、双山、驼儿山,北面错落分布着牛头山、大马鞍山、母山、古存山、寨子山,西有玖山、过峡山、野虎山。西越野虎山麓的杨家庵即为青山群,北经古存山北的朱家岭与分流山群相连。其中大滴水瀑布被称为“鲁东南第一瀑布”,清·光绪十二年(1886年)版《日照县志》载:“山阴石崖壁立,有瀑布悬流。”山上有松树、刺槐、板栗、桲椤等树木。

大青山 清·康熙十一年(1672年)《日照县志》称作大清山,亦称大青山,位于五莲县洪凝街道与街头镇、石场乡交界处。因山峰耸立,林木葱郁而得名。属花岗岩构成的嶂谷型自然景区,面积6平方千米,主峰海拔619.4米。东面有连接七连山群的野虎山,南面有万佛山、大座石子、团山、脉垛山、尖垛山、平垛山、万宝山,万宝山以西为芦山群,向西有古山、高耳垛、千金山,经古山西北与横山群相连。山上生长松树、桲椤、柏树、槐树、柞树、板栗、苹果树等。

十八顶山 位于五莲县石场乡山庄村南,以山上有十八盘得名。面积2平方千米,海拔614米。树种主要有松树、柞树。

会稽山 位于东港区河山主峰西北,北与五莲县交界。因山上两峰隆起并对立,如二人稽首相会得名。走向为北偏东10度,山势陡峭,主峰海拔611.9米,其海拔200米以上的山头近20个,面积为10平方千米。主要有磨盘山、双湖山、石山子、马陵山等。山体为花岗岩组成。山西麓的空冲水北山岩缝中,有一悬流滚珠溅玉,从空降下,空冲水村即以此为名。据传越王勾践自会稽徙都琅琊登此山,故有会稽之称(清·康熙十一年《日照县志》载“相传越王登此号小会稽”)。《越徙琅琊考》记载:“自赣榆北七十五里,即达山东之日照,县北四十里有会稽山,县志相传,越王尝登此,号小会稽。”又有传说,大禹曾会诸侯于会稽山。

丝山 位于市区北部,西与河山对峙;因“山崖悬流如丝,故名”(见清·康熙十一年《日照县志》;《读史方舆纪要》说“山形陡绝,悬溜侵崖,如丝缕然”)。走向为北偏东25度,主峰海拔412米。西侧有250米以上的山峰3座;东支的主要山峰为大石壁山;南支主要山头为庙山;由主峰向东北延伸的主要山峰为朱岭山。主要山脉由混合岩构成。

甲子山 位于岚山区黄墩镇东南部、巨峰镇北部,西与临沂市莒南县交界,走向为北偏东70度,海拔480米。此山峰峦高耸,山势险峻,怪石林立,山顶两峰,耸立如角,故名角子山(见《金史》)。因方言“角”与“甲”近音,后演化为甲子山。山势呈东西走向,主峰雉鸡峰巍峨险要,周围有大小山头180余个,其中东侧的北垛海拔515.1米,与东南侧的韩家垛连在一起。四望群山连绵起伏,山中树木葱郁,继续东延有翁城山等;西支主要山头有浮棚山(浮蓬山)。山南部有“孙膑洞”“千年银杏树”“鬼谷子庙”“点将台”“试牛犁”等景点。抗日战争时期,1942 年 8—12 月,八路军一一五师、山东纵队所部曾协助新一一一师在此先后进行三次甲子山反顽战役,战役遗址至今犹存。

屋楼山　又名石伞山、石楼山、五楼山、屋楼崮。位于莒县城东。为《战国策・齐策》所载“城阳山”的一山。海拔 473 米,面积 3 平方千米。其北麓陡险,峭壁如削,或谓清康熙七年(1668 年)大地震时所形成。山由南大崮、中二崮、北三崮 3 座峰组成。西南麓有壁峰挺立,高 10 余米,峰壁底端岩隙中涌水若泉,清而甘,终年溢而不涸,下潴为潭,俗称“神泉”。《史记・封禅书》称之为“四时主”或“日月之所出”的琅琊诸山之一,也是莒地先民“山头纪历”的测日点。

五莲山　古称为五朵山,位于五莲县东南部,属九仙山群,方圆 13 平方千米,有五峰相望,主峰五莲峰海拔 515.7 米。全山共有大小 28 座峰,形奇势伟,秀丽多姿。山上植被茂密,尤以杜鹃花为胜。明万历年年间,朝廷资助修建的“护国万寿光明寺”是山东四大名寺之一。2013 年被省国土资源厅批准为省级地质公园。

磴山　位于岚山区虎山镇西北部,呈南北走向,海拔 358 米。山体主要为花岗岩片麻岩组成。有大小山头 90 余个,东侧有凤凰山(古称烽火山);向南的最高峰大旺山,海拔 410 米。继续南伸为白门、黄家峪东山、崔景阳东山、虎山等。

阿掖山　又名老爷顶。清・光绪十二年版《日照县志》载:“《方舆纪要》‘掖’作‘夜’。谓临海雾气常昏如夜,因名。”位于岚山区岚山头街道北侧、安东卫街道东北侧,东临黄海,总面积 15 平方千米,主峰老爷顶海拔 314.8 米。前侧南炮台、北炮台左右双峰争出,形如笔架,故又名笔架山。西北有官山、鹰山、轿顶山,南有岚山。山体由片麻岩组成。清・康熙十一年《日照县志》载,“山东北上元寺朝碑记存焉”。

圣公山　古称小儿山,位于岚山区碑廓镇北部。呈东西走向,南起鸡冠山,西靠莒南县,东至韩家山,主峰海拔 295.7 米。古时曾流传在此山下“儿童项橐三难孔子”的故事,《三字经》有“昔仲尼,师项橐”的记述。

奎山　位于日照经济技术开发区南部,东濒黄海。清・康熙十一年《日照县志》称作“聚奎山”,《山东通志》称作“圭山”,《齐乘》称作“孤奎山”。主峰(莲花峰)偏北,海拔 230.7 米,周围较为开阔、平坦,一峰独树一帜,拔地而起,势如笔锋。因其北拱县治,古时又称“文笔峰”(清・康熙十一年《日照县志》有“县之文笔峰”一说)。山体为花岗岩组成,峰北巨岩屹立,陡险难攀。峰顶处有“莲花盆”,峰前平坦处有旧庙寺遗址。传为光绪十年重修的聚奎庙玉皇殿,庙址正北为人工凿成的“白云洞”,附近尚有点将台、天池、八戒洞等遗迹。

浮来山　又名浮丘,位于莒县城西 9 千米,海拔 298.9 米,处莒西平原尽头,扼莒县、沂南两界。据史料记载:“春秋隐八年,‘公及莒人盟於浮来。’”在莒县城登高西眺,浮来山呈平地崛起之势,有水上浮来之感。浮来峰、佛来峰和飞来峰三峰鼎立,拱围相连。山上有树龄 3300 余年的银杏树和校经楼。

第二节　丘　陵

日照市丘陵广布,占市域总面积的 57.2%,与山地、平原相间分布。

市区海拔高度在 100 米以上、相对高度大于 90 米,具有明显的山顶、山坡和坡麓三部分组成的山丘区域,占市区总面积的 56.76%。按坡度大小,分别划分为 15 度以上的山岭陡坡、8~15 度的山岭中坡和小于 8 度的山岭缓坡三个地貌单元。其中,坡度在 15 度以上的山岭陡坡,占总面积的 9.84%;坡度在 8~15 度的山岭中坡,占市区总面积的 7.81%;小于 8 度的山岭缓坡,占市区总面积的 39.11%。山岭陡坡土壤系棕壤土,耕地很少,土层浅薄,局部有零星裸岩,水土流失比较严重。山岭中坡主要分布在山岭陡坡的下部和部分丘陵的中上部,以棕壤性土为主,局部棕壤多为梯田,农林兼用,水土流失较为严重。山岭缓坡主要分布在低山丘陵的坡麓部分、山岭中坡下部的缓丘地带。土壤多属棕壤,局部有白浆化棕壤,是市区粮、油、果、茶主要产地。剥蚀丘陵一般海拔在高度10~70米(一般不过100米),地面坡度为1~3度(一般不超过5度)的缓坡小岭,占市区土地总面积的15.21%。主要分布于日照街道、河山、秦楼、高兴、巨峰、汾水、碑廓、奎山、两城等市区乡镇街道。土壤为片麻岩、花岗岩风化而成,以白浆化棕壤为主,其次为棕壤性土。

莒县境内200米以上的低山有450座,主要分布在县境西部、东部和东南部,面积258.7平方千米,占全县总面积的13.25%。一般地面坡度大于15度。基岩主要由花岗岩、片麻岩等酸性岩石和非石灰性砂页岩构成;土壤多属棕壤土,土层厚15~30厘米,表土砂砾较多,土质疏松,地下水贫乏。全县丘陵面积1198.70平方千米,占境域总面积的61.35%,主要分布在县境东北、西南、西北和东南部,较大的山岭820条,分布情况大体与上述相同。丘陵地总平均海拔140米左右,地面坡度在10~15度。基岩为钙质岩和坡积洪积物构成,富水性差;土壤多属褐土亚类,质地沙多土少,多为壤质和砂质。

五莲县以低山丘陵为主,面积为537.60平方千米,约占全县总面积的35.8%。大多是低山延伸部分,为地面起伏和缓的波状丘陵,一般在海拔100~200米,谷宽坡缓。

第三节 平 原

日照市域内平原系堆积地形,占市域总面积的25.3%。按地形分为岭下平地和岭下低平地两个地貌单元。

市区平原占市区总面积的28.03%,主要分布于山前平地、岭间平地、沿河谷地坡度小于1度地域。成土母质为洪积物和冲积物。其中,岭下平地占总面积的16.01%;岭下低平地面积占总面积的5.52%。岭下平地主要分布于山前和岭间平地的中上部及沿河、河谷平地,地势倾斜缓平,排水条件好,一般不受涝灾危害。土壤由洪积、冲积而成,主要为潮棕壤、河潮土、水稻土,局部有白浆化棕壤,是市区粮食作物高产区。岭下低平地主要分布于山前平地的肩缘与背河、岭间平地的低洼处,灌溉条件较好,排水条件较差,有季节性涝灾。土壤类型多属潮土、水稻土、河潮土,少部分为潮棕壤土,多是稻麦种植区。滨海平地占总面积的1.90%;滨海低平地占总面积的3.76%。滨海平地主要分布于东部沿海低洼缓平地及河流入海口,海拔高度3米以上,成土母质为海相沉积和河流沉积物。因地势低平,有季节性涝灾,不受海水侵袭危害。土壤为滨海潮土和水稻土,以粮食作物为主。滨海低平地主要分布于海拔3米以下的海相沉积物上。地势低平易涝,有时还受海水侵袭,土壤属滨海潮土、滨海盐化潮土、水稻土、滨海潮盐土和滨海滩地盐土。另有滨海沙岗,分布于沿海乡镇,呈带状分布,是天然防潮堤,可作林业用。

莒县平原分布于县境中部沿沭河及其支流两侧的狭长地带,面积495平方千米,占全县总面积的25.40%。土层深厚,土质为冲积洪积层,表土多系壤土。地势平坦,坡度小。土壤属河潮土和冲积黑土,地下水储量丰富,埋深1~3米。其低平洼地大都分布于城阳、陵阳、浮来、阎庄、刘家官庄、峤山、招贤、店子集等乡镇的平原地带,为冲积物土属,面积46.25平方千米,占县内平原面积的9%,占全县总面积的2.30%。土壤为水稻土,地表为轻壤和中壤土,底部多为黏土,地下水比较丰富,埋深1~2米。1963年稻改后,这部分土地成为莒县主要稻作区。

五莲县平原面积为213.2平方千米,占全县总面积的14.20%。境内北部的许孟、院西、汪湖、于里等乡镇,地势较平坦,有分散的小块平原。该平原大部分是由潍河及其支流洪积形成的山麓冲积平原或剥蚀堆积平原,地面坡度较大,土层较厚。沿潮白河由叩官乡到潮河镇及街头河下游,分布着宽窄不一的带状河谷小平原,地表多为潮土。

第三章　水　文

第一节　水 流 域

全市域内沟壑发育,水系发达,河流纵横交错,分属三大水系,即沭河水系、潍河水系和滨海诸小河水系,发育有沭河、傅疃河、潍河等较大河流。除潍河流入渤海外,其余流入黄海。有较大河流 19 条,总长 1177 千米,境内河长 709 千米,总流域面积 1.73 万平方千米。其中,流域面积 1000 平方千米以上的河流 3 条:潍河、沭河和傅疃河。傅疃河是全流域在市境内的唯一大河,流域面积 1058 平方千米。境内流域面积在 100 平方千米以上的河流有 21 条,流域面积超过 50 平方千米的河流有 46 条。境内河流受地形影响,多属山溪性河流,源短流急,雨季洪水暴涨暴落,枯季水量小,甚至干涸。

第二节　水文特征

日照市由于紧靠沿海,受海洋性气候影响较大,雨热同季,且一年四季分明,春季干旱多风少雨,回暖迟缓;夏季温热,雨量集中易成涝;秋季凉爽温差大,晚秋易旱;冬季干燥无严寒,雨雪稀少。

夏季以南风、东南风为主,冬季以北风为主,多年平均风速 3.5 米/秒。

多年平均蒸发量 1085.60 毫米,5—6 月蒸发量最大。多年平均无霜期 226 天,多年平均日照时数 2503 小时,多年平均相对湿度 72.7%,多年平均干燥度 0.91~0.97。

境内水汽来源,主要是西太平洋低纬度暖湿气团的侵入和台风、台风倒槽及东风波输送的大量水汽。但境内降水量时空分布不均,区域、年际变化较大。年中降水多集中于汛期(6—9 月),汛期降水量占年降水量的 72.7%。受降水丰枯变化影响,全市旱涝灾害几乎每年都有发生,总的特点是春旱、夏涝,晚秋又旱,且旱灾发生的概率和范围均比洪涝灾害大。

第四章　海　域

日照市大陆海岸位于黄海中部,岸线总方向受断裂构造线控制,呈北北东—南南西走向,至岚山头再折向西。日照海岸类型有两类:一是沙坝(包括风成沙丘)——潟湖海岸,以万平口、涛雒为典型;二是山地基岩港湾海岸,以石臼、岚山为典型,形成岬湾相间的海岸类型,是日照海岸带特有的景观。日照市海域面积6000平方千米,浅海水域广阔,海洋资源开发利用潜力很大。

第一节　水域环境

日照市近岸海域水质保持在国家一类标准。从1992年开始,对近岸水质进行过57个站位较系统的监测,其水质主要情况是:无机氮测值范围为0.007~0.288毫克/升,98%的监测值都符合一类海水水质标准。活性磷测值范围为0.002~0.0225毫克/升,96%的监测值符合一类海水水质标准。化学耗氧量测值范围为0.717~2.84毫克/升。其中,80%的站位测值符合一类海水水质标准,其余20%的站位都符合二类海水水质标准。石油类监测平均值为0.0137毫克/升,汞监测平均值为0.006毫克/升,各站位均符合一类海水水质标准。铅监测平均值为0.55毫克/升,96%的站位符合一类海水水质标准。

日照区域海洋主要沉积物类型为泥沙,所有监测站位各沉积物质量均符合国家一类或二类海洋沉积物质量标准。海域底质有机质除受陆源影响外,也受底质沉积物类型的控制。底质中有机质的含量总体上不高,近海底质中油类含量普遍很低,监测值在0.1~45.0毫克/千克干重范围内,平均值为3.74毫克/千克。日照近海底质调查的重金属为镉、汞、铅、铜,其平均值分别为16.16毫克/千克、0.257毫克/千克、0.014毫克/千克、17.70毫克/千克。海域底质污染物除个别站位污染因子指标指数相对较高外均不超标,整体底质环境质量良好。

2013年,全市近岸海域海水中无机氮、活性磷酸盐、石油类和化学需氧量等指标综合评价结果显示,近岸海域以清洁海域为主,海域清洁面积5440平方千米,占近岸海域总面积的90.70%。未达到清洁海域的面积约560平方千米,其中较清洁海域约520平方千米,轻度污染海域约40平方千米,轻度污染海域主要位于岚山港区外部海域,主要污染因子为无机氮。海洋沉积物状态,全市近岸海域海洋沉积物质量状况总体良好;沉积物粒度指标保持稳定,北部沿岸以粉砂为主,南部沿岸以黏土质粉砂为主;所有监测站位各沉积物质量均符合《海洋沉积物质量》(GB 18668—2002)一类海洋沉积物质量标准,其中沉积物中镉、铬、砷和石油类的标准指数相对较高。沉积物中有机碳的含量较2012年升高,其他主要污染指标(硫化物、锌、铬、总汞、铜、镉、铅、砷、石油类)的污染水平与2012年基本持平。日照市近岸海域海洋生物多样性水平较高,呈现出夏、秋季生物多样性指数高,春季生物多样性指数低的季节性规律;整体海洋生物物种分布较均匀,群落结构稳定。

第二节　海岸　港湾

海岸　日照市海岸线全长168.47千米,其中沙滩长64千米。浅海水域广阔,可利用海域面积6000平方千米,-10米等深线以内的浅海10万多公顷,-20米等深线以内的浅海20万公顷。大陆海岸线按海岸地貌特征,自北向南可划分为以下五种海岸类型:海湾填充型河口三角洲平直海岸、基岩岬角与海湾相间的凸突海岸、河口三角洲突滩海岸、沙坝(包括风成沙丘)—潟湖海岸、基岩岬角海蚀海岸。

港湾　日照海岸有多处优良港湾,且多为岬湾相间格局分布,湾阔水深,不冻不淤,岸线顺直,具有建设深水大港的天然优势,因此境内港湾多用于建设深水港区或大小不一的渔港。石臼湾和海州湾是山东半岛南端沿海独有的半封闭型港湾,石臼咀至奎山咀两个天然岬角环抱形成的耳形港湾内建设有日照港石臼港区,海州湾北部佛手咀附近的海湾内建设有日照港岚山港区。日照沿海岸岬角众多,自北向南依次有任家台、龙山咀、石臼咀、奎山咀、岚山头。东港区秦楼街道大泉沟村南龙山南嘴岬角处的港湾内，建设有大泉沟渔港。秦楼街道东北部沿海任家台嘴内侧小型港湾内，建设有任家台渔港，东部沿海龙山北嘴岬角内侧的小型港湾内，建设有张家台渔港。

第三节　岛　屿

日照市沿海岛屿少而礁多，根据山东省人民政府2013年12月公布的《山东省海岛保护规划(2012—2020年)》，日照市共有海岛、岛礁22处，岛屿面积0.42平方千米。主要有沙北头岛、小古城岛、沙南头岛、桃花岛、猫石岛、站石岛、东港石人岛、太公岛、小长栏岛、海上碑、小参礁、大参礁、平岛、双尖礁、达山岛、达东礁、车牛山岛、牛角岛、牛身岛、牛背岛、牛尾岛和牛犊岛等。由北向南，大的海岛主要有桃花岛、太公岛、平岛、达山岛、车牛山岛、牛角岛、牛背岛、牛尾岛等。

近海岛屿

桃花岛　俗称“逃活岛”“逃活栏”，位于龙山咀东，李家长栏南端东侧0.25千米，距离大陆最近点距离0.54千米，北纬35°28′、东经119°36′，东西最宽87米，南北长116米，岛屿面积0.02平方千米，是日照市著名的近岸海岛，该岛80%面积为岩礁群，经上千年海浪的淘凿，形成了各具形态礁石群自然景观。该岛为2010年《中华人民共和国海岛保护法》颁布实施后，山东省唯一拥有无居民海岛使用权证书的旅游娱乐用岛。

太公岛　曾称出风岛，位于石臼咀北6.5千米，是日照市近岸海岛之一。此岛西缓东陡，海拔4.6米，整个岩礁连绵东下，岛长1千米，宽0.8千米，岸线长2.1千米，西端与沙岸相接。此岛是典型的潮汐岛，平时半隐于海面以下，退潮后整座岛礁显现出来，礁石区域沟罅嶙峋，适宜牡蛎、贻贝等海洋生物生长，其中牡蛎资源最为丰富，礁石区牡蛎覆盖率达95%以上。

前三岛

前三岛位于北纬34°58′~35°10′、东经119°47′~119°57′之间的海州湾内，由平岛、达山岛、车牛山岛3个岛为核心的12个岛、礁①组成，面积共0.356平方千米。因地处日照东南方，按习惯南为前，日照人民故称为“前三岛”，又称“三岛”。清·康熙十二年(1673年)《安东卫志》卷六纪云“看日出扶桑，观海市三岛甚胜地也”。② 前三岛平均水温14.0℃；潮汐最大流速131厘米/秒，盐度变化小，系一类海水水质；海底地貌主要由基岩海蚀平台-陡坡、水下渡积坡-堆积斜坡、水下侵蚀堆积平原3种类型组成，近海1千米外为细砂底质，适合打桩进行筏式养殖。

平岛　又称平山岛，古称曲福岛③。位于北纬35°08′、东经119°54′。东西走向，顶部较平缓，海拔46米，西有双尖礁，东有大参礁、小参礁，面积共0.1564平方千米，岸线长2.7千米。距日照港石臼港区42千米处、岚山港区49.6千米。清·乾隆元年编修的《山东通志》将平岛列为山东所属84个岛之首。

达山岛　又称达念山岛，位于北纬35°00′、东经119°53′。南缓北陡，有东西两峰，海拔48.7米，面积0.1334平方千米，岸线长1.92千米。距日照港石臼港区52.2千米，岚山港区48.8千米；距车牛山岛6.8

---

① 见中国地名委员会1985年4月27日《对山东省日照县岛、礁地名的批复》(〔1985〕中地字第4号)。

② 见清·康熙十二年《安东卫志》卷之第六文苑.“上寺在阿掖山之东，即卫景山寺晨钟处也……骚人墨客多宴饮斯，看日出扶桑，观海市三岛甚胜地也”。

③ 见清·乾隆元年(1736年)《山东通志》卷二十。

千米,距平岛 15.1 千米。

车牛山岛　位于北纬 34°59′、东经 119°49′。略呈平行四边形,四壁陡峭,海拔 67.9 米,面积 0.0662 平方千米,岸线长 1.15 千米。据清·康熙十二年(1673 年)《安东卫志·山川》纪云:“车牛山前小后大,远望如牛引车状故名。”清光绪十二年(1886 年)《日照县志·疆域·海口》(卷一)云:“岚山头口沙洲汇处可通商舟,东近车牛山,山形如牛引车,故名,为汛海必经之道。”因孤岩耸立,日照渔民又称“尖山”“尖子山”。距日照港石臼港区 51 千米,岚山港区 42 千米。

牛角岛　位于车牛山岛西南 1400 米,略呈椭圆形,海拔 13.8 米。

牛背岛　位于车牛山岛西南 1200 米,西北东南走向,东西端高、中间洼,大潮时有 140 米段被淹没。

牛尾岛　位于车牛山岛西南 400 米、牛背岛东北 800 米,南宽北窄,略呈三角形。

第四节　海洋水文特征

日照海洋水文特征,不仅受季风气候影响,而且与陆上河川入海径流及近邻海域的水文条件关系密切。

温度

平均水温　日照近岸海域水温受气候影响,季节变化明显。表层水温夏季最高,秋季、春季次之,冬季最低。近海表层水温累年平均值为 14.3℃,年平均表层水温最高为 17.4℃(1995 年),最低为 13.0℃(1969 年)。一年中 7—9 月为月平均水温最高季节,其中 8 月表层水温最高,其值为 26.5℃。历年各月平均水温最高为 29.0℃(1995 年 8 月)。1 月、2 月为月平均水温最低月份,其中 2 月水温最低,其值为 2.9℃。历年各月平均水温最低值为 0.2℃(1969 年 2 月)。平均年变幅为 24.0℃。通常 3—8 月为升温期,以 4—7 月升温最快,平均速率为 4.8℃/月;9—12 月为降温期,以 10—12 月降温最快,平均速率为 5.9℃/月。

极值水温　最高水温极值为 31.8℃(1962 年 7 月 30 日),次值为 30.4℃(1995 年 8 月 6 日);最低水温极值为-1.6℃(1969 和 1977 年 1 月),次低为-1.4℃(1967 年 1 月)。

盐度

日照近海累年平均海水盐度为 30.36,历年变化范围为 28.49~31.16。一年中 2—6 月为高盐期,尤以 4 月最高,为 30.63;8—10 月为低盐期,最低为 10 月,为 29.29。总体上呈现由近岸向外海逐渐升高的趋势。历年极端最高盐度值为 31.89(出现于 1969 年和 1979 年),历年极端最低值为 20.93(出现于 1963 年)。

潮汐

按主要日分潮和半日分潮平均振幅比值划分,日照海区属正规半日潮区,主要受海州湾外南黄海半日无潮系统(无潮点位于北纬 34°35′,东经 121°12′)的控制,半日潮波绕无潮点作逆时针方向旋转运动,在鲁南沿岸、海州湾沿岸波锋线由北向南传播,发生高潮时间北早南迟。日照海域南北相距约 100 千米,一天内同一高低潮的出现时间呈北早南晚现象,相差近半小时。石臼港高潮时间比青岛港落后约 1 小时,比连云港提早约 45 分。累年平均潮差为 303 厘米,平均潮差的年变幅为 13 厘米,累年最大潮差 523 厘米。

日照海域石臼海区潮汐特征比值为 0.34,岚山海区的潮汐特征比值为 0.32。石臼海区历年平均潮位为 262 厘米(当地验潮零点起),各月平均潮位为 243~285 厘米,最大值出现在 8 月,最小值出现在 1

月。平均落潮历时 6 小时 34 分，平均涨潮历时 5 小时 52 分，历年平均潮差 299 厘米。岚山海区历年平均潮位 300 厘米（当地验潮零点起），平均落潮历时 6 小时 45 分，平均涨潮历时 5 小时 54 分，历年平均潮差 344 厘米。

日照市海域涨退潮汐时间一览表

（石臼海区灯塔附近）

表 2-1

日期(农历)	涨潮时间(低潮)	退潮时间(满潮)	涨潮时间(低潮)	退潮时间(满潮)
初一、十六	0 时 48 分	7 时 00 分	13 时 12 分	19 时 24 分
初二、十七	1 时 36 分	7 时 48 分	14 时 00 分	20 时 12 分
初三、十八	2 时 24 分	8 时 36 分	14 时 48 分	21 时 00 分
初四、十九	3 时 12 分	9 时 24 分	15 时 36 分	21 时 48 分
初五、二十	4 时 00 分	10 时 12 分	16 时 24 分	22 时 36 分
初六、二十一	4 时 48 分	11 时 00 分	17 时 12 分	23 时 24 分
初七、二十二	5 时 36 分	11 时 48 分	18 时 00 分	0 时 12 分
初八、二十三	6 时 24 分	12 时 36 分	18 时 48 分	1 时 00 分
初九、二十四	7 时 12 分	13 时 24 分	19 时 36 分	1 时 48 分
初十、二十五	8 时 00 分	14 时 12 分	20 时 24 分	2 时 36 分
十一、二十六	8 时 48 分	15 时 00 分	21 时 12 分	3 时 24 分
十二、二十七	9 时 36 分	15 时 48 分	22 时 00 分	4 时 12 分
十三、二十八	10 时 24 分	16 时 36 分	22 时 48 分	5 时 00 分
十四、二十九	11 时 12 分	17 时 24 分	23 时 36 分	5 时 48 分
十五、三十	12 时 00 分	18 时 12 分	0 时 24 分	6 时 36 分

石臼、岚山港潮汐特征值情况表

表 2-2　　单位：米

港名	石臼港			岚山港	
序号	项目	10 年	14 年	项目	1978 年 4 月
1	平均海面	2. 62	2. 61	平均海面	2. 95
2	历史最高水位	5. 34	5. 44（1981-09-01）	月最高水位	5. 04
3	历史最低水位	-0. 39	-0. 59（1980-10-26）	月最低水位	0. 34
4	年平均最高水位	5. 13	5. 14	月平均高潮高	4. 52
5	年平均最低水位	-0. 24	-0. 29	月平均低潮高	1. 06
6	平均高潮高	4. 10	4. 10	月平均潮差	3. 46
7	平均低潮高	1. 12	1. 10	月最大潮差	4. 63
8	平均潮差	2. 98	3. 00	月平均涨潮历时	5 时 39 分
9	历年最大潮差	4. 90	4. 90	月平均落潮历时	6 时 44 分

境内海区属正规半日潮流。潮流性质一日中有二次涨、落潮,涨、落潮历时相近。流向按逆时针方向旋转,涨潮流主流向为西南向,落潮流主流向为东北向,涨、落流主流向均与海岸平行。涨潮流速大于落潮流速,涨潮流最大流速 81 厘米/秒,最小流速为 7 厘米/秒;落潮流最大流速为 70 厘米/秒,最小流速为 8 厘米/秒。该海区余流较小,余流环流为顺时针方向旋转,近岸较大,湾外较小。

流速分布　涨潮时主流为南西流,落潮时为北东流。涨潮流速大于落潮流速,最大时可相差 49 厘米/秒。最大涨潮流出现在石臼港高潮前 2~3 小时,最大落潮流出现在石臼港落潮后 2~3 小时。在石臼咀外从 5~13 米等深线处,存在着一个急流带,最大流速超过 100 厘米/秒。海流最大可能流速在近海区,主要是风海流。咀端附近由地形引起的潮汐余流也极为明显,实测最大可达 27 厘米/秒。

回流　此海区余流存在两大回流,一是石臼湾内顺时针回流,即海水从石臼湾西南端奎山咀流进,沿着海湾从石臼咀流出。流速在石臼咀处最大为 27 厘米/秒,而湾底流速偏小,一般在 8 厘米/秒。二是在石臼咀北面,按逆时针方向旋转,海水从北面万平口沿岸进,至石臼咀石栏处转向东流,最大流速在咀西北方,可达 23 厘米/秒。

海流

日照海区潮流为正规半日潮流,其中 M2 分潮流起主导作用。该海域潮流运动形式以往复流为主,涨潮流主流向为西南向,落潮流主流向为东北向,涨、落流主流向均与海岸平行。大潮期间流速明显大于中潮及小潮期间流速,涨潮流平均流速大于落潮流平均流速,最大流速频率由表层到底层依次递减,涨潮流最大流速为 81 厘米/秒,最小流速为 7 厘米/秒;落潮流最大流速为 70 厘米/秒,最小流速为 8 厘米/秒。涨潮流历时小于或等于落潮流历时。该海区余流较小,余流环流为顺时针方向旋转,近岸较大,湾外较小。

海浪

日照海区以风浪为主,累年风浪频率为 97%,受台风等恶劣天气影响偶尔出现巨浪。历年风浪频率最大变幅为 3%,各月风浪频率为 96%~99%。

波向　各向风浪频率累年以北向和北东北向风浪最多,为 9%;东南到南各向次之,为 7%~8%;西北向最少,频率不足 0.5%。各季最多风浪向,冬季为北向,3—8 月为南—东南各向,10 月为北、北东向。累年涌浪主要集中在东到东南向,其他向涌浪较少。从年极值波高资料分析,年极值波出现了 24 个向次。其中,东向最多,占 33.3%。东北东向占 75%,比较集中在东向左右。累年各月各向最大波高大于 3.0 米的波,波向均是东北—东南向,其中最大波为 3.3 米,东北向。

波高　日照近岸海域常年波高较小,中浪、大浪少见。累年平均波高 0~0.4 米,占 40%;0.5~1.4 米,占 58%;1.5~2.9 米,仅占 2%。波高大于 3.0 米的波浪在前 15 年中未出现(1981 年 9 月 1 日曾测到波高 4.4 米)。按月统计资料分析,波高大于 0.5 米的浪 6—8 月较多,为 62%~76%;1 月、12 月较少,为 47%~48%。波高大于 1.5 米的浪,7—9 月较多;3—5 月最少,仅占 1%。最大波高大于 3 米的浪,在 1 月、7—9 月出现。各波向不同周期的出现率历年年平均周期为 3.5 秒~4.2 秒,累年平均周期为 3.8 秒。累年各月平均周期以夏季最大,秋季次之,冬季最小,平均周期年变幅为 0.6 秒。各月最大周期以 8 月最大,2 月次之,5 月、10 月最小,历年最大周期为 6.3~10.3 秒。

水团

影响日照海域的水团,主要为沿岸水团,即山东沿岸流,其源头位于渤海,曾又称渤海落流水。该流系经山东北部沿岸绕过成山头,进一步得以增强,随后沿半岛南部直抵,并控制该海区。同时,海州湾顶部尚有一股苏北沿岸流，同样影响日照并控制西部海域。这两股沿岸流，冬季皆具低温，相对低盐，春夏经水温变性，又具高温、低盐特性。

影响日照海区的外海水团为黄海水团，实际为外海的变性水团，与沿岸流相比，在黄海暖流影响下，冬季具有相对高温高盐特征，而夏季则又呈低温高盐特点。日照海域水团及其要素交互作用下，演变出系列生态学特性，为日照海洋渔业的发展奠定了良好渔场环境。

第五章　气候　物候

日照市属暖温带半湿润季风区大陆性气候，四季分明，冷热季和干湿季区别明显，具有雨热同季特点，有利于作物生长。

1989—2013 年，全市年平均气温 13. 3℃，年平均无霜期 208 天，年平均降水量 796. 5 毫米（略少于多年平均降水量），年平均日照时数 2309. 5 小时，年平均相对湿度 69%。年平均风速 2. 6 米/秒，夏半年（4—8 月）盛行南到东南风，冬半年（9 月至次年 5 月）盛行北到东北风。

春季全市年平均气温 12. 9℃，降水量 130. 6 毫米。天气多变，内陆回暖早沿海回暖迟，偶尔受南下冷空气影响，出现降温。有时产生雷雨、冰雹天气。该季风力大，蒸发强，常发生干旱。

夏季全市平均气温 24. 6℃，降水量 485. 9 毫米。由于天气炎热，湿润多雨，雨水集中易成涝。

秋季全市年平均气温 14. 9℃，降水量 137. 5 毫米。气温逐降，降水逐减，多秋高气爽天气。

冬季年平均气温 0. 6℃，降水量 42. 5 毫米。经常受冷空气影响，出现偏北大风伴有强降温，偶尔产生雨雪天气。

第一节　气　候

光照　年日照时数全市平均 2309. 5 小时，年日照百分率为 53%。各区（县）年日照时数在 2173. 1 小时～2378. 7 小时之间，由东北部向西部地区递减。

四季日照时数以春季最多，季日照时数全市年平均 666. 7 小时；冬季最少，季日照时数全市平均为 491. 2 小时。日照时数最多月为 5 月，全市平均 239. 7 小时；最少月为 2 月，全市平均 165. 2 小时。

气温　全市年平均气温 13. 3℃，各区（县）年平均气温在 12. 9℃～13. 6℃，由东部沿海和北部山区向西部内陆地区递减。

年极端最高气温 41. 4℃，2002 年 7 月 15 日出现在日照市区；年极端最低气温−17. 9℃，1998 年 1 月 19 日出现在莒县。最热月为 7 月，月平均气温 25. 8℃；最冷月为 1 月，月平均气温为−1. 0℃。

降水　日照市地处东部季风区，夏季高温多雨，冬季寒冷少雨。1989—2013 年年降水量最大值 1278. 5 毫米，出现在 2003 年；年降水量最小值 478. 6 毫米，出现在 1992 年。

受大气环流和地形等因素影响，境内降水的时空分布差异很大，总的分布趋势是自东南向西北递减，雨量中心位于日照水库附近。年内降水多集中于汛期（6—9 月），占全年降水总量的 71%。

气压　全市年平均气压 1006. 0 百帕，各区县年平均气压在 999. 8～1013. 8 百帕，由东部沿海向西北内陆地区递减。各月平均气压中以1月最高，为1016.1百帕；7月气压最低，为993.9百帕。

风　全市年平均风速2.6米/秒，各区（县）平均风速在2.3米/秒~2.9米/秒。沿海地区年平均风速最大，为2.9米/秒。

夏半年（4—8月）盛行南到东南风，冬半年（9月至次年3月）盛行北到东北风。各区（县）年大风日数在3.7~9.7天，沿海多于内陆。全市年极大风速28.0米/秒，2009年6月30日出现在五莲县。

地温　5厘米地温全市年平均15.2℃，各区（县）在14.6℃~15.7℃，由东部沿海向西北部内陆地区递减。以8月最高，全市平均28.1℃；1月最低，为0.4℃。

云量　全市年平均总云量5.0成。以7月最多，总云量为7.0成；12月最少，为3.6成。全年晴天出现频率为27%（以日平均总云量小于2成统计），12月晴天出现频率最高，为43%；全年阴天出现频率为25%（以日平均总云量大于8成统计），7月阴天出现频率最高，为46%。

无霜期　全市年平均无霜期208天，自东部沿海向西北部内陆地区递减。其中，日照市区为242天，五莲县为206天，莒县为182天。年无霜期最长271天，2006年出现在日照市区；最短147天，1992年出现在莒县。

雾　全市年平均大雾日数24天，各地年大雾日数在12~31天，西部平原多于东部沿海，北部山区最少。年大雾日数最多为53天，1998年出现在日照市区；最少为4天，2007年和2011年出现在五莲县。

第二节　物　候

日照市动物、植物及非生物物候表现极为明显，2月下旬水面停止结冰，至3月上旬，地面雪融化，土壤、水面陆续解冻。5月下旬至6月上旬，干热风危害小麦。5—7月常降冰雹，7—8月常有大风，10月秋高气爽。境内的气候制约着当地动植物的生长发育和活动规律，以及非生物变化现象的周期变化，出现相应的物候。部分技术资料如下：

日照市主要农作物物候期情况表

表2-3

冬小麦

播种—出苗	出苗—分蘖	分蘖—越冬	越冬—返青	返青—拔节	拔节—抽穗	抽穗—开花	开花—成熟	全生育期
10月5日 — 10月23日	10月24日 — 11月15日	11月16日 — 12月18日	12月19日 — 2月27日	2月28日 — 4月5日	4月6日 — 5月6日	5月7日 — 5月13日	5月14日 — 6月17日	10月5日 — 6月17日

夏玉米

播种—出苗	出苗—拔节	拔节—抽雄	抽雄—吐丝	吐丝—成熟	全生育期
6月3日 — 6月23日	6月24日 — 7月23日	7月24日 — 8月7日	8月8日 — 8月12日	8月13日 — 9月21日	6月3日 — 9月21日

续表 2-3

水　稻

育苗	移栽—返青	返青—分蘖	分蘖—拔节	拔节—抽穗	抽穗—灌浆	灌浆—成熟	全生育期
5月5日	6月18日 — 6月25日	6月26 — 7月21日	7月22日 — 7月27日	7月28日 — 8月25日	8月26日 — 9月2日	9月3日 — 10月12日	5月5日 — 10月12日

春花生

播种—出苗	出苗—始花	始花—结荚	结荚—荚果膨大	荚果膨大—成熟	全生育期
5月1日 — 5月14日	5月15日 — 6月15日	6月16日 — 7月11日	7月12日 — 8月15日	8月16日 — 9月20日	5月1日 — 9月20日

第六章　土壤　植被

第一节　土　壤

2013年，全市土壤总面积为54.48万公顷，其中可利用面积为43.79万公顷。根据《山东省第二次土壤普查土壤工作分类暂行方案》的分类原则，全市土壤划分为7个土类，分别是棕壤、潮土、褐土、水稻土、砂姜黑土、盐土和风沙土，15个亚类，22个土属。其中，棕壤占75.40%，潮土占10.35%，褐土占10.18%，水稻土、砂姜黑土、盐土、风沙土约占4.07%。东港区包含棕壤、潮土、水稻土、盐土和风沙土5个土类、9个亚类、12个土属、45个土种；岚山区包含棕壤、潮土、水稻土、盐土和风沙土5个土类、9个亚类、12个土属、38个土种；莒县包括棕壤、潮土、褐土、水稻土、砂姜黑土5个土类、12个亚类、13个土属、93个土种；五莲县包括棕壤、潮土、褐土、砂姜黑土4个土类、8个亚类、12个土属、52个土种。

棕壤　是全市的主要土类，广泛分布于低山丘陵、山前岭间倾斜平地上，总面积为33.017万公顷，占全市可利用土地面积的75.40%。其中，东港区7.184万公顷，岚山区5.364万公顷，莒县8.931万公顷，五莲县11.538万公顷。全市棕壤土类主要分为棕壤性土、棕壤、潮棕壤和白浆化棕壤4个亚类。

潮土　全市潮土类面积为4.53万公顷，占全市可利用土地面积的10.35%。主要分布于大小河流两侧及市区近海地带。其中东港区有1.02万公顷，岚山区0.54万公顷，莒县2.36万公顷，五莲县0.61万公顷。境内潮土土类主要分为潮土、盐化潮土和湿潮土3个亚类。

褐土　全市褐土土类总面积为4.46万公顷，占全市可利用土地面积的10.18%。分布在莒县和五莲县，其中莒县3.37万公顷，五莲县1.08万公顷。境内褐土土类主要分为褐土性土、淋溶褐土、褐土、潮褐土4个亚类。

水稻土　面积为1.17万公顷，占全市可利用土地面积的2.68%。主要分布在东港区、岚山区和莒县,面积分别为0.37万公顷、0.34万公顷和0.46万公顷。该土类只有幼年水稻土1个亚类、冲积物1个土属。

砂姜黑土 全市砂姜黑土面积为0.29万公顷,占全市可利用土地面积的0.65%。砂姜黑土96%以上分布在莒县,其余分布在五莲县汪湖镇,面积分别为0.27万公顷和111.3公顷。该土类只有砂姜黑土1个亚类、洼底1个土属。

盐土 全市有盐土土类面积0.22万公顷,占全市可利用土地面积的0.51%。主要分布于市区沿海乡镇,其中东港区0.2万公顷、岚山区291公顷。分布于秦楼街道、石臼街道、虎山镇、奎山街道、涛雒镇、两城镇。该土类只有滨海潮盐土1个亚类。有滨海滩地盐土和滨海潮盐土2个土属,面积分别为0.14万公顷和0.08万公顷,分别占该土类面积的63%和37%。

风沙土 此类土壤自上而下均为砂质,全市总面积0.1万公顷,占全市可利用土地面积的0.23%。其中,东港区800公顷、岚山区229.67公顷,分布在东港区两城镇、秦楼街道、石臼街道、涛雒镇和岚山区虎山镇。

第二节 植 被

日照市地处海滨,气候湿润,适宜多种植物生长发育,森林资源种类较多,有暖温带落叶阔叶林区、低山丘陵林的地貌类型形成林草植被和湿地植被。南方的毛竹、北方的落叶松都能够在此生长。至2013年,全市有林地面积18.33万公顷,森林覆盖率39.2%。

自然植被 境内自然植被区系分布的一个重要特点具有南北过渡地带性,分为森林、灌丛、草灌丛和湿地植被。主要以松类、麻栎混交林、矮林和阔叶杂林构成的天然次生林植被,以黄背草、野古草、胡枝子、百里香、狗尾草、马唐草、结缕草等构成的山丘稀疏灌草丛类和山区农林隙林类草场植被,赤松、麻栎系为主要自然分布树种。湿地植被资源主要有芦苇湿地的苇群丛、草甸湿地的杂草群丛和海滨湿地的碱蓬群丛。

人工植被 1970年后,境内山区部分松树、柞岚逐渐被苹果、茶桑等经济林所代替;河滩原有的加拿大杨、小叶杨、刺槐、荻也被欧美杨(主要Ⅰ-69、72杨)取代;海滩营造黑松、麻栎、紫穗槐混交林;至20世纪80年代,欧美杨已成为当地平原和道旁植树的主要品种,加拿大杨、小叶杨、楸树等基本绝迹。90年代后,山区开发规模大,松林和柞岚面积大幅度减少,天然次生林面积减少,人工林面积扩大;用材防护林面积减少,经济林面积扩大。2000年起,在山区营造黑松、侧柏人工林,并结合退耕还林和种植业结构调整,大规模栽植经济林,山区黑松人工林增加,形成赤松、黑松、麻栎纯林及混交林植被类型;山中下坡形成以板栗、苹果、桃、樱桃、茶等树种为主的经济林;2010年后,核桃栽植面积逐步扩大。

湿地植被 全市湿地面积3.8万公顷,其中湿地植被0.4万公顷,占湿地面积的10.5%。由于雨热同季,光照充足,湿地植物种类较为丰富。主要湿地植被型组有针叶林湿地植被型组、阔叶林湿地植被型组、灌丛湿地植被型组、草丛湿地植被型组和浅水植物湿地植被型组。主要湿地植被型有暖性针叶林湿地植被型、落叶阔叶林湿地植被型、盐生灌丛湿地植被型、莎草型湿地植被型、禾草型湿地植被型、杂类草湿地植被型、漂浮植物型、浮叶植物型、沉水植物型9个,分布在河流湿地、人工湿地和近海与海岸湿地。

第七章　自然灾害

第一节　旱　灾

境内旱灾主要发生在春、秋两季。1989—2013年，全市有21年发生较重旱情，成灾面积在0.6万公顷以上的年份有18年，其中1997年干旱灾面积最大，重旱面积4.61万公顷，干枯面积1.12万公顷。连续性旱灾是日照市1989年以来的一个特点。其中，1992—1997年连续6年干旱，2002—2006年连续5年干旱，受旱面积均超过3.33万公顷。另一特点是频繁性。25年中有21年均出现程度不同的旱灾。旱灾在全市各地也存在差异，一般来说，中部及北部山丘区重于东部平原及沭河两岸平原区。

第二节　洪 涝 灾

境内受地理位置影响，年际间有70%的降水集中在7月、8月、9月。集中性降雨和热带风暴引起的强降雨，是该季节降水集中、分配不均的主要气候特点。强降雨和集中性降雨，易引起洪涝灾害和局部洪涝灾害。

第三节　风　灾

1989年9月16—17日，受23号台风影响，部分沿海乡镇(街道)遭风暴潮袭击，虾池、盐池、渔船、渔网、农作物、苗圃、树木受到损失，直接经济损失720万元。

1997年8月19—20日，受11号台风影响，全市遭受特大风暴潮袭击。据石臼海洋站观测，海上风力9~10级，阵风11级，波高平均5.7米，最大波高7.1米，最高潮位5.74米，超警戒水位0.34米。潮位和波高均超百年一遇。全市平均降雨194.3毫米，最大点雨量361.7毫米，由于大风、暴雨、潮水顶托，是近50年来全市遭受的最大风暴灾害。据统计，沿海经济损失5.7亿元，内陆经济损失5.4亿元。全市“水利洪涝灾害基本情况统计表”口径上报损失6.88亿元，民政口径上报损失11.1亿元，灾害程度实属历史罕见。

2001年8月23日10时30分至11时30分，全市遭特大风暴袭击，风力8~9级，阵风11级，风暴夹带冰雹、雷电、阵雨。全市受灾乡镇41个，受灾人口100.9万人，伤亡63人，其中死亡5人、失踪1人。各类畜禽死亡13万只，风暴损坏房屋7万间。农业、工交、沿海等遭受巨大损失。全市直接经济损失达3.96亿元。

2012年8月2日夜至3日凌晨，受10号热带风暴“达维”影响，沿海出现7~8级大风，阵风9~10级。同时伴随明显降水过程，全市平均降水量为89毫米，最大降水量出现在莒县中楼镇，为199.1毫米。岚山区、莒县受灾最为严重。全市共有108.14万人受灾，因灾死亡1人，伤54人，紧急转移安置11.64万人;倒塌房屋 1741 间,严重损坏房屋 15761 间,一般性损坏房屋 60608 间;倒伏树木 459.73 万棵,折断 107.55 万棵;大田农作物受灾面积 8.03 万公顷,重灾 3.57 万公顷,轻灾 4.46 万公顷;黄烟受灾面积 0.59 万公顷,绝收面积 126.33 公顷;损失贻贝、牡蛎、牙鲆、大菱鲆等各类水产品 82992.8 吨,浅海养殖受灾 2.63 万公顷,直接经济损失 3.3 亿余元。

第四节 雹 灾

1989 年 6 月 29 日,莒县小店、安庄等 16 个乡镇 305 个村庄先后遭受风雹袭击,降雹过程持续 20 分钟,最大冰雹如同鸡蛋大小,造成 4.53 万公顷农作物受灾,成灾 1.87 万公顷。直接经济损失 3639 万元。

2010 年 6 月 18 日,莒县、五莲县部分乡镇遭受风雹袭击。此次风雹灾风势急、冰雹大,最大直径约 1.5~2 厘米,而且密度高,给夏季农作物造成了较大损失。受灾乡镇包括莒县寨里河乡、库山乡,五莲县高泽镇、中至镇、叩官镇。此次风雹灾共造成 34500 人受灾,受灾黄烟 344 公顷,大部分烟叶被砸成网状,严重减产;受灾棉花 188 公顷,其中 144 公顷被砸成光杆,基本绝产;西瓜 45 公顷、蔬菜 10 公顷也不同程度受灾,减产达 3~5 成。直接经济损失 1096 万元。

2012 年 6 月 12—14 日,全市出现雷雨天气,局部地区遭受大风、冰雹袭击,莒县东莞镇、店子集镇、安庄镇、碁山镇 4 个乡镇受灾较为严重。此次风雹灾害共 35600 人受灾,农作物受灾面积 0.18 万公顷,成灾面积 0.14 万公顷,绝收面积 216 公顷,直接经济损失 4080 万元。

第五节 虫 灾

1989—2013 年,全市发生的面积较大、影响较重的虫害主要有美洲斑潜蝇、灰飞虱。

美洲斑潜蝇　1998 年,在全市发生面积约 2 万公顷,寄主植物达 110 余种。其中,以葫芦科、茄科和豆科植物受害最重。

灰飞虱　成、若虫均以口器刺吸水稻、玉米汁液为害,携带病毒的灰飞虱,引起水稻条纹叶枯病、玉米粗缩病。2008—2011 年,由于灰飞虱发生引起玉米粗缩病,导致全市约 0.27 万公顷春玉米严重减产或绝收。

第六节 地 震

1989—2013 年,境内无 4 级以上地震活动。境内及邻近地区(北纬 34.5°~36.7°、东经 117.75°~122.5°)的地震主要受沂沭断裂带和南黄海地震带控制。1989—2013 年,境内及邻区共发生 0.1 级以上地震 1250 次,其中 0.1~0.9 级地震 487 次,1.0~1.9 级地震 536 次,2.0~2.9 级地震 184 次,3.0~3.9 级地震 37 次,4.0~4.9 级地震 4 次,5.0~5.3 级地震 2 次,最大的为 1992 年 1 月 23 日南黄海 5.3 级地震。

第七节 其他灾害

风暴潮　日照市区海岸低洼处多为河流入海口及山前冲积小平原,易受海潮倒灌和海潮顶托洪水造成洪涝灾害。

2007 年 3 月 4—5 日，受江淮气旋影响，市区沿海发生风暴潮。

2008 年，受春季江淮气旋和第 8 号热带风暴“凤凰”两次过程的影响，沿海最大浪高分别达到 3.0~4.2 米，出现风暴潮增水 30~60 厘米，但未有出现超过警戒水位的风暴潮增水。年内超过 50 厘米的增水有 2 次，最大增水 59 厘米，出现在 4 月 9 日。

2011 年 6 月下旬，受 5 号台风“米雷”北上影响，市区近海出现 2.5 米的海浪并增水 60 厘米。

2012 年 8 月 28 日晨，15 号台风“布拉万”到达日照市区正东海域，台风 7 级风圈距离日照沿岸 160 千米，受其影响，市区近海出现 2.5 米以上的大浪，高潮位上增水 72 厘米，达到 525 厘米，接近当地警戒潮位。此次海潮是日照市近十年受台风影响最大的一年。

2013 年 5 月 26 日夜至 27 日上午，受江淮气旋东移入海的影响，日照市区近海出现大到巨浪和风暴潮增水，潮位达到和超过沿海的警戒水位，给沿海造成一定的经济损失。

海冰　海冰现象在日照市区近海海域罕有出现。2009 年年底至 2010 年年初，因受多次强冷空气影响，沿海气温持续多日在零度以下，导致市区近岸海水温度持续走低，致使浅海出现轻微冰情，近岸渔业养殖受到一定损失。

绿潮　绿潮是由绿藻纲石莼目浒苔属的浒苔引起的。2010 年之前，日照市近岸海域无绿潮危机。从 2010 年开始，由于全球气候变化、水体富营养化等原因致日照市区近海沿岸成为绿潮高风险区。

2010 年 6 月中旬，黄海海域发现有大面积浒苔逼近日照市近岸海域，由于处置得力，清理及时，浒苔对全市海洋环境和滨海旅游影响不大，海水质量保持优良。

2011 年 6 月，日照市近岸海域再次发现绿潮灾害，出动人力 1 万余人次、船艇机械 3720 台次，共清理绿藻 1.27 万吨。

2012 年 6 月 5 日起，浒苔逐渐侵袭日照市南部海域，至 8 月，全市共清理浒苔 2.2 万余吨。

2013 年 5 月中旬起，黄海浒苔再次影响日照市海域。绿潮持续 80 余天，当年全市共清理浒苔 10.1 万余吨。

第三编　自然资源

日照市境内自然资源丰富，主要为土地资源、矿产资源、水资源和动物、植物资源等。除土地资源外，矿产资源分布广泛，各区县均有矿产分布；陆地生物资源与水生物资源极为丰富，林产和药材种类繁多；浅海水域广阔，海洋资源开发潜力巨大；水资源较为丰富，水质良好，地下水可开采量较为充沛。

第一章　土地　矿产资源

第一节　土　地

1991 年，通过土地详查，全市共有土地总面积 53.48 万公顷。按照国家统一制定的土地利用现状分类系统，全市土地资源共分为 7 个一级类、37 个二级类。一级类为耕地、园地、林地、居民点及工矿用地、交通用地、水域和未利用土地。其中，耕地 23.87 万公顷，占土地总面积的 45%；园地 5.67 万公顷，占土地总面积的 11%；林地 8.45 万公顷，占土地总面积的 16%；居民点及工矿用地 4.52 万公顷，占土地总面积的 8%；交通用地 1.28 万公顷，占土地总面积的 2%；水域用地 4.03 万公顷，占土地总面积的 7%；未利用土地 5.66 万公顷，占土地总面积的 11%。

2005 年，通过土地更新调查查明，全市土地总面积为 53.5 万公顷。按照国家 2002 年制定的土地分类系统《全国土地分类》（过渡期间适用），分 3 个一级类、9 个二级类、41 个三级类、8 个可调整地类。一级类为农用地、建设用地、未利用地。其中，农用地 42.89 万公顷，占土地总面积的 80.16%，高于全国的平均水平；建设用地面积 7.1 万公顷，占土地总面积的 13.28%；未利用地面积 3.51 万公顷，占土地总面积的 6.56%。全市土地总面积较 1991 年土地详查增加 0.02 公顷，其原因主要是填海造田。

2013 年，通过土地详查，全市共有土地总面积 53.59 万公顷。按照国家统一制定的土地利用现状分类系统，全市土地资源共分为 8 个一级类、38 个二级类。一级类为耕地、园地、林地、草地、城镇村及工矿用地、交通用地、水域和其他土地。其中，耕地 24.07 万公顷，占土地总面积的 45%；园地 2.61 万公顷，占土地总面积的 4.9%；林地 7.72 万公顷，占土地总面积的 14.4%；草地 1.15 万公顷，占土地总面积的 2.14%；城镇村及工矿用地 6.68 万公顷，占土地总面积的 12.47%；交通用地 2.07 万公顷，占土地总面积的 3.8%；水域用地 3.56 万公顷，占土地总面积的 6.6%；其他土地 5.73 万公顷，占土地总面积的 10.69%。

第二节　矿　产

日照市横跨胶南隆起、胶莱坳陷和沂沭断裂带三个三级构造单元，出露地层齐全，构造复杂，岩浆活动强烈，形成了较为丰富的矿产资源，其种类较多，能源、金属、非金属和水气矿产在各区县均有赋存。至2013年，境内已发现矿产63种，查明资源储量的有32种。其中，煤、地热等能源矿产2种；金、铜、钛、铁、铅锌矿等金属矿产7种，饰面用花岗岩，水泥用灰岩、蛇纹岩等非金属矿产21种，地下水、矿泉水等水气矿产2种。在查明储量的金属矿种中，银矿金属量为41吨，钛铁矿保有资源储量矿石量为1.2亿吨，铅锌矿保有资源储量金属量为23.2万吨。非金属矿产中，建筑用花岗岩矿石量367.9万立方米；蛇纹岩3607万立方米；水泥用灰岩矿石量2.5亿吨；饰面用花岗岩保有资源储量为8000万立方米（潜在资源储量为25亿立方米），红柱石保有资源储量矿石量为98.92万吨，矿石品位红柱石含量9.9%，硫铁矿保有资源储量矿石量为2.93亿吨（矿石品位很低，硫含量仅5.24%，属于贫矿石），蛇纹岩保有资源储量矿石量为1.4亿吨，榴辉岩保有资源储量矿石量为6500万吨。查明资源储量的矿产地33处，其中大型矿床3处，中型矿床10余处，小型矿床20余处。探明的能源、金属矿产较少，探明的两处小型煤矿均已闭坑；探明钛铁矿大型和中型矿床各1处，位于莒县碁山镇天宝地区；探明铅锌矿中型矿床1处，位于五莲县七宝山地区。金矿与铜矿共生，伴生有银矿和硫铁矿。非金属矿探明矿产地18处，基本属于一般非金属矿产。全省探明的红柱石、蓝晶石、榴辉岩等矿产主要集中在日照市，其中红柱石矿保有资源储量居全国第五位。矿床规模以中、小型为主。全市重点矿产资源有：

能源矿产

煤　主要为莒县竹园煤矿，资源已近枯竭，2013年已停采闭坑。远景资源储量贫乏，煤矿资源潜力不大。

地热　境内地热资源较丰富，主要分布在沂沭断裂带莒县—五莲段及日照—青岛断裂附近。至2013年，已备案的1处，为五莲县管帅地热田，其单井地热资源总量约为3.35×1011焦，换算成电能为9.3×109千瓦，地热资源开发潜力巨大。

金属矿产

银矿　2011年年底保有资源储量为41吨，主要分布于五莲县七宝山，与金、铅、锌伴生。另在莒县阎庄有银矿点1处，银矿资源有一定潜力。

铅锌矿　至2013年已探明五莲县七宝山铅锌银矿（中型）1处，2011年年底保有资源储量为23.2万吨。另在莒县峤山有铅锌矿点分布，近年勘查有一定成果，铅锌资源有一定潜力。

非金属矿产

水泥用石灰岩　保有资源储量为2.5亿吨。主要分布在莒县东莞镇、碁山镇，已发证矿山有17家。莒县境内寒武—奥陶纪地层发育，其为主要的含矿层位，石灰岩资源丰富，是日照市的优势矿产资源。潜在资源量34.5亿吨，潜力巨大。

白云岩　保有资源储量为6195万吨，主要分布于莒县洛河、碁山、东莞，五莲县高泽等地，潜力巨大。

饰面用花岗岩　保有资源储量为7667.8万立方米，是日照市的优势矿产资源。“五莲红”饰面用花岗岩分布于五莲县街头镇王世疃至代吉子及户部岭、河东一带，总面积约18平方千米，估算资源量约17亿立方米，适宜大规模联合开发；“五莲花”饰面用花岗岩主要分布于五莲县西北及街头镇马叉寺、坊子、

西徐沟一带,估算资源量约 33 亿立方米,潜力巨大。

蛇纹岩　保有资源储量为 3700 万吨,主要分布于岚山区梭罗树一带,资源储量尚有很大潜力。

榴辉岩　保有资源储量为 6500 万吨,主要位于岚山区,分别探明大型和小型矿山各 1 处,其中一处榴辉岩矿正在开采,资源储量尚有很大潜力。

第二章　生物资源

日照东部临海,北部多山,西部沭河纵贯,气候湿润,有利于植物生长和动物繁殖,野生动植物资源广泛分布,种类较为丰富,特色鲜明。

第一节　陆地生物

林木资源

日照市自然条件优越,林木资源十分丰富,适宜植树造林的荒山、荒滩、林地较多。至 2013 年,按市林业部门统计,全市林业用地面积 194909 公顷,其中林地面积 183334 公顷。在林地面积中,用材林面积 41731 公顷,防护林面积 84179 公顷,经济林面积 57002 公顷;活立木蓄积量 493.3 万立方米;林木覆盖率 39.2%。

树木种类　境内独特的地理环境,不仅汇集了部分南北方植物种类,还掺入不少热带、亚热带成分,既生长着具有南方特色的樟科树种山胡椒、三桠乌药,又有大量的北方乡土树种,五莲山连片万亩的映山红被誉为“江北第一”,竹、茶、桂花为山东之最。境内分布有国家级保护物种银杏、水杉、红豆杉、玫瑰等。共调查记录木本植物 82 科、209 属,记录变种、变形 739 个。分布较广的树木主要有松类、杨树、刺槐等。全市珍稀濒危野生树种 10 科、12 属、13 种,主要有厚壳、三桠乌药、化香树、野核桃、榔榆、迎红杜鹃、刺楸、华山矾、山东山楂、水榆花楸、辽东栎、流苏树、北枳椇、五莲杨、黄檀。

野生树种　境内野生林木种类繁多,至 2013 年,已掌握有 44 科、87 属、208 种。主要野生乔木树种有赤松、黑松、枫杨、麻栎、楸树、板栗、梨、构树、小叶朴、槲树、山荆子、山皂荚、花楸、水榆花楸等;主要野生灌木树种有胡枝子、荆条、酸枣、多花蔷薇、算盘子、吉氏木兰、芫花、小花扁担杆、照山白、大花溲疏、郁李、麦李、苦参、山葡萄、木半夏、垂丝卫矛、野蔷薇、老鸦糊、尖叶白蜡、小蜡树、绣线菊、三裂绣线菊;主要野生藤本植物有南蛇藤、木防己、爬山虎、紫藤、金银花、百里香、葛藤、山葡萄、枸杞、华东菝葜、木通、单叶蔓荆等。

引进树种　二十世纪六七十年代,根据林业生产和人们的生活需要,先后引进茶、毛竹、水杉、北京杨、大官杨等几十种杂交杨等。80 年代,开始大量引进欧美杨,主要有 I-214 杨、沙兰杨、健杨等,以 I-69 杨、I-72 杨生长最佳,深受群众喜爱。90 年代以后,又相继引进中林 46 杨、土耳其杨、中荷一号杨、107 杨、鲁林一号等优良无性系。园林绿化引进的树种有雪松、白皮松、龙柏、落叶松、池杉、水杉、金钱松、法桐、棕榈、紫叶李、樱花、玉兰、海桐、小檗、红叶石楠、美人梅、红花檵、石岩杜鹃等。全市共引进树种 12 科、16 属、20 种、24 个变种(变型)。

树种分布　根据境内地形、地貌，在水平分布上，不同区域树种分布与栽培特点有差异。东部滨海平地海防林区，代表树种有黑松、紫穗槐、柽柳、单叶蔓荆；中北部低山丘陵水源林经济林区，代表树种有赤松、刺槐、麻栎、苹果、板栗、荆条、胡枝子；西部平原丰产林区，代表树种有杨、桑、银杏；西北部丘陵经济林区，代表树种有柿树、板栗、花椒、桃；城市园林及村镇绿化，主要树种有龙柏、法桐、国槐、月季、樱花、玉兰、雪松、水杉、银杏、红叶石楠、白皮松、紫叶李等。在垂直分布上，山沟坡脚及河流两岸多分布杨类、枫杨等，平原多分布杨、桑、银杏、泡桐、臭椿、榆树、旱柳、国槐等，山地多分布赤松、黑松、麻栎、侧柏、板栗、刺槐等，山地中下坡多分布苹果、板栗、桃、杏、樱桃、葡萄、茶、核桃、柿树、山楂等。灌木类在山中下坡紫穗槐、酸枣、荆条、花椒、麦李、算盘子、溲疏居多，上部胡枝子、绣线菊、荆条占优势。竹类主要分布在河流两岸及山沟坡脚。乡土竹种有淡竹、绿皮黄筋竹、紫竹等，其他有毛竹、金竹、刚竹、斑竹、金镶玉竹、黄皮京竹、罗汉竹等。

药用植物

境内野生药用类植物有600多种。主要有柴胡、猫眼草、太子参、寸冬、白术、何首乌、翻白草、夏枯草、半夏、芍药、山百合、大蒜、地黄、知母、仙鹤草、白头翁、百部、防风、黄芪、白花丹参、紫花丹参、苦参、白茄根、石苇、葛子、旱莲草、马齿苋、金钱草、车前子、牛耳草、荠菜、荆芥、益母草、生姜、山药、月季花、蝎子草、五味子、丝瓜、瓜蒌、水红、韭菜、大葱、荷花、西瓜、合欢、小茴香、连翘、花椒、苍耳、扁豆、赤小豆、薏米、大枣、辣椒、草决明、木槿、忍冬、野菊花、鸡冠花、藿香、蒲公英、透骨草、薄荷、马兰花、凌霄花、槐花、山楂、侧柏、桑叶、牛筋草、蛇床子、王不留行等。

野生动物

境内野生动物资源较为丰富，有两栖类、爬行类、兽类、鸟类、虫类等。据林业部门调查，至2013年，共记录陆生脊椎野生动物4纲28目。其中，两栖类1目2科7种，爬行类3目6科14种。兽类5目5科10多种。鸟类19目67科322种，日照故有“候鸟旅站”之称。其中，鸟类优势种有13种，一级保护有6种。其余230种为国家保护的有益的或者有重要经济、科学研究价值的鸟类。

据调查，全市现有林业有害生物381种。其中，有害昆虫8目67科226属264种。病害97种，其中真菌病害8纲17目24科50属79种，细菌性病害8种、病毒病3种、类菌原体病害3种、线虫类病害1种、虫源性病害1种、多源性病害2种。螨类有害生物10种。有害植物10种。

第二节　淡水生物

鱼类　淡水鱼类有17科58种。此外，还有海蟹、毛蟹、草虾、蚌等。

浮游植物　日照市常见浮游植物共8门63种(属)，其中蓝藻门9种(属)，绿藻门35种(属)，硅藻门11种(属)，裸藻门5种(属)，甲藻门1种(属)，隐藻门1种(属)，金藻门3种(属)，黄藻门2种(属)。

浮游动物　境域内常见浮游动物共3门4类11科(目)12属14种，原生动物2科2属2种，轮虫2科4属4种，枝角类4科4属6种，桡足类3目3种。

底栖动物　境域内常见底栖动物共3门4纲8种(属)，其中有线形动物门的线虫和甲壳纲的丰年虾各1种，环节动物门的寡毛纲3种，节肢动物门的水生昆虫幼虫3种。

第三节　海洋生物

鱼类　日照近海鱼类有 128 种,其中常见经济鱼类 40 科 86 种。

浮游植物　日照市近海浮游植物种类较多,已鉴定出浮游植物有 47 属 116 种(包括变种和变形),其中硅藻 37 属 92 种,甲藻 9 属 23 种,金藻 1 种。其中,群结构以硅藻和甲藻两大类为主,硅藻居首位,占 80%左右,其次是甲藻。

浮游动物　日照海区共鉴定 40 种浮游动物,其中枝角类 2 种,桡足类 21 种,毛颚类 2 种,磷虾类 1 种,水螅水母类 13 种。从种群密度上看桡足类为优势种群,占 50%以上。

底栖生物　日照近海底栖生物共鉴定出 122 种,其中多毛类种数最多,为 36 种,占总种数的 31.03%;其次是软体动物。

潮间带生物　据鉴定,日照市潮间带生物计有 242 种,其中植物 54 种,动物 188 种。植物以底栖的低等藻类为主,隶属 3 门 54 种。

第三章　水资源

第一节　地表水

径流量　日照市地表水资源主要来源于大气降水,降水量大小和时空分布规律直接影响地表水及地下水的动态变化。境内降水量较为丰富,至 2013 年,多年平均降水量为 817.6 毫米,但年际变化大,且年内分配及地区分布不均匀,年内 6—9 月降水量占全年降水量的 72.7%左右;全市多年平均年径流量为 14.43 亿立方米,多年平均径流深 269.2 毫米;全市多年平均水资源总量为 16.49 亿立方米,产水模数为 30.8 万立方米/平方千米,人均可利用水资源量 487 立方米。

水质　境内地表水化学类型为碳酸盐类水,pH 值在 7.0~8.5,属于中性水。多数河水为微硬水,少数为软水。境内河水矿化度在 400~800 克/升,水质较好。除河水 pH 值高低分布无一定规律外,各河流的矿化度、总硬度等,自发源地到入海口均呈渐增趋势。

水资源利用现状　境内地表水除河流外,无较大湖泊,主要靠水利设施蓄水。至 2013 年年底,全市共建各类蓄水工程 6210 座,总库容 14.43 亿立方米,总兴利库容 9.22 亿立方米。其中,大型水库有日照、青峰岭、小仕阳 3 座;中型水库有马陵、巨峰、户部岭、峤山等 10 座;小型水库 583 座;塘坝 5614 座。

日照水库是日照市区重要供水水源地,流域面积 548 平方千米。随着日照沿海一带发电、钢铁、化工等大项目的建成投产和日照主城区发展,日照水库水源日益紧张,供水压力愈来愈大。为充分利用全市水资源、缓解日照水库供水压力,2013 年,已建成沭水东调输水工程,将沭河、青峰岭水库和小仕阳水库水量调入日照水库,实现了多区域联合供水,解决了区域性水资源短缺问题。

境内现有的各类水利设施,为日照市工农业生产和城市发展提供了重要水源保障。据日照市 2013

年水利年报统计，各类供水工程当年可供水总量为11.96亿立方米。其中，全市自来水年供水量为0.58亿立方米，农业用水2.36亿立方米，工矿企业用水1.12亿立方米，全市人畜生活用水总量0.96亿立方米，城镇公共用水、生态用水等用水量0.48亿立方米，实际总用水量5.50亿立方米。全市水资源利用率为46.0%。

第二节　地　下　水

类别　日照境内地下水以孔隙水、裂隙水为主，主要有松散岩类孔隙水、碎屑岩类裂隙水、碳酸盐类裂隙岩溶水和岩浆岩、变质岩、沉积岩类裂隙水四种类型。

储量　境内多年平均地下水资源总量为5.04亿立方米，占水资源总量的34.9%，多年平均地下水可开采量2.98亿立方米，可开采模数为5.6万立方米/年·平方千米。其中，市区沿海的海相沉积层，孔隙水比较丰富，含水层厚度为4~12米。

第四编　人　口

据考古发现，早在5000年前，日照境域就有先民在这片土地上定居生活，繁衍生息。中华人民共和国成立前，由于各种情况，境内人口增长缓慢；中华人民共和国成立后，境内人口快速增长。日照市升为地级市和设区带县后，在全市实行人口目标管理责任制，全市积极推行计划生育，人口出生率、自然增长率逐渐下降。同时，人口年龄、文化程度、职业、民族、姓氏构成状况也发生了明显的变化。

第一章　人口规模

第一节　人口数量

1989年6月，日照升格为地级市。年底，全市有29.17万户，103.48万人。

1992年12月，日照市设区带县，将临沂地区所辖的莒县、潍坊市所辖的五莲县划归日照市管辖，全市总户数达75.75万户，总人口265.89万人。

2000年11月，据第五次人口普查资料，全市共有居民89.66万户，总人口276.06万人，比1992年设区带县时增加13.91万户、10.17万人。

2013年年底，据市公安局户籍统计，全市总户数为102.94万户，总人口290.13万人，比1992年设区带县时增加27.19万户、24.24万人，年平均人口增长率为4.16‰。

第二节　人口分布

人口分布　1990年7月1日，第四次全国人口普查时，日照市有人口102.77万人。时，莒县有105.34万人，五莲县有50.04万人。

1992年12月，日照市设区带县时，全市总人口为265.89万人。其中，东港区107.23万人，莒县107.79万人，五莲县50.71万人。

2000年11月1日，第五次全国人口普查时，全市共有268.59万人。其中，东港区91.92万人，岚山办事处18.61万人，莒县103.45万人，五莲县50.32万人，日照经济技术开发区4.29万人。

2004年9月，岚山办事处在原辖岚山头、安东卫、虎山、碑廓、前三岛5个乡镇（街道）的基础上，国务院正式批复设立岚山区，由东港区析出巨峰、高兴、黄墩、后村（后划回东港区，莒县中楼镇划入）4个乡镇，岚山区共辖9个乡镇（街道），人口增加到40.43万人。

2010年11月1日,第六次全国人口普查,全市共有常住人口280.1万人。其中,东港区79.45万人,岚山区40.01万人,莒县99.56万人,五莲县48.49万人,日照经济技术开发区12.6万人。

2011年12月,由东港区析出两城镇及新设卧龙山街道,设立山海天旅游度假区,人口11.53万人;由东港区析出涛雒镇,设立日照国际海洋城,人口7.58万人。

至2013年12月,全市共有户籍人口290.13万人。其中,东港区76.37万人(含山海天旅游度假区、日照国际海洋城人口数),岚山区42.45万人,莒县108.32万人,五莲县51.44万人,日照经济技术开发区11.55万人。

人口密度　1989年,日照市共有人口103.48万人,面积为1915平方千米,人口密度为540人/平方千米(全省平均539人/平方千米)。1992年,日照市设区带县,市域总面积5358.57平方千米,全市总人口为265.89万人,人口密度为496人/平方千米。2013年,全市人口密度为532人/平方千米,各区县人口密度分别为:东港区为885.6人/平方千米;岚山区为514.5人/平方千米;莒县529.8人/平方千米;五莲县为328.1人/平方千米;日照经济技术开发区为1091人/平方千米。日照经济技术开发区人口密度最高,五莲县人口密度最低。

第二章　人口变动

第一节　自然变动

1989年,日照市出生人口16596人,人口出生率16.2‰;死亡人口5372人,死亡率5.2‰。人口自然增长率10.9‰。

1992年,日照市设区带县后,全市当年出生26810人,人口出生率11.1‰,死亡率6.21‰,人口自然增长率3.9‰。

2000年,全市出生33362人,人口出生率12.1‰;死亡人口19302人,死亡率7‰。人口自然增长率5.1‰。

2013年,全市出生37004人,人口出生率12.8‰;死亡人口13150人,死亡率4.55‰。人口自然增长率8.25‰。

按人口自然增长率计算,从1989—2013年的25年中,自然增长率在10‰以上的有2年,自然增长率在5‰以下的有13年。1990年,自然增长率最高为13.01‰。2007年,自然增长率最低为2.02‰。

第二节　机械变动

1989年以前,全市流动人口较少,流动人口的管理主要由户籍地负责管理。地级日照市建立后,随着改革开放和经济发展,境内人口流动量加大,每年都有部分人员迁入或迁出。迁入人口主要是工作调动、就业、经商、结婚、买房、投靠亲属等;迁出人口主要是入伍、升学、就业、调动、结婚等。其中,1989年全市迁入人口 9164 人,迁出 4876 人,迁入比迁出人口增加 4288 人;1993 年全市迁入 35110 人,迁出 36362 人,迁入比迁出人口减少 1252 人;1995 年全市迁入 38051 人,迁出 39167 人,迁入比迁出人口减少 1116 人;1999 年全市迁入 21334 人,迁出 28414 人,迁入比迁出人口减少 7080 人。1989—2013 年,全市共迁入 658107 人,迁出 666904 人。

第三章 人口构成

第一节 性别构成

1990 年第四次全国人口普查时,全市总人口为 102.77 万人,其中男性约 52.098 万人,占总人口的 50.69%;女性约 50.67 万人,占总人口的 49.31%。性别比为(女性=100,下同)102.81。

2000 年第五次全国人口普查时,全市总人口 268.59 万人,其中男性约 135.05 万人,女性约 133.54 万人,性别比为 101.13。

2010 年第六次全国人口普查时,全市总人口为 280.1 万人,其中男性 141.6 万人,女性 138.50 万人,性别比为 102.23。在全市三次人口普查中,男性比均略高于女性。

第二节 年龄构成

2000 年,第五次全国人口普查资料统计,在全市总人口中,0~14 岁 56.7674 万人,占总人口的 21.1%;15~60 岁 179.1191 万人,占总人口的 66.7%;60 岁以上 32.7063 万人,占总人口的 12.2%。

2010 年,第六次全国人口普查资料统计,在全市总人口中,0~14 岁 45.5336 万人,占总人口的 16.3%;15~60 岁 191.1246 万人,占总人口 68.2%;60 岁以上 43.4431 万人,占总人口 15.5%。按人口年龄构成类型的国际划分标准,总人口为“成年型”。

参照国际标准,日照市自 2000 年已进入初期老年型人口社会,正向中期的老年型社会发展。

第三节 文化构成

2000 年,第五次全国人口普查时,全市 6 岁及 6 岁以上人口 2501120 人。其中,研究生文化程度 241 人,占总人口的 0.009%;大学本科文化程度 16396 人,占总人口的 0.61%;大学专科文化程度 48662 人,占总人口的 1.81%;中专文化程度 78194 人,占总人口的 2.91%;高中文化程度 183318 人,占总人口的 6.83%;初中文化程度 944206 人,占总人口的 35.15%;小学文化程度 883358 人,占总人口的 32.89%;未上过学的 249831 人,占总人口的 9.3%。

2010 年,第六次全国人口普查时,全市 6 岁及 6 岁以上人口 2623174 人。其中,研究生文化程度 4111 人,占总人口的 0.15%;大学本科文化程度 76442 人,占总人口的 2.72%;大学专科文化程度 135376 人,占总人口的4.83%;高中文化程度331646人,占总人口的11.84%;初中文化程度1083768人,占总人口的38.69%;小学文化程度774957人,占总人口的27.67%;未上过学的216874人,占总人口的7.74%。

2010年与2000年相比,每十万人中具有大学专科以上教育程度的由2431人上升为7709人,具有高中教育程度的由9736人上升为11840人,具有初中教育程度的由35154人上升为38692人,具有小学教育程度的由32888人降至27667人。全市人口文化程度进一步提高。

第四节　职业构成

1990年第四次全国人口普查时,全市在业人口634198人。按国民经济行业分,在业人口中,农、林、牧、渔、水利业531376人,工业40928人,地质普查和勘探业20人,建筑业6615人,交通运输、邮电通信业9484人,商业、公共饮食业、物质供销和仓储业19824人,房地产管理、公用事业、居民、咨询服务业3693人,卫生、体育和社会福利事业2693人,教育、文化艺术和广播电视事业10825人,科学研究和综合技术服务事业172人,金融、保险业1377人,国家机关、政党机关和社会团体7183人,其他行业8人。

2010年第六次全国人口普查时,按十分之一抽样比例,全市在业人员167209人。按国民经济行业分,在业人口中,农、林、牧、渔业105374人,采矿业467人,制造业20364人,电力、燃气及水的生产和供应业862人,建筑业7265人,交通运输、仓储和邮政业5909人,信息传输、计算机服务和软件业503人,批发和零售业10215人,住宿和餐饮业2671人,金融业1008人,房地产业714人,租赁和商务服务业719人,科学研究、技术服务和地质勘查业266人,水利、环境和公共设施管理业495人,居民服务和其他服务业1803人,教育3314人,卫生、社会保障和社会福利业1658人,文化、体育和娱乐业314人,公共管理和社会组织3286人,国际组织2人。

第五节　民族构成

境内居民以汉族为主,改革开放尤其日照升为地级市后,少数民族及人口数量不断增加。1990年第四次全国人口普查时,全市除汉族外,共有回族、满族、藏族、壮族、朝鲜族、蒙古族、彝族、哈尼族、锡伯族、苗族、白族、布依族、土家族、傣族、傈僳族、佤族、拉祜族、水族、达斡尔族、羌族、鄂温克族、侗族、瑶族、土族24个少数民族,人口440人,占全市总人口的0.043%,其中以满族人口为最多,有133人。

2010年第六次全国人口普查时,全市除汉族外,共有少数民族50个,比1990年增加26个,分别是维吾尔族、哈萨克族、黎族、畲族、高山族、纳西族、景颇族、柯尔克孜族、布朗族、萨拉族、毛南族、仡佬族、阿昌族、普米族、怒族、俄罗斯族、乌孜别克族、鄂伦春族、赫哲族、京族、裕固族、静族、德昂族、保安族、独龙族、塔塔尔族。其中,东港区有40个少数民族,岚山区有30个少数民族,莒县有41个少数民族,五莲县有30个少数民族。

2013年,全市共有少数民族人口5229人,占全市总人口的0.18%。少数民族成分和人口数量不断增加的原因,主要是外来经商务工人员等。其次是政策环境和社会发展因素增加的人口,如婚姻随迁和民族成分变更政策等。外来的少数民族人口大致分为务工型,主要来自四川、云南等地,多在劳动密集型行业从事体力劳动;经营型,多来自西北民族地区,主要经营拉面馆等民族特色餐饮等;流动型,来源比较广泛,包括观光旅游和流动经营摊点,如经营新疆特产等;迁移型,主要来自四川、云南、贵州,多为外来媳妇,婚嫁至日照市;学习型,多为少数民族学生,主要是由于援疆援藏工作的不断深入和驻日照各高校的扩招。

第六节　姓氏构成

2013年,全市共有姓氏870个,其中复姓11个。在诸姓氏中,万人以上姓氏56个,其中以王姓人口最多,达29.7366万人;其次是张姓23.794万人;排在前5位的还有李姓20.2651万人,刘姓18.6万人,陈姓10.759万人。千人以上的姓氏有183个,百人以上的姓氏有283个,不足百人的姓氏有348个,其中仅有1人的姓氏有221个。

第四章　婚姻　家庭

第一节　婚　姻

1981年1月,第二部《中华人民共和国婚姻法》颁布实施,规定结婚年龄男性为22周岁,女性为20周岁。至2013年,法定结婚年龄没有改变。1978年年底,国务院计划生育领导小组制定实施的《计划生育条例(征求意见稿)》中规定提倡晚婚,年龄农村为男25周岁,女为23周岁,城市要略高于农村。日照的男女未婚青年积极响应各级政府号召,自觉实行晚婚。1989年,全市女性初婚为9133对,其中晚婚7758人,晚婚率达到84.9%。

1989—2013年,因婚姻高峰的到来,结婚对数呈递增趋势。其中,结婚登记最多的是1998年,达25764对;其次是1995年,登记25508对。随着人们婚姻观念的转变,离婚人数也呈递增趋势。离婚登记最少为1995年136对,最多为2013年3190对,呈大幅度上升趋势。

第二节　家　庭

1990年第四次全国人口普查时,全市有家庭户288962户(不包括集体户,下同)。2000年第五次全国人口普查时,全市总户数为876793户,户均人口3.06人。其中,一代户25676户,二代户562196户,三代户56877户,四代户963户。按家庭规模分为:1人85732户,2人201866户,3人334670户,4人183681户,5人53294户,6人12200户,7人2087户,8人437户,9人88户,10人以上38户。

2010年第六次全国人口普查统计,全市总户数为988566户,户均人口2.83人。其中,一代户407294户,二代户517222户,三代户62852户,四代户1198户。按家庭规模分为:1人130726户,2人310752户,3人341816户,4人153110户,5人41535户,6人8770户,7人1290户,8人302户,9人95户,10人以上170户。

2013 年,全市总户数 102.94 万户,同口径比 1993 年刚设区带县时增加 26.36 万户,比 2000 年增加 13.28 万户。2013 年户均人口为 2.82 人,比 1989 年减少 0.24 人,比 2010 年减少 0.01 人,家庭向小型户发展。

第五编　城乡建设

日照市非常重视城市建设。1989 年地级日照市建立后，设立市城乡建设委员会。1996 年 9 月，市城乡建设委员会改称为日照市建设委员会。2001 年 7 月，改称为日照市规划建设委员会。2009 年 12 月，改称为日照市住房和城乡规划建设委员会。

日照市立足良好的区位和环境优势，按照“突出特色、丰富内涵、完善功能、提升品位”的城建工作思路，坚持高点定位、规划先行、建管并举，高起点、高标准、高水平地推进城市建设，先后获得“国家环保模范城市”“国家园林城市”“国家节水型城市”等荣誉称号，2009 年获全球人居领域最高荣誉——“联合国人居奖”。

第一章　城市规划

日照市开展城市规划始于 1982 年，至 2013 年已先后 4 次编制城市规划。

1982 年，国家重点工程日照港开工建设，为适应港口建设和城市发展的需要，县政府委托山东省城市规划设计研究院对日照进行有史以来的第一次城市规划，1983 年《日照县县城、石臼所总体规划》编制完成。山东省人民政府于 1984 年 9 月 28 日批复实施。

1985 年，县级日照市建立，市政府委托山东省城市规划设计研究院对日照市城市总体规划进行第二次编修。1986 年年底编制完成《日照市城市总体规划纲要》和《岚山头城市总体规划》。山东省人民政府于 1989 年 2 月 2 日批复实施。

1989 年 6 月 22 日，国务院批准日照市升格为地级市，日照市的经济发展和城市建设进入快速发展时期。石臼港的总体规划方案已经交通部和山东省人民政府批准实施。市政府于 1991 年 12 月 9 日发出《关于重新修订〈日照市城市总体规划纲要〉的通知》，开始第三次城市总体规划编修。市政府聘请建设部规划司规划处处长陈晓丽聘为日照市副市长，具体负责城市总体规划工作。1992 年 5 月，修订方案编制完成。6 月，市政府召开市级领导联席会议，对《日照市城市总体规划纲要（修订）》方案进行审议。8 月 29 日，日照市第十二届人大常委会第十九次会议对《日照市城市总体规划纲要（修订）》方案进行了审查。1994 年 8 月 3 日，山东省人民政府批复实施。

2004 年，市政府再次对《日照市城市总体规划》进行编修。编修工作于 2004 年 8 月开始，2006 年 6 月完成，2011 年 5 月 9 日，省政府批复实施。

第一节　总体规划(2006—2020)

城市规划区范围

城市规划区范围为日照市区行政管辖的区域,由东港区和岚山区组成,总面积1915.1平方千米。

规划期限

近期　2006—2010年。

远期　2010—2020年。

远景　2020年以后。

城市性质和规模

城市性质　新亚欧大陆桥东方桥头堡,临港工业和海滨旅游业发达的阳光城市。

城市规模　日照市区城市建成区近期2010年规划人口为90万人,城市建设用地面积为106.2平方千米;远期2020年规划人口为110万人,城市建设用地面积为120平方千米。

城市用地空间结构

市域城镇空间布局结构。规划期内日照市将采取"轴线集聚、极化带动"的总体空间发展策略,最终形成"一主一副两次、四条发展轴线、十个重点城镇"的空间格局。

一主一副两次　一个主中心:日照主城区,是市域中心和新亚欧大陆桥重要的东方桥头堡。

一个副中心:日照岚山城区,是市域副中心、鲁西南海上门户和鲁南城市带经济社会发展的龙头。

市域西部次中心:莒县城区。

市域北部次中心:五莲城区。

四条发展轴线　轴线一:依托沈海高速公路和204国道的市域发展主轴线,向北联系山东半岛城市群其他城市,向南联系长三角和苏北地区,形成日照市域东部发展主轴。

轴线二:依托206国道、胶新铁路的市域西部城镇发展轴。莒县城区是主要增长极,于里镇、夏庄镇、招贤镇是三个副增长极。

轴线三:依托日兰高速公路和335省道,向东联系日照港,向西联系鲁西南和内陆中原地区,是市域东西横向发展轴线,也是港口交通及工业向内陆发展的重要轴线。

轴线四:依托334省道,以五莲城区为发展中心,向东联系潮河镇、两城镇,向西联系中至镇、于里镇,是市域北部的东西横向发展轴线,也是日照市接轨青岛发展的重要轴线。

十个重点城镇　两城镇、涛雒镇、后村镇、巨峰镇、东莞镇、夏庄镇、招贤镇、街头镇、于里镇、潮河镇作为市域发展的重点镇。

城市用地布局结构

规划确定主城区、岚山城区轴向分片布局结构。两区分别依托石臼港区、岚山港区南北分区发展。

主城区包括主城北区、主城西区和主城南区。主城北区是综合性城市中心,承担城市主要服务功能,以商业金融、行政办公、文化教育、居住、旅游度假等职能为主。主城西区是综合性的城市副中心,以传统商业、居住等职能为主。主城南区是铁路以南地区,以居住、港口、工业等职能为主。

岚山区是日照主要临港工业发展区,以港口运输、临港工业、居住等职能为主。岚山区阿掖山以北的龙王河两岸，在大力发展临港工业的同时，必须重视环境保护与土地资源有效利用，加强污染防治和土地节约使用。阿掖山南部主要为岚山传统城区，规划加强旧城改造，建设和完善道路网，通过城中村改造，努力节约用地。

城市空间发展时序

近期　协调发展主城区。逐步改造城中村，推进日照港发展。改善岚山城区现状环境，合理发展岚山区临港工业。推进奎山南部岸段修造船业的适当发展。

远期　促进石臼港区和岚山港区建设，强化港区分工协作，依托港口大规模发展岚山区。加快北部海滨旅游区建设，形成“双城一区，轴向拓展”的带状城市框架。

远景　主城区与北部海滨地区协调发展。岚山城区工业向西跨越沈海高速公路发展。涛雒、巨峰、高兴发展成为主城区和岚山城区之间另一新城区，功能包括居住、无污染工业、商业、物流业等，日照市由“双城一区”发展为“三城一区”。

第二节　详细规划

根据城市总体规划确定的功能结构，日照市共分为两个规划编制分区，主城区（包括新市区片区、日照片区、开发区片区、山海天片区、大学科技园片区、高新技术园片区、石臼片区）、岚山区。2007 年，日照市编制完成了市区 8 个片区的控制性规划。

新市区片区控制性详细规划范围：西起临沂路，东至青岛路，北起山东路，南至兖石铁路，规划总用地面积为 12.36 平方千米。

规划着眼于现代海滨城市发展的全局和未来，突出城市中心区功能和地位，突出日照海滨特色的城市形象，优化城市生态环境，合理组织用地布局，形成交通便捷、公共设施完善、环境优美、舒适宜人的现代城市中心区。

功能定位为鲁南临港产业核心服务区、日照市综合性城市中心，具有海滨特色的现代化中心区。以行政办公、文化科教、商业商务、滨海旅游、居住等功能为主。

规划总用地面积为 12.36 平方千米，建设开发总量约 1846 万平方米。

规划居住人口 20 万人。

总体布局概括为“一心、二轴、三带、六片区”。“一心”，指市公共设施综合中心，包括行政中心、文化中心、商业商务中心、旅游服务设施集中区。“二轴”，指淄博路中央观海景观轴线，北京路清风湖公园—市行政中心—银河公园—体育公园构成的南北向景观轴线。“三带”，指沙墩河、青岛路、海曲东路绿化带。“六片区”，指以南北向北京路、烟台路与东西向淄博路、海曲路为界，划分为 5 个居住片区及城市文化中心片区。

土地使用主要包括居住用地面积 488.55 公顷，公共设施用地面积 232.2 公顷，道路广场用地面积 260.98 公顷，绿地面积 221.24 公顷，市政公共设施用地面积 31.89 公顷。

综合交通将城市道路分为城市主干路、次干路、支路三级，以临沂路、北京路、烟台路、青岛路及山东路、济南路、泰安路、迎宾路、海曲东路等主干路构建“四横四纵”城市主骨架的方格网状道路系统，增加淄博路两侧道路密度。

第二章 市政建设

日照城始建于金大定二十四年(1184 年),到明代有街道 12 条,清代有 14 条,民国时期有 26 条。中华人民共和国成立后,1954 年主街(今海曲中路)拓宽为 12 米,1956 年拓宽为 18 米,1958 年拓宽为 20 米,1972 年拓宽为 30 米,1979 年主街路面铺沥青 1.5 千米,并铺设人行道。1982 年随着日照港和兖日铁路的相继兴建,特别 1989 年地级日照市建立后,市行政中心东移,日照市的城市建设迅速发展,至 2013 年年底,城区主干道 18 条、次干道 59 条,总长 303 千米,硬化面积 710 万平方米。

第一节 道 路

2013 年,日照城市道路主干道共有 18 条,其中东西向 9 条、南北向 9 条,总长度 183 千米,硬化面积 450 万平方米。次干道 59 条,其中东西向 25 条、南北向 34 条。总长度 120 千米,硬化面积 260 万平方米。

第二节 照 明

日照城内街道照明始于 1968 年,利用高压电线杆设马路弯灯 11 盏。1978 年开始建有照明专用线杆,1980 年在海曲路安装高压汞灯 17 盏。1986 年 3 月,日照市路灯管理所成立,城市路灯数量、灯型、光型等方面都有了明显增强。地级日照市建立后,路灯建设进入飞速发展阶段,光源由单一的白炽灯增加为高压汞灯、高压钠灯和节能灯多种光源。灯型由原来单调的琵琶式增加为玉兰式、圆球式、水汇式等数十种灯型。路灯数量增加至 13502 盏。路灯亮灯率和设备完好率分别达 98%和 95%以上。从泰安路、市人民广场、海曲东路、北京路等道路开始,路灯建设做到一路一式、一灯一景,路灯灯型新颖别致。市人民广场将花灯、单臂灯、草坪灯结合起来,形成高低错落、现代别致的灯群,与周围建筑的霓虹灯、射灯、轮廓灯交相辉映,既气势恢宏,又典雅宜人。海曲路的海鸥灯、沿海路的风帆灯等灯型,充分体现了海滨城市的特色。每当夜幕降临,城市夜空灯火通明,流光溢彩,气势磅礴,蔚为壮观。

第三节 排 水

河道 市区内较大的河流 6 条,分别是:傅疃河,干流长 58 千米,流域面积 1058 平方千米;营子河,干流长 8.8 千米,流域面积 13.53 平方千米;后楼河,干流长 9.0 千米,流域面积 10.71 平方千米;沙墩河,干流长 16.6 千米,流域面积 50.88 平方千米;香店河,干流长 11 千米,流域面积 23.78 平方千米;崮河,干流长 22 千米,流域面积 159.68 平方千米。

排水设施 市区排水设施基本上与城市建设同步进行。排水设施的主要功能是排水和防洪,初期为明渠,20 世纪 80 年代中期大都改建为暗渠,雨污合流。至 2000 年年底,共建有雨污合流管道 92.77 千米。2001 年始，市区道路新建排水管道多采用雨污分流的方式，在道路建设时同步修建雨、污水管道。随着城市的发展，对地下排水管道的要求也越来越高，排水设施的修建向着永久、方便、坚固方向发展。管道口径由 300 毫米发展到 600~1200 毫米，部分路段管径达到 1400 毫米。2013 年年底，市区共建成排水管道 611.87 千米，其中雨污分流 561.49 千米（污水管道 436.86 千米、雨水管道 124.63 千米）；雨污水检查井 26500 座、排水渠 75 千米、截流堰 81 处；建设樱花园等 5 处污水提升泵站，总提升能力 7 万吨/日，建设 4 座污水处理厂，总处理能力 12 万吨/日，确保达标排放；建设日处理能力 120 吨的污泥生物处理厂，实现污泥资源化利用。

第四节　桥　涵

地级日照市建立后，随着城市规模迅速扩大，城市道路、桥涵大幅增加。至 2013 年，市区内新建桥梁 46 座，20 米以上宽度的涵洞 5 座。

第三章　公用事业

在城市管理中，日照市着眼于建立健全长效管理机制，不断增强工作力度，全力推进城市供水、供热、燃气及城市环境卫生、园林绿化等公用事业又好又快发展，积极推进管理方式由粗放式向精细化方向转变，城市建成区公用事业承载能力不断增强。

第一节　供　水

城市供水始自 1978 年。1977 年 10 月，开始在城后营子河下游建大口井做水源地，同时建立供水站，并在城西岭建一座 600 立方米的高位蓄水池，利用高位差自流输送给用户。1978 年 1 月 25 日，供水站正式开机供水，供水能力为每小时 56 立方米。1978 年 6 月，日照县自来水公司成立。1982—1987 年，先后建成石臼水厂和日照第一水厂。1989 年后，随着城市规模的不断扩大和经济社会的快速发展，城市供水保障能力和服务水平不断提升。

1990 年以后，根据城市供水的实际需要，先后建成向主城区供水的日照第二水厂、奎山水厂、卧龙山水厂、东港水厂和配套的曲河口供水站、两城供水站及新市区增压泵站、奎山增压泵站等供水厂站，并通过实施水厂双水源工程建设，使第一水厂建成鹅庄和马陵水库双水源，第二水厂建成曲河口和日照水库双水源，石臼水厂建成丁家楼和日照水库双水源，卧龙山水厂与东港水厂水源互补。2013 年 11 月，市北水厂供水工程开始建设，2014 年 12 月调试供水。

在加快供水厂站等设施建设的同时，通过每年组织实施输水、配水管道新建和改造工程，输水管道总长度为 331232 米，配水主管道总长度 91174 米，不断完善主城区供水管网布局。

第二节　供　热

日照市供热始于1983年。日照港和兖石铁路开工建设后，党和国家领导人到日照考察、外国专家和国外友人到日照考察访问的逐年增多。为解决好接待服务，县政府在县招待所建设一座档次较高的接待楼，安装一台2吨气暖锅炉，解决招待所的供暖问题。至1995年，冬季供暖仍然由各单位自行烧锅炉解决。

集中供热　1996年9月，第一供热站在新市区建成，首先为市级机关办公大楼供热。次年，在新市区办公的几十个机关单位和居民小区冬天实行集中供热。随后第一、第二供热站相继建成投入运行，集中供热面积不断扩大。2010年，市区集中供热工程进行重大改造，主热源以华能日照电厂对市区供热，同时建2座大型区域换热站，供热区域包含新市区、老城区和石臼区域。同时，市区原120余万平方米的蒸汽供热面积全部完成"汽改水"，实现热水管网供热全覆盖。2011年和2012年，又分别建设高科园供热站和城西供热站。至2013年，市区共有3家供热企业，分别是日照市热力公司、阳光热电有限公司和山海天热力公司，供热总面积1100多万平方米。

供热管理　2000年以前，由市建委对热力行业进行管理。2000年12月，成立市燃气管理办公室。2002年9月，办公室更名为日照市燃气热力管理办公室。2008年12月，更名为日照市燃气安全检查监督站，加挂日照市热力管理办公室牌子，隶属市住建委。

第三节　供　气

1988年，市煤气公司成立，在山东路与昭阳路交会处建立液化气站，为机关住户和市民供气。2002年，日照新奥燃气有限公司成立，在市区进行输气管道建设，自此市民用上管道天然气。2008年3月，日照市天然气有限公司成立，负责建设经营管理全市的天然气集中输配工程。2008年5月，胶州至日照天然气长输管道工程开工建设。次年6月，工程竣工投入运营，从此结束了全市没有长输管道天然气的历史。

液化气　2013年，市区液化气经营企业8家，液化气储配站9座，储罐总容量1717吨。年供应液化气8400余吨。燃气行业从业人员400余人，市区用气人口为55.36万人，燃气普及率99.4%。

天然气　2013年，市区有管道天然气经营企业3家，天然气门站1座，LNG储配站2座，CNG加气母站1座，CNG加气子站6座。

至2013年，已完成投资6.55亿元，敷设天然气中压管线619千米，发展天然气管道供气小区784个，开发天然气用户19.7万户。发展CNG加气车辆6000余辆，其中出租车950辆，社会车辆5000余辆。至2013年，累计为市区供气1.2亿立方米。

第四节　城市绿化

城市绿化坚持"生态建市、绿化先行、因地制宜、科学规划、加大投入、加快建设"的原则，至2013年年底，城市建成区园林绿地面积3958公顷，绿地率40.76%，绿化覆盖率42.96%，人均公园绿地面积22.33

平方米,市区初步形成三季有花、四季常绿、山清水秀的大绿化格局。

至2013年年底,全市园林绿化企业有84家,其中一级1家、二级13家、三级70家。

第五节 环境卫生

环卫队伍

随着城市的发展,环卫队伍不断扩大。1989年,有环卫工人302人;到2013年,环卫工人增加到1734人。其中,市环境卫生管理处1143人,日照经济技术开发区424人,山海天旅游度假区167人。

道路保洁

保洁范围 市环境卫生管理所成立之后,负责日照城区6条主次干道的卫生保洁。1989年地级日照市建立后,卫生保洁面积扩展为40.61万平方米。2003年建成区保洁面积为730.12万平方米,2013年达到1422.33万平方米。

保洁方式 市环境卫生管理所成立前后,道路保洁全部实行人工清扫。1988年,购买解放牌洒水车1台。2002年,购马路清扫机2台。2004年,购置扫路车1台。2008年,购置扫路车6台。此后,随着机扫设备的逐年增加,机扫率不断提高。2004年,市区主干道机扫率为5%,2008年为20.93%,2013年达到50%。洒水作业实现常态化,保洁模式逐渐由人工清扫、粗放式作业,向人机结合、干湿结合、精细化作业方式转变。

公厕

公厕建设 1985年,城区建立公共厕所(旱厕)3处。1987年,建公厕7处,其中水冲式1处,旱厕6处。以后每年新建或改建一批厕所,水冲式公厕逐步取代旱厕。2003年,新建改建公厕66座,均为水冲式。至2013年,市区有公厕80座,其中市环卫处44座,山海天旅游度假区8座,开发区1座,市园林局27座。

粪便处理 1987年开始,在原有粪便、垃圾和土“三合一”无害化处理的基础上,加盖地膜纸,实现粪便、垃圾无害化处理。自2003年,因市区全是水冲式厕所,粪便处理采取建三格化粪池,自然发酵处理。

环卫收费

日照市人民政府批准,自1986年1月1日起,在市区行政机关、厂矿、企事业单位中征收清洁卫生费。2003年9月,市物价局、财政局、建委、环保局四部门联合下发《关于调整市区生活垃圾处理费收费标准的通知》,于2003年9月30日起实行,对企事业单位按照3元/人·月收取,实行物业管理的小区和村居按2.2元/人·月收取,商业、餐饮业按照营业面积0.2~0.5元/平方米收取。

第四章 城区公共交通

1989年后,日照公交事业快速发展。至2013年12月,营运线路42条,营运车辆629辆、年客运量达6000多万人次。

第一节　线路站点

1982年6月，日照县公共汽车公司成立。7月，1路公交线(石臼经日照城里至岚山)开通。1987年，又将1路公交线改为日照城里至石臼。1989年后，公交运营线路相继开通，站点迅速增多。

第二节　运营工具

日照公交公司成立时只有2辆公交车，1985年增加到6辆，1989年增加到12辆。另外，个体小客车发展到21辆。地级日照市建立后，公交车辆快速增加。1998年8月，6路公交线全部更换为京华牌新公交车。2005年8月，更换为绿色北汽福田牌新公交车。2011年5月，更换为红色宇通牌新公交车。2012年7月，更换为纯白色的沂星纯电动公交车。2013年，市政府购置100台新能源公交车。中通、宇通等LNG燃气公交车和气电混合公交车、插电式混合动力、纯电动等类型的节能环保公交车运行在市区各条线路。

至2013年，市区共有营运公交车辆629辆，其中新能源公交车290辆，营运线路42条，年客运量6000多万人次。市民出行环境、城市公交形象得到进一步改善和提升。

第三节　运营管理

地级日照市建立后，市公交公司为正科级事业单位，隶属于市建委。2006年，改制为股份制企业，更名为日照市公共交通有限公司，内设4个营运分公司、6个经营单位、11个职能部室、1个保修厂。

信息化建设　1997年6月，3路公交线实行无人售票，是日照市首条无人售票线路。1999年4月，全部线路实现无人售票。

2001年8月，公交IC卡收费系统启用。2008年对IC卡系统进行升级改造，实现一卡多用。

2005年，实行电子调度智能系统，实现自动报站和里程自动统计等功能。2008年，对智能调度系统升级改造，具备车辆排班、实时调度、轨迹回放、数据统计、违章记录等功能。

2011年7月，在原系统的基础上升级改造CPU卡，开发与青岛之间的城市互通功能，“日照通”卡不仅实现在日照市的公交、小额消费等领域的使用，还与青岛市在公交、出租、桥隧、小额消费等领域实现互联互通，在省内率先实现城市间电子消费的互联互通。同年，将3G技术引入到公交车载监控设备和远程监控平台中，可以随时监控车辆运行状况和车厢内乘客动态及驾驶员的服务情况，公司对安全服务的管理能力得到有效提高。

2013年4月，与移动公司合作开发开通手机版日照通卡，乘客刷手机即可乘公交，为市民乘车刷卡提供更加便捷的渠道。随后，手机版公交信息查询系统建成使用，可随时浏览公交电子站牌，乘客可随时查询公交车辆运行信息。9月1日，“公交一小时免费换乘”在市公共交通有限公司所有的线路上实行。市民持公交IC卡(日照通卡)刷卡乘车，在5分钟后1小时内换乘其他车辆时，可享受一次免费换乘，再次乘车重新计时，重新享受优惠。进一步降低了市民公交出行成本，推动公交优选的绿色出行方式。12月，公交电子牌开工建设，首批5处(东辰集团、海曲公园、信合广场、星河港湾、御景东方)公交电子站牌建成,便于市民了解公交实时动态信息。

市政府扶持城市公交优先发展 2007 年 9 月,市政府下发《关于优先发展城市公共交通的意见的通知》,对优先发展公交事业做出具体规定。2012 年 8 月,市政府投资 3500 万元购置 40 台新能源车,更新到 18 路和 6 路线运营。2013 年,市政府把公交车辆购置、场站及基础设施建设,列为本年度为民办实事的重点项目之一,提出 2013 年新增新能源公交车 100 辆,建设 3 处公交停车场,新建和改造市区 100 处公交候车亭。5 月,100 辆新能源公交车投入运营,3 处公交停车场(占地 14.67 公顷)已规划建设,100 处公交候车亭改造完成。

第五章　房产管理

1986 年 6 月,日照市(县级市)房地产管理所成立,与市开发公司合署办公,负责全市城镇房屋登记、产权产籍管理等工作。1990 年 5 月,市房地产管理所更名为日照市房地产管理处。2002 年 1 月,更名为日照市房地产管理局,赋有市区范围内的房屋产权产籍管理、房地产交易管理、商品房预(销)售管理、房地产物业监督管理等职能。至 2013 年,市房管局累计办理房屋登记 327201 件。其中,发证 278939 本,注销登记 48262 件。

第一节　房产交易监理

1992 年,日照市房地产管理局先后成立日照和石臼 2 个房地产交易监理所,分区域对市规划区范围内的房地产进行权属管理和交易监理。2001 年 6 月 18 日,日照市房地产交易中心成立,形成集房地产勘丈测绘、确权发证、交易监理、咨询评估、中介经纪、银行收款等为一体的全方位、多功能体系。2004 年,市房地产交易中心迁入日照建设大厦服务大厅办公,同时,税务部门也进驻服务大厅,现场办理房产税收的缴纳业务。服务大厅为服务对象提供"一站式、一条龙、多层次、全方位"的服务。

1993 年 6 月,日照市房地产评估事务所成立,接受委托进行房地产价格鉴定。2001 年 6 月,成立市房地产交易中心,实行房产转让交易登记一体化。2006 年 11 月,启动商品房网上备案,为开发商和购房人提供更为高效、便捷的服务。2010 年 4 月,实施商品房存量网上交易和资金监管工作。2012 年 11 月,启动商品房交易资金监管,保障了交易资金的安全。

1995 年 2 月,日照市城乡建设委员会与中国人民银行日照市分行联合下发《关于加强日照市房地产抵押管理的通知》,启动全市房地产抵押登记管理工作。

第二节　产权产籍管理

1988—1996 年,日照市进行三次较大面积的房屋普查。1995 年,市房管局与东港区建委明确各自的职责和确权登记发证范围,加强市规划区范围内的房地产权属登记管理。2001 年,建立产权管理计算机系统,实现微机化管理。2013 年,全市房地产权属登记,实行土地与房屋分别登记制度。全市房地产权属档案管理与房屋普查、登记确权同步进行。1993 年，使用立式档案橱存放档案，手工目录检索。1999 年 6 月，开始使用密集架存放档案。1998 年 8 月，开始使用微机进行档案管理。2003 年，实施档案管理全数字化。至 2013 年，共有各类别房地产档案 353153 卷，为社会各界提供档案利用 38756 次，为社会执法部门提供档案利用 12351 次。

第三节　拆迁拆除管理

1992 年 5 月，市拆迁办公室成立，与日照市房地产管理处合署办公。2002 年，更名为日照市城市建设房屋拆迁管理办公室。2009 年 2 月，独立办公，隶属于市住房和城乡规划建设委员会。

1993 年，发布实施《日照市城市房屋拆迁管理实施办法》，并于 1998 年、2001 年进行两次修订。2004 年 1 月，发布实施《日照市城市房屋拆迁管理办法》。2011 年 1 月，国务院《国有土地上房屋征收与补偿条例》颁布施行，《日照市城市房屋拆迁管理办法》废止，同时停止房屋拆迁许可证的发放及动迁机构资质的审核。

第四节　物业管理

国家党政机关、企事业单位的公有住房出售给干部职工后，住宅小区的管理、房屋修缮、水电暖维护、安全保卫等问题凸显出来。1998 年 4 月，市政府责成有关部门尽快制定物业管理规定，在全市推行物业管理。

1999 年 8 月，日照市发布《日照市城市住宅小区物业管理暂行办法》；12 月，《日照市物业管理服务收费管理暂行办法》发布实施。

至 2013 年，全市共有物业服务企业 167 家。其中，一级资质 1 家，二级资质 4 家，从业人员超过 10961 人。管理各类物业项目 701 个，总面积 2912 万平方米。其中，房屋项目 414 个，占总项目的 59%；面积 1572 万平方米，占总面积的 54%。

2011 年，发布《关于加强住宅专项维修资金管理的通知》，进一步明确细化住宅专项维修资金的交存、使用、管理和监督等事宜。2012 年又下发《关于住宅专项维修资金使用拨付有关问题的通知》，进一步明确了资金的使用、拨付操作流程。至 2013 年，对市区 223 个住宅小区、8.77 万户建立维修资金缴存清册，累计缴存住宅专项维修资金 4.16 亿元，审批使用维修资金 21 万元。

第五节　住房制度改革

1992 年 3 月，市政府成立市住房制度改革办公室，日照市住房制度改革工作开始。2002 年 7 月 25 日，市政府成立日照市住房公积金管理委员会。2003 年 1 月，市住房制度改革办公室更名为日照市住房委员会办公室，组织领导日照市的住房制度改革。日照市的住房制度改革工作稳步开展，勇于创新，市民拥护，国务院、建设部、省政府也给予充分肯定。

住房制度改革

1992 年 12 月，日照市印发《关于印发〈日照市城镇住房制度改革实施方案〉的通知》，全市城镇住房制度改革正式启动。

2000年12月,印发《关于进一步明确房改有关政策问题的通知》,规定从2001年1月1日起,一律停止按原房改政策出售公有住房,也不得为职工新建住房进行实物分配,应按经济适用住房价格出售公房。从2000年7月1日起,将在职职工住房公积金缴纳比例,提高到上年度职工工资总额的6%。

全市(市直党政、企事业单位和国家、省属驻日照各单位)自1993年7月1日起至2003年,共实施提租的单位累计533个,住户19927户,住房面积491703万平方米;出售公有住房政策实施以来,已办理出售公有住房产权的单位426个,户数25900户,住房面积208万平方米。

城市住房保障

经济适用住房建设　2000年4月,全市经济适用住房建设工程开工建设。首期经济适用住房在荣华小区建设,规划面积22.6公顷,建设面积21.48万平方米,其中住宅建设18.90万平方米,公建4.56万平方米。2003年,共开发建设经济适用住房5万余平方米,解决了648户城镇中低收入职工家庭住房的困难。

经济适用住房货币直补　2003年后,坚持市场化运作,实行经济适用住房货币直补改革,制定出台《日照市城市经济适用住房市场化运作实施办法》,2006年修订完善《日照市城市经济适用住房货币补贴实施办法》。政府不再划拨土地建设经济适用住房,而把土地公开出让,土地所得净收益作为经济适用住房专项基金。不再向住房困难家庭出售低价住房,而是直接发放住房补贴,把"暗补"改为"明补"。这一政策的成功实施,得到国务院、建设部、省委省政府领导的充分肯定和新闻媒体的广泛关注。时任国务院副总理曾培炎作出批示,建设部专门组织部级联席会议听取日照市汇报。中央电视台、《人民日报》、《中国建设报》等新闻媒体和新华社《半月谈》《人民日报情况汇编》、建设部《调研参考》等刊物,对这项改革都给予积极的评价和宣传报道,有关专家将这一改革誉为"日照模式"。

该政策实施11年,累计发放经济适用住房补贴4.4583亿元,使7193户住房困难家庭受益。

廉租住房货币补贴　2006年7月,日照市建立廉租住房保障制度,制定《日照市城镇最低收入家庭廉租住房实施办法》。实行以发放租赁住房补贴为主、租金核减为辅的廉租住房保障方式,主要保障民政部门确定的低保户和工会确定的特困户中的无房户和住房困难户。2008年,廉租住房补贴范围由最低收入家庭扩大到低收入家庭,经济适用住房补贴对象与廉租住房补贴对象并轨,申请经济适用住房补贴未中号的家庭,可以直接享受廉租住房补贴;买不起经济适用住房的,仍然可以享受廉租住房补贴。2009年2月,制定《日照市廉租住房保障办法》。实行廉租住房货币化补贴,达到了"应保尽保"。至2013年,全市共发放廉租住房补贴1812万元,11034户家庭受益。

廉租住房实物配租　2009年,投资2200万元,在市区3个城中村改造项目中,配建回购200套廉租住房。其中,怡海社区20套,中盛社区156套,东韩家村24套。廉租住房户型面积50平方米左右,水电暖卫配套齐全,基本达到入住条件,物业由所在小区统一管理。廉租房实物配租,优先面向市区孤、老、病、残等特殊住房困难家庭,最低生活保障家庭及其他急需救助的家庭,实行轮候排序制度和动态管理,每年进行一次资格审核,不符合条件的应退出实物配租。2010年1月,印发《日照市市区廉租住房实物配租实施细则》。规定租金标准为:低保家庭月租金每平方米0.6元,低收入家庭月租金每平方米0.8元。2009年12月,东韩家村首批廉租住房实行配租。2013年年底,已对所有提出申请并符合条件的特殊住房困难家庭实施实物配租,有176户正在配租,累计退出实物配租17户。

棚户区改造安置房建设　自2008年开始,全市将棚户区改造与城中村改造结合推进,实行"改造补偿，拆一还二；土地出让，全额返还；规费优惠，有免有减；长远生计，失地有保”的政策，最大限度让利于民。同时，探索实施村企合作开发模式，引入房地产企业的技术、资金参与开发，克服村居自主开发存在的启动资金紧、建设水平低、还迁周期长的弊端。至2013年年底，全市共开工建设棚改安置房36809套，基本建成15719套。其中，共开工建设棚改安置房21999套，基本建成10590套。

第六编　环境保护

1989年，地级日照市建立后，制定推行一系列环境保护的重大举措。1997年，作出“发展循环经济，建设生态城市”，实施“生态建市”的决定；2002年，作出创建“国家环境保护模范城市”的决定；2010年，作出“加强生态文明建设，构建生态环境体系”的实施意见；2012年，市委、市政府把建设“生态日照”与建设“蓝色日照、幸福日照、平安日照、文明日照”共同确定为全市发展战略，并写入中共日照市第十二次党代表大会报告。

日照市的环境治理，首先从源头及重点污染企业、重点项目抓起。1990年始，对老工业区进行设备更新、废水排放、集中供热等治理。全市建起3家热电厂、8家污水处理厂，淘汰拆除10吨以下燃煤小锅炉。开展大气净化、水质清化、荒山绿化、环境美化的“四化”工程。大力开展水资源、水源地的污染防治，投资4.45亿元对市区6条主要河流、46家水污染企业进行全面整治。在对日照水库上游的石材加工业污染日照水库饮用水的治理上，决定对东港区陈疃、南湖两镇191家石材加工业户实行关闭；五莲县在王世疃镇规划建设石材工业园，园外1226家石材加工业户全部关停，至2013年，已有152家石材加工业户入园发展。日照水库上游石材加工污染饮用水的问题得到根治。全市建成国家级自然保护区2处，省级自然保护区4处，市级自然保护区6处；建成国家级生态乡镇（街道）20个，省级生态乡镇（街道）39个，国家级生态村1个，省级生态村31个，市级生态村1001个；省级绿色社区5个、市级绿色社区16个，省级绿色学校6所，市级绿色学校20所。

至2013年，日照市被国家环保总局和省政府命名为“国家环境保护模范城市”“全国生态示范建设试点市”“生态省建设先进市”等。

第一章　环境质量

全市环境空气质量较好，空气污染以工业污染为主，主要污染物为二氧化硫、二氧化氮和总悬浮颗粒物。按《国家环境空气质量标准》评价，1996—2000年，全市环境空气二氧化硫、二氧化氮和总悬浮颗粒物均达到国家二级标准；2013年，全市生态环境质量得到较好保持，主要环境质量指标居全省前列。

第一节　空气环境质量

1989—1995年，在全市经济快速发展的情况下，城市环境质量始终保持在一级大气、一类海水、城市饮用水质达标率100%的水平。

1996—2000年,市区主要排污行业是电力蒸汽、水产供应业和化学工业,空气主要污染物为总悬浮颗粒物,占总污染负荷的60.4%;其次是二氧化硫,占总污染负荷的20.13%。5年中,二氧化硫、二氧化氮的年浓度值,1996—1997年为最高;二氧化硫最低为1998年,二氧化氮最低为1999年;总悬浮颗粒物的年浓度值最高为1996—1997年,最低为2000年,呈逐年下降趋势。总体上看,5年间,除二氧化氮的污染趋势下降不明显外,其余各项污染物的污染程度均有下降,尤以总悬浮颗粒物的污染趋势下降最为明显。二氧化硫、二氧化氮和总悬浮颗粒物的5年均值均未超过国家二级标准。2000年,日照市区空气中二氧化硫、二氧化氮含量年均值分别为0.013毫克/立方米、0.023毫克/立方米,符合空气质量一级标准;总悬浮颗粒物年均值为0.130毫克/立方米,符合二级标准;全年无酸雨检出,城市环境空气质量进一步提高。1998—2000年,连续3年在全省城市环境综合整治定量考核中,名列地级市组第一名。

2001—2005年,日照市区、莒县、五莲县、岚山办事处城区环境空气中二氧化硫、二氧化氮均达到国家一级标准,总悬浮颗粒物达到国家二级标准。

2006—2010年,由于城市规划等历史原因,导致工业区紧临商住区、铁路穿越市区等不合理现象,加大污染治理的难度。港口吞吐量急速增长造成的粉尘污染也十分突出,以煤为主的能源结构带来的煤烟型污染日益凸现。周边市区对日照市环境空气质量的影响日趋加重。尽管持续改善环境空气质量面临诸多困难,日照市区空气质量仍能达到功能区标准,在城市环境综合整治定量考核中继续保持全省第一。2008—2010年,日照市的空气污染指数小于100的天数所占的比例分别为98.36%、96.2%、95.6%,城区空气主要污染物年均浓度值达到国家二级标准,且主要污染物日平均浓度达到二级标准的天数占全年总天数的85%以上。

2011—2013年,列入"十二五"规划的大气污染防治重点项目已基本完成,大气污染治理取得显著成效。

第二节　水环境质量

1996—2000年,全市饮用水的所有监测项目均符合国家标准,生活饮用水水源地水质较好,水质比以前有所改善。全市5条主要河流(绣针河、傅疃河、两城河、沭河、潍河)均不同程度受到污染,尤其是城区下游河段污染严重。主要污染物有化学需氧量、高锰酸盐指数、氨氮、挥发酚和油类等,污染特征为有机污染。其中,傅疃河水质污染程度呈下降趋势;绣针河、两城河水质良好;沭河、潍河污染趋势有所上升。日照水库、青峰岭水库、小仕阳水库三座大型水库水质较好。

2001—2005年,全市城市地表水水质、地下集中式饮用水源地水质、近岸海域海水水质达标率均保持100%。傅疃河、潍河五莲段水质均达到规定的质量标准,城市环境质量进一步提高,连续5年(2001—2005年),在全省城市环境综合整治定量考核中名列地级市组第一名。

2006—2013年,在GDP增长和汽车保有量翻番、港口吞吐量剧增的情况下,全市生态环境质量得到较好保持。城市饮用水源水质达标率始终保持100%,近岸海域水质优于国家规定标准,3个省控重点河流断面全部达到功能区标准,在全省首批实现重点断面水质全部达到鱼类稳定生存要求。城市水环境污染控制效果良好,城市集中式饮用水水源地水质达标率100%,城市水环境功能区水质达标率100%。2008—2013年,日照市集中式饮用水水源地水质均符合或优于《地表水环境质量标准》(GB 3838—2002)

中的Ⅲ类标准。

第三节 噪声环境质量

1989—1995 年,市区噪声环境质量比较平稳。1996 年以后,由于城市的迅速发展,各种噪声逐渐出现。1996—2000 年,市区主要噪声源为交通噪声和生活噪声,部分功能区噪声污染趋势略有上升,区域噪声环境质量状况较为稳定,道路交通噪声污染总体呈下降趋势。

功能区噪声 市区除 1998 年混合区昼间功能区噪声超标 0.8 dB(A)外,其余各年度各功能区昼间、夜间噪声均符合执行标准。

区域环境噪声 区域环境噪声 1998 年最低,为 52.6 dB(A)。其余年份噪声起伏变化不明显,声环境质量状况较稳定。

交通噪声 市区道路交通噪声年均值最高的年份是 1997 年,声级达 69.6 dB(A),超标路段长度占监测道路总长的 47.9%;其次是 1996 年,超标道路长度占监测道路长度的 39.2%。1998—2000 年,超标道路长度占监测道路总长度的比例分别为 24.4%、9.1%、5.4%。

2003 年,建成噪声达标区 2 个,面积 28.11 平方千米,环境噪声达标区覆盖率为 66.8%。2004 年,建成噪声达标区 6 个,面积 35.8 平方千米,环境噪声达标区覆盖率为 77.8%。2005 年,建成噪声达标区 2 个,面积 28.11 平方千米,环境噪声达标区覆盖率为 61.6%。

第二章 污染防治

日照市积极治理城市大气污染,大力发展集中供热,进一步推进环境空气质量改善;以创建国家环保模范城市为契机,着力改善城市环境质量;以城市扬尘综合整治为抓手,努力推进大气联防联控工作;加强水污染防治等环境综合整治工作,全市生态环境不断改善。

第一节 大气污染防治

1995—2000 年,制定实施《日照市“九五”期间主要污染物排放总量控制实施方案》。2000 年,日照市 180 家工业污染源全部实现达标排放,主要污染物排放总量全部控制在省政府规定的指标之内,大气和地表水环境质量全部达到功能区划要求,在全省率先完成了“一控双达标”任务。至 2000 年年底,城市集中供热率 55.24%,城市气化率 93.56%。

2001—2005 年,积极治理城市大气污染,大力发展集中供热,扩大东方热电厂集中供热能力和范围,开工建设日照第二热电厂和岚山热电厂,建成新市区 1 号、2 号供热站。强化对市区施工工地、煤堆场的环境管理,有效控制扬尘污染。

2006—2010 年,进一步积极推进环境空气质量改善,以创建国家环保模范城市为契机,着力改善城市环境质量;以城市扬尘综合整治为抓手,努力推进大气联防联控工作。

从2010年开始,拟用两年时间,集中整治港口粉尘污染等问题。

2013年7月,公布实施《日照市十项环保重点治理工程》,即饮用水源地上游石材加工业综合整治工程、亚太森博污染综合整治工程、日照钢铁全面达标工程、日照港集团粉尘污染综合整治工程、华能日照电厂大气污染治理提升改造工程、市区油脂企业异味污染治理工程、山海天污水异味综合整治工程、山东晨曦化工全面达标工程、山东浩宇能源全面达标工程、城市环保基础设施建设重点工程。除饮用水源地上游石材加工业综合整治工程和城市环保基础设施建设重点工程外,其余涉及大气污染防治的8项工程,年底均按期完成。

2013年12月,划定高污染燃料禁燃区,禁燃面积达到城市建成区面积的83.3%。同时,制定燃煤小锅炉淘汰年度计划,淘汰建成区10蒸吨以下燃煤锅炉。

形成扬尘污染全过程、全方位监管机制。对市区建筑施工现场进行集中整治,将建筑施工扬尘治理纳入基本建设程序管理,严格落实施工现场"五个100%"。实施环卫作业网络化管理,新增加洒水车、扫路车等机械设备,实行"人机结合、干湿结合"的联合保洁作业方式,定期对城市主次干道进行洒水增湿除尘,实现对城区洒水、机扫的新突破。不断加强对市区渣土运输的监管,所有运输车辆安装GPS定位装置。限期对城中村拆迁、建筑工地等裸露土地铺设遮蔽网进行覆盖处理,启动市区裸露土地整治,高标准整治城区裸露土地24万余平方米。

第二节 水污染防治

1996—2000年,全市6条主要河流均不同程度地受到污染,特别是各城区下游河段由于接纳大量工业废水和生活污水,污染较重。主要污染断面是傅疃河的大古镇、沭河的夏庄和潍河的高泽大桥三个断面。为此,日照市加快污水集中处理设施建设的步伐,率先投资8000万元建设莒县污水处理厂和市污水处理厂,先后对46家水污染企业和130家大气污染单位实施限期治理,共投入治理资金4.45亿元,新增废水处理能力8.5万吨/日。

2001—2005年,建成日处理能力5万吨的城市东区污水处理厂。完善城市排污管网,对市区主要河流进行综合整治。建设日处理能力各2万吨的莒县污水处理厂一期工程和二期工程。并投入200多万元建成沭河莒县夏庄断面水质自动监测站。下发实施《日照市生活饮用水地表水源保护区管理办法》,对全市饮用水水源地保护区明确划分,日照市生活饮用水地表水源保护区为日照水库、马陵水库、傅疃河、两城河、绣针河、沭河(日照段)、青峰岭水库、小仕阳水库、却坡水库、冯家坪水库、石木子水库和学庄水库。

2006—2010年,将饮用水源地保护列入全市为民办实事重点工程,制订《日照市流域环境综合整治工作实施方案》,重点流域水环境质量得到明显改善。城市饮用水源水质达标率始终保持100%,近岸海域水质优于国家规定的标准,大古镇、沭河夏庄断面、墙夼水库等3个省控重点河流断面全部达到功能区化标准。

自2011年始,全市实施一批环境综合整治工程,各重点河流断面水质明显改善。通过不断加大工业污染源治理力度,将绝大多数沿河涉污企业废水纳入污水处理厂进行深度处理,减少入河排污量;完善城市环境基础设施建设;大力开展河道整治工程等一系列工作,促进全市水环境质量的持续改善。

第三节　噪声污染防治

声环境功能区划分

市区域噪声环境标准适用区划分方案,1999年、2002年、2012年经历过3次调整。1999年9月20日,实施《日照市城市区域环境噪声标准适用区划分方案》。2002年2月20日,实施《日照市城市区域环境噪声标准适用区域调整方案》。2012年7月2日,实施《日照市城市区域声环境功能区划分方案》,最新的城市区域声环境功能区总边界的确定,主要参考了中心城区各片区控制性详细规划,所确定的城市边界和城市总体规划及现有用地实际情况。新划分的城区声环境功能区划分为以下4类:

1类声环境功能区　指以居民住宅、医疗卫生、文化教育、科研设计、行政办公为主要功能,需要保持安静的区域。环境噪声限值为:昼间(6时至22时,下同)55 dB(A),夜间(22时至次日6时,下同)45 dB(A)。包括日照主城区中新市区、大学科技园、山海天片区及岚山城区阿掖山南侧区域。

2类声环境功能区　指以商业金融、集市贸易为主要功能,或者居住、商业、工业混杂,需要维护住宅安静的区域。环境噪声限值为:昼间60 dB(A),夜间50 dB(A)。包括日照主城区西区、石臼城区、奎山东南居住社区及岚山城区。

3类声环境功能区　指以工业生产、仓储物流为主要功能,需要防止工业噪声对周围环境产生严重影响的区域。环境噪声限值为:昼间65 dB(A),夜间55 dB(A)。包括日照经济技术开发区、日照港石臼港区、岚山工业区及港区。

4类声环境功能区　指交通干线两侧一定距离之内,需要防止交通噪声对周围环境产生严重影响的区域。环境噪声限值为:昼间70 dB(A),夜间55 dB(A)。包括30条城市主干道、16条城市次干道两侧区域及穿越城区的兖石铁路、坪岚铁路和电厂铁路专用线3条铁路线两侧区域。

噪声污染治理

严格落实《日照市实施城市管理相对集中行政处罚权规定》,对城区声环境噪音、夜间建筑噪声等噪声污染行为,集中行使行政执法权。针对建筑施工点多、量大、面广等特点,实行24小时值班制度。对建筑工地进行排查摸底、建档造册,对夜间施工企业进行重点监控。联合市城管执法局成立夜间执法机动小分队,及时查处建筑工地夜间施工噪音扰民行为。

开展专项整治行动,部门联动执法。中高考期间,开展绿色护考专项行动,对建筑施工单位、餐饮及营业性文化娱乐场所、露天健身娱乐活动、集会及室内装修等所产生的噪声污染实行严格监管。

加大信访查处力度,维护群众环境权益。畅通"12369"环境举报热线,实行24小时接访,对群众反映的环境噪声污染问题一查到底。并定期进行信访动态督查,跟踪落实,确保信访案件在规定时限内查处到位、责任落实到位。做到"有访必接、有案必查,事事有着落、件件有回音",切实维护市民对环境保护工作的知情权、参与权和监督权。

严格声环境准入,强化源头管理。通过项目审批,严格执行建设项目声环境影响评价和环境噪声"三同时"验收管理制度,未通过验收的噪声排放项目,一律不得投入运行。严格特殊建筑施工作业审批,严禁违法施工作业。同时,不断强化工业企业噪声污染防治,对功能区内噪声排放超标污染源进行关停、搬迁和治理,确保实现功能区内工业企业噪声排放达标,为广大市民创造一个安静、祥和的工作生活环境。

第三章　环境管理

环境管理是运用计划、组织、协调、控制、监督等手段，为达到预期环境目标而进行的一项综合性活动。环境管理的内容涉及土壤、水、大气、生物等各种环境因素，管理的领域涉及经济、社会、政治、自然、科学技术等方面，管理的范围涉及国家的各个部门，所以环境管理具有高度的综合性。

第一节　环境管理目标责任制

1988 年，全省试行环境目标责任制。自 1989 年开始至 2002 年，各届市长与省长共签订 6 次环境目标责任书，将各个时段的环境保护重点任务进行分解，建立目标体系，将重点指标进行量化，并明确了考核要求。每年省市责任书签订后，市政府及时与各区县签订环境目标责任书，层层分解任务，将各项工作落到实处。1999 年，制定印发《日照市环境保护责任书考核奖惩办法》，进行严格考核。2001 年 2 月，在全省人口资源环境工作座谈会上，日照市获得“全省一控双达标工作、1998—2000 年度环境目标责任制二等奖”。从 2003 年起，山东省开展生态省建设，环境管理目标责任制，由此融入更大的战略之中，在新的层面发挥着重要的作用。

第二节　主要污染物总量控制

2006 年，省政府下达各市“十一五”主要污染物总量控制指标，市政府与各区县签订《“十一五”主要污染物总量削减目标责任书》，将责任分解落实到区县，并严格实行问责制。2007 年，在全市范围内实施建设项目主要污染物总量确认制度，节能降耗和污染减排工作在组织和制度上得到极大加强。7 月，华能国际电力股份有限公司日照电厂一期 2×350 兆瓦机组海水脱硫工程通过 168 小时试运行，全市二氧化硫减排工作取得突破性进展。2008 年 9 月，岚山区城市污水处理厂 2 万吨/日工程通过试运行，标志着全市所有区县均建成投运了污水集中处理厂。2009 年 9 月，全市集中爆破 8 条立窑水泥生产线和 4 台燃煤锅炉，大力促进结构调整减排。

“十二五”期间，国家继续深化完善主要污染物总量减排制。在对化学需氧量和二氧化硫继续实行排放总量控制的基础上，又对氨氮和氮氧化物实行排放总量控制，控制领域由工业源、生活源拓展为工业源、生活源、农业源和交通源。针对这些新变化，日照市在总结“十一五”减排工作的基础上，充分发挥节能减排倒逼机制，积极探索推进主要污染物总量控制工作。

2012 年，日照市下发《日照市“十二五”节能减排综合性实施方案》和《日照市“十二五”主要污染物排放总量控制计划》，提出大力建设污水集中处理设施，持续推进企业污染治理设施改造提升的减排思路。日照钢铁厂于 2011 年、2012 年完成 6 号、7 号、8 号、9 号烧结机烟气脱硫设施建成运行。亚太森博（山东）有限公司废水治理工艺建成，实现造纸废水四级处理。华能国际电力股份有限公司日照电厂 3 号机组脱硝设施建成投运，4 号机组脱硝设施也开工建设，并于 2013 年 3 月建成投运。2013 年，按照《新型干法水泥窑炉脱硝治理实施方案》,全市4家水泥熟料生产企业的6条生产线,有5条建成烟气脱硝设施,投入运行。

第三节　近海水域环境保护

日照海洋环境监测站成立于1959年,由国家海洋局设立与管理,承担日照市近海海域观测、预报工作。从1982年开始,在海洋环境预报业务的基础上,提供海浪、潮汐、台风、风暴潮等海洋环境预警报。2003年,市政府与国家海洋局北海分局共同建立日照市海洋环境监测预报中心,挂靠国家海洋局日照海洋环境监测站,开展海洋环境监测及评价工作。

2004年,开展近岸海域趋势性监测及海洋功能区监测。其中,趋势性监测共设9个水质、3个沉积物质量和3个生物质量监测站位。2008年,海洋监测新增海水入侵与土壤盐渍化、海洋垃圾、世帆赛基地周边海域水质监测和浒苔应急监视监测。全市共布设监测站位57个。

2012年,开展日照近岸海域海洋环境监测(海水监测、海洋沉积物监测和海洋生物多样性监测)、海洋环境风险监测(赤潮、绿潮和环境风险评价与区划)、海洋环境监管监测(海洋自然保护区监测、陆源入海排污口及其邻近海域环境质量监测、江河入海污染物总量监测和海洋垃圾监测)和公益服务监测(海水浴场监测和海水增养殖区监测)等多个监测项目,共布设海洋环境监测站位72个。

2013年,国家开展新一轮对基层台站的改造升级,日照市海洋环境监测预报自动化能力得到提升,以日照海洋站为基础的日照市海洋环境监测预报体系,硬件设施和技术都已升级换代到国内先进水平,气象观测领域基本实现自动化,并可以实现数据专网实时传输。

第四节　地质环境保护

2010年9月,市地质环境监测站成立,专职负责地质环境保护、治理和地质灾害防治工作。对开采山石资源引起的崩塌、滑坡以及地形地貌景观的破坏进行治理和恢复;对历史遗留的采石坑的治理和废渣废石堆积区进行整治。建立市汛期地质灾害预警预报系统,针对不同类型的地质灾害隐患点,按照易搬则搬、宜治则治的原则,分类制定工作措施和实施方案。

2011年6月,按照省国土资源厅统一部署,日照市开始地质灾害调查,委托山东省第八地质矿产勘察院、山东省地矿工程勘察院、青岛地质工程勘察院,对全市地质灾害开展调查。2012年2月,完成1∶50000地质灾害隐患调查和调查报告编写,全市共调查出各类地质灾害隐患109处。启动"矿山复绿"行动。委托山东鲁矿地质勘察有限公司对全市"三区、两线"可视范围内的矿山(含生产、闭坑矿山)进行详细摸底调查,查出全市18处破损山体需进行规划治理,并编制《日照市矿山复绿行动实施方案》,待报省国土资源厅和国土资源部备案实施。

第七编　经济综述

从1989年地级市建立至2013年，日照市以经济建设为中心，坚持深化改革，扩大开放，全市呈现出经济持续快速发展、产业结构优化升级、社会事业繁荣稳定、人民生活水平不断提高的新局面。1989年，日照市实现地区生产总值28.74亿元，人均地区生产总值1137元。2013年，全市实现地区生产总值1500.16亿元，其中第一产业增加值131.45亿元，第二产业增加值784.33亿元，第三产业增加值584.38亿元。按可比口径、可比价格计算，分别比1989年均增长13.9%、5%、18.4%和16.2%；人均实现地区生产总值52778元，与1989年相比年均增长13.2%。

第一章　经济发展

第一节　地区生产总值

发展规模　1989年，全市实现地区生产总值28.74亿元，人均1137元，为山东省人均地区生产总值1595元的71.3%，为全国人均地区生产总值1519元的74.8%，落后于全省、全国平均水平。2013年，全市实现地区生产总值1500.16亿元，人均5.28万元，是山东省人均地区生产总值的93.7%，是全国人均地区生产总值的125.9%。按可比价格计算，分别是1989年的22.6倍和19.8倍，年均增长13.9%和13.2%。

发展阶段　1989年，全市实现地区生产总值28.74亿元，1995年过100亿元，达到107.41亿元；2001年过200亿元，达到216.04亿元；2006年过500亿元，达到505.87亿元；2010年过1000亿元，达到1025.08亿元；2013年过1500亿元，达到1500.16亿元，发展步伐逐年加快，呈现出强劲的发展势头。

发展速度　1989—2013年，全市地区生产总值年均递增13.9%。其中，“八五”期间，全市地区生产总值年均递增16.4%；“九五”期间，全市地区生产总值年均递增11.4%；“十五”期间，全市地区生产总值年均递增15.2%；“十一五”期间，全市地区生产总值年均递增15.1%。进入21世纪后，全市各级积极应对复杂严峻的国内外经济环境，狠抓稳增长、促改革、调结构、惠民生各项政策措施落实，经济结构进一步优化，转型升级势头良好，国民经济稳中有进，二、三产业较快发展，日照正在实现从港口立市向港城一体、港带一体、港桥一体、陆海一体的深化拓展，从城市中心东移向“双城一区、轴向拓展、陆海一体、东西联动”的优化提升，从城乡分割向城乡一体、协调互动、统筹发展的重大转折，从农业文明向工业文明、海洋文明、生态文明加快迈进的历史跨越。

市场主体规模 1989年年底,全市实有工商业户5.48万户,其中工业户数2.81万户,商业户数2.67万户;在工业2.81万户中,乡及乡以上工业为644户,村及村以下工业27507户。2013年年底,全市实有市场主体总量13.7万户,注册资本1617.06亿元。其中,内资企业(非私营)2898户,注册资本241.56亿元;外资企业450户,注册资本30.55亿美元;私营企业发展到2.2万户,从业人员25.01万人,注册资本1117.82亿元;个体工商户发展到10.84万户,从业人员18.49万人,资金数额44.62亿元。

第二节 农村经济

农村经济总量 1989年以后,日照市在稳定家庭联产承包责任制的基础上,认真贯彻落实党的各项惠农政策,深入推进农业结构调整,大力发展现代农业,实现了农业由以种植业为主到农、林、牧、渔业全面发展。2013年,全市农林牧渔业实现总产值229.16亿元,是1989年的10.4倍;实现增加值131.45亿元,按可比价格计算,是1989年的3.2倍。

农业结构调整 农业在稳定粮田面积的基础上,按照市场需求,大力发展大棚蔬菜、水果、茶叶、桑蚕、海淡水养殖、畜牧养殖等高产高效特色农业,努力提高农业产出的比较效益。农、林、牧、渔业产值结构比例由1989年62∶5∶22∶11,调整至2013年的47∶1∶29∶23。农业、林业产值所占比重明显下降,畜牧、渔业产值所占比重大幅度提升。粮食生产多年稳定在100万吨以上,蔬菜、茶叶、蚕茧、水果、畜牧、水产等为主的特色农业取得快速发展。其中,作为中国北方最大的绿茶种植基地,全市茶园面积发展至2013年的1.33万公顷,茶叶产量从1989年的300吨到突破1万吨达到11041吨,比1989年增长35.8倍;2013年水产品产量达到56.61万吨,是1989年的6.92倍。

主要农产品产量 2013年,全市粮食产量102万吨、油料24.62万吨、水果23.78万吨、茶叶11041吨、肉类21.16万吨、禽蛋12.2万吨、水产品56.61万吨,比1989年107.7万吨、16.62万吨、4.34万吨、0.03万吨、8.39万吨、2.77万吨、8.18万吨,分别增加-5.7万吨、8万吨、19.44万吨、1.07万吨、12.77万吨、9.43万吨、48.43万吨。

第三节 工业经济

工业经济总量 1989年,日照市工业总产值26.7亿元,在地区生产总值中仅占23.1%。1992年,日照市委、市政府立足市情,在全市实施"工业带动"战略,大力发展第二产业,以工业发展带动商贸和农村经济发展,使全市工业门类不断拓宽,规模由小到大,由弱转强。工业总产值1994年突破100亿元,达134.52亿元;2007年突破1000亿元,达到1141.11亿元;2009年突破2000亿元,达到2060.72亿元;2013年达到2871.88亿元,工业增加值在全市地区生产总值中的比重达到45.7%以上。

工业产业结构 2013年,规模以上工业企业596家,其中年产值过100亿元的企业5家。在工业经济总量迅猛膨胀的同时,产业链条向高端延伸,内部结构不断优化,装备制造业、高新技术产业、战略性新兴产业加快发展。2013年,装备制造业完成产值649.43亿元,比2012年增长21.7%,占规模以上工业总产值的比重达到24.3%。其中,汽车及零部件制造业增长强劲,完成产值460.99亿元,比2012年增长36.2%,一举超越钢铁成为全市最大的临港产业。全市规模以上工业高新技术企业60家,实现产值480.76亿元,比上年增长29.8%,增幅居山东省各市第一位,占规模以上工业总产值的17.97%。全市逐步形成了以钢铁、汽车零部件、石化、浆纸、粮油食品加工等为主的临港产业集群，形成1200万吨钢铁、75万辆农用车、78万台汽车发动机、80万台自动变速箱、188万吨浆纸、840万吨大豆加工、1300万吨油品加工生产能力。

工业经济效益　2013年，全市规模以上工业企业实现利润75.63亿元；实现利税121.07亿元。盈利大户不断扩大，利润前20名的企业共实现52.25亿元。利润过千万元的企业有111家，实现利润75.26亿元。汽车及零部件制造业实现利润24.67亿元。

第四节　国内外贸易与利用外资

国内贸易　全市消费品市场由小到大，呈现繁荣活跃、稳步增长的态势。众多国内著名零售企业——利群、银座、苏宁、国美、大润发等进驻日照，极大地繁荣了消费市场。2013年，全市社会消费品零售总额实现476.21亿元，是1989年的53.7倍，年均增长18.1%。其中，限额以上企业零售总额223.16亿元，比2012年同期增长13.1%。从城乡居民消费情况看，城镇消费品零售额实现387.4亿元，乡村消费品零售额实现88.8亿元，分别增长13.4%和13.3%。从消费形态看，商业零售额实现440.1亿元，比2012年增长13.5%；餐饮收入实现36.1亿元，增长12.2%。从限额以上企业零售情况看，热点商品消费保持活跃，金银珠宝类商品实现零售额4.2亿元，增长55.1%，比2012年提高38.4个百分点；刚性需求商品增速平稳，吃穿用类商品实现零售额96亿元，增长17.2%。

对外贸易　2013年，全市进出口总值达到330.39亿美元，比2012年增长30.6%，绝对值和增长幅度分别居山东省各市第三位和第二位，增幅高于全省平均水平21.8个百分点；是1992年的118.2倍，年均增长25.5%。其中，出口总值38.8亿美元，比2012年增长0.1%；钢铁、水产品、汽车发动机和柠檬酸等为主要出口产品，出口额分别占32.2%、12.9%、9.3%和5.1%；东盟、日本、韩国、美国、欧盟、俄罗斯等国家和地区是主要出口市场，出口额分别占16.8%、14.5%、14.0%、10.2%、9.0%和8.4%。进口291.6亿美元，比2012年增长36.2%；铁矿砂、大豆、煤炭、铜及其制品等为主要进口产品，进口份额分别占31.7%、28.7%、8.4%和5.5%；巴西、澳大利亚、美国、东盟、韩国等国家和地区是主要进口市场，进口额分别占24.6%、21.5%、13.1%、11.7%和7.4%。

利用外资　随着投资环境的逐步改善和对外知名度的扩大，日照市利用外资取得长足发展。2013年全市利用外资项目22个，比上年增长57.1%。实际到账外资5.299亿美元，比上年增长25.8%，绝对值和增长幅度分别居山东省各市第七位和第五位，是1989年全市利用外资的467.7倍，年均增长29.2%。新加坡、韩国等亚洲地区为外来资金主要来源地，实际到账外资分别为2.67亿美元、1.19亿美元、1.04亿美元，分别占全部到账外资的50.5%、22.5%和19.7%；第二产业是利用外资的主要领域，一、二、三产业实际到账外资之比为2.9∶91.3∶5.8。

境外投资　2013年全市核准境外投资企业13家，投资额1.32亿美元，比2012年增长44.2%，绝对值和增长幅度分别居山东省各市第十位和第七位。1989年境外投资为零。截至2013年年底，全市批准境外投资项目65个，核准境外投资总额5亿美元。投资的主要国家是加拿大、马来西亚、印度尼西亚、新西兰和坦桑尼亚等，投资的主要项目为油田、铁矿、金矿开采和农场项目开发等。全年派出各类劳务人员929人。

第五节　固定资产投资

投资规模　地级市建立以来,针对基础设施差、投资总量小、载体能力弱的实际,日照市以增量带存量,以扩大投入促进经济社会发展,努力深化投资管理体制改革,不断加大三次产业的各项投入,尤其是加大临港大项目和高科技项目投入,固定资产投资迅速发展,建设规模日益扩大。固定资产投资总量由1989年的5.43亿元增加至2013年的1069.05亿元,增长196.9倍,年均增长24.6%。1989—2013年,全市累计完成固定资产投资6322.24亿元,年均固定资产投资为252.89亿元。

投资结构　20世纪90年代,日照市针对工业落后的实际,加大了对工业的投入力度,固定资产投资重点投向第二产业。1996年,在全市固定资产投资的40.4亿元中,第二产业投入为20.98亿元。进入21世纪后,日照市投资重点逐步转向第三产业和高新技术产业,2013年全市一、二、三产业投入之比为3.2∶40.6∶56.2,第三产业投资比重超过总投资一半以上;完成改建和技术改造投资267.71亿元,增长30.6%,比2012年提高22.6个百分点;完成高新技术产业投资71.46亿元,装备制造业投资69.87亿元,分别占全部投资的6.7%和6.5%。

引进投资　2013年,全年共引进投资在5000万元以上的项目451个,实际到位资金327.5亿元,其中招引新注册企业249家,注册资本金78.62亿元。新增生产能力主要有现代威亚汽车发动机10万台Nu型生产线、现代派沃泰变速箱山东(有限)公司二工厂30万台自动变速箱生产线、凌云海糖业集团120万吨精炼糖生产线、莒县晨曦植物油有限公司30万吨棕榈油分提项目、华润东宏风电场二期年发电9924.06万千瓦时项目、山东石大科技有限公司180万吨劣质油综合利用工程等。固定资产投资规模的持续扩张和快速增长,为全市经济社会发展奠定了基础。

第二章　经济结构

第一节　三次产业结构

1989年,日照市一、二、三产业结构比例为54.5∶23.1∶22.4,三次产业结构为第一产业大于第二产业大于第三产业,呈现出"一二三"发展格局,第一产业一枝独大,二、三产业非常落后,属于典型的传统农业结构。

地级市建立后,第二产业进入迅猛膨胀期,主导地位进一步提升。1994年,三次产业结构比例为35.3∶37.2∶27.5,第二产业增加值总量一举超越第一产业,呈现"二一三"格局。1996年,三次产业结构比例为31.2∶34.3∶34.5,第三产业增加值超过第二、一产业,产业结构呈现"三二一"的格局。2004年,三次产业结构比例为18.0∶44.2∶37.8,第二产业超过第三产业,工业主导地位优势逐年强化,产业结构呈现"二三一"的格局。2013年,全市三次产业结构进一步调整为8.7∶52.3∶39.0,与1989年相比,第一产业比重下降45.8个百分点,第二产业提升29.2个百分点,第三产业提升16.6个百分点,属工业化发展时期。尤其是进入21世纪后,全市充分利用港口、区位和交通优势,狠抓产业优化升级,大力发展港口装卸、仓储中转、集装箱运输、电子商务等现代物流业,使服务业得到进一步发展。2013年,全市第三产业增加值增速达到12.1%,超过GDP增速1.5个百分点,超过山东省第三产业平均增速2.9个百分点,经济转型升级成效显著。

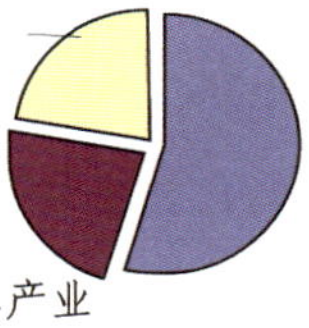

1989年日照市地区生产总值构成图

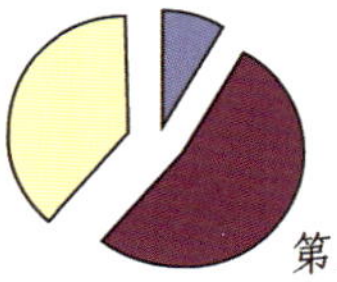

2013年日照市地区生产总值构成图

第二节　产业内部结构

第一产业结构调整　1989年,农业产值占第一产业总产值的比重达到59.1%,占据主导地位,林业、牧业、渔业、服务业产值所占比重分别是4.6%、22.5%、11%和2.8%。从1990年开始,农业内部结构调整主要围绕粮经作物比进行,注重农产品的数量结构调整,在通过提高粮食单产、稳定增加粮食总产、确保粮食生产大局的前提下,扩大种植经济作物,大力发展高效农业。进入21世纪后,农业结构调整开始从外延式发展向内涵式发展、从追求数量向质量和品种结构转变,鼓励开展产业化经营,大力发展优质高效农业,培育壮大农产品加工业,提高农业的组织化程度和市场化程度,农业现代化进程大大加快。尤其是2010年以来,全市各级更加重视食品安全,大力发展绿色、环保、有机、优质农产品。至2013年,农业、林业、牧业、渔业占第一产业总产值的比重分别为45%、1.3%、27.6%和22.1%,农业产值比重下降14.1个百分点,林业下降3.3个百分点,牧业上升16.6个百分点,渔业上升11.1个百分点,农业、林业下降明显,牧业、渔业发展迅速。

第二产业结构调整　1989年,全市乡镇以上工业企业644家,完成工业产值15.23亿元,平均每个企业完成产值236万元。企业规模小,产品档次低,市场竞争力弱。地级市建立后,日照市委、市政府十分重视工业结构调整,多次制定优惠政策,引导企业大力培育企业规模,努力引用新技术,开发新产品,提高产品质量,增强市场竞争力。2013年,规模以上工业企业达到596家,其中年产值过100亿元的企业5家。全市实现工业增加值646.93亿元。装备制造业完成产值649.43亿元,占规模以上工业总产值的比重为24.3%。装备工业中,汽车及零部件制造业从无到有,从弱到强,全年完成产值460.99亿元,占全市工业总产值的比重达到17.2%,成为全市工业第一大产业。全市规模以上工业高新技术企业达到60家,实现产值480.76亿元,比2012年增长29.8%,增幅居全省第一位,占规模以上工业总产值比重达到17.97%。全市规模以上工业实现利税121.07亿元,实现利润75.63亿元,比2012年分别增长11.4%和18%。

第三产业结构调整　日照市因港而兴,具有日照、岚山两个一类对外开放口岸,加快第三产业发展条件得天独厚。地级市建立后,日照市委、市政府大力实施“港口立市”战略,努力拓宽港口服务功能,大力发展港口装卸、仓储中转、集装箱运输等产业,使第三产业得到较快发展。2013年,全市实现第三产业增加值584.38亿元,同比增长12.1%,高于GDP增速1.5个百分点。交通运输、仓储及邮政业实现增加值133.04亿元,批发零售业、住宿餐饮业、金融保险业分别实现增加值135.88亿元、17.17亿元、63.14亿元。尤其是日照港快速发展,2013年吞吐量达到3.18亿吨,完成集装箱吞吐量202.66万标箱,带动海上、陆路现代物流业发展,使日照成为全国第九、山东第二大进出口口岸。

蓝色经济发展　2011年1月4日,国务院以国函〔2011〕1号文件批复《山东半岛蓝色经济区发展规划》,标志着山东半岛蓝色经济区建设正式上升为国家战略,成为国家海洋发展战略和区域协调发展战略的重要组成部分。日照市被纳入山东半岛蓝色经济区,蓝色经济取得长足发展,产业内部结构调整力度进一步扩大。2013年,全市实现蓝色经济增加值685.37亿元,同比增长13.5%,占全市GDP的比重达到45.7%,比2012年提高1.6个百分点。

第三节　所有制结构

工业所有制结构　改革开放后,允许并鼓励个体经济发展,村办、个体工业企业迅速发展,逐步形成了多种工业经济类型并存格局。1989年,在全市28151家工业企业中,全民企业95家,集体企业548家(其中乡办工业445家),村及村以下企业27507家,合资企业1家,分别占全市工业企业总数的0.34%、1.95%、97.71%和0.003%;全市实现工业总产值26.7亿元,其中国有工业实现产值8.63亿元,集体工业实现产值6.54亿元,村及村以下工业实现产值11.47亿元,合资工业实现产值0.06亿元,分别占全市总产值的32.32%、24.5%、42.96%和0.22%。地级市建立后,随着工业企业改制和招商引资力度加大,全民、集体、村办工业企业大幅度减少,外资、合资、独资、股份制工业企业逐步增多,非公有工业经济比重持续上升。至2013年,在全市规模以上596家工业企业中,国有企业10家,股份制企业(有限责任公司、股份有限公司)279家,私营企业204家,港澳台投资企业22家,外商企业64家,其他类型17家,分别占工业企业总数的1.68%、46.81%、34.23%、3.69%、10.74%和2.85%。

农业所有制结构　改革开放前,所有耕地及农产品,基本上都归集体所有。20世纪80年代初期,农村实行家庭联产承包责任制,农村种植业、养殖业,实行以户经营为主,农民具有土地使用权,但土地所有权归国家和集体。从农村实行家庭联产承包责任制到2006年,粮食、油料除上交国家订购任务外,其余归农民个人所有。2007年后,国家取消粮油订购,农民生产粮食、油料等产品全部归个人所有。

商业所有制结构　改革开放前,不允许个体从事商业活动,商业经济结构基本上属于全民和集体经营。改革开放后,个体商业恢复,全民和集体商业经济比重逐步下降,个体比重逐步回升。随着社会主义市场经济体制的建立,个体商业经济迅速发展,外来商业连锁店的大批涌入,形成了个体、私营、股份制、国有等多种经济结构并存的经营体制。

第四节　城乡居民生活与消费结构

城市居民生活　2013年,城市居民人均可支配收入25090元。其中,工资性收入19970元,经营性收入3144元,财产性收入474元;比1989年城市居民人均可支配收入的1230元,增长19.4倍。2013年,城市居民人均消费性支出 15901 元,比 1989 年城市居民人均消费性支出 1132 元增加 14769 元。2013 年年底,城市居民家庭人均住房面积 37.14 平方米,比 1989 年年底的 12 平方米增加 25.14 平方米。

农村居民生活　2013 年,农村居民人均纯收入 11304 元。其中,工资性收入 6024 元,经营性收入 4757 元,转移性收入 363 元,财产性收入 160 元;比 1989 年农村居民人均纯收入 667 元,增长 15.9 倍。2013 年,农村居民人均消费性支出 5315 元,比 1989 年农村居民人均消费性支出 532 元增加 4783 元。2013 年年底,农村居民家庭人均住房面积 43.49 平方米,比 1989 年年底的 18.02 平方米增加 25.47 平方米。

城乡居民消费结构　随着人民生活水平的不断提高,全市居民人均食品消费占消费支出的比重(恩格尔系数)呈现逐年下降趋势,居民消费结构不断优化。1989 年,城市居民恩格尔系数为 0.48,农村居民恩格尔系数为 0.46,城乡居民的消费支出,约一半用在食品支出上。2013 年,城市居民恩格尔系数为 0.34,农村居民恩格尔系数为 0.36,分别比 1989 年下降 0.14 和 0.10。随着城乡居民恩格尔系数的降低,城乡居民消费支出结构也发生巨大变化,消费结构日趋多元化,消费层次提高,消费范围拓宽,消费项目增多,消费支出已从单纯的物质产品消费,更多转向服务性、享受性、娱乐性产品的消费上来。如城乡居民除了满足正常生活外,现在需要购房或改善性购房、购买交通工具、子女上学、通信消费,特别是旅游、文化、娱乐、健身等消费快速发展,进一步改善了消费支出结构,丰富了人民的精神文化生活。

第三章　区域布局和产业特点

第一节　沿海与内陆

沿海区域布局　日照市因港而兴,具有良好的建港条件和区位优势。在 100 千米的海岸线上,建有日照、岚山两个国家一类对外开放深水大港。两港湾阔水深,不冻不淤,陆域宽广,腹地深远,无台风登陆,具有开发和停靠 20 万吨~30 万吨超大型船舶的能力,是长江以北少有的天然良港。两港地处全国沿海对外开放前沿中段与新亚欧大陆桥东方桥头堡交会处,出海可达世界各大港口;沿新亚欧大陆桥通过新疆阿拉山口、中亚诸国,可达荷兰鹿特丹港等欧洲诸港。具有“两港通四海,一线系亚欧”的独特优势。随着港口深水化、船舶大型化、经济全球化的现代经济发展趋势,从区域经济和产业结构理论分析,日照市沿海是发展临港工业特别是大运量临港工业的较佳区位。

地级市建立以后,日照市委、市政府遵循区域经济演变趋势,顺应时代发展潮流,充分发挥自然禀赋和港路优势,努力在沿海布局和发展大进大出临港产业,培育和壮大蓝色经济。到 2013 年,全市先后引进和建设山东亚太森博浆纸有限公司、日照钢铁集团公司、山东日照精品钢基地、日照港达船舶重工有限公司、山东海洋装备制造基地、山东现代威亚汽车发动机有限公司、现代派沃泰自动变速箱(山东)有限公司、山东鲁信金禾生化有限公司、山东凌云海糖业集团有限公司、中海粮油工业有限公司、邦基三维油脂有限公司、山东石大科技有限公司、星光沥青集团有限公司等一批大型临港工业企业,生产制造木浆浆纸、钢铁、船舶、汽车发动机与底盘、柠檬酸、食糖、豆油、石油化工等产品,形成年产浆纸 188 万吨、钢 1200

万吨、发动机78万台、自动变速箱80万台、大豆加工840万吨、油品加工1300万吨、海洋化工3万多吨的能力。全市实现蓝色经济增加值685.37亿元,占全市地区生产总值的45.7%。

内陆区域布局　日照内陆区域,是指东港区西部、莒县和五莲县。该区域自然资源丰富,地形地貌多样,气候条件适宜,具有发展农林牧副渔等多种商品基地的优势。但同时各地自然禀赋不同,基础条件不一,发展方式多样。各地因地制宜,发挥特长,打好优势仗,唱好地方戏,按照宜工则工、宜农则农、宜商则商的原则,充分利用当地资源,发挥比较优势,大力发展地方经济。到2013年,西部区域已经形成各具特色产业经济体系,先后被国家和省列为优质苹果、绿茶、商品粮、小花生、桑蚕、黄烟、芦笋、蓝莓、板栗、大蒜、生姜、药材等商品生产基地和出口基地;岚山区中楼镇的橡胶、安东卫的海产品、莒县刘官庄镇的塑料、夏庄镇的五金和五莲县街头、洪凝镇的石材等“一村一品、一乡一业”工业园区特色鲜明,初具规模,促进了西部区域经济快速健康发展。

第二节　区　县

东港区　为日照市驻地区,处于日照市政治、经济和文化中心位置。全区第三产业最为发达,2013年第三产业占GDP的比重达52%,超过一、三产业的总和。日照港(日照港区)坐落在东港区,全区交通运输条件便利,对外经济贸易发达,2013年全区进出口总额完成86.24亿美元,比2012年增长38.3%。全区公共财政预算收入达32.85亿元,增长15.4%,财政收入总量列4个区县首位。

岚山区　位于日照市东南部,与江苏省连云港市、临沂市临港开发区毗邻,区内辖岚山港区,区位、交通优势明显。全区工业经济占主导地位,2013年第二产业占GDP的比重达64.8%,其中工业增加值占GDP的比重为60.9%。人均地区生产总值达到12.23万元,是全市人均地区生产总值的2.3倍,为全市第一。该区东南、西北距离较远,发展不平衡。东南部的岚山、汾水2个街道办事处和虎山镇经济发展迅速,后劲较大,是全市重工业和石化生产基地。

莒县　位于日照市西部,与临沂市的莒南县、沂南县、沂水县和潍坊市的诸城、安丘毗邻,是全市的人口大县和农业大县。2013年,全县人口108.32万人,第一产业增加值41.37亿元,占全县GDP的比重为15.2%,比全市高6.5个百分点。全县工业发展势头强劲,莒北工业园聚集了一大批规模大、带动力强的工业项目,2013年全县规模以上工业增加值同比增长12.5%,增速在全市4个县区中排名第一。

五莲县　位于日照市东北部,西靠莒县,北接诸城市,东邻青岛市黄岛区,南连东港区。全县工业发展迅速,形成了以山东五征集团为龙头、众多企业配套的装备制造业产业集群,产品覆盖客车、载重汽车、农用三轮车、电动车等多个品种,车辆制造生产企业达到200余家,职工3.1万人,规模以上企业77家,实现销售收入299.98亿元,利税13.34亿元,同比分别增长14.2%和11.4%,分别占全县规模以上企业的72.7%和60.6%。2013年,全县第二产业增加值占GDP的比重达61.8%,比全市比重高出9.5个百分点。

第三节　园　区

日照经济开发区　位于日照市东部,北靠新市区,东临日照港区,西连东港区,南接国际海洋城。1991年8月日照开发区成立,2002年2月被山东省政府批准为省级经济开发区,2010年4月被国务院批准为国家级经济技术开发区。2013 年该区辖北京路、奎山 2 个街道 90 个村居，总人口 11.55 万人，区域面积 115.6 平方千米，海岸线 10 千米。日照经济技术开发区临港靠海，依托市区，交通便捷，优势突出，经过 20 多年的发展，已经成为全市深化改革的试验区、对外开放的示范区、经济发展的领跑者、招商引资的高地。2013 年，全区实现地区生产总值 249.28 亿元。其中，第二产业完成 207.01 亿元，占全区生产总值的 83%；第三产业完成 34.98 亿元，占全区生产总值的 14%；全年完成公共财政预算收入 15.12 亿元。全区规模以上工业企业达到 67 家，实现工业总产值 626.5 亿元。

山海天旅游度假区　位于日照市东北部，东临黄海，西接东港区和大学科技园，北连青岛市黄岛区，南靠奥林匹克水上公园。1995 年 9 月，山东省政府批准设立日照山海天旅游度假区，2012 年 7 月，日照市委、市政府对山海天度假区管理体制和区域面积进行调整，现辖 2 个街道 102 个村居，人口 7.91 万人。该区作为省级旅游度假区，环境优美，空气清新，宾馆、旅游、休闲、度假产业发达。2013 年，实现地区生产总值 16.89 亿元。其中，第一产业增加值 5.48 亿元；第二产业增加值 2.01 亿元，增长-7.5%；第三产业增加值 9.4 亿元，增长 10.8%，占全区生产总值的 50%以上，为全市最高。三次产业结构比为 32.4∶11.9∶55.7。

日照国际海洋城　位于涛雒镇，距离日照市区南 18 千米处，2011 年 12 月设立，下辖 1 个镇、75 个村，总面积 112 平方千米，人口 6.926 万人。2013 年，实现地区生产总值 15.39 亿元，其中第一产业 7.49 亿元、第二产业 2.72 亿元、第三产业 4.2 亿元；完成地方财政收入 8901 万元，农民人均纯收入 14887 元。

第八编 农 业

1989年，地级日照市成立后，坚持把调整生产关系、发展农村生产力作为农村改革的主线，把增强农村经济综合实力、增加农民收入和提高农产品有效供给作为农村经济工作的重点，深化农村改革，调整优化农业结构，大力发展高产、优质、高效农业。至1995年，全市农业总产值761307万元，比1989年增长2.44倍；农民人均纯收入1697元，比1989年增长1.54倍。

1996年，印发《"九五"日照市农村小康建设规划》，加快农村小康建设进程。自1997年始，先后印发《关于推进农村社会主义市场经济的实施意见》《关于全市山区农业综合开发的意见》《日照市按产业化组织农业生产的实施办法》3个文件，连续3年组织实施"五莲县山区开发、莒县莒北十乡镇农业综合开发、东港区特色农业开发"三大开发，实施"农业龙头企业加农产品基地连农户"的农业产业化经营战略，大力提高全市农业综合生产能力。至2000年，全市农业总产值865156万元，比1995年增长13.64%；农民人均纯收入2844元，比1995年增长67.59%。

进入21世纪，日照市加快农村税费改革，在全市取消农业税、农林产品特产税和"三提五统"收费，组织实施种粮补贴、能繁殖母猪补贴、农机补贴等财政惠农政策，为农业农村经济发展注入强大动力；同时，大力实施农业品牌战略，发展生态农业、现代化农业，全市农林牧渔业和农产品加工业得到快速发展。至2013年，全市农业总产值2291558万元，比2000年增长1.65倍；农民人均纯收入11304元，比2000年增长2.97倍。

第一章 农业农村经济

1989年，全市不断完善以家庭经营为主、统分结合的双层经营体制，以粮食生产为主线，积极发展多种经营，农业农村经济得到全面发展。至1992年，全市粮食播种面积121.14万亩，总产41.35万吨，花生播种面积32.90万亩，总产8.08万吨。农业总产值32.97亿元，农民人均纯收入788元。

1993年后，日照市坚持把培育市场主体、发展高产优质高效农业作为农业发展的根本途径，坚持稳粮棉油、上瓜菜果、提高果茶桑"三园"管理水平，突出经济作物、经济园林、立体种植、地膜保护地栽培"四个百万亩"发展目标，大力发展城郊型大棚瓜菜、平原高效立体种植、丘陵果茶桑园生产。至1995年，全市推广立体种植面积140万亩，复种指数达到170%；新发展经济园林14万亩，新发展瓜菜5.5万亩。全市基本形成粮食、花生、烟草、蔬菜、果品、桑蚕、茶叶、畜牧、水产、石材、工艺品11类主导产业。是年，全市粮食总产达到128.8万吨，花生总产19.6万吨，是历史上第二个高产年。

1996年，日照市实施农业产业化经营战略，按照"抓特色、上规模，抓调整、上档次，抓龙头、建基地"的要求，突出"培植主导产业、扶持龙头企业、建设生产基地、完善运行机制、发展特色经济"五个工作重点，建设农业"龙型"经济体系。1998年，组织实施瓜菜生产百棚村、千棚片、万棚乡建设工程，发展反季节栽培。至1999年，全市发展蔬菜面积40万亩，其中保护地栽培15万亩；建成陵阳镇万亩西瓜、碑廓镇万亩大棚黄瓜、许孟镇万亩芋头、大石头乡6000亩大姜、洛河乡2000亩芦笋、8000亩大棚西瓜等生产区域片。

2004年后，日照市坚持"多予、少取、放活"的方针和"稳粮、增收、强基础、重民生"的工作思路，全面落实强农惠农政策，大力发展现代化农业。全市粮食产量连续9年稳定在100万吨以上，花生总产稳定在20万吨以上。全市农产品出口连续8年列全省第五位。至2013年，日照市粮食总产量达102.02万吨，花生产量24.59万吨；农业增加值62.97亿元，农民人均纯收入11304元。

第一节　农村经济结构

20世纪80年代末期，日照市坚持深化农村改革，调整优化农业和农村经济结构，加快农村城镇化、工业化和市场化进程。在农业产业结构调整中，大力发展高产优质高效农业，组织实施农业产业化经营，提高农业经济效益；加快发展高效林、生态林，改善农业生态环境；突出发展畜牧业、渔业和服务业，增加农村经济收入；全市农业和农村经济实现跨越发展。1989年，全市农业总产值221445万元。其中，种植业产值130974万元，林业产值10087万元，畜牧业产值49776万元，渔业产值24369万元，服务业产值6239万元。到2013年，全市农业总产值达到2291558万元。其中，种植业产值1031211万元，林业产值31707万元，畜牧业产值632660万元，渔业产值506331万元，服务业产值89649万元。全市农业总产值比1989年增长9.35倍。其中，种植业产值增长6.87倍，服务业产值增长13.37倍。

在农村经济结构调整中，坚持稳定发展粮食生产，增加农产品有效供给；大力发展农产品加工业，提高农产品附加值；加快发展商业饮食服务业，促进农村剩余劳动力转移，增加农民经济收入。全市农林牧渔服务业总产值比重，由1989年的59.15∶4.56∶22.48∶11.00∶2.82调整至2013年的45.00∶1.38∶27.61∶22.10∶3.91，种植业产值下降14.15个百分点，畜牧业产值提高5.13个百分点，渔业产值提高11.10个百分点，服务业产值增加1.09个百分点。全市农民人均纯收入由1989年667元增加至2013年11304元，增长15.9倍。农民收入结构发生深刻变化。其中，2013年农民人均纯收入中，工资性收入6024元，占53.3%；家庭经营纯收入4757元，占42.1%；财产性收入161元，占1.4%；转移性收入362元，占3.2%。

第二节　农业综合开发

1988年，日照市开始实施黄淮海平原农业开发项目。项目区坚持山水林田路综合治理，突出土地治理、农业产业化经营和农业科技推广三个重点，采取财政资金、农民自筹资金、信贷资金和社会资金多元化投入机制。前期，项目实施每三年为1期，连续实施了7期。1988—1990年，第一期项目投资594万元，开发治理土地面积1万亩，实施多种经营项目2个，科技示范项目2个。其间，项目开发规模、投资逐期都有所增加。1997 年,改称日照市农业综合开发项目。是年,新增莒县为开发县;2002 年,新增五莲县为开发县。2006—2008 年,第七期项目投资 9918.5 万元,开发治理土地面积 12.1 万亩,实施农业产业化经营项目 6 个,科技示范项目 3 个。2009 年始,每年为 1 期。至 2013 年,5 年总投资 26814.5 万元,开发治理土地面积 30.1 万亩,扶持农业产业化经营项目 44 个,科技示范项目 8 个。

1988—2013 年,全市农业综合开发省级批复项目总投资 66534 万元。其中,中央和省财政资金 35931 万元,市财政配套 2134.4 万元,县财政配套 3518.2 万元,银行贷款 4463 万元,县以下自筹 20487.9 万元。实际完成总投资 69260.9 万元,占计划的 104.1%。其中,土地治理项目 40880.3 万元,农业产业化经营项目 25965.8 万元,科技示范项目 2414.8 万元。通过农业综合开发,改善项目区生产条件,提高了农业综合生产能力和农产品加工能力。

第三节　农村扶贫开发

包联扶贫　地级日照市建立后,高度重视农村扶贫工作,在全市有组织、有计划地开展帮扶贫困村、救助贫困户活动。1994 年,按照国家"八七扶贫攻关计划"要求,印发《关于市级领导包经济欠发达乡镇的实施意见》,落实"三包一带"责任,加强组织领导,加大扶贫措施。是年,全市扶持贫困户 3.5 万户,脱贫 2.3 万户,脱贫率达到 65%。1995 年全市共有贫困户 18490 户、64820 人,当年共扶持 3000 户,扶持 100 万元。当年脱贫的有 1800 户,占扶持户数的 60%。1996 年,结合农村小康建设目标,印发《关于推进全市扶贫工作的意见》,把库区、偏远山区贫困乡村作为重点,集中力量打攻坚战,从根本上改变贫困乡村的落后面貌。2001 年 4 月 25 日,印发《关于包扶贫困后进村实行"双包一联"责任制的意见》,开展全市"双包一联"工作。通过选派第一书记、挂职书记、干部驻点包村和市直副科以上干部包户等形式帮扶后进村。至 2013 年,全市共开展七轮"双包一联"工作,取得显著成效。

政策扶贫　2002—2007 年,日照市积极争取国家扶贫贴息贷款,全市农业龙头企业共争取国家扶贫贴息贷款 9600 万元。其中,昌华海产食品有限公司、五丰福源食品有限公司被认定为国家级扶贫龙头企业,华泰食品有限公司被认定为省级扶贫龙头企业。

2011 年,国务院办公厅印发《关于山东沂蒙革命老区参照执行中部地区有关政策的通知》,同意日照市莒县、五莲县列入沂蒙革命老区县,享受中部地区优惠政策。莒县峤山镇、库山乡及五莲县中至镇、户部乡、石场乡 5 个乡镇 81 个村列入《山东省农村扶贫开发纲要(2011—2020 年)》。5 个乡镇、81 个村,共有 18162 户、54933 人,耕地面积 74227 亩,人均 1.35 亩。

2012—2013 年,莒县、五莲县实施中央彩票公益金支持沂蒙革命老区扶贫开发创新试点项目。2012 年,全市项目总投资 1343 万元,其中省以上财政资金 1000 万元,市财政配套资金 100 万元,县财政配套资金 100 万元,群众投工投劳 150 万元。其中,莒县项目因实施质量高获得省奖励项目资金 50 万元。2013 年,全市项目总投资 1355.5 万元,其中省以上财政资金 1050 万元,市县财政资金 192.5 万元,乡村筹资投劳 113 万元。

精准扶贫　2012 年,开始实施精准扶贫工程。按照《山东省农村扶贫开发精准识别工作方案》的安排部署,在全市农村开展扶贫开发精准识别工作,全市精准扶贫精准识别、建档立卡贫困村 2893 个、省定标准贫困户 64653 户、省定标准贫困人口 115225 人、国定标准贫困人口 87635 人。全市 130 个省定贫困村全部派驻第一书记,驻村帮扶,三年不变。

2013年,实施20个村产业扶贫项目,扶贫资金600万元。其中,莒县5个村150万元、五莲县15个村450万元。是年,全市扶贫贷款贴息资金30万元。是年,全市“雨露计划”培训资金60万元。2013年,5个贫困乡镇每个乡镇省财政安排财政转移支付扶贫资金100万元,共计500万元。

第二章 种植业

1989年后,日照市紧紧围绕发展市场农业,调整农业种植业结构,推广间作套种立体种植,大力发展高产优质高效农业。1993年,全市发展亩收入千元以上的高值田144万亩。1995年,全市粮食作物播种面积315.77万亩(历史第一),总产128.82万吨(历史第二)。1996年,随着城镇化和市场经济的发展,粮食作物播种面积逐年减少,至2003年全市粮食作物播种面积仅有226.7万亩,总产84.2万吨,面积、产量降至历史最低。2004年后,随着贯彻落实中央“1号文件”和取消农业税、农业特产税等惠农政策以及实施粮食直补和农资综合补贴政策,全市粮食生产进入一个新的发展时期。至2013年,全市粮食播种面积稳定在240万亩左右,总产连续9年突破100万吨以上。2013年,全市粮食作物播种面积248.7万亩,总产102.02万吨;花生播种面积82.65万亩,总产24.59万吨;瓜菜播种面积32.66万亩,总产126.78万吨;种植业总产值103.12亿元,占农林牧渔业总产值的45%。

第一节 粮食作物

小麦 小麦是日照市第一大粮食作物。1989年,全市小麦播种面积63.38万亩,占粮食播种面积的53.09%;总产量17.85万吨,平均单产281.62千克/亩。1993年设区带县,小麦播种面积146.64万亩,总产量42.4万吨,平均单产289.17千克/亩。之后小麦生产以稳定面积、提高单产、增加总产为目标,先后推广应用小麦精播半精播、旱作栽培、配方施肥、秸秆还田、化肥深施、化学除草、种子包衣等技术。1995年,全市小麦播种面积149.81万亩,总产量48.65万吨,平均单产324.54千克/亩。1996年始,连续3年在全市开展小麦高产竞赛活动,全市18处共2.3万亩小麦千亩片,平均单产510千克/亩。其中,单产最高的五莲县院西乡阎家车村,2000亩小麦平均亩产563千克,创成片高产纪录。1997年,市级领导带头包联12处万亩丰产片,农业系统派出100多名农技人员深入生产第一线,包片、包村、包地块,落实各项技术措施。经测产,全市有15个万亩千斤丰产片平均单产达到522千克,有4处高产攻关田单产达到600千克以上,有8处千亩以上的旱地周年覆膜片平均单产达350千克。是年,在遭受百年不遇干旱的情况下,全市小麦单产355千克/亩,总产51.99万吨,首次突破50万吨大关,单产、总产均创历史最高水平。2000年后,随着农业结构调整步伐的加快,加上粮食价格持续低迷,2003年小麦种植面积下降到94.61万亩。2004—2012年,全市认真落实鼓励粮食生产政策措施,深入开展小麦高产创建活动,全市小麦产量和品质不断提高。在全省“2009年山东粮王大赛”活动中,莒县店子集镇康家村农民康从质以平均亩产704.1千克的成绩夺得鲁南赛区冠军。2013年,全市小麦播种面积125.9万亩,连续9年保持在百万亩以上;总产量47.42万吨,平均单产376.38千克/亩。

玉米 玉米种植以夏玉米为主。1989—2000年,玉米面积在小麦、地瓜之后,列第三位;从2000年起,玉米种植面积超过地瓜面积,列第二位。1989 年,全市玉米播种面积 14.16 万亩,占粮食播种面积的 53.09%,总产量 6.24 万吨,平均单产 440.94 千克/亩。1993 年,玉米播种面积 60.42 万亩,总产量 25.78 万吨,平均单产 426.68 千克/亩。1995 年,推广紧凑型玉米品种配套技术,面积达到 50 万亩,占玉米总播种面积的 80%;1997 年,开始玉米反季节栽培技术开发与研究,主要是通过早春日光温室和早春"双膜覆盖"方式栽培。其中,莒县陵阳镇玉米反季节栽培试验,每亩经济效益达 1300 元。至 1998 年,全市利用该技术累计开发面积达 1700 亩,平均亩产值达 3029.4 元。1999 年,实施玉米软盘育秧移栽千亩示范片项目,平均单产达 749 千克,比常规种植玉米单产高出 315 千克,经省科委专家鉴定,达到国内领先水平。同时,大力推广良种统供、种子包衣、前茬深松镇压、玉米粗缩病防治、配方肥早施深施和配套技术普及等增产技术,玉米产量稳步提高。2005 年始,玉米播种面积逐年增加,玉米机播和机收技术得到推广,玉米晚收、秸秆还田措施大面积应用。2009 年,全市玉米免耕机播面积 62.8 万亩、玉米机收面积 11.8 万亩,分别比 2008 年增长 75.4%和 90.3%。2010 年,玉米播种面积突破 100 万亩。其中,夏玉米直播、机播、机收面积分别比 2009 年增加 9.5 万亩、16 万亩和 1.3 万亩。2011 年,在玉米高产创建活动中,莒县陵阳镇于志亭以夏玉米平均亩产 917.5 千克的成绩获全省粮王大赛总赛区亚军、鲁南赛区冠军,莒县被省政府表彰为全省粮食生产先进县。2013 年,全市玉米播种面积 94.84 万亩,总产量 40.95 万吨,平均单产 431.78 千克/亩。

水稻　1989 年,种植面积 5.62 万亩,总产量 2.36 万吨。1993 年,全市水稻种植面积 11.6 万亩,总产量 5.32 万吨,主要分布在莒中平原和巨峰镇、虎山镇、高兴镇,东港区小后村乡、涛雒镇、奎山乡等。1995 年,推广应用水稻旱育稀播、软盘育秧、抛秧栽培新技术。1996 年,10 万亩优质水稻综合高产开发列入省科委开发项目,采取旱育稀植和前重后轻追肥法,当年有 3 万亩水稻单产达到 620 千克,比未开发田平均每亩增产 122 千克,总产增加 1.22 万吨,增长 24.5%。1999 年,全市水稻种植面积 18.79 万亩,总产 9.63 万吨,种植面积和总产量均创最高水平。之后,随着城镇化和工业化的发展,日照水库成为城市主要水源地,受水源条件限制,全市水稻种植面积逐渐减少。2003 年降至 8.48 万亩。2006 年将《优质粮食(小麦和水稻)安全生产技术推广》列为市政府为民办实事重点项目,全市建立千亩示范区,带动面积 5 万亩,通过采取水稻旱育稀植栽培、配方施肥、优化用药方案等配套栽培技术,每亩节约成本 63 元,亩增稻谷 65 千克,增加经济效益 208 元;中心示范区和示范带动区 5.1 万亩,增加经济效益 1063.35 万元;同时,通过项目实施,制定了《无公害食品优质水稻生产技术规程》地方标准。2009—2012 年,水稻种植面积一直维持在 12 万亩左右。2013 年,全市水稻种植面积 9.98 万亩,总产量 4.96 万吨。

水稻育苗播种时间为 5 月 5 日左右,麦收后整成水田插秧,水稻全生育期 155 天左右,收获时间集中在 10 月 10—15 日。在水稻种植技术上,主要推广水稻旱育稀植栽培技术、水稻病虫害综合防治技术、稻田化学除草技术以及水稻优质高产栽培技术等;种植方式主要是实行小麦水稻一年二作制。

地瓜　1989 年,全市地瓜种植面积 31.27 万亩,总产量 13.08 万吨,平均单产 418.3 千克/亩。1993 年,地瓜种植面积 76.28 万亩,总产量 39.8 万吨,平均单产 521.76 千克/亩。由于品种老化,病毒感染严重,生产技术落后,地瓜产量长期低而不稳。1995 年,市农业部门坚持把推广农作物优良品种作为振兴农业的重要措施来抓,地瓜良种覆盖率达到 95%。全年地瓜种植面积 74.99 万亩,总产量 41.51 万吨,平均单产瓜干 553.54 千克/亩。1996 年,开展大面积地瓜丰收计划,推广地瓜脱毒良种种植,综合应用各项增产配套技术,提高地瓜单产和总产,全市 30 万亩脱毒良种地瓜亩产 556 千克(瓜干)。1999 年,为突破地瓜鲜瓜单产 1500 千克的瓶颈,引进 868 系列红薯新品种,该品种具有高产、早熟、抗病等特点,与当时种植面积较大的徐薯18相比可增产30%以上。1999年后,由于受居民膳食结构的改善、农业产业结构调整及进口木薯干的冲击等影响,地瓜种植面积大幅下降。特别是进入21世纪后,地瓜种植面积直线下降,2005年降为36.33万亩,比1995年下降30%。2013年减少到12.19万亩。1999—2013年,全市地瓜平均单产稳中有升,维持在500千克~600千克/亩(折粮)。

其他杂粮　杂粮在全市农作物种植面积中仅占0.56‰左右,全部以农户分散种植为主;主要有谷子、高粱、绿豆、红小豆等小杂粮,没有统一的区域布局。

谷子,以夏播为主,主要分布在五莲县松柏乡,岚山区黄墩镇,东港区三庄镇,莒县龙山镇、碁山镇、小店镇等;种植品种以鲁谷9号、鲁谷10号为主。1989年,全市谷子种植面积1600亩,总产量591吨;2005年,谷子种植面积6855亩;2010年9658亩;2005—2009年全市谷子亩产在275千克左右,2010年亩产增加至321千克。

高粱,主要在东港区、莒县、五莲县的丘陵地,高粱全部为夏直播,主要品种是原杂4号。1989年全市种植面积7900亩,总产量2614吨;1993年种植面积4.23万亩,总产量1.12万吨。1994年起,高粱种植面积呈直线下降趋势,至2005年降为7065亩,2010年1900亩;2005—2007年高粱亩产平均247千克;2008—2010年亩产稳定在310千克左右,2012年为297.4千克。

第二节　经济作物

花生　花生是全市主要油料作物和重要出口农产品。1989年,全市花生播种面积34.53万亩,总产量7.61万吨;1993年,花生播种面积65.81万亩,总产量18万吨。在生产技术措施上,大力推广地膜覆盖、综合防治病虫害、平衡施肥、四沟配套等技术,花生生产保持稳产高产。1994年,全市组织实施小麦夏花生两熟高产高效开发项目,开发面积15万亩,小麦平均单产410千克/亩,花生单产415千克/亩(荚果,下同),分别比全市平均单产高出107千克和138千克;辐射带动面积26万亩,小麦平均单产364千克/亩,花生平均单产375千克/亩,分别比全市平均单产高71千克和98千克。东港区大坡乡东湖1000亩开发片,平均小麦单产435千克/亩,花生单产450千克/亩。是年,实施10万亩夏花生直播覆膜栽培技术"丰收计划"项目,推广面积10.2万亩,平均单产288千克/亩,比前三年平均增产56千克。2000年,出口花生仁2.8万吨,占全省出口总量的8.5%,创汇1401万美元,占全市农副产品出口创汇额的14%。至2002年十年间,花生种植面积一直保持在65万亩左右。随着花生种植效益的不断提高,农民种植花生积极性增加。2003年种植面积增加到79.05万亩,2008年最高达到84.71万亩。2003年,全市花生总产19.56万吨,从2004年始,连续10年花生总产超过20万吨,2011年最高达到25.1万吨。单产在280千克~300千克/亩。2013年,全市花生播种面积82.65万亩,总产量24.59万吨。

大豆　1989年,全市大豆种植面积3.75万亩,总产量6948吨。设区带县后,全市常年种植面积8万~10万亩。1993年大豆种植面积8.99万亩,总产量2.87万吨;2000年大豆种植面积9.54万亩,总产量3.08万吨。之后,全市大豆种植面积起伏不定,至2006年种植面积降至7.86万亩,总产量2.16万吨。至2008年,大豆种植面积略有增长,种植面积10.05万亩。2010年后,种植面积又逐渐下降,至2013年仅有4.56万亩,总产0.89万吨。主要种植品种为鲁豆11号。

黄烟　黄烟是日照传统经济作物。1989年,全市烤烟种植面积1.97万亩,总产量3650吨;1993年后,黄烟面积11.04万亩,总产量1.62万吨。1997年,在遭受百年不遇严重干旱和风暴潮灾害的情况下,全市烟叶总产仍达 1.85 万吨。1998 年,因受市场紧缩影响,黄烟面积减少,烟叶总产为 1.07 万吨。之后十年间,全市黄烟总产量保持在 1.1 万吨左右。2012 年,黄烟面积 9.79 万亩、总产量 1.67 万吨,均居全省第三位。2013 年,黄烟面积 11.01 万亩、总产量 1.83 万吨。

棉花　棉花种植主要分布在莒县和五莲县,自用较多,商品率低,多数年份在 2 万亩左右。1993 年,全市棉花种植面积 1.5 万亩,总产量 753 吨;1994 年和 1995 年棉花种植面积略有增加,1996 年种植面积 2.21 万亩。之后逐年减少,至 2000 年为 0.27 万亩,降至历史最低值。2000—2008 年,播种面积、总产呈逐渐增加趋势,播种面积从 2000 年的 0.27 万亩增加到 2008 年的 1.97 万亩,总产从 2000 年的 154 吨增加到 2008 年的 1338 吨。2013 年全市棉花 2.08 万亩,总产 2247 吨。

中药材　自 20 世纪 80 年代开始,莒县库山乡农民把野生中药材丹参和黄芩引入大田种植,经过不断培育和发展,逐渐带动周边的碁山镇、东莞镇、五莲县汪湖镇和于里镇农民发展中药材种植。2006 年,全市中药材种植面积发展到 5.07 万亩。其中,莒县库山乡发展成为国家级优质中药材生产基地、山东省最大的优质中药材集散地,成为全国"中药材之乡"。库山乡中药材种植面积达 3.5 万亩,年总产量达 1.2 万吨,中药材亩均收入 3000~4000 元,年总产值达 1 亿多元,中药材收入占全乡 GDP 的 18%,占农民人均纯收入的 60%。库山乡注册的"莒县丹参",已获国家地理标志证明商标。2001 年经农业部参茸产品质量检验测试中心测定,库山丹参含酮 IIA 量达 0.42%(国标为 0.2%),其产量占全国丹参市场的 40%。2013 年,全市中药材种植面积 6.4 万亩,其中莒县 5.3 万亩、五莲县 1.1 万亩。

第三章　蔬　菜

1989 年前,全市蔬菜基本上是露地种植,蔬菜品种以大白菜、萝卜、马铃薯、茄子、黄瓜等为主,设施栽培面积(包括冬暖大棚、大中拱棚和小拱棚)小,设施蔬菜约占蔬菜总播种面积的 10%。进入 20 世纪 90 年代,由于冬暖大棚和大、中拱棚蔬菜产量高、经济效益好,同时各级政府加强对蔬菜生产发展的规划、扶持和引导,设施蔬菜生产得到蓬勃发展,涌现出莒县陵阳镇、峤山镇、小店镇、岚山区碑廓镇、东港区南湖镇、五莲县许孟镇等许多蔬菜专业乡镇和专业村。2013 年,全市蔬菜总播种面积 37.6 万亩,总产 144 万吨,其中冬暖大棚蔬菜 6.7 万亩,大中拱棚蔬菜 6.9 万亩,小拱棚蔬菜 1.6 万亩,设施蔬菜总播种面积 15.2 万亩,占全市蔬菜总播种面积的 40%。

第一节　蔬菜品种

普通蔬菜品种

1989 年,境内蔬菜(包括西瓜和甜瓜)种类繁多,品种资源比较丰富。其中,种植面积较大的有白菜、生姜、西葫芦、西红柿、西瓜、黄瓜、马铃薯、大蒜、萝卜、芦笋、茄子、芸豆、辣椒、芹菜、豇豆、甘蓝、韭菜、油菜等。野菜有荠菜、马齿苋、土菌、山菜、蓬子菜、蒲公英、石花菜、紫菜、海蒿、海带等。随着商品蔬菜生产的发展,品种越来越丰富,至 2013 年,形成 12 个大类、100 多个品种。其中,根菜类有萝卜、胡萝卜、大头菜(根用芥菜)等。萝卜有绿皮、红皮、白皮和红心 4 种基本类型,以绿皮品种最多,主要产区在莒县、东港区。胡萝卜有红皮和黄皮两种。白菜类包括白菜、芥菜及结球甘蓝等,主要有大白菜、小白菜、白菜型油菜、荠菜、结球甘蓝、花椰菜、苔菜、芥菜等,大白菜主要产区在莒县和五莲县。绿叶菜类包括芹菜、菠菜、莴苣、茼蒿、芫荽、蕹菜(空心菜)、苦苣菜、茴香等。其中,芹菜分本芹和洋芹两种,以本芹为主,又分实心和空心两个类型。菠菜品种主要有刺籽菠菜和圆粒菠菜两个类型。茎用莴苣分为圆叶、尖叶和紫叶三个类型,叶用莴苣又名生菜,以食用鲜叶为主。葱蒜类包括大蒜、大葱、圆葱、韭菜等。茄果类包括西红柿、茄子、辣椒等。西红柿有常规大果型和樱桃型两种。茄子分长茄和圆茄两大类,境内栽培以长茄为主。辣椒分为甜椒和辣椒两大类。菜用瓜类包括黄瓜、南瓜、西葫芦、冬瓜、瓠瓜、丝瓜、菜瓜及苦瓜、佛手瓜等。黄瓜分为有刺型和无刺型。南瓜果型有扁圆、长圆和葫芦形。菜用豆包括菜豆、豇豆、毛豆、扁豆、豌豆。其中,菜豆品种分为蔓生菜豆(架芸豆)和矮生菜豆(地芸豆)两个类型;豇豆(豆角)分为架豆角和地豆角两个类型。薯芋类包括马铃薯、山药、生姜、芋头等,其中生姜主产区在莒县。水生蔬菜,以藕为主。多年生及杂菜类,主要有石刁柏(芦笋)、黄花菜、牛蒡、黄秋葵、香椿等。其中,石刁柏(芦笋)主产区在莒县,占全市总面积的98%以上。西瓜、甜瓜类,西瓜有红瓤和黄瓤两种;甜瓜分为厚皮甜瓜和薄皮甜瓜两种。其中,西瓜主产区在莒县和五莲县。食用菌栽培品种有平菇、黑木耳、香菇、金针菇、滑子菇、双孢菇、杏鲍菇、茶树菇、真姬菇、白灵菇、虫草、猴头、灵芝、灰树花等。

特色蔬菜品种

岚芹 岚芹是日照市蔬菜特产之一,原产地位于岚山头街道,故名岚芹。从1875年开始,岚山民间便开始种植,距今已有130多年历史。经长期摸索,不断改进栽培工艺,加上湿地气候、土壤条件的优势,逐渐形成风味独特的芹菜新品种。其主要特点是植株大,叶柄空心,黄绿色,有光泽,富弹性,口感脆嫩,具有独特风味。曾闻名于青岛、临沂、济南、江苏、上海等地,不论爆炒或凉拌,清脆可口,味爽无渣,是佳肴名菜,深受人们的喜爱。至2013年,主要栽培地在涛雒镇东石梁头村和西石梁头村,其他乡镇有零星栽培。全市岚芹年栽培面积1000~2000亩。

绿芦笋 主要栽培地在莒县。1980年,开始种植绿芦笋,栽培品种以“美国阿波罗F1”“uC800”为主,2013年莒县绿芦笋面积发展到2.5万亩,主要种植区域在小店镇,其他乡镇零星种植、面积较小。莒县绿芦笋产品共完成绿色食品认证2个。全市现有恒宝、新辰、永丰、中绿、昌泰等14家芦笋加工企业,年加工绿芦笋能力达3万吨。其中,9家加工企业有自营出口权。莒县绿芦笋加工以速冻和保鲜为主,速冻绿芦笋占80%,产品销往日本、韩国、新加坡、美国、欧盟等国家和地区,2013年出口成品3000余吨,创汇1500万美元。莒县已成为山东乃至全国重要的绿芦笋生产、加工、出口基地,速冻绿芦笋加工出口量占山东省总量的60%以上,是全国芦笋出口第一县。

大姜 主要栽培地在莒县。全市常年大姜种植面积在5万亩左右。其中,2002年莒县大姜发展到7.8万亩。由于日本设置中国对日出口蔬菜的贸易技术壁垒,对日出口生姜受限,价格低迷,最低时每千克鲜姜不足0.2元。2003年,大姜面积骤减,播种面积不足2万亩。2004年大姜价格迅猛上升,最高时每千克价格9.2元。2006年受日本“食品中残留农业化学品肯定列表制度”和欧美等贸易技术壁垒的影响,加上农产品生产的标准化程度低,导致大姜出口受限制;加之,2008年美国金融危机爆发,导致2006—2008年境内大姜价格持续走低,每千克价格在1.0~2.0元;2009年大姜价格大涨,价格最高达8.00元/千克;2009—2010年大姜平均价格5.50元/千克。2010年全市大姜播种面积6万亩,其中莒县大姜播种面积4.9万亩。

2003年前,大姜主栽品种为莱芜姜。2004年后开始引进大面姜,2010年金昌大面姜和辐育一号品种种植面积占栽培面积的40%左右。

西葫芦　主要栽培地在五莲县许孟镇和莒县陵阳镇。主要品种是引进、栽培早青一代、双丰特早、美国碧玉、银青一代、法国冬玉、寒宝、纤手、翠绿、法拉利等。许孟镇西葫芦常年播种面积1.5万亩左右,以冬暖大棚设施栽培和露地栽培相结合,进行四季生产,周年供应,并获得无公害农产品标志,许孟镇被中国农学会确定为“中国西葫芦第一乡”,被国标委命名为“国家农业标准化示范区”(西葫芦四季栽培项目)。莒县陵阳镇主要进行夏季西葫芦栽培,年播种面积0.5万~1万亩,在7—9月上市销售。

三膜西瓜　西瓜常年种植面积3万余亩,主要分布在莒县陵阳、店子、洛河、果庄、刘官庄等乡镇,其中三膜西瓜(早春大中拱棚栽培,大棚采用双膜覆盖,地面再扣上地膜)面积在2万亩左右,西瓜全部采用黑籽南瓜或葫芦嫁接,上市早,品质好,效益高。

第二节　种植与管理

露地蔬菜品种栽培

萝卜　秋萝卜一般在8月上旬播种,11月上中旬收获,常年播种面积1万多亩。水萝卜一般采用小拱棚种植,1—2月播种。

大白菜　秋大白菜一般在8月上中旬播种,11月中下旬收获,常年播种面积4万亩左右。

大蒜　一般在10月上旬播种,次年6月收获,基本采用地膜种植,常年播种面积在2万多亩。

大葱　可春、秋播种,常年播种面积5000~6000亩。

茄子　一般2—3月在拱棚育苗,4月底进行移栽,常年播种面积8000~9000亩。

豇豆　一般在5月下旬至6月播种,常年播种面积5000亩。

马铃薯　一般在3月上旬播种,6月收获,基本采用地膜种植,常年播种面积在1.2万多亩。

生姜　一般在5月上旬播种,10月下旬收获,基本采用地膜种植,另有少量拱棚种植,常年播种面积在5万多亩。

芦笋　芦笋又名石刁柏,为多年生草本植物,其嫩茎可作蔬菜食用。境内以生产绿芦笋为主,常年栽培面积2.6万亩。

保护地蔬菜品种栽培

西红柿　栽培方式主要有冬暖大棚越冬栽培和拱圆大棚春提早栽培,定植时间从8月到次年的2月,收获时间从8月到次年的6月。2013年全市西红柿设施栽培面积2.8万亩。

黄瓜　栽培方式主要有冬暖大棚越冬栽培和拱圆大棚春提早栽培,冬暖大棚定植时间从9—11月,春提早栽培定植时间在次年1—3月,收获时间从10月到次年6月。2013年,全市黄瓜品种设施栽培面积9600亩。

西葫芦　栽培方式主要有冬暖大棚越冬栽培和拱圆大棚秋延迟、春提早栽培,定植时间从8月到次年3月,收获时间从10月到次年6月。2013年,全市西葫芦设施栽培面积2.9万亩。

芸豆　栽培方式主要有冬暖大棚越冬栽培和拱圆大棚春提早栽培,定植时间从9—11月及次年2—4月,收获时间从12月到次年7月。2013年,全市芸豆品种设施栽培面积7000亩。

西瓜　栽培方式主要有拱圆大棚春提早栽培,定植时间从1—3月,收获时间从4—7月。2013年,全市西瓜设施栽培面积3万亩。

第三节 蔬菜加工与销售

蔬菜贮藏 贮藏保鲜蔬菜品种有大白菜、萝卜、胡萝卜、马铃薯、圆葱、大蒜、生姜、蒜薹等10多个，贮藏时间为1~6个月，年贮藏量在35万~40万吨。贮藏方式很多，就温度控制可分为自然降温和人工降温两大类。前者包括各种简易贮藏和通风库贮藏，利用自然低气温来调节维持贮藏场所内的室温，是各地普遍应用的贮藏方式。人工降温贮藏方法包括机械冷藏和气调冷藏。简易贮藏包括垛藏、堆藏、窖、沟藏、冻藏和假植贮藏等。堆藏和沟(埋)藏主要用于大宗秋菜，设置在户外空地，临时建造，所用覆盖物可以就地取材。马铃薯、洋葱多采用堆藏，大白菜、萝卜、胡萝卜多用沟藏。窖藏用于生姜，也用于白菜。

蔬菜加工 蔬菜加工主要有速冻、腌制、糖制和干制四大类。20世纪90年代始，先后兴起蔬菜保鲜和速冻产品加工业。加工产品主要有绿芦笋、生姜、大蒜、油菜、菠菜、西兰花、甜椒、青豌豆等，主要作为出口产品，销往日本、韩国、美国、东南亚等国家。2013年，全市有山东莒县文心食品酿造有限公司、莒县中绿食品有限公司、日照东莒果菜食品有限公司、日照怡和食品有限公司、五莲县宏大食品有限公司、日照裕利蔬菜有限公司等35家市级以上蔬菜加工龙头企业。其中，山东莒县文心食品酿造有限公司是一家生产经营酱腌菜、酿造酱油、酿造食醋、酱、米酒等酱菜、调味品加工企业，是山东省农业产业化重点龙头企业。公司成立于1994年6月，占地6.2万平方米，公司固定资产8000万元，年加工酱腌菜6万余吨，公司酱腌菜产品中的美味青椒、美味洋姜、白糖蒜、芝麻辣丝、风味乳瓜等产品获得国家绿色食品A级产品证。

蔬菜销售 瓜菜播种面积常年稳定在37万亩左右，总产140万吨左右，所产蔬菜50%以上销售到外地。外销蔬菜种类主要有西红柿、西葫芦、黄瓜、西瓜、绿芦笋、大姜、大蒜等。其中，冬春季外销蔬菜主要品种为日光温室西红柿、西葫芦、黄瓜、芸豆等，生产基地主要在陵阳镇、招贤镇、阎庄镇、碑廓镇、南湖镇、许孟镇和汪湖镇；春季外销西瓜为拱圆大棚三膜西瓜，生产基地主要在莒县的陵阳镇、刘官庄镇；夏季外销蔬菜主要品种为西葫芦，生产基地主要在陵阳镇和许孟镇。出口蔬菜种类，主要有生姜、绿芦笋、大蒜、菠菜、油菜、甜椒、绿菜花等。调入蔬菜主要是因季节性原因调剂余缺，部分为市内生产面积小的蔬菜品种，其种类主要有大葱、马铃薯、芸豆、茄子、洋葱、蒜薹、山药、南瓜、莲藕等。

第四章 蚕 业

日照是山东省蚕茧生产重要基地，蚕茧产量、质量多次刷新全省历史最高纪录。20世纪80年代，日照县(市)桑园面积稳定在12万亩左右。90年代，提倡合理密植、桑桑间作、良种化、规模化经营，专用桑园栽植技术逐渐成熟完善，进入快速发展时期，1995年全市桑园面积达到15.6万亩。之后，桑园面积逐步萎缩，2002年萎缩到10万亩。同时，以规模化、科技化养蚕为重点，不断创新桑园管理、科学养蚕技术，蚕茧产量质量、效益得到提升。2003年后十年间，日照市桑蚕业的产业化、规模化、科技化、服务化已达国内领先水平，蚕茧、产量、质量及亩桑年平均收入位居全省第一位。2013年，全市桑园面积7.31万亩，涉及42个乡镇街道、1085个村，3万余农户，从事种桑养蚕人员15万人；全市蚕农年收入达1.8亿元以上。

第一节　桑园栽培

桑树品种

境内栽植桑品种，少数是从地方品种中选择的，如梨叶大桑、黑鲁采桑等。大部分品种是20世纪80—90年代育成和引进的，如选792、8033、7946、鲁诱1号、湖桑32号、育71-1、农桑系列等品种。90年代初，主要推广选792、育71-1、农桑8号、12号、14号等品种，但湖桑32号仍是当家品种。到90年代中后期，开始引进农桑系列，有农桑8号、12、14号。2005年后，市内桑树主栽品种有湖桑32号、选792、育71-1、农桑8号、农桑14号等品种。至2013年，全市广泛种植桑树品种为农桑8号、14号和选19号。

湖桑32号（荷叶白）　原产浙江省海宁市。在日照表现为产叶量高，叶质好，秋季硬化迟，适宜一年多次采桑喂蚕，但不抗桑树黄化型萎缩病。20世纪70年代开始大量引进栽培，直至2005年，一直是日照的当家品种。其中，90年代，境内部分重点蚕区发生严重的桑树黄化型萎缩病，湖桑32号面积占比有所减少。

育71-1　20世纪90年代中期引进，成为境内主要推广品种。2000年后，全市茧丝绸生产呈滑坡趋势，桑园面积萎缩，该品种推广速度放缓，最多种植面积约占全市桑园总面积的15%。2005年，主要分布莒县、东港、岚山等重点蚕区。

农桑品种（农桑8号、农桑12号、农桑14号）　是境内引进的早生早熟、高产优质、抗病、适应性广的新品种。20世纪90年代引进农桑系列后，在主要蚕区推广应用，其中农桑8号、14号较受欢迎。与湖桑32号比较，产叶量高，抗病性强，但春期发芽早，易遭受晚霜危害，秋期封顶和秋叶硬化迟，易遭受冻害。2000年左右，农桑8号、14号是桑园主栽品种之一。后因全市桑园面积呈下滑趋势，2005年全市农桑系列品种栽植面积约占总面积的5%。至2013年，农桑品种仍是日照当家品种，主要分布在莒县、东港、岚山等重点蚕区。

桑树栽植

农民传统的植桑方法多是移植野生桑，栽于宅旁院内。"五亩之宅，树之一桑，五十者可以衣帛矣。"就是这种传统植桑方式的写照。20世纪80年代后，从江苏、安徽、浙江等省购进嫁接桑苗栽植，亩栽1300株左右。养成形式，一律是低干拳式养成；栽植时间是春栽与冬栽。传统用叶采用采叶留柄法。1989年，袋接体建园首次在全市大面积推广。当年春，全市用袋接体新建桑园6520亩，占建桑园面积的42%以上。90年代，全市新建桑园提倡桑桑间作种植模式，即在新建桑园的行间间作杂交桑、良种桑级外苗或袋接体，当年夏、秋即可剪梢养蚕。90年代中后期兴起大棚省力化养蚕。2002年后，大棚养蚕实行条桑育，桑园也随之实行隔年轮伐剪伐技术。至2013年，仍沿用桑园栽植、隔年轮伐技术。

田间管理

20世纪80年代，桑园除用有机肥之外，化学肥料和桑树专用肥占比有所增加。90年代后，开始推广测土配方施肥技术，各种桑树专用肥及叶面肥料相继问世，得到普遍应用。2003年，省丝绸总公司印发《桑园建立与桑树幼龄期管理技术规范》《桑园管理技术规范》，大力推广两个"技术规范"，加强桑园田间管理。直至2013年，一直沿用两个"技术规范"，生产上常把施肥、除草与中耕结合进行，起到省时、省力、增效的效果。

桑树采伐

20 世纪 80 年代末期,普遍一年养 4 次桑蚕,春蚕结束桑园夏伐,对着生位置低的粗壮枝条提高剪伐部位,达到标准拳高;对着生位置不当的重叠枝、卧伏枝、细弱枝从基部剪去;缺拳处选择位置适当的枝条实行补拳剪伐,高度与其他拳持平,夏伐是主要修剪方法。90 年代,桑树萎缩病逐渐严重,大棚省力化养蚕逐渐兴起,蚕农从有益于桑树复壮和条桑收获的角度出发,开始对养蚕布局与夏伐方法配套试验革新,逐渐形成全年养 3 次蚕与配套的截枝留芽隔年轮伐技术体系。1997 年,在东港、岚山、莒县等蚕区推广。2005 年后,全市基本普及。其他常规剪梢、整枝、春伐的修剪方法基本沿用老方法。

第二节　桑蚕品种

桑蚕品种更新换代较快。1989 年,新四元作为夏秋季饲养品种推广。1993 年,开始推广春蕾·镇珠,初期主要作为春季和晚秋用种,后逐步成为各季用种。是年后,适合日照气候特点的多丝量桑蚕新品种相继推出。春用品种有春雷·镇珠、鲁玉·曙光、94C5·9406、鲁七等;夏秋用品种有新松·新月、秋丰·白玉等。1994 年,开始推广 9405·9406;鲁玉·曙光(9201·9202),1993—2001 年有少量饲养,1996—1999 年用种量较多;少量饲养的蚕品种还有新松·新月、荧光·春玉、827 鲁·8214 鲁、871·872、新三元、秋丰·白玉、三眠蚕、雄蚕品种等。2002 年,开始推广鲁七·东岳·9202 品种,春蕾·镇珠逐步改为夏季和中秋用种。2005 年后,菁松·皓月、春蕾·镇珠两个品种,位居全年桑蚕饲养量前二位。2013 年,饲养量最大的品种为菁松·皓月。

菁松·皓月　是中国农业科学院蚕业研究所育成的春用多丝量蚕品种。20 世纪 90 年代初,全年基本都饲养该品种。1993 年后,开始推广其他春用蚕品种,该品种逐步转为夏、秋季用种,饲养量有所减少。2005 年后,位居各桑蚕品种用种量第一位,约占 85%以上。该品种特点是好养、丝质优。

春蕾·镇珠　是中国农业科学院蚕业研究所育成的春用多丝量四元杂交种。1993 年在山东省推广,初期主要作为春季和晚秋用种。1995—2003 年,成为各季用种,为该品种饲养量高峰期。2005 年后,位居全市各桑蚕品种用种量的第二位,约占 10%。

鲁玉·曙光(9201·9202)　是烟台桑蚕原种场选育的多丝量大茧型春用品种。1995 年经省级审定通过,名称由 9201·9202 更名为鲁玉·曙光。1996—1999 年,日照作春、晚秋用种,用种量较少。因茧丝纤度偏粗,难缫高品位生丝,对饲养环境也要求严格。2001 年后,饲养量很少。至 2013 年,已基本放弃饲养。

第三节　桑蚕饲育

桑蚕属寡食性昆虫,桑叶是蚕最适合的天然食料。蚕食桑后,幼虫生长迅速,在适温条件下,一头蚕自孵化至吐丝结茧,大约 6~9 天蜕皮一次,共需 24~32 天,约食桑叶 20~30g,一般经 4 次眠起和蜕皮,至生长极度时,体重约增加 1 万倍。此后逐渐减少食桑量以至停食,至前半身呈透明时,称熟蚕,即开始吐丝结茧。结茧过程约需 2~3 天。幼虫期长短因蚕品种和饲育条件而异,一般春蚕在 24℃~25℃下约为 24~26 天,夏秋蚕在 26℃~28℃下约为 21~23 天。适宜温度 22℃~28℃,最适温度 23.8℃~25℃,自孵化至吐丝结茧,一般春期 24~30 天,夏秋期 20~24 天。

催青 20世纪90年代，山东省丝绸总公司对新建或扩建催青室及配套费用，实行定额扶持的办法。全市各丝绸公司陆续建立高标准的专用蚕种催青室。不具备条件的少数分散蚕养殖区、户，由县丝绸公司或蚕桑指导站委托蚕种场催青。春期催青采用标准催青法，夏、秋期催青采用简化催青法。为方便收蚁，全市推广普及收蚁袋技术。2000年后，全市小蚕共育多以集体小蚕共育为主要形式。至2013年，各区县丝绸公司都建立标准化小蚕共育室，小蚕共育率达到85%以上。

小蚕饲育 1989年后，小蚕饲养主要采用室内饲育。2003年始，1~3龄蚕主要采用温室大棚养蚕共育。采集桑叶按照叶位和从上至下的顺序进行。采摘桑叶宜在上午10时前和下午3时后，避免在高温烈日下采叶。1~2龄稚蚕给桑要切叶，切叶通常以蚕体2倍见方为标准。每次给桑量主要根据蚕的发育、食欲及残桑程度灵活掌握。小蚕期食桑只占全龄食桑量的5%。小蚕期在给桑前将生石灰粉均匀地撒在蚕体、蚕座上，起蚕、将眠各一次。

大蚕饲育 境内4龄至多龄称为大蚕。大蚕期需防高温、高湿，加强通风换气并饱食良桑。桑叶须储存在阴凉、保湿、清洁卫生的储桑室内，平摊于地面上。宜早晨采桑，储备一天用量为宜。4、5龄蚕吃片叶或芽叶，每昼夜给桑4~5次。4龄食桑占全龄用桑量的10%，5龄占85%，尤其是5龄第三天后食桑很猛，要达到良桑饱食。当遇高温干燥天气，桑叶含水率低，往桑叶上喷水后喂蚕，水要清洁，有明显增产效果。

1989—2005年，大蚕饲育主要推行大蚕地面育，全年条桑育、自动上蔟、大棚和简易蚕室等省力化养蚕技术。大蚕条桑育主要有地蚕条桑育和蚕台条桑育两种形式，大棚养蚕兼而用之。20世纪90年代，伴随桑园截枝隔年夏伐技术的成熟，基本达到大蚕全年条桑育。条桑育较片叶育，节约用桑10%，节约劳力35%以上，且桑叶保鲜时间长，蚕座通气好，有利于蚕体健康。一般条桑育在上蔟前两天改为片叶育，以防止蚕在桑条上结茧。1990年，已在全市推广。1995年，莒县、东港区推出简易塑料大棚养蚕和相应的截枝留芽条桑收获方法，基本达到生产实用化程度，开始在全市推广。1998年，开始对大棚结构和条桑收获方法进行改进和完善，逐渐形成“3+1”“5+1”（即3~5亩桑园，配建一个蚕菜复合式大棚）的植桑养蚕模式。养蚕大棚一般按每亩桑园饲育1.5张蚕种计算，建大棚70~80平方米（每张蚕种建筑面积约50平方米），并配建贮桑室、消毒池、贮沙坑等。1998年，省丝绸总公司《高标准大棚养蚕新技术研究与推广》项目列入国家茧丝绸发展风险基金扶持，市、县（区）丝绸公司利用扶持金政策，加大对旧式大棚改造，采用地火龙或箱式土灶加温，地面埋设塑料薄膜隔湿，增设通气孔、门窗等方法，蚕茧质量明显提高。2002年，全市养蚕大棚发展到2600多个。2005年，全市养蚕大棚用桑面积占桑园总面积的60%多。2013年，全市基本普及大棚养蚕技术。

蚕病疫情 蚕病分传染性蚕病和非传染性蚕病，而以传染性蚕病危害更重。常见传染性蚕病主要是脓病和软化病。脓病是养蚕生产上最常见、危害最严重的一类蚕病，其特点是潜伏期长、发病快、来势猛、范围广、危害性大，一般减产10%~20%，严重的达80%~90%，甚至颗粒无收。家蚕患此病后期常流出脓汁，内含大量的多角体病毒，俗称脓病。软化病是一种没有包涵体的昆虫病毒，病毒粒子为球形，直径为30纳米左右，迅速蔓延，往往会造成较大经济损失。1989—2013年基本呈现零星发生，没有引起大面积减产和绝产。

桑蚕上蔟 20世纪80年代，主要采用人工捡拾上蔟。进入90年代，开始在全市推广自动上蔟技术，初期采用方格蔟片平铺于蚕座自动上蔟法，中期经过蔟片双连立于蚕座、室外上蔟室内挂，后期扎架自动上蔟、自转蔟架自动上蔟的配套技术。2005年后，应用最多的是扎架自动上蔟法。2013年，自动上蔟技术应用率达 100%。技术要求,折蔟上蚕 380~400 头,方格蔟以孔格 80%~85%计算上蔟头数。蔟中温度保持在 22℃~25℃;湿度以干湿差 2.5℃为宜,光线均匀,环境静寂,避免强风直吹;加强通风换气,保持风速 0.5~1.0 米/秒。

结茧采摘 1989 年,日照市执行省丝绸总公司制定的《桑蚕茧质量技术要点》。2003 年,省丝绸总公司印发《上蔟与蔟中管理技术规范》《鲜茧分类与交售技术规范》,对蔟中管理和采茧分类放置等提出规范性要求。随后,境内一直执行这两个规范。适时采茧,采茧在上蔟后第 6~7 天蚕结茧化蛹后,蛹体皮色转为黄色时进行。采茧时先将蔟中死蚕和烂茧拾去,按照分批上蔟先后,先上先采,后上后采,轻采轻放,避免蛹体损伤出血。采摘茧不可堆积过厚,以 2~3 粒厚为宜,放置于凉爽、通风、干燥的场地,避免强光暴晒。

第四节 蚕茧收购与烘干

蚕茧收购

收购主体 蚕茧收购由县级丝绸公司所属蚕茧站统一负责,具体承担鲜茧收购烘干业务,多设立在乡、镇政府驻地。蚕茧站必须取得省级主管部门核发的鲜茧生产收购经营许可证方可执业。省丝绸公司将蚕茧站建设纳入国家基本建设投资计划管理,新建扩建投资主要来源于省丝绸公司按规定统一提取的茧灶建设基金。蚕茧站收烘及附属设施的更新、改造、维修投资,主要来源于县级公司按规定提取的茧站固定资产修理费和更新改造资金。省拨蚕茧站建设资金实行“包干制”,超支由县级公司自有资金解决,节约留用,专款专用。未经批准,不得擅自施工建设。2013 年年底,全市共设有蚕茧站 37 个。

市场管理 1989—2001 年,全省蚕茧收购经营归口各级丝绸公司管理,由省丝绸总公司核发鲜茧收购经营许可证,未经批准,任何单位或个人都不得经营。2002—2013 年,由省经济贸易委员会核发鲜茧收购经营许可证,经营主体逐渐多元化。鲜茧收购经营许可证是办理工商登记的前置条件,并只准在核定区域内收购鲜茧。对跨区或无证收购经营鲜茧行为由工商部门查处。

1991 年,印发《关于加强蚕茧市场管理工作的通知》,提出“市丝绸公司要与蚕农签订收购合同,每张蚕种收取一定的技术服务押金,在履行合同交售鲜茧后,退还本息,若蚕茧外流,技术服务押金不再退还本人”。是年始,市、县(区)丝绸公司每年都与蚕农签订收购合同。同时,在蚕茧收购季节,市政府还专门成立蚕茧市场联合执法小组,严厉打击不法贩茧行为,维护蚕茧市场收购秩序。2000 年后,按照《山东省鲜茧收购资格认定实施细则》,对鲜茧收购经营资格认定条件、认定程序等作出明确规定。市、县经贸委、工商局、物价局、技术监督局相互配合,重点规范鲜茧收购市场秩序。“十五”期间,按照国务院办公厅《关于进一步深化蚕茧流通体制改革的通知》要求,加快全市蚕茧丝绸流通管理改革,逐渐打破鲜茧收购经营、干茧流通、厂丝生产垄断经营管理体制。2002 年开始,省经贸委开展全省鲜茧收购经营单位资格认定工作,明确规定取得鲜茧收购资格应具备的条件。至 2013 年,日照海通茧丝绸有限公司是全市唯一具有收购许可证的公司。

蚕茧烘干

烘茧工艺,20 世纪 90 年代中后期开始使用热风灶。2001 年起,引进热风烘茧机,实现自动送茧烘烤,至 2013 年普遍采用。

第五章　畜牧业

1989年,日照市畜牧业加快调整内部结构,稳定发展猪鸡,重点发展牛羊等食草动物,大力发展规模化养殖。全市肉类产量3.2万吨,蛋类产量1.1万吨,畜牧业总产值0.87亿元,占全市农业总产值的19.34%。

1994年始,市政府采取扶持措施,支持发展畜禽养殖专业户。全市发展畜禽养殖专业场户1.23万个、专业村210个。1996年起,全市推行畜禽规模化、产业化养殖。至2000年,全市发展规模化养殖场户3.9万个、小区460个、专业村550个。

2000年,全市畜牧合作经济专题现场会议推广五莲县石场乡蛋鸡、肉食鸡协会等专业合作社的经验。是年,全市发展畜牧合作社98个,联系农户1.22万户。2003年,全市发展规模养殖数量达到历史高峰,全市规模化养殖场户达4.43万个,养殖基地(小区)487个,畜牧业专业村559个。

2004年9月30日,市委、市政府印发《关于进一步加快畜牧业发展的意见》,全市畜牧业得到快速发展。全市肉类产量14.6万吨,蛋类产量8.94万吨,奶类产量0.67万吨,畜牧业产值25.94亿元,占农业总产值的23.52%。

2008年10月,市政府印发《关于加快发展畜牧业的意见》,设立市级畜牧业发展专项资金,市财政每年列支200万元,用于畜牧业科技推广、污染治理、无公害产品认证、地方畜禽良种保护等补贴奖励。

2013年,全市规模化养殖场户发展到2.08万家,规模养殖70.3%。创国家级、省级示范场38家,新建或改建发酵床养殖场户3500家,培育家庭牧场20家;全市发展畜牧专业合作组织539个,发展社员3.7万人。全市无公害畜禽产品产地认定、产品认证企业发展到69家。是年,全市肉蛋奶产量分别达到21.39万吨、12.38万吨和2.19万吨。全市畜牧业产值63.27亿元,占农业总产值的27.6%。

第一节　畜禽品种

畜禽品种,主要有牛、马、驴、骡、猪、羊、禽、兔、貂、狐、貉等。20世纪90年代,重点加强良种引进、改良、培育,以食草动物、肉食品种为主,大力发展规模养殖。2013年,全市畜禽品种基本没有大的变化。

牛

黄牛　主要品种是当地黄牛。1989年,全市黄牛存栏2.12万头。90年代,引进利木赞肉牛进行杂交改良,主要是提高黄牛产肉性能,之后陆续引进夏洛来、西门塔尔等外国品种。2013年,全市黄牛存栏7.6万头,年杂交改良率32%,年出栏达到6.5万头。

水牛　全市存栏较少,主要用于水田耕作。分布于境内稻谷种植区,品种为当地水牛。1989年,水牛存栏0.57万头。1993年,水牛存栏0.7万头。因水牛越冬难以管理问题,饲养数量越来越少。2001年,水牛存栏0.61万头。2013年,水牛存栏仅为537头。

奶牛　1980年,日照县食品公司繁殖场购进3头中国荷斯坦(俗称黑白花)奶牛。1989年,全市引进国外荷斯坦奶牛冻精细管进行杂交改良,提高产奶量,全市奶牛存栏93头。1990年,东港区石臼镇徐茂颂饲养奶牛,全市饲养不足100头。2002年发展到0.39万头。2008年,东港区引进德国弗莱维赫乳肉兼用牛冻精细管,各级政府扶持奶牛生产,全市奶牛存栏达到0.6万头。2013年发展到1.13万头,年产鲜奶2.19万吨。

马驴骡

马驴骡是传统役用大牲畜,多用于运输、耕地、播种等农活。1989年,全市马存栏0.04万匹,驴存栏0.17万头,骡存栏0.04万匹。80年代,境内饲养马品种多为蒙古马与当地马杂交品种;驴品种是德州驴与当地毛驴杂交品种。90年代后,随着农业机械化发展,马饲养量逐年减少,但因驴肉、驴皮食用和药用价值较高,驴饲养量保持一定发展。1993年,发展达到高峰,全市马存栏0.26万匹,驴存栏3.24万头,骡存栏0.28万匹。之后,境内马驴骡饲养量逐年下降。2001年,境内存栏马0.16万匹、驴1.12万头和骡0.08万匹。2013年,存栏马0.017万匹、驴0.13万头和骡0.01万匹。

生猪

生猪是畜牧业当家畜品种。1989年,生猪主要品种有五莲黑猪、沂蒙黑猪、太湖猪、内江猪。全市生猪存栏量32.6万头,出栏36.15万头。生猪养殖受市场影响,起伏波动较大。1993年10月,生猪存栏下降6.01%。全市生猪存栏量75.15万头,出栏91.3万头(含莒县、五莲县)。

1998年3月,生猪价格跌入低谷。全市存栏量102.36万头,出栏136.97万头。2003年,生猪价格上涨,全市存栏量达93.61万头,出栏119.71万头。2009年,全市生猪存栏量达到101.4万头;出栏149.56万头。2013年,全市生猪存栏152.4万头,出栏突破200万头,达202.4万头。

羊

1989年,全市存栏18.5万只,出栏19.1万只。主要是肉用山羊,品种为青山羊和白山羊;也有少量奶山羊和绵羊,品种为文登奶山羊、新疆细毛羊、小尾寒羊和湖羊;地方品种是五莲黑山羊、济宁青山羊和鲁白山羊。1998年,东港区引进波尔山羊2只,在三庄镇繁育饲养,引进冻精细管开展人工授精。当年,繁育波尔山羊300只,全市羊存栏18.5万只,出栏19.1万只。2001年,莒县碁山镇宝尔牧业公司引进波尔山羊37只。2002年,东港区引进24只,分别建立肉羊繁育基地1处。是年,全市肉羊存栏102万只,出栏124万只;之后,尽管羊肉价格逐年上涨,但羊存栏、出栏量呈下降趋势。2013年,全市羊存栏75.24万只,出栏85.6万只。

禽

蛋鸡　1989年,全市蛋鸡主要品种有国外引进的罗斯、海赛克斯,养殖方式以家庭散养模式为主,全市蛋鸡存栏量达194.39万只。1990年6月,投资206万元,建设日照市种鸡场,开始引进推广优良品种,是年向社会推广父母代种鸡15万套。1991年,日照市种鸡场从上海引进罗斯祖代1700套、海赛克斯父母代4000套等专用蛋鸡品种,推广商品代良种蛋鸡14万只。至2005年,全市蛋鸡良种普及率达50%。2007年,全市存栏蛋鸡1081万只,良种率达到82%。之后,又引进海兰褐、罗曼等品种。2013年,全市蛋鸡存栏1247万只,良种率达到91.2%。

肉鸡　肉鸡品种最早只有当地麻鸡,有少量乌骨鸡、芦花鸡等,没有专用型肉鸡。1994年,诸城市外贸在境内放养合同肉鸡,品种为爱拔益加(AA)、艾维茵,推广塑料大棚养鸡,进行规模化、专业化生产,每棚二三千只,户养多的上万只。2000年后,开始引进罗斯308品种,肉鸡养殖规模逐步扩大,实行肉鸡赊欠包销服务。从鸡苗到饲料、技术全程赊欠,养成肉鸡后回收。是年,全市肉鸡出栏2041万只。2013年,全市肉鸡出栏5096万只。

鹅、鸭　鹅有白鹅和雁鹅之分，鸭为樱桃谷鸭、麻鸭。鹅鸭养殖方式以家庭副业（散养）模式为主。1989年，全市存养鸭11.26万只、鹅12.97万只。2003年后，肉鸭生产受人感染H7N9禽流感影响，市场一直低迷不振。2004年，引进养殖樱桃谷鸭100余万只。2007年10月，日照百信养鸭专业合作社引进樱桃谷种鸭3万套，对社员养鸭从鸭苗、饲料、兽药赊销、回收成鸭到屠宰实行一条龙服务，年产销500万只。2011年，莒县恒宝食品公司成立恒宝牧业公司，在洛河镇、碁山镇建设2处种鸭场，饲养樱桃谷种鸭12万套。是年，莒县星火牧业养鸭专业合作社在莒县寨里河镇马连坡村建成种鸭基地，次年养殖樱桃谷种鸭3万套。2013年，全市肉鸭出栏846万只，鹅出栏12万只。

特种动物

特种动物养殖品种主要有狐狸、水貂、貉子、家兔、蜜蜂、鹌鹑、鸽子等。2013年，全市常年存栏银狐、蓝狐、水貂、貉子、家兔、鹌鹑、鸽子等特种动物185万只，出栏153万只；年产皮张122.5万张，年产值4.96亿元。

狐狸　养殖品种主要为银狐和蓝狐。1986年，从淄博、烟台等地引进银狐，分布于东港区、岚山区、莒县。1989年存栏0.5万只。银狐群均育成3.8只，销售单价600元，每只盈利400元。2013年，全市银狐存栏量3.98万只，年生产仔狐7.57万只。

1985年，从大连、潍坊、烟台等地引进蓝狐。2000年，东港区万修林从芬兰引进276只，采用人工授精技术繁育杂交，群体均育成3.2只。按市场行情，狐皮每张1200元，每只盈利700~800元。2013年，全市蓝狐存栏量为10.72万只，年生产仔狐8.6万只。

水貂　主要养殖品种为金州黑、美国黑，还有少量紫貂、白貂。1967年，从吉林省特产研究所引进水貂。之后，逐渐发展，遍布全市各区县。1989年，全市水貂存栏1.15万只。至2013年，全市存栏量142.6万只，年生产仔貂104万只。

貉　主要养殖品种为乌苏里貉。1986年，从黑龙江省引进300只乌苏里貉试养。1989年，全市存栏0.1万只，分布于东港区、岚山区养殖户。之后，逐渐发展。至2013年，全市存栏量为6.72万只，年生产仔貉10.07万只。

家兔　兔分肉用、毛用、皮肉兼用三种。肉用兔，境内养殖历史悠久。品种以日本大耳白、新西兰、青紫兰、比利时、伊普吕兔等为主。1989年，农家普遍饲养家兔，全市存栏21.4万只，出栏40.9万只。2003年前，肉兔主要供屠宰加工企业出口创汇；之后，南方城市居民开始吃兔肉，但食用量不大。致使肉兔养殖业一直没有大的发展。2013年，全市存栏289万只，出栏489万只。毛用兔，1982年日照县外贸局引进200只德系长毛兔进行推广，兔毛收购价每千克200元，鼓励农民饲养。1986年，全市毛用兔存养7.7万只。由于兔毛出口限制，毛用兔存栏量逐年减少。1989年，毛用兔存栏3.02万只。2008年存养5.5万只，2013年只有少量饲养。皮用兔，主要是獭兔，是2000年后新兴的养殖兔，莒县养殖较多。由于兔皮市场收购价格波动较大，致其发展缓慢。2013年，全市存养量不足10万只。

蜜蜂　分布于莒县夏庄、龙山、碁山、库山、东莞，五莲县的松柏、街头，岚山区的中楼、黄墩，东港区的三庄、陈疃等乡镇，莒县较为集中。养殖品种以当地中华蜜蜂为主，后从浙江引进意大利蜜蜂。1989年，全市蜜蜂养殖920箱，年产蜂蜜18.9吨。2000年，大棚草莓快速发展，开始推广蜜蜂授粉。是年，全市开展蜜蜂授粉5万亩。据2013年普查，全市养蜂场户167个，饲养20690箱；蜂蜜年产量160万千克，蜂胶2000千克；全市养蜂业年产值达到1.48亿元。

鹿　分布于五莲县、莒县几个养殖场，主要为卖鹿茸和观赏。2007年，五莲县街头镇朝和养鹿场从东北引进梅花鹿，年存栏量70多头。2007年，岚山区碑廓镇王家官庄村赵明利、赵明华引进梅花鹿养殖。2013年，全市鹿存养量37头。

犬　主要养殖藏獒、牧羊犬、泰迪等宠物犬。散养犬多为杂交犬。2013年，全市犬存栏10多万只，其中规模化养犬场存栏犬0.56万只。

特禽　主要品种是鸽子、鹌鹑、蓝孔雀等。鸽子品种多为落地王肉食鸽，分布于东港区、岚山区、莒县，主要是卖鸽子蛋、肉食鸽。21世纪后，社会上流传“一鸽胜九鸡”的说法，南方市场需求较大，经济效益高，肉食鸽养殖业发展较快。2008年10月，莒县康力鸽业成立鸽业合作社，养殖、收购鸽蛋、乳鸽等。2013年，全市鸽存栏21.21万只。鹌鹑养殖量较少，分布于岚山区、莒县，主要是卖蛋。2013年，全市鹌鹑存栏9.4万只。蓝孔雀在莒县桑园乡有少量养殖，以观赏为主。

第二节　畜禽生产

改革开放后，畜禽生产从家庭副业逐步转变为专业饲养、集约经营，全市畜禽养殖业得到蓬勃发展。1989年，全市生猪存栏32.6万头，出栏36.15万头；肉牛存栏2.12万头，出栏0.07万头；肉羊存栏18.5万只，出栏19.1万只；家禽存栏218.6万只，出栏145.1万只；肉兔存栏24.4万只，出栏40.9万只；特种动物存栏1.15万只，出栏6.15万只。肉类产量3.2万吨，蛋类产量1.1万吨，奶类产量0.1万吨。全市畜牧业总产值0.87亿元。随着市场经济的发展，全市畜禽养殖业突出高效、特色、生态重点，稳定发展生猪、禽蛋、肉禽三大优势产业，加快发展肉牛、肉羊等食草节粮型畜牧产业，积极发展貂、狐、貉、蜂、鸽等特色畜禽养殖业，全市畜禽养殖结构得到进一步优化。2013年，全市生猪存栏152.4万头，出栏202.4万头；肉牛存栏8.78万头，出栏7.59万头；肉羊存栏75.24万只，出栏85.6万只；家禽存栏2953.8万羽，出栏5923万羽；肉兔存栏289.1万只，出栏489.1万只；特种动物存栏86万只，出栏153.4万只。肉类产量21.39万吨，蛋类产量12.38万吨，奶类产量2.19万吨。全市畜牧业总产值63.27亿元。在肉类产量结构中，由1989年猪肉占83.07%、禽肉占7.09%、牛羊兔肉占9.66%，调整至2013年猪肉占54.16%、禽肉占36.33%、牛羊兔肉占9.45%。猪肉比例下降28.91个百分点，禽肉比例上升29.24个百分点。

规模养殖　1982年，开始发展畜禽养殖大户，当时标准为：每户养殖5头猪、3头牛、10只羊、200只蛋鸡。1987年，养殖专业户标准调整为：养大牲畜5头以上、猪20头以上、羊30只以上、鸡500只以上、貂狐貉20只以上、养蜂20箱以上。1989年，全市有畜禽养殖专业户1412户。其中，养猪667户，养禽125户，养羊279户，养兔209户，其他132户。1990年后，各级政府采取扶持政策，支持发展畜禽养殖专业户。1994年，全市畜禽养殖专业场户1.23万个，专业村210个。1997年，开始扶持发展镇、村畜禽养殖小区。至2000年，全市养殖小区发展到460个，专业村550个，规模养殖场户3.9万个。2007年，全市畜禽养殖小区达868个，畜禽规模养殖户达到2.6万户，全市畜禽规模养殖比重达到67.13%。2008年后，由于规模养殖发展快、市场价格波动大等因素，使一些小规模养殖户因亏损而逐渐退出养殖行业。至2013年，全市有畜禽养殖小区912个，规模养殖户2.05万户，全市规模养殖比重71.3%。其中，生猪、蛋鸡、肉鸡、奶牛规模化饲养比重分别为69.3%、88.1%、99.7%和99.1%。全市万头猪场有日照原种猪场、莒县恒胜种猪场；500头肉牛场有岚山区华兴养牛专业合作社、东港区鲁蒙尔养牛专业合作社；千头奶牛场有岚山区东篱牧业有限公司、莒县惠农牧业有限公司、莒县润达牧业有限公司；10万只蛋鸡场有东港区瑞达牧业有限公司、岚山区大丰林牧有限公司、莒县鑫源养鸡场、莒县多利畜禽有限公司；百万只肉鸡场有东港区德佳康牧肉鸡养殖合作社、五莲县莲东肉鸡养殖合作社、莒县泰森家禽有限公司;千只羊养殖场有莒县春亮养羊场、五莲万和羊业养殖场、东港区小康牧业养殖场;万只特种动物有东港区浩洋特种动物养殖场、莒县新良养殖场、岚山区兴山特种养殖场等。

畜禽加工　1989年,畜禽产品加工,主要靠国有食品公司肉联厂和外贸公司肉鸡、肉兔加工厂,全市畜禽产品加工2.89万吨,实现产值0.65亿元。随着市场经济发展,国营企业因经营体制弊端逐渐亏损而破产。2000年,莒县百慧乳业有限公司成立。之后,五莲县绿源食品有限公司、莒县福源食品有限公司、莒县盛火食品有限公司、东港区方鑫食品公司等一批新兴民营畜禽产品加工企业建成投产。至2007年,全市畜产品加工企业达到15家,年产值14.8亿元。其中,猪肉加工企业5家,年屠宰生猪63.9万头,年产量11万吨;禽类加工企业4家,年屠宰禽1548万只,产量2.5万吨;蜂蜜加工企业2家,年加工产量0.83万吨;牛奶加工企业2家,年加工奶制品0.9万吨。2013年,全市畜产品加工企业发展到17家,年产值33.1亿元,利税1.54亿元。其中,猪肉加工企业5家,年屠宰生猪34.5万头,年产量3.09万吨;禽类加工企业5家,年屠宰禽8420万只,产量20.2万吨;蜂蜜加工企业3家,年加工产量1.6万吨;牛奶加工企业2家,年加工奶制品5.2万吨。全市有4家畜产品加工企业被评为省级农业龙头企业,12家被评为市级农业龙头企业。

第三节　良种繁育与推广

地级市成立后,市、区县畜牧兽医部门加强畜禽良种引进繁育和地方品种保护改良,大力推广和普及畜禽优良品种。同时,积极争取上级资金项目建设日照原种猪场、日照多利畜禽有限公司等多处良种畜禽繁育场,加快建设良种繁育推广体系。至2013年,全市猪、鸡、牛、羊等主要畜禽良种率,比1989年分别增长68.9、33.7、25.1、21.5个百分点。

良种体系

日照市家畜、家禽品种资源丰富。1989年后,市畜牧部门有计划地进行畜禽品种资源调查,开展地方优良畜种选育工作,建立种畜场和地方品种繁育基地,开展群众性选育工作。至2004年,全市新建改建家畜配种站点620处,人工授精站点30多处;建设种鸡场26处,种兔场15处,大型原种猪场3处;全市形成四级塔式良种推广体系。2006年后,国家、省对日照市奶牛良种进行财政补贴,每年补贴20万元;在莒县连续5年实施生猪良种补贴,每年补贴100余万元。2012年,市、县财政对全市71万套种禽补贴200万元,全市基本建立起畜禽良种繁育体系。2013年,全市核发种畜禽生产经营许可证养殖场24个。其中,种猪场8个,存栏种猪3.6万头;种禽场12个,存栏种禽76万套;建立并完善猪人工授精站4处及人工授精配种点306个。全市形成场—站—点兼备、祖代场(原种场)—父母代场(扩繁场)—商品代场齐全的良种繁育推广体系。

品种保护

20世纪90年代,各级畜牧部门高度重视和加强地方畜禽品种资源保护利用,积极开展调查普查和保护工作。2000年后,先后制定五莲黑猪、日照麻鸡保种利用规划,扶持新建五莲黑猪繁育场2处和日照麻鸡保种场1处。2013年10月,五莲黑猪通过国家畜禽遗传资源委员会专家认定,初步确定列入《国家畜禽遗传资源保护名录》。

五莲黑猪　具有体格较小、结构紧凑、易管理、生长发育快、抗病能力强、生长周期短、肉用性能好,且肉质鲜美、性成熟早、适应性强、外形一致、遗传稳定等特点，是地方良种猪种。可单独或作为杂交母本使用的畜禽品种。2010年，市财政投资建设五莲黑猪保种场。从五莲县内收购五莲黑猪100余头，将核心群按血统分为6个品系，核心群母猪120余头，种公猪12头，后备母猪300多头。同时，完善五莲黑猪档案，为每头五莲黑猪拍照并及时更新档案，形成五莲黑猪保种档案。至2013年，全市五莲黑猪存栏3000多头。

日照麻鸡　又称琅琊鸡、胶南黄鸡、两城鸡，是一个蛋肉兼用型品种，具有抗病能力强、耐粗饲、适应性强等特点。麻鸡肉质鲜嫩、味美可口、营养丰富，多产红皮大蛋，深受消费者欢迎。琅琊鸡已列入《国家畜禽遗传资源保护名录》。至2013年，全市日照麻鸡存栏30多万只。

品种改良

1989年始，引进国外优良畜禽新品种进行繁育推广，加快畜禽良种改良工作。全市猪、鸡、牛、羊良种普及率分别达29.1%、57.5%、38%和26%。2000年，全市畜禽良种率为猪96%、鸡71%、牛42%、羊45%。至2013年，全市畜禽良种率为猪98%、鸡91.2%、牛63.1%、羊47.5%。生猪，育肥期从360天缩短到150天，瘦肉率由40%增长到70%，料重比从4∶1缩短到2.2∶1；肉鸡，生长期由210天缩短到40天；蛋鸡，由年产200枚增长到320枚。

生猪改良　1991年，全市推广瘦肉猪种，用国外汉普夏、长白、杜洛克、大约克夏猪品种替代国内的荣昌、太湖、内江猪品种，用此品种公猪与当地母猪杂交，改良一代育肥，增加瘦肉率15%~20%以上。1992年后，全市逐步推广生猪良种，改良率逐年上升。至2013年，全市生猪普及外三元杂交猪，改良率达到98%。

牛羊改良　1989年，日照市利用国家、省安排的良种补贴项目、秸秆养畜项目等积极推进牛羊改良工作，引进良种畜禽和冻精细管，加快牛羊品种改良。1995年始，由推广役用牛品种——鲁西黄牛改为利木赞等国外肉用品种，由推广国内品种青山羊、白山羊改为推广波尔山羊、德赛特、杜泊等生长快的国外肉羊品种。由于牛羊分散养殖，牛使用人工授精技术受胎率较好，而羊的人工授精受胎率不到40%，只能使用本交或鲜精配种，所以改良速度相对较慢。至2000年，全市牛羊改良率达到42%和45%。2001年，莒县碁山镇宝尔牧业公司引进波尔山羊37只。2002年6月，东港区政府从省畜禽良种繁育推广中心引进波尔山羊24只，发放到各乡镇养殖推广。是年，在东港区日康乳品厂开展奶牛胚胎移植，成功产下一头公犊。五莲县许孟镇养牛协会与加拿大爱德现代牛业发展集团公司合作，开展奶牛胚胎移植试点，移植胚胎50枚，犊牛养大后回收。2008—2011年，东港区承担德国弗莱维赫乳肉兼用牛良种推广项目，共繁殖弗莱维赫杂交牛1.3万头，所产牛犊个大肉多，生长速度高于当地牛一倍多。至2013年，全市牛改良率达63.1%、羊改良率达47.5%。

科研成果

1991年10月，日照市食品公司繁殖场李维书，日照市农牧局张同才，莒县畜牧局李庆山、黄增吉，五莲县畜牧兽医站邹风山、张培欣参加的山东省《瘦肉猪生产配套技术研究》课题，获山东省科技进步一等奖。经过选育，五莲黑猪和沂蒙黑猪核心群生产指标分别达到日增重554克、627克，料肉比3.46∶1和3.25∶1，瘦肉率51.9%和52%，筛选出的最佳杂交组合“杜五”“汉沂”试验指标分别达到532克和630克，料肉比3.17∶1和3.23∶1，瘦肉率60%和54%。

2012年9月，日照多利畜禽良种有限公司获《山东省技术市场科技金桥奖中国技术市场金桥奖》，该奖项是科技进步奖的补充，是技术市场领域的最高奖项。

2013年12月,山东华康蜂业有限公司张其安主持的《蜂蜜安全生产关键技术研究与开发》课题,列入山东省科技发展计划。该成果解决了养蜂业劳动效率低、企业产品检测成本高、检测周期长以及蜂蜜安全生产无标准等关键技术问题。是年12月,山东华康蜂业有限公司张其安主持的《蜜蜂主要病原细菌拮抗菌的筛选及抗菌物质的分离纯化与性质研究》课题,列入山东省科技发展计划。课题成果筛选对蜜蜂美洲幼虫腐臭病等蜜蜂细菌性疾病病原具有广谱、高效拮抗作用的拮抗菌株,通过层析、HPLC等方法,分离纯化拮抗菌发酵产生的抗菌物质活性成分;运用紫外光谱、质谱手段,研究抗菌物质各组分的分子量、分子式和结构式;运用多种理化手段,探明其理化性质、抗菌谱等。该成果达到国际先进水平。

第四节　疫病防控

畜禽疫病

1989—2013年,畜禽疫病,主要有细菌性疫病、病毒性疫病、寄生虫病。曾发生和流行疫病,主要有猪瘟、猪丹毒、猪附红细胞体病、猪流行性腹泻、猪传染性胃肠炎、猪气喘病、仔猪副伤寒、仔猪白痢、仔猪水肿病;牛流感、奶牛结核病、奶牛焦虫病;羊传染性胸膜肺炎;兔瘟、兔巴氏杆菌病;水貂犬瘟热、水貂巴氏杆菌病;鸡新城疫、禽霍乱、鸡马立克氏病、鸡大肠杆菌病、鸡沙门氏菌病,鸡球虫病;鸭瘟、鸭病毒性肝炎等。

猪瘟　俗称"烂肠瘟",流行时间长,危害大。1989年后,日照市重视和加强猪瘟疫病防治工作。1998年,对猪瘟动物疫病实行计划免疫制度。2008年,实施强制免疫。2013年,猪瘟疫病基本得到控制。

猪丹毒　俗称"鬼打印"。猪腹部有紫斑为特征,是危害养猪业最为严重的传染病之一。1989—2013年,境内生猪未发生过猪丹毒。

牲畜口蹄疫　牲畜口蹄疫是由口蹄疫病毒引起的急性传染病,以口唇、蹄部水泡为特征。1999年4月,莒县发生口蹄疫,莒县南部乡镇自西向东蔓延,其中长岭镇白头沟村2头、西北岭村1头、杨家课庄村1头。疫情发生后,市、县牲畜五号病(牲畜口蹄疫病简称五号病)防控指挥部立即行动,封锁疫点,控制疫情,全部实行扑杀、焚烧、深埋无害化处理,并在全市对牲畜免疫注射。2000年2月21日,莒县城阳镇东关五街养猪场发生口蹄疫,将2244头病猪全部扑杀作无害化处理。到4月底,全市55个乡镇152个村,3个养殖场、4个集贸市场,发生疫点159个,发病猪695头、牛223头、羊18只,扑杀病猪及同群猪2770头,扑杀病牛及同群牛235头、病羊及同群羊21只,全部进行无害化处理。2002年、2003年危害最严重,未断奶仔猪发病死亡率99%以上。至2005年年底,全市基本控制了牲畜口蹄疫病的发生及流行危害。

猪气喘病　以气喘、咳嗽为主要特征。1989—2013年,个别猪场仍零星散发。

仔猪水肿病　主要是眼睑、脖颈等出现水肿和神经症状,发病快、死亡率高。1989年后,流行面广、发病多、死亡率高,发病率约占猪群的5%。其中,仔猪死亡率高达80%以上;成年猪有耐受性,死亡率低。2000年后,由于饲养环境卫生条件改善,发病率和死亡率明显降低。

奶牛结核病、布氏杆菌病　俗称"奶牛两病"。两病皆为人畜共患病,分别由结核分枝杆菌和布鲁氏杆菌引起,可侵害人和多种动物。结核分枝杆菌为细胞内寄生菌,布氏杆菌是兼性细胞内寄生菌,一般化药剂不易生效。1996年,开始奶牛场"两病"检测工作。每年抽检奶牛500头以上,发现阳性病例全部实施焚烧、掩埋等无害化处理。至2013年,个别防疫不到位的奶牛场仍有零星发生。

兔瘟　也称病毒性出血症。1993 年，开始使用兔瘟—巴氏杆菌二联疫苗防疫注射，该病基本得到控制。也有养殖场户使用兔瘟单联疫苗预防注射。至 2013 年，个别防疫不到位的养殖场（户）仍有零星发生。

禽病　1989 年后，常见鸡新城疫、鸡马立克氏病、鸡大肠杆菌病、鸡沙门氏菌病、鸡球虫病等禽病。雏鸡出壳 1 日龄免疫马立克氏病疫苗，可得到较好保护。新城疫流行广，危害严重，肉鸡用 Lasota Ⅸ系苗、蛋鸡用Ⅰ系中等毒力活疫苗免疫效果好。鸡大肠杆菌病、沙门氏菌病、球虫病普遍多发、常发，但死亡率低，一般在 5%～30%。至 2013 年，境内禽病时有发生，但均得到有效防治。

畜禽防疫

依法防控　1989 年后，将动物疫病防控特别是重大动物疫病防控工作作为发展现代畜牧业的重点，高度重视，常抓不懈。1998 年，国家对严重危害养殖业生产和人体健康的动物疫病实行计划免疫制度。2008 年，国家对严重危害养殖业生产和人体健康的动物疫病实施强制免费免疫。至 2013 年，全市动物疫病防治工作，坚持“以人为本、依法防治、科学防控、群防群控”的原则，实行行政干预和技术措施相结合，依法开展动物及其产品检疫，科学预防、控制和扑灭动物疫病。在发生严重传染病、寄生虫病时，立即采取隔离、封锁、消毒、治疗、无害化处理和紧急预防接种等综合预防控制措施，全面消灭病源，防止疫情扩散蔓延。同时，发生疫情采取逐级报告制度。实行一月一报，发生重大疫情及时报告，半年一总结并建立专门档案。

强制免疫　1989 年后，畜禽防疫重点是猪瘟、猪丹毒和鸡新城疫，应用疫苗 20 余种。通过定期预防接种和紧急预防接种，达到预防、控制和消灭传染病的目的。2003 年，成立日照市重大动物疫病防控领导小组，发布《高致病性禽流感、口蹄疫、猪瘟、鸡新城疫等四种重大动物疫病防治应急预案》。2008 年，对猪瘟、高致病性禽流感、高致病性猪蓝耳病和牲畜口蹄疫（包括猪口蹄疫、奶牛 A 型和牛羊亚-Ⅰ型三种）实施强制免疫。免疫信息实行周报、月报、季报、年报制度。同时，规模养殖场户自行采购疫苗实施程序化防疫。至 2013 年，全市自行免疫接种的动物疫苗达 120 多种，对动物疫病防治起到积极作用。

疫情监测　1985 年，开始建立畜禽疫情监测点，对畜禽传染病、寄生虫病、代谢病和普通病进行监测，每月向省报告 1 次，内容为当月发生的传染病、寄生虫病、中毒病、营养代谢病和普通病。1998 年，建立日照市畜牧兽医检测中心，设立兽医化验室。2008 年、2011 年，投入 130 余万元（累计投资 230 余万元），购置仪器设备，开展动物疫病血清学、病原学及分子生物学检测。设置市级监测点 256 处，每年春秋两季组织重大动物疫病采样监测及动物流行学调查，对抗体检测不合格的及时组织补免，确保抗体有效保护。2013 年，H7N9 禽流感发生期间，全市启动 H7N9 禽流感防控日报告制度。对 84 个村、143 个畜禽养殖场、7 个活禽屠宰点进行调查监测，共调查生猪、禽类近 225.2 万头（只），检测样品 1267 份，未发现异常情况。

联防联控　根据农业部和省动物防疫工作部署，日照市积极参加省际联防协作，交流经验，互通信息，制订防治措施，统一行动开展动物防疫工作。日照市为鲁苏豫皖四省毗邻地区兽疫联防单位，联防协作区包括鲁、苏、豫、皖 4 个省 15 个市。2009 年，第 30 届鲁苏豫皖四省兽疫联防会在日照市召开，日照市动物疫病防控工作受到与会人员高度评价。至 2013 年，日照市已参加 35 届联防会议，有效地开展了动物疫病协作防控工作。

第九编　茶　业

南茶北引，缘于毛泽东主席的一个伟大构想。1954 年春，时任中共浙江省委第一书记谭启龙到山东任职之前，正在杭州考察调研的毛泽东主席与谭启龙在一次谈话中嘱咐他说：山东人口多，有喝茶的习惯，你到山东去工作，应该把南方的茶引到北方去。

1956 年，谭启龙决定在山东试种茶叶。在他的直接安排下，由山东省商业厅从安徽省购进大批茶苗、茶种，在青岛、临沂试种。但是，多数树苗冬天被冻死，第一次引种基本没有成功。

1965 年，谭启龙在青岛中山公园考察时，发现路旁当冬青种植的几棵茶树成活了，这大大增强了谭启龙的信心，于是发起第二次"南茶北引"。1966 年，山东省在鲁南、鲁东南几个县引种南茶，日照为首批试种基地县。1966 年春，在安岚区安东卫北山和丝山区双庙 2 个村试种茶 8.7 亩，当年成活 2.3 亩。1968 年，又扩展到 8 处公社的 23 个大队，试种茶园 226 亩，成活率达到 95%以上。据《日照商业志》记载，自 1967—1981 年，中国农科院茶科所共有 11 批 26 人次，到日照指导茶叶种植、管理、加工各个环节。日照"南茶北引"的成功，使中国茶叶生产往北推高近三个纬度。

日照市高度重视茶产业发展，茶农和茶叶科技工作者坚持不懈探索实践，使日照茶业得到长足发展。特别是 20 世纪 90 年代后，将发展"北方绿茶之乡"作为日照市"八张城市名片"之一，大力实施"品种、品质、品牌、品位"四品战略，持之以恒抓发展、抓开发，全市茶叶生产实现了规模化种植、标准化生产、科技化支撑、产业化经营、品牌化发展、多元化推介、茶文化引领的目标。至 2013 年，全市茶园面积发展到 19.98 万亩，茶叶生产涉及 33 个乡镇、802 个村、20 余万茶农，日照茶园面积、产量已分别占全省的 60%和 75%以上。日照市已成为"中国北方第一绿茶之乡"，日照绿茶名副其实地成为日照市的一张金色名片。

第一章　引种南茶

1954 年春，毛泽东主席在杭州与将要到山东工作的浙江省委书记谭启龙谈话时，提出了"引种南茶到北方"的构想。从 1956 年始，山东省在青岛市和临沂地区（时日照县属临沂地区）试种茶树；1959 年，山东省林业厅安排日照县大沙洼国营林场和莒县中楼公社苗圃等国营林场及部分社队再次试种；1965 年，山东省商业厅在五莲县街头区罗家丰台大队小面积试种；1966 年，山东省正式开始有计划、有规模地引种南茶，日照被选为首批试种县，几经曲折，终于由点到面、成片种植获得成功。历经近 60 年的发展，至 2013 年,全市茶园面积达到 19.98 万亩,日照茶业已发展成为重要特色产业。日照市被誉为“中国北方第一绿茶之乡”,“日照绿茶”已成为日照市的一张金色名片。

第一节　起　因

中国是全世界公认的茶的发源地。据有关专家考证,茶树起源于距今 6000 万~ 7000 万年前的中国西南地区,目前在云南、贵州、四川仍有大量野生大茶树,树龄最长者达 2700 多年。西汉甘露(前 53—前 50)年间,四川严道(今雅安)人吴理真驯化野生茶树,首次进行茶树人工栽培, 是有文字记载的最早种茶人,被称为“世界植茶始祖”。

山东省饮茶种茶历史源远流长。被称为“茶圣”的唐代陆羽在《茶经》中记载 :“茶之为饮,发乎神农氏,闻于鲁周公。”唐代饮茶已在齐鲁民间盛行。唐代人封演的《封氏闻见记》中记载 :“开元中,泰山灵岩寺有降魔禅师,大兴禅教,学禅务于不寐,又不夕食,皆许其饮茶。人自怀挟, 到处煎饮,从此转相仿效,遂成风俗。自邹、齐、沧、棣渐至京邑城市,多开店铺,煎茶卖之, 不分道俗,投钱取饮。”宋代苏东坡在密州(今诸城)任太守时,留下“寒食”后试饮新茶的词句。明代《事物绀珠》中列举全国 96 种茶,其中就有山东的莱州茶和海州茶。

山东境内种茶始于宋元时期,据《文登县志》记载 :“昆嵛山产茶,土人不谙制法。西商购去装至江南制茶。元初,设茶场提举。”“茶场提举”是管理茶叶生产的官方机构,说明山东在宋末元初时期,昆嵛山区已种茶产茶,而且做到了茶叶自给。

明代、清代的《蓬莱府志》《海阳县续志》《莒志》等地方志书中,均有山东种茶、产茶的记载。临沂地区自明代即有茶树分布。清顺治《费县志》载有明代官员王越的七律诗一首,题为《咏蒙山茶》,咏道:“……,冰绡碎剪春先叶,……,应是人间第一茶。”清顺治九年(1652 年)《费县志》载有清代举人——蒙阴县人张叔躬的《蒙山采茶词》十一首,记叙了当时农民一年三季采制茶叶和出售茶叶的繁忙景象以及“直将茶事比农桑”的比喻。可见,当时费县沂蒙山区茶叶生产较为发达。清康熙九年(1670 年)《颜神镇志》记述:“古迹,鲁山一绝顶产美茶,味甲天下。”按志中记述的方位,此山在沂源县境内。

1979 年《中国茶叶》第一期曾以“世界上最大的茶树”报道 :1940 年日本石川县茶叶组合副组长本山亮一到山东调查种茶的可能性,在胶济铁路沿线(高密县境内)北纬 36℃以南的旷野中,发现一株唯一的大茶树。1940 年 8 月日本《茶》刊报道了这一发现,以《世界第一大茶树》为题,报道“树干三抱粗,高达五丈有余”,树龄“已有六百余年”,并附有大茶树照片。1960 年 7 月,山东省商业厅、林业厅在报送农业部的《关于茶树试种情况和请求支援茶籽,大力发展茶叶生产的报告》中也明确记载 :1960 年 3 月,中国茶叶出口公司派员亲赴现场调查,访问年龄较大的群众,都知道有此茶树,据传系明朝时期种植,当地居民称为神茶树,但在 1947 年左右被除,未见到实物。据考证,清朝后,因气候变化,北方不适应茶树生长,山东境内人工栽培茶树逐渐销迹。

山东省是全国茶叶消费大省,历年从南方大量购进茶叶。自古以来,从“柴米油盐酱醋茶”,到“琴棋书画诗酒茶”,不管是平民百姓还是达官贵人,茶是人们日常生活不可或缺的生活必需品。据山东省供销部门统计,1957 年前后,山东每年销售茶叶 1500 万斤左右,居全国第二位。日照作为山东沿海最南端的航运码头,是南通淮扬的要道和南茶北上的一大集散地。清咸丰六年(1856 年),涛雒的“广记”“裕源”商号主要销售安徽歙县茶叶,每年约 5 万斤。民国时期,石臼所“同丰”茶庄每年从杭州进茶 1300 箱,约 8 万斤。

历史上,日照人民颇有饮茶习俗、风尚,尤其沿海渔民饮茶成瘾,有“宁可三日无饭,不可一日无茶”之说,日照是全省乃至全国茶叶销售大县。1949 年,日照县购进销售茶叶 120 担 ?;1954 年购进销售茶叶 1362 担 ;1960 年突破 2000 担,达到 2010 担。待客必上茶,平时好喝茶, 成为日照居民的生活习俗。

1954 年春,毛泽东主席到浙江省视察,在与即将到山东工作的时任中共浙江省委第一书记谭启龙谈话时说 :“山东人口多,有喝茶的习惯,你到山东去工作,应该把南方的茶引到北方去。”1954 年 4 月,谭启龙任中共中央山东分局第二书记,主持工作。1956 年,省委作出“试种竹、茶、杉、橘、桐”的指示,山东省由此开始进行“南茶北引”工作。

第二节 试 种

零星试种

1956 年,中共山东省委第二书记的谭启龙安排山东省商业厅负责,在部分市地试种茶树,探索引种南茶的经验。省商业厅从安徽省购进一批茶种,在青岛市、临沂地区(时日照县属临沂地区) 等市地试种,当年冬天,因受严重冻害,茶树树苗被冻死,第一次试种没有成功。1958 年冬,山东省林业厅从浙江省购进茶种 5000 千克,1959 年春分配到青岛中山公园、日照县大沙洼国营林场等国营林场和部分社队,开展群众性试验,试种茶树。日照县大沙洼国营林场和莒县中楼公社苗圃(位于陈家军子大队, 现大陈家军子村)成为第一批茶树试种点。因缺乏种植经验, 大沙洼林场采用点播大豆的种植方式播种茶籽,出苗后因管理不当,未采取越冬防护措施,致使幼苗因冻旱而枯死。中楼公社苗圃用 50 千克种子育苗,试种 2 亩茶园,当年苗全苗旺,同样因冻旱严重,次年剩苗不足三分之一,两年后茶苗更少,后毁掉。

1961 年春,日照县林业局从福建、浙江购进茶籽组织进行试种,于 3 月 9 日至 4 月 27 日先后在大沙洼国营林场、马庄公社挪庄大队苗圃、国营刘家寨苗圃分别试种茶树 0. 1 亩、0. 01 亩、0. 45 亩,当年出苗情况良好。后因遇冻旱而全部死亡。此次试验也以失败告终。

1965 年春,谭启龙在青岛召开会议时,发现青岛中山公园内(青岛园林管理处)1959 年试种成活的茶树生长正常,品质甚佳,认为引种茶树可以成功,遂安排省商业部门再次试种。是年春,山东省商业厅厅长刘慨在其工作过的五莲县(曾任中共五莲县委书记)安排街头区罗家丰台大队试点,当年试种茶树六分八厘地,出苗 1200 株,平均株高 0. 2 ~ 0. 26 米,个别的高达 0. 33 米, 幅宽 0. 17 米,一类苗占 70%,生长粗壮,长势较好。

正式试种

1965 年秋,省委责成省商业厅等部门正式启动“南茶北引”,确定在青岛、临沂、日照等 16 个市、地、县组织试种茶树试点,日照县被选为首批引种南茶试种基地县。

日照县委对省委“南茶北引”在日照县试点高度重视,县委常委会进行专题研究,一致认为:一是日照人民群众饮茶成俗,用茶量大。那时,多是从临沂地区商业、供销系统按计划购进茶叶, 价格较高。若实施“南茶北引”,本地能产茶,就能解决当地群众饮茶需求问题。二是气候、气温适宜。日照地处鲁东南黄海之滨,属暖温带半湿润季风区大陆性气候,光照充足,雨量充沛,冬无严寒,夏无酷暑,四季分明,冷热季和干湿季区别明显,具有雨热同季特点,有利于茶树生长;加之日照境内山地、丘陵多,山脉多为东西走向,冬季背风向阳,具有防寒抗冻的有利条件。三是发展茶叶,开创多种经营项目,可增加集体和社员经济收入。日照是农业县,农业主要生产粮食, 收入比较低 ;茶树是常绿经济林木,发展种茶,既可以绿化荒山、荒滩，又可以生产茶叶，增加社队收入，壮大集体经济，改善人民生活。为此，中共日照县委决定：认真落实省委的安排部署，在日照县开展“南茶北引”试点。先小面积试种，然后在全县逐步推开。

1965 年秋，省商业厅种茶组派吕新、陈德熙到日照指导选点试种工作。县里决定，由日照县商业局糖业烟酒公司具体承担试种任务，从县商业局、供销社、林业局、气象部门和县糖业烟酒公司抽调 7 人成立种茶组，由县商业局办公室主任魏延著负责，配合省种茶组开展工作。经考察选定安岚区北门外大队（现属岚山区安东卫街道）和丝山区双庙大队（现属山海天旅游度假区卧龙山街道）为试种点。北门外大队在官山前、山泉南面黄色砂性土壤的梯田划地 5 亩为茶树试种地块；双庙大队在村西北、白山前、水库下的梯田划地 3.7 亩为茶树试种地块。同时，两个大队各选派一人到浙江省学习种茶技术，担任大队种茶技术员。

1966 年 1 月 7 日，省商业厅在全省多种经营会议上安排 1966 年全省各地“南茶北引”试种茶树 284 亩的计划任务。

1966 年春，山东省有关部门安排专人到安徽、福建等省调运茶籽，分运至各试种点。日照县北门外大队、双庙大队领到茶种后，提前沙藏茶种催芽，“谷雨”过后，两个大队在选好的地块里种上茶籽。3 月末，一场春雨过后，两个大队的茶园里长出嫩绿的茶苗，社员们十分高兴，争相到茶园里观看。北门外大队党支部书记吕京怀带领茶叶组的社员，按照技术员从南方学来的办法，给茶苗施肥、浇水，茶苗一天天茁壮成长起来。

从 1966 年秋起，县茶叶技术员和两个大队茶叶组的人员，天天守在茶园里，采取灌足越冬水、茶树基部培土、搭防风障等保护措施，进行精心管理，到 1967 年春天，北门外大队和双庙大队种植的 8.7 亩茶树成活率 57%，缺苗断垄处经移栽，成活茶园 5 亩，其中苗全苗旺的茶园 2.3 亩。通过两个大队的试种实践，使县、区、大队各级干部和技术员认识到茶树种植中的出苗和越冬的重要性，提出“过好播种、出苗、越冬三关，做到晒、冻、旱、涝、病虫害五个不死”的要求。

1967 年，县里到巨峰区西赵家庄大队再次试种，经考察，划出 30 亩向阳山坡地种茶。根据北门外、双庙两个大队的经验，他们加大技术措施，茶垄确定后，开挖深 50 厘米、宽 30 厘米的垄沟，沟底灌水 20~30 厘米，底水渗透、填平后下种；采取对茶籽、肥料、土壤“三消毒”及浸种催芽、分批播种、插枝遮荫等措施，使试种茶园茶苗出得早、出得齐、长得旺。秋末，先浇冬前水，后在茶蓬北侧培土增温，用草苫子搭挡风障，在茶蓬上面盖松树枝保暖等措施，茶苗全部安全越冬。是年，在县里统一安排下，全县有城关区上李家庄子、厉家顶子，南湖区弓山，巨峰区薄家口，马庄区独垛子、石桥官庄，碑廓区玉峰岭等 7 个区的 14 个大队试种茶树，播种面积 127 亩，成活 115 亩，成活率达到 90% 以上，取得圆满成功。是年年底，全县已有茶园 132 亩。并总结出一整套“温水浸种，沙堆催芽，低沟浅播”的种植经验、“密植矮化”“深沟浅垄”等栽培技术和春肥促、夏肥巧、秋肥控、冬肥保的促苗施肥方法及灌水、拔草、加风障的管理措施。至此，已基本掌握了日照县境内茶树种植、生长规律和管理经验。

1968 年，全县 8 个区、23 个大队新发展茶园 226 亩，成活率达到 95% 以上。是年底，全县茶园面积发展到 346 亩。1968 年后，日照境内茶园陆续产茶。1970 年，全县茶园面积发展到 1068 亩，生产茶叶 10.38 吨。到 1971 年，日照境内茶树长势良好，五龄以上茶园，蓬高 70 ~ 80 厘米，蓬宽 110 ~ 140 厘米。1971 年 9 月 15 日，《人民日报》第四版头条刊登消息《我国茶叶获得新丰收》，指出：山东省茶叶种植面积已达 8000 多亩，成活率占 79%，今年可收粗细茶七八万斤，“南茶北引”已经获得成功。到 1973 年，日照县茶园面积发展到 4080 亩，初采茶园 2488 亩，年产茶叶 60.18 吨，平均亩产茶叶 24.2 千克。其中，

358 亩成龄茶园,亩制细茶 43.5 千克 ;产茶最高的六龄茶园,亩产茶达 178 千克。全县茶园面积初具规模。

1973 年 10 月 26 日至 11 月 1 日,中国农科院茶叶研究所在日照县召开全国“六省(区)南茶北引西迁经验交流会议”,有西藏、新疆、甘肃、陕西、河南、山东以及河北、浙江等八省(区)农业、商业部门和茶试站及山东省各地种茶大队的代表、技术专家共 205 人参加(其中山东省代表 183 人)。会议总结交流几年来“南茶北引西迁”科学试验成果及经验,讨论今后“南茶北引西迁”科学种茶及有关协作问题。会上,中共日照县委书记牟步善作了《坚持以粮为纲积极发展茶叶生产》的典型发言,详细介绍日照“南茶北引”的历程、探索和取得的成效及经验教训。与会领导、专家到巨峰公社西赵家庄,马庄公社石桥官庄,城关公社厉家顶子、上李家庄子等 9 个大队茶园现场实际参观考察,对日照县引种南茶成功经验给予充分肯定。是年 10 月 31 日,山东省和临沂地区相继在日照召开全省、全区茶叶工作会议,分别总结“南茶北引”进展情况,提出贯彻落实全国“六省(区)南茶北引西迁经验交流会议”精神的意见和要求。是年 12 月,山东省农业电影社到日照拍摄“南茶北引”科教片,详细介绍日照县引种南茶的经验做法,由县糖业烟酒公司一人撰写脚本,于 1975 年剪辑成片公开放映,在全省推广。

试种基本经验

经过探索实践和不断完善,日照县总结出引种茶树“一选、把三关、五结合、抓好六条措施”的经验做法。“一选”:即根据茶树有“三喜”(喜温、喜湿、喜酸)“四怕”(怕冷、怕旱、怕碱、怕风)的特点,严格选点,选择背风向阳、土层深厚、微酸性土壤、靠近水源的沙石山前坡,开成窄幅梯田种茶,能够快速成园。“把三关”:把好播种关。做到温水浸种,沙堆催芽,适时(清明前后)下种,开沟施肥,浅播、浅盖,争取早出苗、出全苗、长壮苗,为安全越冬打好基础。把好出苗管理关。做到适时退土,插遮荫枝,防止灼伤茶苗,适时追肥、锄草,防治病虫害。把好越冬关。秋后首先深施越冬肥,灌足越冬水,搭好防风障,根部多培土,达到安全越冬。“五结合”:种茶与开荒深翻整地改良土壤相结合。到 1972 年 8 月,全县共建茶园 2984 亩,其中开荒 1501 亩,占 50% ;改造薄地 972 亩,占 32.6% ;解决了粮茶争地的矛盾。种茶与兴修水利相结合。为种茶共建小水库 25 座、塘坝 69 个、挖山泉 24 个,茶园水浇面积达 50% 以上。种茶与养猪积肥广种紫穗槐相结合。为解决粮茶果争肥矛盾,从一开始种茶就强调自力更生,当年建茶园当年就建圈养猪积肥。到 1972 年 8 月,全县 161 个种茶大队已有 122 个大队建圈养了猪,1971 年年底存养量达 940 头,还有养牛、羊和广种紫穗槐的,一般都达到了肥料自给。种茶与植树造林相结合。为改变茶园小气候和减少冬季寒风侵袭,从开始种茶就提倡在茶园周围大造防风林带。据统计,共造防风林 240 余万株。种茶与间作油料相结合。坚持以短养长、长短结合,做到茶油双贡献,在保证不影响茶苗正常生长的前提下,进行合理间作,一龄茶园间作三行花生、二龄茶园间作二行花生、三龄茶园间作一行花生、四龄茶园不再间作。一般一龄茶园间作花生,亩产花生米 100 千克。“六条措施”:即加强出苗前管理、适时插好遮荫枝、加强肥水管理、防治病虫害、及时中耕除草、保证茶苗安全越冬。

政策技术扶持

政策扶持　山东省对“南茶北引”实行扶持政策。在启动实施“南茶北引”时,省里对试种县在经济上给予一定扶持,确定无偿扶持茶籽十年,茶叶产销利益全部让给生产者和消费者。1966—1970 年,种植茶树所需茶籽、化肥均由省里无偿扶持。1971—1976 年,茶树茶籽仍由省里无偿扶持,国家分配专用化肥指标每亩 15 公斤,由贷款扶持。至 1977 年,全省引种南茶共扶持茶籽 125 万千克、化肥 40 万千克、柴油机 7 台,三项折款及培训、考察费用约 200 余万元,平均每亩茶园扶持 25 元。

技术支持　为解决种茶技术问题，应山东省商业厅请求，1967 年 8 月中国农科院茶叶研究所派专家段敬堂配合山东省种茶组进行早期试种调查。1968 年 4—9 月，中茶所派段敬堂、吴洵、殷坤山 3 名专家组成调查组，到山东省调查、指导全省“南茶北引”试种和宜茶土壤资源情况，调查组先后到临沂、莒南、日照、五莲、青岛、胶县、胶南、烟台、文登、青岛、蓬莱、沂水等地县进行调查。在日照县 6 天时间，走访调查了丝山区双庙大队，安岚区北门外大队，甜水河大队，碑廓区袁家庄大队，巨峰区西赵家庄大队及城关区上李家庄子大队等十几个种茶大队。调查组历时 3 个月，经集体讨论、研究，由殷坤山起草《山东省茶树引种试种工作情况和我们的看法》的调查报告，由吴洵起草《山东省宜茶土壤资源情况的报告》，分别向山东省商业厅和山东省生产指挥部作了专题汇报，为山东省大规模开展“南茶北引”提供了重要的科学依据。

1970 年 5 月，中国农科院派出第三科技服务队，中茶所夏春华、吴洵和翁忠良 3 人参加，主要任务是对山东省“南茶北引”五年茶树试种情况进行全面总结，系统总结成功经验，确定山东省适宜种茶的范围，提出茶叶生产的种、管、采、制和收购等全过程的工作方向。服务队历时一个月，跑遍了后黄埠、薄家口、甜水河等日照县内茶叶种植规模较大的生产大队。之后，又到五莲县、莱阳县、新泰县、临沂地区等几十个种茶县，进行深入调查。是年国庆节后，在山东省商业厅招待所，由夏春华执笔，起草《山东省五年来茶树试种工作总结报告》，向山东省生产指挥组及商业厅有关领导作出专题汇报，报告充分肯定山东省“南茶北引”取得的成效，明确提出山东省茶树试种的适宜范围是：胶济铁路线以南和津浦铁路线以东的广大地区，其中以临沂地区（包括日照县）、昌潍地区较为适宜。

1972 年 2 月，中茶所派虞富莲、段敬堂、姚笃恭 3 位专家到日照县调查茶树冻害情况，研究预防措施。虞富莲等专家先后在日照驻点两年多时间。是年秋，应日照县邀请，中茶所夏春华、翁忠良到日照，两个月时间，帮助加工茶叶 20 吨，现场培训全县茶叶技术员。1973 年 9 月，中茶所所长刘加坤、副所长徐立成到日照县安东卫北门外，城关公社上李家庄子、厉家顶子等大队茶园考察，为在日照召开的全国“六省（区）南茶北引西迁经验交流会议”选择参观茶园现场，做好会议筹备工作。据《日照商业志》记载，自 1967—1981 年，中国农科院茶叶研究所共有 11 批 26 人次，到日照培训茶树种植、茶园管理、茶叶加工等技术，指导全县植茶建园、发展茶叶生产，为日照“南茶北引”茶树试种成功提供了强有力的技术支持。

第三节　发　展

“南茶北引”成功后，日照市茶业发展经历了快速扩种、缓慢发展、全面发展三个阶段。

快速扩种阶段　1973 年全国“六省（区）南茶北引西迁经验交流会议”后，日照茶叶生产进入快速扩种阶段。1974 年新增茶园 3578 亩，全县茶园面积发展到 6157 亩。1976 年是新增茶园面积高峰年份，是年新增茶园 4511 亩，全县 21 处公社有 303 个大队种茶，茶园面积达 9127 亩。其中，投产茶园 2980 亩，年产茶 18.47 万千克；全县 93 个投产茶园大队中有 22 个大队亩产茶叶超过 50 千克。1976 年冬至 1977 年 1 月日照遭受严重冻害，冻死茶树幼苗 3600 多亩，致使全县茶园面积减少。

1977 年春，《人民画报》记者到日照采访“南茶北引”情况，先后采访了城关公社上李家庄子大队、马庄公社邢家沟大队等茶园，在 1977 年《人民画报》第四期上以《南茶北引》为题，采用两个整版刊登城关公社上李家庄子大队茶园照片五幅：一幅茶园全貌，数十名女青年腰挎采茶篮，正在采茶的场面；一幅是茶芽茂密、嫩绿葱葱的特写镜头;一幅是定时观测气象要素的气象哨;还有审评新茶品质的一组照片等。《人民画报》向七十多个国家发行,日照“南茶北引”成功的报道传到世界各地。

1978年,全县茶园面积7759.2亩,年产茶叶232.78吨。1979年全县新发展茶园1650亩。是年,在全国茶叶区划会议上,正式将山东省列入江北茶区。这一时期,日照县曾先后7次出席全国性茶叶专业会议。1980年,日照全县种茶大队发展到333个,茶园面积达到10189亩,年产茶叶305.67吨。其中:种茶100亩以上的大队15个,50亩以上的大队50个。在城关公社上李家庄子大队、巨峰公社后黄埠大队培育出亩产150千克、200千克、250千克的丰产地块。到1981年,全县茶园面积扩种到13675亩,年产茶叶410.25吨。日照县茶园面积、产量及管理水平位居临沂地区乃至全省前列。

缓慢发展阶段 1982—1989年,日照茶叶生产进入缓慢发展阶段。1982年后,全面推行农村家庭联产承包责任制,村集体茶园逐步承包到户,分户经营。当年,全县茶园面积降至10675亩。1984年,商业部门陆续撤回茶叶技术人员,新承包茶园的茶农普遍缺乏管理技术和经验,经济效益下降。与此同时,商业、供销部门停止对当地茶的购销,日照茶叶由茶园承包经营户自主经销,茶农手中积压大量茶叶,出现假象过剩,致使炒青绿茶和黄大茶价格下降,直接影响茶农的种茶积极性,出现刨茶种粮现象,部分茶园被毁弃。加之1982年、1983年冬季气候寒冷,茶树遭受严重冻害,致使全县茶园面积大幅度减少。到1984年年底,全县茶园面积一度下降到7000亩,日照茶叶发展进入低谷。

1985年,日照茶叶价格回升,茶叶收入增加,茶农生产积极性有所提高,茶园面积开始恢复性增长。1986年,全市茶园面积达到9200亩。1987—1988年,全市茶园面积又有较大幅度下降,到1989年,全市(县级市)种茶村由1981年的333个减为234个,茶园面积由1981年的13675亩减为7200亩,年产茶叶仅有300吨。

全面发展阶段 1990—2013年,全市茶产业进入规模发展、全面提升阶段。1989年,地级日照市成立后,全市各级将茶业作为发展高产、优质、高效农业的主导产业来抓,引导农民大力扩种茶树,加强科学管理,提高茶叶质量,使全市茶园面积得到巩固发展。1994年冬,巨峰镇部分村户开始建茶叶大棚,推广茶叶设施栽培,既解决茶园冬季越冬防护问题,又提高茶农收入。1995年,大力扶持发展茶叶种植、加工大户,涌现出许多茶叶种植专业户、茶叶加工厂和茶叶营销公司,全市茶叶生产逐步走上公司(加工、销售)带农户(种植)连基地的农业产业化经营发展模式。1996年,全市茶园面积发展到1.88万亩。1998年,中共日照市委、日照市政府加大农业结构调整力度,将茶叶作为全市农业特色支柱产业来抓,制定出台了一系列鼓励茶叶发展的优惠政策和措施,引导茶企、茶农发展有机茶、绿色食品茶、无公害食品茶等“三品认证”名优茶,走品牌发展的路子,茶农收入逐步提高。同年,日照市政府把加快茶产业发展列为“市长工程”,进一步加大领导工作力度。同年12月,东港区成立茶业发展领导小组,出台东港区茶业发展意见和扶持政策,并设立茶业管理局,是日照市第一个茶业行政管理机构,加强全区茶叶发展、规划和管理。1999年8月,市政府办公室印发《日照市茶业生产发展规划》(2000年至2005年),第一次在市级层面对全市茶业发展作出规划。至2005年,全市茶园面积发展到7.32万亩,茶叶产量达到0.38万吨。

2006年后,日照市委、市政府把建设“北方绿茶之乡”作为日照市八张城市名片之一来抓,大力实施“品种、品质、品牌、品位”四品战略,持之以恒抓发展、抓开发,推动全市茶叶生产实现规模化种植、标准化生产、科技化支撑、产业化经营、品牌化发展、多元化推介、茶文化引领的目标。2007年,山东省科技厅批准日照市茶试站组建山东省茶业工程技术研究中心。2008年,农业部批准建立“国家茶叶产业技术体系日照综合试验站”。日照市政府制定出台《日照绿茶地理标志产品保护管理办法》。日照市农业局等部门先后制定实施《地理标志产品——日照绿茶》《日照绿茶幼龄茶园无公害生产技术规程》《日照绿茶投产茶园无公害生产技术规程》及《日照绿茶有机茶园生产技术规程》4 项茶叶标准,其中《地理标志产品——日照绿茶》主导着北方茶叶生产加工标准。制定《标准茶园示范基地建设标准》作为全省标准推广实施。随着日照绿茶品牌知名度的提高,茶叶生产、加工技术日趋完善,日照茶产业规模化和品牌化效益日趋明显。全市研制开发出扁平形、卷曲形、针形等多种形状的名优茶,涌现出一大批在市场上知名度较高的名牌产品,先后获得省、市科学技术奖 30 余项。开拓高端市场,日照绿茶进入上海世博会、北京“老舍茶馆”等著名茶叶消费场所。日照绿茶成为证明商标、地理标志产品、中国驰名商标等,在全国享有很高的知名度。在这一时期,全市茶园面积、茶叶产量迅速发展,成为我国北方最大的绿茶生产基地。2008 年,日照市在全国首次运用地理信息、遥感、全球定位“3S”技术,到村、到户、到地块开展茶园普查,对实有茶园面积逐一核实登记,并根据普查情况,制定发展规划。从 2008 年起,日照茶园面积一年一大步,到 2013 年年底,全市茶园面积发展到 19.98 亩,年产茶叶 1.1 万吨,茶叶总产值达 18.7 亿元。

第二章 种植管理

茶树为多年生木本常绿植物,其寿命长达百年以上,一次种植后可长年采摘生产。种植管理主要包括植茶建园(茶籽播种和无性系茶苗栽植)、茶园管理(追肥、浇水、修剪和防治病虫害)和冻害防治(设施栽培和越冬管理)三个重要环节。在选择适宜地块的基础上,采取良种良法种植模式,推广应用科学管理技术,建设高产、优质、高效茶园。

第一节 植茶建园

土壤条件

种植茶园应选在背风向阳、植被良好、土层深厚、有水浇条件的缓坡地,空气、土壤、水源无污染。坡度在 25°以下的山坡或丘陵地都可种茶,尤其以 10°~20°坡地起伏较小较为理想,尽量避开风口和顺沟风,以及一些易受冻害的山岭谷底或顶部。土壤呈酸性或微酸性,pH 值 4.5~6.5,壤土、沙壤土或黏壤土为宜,土质疏松,结构良好,土层和半风化土层须在 1 米以上,且底土层无黏结层和硬板层,附近有较丰富的水源,便于打井和储水灌溉。高产优质茶园主要养分含量要求:有机质含量大于 20 毫克/千克,碱解氮大于 100 毫克/千克,有效磷大于 20 毫克/千克,有效钾大于 100 毫克/千克。通过对境内茶区土壤养分化验,全市茶区总体土壤状况为富磷、缺钾,氮素和有机质含量偏少,pH 值较适宜。

适宜茶树品种

品种主要有实生种茶园和无性系茶园。其中,实生种茶园约占 90%(黄山群体种茶园占 50%,鸠坑种茶园占 30%,福鼎大白种占 10%);无性系茶园不足 10%,品种主要是龙井 43、龙井长叶、白毫早、浙农117、安吉白茶、鸠坑早、中茶 108 等。依据日照市茶叶科学研究所承担的“日照绿茶品质提升研究”课题成果,境内引种的黄山群体种、鸠坑种、福鼎大白种,同期鲜叶茶叶品质都比原产地有所提高。

种苗管育

茶籽储藏　茶籽具有生理后熟特点，茶籽采收后需要摊晾，使茶籽含水量保持在25%左右(茶籽似饱满，即粗看时茶籽饱满，仔细看时稍有皱)，过高易使种子霉变，过低则降低发芽率。先将含水量较高的茶籽薄摊于室内阴凉干燥处，厚度不超过10厘米，早晚翻动一次，摊晾至茶籽含水量达25%。茶籽贮藏的适宜温度为1℃～5℃。

茶籽储存常用室内沙存法。具体方法是：选择阴凉、通风、干燥、无阳光直射的室内及不返潮的地面，准备足量半干半湿筛好的沙(湿度以手握成团，放手后散开为宜)。沙藏时，先在地面铺一层细沙，厚度5厘米，每隔1米竖插一个草把，然后在沙上铺一层茶籽，厚度8～10厘米，再在茶籽上面铺5厘米厚的沙。依次类推，一层茶籽，一层沙，茶籽层数为3～5层，最后在茶籽上面盖5厘米左右的沙，再在沙上面撒少许长草保墒，沙与茶籽总厚度不超过70厘米。贮藏期间，经常抽样检查，若发现种子干瘪，说明沙湿度过低，应适量洒室温水。若发现茶种胀裂或霉变，说明沙湿度过大，应及时通风排湿、降温。

茶籽催芽　催芽是实现苗全苗旺的重要技术措施。其方法是：到“春分”时先将种子用温水浸泡一昼夜，捞出沉实的种子，以种、湿沙各半的比例拌匀，选择背风向阳处堆积成高×宽＝30×100厘米的平底长堆，盖3厘米厚的沙，然后用薄膜盖好，夜加苫子；也可放入温室内催芽，厚度掌握在15～20厘米。催芽堆内温度15℃～20℃，定时检查，发现异常及时补救。待茶籽大都露胚时分批播种。

种植模式

适宜境内茶园种植模式，主要有等行距双行种植模式，即统一大行距1.2米，双行距0.3米，丛距0.3米(每丛2～4株)，大行距120厘米×双行距30厘米×丛距30厘米。大小行分次种植模式，即大行分别为0.9米和1.5米间隔种植，双行距和丛距同上，大行距0.9米×双行距0.3米×丛距0.3米，大行距1.5米×双行距0.3米×丛距0.3米。此种模式有利于生产管理。随着生产发展，种植模式也有一定变化。如丛距缩短为0.2米，加大种植密度，对提早成园有一定好处；也有的茶园采取加大大行距和双行距(大行距为1.4米，双行距0.4米)做法，相应减少种植密度，这种方法对树势培养和茶园管理有一定益处。另外，有的茶园也采取单行种植法。

播种时间

茶籽播种于清明前后进行。无性系茶苗于每年3月中旬或10月上旬栽植。

播种方法

茶籽播种及茶苗栽植　茶籽播种深度以3～5厘米为宜。播种后在播种穴上培土、覆膜或盖草保墒。茶苗栽植，同穴内大小苗一致，苗与苗之间分开，保持根系舒展；栽植深度超过“泥门”2～3厘米。栽植后，应搞好定型修剪、杀菌、防虫及保墒。

无性系茶苗种植　无性系茶树性状稳定，整齐一致，品质优良，是茶园发展的方向。无性系茶树品种：非洲产茶园达100%，日本为83%，中国平均为41.3%，而日照茶区占不到5%。无性系茶树品种主要从南方引种，少量自己扦繁。经过生产试验，较适宜日照茶区栽培种植的无性系茶树品种有龙井43、龙井长叶、福鼎大白、白毫早、迎霜、浙农117、中茶108、碧香早等几个优良品种。无性系茶苗种植模式与茶籽播种相同，一般采取1.5米双行种植模式，每丛栽2～3株；可根据生产情况采取适当种植模式，丛距可0.3～0.15米，行距可加大到1.8米。稀植个体健壮，但成园稍晚；密植成园早，但个体稍弱。通过项目试验证明：120厘米×30厘米×15厘米每穴2株的种植栽培模式经济成本低、成活率高、成园快，最适合日照茶区采用。无性系茶苗种植，一般采用春季3月上中旬调苗栽植。主要是春季气温回暖，茶苗成活率高，并且可以避开冬季越冬防护问题。但随着北方茶区越冬防护措施的逐步完善，秋季10月上旬种植无性系茶苗的方法也逐步推广开来。只要越冬防护措施到位，秋季栽植茶苗都能够安全越冬，并且由于其扎根时间早，未来长势明显好于春季所移栽茶苗。无性系茶苗移栽时，要求在栽植穴内根系要自然舒展，覆土要轻，禁止用脚踩压茶苗根部，避免伤到茶苗根系，影响茶苗成活率及长势。通过茶苗种植实践证明，无性系茶苗移栽时培土深度对移栽茶苗成活率及长势都有较大影响。茶苗种植后，浇足定根水，茶行覆土至茶苗土门上2~3厘米。

第二节　茶园管理

土壤监测

茶园对土壤肥力、重金属元素含量要求较高，一般要求每2年定期检测一次，根据检测情况有针对性地采取土壤改良措施。采用行间覆草措施，提高茶园保土蓄水能力。3月上、中旬将园内杂草全部清除，松土保墒，提高地温。于春茶采摘结束后(6月上旬)，在茶行间铺厚度为10~15厘米的麦秧、麦糠等，经过夏季发酵，增加土壤有机质含量。采用合理耕作、施用有机肥等方法改良土壤结构。对土壤深厚、松软、肥沃及树冠覆盖度大、病虫草害少的茶园可实行减耕或免耕。

幼茶管理

幼苗茶园管理，主要指出苗后第一年和第二年的管理。农谚说："成园不成园，关键第一年；高产不高产，关键第二年；三分种、七分管、苗全苗旺创高产。"一龄茶园第一年苗期管理，主要有茶园遮阴、定苗补苗、追肥、浇水、除草、防治病虫害和越冬管理，达到苗全苗旺。二龄茶园管理，春分撤出越冬物：全培土的通过2~3次退土；拱棚越冬的通过逐渐通风撤出越冬物。搞好修剪、肥水管理，促进分支，培养树势，加强病虫草害防治和越冬管理。

施肥追肥

根据土壤理化性质、茶树长势、预计产量、制茶类型和气候条件，确定合理的肥料种类、数量和施肥时间，实施茶园平衡施肥，防止茶园缺肥或过量施肥。施肥原则，采取有机肥与无机肥相结合，基肥与追肥相结合，氮肥为主、磷钾肥和微量元素肥相结合，根部施肥与叶面喷肥相结合。农家肥料等有机肥料施用前必须经无害化处理，微生物肥料应符合NY/T 227要求。施肥方法，采用"一基""四追""多喷"方法进行。"一基"，每年秋季追施一次基肥。于白露前后在茶行中央挖深20~30厘米、宽20~30厘米施肥沟，每亩施农家肥(堆肥、沤肥、厩肥)3000千克以上或饼肥150~500千克或商品有机肥200~400千克，另加过磷酸钙30千克左右。"四追"，每年追施速效肥4次。追肥时间，分别为3月中下旬、6月上旬、7月中旬和8月中旬；追肥比例，依次为40∶25∶20∶15，每亩每次施用纯氮量不超过15千克，氮、磷、钾施用比例为4∶1∶1。施肥沟深度为10~13厘米。"多喷"，多次喷施叶面肥。根据茶树生长发育状况，可使用叶面肥，叶面肥须经农业部登记注册。叶面肥与土壤施肥相结合，采摘前10天停止使用。当年宜间作豆科绿肥植物，培肥地力和防止水土流失。

浇水保墒

土壤相对含水量低于70%时，茶园宜节水灌溉。灌溉用水符合NY/T 5020的要求。茶园每年至少应灌足两次水。一是"催芽水"(又称"返青水")，应于春分至清明期间进行。二是"越冬水"，应于立冬前后进行。提倡茶园使用微喷等节水措施。

茶树修剪

轻修剪,于春分前后进行,以剪除冻害枝梢和病枯枝叶为原则。修剪深度3~5厘米,深修剪于同期进行,正常茶园应每隔3~5年进行一次深修剪,剪去树冠上部10~15厘米深的一层鸡爪枝,使树势恢复健壮,提高育芽能力。正常茶园每隔6~8年进行一次重修剪,时间为5月下旬;对冻害较重的茶树于春分前后进行重修剪,重修剪深度为树高的1/2至1/3。台刈改造茶园,对严重衰老的茶树进行台刈,于5月下旬进行台刈;对冻害严重的茶树,于春分前进行台刈。台刈时,在离地面10厘米处砍去地上部全部枝干,要求切口倾斜、平滑,避免树桩撕裂。

病虫草害防治

贯彻“预防为主,综合防治”植保工作方针,综合运用各种防治措施,将有害生物控制在允许的防治指标以下,将农药残留降低到规定标准范围。

病虫害　茶树虫害,主要有15种,分属于2纲4目11科。其中:叶部害虫13种,枝杆害虫1种,地下害虫1种。按危害程度大小分,依次是假眼小绿叶蝉、绿盲蝽、茶橙瘿螨、黑刺粉虱、茶叶瘿螨、角蜡蚧、蚜虫、小地老虎、大蓑蛾、褐蓑蛾、黑绒金龟、扁刺蛾、卷叶蛾、黄刺蛾、棉铃虫等;经常发生的有假眼小绿叶蝉、绿盲蝽、茶橙瘿螨、角蜡蚧、黑刺粉虱。境内茶树病害,主要有茶云纹叶枯病、茶轮斑病、茶赤叶斑病。由于冬季气候寒冷,不利于病害病原体越冬;夏季空气干燥,不利于病害发生,所以通常年份病害发生较轻。

农业防治　提高树势,选择适宜茶树生长的环境条件,栽植防护林网,增施有机肥,合理密植。选用抗病虫品种,新发展茶园选用适生抗病虫品种,已有茶园通过换种改植新品种。合理采摘,分批多次采摘,采除茶小绿叶蝉、茶白星病等危害芽叶的病虫,抑制其种群发展。合理修剪,剪除分布在茶丛中上部的病虫,同时改善茶蓬通透性,减少病虫发生。清除病虫叶,结合施基肥,将茶树根际落叶和表土清理至行间深埋,防治叶病和在表土中越冬的害虫。

物理防治　人工刮除蚧类蜡壳,摘除蓑蛾类害虫护囊,捕杀刺蛾类幼虫。采用机械或人工方法防除杂草。利用害虫趋性进行灯光诱杀、色板诱杀、性诱杀、黏虫板或糖醋诱杀等措施。

生物防治　重点应用以虫治虫、以螨治螨、以菌治虫、以菌治菌、以鸟治虫等生物防治措施,推广赤眼蜂、捕食螨、绿僵菌、白僵菌、微孢子虫、苏云金杆菌(BT)、蜡质芽孢杆菌、枯草芽孢杆菌、核型多角体病毒(NPV)产品和技术示范,开发植物源农药、农用抗生素、植物诱抗剂等生物生化制剂应用技术。注意保护和利用茶园中的草蛉、瓢虫、蜘蛛、捕食螨、寄生蜂等有益生物,减少人为因素对天敌的伤害。可用粉虱真菌制剂防治黑刺粉虱,用白僵菌防治茶小绿叶蝉。

化学防治　施用化学农药,作为茶园病虫害绿色防控措施的补充,具有大面积、快速控制病虫害发生的特点。主要推广高效、低毒、低残留、环境友好型农药,优化集成农药轮换使用、交替使用、精准使用和安全使用等配套技术,加强病虫害抗药性监测与治理,普及规范使用农药知识,严格遵守农药安全使用间隔期。通过合理使用农药,最大限度降低农药使用造成的负面影响。茶叶生产中,禁止使用国家在茶叶生产中禁用的农药。使用植物源农药,有限制地使用高效、低毒、低残留农药品种,使用符合《农药安全使用标准》GB4285—89和GB/T 8321要求的低毒、低残留农药;非生产季节宜选用矿物源农药。提倡一药多治,合理混用农药和轮换使用农药。掌握防治适期施药。春季注意对角蜡蚧、黑刺粉虱、绿盲蝽象、茶蚜等害虫发生的观察,夏秋季注意对茶小绿叶蝉、螨类、黑刺粉虱等害虫和茶轮斑病、茶云纹叶枯病、茶赤叶斑病等病害发生的观察,宜使用低容量喷雾器械,提高防治效果。同时,境内无公害茶园严格执行国家规定的农药品种及其安全标准。

草害防治　采用覆草、人工除草、使用除草剂等方法进行草害防治。

第三节　冻害防治

茶树冻害

日照市纬度较高，茶园冻害严重。从引种南茶后，出现一年一小冻、四年一大冻现象。茶树冻害可分为冰冻、干冻、雪冻和霜冻。从多年冻害分析，茶树冻害轻的年份多为一种冻害，大冻之年多为几种冻害共同发生。冰冻，持续低温阴雨，大地结冰造成冰冻，茶农又称为“小雨冻”。温度达到-5℃时，成叶细胞开始结冰，茶树叶片呈赤枯状，造成冻害。2010 年 2 月 11 日，境内普降大雪，局部暴雪，平均降水量 7.7 毫米，13 日日平均气温-7.1℃，最低气温达到-12.3℃，致使茶树成叶细胞结冰，普遍受冻。干冻，寒潮南下，温度剧降，风速达 5-10 米/秒，伴之干冷西北风，树冠枝叶受冻失水，叶片多呈“青枯状”卷缩，继之脱落，枝干干枯开裂，此为干冻，茶农又叫“乌风冻”。1976—1977 年、1979—1980 年和 2007—2008 年发生较重干冻灾害。雪冻，大雪降落后茶冠积雪压枝，若在升温融化过程中，再遇低温，可造成叶面和地面同时结成冻壳，出现覆盖—融化—结冰—解冰—再结冰的现象，日化夜冻、冷热骤变，使茶树部分细胞遭到破坏，为雪冻。1986 年 12 月 27 日至 1987 年 1 月 16 日连续 21 日出现积雪，其中 1987 年 1 月 2 日最大积雪量达 23 厘米，积雪反复日融夜结，使茶树部分细胞遭到破坏，形成较重雪冻灾害。霜冻，霜冻分早霜冻和晚霜冻。早霜冻多发生在秋末，晚霜冻多出现在 4 月，又称“倒春寒”。茶树萌芽期冻害主要是晚霜冻，对名优茶产区茶园危害较大。2002 年 4 月 24—25 日受强冷空气侵袭，气温骤降，最低气温 2.6℃、平均气温 7.3℃，分别比往年同期下降 6.2℃和 9.2℃，造成低温严寒和霜冻灾害。

越冬管理

适时灌足越冬水　茶树冻害在受低温影响的同时，还与干旱程度有关。境内茶树最怕干冻。灌足越冬水，能抗七分灾。茶园灌足越冬水，是日照茶区防冻的一条重要经验。灌越冬水，由于水的热容量大，土壤水分增加，既可稳定地温，又可防止干旱。越冬水，一要灌足，宜渗透 30 厘米左右；二要适时，以立冬前后灌水为宜。初冬干旱，宜早浇水，一般封冻后不宜浇水。

培土越冬　对一年生茶树进行培土越冬，既省工省料，又安全可靠。首先，于 10 月下旬对茶树进行修剪，茶苗留高 17~20 厘米；然后，于小雪—大雪期间进行培土。第一次先培至苗高的 1/2，第二次只留顶部的 1~2 片叶子，以免枝叶郁闷霉烂。培土时干土和沙土宜多培，湿土和黏土宜少培。

茶园铺草（膜）　茶园行间铺草，既可抗旱，又可防冻。铺草茶园冬季可提高地温，减轻冻土程度和深度，保持土壤水分。试验表明，冬季茶园行间覆草，可提高地温 1.4℃，冻土层厚度可减少 15 厘米左右，土壤含水量提高 5.7%。覆草时间以立冬前后为宜，封冻后再覆草，有时会起到相反的作用。松土后进行覆草，覆草厚度以 10~15 厘米为宜。也可覆盖黑色地膜。

篷面盖草（遮阳网）　茶树蓬面盖草（遮阳网）后，既防止霜冻和寒风侵袭，减少水分蒸发，又缩小篷间昼夜温差。盖草宜在小雪前后进行，要盖而不严，使蓬面受直射光照的叶片占 30%~40%。物料可选择鲜松枝、稻草等，也可使用透光率为 40%的黑色遮阳网。

搭挡风障　物料以稻草苫子最好，可连续使用 2~3 年。也可利用塑料薄膜搭挡风障。搭挡风障宜在小雪前后进行，苫子和薄膜靠立在每行茶树的北面，基部用土培实，苫子要高出篷面 10 厘米左右，达到前透光、后护身。同时应在茶园北面和西面风口处搭建挡风障。

搭扣拱棚越冬　搭扣小拱棚是幼龄茶树最理想的越冬防护方法。扣棚时间要掌握在小雪前后,防止幼树早期受冻。早春要注意调节好拱棚内温度,防止因茶树过早害发芽而遭受寒害。搭扣大拱棚和中拱棚是可采摘茶园最好的一项防护措施。基本要求:选择背风向阳处建稳固棚,扣棚前施好肥、浇足水,初冬防止茶芽提早萌发造成茶树霜冻,要控制适宜温、湿度,科学透风。茶树不宜过高,定剪后再扣膜。

设施栽培

设施栽培茶园,主要是根据茶园地形、地势、树龄、茶蓬大小等方面因素,因地制宜搭扣小拱棚、中拱棚、大拱棚、春暖式大棚和冬暖式大棚,使茶园增温、保温、控温,防冻害、早生产、高效益。1995 年,受菜农建冬暖式大棚生产反季节蔬菜的启示,巨峰镇薄家口村开始在茶园中建冬暖式大棚生产大棚茶,使新茶元旦、春节前上市,既解决了茶园冻害问题,又提高了茶园收益。2005 年,后村镇皂户沟村试扣 5 个薄膜拱棚,既使茶蓬保温安全过冬,又使茶树于第二年早春揭开薄膜后早发新芽,早春绿茶提前半个月上市,取得很好效益;2006 年又试扣 9 个拱棚,获得成功;2007 年,全村发展到 80 个拱棚,其中 20 个一亩以上的大棚,从根本上解决冻害问题,较大幅度提高了茶园效益。皂户沟村做法得到全市茶农的认可。一些遭受冻害的茶园,都开始扣拱棚。2008 年,巨峰镇前山北头村 1100 亩茶园遭受严重冻害,大片茶蓬枯焦,他们学习皂户沟村扣薄膜拱棚做法,全村 90%的茶园扣薄膜拱棚。

基本条件　建造茶园保护栽培设施,要具备以下条件。一是树冠覆盖度 85%以上,生长健壮、长势旺盛的青壮年茶树;二是茶园北部有山或岭作为天然屏障,东西开阔,同时要避开风口、风道;三是选择阳光充足、土壤肥沃的平地或缓坡茶园,以坐北朝南或东南向的茶园能充分利用冬季阳光。

技术要求　小拱棚,适宜 1~3 龄茶树,茶棚高度 30 厘米左右。一般在“小雪”后“大雪”前,采用竹条等做成弓形插入茶行两侧,用细绳固定弓条后再覆上薄膜。注意薄膜离茶蓬距离不得少于 10 厘米,以免灼烧枝叶;同时用土压紧薄膜两边,以防风刮。无性系茶园建园时可根据实际需要,搭建小拱棚,并盖遮阴网。

中拱棚和大拱棚,适宜 3~4 龄茶园,一般 2 行茶树搭造一个拱棚,拱棚内可设立三排立柱,最高 1.3 米,其余两排 0.9 米。

春暖式大棚,适宜投产茶园。建棚方向根据地形而定,跨度在 8~10 米,长度 30 米左右最好。主要用竹竿或钢管、立柱、薄膜等材料,将竹竿或钢管折成弓形,间距 1.5 米左右,均匀地固定在两侧立柱上;根据竹竿承受力,适当设立立柱,用以支撑整个大棚。建棚要坚固,避免风雪破坏大棚。薄膜上要用绳或竹竿等压紧。

冬暖式大棚,一般采取东西走向,长度不少于 30 米,跨度 8~10 米;东、西、北三面建墙,厚度 80 厘米以上,北墙高 1.8~2.0 米,东西墙南低北高。棚内离北墙 1.5 米左右设立柱,高度 2.8 米左右;立柱南北 4 排,柱间距 1.5~2.0 米。顶部用竹竿或檩条连成纵横交错支架,上盖无滴膜,薄膜上再用铁丝或竹竿等材料压住,并加盖草苫子。建棚时间宜在 11 月上旬。

第三章　茶叶加工

“南茶北引”之初，茶叶加工以手工为主，茶叶加工场所多为小作坊式茶厂。20 世纪 90 年代，开始引入南方茶叶加工设备，最初引进以 6CR-25、6CR-30 型揉捻机为主，后来逐渐扩大到其他设备，茶叶加工场所规模也越来越大。为适应茶叶食品卫生、食品安全要求，根据 QS 认证要求和北方以加工名优茶为主的特点，日照茶叶科技工作者研究设计北方无公害茶厂及茶叶加工流水线，研发出 20 余种制茶设备，其中多种茶叶加工设备获得国家发明、实用新型专利，提高了全市茶叶加工质量和水平。茶叶品类由单一绿茶发展到绿茶为主、红茶为辅、其他茶类崭露头角的新阶段；茶叶生产加工由注重产量变为产量、质量并举、注重效益，涌现出一批现代化茶叶加工企业，创出一批著名商标和品牌。

第一节　鲜叶采摘

绿茶生产有春茶、夏一轮、夏二轮、秋茶和冬季大棚茶若干批次。20 世纪 60—90 年代，生产的大宗茶为炒青绿茶、烘青绿茶，多采摘一芽二、三叶原料。随着市场需求变化和生产经验积累，鲜叶采摘技术不断提高，逐步根据不同树龄、季节和制茶等级需要，确定鲜叶采摘方式和采摘标准。

适时采摘　幼龄茶园以养为主、采养结合，采用“采高留低、采大留小、采顶养侧”的办法。对 3 年以上成龄茶园，按照“嫩、匀、净、鲜”的鲜叶质量要求，实行“按标准、及时、分批、留叶”采摘。一般当春季茶蓬有 5%左右、夏秋季有 10%左右新梢时达到采摘标准，便进行采摘。春季、秋季每隔 3～4 天采一批，夏季每隔 2～3 天采一批，全年采摘 30 批次左右。春季早期留鱼叶采摘，后期留一叶采摘，夏秋季留一至二叶采摘。

采摘标准　随着名优绿茶不断发展，境内鲜叶采摘技术日趋精细化。特级茶叶，主要采摘一芽一叶初展或单芽；一级茶叶，主要采摘一芽一叶至二叶初展；二级茶叶，主要采摘一芽二叶至三叶初展；三级茶叶，主要采摘一芽三叶。采摘时，不采雨(雾)水叶、不采紫芽叶、不采虫蛀叶和病害叶、不采空心(无芽)叶，只采摘饱满芽叶。冬季大棚茶，主要有元旦和春节后两个批次，强调“早采”“精采”和“嫩采”，采摘一芽一叶为主，兼顾一芽二叶。摒弃“掐采”“捋采”等不当采摘手势，采用拇指与食指配合的“提采”手势，具有效率高和对原料损伤轻等特点，在境内各茶区得到广泛应用。

鲜叶摊放　鲜叶采摘后，多盛放于清洁干燥、通透性好的篮、篓里，并及时送往加工场所，避免日晒、雨淋、挤压和接触异味。鲜叶运至加工场所后，按照等级分类摊放。摊青车间要求清洁卫生，室内通风，无异味及其他污染。早期，多使用篾席摊晾鲜叶。1995 年后，大部分使用竹筛，采用架式分层摊放。露天茶园鲜叶摊晾 4～6 小时后再加工。鲜叶摊晾厚度不宜太厚，一般不超过 5 厘米；摊晾期间，每隔 1～2 个小时，轻轻翻动一次，使鲜叶均匀失水和促进氨基酸、糖类、芳香类等有益物质的转化、分解。

第二节　加工储存

1982年后,农村集体茶园承包到户,个体、集体、联合体等多种经济成分的茶叶加工厂相继产生,主要是利用简易设备、采用作坊式手工加工方式。家庭作坊,其加工设备主要使用偏锅,制作炒青绿茶和少量卷曲形中高档绿茶;有的使用电炒锅,制作扁形绿茶,其原料大多采用自家茶园采摘的鲜叶;有个人挑头承包或租赁集体原有茶厂,联合多户进行茶叶加工。从20世纪90年代开始,按照国家标准,集中培训茶叶加工技术人员,支持各种所有制形式的加工企业引进南方茶叶加工设备,改进加工方式,提高日照绿茶加工质量。最初以引进6CR-25、6CR-30型揉捻机为主,后来逐渐扩大到其他设备,茶叶加工规模也越来越大。1995年后,全市组织实施茶业产业化经营,大力扶持发展独资或合资茶厂,实行茶叶生产、加工、销售一条龙生产经营,全市茶叶加工产量、质量不断提高。2000年后,按照茶叶食品卫生、安全要求,根据QS认证标准,全市大力发展无公害绿色茶园基地,设计建设无公害茶厂,开发加工名优品牌茶产品,全市创出一大批名优品牌、驰名商标,形成了品牌效应和区域优势。

绿茶加工

引种南茶初期,主要学习南方炒制茶技术,先后派5批21人次,到安徽、浙江学习制作绿茶,引进珠兰、茉莉、玉兰窨制花茶做法,并举办炒茶技术培训班,请上级和外地技术人员现场示范、讲解。1968年,全县培训制茶技术人员350人。1969年,进入试产试制阶段,初期以手工制茶为主,产品为炒青绿茶。1970年,巨峰公社西赵家庄子大队创办第一座社办联营半机械化茶厂,定名为九一六初制茶厂。1973年,日照县城关公社上李家庄子大队创办机械化制茶初级茶厂。1975年,省商业厅投资50余万元,在日照县城西郊建成精制茶厂,月加工能力300~500担(合1.5万~2.5万千克),毛茶分为六级,一至三级直接出售,三级以下用于窨制茉莉花茶、珠兰花茶等。1982年,临沂地区商业局、林业局、物价局联合制定炒青绿茶实物标准,作为炒青绿茶购销、生产标准依据。1985年,由日照市茶叶科学研究所进行“沂蒙炒青绿茶标准化”研试,制定实物标准、鲜叶标准和加工工艺标准。是年,日照市茶叶科学研究所研制的“沂蒙碧芽”“卧龙剑”代表山东省参加农牧渔业部举办的全国名茶评比会议,获第一、二名。地级日照市成立后,日照市茶叶科学研究所还创制了雪青、冰绿、赤峰、黄芽等高档茶。2013年始,市茶科所试制白茶,总结出一套适于日照茶区白茶加工工艺。另外,有茶叶企业尝试在人工气候条件下试制黑茶和乌龙茶。

2012年11月,境内有日照御青、淞晨、凤玉3家茶叶企业在齐鲁股权托管交易中心蓝色经济区(日照)管理中心揭牌暨企业挂牌上市。2013年12月,有盛业茶叶机械、薄家口茶、山东云青等茶叶企业在齐鲁股权托管交易中心蓝色经济区(日照)管理中心揭牌暨企业挂牌上市,拉开全市茶企上市序幕。

制茶工艺

绿茶加工工艺,采用“高温快速杀青”“老叶嫩杀”“嫩叶老杀”方法,进行杀青。按照“前期轻揉、中期重揉、后期再轻揉”的揉捻原则,实行“嫩叶凉揉、老叶热揉、老嫩适中叶温揉”揉制方法;干燥温度,要求“前期高、中期低、后期高”。所用设备主要为滚筒、揉捻机和烘干机、烘笼,所制作的烘青绿茶条索略松、锋毫显露、色泽绿润、汤色绿亮、滋味醇和、清香持久,也可用于窨制花茶。

卷曲形绿茶　制作卷曲形名优绿茶的原料,按照茶叶等级采摘。鲜叶采摘标准为一芽一叶初展至一芽二、三叶。其中,最高档卷曲形绿茶,采用一芽一叶初展为原料。鲜叶摊放时间4~6小时,采用电炒锅锅温 150℃～160℃杀青，杀青适度后锅温降至 80℃左右，在锅中揉捻造形，造形结束后摊晾 30 分钟左右干燥，烘至足干出锅。

扁形绿茶　制作扁形名优绿茶原料，按照茶叶等级要求采摘。鲜叶采摘标准为一芽一叶初展，一级一芽一叶初展和一芽二叶初展。用电炒锅锅温 100℃左右杀青，然后造形与干燥，开始锅温 80℃左右，以抖炒理条为主，理直茶条，使芽叶逐步收拢，转入搭、抹、抖、捺四种手相交替进行，边抖炒，边理条，边压扁，促使芽叶形成扁直条形。后期锅温应适当降低，约经 8～10 分钟，茶条基本固定成形，达七八成干时起锅，经簸、拣、筛后摊放回潮，使芽叶水分重新分布，以利于辉锅整形和干燥均匀。

针形绿茶　针形绿茶鲜叶采摘，要求采摘单芽，一级采摘一芽一叶初展。采摘严格按鲜叶标准，不采过大过小不合标准的芽叶，不采病虫危害芽叶、不采雨水芽叶、不采露水芽叶、不采冻害芽叶和紫芽叶。开始锅温 130℃～140℃杀青，杀青叶出锅后抖散水蒸气，轻轻揉捻揉至茶叶成条，适当抖散解块后即可锅炒造形。特别细嫩的鲜叶不需揉捻，可直接锅炒造形，针形绿茶造形和干燥同时完成。

大宗绿茶　大宗绿茶是指普通的炒青、烘青、晒青、蒸青等绿茶，大多为机械制造，产量较大，品质以中、低档为主。大宗绿茶根据鲜叶原料的嫩度不同，由嫩到老，划分级别，一般设置一至六级 6 个级别，品质由高到低。日照大宗绿茶形状以卷曲形绿茶为主。加工工艺经过鲜叶摊放—杀青—揉捻—干燥等四个过程。

红茶　境内红茶生产较晚。20 世纪 80 年代后期，日照市茶叶科学研究所（原临沂地区茶试站）对红茶制作技术进行试制研究，但因市场需求等因素，未能对该技术进行大范围应用推广。2010 年前后，随着国内红茶热的兴起，日照圣谷山茶厂有限公司、日照市御园春茶业有限公司、日照市景阳青茶园等一些茶企开始对红茶生产技术进行研究、试制。随着红茶制作技术的日臻成熟和示范推广，工夫红茶加工技术水平得到切实提升，红茶生产也得到快速、全面发展。至 2013 年，全市红茶产量达 90 吨。工夫红茶品质特征：外形条索紧结，色泽乌润，毫尖金黄；内质香气高长持久，滋味鲜醇；汤色红亮，叶底红明。

红茶加工工艺，主要为萎凋、揉捻、发酵、烘干 4 个环节。萎凋是在特定设置的条件下，鲜叶均匀失水，细胞液浓缩，从而促使内含成分变化，并控制鲜叶物理变化与化学变化达到工夫红茶品质要求的变化程度，是工夫红茶初加工中的基础工序。揉捻是将萎凋叶在一定压力下旋转运动，使茶叶细胞组织破裂，溢出茶汁，卷紧条索的过程。发酵是将揉捻叶放在特定环境条件中，以多酚类化合物酶促氧化为主的一系列化学变化过程，发酵是红茶加工过程中形成优质品质的最关键环节。干燥是将发酵好的茶坯通过高温烘焙，迅速蒸发水分达到保质干度的过程。红茶是境内日照绿茶产业的一个有效补充。

黄茶　黄茶为中国特有茶类，其特殊的闷黄工艺不仅造就其独特的“三黄”特色（干茶黄、汤色黄、叶底黄），而且在闷黄过程中会发生复杂的生物化学变化，苦涩物质分解，形成香气清悦、味厚爽口的内质特点。1986 年，山东临沂地区茶试站（市茶科所前身）针对该地区消费特点、茶叶品质、加工机具而创制的黄茶新品种，具有“梗大叶肥、滋味浓强甜醇、焦香高”的品质特点，深受消费者欢迎。并由茶试站总结推广，至 1987 年全地区已普遍应用，年产黄大茶约 40.5 万千克，总产值 121.50 万元。20 世纪 90 年代初期，黄大茶加工原料主要从南方茶区购进后加工而成，消费区域主要分布在沂蒙山区及周边区域，价格便宜，产量及消费量比较稳定。随着人们生活水平的逐步提高，茶叶消费层次也在发生着变化，黄大茶消费量逐年减少，加之销售利润较低，导致黄大茶生产量逐年减少，随着绿茶消费增长特别是名优绿茶消费兴盛，进入 21 世纪，黄大茶加工基本停产。

保鲜储存

新炒制的茶,应避光、避气、避湿、低温、恒温保鲜储藏。1989年前,多采用传统保藏方法,即用塑料袋、锡箔袋进行包装;利用干净空暖水壶保鲜;将茶叶包好,置于容器(缸、坛)内,容器上层覆盖包好的生石灰,用塑料膜将容器口密封。1989年后,茶叶加工、销售企业开始建茶叶保鲜库储存茶叶,保鲜库温度一般保持在4℃,库容根据茶叶实际产量合理确定,入库成品茶需用食品塑料包装袋按一定规格包装。至2013年,全市茶叶保鲜库年储存茶叶0.9万吨,占全市茶叶总产量的85%。

第三节　品牌商标

试制品牌　1969年,日照茶园进入试产试制阶段,初期以手工制茶为主,产品为炒青绿茶,送中国农科院茶叶研究所审评。该所给予评语是"叶片肥厚、耐冲泡、内质很好、滋味浓、香气高,近似歙县茶"。1975年5月,中国农科院茶叶专家虞富莲和日照县茶叶指导组技术员田存方在上李家庄子大队初级茶厂北大鞍茶园采摘一部分鲜叶,分别按杭州碧螺春和龙井工艺加工两样茶,取名"雪青"和"冰绿",这也是日照最早的两个茶叶品种。至1984年,各茶厂主要分级加工炒青绿茶、烘青绿茶。20世纪80年代后期,茶叶试验研究站成功研制日照红茶。

争创名优　20世纪80年代后期开始,茶叶科研人员及有关茶业企业开始注重名优品牌茶的研制开发工作,相继研发出一批地方名优绿茶新品牌,增强茶叶品牌效益,使日照绿茶质量大幅度提高,在省部级以上茶叶评比中获得较高奖次。1989年,"雪青"茶被农业部认定为部优产品,成为山东省第一支获得部优的茶叶产品。至2013年,全市获得省级和国家级名优茶品牌奖项212次。其中,"中茶杯"评选获奖85次,农业博览会获奖11次,省级、部级农业部门评比获奖107次,其他评比活动获奖9次。在第二十九届韩国茶叶博览会中,日照有3支茶样被韩国茶博馆收藏。至2013年,全市注册茶叶商标中获驰名商标12件。其中,获中国驰名商标2件、山东省著名商标10件。

注册商标　1999年,日照市启动申请注册"日照绿茶"证明商标工作。2001年,国家工商总局商标局批准注册"日照绿茶"证明商标,8月21日正式准许使用。随后,在济南、日照先后召开"日照绿茶"证明商标新闻发布会,国家和省、市报刊、电视台等20多家新闻媒体记者30余人参会,进行系列报道。2004年6月,"日照绿茶"被省工商行政管理局认定为全省著名商标。

2006年3月,"日照绿茶"获得国家质检总局颁发的原产地保护产品认证,成为地理标志产品。

2011年5月,"日照绿茶"被国家工商总局认定为中国驰名商标,成为全国茶叶地理标志证明商标中获得中国驰名商标认定的十大品牌之一。

2012年9月,印发《"日照绿茶"中国驰名商标使用管理规则(试行)》,启用"日照绿茶"防伪标识。2013年3月,"日照绿茶"被山东省工商局评为山东省十大地理标志示范商标,提升了"日照绿茶"品牌影响力和市场竞争力。

2013年11月,全市试点推行"二维码",建立"日照绿茶"产品质量追溯机制。经浙江大学CARD农业品牌研究中心评估,"日照绿茶"品牌价值达到7.77亿元。"日照绿茶"已成为国内具有重要影响力的区域品牌。

第四章 茶叶销售

日照绿茶营销方式历经统购统销、自产自销、现代市场营销三个阶段。2000年后，涌现出农村专业合作社等新型经营主体，成为茶叶销售新生力量。在市场开拓方面，市政府将“日照绿茶”列为日照市八张城市名片之一，通过各种新闻媒体、节会大力宣传；企业主动开拓省内、省外、国外市场，将日照绿茶产品销售到国内、国外市场。全市茶叶销售形成政府搭台与推介、企业开拓市场与销售、专业市场批发与零售并存的营销局面。

第一节 茶叶营销

统购统销

引种南茶初期，茶叶生产与销售由日照县商业局、林业局联合负责。县商业局所属糖业烟酒公司成立茶叶股，选派人员长期住各公社采购站，主要负责茶叶种植、收购、销售；林业部门抽出专人负责指导茶叶生产。1975年后，一直由基层供销社采购站收购地产茶，其收购验质技术人员由日照县糖业烟酒公司派出。种茶大队自留总产量的5%分配给社员自饮，其余出售给当地收购站；当地供销社留收购量的30%在当地销售，其余全部上调日照县糖业烟酒公司，实行计划销售。茶叶收购价格按照山东省统一规定的价格执行，茶叶收购分为六级十二等。1981年，临沂地区物价局、商业局、供销社联合下达地产茶叶提价的通知，收购和销售价格分别提升22%和27%。这种暂定试购试销价格，是为支持发展地产茶叶生产，把税收让给生产单位，把商业利润让给消费者。1983年5月20日后，因地产茶叶供不应求，为鼓励群众发展茶叶生产，对当地茶收购和销售实行季节差价，以促使生产队多售春茶。是年，全县共收购茶叶3928担(合19.64万千克)。1983年，县商业部门停止茶叶经营和管理，移交至县农业系统。是年，临沂地区茶叶试验研究站在莒县夏庄公社筹建附属茶厂，从事制茶实验和茶叶经营业务。1984年国家停止计划收购干茶，茶叶流通得以放开价格，由各生产经营单位自行调节。

自产自销

20世纪80年代初，实行农村家庭联产承包责任制，计划经济时期社办、队办茶园、茶厂纷纷承包到户、分田到户，个人自主经营。1984年后，国家不再计划收购茶叶，不再实行茶叶统一购销，各茶厂、承包户茶叶自产自销，以销定产，出现“家家炒茶、户户卖茶”的销售局面。到80年代末，茶叶销售开始成为制约日照茶业发展的重要环节。1989—1995年，茶叶经销以社会关系销售为主、市场化营销为辅，各茶厂承包人及自建茶园户，利用各自社会人脉关系进行销售。较大型茶叶加工、流通企业利用投资主体社会关系或者企业老板个人社会身份及私交关系为主进行销售，销售门店、超市、商场营销为辅。1996—2000年，茶叶营销以市场化运作为主，以社会关系销售为辅。随着市场经济快速发展，茶叶加工流通企业增多，茶叶市场渐成规模。茶叶企业以茶叶加工、营销为主，茶农以出售鲜叶为主，成片茶区逐步形成茶叶鲜叶收购市场。茶产业社会分工逐渐明确，茶叶市场逐步完善。90年代末，巨峰镇、后村镇茶叶鲜叶收购市场，最高日交易额达20余万元。

市场营销

2001—2013年,全市茶叶,以市场化营销为主,茶叶销往全省,走向全国市场。

店铺营销　日照绿茶销售多以实体店铺销售为主,各茶叶企业基本都在全省各地、市内区县甚至乡镇设有茶叶经销店,一些较大型茶企在全国部分大中城市设立茶叶经销店(处),在大型商场、超市设立日照绿茶专柜。茶叶经销店具有销售场所、茶品体验、茶文化展示、企业办事处等综合载体功能,在茶叶营销、产品推介、品牌展示、茶品体验等方面发挥重要作用,店铺营销成为日照绿茶销售的主要方式。至2013年,境内茶叶企业建立起碧波茶庄、阳光华府、茗家春等142处茶馆,通过茶品体验、茶文化展示,积极弘扬传统茶艺、茶道,普及科学饮茶知识,促进市场开发和茶叶销售。

网络销售　随着互联网时代的到来,"互联网+"网上销售成为茶叶经销重要渠道之一。2005年,日照圣谷山茶场有限公司在阿里巴巴商城开设茶叶经销店。2010年,日照御青茶业有限公司创办"买买茶"茶叶B2C电商平台。此后,境内茶企、茶农纷纷在淘宝网上开设大量茶店,售卖日照茶。除茶企外,还有很多家庭创业、大学生创业,设立网上日照绿茶专门店。至2013年,境内已有9家较大型茶叶企业、19个品牌产品入驻天猫网;还有京东商城等网站都有日照绿茶经销店。同时,微信店铺经销也成为一种新趋势,已有茶叶企业在微店上进行大胆尝试和创新。日照茶行业协会在淘宝网上开设"日照绿茶正品店"、在微商城建起"日照绿茶品牌商城"、在北京国茶商城设立"日照绿茶品牌商城"。电商营销开创出全新的销售模式,拓展日照绿茶销售渠道,提高了日照绿茶知名度。

第二节　市场开拓

市场开发　1984年后,取消茶叶统购统销,实行茶农自产自销,茶叶销售难问题直接影响着全市茶业的发展。1989年后,随着茶园规模的扩大,茶叶加工流通企业数量增加,市委、市政府主动适应市场经济要求,积极建设市内茶叶批发市场、鼓励茶企开拓市外市场、拓展境外市场。至1995年,境内部分茶业企业先后在青岛、济南、北京等大中城市设立茶叶经销处。通过多渠道、全方位宣传推介,日照绿茶香飘(2008年)上海世博会,进入北京"老舍茶馆"等茶叶消费场所,宣传和推广"日照绿茶"。至2013年,日照绿茶销售市场已逐步拓展到山东全境和北京、河北、山西、新疆、内蒙古及东北三省等地。

在开拓省内外市场的同时,积极拓展国际市场。1997年,韩国国际茶文化研究会会长、一枝庵主持释龙云在巨峰镇投资建立日照大东保健茶有限公司,选用当地原料加工茶叶,年产量3000余千克,主要以礼品茶的形式在韩国销售。1998年12月,经外经贸部批准,日照市茶叶贸易有限公司获得茶叶进出口专营权,东港区成为江北唯一一家拥有茶叶进出口专营权的县(区)。2008年后,境内茶叶企业除在北方各大中城市扩建营销网络外,还利用"日照绿茶官方网""买卖茶网"等网站,进行网上销售,拓展茶叶营销渠道。至2013年,全市茶叶市场已经成熟,国内市场知名度很高,并已销往俄罗斯、韩国、日本等国外市场。其中,日照茶企在济南张庄路茶叶批发市场设有50余家日照茶专卖店铺,成为日照茶对外销售的重要窗口;在烟台、威海市场上日照绿茶年销量达30余万千克,两地居民饮茶习惯也逐步由饮用花茶向饮用绿茶转变;在北京、青岛等大中城市设立茶叶经销处200多个,使日照绿茶市外销售量超过总产量的70%。

展会推介　采取"搭台唱戏""借水行舟"等方式,通过组织召开和参加茶博会,实现"政府搭台、茶企唱戏",大力拓展市场,提高日照绿茶知名度。1995年起,先后组织有关单位、企业参加在北京农业博物馆举办的1995年第二届中国农业博览会、1997年第三届中国农业博览会、2001年中国国际农业博览会、

2004 年北京市石景山区和湖北英山县联合举办的茶叶节、2006 年青岛崂山国际旅游和茶文化节、2007 年济南国际安全食品博览会等系列会展活动，既有效地推介了日照绿茶，又拓展了销售渠道。

同时，连续举办 3 届日照市茶叶博览会。2003 年 8 月 25—28 日，首届中国日照茶博会暨茶文化旅游节在东辰企业集团日照市茶叶市场举办。2004 年 6 月 26—29 日，在第二届中国（日照）国际茶博会上，来自台湾、贵州、浙江、江苏、福建等产茶省的知名企业和日照市内茶叶企业的展销摊位有 126 个，韩国、日本、俄罗斯以及欧洲客商应邀参会，此届茶博会日照绿茶交易金额达 1800 万元，协议金额 3600 万元。2005 年 6 月 28 日至 7 月 2 日，以“魅力日照、绿茶飘香”为主题的第三届中国（日照）国际茶博会在日照会展中心举行。茶博会期间，举办名茶评比、茶艺茶道表演、制茶能手大奖赛等系列茶事活动。

2009 年 5 月 8 日，在岚山区安东卫国际商贸城举行首届中国 · 日照绿茶节，有 190 多家国内外知名茶叶加工、流通企业参会。经中国农科院茶叶研究所、农业部茶叶质量监督检验测试中心、浙江大学、山东农业大学、青岛农业大学的茶叶专家评审，评选绿茶特等奖 4 个、一等奖 16 个、二等奖 26 个。至 2013 年，举办 4 届中国 · 日照绿茶节，为参展方、茶叶经销商提供信息交流平台和茶叶购销平台。其中，东港区累计组织 110 余家茶企参展，签订订货协议 186 份，协议金额 3740 万元。先后承办“2011 中国茶叶学会团体会员会议”和全国性茶树良种、茶叶生产技术培训、全省茶叶质量评比等重要会议，多次组织企业参加国内外重要茶事活动。通过举办和组织参加各类节会，加大对日照茶产业宣传报道和茶叶品牌推介，进一步了提高日照绿茶在全国的知名度和美誉度。

第三节　茶叶合作社

2007 年 7 月 1 日，《中华人民共和国农民专业合作社法》正式实施。是年，第一家茶叶专业合作社——日照市岚山区御园茶叶机械化技术服务专业合作社登记注册，重点为茶农提供茶园管理机械化技术服务。农民茶叶专业合作社是由村委或经营大户（企业）牵头组织的松散型群众组织，为入社茶农提供茶园栽培、管理技术、茶叶加工、贮藏、销售服务，在茶园规模发展、规模经营方面发挥着重要作用。随着茶业市场的发展，人们非常注重食品安全，对无公害名优茶的要求越来越高。2007 年，巨峰镇后崖下村茶农宋百满到南方参观学习后，认识到要生产有机绿茶，必须组建茶业合作社，把各项措施统一起来。为此，他挑头组建百满茶业合作社，吸纳该村及周边村 708 户茶农入社，茶园面积达 2800 多亩。合作社制定章程，统一技术、统一农资、统一销售服务；做到肥料优质化、杀虫无害化、采摘规模化、加工统一化，形成科学的经营管理模式，保证无公害茶叶质量，大幅度提高茶园产值。当年，入社前茶园亩均年收入 6000 元，入社后亩均年收入提高到 1.2 万元，收入翻一倍。之后，全市茶业合作社迅猛发展。至 2013 年年底，全市共登记注册茶叶专业合作社 383 家，入社会员达 4.1 万户，涉及茶园 7.6 万亩。

第五章　茶业科技

从“南茶北引”植茶建园开始，日照市高度重视茶叶科技工作，大力推广科学管理、良种良法、安全越冬技术，研究改进茶叶加工机械，研制开发茶叶名优品牌，提高茶业科技含量，取得较大成效。

第一节 管理与科研机构

管理机构 1966—1984年,日照县商业局管理茶叶生产、销售。1985年,日照县林业局管理茶叶种植、生产。1986年1月,茶叶生产移交日照市农牧局管理。1989年,日照市农业委员会农业办公室负责管理茶叶生产。1994年,由市农业局果茶站管理。2002年5月22日,成立日照市茶叶技术协会,会员单位数61个,个人会员259人。2012年12月,设立日照市茶叶技术推广中心。其间,各区县都相应设有管理部门或单位。其中,东港区设茶业管理局,岚山区设茶业管理办公室,五莲县设茶叶管理局,莒县农业局设果茶技术服务中心。

科研机构 1978年10月,山东省政府批准设立临沂地区茶叶试验研究站,地处莒县夏庄公社马坡岭,占地300余亩。1993年7月,随日照市区划调整划归日照市农业科学研究所管理,更名为日照市茶叶试验研究站。2006年9月,日照市政府批准成立日照市茶叶科学研究所,是日照市乃至全省唯一的茶叶科研单位。

第二节 科研成果

自1966年试种茶园开始,茶叶科技人员始终大力推广茶叶栽培、管理、加工技术,注重加强茶叶科学研究,探索解决茶叶生产、管理、加工中的技术难点和问题,在茶叶栽培管理、名优茶品牌开发方面取得许多科研成果。特别是地级日照市建立后,全市茶叶科技人员大力实施科技兴茶和品牌战略,在茶园管理、病虫害防治、良种选育、制茶机械研制、名优茶开发等方面进行认真研究,科研攻关,取得一大批科研成果。其中,2012年,经过日照市茶叶科学研究所科研人员30余年精心选育,茶树新品种鲁茶1号和鲁茶2号,通过山东省林木品种审定委员会审定,填补山东省历史上无抗寒性茶叶品种的空白。至2013年,全市茶叶科研成果共获得山东省科技进步奖、丰收计划奖11项,获得日照市科技进步奖20项。

第三节 无公害优质绿茶

1999年,按照《山东省农业环境保护条例》要求,省农业厅在全国率先开展无公害农产品认证工作,日照市也相应组织开展农产品认证工作。农产品认证分为无公害、绿色、有机三个级别。其中,无公害农产品认证以政府推动为主,绿色、有机农产品以市场推动为主。2003年,农业部成立农产品质量安全中心,开始在全国实施无公害农产品产地认定和产品认证工作。至2013年年底,日照市已取得茶叶无公害农产品认证25个、绿色农产品认证5个、有机农产品(中绿华夏有机食品认证中心)认证1个。

第四节 生态茶园建设

巨峰镇“百里绿茶长廊” 2013年5月,巨峰镇将东起后黄埠村、西至薄家口、北到老龙窝、南至大土山,途经34个行政村,全长51.3千米的茶叶种植带,建成“百里绿茶长廊”。沿线经过朝元山、北垛山、南北山、双石岭四大流域,涵盖茶园3.9万亩,占巨峰镇茶园总面积的2/3。围绕长廊建设,打造出一批集生态观光、茶文化体验、茶叶贸易、乡村度假、美食娱乐为一体的特色茶文化休闲旅游景点。“百里绿茶长廊”现已形成后黄埠生态度假村、碧波山庄茶文化风情园、四季茶园休闲会馆、凇晨有机茶文化旅游风景区和点将台茶园基地等五大特色景点，推动日照茶文化走向旅游市场。2013 年，巨峰镇“百里绿茶长廊”五大特色景点，共接待游客近万人。

生态观光茶园　2000 年后，在搞好茶园生态建设的基础上，茶区茶农注重茶文化与旅游相结合，研究开发茶文化旅游产品，打造融茶文化、民俗文化及休闲度假等元素的茶区旅游景点。至 2013 年，全市已建成一批集茶叶种植、加工、流通、文化、体验为一体的乡村特色旅游观光茶园，如日照凇晨茶业工贸有限公司、山东浮来青茶业有限公司、日照御园春茶业有限公司、东港区御海湾茶场等茶企建立起浮来青、御青、御海湾、凇晨观光旅游生态茶园，让游客参与采茶、炒茶、品茶各环节，享受茶文化乐趣，宣传“日照绿茶”品牌，增加生态茶园收入。

第十编　林　业

日照市地形多样，雨量充沛，气候温和，适宜多种植物生长发育，植被属暖温带落叶阔叶林区、低山丘陵林草植被和湿地植被。

1990年，日照市拥有林木蓄积量196.96万立方米，林木覆盖率26.2%。地级市建立后，日照市坚持造林、管护、改革同步抓，生态、经济、社会效益一起要，国家、集体、个人一齐上，全民搞绿化，全社会办林业，现代林业体系建设水平不断提高。至2013年，全市林木总蓄积量493.3万立方米，林木覆盖率39.2%，全市实现林业总产值196亿元。

第一章　林业资源

日照市南北方交融的地理环境和独特的自然条件，适宜多种树木生长。1990年，全市拥有林地面积12.14万公顷；至2013年年底，全市林地面积发展到18.33万公顷。浅海岸线和人造湖泊，成为日照市湿地资源的主要组成部分，有省级湿地公园3处，国家级湿地公园1处。野生动植物资源也有广泛分布，种类较为丰富。

第一节　林木资源

日照市不仅有南北方植物种类，还掺入不少热带、亚热带植物，既生长着具有南方特色的樟科树种山胡椒、三桠乌药，又有大量北方乡土树种。其中，五莲山映山红连片万亩，为江北第一。全市竹、茶、桂花为山东之最。分布有国家级保护物种银杏、水杉、红豆杉、玫瑰。全市调查记录，木本植物共有82科、209属，记录变种、变型739个；珍稀濒危野生树种10科、12属、13种，主要有厚壳、三桠乌药、化香树、野核桃、榔榆、迎红杜鹃、刺楸、华山矾、山东山楂、水榆花楸、辽东栎、流苏树、北枳椇、五莲杨、黄檀。

乡土树种　主要有毛白杨、小叶杨、旱柳、腺柳（河柳）、白榆、国槐、臭椿、银杏、侧柏、黄连木、流苏、皂荚、小叶朴、苹果、梨、板栗、柿、枸杞、山楂、桃、杏、樱桃、枣、核桃、石榴、木瓜、桑、香椿、麻栎、赤松、黑松、刺槐、泡桐、青桐、合欢、枫杨、楸树、构树、淡竹等，分布最广、株数最多的树种是赤松、杨、苹果、板栗、麻栎。野生林木树种有44科、87属、208种。其中，野生乔木树种，主要有赤松、黑松、枫杨、麻栎、楸树、板栗、梨、构树、小叶朴、槲树、山荆子、山皂荚、柘树、花楸、水榆花楸等；野生灌木树种，主要有胡枝子、荆条、酸枣、多花蔷薇、算盘子、吉氏木兰、芫花、小花扁担杆、照山白、大花溲疏、郁李、麦李、苦参、山葡萄、木半夏、垂丝卫矛、野蔷薇、老鸦糊、大叶白蜡、小蜡树、绣线菊、三裂绣线菊、雪柳、沙枣、大叶胡颓子、盐肤木等；野生藤本植物，主要有南蛇藤、木防己、爬山虎、紫藤、金银花、百里香、葛藤、山葡萄、枸杞、华东菝葜、木通、单叶蔓荆等。

引进树种　日照市调查记录引进树种，共有12科、16属、20种；记录变种、变型树种24株。20世纪60—70年代，根据林业生产和人们生活需要，相继引进茶、毛竹、水杉和北京杨、大官杨等几十种杂交杨。80年代，开始大量引进欧美杨，主要有I-214杨、沙兰杨、健杨等，以I-69杨、I-72杨生长最佳，深受群众喜爱。90年代后，又相继引进中林46杨、土耳其杨、中荷一号杨、107杨、鲁林一号等优良无性系。引进园林绿化树种有雪松、白皮松、龙柏、落叶松、池杉、水杉、金钱松、法桐、棕榈、紫叶李、樱花、玉兰、海桐、小檗、红叶石楠、美人梅、红花檵、石岩杜鹃等。

树种分布　根据地形、地貌，不同区域树种分布与栽培特点有差异。在水平分布上，东部滨海平地海防林区，代表树种有黑松、紫穗槐、柽柳、单叶蔓荆；中北部低山丘陵水源林经济林区，代表树种有赤松、刺槐、麻栎、苹果、板栗、荆条、胡枝子；西部平原丰产林区，代表树种有杨、桑、银杏；西北部丘陵经济林区，代表树种有柿树、板栗、花椒、桃；城市园林及村镇绿化，主要树种有龙柏、法桐、国槐、月季、樱花、玉兰、雪松、水杉、银杏、红叶石楠、白皮松、紫叶李等。在垂直分布上，山沟坡脚及河流两岸多分布杨类、枫杨等，平原多分布杨、桑、银杏、泡桐、臭椿、榆树、旱柳、国槐等，山地多分布赤松、黑松、麻栎、侧柏、板栗、刺槐等，山地中下坡多分布苹果、板栗、桃、杏、樱桃、葡萄、茶、核桃、柿树、山楂等。竹类主要分布在河流两岸及山沟坡脚，有些山坡也有分布。乡土竹种有淡竹、绿皮黄筋竹、紫竹等，其他有毛竹、金竹、刚竹、斑竹、金镶玉竹、黄皮京竹、罗汉竹等。

第二节　林地资源

1990年林地资源普查，全市林地面积121415.9公顷。其中，日照市区林地面积39324.8公顷，莒县林地面积26478.7公顷，五莲县林地面积55612.4公顷。在有林地中，杨树12300.7公顷、松树27140.0公顷、刺槐13239.2公顷、柞岚1413.6公顷、茶园1009.5公顷、竹林259.3公顷。全市林木总蓄积量196.96万立方米，森林覆盖率为26.2%。

2000年，林地资源普查，全市林业用地面积123939公顷。其中，林地面积103046公顷、疏林地面积213公顷、灌木林11427公顷、无立木林地1288.5公顷、固定苗圃地119.7公顷、宜林荒地2184.2公顷。在有林地中，针叶林面积37826.2公顷、阔叶林面积65701公顷、针阔混交林面积4923.2公顷、竹林264.3公顷。全市活立木总蓄积量162.3万立方米，森林覆盖率为26.4%。

2003年6月，日照市根据中共中央、国务院《关于加快林业发展的决定》的规定和要求，把森林划定为公益林和商品林，实施分类经营、分类管理。至2013年，全市有市级以上公益林76993公顷，其中国家级公益林22793公顷、省级47533公顷、市级6667公顷。商品林98733公顷，其中经济林57002公顷，用材林41731公顷。

2013年，全市拥有林业用地面积194909公顷。其中，林地面积183334公顷、无立木林地829公顷、疏林地面积9公顷、固定苗圃地1699公顷；全市农田林网面积3235公顷、“四旁”林木折实面积30491公顷；按林种分，用材林面积41731公顷，经济林面积57002公顷，防护林面积84179公顷；全市活立木总蓄积量493.3万立方米，森林覆盖率为39.2%。

第三节　湿地资源

1989年后,湿地资源有所减少,主要是海岸人为开发、河道变窄和水库蓄水首保城市用水致稻田缩减等原因,但总体变化不大。至2013年,全市湿地面积38017.67公顷,包含湿地类型3类9型(含稻田)。第一类,近海与海岸湿地面积19055.20公顷,其中浅海水域15831.56公顷,沙石海滩1460.26公顷,潮间带、泥质海滩1580.11公顷,海岸性咸水湖183.27公顷;第二类:河流湿地面积5561.39公顷,其中永久性河流4671.30公顷,季节性河流890.09公顷;第三类:人工湿地面积13401.08公顷,其中库塘9488.27公顷,水产养殖场3912.81公顷;另有稻田8703公顷,其中东港区2065公顷(含日照经济技术开发区、国际海洋城、山海天旅游度假区)、岚山区972公顷,莒县5666公顷。

湿地分布　按行政区域划分,湿地分布:东港区湿地面积5488.40公顷(近海与海岸湿地2234.86公顷、河流湿地785.69公顷、人工湿地2467.85公顷)。岚山区湿地面积6431.61公顷(近海与海岸湿地4323.51公顷、河流湿地774.01公顷、人工湿地1334.09公顷)。莒县湿地面积6286.48公顷(河流湿地2721.53公顷、人工湿地3564.95公顷)。五莲县湿地面积3286.54公顷(河流湿地487.77公顷、人工湿地2798.77公顷)。日照经济技术开发区湿地面积4876.54公顷(近海与海岸湿地4589.97公顷、河流湿地256.16公顷、人工湿地30.41公顷)。山海天旅游度假区湿地面积5527.99公顷(近海与海岸湿地4367.37公顷、河流湿地237.73公顷、人工湿地922.89公顷)。日照国际海洋城湿地面积6120.11公顷(近海与海岸湿地3539.49公顷、河流湿地298.50公顷、人工湿地2282.12公顷)。

湿地植被　日照市雨热同季,光照充足,适宜多种植物生长,湿地植物种类较为丰富。2013年,全市湿地植被面积为3965.24公顷,占湿地面积的10.9%。主要湿地植被型有暖性针叶林湿地植被型、落叶阔叶林湿地植被型、盐生灌丛湿地植被型、莎草型湿地植被型、禾草型湿地植被型、杂类草湿地植被型、漂浮植物型、浮叶植物型、沉水植物型等9个,分布在河流湿地、人工湿地和近海与海岸湿地。

第四节　野生动植物资源

1989年后,全市野生动物资源不论是种类,还是种群数量,都有所减少。其原因是环境污染破坏了野生动物的生存环境。其中,哺乳纲的黄鼬、獾、刺猬的数量大幅度减少。2000年后,境内狼已基本绝迹;人为引入,野外增加了猕猴(九仙山)、松鼠(九仙山、大沙洼林场)。鸟纲中除喜鹊、鹭类等种群数量有大幅度增加外,境内其他鸟类种群数量减少,最明显的是灰喜鹊、家燕,特别是凤头百灵、黄脚三趾鹑几近绝迹。随着气候变暖和大叶女贞、火棘等地方浆果树种的引种,使原只分布于南方的黑鸫北移至境内,并留居过冬,成为日照新增留鸟。两栖纲中蛙类、蟾蜍类种群数量明显减少;爬行纲中鳖、丽斑蜥蜴等种群数量明显减少。至2013年,全市有两栖类1目2科7种,爬行类3目6科14种,鸟类19目67科322种,兽类5目5科10多种。野生木本植物有41科74属125种。

野生动物资源　野生动物资源主要有两栖类、爬行类和兽类三大类。鸟类按保护级别分为国家一级保护鸟类、国家二级保护鸟类、其他有经济和科研价值类。其中,国家一级保护鸟类有6种,国家二级保护鸟类有41种,省级保护的45种,其他国家保护的有益或者有重要经济、科学研究价值的鸟类有230种。

蜘蛛是节肢动物中的重要捕食性动物，是多种农林害虫的天敌。据调查，境内蜘蛛有 28 科 380 余种。

野生植物资源　野生乔木树种主要有赤松、枫杨、麻栎、楸树、梨、构树、小叶朴、槲树、山荆子、山皂荚、花楸、水榆花楸、大叶白蜡等。

野生灌木树种主要有胡枝子、荆条、酸枣、多花蔷薇、算盘子、吉氏木兰、芫花、小花扁担杆、照山白、大花溲疏、郁李、麦李、苦参、山葡萄、木半夏、垂丝卫矛、野蔷薇、老鸦糊、小蜡树、绣线菊、三裂绣线菊。

野生藤本植物主要有南蛇藤、木防己、爬山虎、紫藤、金银花、百里香、葛藤、山葡萄、枸杞、华东菝葜、木通、单叶蔓荆、树莓等。

草本植物主要有结缕草、狗尾草、霞草、黄须荣、马唐草、营草、芦苇、珊瑚菜(北沙参)、荻草、羊胡子草等。

全市珍稀濒危野生树种有厚壳、三桠乌药、化香树、野核桃、榔榆、迎红杜鹃、刺楸、华山矾、山东山楂、水榆花楸、辽东栎、北枳椇等。

第二章　植树造林

1989 年后，日照市大力实施“生态建市”战略，组织实施林业重点工程，突出发展林业产业，着力构建森林资源长效管护机制，取得显著成效。至 2013 年，日照市先后荣获“全国绿化模范城市”“山东省森林城市”称号；五莲县和莒县分别被授予“全国绿化模范县”和“全省绿化模范县”称号；有 14 处乡镇被表彰为“全省绿化模范镇”“省级绿化示范镇”。

第一节　荒山绿化和经济林建设

荒山绿化　地级日照市建立后，全市大力实施“八五”绿化达标活动，掀起荒山造林绿化高潮。各区(县)在绿化荒山进程中，进而提出“山上松，山中槐，山下四园(果、茶、桑、竹)巧安排”的林业生产布局。1990 年春，市政府在虎山乡大旺山启动市长造林工程，并在黄家峪村立起“市长绿化工程点”石碑。因地制宜规划发展火炬松、板栗等优质用材、经济林木。1994 年 5 月，经省检查验收，莒县提前一年实现“八五”绿化达标。至此，全市各区县全部达到“八五”绿化目标。山场基本实现绿化后，在立地条件较好的地方又重点推进残次林(低价林)改造，营造刺槐、火炬松山地用材林，发展板栗、日本栗、核桃等经济林，提高经济效益。

经济林建设　1989 年起，全市经济林生产开始发生三个转变：一是经营目的发生转变。由过去追求产品数量逐步转变为注重产品质量。通过技术手段，控制果品产量，提升果品质量，多生产高档果品，满足高端市场需求，实现单位面积经济效益最大化。二是栽培模式发生转变。设施栽培面积增加，通过扣棚增温打破植物休眠期，使产品提前上市。同时，果树整形修剪技术的改变，由过去传统树型逐步向简化树型转变。通过科学引种、试验、推广，实现由生物学适宜区向次适宜区发展，如绿茶、蓝莓、大樱桃、日本栗等系列品种得到较快发展，并成为部分村镇的支柱产业。三是管理技术发生转变。由重视地下管理向地下地上系统管理转变,增强抗性,优化产品品质。科学使用生产资料,积极推广配方施肥、节水灌溉和行间生草栽培技术,有效降低生产成本。通过加强监督,有效保障全市食用林产品质量安全。2010 年,市、县两级林业部门均成立食用林产品安全生产监管组织。至 2013 年,全市经济林面积达 57002 公顷。其中,干果面积 24047 公顷,水果面积 11867 公顷。

第二节 水系造林

沿河造林 全市沿河造林主要分布在傅疃河、绣针河、两城河、巨峰河、潮白河、袁公河、沭河等两岸,主要树种为杨树。2009 年,市委、市政府印发《关于加强全市水系生态建设的意见》和《日照市水系生态建设造林绿化规划方案》,确立"沿库、一环、二区、三带"的总体布局,组织实施七项造林绿化工程。其中,沿海、河、库、干渠等水系建设主林带,新造林 7000 公顷,沿海新造林 67 公顷,沿河新造林 1533 公顷,沿库新造林 5400 公顷。至 2013 年,全市共完成水系造林 22447 公顷。

水源地造林 日照水库是市区主要饮用水源地。2009 年,市委、市政府在日照水库周边实施水源涵养林带建设项目,保护市区饮用水源安全。项目总投资 3277 万元(其中占用农田补助 2866 万元,苗木款 411 万元),在日照水库周边兴利水位以上 200 米范围内造林 853 公顷。该项目被确定为 2009 年度市政府 12 件为民办实事项目之一。至 2013 年年底,日照水库水源涵养林带新造林面积 511.6 公顷,合计达到 716.1 公顷。

沿海防护林 日照沿海北起两城河口,南至绣针河口,有近百千米海岸线。由于海水倒浸、风沙碱雾侵袭,历代海岸线荒芜。从 20 世纪 50 年代中期,开始组织沿海一带群众进行海滩造林,建设沿海防护林。至 80 年代,沿海基干林带基本形成。90 年代后,持续进行断带补植及更新改造,栽植火炬松、雪松、绒毛白腊等树种。至 2013 年,全市建成较为完善的沿海防护林体系,沿海基干林带面积达到 933 公顷。北沿海路建成后,沿路两侧新辟了一些景点及绿地,栽植各种灌木花卉,与海防基干林带融为一体。

农田林网 1989 年,地级日照市成立后,全市始终注重和加强农田林网建设。至 2000 年,全市农田林网面积为 3344 公顷。其中,莒县为 1426 公顷,东港为 1284 公顷,五莲为 547 公顷,岚山为 87 公顷。截至 2013 年年底,全市农田林网面积 3235 公顷。

第三节 全民义务植树

1989 年,日照市按照全国人大通过的《关于开展全民义务植树运动的决议》要求,精心组织开展"3·12"全民义务植树活动,广泛动员全民、全社会大搞植树造林,绿化荒山、美化环境。2009 年,制定《日照市全民义务植树实施办法》,推行义务植树属地管理和登记卡制度,建立全民义务植树长效机制,促进全民义务植树基地化、规范化、科学化。至 2013 年,全市累计参加义务植树人数达到 3492 万人次,植树 1.66 亿株。

城乡义务植树 1989 年后,全市各级党政领导率先垂范,带头参加义务植树,有力地推动了全市全民义务植树运动的广泛深入开展。每到植树季节,社会各界主动参加义务植树的机关企事业单位、社会组织越来越多,建立义务植树基地,建成一批"青年林""八一林""三八林""结婚纪念林",加快了全市造林绿化进程。同时,在全市深入开展创建绿化模范镇、示范村和绿色学校、绿色社区及花园式单位、花园式小区活动,促进城市生态文明建设。至2013年,全市创建省级绿化模范镇6个、示范村122个,全市53个乡镇驻地、1/3的村庄基本实现绿化美化,乡镇所在地和村庄绿化覆盖率分别达到35.1%和32.8%。创建国家、省、市级“绿色学校”“绿色社区”86个,创建省、市级“花园式单位”“花园式小区”165家,创建国家、省级“环境优美乡镇”31个。

村镇“四旁”植树　1989年后,全市广泛发动群众,积极开展村镇“四旁”植树活动,加快村镇、乡村公路绿化美化进程。据1994年普查,全市村镇树木共计1688.76万株。其中,东港区村镇树木341.1万株,莒县村镇树木882万株,五莲县村镇树木401.66万株,岚山办事处村镇树木64万株。

2005年后,全市坚持以生态文明乡村建设为重点,大力开展“四旁”植树、道路绿化、镇村绿化和环村林带建设,绿化树种逐步走向多样化,常绿树种大叶女贞、蜀桧、龙柏,开花及彩叶树种、花灌木增多,向立体绿化美化发展。至2013年年底,全市“四旁”植树达到4867.8万株。

第三章　古树名木保护和林业病虫害防治

日照市有悠久的林木栽培历史,保存大量的古、老、稀树种,古树名木数量众多。2012年普查,全市存有百年以上古老树木339株。其中,国家一级(500年以上)保护古树61株,二级(300~500年)保护古树97株,三级(100~300年)保护古树181株。地域分布:东港区52株,岚山区23株,莒县143株,五莲县120株,日照经济技术开发区1株。境内古树名木种类比较丰富,共53种。主要树种有国槐、银杏,侧柏、板栗也较多;稀有名贵树种有厚壳树、黄连木、车梁木、木瓜、紫藤、白蜡、皂角、酸枣、流苏、乌柏、楸树、小叶朴、黄杨、槲树等。古树中以银杏树数量最多,共77株;其次为国槐75株,其他为栗、松、柏等。其中,最古老的一株银杏树位于莒县浮来山定林寺,树龄为3300年以上。

全市树木病害和虫害有600余种。对于危害树木的有害生物,主要采取人工防治、物理防治、无公害防治、生物防治。

第一节　古树名木保护

重要古树名木

浮来山定林寺银杏树　坐落于莒县浮来山镇浮来山定林寺内。树高26米,胸围15.7米,冠幅26米×34米。据《左传》载:“隐公八年(公元前715年),九月辛卯,公及莒入盟于浮来。”记述了鲁国国君鲁隐公与莒国国君莒子曾在此树下会盟修好之事。此树作为树中寿星,树龄在3300年以上,人称“天下银杏第一树”。至今,枝叶繁茂,果实累累。

福禄井村槐抱槐　位于五莲县许孟镇。国槐树龄约600余年,树高14米,干高3.5米,胸径1.13米,冠幅15米,有两大主枝,呈现出古槐抱子的奇特景观。

清植海棠树　此树为湖北海棠,为清朝栽植,生长在日照市东港区政府院内(原日照旧县署)。有2株,树龄约330年。西株地径0.6米,树高11.6米,冠幅13.57米×11米;东株地径0.46米,树高10.6

米,冠幅 11.95 米×8.77 米。每年 4 月开花,花蕾红色,开后白色,甚美观。2010 年,在日照春雨苗圃发现此母株繁殖后变异品种,花红色、艳丽,经专家鉴定定名为“彩丽海棠”。

西北崖村流苏树　位于莒县店子集镇。树龄约 600 年;树高 32 米,胸径 100 厘米,冠幅平均 32 米。

古树名木管护

20 世纪 80 年代,开始重视和保护境内古树名木,开展古树名木普查登记,摸清全市古树名木保存数量、分布地址、生长现状,建立古树名木档案。90 年代,进一步落实挂牌保护措施、落实责任人员,对古树名木生长情况和病虫害发生情况开展监测和防治;对条件适宜的全部建立保护围栏,最大限度地预防人为干预或损伤。同时,加强管护措施,适时组织开展浇水、施肥、松土、除草虫病等日常管理,促进古树复壮生长。2001 年后,先后多次组织开展古树名木普查和专项检查活动,督查古树名木权属单位落实保护管理措施。2009 年 2 月,市政府制定《日照市古树名木保护管理办法》,进一步明确管护主体,落实古树名木管理责任制,坚持依法打击违法采伐和破坏古树名木行为,有效地保护古树名木资源。到 2013 年,全市古树名木长势良好,全部得到有效的保护管理。

第二节　林业病虫害种类

1989 年后,主要林业有害生物种类,按树种分:松类有赤松毛虫、日本松干蚧、松梢螟、松烂皮病等;刺槐有小皱蝽、大袋蛾、枯萎病等;杨树有光肩星天牛、青杨天牛、白杨透翅蛾、杨扇舟蛾、杨小舟蛾、杨雪毒蛾、溃疡病等;毛白杨有桑天牛、冠瘿病、毛白杨锈病等;柳树有柳毒蛾、柳瘿蚊等;法桐有黄刺蛾、大袋蛾等;栎类有栗山天牛、栎掌舟蛾等;板栗有栗瘤蜂、栗实象甲、赤腰透翅蛾等;山楂有山楂红蜘蛛、黄刺蛾、白粉病等;国槐有国槐尺蠖、六星吉丁虫、国槐枯枝病等;臭椿有臭椿皮夜蛾、臭椿白粉病等。2001 年,国家推广森防信息系统报表后,列入重点监控并上报的主要林业有害生物有松烂皮病、杨树溃疡病、杨树黑斑病、板栗疫病、冠瘿病、赤松毛虫、日本松干蚧、光肩星天牛、杨扇舟蛾、杨小舟蛾、杨毒蛾、美国白蛾、松墨天牛、刺槐小皱蝽、柏毒蛾、松梢螟、悬铃木方翅网蝽、红蜘蛛等 18 种。

第四章　森林防火

日照市属鲁中南重点森林火险区,防护林 80%以上是以松柏为主的生态林,易燃树种多,可燃物聚积量大,人为活动频繁。重点林区可燃物积累每公顷超过 30 吨,超过国际公认的发生森林火灾界限,野外火源管理难度大,森林防火任务艰巨。1989 年后,日照市高度重视森林防火工作,先后印发《关于建立完善森林防火长效工作机制的意见》和《关于加强森林防火基层基础设施建设的意见》,层层建立森林防火责任制。至 2013 年,全市按照“预防为主、积极消灭”的森林防火工作方针,认真落实各项综合防控措施,不断转变森林防火模式,初步实现由被动防火向主动预防转变,全市森林防火工作健康开展。

第一节 森林消防队伍

森林消防专业队伍 2006年3月，市林业局负责提供器械与武警日照市支队联合组建60人的森林扑火突击队。2008年10月，正式组建日照市森林消防大队。市森林消防大队由市林业局领导，同时业务上接受市公安消防支队指导。大队人员规模30人，由市人才交流中心实行派遣和聘用合同制；所需经费包括队员工资均由市财政承担。日照市森林消防大队是全省首支由林业部门管理的森林消防专业队伍。

2009年后，东港区、岚山区、莒县、五莲县、山海天旅游度假区分别组建30~50人的森林消防专业队伍，各防火重点乡镇（街道）也分别建立20人以上的森林消防中队，防火期内都集中食宿，24小时值班备勤。全市森林消防专业队伍多次参与市内外森林火灾的扑救，充分发挥着扑火主力军的作用。

护林员队伍 2012年10月，印发《日照市护林员管理办法》，按照每33~67公顷设1名护林员的要求，全市共选聘1600余名专职护林员。制定管理规章制度，建立健全护林员管理、考核和奖惩措施，加强全市森林资源保护管理。

从2011年开始，全市建成护林员GPS定位管理系统，为每名护林员配送手机一部，借助于卫星定位技术，建立起覆盖所有护林员的森林防火GPS定位管理系统，不断加强森林火灾的早知、预防能力。2013年2月，全市在1600名专职护林员中评选出李其桂等124名优秀护林员，进行通报表彰。

第二节 森林防火设施设备

防火设施 1989—2005年，日照市森林防火设施建设资金投入较少，境内森林防火以群防群治为主。2006—2007年，全市筹措防火专项资金300余万元，建设2处森林防火物资储备库，12处视频监控点，瞭望监控森林面积达2000公顷。2011年，分别在东港区卧龙山、岚山区阿掖山林区建设5千米以上生物防火林带和隔离网，建成6处远程视频监控点。

2013年春，在几个较大且存在时间久远的林区墓地建设生物防火林带试点。其中，一处试点设在山海天旅游度假区苏家村北山墓地，此处墓地面积5.7公顷，共有坟墓1100冢。通过“挖走可燃物，栽上防火树，建好隔离带，变墓地为公园，还荒山为生态”措施，在墓地及周围栽植常绿、阻燃树木。主要有北海道黄杨、红叶石楠、大叶女贞、银杏等，同时栽植核桃等经济作物。至2013年年底，全市建设生态墓地示范点31处，栽植常绿、阻燃树种20万余株。全市建设森林防火道路1200余千米，开设防火隔离带600余千米；参照高速公路拦网标准，建设60余千米防火隔离网，全市重点林区、景区隔离网达100余千米。林区、林缘布设防火水源900余处。

防火设备 2004年以前，防火设备投入主要用于购置手提风力灭火机和铁拍子等简易扑火工具。2005年后，逐步增加投入，购置专业防火设备器材。投入140余万元，建设防火储备库，购置风力灭火机50台、油锯5台、割灌机5台、水枪50把、三号工具500把、防火服50套。2006年，新增各类灭火机具800余台（件）。2012年，投入60万元，购置进口风力灭火机、油锯、组合工具等先进灭火装备，添置水罐车、高压便携式森林消防水泵等水灭火装置。2013年，全市储备配备风力灭火机1500台，油锯340台，二、三号工具4000余把，高压灭火水泵44台，及其他防扑火装备。

第三节　森林火情灾害

森林火灾　1989—1999 年，每年都有森林火灾火警报告，灾情较轻。2000—2011 年，全市共发生森林火灾 98 起，都是人为因素造成。其中，上坟烧纸和烧荒是引发森林火灾的主要原因，占森林火灾发生总数的 3/4。森林火灾发生时间比较集中，主要分布在春节前后（1—2 月）和清明节前后（4 月），集中高发时段是每天 12—17 时，17 时后发生的森林火灾极易形成过夜火。2012—2013 年，森林火灾呈下降趋势。

火灾案例　2003 年 4 月 4 日，东港区河山镇尚某因上坟烧纸引发森林火灾，过火面积 61 公顷，其中林地面积 47 公顷，烧死烧伤大量树木，造成重大损失。火灾发生后，东港区法院鉴于被告人在失火后能够积极扑救，主动投案自首，根据其犯罪情节和悔罪表现，决定有条件地宣告缓刑，判处其有期徒刑 2 年，缓刑 3 年，并要求被告人在缓刑考验期内植树恢复被烧毁山林，以弥补因失火造成的损失。案件宣判后，当事人认真履行判决，动员家人和亲属一起上山植树 6000 余株。

第五章　林果产业

1989 年后，全市紧紧围绕农业产业结构调整，大力发展高产、优质、高效林果业。通过嫁接换头改造老品种果园、引进新品种新建优质果园等措施，提高林果产品品质和效益。1994 年开始，全市组织实施农业产业化经营，走公司加基地联农户林果产业化经营的路子。大力扶持发展林果产品经纪人、流通大户和营销企业，搞好林果产品流通，促进林果产业化发展。2000 年，全市水果面积发展到 3.33 万公顷。进入 21 世纪后，坚持以林果产品精深加工为重点，大力培植发展龙头企业，全市林果产业得到长足发展。至 2013 年，全市林果产业龙头企业发展到 28 家，林果面积达到 4.43 万公顷。

第一节　干　果

日照主要干果树种有板栗、核桃、柿子、大枣、山楂、银杏，还有少量榛子和油用牡丹等。1989 年后，境内果树品种、面积受市场价格影响变化较大，但干果市场价格相对较为稳定，品种、面积均有所增加。尤其是“十二五”后，市、区县各级各有关部门制定扶持政策，鼓励企业、大户、合作组织参与特色经济林产业发展，推行无公害标准化生产，积极培育经济林示范园。至 2013 年，全市经济林（包括干果、水果、茶、桑）面积为 5.8 万公顷，其中干果树种面积 2.4 万公顷。全市培育国家级示范基地 1 处，省级示范园 5 个，市级示范园 10 个。东港区被中国经济林协会正式命名为“中国蓝莓之乡”。

主要干果品种

板栗　日照板栗栽培历史久远，面积较大。主要品种有石丰、海丰、红光、华光、五莲明栗、阳光短枝、沂蒙短枝和日本栗系列品种。主要分布在东港区三庄镇、陈疃镇、南湖镇，岚山区黄墩镇，莒县桑园镇，五莲县街头、石场、洪凝、户部、叩官、松柏等乡镇。20 世纪 90 年代初，境内板栗面积、产量相对稳定。在新品种引进方面,市林业局先后在东港区三庄镇陈家沟村开展沂蒙短枝板栗栽培试验,建立高密度栽培示范园,并进行推广。1996年与韩商合资,在黄墩镇陈家沟村开展日本栗引种栽培推广,当年发展面积67公顷。2010年,该基地建成"国家级绿色食品板栗生产标准化示范区"。2011年,东港区陈疃镇西石墩村133公顷板栗示范基地、岚山区黄墩镇陈家沟村67公顷日本栗示范基地被评为省级经济林示范园。至2013年,全市板栗种植面积达1.64万公顷,总产量1786万千克。

银杏　1989年,全市20年以上树龄的银杏树有600株。1991年,推广种植银杏树、发展银杏致富。1993年2月,印发《关于加速开发银杏生产的决定》,并成立银杏生产领导小组,在市林业局设立银杏生产办公室,具体组织指导开展银杏人工授粉及雄树换头嫁接,以促进银杏结果。全市调进银杏种子3万千克,育苗60公顷,完成银杏授粉200株。1994年春,由郯城、邳州引进大佛指,铁富,郯城5号、9号、13号等12个银杏良种,银杏苗1876株(其中成型银杏树211株),在日照城南岭建立银杏园。1997年,全市银杏生产迅猛发展,共购进银杏种10万余千克,育苗面积达94公顷。1993—1997年,全市共调进银杏种子18.4万千克,累计培育银杏苗4000余万株,面积167公顷。1998年后,由于银杏叶销售不畅,银杏生产受到很大影响,苗木价值大幅度下降,采叶圃随之减少。至2013年,银杏面积为173公顷。

核桃　2009年,日照开始引种核桃。东港区南湖镇报子沟村进行核桃丰产栽培,面积约3.3公顷;品种主要有香玲、元丰等。2010年,全市核桃种植面积发展到1053公顷。其中,东港区173公顷,五莲县800公顷,莒县、岚山区有少量栽培。2011年开始,市、区县各级政府因势利导,出台扶持政策,争引项目资金,扶持发展核桃基地。东港区政府出台《关于核桃产业发展实施意见》。五莲县实施中央现代农业生产发展资金核桃项目、农业综合开发项目和核桃优质苗木培育等项目,补助资金1530万元,有效地带动了核桃产业的发展。至2013年,全市发展核桃面积6387公顷,其中2000公顷进入初果期。核桃品种主要有香玲、元丰、清香、鲁果和辽核系列等。重点分布在东港区三庄、西湖和南湖镇,莒县夏庄、寨里和小店镇,五莲县洪凝、街头、于里、石场、户部、高泽等乡镇,日照国际海洋城涛雒镇。2011年、2013年,五莲县石场乡梁家崖前村53公顷核桃基地、莒县碁山西山旺村80公顷核桃基地,分别被评为省级经济林标准示范园。

经济林示范园建设

2010年,日照市组织实施经济林示范园建设项目。至2013年,全市建设板栗、蓝莓、苹果、葡萄、樱桃、核桃等林果经济林示范园18个。其中,市级示范园10个,省级示范园6个,国家级示范园2个。

第二节 水 果

1989年,全市果树栽培面积1.19万公顷,果品总产4683.5万千克,其中苹果4289万千克。1995年,全市水果面积达历史高峰4.73万公顷,果品总产量37247万千克。其中,苹果4.11万公顷,总产量35024万千克。之后,因果品价格持续低迷,导致水果栽培面积下滑。2008年,全市水果栽培面积仅有8600公顷。2010年后,通过鼓励大户经营,发展专业合作社,实施龙头企业带动,推行果品标准化、优质化、产业化生产,果品生产效益提高,使果品面积不断增加。至2013年,全市水果总面积达2.03万公顷。建设市级水果"标准果园示范基地"6处,分别是东港区山地果蔬产销专业合作社苹果园、月湖山水现代农业有限公司葡萄园、岚山区高兴镇汪家庄子村苹果示范园、金星(日照)农业科技发展有限公司草莓园、莒县龙山镇北上涧蜜桃专业合作社桃园、五莲县松柏开心园大樱桃园。

主要水果品种

全市栽培面积较大的水果品种主要有苹果、梨、桃等,其次为葡萄、草莓、樱桃、蓝莓等,杏、李子、石榴、无花果有少量栽植。

苹果　1988 年前,栽植品种主要是小国光、大国光、金帅、红香蕉等。是年春,在南湖乡大宅科村召开全市“果树高接换头”现场会,对老品种小国光、大国光、金帅等进行改良,采取“大树高接换头、小树进行芽接”,更换为红富士、新红星等。至 1989 年,全市完成老品种改造任务。全市苹果栽培面积达 7500 公顷,约 400 万株,年产量 4289 万千克。1989 年后,境内陆续引进新红星、红富士、乔纳金、嘎啦等新品种。1993 年,东港区三庄镇从招远引进红富士苗木 10 万株,发展 133 公顷。市农业部门组织到烟台、威海参观考察,发展品种为短枝红富士、首红、魁红、新乔纳金、藤木一号、新嘎啦等,水果生产进入发展高峰期。1996 年,全市苹果栽培面积达历史高峰 4. 25 万公顷。之后,因果品价格持续低迷,导致水果面积持续下滑,2008 年,苹果栽培面积仅有 4613 公顷。2010 年后,通过鼓励大户规模经营,发展专业合作社,实施龙头企业带动,推行果品标准化、优质化、产业化生产,果品生产效益提高,使苹果面积快速发展。至 2013 年,全市苹果栽培面积达 7267 公顷。

梨　境内主栽品种有三吉梨、黄金梨、丰水梨等。1990 年前,从威海引进日本“三吉梨”为全市梨树主栽品种,主要分布在南湖乡大宅科村和丝山乡前大洼、后大洼村等。20 世纪 90 年代,引进黄金梨、丰水梨。其中,两城镇安门庄栽植黄金梨 6. 67 公顷,年产量 8 万千克。2005 年,全市梨面积 480 公顷、产量 235 万千克。之后,梨栽培面积逐渐萎缩。至 2013 年,全市梨面积为 180 公顷。

桃　主栽品种有礼品、苍方早生、莱州鲜、秋风蜜等。桃树在市内各地均有栽植。1990 年后,东港区引进中华寿桃、安农水蜜、苍方早生等;莒县除中华寿桃外,主栽品种为秋风蜜,面积为 100 公顷,主要分布在龙山乡北上涧村和安庄乡。1995 年,全市桃栽植面积为最小年份,只有 567 公顷,产量 422 万千克。1998 年,莒县小店镇西辛庄最早试栽大棚油桃,第二年春亩产油桃 877 千克;第四年春,亩产油桃即达 2250 千克,亩收入达到 2 万元。境内油桃以设施栽培为主,莒县果庄镇、小店镇、夏庄镇等为油桃主产地。其中,果庄镇被省命名为全省油桃生产基地,发展油桃温室 453 公顷。2003 年,全市桃栽植面积达 4000 公顷,产量 9580 万千克;至 2013 年,全市桃栽植面积发展到 5967 公顷。其中,油桃 800 公顷。

葡萄　主栽品种有巨峰、玫瑰香、京秀、藤稔、红提、金手指、夏黑等。1980 年,市果茶站站长刘勤德发明“葡萄倒悬催根法”,成活率高;当年栽植、二年丰产,“巨峰”葡萄二年亩产可达 2779 千克,佳丽酿亩产 1495 千克。同时,葡萄“一、二”(一年催根、二年丰产)丰产栽培法,被国家资料库收存。2001 年,全市进入发展高峰期,全市葡萄面积发展到 867 公顷,年产量 1700 万千克,主要分布在莒县和东港区。之后,葡萄面积逐年减少。至 2013 年,全市葡萄面积仅有 282. 5 公顷,其中设施栽培面积 100 公顷。

草莓　主栽品种有丰香、宝交早生、全明星、幸香、甜查理、美 13 等。1993 年,开始栽培小拱棚草莓。1998 年,开始栽培大棚草莓。2001 年,开始栽培温室草莓,至今设施栽培草莓已有 20 年历史。全市草莓主要分布在莒县小店、夏庄、招贤、浮来山、龙山等乡镇。东港区以小拱棚栽植草莓为主,主要在河山镇许家官庄、日照经济技术开发区大岭等村。在品种选择上,第一代草莓以丰香、宝交早生为主栽品种;2002 年后为第二代草莓,以全明星、幸香为主;2010 年后为第三代草莓,以甜查理、美 13 为主。2013 年,全市草莓面积1320公顷，其中设施栽培面积800公顷。

蓝莓　主栽品种有公爵、蓝丰、达柔和埃利奥特等。2006年，境内开始引种蓝莓。至2013年，全市蓝莓面积已发展到1200公顷。主要集中在东港区陈疃镇的西尚沟、东尚沟、鲍疃、北疃等村。“日照蓝莓”已申请国家地理标志认证。

大樱桃　主栽品种有红灯、先锋、拉宾斯、黄蜜、美早、早大果、沙蜜豆等，有中国樱桃（小樱桃）和甜樱桃（大樱桃）之分。小樱桃，主要栽植在地阡上，品种有红樱桃和黄樱桃，主要分布在五莲县户部乡槎河、松柏镇刘家南山、叩官镇董家楼、岚山区巨峰镇王家大沟等村。1995年，开始发展大樱桃，品种主要有红灯、雷尼、红艳、黄蜜、乌克兰、先锋、拉宾斯等；主要集中在五莲县，分布在户部乡大刘家槎河、松柏镇西白庙等村。大樱桃进入盛果期后，平均亩产量500千克，每千克14~16元，每亩效益在8000元左右。2010—2013年，五莲县发展大樱桃面积2900公顷。其间，该县又引进美早、早大果、沙蜜豆等比较好的品种，主要分布在松柏镇白庙、户部乡槎河、叩官镇董家楼、街头镇罗家丰台等村。至2013年年底，全市樱桃面积达3260公顷，其中五莲县达3187公顷。

果品贮藏、流通、加工

果品贮藏　20世纪90年代初，全市只有市果品公司1座果品恒温库，年贮藏能力4000吨。1993年后，境内先后建成东港区果蔬贮藏加工厂3000吨恒温库1座、东港区果品公司4000吨恒温库1座、河山供销社1500吨恒温库1座、西湖供销社1000吨恒温库1座、三庄供销社1000吨恒温库1座、黄墩供销社2000吨恒温库1座、涛雒供销社2000吨恒温库1座、东港区粮食局2000吨恒温库1座；莒县、五莲县、岚山区境内也先后建起一批恒温库。至2005年，全市有机械冷库127座、气调库1座，果品贮藏能力达10.82万吨。至2009年，全市有机械冷库115座、气调库2座，果品贮藏能力达14.88万吨。2013年，果品贮藏能力基本保持在2009年水平。

果品流通　进入20世纪90年代，果品购销逐渐以个体经营为主，供销社系统购销量逐渐下降。1993—1998年，全市共收购苹果4.45万吨。1996年开始，三庄镇自发组织成一支庞大的果品购销流通大军，他们每年除收购当地的苹果外，还到烟台、威海、平度等地收购，每年收购苹果达10万吨。收购苹果经过贮藏、分类包装，销往广东、福建、浙江、上海等地，创造较好的经济效益和社会效益，从而带动全市水果生产较快发展。1998年后，供销系统退出果品购销市场，由个体经营完全代替。2000—2013年，全市水果购销以果品经销公司为主，进行储藏包鲜、加工包装后，80%销往省外大中城市。

果品加工　水果加工业起步较晚。2005年前，水果加工规模、加工量较小，以加工桃脯、杏脯为主。2006年，德乐食品饮品配料（日照）有限公司（原日照三川果汁有限公司）落户日照经济技术开发区，水果加工量迅速提升。2009年，全市水果加工成品6937吨。德乐食品饮品配料（日照）有限公司是由Dohler Asia Pte Ltd投资经营的外商独资企业，隶属于德国德乐集团，是食品饮料主剂、浓缩液生产制造商，年加工量高峰时达到1万吨以上，位居全国第六位。至2013年，全市每年果品加工量随国际市场行情波动。

第六章　森林公园　湿地公园　国有场圃

1989年，日照市有大沙洼林场、奎山苗圃。1993年后，增加莒县浮来山苗圃、五莲县汪湖苗圃。至2013年年底，全市已建立森林公园9处，总面积16237公顷；湿地公园3处，总面积7409.6公顷；国有林场1处，国有苗圃3处。

第一节　森林公园

1989年后，日照市重点加强对沿海防护林带、大沙洼林场和境内山林及景区的开发建设，积极创建国家和省、市级森林公园。至2013年，全市建有日照海滨国家森林公园和五莲山国家森林公园2处国家级森林公园，大青山省级森林公园、磴山省级森林公园和日照河山省级森林公园3处省级森林公园，阿掖山市级森林公园、龙门崮市级森林公园、奎山市级森林公园和翁仙山市级森林公园4处市级森林公园。

日照海滨国家森林公园　公园总面积788公顷，森林覆盖率75.8%。1992年9月，被国家林业局批准为鲁南海滨国家森林公园，后改为日照海滨国家森林公园。2000年4月，成立日照海滨国家森林公园管理委员会，与林场合署办公，两块牌子、一套班子。该公园是在日照市国有大沙洼林场的基础上设立的全国首批国家森林公园，为AAAA级旅游景区。公园依山傍海，林海相依，已形成南北长7千米、东西宽1.5千米的沿海防护林带，拥有具有“植物活化石”之称的全省成片面积最大的人工水杉防护林。公园还有7千米的黄金海岸线，浪缓滩阔、沙质细润。先后获山东省十佳森林公园、山东省生态教育示范基地、山东省十佳森林旅游胜地、全省十大森林生态景观、山东省十大魅力景点等称号。

五莲山国家森林公园　公园总面积6800公顷，森林覆盖率达90%以上。2003年12月23日，被国家林业局批准为五莲山国家森林公园。公园内自然资源丰富，龙潭峡谷、野生杜鹃花园被专家誉为“华北罕见、山东双绝”；公园内人文景观众多，光明寺、丁公石祠、白鹤楼、孙膑书院等历史遗迹文化内涵丰富，宋代文学家苏东坡誉为“奇秀不减雁荡”。先后获国家AAAA级旅游景区、中国生态旅游示范试验基地、中国最佳文化生态旅游目的地、山东省十佳森林公园称号。

大青山省级森林公园　公园地处五莲县，面积2000公顷，森林覆盖率达90%以上，植被类型异常丰富。2002年12月15日，被山东省林业局批准为省级森林公园。景区内大小景点星罗棋布，是旅游度假、拓展会议的理想去处，建有7000平方米的太极文化广场。自2011年起，每年5月都在此组织举办国际太极拳交流大赛，大力弘扬太极文化，已成为促进旅游业发展和对外交往的一项重大文化盛事，使大青山迅速发展成为国内外闻名的太极文化名山。先后获评国家AAA级旅游区、省级生态功能保护区。

磴山省级森林公园　公园面积667公顷，位于岚山区虎山镇磴山支麓。公园内植物资源繁多，森林浓郁，生态环境优越，自然景观丰富，风景优美怡人，是休闲旅游的良好去处。2007年12月11日，被山东省林业局批准为磴山省级森林公园。

河山省级森林公园　公园面积2389公顷，森林覆盖率为75%。2013年12月23日，被山东省林业厅批准为日照河山省级森林公园。公园实行政府主导、企业运营的模式，由日照河山旅游投资有限公司经营，设立有河山森林公园管理办公室，具体负责森林公园的开发建设和经营管理工作。公园内“日照巨书”摩崖石刻为日照市标志性景观，与海滨金沙滩共同享誉天下，是日照旅游规划“山海游”的重要景点。

日照市前三岛海洋自然保护区　1992年，设立日照市前三岛海洋自然保护区；同年，省政府批准设立省级保护区。日照前三岛海洋自然保护区位于日照市沿海南部，岚山区外海海域，面积412平方千米。日照前三岛海洋保护区所属三个岛屿，各岛周围水域，自然条件优越，饵料生物丰富，适合多种鱼类和鸟类的繁殖生长。该海域各岛礁一直是南北候鸟迁徙的必经之地。据调查，岛上鸟类有46科、140余种。其中，属中日候鸟保护协定范围的有53种，有国家保护鸟类白鹤、中华秋沙鸭、天鹅、大鸨、军舰鸟、丹顶鹤、白鹭等，比较罕见的有军舰鸟、黑喉潜鸟。

第二节　湿地公园

2012年12月，省林业厅批准试点建设日照市东港区傅疃河省级湿地公园、五莲县潮白河省级湿地公园。2013年5月，省林业厅批准试点建设日照经济技术开发区傅疃河口省级湿地公园、莒县沭河省级湿地公园。2013年12月，国家林业局批准将日照傅疃河口湿地公园试点建设为国家级湿地公园。至2013年，全市湿地公园总面积7409.6公顷。

日照傅疃河口国家湿地公园　公园西北接同三高速公路，东承兰州路，与日照经济技术开发区宋家湖村毗邻，北起菏日铁路，南达黄海近海水域，直至-6米等深线傅疃河入海口，规划面积为2812.3公顷。

东港区傅疃河省级湿地公园　公园东起将帅沟大桥、西至三庄镇驻地，规划面积2915.3公顷。

莒县沭河省级湿地公园　公园位于莒县县城东部，206国道沭河杨家店子桥以东、沭河与柳青河交会处以北，规划面积为1070公顷。

五莲县潮白河省级湿地公园　公园位于五莲县东南部，潮白河段西起叩官镇南岭村东大桥、龙河段西起大庄村、东界为孔家小岭村北侧与青岛胶南交界处的潮白河河段，规划面积为612公顷。

第三节　国有场圃

1989年，有国有林场日照市大沙洼林场和国有奎山苗圃；至2013年，有国有苗圃有3处，分别是东港区东港苗圃、五莲县汪湖苗圃、莒县浮来山苗圃。

日照市大沙洼林场　1960年始建，林场地处日照北部沿海两城河口以南、吴家台村以北，总面积800公顷，森林覆盖率75.8%，是一处以防风固沙、阻挡海雾为主要功能的生态公益型沿海林场。场内树种以黑松、水杉、刺槐为主。林场有7千米黄金海岸线，浪缓滩阔、沙质细润。2013年，林场有在岗干部职工103人，退休职工22人。

1960年起，连续多年在这片海滩上植树造林，建成以黑松为主的万亩人工海防林。1985年10月，日本及瑞典林业、鸟类学家曾到林场考察灰喜鹊防治林木虫害的情况。20世纪80年代初，大沙洼林场由全额拨款转变为自收自支事业单位。1993年11月，日照市东港区调整组建大沙洼林场领导班子。新班子组织林场职工动手在海边修建了几间活动板房，开辟海水浴场，开始最初的森林沙滩旅游。1992年9

月9日,被林业部批准为鲁南海滨国家森林公园,后改为日照海滨国家森林公园。1994年8月,森林公园正式挂牌营业。

至2013年,日照海滨国家森林公园基础建设不断完善,生态功能不断增强,旅游收入也逐年递增。每年有来自全国各地60万游客到此观光度假,门票收入过千万元。同时,森林旅游为社会提供1500多个就业岗位,拉动了滨海区域旅游经济的发展,引发周围渔村民俗旅游热,产生社会效益和经济效益。

东港区东港苗圃 原名国营日照市奎山苗圃。建于1956年9月,原圃址在奎山乡平台村前,当时称日照县平台苗圃,面积为3公顷。1960年2月,迁至奎山乡刘家寨村西500米处,圃地初为3.3公顷;同年,面积扩建到6.67公顷。1961年,因撤销傅疃河林场,该场宅基地1.33公顷调换给苗圃,使苗圃面积增加到8公顷(因测量有误,实为8.67公顷),并改称为日照县苗圃。1985年5月,改称国营日照市奎山苗圃。1996年改称日照市东港区苗圃。经历次变革,至2013年,苗圃经营面积134.43公顷,下设西河、青墩、蔡家滩林场3个基地,干部职工83人。其中,事业编制54人,退休29人,是一个自收自支事业单位企业化管理的生态公益型苗圃。

五莲县汪湖苗圃 位于五莲县汪湖镇。建于1979年,苗圃土地面积22.67公顷,是生产繁育绿化苗木为主的自收自支事业单位。1997年改制为企业,育苗地实行承包经营。2009年起,育苗地全部收回,由集体统一经营。至2013年,苗圃有在职职工7人,退休职工8人。

莒县浮来山苗圃 建于1962年,土地总面积23.22公顷,浮来山镇有8.84公顷和城阳镇有14.38公顷。2002年7月4日,莒县政府印发《关于收回土地使用权并划拨给莒县浮来山风景区管理委员会使用的决定》,将莒县浮来山苗圃国有农用地8.84公顷土地使用权,划拨给莒县浮来山风景区管理委员会使用。2013年,苗圃有在职职工2人,退休职工6人,是自收自支事业单位。

第十一编　水　利

日照市受沿海与内陆多样性地理环境和气候因素影响，春秋两季少雨多旱，夏季常遇暴雨洪涝及海洋风暴潮侵袭。境内淡水资源不足，人均实际所利用水资源量为487立方米，远低于全国人均实际可利用水资源量900立方米的平均水平。面对资源性缺水的实际，地级日照市建立后，全市高度重视兴修水利，采取打井、挖塘、兴建水库、涵闸、扬水站、筑渠疏河、“外水内调”等多种工程措施，持续不断地开展以抗旱防汛为主体的水利设施建设，保障全市工农业生产与人民群众生活用水需要，为全市经济社会全面快速发展奠定了坚实基础。

第一章　水利工程

1989年，日照市(含莒县、五莲县)共有大、中、小型水库506座，其中大型水库3座、中型水库10座。至2013年，全市拥有大、中、小型水库569座(在建中型水库1座)，塘坝5614座，拦河闸坝50余座，橡胶坝6座。全市地表水工程总库容14.36亿立方米，兴利库容9.38亿立方米。同时，建有水库水电站7处，机电井27.67万眼。建设沿海防潮堤143.67千米。城乡水利工程基本达到规划比较科学、配套比较合理、功能比较完善的总体目标。

第一节　水库建设

日照市有大型水库3座，分别是日照水库、青峰岭水库、小仕阳水库；中型水库10座，分别是峤山水库、马陵水库、巨峰水库、户部岭水库、学庄水库、长城岭水库、小王疃水库、河西水库、石亩子水库、龙潭沟水库(在建)。全市拥有注册登记小型水库556座。其中，小(1)型水库52座，小(2)型水库504座。水库多建于20世纪50—70年代，普遍存在年久失修问题。地级日照市建立后，全市水库建设管理与除险加固任务繁重。经过持续不断的努力，至2013年全市水库普遍进行了除险加固，水库蓄水能力和抗遇自然灾害风险能力得到较大幅度提高。

大型水库

日照水库　日照水库于1959年6月建成。枢纽工程为主坝、副坝、输水洞、溢洪闸、电站等。

1995年，在副坝0+122米段新建直径3.0米钢筋混凝土内衬有压钢管输水洞，最大泄量116立方米/秒，总投资760万元。2000年4月，水利部、省水利厅组成的专家组对《日照水库大坝安全鉴定综合报告》进行审查评定，将日照水库评定为三类库。同年9月，水利部大坝安全监测中心核定为三类库。同年，委托省水利设计院完成《日照水库除险加固工程可行性研究报告》。同年 10 月，山东省水利勘测设计院完成《日照水库除险加固工程地质勘察报告》。2001 年 7—9 月，省计委和水利部淮河水利委员会分别组织专家对《日照水库除险加固工程初步设计报告》进行审定，核定投资 1.26 亿元。

2002 年 3 月 11 日，日照水库除险加固工程开工建设，2005 年 4 月 28 日主体工程完工，2010 年 11 月 25 日库区淹没处理工程完工。新除险加固的日照水库为大（2）型水库，防洪标准按 100 年一遇设计，5000 年一遇校核，溢洪道消能防冲标准为 50 年一遇设计。共完成土石方回填 39.9 万立方米，砌石 15.1 万立方米，混凝土及钢筋混凝土 2.86 万立方米，金属结构制安 281.3 吨，钢筋制安 375 吨。批复工程概算总投资 12930 万元。其中，中央预算内专项资金 4300 万元，省资金 3460 万元，市配套资金 5170 万元。

青峰岭水库　青峰岭水库于 1960 年 7 月建成。枢纽工程为主坝、副坝、输水洞、溢洪闸、电站。

1997 年 8 月至 1998 年 11 月，水利部水工金属结构质量检验测试中心对青峰岭水库溢洪闸弧形闸门及启闭机进行全面检测。检测结果为溢洪闸闸门启闭机电气设备均属超期服役的不合格产品。1998 年 12 月，委托山东省水利勘测设计院完成《青峰岭水库溢洪闸加固改造工程可行性研究报告》。1999 年 6 月，山东省计划委员会批复确定工程设计内容为更换闸门、启闭机，交通桥改建及电气改造等。工程于 1999 年 10 月 15 日招标，并随之投入施工建设，2000 年 5 月 20 日完成，工程投资 985.45 万元。

1999 年 4 月，山东省水利厅组织专家对青峰岭水库进行大坝安全鉴定。2000 年 4 月，水利部、省水利厅专家对《青峰岭水库大坝安全鉴定综合报告》进行审查评定，青峰岭水库被评定为三类库。2000 年 9 月，水利部大坝安全鉴定中心核定青峰岭水库为三类水库。

2002 年 12 月 4 日，除险加固工程开工。2010 年 11 月 25 日，主坝工程、副坝工程、溢洪道（闸）工程、放水洞工程、水电站设备更新与改造、管理设施、水库淹没处理、水文设施等工程全部竣工。共完成土石方开挖 86.05 万立方米，土方石回填 53.63 万立方米，抛石压重 25.14 万立方米，砌石 1.47 万立方米，混凝土及钢筋混凝土 3.94 万立方米，帷幕灌浆 2300 米，金属结构制安 693.14 吨。批复工程概算总投资 15080 万元。其中，中央投资 4600 万元，省级投资 4448 万元，市县投资 6032 万元。

小仕阳水库　小仕阳水库于 1959 年 6 月竣工。枢纽工程为大坝、输水洞、溢洪闸、电站。

小仕阳水库保安全工程，自 1975 年 11 月动工至 1990 年 5 月竣工，历时 15 年。主要工程项目为管理单位搬迁及新管理处建设，防汛公路及公路桥工程，溢洪闸工程及库区淹没处理工程，溢洪闸下游尾水处理工程，放水洞改建工程，主坝加固工程，副坝加固工程及副溢洪道护砌工程，防汛通信工程，水电站工程。工程总投资 1230.5 万元。其中，国家投资 915.5 万元，地方自筹 315 万元。经过保安全加固后，小仕阳水库防洪标准从原来的千年一遇提高到万年一遇防洪标准，充分发挥了防洪、灌溉、发电等效益。

小仕阳水库除险加固工程，于 2009 年 1 月 20 日开工，2012 年 12 月 28 日竣工。防洪标准按 100 年一遇洪水设计，5000 年一遇洪水校核；溢洪道消能防冲洪水设计标准按 50 年一遇。主要建设项目为主坝工程、副坝工程、溢洪道（闸）工程、放水洞工程、防汛路及防汛交通桥拆除重建、管理设施、水文设施等。完成土石方 52.64 万立方米，砌石 1.19 万立方米，混凝土及钢筋混凝土 4.17 万立方米，钢筋制安 900 吨，金属结构制安 287 吨，帷幕灌浆 2190 米，混凝土防渗墙 8082.5 平方米，水泥土搅拌桩 5196 平方米。工程批复概算总投资 8199 万元。其中，中央预算内投资 2615 万元，省级投资 2305 万元，市县投资 3279 万元。

中型水库

峤山水库　峤山水库于 1958 年 4 月 13 日动工兴建，同年 7 月 22 日建成。枢纽工程为主坝、副坝、输水洞、溢洪闸、电站等。

水库除险加固工程,于1992年3月开工,1994年5月完工。工程按50年一遇设计,1000年一遇标准校核。工程建设项目为大坝上下游坡补土及上游坡砌石护坡翻修、溢洪闸建设及溢洪道防冲设施建设、放水洞进口改造。总投资780万元,其中省级投资235万元。

2003年4月7日,组织专家对峤山水库大坝进行安全鉴定,鉴定为三类坝。同年5月19日,水利部大坝安全管理中心核查后同意三类坝的核查意见。同年12月,山东省发展计划委员会批复《莒县峤山水库除险加固工程可行性研究报告》。同年8月,水利部淮河水利委员会批复《莒县峤山水库除险加固工程初步设计》,批复投资3250万元。2005年3月30日,山东省水利厅批复峤山水库除险加固工程施工图设计。除险加固防洪标准为100年一遇设计,1000年一遇校核;溢洪道消能防冲标准为30年一遇设计。主要建设项目为主坝工程、副坝工程、放水洞工程、溢洪道工程、管理设施及防汛路工程,共完成土石方开挖19.23万立方米,土石方回填7.95万立方米,抛石压重2.56万立方米,砌石1.05万立方米,砂石垫层3000立方米,混凝土及钢筋混凝土1.21万立方米,钢筋制安342吨,金属设备84吨。批复工程概算总投资3250万元。其中,中央预算内专项资金1080万元,省级资金383万元,市配套资金1787万元。

户部岭水库 户部岭水库于1960年建成蓄水。水库枢纽工程为大坝、输水洞、溢洪道、电站。

1995年12月,省计划委员会批复《关于户部岭水库除险加固工程可行性研究报告》。1996年,省水利厅下发《关于五莲县户部岭水库除险加固工程初步设计的批复》。工程主要项目为,大坝迎水坡补土、石护坡翻修、背水坡建排水沟、坝顶建防浪墙、输水洞加固、廊道漏水处理、西溢洪道封堵、东溢洪道护砌、观测及管理设施等。计划总投资1420万元,其中省级投资420万元。水库加固工程于1996年12月动工,1997年完成大坝劈裂灌浆、输水洞廊道防渗堵漏灌浆、闸门更新、迎水面石砌护坡。1998年完成坝顶及启闭机房改造,大坝背水坡建排水沟,完成工程量5.4万立方米,投资640万元。

学庄水库 学庄水库于1976年建成。

2002年10月14日,山东省发展计划委员会批复工程可行性研究报告。2003年2月20日,山东省水利厅批复工程初步设计,批复工程概算总投资2580万元。水库防洪标准按50年一遇洪水设计,1000年一遇洪水校核,溢洪道消能防冲设计洪水标准为30年一遇。主要建设项目为大坝工程、溢洪道工程、放水洞工程、整修防汛道路、管理设施和库区建设等。2004年5月8日工程开工,2010年10月31日竣工,完成土方开挖1.28万立方米,石方开挖4.11万立方米,土石方填筑6.44万立方米,砌石1.50万立方米,混凝土及钢筋混凝土1.01万立方米。工程批复概算总投资2580万元。其中,中央补助资金860万元,省水利专项资金100万元,其他资金自筹。

长城岭水库 长城岭水库于1960年建成。

2004年12月31日,山东省发展和改革委员会下发《关于五莲县长城岭水库除险加固工程可行性研究报告的批复》,批复工程总投资3080万元。2008年1月30日,山东省发展和改革委员会下发《关于五莲县长城岭水库除险加固工程初步设计的批复》,批复概算总投资3005.01万元。2009年2月20日,山东省水利厅下发《关于五莲县长城岭水库除险加固工程施工图设计的批复》,核定工程投资2909.21万元。水库防洪标准按100年一遇设计,1000年一遇校核。2009年2月20日开工建设,2010年5月31日工程竣工,完成土石方19.71万立方米,干、浆砌石3.47万立方米,混凝土和钢筋混凝土0.94万立方米。工程概算批复总投资为3005.01万元。其中,中央投资995万元,省级投资760万元,市县投资1250.01万元。

石亩子水库　石亩子水库于1960年建成。

2007年11月2日,水利部大坝安全管理中心批复同意石亩子水库为三类坝鉴定意见。2008年12月31日,山东省发展和改革委员会批复工程初步设计。批复工程概算总投资1512万元。2009年8月19日,山东省水利厅批复工程施工图设计。水库防洪标准为100年一遇洪水设计,1000年一遇洪水校核。主要建设项目为大坝工程、溢洪道工程、放水洞工程、管理设施、防汛路和水文设施等。2009年9月25日开工,2010年9月30日工程竣工,完成土石方开挖6.24万立方米,土石方回填7.84万立方米,砌石7284立方米,混凝土及钢筋混凝土5812立方米。批复工程概算总投资1512万元。其中,中央投资505万元,省级投资315万元,市县投资692万元。

马陵水库　马陵水库于1960年4月建成。水库枢纽工程为大坝、输水洞、溢洪闸、电站。

1999年4月,山东省计划委员会批复《马陵水库除险加固工程可行性研究报告》;同年12月,批复《马陵水库除险加固工程初步设计》。工程主要项目为大坝上游砂壳翻压、坝脚抛石压重、上游砌石护坡翻修、下游坝坡培土、新建排水沟、0+358—0+671段坝基防渗灌浆、坝顶防浪墙改建、路面整修、放水洞改建、溢洪道开挖整修、新建生产桥2座、大坝测压管、水文设施等。计划总投资2415万元,其中省级补助831万元。除险加固工程于2000年3月开工,2000年8月完工,共完成投资831万元。

2011年3月,山东省临沂市水利勘测设计院编制完成《东港区马陵水库除险加固工程初步设计报告》。2012年5月10日,山东省发展和改革委员会对东港区马陵水库除险加固工程初步设计概算进行批复,批复概算总投资6890万元。工程设计洪水标准100年一遇,校核洪水标准1000年一遇。主要建设项目为大坝工程、放水洞改建、溢洪道工程、防汛路改建和增设工程观测及水文观测设施等。2012年7月23日工程开工建设,至2015年3月,大坝加固、放水洞改建和溢洪道(闸)拆除重建工程已完成并具备蓄水条件。

巨峰水库　巨峰水库于1960年建成。

2006年11月,水利部大坝安全管理中心核定巨峰水库为三类坝。2008年12月30日,山东省发展和改革委员会批复巨峰水库除险加固工程初步设计,概算总投资2713万元。2009年10月19日,山东省水利厅批复施工图设计。工程防洪标准为100年一遇洪水设计,1000年一遇洪水校核。主要建设项目为大坝坝基、坝体防渗、上游坝壳翻压、干砌方块石护坡、坝脚压重、下游坝坡、坝脚排水设施、草皮护坡、拆除重建防浪墙、新建溢洪道溢流堰、交通桥、放水洞拆除重建、防汛交通道路建设、新建工程观测、工程管理及水文设施等。2009年9月25日开工,2010年11月10日工程竣工,共完成土石方22.46万立方米,砌石1.16万立方米,混凝土1.12万立方米,钢筋制安420吨。工程概算批复总投资为2713万元。其中,中央投资900万元,省投资430万元,市县投资1383万元。

河西水库　河西水库于1960年建成。

2009年4月16日,组织专家对《五莲县河西水库大坝安全鉴定报告》进行鉴定,评定该水库大坝为三类坝。2010年9月26日,水利部大坝安全管理中心同意三类坝的鉴定结论。2011年4月24日,山东省水利厅对初步设计进行评审后出具《日照市五莲县河西水库除险加固工程初步设计专家评审意见》。2011年6月2日,水利部淮河水利委员会出具《山东省五莲县河西水库除险加固工程初步设计复核意见》。2012年5月15日,山东省发展和改革委员会对河西水库除险加固工程初步设计概算予以批复。核定工程概算总投资为3430万元。工程设计洪水标准为100年一遇,校核洪水标准为1000年一遇。主要工程项目为大坝工程、溢洪道工程、放水洞工程、水文设施建设等。

小王疃水库　小王疃水库于1960年4月建成。

2009年4月16日，组织专家对五莲县小王疃水库进行大坝安全鉴定，评定该水库大坝为三类坝。2010年9月26日，水利部大坝安全管理中心同意三类坝的鉴定结论。2011年9月19日，水利部淮河水利委员会予以复核。2012年5月15日，山东省发展和改革委员会予以批复。2012年10月17日，山东省水利厅对小王疃水库除险加固工程初步设计予以批复，工程批复投资3390万元。工程防洪标准为100年一遇设计、1000年一遇校核。主要建设项目为大坝工程、放水洞工程、溢洪道工程、管理设施等。2013年11月18日开工，2015年5月完成主体工程。

龙潭沟水库　龙潭沟水库为新建水库。工程设计洪水标准为50年一遇，校核洪水标准为1000年一遇。2011年8月9日，山东省发展和改革委员会下发《关于五莲县龙潭沟水库工程初步设计的批复》，设计总工期20个月。核定工程概算总投资26868万元。2011年12月22日工程开工，至2013年完成投资20091万元，最大坝高50米，完成土石方25.79万立方米，混凝土23.6万立方米。

小型水库

1989年，全市共有小型水库493座，其中小(1)型48座、小(2)型445座。

从2006年始，全市启动大规模的小型水库除险加固工程。是年，新开工建设34座小型水库除险加固工程，完成投资1022万元，2007年该批工程全面完成。2008年，全省小型水库除险加固现场会在日照市召开。2008—2010年，全市有327座小型水库纳入省三年加固规划，另外市级规划加固21座。争取国家投资3480万元，省级投资3495万元，市财政落实小型病险水库除险加固工程专项资金7995万元，区县配套2780余万元。其间，市财政对小(1)型水库平均每座补助90万元，对小(2)型水库每座补助15万元。

2011年，全市16座小(1)型水库列入2011—2012年中央财政全额投资国家重点小(1)型病险水库除险加固项目，37座小(2)型水库列入2011—2015年国家规划内重点小(2)型病险水库除险加固项目，151座小(2)型水库列入2011—2015年国家规划内一般小(2)型病险水库除险加固项目。2012年，全部完成国家规划内16座小(1)、37座小(2)重点小型病险水库除险加固建设任务，争取并完成国家全额投资13817万元。经财政部海南财政投资评估中心对全市重点小型病险水库除险加固工程绩效评价，所有工程均为优秀等次，各水库得分均位居全省前列。2013年，全市有5座小型水库列入中央全额投资新出险重点小型病险水库除险加固项目，另有45座小型水库列入中央全额投资新出险重点小型病险水库除险加固项目，争取中央全额投资4720万元。

至2013年年底，全市小型水库实施除险加固工程，已全面完成52座小(1)型和328座小(2)型病险水库的除险加固任务；列入国家2011—2015年规划的151座一般小(2)型病险水库，已有18座完成主体工程验收。

第二节　沿海防潮堤建设

1989年，境内沿海防潮堤总长147.41千米。其中，陆岸防潮堤90.27千米(沙堤34.35千米，人工海堤55.92千米)，入海口挡潮堤57.13千米。此时，防潮堤土沙结构多，抗风浪能力弱。地级日照市建立后，积极争取国家、省专项资金，加大财政投入，重点加强沿海防潮堤的建设。从1997年始至2013年，连续实施8期沿海防潮建设工程。至2013年，全市建起完善的沿海防潮堤体系，工程质量和防潮、抗风暴潮能力显著提高。

防潮堤一期工程　1997年8月19日，受11号台风影响，全市沿海遭受特大风暴潮袭击，损坏防潮堤50多千米，灾害经济损失达7900万元。灾后，及时组织修复加固工作，全市投入近3000万元，部分防潮堤由5年一遇达到20年一遇的防潮标准。

1998年，国家安排沿海防潮堤建设国债专项资金。山东省计划委员会下达日照市防潮堤建设国债专项资金2760万元，当年启动防潮堤建设一期工程。其中，市直防潮堤工程780万元，东港区防潮堤工程1080万元，岚山防潮堤工程900万元。共计新建防潮堤5.67千米，除险加固维修防潮堤2.29千米，整修进、排水闸16座。

防潮堤二期工程　1999年12月17日，启动沿海防潮堤二期工程。海堤建设项目投资中，中央财政预算内专项资金为500万元，其余资金为市内自筹解决。具体建设工程项目：岚山头街道王家庄子处，在原一期工程基础上向西扩建520米；东港区大沙洼林场和任家台村两地段续建防潮堤0.39千米，扩建防潮堤0.4千米，护砌入海河道0.4千米，新建小型进排水闸5座；市水产研究所续建防潮堤0.12千米；市水利水产养殖场维修加固防潮堤1.2千米；市海洋水产资源增殖站维修加固防潮堤0.85千米。

防潮堤三至七期工程　2000年，启动沿海防潮堤三期建设工程，续建市人大培训中心防潮堤0.17千米。工程总投资1050万元，其中省级以上财政投资350万元。

2001年，启动沿海防潮堤四期建设工程，续建大沙洼林场防潮堤0.44千米。工程总投资600万元，其中省级以上财政投资200万元；续建岚山头街道环海路防潮堤0.38千米。工程总投资600万元，其中省级以上财政投资200万元。

2002年，启动沿海防潮堤五期建设工程，建设王家皂村及万平口市直防潮堤、秦楼街道至肥家庄防潮堤、岚山头街道环海路防潮堤、东港区刘家湾赶海园防潮堤。省级以上财政投资270万元。

2003年，启动沿海防潮堤六期建设工程，续建任家台村、岚山头街道环海路防潮堤。省级以上投资320万元。2005年，新建黑风台防潮堤0.12千米，总投资331.35万元，其中省级以上财政投资100万元。

2007年，启动沿海防潮堤七期建设工程，续建秦楼街道任家台村、涛雒镇东南营村防潮堤。省级以上投资150万元。

防潮堤八期工程　2008年，启动沿海防潮堤第八期建设工程，续建岚山区虎山镇西潘村渔港、海州湾防潮堤0.4千米。省级以上投资460万元。2009年，建设东港区东河南防潮堤，工程总投资315.8万元；续建东港区东南营村、大沙洼防潮堤，工程总投资606.83万元；续建岚山区海州湾防潮堤二期，工程总投资310.88万元；建设岚山区海州湾防潮堤二期续建工程，工程总投资301.07万元。2010年，大沙洼林场新建防潮堤0.35千米，蔡家滩林场防潮堤0.3千米，加固万宝水产集团防潮堤0.38千米，张家台防潮堤0.19千米。工程总投资2400万元，其中国家预算内投资800万元。2011年，建设岚山区狄水口防潮堤500米，日照经济技术开发区夹仓村防潮堤430米，工程总投资2100万元，其中省以上财政投资700万元。2012年，建设市水利水产养殖场防潮堤1.498千米，工程总投资3043.5万元，其中省级财政资金1150元。2013年，建设市直及国家森林公园防潮堤3.54千米，工程总投资3327.84万元，其中省级财政资金1300万元。

第二章 农田灌溉

地级日照市建立后，全市农田水利基本建设，坚持因地制宜、科学规划、合理布局、突出重点、注重实效原则，以蓄水、节水为重点，注重骨干工程与田间工程、农业灌溉与城乡供水、新建工程与配套工程相结合，综合效益不断提高。在资金投入上，采取政府投入为引导，群众投工投劳为主体，集体和社会投入为补充的多渠道、多形式、多层次投融资机制。同时，引进市场管理机制，大力推行股份制、股份合作制融资办水利。工程建设中严把规划设计、施工管理、检查验收关，农田水利基本建设的规模不断扩大，质量、效益得到较大提高。“十一五”期间，全市农田水利基本建设累计投资44.5亿元，开工建设各类农田水利工程1.5万处。开建工程突出小型农田水利重点、水库除险加固、灌区续建配套与节水改造、农村饮水安全、中小河道治理、小微型水源等水利工程建设，全市农田灌溉条件得到明显改善。至2013年，全市共有机电井27.67万眼，其中规模以上机电井6142眼；全市共有泵站564处，按规模分，中型泵站2处，小(1)型泵站23处，小(2)型泵站539处；按功能位置分，河湖取水泵站数量323处，水库取水泵站数量241处。

2013年，全市有效灌溉面积12.12万公顷，节水灌溉面积8.81万公顷，“旱能浇、涝能排”高标准农田发展到10.73万公顷。全市共建成大中小型灌区349处，总设计灌溉面积8.07万公顷，有效灌溉面积4.8万公顷。其中，建成日照水库灌区和青峰岭水库灌区2处大型灌区，设计灌溉面积4.17万公顷，有效灌溉面积2.38万公顷。

第一节 水库灌溉

1989年后，市、区(县)逐年加大对灌区配套建设投资，努力扩大灌区灌溉面积。1998年开始，国家投资启动大型灌区节水改造工程，日照水库灌区列入国家节水改造工程建设项目，取得较大成效。至2013年，全市共配套建设大中型灌区21处。其中，大型灌区(设计灌溉面积2万公顷及以上的灌区)2处，中型灌区(设计灌溉面积667公顷及以上2万公顷以下)19处。

日照水库大型灌区续建配套与节水改造 日照水库灌区有干渠5条，全长106千米；支渠28条，全长85千米；设计灌溉面积2.13万公顷。1986—1994年，先后投资200万元，对曲河渡槽、南干渠榛子埠、井沟险工段进行砌石衬砌。1998—2000年，日照水库灌区列入国家大型灌区节水改造工程，规划总投资3.01亿元。前三期工程，完成总投工40.29万个，总投资3200万元。其中，中央投资1250万元，其余由地方自筹。共开挖整修、衬砌干渠21.29千米，改建建筑物84座，动用土石方24.64万立方米，砌石9.01万立方米，混凝土1.74万立方米，节水改造工程水利用系数由0.4提高到0.65，年节水890万立方米。1998—2006年，共实施六期续建配套与节水改造工程项目，总投资4392.9万元。修建渠道防渗衬砌38.95千米，建成建筑物165处，完成土方41.2万立方米、石方24.17万立方米、混凝土方2.74万立方米。工程全部由主干渠到干渠、支渠顺序进行，具有较好的施工连续性，提高了渠系整体运行能力和灌溉效益。与节水改造前相比，年可节水3075万立方米。2012年9月，山东省发展和改革委员会等有关部门下达第七期投资计划，总投资910万元，主要用于干支渠道防渗衬砌及建筑物配套改造。该项目实际完成土石方 10.28 万立方米,砌石 1.47 万立方米,混凝土及钢筋混凝土 0.52 万立方米,钢筋制作与安装 19.93 吨,灌溉管理所管理设施 988.14 平方米,测水量水设施 1 套。

青峰岭水库大型灌区续建配套与节水改造 青峰岭灌区设计灌溉面积 2.03 万公顷。1991—1992 年,改建解家庄倒虹吸、杨家庄子拦河坝、黄花河滚水坝,总投资 176.94 万元,共完成土石方 2.04 万立方米。1995 年,莒县县委、县政府决定用 4 年时间,把青峰岭水库灌区建成高产优质高效农业示范区,加快青峰岭水库干支渠衬砌配套。1995 年 3 月 31 日,青峰岭水库灌区干渠石砌第一期工程动工。1996—1997 年续建,投资 3238.4 万元(国家级投资 191 万元),共完成土石方 88 万立方米,改善灌溉面积 1.3 万公顷,年节水达 3500 万立方米。2008—2009 年,实施两期续建配套与节水改造工程,总投资 5518 万元。完成渠道防渗衬砌 15.62 千米,新建建筑物 72 处,完成土方 24.36 万立方米、石方 4.46 万立方米、混凝土 1.76 万立方米。2013 年度,青峰岭水库灌区续建配套与节水改造工程位于张宋总干渠上,工程范围包括张宋总干渠 2.895 千米(桩号 16+005—19+900)、张宋总干二干渠 3.0 千米(0+000—3+000)及其上渠系配套建筑物等。工程总投资 2080 万元。

仕峤中型灌区续建配套与节水改造 2013 年,启动仕峤中型灌区续建配套与节水改造项目。根据山东省水利厅、财政厅批复《关于 2013 年农业综合开发中型灌区节水配套改造项目实施计划》,莒县仕峤灌区节水改造工程总投资为 1550.01 万元。

第二节 机井 扬水站建设与节水灌溉

机井、扬水站建设 1989 年后,日照市将机井、扬水站建设作为冬春农田水利基本建设的重点,特别是抗旱救灾中,全市各级集中人力、物力、财力,广泛开展群众性的深挖机井、修建扬水站、扩大灌溉面积工程,取得较大成效。2010 年秋冬季,全省遭遇百年不遇干旱灾害。日照市在全省率先启动农村"当家水"工程,全面整修农村大口井、机井与扬水站等农田水利灌溉工程项目。2011—2013 年,市、县两级总投入 1.2 亿元,建成小微型水源项目 3900 多处,新增蓄水供水能力 3045 万立方米。2013 年,市水利局、财政局联合印发《日照市小微型水源工程建设管理办法》,促使全市小微型水源工程建设逐步走上规范化、制度化轨道。

至 2013 年年底,全市共建有机电井 27.67 万眼。其中,规模以上机电井 6142 眼;规模以下机电井 27.06 万眼。同时,全市建有泵站 564 处。其中,按规模划分,中型站 2 处,小(1)型泵站 23 处,小(2)型泵站 539 处;按功能位置划分,河湖取水泵站 323 处,水库取水泵站 241 处。扩大改善灌溉面积 2.46 万公顷。

节水灌溉 20 世纪 80 年代中、后期开始,境内在自流灌区中通过实施渠系配套和渠系防渗工程,推广管灌、喷灌、滴灌、微灌等节水措施,提高用水系数,增加灌溉面积。1989—2008 年,全市通过实施各类节水灌溉工程,共增加节水灌溉面积 3.77 万公顷。其中,管灌面积 1.48 万公顷,喷灌面积 1.01 万公顷,微灌面积 2167 公顷。

2009 年,国家加大节水灌溉工程投入,启动小型农田水利重点县建设项目,莒县在第一批小农水重点县竞争中成功立项。2009—2011 年,全县先后建设青峰岭灌区末级渠系节水改造工程、小店镇节水改造项目、仕峤灌区末级渠系节水改造工程等一系列节水灌溉工程。工程总投资 9190 万元,发展节水灌溉面积 1.12 万公顷。2011 年,五莲县被列入全省第三批小农水重点县。2012 年,东港区、岚山区、莒县被列入全省第四批小农水重点县。在项目实施过程中,全市以中小型水库为依托,以万亩灌区为单元,创造了“多库串联高效自压节水灌溉”模式，被山东省水利厅列为全省十大节水灌溉模式之一。2009—2013年，全市小型农业节水灌溉重点建设项目共投入资金39868万元，发展节水灌溉面积2.66万公顷。其中，高效节水灌溉面积1.99万公顷。至2013年年底，全市发展节水灌溉面积8.82万公顷。其中，渠系节水5.02万公顷，微喷灌5643万公顷。

第三章 城乡供水

随着城市化、工业化进程加快和经济、社会迅速发展，全市城乡水资源供需矛盾日益突出。1989年后，境内实行市区水网统一规划设计，从逐步实施“北水南调”“沭水东调”到日照水库、马陵水库、户部岭水库向市区并网供水工程；从推行城镇节水改造到解决村村通自来水工程，全市各项城乡供水工程建设全面推进，并已取得显著成效。至2013年，全市基本解决农村人、畜吃水困难等问题，有效地保障了全市城乡供水需求。

第一节 水网建设

2002年开始，实施“北水南调”（从日照水库向岚山办事处调水）、“西水东调”（后改称“沭水东调”）工程，构建日照水网。创新投融资机制，加强与山东水务、中国水务战略合作，建成“北水南调”一二三期工程、日照水库向市区供水一二三期工程、马陵水库并网供水工程、户部岭水库向市区调水等水网工程，使城市日供水能力达到43.5万立方米。同时，投资2.6868亿元，新建龙潭沟中型水库。该工程是30多年中全市开工建设的第一座中型水库，也是中华人民共和国成立后日照境内争取国家扶持资金最多的单项水利工程。

日照水库向市区供水工程 该工程供水管线起于日照水库，止于日照市供水工程管理处调蓄池，设计日供水能力20万立方米，分三期实施。一期工程于1998年12月建成通水，设计日供水能力5万立方米，输水管线长14.95千米，完成投资3842万元；二期工程于2003年5月底建成通水，设计日供水能力5万立方米，输水管线长14.62千米，完成投资2259万元；三期工程于2009年7月底建成通水，设计日供水能力10万立方米，完成投资7500万元。日照水库向市区供水工程在满足市区居民生活用水需求的同时，为森博浆纸公司、日照电厂等临港大型工业企业与工业园区快速发展提供可靠的供水保障。

“北水南调”工程 该工程调水管线起于日照水库，止于岚山供水站调蓄池，包括一、二、三期工程，总设计日调水能力25万立方米。一期工程于2003年7月底建成通水，设计日调水能力5万立方米，管线总长37.6千米，完成总投资6910万元；二期工程于2007年8月底建成通水，设计日调水能力10万立方米，管线总长37.8千米，完成总投资1.1亿元；三期工程计划于2014年10月开工建设，设计日调水能力10万立方米，概算投资2.8亿元。“北水南调”工程，既解决了岚山区长期面临水资源短缺问题，还可为日照钢铁厂等临港大工业快速发展和岚山区经济社会可持续发展提供可靠的供水保障。

马陵水库并网供水工程 工程上游起于马陵水库坝后放水洞出口，通过重力输水接至岚山区后村镇小代疃村东北日照水库，输向市区供水三期工程已建管线，管线大致呈东北—西南走向，线路总长8.03

千米,设计日调水能力8.53万~12.27万立方米。工程投资2022万元,2011年2月开工建设,5月底建成通水。

户部岭水库向市区调水工程　工程起于五莲县户部岭水库坝后放水洞出口,经重力输水至潮河镇王家埠村西,再通过泵站加压接至东港区马陵水库上游,管线大致呈北—南走向,线路总长29.013千米,设计日调水能力5万立方米。工程投资9733万元,于2012年2月开工建设,7月建成通水。

"沭水东调"工程　"沭水东调"工程既是全市现代水网规划的骨干工程,也是全省"雨洪水资源化"利用的重点工程。该工程设计方案为利用现有河道将沭河流域的青峰岭、小仕阳、峤山三座大中型水库地表水送至莒县沭河庄科橡胶坝,经明渠、暗管与隧洞,输水至东港区三庄河,由三庄河输水至日照水库,调水线路全长88.325千米。其中,明渠0.277千米(含引水闸),暗管3.861千米(埋管1.477千米、顶管2.384千米),隧洞18.368千米,利用天然河道65.6千米。设计调水能力30万立方米/天,最大输水能力86.4万立方米/天,全部为自流输水。工程概算投资6.98亿元,其中省财政补助资金约1.33亿元,计划工期32个月。2013年9月和12月,工程可行性研究报告和初步设计,先后经市发展和改革委员会批复。

第二节　农村供水

农村人畜饮水解困工程　日照市山丘区域农村人畜饮水困难,历来十分严重。1995年普查结果为全市缺水村609个,人口32.11万人。其中,在册缺水村420个,人口19.11万人。

1995年,山东省将莒县、五莲县列入全省农村饮水解困重点县,省政府扶持资金400万元,要求用三年时间,基本解决两县农村人畜饮水困难问题。市政府拨出专项资金,把东港区、岚山办事处农村饮水解困问题一并解决。同时,于1996年、1997年连续2年将人畜饮水解困工程列为"为民办实事重点工程"。1996—2000年,全市共修建人畜饮水解困工程486处,解决了27.8万人吃水困难。全市80%的缺水村修建了自来水工程。

2003年,对全市最后42个历史性缺水村,实施饮水解困"攻坚工程",共投入资金480万元。其中,中央预算内资金200万元,市财政配套资金50万元,其余由区县和受益群众自筹。2013年12月16—18日,对有关工程逐项进行验收。至此,全市基本解决了缺水村饮用水困难问题。

村村通自来水工程　2004年,全市有1065个村通上自来水,受益人口72.68万人,农村自来水普及率为33.21%,低于全省平均水平。2005年,省委、省政府做出在全省范围内启动"村村通自来水"工程的决策部署。日照市按照全省确定的三年基本实现农村通自来水的目标,在全市范围内启动"村村通自来水"建设工程。当年,共完成投资6591万元,铺设各类管道2596千米,建设农村自来水工程396处,新增农村自来水受益人口23.26万人,自来水普及率达到44%。至2007年年初,全市在1709个村建成自来水工程,受益人口130.6万人。其中,新建1530个自来水村,受益人口111.4万人;改造179个村,受益人口19.2万人,超额完成"村村通自来水"工程三年规划任务目标。2007年年底,新建成531个村自来水工程,受益人口36.5万人。至此,全市累计2595个村、184.1万人用上安全、卫生的自来水,农村自来水普及率达到84%。2008年后,国家大力推动实施农村饮水安全工程建设,农村供水与饮水质量大幅度提高。2008—2013年,全市累计投资3.2亿元,其中省以上资金1.84亿元,解决了66.56万人的饮水安全问题。至2013年年底,全市通自来水村庄2816个,人口215.13万人,农村自来水普及率达95%。其中,农村集中联片供水工程60处,覆盖1606个村庄,人口139.94万人。

第四章　抗旱与防汛

干旱与洪汛为境内主要自然灾害。1989—2013年，全市有21年发生较重旱情。其中，有18年成灾面积在6667公顷以上，尤以中部、北部山区灾害造成的损失为重。1989年后，全市十分重视抗旱防汛体制、机制建设，切实加强组织领导，制定并实施严格的工作责任制，加大抗旱防汛措施，有效地减轻了灾害损失。

第一节　抗旱防汛体制机制

组织领导体制　从1989年开始，市政府即成立市防汛抗旱指挥部，在市农委、水利局下设办公室，统一组织实施全市防汛抗旱工作。实行市政府防汛抗旱指挥部统一领导，抗旱防汛办公室具体组织安排防汛抗洪事宜。市防汛抗旱指挥部由市长、分管副市长任总指挥、常务副总指挥，市政府各部门负责人任成员。指挥部贯彻实施防汛抗旱工作的法律、法规和方针政策，执行上级的指示、命令，结合日照市实际制定全市防汛抗旱工作的方针政策，及时部署防汛抗旱具体工作；组织制定实施市内主要水库、河道防御洪水方案；及时掌握全市汛情、旱情、灾情并组织指挥抗洪抢险、抗旱减灾工作；加强洪水调度和洪水资源化利用，督促检查各地落实防汛抗旱责任制，组织开展防汛抗旱检查，调配全市防汛抗旱物资和队伍，负责市级防汛抗旱物资的储备管理和防汛抗旱队伍建设；组织灾后处置，并做好有关协调工作。各区（县）及乡镇政府成立相应的抗旱防汛工作组织领导体制，在全市建立起强有力的抗旱防汛工作组织领导体制和完善的工作机制。

防汛信息机制　1989年，全市建立起超短波无线通信系统，用“长江301”型电台，组成防汛专用网。1991年，省防指对地市“防办”配置“单边带”短波电台（1995年停用）。1993年，全市各级防办、大中型水利工程管理单位换装程控电话，提高通话质量。同时，建立和完善全市无线电超短波通信网，安装25瓦以上电台20台，配备小型对讲机60部。1995年，市、区（县）统一安装卫星云图接收机，自动监测预报云图和台风动向，及时、快捷掌握天气状况和沿海台风走向。

1997年，随着计算机网络技术的发展，省防汛指挥部统一配发防汛网络计算机，利用电信部门169网，组建全省防汛专用网。2000年，省防办在沂沭河流域建立起雨、水情自动测报系统。2001年，全市雨、水情自动测报系统开始进行规划安装，建成包括市水利局监控中心平台和覆盖全市大中型水库、重点河道和乡镇驻地的61个雨量自动遥测站点。2001年，省水利厅利用广电光缆与各市水利局、水文局建立起全省水利、防汛局域网。2008年起，日照水库、青峰岭水库先后投资100余万元，在水库大坝、溢洪闸等重点部位建设安装远程视频监控站点45处。2008年，投资200余万元建设市防汛指挥中心和高清大屏幕显示的市级防汛视频会商系统。2011年，投资100万元，建设延伸到4个区县水利局和日照水库管理局的市县视频会议系统。至2013年，全市已建立起较完善的防汛信息网络。

山洪灾害预警机制　2010年，东港区、岚山区、莒县、五莲县被列为国家山洪灾害防治县级非工程措施项目县，项目批复总投资2205万元，项目建设涉及40个乡镇、1000余个村、200余座水库（河道）。

2012 年 6 月,岚山区、莒县、五莲县山洪灾害预警建设项目通过初步验收,投入试运行。东港区作为国家试点县,2010 年 4 月完成部分乡镇、村的建设项目并投入使用;2013 年 4 月其他乡镇、村建设项目完成初步验收并投入试运行。至 2013 年,全市已建成 1500 余处以水雨情监测、预警信息发布接收、监测预警平台、群测群防体系为内容的山洪灾害防治非工程措施系统,为防御山洪灾害提供重要平台依据。

第二节 抗御重大灾害

1997 年"8·19"重大台风灾情 1997 年 8 月 19 日凌晨,受 11 号台风影响,境内遭受强风暴潮和暴风雨袭击,风力 8~9 级,最大 10 级,海上阵风达 11 级以上,最高潮位 5.74 米,最大浪高 7.1 米。至 20 日 18 时,全市平均降雨 194.3 毫米,最大值达 361.7 毫米,中小型水库、塘坝暴满,20 日沭河洪峰流量 1190 立方米/秒,水位 108.33 米。全市遭受严重灾害。据统计核实,全市损坏房屋 80179 间,其中倒塌房屋 22617 间;农作物受灾面积 10.67 万公顷,其中成灾 8 万公顷;毁坏蔬菜大棚 1.5 万个;倒折成材树木 45.6 万株;冲毁大中型水库渠道及附属建筑物 150 处,冲毁谷坊 8000 余道,坍塌机井 1500 多眼;全市有 101 条供电线路停止供电,倒伏电线杆 886 根;89 座桥梁、600 余千米乡镇公路被冲毁冲垮;受灾总人口 170 余万人,其中成灾人口 90 多万人;直接经济损失达 11.1 亿元以上,给全市造成惨重的损失。

灾情发生后,日照市高度重视,统筹组织,强化措施,广泛发动群众,迅速掀起抗洪抢险救灾高潮。市级领导冒雨赶赴灾区,坐镇指挥,并及时向省政府和省直有关部门汇报灾情。各区(县)、办事处、开发区和各乡镇党政领导干部全力以赴奋战在抗灾抢险第一线,与基层干部群众并肩作战,组织加固堤防、转移群众、疏散船只。解放军指战员、武警官兵、公安干警哪里有险情就出现在哪里,充分发挥了主力军的作用。水利、水产、民政、农业、交通、电力、城建、邮电等部门表现出良好的精神状态和过硬的行业作风。暴风雨过后,及时派出 4 个救灾工作组,由市级领导带队,分赴各区县、办事处实地察看灾情,慰问受灾群众,组织恢复生产,重建家园,并先后召开专题调度会、抢险救灾紧急动员会和向灾区"送温暖、献爱心"捐助活动。

1997 年百年不遇大旱灾情 1997 年,全市遇到严重的春旱、夏旱、秋旱相连的旱灾。1 月 1 日至 11 月 24 日,全市累计降雨 470.2 毫米,比常年同期减少 41.7%。降雨少且时空分布不均,8 月 19—20 日 1 次降雨全市平均雨量 194.3 毫米,占 1—11 月降雨总量的 41.3%。全市受旱时段主要在 6 月 1 日至 8 月 18 日、9 月 10 日至 11 月 10 日两个阶段。6—7 月,全市平均降雨仅为 100 毫米,比历年同期减少 73%,加上暑日高温天气,水分蒸发快,土壤失墒严重,是当年受旱最严重的时段。其次是秋播期间,自 8 月 19 日全市普降暴雨后,直至 11 月 10 日无有效降雨,给秋播造成严重困难。在旱情最严重的夏季,全市 17.33 万公顷农作物和 6.67 万公顷经济园林全部受旱,重旱达 4.61 万公顷,禾苗干枯 1.12 万公顷,3.33 万公顷春花生减产 40%以上,1 万公顷黄烟减产 50%以上,6.67 万公顷苹果、4000 万个袋套苹果减产 30%~50%,5333 公顷桑树有 1/3 枯萎,6667 公顷杨树、6667 公顷刺槐丰产林叶枯凋零。干旱使 603 个村、47.8 万人饮水困难,许多村的村民要到几里或几十里外运水解决生活用水。岚山办事处城区 5.1 万人靠买水维持生活,每桶水(5 千克)卖价 0.65 元;岚山办事处拨款 16 万元,从临沂市莒南县大山水库通过绣针河买水 100 万立方米,因河道渗漏损失和沿途抢用,水量所剩无几,用水困难局面远未解决。干旱少雨使全市 8.7 亿立方米的蓄水工程在夏旱最重时蓄水仅 1.4 亿立方米,全市 51 条河道断流,2830 眼机电井出水不足,1160 眼机电井吊空,2044 座小型水库、塘坝干涸,2 座中型水库至死库容。

面对严峻的旱情,市委、市政府多次召开电视电话会、现场会部署抗旱工作,抽调干部组成抗旱工作组,到各区(县)检查指导抗旱,并要求工作组旱情不解除,人员不撤回。针对当地旱情和水源,组织协调、科学调配、合理使用现有水源,并积极开源节流,推广节水灌溉技术,兴建应急水源工程。各级抗旱服务组织在抗旱中大显身手,按照保本微利、有偿服务原则,采取切实措施,服务到村、到户、到田间地头。全市高峰日上阵抗旱劳力61.5万人,利用机电井5640眼,抽水泵站1559处,水库、塘坝1716座,提水设备2.91万台(套),运水车辆12186部,投入抗旱资金1.01亿元。累计抗旱浇灌面积36.56万公顷次,果树5618万株次。在抗旱关键时刻,各行各业出力、出钱、出物,全力支援抗旱。据不完全统计,全市社会各界捐助抗旱资金260万元。

2010—2011年秋冬春连旱灾情　自2010年9月11日至2011年2月25日,全市平均降水仅4.4毫米,比历年同期平均降水量(137毫米)少132.6毫米,同比偏少96.8%,是有水文纪录资料60年来同期降水量的最小值。按降水频率计算,降水偏少程度为300年一遇,为历史罕见。164天,全市无有效降水。其中,2010年9月中下旬和10月降雨均不超过2毫米,2010年11月和2011年1月降水为0,2010年12月和2011年2月中上旬降水不到1毫米。全市有141座小型水库、塘坝干涸,3000多眼机电井出水不足或吊空,16条河道断流。地下水位较常年下降约0.4米,比上年9月初下降1.4米。

面对严峻旱情,各级按照“全党动员、全民动手、全力以赴”的要求,全面落实抗旱行政首长负责制和部门、单位、领导干部包保抗旱工作责任制,建立和完善“纵向到底、横向到边”的抗旱工作责任体系。市及各区县(开发区)共派出抗旱工作检查督导组100多个,对各级抗旱工作进行检查督导,其中市政府3次派出检查督导组14个,共形成督导检查报告24份、汇总审核督导检查表1700余份,达到托清抗旱底子、掌握抗旱动态的目的。2010年11月24日,市政府成立由市农口部门主要负责人为组长,市水利局、农业局、林业局科室负责人为成员的5个农业抗旱检查督导组,对全市农业抗旱、“一园一田”管理、农田水利建设、林业防火防白蛾“两防”等冬季农业工作进行检查督导。2011年1月19日,派出4个水利抗旱工作督导检查组,对各区县水利抗旱工作特别是冬春农田水利基本建设、小微型应急抗旱水源工程规划建设以及“一村两水”(农村自来水、当家水)建设等情况进行检查。2月11日,再次派出由市农口部门主要负责人为组长的5个长期包保抗旱督导检查组,分赴区(县)、乡镇、村督导检查抗旱工作。坚持做到旱情不解除,包保督导抗旱工作不停止。该次抗旱救灾工作,全市累计投入抗旱劳力34.5万人,投入抗旱资金1.3亿元,动用抽水机等机动抗旱设备6万余台(套),机电井、扬水站4000多处、泵站100余处,调度运用水库塘坝3000多座,各类水源共计放水1.1亿多立方米,累计灌溉农作物10.67万公顷次,解决饮水困难人口3.59万人。

2012年10号台风“达维”重大灾情　2012年,第10号热带风暴“达维”于7月28日20时在西北太平洋上生成,8月1日8时加强为台风,10级风半径100千米,7级风半径200千米;8月2日21时35分在江苏响水县陈家港镇登陆,3日1时减弱为强热带风暴,4时风暴中心进入山东省临沂市莒南县境内,5时移至日照市岚山区、莒县境内,6时移至沂南县境内,4日2时进入渤海。台风登陆后,日照市位于最强风圈半径内,最大风力达到32.6米/秒(12级风力32.7米/秒),3日1时和3时实测日照港、岚山头最大风力均为11级,是1951年以来遭遇登陆的最强台风。8月2日17时,实测最高潮位5.35米,超警戒潮位0.02米,最大浪高4.5米。受台风“达维”影响,8月2日18时到3日10时,全市普降大到暴雨,局部大暴雨,雨量集中时段为3日1时—5时。全市平均降雨量82.3毫米,降雨量最大值为177毫米(莒县峤山镇),最小值39毫米(东港区南湖镇)。全市有13个乡镇降雨量达100毫米以上,有31个乡镇降雨量在50~100毫米。台风"达维"带去的强风暴雨给全市造成惨重损失。据市民政部门统计,受灾人口108.14万人,伤54人,倒塌房屋1741间,严重损坏房屋15761间,一般损坏房屋60608间。全市直接经济损失33亿元,其中岚山区、莒县受灾最为严重。

预测第10号台风"达维"将会正面登陆日照市后,市委、市政府高度重视,市委常委连夜分头赶赴各区(县)检查指导抗御台风工作落实情况;市政府各副市长按照职责分工,深入一线,分别对沿海、工矿企业、旅游景区、港口等重点部位进行全面检查和重点督导。市防汛指挥部连续下发40余份指令和紧急通知,对防汛防台风及重点行业应对工作进行安排部署并提出工作要求,特别是对水利、城建、交通、电力、海洋渔业、旅游、教育、卫生、商贸流通、农业、林业等重点行业防台风措施、抢险救灾救助工作进行专门安排。市防指成员各单位及各专业防指,立即全面安排部署本行业、本系统防抗和灾后生产恢复工作;各级党委、政府及其防汛指挥、办事机构按照市委、市政府安排部署,及时层层传达,并结合实际,周密安排部署,各防汛责任人到岗到位,各类防汛器械、物资开仓待运,各类防汛队伍集结待命。全市累计疏散沿海景区游客27万人,紧急转移安置群众11.64万人,解救洪水围困群众222人,避免人员伤亡789起、1072人,4082艘渔船全部回港避风。台风暴雨过后,各级干部群众立刻投入抗灾救灾一线,全市累计投入抗灾救灾27.73万人次,机械台班1535个,运输设备2696班次,投入抗灾救灾资金2091万元。

第五章　水利移民管理

2006年,根据《国务院关于完善大中型水库移民后期扶持政策的意见》精神,经省、市核定,全市库区政策性扶持移民人口为149836人,其中2013年新建五莲县龙潭沟水库新增加移民240人。日照市落实移民扶持政策,对库区移民生产、生活各方面给予扶持和资金补助,帮助库区移民群众树立信心、安居乐业、勤劳致富,全市库区移民群众生活水平不断提高。

第一节　库区移民安置

库区移民分布　境内大中型水库移民主要分布在东港区、岚山区、莒县、五莲县和日照经济技术开发区、日照山海天旅游度假区、日照国际海洋城的41个乡镇和街道办事处,涉及564个移民村(居)委(整体搬迁村199个,分散安置村365个),生产安置村5个,另有62个移民连带影响村。截至2013年12月31日,人口自然核减后,现状库区后期扶持移民人口为137632人。

移民安置机构　1989年9月,成立日照市农委水利办移民办公室。1993年12月,日照市水利局设基建移民办公室。2006年9月,成立日照市水利水电工程工作领导小组,设基建移民办公室。2010年9月,日照市水利局基建移民办公室职责分离,成立日照市水利移民办公室。2011年10月,日照市水利移民办公室更名为日照市水利移民管理局。2012年12月办公室挂牌,负责全市水利移民管理工作。东港区设水利移民管理局,岚山区、莒县、五莲县下设水利移民办公室,负责辖区内水利移民管理工作。日照经济技术开发区、山海天旅游度假区和日照国际海洋城水利移民工作,分属农发局和社会事业局管理。

第二节　移民补助与扶持

资金补助　1989年前，境内水利水电工程移民一般安置于所在区县、乡镇区划内，确因地域生产、生活条件限制安置不了的，在工程受益区内安置。工程受益区内无条件安置的，安排外迁或投亲靠友给予资金补助进行适当安置。

2006年，日照市依据国务院《关于完善大中型水库移民后期扶持政策的意见》和山东省政府《山东省大中型水库移民后期扶持政策实施方案》等政策规定和要求，在全市范围内实施大中型水库移民后期扶持政策。2007年6月21日，山东省水利水电工程移民工作领导小组批复日照市纳入大中型水库移民后期扶持的核定移民为149596人。岚山区巨峰镇和莒县安庄镇、中楼镇3个乡镇共29411人，采取资金发放和项目扶持相结合的方式，其中直接发放给移民个人和项目扶持的资金比例为5∶1；其余120185人采取将后期扶持资金全部直接发放给移民个人的扶持方式。2010年12月28日，经省政府同意，山东省水利水电工程移民工作领导小组批复日照市岚山区巨峰镇和莒县中楼镇、安庄镇大中型水库移民后期扶持办法，由资金发放和项目扶持相结合的方式变更为将后期扶持资金全部直接发放给移民个人的方式。全市所有核定在册的库区移民采用将后期扶持资金全部直接发放给移民个人的方式予以扶持（每人每年发放直补资金600元）。至2013年12月31日，全市累计发放移民直补资金约7.9亿元。

项目扶持　从2008年开始，至2013年年底，全市累计利用大中型水库移民后期扶持结余资金约2.2亿元，重点在库区及移民安置区实施完成了基本口粮田建设及水利设施配套项目、基础设施建设项目、社会事业设施建设项目、环境保护和生态建设项目、生产开发项目、移民培训等890个项目，有效改善了库区基础条件，提升了库区移民生产生活水平。2010年开始，利用山东省小型水库移民扶助基金对小型水库移民开展项目扶持。至2013年12月底，全市累计完成投资2601万元，实施项目128个，项目涵盖塘坝建设、道路硬化、村内环境整治等。

政策扶持　2013年，日照市被确定为全省唯一一个市级大中型水库移民创业小额贷款贴息试点，在东港区、莒县先行实施大中型水库移民创业小额贷款贴息试点政策。对水库移民、以水库移民为主的经济组织申报项目给予一定额度贴息补助，充分调动全市库区移民自主创业的积极性，促进移民增收致富能力。根据国家发改委、财政部、水利部联合下发《关于帮助各地开展大中型水库移民避险解困试点工作的通知》要求，经市主管部门积极申报争取，莒县青峰岭水库库区范围内的安庄镇前丁果庄、东丁果庄、西丁果庄、白石沟4个村被列入国家大中型水库移民避险解困试点，莒县成为全省8个试点单位之一。试点项目计划总投资1.32亿元，涉及总户数669户、总人口1884人。其中，属于避险解困政策帮扶范围的移民户数为643户、人口1591人。项目主要建设内容是库区移民搬迁安置、住房建设、设施完善、生产扶持及教育培训等。

第十二编　渔　业

1989 年，全市水产品总产量 8.02 万吨，渔业总产值达 2.44 亿元。1991 年，日照市出台《关于加快"海上日照"建设的决定》，全市海洋与渔业经济按照"稳捕、增养、强加、活销"的发展思路，深化体制改革，调整产业结构，全市渔业经济持续快速健康发展。1994 年，全市水产品总产量 30.16 万吨，渔业总产值达 30.44 亿元，成为全省沿海渔业"四强市"之一。1990—1994 年，全市海洋渔业连续 5 年大发展，水产品总产量平均年增长率达 30%，水产业总产值平均年增长率达 70%。1995 年，全市海淡水养殖业快速发展。境内拥有海淡水育苗（越冬）场 33 处，育苗水体 7 万多立方米，成为全国四大水产苗种培育基地之一。1996 年，日照市海洋与水产局成立，并与日照市水产集团总公司分设办公。2000 年，全市海洋渔业持续快速发展，水产品总产量 48.38 万吨，渔业总产值达到 76.61 亿元。

进入 21 世纪，全市持续调整优化渔业产业结构，调控海洋捕捞生产，加快发展海淡水设施养殖业，逐步实现渔民转产转业。2003—2005 年，以工厂化养殖和水产品精深加工为重点的高效渔业成为海洋与渔业经济强劲增长点。2006—2010 年，全市传统海洋产业不断巩固和发展，形成门类齐全的海洋产业格局。2011 年，制定出台《日照市"十二五"海洋经济发展规划》《日照市"十二五"海洋新兴产业发展规划》《日照市"十二五"现代渔业发展规划》。2012 年，日照市桃花岛无居民海岛使用权证获省海洋与渔业厅正式批复，成为山东省首个依法批准使用的无居民海岛。

2013 年，全市水产品总产量为 56.61 万吨，渔业总产值达到 253.39 亿元。全市水产加工企业 273 家，水产加工能力 68.74 万吨/年，水产冷库 225 座，冻结能力 1.12 万吨/日，冷藏能力 7.53 万吨/日，制冰能力 0.52 万吨/日。

第一章　海洋渔业

日照海水养殖业，起步较早。浅海养殖以海带养殖为主，兼养海参、贝类，后发展浅海网箱养鱼；滩涂养殖以贝类为主。20 世纪 80 年代开始，开挖池塘养殖鱼、虾、蟹、海参等水产品。90 年代后，大力发展工厂化大棚养殖、网箱养殖。至 2013 年，全市形成浅海筏式、底播、网箱养殖、滩涂池塘和工厂化大棚养殖为主要形式的沿海水产品养殖业，全年海水养殖面积 3.88 万公顷，海水养殖产量 28.32 万吨。

日照海洋捕捞业历史悠久，捕捞生产较为发达。1989 年，全市拥有渔业船舶 3800 余艘，全部为海洋渔业船舶；日照渔民涉猎渔场北起辽东湾，南至大陈岛，作业渔场广阔。2005 年，开始淘汰小旧、木质渔船,更新建造大马力钢质渔船,海洋捕捞船舶数量随之减少,但养殖渔船数量逐年增加。至2013年,全市渔业船舶发展到3972艘(总功率20.86万千瓦)。其中,捕捞渔船2709艘(总功率18.34万千瓦)。由于国家政策改变、国际协议签订、海洋专属经济区划分,至2013年只有连青石渔场和海州湾渔场是日照主要捕捞渔场。

第一节 海水育苗

日照市是中国重要的海水苗种生产基地。20世纪90年代中、后期,河蟹和扇贝育苗进入高峰期;2003年,开始牙鲆、大菱鲆苗种培育。随着养殖品种结构的调整,海水育苗由单一的中国对虾转为虾、蟹、鱼、贝、藻等30多个品种。至2013年,全市有海水育苗企业187家,总育苗水体达30多万立方米,年育苗能力达300亿苗种单位,年产值过3亿元,成为中国北方的重要海水苗种繁育基地。

育苗生产 日照海水育苗生产是北方沿海开展最早、规模最大、技术最先进的地区之一。1989年,随着对虾养殖产业的发展,涌现出日照河蟹育苗场、日照海珍品育苗场、万宝水产育苗场、涛雒镇育苗场等二十几家新育苗场。20世纪90年代后,持续开展扇贝、紫菜、鲍鱼、真鲷、河豚、美国红鱼、梭子蟹、锯缘青蟹、对虾、泥蚶、大竹蛏、缢蛏等品种育苗。特别是对虾育苗和亲虾越冬生产规模和技术为全国一流。全市河蟹和扇贝育苗进入高峰期,陆续出现十几家新育苗场。1996年,市水产开发公司育苗场开始引进培育日本对虾,后陆续发展近10家日本对虾育苗场。至2000年,全市各类规模较大的育苗场达到61家。

进入21世纪,全市育苗产业得到快速发展。2001年,新发展梭子蟹育苗场41家,全市育苗场有102处。2003年,部分育苗场试养牙鲆、大菱鲆。从2005年始,育苗生产实行许可证制度。2007年,有33家育苗场取得育苗生产许可证。2009年,全市有育苗企业170家,育苗水体27万立方米。其中,涛雒镇育苗场56家,两城镇60家,岚山区34家,日照经济技术开发区20家。随着养殖品种结构调整,境内育苗品种由单一的中国对虾发展到虾、蟹、鱼、贝、藻等30多个品种。2010年,全市有46家育苗场取得苗种生产许可证。境内苗种生产厂家160家,育苗水体14.5万立方米,年生产各类水产苗种170亿尾(粒)。

2012年,新增日照顺源水产育苗有限公司牙鲆良种场、日照海辰水产有限公司中国对虾良种场、东港区涛雒镇第二育苗有限公司三疣梭子蟹良种场、东港区聚源水产苗种专业合作社罗氏沼虾良种场、日照市恒泰农业科技有限公司魁蚶良种场等5家省级良种场。至此,全市省级以上水产原种场、良种场增至9家。其中,国家级原种场1处(市水产研究所中国对虾原种场)省级原种场1处(市水产研究所大竹蛏良种场)、省级良种场7处。至2013年,全市有海水育苗企业187家(其中5000立方米水体以上规模育苗企业有5家),总育苗水体达30多万立方米,年育苗能力达300亿苗种单位,年产值过3亿元。其中,两城有120家,育苗品种以三疣梭子蟹、日本对虾、南美白对虾、中国对虾为主,其次为海参、海湾扇贝、魁蚶等,年收入5000万元。涛雒镇育苗企业56家,年产值3300万元;岚山区6家、日照经济技术开发区5家。日照育苗水体、品种及数量均居全国前列,为全国最大育苗基地之一。

中国对虾亲虾越冬 1984年,境内中国对虾人工越冬试验获得成功。

1986年2月,国家水产总局在日照举办"全国亲虾越冬"培训班。同时,一系列水产育苗新技术、新模式得到研发应用。日照市水产研究所经调查测定,人工复制,发明"海水太阳池"。在海水太阳池的冰下使对虾越冬成功。结合冬暖式大棚,获发明专利《海水水产动物越冬方法》。转让20多家越冬场,大量生产优质越冬亲虾。

1991年，国家计委等部门批准在日照市建立全国第一家对虾人工越冬基地。先后投入1000多万元，对亲虾越冬设施进行改扩建，使生产能力有了大幅度提高。同年3月，农业部首次下达调剂20万尾越冬亲虾计划，日照市承担全部亲虾供应任务。4月，日照市水产研究所承担的“越冬亲虾早育虾苗培育技术”和“对虾、扇贝混养技术”通过省级鉴定。至1992年，全太阳能越冬对虾亲虾约12万尾，创收495万元，利润264万元，被院士刘瑞玉等专家鉴定为“国内外首创，国际先进水平”。“越冬亲虾早育虾苗培育技术”获市科技进步一等奖。1993年，“北方中国对虾亲虾冰下越冬方法”获国家发明四等奖。1995年7月，牟乃海因在“亲虾人工越冬工作中成绩显著”，被农业部黄渤海区渔政局评为“先进工作者”。

1996年，全市亲虾越冬场有20家，越冬水面7万多平方米。生产中抓住虾源关键环节，严把亲虾入室关、水质关、饵料关，使亲虾越冬成活率在80%左右。

1997年，日照市水产研究所3.3公顷虾池收获已交尾的对虾5.3万尾，创纯利润104万元，被赵法箴院士等专家鉴定为“国内领先水平”，获市科技进步一等奖。“利用塑料大棚延长对虾交尾期的试验”获市科技进步三等奖。1998年，日照市水产研究所被批准为“国家级日照中国对虾原种场”，是全国唯一的国家级对虾原种场；2002年，与黄海水产研究所合作，“无特定病原（SPF）对虾种群选育”获省科技进步三等奖；同年，“太阳池工程技术在海水养殖中的应用研究与开发”获市科技进步二等奖。2005年，“‘黄海1号’中国对虾选育研究”获中国水产科学研究院科技进步一等奖、青岛市科技进步一等奖，后获国家发明二等奖。

2009年进行的“中国对虾池塘精养高产试验”经验收，亩产成虾398千克，创全国最高纪录。2010年，获批准为“省级日照中国对虾良种场”。

第二节　海水养殖

日照海水养殖业主要有浅海养殖、滩涂养殖和池塘养殖三种形式。浅海养殖以海带养殖为主，兼养海参、贝类，后发展浅海网箱养鱼。滩涂养殖以底播贝类为主。20世纪80年代开始，在潮间带上部和潮上带开挖池塘养殖鱼、虾、蟹、海参等水产品。90年代后，大力发展工厂化大棚养殖、网箱养殖。至2013年，全市已形成浅海筏式、底播、网箱养殖、滩涂池塘和工厂化大棚养殖为主要形式的沿海水产品养殖业。全市水产品养殖面积3.88万公顷，养殖产量28.32万吨，产值达17.87亿元。

20世纪90年代，水产品价格低，海水养殖成本高、利润薄，全市水产品养殖业经济效益增长缓慢。进入21世纪，受海洋资源减少和燃油价格高等因素影响，海洋捕捞效益降低，从而促进了水产品养殖业的发展。2001年，开始引进养殖大菱鲆鱼，由于需求旺盛，利润空间高，养殖户开始大规模养殖。2006年达到最高峰，养殖水产品产量227108吨，养殖产值14.9亿元。是年，因“山东产大菱鲆鱼药残超标事件”，收购价大幅度下降，导致2007年养殖产值减少。从2007年开始，部分养殖户开始转养南美白对虾等其他水产品，海水养殖业产值开始逐年增长。至2013年，海水养殖水产品产量28.32万吨，产值17.8714亿元。

第三节　海洋捕捞

日照海洋捕捞业较为发达，作业渔场广阔，北起辽东湾、南至大陈岛海域渔场，渔民都有涉猎。按生产习惯，每年初春到青石、大沙、长江口等渔场捕捞越冬虾；4月，到长江口以北海域捕捞鲳鱼；初夏，到海州湾等渔场捕捞鲅鱼、鲐鱼和其他杂鱼。1989年，全市海洋捕捞产量6.8万吨、产值2.35亿元。20世纪90年代后，由于国家政策改变和国际协议签订，作业渔场范围缩小。至2013年，只有连、青、石渔场和海州湾渔场是日照渔民主要捕捞渔场。海洋捕捞渔具，主要有船舶和拖网、围网、刺网、张网、钓具等。全市有海洋渔业船舶3457艘，年海洋捕捞产量23.34万吨，捕捞产值24.48亿元。

1989年，全市海洋捕捞总产量67616吨，水产品总产值2.3506亿元。至1997年，产量突破35万吨，海洋捕捞产值突破20亿元。1997—2006年，产量逐年增加，至2006年产量达到最高峰，为42.19万吨。从2007年开始，由于油价不断升高，渔船出海次数减少，产量出现下滑，直至2013年，每年产量在24万吨左右，海洋捕捞产值保持在24亿元左右。

第二章　淡水渔业

日照市淡水资源较为丰富，淡水养殖包括池塘养殖、水库网箱养殖、沟塘养殖、庭院养殖等多种类型。池塘养殖主要分布在傅疃河、川子河、沭河、仕阳河等河流沿岸；水库网箱养殖分布青峰岭水库、墙夼水库、小仕阳水库等大中型水库；沟塘养殖大多分布在五莲山区。养殖品种以“四大家鱼”为主，逐渐发展到乌鳢、鳜鱼、大银鱼、河蟹、鳖等20余个品种，鲟鱼、大鲵、南美白对虾等名特优品种养殖规模逐年扩大。至2013年，全市淡水养殖面积12534公顷，产量38602吨。淡水养殖主要集中在莒县、五莲县。其中，莒县养殖面积6733公顷、产量15525吨，五莲县养殖面积2878公顷、产量14097吨。

第一节　淡水育苗

淡水育苗场主要有日照市淡水养殖试验场、日照市水库管理局淡水养殖试验站、莒县森晖渔业科技发展有限公司、五莲廷进鱼苗良种场等4家，繁殖苗种除自用外，还销往江苏以及山东胶南、胶州、潍坊等地。鱼苗运输使用塑料袋充氧运输方法，鱼种和成鱼运输以活氧运输专用车为主。其中，五莲廷进鱼种场为五莲县最大的淡水鱼育苗场。从2001年起专业从事淡水鱼种育苗生产，主要培育生产鲢、鳙、鲤、鲫、草鱼、观赏鱼等鱼苗种。2009—2013年，承担了五莲县及日照市周边区县淡水鱼资源增殖放流项目，在五莲县户部岭水库增殖放流鲢鳙苗种累计折价60万元。2013年，五莲廷进鱼种场扩大生产规模，育苗面积达到20公顷，年育苗能力达到3000万尾。

第二节 淡水养殖

日照市重点淡水养殖单位有9家,分别是日照水库管理局、莒县莲生湖游钓园、莒县青峰岭水库综合开发有限公司、莒县恒盛水利工程养护有限公司、莒县汇顺水利工程养护有限公司、海汇养殖场以及高兴镇湖南头村、涛雒镇尹家廒头、东川子村南美白对虾养殖基地。

养殖方式

淡水养殖,主要有池塘养殖、小水库立体养殖、大水面增养殖、网箱养殖、工厂化养殖等5种方式。

水库养殖 1989年之前,先后建有大中型水库13座,小型水库493座,水面达6400公顷。水库管理单位利用水面都放养一定数量的草鱼、鲢(鳙)鱼苗,任其自然生长,作为副业收入。1995年,全市拥有水库水面8200公顷,其中水库养殖面积5039公顷、产量4442吨。随着日照城市的快速发展,城市工业和居民用水需求量增大,日照水库、青峰岭水库、小仕阳水库和马陵水库等大中型水库相继变为水源地,禁止渔业养殖,只适当进行增殖鲢、鳙以改善水质环境,其他水库用于蓄洪灌溉,可适当发展鱼类放养和水面网箱养殖,使境内水库养殖面积有所减少。至2013年,全市水库养殖面积10090公顷、水产品产量26796吨。

网箱养殖 1992年,网箱养鱼在五莲县学庄水库试验成功,当年鱼获高产,网箱每平方米单位136千克。1995年,在贺庄水库投放2米×2米×1.5米的网箱6个;主养建鲤和罗非鱼。投放尾重150克的建鲤鱼种1000尾,成活率达到60%;尾重75克的罗非鱼3万尾,成活率为85%。收获时平均尾重500克。1997年,龙口水库投放5米×5米×2.5米的网箱20个,每箱投放尾重75克的建鲤2500尾,成活率80%,收获时建鲤平均尾重500克。至2002年,五莲县网箱发展到800只、2公顷,产量达到2600吨。同年,莱芜人在马陵水库进行网箱养鱼,放养100个网箱。后因马陵水库水源纳入城市用水而不再养殖。至2013年,全市网箱养殖主要在莒县,养殖产量1472吨。

拦网养殖 1997年,在马陵水库上游的杜家坪村试养。用网目4厘米,长150米、宽6米的网衣沿水库边围起一块水域养殖。当年投放尾重150克的鲢鱼、鳙鱼共250千克。是年8月份被暴雨冲毁未有收获。

池塘养殖 20世纪60—70年代,池塘养殖的青、草、鲢、鳙"四大家鱼",主要自食和集市交易。随着农村经济体制改革,池塘管理经营承包到户,池塘养殖面积迅速扩大,养殖品种增加,池塘养殖渔业得到快速发展。1994年,全市池塘养殖面积达1322公顷,产量2737吨。2000年,全市池塘养殖面积1233公顷,产量5446吨,主要养殖区域在东港区和莒县。其中:东港区养殖面积827公顷,产量2110吨;莒县养殖面积290公顷,产量1925吨。2007—2009年,淡水池塘养殖主要养殖罗氏沼虾,每年产量3000吨左右,养殖效益较好。之后受水源影响,罗氏沼虾养殖产量逐年下降,至2011年产量仅为80吨。至2013年,全市池塘养殖面积2444公顷,产量10275吨。其中,莒县池塘养殖面积1430公顷,产量3915吨。

其他养殖方式 1996年,市水产局学习借鉴鱼台县经验,在涛雒镇东川子村进行稻田养蟹试点,养殖品种为中华长毛绒蟹,当年养成的100克~149克成蟹,每千克150元,150克以上的220元,获得成功。之后,在全市推广。1999年,境内稻田养蟹有70余家,养殖面积33.3公顷。2000年后,因价格影响,境内稻田养殖多改为池塘养殖。

第三节　淡水增殖

增殖放流　2013 年 4 月，首次在市区银河公园、莒县文心广场、五莲县白鹤湖等 3 地开展城市水系渔业资源增殖放流活动，境内增殖放流由海上、水库、湖泊，又增加到城市水系，形成一个完整的保护和增殖海淡水渔业资源的体系。淡水增殖投放主要是适合淡水水域环境的花鲢、白鲢、彩鲫等滤食性鱼类和观赏性鱼类。是年，全市投放鱼苗 2000 千克左右，其中观赏鱼比例达到 80%以上。公园、河流、湿地增殖观赏鱼在为市民提供观赏的同时，能有效地改善水域环境，维护水域生态。

放鱼养水　放鱼养水主要在水源地合理投放滤食性、草食性鱼类，以有效地吸收、转化、消除、降解水体污染物质，控制藻类数量过度增长，建立良性生态平衡系统，彻底改善水质。

2008 年后，五莲县每年组织一次渔业资源增殖放流活动，投放品种以鲢鳙鱼苗种为主。2009—2013 年，在墙夼水库、学庄水库、长城岭水库等中型以上水库进行苗种增殖放流，共计投入苗种折价 75 万元。

2009 年 12 月，莒县在青峰岭水库举行首次大型水库渔业资源增殖放流活动，共投放鲢、鳙鱼种 50 万尾。2011 年 11 月，在青峰岭水库投放鲢鳙鱼种 50 万尾。2012 年 11 月，莒县大型水库渔业资源增殖放流活动分别在青峰岭水库和小仕阳水库举行，共投放鳙鱼鱼种 60 万尾。2013 年 8 月，青峰岭水库管理处投放 60 余万元的优质滤食性鱼苗。

2013 年 11 月 22 日，日照水库管理局在日照水库增殖放流鲢、鳙鱼 350 万尾。

第四节　淡水养殖效益

1989 年后，淡水养殖品种以“四大家鱼”为主，养殖方式较为粗放，养殖效益低。2002 年开始，大力推广水库网箱养殖，提高淡水养殖效益。全市淡水养殖水产品产量达 21286 吨，产值 3314 万元。2009 年，为修复渔业资源，改善生态环境，提高供水质量，在内陆水库、河流水系开展增殖放流活动。全市淡水养殖水产品产量 29841 吨，产值 24906 万元。此后，淡水养殖规模逐年扩大，水库立体生态混养、池塘高产高效养殖等模式得到大面积推广，养殖产量、产值增长迅速。2013 年，全市淡水养殖鱼类品种发展到乌鳢、鳜鱼、大银鱼、鲟鱼、大鲵、南美白对虾等 20 余个名特优品种。全市淡水养殖水产品产量达 38602 吨，养殖产值 33340 万元。

第三章　水产品加工

1989 年后，随着工业技术进步和外贸出口的发展，全市水产品保鲜和加工业得到长足发展。保鲜从加冰冷冻保鲜发展到保活，从大块（20 千克）冷冻发展到盘冻、单冻；水产品加工从冷冻、腌干、分割等发展到蒸煮、烧烤等精深加工。2013 年，全市水产品从捕捞环节冰镇保鲜、充氧保活到鲜鱼直销、活鱼运输，保鲜率达 100%；水产品加工从分类冷冻、错时销售到精深加工制成熟食成品，全市水产品加工业得到快速发展。

第一节　水产品保鲜

海上保鲜　20 世纪 60—70 年代，渔获物的海上保鲜主要采取加盐储存的方法。到 80 年代，采取加冰保鲜。90 年代后，可保活的用保活箱（仓）活体养储，不能保活的用木箱、塑料箱加冰保鲜；非经济渔获物一般是鱼冰混藏储存。1996 年，秦楼街道张家台村村民申延甫通过改造渔船，安装船用冷冻机，对渔获物进行保鲜。之后，境内渔船有仿效，但一直未发展起来。2005 年开始，渔民根据市场需要开始改造、建造鱼货收购船，全市收购船有 5 艘。至 2013 年，全市海上渔货收购船发展到 39 艘。

陆上保鲜　1989 年，全市共建成冷藏厂 25 座，总冷藏能力 7650 吨，日速冻能力 219 吨。20 世纪 90 年代，随着捕捞产量的增加，大型冷藏厂、冷库建设进入快速发展时期。至 2013 年，全市冷库数量为 225 座，日冻结能力 11211 吨，一次性冷藏能力 7.5 万吨，日制冰能力 5.2 万吨。

冷冻保鲜设备　1993 年以前，水产品冷冻保鲜一般都是简单的分割、冷冻加工。1994 年，东港区石臼水产冷藏厂引进全市第一台单冻机、平板冻结机，实现水产品的快速冻结。1995 年，开始来料加工。各加工企业开始引进灯光杀菌（臭氧杀菌），建 C 级库恒温储存，保证产品品质。2004 年，开始使用螺旋式单冻机，并且不断更新换代，让设备效率更高、能耗更低。至 2013 年，全市拥有单冻机等大型水产品冷冻保鲜设备 150 多台（套），日冻结能力 1.12 万吨。

第二节　水产品精深加工

水产品加工　20 世纪 80 年代，水产品加工中熏干、煮干加工工艺开始应用，主要有冷熏、热熏、液熏、机熏等。90 年代后，开始加工鳗鱼片、鲅鱼片、鲐鱼片及其他鱼片，远销欧美市场。后期，开发出模拟蟹肉、人造扇贝柱、人造对虾、鱼排、鱼松等鱼糜制品，出口量及出口产值逐年增长，成为日照水产品出口创汇的主要品种。特别是加工的虾皮、蟹酱、海苔成为日照地方独特的风味食品。

进入 21 世纪后，随着企业技改力度加大和先进生产线的引进，水产品加工向精深加工转型，产品主要有模拟食品、星鳗鱼系列、章鱼系列等 12 个系列、400 多个精深加工产品种类，销往日本、韩国、美国、加拿大等国家和东盟、欧盟、独联体、南美地区。

2010 年，美佳、荣信等水产品加工企业已形成较大规模。至 2013 年，全市有各类水产品加工企业 273 家（水产冷库 225 座），其中规模以上加工企业 81 家，加工从业人员 1.8 万人。企业拥有无菌精加工车间 35 万平方米，现代化生产加工流水线 100 多条，年水产品加工能力达 68.74 万吨。

岚阳海苔　20 世纪 90 年代中后期，日照岚阳集团从日本引进先进生产设备对条斑紫菜进行深加工，产品品牌为岚阳海苔。所选原料为国内最北部无污染海域自然生长的紫菜，由于生长期长、无污染，实为紫菜中的极品。该公司集传统工艺和现代科技精制而成的岚阳海苔，口感鲜香，入口即化，回味无穷，营养保健，为新兴绿色食品。2001 年，获中国国际农业博览会金奖。2004 年，被农业部认定为无公害农产品。至 2013 年，日照岚阳集团年加工岚阳海苔，产值达 5000 万元，实现利税超过 500 万元。

第三节　综合开发利用

鱼粉　20 世纪 80 年代起,开始鱼粉加工,将低值小鱼及经济鱼类下脚料,通过蒸煮、烘干、粉碎制成不脱脂鱼粉。90 年代后,随着鱼产量上升,开始引进使用脱脂鱼粉设备,产品质量高,脂肪含量低,并生产副产品——鱼油。1997 年,全市生产鱼粉 1035 吨。1999 年,鱼粉产量为 2490 吨。2005 年,鱼粉产量为 13070 吨。2008 年开始,鱼粉产量不单独统计并入水产饲料中,全年水产饲料产量 26040 吨。2013 年,全市水产饲料产量 21110 吨。

鱼油　1993 年,岚山头街道海州路居委采用盐渍法,以鲲鱼等为加工原料,提取油脂。其成品为亮金色,气味醇香,油体透亮,富含不饱和双键的长链脂肪酸。1997 年,全市鱼油产量 560 吨。1998 年,鱼油产量为 400 吨。2013 年,全市鱼油产量为 310 吨。

冻粉　冻粉亦称琼脂、琼胶、洋粉,以石花菜为原料,经蒸煮分离、冻晒、干燥而成,成品率 28%~30%,营养价值高,可作食品加工凝固剂和细菌培养基。石花菜凉粉多以民间手工加工,在全市范围内未实现工业化加工。20 世纪 90 年代,日照市海水养殖试验总场以石花菜为原料加工冻粉、干粉投放市场,销售到济南、青岛、临沂等地。1990—2013 年,冻粉以民间小作坊的形式生产,全市每年产量不足 10 吨。

第四章　水产品贸易

20 世纪 90 年代后,日照市水产品流通市场逐渐多元化,内销市场遍布北京、上海、青岛、济南、郑州、成都及港澳地区等,出口市场包括日本、美国、韩国、欧盟、俄罗斯等国家和地区。至 2013 年,全市水产品贸易呈现大进大出的购销格局,全市水产品贸易总值 62.81 亿元,水产(仓储)运输产值 7.94 亿元。

第一节　流通体系

企业营销流通

企业营销以水产品加工企业和具有一定规模的养殖企业为主体,利用企业自有的营销队伍和相对稳定的销售市场,主要面向国际市场和国内大中城市以及社会集团,采取公司集约化营销模式,营销大宗水产品加工制品、精深加工产品及本企业养殖产品,一般不直接面对消费者。1989 年,以石臼水产冷藏厂(美佳集团前身)、石臼第二水产冷藏厂(荣信集团前身)为首的水产加工企业都已建立企业营销队伍,出口以日本市场为主。1992 年 10 月,日照市水产集团总公司成立,管理 38 家国有水产企业,建立公司集约化营销模式。到 20 世纪 90 年代中后期,各国企业纷纷改制或成立合资企业,取得自营进出口权,销售网络进一步扩大。进入 21 世纪,国有企业改制不断深入,各级政府出台一系列鼓励扶持发展个体民营经济政策,美佳、荣信、昌华、丰华等一大批较大规模的民营企业发展起来,各企业营销网络进一步完善,覆盖北京、上海、青岛、济南等国内大中城市和欧美、日本等 10 多个国家和地区。2004 年,山东昌华集团公司下设 5 家国内企业和 5 家海外企业,产品远销欧洲、北美、南美、中东等 30 多个国家和地区。2013 年,各企业在拓展销售网络的同时,开始注重开辟网络销售渠道,建立起新的营销网络。全市水产流通贸易总值达 62.81 亿元。

专业批发交易市场

1993 年,汾水镇依托国家一类开放口岸岚山港、全国四大渔场之一海州湾的优势,开始启动建设集干、鲜海产品批发及渔需产品加工销售于一体的安东卫海货城。历经四期工程建设,至 2005 年完成总投资 2.4 亿元,建成专业批发市场 4 个,商业街 4 条,建筑面积 36 万平方米。其中,海产品批发市场于 1996 年 2 月被国务院发展研究中心认定为"全国最大的海产品交易市场",入列(1949—1995 年)"中华之最"。至 2008 年,全市有大型水产品专业批发市场 5 处,水产品批发总量 86 万吨。其中,安东卫海货城(岚山区观海路)交易量 10 万吨,交易额 17 亿元;岚山鲜活海货城(岚山区海州路居委)交易量 26 万吨,交易额 20 亿元;石臼商场(东港区石臼路居委)交易量 1 万吨,交易额 6.57 亿元;莒县大渔水产城(莒县县城西环路)交易量 30 万吨,交易额 14 亿元;金阳农贸批发市场(东港区金阳路)交易量 3 万吨,交易额 10 亿元。

2013 年,全市有各类水产专业批发市场 5 处。其中,岚山区海州路鲜活水产城和石臼市场被农业部确定为水产品定点市场,安东卫海货城发展成为江北最大的水产干制品集散地。境内各市场均设有固定交易摊位和流动摊位,交易方式灵活多样,吸引着全国各地水产客商前往洽谈交易。在营销产品中,鲜活产品以该地区捕捞、养殖产品为主,产品销往市内部分水产加工企业和周边地区及国内大中城市;干制品交易货源来源广泛,交易产品基本包含全国主要产区的海产品,产品销售遍布全国各地,形成较大规模的产品信息流、物流和资金流。岚山安东卫海货城水产干制品价格基本起到了全国各市场水产干制品价格"晴雨表"的作用。是年,该市场水产干制品交易额达到 17.8 亿元。

新兴流通方式

网络销售 2005 年,开始开发建设网上销售平台。市海洋与渔业局专门开辟网站,建设日照水产品网上展厅,展示中国对虾、梭子蟹等大宗日照特色养殖品种和西施舌、大竹蛏、金乌贼等海特珍品,推介日照优势海产品,取得良好效果。2006 年,市海洋与渔业局积极引导企业实施网络推广营销,利用各种电子商务平台开展水产品销售,拓宽水产销售渠道,积极参加国家、省、市组织的网上水产品展会,开展企业文化宣传,推介日照精品特色水产品,宣传日照品牌。至 2013 年,境内 90%以上大中型水产加工企业均设有包含企业文化及产品介绍的网站。2013 年 12 月,日照淘宝渔业专业合作社积极探索新型营销模式,组织专人学习淘宝营销知识和技能,开设淘宝网店,每单水产品设置"二维码",实现产品产地可追溯,成为全国首家出售带"二维码"鲜活大菱鲆鱼的淘宝网店,当月销售 30 余单海货。

冷链物流 进入 21 世纪,人们对水产品质量要求越来越高,而水产品从捕捞到船上保鲜、码头起卸、挑选加工、冻结入库、运输中转、市场销售直到餐桌,环节多、周期长,为确保销售运输过程中质量安全,现代冷链物流成为水产品营销的重要环节。山东美佳集团有限公司是以加工出口冷冻水产品为主的企业,冷冻、冷藏能力达到 3.5 万吨。2011 年,开始在境内市、区县先后设立 8 家"美加佳"专营连锁专卖店,公司配备水产品冷链运输车和配送车,定点配送服务,将产品及时送到直销店,确保产品从原产地到餐桌的安全、营养、健康。

20 世纪 90 年代后,随着市场经济的发展,农村集贸市场和专业水产品贩运人员组成的水产品运销队伍不断发展壮大,水产品市场流通链条逐渐延伸到全国各地和全市城乡。至 2013 年,市区各类农村集贸市场水产品专业贩运从业人员达到上千人,直接交易金额超过 1 亿元。在水产品市场交易方式上灵活多样,出现了一批水产品交易经纪人、中间人和代理人,实现由"三地交易"向"两地交易"的转变,加快水产品交易货物和资金周转,提高了水产品市场流通效率。

第二节　进出口贸易

1989 年,全市水产品销售以当地和周边城市为主,进出口水产品比例很小。随着外向型农业的发展,水产品出口贸易、来料加工、“两头在外”加工贸易得到快速发展。1991 年,日照市石臼第二水产冷藏厂与日本荣水株式会社合资成立日照日荣水产食品有限公司,是日照市最早经国家海关、商检部门批准从事加工出口水产品厂家。1994 年,日照红旗水产总公司冷藏厂与美籍华人丁肇民合资兴办日照丰源水产有限公司。同年,东港区水产局、石臼五村、九村分别与美国等客商合资兴办 3 家水产品加工贸易企业,水产品出口贸易蓬勃发展。1995 年,全市水产品加工企业发展到 537 家,出口水产品 2.2 万吨,出口创汇 2594 万美元。2005 年,全市水产品加工企业 206 家,出口水产品 9.4 万吨,出口创汇 28043 万美元。至 2013 年,全市有 52 家企业经营水产品加工出口贸易业务,出口水产品 8.2 万吨,出口创汇 50065 万美元,是全国星鳗之乡、模拟制品之乡。全市星鳗产品加工出口量占全国的 70%,模拟制品加工出口量占全国的 90%,烧烤和生食加工分别占全国的 10%以上。

第三节　渔需物资供应

1989 年,岚山渔需供应市场开始发展。安东卫海货城市场、岚山鲜活水产品市场和安东卫绳网市场相继建成。小规模渔需物资交易广泛分布于各渔港码头、沿海渔业村居。

20 世纪 90 年代后,木材、桐油、钢材等主要渔需物资供应全面放开,涌现出一批个体和联合经营单位和经营业户,进一步繁荣了渔需物资供应市场。市、区渔业技术推广部门在提供技术咨询的同时,积极适应新形势,购进织网机生产供应网具,1996 年,年网具产量达 1000 吨,供应日照沿海及临沂、济宁等地渔民。至 2013 年,全市渔需物资供应仍集中在沿海区域,以岚山区安东卫塑料绳网市场规模最大,已发展成为江北最大的绳网集散中心,辐射全国除台湾、西藏以外的所有省、市、自治区及 10 多个国家和地区,年交易额 20 多亿元。

第五章　渔业资源增殖与生态修复

20 世纪 80 年代,日照市北部沿海开始实施省级海洋增殖项目,主要进行对虾增殖放流。90 年代,开始金乌贼增殖放流。至 2000 年,日照海域渔业资源增殖以中国对虾、金乌贼、三疣梭子蟹为主。2000 年后,农业部全国水产技术推广总站(日照基地)在日照海域增加日本对虾、牙鲆增殖。2005 年,正式启动市级增殖项目。全市增殖放流的水生生物规模、品种、数量不断增加,品种扩展到牙鲆、大竹蛏、西施舌、金乌贼、海蜇、曼氏无针乌贼、魁蚶、黑鲷、黑鲳、半滑舌鳎等 15 个。承担放流任务的企业(单位)由 6 家增加到 15 家,参加义务放流的企业增加到十几家;增殖投放水域逐步实现全域化。至 2013 年,累计投入专项资金 3000 多万元,与省计划资金实现全面对接、足额配套。

1992 年始，日照市建立前三岛海洋自然保护区，养护和修复特定海域生态资源。2007 年，设立日照市西施舌种质资源保护区。至 2013 年，全市共建立各类海洋、海产品种质资源保护区 11 个，其中海洋保护区 3 个，水产品种质资源保护区 8 个。

第一节　增殖放流

1992 年，日照市成为省金乌贼增殖试点。进入 21 世纪，海洋资源增殖发展为育苗放流。市海洋与渔业主管部门在组织实施省级海洋资源增殖项目的同时，自主实施市级海洋资源增殖项目。

市级增殖项目

2004 年，开始实施市级资源增殖项目。6 月 28 日，市海洋与渔业局组织市水产研究所、东港区渔业部门及有关渔村，在日照市大竹蛏增殖保护区内进行大竹蛏增殖放流，是全国首次进行的大竹蛏增殖放流。

2005 年 4 月，省海洋与渔业厅发布《山东省渔业资源修复行动规划（2005—2015）》，全省正式启动"山东省水生生物资源养护行动计划"。2006 年 8 月 5 日，日照港（集团）有限公司对西港区一、二期工程海底施工损坏水产资源进行"人工放流生态补偿"活动，在涛雒镇近海放流全长 5 厘米的牙鲆 25 万尾、壳长 0.5 厘米的西施舌苗种 60 万粒。是年，市海洋与渔业局放流中国对虾、日本对虾、牙鲆、梭子蟹、大竹蛏等 1.19 亿尾（粒）。

2007 年 6 月，日照首次开展个人无偿增殖放流。岚山区苏照元在平岛近海水域"人工鱼礁"处，放流体长 7~23 厘米的牙鲆苗约 40 万尾，其中体长 15 厘米以上的 10 万尾，总价值 30 余万元。7 月 25 日，在日照市世帆赛基地广场举行农业部全国水产技术推广总站日照海水良种示范基地牙鲆鱼放流仪式，放流各类苗种 3491 万尾。

2008 年，《山东省渔业资源修复行动增殖站管理暂行办法》规定，渔业资源修复行动增殖任务由省、市增殖站承担。4 月，省海洋与渔业厅公布首批省级三疣梭子蟹渔业资源增殖站名单，全省 35 个省级三疣梭子蟹增殖站，日照有 4 个单位入选。是年，全市放流三疣梭子蟹苗 3063 万尾。

2009 年，山东美佳集团、市水产研究所、市万宝水产集团总公司 3 家企业开展义务放流活动。其中，市万宝水产集团总公司在黄家塘湾海域义务放流规格 15 毫米以上日本对虾苗 1000 余万尾。农业部全国水产技术推广总站日照海水良种示范基地在日照市临时渔港、桃花岛渔港放流牙鲆鱼苗种 40 万尾，这是农业部连续第三年在日照市大规模增殖放流牙鲆鱼苗。

2010 年 6 月，在日照港集装箱码头举行 2010 山东省暨日照市渔业资源修复行动，共放流梭子蟹、中国对虾、海蜇、黑鲷、日本对虾、牙鲆、半滑舌鳎 7 个品种 1561 万苗种单位。是年，全市共放流各类苗种 20130 万尾。

省级增殖项目

对虾放流增殖　1984 年起，在山东半岛南岸实施为期 3 年的对虾放流增殖项目。放流海域东起荣成县的成山头，西至日照市绣针河口，在沿岸自然海湾中进行增殖放流对虾苗。日照市成为山东省海洋渔业资源修复中国对虾增殖试点，主要在境内北部沿海的黄家塘湾进行。2003—2005 年，日照市连续 3 年实施省级海洋资源增殖项目，每年平均放流 3000 万尾虾苗。

金乌贼、鱼类增殖　1992 年，日照市成为山东省金乌贼增殖点。2005 年，正式启动省级金乌贼、鱼类

增殖项目,增殖放流水生生物规模、品种、数量不断增加,从过去增殖中国对虾、日本对虾、三疣梭子蟹三大品种扩展到金乌贼附卵器、金乌贼、曼氏无针乌贼幼苗、牙鲆鱼、大竹蛏、西施舌、魁蚶、黑鲷、黑鲪、半滑舌鳎、海蜇等15个海水品种。放流资金由当初仅有省级财政投入发展到省、市级财政联动和社会资金投入多元化。2008—2013年,全市总计投入资金6000多万元。其中市财政累计投入专项资金3000多万元,实现与省计划资金全面对接、足额配套,走在全省各地市前列。2005—2013年,实施省、市渔业资源修复行动,已在日照水域陆续投放各类水产品苗种18.30亿苗种单位、金乌贼附卵器545万具。其中,投放鲈鱼、半滑舌鳎、牙鲆鱼、金乌贼、日本对虾、海蜇、文蛤、大竹蛏、西施舌等苗种5000多万苗种单位。

第二节　保护区建设

中华人民共和国成立后,特别是20世纪80年代后,日照市一直对前三岛海域生物资源进行养护和修复。1992年,为保护特定区域海洋生态环境与渔业资源,建立日照市前三岛海洋自然保护区,为日照市第一个海洋保护区。至2013年,全市建立各类保护区11个,其中海洋保护区3个(国家级1个、省级1个、市级1个),水产种质资源保护区8个(国家级4个、省级3个、市级1个)。

第三节　人工鱼礁

20世纪80年代末期,日照市开始积极探索发展人工鱼礁技术,通过人为在海中设置构造物,使海流产生上升流,将海底有机物和近海底的营养盐带到海水上层,促进各种饵料生物繁殖生长,吸引鱼类栖息、聚集,使其海域增加资源量,达到保护与增殖资源的目的。1988年5月11日,日照市前三岛开发公司将一艘旧钢质轮船改造成"鲁日人工鱼礁"投放在平岛西南附近海域。船长39米,内装石头40余吨,价估10万余元。

2000年,日照黄海养殖公司在前三岛海域利用旧渔船进行试验建鱼礁,取得明显资源修复效果。2005年,该公司被山东省海洋与渔业厅列入首批山东省渔业资源修复行动计划人工鱼礁建设项目扶持单位。2008—2012年,日照市万宝水产集团总公司人工鱼礁建设项目、日照市水产研究所太公岛人工鱼礁建设项目、日照市水产集团总公司刘家湾人工鱼礁建设项目、日照市前三岛海洋牧场建设项目、山东美佳集团人工鱼礁项目先后被山东省海洋与渔业厅列入省渔业资源修复重点扶持项目,得到省市财政资金扶持。

至2013年,全市已建成人工鱼礁项目有前三岛人工鱼礁建设项目(2期)、万宝黄家塘湾人工鱼礁建设项目(2期)、日照市水产研究所太公岛人工鱼礁建设项目和日照市水产集团总公司刘家湾人工鱼礁建设项目,礁区面积511公顷,累计投放礁体72.5万立方米;在建项目有山东美佳集团人工鱼礁项目、东港区兴渔人工鱼礁项目、日照市岚山阳光人工鱼礁项目、日照叁高海洋牧场建设项目和山东轩辕海洋牧场建设项目。全市依托人工鱼礁项目建成海州湾大竹蛏和前三岛海域2处国家级保护区以及中国对虾、金乌贼、西施舌、文昌鱼等多处省、市级水产种质资源保护区。在近海海域年均增殖放流中国对虾、牙鲆鱼、大竹蛏、西施舌、金乌贼、半滑舌鳎等各类水产苗种2亿多尾(粒),全市年均投入渔业资源修复项目财政资金1400万元。

2013年,全市已获省海洋与渔业厅批复建设的海洋牧场(人工鱼礁)建设示范项目共11个,用海面积961公顷,争引上级无偿资金5050万元;已确权10宗人工鱼礁项目,总面积为731.73公顷。

第十三编　工　业

地级日照市建立后，全市工业从小到大、由弱变强，规模迅速膨胀，产业结构调整优化，临港大工业格局日益完善，发展方式逐步转变，工业化进程明显加快，工业在全市国民经济发展中的主导地位不断巩固和提高，初步形成了行业和门类比较齐全的工业体系。1989年，全市乡镇以上工业企业644家（全民95家，集体548家，其他经济类型1家），拥有机械、纺织、化工、电力、建材、食品、造船、皮革、制盐等28个行业，62个门类，固定资产7.27亿元。全市乡镇以上企业完成工业总产值15.23亿元，实现产品主营业务收入11.65亿元，实现利税总额1.12亿元。2013年，全市规模以上工业企业578家，其中年产值过100亿元的企业5家；完成工业总产值2675亿元，实现主营业务收入2618亿元，实现利润75.6亿元、利税121.1亿元。全市临港产业已形成钢1200万吨、汽车75万辆（含低速车）、发动机78万台、自动变速箱80万台、浆纸188万吨、大豆加工840万吨、食用糖加工120万吨、油品加工1300万吨的年产能力。

第一章　热电力工业

热电力工业是工业发展基础产业，是实现工业机械化、自动化、电气化的重要保障，主要包括热力发电、热能生产和电力供应三部分。

第一节　热电力生产

商业发电　1989年，日照市共有火力发电厂3座，分别为日照市发电厂、莒县发电厂、五莲县发电厂，总装机容量18兆瓦，年发电量0.72亿千瓦时。2000年4月，华能山东日照发电有限公司一期工程2×350兆瓦亚临界燃煤机组正式投入商业化运营。2003年2月，由日照供电公司等4家合资组建的日照阳光热电有限公司投产运营，共有3台75t/h循环流化床锅炉及2台15兆瓦抽凝式汽轮发电机组，总装机容量30兆瓦，主要承担日照经济开发区的电力和热力供应。2007年，华能日照发电有限公司扩建一台15兆瓦纯凝式综合利用汽轮机组，总装机容量39兆瓦。2008年12月，华能日照发电有限公司二期2×680兆瓦国产超临界燃煤机组建成投产。2013年10月，莒县大自然生物质能热电有限公司1×15兆瓦机组并网发电，是日照第一家生物质能电厂；12月，由五莲阳光热电有限公司投资的五莲丰禾生物质能热电有限公司1×25兆瓦机组投产。

自备发电 2001年以后，为充分利用企业自身的工业余热和废气，降低用电成本，各大工业企业开始发展自备发电机组。2002年9月，山东亚太森博浆纸有限公司40兆瓦机组并网，以后扩建1台92兆瓦和1台97兆瓦机组。2005年，山东旭日自备发电有限公司陆续建成8台机组，总装机容量375兆瓦。日照焦电有限公司4台35t/h余热锅炉及2台12兆瓦纯凝式综合利用汽轮机组正式投运。之后，日照凌云海集团、三木集团、华泰纸业、浩宇纺织、日照市中联水泥、莒县中联水泥、彼那尼荣安水泥和日照嘉宏生物科技均建成自备电厂。

至2013年，日照境内火力发电总装机容量为2914兆瓦。其中，省统调公用机组2060兆瓦，地方公用机组126兆瓦，自备机组691兆瓦，年总发电量为176亿千瓦时。

第二节 热能生产与供热

热能生产 1989年，日照市发电厂（后改为日照东方热电有限公司）拥有一台6兆瓦机组（3号机组）实行热电联产。莒县发电厂分别在1995年5月和1996年10月投入两台12兆瓦热电联产机抽凝式汽轮机组（6号、7号机组）。五莲县发电厂于1997年投入一台6兆瓦热电联产抽凝式汽轮机组（3号机组）。2005年10月，日照焦电有限公司4台35t/h余热锅炉利用工业废气发电产热，承担岚山区的热力供应。1996年，日照热力公司新上锅炉，建设3座供热站，对新市区实行集中供热。2010年，由于煤炭价格居高不下，日照市东方热电有限公司难以正常运营，关停供热、发电设备，企业正式停产并于2011年破产。2010年11月，华能日照发电有限公司实行热电联产，开始为日照城区提供热源。

城市供热 1989年，日照市区冬季供暖由各单位自烧锅炉解决。1996年9月，日照热力公司建设第一供热站，对新市区实行集中供热。日照老城区部分单位采用东方热电厂的热源，实行对办公和住宅区域集中供热。2002年和2003年，日照热力公司建设第二、第三供热站，新装14兆瓦热水锅炉2台。城区供热管网达到22千米，供热能力200万平方米，供热面积120万平方米。2010年，为减少大气污染，各单位自备供热锅炉关闭，日照热力公司统一利用华能日照发电有限公司热源，对整个日照城区实行集中供热。2013年，日照城区共有3家供热企业，分别是日照市热力公司、阳光热电有限公司和山海天热力公司。其中，日照市热力公司共建有5座供热站和3座区域换热站，供热管网长度约400千米，供热能力1930万平方米。冬季供热面积1050万平方米，用热单位和住宅小区812个，用热居民户数8.2万户。

第三节 电力电网建设与销售

输电线路 1989年，日照电网有220千伏电力线一条，是“六五”期间国家重点建设项目日照港的主要配套项目之一，是日照电网的第一条220千伏输电线路。该输电线路的建成投运，使原日照独立的县级电网实现与省网连接。1990年建设110千伏照汾线（日照—汾水），1993年建设220千伏万莲线（诸城万家—五莲），日照电网实现双电源供电。1996年建成220千伏照莒线（日照—莒县），属日照发电厂一期配套送出工程，莒县由临沂电业局供电改为由日照电业局供电，实现了供电区域与行政区域统一。1999—2013年，先后新建220千伏莒水线（莒县—沂水）、220千伏电岚Ⅰ、Ⅱ线（日照电厂—岚山）、220千伏贤穆线（招贤—穆陵）等，输电线路由23条增至65条，输电里程由427.51千米增至1133.01千米。绝大多数乡镇实现由原来单一电源到双电源乃至多电源供电，并且形成覆盖日照地区的环网供电网络。

变电站 1989年,日照已建成运行的35千伏变电站有巨峰等6座。1990—1994年,先后建设日照水库、岚山、黄墩等35千伏变电站。1994年,变电站建设开始向110千伏大容量方向发展,先后建设甜河站、正阳站、滕家站等。1998年,开始建设220千伏变电站,先后建成五莲站、莒州站、岚山站、招贤站、东港站等。2013年,日照市有220千伏变电站8座,110千伏变电站14座,35千伏变电站11座。

配电 日照电网中低压配电设备实行运行与检修一体化管理。中压配电网络为10千伏电压等级,低压配电网络为0.4千伏。配电线路主要由架空线路和地下电缆组成,其中城区以绝缘架空线为主,中心城区繁华地段以地下电缆为主;农村配电网络以裸导线为主,在人口密集区等特殊地段有部分绝缘架空线路。1993年,首次实施线路带电安装驱鸟器、更换避雷器、用户业扩接火等不停电作业工作。2000年,110千伏滕家、公园变电站投运配出15条10千伏线路,解决了新市区、沿海旅游区用电难的问题。2007年,110千伏古镇变电站投运配出6条10千伏线路,解决了开发区威亚等大工业供电问题。2013年,日照城区共有配电线路177条,总长2499千米。

用电水平 1989年,日照全社会用电量1.41亿千瓦时,年人均用电量123.5千瓦时。1994年,全市全社会用电量8.77亿千瓦时,年人均用电量230.8千瓦时。1997年,全年全社会用电量13.0亿千瓦时,年人均用电量490.6千瓦时。2004年,用电量突破30亿千瓦时,达到35.7亿千瓦时,比上年增长31%。2007年,全社会用电量完成78.5亿千瓦时,比上年增长42.7%,增幅全省排名第一。2013年,日照全年全社会用电量完成160.94亿千瓦时,年人均用电5547.2千瓦时,比1989年净增5423.7千瓦时。

农业用电 1989年,全市农业用电量为0.4亿千瓦时,占总量的31.2%。1996年,全市农林牧渔水利业用电0.59亿千瓦时,占总用电量的5.08%。1999年,全市农林牧渔水利业用电0.897亿千瓦时,占总用电量的5.77%。2006年,全市农林牧渔水利业用电1.35亿千瓦时,占总用电量的2.4%。2009年,全市农林牧渔水利业用电1.13亿千瓦时,占总用电量的1.0%。2013年,全市农林牧渔水利业用电2.34亿千瓦时,占总用电量的1.46%。

工业用电 1989年地级市建立后,陆续有一批用电工业大户投产,如柠檬酸厂、水煤浆公司等。1996年,全市工业用电量7.44亿千瓦时,占总用电量的63.75%。2006年,全市工业用电量为42.1亿千瓦时,占总用电量的76.6%。2009年,全市工业用电量为95亿千瓦时,占总用电量的85.5%。2013年,全市工业用电量为132.74亿千瓦时,占总用电量的82.48%。

城乡居民用电 随着物质生活水平的提高,家用电器开始大量进入千家万户,城乡居民生活用电不断增加。1996年,全年全市城乡居民生活用电1.57亿千瓦时;1999年增加到2.23亿千瓦时;2006年5.3亿千瓦时;2013年达到12.39亿千瓦时。

电费电价管理 1989年,全市电价执行国家水利电力部颁发的电力销售价格目录标准。1991年,日照电业局划归山东省电力局直接管理,建立了电费滞纳金制度、电费保证金制度、计划结算制度、停电催费制度。1995年,在全市范围内推行峰谷分时电价。从2002年4月1日起,城乡居民生活用电实现同价,到户电价均为0.52元/千瓦时。2007年,日照市实行城乡用电同网同价,农村各类用电到户价格平均降价24%,城市各类用电价格平均涨幅为0.93%。2008年,对所有客户到户电价全部统一按照山东电网销售电价表执行,结束了日照市"一市三价"的状况。2013年,日照市城乡居民生活用电(一户一表)实行阶梯电价,户年用电量≤2520千瓦时的为0.5469元/千瓦时,年用电量>2520千瓦时≤4800千瓦时的为0.5969元/千瓦时,年用电量>4800千瓦时为0.8469元/千瓦时。

"三电"管理 即计划用电、节约用电、安全用电管理。为缓解供求矛盾,1990年重新设立"三电"办公室,做好计划用电工作。1996 年开始,随着山东电网装机容量的逐步增加,电力市场从严重缺电状态下的卖方市场转变为买方市场,计划用电完成了历史使命。

农网建设与改造 1989 年,全市农村电网拥有 35 千伏及以上输电线路 273.31 千米,有 220 千伏变电站 1 座,主变压器 1 台,容量 90000 千伏安;35 千伏变电站 13 座,主变压器 14 台,容量 65550 千伏安。1992 年 12 月,日照市实现行政村村村通电。1995 年 6 月,日照市实现户户通电。从 1998 年开始,落实国务院改造农村电网、改革农电管理体制、实现城乡用电同网同价"两改一同价"部署,到 2001 年 3 月,日照市一期农网建设改造工程全部完成,并通过日照市农网建设改造工程验收。2003 年 4 月,共投资 13111 万元,二期农网建设改造工程全面完成。2005 年 12 月,共完成建设改造资金 18550 万元,日照市农村电网建设与改造工程全面竣工。

农电工管理改革 1989 年,农村电工管理模式是一个村配 1 名电工,超过 400 户的村设 2 名电工,行政上由所在用电村委会管理,工资报酬由所在村支付,业务上归乡镇供电所管理。1999 年,实行电工统管,由电业部门统一管理,给农电工办理人身意外伤害保险和养老保险,全市(不包括五莲、莒县)22 个乡镇 1097 个用电村重新招聘 802 人,精减 438 人,按片设立电工组 115 个。2000 年 5 月,全面完成乡镇供电站改革任务,全市设供电所 55 个,电工组 322 个,精减农电工 1495 人,农电工队伍实行"职业化、专业化、正规化、合同化"管理。

供电管理体制改革 1999 年 4 月,日照供电公司受山东电力集团公司委托,在产权关系不变的前提下,分别与莒县、五莲县政府签订对趸售县供电企业全面实施代管的协议。2011 年 1 月,莒县、五莲县供电公司全部地方国有产权整体无偿划转给山东电力集团公司管理。2013 年 7 月,2 个县公司分别更名为国网莒县供电公司、国网五莲县供电公司。

第二章 石油及其他能源

日照市石油产品全部从外部购进销售,供社会使用和消费。2013 年,日照中石化、中石油两家公司共设立加油站 125 座,LNG 加气站 2 座;销售石油 65.2 万吨,销售金额 46.76 亿元。

随着全市工业化、城市化进程的加快,太阳能、风能、地热能、天然气能源等新型清洁能源在日照快速发展,应用领域不断扩大。其中,太阳能应用规模全省领先,获多项殊荣;风能主要由大型能源国企投资,技术装备水平较高;天然气能源不仅用于工业生产和城市居民生活,而且促进 LNG 公交车、出租车发展。2011 年,财政部、住房和城乡建设部确定日照为"可再生能源建筑应用示范市"。各种清洁再生能源的广泛应用,丰富了全市能源结构,增强了经济社会发展的可持续性,促进了城市生态文明建设。

第一节 石油经营与管理

中石化山东日照石油分公司 1990 年 3 月 15 日,组建山东省石油公司日照分公司,由山东省公司直接管理。1990 年 10 月 9 日,中石化成立鲁沪石油化工联营公司,与日照石油分公司实行一套班子,一套会计核算,两块牌子。1992 年 8 月 8 日,山东省石油公司与中化新加坡国际有限公司在日照库区建罐 4

万立方米,成立全省首家中外合资石油销售企业鲁新油品有限公司,至此,公司库容量达到10.2万立方米,成为鲁南、苏北等地的油品集散中心。1993年1月15日,更名为山东省石油集团日照总公司。1993年1月28日,五莲、莒县公司划归日照总公司管理。2000年4月,根据中石化重组改制的要求,日照公司组建股份公司和实业公司,股份公司更名为中国石油化工股份有限公司山东日照石油分公司。2001年,改革经营管理体制,推进市县一体化,取消各经营单位的法人资格,上收人、财、物,由市公司统一管理,形成大财务、大业务、大库存、大配送的一体化管理格局。截至2013年,共运营97座加油站,2座LNG加气站,年销售成品油46万吨,为日照市经济社会发展提供可靠的能源保障。

成品油销售 1989年,日照市有中石化一家石油销售企业,销售成品油2.73万吨,其中销售平价油类1.57万吨,完成计划的103%。全年成品油吞吐量12.14万吨,完成销售额5202万元,实现利税213.3万元,利润132万元。进入21世纪后,随着改革步伐的加快,石油市场逐步放开,2000年3月中国石油天然气股份有限公司成立日照中油油品销售有限公司,2004年国家放开成品油零售市场,2006年放开成品油批发市场,一批私营企业进入经营领域,使日照石油销售队伍进一步扩大,逐步形成以中石化、中石油为主体,一批个体私营企业为补充的石油销售群体。2013年,全市中石化、中石油两家共销售石油65.2万吨(成品油61.12万吨),销售金额46.76亿元。其中,中石化日照分公司销售成品油46.1万吨,销售LNG1690吨;中石油日照公司销售成品油15.02万吨,销售收入13.7亿元。

经营网点 1989年,中石化日照分公司拥有加油站4座,1997年加油站发展到35座。2004年中石化、中石油两家拥有加油站103座,2013年发展到125座,LNG加气站2座。其中,中石化日照分公司运营97座加油站,2座LNG加气站;中石油日照公司运营28座加油站。同时,在国道、省道及乡村路上分布一批个体私营加油站,承担着各类油品的零售业务。

第二节 地热能

地热采暖 进入21世纪后,日照可再生能源应用快速发展,先后建成一批地源热泵、海水源热泵项目,其中涛雒栈子村生活区海水源热泵供暖等工程应用样板发挥了良好示范效应。2010年,全市地源热泵、海水源热泵等应用面积48万平方米。2011年,新增地源热泵面积17.46万平方米。2012年,新增地源热泵面积22.27万平方米。2013年,新增地源热泵面积14.99万平方米。截至2013年年底,全市地源热泵安装面积达到102.72万平方米。

温泉 位于五莲县管帅镇的地热田,单井地热资源总量约为3.35×1011焦,换算成电能9.3×109千瓦,出水水温56℃,日出水量3100立方米。2011年,五莲县充分利用地热能,把地下热水开采出来,与深圳杏石集团合资建成杏石温泉,供人们洗浴、保健使用。杏石温泉水温高,富含氟、偏硅酸、锂、溴、锶等多种对人体健康有益的微量元素。日照山海天度假区也在辖区内勘探出地下温泉,至2013年,在研究论证开发利用中。

第三节 风 能

华润风电场 日照市风资源丰富,具有较高的开发价值,其中五莲县、莒县部分丘陵山区风资源条件较好。2012年5月,日照市第一个风力发电场华润电力风能(五莲)东风风电场一期工程正式投入生产,总投资 3.6 亿元，装机容量 4.98 万千瓦。2012 年 8 月，华润莒县东宏风电场一期工程（碁山东莞）建成投产，总投资 3.19 亿元，装机容量 4.98 万千瓦。2013 年 2 月，华润电力风能（五莲）东风风电场二期工程（石场街头）建成投产，总投资 5.52 亿元，装机容量 4.98 万千瓦。2013 年 4 月，华润莒县东宏风电场二期工程（碁山东莞）建成投产，总投资 3.4 亿元，装机容量 4.98 万千瓦。

国电风电场　2012 年 9 月，国电电力莒县库山风电场建成投产，总投资 4.5 亿元，装机容量 4.95 万千瓦。2013 年 12 月，国电电力五莲于里风电场建成投产，总投资 4.3 亿元，装机容量 4.95 万千瓦。

至 2013 年年底，全市先后建成投运 6 个风力发电场，投资总额 24.5 亿元，总装机容量 29.82 万千瓦。

第四节　太　阳　能

集热器制造　1989 年前后，日照市先后出现日照永恒、水泵厂、琴耐尔等太阳能集热器生产厂家。随后，山东皇明等一批外地太阳能集热器生产厂家在日照设立生产、销售点。2013 年，全市拥有太阳能集热器生产企业 20 多家，其中较大规模的生产厂家 9 家，年生产能力 10 万多平方米。

集热器使用　1989 年前后，部分城镇家庭开始使用太阳能集热器。随着人民生活水平的提高，城乡居民使用太阳能集热器的越来越多。2010 年，全市太阳能集热器安装面积达到 100 万平方米。2011 年，新增安装面积 7.47（城市规划区 3.17+农村 4.3）万平方米。2012 年，新增安装面积 7.39（城市规划区 3.94+农村 3.45）万平方米。2013 年，新增安装面积 4.56（城市规划区 3.36+农村 1.2）万平方米。至 2013 年年底，全市太阳能集热器安装面积达到 119.42 万平方米，城乡居民基本家家装有太阳能集热器。

第三章　钢铁及有色金属

日照市金属矿产储量小、品位低，已探明具备开采价值的有莒县钛铁矿体和五莲宝山金矿。1989 年地级市成立时，日照市还没有真正意义上的金属冶炼企业。进入 21 世纪，日照市凭借便利的地理、交通条件，依托临港区位优势，大力发展冶金工业。2003 年 9 月，日照钢铁集团建成投产。2013 年 6 月，山东省钢铁产业结构调整重点项目——日照精品钢基地开工建设。2013 年，全市钢铁完成工业总产值 490 亿元，生铁产量 1362 万吨，钢坯产量 1268 万吨，钢材产量 1268 万吨。

第一节　钢　铁

1989 年，日照市只有部分企业利用废旧钢铁熔炼制造机械配件和农机具，产品结构单一，规模很小，自足率低。

日照钢铁集团公司　2003 年 3 月，日照钢铁集团公司在日照市岚山区开工建设，9 月竣工投产。经过多次扩大产能和技术升级，已建有炼铁高炉 16 座，可年产铁水 1400 万吨；炼钢转炉 8 座，可年产钢坯 1300 万吨；烧结机 13 台，可年产烧结矿 2700 万吨；球团矿连篦机回转窑生产线 2 条，可年产球团矿 120

万吨；6条高频焊接钢管生产线，年产量可达60万吨；还有H型钢生产线、高速线材生产线、热轧卷板生产线、棒材生产线等各类现代化钢铁生产线。公司能够生产生铁、钢坯、钢材、热轧带肋钢筋、焊管、H型钢等各类产品，形成以内贸为主、出口为辅多头并进的贸易格局，产品在沪、苏、鲁、浙、闽、粤等沿海经济发达地区成为市场主流资源品种，并且打入日、韩、欧和东南亚市场。螺线产品实现上海期货上市交割，型钢、线材产品被京沪高速、沪昆铁路、贵广铁路、胶州湾跨海大桥、沪杭跨海大桥等国家级重点工程应用。2013年，日照钢铁集团完成工业总产值458亿元，生铁产量1321万吨，钢坯产量1268万吨，钢材产量1247万吨。

日照钢铁精品基地　2013年6月，日照钢铁精品基地在日照市岚山工业区开工建设。该项目为山东省钢铁产业结构调整重点项目，计划总投资567.48亿元，环保投资64.7亿元，设计年产铁810万吨、钢850万吨、钢材790万吨。日照钢铁精品基地项目计划引入138项全球首创、国内首创、前沿成熟技术，1000余项自主创新项目，产品定位于做钢铁产品市场的引领者、服务商，主要生产目前市场上需求量大的钢铁升级替代产品，主导产品有热轧薄板、冷轧薄板、镀层薄板、宽厚板等。项目将填海造地173.8公顷，新建矿石码头工程设30万吨级泊位1个，成品码头工程设4万吨级泊位3个、1万吨级泊位4个。

第二节　黄　金

五莲金矿　山东宝山矿业集团前身为五莲县七宝山金矿。1990年8月，五莲县七宝山金矿与五莲县硫铁矿合并，组成新的五莲县黄金化学工业公司。2002年8月完成公司改制，组建成立山东莲宝矿业有限公司。2003年9月，组建山东宝山矿业有限公司，改制为民营企业。2013年11月，以山东宝山矿业有限公司为主发起人，组建山东宝山矿业集团。2013年，公司拥有员工1000余人，固定资产1575万元，建有1个采矿车间，4个选矿车间，拥有国内先进的磨浮设备140台套，采选规模达到1800吨/日。1989—2013年，共生产铜4.05万吨，硫42.11万吨；实现利税92013万元，上缴税金34768万元。

高旺金矿　高旺金矿隶属山东黄金集团，于1994年投产，年产白银、铜、铁等，产值1500多万元。该企业矿产黄金含量低，经营亏损，于1999年年底停产关闭。

第四章　机　械

机械工业是日照市工业的传统支柱产业，1989年已经形成农机具、船舶修造、通用基础件、汽车及配件5个门类，整机成套产品有三轮车、水泵等多项产品。经过20多年的发展，至2013年，日照市机械行业规模以上企业有142家，完成工业总产值523.69亿元，工业增加值164.19亿元，出口交货值41.02亿元，产销率98.0%；利润总额26.70亿元，利税合计31.22亿元；资产总额281.49亿元，职工3.4万人。正业主要产品产量为三轮车74.19万台，低速货车3.21万台，中型拖拉机0.54万台，小型拖拉机5.7万台，汽车发动机72.54万台，变压器73.78万千伏安，雷管5346万发，内燃机活塞545万只，收获机械0.3万台，自动变速箱75.88万台。

第一节　船舶修造

木质船　二十世纪八九十年代,随着沿海捕捞业的发展,在沿海部分村庄相继建起7家修造船企业:秦楼街道的大泉沟造船厂、张家台造船厂、任家台造船厂、桃花崖造船厂,涛雒镇的孙家村造船厂、海员村造船厂、东方造船厂。这7家企业以修理船舶为主,接到订货也进行20米以下的木质船制造。2007年7家企业从业人员有156人,固定资产1780万元,完成工业总产值570万元,共修造20米以下的木质船950艘。

日照顺风船业股份有限公司位于涛雒镇,是1999年1月由涛雒造船厂改制而成的。1990年前后,企业生产经营达到鼎盛时期,职工180多人,年造小马力(20米以下)的木质船300多艘,大马力的木质船(30米以下)10多艘。1995年以后,特别是进入21世纪,随着近海渔业资源的减少和休渔期的实行,对该企业冲击很大,生产开始萎缩,职工人数锐减。

钢质船舶　日照造船厂建于1961年,以生产制造木质船起步。1989年,生产民用钢质船舶3艘,其中钢渔轮2艘,总排水量294吨。2004年,建造8112型大马力钢质渔轮12艘,修理船舶40艘。2005年,搬迁至岚山区虎山镇韩家营子村,后被兼并。

山东华海船业有限公司,2007年8月由山东万宝集团有限公司、山东海岳进出口有限公司、日照东远船业有限公司、莱佛士航运私人有限公司(新加坡)四方联合投资将日照市造船厂兼并后成立,注册资本7000万元人民币,实际投入建设资金2.7亿元。2009年,公司被山东省经贸委列入山东省船舶工业重点项目,主营船舶及海洋工程设备的设计、制造和修理,主要产品有各类型号油轮、散货船、集装箱船、化学品船、拖船、工程船及海洋工程设备及配套设施制造等。公司已建7万吨级(275m×79m)船台1座,3万吨级(150m×62m)船台1座,承重1500吨级滑道式船台1座,240米长码头,最大起重能力300吨,年造船能力30万吨。截至2013年,山东华海船业有限公司已交船型有油轮、散货船、集装箱船、化学品船、拖船、调查船等系列船舶。其中,3.73万吨1号散货船的下水,日照市造船能力首次达到万吨级。2013年完成工业总产值1.8亿元,职工221人。

大型船舶制造　日照港达船舶重工有限公司由日照港下属的山东港湾建设集团有限公司与日本中和物产株式会社于2007年共同出资兴建,注册资本7500万元,具有一级Ⅲ类钢质一般船舶生产资质。公司的主要经营范围为造船业务、修船业务、旧船改造、船用机械制造和钢结构工程等,有自营进出口权。具备年造3万吨级及以下船舶10艘、年修20万吨级及以下船舶30艘的生产能力。公司通过质量、环境、职业健康安全三体系认证,并通过CCS、GL、ABS、BV等船级社的评估。公司先后建造海上平台服务船、溢油处置船、成品油船、散货船、锚艇、甲板驳、近海拖轮、港口拖轮及海上工程船等船型。

日照海洋装备制造基地　由日照市与新加坡JES国际控股有限公司合作建设,计划总投资100亿元人民币,2011年4月2日开工,规划建设周期三年,位于日照经济技术开发区,主要生产海洋装备设施。日照海洋装备制造基地建成投产后预计实现销售收入300亿元~500亿元。

第二节　动力机械

汽车发动机　山东现代威亚汽车发动机有限公司成立于2006年11月,是由韩国现代汽车集团威亚株式会社、起亚自动车株式会社、现代自动车株式会社和日照港(集团)共同出资组建的中外合资企业,总投资7.6亿美元,注册资本2.7亿美元。其中,一期总投资4.9亿美元,主要生产α、β、γ、η等各种排量、型号汽车发动机78万台/年,铝制缸体毛坯件180万件/年,产品大部分出口,部分为北京现代和东风悦达起亚配套,并进入现代汽车集团全球供应系统。2013年,完成工业总产值103.85亿元,工业销售产值101.44亿元,出口交货值22.54亿元,利润总额9.84亿元。

电动机、发电机 日照电器工业公司是由日照市电器厂更名而成,创建于1956年。公司先后生产交流电机、电力变压器、启动补偿器、启动箱、汽车及拖拉机发电机、交流接触器、启动控制器、配电盘等。1996年,公司合并到山东同泰集团股份有限公司,更名为日照电器工业公司,继续从事生产电动机、低压电器产品。日照东方电机有限公司生产起重电机、振动电机、变速电机、干湿两用电机,广泛用于建筑、工程建设等领域。

第三节 汽车 摩托车 电动车

三轮、四轮农用车 山东五征集团公司的前身是成立于1961年的五莲县拖拉机站。1984年,生产三轮农用车,2000年由国有企业改制为全员持股的民营企业,已经形成农用车、汽车、现代农业装备和现代农业四大主导产业,总资产68亿元,员工1.4万人,是中国机械制造重点骨干企业之一,中国农机工业协会副会长、中国农业机械学会副理事长、中国农用运输车分会会长单位。公司主要产品有"五征牌"三轮车、农业机械等,产品畅销全国并出口美国、加拿大、韩国、西班牙、荷兰、尼日利亚等国家。2013年,企业生产三轮、四轮农用车74.2万辆,主营业务收入160亿元、利税6.83亿元、利润6.1亿元,分别占五莲县规模以上企业的38.8%、31.1%和37.7%。

汽车 山东五征集团公司2005年通过控股浙江飞碟汽车公司,进军汽车制造产业。现已形成"飞碟牌"载货汽车、客货车、专用车、改装汽车等系列产品,2013年生产各类低速(轻型)汽车3.2万辆。

2005年9月,日照金通车辆制造有限公司开发生产"一汽金杯"和"日发"牌农用运输车和轻型卡车等,年产能力达5万台,后因销路不畅停产。

环卫车 环卫装备产业是山东五征集团公司的新兴产业,在打造城乡环卫一体化系列产品的基础上,加大垃圾中转车、大型钩臂车、自装卸式环卫车、餐厨垃圾车、扫路车、动物无公害处理收运车等产品研发,产品型谱进一步拓展。其中,采用专利技术,对垃圾箱进行革命性创新,实行"不让一滴污水流出"的设计目标,杜绝了二次污染,成为行业技术首创,得到环卫部门的认可。2013年,该企业生产的环卫运输车销往全国22个省、106个市(区、县)。

摩托车 日照裕鑫动力有限公司原名山东裕华机械厂,是一家军工企业,1992年从沂蒙山区搬迁日照市区,因军工生产任务不足,经营困难。1996年被中国轻骑摩托车公司兼并,改名为中国轻骑集团日照摩托车公司,生产"先锋"牌摩托车系列产品,有二轮、三轮、盘式、把式、篷式、箱货式等80余个品种,年生产能力10万辆。进入21世纪后,由于市场供大于求,销售困难,摩托车生产急剧下降,后改制为日照裕鑫动力有限公司。

电动车 日照五征电动车有限公司于2001年投产,建成10万台电动车生产流水线,10万台电控装置流水线,开发生产多种型号电动自行车和电动客、货三轮车系列产品。2013年,生产各种电动车12.4万辆,销售收入1.6亿元。

第四节　汽车配件

随着家庭轿车的增多和普及,日照汽车配件产业取得较快发展,2013 年形成以五征农用车、低速货车为代表的农用车配套生产体系,以威亚汽车发动机、威亚模具为主体的韩国现代汽车零部件生产体系,以兴业汽车配件、金马汽配为代表的重型汽车零部件生产体系。2013 年,完成产值 460.99 亿元,占全市工业总产值的比重达到 17.2%,成为全市工业第一大产业。

农用车配套生产体系　以五征集团为龙头的汽车、三轮车配件产业链体系,主要分布在五莲县城工业基地和于里、街头、潮河、松柏等乡镇,汽车零部件加工企业聚集度相对较高,已成为乡镇工业的支柱产业,企业间形成了分工协作、紧密配合的发展体系。2013 年,汽配基地生产配件组装三轮、四轮农用车 74.2 万辆、低速(轻型)汽车 3.2 万辆。

现代汽车零部件生产体系　以威亚汽车发动机、威亚模具为主体的韩国现代汽车零部件生产体系,主要集中在日照开发区汽车及发动机零部件产业园,由威亚汽车发动机厂、威亚模具有限公司、现代派沃泰自动变速箱(山东)有限公司、现代岱摩斯汽车传动系统(日照)有限公司、科耐汽车部件有限公司、阿尔泰汽车配件有限公司等企业组成,主要生产发动机配件、自动变速箱、手动变速箱、汽车后驱动车桥、减速器、传动器、分动器、发动机和变速箱铸铝零部件等,重点与威亚汽车发动机、北京现代和东风悦达起亚等配套。2013 年,生产体系形成年生产汽车发动机 78 万台,六速自动变速箱 80 万台,驱动车桥、减速器、分动器 100 多万台的生产能力。其中,现代派沃泰自动变速箱(山东)有限公司,主要生产 6 速前轮自动变速箱以及 8 速后轮自动变速箱,已经形成年生产能力 80 万台、年产值过百亿元的生产规模,是全国最大的六速自动变速箱生产基地。

重型汽车零部件生产体系　以兴业汽车配件、金马汽车配件为代表的重型汽车零部件生产体系,主要集中在市区和五莲县,由日照兴业汽车配件公司、金马华泰汽配公司、山东万通液压机械有限公司、日照市北业制动泵有限公司、山东双港活塞有限公司等企业为代表,生产发动机活塞、真空助力器,液压制动主缸、转向机活塞、齿轮室、制动鼓、半轴套管、轮毂、重型车辆配件等,重点为中国重汽集团、山东五征集团、东安黑豹、哈飞汽车等多家全国知名厂家配套。2013 年,生产体系形成年产内燃机活塞 2000 万只、制动泵 36 万台、真空助力器 40 万套、液压制动主缸 50 万套、气刹 50 万套的生产能力。

第五节　农 机 具

水泵　山东同泰集团股份有限公司是 1925 年成立万聚源铁工厂,1952 年改厂名为日照县合作铁工厂,1989 年改厂名为日照水泵厂,1998 年企业改制更名为山东同泰集团股份有限公司。主导产品工业泵有 26 个系列 300 余个规格,年生产能力 5000 余台套,销售分布在国内外地区,获评“中国机械工业名牌”“山东名牌”,广泛应用于石油、化工、电力、冶金、矿山、楼宇宾馆、居民生活等行业。2013 年,生产工业泵 3609 台,完成工业总产值 13529.8 万元,出口交货值 976.7 万元,利润总额 387.5 万元。

小麦、水稻脱粒机　1989 年前后,日照街道、大坡、西湖、陈疃等乡镇农机厂年生产各种型号的小麦、水稻脱粒机 3000 多台,有力地支援了农业生产。1996 年以后,随着小麦、水稻联合收获机的使用和普及,小麦、水稻脱粒机陆续停产。

玉米联合收获机械　山东五征农业装备公司，从2010年开始生产玉米收获机械，2013年生产玉米收获机2762台，谷物收获机械9台。山东同泰集团股份有限公司，2012年开发生产的YMCT30玉米联产成套设备，被认定为山东省重点领域首台套技术装备，2013年生产销售189台套。

粮食加工机械　山东同泰集团股份有限公司生产的粮食加工机械产品，有24个系列200余规格，年生产能力5000台(套)，客户遍布国内外地区。其中，2000年开发生产的LNT-150型砻碾组合米机被认定为国家级新产品，2002年开发生产的MWPG300型大米抛光机被认定为国家重点新产品。

拖拉机　山东五征集团从2000年后开始生产拖拉机。2009年4月，山东五征集团兼并山东拖拉机厂，形成五征雷诺曼大拖5个型号、澳力系列中拖3个型号、致富星系列小拖4个型号的拖拉机生产线。2013年，生产大型拖拉机137台，中型拖拉机5448台，小型拖拉机56970台。

第六节　电力电器

变压器　山东鲁圣电力器材有限公司的前身是日照线路器材厂，创建于1984年，1999年改制为民营企业。2001年开始，公司在原有电力金具产品的基础上引进互感器、避雷器、绝缘子等项目。2003年，上马新型节能环保变压器、箱式变电站和高低压隔离开关项目，开发出非晶合金变压器、干式变压器等新型节能环保产品。公司主导产品“鲁圣”牌系列电力器材被评为山东省名牌产品，销往全国20多个省、1000多个县市区，其中在山东省占90%以上的市场份额。2013年，山东鲁圣电力器材有限公司完成产值8.6亿元，实现主营业务收入8亿元、利润6103万元。

电力金具　日照市信达电力金具厂创建于1992年，1998年更名为日照市信达电力金具厂，产品由单纯金属镀件扩展到生产输变电力金具、通信线路器材等80个类型、1000多个品种的系列产品，为通信、电力行业建设提供配套铁件，拥有250多台(套)主要生产设备，有年产2000吨铁件生产线和年产800万件的电缆挂钩生产线。2013年，完成产值1535万元，营业收入1480万元。

电力开关　日照电力电器设备厂是日照供电公司所属电器制造企业，成立于1993年，主要生产户内外箱式变电站、封闭式开关柜、抽出式开关柜、低压配电柜、低压补偿柜、户外环网柜、动力配电箱、照明配电箱等各种规格设备。2013年，企业销售收入4800万元，利税630万元。日照光明电力科技有限公司是一家专业制造科技型、智能型、环保型特种控制设备制造企业，其前身是成立于1971年的日照变压器厂。公司拥有固定资产1690万元，注册资金5008万元，占地面积3.98万平方米，主要产品有铠装移开式交流金属封闭开关设备、固定式金属环网开关设备、电缆分支箱、预装式变电站(欧式、美式)、配电箱等。公司先后获得山东省科技进步一等奖、日照市科技进步一等奖、日照市星火一等奖，并被日照市人民政府授予AAA级企业称号。

铁塔　日照市建兴铁塔有限公司1998年成立，其前身是莒县城阳农修厂。公司产品主要包括10千伏~750千伏输电线路铁塔、全系列广播通信塔、电气化铁路接触网支架、风力发电机支座等，广泛应用于电力、广播、通信、铁路交通等行业。公司先后通过ISO 9002国际质量体系认证、方圆标志认证中心质量管理体系认证、质量管理体系认证、环境管理体系认证及职业健康安全管理体系认证。自2007年起，公司开始承接国际业务。2008年5月，山东鼎昌铁塔制造有限公司成立，位于莒县城北工业园，生产规模扩大到20万吨/年。

第七节　通用基础件

五金工具、索具　山东金马工业集团股份有限公司1980年开始生产美式八角锤，为日照市首批销往美国市场的产品，后转向外销型的五金工具、索具产品。公司生产的五金工具、索具系列产品被评为山东名牌产品，有500余个品种、2000多个规格，年产量5万吨，畅销欧、亚、美等40多个国家和地区。2013年，完成工业销售产值224509万元，实现出口交货值54245万元，利润总额5498万元。

钳子　山东世丰机械工具有限公司原为五莲工具厂，主要生产尖嘴钳、扁嘴钳、斜嘴钳、圆嘴钳、弯嘴钳、钢丝钳等钳类工具，品种有150多个，年生产能力1100多万把，产品远销几十个国家和地区。

钢球　山东五莲山狮钢球有限公司原为五莲钢珠厂，1975年建厂，主要生产"山狮"牌系列碳钢球、轴承钢球、不锈钢球、陶瓷球、橄榄球、飞碟球、玻璃球、各种合金球等各类球体，是航空航天、汽车工业、精密仪器、仪表、医疗器械、军工等行业的球类配套产品，规模为亚洲第一。1996年进行技术改造，年新增生产特种钢球25亿粒能力。产品畅销全国28个省市，远销美国、日本、德国、意大利、巴西等38个国家和地区。

不锈钢微丝　2007年7月，日照精思特殊材料有限公司建成投产，注册资金500万元，主要生产不锈钢微丝，产品用于航天、航空、医疗、电子、化工、汽车、服装针织、通信科技等领域。

输送机械、环保设备　山东海汇环保设备有限公司于2003年8月注册成立，是山东省高新技术企业，以研发、生产和销售输送设备、高效节能环保设备为主，并为用户提供成套设备的设计、加工制造、安装调试及相关技术咨询服务业务。公司主要产品包括皮带输送机、托辊、滚筒、托辊支架和袋式除尘器、脱硫、脱硝除尘一体设备、污水处理设备、工业输送、破碎粉磨、金属耐磨材料等七大系列100多个品种，产品广泛用于电力、冶金、建材、煤炭、石油化工、港口、粮食等行业。其中，除尘脱硫一体设备被评为山东省著名商标、山东名牌产品，皮带输送机和除尘、脱硫、污水处理设备畅销全国20多个省、市、自治区，并出口东南亚、欧美等国家和地区，托辊、滚筒、托辊支架远销南北美洲、澳大利亚、西欧和东南亚等国家和地区。公司自主生产的船用绞盘轴在第六届中国铸造零部件展览会上获优质铸件金奖，捐赠产品被中国工业博物馆收藏，年产各类输送机械和环保设备1.5万余台套。2013年度完成工业总产值217923万元，出口交货值2551万元，利润总额9045万元。

第五章　建　材

日照市建材矿产资源丰富，尤其是石灰石、石棉、石材等在全省乃至全国占有重要位置。地级市建立后，日照市建材工业快速发展，经济规模和产品质量显著提高，形成了以水泥、石材、新型建材、非金属矿开采为主导的建材工业体系。2013年，全市建材行业规模以上企业112家，其中过亿元企业19家，完成工业总产值115.8亿元，实现销售收入113.6亿元，实现利润5.2亿元。

第一节 砖瓦 石灰

砖瓦 20世纪80年代始,乡镇、村、联户、个体砖瓦窑场迅速发展,尤其是莒县长岭镇、小店镇,集中连片规模发展。1990年,两镇窑场有70多座,形成年产砖瓦3亿块(片)的生产能力,年产值4.3亿元,从业人员6000多人,成为省内外闻名的砖瓦生产基地。1998年,全市砖瓦生产企业有286处,年产砖10.46亿块,瓦1.26亿片。从2000年开始,国家分期分批禁止生产、使用实心黏土砖,一些占用耕地资源的砖瓦生产企业被关闭,许多大型项目、重点工程逐步使用新型建筑材料,砖瓦生产呈逐步下降趋势。2003年,全市砖瓦生产企业有132家,年产砖5.6亿块,生产瓦0.78亿片。2008年,国家推广发展以粉煤灰、炉渣、副产石膏、工业尾矿等固体废物以及页岩等材料为主要原料的新型墙体材料。2009年,全市发展新型墙材生产企业40多家,新型墙材生产能力达14亿标砖,实际应用量10亿标砖,城市规划区内新型墙材应用比例达到96%以上,建制镇区内新型墙材应用比例达到82%以上。2013年,全市实际应用新型墙材16亿标块,新型墙材应用比例达到88%;市区建设工程全部达到"禁实"要求,新型墙材应用比例达到100%。

石灰 日照市石灰石资源比较丰富,主要分布于莒县的东莞、库山、天宝山、安庄、刘家官庄、浮来山、洛河,五莲县的高泽、许孟、山阳、于里、石场等地,东港区的竖旗、南湖等地也有少量贮藏。2003年,石灰制造企业80多家,年产石灰60多万吨。所产石灰除满足日照市建筑需求外,还大量外运销售,主要销往青岛、潍坊、连云港等地。2008年以后,岚山区虎山、莒县洛河等地陆续建成一批新型石灰石企业,采用全自动化石灰窑生产线,具有环保、节能、全自动化系统控制等特点,解决了土窑、循环窑存在的出灰质量低、生产效率低、能耗高、污染严重等难题,企业单线日产可达1000吨。石灰石产品除满足建筑市场外,还重点用于炼钢辅料,销往国内外钢铁企业。2012年5月9日,载有2万吨石灰石的"夏之远"轮驶离日照港码头,驶往韩国现代钢铁唐津厂,这是韩国现代钢铁首次从日照市进口石灰石。2013年,石灰石产量80多万吨。

第二节 水泥及制品

水泥 1989年,全市共有水泥厂20家,形成年产110万吨的生产能力。1995年,各水泥厂为提高产品市场竞争力,纷纷进行技术改造,不断扩大规模。全市有水泥厂19家,水泥年生产能力达到210万吨,实际生产水泥165万吨。1997年6月,大宇水泥(山东)有限公司建成投产。该项目包括济宁泗水水泥熟料厂和日照水泥粉磨站,总投资3亿美元,是国内水泥行业最大的外商独资企业,年产水泥250万吨,产品90%出口。2002年年初,莒县东莞水泥厂联合清华大学、深圳大学、济南大学引资4000万元,在日照开发区成立集水泥粉磨、混凝土预搅拌、新型墙体材料于一体的日照昊宇新型建材有限公司,年生产水泥120万吨。2008年后,国家实行水泥"控制总量、淘汰落后"的产业政策,逐年对落后立窑水泥生产线进行淘汰关闭,积极发展新型干法水泥生产线。2013年,全市共有水泥生产企业18家,水泥年生产能力达到3000万吨。

水泥制品 随着建筑市场的扩大,全市水泥制品业发展较快,但规模不大、点多面广,多为乡镇办、村办、建筑业兼办、个体办等,其中乡镇、村办水泥制品企业65家,年加工水泥制品60万立方米,总产值

4000多万元。1992年后,大力发展节能、节地、利废、环保的新型墙体材料。日照市恒新建材有限公司与山东省建筑科学院共同研制开发了特细砂加气混凝土砌块系列产品,获中国建筑新材料、新技术、新装备优秀产品奖。2003年,日照市水利制管厂开发的PCCPL管(预应能力钢筒混凝土管),实现销售收入4000余万元。至2013年,全市水泥制品企业发展到150多家,其中规模以上水泥制品企业40余家,主要生产PCCP输水管、预应力输水管、自应力排水管、预应力电杆、加气混凝土、彩色混凝土瓦、道路砖、各种水泥制品构件等。

第三节　其他矿产

石棉　日照市石棉主要分布在虎山镇梭罗树村,探明石棉矿矿石资源储量229.5万吨,石棉矿物量14.8万吨。1958年,山东省建设厅投资3万元,建立日照县五一石棉矿,逐步形成每年井下可采矿石8万吨的生产能力。1980年以后,受国际市场影响,石棉销路渐衰,为进一步增强企业活力,石棉矿引进泡沫石棉生产技术,进行深加工增值。1991年,日照市石棉矿与香港中晓发展有限公司合资兴建日照鲁达汽车配件有限公司,主要生产经营石棉高级气缸垫板材,属出口创汇型产品,用户遍及全国21个省、市、区以及中国香港地区和巴基斯坦等国家,技术水平国内领先。2002年,由于井下矿体石棉品位低、开采难度加大,成本上升,石棉矿矿井暂时关闭,石棉生产主要从露天开采的蛇纹石中分离,石棉不再作为主导产品。

蛇纹石、白云石　蛇纹石矿主要分布于虎山镇梭罗树村周边,面积约50平方千米。白云石矿主要分布于莒县,南起浮来山,北至东莞镇,估算总资源储量约1.5亿吨。蛇纹石、白云石工业用途广泛,在冶金、建材、轻工等领域大量使用。1996年,日照鲁达矿业集团公司投资建成一条可利用石棉矿尾矿生产蛇纹石粉的生产线,年生产能力达10万吨。1997年,投资1100万元建成日照市蛇纹石矿,主要产品销往上海宝钢。2002年10月,在莒县洛河建设白云石矿1处。经过扩产改造,白云石年生产能力达到100万吨,主要销往上海宝钢、台湾中钢、日照钢铁厂等国内企业,及日本川崎制铁等国外钢铁企业。2013年,该企业生产蛇纹石40万吨,生产白云石50万吨。

第六章　石　材

日照市石材资源丰富,分布比较广泛,在各区县均有较大储量,特别是五莲县境内花岗石资源最为丰富,可开采量达70多亿立方米。日照市石雕艺术在1990年之后迅速发展,技艺精湛,种类齐全,尤以五莲县街头和莒县龙山最为突出,石雕石刻工艺制品大多销往省外或出口国外。2013年,全市石材企业200多家,其中规模以上企业16家,石材产量1亿平方米,实现产值38亿元。

第一节　石料开采

手工开采　日照市石材开采历史悠久。过去石料开采多为民采民用,部分用于打碾制磨或兴修水利,开采以手工为主。1989 年,东港区秦楼街道营子村、日照街道石场村,五莲县街头、王世疃,莒县龙山等多处采石场,都是露天人工开采,所采石料主要用于建筑、道路、水利建设等。随着城市发展,1995 年以后,日照城区多处采石场陆续关闭。

机械化开采　1989 年以后,部分花岗石场开始机械化开采。经过多年的摸索和设备更新,全市石材开采机械化程度逐步提升,资源利用率越来越高。2013 年,各采石场普遍利用现代开采技术与设备,实施规模化、机械化开采,自上而下分段式水平推进,台阶高度一般在 10 米以内,个别可达 15 米。主要开采方法:金刚石串珠绳锯与排孔控制爆破相结合,利用金刚石串珠绳锯进行切割,用凿岩机实施排孔控制爆破切割。完成采掘工作后,在断面上切割大型料石,较完整形成商品荒料。

第二节　石材加工

机械加工　1984 年,五莲县洪凝镇花岗石厂创立,建有锯石、磨切、雕刻等车间,开始机械化加工,主要产品有五莲花、五莲红等 20 多个品种,并承接加工各种异形板材及雕刻等,1988 年成为山东省外贸公司花岗石板材出口生产定点厂。1989 年,五莲县街头,莒县龙山、桑园,东港区石臼、丝山、陈疃等乡镇相继建成一批花岗石材厂,村办以上石材企业发展到 25 处,共有从业人员 3000 多人,年加工石材 75 万平方米。1994 年,全市石材生产企业发展到 130 家,石材加工设备 500 台(套),年加工板材 300 万平方米,实现产值 4.9 亿元。莒县龙山花岗石厂购进韩国石材切割流水线,生产的花岗石板材于 1994 年 6 月被首届中国金榜技术与产品博览会授予金奖。2000 年后,全市石材工业快速发展,各区县石材已经形成规模化、片区化格局。规模较大的有五莲县芙蓉石材加工区、永发石材工业区、王世疃石材工业区,莒县的龙山石材加工区,东港区的陈疃石材加工区。2003 年,日照弘业石材有限公司投资 200 万美元在五莲街头建设石材批发市场 1 处,方便了石材市场的流通交易,带动了石材业的快速发展。

清洁生产　2010 年,日照市对石材业进行集中整治,关闭一批规模小、装备差、技术落后的企业。为彻底解决石材生产污染问题,确保市区饮用水源地安全,推动全市石材产业转型升级,从年底起,按照"开采集约化、加工园区化、交易组织化"的思路,对全市的石材业进行综合整治,建设五莲石材产业园,让石材加工业户按规定的门槛入园发展,园外石材企业至 2013 年年底全部关停拆除。园区总规划面积 12.9 平方千米,其中石材加工业用地 6.9 平方千米,是集石材生产加工、仓储物流和商品贸易于一体的现代化石材产业园。至 2013 年,已有 199 家石材企业入驻石材产业园,其中 142 家建成生产,入园企业全部建设全密封式钢构车间,基本实现雨污车间、厂区、园区三个"内循环、零排放"。

加工工艺　石材加工一般分锯割和研磨。锯割加工是将花岗石荒料锯割成毛板(一般厚度为 20 毫米或 10 毫米),或条状、块状等形状的半成品。该工序属粗加工工序,该工序对荒料的板材率、板材质量、企业的经济效益有重大影响。研磨抛光是将锯好的毛板进一步加工,使其厚度、平整度、光泽度达到要求。该工序首先需要粗磨校平,然后逐步经过半细磨、细磨、精磨及抛光,把花岗岩的颜色纹理完全展示出来。

第三节　花色品种

日照市花岗石花色品种繁多,品质较好。品种主要有五莲花、五莲红、五莲青、五莲灰、雪花石、莒州墨玉、莒红、鸭蛋绿、流纹、细晶、斑纹花等30多个品种，分布于五莲县的街头、洪凝，莒县的龙山、小店、桑园，东港区的石臼、秦楼等乡镇，储量70亿立方米，岩体多裸露地表，品质较好，适宜开采。其中，以五莲花、五莲红、莒红为代表。

五莲红　主要产地五莲街头镇。花色以红色为主，白点和黑点镶嵌其中。材质坚硬、致密，结构均一，有较强的抗风化能力。花色自然、色彩稳定、颜色纯正、花纹和谐、光亮美观，是较好的内外墙及地面装饰板材，已被建筑业广泛采用。

五莲花　主要产地集中分布在五莲县红凝崖至吴家沟地带，远景可开采储量达23亿立方米，是国内最大的单一花岗岩矿体。花色以黑色为主，灰点和黑点镶嵌其中，分布均匀协调，整体色调鲜艳、庄重，色泽美观，并具有材质坚硬、永不磨损、永不褪色的优良性能。

莒红　主要产地莒县小店镇，花色以红色为主，白点和黑点镶嵌其中。石材因矿体不同，花色也有细微差别。石材色彩艳丽，质地坚实，色泽美观度特别强，可以作为观赏石材用，具有良好的抗磨损、耐酸碱、抗风化、抗污染、辐射性低等特点，因此很多建筑产品都用莒红板材。

第四节　石材雕刻

日照市石雕艺术在1990年之后迅速发展，技艺精湛，花样繁多，种类齐全，尤以五莲县街头和莒县龙山最为突出，石雕石刻工艺制品多销往省内外或国外。

石雕石刻制品　石雕刻品题材广泛，品种多样，其中有立体人像、英模群体、神佛雕塑、刻石名言、石亭碑文、动物雕刻、石狮、石牌坊、花瓶、花盆、平雕、立雕、浮雕壁画、墓碑、石桌、石凳、洗手台、壁炉、球体等。

建筑用石制品　可根据建筑体需要设计加工造型，包括普通圆柱、多棱体石柱、罗马柱、扭纹柱、梅花柱、光身柱、单色柱、多色柱、龙柱、螺旋柱、栏杆柱、雕刻柱、锥形柱、鼓形柱、柱座（柱础）、柱帽（柱头）、花线、楼梯扶手、栏杆、石条、基石、门框石、门头石、铺路石、台阶石、广场石、路沿石、勒脚石、护坡石、墙面石、蘑菇石、河卵石、球形体等。

第七章　纺　织

纺织工业是日照市的传统优势行业。1989年，日照纺织工业有日照市棉纺织厂、日照市针织厂、日照市麻纺织厂、日照丝绸厂、五莲纺织工业公司和日照华龙纺织有限公司6家规模以上企业，固定资产原值2.4亿元，从业人员3900余人。1992年受国内纺织总量过剩、国家紧缩银根的影响，6家规模以上企业，有4家亏损。面对困难，全市纺织工业系统开始实施调整结构、减员增效、产业升级战略，加快了企业改革、改组、改造步伐。1997年，日照市针织厂破产改制，盘活有效存量资产，改为日照海星针织服装有限公司。随后，日照丝绸公司、五莲纺织工业公司、日照市棉纺厂也先后改制，分别组建了日照海通蚕丝绸集团、山东华龙纺织有限公司和日照三银纺织有限公司。2013年，全市纺织工业生产处于稳步发展阶段。

第一节　丝　绸

丝绸纺织　日照丝绸厂是一家集制丝、织绸于一体的大型企业，1989年产绸缎100多万米，白厂丝140多吨。1991年9月，因绸缎销路不畅，积压严重，织绸车间下马，改成自动缫丝车间，后改制为日照海通茧丝绸公司。

真丝服装　莒县海通茧丝绸有限公司是丝绸行业茧、丝、服装的贸工农一体化企业，在品牌、技术、管理、资源等方面具有一定优势，集桑蚕生产、技术服务、蚕茧收烘、缫丝、蚕药蚕具、食品加工、丝绸制品的研发与生产于一体，拥有山东省唯一的茧丝生产省级企业技术中心。2013年，公司拥有桑园面积2066公顷，自动缫丝机240台，年产鲜茧260万千克，白厂丝450吨，生产真丝服装、蚕丝被等床上用品5万件套。

白厂丝（蚕茧丝）　1989年，日照、莒县、五莲制丝厂等企业生产白厂丝。日照市生产的白厂丝丝色光亮洁白，手感柔软光滑，外观飘逸绚丽、富贵典雅，内在质量稳定可靠，畅销日本、韩国、欧洲等高品位生丝市场，深受客户的信赖，在国内外享有盛誉。1993年，全市共有立缫机575台，自动缫丝机260台，年产白厂丝318吨。1998年，日照制丝行业达到鼎盛时期，全市4家制丝厂，年产白厂丝1800多吨。2005年10月，日照海通茧丝绸集团将日照市、区县丝绸公司和丝绸厂、莒南县丝厂纳入集团管理。2013年，全市制丝企业4家，年产白厂丝1048吨，销售金额5.46亿元，利税0.43亿元。其中，出口白厂丝792吨，占总产量的75.6%。“三维”牌桑蚕丝被评为“山东省名牌”“中国名牌”产品。产品出口占韩国市场份额的40%以上，在国际高端生丝市场上享有较高声誉，是为爱马仕、LV等国际知名品牌提供原料的供应商。

第二节　棉纺织

纺纱　日照市棉纺织业主要企业有日照市棉纺织厂、五莲纺织工业公司等企业。1990年以后，日照棉纺织业面临销路不畅，库存积压问题。为适应国内国际的市场发展需求，不断进行自我挖潜、改造，通过加大资金投入和技术改造力度，努力推动企业技术升级和规模扩张。截至2013年，全市规模以上纱线生产企业3家，年产纱线4.2万吨。

织布　至2013年，日照市织布生产企业8家，产品门类齐全，主要产品包括各类服装面料、家纺面料、功能化面料、标志服面料等，实现业务收入24.1亿元，利税总额4044万元，年产布13471万米，从业人员有7000人。

日照三银纺织有限公司的前身为始建于1982年的国营日照市棉纺织厂，企业设备在国内同行业处于领先水平，主要产品包括各种幅宽的纯棉、涤棉及功能性纤维等高档提花服装面料，床上用品及热风无纺布等产品。2013年，该厂纱总产量4552吨，宽幅坯布700万米，完成工业总产值16958万元，销售收入14024万元，利税750余万元。

日照华伟纺织有限公司位于日照高新技术园区，年产各种纱线6000吨、坯布2300万平方米，产品有纯棉、涤棉、化纤三个系列，抗菌、防腐等功能性面料包括中高档印染服装面料、床上用品50多个品种，大部分出口欧洲、美国、澳洲、日本、韩国、俄罗斯等国家和地区。2013年实现工业产值1.55亿元，销售收入1.51亿元，其中出口创汇1600万美元。产品被认定为“山东名牌”，企业获“山东省著名商标”“全省诚信守法民营企业”“AAA 级信用企业”等称号。

第三节　针　织

日照针织行业起步较晚,1989 年规模以上企业有日照市针织厂。该企业创建初期为日照港的配套工程项目之一,属大集体企业。1982 年 4 月建厂,1997 年改制为日照海星针织服装有限公司,2008 年搬迁到大连路 369 号,属于专业生产针织服装的外向型企业。拥有全套国际先进水平的针织、漂染、制衣等现代化生产流水线,主要产品为汗布、棉毛、绒布、弹力、螺纹等 400 多个针织花色品种,产品 100%出口,远销美国、欧盟、中东、日本、澳大利亚等国家和地区。

成立于 1994 年的日照星明制衣有限公司是一家生产针织和梭织服装的专业化外向型企业,拥有自营进出口权,并通过 ISO9001 质量体系认证。2013 年,公司拥有针织服装和梭织服装两大生产线,职工 1000 多人,其中专业技术人才 116 人,年产服装 600 万件(套)。针织产品有纯棉、涤棉、纯涤面料的汗布、棉毛、摇粒绒、毛圈、弹力绒等七大系列的 T 恤衫、运动服、睡衣、内衣等 50 多个花色品种;服装产品有运动服、牛仔裤、工作服、防寒服、童装等 20 多个品种,销往澳大利亚、新西兰、欧洲、日本、韩国、美国等国家和地区。

第四节　纺织机械

日照市纺织机械主要生产企业为日照裕鑫动力有限公司,拥有机械加工设备 1400 台(套),主要产品有摩托车、纺织机械、农机产品三大系列。“裕华”牌纺织机械系列产品有细纱机气动加压摇架、细纱机弹簧加压摇架、粗纱机气动加压摇架、紧密纺纱装置、自动落纱机、钢领等,年生产能力 1000 万套。“裕华”牌气动加压摇架系列产品被评为“山东名牌产品”,市场份额蝉联全国同行业第一。2013 年,实现销售收入 1.5 亿元,利税 1690 万元,利润 680 万元。

第八章　化　工

地级市建立后,日照市化学工业得到较快发展,已经成为全市的支柱产业。主要有石油化工、海洋化工、海洋生物化工、精细化工、化学肥料、医药化学、日用化学等。2013 年,全市规模以上化工企业 55 家,完成工业总产值 328.69 亿元,实现工业增加值 80.05 亿元,出口交货值 27.46 亿元,利润总额 4.91 亿元,税金 6.62 亿元,资产总额 253.9 亿元,职工 11078 人。

第一节　化肥生产

碳铵　1989 年,日照市有化肥企业 2 家,年生产碳铵 18 万吨,合成氨 14.5 万吨。日照市化肥厂 1994 年更名为日照市化学工业公司,1997 年 7 月更名为山东康达化工集团股份有限公司。2005 年,日照市荣安集团并购更名为日照富民化工有限公司,主要产品有农用碳铵、液氨、甲醇、液体 CO_2 等。2006年,实现工业总产值 11750 万元,利润 760 万元;年生产合成氨 12 万吨、碳铵 8 万吨、商品液氨 3 万吨、工业甲醇 3 万吨。2010 年,公司由于经营困难停产。山东银丰化工集团化肥厂是莒县主要化肥生产企业,年生产合成氨 2.5 万吨、碳铵 10 万吨。2002 年,山东银丰化工集团化肥厂因销路不畅停产。2003 年,山东晨曦集团承租山东银丰集团化肥厂,随后投资 5000 多万元进行大规模技术改造,提高生产能力和产品技术含量,年产合成氨达到 4 万吨、氮肥 16 万吨。2008 年,莒县晨曦化肥有限公司生产线整体拆迁关闭。

复合肥、有机肥 进入 21 世纪后,农业配方施肥需求增加,涌现出一批复合肥、生物有机肥料和复混肥料企业。2000 年,山东嘉佑化工有限公司在巨峰镇金港工业园落户。2002 年,日照农家福有机复合肥厂建成投产,主要利用城市生活垃圾和糖厂废渣生产有机肥料。2005 年,高丽亚(日照)肥业有限公司在高兴工业园建立。2007 年,山东双圆肥业有限公司在南湖工业园建成投产。2008 年,日照森博农用工业科技开发有限公司在高兴工业园建立,主要生产复合肥、生物有机肥料和复混肥料。2013 年,全市复合肥、生物有机肥生产企业发展到 13 家,年生产能力 15 万吨,产品远销东北、新疆、河南、江苏等地。

第二节　橡胶生产

橡胶管件 橡胶加工业主要集中在岚山区中楼镇。中楼镇的橡胶产业起步于 20 世纪 70 年代末,经过多年发展,逐步形成以马亓河东村为中心,辐射周围 32 个村的产业集群。生产的橡胶产品由单一农机配件扩大到橡胶管、密封件、胶条等 1000 多个产品,广泛应用于家电、车辆、电子产品、钢铁、轮船、医疗器械等加工制造领域,畅销全国近 10 个省市。2002 年,中楼镇政府成立橡胶工业园区,各加工户纷纷入驻,更新生产设备,改进生产工艺,挂靠大企业、大公司,开发生产配套产品,企业规模迅速扩大,实现由“家庭作坊”式向规范化、现代化企业转变。2013 年,中楼镇各类橡塑制品加工户发展到 2105 家,其中规模以上企业 4 家。从业人员 2.03 万人,产值 18 亿元,利税 1.9 亿元。

汽车橡胶件 20 世纪 90 年代末期,中楼镇橡塑加工业户更新生产设备,改进生产工艺,开发生产汽车橡胶配套产品,企业规模迅速扩大。2013 年,在中楼镇 2105 家橡胶加工企业中,有 1/3 转向汽车橡胶件生产,产值 6 亿多元。日照恒基汽车零部件有限公司位于中楼镇马亓河东村,注册资金 50 万元,主要从事汽车使用的橡胶零部件生产和销售,2013 年完成产值 2557 万元。

汽车轮胎 山东驼宝橡胶有限公司成立于 1993 年 11 月,于 2009 年更名为五莲县驼宝橡胶有限公司,是日照市规模较大的轮胎生产企业,山东省橡胶行业综合实力 50 强企业。公司主要生产载重汽车轮胎、农用车轮胎、摩托车轮胎和工程车胎等六大系列 60 余个规格产品,与五征集团、时风集团、唐骏欧铃、青州大金马摩托车公司等十几家国内大型车辆公司配套。产品质量稳定,出厂检验合格率为 100%,并获得山东省技术监督局颁发的“采用国际标准证书”,通过 ISO 9001:2000 国际质量管理体系认证;载重汽车轮胎于 2003 年通过国家强制性产品“CCC”认证。

电动车轮胎 山东巨皓橡胶有限公司位于巨峰镇驻地,成立于 1989 年。利用回收来的废旧轮胎,加工自行车内胎。1996 年,更新生产设备,产品由单一走向多元化,生产 5 个品种、36 个规格的产品。2006 年,新上摩托车内外胎生产线,2010 年新上电动车内外胎生产线,生产规模、品种进一步扩大。

第三节　无机化工

雷管　山东泰山民爆器材有限公司前身为五莲县化工厂。企业主要产品为煤矿用瞬发电雷管、毫秒电雷管、导爆管雷管、电子雷管，拥有自动化生产线 7 条，年生产能力 2.3 亿发。产品主要销往山东、四川、湖北、陕西等省份，产销能力居山东省第一。2011 年，葛洲坝易普力公司购买泰山民爆公司 30% 股权，进行股权重组，利用葛洲坝易普力公司控制的市场，为泰山民爆公司提供 3000 万发中、高端工业雷管的市场份额。公司对现有雷管生产线进行改造，使中高端雷管（导爆管雷管、磁电雷管）的比重由 28% 提升至 74%，增加产品附加值。由易普力公司向泰山民爆公司输入现场混装炸药车一体化服务模式，提升泰山民爆爆破服务水平。

丁苯胶乳　日照锦湖金马化学有限公司由韩国锦湖石油化学株式会社和山东金马工业集团合资建设，注册资本 1.4 亿元，总投资 4 亿元。公司主要产品为丁苯胶乳及下游产品，广泛应用于造纸、橡胶、地毯、建材等行业。项目于 2009 年 6 月投产，年产量 15 万吨，实现产值 12 亿元、利税 1.5 亿元。2011 年开始实施项目二期，投资 3 亿元，主要在设备、技术上加大投入，提高效能。2013 年，产量达 30 万吨，销售收入 25 亿元，实现利税 4 亿元。

第四节　有机化工

海藻酸钠、甘露醇、碘　1989 年，日照市化工厂利用海带生产碘、甘露醇、胶三种产品。1993 年 6 月，企业改制更名为山东洁晶集团股份有限公司。2001 年公司在全国同行业率先建立省级技术开发中心，被山东省政府列为 136 户省重点企业集团。2004 年，公司组建山东省海藻加工工程技术研究中心。公司主要产品为海藻酸钠、甘露醇、碘、岩藻聚糖硫酸酯、壳寡糖、EM 益生菌、海藻饲料添加剂。2013 年，公司年产碘 50 吨、甘露醇 2000 吨、海藻酸钠 7500 吨、海藻饲料添加剂 2000 吨、岩藻聚糖硫酸酯 10 吨。全年完成产值 2.73 亿元，实现销售收入 2.75 亿元、利税 0.67 亿元。产品远销亚洲、欧洲、美洲、非洲等 80 余个国家和地区。

柠檬酸　1993 年 7 月建立的山东洁晶集团柠檬酸厂，2006 年更名为日照鲁信金禾生化有限公司，2007 年 4 月成立集团公司。公司主导产品为柠檬酸及其衍生品，年产量 25 万吨，产品畅销欧美、日韩、东南亚等 100 多个国家和地区，国际市场占有率居国内第一位，是世界柠檬酸及其盐类主要生产、供应商之一。公司建有博士后科研工作站，国家级企业技术中心和山东省有机酸发酵工程研究中心两个研发中心，国家认可实验室一个，全国柠檬酸行业分析检测中心。公司系国家重点高新技术企业、国家环境友好企业、国家火炬计划实施单位。产品获国家级新产品和山东省名牌产品，获山东省质量管理奖。公司是中国生物发酵产业协会理事，有机酸分会副理事长、副秘书长单位，中国五矿化工进出口商会柠檬酸分会副会长单位，中国食品科技学会柠檬酸分会理事长单位。2004 年以后，受国家发酵食品标准化中心和国家环保总局的委托，先后组织完成《国家柠檬酸质量标准》和《国家柠檬酸工业废水排放标准》的修订工作。2013 年，公司承担国家标准——《企业社会责任　柠檬酸行业》的起草工作。公司拥有两条符合 GMP 规范的枸橼酸、枸橼酸钠、枸橼酸钾原料药生产线，并在生产过程中大量采用公司具有自主知识产权的纳米级过滤、连续结晶离心分离、TVR 多效板式蒸发等新技术。其中，“药用级精品柠檬酸”是公司开发的具有自主知识产权的新产品，被科技部、国家质检总局等四部委联合认定为国家重点新产品。

石油化工　日照市石油化工业发展起步较晚。2003 年 10 月，山东晨曦集团有限公司在刘官庄镇塑料工业园投资新上年产 8 万吨聚丙烯生产线。2007 年，在夏庄临港配套工业基地建设石油化工项目，包括为 30 万吨气分配套的 140 万吨/年重油烯烃、110 万吨/年焦化、30 万吨加氢制氢。

岚山石化产业是依托港口逐渐发展起来的。1991 年，岚山港液体石油化工品储运站一期工程完工，开始接卸液化品。之后，岚山港先后与日本三菱株式会社、河南省石油总公司、山东省石油集团总公司、香港加德士公司、青岛凯源公司等合资建设总容量 14.4 万立方米的煤焦油、柴汽油、润滑油、高品质沥青储罐。2003 年后，岚山区委、区政府将石化产业作为五大临港产业之一进行重点培育，一批大型石油化工项目相继落户岚山。2013 年，岚山化工园入驻企业有石大科技、金石沥青、岚桥石化、广信化工、星光沥青、吉泰化工、蓝海石化、天旭散装化工等，主要依托港口从国外或国内市场购进原油、渣油、燃料油、丙烯、苯乙烯等液化品，加工生产汽油、柴油、液化气、沥青、石油焦、聚丙烯等产品。全年生产汽油 35 万吨，柴油 20 万吨，石脑油 38 万吨，石油焦 86 万吨，燃料油 16 万吨，液化气 65 万吨。全年共完成产值 163.2 亿元，销售收入 171.8 亿元，实现利税 7.36 亿元。

第九章　电　子

1989 年，日照市第一家生产电子产品企业——日照市电子厂成立，日照电子工业开始起步。此后，技宝电子（日照）有限公司、日照立德电子公司、山东鼎新玻璃集团、五莲县莲岳蓄电池有限公司先后成立。2000 年，全市电子企业发展到 5 家，实现产值 4535 万元，销售收入 4060 万元。2001 年以后，日照电子工业进入快速发展时期，日照旭日电子公司、汇丰电子公司、五莲永久蓄电池厂、日照康洋电源有限公司、山东鼎煜电子玻璃有限公司、日照华兴通讯有限公司等生产企业先后成立，通信终端产品、电子元器件、平板电视、太阳能光伏等主导产品快速发展。2013 年，全市规模以上电子企业有 25 家，实现主营业务收入 54 亿元。

第一节　半导体器件　管壳

半导体器件　2009 年，日照鲁光电子科技有限公司成立，主要产品包括普通整流二极管、快恢复二极管、高效整流二极管、超快恢复二极管、肖特基二极管、稳压二极管、瞬态抑制二极管等各种类型轴向、表面贴装二极管。公司于 2011 年 11 月通过 ISO 9001 国际质量体系认证、ISO 14001 国际环境体系认证。2013 年，企业拥有员工 120 多人，年产各类新型环保节能型轴向、贴片二极管 10 亿支。

显像管玻壳、可视电话扁平壳　1998 年，以生产玻璃制品为主的山东鼎新玻璃集团引进日本旭硝子株式会社等具备同行业国际先进水平的小玻壳设备技术，生产小型显像管玻壳，生产规模发展到 1500 万套。1999 年，与日本索尼株式会社合作，生产可视门铃、可视电话用扁平壳，获山东省名牌产品。与日本丸红株式会社、日本旭硝子株式会社合资，总投资 5000 万元，生产投影管玻壳，产品畅销国内外。

第二节　电子元器件

石英晶体谐振器、振荡器基座　1995年6月，由韩国宝宇迈泰克株式会社独资兴办技宝电子(日照)有限公司注册资金300万美元，生产石英晶体谐振器、振荡器等系列电子元器件基座，主要销往韩国、日本、美国、印度、泰国、墨西哥等国家。"十五"期间，日照旭日电子公司等2家晶体谐振器基座生产企业先后成立。

压缩机接线端子、压缩机储波器　2002年，日照汇丰电子公司成立，主要生产压缩机接线端子、压缩机储波器、压缩机保护器基座、各类晶体谐振器基座等电子元器件，产品远销国内20多个省市，并与格力、美的、海尔、海信等国内空调厂家配套。2013年，完成产值6500万元，销售收入6310万元，实现利税530万元。

汽车电子配件　2006年8月，日照太阳电子有限公司在日照开发区成立，为韩国独资企业，主要生产电子零部件及汽车电子配件。2007年6月，韩国世元电子有限公司在日照市开发区建厂，兴办日照丰国电子有限公司，主要产品为韩国"现代""起亚"汽车公司生产电子连接线及其电子配件。

2009年，由韩国裕罗科技株式会社投资设立的裕罗(日照)电子科技有限公司开始投产，主要生产雪茄线圈、火花塞等汽车发动机的核心配件，产品供给北京现代、东风悦达起亚、日照威亚汽车发动机等企业。

第三节　通信设备

电话交换机　1989年，日照市电子厂成立，以生产电子负荷量器、冰箱保护器等小电子产品起家，1992年，开始生产普通电话机，1994年8月，公司更名为山东比特电子集团公司。1997年12月，兖州矿业集团公司兼并更名为兖矿集团山东比特电子公司。公司主营产品为酒店电话机，主要出口美国市场。2011年，改制为管理层和职工持股，更名为山东比特电子工业有限公司，是酒店行业电话集自主设计、研发、生产和销售于一体的集团化供应企业，被誉为中国饭店业第一民族品牌供应商，是政府重点发展和培育的国际知名品牌企业。2013年，公司拥有员工600人，年销售收入约1.8亿元。

通讯终端设备　1997年7月，日照立德电子公司成立，是一家集研发、生产、销售通讯终端产品为一体的民营高新技术企业。经过十几年的发展，至2011年12月，公司已投入5020万元作为项目合作、技术研发和生产启动资金，建立了SMT车间和无尘全封闭防静电生产车间，配备国际先进高速自动贴片机、印刷机、自动生产流水线、全自动回流焊接机、频谱分析仪、多功能频率计等精密仪器，生产各种高技术含量终端通信设备。此后几年，公司先后为Telematrix公司、AVAYA公司、CISCO等国际知名通信设备公司开发VOIP系列、DECT数字无绳系列、SP系列等上百种产品，申请数项外观专利，产品适用于四星、五星级酒店等高档场所的高性能通信终端，产品功能先进、设计独特、外观大气，通过合作公司的销售网络，出口至美国、欧洲、非洲、中东等。

第四节 广播电视设备

2009年，日照海帝电器有限公司成立，是日照市唯一一家生产液晶电视和液晶模组的高新技术企业。海帝电器公司研发出多种尺寸的LCD、LED背光模组，在行业中占据领先优势；研发出多种外观系列的LCD和LED电视整机；电视整机和PC Monitor以及SKD板卡覆盖了15″~47″各个系列产品，产品销售区域覆盖亚非拉、欧洲、澳洲、美洲等地区，年产平板电视150万台、板卡300万片、模组150万片，产品线覆盖15英寸到52英寸的全系列LCD和LED平板电视产品。

第五节 电子专用设备

2006年，山东日照尧王酒业集团与韩国GnB Automa-tion株式会社共同出资成立日照普乐特电子设备有限公司，主要生产自动插件机（TSA-V，Va）、跳线机（TSA-J，Ja）、编排机（TSA-S）、编程机（TSA-P）等设备，其中自动插件机项目填补了国内空白。该企业生产的自动插件机，产品性能一流，具有稳定性强、误插率低、维护操作简单等特点，已经被海信、康佳、创维、TCL等大型家电制造商采用。

第十章 轻 工

1989年，日照市轻工业已经初具规模，门类比较齐全，但多为劳动密集型产业，结构层次偏低，企业规模较小，劳动效率较低，主要产品有酿酒、印刷、刺绣、玻璃制品、塑料制品、皮革及制品、家具、五金等。历经20多年的较快发展，日照轻工业形成20多个大类、上千个品种，其中浆纸、机织地毯、制糖、豆类加工等重点行业，无论投资规模、产品产量、工业产值、企业效益等主要经济技术指标均居全国与亚洲前列，在国内外占有较大的市场比重。

第一节 酿 酒

1989年，日照有酿酒企业5家，职工2400余人，固定资产2.3亿元，生产各类白酒1.8万吨、啤酒1.2万吨。2013年，全市规模以上酿酒企业10家，年加工食用酒精23万吨、白酒8.5万吨、葡萄酒1万吨、啤酒18.5万吨，实现主营业务收入16.18亿元，实现利税2.42亿元，从业人员近4000人。

白酒　1989年，全市有日照酒厂、莒县酒厂、五莲县酒厂3家白酒酿酒企业，实有职工1900余人，固定资产2.3亿元，生产各类白酒1.8万吨。进入20世纪90年代，日照各白酒酿酒企业紧紧依靠科技进步，不断改进生产工艺，产品质量稳定提高，企业规模发展壮大。日照酒厂研制开发32度尧王醇系列低度白酒，改建扩建纯粮食酒生产车间，实行企业整体搬迁，粮食酒生产能力突破万吨大关。五莲酒厂多次对粉碎、酿造、装瓶、包装等车间生产设施、工艺流程等进行技术改造，扩大了粮食酒生产能力和灌装线生产能力，成为山东省白酒行业三十强企业之一。“尧王”商标被认定为“中国驰名商标”，产品获得“国家纯粮固态发酵标志”。“尧王”牌低度浓香型白酒、“浮来春”牌浓香型白酒、“五莲”特曲均获山东名牌称号。2013 年，全市规模以上酿酒企业 10 家，年生产酒精 23 万吨、白酒 8.5 万吨。

啤酒　1989 年，日照有啤酒厂 1 家，与北京啤酒厂联营生产“北京”牌啤酒，年生产能力 5 万吨，实际生产 1.2 万吨。1994 年，开始生产“八方”牌啤酒，企业更名日照八方啤酒厂。由于市场竞争激烈，啤酒销路不畅，企业经营困难。1997 年，日照八方啤酒厂被青啤集团兼并，青岛啤酒（日照）有限公司成立。通过多年的扩大投入和技术改造，生产能力迅速提高，2013 年啤酒产量达到 18.5 万吨，生产的“汇泉”牌啤酒获山东、中国名牌产品和驰名商标。

葡萄酒　1989 年，日照有葡萄酒生产企业 1 家，即日照市葡萄酒厂，主要生产“华日”牌红、白普通葡萄酒，“华日”牌干红、干白葡萄酒系列，年生产能力 200 吨。2007 年 3 月，企业搬迁至日照经济技术开发区。同年 5 月，投资 2 亿多元的山东绿色庄园发展有限公司项目落户五莲潮河，建有欧式风格的葡萄酒庄园，集葡萄种植酿造、观光旅游、休闲度假、品酒会展于一体，先后建起葡萄种植基地 336 公顷，配套安装 99 个 50 吨位的储酒罐，21 个 20 吨位的保温罐，生产 17 个品种的系列高、中档葡萄酒，年生产规模 1 万吨。产品销往北京、上海、广东、浙江、江苏、山东等省市。2012 年，山东日照尧王集团公司投资 1500 万元，在五莲县潮河镇建立葡萄种植、酿造生产基地，建设耶米格葡萄酒馆，开展葡萄酒文化的普及，公司成为省级工业旅游示范点。2013 年，“太阳城”“耶米格”品牌葡萄酒销售 3500 吨。

第二节　食　品

粮食加工　1989 年，日照粮食加工企业有 220 家，规模以上有日照粮食加工厂、莒县信中等几家面粉生产企业。2013 年，全市共有山东信中、鲁泽粮油、山东信伟、莒县金穗等 28 家规模以上粮食加工企业，年加工小麦、大米 80 多万吨，花生及制品 12 万吨，瓜子 5.5 万吨，拥有“百乐麦”“信中”“YUWEI”“千石谷”等品牌，山东信中食品有限公司“百乐麦”牌小麦粉、山东信伟粮油“YUWEI”牌烤花生为山东名牌产品。

油料加工　1989 年，日照市油料加工是以个体为主，规模较大的有日照市植物油厂等几家企业，加工品种主要为花生、大豆榨油。1992 年 8 月，中国粮油食品进出口有限公司与美国 ADM 亚太公司、新加坡 WILMAR 公司、香港嘉银控股有限公司共同出资，在岚山港北兴建大型粮油加工企业——中粮黄海粮油工业（山东）有限公司。2003 年山东省粮油集团公司在日照开发区临港区投资建成一家临港油料加工企业，短短 10 年间，临港油料加工企业增至 7 家，分别是黄海粮油、新良油脂、邦基三维油脂、路易达孚、中纺粮油、中储粮油脂、凌云海大豆加工企业。全球 4 大跨国粮商中的 ADM、邦基、路易达孚和国内中粮、中储粮、中纺粮油等大型央企都在日照市投资建厂。2013 年年底，全市年加工大豆能力达到 750 万吨，为山东省第一。日照市与广东东莞、长江口、天津成为全国四大大豆进口压榨基地，实现工业总产值 175.1 亿元，实现利税总额 1.5 亿元。棕榈油加工企业有黄海粮油、晨曦、昌华 3 家，年加工能力 70 万吨。花生油加工企业主要有 3 家，其中大成食用油公司的山东省名牌“日昇大成”食用油年加工能力 8 万吨。

副食品加工　日照副食品加工历史悠久，品种较多。1989 年，日照、莒县、五莲县和各乡镇供销社都有副食品加工厂，主要生产饼干、糖果子、羊角蜜、蛋糕、月饼等各种糕点，豆酱、酱油、醋各类调味品，黄瓜、辣菜、萝卜各类蔬菜腌制等。1990 年后，随着个体经济的迅速发展，加上副食品加工制作简单、产品附加值低等原因，多数区县副食品加工厂和乡镇供销社副食品加工厂先后停产关闭。2000 年 12 月，位于日照高科技工业园的山东裕伟食品有限公司成立。2004 年,食品加工产量 2.5 万吨,其中出口产品总量 2.2 万吨,实现销售收入 12680 万元,出口创汇 1240 万美元,实现利税 590 万元。产品主要销售欧盟、美洲、非洲、中东、日本、东南亚等国家和地区,成为山东省最大的花生、瓜子食品加工企业之一。2003 年 11 月,日照更好食品有限公司成立,注册资金 500 万元,引进国际化标准的全自动饼干生产流水线,生产“更好”牌系列发酵饼干、酥性饼干、韧性饼干、法式饼干等中高档产品,年生产能力 6000 余吨,产品销售日照、临沂、潍坊、青岛等地。

果品加工　1989 年,日照有果品加工厂 1 家,主要生产糖水山楂、糖水梨、糖水苹果、山楂片、果脯和果丹皮罐头等品种,年加工量 200 余万吨,由于销售困难,亏损停产,并于 2002 年破产。1999 年 4 月,日照盛华水产集团对康翔食品有限公司进行重组,投资 500 万元,新上 500 毫升、350 毫升国内一流热灌装生产线,生产 40 余个品种的“康翔”系列果汁、果奶。1994 年 10 月,五莲县金栗食品有限公司成立,开发生产板栗粉、板栗罐头、速冻板栗肉等系列产品,年加工能力 1000 吨。五莲县果汁厂,引进意大利先进生产线,扩大生产能力,除利用苹果加工浓缩果汁外,还开发了桃汁、梨汁加工,年加工果品能力达到 1.5 万吨。

蔬菜加工　1989 年,日照酿造厂利用白菜加工传统名吃“京东菜”,获得北京食品博览会铜牌奖。1993 年,酿造厂搬迁到日照高科园,更名为日照裕源酿造厂,继续从事“京东菜”等蔬菜腌制生产。1995 年,日照华泰食品有限公司成立,总投资 1250 万美元,引进日本金属探测仪、真空包装设备、净水设备、螺旋式及液氮超低温速冻机,进行蔬菜加工,产品有速冻混合蔬菜、绿竹笋、薯条及各种水煮菜等。1997 年,公司通过输美产品 HACCP 认证,产品远销日本、美国、欧洲、韩国等。进入新世纪后,为适应国际市场需求,涌现出日照荣信集团等一批蔬菜加工企业。2013 年,全市共有东莒果菜、荣信、恒宝、新辰、五莲裕利、永吉等 11 家规模以上企业,重点发展低温脱水蔬菜、速冻菜、保鲜菜和大蒜、辣椒、大姜等系列产品,年加工能力 25 万吨。其中,具有国家地理标志商标品牌的绿芦笋主产区——莒县小店镇,绿芦笋种植面积达 1067 公顷,加工出口量占到全国总出口量的 70%。

食用糖生产　2002 年 2 月成立的山东凌云海糖业集团有限公司,是一家食用糖生产企业。到 2013 年,企业拥有 2 条食糖精炼线,日生产加工量约 4000 吨,年生产加工 120 万吨,实现销售收入 60 亿元。建有 5 座现代化的糖制品储存库,库容量 15 万吨,拥有保税库、期货交割仓库、国家食糖储备库。生产的“凌雪”牌白砂糖、绵白糖被认定为中国驰名商标。产品畅销山东、河北、山西、北京、天津、江苏、上海、浙江、河南、内蒙古、东北三省等市场,成为长江以北主要的食糖生产供应商。

肉类加工　1989 年,日照市肉类加工以生猪屠宰为主,有国营肉类加工企业 3 家,日加工生猪 200 多头。随着个体屠宰户的发展,国营肉类加工企业市场萎缩,资不抵债,并于 1998 年前后逐步破产。之后,一批民营肉禽加工企业迅速兴起,发展壮大。2002 年,由下岗职工自筹资金成立的日照市方鑫食品有限公司,在秦楼街道建起高标准机械化生猪屠宰厂,日屠宰生猪 500 头,下设 14 个乡镇食品站,不仅满足当地市场供应,还销往上海、杭州等市场。2013 年,全市畜产品加工企业发展到 17 家,肉类产量 21.39 万吨,年产值 33.1 亿元,利税 1.54 亿元。其中,猪肉加工企业 5 家,年屠宰生猪 265 万头,年产量 3.09 万吨。

第三节　乳制品

奶牛养殖　从20世纪80年代开始，日照市从国外引进优良奶牛进行养殖。1989年，引进国外荷斯坦奶牛冻精细管进行杂交改良，提高产奶量，全市奶牛存栏93头，年产鲜奶1032吨。随着饲养奶牛效益的提高，出现了一批饲养大户，2002年发展到3900头。2008年，东港区引进德国弗莱维赫乳肉兼用牛冻精细管，各级政府加大扶持力度，全市奶牛存栏达到6000头，年产鲜奶1.17万吨。2013年，奶牛存栏发展到11300头，年产鲜奶2.19万吨。其中，饲养500头及以上的牛场有岚山区华兴养牛专业合作社、东港区鲁蒙尔养牛专业合作社；千头及以上的奶牛场有，岚山区东篱牧业有限公司、莒县惠农牧业有限公司、莒县润达牧业有限公司。

牛奶加工　奶牛饲养初期，多数饲养户将生产的鲜奶卖给大型奶加工企业。部分饲养户对生产的鲜奶进行高温消毒后，供应市民消费。山东百慧乳业有限公司于2000年12月成立，是一家集奶牛养殖、乳制品生产、加工、销售于一体的现代化民营企业，是全市首家乳制品加工龙头企业。公司注册资金1080万元，固定资产2600万元，员工180人，其中高、中级科研人员和技术管理人员38人。公司先后购进美国NIMCO公司无菌灌装机、上海产UHT管式灭菌机、闪蒸机、均质机、超高温瞬时机等机械，建成高标准现代化无菌灌装生产线12条，年灌装能力5.6万吨。2013年，销售收入8000万元，利税过千万元。

乳品奶吧　2010年后，随着人们生活水平的不断提高，对牛奶制品需求呈现多元化趋势。为适应城镇居民需求，住宅小区周边的奶吧应运而生，供应各种口味酸奶、纯奶、初乳奶等品种，供不同群体的消费者选用。2013年，全市奶吧发展到48家。

第四节　玻璃制品

2013年，日照市规模以上玻璃企业2家，年产各类玻璃制品15万吨，主要有日用玻璃、日化玻璃、药用玻璃、高硼硅耐热玻璃、电子玻壳等五大系列200多个品种。全年完成工业增加值10980万元，主营业务收入38142万元，实现利税2603万元，从业人员3000余人。

玻璃瓶、防伪玻璃瓶盖　1989年，日照玻璃行业有日照市玻璃厂1家，从业人员800余人，主要产品为啤酒、白酒等各类酒瓶，年生产规模3万吨，实现工业总产值3000万元。1990年后，由于国内玻璃行业盲目扩张，造成产品供大于求，竞相压价，导致全行业亏损。1996年，日照市玻璃厂克服困难，研制开发出高档防伪玻璃瓶盖，深受市场欢迎，使企业扭亏为盈、由弱转强。

玻壳　1997年，日照玻璃厂引进日本旭硝子株式会社、日本武内株式会社、台湾BU公司具备同行业国际先进水平的小玻壳设备技术，使小玻壳生产规模发展到1500万套，成为全国最大的小玻壳生产基地，各项经济指标在全国同行业排名第三位。1999年后，与日本索尼株式会社合作，生产可视门铃、可视电话用扁平壳，获山东省名牌产品称号。与日本丸红株式会社、日本旭硝子株式会社合资，总投资5000万元成立合资企业，生产投影管玻壳，产品畅销国内外。

高档化妆品玻璃瓶　2000年后，日照市玻璃厂开发生产高档化妆品玻璃瓶，5年时间，生产规模发展到20亿只，成为亚洲高档化妆品玻璃瓶生产基地。2004年，日照市玻璃厂改制组建山东鼎新电子玻璃集团有限公司。2006年，投资1000万元，成立山东三汇玻璃有限公司，年生产各类玻璃制品3亿余只。

第五节　造纸　印刷

造纸　1989年,日照市规模以上造纸企业有莒县造纸厂和五莲莲喜造纸厂2家,主要产品为草浆制白板纸。1993年,莒县造纸厂与东营市华泰集团合作,成立日照华泰造纸有限公司。五莲莲喜造纸厂由于资金、管理等原因,处于停产状态。2002年,山东日照木浆有限责任公司投资29.3亿元,建成年产31.5万吨木浆、17万吨白卡纸板项目。2005年,新加坡金鹰集团旗下企业以37亿元的溢价收购股权,企业改制为山东亚太森博浆纸有限公司;2010年,该企业投资113亿元、年产150万吨木浆的二期项目投产,成为产能大、环保水平高的木浆生产企业,也是山东省最大的利用外资项目。2013年,该公司生产纸板16.6万吨,木浆185万吨,实现销售收入78亿元,税收4.2亿元,进出口额7亿多美元。

印刷　1989年,日照市有印刷企业10余家,其中具有一定生产规模的企业1家,即日照市印刷厂,从业人员456人,完成工业产值776万元。1990年,企业划入日照日报社,更名为日照报业印刷有限公司。拥有各类印刷设备60余台,主要从事报纸、书刊、彩色包装、企业简介、产品画册、红头文件的印刷装订业务。印刷技术也由单一铅字印刷,发展到彩色平版印刷、凸版印刷、不干胶印刷等。

到2013年,全市印刷企业和打字复印社420家。

第六节　工艺美术制品

地毯　1989年,日照市有乡村办地毯厂27家,从业人员1105人,完成工业总产值583万元。1995年12月,日照市麻纺织厂改制为日照宏日纺织有限公司,开始生产地毯麻纱线、地毯底布等产品。1998年,改制为日照东升地毯有限公司,从事地毯生产加工。企业累计投资3.5亿元,先后引进高档地毯生产线33条。其中,有18条地毯织造生产线,6条化纤丝生产线和1条地毯高清数码印花线,形成了从毛纺、染整、丙纶纺丝、锦纶纺丝、加捻、定型到地毯织造、地毯精加工等产业链,并建成地毯设计与研发中心,通过省级企业技术中心认定。企业拥有自主知识产权3000多项,获"中国专利山东明星企业"称号。产品覆盖国内各大中城市,并出口美国、俄罗斯、日本、欧盟、中东等31个国家,销售至中国台湾地区,成为亚洲规模最大的机织地毯生产基地之一。2013年,拥有在岗职工1900人,固定资产89402万元,年生产地毯1029万平方米,销售收入110845万元,实现利税7232万元。

抽纱制品　日照锦绣抽纱制品有限公司始建于1988年,主要生产销售各类抽纱系列产品,1989年,资产总额240万元,完成工业总产值300余万元,实现利税60万元,从业人数50余人,年产量100万片(套)。1997年,企业改制为股份合作制,企业员工全员入股。1999年,公司投资2000万元引进比利时产电脑绣花机10台,大型花边机5台等一系列先进生产设备。2004年,公司投资7000万元兴建日照锦绣纺织有限公司,新上年产坯布600万米的生产线。2013年,企业完成年产1500万件(套)抽纱品及坯布450万米,完成产值2亿元,实现利润500万元,资产总额达1.2亿元。

布制玩具　五莲锦红工艺品有限公司原为工贸联营抽纱厂,是一家以生产钩针、百带丽、玩具等家居产品为主的外向型企业,主要生产绗缝被系列床上用品、长短毛绒及布制玩具等产品,畅销美国、欧洲市场。

第七节　皮革制品

制革　1989 年日照市有制革企业 1 家，主要生产猪底革、猪皮修面革、猪皮服装革、猪皮剖层手套革、水牛皮修面革、黄牛皮修面革等。1995 年与香港金麟投资有限公司合资成立日照金宝皮革有限公司，继续生产各种猪、牛皮制革。由于产品档次低，销售困难，2002 年 5 月，企业破产，职工实行货币化安置。

皮件　1989 年日照有皮件厂 1 家，主要生产猪牛皮各种手提包、公文包、背包、旅游包、家用皮箱、电工用包、劳保手套等。1995 年，日照市皮件厂因经营困难，成建制划入日照康达化工公司。

皮鞋　1989 年日照有皮鞋厂 1 家，主要生产男女各种猪牛皮皮鞋、凉鞋、休闲鞋等。1998 年，日照市皮鞋厂依法破产，人员及资产被日照银行整体接收。

第八节　家具制品

木制家具　1989 年，日照市有县属以上木器加工厂 3 家，乡镇木器加工厂 7 家，村及个体木器加工厂 36 家，年生产各类家具 30 余万件，销售收入 8700 万元，主要产品有写字台、挂衣橱、梳妆台、高低柜、双人床、单人床、餐桌、餐椅、茶几、角柜、沙发等。1994 年以后，乡镇、村办木器加工企业先后改制成为股份制企业或私有企业。日照三木集团股份有限公司原是镇办木器厂，通过与台湾客商合资，引进中国台湾、意大利、德国等 20 世纪 90 年代国际先进水平的实木家具生产线，专门生产美式、俄式、欧式不同风格的实木、板式家具六大系列 1000 多个花色品种，产品 100% 销往美、加、俄、韩、英、墨、欧等国家和中国港、台地区。

“九五”“十五”期间，一批规模化木制品加工企业相继投产。日照大华木业有限公司是由村办企业改制的民营企业，2003 年，搬迁河山工业园，新上家具制作、喷漆生产线，主要生产实木咖啡桌、椅、文件柜等三大系列 100 多个品种，产品全部销往北美、欧洲等国家和地区，年实现产值 3000 多万元。2003 年 8 月，日照岚桥富凯木业有限公司投产，注册资金 800 万美元，生产卫浴橱柜、室内家具及集成材等高档木制品家具，产品全部销往欧美市场。2007 年 4 月，日照志诚金和木业有限公司投产，以生产实木办公桌、餐桌和各种高档书柜、酒店用椅等，产品全部出口。2013 年，加工木制品 60 万件，实现产值 4800 万元。

钢制家具　1995 年，日照荣昌金属制品有限公司成立。公司利用金属代替木材，生产挂衣橱、更衣柜、鞋柜、组合柜、高低床、办公桌、电脑桌、病房床等。2013 年，企业销售收入 2100 多万元，利税 530 万元，产品销售日照及临沂、潍坊、青岛、连云港等城市。

第九节　塑料制品

塑料编织袋、塑料用品　1989 年，日照市塑料制品业多以小家庭作坊式开展生产，具有较大生产规模的企业 2 家，主要产品为打包带、注塑瓶盖、尼龙绳、渔网单丝等，全行业有从业人员 2000 余人。1990 年，日照市塑料总厂与韩国企业合资组建日照日金塑料制品有限公司，从业人员 300 余人，主要产品为塑料编织袋。1995 年，日照市塑料制品公司成建制划入日照康达化工公司。2003 年，原日照日金塑料制品有限公司依法进行破产清算，企业职工实行货币化安置。

塑料袋、农用地膜　1990 年以后，一批塑料制品企业得到快速发展，尤其是莒县刘家官庄镇已形成塑料生产重镇。2013 年，全镇有塑料加工企业 600 余家，个体加工户 1600 多户，其中规模以上加工企业 49 家，从业人员 1 万多人。主要产品有农用地膜、无滴膜、塑料口杯、包装袋、编织袋、塑胶配件、管材、塑胶地板、塑料袋等 60 个系列 200 余个品种，销往全国各地。是年，全行业实现工业总产值 46 亿元、主营业务收入 45.7 亿元、实现利税 3.03 亿元。

第十节　五金制品　体育器材

文件橱柜　日照市荣昌金属制品有限公司引进国内先进设备和技术，生产各类文件橱、档案柜、密码柜、保险柜、期刊架、货架、更衣柜等，造型新颖，美观大方，结构合理，深受市场欢迎。

铝塑门窗　20 世纪 90 年代中期，日照金马集团有限公司门窗型材有限公司成立，是山东省建委首批塑料型材备案企业，山东省最大的门窗幕墙、塑料型材生产基地之一，拥有德国路易斯公司世界领先的生产技术、工艺，生产铝塑门窗替代木质门窗，在市场热销。2013 年，年产值 5000 多万元。

组合式车库　2002 年 1 月，日照捷杰工具制造有限公司在日照高科技园成立，为外商独资企业，主要生产组合式车库、活动车架、体育器材、五金手工具等产品，销往美国、欧洲、加拿大、东南亚等 20 多个国家和地区。2007 年，公司实现产值 3000 多万元，创汇 400 万美元。

体育器材　创建于 1997 年的山东中大体育集团是一家专门生产体育健身器材企业，以外贸代工起家。2013 年，生产跑步机、磁控机、综合训练机、哑铃、杠铃、按摩椅、公园健身器材等 300 多个种类产品，远销欧美、中东等 60 多个国家和地区，先后被评为中国轻工业百强企业、中国轻工业健身器材制造行业十强企业、中国驰名商标、山东名牌产品等称号。其中，日照市各个公园和市民小区的健身器材大部分由该企业生产。

第十一节　缝　纫

缝纫加工　日照缝纫加工业发展较早，改革开放前后，以家庭作坊式生产为主，布局零星分散，少有规模，主要产品有服装、抽纱刺绣、家纺制品等。经过十多年的发展，至 1989 年，全市规模以上生产加工企业 30 余家。1996 年，日照天成服装有限公司成立，年生产中高档休闲服 160 万件，产品全部销往欧美、日本、韩国。2006 年，注册成立山东文正衣品股份有限公司，历经几年的快速发展，由一个不足百人的小加工厂发展成为集服装研发、生产、销售为一体的具有自营进出口权的现代化企业，计划于 2014 年在“新三板”挂牌上市。

标志服生产　山东省标志服装股份有限公司创建于 1994 年，是全国重点标志服装生产企业之一，公安、法院、检察院、司法、国税、地税、铁路、交通、邮政、海关、卫生防疫、技术监督、文化稽查、烟草专卖、农机监理等 20 多个部门的全国系统内标志服装定点生产企业。公司集研发、生产于一体，销售、服务一条龙，总资产 6.30 亿元，员工 3089 人，机器设备 2000 多台套，建筑面积 2.8 万平方米，30 条大型流水生产线，年产服装能力 400 万套，连续 17 年跨入全国服装行业“销售收入、利润利税总额、产品销售利润率”三个百强，连续20年被评为省级“守合同重信用企业”。2010年起，被评为“全国守合同重信用企业”，“十一五”山东省服装行业十大功勋企业，中国职业装50强企业。主导产品为标志服装，并开发生产自主品牌“森姆”西服和加工出口服装等产品（其中标志服装占70%、“森姆”西服占20%、出口服装占10%），每年开发、生产上千个花色品种。

第十一章　医药业

1989年，日照市无药品制造业，只有3家国有药品经营企业。2013年，全市已申领中药制剂批准文号10个，配制范围包括硬胶囊剂、合剂、口服液、颗粒剂、散剂、丸剂和软膏剂。化学药品生产企业8家，剂型涉及大容量注射剂、原料药、医用氧等，批准文号99个，医药产值22亿元。医疗器械经营企业314家；药品零售企业有842家；药品批发企业13家，年营业额超过60亿元。

第一节　中药资源和生产

中药材种类　日照市中药资源丰富，品种多，分布广。据1985年日照市中药资源普查资料记载，全市共有中药材800余种，其中植物类近600种，动物类60余种，矿物及其他类近100种。有100多种中药材在全市有一定的分布规模，如黄芩、丹参、半夏、蒲公英、柴胡、蛇床子、苦参、蝉蜕、全蝎、桔梗、何首乌、益母草、薄荷、青蒿、石竹、扁蓄、金银花、昆布、牡蛎等，其中以黄芩、丹参、半夏、金银花等质优量大。

中药材种植　农村实行土地承包后，由于农民过度开荒种地，使原有的野生中药材失去生存环境；加上人们对部分野生中药材的过度采挖，导致野生中药资源枯竭；同时市场的波动，影响了药农养殖种植的积极性，致使全市中药材资源逐步萎缩，中药材种植面积减少，收购量大幅降低。2003年以后，特别是“非典”事件发生后，中药材药用价值重新引起人们关注和社会重视，一些地方开始发展中药材。莒县于2005年成立中药材规范化种植工作领导小组，领导协调全县中药材种植和生产加工，扶持莒县援康、莒县广育堂、日照益康等中药材加工龙头企业，并推行以“企业+基地+农户”的经营运作模式，中药材种植得到较快发展。截至2013年年底，全市中药材种植面积达到4000公顷，其中地产主导品种金银花，种植面积为66.7公顷，主要集中在东港区南湖、三庄等乡镇；黄芩种植面积733公顷，丹参种植面积1333公顷，主要集中在莒县库山及其周边乡镇。

中药材生产和中药制剂配制　1989年，日照市无中药生产企业。1990年以后，医疗机构制剂室开始中药制剂，起步较早的为莒县中医院制剂室，范围涉及硬胶囊剂、丸剂、合剂、散剂、口服液。2000年，全市县级卫生行政部门批准制剂文号20个。2003年，由于医疗机构制剂质量标准和准入门槛提高，部分医院停止中药制剂配制。2005年，日照市大岭中医正骨医院新建中药制剂室获批准，持有中药制剂批准文号1个。2011年，日照市中医院按照医疗机构制剂配制管理规范标准新建中药制剂室，挖掘临床验方。2013年，全市已申领中药制剂批准文号10个，配制范围包括硬胶囊剂、合剂、口服液、颗粒剂、散剂、丸剂和软膏剂。2013年，日照市博峰源中药饮片有限公司成立，当年取得药品生产许可证并通过药品生产质量规范认证，结束了日照市无中药饮片加工企业的历史。

第二节　化学药品生产

医疗机构制剂配制　1989年，日照市无化学药品生产企业，有9家医疗机构制剂室，取得制剂批准文号82个，主要配制品种为大容量注射剂和外用化学制剂。2003年，全省化学药品制剂质量标准提高，多数制剂单位放弃配制，尚有3家从事制剂配制，批准文号26个。

药品企业生产　1991年8月，日照市制药厂获得批准立项，结束了日照没有药品生产企业的历史。1995年，山东洁晶药业有限公司成立，该企业是一家专业化输液制剂生产企业，其间与上海长富制药有限公司合资经营。2013年1月，成为上市公司青岛华仁药业股份有限公司的全资控股子公司，并改名为华仁药业（日照）有限公司。至2013年年底，全市已有药品生产企业8家，剂型涉及大容量注射剂、原料药医用氧、中药饮片等，批准文号99个，医药产值22亿元。

第三节　医疗器械生产经营

医疗器械监管　1998年4月，日照市药品监督管理局成立，承担医疗器械行业管理职能。2002年5月，日照市药品监督管理局增设内设机构医疗器械监管科，具体承担全市医疗器械生产经营日常监管工作。

医疗器械生产　2000年12月，日照市首家医疗器械（二类）生产企业成立，主要生产药用卫生材料等品种。2006年，日照市医疗器械生产进入快速发展期，企业增加至9家，生产品种范围扩大到6个类别。2013年，全市共有医疗器械生产企业16家，其中三类器械生产企业4家，二类器械生产企业12家。16家生产企业中，口腔科材料及定制式义齿生产企业7家，无菌产品生产企业5家（包括1家国家重点监管产品生产企业），敷贴类生产企业2家，中心供氧系统生产企业1家，清洁器械生产企业1家。全市共有医疗器械产品注册51个，其中三类产品注册证书9个，二类产品注册证书20个。有效期内一类产品注册证书22个。二类产品中包括8个无菌产品，7个口腔科材料及定制式义齿产品，其余4个为敷贴类产品。三类产品中有1个国家重点监管产品。

医疗器械经营　1999年5月，日照市2家医疗器械经营企业先后成立。2000年，医疗器械经营企业发展到4家。2006年，日照市医疗器械生产经营进入快速发展期，经营企业发展到112家。2013年，全市共有医疗器械经营企业314家，其中高风险经营企业114家，隐形眼镜及护理液经营企业87家，助听器经营企业9家，普通二、三类经营企业104家。

第四节　医药商业经营

医药零售　1989年，日照市医药零售全部为国有零售药店，由日照医药公司独家经营。1992年国家实行医药零售放开试点，日照市4家民营药店获得医药管理部门批准，允许经营零售药品，分别是日照全生堂药店、日照康复药店、日照再生药店、日照康达药店。2002年5月，日照市出台药品零售企业开办办法，日照润生堂大药房成为新办法实施后的首家民营性质药店。2013年，全市持有“药品经营许可证”的药品零售企业有842家，分布在城乡各个区域，经营品种涉及中药材、中药饮片、中成药、化学原料药、化学药制剂、抗生素制剂、生化药品、生物制品、血液制品、麻醉药品、精神药品、毒性药品等，满足了广大人民群众的用药需求。

医药批发　1991 年 3 月，日照医药药材采购供应站成立，下设中药批发部、西药批发部，乡镇设有汾水、涛雒、后村、陈疃、两城、石臼药品批发部，区县一级设有医药公司，专门经营药品批发业务。2005 年 2 月，山东康力生药业有限公司成立，成为全市第一家民营药品批发企业。2005 年后，多家药品批发企业相继成立，丰富了药品市场供应。2011 年 5 月，日照医药集团公司、山东康力生药业有限公司获麻醉药品、一类精神药品区域性批发经营资格。2012 年，山东康力生药业有限公司被山东省食品药品监管局确定为全省医药现代物流试点企业，营业额达到 5 亿元。2013 年，日照市持有“药品经营许可证”批发企业有 13 家，年营业额超过 60 亿元。

医药连锁　2003 年 4 月，日照真诚大药房有限公司成立，实行连锁经营，成为全市第一家药品零售连锁企业。2013 年，全市药品零售连锁企业发展到 6 家，其中零售连锁门店发展到 266 家。

第十二章　盐　业

日照市盐业资源丰富，生产历史悠久。1989 年，已形成王家滩、董家滩、涛雒、东湖、安东卫 5 处盐区，国营、镇办、村办等大小盐场几十家，盐田面积 956.37 公顷，生产原盐 36576 吨。进入 20 世纪 90 年代后，由于产销矛盾突出，原盐积压严重，日照盐业开始调整产业产品结构。随着城市发展用地增加和海水养殖效益提高，乡镇村办盐场转产发展海水养殖业，盐田面积大量减转，原盐产量大幅度减少。2006 年，全市盐田面积尚有 426.6 公顷，生产原盐 16300 吨。后因海盐生产成本高，市场销售进一步萎缩。2013 年，全市盐田面积 408.59 公顷，产原盐 115 吨；销售各类盐 35481 吨，其中从市外调入 35366 吨。

第一节　盐田分布与垦废

日照盐区北邻胶南市黄海盐场，西南与江苏省赣榆县盐区接壤，居日照市境东部，面积 9.6 平方千米。产盐之地分为 5 个区，由北至南依次为：

王家滩盐区　位于东港区两城镇东北部王家滩村东南、两城河与白马河之间，北与胶南市黄海盐场隔海相望，西北距王家滩村 0.5 千米，东、南与日照市万宝水产集团邻接，西靠安家岭村。盐区面积 1.1 平方千米，其中盐田总面积 152.74 公顷。

董家滩盐区　位于市区青岛路以东、董家滩村南万平口，北靠前滩西、乔家墩子村，占地 1.1 平方千米。区内盐田面积最高达 117.42 公顷。2000 年、2003 年，因山海天旅游度假区开发建设和水上运动基地建设而停产。

涛雒盐区　南至栈子河，北至涛雒镇东、西灶子村，西靠 204 国道，占地约 5.2 平方千米。区内有日照市廒头盐场和日照市盐业机械修配厂，曾有涛雒镇红旗盐场、曙光盐场以及庄家坨、马家村、宋家坨、南店、桥西头、沙岭子、大朝阳、小朝阳、竹子河崖、王家村、李家村 11 个村办盐场。1980 年，区内盐田面积最大为 607.08 公顷，至 2002 年盐田有 298.69 公顷，2003 年除市廒头盐场外，乡镇、村办盐场全部改建为水产养殖池。

东湖盐区　位于虎山镇东北部，西靠东湖二村，南靠东湖三村，占地0.8平方千米，1979年建场时有盐田80公顷。1983年，大部分盐田改建为水产养殖池，时有盐田35公顷。1992年，盐田全部改建为养殖池。

安东卫盐区　位于日照市最南端、汾水镇东南部，占地1.7平方千米，其中盐田总面积173.02公顷。区内有日照市安东卫盐务所和日照市安东卫盐场，曾有日照市盐业水产养殖场、日照市盐业冷藏厂。2008年，因岚山区经济建设需要，区政府收回安东卫盐场的全部土地，至2009年6月，原盐生产终止。

盐田垦废　1991年，日照市原盐生产供大于求，积压严重，销售困难，市政府召开专题会议，研究盐厂减产能、调结构、去库存问题。由于海水养殖效益好于原盐生产，鼓励支持乡镇村办盐场废滩改建虾池养虾。有些盐场因城市发展需要，原有盐田废除。1991—2009年，全市先后废除盐田约673.45公顷。1989年，虎山镇盐场35公顷盐田全部废除。1999年，涛雒曙光盐场废除盐田101.2公顷。2000年，涛雒曙光盐场废除盐田81.64公顷，董家滩盐区废除盐田25公顷。2001年，涛雒曙光盐场废除盐田40.25公顷，董家滩盐区因旅游度假区建设废除盐田21.85公顷。2002年，涛雒曙光盐场剩余35.85公顷盐田全部废除。2003年，董家滩盐区因水运会基地建设，将64.27公顷盐田全部废除。2007年，王家滩盐场20公顷盐田改造成虾池。2008年，王家滩盐场26.67公顷制卤区改造成虾池。2008年，廒头盐场48.7公顷制卤区改造成虾池。2009年，因岚山区经济建设需要，安东卫盐区盐田173.02公顷全部废除。2009年，全市共有盐田面积410.43公顷，其中廒头盐场257.69公顷、王家滩盐场152.74公顷。2013年，全市剩有盐田面积408.59公顷。

第二节　制盐工艺

原盐生产工艺

原盐实行滩晒，为日照现代海滩晒盐之始。1966年以后，全部采用此法，工艺流程见下图。

现代海滩晒盐工艺流程图

原盐生产主要设施有储水池、蒸发池（含调节池）、结晶池、卤库、沟道、坨台等，主要生产工具有戽斗、大扒、二扒、小扒、木锨、手推车等，主要机械设备有提水设备、压池机、皮带输送机、管道扒盐机、运输机械等。

纳潮　滩内沪沟水、库存水浓度，低于海水时放出，换纳新海水；高于海水时，根据下部用水情况下放储存，倒出空位，待涨潮时纳存海水。春季蒸发量大时，纳潮头，雨季或雨后纳潮尾，以避开淡水。

修滩　以常年保养为主，春秋两次全面修滩为重点，保持滩池平整、坚硬，无烂泥、青苔，减少渗漏，以提高蒸发面积利用率。

制卤　春秋旺季一天一头卤，一步一卡，咸淡区分跑，不跑过堂水，使用横灌斜穿、拉长走水线、卤水倒扬、沟沟养卤、刷卤沟以及人工返水等方法，提高制卤效率。伏季，实行薄灌深储，边制卤边保卤。冬季，蒸发制卤与冰下抽咸结合，10°Be′以上的咸水以卤养卤，大风天多撤多兑，20°Be′以上的卤水，面积尽量减小，达到23～24°Be′时撤出储存。10°Be′以下的上水区，12月下旬至次年1月中旬，进行冰下抽咸，气温回升时做好化冰排淡的准备。

结晶　在结晶池底平整坚硬，卤水制备充足，卤水浓度达到饱和、气候适宜的条件下，量卤灌池。灌池卤水深度，平晒池在3～4厘米之间，500平方米左右的塑苫池5～7厘米，2000平方米左右的塑苫池10厘米以上。灌池后，平晒滩于次日晨加卤1.5～2.0厘米，塑苫池3～5天后加卤5厘米以上。结晶池按7∶3划分新区和分晒区，新区结晶卤水达到28.5°Be′，Na^+/Mg^++低于2.5时撤出，灌入分晒区结晶，至Na^+/Mg^++低于1.5时甩撤。

捞盐　平晒滩池尽量延长结晶时间，每茬盐最低占用蒸发量40～50毫米。塑苫滩每年于6月、10月两次捞盐，或每年于秋末捞1次。

归坨　原盐出池，按质量检测结果，堆存于临时盐台，控卤7天，化验后定等次，集入大坨，分等堆存。

异常天气处理　根据天气预报情况，不足5毫米的小雨，塑苫滩放开薄膜，平晒滩盐碴厚者以捞盐为主，盐碴薄者，加卤蒙碴。中高级卤水储保2～3行，以防雨量增长冲淡卤水；中雨以上，平晒池盐全部捞出，集中饱和卤水适当蒙碴，各级卤水分级储存；大雨时，平晒滩池盐全部扒出，卤水分级储存。

滩晒精盐　生产过程与原盐结晶管理工艺相同，但各道工序要求以洁净为目的，严格操作。首先于结晶池中铺设塑料薄膜为池底，然后灌入新制饱和卤水。结晶过程中要定时搅动卤水，使晶体均匀，粒度控制在1毫米以下，一日即可成盐。

加工盐生产工艺

加碘粉盐　粉盐以塑苫结晶经管道输洗的大粒盐粉碎加工、加碘而成。1989年，王家滩盐场生产加碘粉盐，将原盐颗粒粉碎后，用火炕烘干，然后加碘。加碘粉盐比之于粗盐，具有含纯高、杂质少、色泽洁白、粒度均匀、食用方便等特点。工艺流程见下图。

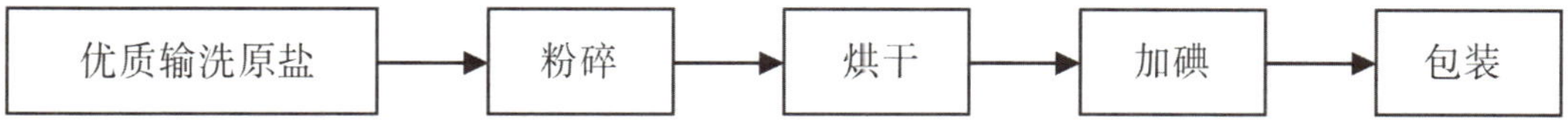

加碘粉盐生产工艺流程图

洗精盐　1991年，廒头盐场投资100万元，开工建设年生产能力1.5万吨的洗精盐厂1处，所产原盐可全部用于深加工，每年新增产值240多万元。1996年，该场对工艺流程进行优化和完善，形成新碘盐生产线工艺流程。1997年，采用计量泵自动加碘，加碘的均匀度大幅度提高。包装有50千克装和小包装之分，小包装为1千克单膜装和500克复合膜包装。2000年，根据《食用盐》及《食盐定点生产企业验收细则》的要求，采用三洗二粉的工艺流程，设备均为不锈钢材质，耐腐蚀、抗疲劳，适合盐业生产特点，工艺简单，设计合理，运行可靠。

第三节　产品产量

原盐　1989年，全市原盐产量36576吨。2004年，全市乡镇村办盐场全部废除，仅有3处市属盐场坚持盐业生产。2006年，全市共产原盐16300吨，其中廒头盐场产盐5500吨、安东卫盐场产盐5800吨、王家滩盐场产盐5000吨。2006年以后，全市盐业进行产业结构调整，原盐产量逐年减少。2009年，全市共产盐 4570 吨。2013 年,全市共产盐 115 吨。

加碘盐(食盐) 1989 年,王家滩盐场为全市碘盐加工基地,负责南湖、三庄、马庄、竖旗、陈疃、黄墩、下湖 7 处“地甲病区”碘盐供应。1993 年 4 月,市政府办公室下发的《关于理顺碘盐供应渠道的通知》规定:东港区的黄墩、西湖、竖旗山、三庄、陈疃、南湖、尹家河 7 个乡镇及五莲县的碘盐由王家滩盐场供应,莒县的碘盐由廒头盐场供应。2000 年 4 月,国家技术监督局发布食用盐国家新标准,调整食盐中碘酸钾(以 I 计)的添加量,修改为 35±15 毫克/千克,调整粒度指标,提高白度要求。新标准发布后,国家对碘盐生产企业实行定点管理。

加碘粗盐 初为食盐,食盐精细化以后,用于腌制酱菜、养殖畜牧,改称腌制盐、畜牧盐、日晒盐。碘盐加工初期,由于用量少,采用了简易的加工方法,由市防疫站、市盐业公司监督。

腌制盐 咸菜加工和海产品腌制专用盐。1996 年,五莲、莒县开始购进原盐加碘加工。1997 年,王家滩盐场开始生产腌制盐。该产品是由管道捞出的原盐经烘干后,按 1∶40000 的比例加碘而成,包装是 2 千克彩印塑料袋装。2004 年,腌制盐改称加碘日晒盐。

粉精盐 1993 年,廒头盐场被山东省盐务局确定为加碘企业。1994 年,获得轻工业产品生产许可证。1996 年 12 月,廒头盐场洗精盐厂通过中盐总公司验收,成为全国 99 个食盐定点企业之一,2000 年、2005 年,通过复检,产品全部符合国家标准。

工业用盐 1990 年 6 月,山东省政府规定,年用量在 5000 吨以上(或者一次运量在 500 吨)的定点供应工业用盐单位,需报请山东省盐务局统一安排供应,其余的工业用盐单位由市盐务局指定的盐务所、盐场进货。工业用盐要专盐专用,不得转手出售。2002 年,日照市盐务局对工业用盐(两碱用盐除外)的价格做出具体的规定:莒县、五莲 550 元/吨,东港区 440 元/吨。

储备盐 又称移储盐、战备盐。为防备战争、灾荒和在市场出现特殊情况下调济民食急需,1991 年 5 月轻工业部等部门联合制定发布《国家储备食盐管理办法》,对储备食盐的管理实行“统一管理、分级负责”的原则。轻工业部是国家储备食盐(以下简称储备盐)的主管部门,具体工作授权中国盐业总公司办理。各地的管理工作在省、自治区、直辖市人民政府的领导下,由主管盐业的厅、局(社)、盐业公司(盐务局)或兼营公司及所属的保管单位逐级负责。日照市盐务部门根据上级部署,于 1991 年年底建立储备盐制度。

第四节 质量管理

原盐质量管理 1991 年,日照市盐务局颁布《日照市制盐工业生产技术标准》,对原卤质量、修滩灌卤、制卤工艺、“三雨”操作、保卤、结晶工艺、塑苫池管理、捞盐等标准都作了规定。1992 年 5 月,市盐务局成立原盐质量监督委员会,并公布安东卫、廒头、王家滩、涛雒、董家滩盐区原盐质量监督领导小组人员名单。

加工盐质量管理 1992 年,廒头盐场洗精盐项目投产后,质量管理工作随之展开,各项质量管理制度日渐完善。1996 年前的质量管理工作主要以保证洗精盐质量符合 GB5461-92 标准,原盐质量符合 GB5462-92 标准为主要内容,质量管理制度能够满足生产需要。1996 年,该场根据《食盐定点生产企业验收细则》的要求,建立质量保证体系。2000 年,国家修订发布了 GB5461-2000 食用盐标准,该场又进一步修订完善了质量保证体系。2005 年,该场根据 GB/T19828-2005《食盐定点生产企业质量管理技术规范》要求，把全场工作均纳入质量管理范畴，强调“预防第一”的质量观念，通过规范工作质量，提高产品质量稳定性，避免出现不合格品，质量管理实现了标准化。

产品检验　1989年，各乡镇盐务所均建立简易化验站，指导盐场生产。日照市盐务局化验室定期采集盐样，全面分析各企业产品质量状况，改进生产技术措施。1997年，除廒头盐场化验站外，其他基层化验站全部撤销，由山东省盐及盐化工产品质量监督检验站每年抽检3次。2006年，廒头盐场生产的洗精盐由山东省盐及盐产品质量监督检验站每季度抽查1次，省地方病防治中心每半年抽查1次，国家海湖盐检测中心不定期抽检。

第五节　专营管理

分配调拨　盐是执行国家指令性计划产品，按商品流转规律执行统一计划，分区平衡，划片定点，就地就近供应。凡纳入国家生产计划的国营盐场、集体盐场生产的盐，都纳入统一的分配调拨计划。1989年，根据山东省盐务局的统一部署，日照市盐务局负责全市各类盐的产、供、销工作，盐产品实行专营。1998年以后，日照市盐的分配调拨计划，由市计划部门分年度下达到各区县、日照经济技术开发区和山海天旅游度假区。市盐务局再将盐的分配调拨计划，按月下达到各分局、盐务所和有关盐场。2001年，为满足多样化消费需求，市盐务局开始调入多品种营养盐，投放到市区市场。同时，日照盐区生产的原盐不能满足本地需求，市盐务局从青岛市、潍坊市调入原盐，2001年原盐调入量为1744吨，2009年达到11621吨。按照省盐务局入口食盐精细化的要求，2004年以后，市盐务局从泰安市调入精制盐供应市场，逐步取代洗精盐，进一步提高食盐质量。

区域运销　1990年8月，省盐务局文件批复，日照销区由日照、莒南、莒县改为“主要销区是日照市和临沂地区所属各县”。1992年12月，根据省局重新划分省内盐销区的指示精神，按照近场放销、运输方便、经营合理的原则，市内各区县均由日照市供应，临沂地区莒南县的原盐全由日照供应；临沂地区临沂市、沂南县、临沭县距日照较近，又是日照多年的老用户，可由日照供应部分原盐。1994年1月30日，市盐务局印发《关于加强食盐、工业盐管理的通知》，加强放销管理，凡是出场的各类盐一律由盐务所开票放销，各场停开任何有关放销盐的发货凭证。2003年开始，五莲县在全县推行食盐配送到零售终端服务。2009年8月，莒县将全县分成4个配送区域，设立4个配送队，各配置1部配送车辆，开始推行食盐配送到终端工作。2010年7月1日，实行区域化配送，根据全市人口分布、用盐特点、地理位置等情况，成立日照市食盐配送中心，设置城区、石臼、岚山、陈疃4个食盐配送队。2013年5月，日照盐业储备中心岚山盐产品储备库顺利建成并投入使用。

缉私执法　1989年，缉私工作主要由盐务所和税务部门负责。1993年6月，设立“日照市盐业缉私办公室”，负责全市盐政管理和私盐案件查处工作。2001年12月，日照盐政稽查统一加入公安“110”社会联动体系，建立了盐政稽查快速反应机制。2002年6月3日，成立日照市盐政稽查支队，下设：直属一大队（城区盐务所）、直属二大队（石臼盐务所）、直属三大队（岚山盐务所）、直属四大队（涛雒盐务所）和莒县大队、五莲大队。2003年3月，市盐务、公安局联合成立日照市打击非法经营食盐违法犯罪工作联合办公室。2009年，全市盐业实行盐政执法与食盐销售分离的改革，改变了盐政执法人员既当稽查员又当销售员的状况。

第十四编　乡镇企业　民营经济

日照市乡镇企业是由二十世纪六七十年代的乡村手工业、社办企业、生产大队副业发展而来的。至1990年，全市乡镇企业发展到3.58万家，从业人员15.95万人，年总产值13.1亿元。1993年，日照市制定《乡镇企业股份制试行办法》，按照“坚决试、不求多、务求好、不能乱”的原则，坚持国有、集体、个体私营、股份合作、合资合作等多种经营形式一起上，破除“一大三铁”（大锅饭、铁交椅、铁饭碗、铁工资），大力推动乡镇企业转换经营机制。1996年，全市乡村股份合作制企业有783家，吸纳总股本金2.1亿元；通过兼并、租赁、拍卖等多种形式，搞活“小微亏”企业202家，累计盘活存量资产1.3亿元。1997年，全市乡镇企业完成改制191家，占应改制企业的35.6%。是年，全市乡镇企业发展到1.84万家，完成总产值154.1亿元、营业收入142.5亿元、实现利税总额13.06亿元。1998年，市政府出台《关于全市乡镇企业二次创业的意见》。当年，全市乡镇企业产值、收入均增长20%以上。

2001年，日照市民营经济发展工作委员会成立，同时市民营经济发展局设立，负责全市民营经济发展规划、协调、监督和服务工作。年底，全市民营企业发展到5.07万家，从业人员37.6万人。2002年后，政府连续出台《关于进一步加快民营经济发展的意见》《关于进一步支持小型微型企业健康发展的实施意见》等一系列扶持发展优惠政策，引导、支持民营企业加强技术创新、产业升级和科学管理，大力发展特色产业集群和专业镇、村，全市民营经济在改革中快速、健康地发展。至2013年，全市民营企业发展到1.77万家，从业人员62.5万人，年完成营业收入3574.2亿元，实现利税183.09亿元。

第一章　乡镇企业

20世纪70年代末至80年代初，各公社（乡镇）大力发展乡镇企业，相继建起皮毛厂、果干厂、玛钢厂、服装厂、建筑公司、农机修造厂、拖拉机站等。一些乡村手工艺人和农村能人相继办起农村副业和手工业。这些企业按所有制形式可分为乡（镇）办、村办、联户办、个体（包括私营）企业，当时俗称“四个轮子一起转”。至1989年，乡镇集体企业普遍实行“包死基数，确保上交，超收多留，歉收自补”的生产经营承包责任制。到90年代中期，全市国有、集体乡镇企业逐步进行改革改制，发展成为股份制、股份合作制及个体私营经济。2000年始，个体私营经济改称为民营经济，乡镇企业改称为乡镇民营企业。至2013年，全市乡镇民营企业基本形成具有一定规模和物质基础、技术储备、门类齐全的乡镇企业产业和行业体系。

第一节　乡镇工业

乡镇工业是全市乡镇企业的主体。20 世纪 80 年代末期,境内乡镇工业经历了调整整顿、快速发展、改革改制、提质增效 4 个发展时期。至 2013 年,境内乡镇工业企业与国有企业共同撑起全市工业体系。

调整、整顿时期　1989—1991 年,全市乡镇工业进入新的调整、整顿、改革发展时期,由外延扩张向内涵发展的转变时期。1988 年 9 月,中共十三届三中全会提出"治理经济环境,整顿经济秩序,全面深化改革"的经济发展方针。乡镇企业进行为期三年的"调整、整顿、改造、提高"时期。1989 年,全市乡镇工业企业增长速度、经济效益有所下降。调整与整顿使全市乡镇企业发展遇到一些新矛盾和新困难,同时为企业提高经营管理水平提供新机遇。至 1991 年,全市乡镇工业总产值首次突破 10 亿元大关,同比增长 27%。其中,乡镇办工业完成产值 2.78 亿元,增长 32%;实现利润 1293 万元,增长 53.6%,高于产值增长幅度 21.6 个百分点。全市乡镇办工业固定资产达 1.08 亿元,同比增加 26.9 万元。

快速发展时期　1992 年,全市大力发展乡镇工业企业,乡镇企业进入新一轮规模与质量并进的高速增长期。1992 年年底(设区带县后),全市乡镇工业完成总产值 28.89 亿元。

改制、改革时期　1993 年,制定出台《日照市乡镇企业股份制试行办法》,开始进行乡镇企业股份制改革试点工作。当年,改制组建股份制企业和股份合作制企业 78 家。1994 年,全市乡镇企业共改制 516 家,总股金达 5.8 亿元;改制乡办企业 285 家,占乡办企业总数的 65%。其中,租赁 30 家、拍卖 25 家,组建企业集团 11 家。1996 年,对"小、微、亏"企业采取拍卖、租赁、兼并措施,组建企业集团,使资产有效转移、流动和优化重组,全市盘活存量资产 8000 多万元。至 1999 年,全市乡镇、村办工业企业改制率达 94.5%和 81.8%,全市基本完成乡镇工业企业改制任务。

提质、增效时期　在企业改制的同时,境内坚持优胜劣汰法则,对部分资不抵债的乡镇企业实行关停并转,债务由所在乡镇承担,而企业被注销。至 1997 年年底,全市乡镇工业企业由 1995 年的 2.14 万家减少到 1.07 万家,从业人员由 1995 年的 25.47 万人减少到 16.32 万人;完成总产值 118.42 亿元,增加值 24.18 亿元。同时,全市乡镇企业坚持"抓大、活中、放小"原则,大力扶持骨干龙头企业上规模、上水平。至 2007 年,全市乡镇工业企业为 0.84 万家,从业人员 20.5 万人;完成工业总产值 848.28 亿元,实现利税 90.52 亿元,其中产值是 1997 年产值的 7.16 倍。2010 年,全市乡镇工业企业达到 0.87 万家,从业人员 35.76 万人,完成总产值 1973.33 亿元,实现利税 173.2 亿元,分别是 2007 年的 2.3 倍、1.91 倍。2013 年,全市乡镇工业企业为 0.71 万家,从业人员 38.43 万人,完成工业总产值 2652.5 亿元,实现利税 138.83 亿元。

第二节　农副产品加工业

地级市建立后,乡镇农副产品加工业得到快速发展。至 1995 年,全市农副产品加工业企业 1017 家,从业人员年平均人数 17706 人,完成总产值 21.03 亿元,增加值 4.1 亿元。1996 年,全市开始实施农业产业化经营战略,境内乡镇农副产品加工业逐步向"公司加基地连农户""工厂加市场连客户"经营模式转变,大力兴办粮油、茶叶、果品、桑茧、烟草、蔬菜、肉类、奶牛、禽蛋等农产品加工企业和规模化生产基地,全市农副产品加工附加值成倍增加、经济效益大幅度增长。1999 年,通过企业改制、破产、整合、兼并等多种形式,全市农副产品加工业企业减少到452家,从业人员年平均人数9375人,完成总产值12.16亿元,增加值4.1亿元。2005年,大力实施名牌战略,全市有17家民营企业创“省著名商标”。其中,山东雪青茶厂的“雪青”牌被认定为“全国驰名商标”。2008年,印发《关于进一步加强中小企业信用担保体系建设的意见》《关于支持工业企业发展的意见》,全市农副产品加工企业运行质量明显提高。全市有规模以上农副产品加工业企业199家,从业人员年平均人数5.91万人,完成总产值213.35亿元,营业收入202.44亿元,实现利润总额11.47亿元,上缴税金6.83亿元。

2010年,全市有规模以上农副产品加工业企业195家,从业人员年平均人数3.27万人,完成总产值419.54亿元,营业收入418.73亿元,实现利润总额14.11亿元,上缴税金7.09亿元。2013年,全市有荣信、美佳、凌云海集团等规模以上农副产品加工业企业102家,从业人员年平均人数6.4万人,完成总产值760.85亿元,营业收入666.68亿元,实现利润总额18.17亿元,上缴税金8.55亿元。

第三节　建 筑 业

乡镇建筑业是在农村建筑队(组)基础上发展起来的。改革开放以来,随着党在农村各项政策的实施和城乡建设事业的发展,乡镇建筑业进入大发展时期。建筑企业规模和承揽建筑工程由小到大,机械化水平逐步提高,发展了一大批一、二级资质的建筑安装企业,成为全市建筑施工队伍的重要力量。建筑企业的经营也由初期的单一土建逐步向以土木工程为主,多业并举方向发展。1989年,全市拥有乡镇建筑企业94家,从业人员2.06万人。城镇集体建筑企业的建设工程合格率达97.8%,优质、优良工程率为41%。全市94家建筑安装企业进行资质审查定级,其中三级企业10家,包括市属1家、乡镇企业8家、村办的1家;四级企业25家,包括市属1家、乡镇企业14家、村办的10家;五级企业59家,均为村办企业。撤销不符合条件的企业24家。

“八五”期间,全市乡镇建筑安装业主要按照外延内涵并举、膨胀总量与提高素质并重的发展思路,巩固发展建筑安装队伍,扩大企业规模,加大施工力度,加强技术装备建设。1995年,全市乡镇建筑安装企业发展到2791家,从业人员7.88万人,营业收入10.32亿元,总产值19.42亿元,利润总额5780万元,上缴税金2534万元。

2000年,全市乡镇建筑安装企业经过改革、改制后,减少到1193家,从业人员3.45万人,总产值17.58亿元,利润总额4017万元,上缴税金1386万元。进入21世纪后,全市乡镇建筑企业重点是扩规模、上档次、提水平,培植发展了兴业、荣安、安泰、天宁、裕升等一大批建筑安装企业集团,全市乡镇建筑企业得到快速发展。至2013年,全市乡镇建筑业企业发展到647家,从业人员3.5万人,营业收入88.79亿元,总产值87.23亿元,利润总额7.56亿元,上缴税金3.09亿元。

第四节　交通运输业

20世纪80年代,全县22处公社均建有拖拉机站,从事交通运输和农田作业。中共十一届三中全会后,城乡交通运输业得到迅速发展。同时,农民个人或联户开始购置大中小型拖拉机和汽车等运输工具从事交通运输经营活动,农民个体、私营交通运输企业逐步增加,并成为乡村交通运输业的主要力量。1990年,全市乡镇和个体、私营交通运输业户5963户,从业人员8858人,年经营收入达8202万元。

“八五”期间，是日照乡镇企业交通运输企业发展最快最好的时期。1995 年，全市乡镇交通运输企业发展到 1.34 万家，从业人员 2.76 万人，总产值 7.13 亿元。“九五”期间，为适应市场经济发展要求，全市乡镇、集体交通运输企业全面进行改制，淘汰落后企业，转换经营机制，全市乡镇交通运输业形成缓慢发展时期。至 2000 年，全市乡镇交通运输企业 5705 家，从业人员 1.63 万人，总产值 6.46 亿元。

进入 21 世纪，全市乡镇民营交通运输业进入高速发展时期。2010 年，全市乡镇交通运输企业 1022 家，从业人员 1.77 万人；年总产值 55.91 亿元，年营业收入 48.04 亿元，实现利税总额 3.86 亿元。至 2013 年，全市乡镇交通运输企业 861 家，从业人员 2.6 万人；年总产值 66.33 亿元，年营业收入 69.54 亿元，实现利税总额 4.05 亿元。

第五节　外向型经贸

改革开放后，全市乡镇企业充分发挥劳动力资源丰富、经营机制灵活的优势，以出口创汇和利用外资为重点，积极开拓国际市场，扩大对外经济技术交流和合作，逐步建立起门类齐全的乡镇企业对外经济贸易体系。1990 年，全市乡镇办创汇企业发展到 35 家，中外合资、“三来一补”企业 5 家，全市乡镇企业出口产品有 352 个品种，完成出口交货值 6077 万元。1993 年，全市新办“三资”企业 32 家，完成项目投资 5438 万元，实际利用外资额 206 万美元，出口交货值 3.82 亿元，同比增长 65.7%。其中，“三资”企业创汇额达 600 万美元。

1994 年，全市乡、村出口创汇企业发展到 962 家，出口产品涉及机械、纺织、化工、工艺美术等 12 个系列 110 个品种，出口日、美、德、韩、东南亚等 40 多个国家和地区。全市“三资”企业发展到 85 家，出口交货值过 500 万元的企业 20 家，超千万元的 10 家，合同利用外资额 2180 万美元，出口交货值 7.49 亿元。

1996 年，全市乡镇企业加大招商引资力度，大力发展开放型经济。新发展“三资”企业项目 15 个，累计 101 个，合同利用外资 1074.6 万美元，实际利用外资 980 万美元。全年完成出口交货值 11 亿元，同比增长 15.4%，占乡村工业产值比重达到 13.8%。2000—2006 年，全市民营企业利用外资成效显著，外向型民营企业得到快速发展，企业产品外向度大幅度提高。

2007—2013 年，日照市民营企业注重加强与外商合资合作，大力发展股份制合作企业。2007 年，全市乡镇企业与外商合资合作企业 51 家，从业人员 9812 人；完成总产值 63.4 亿元，营业收入 55.7 亿元，实现利润 3.26 亿元，上缴税金 1.07 亿元。2013 年，全市乡镇企业与外商合资合作企业 193 家，从业人员 2.58 万人；完成总产值 149.45 亿元，营业收入 298.3 亿元，利润 8.98 亿元，上缴税金 2.9 亿元。

第二章　民营经济与园区建设

2000 年，山东省民营经济工作会议将民营经济的概念界定为“产权明确到自然人、由民间经营的经济”，包括个体工商户、私营企业、城乡居民控股的股份制企业。至 2000 年年底，全市乡镇、村集体企业，除国家限制的特殊行业外，基本改制为民营企业。从此，乡镇企业改称为民营企业，个体私营经济改称为民营经济。

第一节　民营经济

2001年，日照市成立民营经济发展工作委员会，协调解决全市民营经济发展中的重大问题。同时，设立日照市民营经济发展局（2008年加挂日照市中小企业局牌子），负责全市民营经济的规划、协调、监督和服务工作。2002年，全市民营业户发展到61423户，从业人员33.06万人，注册资金58.74亿元；完成民营经济总产值358.9亿元，同比增长38.9%；增加值73.7亿元，同比增长38.3%；实缴税金6.49亿元，同比增长18%。全市民营经济增加值占全市GDP的28.2%；实缴税金占全市的41.7%。

2005年，实施名牌战略，全市有17家民营企业创"省著名商标"。其中，山东雪青茶厂的"雪青"牌被认定为"中国驰名商标"。全市民营经济业户发展到62181户，从业人员达51.1万人，注册资金63亿元；完成增加值224.7亿元，同比增长41.6%，占全市GDP的46.4%；实缴税金12.7亿元，占全市入库税金总额的45%；出口交货值72.4亿元，占全市出口总额的70%以上。全市科技型民营企业已发展到166家，其中省级高新技术企业33家，年内新发展省级高新技术民营企业7家。全市规模以上民营企业发展到436家，当年完成总投资117.6亿元，增长43.6%；投资过亿元的项目27个。2006年，全市民营经济业户有51557户，从业人员52.4万人，注册资金88.6亿元；年完成增加值276.9亿元，增长28.8%，占全市地区生产总值（GDP）的54.7%；年营业收入过亿元的民营企业有78家，科技型民营企业已发展到200家，其中省级高新技术企业42家；东升地毯、山东昌华2家企业的产品获得国家名牌产品称号；同时，全市有10家企业的产品获得省名牌产品、4家企业的产品获得省民营经济知名品牌。

2010年3月，全市民营经济工作会议召开，会议提出"加快发展特色产业集群和特色产业镇，振兴日照民营经济"的发展思路，全市培育发展了莒县果蔬深加工和岚山海洋仿生食品加工等16家营业收入过50亿元的重点特色产业集群和莒县刘官庄镇、五莲县松柏乡等6个省级特色产业镇和岚山区高兴镇等5个市级特色产业镇。全市规模以上民营企业有1047家，民营经济完成总产值2726.4亿元，实现增加值679.6亿元，完成出口交货值153.7亿元，税金64.1亿元。

2013年，全市有6家民营企业被评为"山东省专精特新中小企业"；新培育省级"一企一技术"创新平台及创新企业16家，市级22家。全市民营经济业户发展到13.36万家，增长10.0%。其中，中小微企业发展到2.53万户，从业人员79万人。年实现营业收入4271亿元，同比增长17.2%；增加值1200亿元；当年，全市民营企业完成固定资产投资627亿元，占全市固定资产投资总额的61.2%，缴纳税金72亿元。

第二节　园区建设

市中小企业园　1993年，日照市中小企业园兴建。按照"突出招商引资一个重点，搞好组织和基建工程两个建设"的发展思路，规划、建设、招商同时进行，完成基础建设配套工程投资800多万元，铺设进园供水管道2700米，架设315千伏输变电线2100米，空架程控电话100门，修建主干道路3千米，完成园区内路面硬化1075米。基础设施配套总面积1平方千米，基本实现园内一期开发工程的"四通一平"。同时，抓紧项目开发，吸引服装、制纸、机械制造、标准厂房、房地产开发以及工业配套服务等9个项目进园。至1997年，进园项目有21个，竣工投产企业16家，总投资1亿元，企业完成总产值1.58亿元，实现利税1089万元。

1999 年,开发启动园内功能小区建设,完成 2 个小区的征用土地审批手续,批准开发使用土地 27 公顷。园区招商引资引进项目 4 个,开发土地 3.2 公顷,盘活存量土地 1.67 公顷,项目总投资 2000 余万元。园内企业完成产值 2.9 亿元,完成销售收入 2.7 亿元,实现利税 1800 万元,分别比上年同期增长 16%、17.4%和 18%。2003 年,鉴于市中小企业园原定规划区域已完成开发建设任务,市委、市政府作出撤销市中小企业园管委会决定,市中小企业园管委会随之撤销。

民营经济园区　1994 年年初,市、县两级乡镇企业主管部门将工业小区建设与开发纳入乡镇企业发展总体规划。各区县本着“因地制宜、量力而行、适当集中、连片发展”的原则,制定开发建设乡镇企业小区总体规划和发展目标,出台关于征地办厂、引进外资、吸引人才等多方面的优惠政策。至年底,全市已规划兴建工商业小区 20 个,进区经营的工商企业 180 多家。其中,五莲县洪凝镇、街头镇、于里乡,莒县城阳镇、刘官庄乡、长岭乡,东港区小后村乡、涛雒镇、西湖乡,岚山办事处汾水等乡镇的企业小区建设步入起步发展阶段。当年,全市园区内企业完成产值 6 亿元,实现利税 6000 多万元。

1995 年,结合小城镇建设,坚持基础设施配套与招商引资同步进行,有计划、有步骤、有重点地发展一批功能比较齐全、基础设施比较完善的乡镇企业园区。全市 35 个乡镇企业小区累计完成基础设施和项目建设投资 2.5 亿元。区内工业企业实现产值、利税分别占全市乡村工业产值、利税的 21.5%和 29.6%。

1997 年,各区县立足当地区位、资源优势,大力发展各具特色的专业村、产业镇和工业园区,引导乡镇企业走集约化、规模化经营的路子,初步形成一批具有特色产业的专业村、产业镇、经济园区。其中,五莲县街头镇石材加工、莒县中楼镇橡胶生产、夏庄镇尹湖村五金加工、岚山海货城等板块特色鲜明、经济凸显规模。乡镇企业小区建设快速发展,形成石材、吹塑、砖瓦、橡胶、木器等 22 个较为规范的乡镇企业小区。五莲县洪凝镇工业小区被评为全省乡镇企业示范小区。

1998 年,全市重点培育发展一批规模大、管理规范的乡村企业园区。其中,具有代表性的乡村企业园区有五莲县街头镇石材加工小区、莒县刘官庄镇塑料加工园、莒县夏庄镇尹家湖小五金加工园区等。

2011—2013 年,全市以临港产业为核心,遵循“一园一策、分类指导、效率优先、梯次跟进”的原则,加快推进产业集中,实施产业集聚,壮大产业集群。日照市重点打造冶金及配套、石化、粮油、汽车及零部件、浆纸印刷五大主导产业园区,加快建设光电、电子信息、海洋装备工程、新材料、新能源汽车及高端装备五大战略性新兴产业园区。至 2013 年年底,全市发展各类乡镇企业园区 38 个,园区内实有企业 2544 家,从业人数 9.38 万人,完成总产值 326.12 亿元。

第十五编　交通运输业

日照是新亚欧大陆桥"东方桥头堡"和"一带一路"重要节点城市，拥有海上运输、陆路运输、航空运输的立体交通网络体系。海上航线可与世界100多个国家和地区通航；机场航线覆盖国内主要通航城市；境内拥有4条铁路、4条高速公路、2条国道、10条省道、43条县道，通车里程8153千米。

1989年11月，日照市交通委员会成立，后更名为日照市交通运输局，辖市公路管理局、市航运管理局及东港区交通局、岚山区交通局、莒县交通局、五莲县交通局。

1990年3月，市公路管理局成立。2000年1月，日照高速公路建设办公室成立。同年10月，日竹高速公路筹备处成立，2003年更名为日东高速公路日照管理处。2005年5月，同三高速公路日照管理处成立，均隶属日照市公路管理局。

第一章　公路建设与管理

地级市建立后，日照市公路建设迅速发展。2003年，"村村通油路"工程开始建设。2009年，全市2992个行政村，全部实现村村通硬化路。至2013年，境内高速公路和国省道干线公路发展到16条，通车里程673.4千米。其中，高速公路4条，分别为沈海、日兰、青临、日照疏港高速公路，全长162.9千米，呈"两纵一横一连"分布；干线公路12条，其中国道2条、省道10条，全长510.5千米，呈"四纵五横两连"分布；所有高速公路和国省道干线公路均达到二级以上标准。县级公路43条，通车里程884.4千米。其中，一级公路6千米，二级公路600.2千米，三级公路163.8千米，四级公路114.4千米。乡村公路通车里程6595.2千米。全市公路通车里程共计8153千米。

第一节　干线公路建设

高速公路

沈海高速公路(G15)　沈海高速公路是交通部规划的全国"三纵三横三个重要路段"及山东省规划的"五纵连四横，一环绕山东"公路主框架中的重要线路。沈海高速公路日照段，北从青岛市黄岛区大场镇进入日照境内，经两城、河山、日照、奎山、高兴、涛雒、虎山、汾水等乡镇(街道)，南至岚山区汾水镇与连云港段相接，线路全长61.065千米。公路设计行车速度120千米/小时，全封闭、全立交，双向四车道、路基宽28米；建有大桥19座、互通立交4处；设有日照北、日照、疏港高速、涛雒、汾水、鲁苏六个出入口

(收费站),服务区(涛雒)1个。公路概算投资15.45亿元,2001年11月开工建设,2003年12月竣工通车,12月27日开始收费运营。

日兰高速公路(G1511)　起点是日照市,终点是河南省兰考县。日兰高速公路日照段东起日照城西孔家湖子村北,与206国道、222省道、225省道互通,与204国道、335省道和疏港高速路相连接,途经东港区、莒县12个乡镇,西至莒县夏庄镇北汀水村与临沂段相接,全长78.45千米,连接线长3.1千米。公路设计行车速度100千米/小时,全封闭、全立交,双向四车道,路基宽26米;建有特大桥1座,大桥11座,中小桥117座,涵洞141道,天桥28座,互通立交3处,分离立交2处;设有日照、西湖、龙山、莒县东、莒县5个出入口(收费站),服务区(莒县)1个,概算投资16亿元。日兰高速公路日照段于1998年10月开工建设,2000年11月建成通车,12月8日开始收费运营。

青临高速公路(G25青州—临沭)　主线全长228.33千米,是长深高速公路(G25)的一段,也是山东省规划的东营港至临沂高速公路的组成部分。长深高速公路日照段(莒县)线路全长9.715千米,在日照境内不设收费站点,于2009年6月开工建设,2013年1月20日通车。

日照疏港高速公路　东起日照港,沿香港路向西通过奎山南,再向西北方向跨越崮子河,上跨204国道和菏日铁路,在傅疃河以北接沈海高速公路,路线全长13.629千米,设计时速100千米/小时,全封闭、全立交,双向六车道,路基宽33.5米,概算总投资12.96亿元。公路于2009年5月开工建设,2011年11月26日建成通车。疏港高速公路的建成通车,实现日照港与高速公路网对接,降低进港车辆的运营成本,使日照港口集疏运体系得到进一步完善。

国道

烟上线(G204,烟台—上海)　该路日照段北从青岛市黄岛区大场镇入日照市境内,经东港区两城镇、日照街道、涛雒镇和岚山区虎山镇、汾水镇,进入江苏省连云港市境内,全长64.72千米。道全线建有大桥7座,中桥10座,小桥16座。1975—1976年,政府进行路基改线加宽,修建桥涵,路基宽9~10米。1979年,对日照至汾水段进行沥青表面处治;1982年,对两城至日照段进行沥青路面铺筑工程;1986—1987年,对日照至汾水段进行改线加宽。1997年1月,经省政府批准,设立204国道日照收费处。2012年1月2日,公路停止收费,后该收费站撤销。全线设有城北、城南、汾水3个公路站。1993—1994年改建,设计标准为二级公路,路基宽18米,路面宽15米。1999—2000年,城南、城北分两段予以大修。2002年,建成全省第一条全国文明样板路。汾水至鲁苏交界段1.58千米,路基拓宽至38米,路面拓宽至30米;351K+948—355K+148段为沈海线疏港连接线重合段。2001—2002年,通过实施路面中路、公路绿化、路宅分家、标准路基的整修、穿街道路的治理、平交道口的硬化、收费站和公路站的规范化建设等一系列工程,全线达到路肩顺畅、标线整齐、行车舒适、管理有序、乔灌花草竞放异彩的效果,被交通部专家组誉为“文明样板路中的样板”。2005年,对起点至两城6.46千米拓宽改造为一级路。2011—2013年,对两城至汾水(鲁苏界)段58.8千米拓宽改造为一级路。

烟汕线(G206,烟台—汕头)　该路起点为五莲与诸城交界,途经汪湖镇、于里镇与莒县的招贤镇、莒县城区、刘家官庄镇、夏庄镇,进入临沂境内。206国道日照境内全长84.265千米,于1996—1997年改建,设计标准为二级公路,路基宽15米,路面宽12米。公路共有大桥5座,中桥6座,小桥10座,于1997年建成全省第一条省级文明样板路。2000—2003年,分段进行了路面中修罩面工程。其中,莒县西环路段,于2001年进行路面改建,路面宽24米。2005—2007年,莒县段22.7千米拓宽改建为一级路。沿线设有管帅、墩头、夏庄3个公路站。2009年,政府对潍坊日照界—杨店子桥及夏庄—临沂界段56.6千米的二级路进行了路面大修。

省道

平日线(S220,平度—日照)　该路日照段全长21.3千米,起于两城镇安门庄日照与胶南市交界处,迄于与兖石铁路相交的公铁立交桥下,途经东港区的两城、秦楼街道两个乡镇(街道)。全线共有大桥1座,中桥1座,小桥10座。平日线原名为诸(城)日(照)路,1986年公路普查改为平日路。2005—2006年,政府对两城至石臼段20.6千米进行分段拓宽,改造为一级路,其中城区段6.7千米(青岛路),规划红线宽度100米,24米主车道+2×23米绿化带+2×10米慢车道+2×5米人行道。2013年,政府对两城至石臼段21.3千米进行了路面中修。

央赣线(S222,潍坊市央子—赣榆县)　原名平(山东平度市)日(山东日照市)路,日照段全长91.6千米,起于五莲县高泽镇李家官庄村北与诸城市枳沟镇交界处,于岚山办事处汾水镇界牌岭与G204交会。公路途经五莲县的高泽镇、洪凝镇、街头镇,东港区的陈疃镇、西湖镇、后村镇、巨峰镇,岚山办事处的虎山镇、汾水镇。圈村至陈疃段与S335重合段,3.8千米。全线共有大桥4座,中桥7座,小桥29座。2004年,对五莲交界—小古家沟、五莲东港交界—终点段路面改造为二级路,路基宽12~18米,其中五莲城区段(高泽—却坡水库)4.6千米为一级路,路基宽34米。圈村至陈疃段与S335重合段,于2008年拓宽改建,路基宽22米,路面宽18米。沿线设有街头、巨峰2个公路站。

莒阿线(S225,莒县—阿湖)　该路北起莒县城阳,经长岭、小店至莒南交界,其中莒县境内26.5千米,路基宽20米,路面宽12米。1990—1992年,全线加宽改建。1999年改建,跨沭河修建小岭大桥,路面宽9米。全线共有大桥2座,中桥2座,小桥7座,设长岭公路站1处。2006年,政府对莒县沭河大桥至长岭12.3千米的二级路进行路面维修。2010年,政府对沭河大桥至206国道段6.3千米的二级路进行路面大修。

薛馆线(S329,薛家岛—馆陶)　该路东起青岛西至聊城,日照段穿越莒县西北部的东莞镇,起于该镇与诸城交界处,止于该镇与沂水交界处,全长2.6千米,按二级公路标准设计,路面宽12米。2004年,路面改造(由原路面水泥改为沥青混凝土),涵洞70.9米/5道。

张李线(S334,张家楼—李家坡)　该路从胶南市张家楼起至五莲县于里镇李家坡,日照段全长53.5千米,途经五莲县的潮河镇、叩官镇、松柏乡、洪凝镇、中至镇、于里镇。该路段初建于1952年,1965年全线通车,全线共有大桥3座,中桥6座,小桥10座。2004年,对五莲城区—李家坡段22.5千米,按二级公路标准进行大修,路面宽11~15米。胶南日照交界—五莲城区段,于2006—2008年拓宽改建为一级路,长34.1千米,路基宽24.5米,路面宽22米。

石兖线(S335,石臼—兖州)　该路日照段全长86千米,按二级公路标准建设,路基宽23米,路面宽18米,路面采用沥青混凝土结构,全线共有大桥5座,中桥10座,小桥29座。2003年,对该路石臼至烟墩岭段路基桥涵进行加宽改造,长14.7千米。2008—2009年,对该路烟墩岭至莒县城阳镇路基桥涵进行拓宽改造,长67.8千米,其中莒县陵阳镇至城阳镇11千米为一级路,路面宽24米。2013年,对S335石兖线莒县城区至沂水交界段7.1千米进行大修改造。

莒界线(S336,莒县—界牌)　该路东起莒县城阳镇,西至蒙阴县界牌镇,日照段全程8.66千米,途经莒县城阳镇、浮来山镇,始建于1956年。1999年,政府组织改建,全长8.6千米,达到二级公路标准,路基宽17米,路面宽15米,升级为省道。全线共有大桥1座,小桥5座。2012年,政府对S336莒界线莒县至浮来山段8.66千米进行拓宽改造,升级改造为一级路,路基宽24.5米,路面宽23米。

涛坪线(S341,涛雒—坪上)　该路日照段全长23.4千米,东起涛雒镇刘家湾村,与南沿海路相接,途经东港区的涛雒镇、巨峰镇入莒南境内,路基宽11米,路面宽9米。1977年,公路改建,投资364.186万元。1973—1979年陆续完成桥涵配套工程,全线为四级公路标准。1999年,公路进行改建,达到二级公路标准,全线共有大桥2座,中桥1座,小桥11座。2011年,该线全段23.4千米进行了大修改造。

岚济线(S342,岚山—济宁)　342省道日照段全长26.7千米,东起岚山童家庄子,途经岚山区的汾水镇、碑廓镇向西进入莒南县。1956年按照五级公路标准施工,1978年铺筑沥青路面。1995—1996年,公路改建为二级路。2008—2010年,政府对全线26.7千米按一级路设计标准进行升级改造,路基宽26米,路面宽23米,全线共有中桥7座,小桥8座。

同三线日照连接线(S613)　该路全长21.3千米,即山海路西起沈海高速公路日照北立交桥,东至青岛路,全长8.3千米;疏港路东起日照港,西至与国道204相连,长9.4千米,按一级公路标准建设,路面宽24.5米,双向四车道;轿顶山路(岚山区境内)3.6千米,为二级路。三段连接线统称同三高速公路疏港连接线,于2003年6月15日开工建设,11月9日竣工通车。全线共有大桥2座,中桥6座,小桥8座。

第二节　县乡公路建设

1989年,全市县乡公路通车里程241.37千米,其中县道17条。公路硬化里程不足30千米,且公路普遍弯度大、坡度长、路况差、等级低。1990—1992年,市交通部门连续开展三年的“公路建设年”活动,进行路基拓宽,改造砂土路200多千米,提升了路基技术标准。新建改建一批标准高、质量好的县乡公路,建设里程530多千米,改善市县乡公路通行能力,提高了路面等级水平。

1995—1997年,市交通部门连续开展三年“公路建设质量年”活动,投入大量建设资金,公路等级里程增加较快。1997年,全市县乡公路总长830.7千米。

2001年,随着日照市经济发展和港口吞吐能力扩大,超限、超载车辆增多,县乡公路破坏较为严重。加之前期重建轻养,使公路养护成为重中之重。市交通局增加养护资金,用于已破坏或濒临破坏的公路养护。全年修公路里程138千米、资金486万元,小修174.5万元,用于修复水毁公路的资金340万元。

2002年,县乡公路通车总里程1740.2千米。其中,乡道升级为县道85.2千米,村道升级为乡道119.5千米。同年,完成日照港至奎山路大修,吕街路等主要县乡公路建设。全年完成投资3875万元,其中省立项目改建2000万元,县乡公路建设1875万元。

2003年,日照市启动“村村通油路”工程。全市2992个行政村,有2017个不通油路,需新建通村公路3237千米,概算投资近8亿元。市政府成立以市长任组长、分管副市长为副组长、有关单位为成员的农村公路改造工程领导小组,当年完成硬化里程437千米;至2005年,“村村通油路”工程完成率达到95.18%;2009年,全市2992个行政村全部实现村村通硬化路。至2013年,县乡公路通车里程达7479.6千米。

第三节　桥涵建设

境内公路桥涵多,但无隧道公路,至2013年年底,全市共有桥梁2416座。其中,特大桥2座、大桥157座、中桥722座、小桥1535座。全市国省道干线公路桥梁共有582座,长34882.99米。其中,特大桥

2 座,长 2410.48 米;大桥 71 座,长 17086.37 米;中桥 123 座,长 7983.82 米;小桥 386 座,长 7402.32 米。

特大桥

日兰高速日照水库大桥　该桥位于东港区西湖镇,东西跨越日照水库,全长 1053 米,桥面净宽 22.5 米,双向四车道,35 孔等跨 30 米钢筋混凝土 T 形梁,是日照市第一座公路特大桥。1998 年,随着日兰高速公路建设而同时修建,2000 年 11 月竣工。大桥设计荷载为公路 I 级。

日照疏港高速公路奎山高架桥　位于日照经济技术开发区,上跨国道 204 烟上线,全长 1357 米,桥面净宽 30.5 米,双向六车道,45 孔等跨 30 米预应力钢筋混凝土连续箱梁。2011 年 11 月,高架桥与日照疏港高速公路同步建成通车,设计荷载为公路 I 级。

大桥

境内大桥有 71 座,其中 58 座是 1989 年后修建。

县乡公路桥梁

全市县乡公路桥梁共有 1834 座,其中大桥 86 座、中桥 599 座、小桥 1149 座。

第四节　质量监督

2001 年,市交通基本建设工程质量监督站成立,质量监督实现了公路、水运工程全覆盖,质量安全监管水平逐步提高。

国省道路监督　为加强全市公路工程质量监控,全面落实《山东省交通建设工程质量监督实施办法》精神,2007 年 12 月,市局对质监站人员进行调整,选配监督人员。从 2008 年开始,主要对 204、206 国道及 334、335、222、341、220、613 省道等 10 条国省道路网工程进行质量安全监督,工程质量合格率 100%,其中 334 省道、204 国道等工程达到优良,优良率 95%。

农村公路监督　自 2003 年全市开展“村村通油路”工程以后,农村公路的建设规模和标准都发生了巨大变化。2003—2010 年是农村公路的快速发展期,2011 年后,农村公路建设转为以打通“断头路”为主的“网化工程”和大中修养护工程。交通质监工作按照“质量为先、安全第一”的理念,内强素质,外树形象,相继完成岚山疏港公路、五莲县洪贺路、莒县莒道线、东港区大沈线等县道公路以及农村公路路面、大中桥改建工程的质量和安全监督任务,监督里程达到 1500 千米,监督大中桥梁 500 多座。

水运工程监督　按照《山东省公路水运工程施工安全监督管理办法》要求,从 2011 年开始,开展水运工程项目安全生产监督工作,先后对日照港南区焦炭码头工程,西四期码头工程,岚桥港 1 号、2 号通用泊位工程和岚山港 15 号、16 号泊位工程等大中型水运工程进行安全监督。为进一步提升工程质量,加强安全监管力度,2012 年后,日照市积极开展“监理行业树品牌、监理人员讲责任”“开展混凝土质量通病治理、平安工地、工程质量年、安全生产月、百日攻坚”等多项活动,取得明显成效。

第五节　公路养护

地级市建立以后,县乡公路的养护管理由日照市县乡公路管理处负责。乡镇交通管理所对养路队进行管理,实行群众养路员养路护路模式。随着“村村通工程”的实施,村道里程大幅度增加,养护任务越来越重,建立起“五个一”养护管理制度,使每一条建成的农村公路都有人负责管养,实现“有路必养、养即到位”，大大提高了农村公路的整体养护水平。

1995年起，全市全面推行大公路站养护，组建“花园式、别墅式”大公路站13处。2001—2003年，市交通部门开展干线公路养护“三年大变样”活动，推行“一县一中心”模式，大中修推向市场，小修保养工程推行定额养护和计量支付。2004年，开始实施“五大养护工程”，养护理念从“畅洁绿美”提升到“畅安绿美”。“十一五”期间，倡导“以人为本、安全至上”理念，推行预防性养护、精细化养护，在全省率先提出“把心放在路上、把路放在心上”的要求。2008年，开展以“规范化、标准化、集约化和人本化”为主要内容的建设活动，构建更安全、更畅通、更和谐、更高效的农村公路网络，营造“畅、安、舒、美、优”的农村公路交通环境。“十二五”以后，坚持“畅通主导、服务需求、安全至上、创新引领”的十六字养护工作理念，构建更安全、更畅通、更绿色、更高效的公路交通网络，构建“大养护”格局，让群众“走得顺畅、走得安全、走得舒适、走得有趣、走得有尊严”。

第六节　路政管理

县乡公路路政管理　地级日照市建立后，市县乡公路管理设专职路政管理人员实施路政管理业务。设区带县后，县乡公路路政管理权限下放到区（县），各区（县）交通主管部门分别设立路政科，负责县乡公路的路政管理工作。各路政管理部门按照有关法律法规，严格对辖区公路实施管理。同时，在市区（县）行政服务大厅设立公路审批窗口，统一受理和办理行政审批事项，做到“集中办理、充分授权、公开透明、优质高效”。

干线公路路政管理　干线公路的路政管理由市公路局负责。1990年3月，市公路局设路工科；1993年7月，设路政科。强化路政巡查和治超载工作，不断提高应急处置能力，促进依法管理和依法运转，维护路产路权，保障公路安全畅通。

高速公路路政管理　2000年10月，高速公路路政大队成立，隶属日照市公路管理局，主要负责沈海高速公路日照段及其连接线、日兰高速公路日照段及其连接线、上海路和山海路，总计167千米高速公路的路产损坏索赔、两侧建筑控制区管理、超限运输治理等路政管理及清障救援工作。自建队以后，突出涉路工程审批、日常公路巡查、法律法规宣传、超限运输管理、清路障保畅通等重点工作，与交警、消防、卫生等部门实施联动应急救援机制，全面提升公路应急处置与保畅能力，保障辖区高速公路的安全畅通。

第七节　规费征收

严格执行收费政策，创新稽查管理模式，加快推广电子收费，树立文明服务形象，营造良好的通行费征收环境。1990年，征收养路费912万元，2007年，达到3.2亿元。2009年1月，国家实施税费改革，养路费停止征收，累计征收21.2亿元。做好重大节假日小型客车免费通行工作，执行“绿通”惠民政策，在沈海高速公路鲁苏省界收费站，安装全省首台绿色通道自动检测设备，验货时间由过去10分钟/车次，降低到1分钟/车次，验货效率提高10倍。

养路费征收　1990年3月以后，手工开票停止，使用微机开票。1995年10月，全市微机联网。2005年4月，全市实现微机联网收费。

通行费征收　1988年，交通部、财政部、国家物价局联合发布《贷款修建高等级公路和大型公路桥梁、隧道收取车辆通行费规定》,公路收费制度确立。日照市曾设立204国道日照收费处、206国道莒县收费处和222省道芙蓉庄收费处3个普通路桥收费站,累计收取通行费6.15亿元,有效缓解市公路建设资金短缺压力,加快公路建设步伐。2000年11月,公路规费征收工作进入新阶段,日照境内4条高速公路(日兰、沈海、疏港、青临)10个收费站,相继联网收费。2010年6月,市高速公路首批电子不停车收费车道(ETC)投入使用,安装鲁通卡设备的车辆实行身份自动识别、自动收费通行。

第二章 公路运输

日照市道路运输经营主要包括道路旅客运输、道路货物运输以及与道路运输相关的站场经营、机动车维修等业务。2013年,全市共有等级客运站场47个,道路客运企业15家,营运客车保有量966辆、总座位3.11万个;全市共有等级货运站场4个,道路货运企业390家,营运货车保有量1.87万辆、总吨位24.83万吨,其中大型以上货车1.13万辆。

第一节 公路客运

1989年,全市有1个客运站,客运车辆352辆,公路客运量562万人,公路旅客周转量0.47亿人千米。1990—2000年是公路运输发展的快速期,公路客运量从562万人增长到1739万人,公路旅客周转量从0.47亿人千米增长到10.51亿人千米。

2003年,全市共有等级客运站29个。其中,一级客运站1个,二级客运站3个,三级客运站13个,四级客运站12个。客运车辆发展到954辆,其中,高级客车27辆,中级客车159辆,普通客车768辆,客运车辆座位25758个。客运班线发展到236条,通达北京、上海、西安等59个省市和日照市所有区、县、乡镇。全市公路客运量达到2399万人,公路旅客周转量达到14.9亿人千米。同年,全市积极推动“村村通客车”工程,引导车头向下,制定相关的优惠政策,并在全省率先开展营运线路服务质量招投标活动,对完善道路运输市场机制作出了有益探索,促进农村客运业的快速发展。全市开通农村客运线路153条,农村客运运力达764辆,建制村通客车率97.86%。2006年,全市共有等级以上客运站30个,客运班线发展到310条,客运车辆达到924辆、2.39万个座位。客运班车高中级车辆达到50%以上,日照交通运输客运装备水平跃上新的台阶。2008年,日照市制定实施《日照市城乡客运网络规划》,全面加快城乡客运一体化步伐,在全省率先完成“前站后所”乡镇客运站建设任务。农村客运线路达到164条,农村客车通行率达到97.73%,基本形成畅通便捷的农村客运网络。全市道路客运量完成4600万人次,旅客周转量完成34.8亿人千米。2010年,全市共有等级以上客运站48个,客运车辆988辆,客运班线287条,日发班次2239个,客运车辆高、中、普配置比例更趋合理。在全省率先建立青岛流亭国际机场日照虚拟空港,旅客可在市内办理乘机手续,并开通日照至青岛机场专线巴士,实现交通运输的空地对接。全市道路运输行业累计完成公路客运量4150万人次,旅客周转量28.5亿人千米。

2013年,全市共有等级客运站47个,其中一级客运站1个,二级客运站4个,三级以下客运站42个。客运车辆966辆,其中高级客车460辆,中级客车477辆,普通客车29辆。客座30912个,客运量4585万人次。客运班线 289 条，旅客周转量 31.6 亿人千米，通达北京、上海、深圳等 9 个省市和日照市所有区县乡镇。

第二节　公路货运

1989 年，全市有 3 家普通货物运输企业，1 家危险品运输企业，营运货车 906 辆。其中，普通货车 900 辆，危险品货运车 6 辆。公路货运量 339 万吨，公路货物周转量 5829 万吨千米。1990—2000 年，是公路运输发展的快速期，货运量从 339 万吨增长到 1161 万吨，货运周转量由 5829 万吨千米增长为 1.09 亿吨千米。2003 年，普通货物运输企业发展到 170 家，危险品运输企业 12 家。全市有营运货车 15296 辆。其中，普通货物运输车辆 14623 辆，危险货物运输车辆 313 台，集装箱运输车辆 360 辆。货运车辆载重吨位 74043 吨，货运量 1676 万吨，货物周转量 8.01 亿吨千米。货运站从无到有，发展到 10 个，其中一级货运站 2 个、三级货运站 8 个。物流信息中心 1 处。全市经过从业资格培训上岗人员 21200 余人。

2007 年，物流载体建设加快，全市物流业企业发展到 290 家。开通日照物流信息网，全市功能齐全的日照三运物流园正式启用，带动一批实力强、支撑性好的物流园区建成并投入使用。全市完成公路货运量 3400 万吨，货物周转量 21 亿吨千米。

2009 年，根据“路、站、运一体化”的发展思路，对 40 个乡镇交管所按“前站后所”模式统一进行改造，并实施集农村公路、农村客运、农村货运和农村物流管理于一体的管理模式，大力支持运输企业发展厢式运输、甩挂运输，扶持发展大型交通运输企业，现代交通物流业得到蓬勃发展。物流业户增加到 290 多家，集装箱运输车辆达 600 余台。是年，全市完成公路货运量 9559 万吨，货物周转量 27.21 亿吨千米。

2010 年，货运车辆向大、特、专、集发展的趋向更加明显，公路运力结构日趋优化，物流企业发展到 426 家。全市道路运输行业完成公路货运量 10331 万吨，公路货物周转量一举突破 200 亿吨千米大关，达到 254.16 亿吨千米。2012 年，运力结构不断得到优化，重型货车、集装箱车辆、厢式货车占货车总量的 44.7%，LNG 液化天然气货运车辆发展到 121 台。全市道路货运物流业共计投入生产经营资金 3.9 亿元，新增营运车辆 1431 辆、3.1 万吨位。危险货物运输企业增幅达到 67%。道路货运量、货物周转量分别达到 12066 万吨和 298 亿吨千米，是近年增幅最高的一年。

至 2013 年，普通货物运输企业发展到 498 家，危险品运输企业 22 家。全市共有营运货车 2.4 万余辆，其中普通货车 2.2 万余台，危险货物运输车辆 464 台，集装箱运输车辆 1195 辆，货运车辆的载重吨位 23.5 万吨。公路货运量 12966 万吨，公路货物周转量达到 320.39 亿吨千米。货运站有 4 个，其中一级货运站 2 个、二级货运站 2 个。

第三节　出租客运

1996 年下半年，随着国有企业改革和市场经济日趋活跃，市区出租客运市场有所发展，但车辆以个体自购车辆为主，市场混乱无序。为保证市民安全、舒适、畅通出行，日照市开展城市出租汽车行业管理工作，积极培育发展市区出租客运汽车市场，并对市区城市出租汽车行业进行整顿，开始办理出租客运车辆营运证。1997 年 5 月，通过鼓励出租车业户自愿结合组建出租车经营联合体和审批成立公司等手段，进行公司化管理。至 1997 年年底，市区组建 6 家出租汽车公司，出租车辆达 400 余辆。1998 年，出租车数量迅速发展,市交通运输局逐步开始对车体颜色进行规范,规定车体的标志颜色为下方暗红色,上方银灰色。市区出租汽车公司发展到13家,出租车辆948辆。市政府为预防出租客运市场的无序发展,决定控制出租车辆的增长,停止对出租车辆的审批。2001年,市区出租车辆车型升级,出租车以夏利为主要车型。2005年,市区出租车辆进行更新,要求新车排量升级为1.6升,车型以捷达、桑塔纳为主。推广应用汽车燃气技术,对城市汽车尾气污染实施治理,建成石油气(CNG)汽车加气站,满足了900多辆车的加气需要。为体现日照市蓝天、碧海、金沙滩旅游城市特色,市区出租汽车统一调整为上蓝、下黄、中间海鸥翱翔的车体颜色,并对车辆所有标志标识予以规范,出租客运汽车实现"六统一",统一标志灯、客票、服务监督卡、收费标准、收费交讫制度、道路运输证。其间,市交通局印发《日照市客运出租汽车管理暂行办法》,进一步加强对出租行业的管理。

2008年,为改善招商引资环境,市政府批准市区出租车新增20辆2.0排量的北京现代轿车,市区出租车增加到968辆。2009年,市区出租车辆进行新一轮更新,新车排量由1.6升升级为1.8升以上。至2013年,全市出租车达到968辆。

第四节 汽车维修

自2001年以后,日照市对二类以上汽车维修企业的维护竣工出厂车辆进行质量检测,严格维修车辆送检和出厂合格证制度,经质量检测合格后方可出厂;严格查处虚报维修项目、倒卖竣工出厂合格证、只收费不维修、偷换汽车配件、不按技术规范作业,作业中漏项或减项、采用虚假广告招揽生意等欺骗、坑害用户的恶劣行为,并按有关规定严厉处罚,依法查处超范围经营、违章占道经营,进一步规范和整顿了汽车维修市场,树立了良好的规范作业意识。

2004年,根据山东省交通厅道路运输局《2004年汽车维修稽核工作方案》要求,全市深入开展汽车维修稽核工作,重点要求维修企业对维修车间进行改造,对维修装备进行改造,引进新技术、新设备,使全市汽车维修设施规模和服务功能得到很大提升,纠正违章现象,规范汽车维修市场,进一步促进行业管理。

2008—2011年,日照市以2008年"四化"管理试点单位为示范单位,重点打造特点鲜明、亮点突出的典型群体,对四化管理工作中涌现出的经验,进行总结、提炼,充分挖掘内涵,打造一批行业管理品牌。

2013年,全市对机动车维修从业人员进行培训,具体包括机动车维修技术负责人员、质量检验人员、机修、电器、钣金、涂漆6个工种培训,共培训1380人。是年,严格按照国标GB/T16739-2004《汽车维修业开业条件》,对全市已有的汽车维修业户进行考核,对新办的维修企业严格按开业条件进行审批。至2013年年底,全市汽车维修业户发展到1160家。

第五节 驾校培训

1992年,市安通公司汽车驾驶员培训中心成立,是全市第一所驾校,由市公安交警大队管理。2006年,机动车辆驾驶员培训划归交通部门管理。当年全市驾校发展到6所,教练车312辆。至2013年年底,日照市共有机动车驾驶员培训学校13所,其中一级机动车驾驶员培训资质12家,二级机动车驾驶员培训资质1家;培训车型包括A1、A2、B2、C1、C2;拥有教练车1709辆,其中C1教练车1664辆,C2教练车2辆,A1教练车8辆,A2教练车12辆,B2教练车45辆;教练员1996名,其中理论教练员78名,实际操作教练员1918名,二级教练员90名。年培训能力8.57万人,其中小型车(C1、C2)为8.31万人,大型客车(A1)为320人,牵引车(A2)480人,大型货车(B2)为1800人。全市一次性通过率达到79.8%,累计培训学员422874人。

第三章　地方海运

地级日照市建立后,对全市地方海运业发展非常重视,政府成立日照市航运管理局,编制《日照市海运业"九五"规划》,制定《日照市水路运输管理暂行规定》,提出海运业发展目标,制定资金、人才、企业扶持等优惠政策,加强行业管理和指导,地方海运业进入一个全新的发展时期。

1993年3月,山东岚山海洋运输公司、日照水产海运公司相继成立。至1995年,全市水路运输企业发展到11家,船舶54艘,总载重吨3.1万吨。1996年,山东日照海洋运输集团公司成立,当年新增运力1.1万吨,总运力达到4.2万载重吨。2001年,"港口立市"战略实施,水运业投资环境得到进一步改善,当地及外地民营企业纷纷投资航运事业。至2013年12月,全市共有省际水路运输企业23家,船舶70艘,44.32万载重吨。

日照海上旅游客运业始于1990年。从第一艘游艇投入运营,至2005年海上游艇运力发展到133艘,1519客位。至2013年年底,海上旅游客运公司19家,旅游船舶247艘,3484客位。

第一节　货　运

日照地方海运业从起步、衰退到发展,历经一段艰难的历程。1989—1997年为日照海运业起步阶段,奠定了海上运输业的发展基础。1998—2002年为衰退阶段,全市海运企业基本处于停业状态,整体亏损,但对海运业的发展提供了宝贵经验。2002—2013年为发展阶段,全市海运企业发展到23家,船舶70艘,44.32万载重吨。

起步与发展　1993年,山东岚山海洋运输公司、日照水产海运公司成立,日照地方海上运输业开始起步。两个海运公司的成立,带动水路运输企业的发展。1995年,全市水路运输企业发展到11家。其中,交通部批准的企业8家,船舶54艘(千吨级以上的船舶7艘),总功率1.5万千瓦,总载重吨3.1万吨。1996年,在山东岚山海洋运输公司、日照水产海运公司的基础上,经市政府批准,组建山东日照海洋运输集团公司。当年新增运力1.1万吨,总运力达到4.2万载重吨,货运量完成37万吨。

1998年,受国际航运市场的影响,加上全市水运企业成立时间短,所购船舶多为二手船,船况老旧,企业经营水平和竞争能力不足,致使日照市地方海运业进入萎缩期,一些企业纷纷撤走或注销,运力外流,全市保有运力、从业人员、货运量、营业收入全面下滑。2000年,日照市地方海运业发展进入低谷,全市最大的地方海运企业——山东日照海洋运输集团公司倒闭,其他海运企业也基本处于停业状态,年底全市保有运力剩0.47万载重吨,全年营业收入288万元,全部水运企业整体亏损190.4万元。

2001年,实施"港口立市"战略。2002年,全市开展"提高行政效率,改善投资环境"活动,投资环境得到进一步改善,第一家外地民营企业——日照金茂船务有限公司成立,全市地方海运业步入发展期。

年底,全市运力达到2.6万载重吨,完成货运量16万吨,货物周转量1.88亿吨千米。2003年7月,日照市腾翔海运有限公司投入运营,全市海上运力达到5.1万载重吨,跻身全省沿海货运力前三名。2007年,全市海上运力发展到9.74万载重吨。

2013年,全市共有省际水路运输企业23家,船舶70艘,44.32万载重吨。其中省际普通货船运输企业18家,省际油品运输企业5家。油船12艘,5.89万载重吨;普通货船48艘,37.34万载重吨;多用途船2艘,1.02万载重吨;拖船7艘,1742载重吨。全市国内水路运输服务企业已发展到241家,国际船舶代理企业141家,无船承运企业1家,国际船舶管理公司1家,国内船舶管理公司6家。

货源种类及货运量 1989年前,煤炭是日照海运的主导品种。1990年后,海运品种结构发生较大变化,货源种类发展到煤炭、石油、水泥、化肥、金属矿石、钢材、机械、电器、车辆、玉米、花生、食用油、蔬菜、水果、鱼虾、畜禽、布匹、服装等七大类400多个品种。至2013年,全市地方海运货运量达到793万吨。

第二节 客 运

日照—韩国平泽客箱班轮航线开通 2003年7月1日,日照—韩国平泽客箱班轮航线开通,航线全程385海里,正常航行时间为18个小时。客箱班轮每周3班,每班可提供108个箱位和540个旅客客位,年旅客通过能力15万人次。国际客运站位于石臼港区西区(海滨五路与上海路交界处),建有3019平方米的候船厅。候船厅内设先进的售票管理信息系统和检验、检疫、海关、边防等旅检设施。2005年12月,班轮更换为“彩虹”号。该船为客、箱、车多用船,总载重吨24946吨,735个客位,载箱200TEU,载车90辆。2008年10月,“彩虹”号因受全球金融危机影响而停航。2010年12月,日照港(香港)船务公司购买一艘班轮,定名为“日照东方”号客箱班轮,该船单次可容纳640名乘客,运载230标箱。2011年2月10日,班轮复航。至2013年,班轮共运送旅客70余万人次。客箱班轮的通航,为促进日照与韩国在经贸、文化、旅游等多个领域的交流与合作发挥了重要作用。

旅游客运 日照沿海旅游客运业务起步于1990年,第一艘游艇投入运营。该船系玻璃钢船体,内燃发动机,15客位。至2005年,海上游艇运力发展到133艘,1519客位。至2013年年底,旅游客运公司发展到19家,旅游船舶247艘,3484客位。其中,小型游艇229艘,2255客位;大型旅游船舶18艘,1229客位。

第四章 海上交通管理

海上交通管理负责海上船舶交通安全与防治船舶污染工作,包括航标管理、船舶管理、船员管理、船舶溢油防治、海事调查和海上搜救等工作。日照海事部门是对日照沿海水域的交通安全实施统一监督管理的主管机关,承担着保障海上交通安全、保护海洋环境、维护国家海洋权益和服务地方经济社会发展的职能。

第一节　航标管理

1989 年，石臼航标站负责管理石臼港的航标。1992 年 2 月，交通部批准将石臼航标站（正科级）划归石臼海监局领导。同年 6 月，单位更名为交通部日照海上安全监督局航标站，简称“日照航标站”。2001 年 5 月，日照航标站由日照海事局划归天津海事局青岛航标处管理。2007 年年底，经天津海事局批准，设立岚山航标站。2013 年 1 月，调整航标体制及管理机构，单位名称变更为北海航海保障中心青岛航标处日照航标站，负责日照港、岚山港区及附近水域陆域的视觉航标（包括灯塔、导标、灯桩等）及无线电航标（包括雷达应答器、AIS 等）的维护及管理，同时担负所辖水域范围航标行业管理工作。

日照航标站负责辖区航标管理与维护，先后完成岚山港区外航道航标增设、石臼港区进港航道扩建、石臼倾废区警示标设置、日照港石臼港区锚地改扩建、岚山港区 10 万吨航道工程、岚山港区南区主航道扩建、岚山港区 30 万吨级原油航道工程、岚桥临时航道工程、石臼港区南区航道工程、岚北港区临时航道工程等重大项目的航标设置和调整。在此基础上，服务地方经济，支持港口生产发展，对涉及航标的港口建设工程项目，日照航标站积极指导、协助业主单位准备航标设置申请材料，并按程序审查，待航标设置许可获得批准后，积极配合业主单位完成航标设置工作，保证港口新建工程早日投产，及早发挥经济效益。

第二节　船舶管理

船舶登记　船舶登记包括船名核准、船舶所有权登记、国籍证书核发、抵押权登记、光船租赁登记、变更登记和注销登记等项内容。1989 年 1 月，船舶登记首次办理原石臼港务局所属“石港拖一”和交通部石臼海上安全监督局所属“石港监一”等 8 艘船舶的所有权登记，签发 8 本船舶所有权证书和船舶国籍证书。1995 年，船舶登记业务进一步细化，除办理船舶国籍登记和所有权登记外，增加船舶抵押登记、光船租赁登记、变更登记、注销登记、废钢船登记、船舶标志和公司旗登记。6 月 23 日起，日照辖区船舶登记机关名称由石臼港务监督改为中华人民共和国日照港务监督，船舶登记港为日照，登记范围为辖区内国内航行船舶。

2002 年，根据交通部换发新版船舶国籍证书和船舶所有权登记证书的通知要求，日照海事局开始换证工作，至年底结束。2004 年 6 月，日照海事局执行新的《中华人民共和国船舶最低安全配员规则》。2005 年，日照海事局完成辖区 100 余艘旅游艇及所有沿海运输船舶的新版“最低安全配员证书”的核发工作，完成新版船舶登记软件资料的录入工作。2006 年 3 月，启用新版船舶登记证书，完成辖区 211 艘船舶 IC 卡的制作发放。4 月，为日照市海洋俱乐部有限公司从意大利购进一艘船名为“白鹤”的私家豪华游艇办理所有权登记并签发“船舶所有权登记证书”，这是首次办理豪华非营业性游览艇的产权登记。5 月 8 日开始，日照海事局陆续免费对日照辖区符合条件的船舶换发“船舶最低安全配员证书”。2009 年 5 月，日照海事局开展船舶抵押权登记清理复查活动。

至 2013 年，船舶登记 387 艘，所有权登记 52 艘，国籍登记 53 艘。

船舶签证　1991 年 7 月，山东省石臼港航监督站并入石臼港务监督，石臼所港的船舶签证工作统一由石臼港务监督负责。2000 年 9 月，原山东省岚山海上安全监督局更名为中华人民共和国日照岚山海事处，继续负责岚山港的船舶签证工作。2007年10月起，执行新的《船舶签证管理规则》。2010年，日照海事局完成世博会水上交通管控工作，共办理世博会船舶专项签证240艘次，签证办理达到零差错，信息报送准确率为100%。

随着日照市对外开放不断加强，日照辖区船舶签证业务迅速上升，1990年签证1562艘次，2000年3235艘次，2011年30894艘次，2012年达到53286艘次，2013年51894艘次。持卡海船的刷卡签证率达到100%，辖区内船舶“一卡通”发卡船舶发卡率100%。

船舶安全检查　日照辖区的船舶安全检查始于1989年。1997年开始建立起安检员内部交流机制和安检员集中调派机制，加强对安检员的管理。安全检查的数量指标和质量指标逐年加强，PSC检查数量居全省首位。获山东局船舶检查“先进单位”称号。

航运安全管理　2000年9月，日照海事局成立，负责辖区国内航运公司安全管理体系审核申请材料的受理，对辖区船舶公司的管理主要通过对船舶管理间接对公司进行日常监管。

2004年3月9—12日，日照海事局配合山东海事局对日照九洲海运有限公司进行初次审核，这是日照辖区第一家航运公司接受安全管理体系的审核。3月底，日照市腾翔海运有限公司接受安全管理体系审核，对8艘油轮进行初次安全管理体系审核。2004年，日照海事局先后对辖区6家航运公司17艘船舶进行调查摸底，帮助航运公司建立和完善安全管理体系。九洲、腾翔两家油轮公司通过安全管理体系的审核，取得“符合证明”，7艘油轮通过安全管理体系审核。

2013年，深化航运公司分类分级差异化监管，探索出选派体系审核员和船舶安检员参与体系公司检查的新机制。加强代管公司管理，严格代管船舶准入评估制度，严把代管船舶准入关，有10艘船舶因评估状况差，公司放弃代管。至2013年年底，日照海事局共有主任审核员2人、普通审核员13人。辖区共有航运公司66家，登记船舶346艘。

第三节　海事与搜救

1993年之前，日照辖区海上搜救工作由山东省海上安全指挥部青岛分部领导；1993—2000年，由山东省海上搜救中心青岛分中心领导；2000—2004年，由山东省海上搜救中心日照海区搜救指挥部领导；2005—2013年，由日照海上搜救中心领导。随着海上搜救机构的建立完善，海上搜救力量不断增强。

2000—2013年，共组织救助遇险人员1647人，救助遇险船舶114艘。

海上搜救机制　1993年12月，山东省政府、济南军区联合发布《关于将山东省海上安全指挥部更名为山东省海上搜救中心的通知》，将山东省海上安全指挥部更名为山东省海上搜救中心，下设青岛和烟台两个分部。日照辖区海上搜救工作由青岛分部领导。

2000年8月，山东省政府办公厅下发《关于撤销山东省海上搜救中心的通知》指出，因交通部山东海事局已成立，山东省海上搜救中心及其在省经济贸易委员会所挂的“山东省海上搜救办公室”牌子予以撤销，山东省的海上搜救工作移交山东海事局。2000年4月，日照市成立山东省海上搜救中心日照海区搜救指挥部。在中国海上搜救中心和日照市政府的领导下，负责日照海区的海上搜寻救助工作，其负责的海区为北纬35°08′30″与北纬35°34′之间的中国海域。2002年7月，日照市政府下发《关于调整日照市安全生产委员会等两个非常设机构组成人员的通知》，调整山东省海上搜救中心日照海区搜救指挥部组成人员。日照海区搜救指挥部海上搜救责任区范围为以下南北界限之间的中国海上搜救责任区：北界限为北纬 35°34′,南界限为 35°05′10″N、119°18′00″E 至平岛北端再沿北纬 35°08′30″纬度线向东延伸。2004 年 12 月,日照市政府印发《关于成立日照市海上搜救中心的通知》,确定成立日照市海上搜救中心。搜救中心办公室设在日照海事局,海事局副局长任办公室主任。

搜救预案及应急能力建设　2005 年 12 月,《日照市海上搜救应急预案》公布实施。该预案对日照市海上搜救中心机构组成、机构职责、各搜救成员单位职责、预警预防机制、海上应急处置行动及后续处理等工作程序进行了规定。日照辖区海上搜救力量主要包括以海事、公安边防、海洋渔业等为主的政府公务力量和以日照港航企业为主的社会救助力量。交通部和信息产业部决定,在全国各主要港口的港务监督部门设立搜救电话,号码统一为“12395”。2000 年 6 月,日照港务监督“12395”海上遇险报警专用电话开通。

为加强日照海上应急处置能力建设,2008 年,日照市海上搜救中心与连云港市海上搜救中心在日照海事局共同签署两市海上搜救与防污染区域性合作协议,建立区域性合作机制。2009 年,分别与中国移动日照分公司、中国联通日照分公司、中国电信日照分公司签订《海上搜救通信应急联动协议书》,协议书包含海上预警信息发布、海上手机定位协查、海上险情搜救信息发布三个运行程序。

2012 年,搜救中心与东海救助局连云港基地签订海上安全与搜救应急联动备忘录,在北海救助第一飞行队的指导下完成 2 个专业救助直升机临时起降点选划。强化与东海救助局应急联动机制建设,并对海上搜救应急资源进行普查,将渔业应急指挥系统引入市海上搜救指挥中心,社会搜救力量的作用得到充分发挥。

搜救应急行动　为防抗台风、风暴潮袭击,市政府公布《日照海区船舶防抗热带气旋及其他灾害性天气预案》,预案对防抗灾害性天气的工作程序、措施等作出详细规定。2007 年,成功防抗 3 月 4—5 日温带风暴潮和第 13 号台风“韦帕”。2011 年,首次发布红色预警,启动一级应急响应,成功防抗第 9 号强台风“梅花”。2012 年 8 月,成功防抗强台风“达维”。2013 年,成功防抗“5·26”超强风暴潮,实现了重大自然灾害面前“零险情、零事故、零伤亡”的要求。

海上事故调查处理　1989 年后,日照市船舶流量逐年加大,海上交通事故发生率有所上升。1997 年最高,达到 33 起。以后事故逐年下降,最低年份下降至 3 起,2008 年下降至 8 起。2009—2013 年,事故有所上升,平均每年 15 起。

第五章　铁路建设与运输

1982 年,日照港(原名石臼港)开工建设,兖石(兖州—石臼)铁路随之修建,1986 年 1 月 1 日建成开通,1 月 10 日开行兖州至日照普通旅客列车。随后,坪岚铁路、胶新铁路、瓦日铁路相继建成运营,日照市境内铁路增加到 4 条、207.2 千米。至 2013 年,日照火车站始发终到旅客列车 6 对,年发送旅客 116.8 万人,年货运量 5636.8 万吨。

第一节　新菏兖日铁路

新菏兖日铁路由新兖铁路和兖日（原兖石铁路）铁路组成。新兖铁路西起河南省新乡市，经山东省菏泽市，东至兖州市。兖日铁路西起京沪铁路的兖州站，向东经临沂市与胶新铁路交会，止于日照站。河南新乡站至日照站，全长616千米，总投资32.4亿元，其中日照境内49千米，投资2.2亿元。

1982年1月，国务院成立兖石铁路建设领导小组，兖石铁路开始建设，1986年1月1日正式通车。兖石铁路全长307.87千米，共设车站37个。其中，凫村站为工业站，临沂站为救援站，程家庄站为接轨站，日照站为终端站，其余均为中间站。

1985年，济南铁路局成立兖石铁路临管处，负责兖日铁路的运营管理。1986年1月10日，兖州至日照间593/4次普通旅客列车首次开行。1992年后，兖石铁路改称兖日铁路。1987年4月1日，济南至日照间305/6次普通旅客列车开行。1997年3月31日，北京至日照52次特快客车开行。

2008年9月24日，线路电气化改造开工，2010年6月30日送电通车。电气化改造前设计输送能力0.8亿吨/年，改造后近期1.2亿吨/年，远期1.5亿吨/年；主要技术指标：国铁I级，双线电气化，设计行车速度120千米/小时。

至2013年，日照火车站始发终到列车6对，年发送旅客116.8万人，年货运量达5636.8万吨。

日照站辖区站点有奎山站、巨峰站、铁牛庙站、坪上站，均为四等中间站。

日照站站场内作业线路38条。其中，存车线2条、调车线2条、到发线14条、到达线6条、机待线3条、机车走行线1条，东西牵出线各1条、安全线2条、货物线6条。站场日解编能力610辆，日均办理辆数3355辆。

日照站客运主要设施有主站房1座，总体设计为3层，地上2层，地下1层，设有行包房、售票厅、候车室等，总建筑面积为6300平方米，站前广场总面积为2.6万平方米。日办理旅客列车始发终到6对。其中，日照—济南2对，日照—北京1对，日照—郑州1对，日照—上海1对，日照—牡丹江1对。日照站年发送旅客116.8万人。

日照站货运主要设施有货场2个，货物仓库2座，面积2900平方米；货物站台1座，7095平方米；防湿货位4个；货物线6股，有效长2452米。日照站年货运量5636.8万吨。

第二节　坪岚铁路

坪岚铁路于1986年10月11日开工，1990年4月1日举行通车仪式，7月30日正式临管运营。线路西起新菏兖日铁路铁牛庙站，途经临沂市坪上镇、朱芦镇，日照市岚山区碑廓镇、安东卫街道、虎山镇、岚山头街道，到达岚山港。线路全长34.86千米，其中日照境内27.5千米，总投资6150万元。同时建成孚宝仓储专用线、黄海粮油专用线、日照三木专用线，总长4.72千米。

主要技术指标　国铁I级，双线，内燃，预留电气化条件，设计行车速度80千米/小时。

站点设置　铁牛庙站、碑廓站（预留）、汾水镇站、岚山站。

输送能力　设计输送能力0.25亿吨/年。

铁路管理　山东省地方铁路局岚山临时运营管理处，负责坪岚铁路的运营管理。

第三节　胶新铁路

胶新铁路于2001年12月10日开工建设，2003年12月20日交付运营，2012年12月进行电气化改造。线路北起胶济铁路的胶州站，向南经诸城市、五莲县、莒县、沂水县、沂南县，在临沂市境内与新菏兖日铁路相接，经郯城县止于陇海铁路的新沂西站。线路全长303.3千米，其中日照境内57.7千米，投资14.64亿元。

主要技术指标　国铁Ⅰ级，单线电气化，设计行车速度120千米/小时，牵引质量5000吨。

设计输送能力　电气化改造前设计输送能力0.17亿吨/年，改造后输送能力0.23亿吨/年，远期0.4亿吨/年。铁路发客车9对/日。

第四节　瓦日铁路

瓦日铁路（原称山西中南部铁路通道）西起山西省吕梁市兴县瓦塘镇，东至山东省日照市，是中国"十一五"铁路建设重点工程，连接东西部的重要煤炭资源运输通道，是世界上第一条按30吨重载铁路标准建设的铁路。

瓦日铁路于2009年12月开工建设，计划2014年12月全线通车。全长1269.8千米（日照市境内73千米），总投资998亿元（日照市境内62亿元）。

线路自山西省瓦塘站引出，经临县、蒲县、洪洞县、长治市、安阳县、汤阴县、台前县、梁山县、莱芜市、沂水县、莒县、莒南县，到日照市巨峰南站至日照南站，共40个站点。其中，山西省17个，河南省11个，山东省12个（日照市3个）。

主要技术指标　国铁Ⅰ级，双线电气化，设计时速120千米。

设计输送能力　近期1.3亿吨/年，远期2亿吨/年；客车15对/日。建成后运行初期每年能直接增加运能4500万吨、远期增加亿吨以上的货物运能。

第六章　航空运输

地级日照市建立后，日照飞机场即列入《日照城市总体规划》。自2009年始，日照市加快推进日照机场建设计划，并积极向国家和省政府及有关部门申办。是年5月9日，省政府同意新建日照机场，前期论证工作开始。9月14日，日照市邀请专家踏勘初拟场址，就项目的必要性、选址、飞行条件、投资等进行研究论证。

2010年12月，日照机场被列入《山东省民航"十二五"发展规划》。2011年1月，国家发展改革委员会将日照机场列入全国"十二五"机场发展规划；3月15日，日照机场被列入《山东省国民经济和社会发展第十二个五年规划纲要》；4月2日，日照机场被列入《中国民用航空发展第十二个五年规划》。

2012年10月16日，中国民航局批复日照机场山字河场址。2013年10月10日，国务院、中央军委联合批复日照机场项目立项。12 月 10 日，日照机场建设开工奠基。

第一节　山字河机场建设

机场选址　2009 年 9 月 14 日，日照市邀请中国民航机场建设集团公司东北分公司、中国民航科学技术研究院的专家，踏勘日照市初拟的电厂灰坝、廒头盐场、山字河、廒头东、安家村、两城、涛雒、巨峰、小后村、战家村、萝花山、陈家沟、王家滩 13 个场址，进行现场研究论证。

2011 年 2 月 22 日，日照市邀请民航华东局、华东空管局、山东监管局、民航科研院、中国民航机场建设集团公司和东北分公司的专家，在日照市召开《新建山东省日照民用机场项目选址报告》和《飞行程序设计报告》预审查会议。会议认为预选的 1 号电厂灰坝、2 号廒头盐场、9 号小后村 3 个场址都符合机场建设要求，小后村可作为首推场址。9 月 9 日，济南空军领导进行现场踏勘，提出将山字河场址重新纳入方案进行比选。

2012 年 1 月 4 日，济南空军司令部出具《关于新建日照民用机场场址意见的复函》，同意将山字河场址作为新建日照民用机场场址。2 月 24 日，民航华东局出具《关于日照民用机场拟选场址意见的复函》，认为山字河场址不适宜作为推荐场址，建议对首推场址及跑道方向进行再论证。5 月 25 日，济南空军司令部出具《关于调整新建日照民用机场场址的复函》，同意山字河场址真方位 123.5°场址方案。7 月 2 日，民航华东局向中国民航局出具《关于山东日照新机场场址的审核意见》。经审核，灰坝、廒头、山字河 3 个场址均符合运输机场场址基本条件，山字河场址综合条件优于灰坝及廒头场址，拟同意山字河场址作为推荐场址。7 月 30 日，受中国民航局委托，中国民航工程咨询公司组织专家在日照市召开新建山东省日照机场选址报告评审会。会议首先对 3 个预选场址进行现场踏勘。评审认为，日照机场建设符合全国民用机场布局规划，预选场址均可行，推荐的山字河场址与城市距离适中，公用配套设施条件可以满足机场使用要求，场址净空和空域条件可行，场址拆迁量较少，对环境影响较小，作为日照机场首选场址是合适的。10 月 16 日，中国民航局正式出具《关于山东日照民用机场场址的审查意见》，同意将山字河场址作为日照民用机场推荐场址。该场址位于日照市西南、东港区后村镇山字河村北岭，距离市中心直线距离约 19 千米，公路距离约 22 千米。

2013 年 10 月 10 日，国务院、中央军委联合印发《关于同意建设山东日照民用机场的批复》。机场性质定为国内支线机场，场址位于日照市东港区后村镇山字河村附近。本期工程建设规模为：飞行区按 4C 标准设计，新建一条长 2600 米的跑道；航站区按满足 2025 年旅客吞吐量 90 万人次、货邮吞吐量 4500 吨的目标设计，航站楼 9000 平方米，站坪机位 6 个；配套建设通信、导航、气象、供电、供水、供油、消防救援等辅助生产设施。项目总投资 13.4 亿元。机场建成后，由地方经营管理，民航局实行行业管理。

机场建设　2013 年 12 月 10 日，邀请光大国际有限公司、新加坡国际企业发展局、新加坡裕廊海港有限公司、富凯环球台湾有限公司、香港华润集团、香港招商局、山东钢铁集团等在日照投资和正在推进项目合作的海内外知名企业、财团负责人以及日照 2012 年度十大功勋企业负责人，部分市人大代表、政协委员及各界人士代表为日照机场举行隆重的开工奠基仪式。

山东省委、省政府重视日照机场建设，市政府成立日照机场建设工程指挥部，下设工程建设、土地征用、设施配套、搬迁安置、监察评审、综合协调 6 个专业工作组，全面负责机场工程建设。

在机场建设中，由于紧紧抓住拆迁安置，飞行区、航站区、空港新区“三区”规划建设和航线开发，机场公司筹建等“四项”重点工作，集中全力打好攻坚战，确保机场2015年年底按期建成通航。

第二节　山字河机场管理

机构设置　2011年12月14日，日照机场建设推进工作办公室成立，内设综合部、工程部、财务部。2012年8月2日，日照机场建设投资有限公司组建，为全额独资国有企业。

2012年9月3日，中国民航大学经济管理学院编制《日照机场组织机构与人员配置规划》。按照“大部制”设置的思路，机场组织架构共设立综合管理部、计划财务部、运行保障部、工程技术部、市场开发部、航务管理部、地面服务部、安全监察部、安检护卫部、机务保障部共10个职能部门，1个子公司（航空服务公司），以及机场公安分局、航油供应站、医疗救护室3个驻场单位（随后将增加一关三检驻场单位）。按照《规划》，并多次与民航管理部门汇报对接，明确各专业技术岗位人员配置的最基本要求，日照机场建成通航初期需配备人员160名。2013年年底，人员配置已到位。

机场管理　在抓好工程配套建设、通航运营业务的同时，机场领导班子不断强化干部职工的政治理论学习和专业技能培训，干部队伍的整体素质和胜任本职工作的能力不断提高。根据机场建设的现状，本着科学规范、简洁易行的原则，研究制定机场办公室和机场公司《工作规范汇编》，从而做到议事有规则，工作有章程，办事有纪律。建立日照机场企业文化体系，确定企业文化主旨、企业使命、机场精神、管理理念、发展理念等。加强舆论宣传，建立日照机场网站，开通微信微博平台，对机场建设和通航运营工作进行全方位、多视角的宣传报道，让其成为市民了解机场、掌握知识的重要平台，通过打造良好的窗口形象，以展示日照人的精神面貌。

第十六编　日　照　港

日照港是伴随着改革开放诞生、成长起来的新兴沿海港口，是国家重点发展的沿海主要港口。1982 年开工建设，1986 年投产运营。2006 年，在开港开放二十周年之际，日照港吞吐量突破 1 亿吨，成为全国沿海最年轻的亿吨大港；2010 年，突破 2 亿吨，4 年再造一个亿吨港；2013 年，完成 3.16 亿吨，3 年再上一个亿吨台阶。日照港拥有石臼、岚山两大港区，50 个生产性泊位，年核定通过能力超过 1.5 亿吨，泊位等级达到 30 万吨级，已从开港之初的单一煤炭输出码头，发展成为多功能、现代化、综合性大港和全球重要的能源、大宗原材料中转基地。日照港吞吐量规模居山东沿海第二、全国沿海第九、世界港口第十二位。

日照港集团有限公司组建于 2003 年 5 月，由原日照港务局、岚山港务局企业部分联合设立，至 2013 年年底，拥有 13 个部室、23 家直属单位，固定职工 7500 余人。集团成为拥有“港口业务、物流贸易、建筑制造、综合服务”四大业务板块，总资产 400 多亿元的大型现代化企业集团。1989 年后，日照港着眼于国际国内经济发展和产业转移的大势，按照“高起点规划、综合性建设、现代化管理、跨越式发展”的总体思路，确定了“十一五”扩能上量、强化管理、做强做大、搏击双亿和“十二五”调整结构、创新管理、勇跨三亿、铸造强港的战略重点，港口核心竞争力不断提升。集团先后获得“全国五一劳动奖状”“全国文明单位”“全国 AAA 级信誉企业”等称号、被省政府记“集体一等功”。

第一章　港口自然环境

日照港位于黄海之滨、山东半岛南翼，拥有石臼和岚山 2 个港区。石臼港区地理坐标为北纬 35°23′、东经 119°33′；岚山港区位于黄海海州湾北岸，地处日照市岚山区佛手湾，地理坐标为北纬 35°05′35″、东经 119°22′17″。日照港面临黄海，背靠鲁南大地，位于山东半岛和江苏大地夹角的底部，处于中国海上南北运输主通道的中部，地理位置优越，自然环境良好，湾阔水深、不冻不淤，陆域平坦开阔，腹地广阔，集疏运便捷，是难得的天然深水良港。

第一节　地理位置

港口水域　日照港水域范围控制点坐标见表 16-1，表 16-2，（北京 54 坐标系）：

石臼港区水域控制点坐标点表

表 16-1

序号	X	Y	序号	X	Y
S1	3918491	40459881	S5	3904815	40456177
S2	3918491	40467791	S6	3908688	40453732
S3	3907508	40489347	S7	3912107	40453412
S4	3891953	40481422	—	—	—

岚山港区水域控制点坐标点表

表 16-2

序号	X	Y	序号	X	Y
L1	3898789	40444293	L8	3873872	40451706
L2	3898789	40448645	L9	3874486	40448256
L3	3895326	40449906	L10	3878527	40444868
L4	3892882	40455273	L11	3880842	40440720
L5	3892882	40471007	L12	3883908	40439991
L6	3889878	40476903	L13	3884412	40440603
L7	3875363	40476903	—	—	—

港区陆域

石臼港区　北沿规划散货堆场地至上海路，西至北京路，南至沿海公路，港区陆域纵深 0.5～2 千米，另在北京路、香港路、深圳路、临沂路围成的区域内规划一处港内物流园区，共形成港区陆域 32 平方千米。

岚山港区　北起龙王河口以北 3.7 千米处，南至圣岚东路，西沿滨海路，陆域纵深 0.8～2 千米，另在港区中部、滨海路西侧区域规划一处港内物流园区，共形成港区陆域 59.04 平方千米。

第二节　地质地貌

地质

石臼港区　东作业区和北作业区地质可分为四层：淤泥质亚黏土、亚黏土、圆砾、风化岩；西作业区和南作业区土层分布较规律，可分为五层：淤泥质亚黏土、砾砂混黏土、亚黏土、砾砂层、风化岩。

岚山港区　南作业区和中作业区地质可分为三层：淤泥质粉砂或粉砂质淤泥、黏土及亚黏土、强风化片麻岩；北作业区可分为六个工程地质层体：淤泥、粉质黏土、中粗砂、粉质黏土、中粗砂、基岩。

地貌及泥沙运动

日照市沿海陆域纵深范围为花岗岩类和元古界变质岩系分布区，因而沿岸泥沙以粗颗粒物质为主，石英砂丰富。区内入海河流较小，多为季节性河流，经多级渠化和塘坝拦截，入海水沙大为减少，而基岩岬角的侵蚀作用甚微，故现今沿岸泥沙来源有限，日常水色甚清，风天也不例外。沿岸砂坝和潟湖为全新世中期的产物。日照市全岸段岸线和岸坡稳定，基本上无泥沙淤积之虞。

第三节　水文气象

水文

石臼港区属规则半日潮,涨潮主流为 SW 向,落潮主流为 NE 向,最大涨潮流速为 0.87 米/秒,最大落潮流速为 0.66 米/秒;常浪向为 E,频率 20.03%,强浪向为 E。

岚山港区属正规半日潮,涨潮主流为 SW-W 向,落潮主流为 NE-E 向,最大涨潮流速为 1.35 米/秒,最大落潮流速为 1.17 米/秒;常浪向为偏 E 向,频率 26.32%。

气象

气温　历年平均气温 12.8℃,年极端最高气温 37.5℃,年极端最低气温-13.7℃。

风况　全年各风向频率相对均匀。常风向为 N,频率 9%;次常风向 NNE,频率 8%;强风向为 WSW,实测最大风速 22 米/秒,历年平均风速 4.3 米/秒。多年平均大于等于 6 级风的日数为 46 天/年。多年平均大于等于 8 级风的日数为 16.1 天/年。

降水　年平均降水量为 813.3 毫米,最大年降水量 1426.2 毫米,最小年降水量 504.1 毫米,最大日降水量 173.3 毫米。

雾　能见度小于 1.0 千米的大雾年平均出现天数为 11.4 天。

冰况　海面常年不结冰。

第二章　港口建设

1982 年,日照港开工建设,1986 年建成投产运营。至 2013 年,共建成 50 个生产性泊位,年核定通过能力超过 1.5 亿吨,泊位等级达到 30 万吨级。石臼港区建成东、北、西、南 4 个作业区,共计 34 个生产性泊位,其中东作业区 13 个生产性泊位,北作业区 3 个生产性泊位,西作业区 18 个生产性泊位,南作业区正在建设。岚山港区已建成南、中、北 3 个作业区,共计 16 个生产性泊位,其中南作业区 12 个生产性泊位,中作业区 4 个生产性泊位,北作业区正在建设。

第一节　港口规划

煤码头勘测论证　20 世纪 70 年代,为适应国家西煤东运、北煤南调的能源运输战略,为鲁南、冀北、晋南、陕中乃至国家大西北地区的物资交流和内外贸易发展打开一条通道,国家在鲁南和苏北沿海拟建一座大型深水码头。

1978 年 3 月,山东省革命委员会组织省地质局、测绘局、气象局、山东海洋学院、中国科学院海洋研究所、省水文总站、勘察公司、青岛港务局、青岛海运局、省交通局测绘队、临沂地区水文站、日照县水利局,并邀请交通部水运规划设计院、北海舰队 14 个部门和单位 600 余人对日照县海岸线进行现场勘察观测。4 个月时间完成陆域测量 39 平方千米,海域测量 165 平方千米,在水文、气象、潮汐、地质地貌等方面取得了大量数据。1978 年 6 月,形成《鲁南选港规划资料汇编》,以此编报了设计任务书。

1979 年 2 月 1 日,交通部发出《关于召开研究岚山头、连云港港址座谈会的通知》,转发中国海洋学院副教授侯国本、中国科学院海洋研究所实习研究员王涛给国家副主席李先念的信,信中认为,在"距连云港 40 千米的岚山港,具有水域深,面积大,以岩盘为基础,不存在引航道的开挖和灾难性天气的堵塞问题等良好条件,有利于港口及城市建设"。

经李先念副主席批示,1979 年 4 月 19 日,交通部会同国家计委、国家经委、国家建委、中国科学院、铁道部、煤炭部、外贸部、国家海洋局、海军总部等,与山东、江苏两省,共同组织召开连云港、鲁南沿海深水港选址论证会。参加会议的专家和科技人员 80 多人,分别来自全国与建港有关的科研、院校、设计、施工等单位。经过比较论证,会议一致认为日照县石臼是中国难得的深水港址,有条件发展 10 万~20 万吨级深水泊位。

1979 年 10 月,山东省编报设计任务书,同时国家确定使用部分日元贷款建设石臼港煤炭专用码头。1980 年 3 月,国家计委批复设计任务书,并确定为"六五"计划期间国家重点工程。

石臼港在"六五""七五"期间(1982—1990 年),相继建成 10 万吨和 2.5 万吨级煤炭泊位各 1 个,1 万吨级杂货泊位 1 个,2 万吨级木材泊位 1 个,设计通过能力 1610 万吨。1989 年,石臼港吞吐量跃居全国沿海港口第十位。1991 年吞吐量突破千万吨。

石臼港规划　为适应腹地经济发展和临海工业的开发建设,将港口进一步发展成为以大宗散货为主,多功能、综合性的现代化港口,保持港口持续、稳定、协调发展,日照港于"七五"末着手开展港口第二次布局规划。

1991 年 1 月 4 日,《石臼港总体布局规划》(以下简称《规划》)由交通部和山东省人民政府联合批复,《规划》明确了"综合性发展、多功能建设、全方位服务、集团化经营"的发展战略,反映了石臼港未来的发展方向、规模、功能、经济效果和现代化管理的前景,是石臼港区发展建设的指导性文件。

《规划》主要功能定位:一是主要为能源基地煤炭外运和大型船舶煤炭出口服务;二是作为进口矿石远洋运输接卸中转港口,为山东、华北的钢厂进口矿石运输服务;三是为新石、侯(马)月(山)铁路沿线的经济发展和大西北省区的经济振兴服务,为亚欧大陆桥物资交流服务;四是为鲁南地区经济开发的内外贸运输服务;五是为日照市发展临海工业和外向型经济服务。《规划》将石臼港分成 4 个区,分别是东北部的大宗散货区、东港区、中港区、西港区,共规划码头、泊位 38 个。规划泊位等级最大为 15 万吨级,设计年通过能力 9000 万吨。

岚山港规划　岚山港是山东省"七五"重点建设项目,主要从事大宗散货与液体化工品运输。"六五"至"八五"期间,相继建设杂货码头和液体化工品码头,设计年通过能力 130 万吨。1992 年,吞吐量过百万吨。

随着腹地经济的快速发展,一方面港口吞吐量迅速攀升,迫切需要扩大规模,另一方面,港口与地方的发展需要协调与统筹,迫切需要对港口的长远发展进行规划。为明确岚山港的性质和功能,协调各种资源,"八五"初期,开展了《岚山港总体布局规划》(以下简称《规划》)的编制工作,并于 1994 年由市政府和省交通厅联合批复。《规划》将岚山港定位为发展成为以液体化工、地方煤炭为主,兼顾建材、集装箱等货物运输的地方综合性中型港口。《规划》将岚山港分为西港区(件杂货和集装箱作业区)、东港区(散货作业区)和液体化工区。规划泊位 19 个,最大设计年通过能力 1300 万吨。

日照港总体规划　2003 年,石臼、岚山两港联合,组建成立日照港(集团)有限公司,日照港从此迈开跨越式发展的步伐。随着国际贸易、腹地经济发展的总体需求和港口体制的改革等多方面变化,港口的货运量、货种构成、港口建设及资源开发等都发生明显变化。为科学合理地开发利用宝贵的港口资源,促进和保障日照港口事业的可持续健康发展,按照“一城一港一政”的原则,日照市人民政府组织编制了《日照港总体规划》,并于2009年3月由交通运输部和山东省政府联合批复。

根据全国沿海港口布局规划、山东省沿海港口布局及日照市相关规划,结合港区开发程度、发展潜力、自然条件和岸线利用规划,将日照港划分为石臼和岚山两个综合性港区,规划港口岸线29.7千米,生产性泊位280个,设计能力达6亿吨以上。

石臼港区功能定位以煤炭、矿石、粮食、水泥等大宗散货和集装箱运输为主,具有货物装卸储存、运输组织和集疏运等功能,并逐步发展港口综合物流。石臼港区规划生产性泊位78个,码头岸线总长27319米,陆域总面积约3041.5万平方米,另有物流园区面积约162.6万平方米。

岚山港区功能定位近期以服务临港工业为重点,并逐步发展成为腹地经济发展和后方临港工业服务的综合性港区,主要承担石油及液体化工品、大宗干散货运输,兼顾粮食、钢铁、木材等散杂货运输,预留远期发展集装箱运输功能。岚山港区规划布置生产性泊位202个,设计年通过能力3亿吨,码头岸线总长59318米,陆域总面积约5203.8万平方米,另有物流园区面积约525.4万平方米。

第二节　石臼港区建设

石臼港区建设始于1982年煤码头一期工程,到2013年,已建成东、北、西、南4个作业区,共计34个生产性泊位。其中,东作业区13个生产性泊位,包括20万吨级和30万吨级的矿石专用泊位各1个,15万吨级、10万吨级、5万吨级煤炭专用泊位各1个,水泥专用泊位2个;北作业区3个生产性泊位,主要布置港口支持保障系统;西作业区18个生产性泊位,主要运输集装箱和散杂货,包括全国较大的散粮码头和木片接卸专用码头;南作业区在建设中。

东作业区

煤码头一期工程　该工程是“六五”期间国家重点建设项目之一,总投资7.0619亿元人民币,其中人民币4.06亿元。主要装卸设备、港作车船和主要施工装备由日本引进。工程包括10万吨级泊位2个,及配套的装卸设备、煤堆场,配有供电、通信、铁路、环境保护、给排水、供热、导助航设施及生产生活辅助设施。

煤码头设计吞吐能力1500万吨,为外海开敞式双侧靠泊。码头长452米,宽36米,泊位水深-17米。桥栈结构:栈桥由13跨钢桥组成,桥墩为钢筋混凝土沉箱,墩中心距88米,桥长1144米,宽17.74米,上有2条2.2米宽皮带通过。桥右侧设有供单向通行、载重5吨汽车道和人行道。引堤为抛石结构,全长278.04米。堆场总面积22.5万平方米。卸车系统工程包括翻车机房等,面积2737平方米。地下坑道132.7米。航道长2.4千米,宽200米,水深-15米。港区铁路铺轨总长32.4千米,道岔71组,沿线建桥2座,涵洞14处;导助航设施,建有航标5座、中心导标2座、堤头标1座、导航雷达1台、航标站1处;港外建有临沂至日照220千伏输电线路132.4千米及日照220千伏/110千伏变电站1座,装机容量2×2万千伏安,并建变电所8处;设有800门自动电话,甚高频电话和传真通信设备;微波通信线路直达青岛;建设港内道路7.5千米,港外公路12条30千米。另外有港外生活服务设施医院、中小学、影剧院等,建筑面积22385平方米;还有涉外机构海关、卫检、边检、外代等,建筑面积9245平方米。

1982年2月，主体工程动工。1985年建成，同年12月通过部级验收。1986年5月通过国家级验收，工程质量总评优良。该工程获得国家银质工程奖、施工鲁班奖。

燃料油及港作船码头 工作船码头是第一期煤码头工程施工准备中建设的项目，用于施工期间施工船舶停靠、避风和上料。全部工程包括西护岸壁200米，岸壁451米，其中-1.4米岸壁长50米，宽40~50米；-2.9米岸壁长100米，宽20~40米；-4.9米岸壁长170米，宽20米；-6.9米燃料油泊位长131米，宽20米；防波堤长70.25米。5000吨级泊位一个，年吞吐能力10万吨。投产后作为工作船码头和5000吨级燃料油泊位。

该工程于1982年开工，1983年建成投入使用，总投资2279.7万元，投产后作为工作船码头和5000吨级燃料油泊位。

该码头在2004年建设石臼港区5000吨级散货泊位(现在的东1号泊位)及货场工程时废除填埋。

万吨级杂货码头工程 该工程是利用第一期(煤码头)工程节余款建设的。沿港作船码头向外延伸，建设一座万吨级杂货码头，可进行化肥、水泥、粮食等杂货货种的装卸，打破了单一货种运输的格局。

建设1万吨级杂货泊位一个，年吞吐能力20万吨，码头总长238.8米，为沉箱和方块式结构，防波堤长为354.29米，堆场面积13324平方米。配备10吨门机1台，铁路铺轨总长713.38米，铺设给水干管374米，燃油管线315米，建6千伏变电所1座，工程概算1800万元。

该工程1985年3月开工，1986年10月竣工，12月通过交通部验收。

木材码头工程 该工程是国家"七五"建设项目，是山东省重点建设工程之一。规模为1.5万吨级和2.5万吨级泊位各1个，设计年通过能力90万吨，总投资1.73亿元。

该码头长394.5米，宽250米，结构形式为沉箱重力式，前沿水深分别为-9.5米和-10.5米。防波堤长1334.4米，为抛石斜坡结构。配备45台装卸设备，其中16吨门机3台。建设装机容量为2×630千伏安的变电所1座，供水调节站1座，水池2座，泵房1座。铁路铺轨长5.97千米，道岔10组，铺设堆场7.93万平方米。房屋建筑3万平方米。

工程于1987年7月11日开工，1989年年底简易投产，1990年8月竣工，9月24日通过验收并交付使用。

二期杂货码头工程 国家"八五"重点交通建设工程，是利用第三批日元贷款建设的项目。工程投资约4.3亿元，其中外币5667.73百万日元。共建2个万吨级泊位，3个1.5万吨级泊位，其中4个通用杂货泊位，1个通用杂货兼集装箱泊位，设计年吞吐能力200万吨。

码头长892.5米，沉箱重力式结构。防波堤长1094.21米，为抛石斜坡堤结构。吹(回)填376.5万立方米，形成码头陆域20.06万平方米。水域面积524万平方米。港区铁路长4.75千米，道岔16组。港内道路6.05万平方米。配备装卸设备94台，其中10吨门机1台，42吨集装箱正面吊运机2台，拖轮2艘。此外配有供电照明、通信、排水、供热、生活配套工程等75个单项工程。

该工程1992年6月开工，1995年9月建成，11月9日通过初步验收，12月24日通过国家级验收并交付使用，工程质量总评优良。

东港区三期工程(第一阶段)变更矿石码头工程 该工程位于二期工程以南，与二期工程相连。新建20万吨级和30万吨级大型专用矿石泊位各1个，码头岸线长772米，设计年吞吐能力1600万吨，沉箱重力式结构，码头前沿水深分别为-20.5米和-24.5米，码头面程高为6.1米。

工程2003年9月，工程开工建设。2004年5月16日，20万吨级泊位简易投产。2005年9月底，工程完工,10 月重载试运行。2007 年 4 月 5 日,工程通过交通部竣工验收。

煤炭出口系统改扩建工程 该工程是优化实施 7 号、8 号煤堆场改扩建工程和东港区 5 号泊位技术改造工程,增加相应配套设施;新建翻车机房 1 座,新增翻车机 2 台,并增加皮带机及相关的供电照明、给排水、控制、通信、除尘、环保等设施,使煤炭总的卸车能力达到 4500 万吨/年;将东港区 6 号、7 号泊位改造成为 1 个 2 万吨级煤炭专业化泊位,并将已改造成专业化煤炭泊位的东港区 5 号泊位再进行改造,使其成为 5 万吨级泊位,扩建 9 号、10 号煤炭堆场,新增相应的装船机、皮带机、堆取料机以及相应设施。概算总投资 11.5 亿元,竣工决算投资 8.9 亿元。

该工程 2001 年 6 月工程开工建设,2006 年 12 月工程建设完成。2008 年 5 月,工程通过日照市港航局组织的初步验收,11 月 25 日通过由交通运输部组织的竣工验收。

散货泊位及货场工程 该工程建设 5000 吨级散货泊位 1 个,码头长度 239 米,前沿底标高为-8.0 米,核定年通过能力 105 万吨;陆填方式形成堆场 6.3 万平方米,现浇混凝土大板结构。工程概算总投资 8440.40 万元,竣工决算投资 7837.74 万元。

该工程于 2004 年 11 月开工,2008 年 10 月竣工,2010 年 4 月 2 日通过省交通运输厅竣工验收。

北作业区

中港区 1-7 号泊位改造工程 该工程系对原石臼所港务办事处码头进行改造,共建设 7 个泊位,即新建 4 个杂货泊位(5000 吨、3000 吨各 1 个,1000 吨 2 个),一个专用散货泊位(1000 吨),改造原有 2 个 500 吨泊位,总通过能力为 90 万吨。概算总投资 4952 万元。

工程为突堤式布置,码头结构形式为工型块重力式,直立护岸及过渡段为方块重力式结构。码头岸线总长 639.4 米,护岸总长 145.11 米。在工程建设过程中,日照港务局工程技术人员首次采用工型块重力式码头结构,不仅方便施工,缩短了工期,而且直接降低工程造价数百万元。该结构在日照港中小泊位建设中得以推广应用。

工程于 1993 年 3 月 1 日正式开工。1994 年 2 月 2 日 4 个 1000 吨级以下泊位交付使用,并简易投产。1995 年年底,工程建成投产。

2004 年建设石臼港区 5000 吨级散货泊位及货场工程时,该工程的 1—6 号泊位废除,仅保留 7 号泊位(5000 吨级),即现在的北 1 号泊位。

中港区油码头工程 该工程是为适应日照港油品运量不断增长的需要,消除在东区 2 号泊位(临时油品泊位)的安全隐患而建设的专业化成品油接卸泊位。工程概算总投资 5988 万元,建设 2 万吨级(兼顾 3000 吨级)成品油泊位 1 个,设计年吞吐能力近期为 90 万吨,远期为 200 万吨。码头为沉箱重力墩式结构,长 257 米,前沿水深-15.5 米。码头与岸之间通过钢栈桥相连,码头设输油臂 6 台,消防炮塔 3 座,自码头、栈桥至后方油库敷设输油管道 4 条,分别输送汽油、柴油、石脑油和化工产品。另外,工程还配套建设照明、通信、房建等生产与辅助生产设施。

该工程 2000 年 10 月正式开工建设,2002 年 3 月建设完成,2003 年 11 月投入试生产。2004 年 6 月,工程正式通过交通部组织的竣工验收。

矿石码头二期工程 工程在东港区三期工程(第一阶段)变更矿石码头工程基础上,再配置额定卸船能力 2750 吨/小时的桥式抓斗卸船机 3 台,码头年通过能力 3500 万吨;建设北区矿石堆场 34.7 万平方米,堆存容量为 626.4 万吨;堆场配置额定堆料能力 7500 吨/小时、额定取料能力 3500 吨/小时,堆取料机 3 台,设置铁路装车线 2 条,配置移动式装车机 2 台。加深拓宽 20 万吨级航道,达到 30 万吨级通航

能力。本阶段工程总投资 13.2 亿元人民币。

该工程于 2006 年 7 月开工，2009 年 4 月竣工，5 月开始试运行，2010 年 4 月 2 日通过省交通运输厅竣工验收。

中港区护岸工程　该工程建设直立式护岸 1188.74 米，自西向东依次预留客船码头 135 米，施工船码头、工作船码头 798.74 米，3000 吨级、2000 吨级通用散杂泊位 255 米。概算投资 1.73 亿元，竣工决算投资 1.47 亿元。

该工程 2005 年 3 月开工，2008 年 10 月完工，2010 年 4 月 2 日通过省交通运输厅竣工验收。

西作业区

木片码头工程　该工程位于西港区，是为日照木浆厂建设的专用配套码头。码头为顺岸布置，沉箱重力式结构。建设规模为 4 万吨级泊位一座，年接卸木片 74 万吨，工程总投资 1.8 亿元。

该工程于 1998 年 3 月开始施工准备，2000 年 1 月正式开工建设，2002 年 7 月建设完成。2002 年 9 月 22 日，木片码头工程通过由交通部组织的竣工验收。

通用泊位工程　该工程位于西港区，建设 1.5 万吨级通用泊位 1 个，码头长度为 180 米，码头前沿水深为-10.2 米，设计年通过能力 60 万吨。工程总投资 1.04 亿元，工程决算投资 9440 万元。

该工程于 2001 年 3 月开工建设，2003 年 5 月建设完成，2003 年 6 月开始试运行，2008 年 11 月 25 日通过由交通运输部组织的竣工验收。

散粮码头工程　该工程位于西港区木片码头南侧，是为满足西区港口工业园粮食加工企业的需要而建设的散粮专用接卸泊位。码头平面布置形式为突堤式，建设 7 万吨级散粮泊位和 4 万吨级木片泊位各一个。突堤泊位长 350 米，宽 54 米，码头结构采用重力式沉箱结构，码头面高程为 8.5 米，前沿底高程为-15.0 米，后方建设钢板筒仓区和输送皮带机系统。设计年通过能力 500 万吨，概算总投资 3.6 亿元。

该工程于 2003 年 6 月开工建设，2005 年 6 月底竣工，7 月重载试运行，2006 年 12 月 29 日通过山东省交通厅组织的竣工验收。

集装箱码头（一期工程）　该工程位于西港区散粮码头南侧，是集装箱专用装卸泊位，包括 5 万吨级泊位 1 个，3 万吨级泊位 2 个。根据西区地质情况，前沿水深设计为-16.0 米和-17.0 米，可以同时满足 10 万吨级和 12.5 万吨级集装箱运输船舶靠泊需要。码头岸线为"一"字形顺岸布置，泊位总长 844 米，码头面高程 6.1 米，码头结构形式为重力式沉箱结构。堆场、道路面积 100 万平方米。在装卸工艺设备上，配置集装箱岸桥 6 台、轮胎场桥 15 台。新增通过能力初期为 60 万 TEU，远期为 150 万 TEU。工程概算总投资 10.75 亿元。

该工程于 2003 年 5 月开工建设，2004 年 8 月底 1 号泊位简易投产，2005 年 12 月工程竣工，2006 年 2 月重载试运行，2007 年 4 月 5 日通过交通部竣工验收。

西港区木片码头工程　该工程位于西港区已有木片码头南侧，与散粮码头共用一个突堤，突堤北侧为木片泊位，突堤宽度为 54 米，泊位长度含过渡段共 399 米。码头顶面高程 8.5 米。码头前沿水深为-11.6 米，回旋水域水深-10.0 米。采用码头门机和皮带机系统接卸物料，在码头上配置 3 台 16 吨-30 米带斗门机，建设码头皮带机和连接皮带机各 1 条。

该工程于 2003 年 10 月开工，2005 年 9 月建设完成，2006 年 12 月 29 日通过山东省交通厅竣工验收。

西港区二期工程　该工程建设 1 个 7 万吨级、2 个 5 万吨级通用泊位，码头岸线长 760 米，码头前沿底高程-16.0 米，安装 40 吨门座式起重机 8 台，设计年通过能力 250 万吨。核定码头靠泊等级为 10 万吨级,年通过能力350万吨。工程概算总投资9.24亿元,竣工决算投资9.5亿元。

该工程于2005年3月开工建设,2007年7月建设完成并投入试运行,2009年3月13日通过省交通厅竣工验收。

西港区三期工程 该工程建设5万吨级通用泊位2个、3.5万吨级通用泊位3个,3.5万吨级通用泊位水深和水工结构等,可满足5万吨级船舶靠泊。码头为重力式沉箱结构,岸线总长度为1130米,码头面高程6.10米,码头前沿底高程为-13.70米。安装40吨门座起重机4台,25吨门座起重机11台。核定年通过能力622万吨。工程概算总投资11.47亿元,竣工决算投资10.85亿元。

该工程于2008年7月开工,2009年12月竣工并试运行,2010年12月19日通过省交通运输厅组织的竣工验收。

木片码头续建工程 该工程建设4万吨级木片专用接卸泊位2个及相应的配套设施。码头沿原散粮突堤向南顺延215米,重力墩式结构,突堤宽度为54米,码头面顶高程8.5米,码头前沿底高程北侧为-11.6米、南侧为-12.2米。安装DMQ-28t-37m型带斗门机6台,带式输送机8条,总长度为3239.50米。核定年通过能力718万吨。工程决算投资3.38亿元。

该工程于2008年8月开工,2010年3月竣工并试运行,2010年12月19日通过省交通运输厅组织的竣工验收。

日照港国际客运站工程 该工程位于西港区(海滨五路与上海路的交界处),是为开通日照—韩国平泽客货班轮航线建设的配套项目,是2003年度市长工程之一。

工程占地2.03公顷,配有建筑面积3019平方米的候船厅,采用主体钢结构,内设先进的售票管理信息系统和检验、检疫、海关、边防等旅检设施;厅内设贵宾休息室、旅客便利店、咖啡厅等完善的服务设施。日照与韩国平泽距离为372海里,水上航行时间17小时。客箱班轮现每周三班,每班可提供108个箱位和540个旅客客位,年旅客通过能力可达15万人次。客运站室外绿化面积9960平方米,硬化面积8200平方米。

工程结构复杂,质量和工艺要求高,基础工程为水泥深层搅拌桩处理并采用混凝土独立柱结构;上部结构采用钢结构(是日照市第一个钢结构公共设施建筑工程);外部装饰采用点式悬挂玻璃幕墙新工艺;内部配套设施复杂,包括自动灭火系统、自动报警及联动系统、播音系统、监控系统和联检等系统。

工程于2003年4月1日开工建设,6月30日竣工,7月1日投入使用。

南作业区

焦炭码头工程 该工程自南向北顺岸布置7万吨级和5万吨级焦炭泊位各1个,码头岸线总长531米。码头前沿设计顶高程6.1米,设计底高程-15.2米。沿码头向北布置西护岸长3329米,其中斜坡堤护岸长2094米,直立岸壁护岸长1235米;码头南端布置南护岸长1293米(含80米连接段),设计年通过能力730万吨。工程概算总投资14.9亿元。

该工程于2011年3月开工建设,2013年年底2个泊位工程按10万吨级规模基本建设完成。

公用设施

东、西港区航道改扩建工程 该工程建设一条20万吨级单向航道和相应导助航设施。航道分两期建设,一期工程底宽290米、长1500米,设计水深-14.5米;二期工程底宽290米,长6000米,设计水深为-18.0米。导助航设施采用浮标结合DGPS系统。工程概算总投资5.93亿元,竣工决算投资5.19亿元。

该工程于2002年11月开工，2006年4月竣工，2009年3月13日通过省交通厅竣工验收。

石臼港区防波堤工程 该工程建设防波堤总长8815米，其中自石臼港区东区30万吨级矿石泊位的末端向海侧建设1935米长的东防波堤，自规划的石臼港区西区建设6880米长的西防波堤，两处防波堤形成宽度为515米的口门（按30万吨级船型单向及10万吨级船型双向通航标准设计）。防波堤为抛石斜坡堤结构，口门两端采用直立式沉箱结构。工程概算总投资13.54亿元，决算投资11.07亿元。

该工程于2007年6月开工，2013年3月竣工。

第三节 岚山港区建设

岚山港区已建成南、中、北3个作业区，共计16个生产性泊位。其中，南作业区现有12个生产性泊位，主要从事矿石、木材、钢材等散杂货装卸，是长江以北较大的木材中转基地；中作业区现有4个生产性泊位，主要从事石油、液化品和危险化工品装卸，包括30万吨级、10万吨级原油码头各1个，在建30万吨级原油码头1个；至2013年，北作业区在建设之中。

中作业区

北港区10万吨级油码头工程 该工程建设1个10万吨级油码头及相应配套设施，码头长359米，顶高程7.0米，底高程-15.1米，由1个作业平台、2个靠船墩和6个系缆墩组成；航道长3.7千米，宽210米，设计底标高-12.70米。设计年通过能力800万吨。工程概算总投资6.88亿元，竣工决算投资6.24亿元。

工程于2004年2月12日开工，2008年11月17日竣工，2009年4月试运行，2010年9月26日通过交通运输部组织的竣工验收。

原油码头工程 该工程建设30万吨级原油泊位1个及相应配套设施。码头长486米，引堤长184.4米，引桥长791.4米；停泊水域长440米、宽120米，设计底高程为-24.0米；安装DN400输油臂4台（3用1备），每台接卸能力为每小时2500~3500立方米。设计年通过能力2000万吨。工程概算总投资8.22亿元。

该工程于2006年3月20日开工，2010年6月27日竣工，2010年12月10日开始试运行，2012年2月8日通过交通运输部组织的竣工验收。

北港区公用油库工程 该工程建设33万立方米油库1座，其中5万立方米浮顶储罐6座，1万立方米外浮顶罐3座，以及5.6千米工艺管线、10.5千米伴热管线、火车装车系统等相关配套设施。核定年中转能力300万吨。工程概算总投资1.83亿元，竣工决算投资2亿元。

该工程于2006年6月开工，2007年12月竣工，2009年5月开始试运行，2011年3月27日通过市发展和改革委员会组织的竣工验收。

油品公司油库扩建工程 该工程建设储罐42.5万立方米，其中5.5万立方米浮顶储罐6座、3万立方米浮顶储罐2座、1万立方米浮顶储罐3座、5000立方米拱顶储罐1座，并建设相关生产及配套设施。工程概算总投资4.8亿元。

该工程2011年3月7日开工建设。

岚山港区深水航道一期工程 该工程按满足30万吨级原油船舶单向通行和水深按25万吨级矿石船舶设计，建设航道长15.3千米，宽320米，设计底标高-19.7米，疏浚总量约2745万立方米，概算总投

资9.45亿元。2006年1月开工,2010年5月竣工。

2013年11月,省交通运输厅、发展和改革委员会批复工程初步设计变更,航道向北侧单侧疏浚拓宽70米,有效宽度由320米加宽至390米,概算总投资调整为12.2亿元。

岚山港区30万吨级原油码头扩建工程　该工程新建1个30万吨级原油泊位及相应配套设施,是已建成投用的30万吨级原油码头工程的延伸工程。位于一期工程东北侧,前沿线与一期工程一致,共用一个引桥,码头长405米,由1个工作平台、2个靠船墩、6个系缆墩、1个架管桥墩及人行桥、架管桥组成。码头前沿设计底高程为-25.3米,前沿停泊水域长度为491米。设计年通过能力1850万吨,概算总投资5.12亿元。

该工程2012年2月,工程开始施工。

南作业区

一期杂货码头工程——现岚南5号、7号泊位　该工程一期工程包括500吨级、1000吨级(原1号、2号泊位,后填海废止)泊位各1个,5000吨泊位(原3号泊位)1个,20000吨级(原4号泊位)泊位1个。该工程施工由青岛海运局筑港工程队承担,分两期进行。

第一期工程1971年11月正式开工,至1978年9月,先后建成长55米的500吨级泊位1个,长75米的1000吨级泊位1个。1979年开始,5000吨级泊位工程续建,至1980年3月建成,并简易投产,年设计通过能力30万吨。

第二期工程1980年4月开工,至1983年12月,建成2万吨级泊位1个,泊位长度220米,前沿设计水深-10.2米,年设计通过能力45万吨。

煤码头工程——现岚南3号、1号泊位　该工程最初作为煤炭专用码头设计使用,包括5000吨级(原5号泊位)和10000吨级(原6号泊位)2个泊位,均采用重力式混凝土方块结构形式,在原3号泊位的北端转角95度向西建设310米。东侧为5000吨级煤码头,长130米,前沿设计水深-7.5米;西侧为10000吨级煤码头,前沿设计水深-8.5米。工程年设计吞吐能力为56.88万吨。

该工程1992年9月25日开工建设,开工初聘请日照市康达港湾工程公司协助,完成工程基础,此后由港湾工程公司承担施工。1994年3月,5000吨级泊位主体工程完成,并简易投产。1994年6月,10000吨级泊位完成115米主体工程,实现简易投产。剩余65米码头在1995年7月恢复建设,1996年2月,续建完成。至此,10000吨级煤炭泊位全部建成,投入运营。

散粮泊位工程——现岚南9号泊位　该工程自2万吨级散杂泊位南端自北向南接建,接长240米,前沿水深-14米,泊位设计靠泊能力为5万吨级,年设计通过能力45万吨。

该工程于1999年12月开工建设,2001年5月竣工。2003年5月通过省交通厅竣工验收。

通用泊位工程——现岚南2号泊位　该工程位于岚山港原6号泊位西侧,码头长315.85米,前沿水深-13.6米,码头结构形式采用重力式沉箱结构,靠泊能力为5万吨级;直立岸壁位于通用泊位西侧,沿通用泊位前沿线自东向西顺岸接建,岸壁长263.12米,前沿水深-13.6米。该工程年设计通过能力75万吨,建成投用后,使港区接卸大型船舶的能力明显增强。

码头主体工程于2003年1月开工建设,2004年1月建成,2005年4月通过省交通厅竣工验收。

通用泊位直立岸壁技术改造工程——现岚南6号泊位　该工程在已通过验收的通用泊位直立岸壁的基础上改造而成,将通用泊位西南侧长度260米的直立岸壁改为码头岸线,同时增加码头附属设备等。技改后建成1个5万吨级深水泊位,新增年通过能力70万吨。

该工程于2005年3月开工，2005年6月竣工，2005年7月通过日照市经贸委组织的竣工验收。

8号、12号泊位改建工程——现岚南11号泊位　该工程沿9号泊位前沿线向南顺延400米，将原8号液化泊位改造成一个10万吨级通用泊位，码头长350米，前沿水深-20.0米。同时将12号液化泊位填埋，回填、吹填形成44公顷的货场，设计年吞吐能力23C万吨。

该工程于2009年7月10日开工，2010年7月28日竣工，2010年8月25日进行交工验收，2011年2月10日投入试生产，2011年12月17日通过省交通厅竣工验收。

该工程的建设虽然受到港口规划的限制，按10万吨级泊位进行的立项，但码头主体按照20万吨级船舶靠泊要求进行设计和施工。2013年6月7日，根据交通部加固改造政策，工程换发可靠泊20万吨级散货船舶的竣工验收证书，结束了岚山港区南作业区没有大泊位的历史。

15号、16号泊位工程——现岚南8号、10号泊位　该工程自岚南6号泊位西南端起，沿南突堤东岸线向南顺岸建设7万吨级（15号）和10万吨级（16号）泊位各1个，码头后方回填形成陆域6.21万平方米。设计年吞吐能力450万吨，码头长573米，前沿水深为-15.1米。

该工程于2010年10月29日开工，2012年7月31日竣工，并通过交工验收，2012年8月23日试运行，2013年8月17日，工程通过省交通厅竣工验收。

液体化工专用泊位工程

化工码头工程——原8号泊位　化工码头工程建设615.14米防波堤和1座2万吨级化工品码头（兼顾5万吨级）及相应的配套设施，设计年吞吐液体化工品200万吨。

化工码头主体和防波堤工程创新采用大直径薄壁圆筒结构，1995年7月开工，1999年12月20日竣工，2000年9月25日试投产。2000年12月26日，工程通过省交通厅组织的竣工验收。2009年7月，8号、12号泊位改建工程开工时废止。

液化码头扩建工程——原12号泊位　液化码头扩建工程建设550米引堤、200米防波堤、5000吨级（兼顾10000吨级）泊位1个及相应的配套设施，设计年通过能力50万吨。该工程于2003年11月6日开工，2004年10月12日竣工。2004年10月18日，一期工程通过日照市港航局组织的初步验收，进入试投产时期。2005年4月，工程通过省交通厅组织的竣工验收。2009年7月，8号、12号泊位改建工程开工时废止。

1号、2号液化码头工程——现1号、2号液化泊位　1号、2号液化码头位于中作业区南港池，建设规模为1万吨级、5万吨级泊位各1个，设计通过能力195万吨。码头岸线总长度为489.7米，泊位水深-13.4米。

该工程于2007年4月21日开工，2009年2月12日竣工，2009年7月开始试运行，2010年4月2日通过山东省交通厅竣工验收。

2013年6月7日，根据交通部加固改造政策，工程换发可靠泊10万吨级液化品船舶的竣工验收证书。

南作业区主航道工程

该工程批复建设10万吨级单向航道，为满足建设取土的需要，对主航道进行拓宽和加长浚深，最终建成长19.95千米，底宽280~320米，水深-17.7米。实现10万吨级船舶全潮通航，可满足20万吨级船舶乘潮通航。

该工程于2010年5月27日开工，2012年1月19日竣工，并开始试运行。2011年12月18日，市政府召开论证会议，同意8号、12号泊位改建工程靠泊20万吨级散货船舶，3月1日，第一艘20万吨级船舶通航。

第四节　港口设施

港口设施包括码头、防波堤、引堤和护岸、港池、进出港航道、锚地、港区道路与堆场、仓库、港区铁路与装卸机械轨道、防护设施等及其他生产与生产辅助设施。日照港拥有完善的港口设施，按照“科学管理、合理使用、定期检测、适时维修”的原则，不断加强建设，及时对港口设施检查、检测、评估和维修，使港口设施处于良好技术状态。

码头

日照港两大港区拥有50个生产性泊位，1个非生产性泊位，泊位等级达到30万吨级。

装卸设备能力

至2013年12月，石臼港区投入主要装卸生产机械760台（套）。

煤炭码头　煤炭装卸系统成套设备89台（套），3600吨/小时串联新月型转子翻车机4台，400吨/小时螺旋卸车机4台，3600吨/小时悬臂式堆料机5台，3000吨/小时悬臂式斗轮取料机10台，6000吨/小时装船机3台，15万吨泊位装船机最大外伸距49.5米，5万吨级泊位装船机最大外伸距27.7米；2200毫米带宽皮带机27台，1800毫米带宽皮带机32台，1000毫米带宽皮带机2台，650毫米带宽皮带机2台，皮带总长约50千米。

矿石码头　拥有20万吨、30万吨级专业泊位2个，配备上海振华重工公司生产卸船机6台，其中卸船能力为2500吨/小时的2台，最大外伸距44米，卸船能力为2750吨/小时的4台，最大外伸距49米；堆取料机6台，额定能力堆料7500吨/小时，取料3500吨/小时，最大生产率：堆料9000吨/小时，取料4200吨/小时；取料机2台，额定能力取料3500吨/小时；装车机4台，额定装车能力3500吨/小时，最大装车能力4200吨/小时，臂架最大行程15米。

集装箱码头　日青公司专业泊位2个，配备4台吊具下起重能力50吨，外伸距55米岸桥；7台起重能力40.5吨，跨度23.5米堆场龙门吊。客箱公司专业泊位1个，配备4台吊具下起重能力75吨，外伸距60米岸桥；12台起重能力40.6吨，跨度23.5米堆场龙门吊。

散粮专用码头　配有瑞士布勒生产的卸率1000吨/小时连续式刮板卸船机1台，最大外伸距26米；效率为540吨/小时，16吨带斗门机2台，其最大幅度33米；后方配套筒仓储存量为23万吨。1000吨/小时的卸船机1台；1400毫米带宽、长2050米的皮带机作业线，1200毫米带宽、长260米的皮带机作业线。

木薯干码头　配有瑞典BMH公司生产的400吨/小时螺旋卸船机2台，最大外伸距27米，另外配有800吨/小时皮带机及散装汽车、灌包系统。

木片码头　配有木片16吨带斗门机3台，额定能力420吨/小时，最大能力460吨/小时；专用接卸机1台，额定能力1400吨/小时，最大能力1540吨/小时。

水泥码头　配有机械式装船机2台，额定能力1000吨/小时，最大能力为1200吨/小时；荷兰KOVOKA公司生产气力式装船机1台，其额定能力1200吨/小时，最大能力1320吨/小时，最大外伸距22.7米。

油码头　有 10 万吨级专业泊位 1 个,配备有输油臂 3 台,能力为 1200 吨/小时;有 30 万吨级专业泊位 1 个,配备有输油臂 4 台,能力为 2000 吨/小时。

通用散杂货码头　共配有门机 146 台,其中 40 吨门机 58 台,最大幅度 35 米;25 吨门机 58 台,最大幅度 35 米,中幅吊钩下最大起重量 40 吨;16 吨门机 14 台,最大幅度 33 米,中幅内吊钩下最大起重量 25 吨;10 吨门机 16 台,最大幅度 30 米。另外码头上配有比利时威港公司生产的氧化铝卸船灌包一体机 2 台,额定效率 300 吨/小时,最大效率 315 吨/小时,最大外伸距 29.95 米。

至 2013 年 12 月,岚山港区投入主要装卸生产设备 195 台(套)。

港作船舶

日照港拥有各类船舶 22 艘,其中石臼港区拥有 6000 马力拖轮 2 艘,5600 马力全回转拖轮 2 艘,5000 马力拖轮 2 艘,4200 马力全回转拖轮 2 艘,3200 马力全回转拖轮 4 艘,交通艇 1 艘,共 13 艘船舶;岚山港区拥有 6800 马力和 6000 马力拖轮各 1 艘,5000 马力拖轮 2 艘,4600 马力拖轮 1 艘,3800 马力拖轮 1 艘,3400 马力拖轮 2 艘,共 9 艘船舶。

铁路设施

石臼港区设有 7 个场区,铁路线路总长 129.9 千米,道岔 298 组,桥梁 7 座,涵洞 53 处。港区铁路采用计算机连锁信号控制,配备有内燃机车 14 台,配备轨道吊 1 台,收轨吊 1 组,钢轨探伤仪 2 台及其他小型养路机具。配备铁路动态轨道衡 7 台、静态轨道衡 1 台、超偏载仪 2 台。

岚山南港区铁路线总长 5583 米,道岔 5 组,设有 1 台轨道衡。其中,粮 3 线长 218 米,粮 4 线长 249 米,港 1、港 2 线长 750 米,港 3 线长 750 米,煤 1、煤 2 线长 923 米。

岚山中港区铁路线路总长 4515 米,设有 850 米长的装车线 2 条,每线设 62 个鹤位,共 124 个鹤管,装车能力 1500 吨/小时,设有 950 米长的重车线 2 条,915 米长的空车线 1 条。

锚地

石臼港区共有锚地(包括熏蒸和洗舱锚地)7 处,面积 97 平方千米。岚山港区规划锚地 9 处(已建成 4 处),面积 126.85 平方千米。

石臼和岚山港区均设立专门的油轮及危险品船专用锚地和深水航道应急锚地及专用航标,确保船舶航行和引航作业安全。

航道

石臼港区航道主要由主航道和南航道组成,主航道为 20 万吨级以上单向航道,长 28 千米;南航道为 7 万吨级单向航道,长约 6 千米。

岚山港区航道南作业区航道规划为 20 万吨级单向航道,外海段长 11.56 千米,口门段长约 2.1 千米。中作业区南港池航道已建成 10 万吨级单向航道,长约 4 千米。中航道已建成 30 万吨级单向航道,长约 13.2 千米。北作业区北港池航道规划为 5 万吨级单向航道。

航行标识

石臼港区　在煤码头北侧的石臼海滨设有灯塔 1 座,为来港船舶导航。煤码头分别设有前导标和后导标,航道上设有 7 个灯浮标。东西港区航道上有 21 个灯浮,港池中央设有专用灯浮标,锚地设有 5 个方位标。

岚山港区　南区主航道设有 16 个灯浮标,中区油码头航道设有 10 个灯浮标,30 万吨油码头航道设有 31 个灯浮标。

仓储

石臼港区共有各类堆场面积约364万平方米。其中,专业化煤堆场65万平方米,堆存能力350万吨以上;铁矿石堆场150万平方米,堆存能力超1500万吨;集装箱堆场32.4万平方米,焦炭堆场16万平方米,件杂货堆场12.76万平方米,仓库3.8万平方米。散粮筒仓63.9万立方米。

岚山港区共有各类货堆场面积201万平方米,其中港内货场有82万平方米,后货场面积14.8万平方米,虎山货场30万平方米。虎山东西货场19.6万平方米,港北货场21.3万平方米,碑廓货场33.3万平方米,仓库面积1.2万平方米。散粮筒仓13万立方米。

岚山中港区现有港方油品罐区库容75.5万立方米,液体化工品球罐2.1万立方米。中石油库容20万立方米。

供电

石臼港区供电系统拥有主要设备1000多台套,其中110千伏变电站4座,变电所和箱式变压器82座,总装机容量22.9万千伏安。

岚山港区供电系统拥有15个变电所、8个配电室。变压器总容量3.17万千伏安,年用电量超过4000万千瓦时。岚山港区10万吨和30万吨油码头作业实现双回路、双电源供电。

供水

石臼港区供水系统拥有供水调节站2座,供水设备19台套,总蓄水能力6100立方米。港区有4处供水水源,日供水能力近10万立方米,保证港区生产、生活及消防用水。

岚山港区供水系统拥有2处水源,供水调节站水池4座,蓄水能力4100立方米。2013年,市政供水管网引入港区,实行双供水联网,解决了港区内供水压力低的问题,全年港区总供水63万立方米。

第三章 港口经营

日照港自1986年正式开港运营,1989年货物吞吐量跃居全国沿海港口第10位,为全国第二大煤炭输出港。2003年,日照港与岚山港联合组成日照港(集团)有限公司,完成吞吐量4506.5万吨。2006年在开港开放20周年之际吞吐量突破1亿吨,成为全国沿海亿吨大港。2010年,吞吐量突破2亿吨,4年再造一个亿吨港。2013年,全港吞吐量突破3亿吨,集装箱箱量突破200万标箱。吞吐量超过500万吨、1000万吨、3000万吨和1亿吨的货种分别达到9个、6个、3个和1个,铁矿石进口量和镍矿、木片、大豆吞吐量继续保持全国沿海港口首位;实现收入208亿元、利税10.67亿元、利润6.6亿元。日照港逐步发展成为以矿石、煤炭、粮食、水泥、液体化工及油品等10大主导货种中转运输为主,兼营集装箱、客箱班轮运输的多功能、综合性的沿海主枢纽港口。

第一节 内外贸货运

外贸货运 日照港自开港以来,外贸吞吐量逐年递增,货类由单一的煤炭发展为以矿石、煤炭、粮食、水泥、液体化工及油品、集装箱、客箱等多品种结构。

内贸货运 日照港与全国各港来往密切,内贸货物可输往全国沿海及内河大中小港口上百个。

第二节 港口经营业务

日照港总资产超过 500 亿元,拥有各类子、分公司 23 家,经营业务主要包括大宗干散货、液散货、件杂货、集装箱四大货类 20 多个货种的装卸、仓储、中转,以及客运、拖轮、港内铁路运输服务等。

第四章 集疏运体系

日照港集疏运便捷高效,海上航线与 100 多个国家和地区通航。陆上通过新菏兖日铁路、陇海铁路向西经新疆阿拉山口和霍尔果斯出境可达中亚、西亚国家及欧洲口岸,通过瓦日铁路向西经甘其毛都出境直达蒙古国。2 条高速公路、3 条输油管线直联港口。日照港已形成整合航运、铁路、公路、管道、皮带等多种运输方式、大进大出、集疏运便捷的综合运输格局。

第一节 陆 路

铁路运输是港口集疏运体系的重要组成部分,日照市已有兖日、胶新和坪岚 3 条铁路,到 2013 年营业里程 134.2 千米;瓦日铁路、青日连铁路、日照至济南城际铁路建成后将形成三纵四横的铁路网格局(三纵:青日连、胶新、巨峰至岚山港铁路;四横:兖日、瓦日、日照至济南城际、坪岚铁路),营业里程达 321 千米。

公路运输是港口集疏运体系主要组织方式,日照港与沈海高速、日东高速和 2 条国道、10 条省道互联互通,四通八达。随着疏港高速的开通以及日照至潍坊、岚山—临沂—枣庄高速公路的规划建设,日照港公路集疏运将形成"两纵两横"的高速路网体系。

石臼港区公路四通八达,上海路、香港路、深圳路为疏港道路。其中,香港路向西延伸建设,并与 G15(沈海高速)和 204 国道相衔接,继而接入 G1511(日东高速);深圳路由临沂南路向西建设,并与 204 国道相衔接;上海路维持现状,与 204 国道相衔接。日照—东玥高速公路与国家规划建设的连云港—霍尔果斯的高速公路接通,可直达三门峡、西安乃至新疆。另外,沈海高速公路山东段和与之配套的疏港高速公路已全线贯通。

岚山港区对外集疏运道路为圣岚路,通过 204 国道、沈海高速、日东高速与腹地联系。

岚山港区规划设置 4 条港区专用集疏运道路,由南向北分别为疏港南路、疏港中路、疏港北一路和疏港北二路。疏港北一路为双向 4 车道道路,为岚山港区重要的疏港道路,该路可与 204 国道直接衔接,向西可延伸至临沂市,目前该路已改为疏港大道。

第二节 水 路

1986年5月,日照港煤炭码头开港开放,为国家一类对外开放口岸。至2013年,日照港共有50个生产泊位对外开放。日照港与国内众多大港通航,海上航线可达世界各港,已与世界100多个国家和地区通航,其分布状况如下:

亚洲 中国香港、台湾地区以及日本、韩国、朝鲜、新加坡、马来西亚、印度尼西亚、泰国、越南、孟加拉国、印度等国家。

欧洲 法国、英国、意大利、俄罗斯、丹麦、荷兰、比利时、西班牙、马耳他、乌克兰。

北美洲 美国、加拿大、巴拿马、洪都拉斯、圣文森特、伯利兹。

南美洲 巴西、智利。

非洲 刚果、赞比亚。

大洋洲 澳大利亚、新西兰。

第三节 管 道

管道运输是专门输送石油、煤和化学产品的运输方式。日照港先后开通两条输油管线,分别为日照—仪征、日照—东明原油输送管道,为沿线企业省去水运或陆运的中转环节,缩短运输周期,降低运输成本,大幅提高运输效率。

日照—仪征原油输送管道 该管线全长390千米,管径914毫米,干线线路设计压力8.5兆帕,设计温度为60℃,设计输送能力4000万吨/年,主要服务于中石化沿江炼厂。日照—仪征原油输送管道于2011年12月建成投入使用。

日照—东明原油管道 日东原油管道起于日照港岚山港区,止于山东省菏泽市东明县东明石化,干线全长446.23千米,年设计输量1000万吨,管道直径610毫米至711毫米,设计压力8兆帕。工程于2009年11月开工,2013年1月投产试运行。

根据国家发展改革委综合交通“十二五”规划以及国家能源局管网“十二五”规划,拟建设日照—濮阳原油输送管道,管道长768千米,管径864毫米,设计压力9兆帕,设场站8座。该管道后续将延伸至洛阳及西安地区。

根据《山东半岛蓝色经济区发展规划》,将加快推进日照—莒县—淄博的原油输送管道项目建设,该管线设计输送能力1000万吨/年,主要为沿管线山东地段提供原料油供应。

第五章 港口管理

石臼港务管理局1984年成立,1988年更名为石臼港务局,1992年更名为日照港务局。2003年,日照港务局和岚山港务局企业部分合并重组成立国有独资的日照港(集团)有限公司。截至2013年年底,日照港集团有限公司拥有各类子、分公司 23 家,业务涵盖港口业务、物流贸易、建筑制造、金融服务四大板块。集团公司对港口实行全方位管理。

第一节　机　构

石臼港务管理局于 1984 年 12 月 6 日由交通部批复成立,为副地级单位。1985 年 2 月 7 日,交通部政治部任命港务局第一届领导班子。1988 年 1 月 26 日,遵照国务院办公厅关于港口管理体制改革会议精神,对港务局实行山东省和交通部双重领导、以省为主的管理体制,更名为石臼港务局,设有 32 个处室,11 个直属生产单位。1990 年 6 月,石臼港务局由大型二类企业升为大型一类企业,为正地级单位。1992 年 5 月 1 日,石臼港务局更名为日照港务局。同年,日照港务局行政机构管理职能及局直属单位的管理体制进行改革,本着精简、高效的原则进行部分调整合并。调整后,共有行政处室 26 个,党群部门 8 个,直属基层生产单位 13 个。2003 年 5 月,根据《日照市港口联合方案》,日照港和岚山港的企业部分合并重组,成立日照港(集团)有限公司。6 月,日照港(集团)有限公司制定并实施《日照港(集团)有限公司建立现代企业制度实施方案》,调整精简事业性单位,对所属单位资产及业务进行重组、整合,集团中层及以下管理人员全部实行竞聘上岗。2013 年年底,集团机关设 13 个部室,下设 6 家分公司,11 家控股子公司,1 家全资子公司,5 家事业性单位,有职工 7500 余人。

第二节　管理体制

1988 年前,日照港为交通部直属港口。1988 年 1 月,根据国务院关于港口体制改革的要求,日照港作为交通部第五批进行管理体制改革的港口,实行山东省和交通部双重领导、以山东省为主的管理体制。山东省政府下发鲁政发〔1988〕40 号文件,把日照港作为计划单列企业管理,对港口财政、财务、劳动工资、人事、运输生产、治安保卫等方面的工作作了明确规定,确定山东省对港口的有关政策。在人事管理方面,除局级领导由省委管理以外,处级及以下干部由日照港务局直接任免。

1986 年至 1988 年 8 月,日照港务局实行党委领导下的局长负责制。1988 年 8 月起,日照港实行局长负责制。

2003 年 5 月起,根据市委、市政府办公室下发的《日照市港口联合方案》通知,日照港和岚山港联合改制,实施政企分开,建立以资本为联结纽带的母子公司管理体制。集团公司组织机构设有董事会、总经理等,董事会、总经理、党委等领导班子成员由市委管理。公司为国有独资公司,是日照市直属企业。日照市人民政府作为国有资产所有者,履行出资人职责,享有所有者权益。集团公司按照市政府授权经营和管理国有资产,承担国有资产保值增值责任,自主经营,自负盈亏。

日照港务局于 1993 年开始股份制改革试点工作,选取第三装卸公司作为试点。1994 年 5 月,经山东省体改委正式批复,由日照港务局、日照市石臼城市信用社、日照市黄海机械设备租赁公司、日照市燃料总公司 4 家单位发起成立石臼港埠股份有限公司。公司股本总额为 3000 万元人民币,股权证面值为每股人民币 1 元。其中,发起人股 1132 万股,向特定社会法人募集 1868 万股,按 1 : 1 比例平价发行。股票发行工作于 1994 年 8 月结束,其中社会募集资金 1009 万元。1998 年,石臼港埠股份有限公司按有关政策进行规范,并入第二装卸公司。

2002 年，日照港务局作为主发起人，以所属第一装卸公司、第二装卸公司、动力公司、通信信息中心、机修厂等单位经营性资产为主，联合兖矿集团公司、中煤总公司、淄博矿业集团公司、潞安矿业集团公司、晋城无烟煤矿业集团公司等其他发起人，共同发起设立日照陆桥港业股份有限公司。公司于 2002 年 7 月 4 日召开创立大会，7 月 15 日在山东省工商局进行注册登记，8 月 1 日进入辅导期。2003 年进一步加大上市工作力度，7 月 31 日辅导期结束，并通过济南证管局的辅导验收、招商证券公司的内部审核。2003 年 9 月 15 日，陆桥公司向中国证监会上报《日照陆桥港业股份有限公司首次公开发行股票申请文件》。2004 年 5 月 31 日，公司通过中国证监会对股票发行的审核。10 月 31 日，日照陆桥港业股份有限公司更名为日照港股份有限公司。2006 年 10 月 17 日，公司在上海证券交易所挂牌上市。

自上市以后，集团公司通过短期融资券、中期票据、保险资金直投、融资租赁等新型融资工具共募集资金 126 亿元。处于存续期间的债券共计 55 亿元（短期融资券 9 亿元、中期票据 34 亿元、保险资金 12 亿元），融资租赁 5 亿元，与同期银行利率相比，共计节省财务费用 2 亿元。

第六章　港口服务

随着港口发展，一大批专业化的港口服务保障队伍先后诞生，涵盖外轮理货、物流贸易、燃油供应、建筑制造、医疗卫生、酒店旅游等业务板块，根据日照港集团转方式、调结构、着力打造“港口装卸、物流贸易、建筑与制造及综合服务”四大业务板块的战略规划，组建成立山东港湾建设集团、日照港口医院、中燃船舶燃料供应公司、碧波大酒店等一批公司，为港口实现转型升级和跨越式发展奠定了坚实的基础和服务保障。

第一节　外轮理货

日照中理外轮理货有限公司（前身是中国外轮理货总公司日照分公司）是一家具有国际性、涉外性、公正性、服务性的国有法人企业，是对日照口岸外贸进出口货物进行数量把关、为海关验讫放行及口岸货物交接提供数量依据的法定公证机构。公司成立于 1986 年 9 月，2013 年有员工 206 人。2007 年 2 月公司改制成立日照中理外轮理货有限公司，2008 年 9 月公司完成日照和岚山港区两家外理公司的整合，2010 年出资成立日照市新岚木材检验有限公司，拓展货物质押贷款监管、含水矿产品取样送样、监装监卸 20 多项新业务，形成法定理货、计重计量、船货代理、检验鉴定四大支柱业务，范围包括件杂货集装箱理货、装拆箱理货和施封验封、船舶水尺公估和液体计量、海关委托监管、船货代理、货物质押贷款、取样、制样、送样、监装监卸和水分化验等业务，所出具的报告具有法律效力和第三方公证作用。公司先后为 60 多个国家和地区的 3.6 万余艘次进出口船舶、2.1 亿吨货物进行理货作业，理货数字准确率、客户满意率均达到 100%，获“当代中国自主创新示范单位”“中国交通运输行业信用企业”等称号。

第二节　物　流

日照港以港口为核心，充分整合港口物流链上下游资源，为客户建成功能齐备、服务完善、管理健全的交易服务体系。日照港规划建设2个物流园区，不断完善船代、货代、陆上运输等配套功能，努力把日照港发展建设成为中国北方大宗散货物流中心。

日照港国际物流园区有限公司　日照港国际物流园区有限公司（简称国际物流园）成立于2013年6月，是日照港国际物流园区的运营主体，占地面积162.2公顷，采取“平台+基地”的模式，以电子商务为牵引，以供应链管理和信息化为支撑，以煤炭、铁矿石、钢材、集装箱等为重点，以多式联运、区港联动为特色，开展信息交流、电子交易、多式联运、物流金融、保税物流、总部经济等增值服务，打造立足山东、辐射全国、面向全球，具有重要国际影响力的大宗商品电子交易平台和集信息、交易、物流、金融等服务为一体的全球供应链管理服务基地，成为具有全球物流资源优化配置能力的连接国内、国际市场的设施齐全、布局合理、功能完善、服务高效的综合性国际物流园区。

日照保税物流中心有限公司　日照保税物流中心有限公司（简称保税中心）是日照市重点规划的现代物流中心，由日照经济技术开发区国有资产经营管理公司和日照港集团物流有限公司合资组建，位于日照经济技术开发区临沂南路，规划面积1平方千米。一期占地17.6万平方米，建成4000平方米综合办公楼1座、2000平方米海关查验库1座、7000平方米和8000平方米仓库各1座，露天堆场6万平方米，以及符合海关要求的监管设施，投入资金1.2亿元。保税中心于2008年12月26日经国务院批准设立，2009年9月2日，通过海关总署等国家4部委的联合验收，12月15日，首票货物通关。

中心成立以来，业务不断发展壮大，年营业收入已过千万元，业务量逐年攀升、业务种类不断丰富，辐射范围覆盖10个省市、100多家企业。货种包括化肥、钢材、氧化铝、机电设备、家具、电子产品以及矿石、煤炭、木薯干、生铁等大宗散货。中心2010年完成货物进出15万吨，2011年完成22万吨，2012年完成113万吨，首次突破100万吨，监管货值突破2亿美元。2013年中心货物进出44万吨，监管货值2.25亿美元。

第三节　燃油供应

日照中燃船舶燃料供应有限公司承担日照港的船舶燃料供应服务，是日照地区第一家从事抵港船舶燃料供应的公司。公司拥有成品油批发、危化品经营、危险物品运输资质，主要经营业务是为抵日照港的国内外航线船舶供应保税、内贸燃油、润滑油和淡水，以及港口机械、工程船舶的燃油供应，兼营油品中转、存储、送供服务。

1992年11月，日照港与中国燃料供应公司青岛公司共同投资200万元，成立日照船舶燃料供应公司，主要为运输船舶、渔船提供燃油、润滑油以及淡水供应服务等。2003年2月，公司按现代化企业标准进行了企业改制，由中国日照外轮代理公司和日照港出资组建日照中燃船舶燃料供应有限公司（简称燃供公司）。2007年11月26日，中国船舶燃料有限责任公司与日照港（集团）有限公司正式签订股权转让协议，合资的燃供公司正式成立。

1993年7月，日照船舶燃料供应公司在港内建成一座容量800吨的油库及相应配套设施，后又分两期建设10个总计1000立方米的柴油库,首次在日照港实现了通过管线完成船到库的油品运送。2002年2月,公司开工建设总库容量1.5万立方米油罐,配套大型油泵3台,各种管道2000米,配建配电室,污水处理间及消防设施,同年开工建造500吨级油轮,改善了船舶燃料供应条件,结束了日照港不能独立供燃料油的历史。2004年,为提高疏港能力,日照港内铁路线开始改造,1000立方米油库整体迁至港东三路南侧的油库区,与燃供公司后期建设的15000立方米罐区成为一体,这座1000立方米的柴油库主要承担着储备港口生产用油的任务。结合港口现场流动机械大增的实际情况,于2011年在西港区新上撬装加油站,开创了港口作业现场加油的新模式;配合港口清洁生产的需要,燃供公司与能源公司合作建设经营LNG加气站,并积极在港口进行推广,研究用清洁环保的新能源代替价格高、资源紧张的柴油,为港口发展创造更加清洁环保的环境。

2010年3月24日,中燃公司保税油库获青岛海关批复设立,并租赁3000吨油船用于船对船供油。同年4月19日,燃供公司首次对外轮自供保税油。公司开展采取用流动加油车到现场加油的方式提供流动加油服务,增加了公司终端销量的同时提高了加油效率,实现了对日照港区服务的全覆盖。2012年,公司申请通过危险货物运输资质,由公司直接管理油罐车,在节约费用的同时,油罐车的管理更加规范,服务更加及时。根据到港船舶对润滑用油的需求,公司代理多个国际品牌的保税润滑油供应,是国内两大润滑油龙头品牌之一的"长城"润滑油船用油一级经销商,并为另一龙头品牌"昆仑"润滑油提供代提代供服务。

第十七编　信息产业

信息产业是国民经济中的新兴产业。日照市信息技术应用，起步于中华人民共和国成立后，发展于20世纪90年代，大力普及和形成产业于21世纪初期。尤其是以互联网为代表的信息技术迅猛发展和广泛应用，引领社会生产新变革，创造人类生活新空间，改变经济发展新格局。2013年，全市公共信息网络已覆盖所有城乡，有线传输干线长度8366.58千米，电信电缆线路总长度2.4万千米，建设公共移动通信基站3336个，行政村“村村通电话、通宽带、通有线电视”目标全面完成。广播综合人口覆盖率98.5%，电视综合人口覆盖率94.2%，有线电视网覆盖率100%。联通互联网出口带宽160G，宽带业务用户42.8万户；移动高速互联网出口带宽逾220G，手机互联网户数170万户。全市形成7家中远期电子交易市场，7家省级电子商务公司，电子商务市场交易范围涵盖服装、农副产品、五金、建材、矿石、木材、钢材等多个品种，在全国4个直辖市和10个省建立营业部200个，发展交易商1.5万余人(户)，共完成交易额6800多亿元，交易量超过1亿吨。

第一章　信息化建设

信息化建设是信息产业发展的基础。地级市建立以后，日照市投资规模逐年加大，建设力度逐年提高，信息基础建设、重点业务系统建设不断加强，企业信息化、农村信息化和政务信息化水平不断提升，应用方向和深度逐年拓展，为信息化普及和繁荣奠定坚实基础。

第一节　信息化推进

信息基础建设　地级市建立后，特别是进入21世纪，日照市信息化推进工作步伐加快。“十五”期间，全市通信光缆建设总长度达到5600多千米，长途电路73922路，长途自动交换机容量10304路端。广播电视网络建设实现市区统筹规划，数字电视从无到有，发展数字电视用户5000户。在“三网”基础上，数字数据网(DDN)专线直通乡镇，以太网、异步传输模式(ATM)、帧中继(FR)、不对称数字用户线(ADSL)等技术得到广泛运用，互联网出口带宽已达到近5G。“十一五”期间，全市已建成以光纤为主，数字集群、卫星和微波通信为辅，集程控化、数字化交换为一体的高速通信网络。网络出口带宽20G，网民人口比重近35%。广播电视网络建设逐步完善，广播综合人口覆盖率98%，电视综合人口覆盖率93.5%，有线数字电视用户城区覆盖率85%。2013年，公共信息网络已覆盖所有城乡，有线传输干线长度

8366.58 千米，电信光缆线路总长度 2.4 万千米，建设公众移动通信基站 3336 个，行政村“村村通电话”“村村通宽带”“村村通有线电视”目标全面完成。广播综合人口覆盖率 98.5%，电视综合人口覆盖率 94.2%，全市有线电视网络覆盖率 100%，有线电视用户为 55.2 万户。

重点业务系统建设 “十五”到“十一五”期间，“金税”工程建成，日照成为全国金税广域网的 500 个节点之一，推行防伪税控系统的企业达到 3000 多家；市财政部门的“国库集中支付系统”正式运行；“金卫”工程起步良好，市人民医院信息化项目被列入国家“倍增计划”；市环保局建成“污染源远程监测系统”；市水利局的“雨情测报系统”实现全市实时传送；市国土资源局的“土地利用现状更新调查数据管理系统”建成；旅游信息资源在网上向社会发布，突破了传统的宣传推介方式；茶博会、房博会和世帆赛等大型活动实现网上实时转播；档案信息化完成全部馆藏文件及档案目录的著录工作；中小学校园网逐步实现“校校通”，教育局自行研发“学籍管理系统”；“农村党员远程教育信息系统”完成全市所有行政村的建点工作。市直单位和涉外部门建有局域网的有 62 家，能够实现内部资源共享、政策宣传；市行政服务中心基本实现业务受理、处理和结果查询等协同审批、一站式服务功能；日照政务网开通公文发布平台，电子政务专网市级平台已搭建完成，并实现与各单位的互联。

企业信息化建设 “九五”期间，企业信息化建设从生产自动化、财务电算化逐渐向管理控制一体化过渡，约 30%的制造业企业已实行计算机辅助设计（CAD），80%的大中型企业建成办公自动化系统（OA）、财务管理信息系统和人力资源管理信息系统等。全市大中型销售企业的 POS 机普及率达到 95%。山东森博、泰山洁晶、晨曦化工、旭日车饰件等单位被列为全省制造业信息化示范企业；山东森博、黄海粮油、莒县标志服和五征农用车被列入全省应用信息技术改造传统产业重点企业名单。“十五”期间，全市企业信息化建设项目被列为山东省信息技术推广应用项目的有 26 家，被科技部门列为示范项目的有 12 家，其中 5 家企业的信息化应用项目列入国家倍增计划。尤其是信息技术与传统工业加速融合，全市围绕工业结构调整，重点利用信息技术改造提升机械、化工、轻工、纺织、建材和冶金等 6 个行业。

2013 年，全市 60 家重点企业，使用计算机辅助设计（CAD）、计算机辅助制造（CAM）、产品数据管理（PDM）技术的分别达到 41%、17%和 7%，14%的企业在产品创新数字化应用达到精细级，信息化覆盖从产品需求到概念设计、详细设计、产品仿真、样品试制、批量生产等过程，研发集成创新初见成效。海大科技与职业技术学院研发成功“智慧家庭服务用机器人”，海大科技与山东大学、南京埃斯盾公司联合研发“基于自主机器人的冲压、半轴、焊接自动化生产线”，用于五征集团的生产线。全市有 50%以上的重点企业应用企业资源计划系统（ERP），65%以上应用自动化办公系统（OA），80%以上应用人力资源管理系统（HRM）。信息化建设累计投资过千万元的企业有日照钢铁、金禾生化等 20 余家，30 余家企业实施企业资源计划（ERP）；信息化投入中的硬件和软件比例达到 6∶4；95%的大中型企业建立门户网站，86%的企业建立独立的信息部门，26%的企业信息部门成为一级业务部门。

农村信息化建设 农业部门信息工作机构逐步健全，县级农业部门已建立专门网站，按照村级农业信息调查员“四有”标准，筛选出具有代表性、影响力的责任心强、专业知识高的村级农业信息调查员。电视、电话、电脑“三电合一”农业综合信息服务平台运行，深受农民群众欢迎。农业系统公益性服务专用号码“12316”应用良好，农民咨询的问题能够及时得到解决。行政审批综合办公信息系统，为申报单位提供“一站式”服务；农业部门通过网络系统，实现监管事项办事程序、过程和结果的“三公开”。根据管理和服务需要，积极推广应用精准农业、人工智能、“3S”等信息系统，信息技术逐步向农业生产经营各领域各环节渗透。开展以“信息服务进农村、推进社会主义新农村建设”为主题的“信息化下乡”活动，

2008—2009 年,全市向农民发放近千台信息化下乡专用电脑。2013 年,深入开展“信息化下乡”“信息能力提升年”等活动,加强贫困村农民信息知识普及和信息员队伍建设,按照“五个一”标准推广建设农村综合信息服务站,充分发挥农村党员干部现代远程教育平台作用。五莲县叩官镇青峰苹果专业合作社和五莲县石场乡青大生姜农民专业合作社被列为山东省农村信息化应用示范单位;五莲县大旺口茶叶专业合作社的“物联网在有机生态茶园建设中的推广应用”项目被列为山东省农村信息化应用示范工程。

政务信息化建设　市政府“应急指挥系统”、市建委“城市建设管理指挥系统”和“地下管线管理信息系统”、市环保局“污染源远程监测系统”、市财政局“国库集中支付系统”、市国土资源局“土地利用现状更新调查数据管理系统”建成运行;旅游信息化建设成效明显,被省旅游局誉为“日照模式”;档案信息化力度加大,数字档案馆开通运行,方便了市民和单位查阅;组织部门建设的“农村党员远程教育信息系统”成为农村党建的重要阵地,为信息化向农村延伸打下坚实基础;“网上审批和电子监察系统”上线运行;电子防腐建设工作启动;安监局自主开发的安全生产管理系统向全省推广;口岸管理部门牵头的口岸通关中心和电子口岸建设随着航运大厦的启用进入实施阶段;“城市一卡通”前期工作稳步推进,公交 IC 卡系统已升级,并增加了智能调度系统;劳动保障信息一体化系统已建成,实现社保系统、就业系统和社区基础平台统一数据库的目标,新卡更换已完成;市、区(县)、各单位门户网站运行正常,公安系统人口基础信息库、国土资源局空间地理基础信息库等政务信息资源实现共享。

第二节　新兴信息平台

互联网　1997 年,由日照市邮电局投资建设的日照第一家综合性门户网站——日照信息港开通运营,建成 163、169 两个网络平台,用户可拨号或专线接入互联网。2000 年,发展上网用户(包括注册和非注册用户)2.02 万户。2002 年,宽带业务净增 3757 户,新增网吧 162 处,发展“888”便民会员企业 464 家。2003 年,日照电信、日照铁通开始运营固网业务,本年新增宽带用户 6183 户。2009 年,开展宽带无限制受理,宽带用户数达到 21.81 万户。2011 年,全市宽带端口达到 34.7 万个。2013 年,联通互联网出口带宽达到 160G,宽带业务用户 42.8 万户;移动高速互联网出口带宽逾 220G,手机互联网用户数 170 万户。

物联网　日照物联网产业发展较快,优势相对突出。全市在物联网领域已取得自主知识产权 300 多项,相关企业 40 余家,骨干企业主要有活点网络、中泰阳光、艾斯蒙科技、阳光电器、康安电子、港通公司、新贵科技、万邦网络、海大科技、山川电子。物联网及相关领域创新团队总数 1300 余人,年销售额约 30 亿元。以 Hospot 物联网浏览器和物联网交换机为代表的物联网实用技术得到广泛应用。物联网在智能港口、智能物流、智慧社区等方面的应用较为成熟。

以物联网产业为主的高新技术应用范围越来越广,并走向产业化,智慧公安、智慧家居、智慧政务等各项智慧工程稳步实施。活点网络研发的国内首款基于活点物联网技术的三维绿色节能整体智能家居产品(“活房子”整体智能家居)通过省级质量监督检验,投入商业运营;日照港集团的“智能港口访客系统”列入首批山东省“无线城市”示范工程;山海天碧山邻海小区智能家居试点工程顺利推进;智慧岚山建设进入施工阶段;活点网络科技的《物联网量子件开发技术规范》通过地方标准审查;活点网络公司与公安系统合作开发的平安城市系统正式建设实施。

电子商务　“十五”期间,全市有 1000 余家企业在网上建立网站或主页,部分大型企业开展网上交易。从网上销售、网上采购、网上银行、网上报税到网上报检通关,电子商务的应用范围越来越广泛。泰山洁晶、东升地毯、华龙纺织和三木集团4家企业被列为山东省电子商务试点企业。加快日照电子商务科技园发展,努力创造良好的基础条件,形成有利于电商发展的高地;加快电子商务企业发展,以日月明电子商务等专业电子商务企业为重点,带动其他行业领域的电子商务发展;以三运物流园等现代物流企业为重点,带动物流产业链联动。

"十一五"期间,全市先后涌现出一批规模较大的电子商务企业,如山东龙鼎电子商务股份有限公司、和易电子商务股份有限公司、日照日月明电子商务股份有限公司等。2013年,全市形成7家中远期电子交易市场,7家省级电子商务企业,电子商务市场经营范围涵盖服装、农副产品、五金、建材、矿石、木材、钢材等多个品种,在全国4个直辖市和10个省建立营业部近200个,发展交易商1.5万余人(户),共完成交易额6800多亿元,交易量累计超过1亿吨。

云计算产业基地　"十二五"期间,日照活点网络公司与IBM签订全球战略合作伙伴,双方合作的"面向全国数据交换中心"初步建成。山东华信集团、山东展望信息科技公司、上海众生网络科技公司联合发起投资建设的"云计算数据中心及云计算产业基地"项目,总投资约2亿元,在日照建设一个技术领先、绿色节能的2000平方米云计算中心,提供电子政务云、公共服务云、行业云所需的信息化基础设施及增值服务,同时面向全国市场提供IDC和公有云服务。

第三节　软件业

软件企业发展　1999年2月成立的日照连邦软件有限公司是日照市第一家从事软件开发的企业,同时加入北京连邦软件连锁组织。公司先后成为微软软件、瑞星软件、金山软件、汉王科技、管家婆软件等软件代理。开发卫生监督管理信息系统、实验室管理信息系统等,取得软件企业认定。2003年,日照山川电子信息技术有限公司成立,主要从事闭路监控、防盗报警、建筑智能化工程等的安装调试与系统集成、软件与工业自动化控制产品的研制开发,逐步发展成为一家以电力系统软件开发、销售为主的软件企业。2006年,全市软件开发企业发展到20余家,从业人员200余人,产品主要是嵌入式软件和行业应用软件。2009年,日照软件产业由起步阶段迈向了快速发展阶段,全市从事软件开发的企业达40余家,取得软件认定的企业有8家,从业人员有500余人,形成以嵌入式软件、应用软件、数字动漫和游戏产业、软件外包等互动发展产业格局。2010年,日照活点网络科技有限公司发布自主研发的物联网浏览器,日照在高端软件开发方面实现突破。2011年,全市软件业规模以上企业有22家,15家取得软件企业认定。2013年,全市软件业规模以上企业有33家,通过软件企业认定的有23家。

软件业务收入　1999年日照软件企业刚刚起步,经营业务收入很少。2006年,实现软件产业销售收入0.76亿元。2009年,全年实现软件业务收入1.4亿元,居山东省第八位。2011年,实现软件业务收入6.8亿元,居全省第六位。过亿元企业有2家,分别是日照市活点网络科技有限公司和日照立德电子有限公司。2013年,实现软件业务收入12亿元。软件开发收入、系统集成、信息技术咨询服务收入成为全市软件产业增长的主要业务。

第四节 网络 网站

网站建设 日照本地网站建设工作始于1997年,开通运营的日照信息港是由市邮电局投资建设的综合性门户网站,以通信、计算机、网络技术及集成语、数据、图像于一体并具有互交能力的多媒体技术为代表的信息技术设施系统。1999年是政府上网年,日照市政府门户网站开通。2000年,日照政务内网开通。2003年,日照市政府出台文件,推动政府各部门开通网站,实现政务公开。至2013年年底,全市各类网站有1000余家,其中包括政府类门户网站、各类企业对外宣传网站以及各类信息服务类网站。市、县(区)政府和市直部门网站,成为宣传党的路线方针政策、表彰先进典型、弘扬正能量的重要载体,成为党委、政府了解民意、听取民声、集聚民智的重要来源,成为人民群众反映问题、提出意见、表达建议的重要渠道。

GSM网络建设 1999年7月,山东移动通信公司日照分公司建立,日照第一台MSC割接入网。2002年,移动基站有132个,无线网络容量为27.6万户。日照在全省第一个完成了GSM九期扩容工程。2007年无线网络容量达133.2万户。2011年CMNET大规模扩容,网络规模和带宽翻倍。2013年日照GSM扩容工程完成。全市网络覆盖率达到99.8%,日照移动GSM建设进入新的时代。

TD网络建设 2009年1月,工业和信息化部正式发放3G牌照,中国移动获得中国自主创新3G标准TD—SCDMA的建设和运营牌照,TD—SCDMA进入大规模建设阶段。9月25日,日照RNC 01入网并承载业务,第一通TD电话打出,日照3G时代的正式到来。2012年,TD网元RZRNC06割接入网,进一步增扩了网络容量。2013年12月,国家对电信运营商发放4G和固网牌照,日照移动启动有线宽带及固话业务。同时,日照移动开通第一个LTE基站,日照进入4G时代。

WLAN网络建设 2009年12月,日照作为山东省公司WLAN建设试点之一率先完成大学城WLAN覆盖开通。该年度分配建设规模642台AP,WLAN注册用户有2000人。2011年,新入网15320台AP。2012年,新入网16588台AP,包含农村建设545个站点。2013年,WLAN工程建设全年累计新增站点1072个,其中农村站点801个,小区113个,商务热点158个。在网AP总量为42483个,AP入网率达到91%,位居全省第七。同期,在农村,WLAN开通覆盖801个村庄,累计解决农村覆盖1330个村庄,完成50%以上日照市农村WLAN覆盖。

固定网络建设 始于20世纪90年代中后期,2000年建立政府站点22个、企业站点60个,发展上网用户(包括注册和非注册用户)2.01万户。2004年宽带用户达到2.61万户,完成全市宽带用户的认证改造和IP地址合法化,提高了宽带用户的可管理性。2006年,宽带用户达到4.9万户;网吧累计达到195家,其中日照网通连锁网吧32家。2009年,宽带无限制受理成效凸显,宽带用户达到16.6万户。2012年,3G用户15万户,宽带用户规模26.6万户。加快了宽带提速和网络支撑能力提升,完成238个小区、343个村庄的宽带提速建设,其中包含147个小区村庄的FTTH工程建设。2013年,日照市光缆建设总长4.98万千米,骨干高速城域网带宽达450G,高速互联网出口带宽逾220G,手机互联网用户数170万户。全市各类接入端口10万余个,新建小区接入用户速率提高到20M~100M,光纤入户逐步实现。

第二章　无线电管理

日照市切实加强无线电管理工作的宣传教育，根据国家法律、法规和管理权限，做好无线电台(站)布局和台(站)址审查、无线电台(站)频率和呼号指配、无线电台(站)审批，及时进行无线电监测、检测工作，依法组织实施无线电管制，进一步净化电磁空间环境，为日照无线电安全、有序使用提供可靠保障。

第一节　无线电台站管理

制定管理规定　1990年11月，日照市无线电管理委员会成立后，根据国家、山东省无线电管理规定，制定日照市无线电管理规则，对审查无线电台(站)的布局和台(站)址，指配无线电台(站)的频率和呼号，审批无线电台(站)，核发无线电台执照，无线电监测与检测工作。对设置、使用无线电台(站)和研制、生产、销售、进口无线电发射设备的单位和个人实施监督检查，对依法组织实施无线电管制、违规设置使用无线电台(站)、乱占乱用频率和无线电干扰等稽查工作等都作出具体规定。

无线电台(站)审批　1996年，全年共审批无线电台(站)250个，审验无线设备2725部；2001年审批无线电台(站)67个，指配频点39个，共批准建设GSM基站192个，CDMA基站20个，验收GSM基站123个，核发执照123个，审验各类渔业电台1620部。2007年，共指配频点26个，审批船舶呼号4个，审批无线电台(站)180个，向省无委会转报设台申请5个，审验各类无线电台5300部；2010年共指配台站频率143个、临时台站用频120个。2013年，审批项目55项，其中频率台站审批16项，指配呼号14个，转报呼号24个，初审日照移动公司基站地址83座，监测设备284个。

查处私设电台、违章通信　1996年，查处、取缔私设电台25部，查处违章通信23次，回收频率24个、收缴封存电台160部。2001年，与市公安局、工商局组成清查大功率无绳电话工作组，在全市范围进行拉网式清查，共没收大功率无绳电话71部，查处经销大功率无绳电话的商店2家。2007年，查处违规设台单位33个，回收频率29个。2010年，查处非法设台单位11个，私设台站27个。

第二节　无线电监测

检测设备　日照市无线电监测站成立初期，没有监测设备，全市无线电管理中的频率监测、电磁环境测试、干扰查找等工作主要依靠省无线电管理部门协助进行。1992年后，日照市先后投资购置综合测试仪、频谱分析仪、卫星定位仪、干扰通信机等监测、检测设备。2002年以后，山东省无委陆续为日照市配备了多套无线电监测、检测设备。至此，全市共有无线电监测固定站4个、移动站2个，监测、检测设备19套，其中综测仪1套、频谱仪3套、便携式接收测向设备4套、固定监测站4套、移动监测站2套、无线电管制系统2套，信号分析仪等无线电检测设备3套，其他设备10余部。

无线电监测　随着无线电监测、检测技术条件的不断改善，全市无线电频率监测、电磁环境测试、干扰查找、无线电设备检测、考试及重大活动无线电安全保障等工作陆续展开。1992年开始对固定电台、中转机、对讲机等电台进行检测,累计测试 7800 余台;1996 年开始电磁环境测试工作,共进行电磁环境测试 83 次;1997 年开始对寻呼基站进行检测,共测试 69 个;1999 年开始对移动公司、联通公司、电信公司的公众网基站进行测试,累计测试 2099 个;2002 年开始对小灵通基站测试,共检测 338 个;2013 年完成日照机场预选址、5.8G 无线接入系统等 8 个场站址的电磁环境测试工作。

查处干扰信号　2002 年以来,多次受理了诸城军用机场、山东民航、电视用户、日常通信等干扰投诉,及时进行查处,消除电磁干扰,保持通讯畅通。10 多年来,累计共查处各类无线电干扰 264 起,累计开机监测 117582 小时。尤其是 2013 年,共受理干扰投诉 17 起,其中卫星电视接收器 4 起,“伪基站”9 起,其他干扰 4 起,进一步净化电磁环境空间。

重大活动无线电安全保障　2007—2013 年,负责每年高考等重要考试利用无线电作弊的查处,负责中国水上运动会、帆船帆板世界锦标赛等重大活动无线电安全保障工作,共参加各类考试和重大活动无线电安全保障 79 次。

第三章　电　信

电信业在信息产业中起源最早,应用最广泛,起到骨干和中枢作用,主要包括电报、固定电话、移动通信等。

第一节　电　报

电报种类　1989 年,日照邮电局开办的国内公众电报业务种类有天气、水情、公益、政务、新闻、汇款、公电、城市礼仪电报等。电报业务等级有特急、加急、分送、专送、邮送 5 种。城市礼仪电报有庆贺、吊唁两类。1991 年 12 月,邮电局开办请柬类电报业务。1995 年 5 月,邮电局开办鲜花礼仪电报业务。

电报数量　1995 年后,电信部门相继开通分组交换数据网,数字数据网电子信箱,无纸贸易电子数据交换,计算机互联网、移动通信等业务,电报业务开始逐年萎缩。到 2010 年,全市月均发报量已由最高时期的 4 万多份下降到 2000 份。2012 年 1 月 1 日起为济空、北航服务的气象电报专网撤销后,全市公众电报基本为零。

电报设备变革　邮电局 1989 年使用电子电传发报机,1990 年实现支局电报传真化,1991 年使用 JK412 智能电传发报机,1995 年使用 JK6300 电报服务器。五莲县、莒县电报电路并入日照市后,建立日照电报本地网,实现境内电传电报、传真电报网内自动交换。1999 年电报技改,公众电报网与用户电报网二网合一,使用 DN826 本地网电报分组传真服务器。

第二节　固定电话

设备与电路　1989 年,日照市邮电局电话长途电路为 53 条,其中自动电路 4 条,拨打长途电话由临沂地区或山东省邮电局转接。电话总容量 3000 门,直接接入日照邮电局交换机 2186 部。1991 年,全市开通 7000 门程控市话，结束日照无长途交换机的历史，实现日照、石臼、岚山市话联网；全市 19%乡镇实现电话自动化；村村通电话达到 74%。开通济南—临沂—青岛数字微波电路，实现长途传输数字化。1994 年，日照港引进美国 AT&T 公司生产的 5ESS-2000 型数字程控交换机，总容量为 6000 门，初装用户 1520 户，采用与市话网等位拨号方式，以 38 局与日照市市话联网。2000 年 6 月，日照港三区模块局建成，容量 1760 门，先后和联通、移动、铁通、电信等运营商开通直达路由。2004 年，日照港对程控交换机进行 640 路用户线 120 路中继线的扩容，838 电话局的“姊妹局”738 万门局正式开通，使日照港拥有两个万门局号。2006 年 11 月，日照港股份通信公司开通岚山港区程控交换机交换模块二，岚山公司电话实施割接，使岚山公司电话正式并入集团专网。

固话发展与业务收入　1989 年，全市固定电话用户有 5221 户，完成电信业务收入 948 万元。1994 年，固定电话用户发展到 2.32 万户，电信业务收入 7310 万元。2000 年，固话装机总量达到 7.76 万户，完成电信业务收入 2.01 亿元。建立政府站点 22 个、企业站点 60 个。发展公用电话 505 部，其中卡式公用电话 486 部。一线通业务发展 385 户，来电显示业务发展 12426 户。2004 年，日照网通公司实现业务收入 2.82 亿元(按上市新口径)，本地网电话累计达到 50.74 万户。2006 年，全市固定电话用户达到 54.85 万户，市区话吧有 200 家，网吧有 195 家，其中日照网通连锁网吧有 32 家。随着个人移动电话的发展和普及，给固话发展带来较大冲击，用户数量逐年下降。至 2013 年，全市固定电话用户数降至 46.2 万户。

小灵通　2002 年 8 月，小灵通(无线市话)开始在日照通信公司向社会放号，当年用户达到 1.63 万户。2004 年新增小灵通用户 3.01 万户，累计达到 7.44 万户；2006 年小灵通用户达到 8.71 万户。因国家政策调整，小灵通用户整体退出市场，同年全市最后一批小灵通停止使用，小灵通基站全部下电，日照市小灵通时代结束。

第三节　数据通信

数据通信建设　1997 年，日照邮电局开通运行“日照信息港”，建成 163、169 两个网络平台。1998 年，GSM 六期配套工程完成，本地 DDN 网、帧中继网扩容工程除 6 个乡镇节点外全部完成，ATM 宽带王工程竣工投产，本地 4 个 SDH 环网的传输设备安装完毕。2000 年，完成日照至五莲、日照至岚山的光缆工程，新增通信光缆 682 千米，新增通信电缆 1881 千米。完成 ATM 二期扩容工程，开通 6 处 ATM 设备，新增高速端口 240 个，ATM 网络覆盖全市。开通 44 处 DDN 节点，新增 DDN 端口 260 个。2002 年，新增骨干光缆 14 皮长千米，配线光缆、接入网光缆 130 皮长千米，城区骨干光缆环网已初步形成，基本实现了光缆到路边及重点客户。新增主线 12000 线，共计 150 皮长千米，新增管道 76 孔千米，解决了大部分地区的线号紧张现象。新增一个 ATM 节点，新开 7 条 155M 中继，新增本地网 DDN 节点 2 处，新扩中继 42M。完成宽带 IP 网扩容工程，互联网出口达到 5G。2003 年，完成光缆工程 23 项、线路工程 49 项，新增接入网光缆 110 皮长千米，新增主线 22200 线；扩容 ADSL6000 线，新建节点 24 个。2011 年，加大光进铜退力度，停止 PSTN 及城区的传统 AD 建设投资，当年共退铜 20.55 万芯对千米。坚持共建共享沟通机制，共享其他运营商铁塔 49 座、杆路管道资源 3 处、室内覆盖 2 处。

宽带用户数量　1997 年，日照邮电局建成 163、169 两个网络平台，用户可采取拨号或专线接入互联网。2000 年，发展上网用户(包括注册和非注册用户)2.02 万户，上网时长累计完成 5900 多万分钟。2002 年，宽带业务净增 3757 户，新增网吧 162 处，发展“888”便民会员企业 464 家。2003 年，日照电信、日照铁通开始运营固网业务，本年新增宽带用户6183户。2009年，宽带无限制受理成效显著，宽带用户数量达到21.81万户。2011年，全市宽带端口达到34.7万个。2013年，联通互联网出口带宽达到160G，宽带业务用户42.8万户，宽带端口50万个。对传输波分网络实施优化，为4G业务发展提供支撑。

第四节　移动通信

设备与基站　1992年12月，日照市邮电局组建移动通信基站，开通模拟移动通信电话业务进入青岛网。1993年日照港务局开通450M模拟集群系统（俗称二哥大），采用建伍KD110信道机。1999年7月，山东移动通信公司日照分公司建立，GSM六期工程竣工，日照第一台MSC割接入网，交换容量达10万户，忙时可容纳话务量1962爱尔兰。新建26处基站，扩容223载频，基站数量达到75处，无线网络容量11万户。随后日照分公司先后开展七至十九期的扩容建设，网络覆盖和通信能力不断增强。2009年1月，工业和信息化部正式发放3G牌照，中国电信日照分公司和中国联通日照分公司正式运营CDMA业务。5月，完成市内TD10G环割接入网，提高了3G业务的承载能力。9月，日照RNC 01入网并承载业务，第一通TD电话打出。2013年10月，日照GSM扩容工程完成，共批复GSM基站85处，其中宏站35处、分布式基站25处，GRRU25处，同时共批复新建6处基站铁塔。全市网络覆盖率达到99.8%。12月，国家对电信运营商发放4G和固网牌照，日照移动启动有线宽带及固话业务。同时，日照移动开通第一个LTE基站，日照进入4G时代。

移动电话发展　1993年手提电话（俗称“大哥大”）开始放号使用，移动电话达到281户，集群电话达到92户。日照港务局开通了450M模拟集群系统（俗称二哥大），采用建伍KD110信道机，终端用户200台左右。1997年“全球通”网号139、138、137、136、135全部开通，移动用户达到5.4万户。2009年移动网用户有187万户。2013年，日照市已开通133-139、147、150-152、157-159、176、182-184、186-189等数字移动通信网业务，移动用户达到312.82万户。

第五节　无线寻呼

业务性能　无线寻呼业务是无线电通信的一种特殊方式，由无线寻呼台（中心站）、若干移动寻呼接收机（俗称BP机）以及电话网构成，寻呼台与电话网相连通，是一种单向信号传输系统，主要用于主叫用户寻呼被叫（在移动中或在其他场所）用户。无线寻呼提供人们在移动过程中建立通信联系的能力，是20世纪90年代的移动通信主流之一。

设备类型　1992年，日照市邮电局进行无线寻呼设备的安装工作。1993年，基站建设投入运行，无线寻呼全市实行联网同播。1995年，无线寻呼实现127自动寻呼联网，开通128汉字寻呼系统。1997年，无线寻呼容量由5万户扩容到10万户，并开通9898寻呼台，与全省实现联网，具备漫游功能，是对126、127、128寻呼业务的补充。

业务发展与注销　1992年年底，无线寻呼系统投入使用，开始对外放号。1993年，无线寻呼用户发展到1064户。1997年，无线寻呼放号15950户。2000年，寻呼业务放号15231户，占年度计划的167%；完成收入1013.30万元，占年度计划的81%。2003年，随着移动电话的逐步普及，无线寻呼业务总体发展出现下滑。2005年，按照中国联通公司《关于联通寻呼有限公司及所属公司注销工作的通知》《关于寻呼关网有关问题的通知》文件要求，2006年1月31日前完成联通寻呼有限公司本部注销工作。

第六节　通信设备与配套工程

电话自动交换机、程控电话　1989年，日照邮电局加大通信设施建设力度，新增长途电路6条，新装市话自动交换机1000门，总容量达到3000门。1990年，日照至济南长途电路增加到10条，缓解了日照至济南电路的紧张状况；完成日照1800对电缆扩容工程和安装开通岚山市话1000门自动电话工程；开通了程控电话7000门；全年共完成大修中继杆路9项，70.95杆公路；完成两城、汾水支局的200门程控电话安装工作。2000年，交换机容量新增16.5万门，总容量达到40万门；长途交换机容量新增1920路端，累计达到9960路端。

市县光缆干线网　1996年，市县光缆干线网建设。1997年10月，2.5GbitSDH数字同步传输网开通，由日照、五莲、莒县、岚山4个站组成，架设光缆160千米，将日照市区与两县和岚山办事处的广播电视系统有机地联系在一起，并实现与山东广播电视骨干传输网的对接，利用SDH网实现了高质量广播电视节目的相互传送；开通系统内部电话和宽带综合业务数据网，建成省市县三级政府多系统多媒体数据网、电视会议室系统和新闻回传系统。2000年，日照至五莲、日照至岚山的通信光缆工程完成，新增通信光缆682千米，新增通信电缆1881千米。ATM二期扩容工程完成，开通6处ATM设备，新增高速端口240个，ATM网络已覆盖全市。开通44处DDN节点，新增DDN端口260个。7月，本地网传输一期工程完成；本地传输网管道工程首期建设管道长度10千米，共30孔千米，新建杆路20千米。

2.5GSDH传输扩容工程　2003年，日照、石臼、新市区2.5GSDH传输扩容工程完成，共扩容310个端口；完成光缆工程23项、线路工程49项，新增接入网光缆110皮长千米，新增主线22200线；扩容ADSL6000线，新建节点24个。广电网络应用环型自愈1550mm光缆传输技术，在全省业内率先实现有线电视乡镇环网的建成开通，该项工程建设极大地提高了乡镇农网用户有线电视信号的可靠性。有线电视网络作为覆盖面最广、用户数最多的网络之一，在三网融合的大趋势下，实现有线网络的数字化、双向化，为用户提供多种综合业务服务，是有线网络继续发展的基本方向。9月26日，建设市区管道光缆30千米，全市光缆线路敷设300千米，在市区组建2个汇聚环、11个接入环，若干传输链，两县完成16个接入环，若干传输链。

宽带网络扩容工程　2006年，日照市新增宽带网络容量1.9万线，新建节点240余处。完成光缆、线路工作共计300余项。本地传输网工程计划投资1800余万元，完成中继传输网及13期基站接入设备、市到县本地网设备、传输网优化改造工程，新建2M端口800个；共新铺设光缆420千米，至此日照移动全面实现本地电路的自给。是年12月，进行互连互通改造，对不同运营商关口局进行业务规范，并实现双路由接入。

WCDMA一期、二期传输配套建设　2010年，WCDMA一期、二期传输配套和室内分布系统光缆建设完成。日照市重点实施宽带提速和ADSL改LAN项目；对IP城域网进行改造升级，城域网出口扩容至40G；新建GSM基站294基，物理站址累计达到503基，逻辑站址达到639基，室内覆盖达到151个，WCDMA物理站址达到257基。5月，日照市完成23套GPON OLT、160处ONU建设投产，为业务发展提供了有效保障。6月，日照公司第一台PTN设备、日照移动综合楼PTN3900投入生产。同年12月，日照市完成28套PTN3900、280套PTN950设备建设，保障了TD四期及重点客户的接入。10月，一干四期日照—赣榆、日照—青岛、二干A平面二平台日照—胶南OLP保护完成,有效保障了干线线路安全。12月,所有端局的POOL改造完成,实现网络安全由应急向容灾的跨越。

2013年,3G基站累计达到754个,2G基站累计达到806个,WCDMA室内分布系统累计达到407套,所有新增载扇同步升级HSPA+功能,宽带端口50万个。日照电信于2013年12月建成4G基站264个,确保信号畅通无阻。

第四章 邮 政

邮政行业是国家重要的社会公用事业,承担着国家通信运转、沟通千家万户、联结国内国外的重要作用。伴随互联网经济发展,邮政业在推动流通转型、促进消费升级方面发挥了积极作用,成为现代物流领域的先导产业。2012年,日照市邮政管理局组建成立,市级邮政监管体制改革进入新时期,行业监管机制的理顺为行业规范发展提供有力保障,充分激发了邮政行业发展潜力,推动邮政行业更好地便利市民生活、服务社会生产和促进经济社会发展。

第一节 邮政网络

邮路 1989年,日照市邮政有邮路8条,邮路总长1109千米。1992年12月,莒县、五莲县邮电局划归日照市邮电局管理后,邮路有13条,邮路总长2741千米。2013年,日照市邮政有邮路13条,其中省内二级干线邮路"日照—青岛"的往返邮路1条,区内邮路6条,市内邮路2条,莒县县内邮路3条,五莲县内邮路1条。全市邮路总长1762千米,投递总里程8346千米。其中,莒县邮路总长460千米,投递段72个,投递总里程2889千米;五莲邮路总长120千米,48个投递段,投递总里程1987千米;二级干线邮路总长370千米;区内邮路总长1392千米;日照市区投递段33个,投递总里程1904千米;岚山区投递段27个,投递总里程1566千米。

网点 2013年,日照市邮政局有区县邮政局4个,邮电支局76个,每个乡镇都设有邮电支局和营业网点,有邮政投递员269名,投递服务覆盖全市2981村共2899个投递点。投递员具体承担全市与国内和国际邮件寄递、机要邮件寄递、信函寄递、报刊等出版物寄送等业务。全年实现邮政业务收入1.28亿元。

第二节 报刊征订与发行

报刊征订 邮政部门利用邮政通信网络,将报刊出版单位出版的报纸、杂志信息提供给读者,通过窗口、电话、网络、预约上门等形式予以征订,使读者与报刊出版单位形成征订合同契约,确保报刊出版单位根据征订情况按时、按量出版,确保读者按时读到征订的报刊。1989年,日照市邮政系统发行报刊0.67万种,实现报刊流转额171.16万元。2013年,通过邮政系统订阅的报刊种类达到1.2万多种,实现报刊流转额3347.94万元。

报刊分送 邮政部门根据征订情况,将报刊出版部门出版的报刊,通过邮路投递员,按时送到读者手中。2013 年,日照市邮政报刊分送累计 261 万份。

报刊零售 邮政报刊零售业务是邮政报刊发行的基本方式之一。邮政企业以经营各类出版物的批发和零售为主,通过邮政网点、报刊门市部、报刊亭等渠道直接向读者出售报刊或向其他渠道进行批销,分为包销和代销两种方式,主要有邮政自办网点销售、委办批销、预约零售和函购 4 种销售方式。2013 年,日照市有报刊零售门市部、报刊亭 29 处,零售收入 370.44 万元。

集订分送 用户在一个邮局集中为本市不同地区的多名读者订阅报刊,邮局负责按时按址将报刊分别投送给指定的读者。2013 年,日照市有 31 家办理集订分送业务,实现流转额 209.5 万元。

第三方订阅 主要有形象期刊和订阅卡两种形式。形象期刊是为满足现代报刊订阅市场日益凸显的个性化和多元化需求,打破传统办刊理念,将期刊这一传统文化产品与现代商务礼仪及企业广告宣传进行有机结合,通过第三方支付报刊费用,由邮政投递给目标客户阅读,实现企业宣传、联络客户或者企业文化建设等目的的一种形式。2013 年,日照市第三方订阅客户 56 家,实现流转额 128 万元。

报刊订阅卡 中国邮政提供的一种指定年度、指定金额的报刊消费卡,具有一定的金融价值与流通功能,可在邮政营业网点订阅报刊。2013 年,日照市邮政系统发行报刊订阅卡 138 万元。

第三节 分销配送

分销配送类型 邮政分销配送是依托邮政品牌和邮政网络开办的独具特色的邮政新型业务,采用“配送+分销”的运作模式,通过连锁加盟等方式组织进行的农资和日用消费品的分销、配送服务。

农资配送是指邮政立足“服务三农”,利用邮政网络开展的农业生产资料配送工作,同时采取直配的方式将化肥、农药、良种系列等多种农资产品直接配送到农户手中。

酒水分销是指邮政系统按照“专业化管理、市场化运作”的模式,借助邮政网络将酒水配送至终端进行销售。

分销配送情况 邮政分销配送始于 2009 年,当年实现分销配送酒水 146205 箱,分销配送农肥 5770 吨。2013 年,邮政分销配送酒水 156753 箱,分销配送农肥 5000 吨。

第四节 邮政电子商务

短信业务 2006 年 3 月,日照市邮政局根据客户定制关系,将客户邮政账户变动、汇款、集邮、EMS 等邮件状态即时进行通知。2013 年,日照市邮政公司共为客户发送短信业务 7.6 万条。

机票订购 2008 年 11 月,日照市邮政系统利用 11185 客户中心和基层营业网点,为社会各界提供航班查询、机票订购等服务。2013 年,日照市邮政公司共为客户提供服务 1980 人次。

“自邮一族”业务 2011 年 3 月,日照市邮政公司利用邮政系统平台,围绕市场需求,整合代缴交通罚款、代办车险、加油洗车优惠、汽车救援维修等车辆服务资源,以及酒店预订、餐饮娱乐折扣优惠和旅游门票优惠等商旅增值服务资源,面向机动车主等中高端客户群体全新推出的一项会员制服务。2013 年,日照市共发展“自邮一族”会员 2768 人。

第五节 集 邮

集邮制品 集邮活动是一项以收集、欣赏、研究邮票及其他邮政用品和有关资料为内容的文化活动。为满足集邮爱好者的需要，市邮政企业经营邮票及其制作品和集邮工具业务。2013 年，日照市有集邮爱好者 1986 人，集邮品销售收入 1002 万元。

个性化邮票 邮政部门以国家邮政专门发行的带有空白附票的个性化专用邮票为载体，根据用户的正当需求和有关规定，借助现代印刷技术，在空白附票上印制个性化的内容，赋予空白附票个性化特征，向社会提供邮票个性化服务的业务。2013 年，日照市邮政公司完成个性化邮票销售收入 20 万元。

形象宣传年册 中国集邮总公司专门设计、印刷的一种年票册，满足社会各界个性化需要的一项集邮文化产品，是集邮文字与形象宣传为一体的新型传播载体。2013 年，日照市邮政公司完成形象宣传年册销售收入 180 万元。

定向邮品 根据不同客户需求，以邮票为媒介，以提升客户形象为主导，为深层次宣传客户的文化内涵，全方位打造客户的新形象而专门设计、制作的集邮产品，是一种新型的形象宣传媒体。2013 年，日照市邮政公司完成定向邮品 100 万元。

集邮拓展产品 以邮票体裁为拓展平台开发制作的展示集邮的文化内涵、不包含邮资票品的产品，有摆件、挂件、金银礼品、邮票印品等种类。

第六节 快递服务

发展情况 日照市快递业务开办于 1990 年，由市邮政局速递站负责经营，业务名称为邮政特快专递业务。2004 年，申通快递、顺丰速运等全国性快递服务企业进驻日照。2010 年，日照市邮政速递物流公司更名为山东省邮政速递物流有限公司日照市分公司。随着人们生活水平的提高和电子商务发展，快递业务持续快速增长。至 2013 年，全市具备经营快递资格的法人企业及分支机构达到 29 家，营业网点遍布全市各区县、乡镇、街道、社区，从业者超过 800 人。快递业务总量达到 562 万件，实现业务收入 8400 万元。

业务类型 业务类型有同城快递、异地快递、港澳台快递及国际快递。同城快递是城市物流配送重要组成部分，在城市商贸流通、生活品配送等领域发挥重要作用，约占快递总体业务量的 11%。异地快递包括省内异地快递和省际快递。异地快递业务为日照市快递业务主要种类，在总体业务量中约占 88%，全市各快递企业都开通了异地快递业务。日照市国际及港澳台快递业务量较小，占总体业务量的 1%左右。2013 年，市邮政速递物流、顺丰、申通、圆通、中外运敦豪等公司都开办此项业务，业务范围覆盖欧美、日韩、东南亚等地区和国家。

行业协会 伴随快递产业迅速发展，强化行业自律成为产业共识，快递行业协会应运而生。2013 年 9 月，日照市快递行业协会经主管部门批准正式挂牌成立。

快递增值 代收货款即快递企业接受委托，在投递快件的同时，向收件人收取货款的业务，被广泛应用于电子商务领域。签单返还即快递企业在投递快件后，将收件人签收或盖章后的回单返回寄件人的业务，主要是银行对账单业务。限时快递即快递企业在限定的时间段内将快件送达用户的快递业务，包括当日达、次日达。2013年，邮政速递物流、顺丰、圆通等企业均开通此项业务。

第七节　邮政储蓄

邮政储蓄网点　1986年4月，经中国人民银行批准，日照市邮电局开办邮政储蓄业务。同年9月，日照市邮电局邮政储蓄业务正式开业。2009年，邮政进行改革，成立日照市邮政储蓄银行，具体承担经营邮政汇兑、贷款发放等金融业务。2013年，日照市内有邮政代理储蓄网点63处，其中莒县代理储蓄网点22处，五莲县代理储蓄网点18处，东港区代理储蓄网点13处，岚山区代理储蓄网点10处。邮政储蓄从业人员共有210余人。

业务类型　2013年，日照市邮政金融业务主要包括邮政储蓄、邮政汇兑、中间业务等业务类型。邮政储蓄业务主要分为外币储蓄、人民币储蓄两种。邮政汇兑共分为国际汇兑、国内汇兑两种业务品种。中间业务指邮政储蓄利用网络及基础金融业务，向单位和个人提供代收代付、代理保险、代理基金等业务。

第十八编　旅 游 业

日照市地处沿海，具有天然的旅游区位优势和丰富的人文资源优势，是“中国太阳文化起源地”“世界五大太阳崇拜起源地之一”。2004年被评为中国优秀旅游城市。市内64千米优质金沙滩海岸，被誉为“中国沿海未被污染的黄金海岸”；奥林匹克水上运动公园、五莲山风景区、浮来山风景区等一批国内外知名的旅游景点风光秀美；河山“日照”巨书是世界最大的汉字摩崖石刻；浮来山银杏树被称为“天下银杏第一树”；拥有中国北方最大的绿茶基地、毛竹生长带和野生杜鹃花生长带；莒文化与齐文化、鲁文化并称山东三大文化；是闻名中外的西周军事家姜尚、南北朝文学评论家刘勰、诺贝尔奖获奖者丁肇中等名人故里。

1989年后，日照市高度重视和发展旅游产业，编制和实施旅游发展规划，开发旅游景区、景点，兴建旅游配套设施，规范旅游行业管理，培育和拓展国内外市场，实现了旅游产业的持续、快速发展，成为全市第三产业的支柱产业。1994年，年接待游客217万人次、实现旅游总收入3.9亿元，至2006年接待游客达1008.6万人次，收入50.6亿元。2007—2013年，实现年接待游客增长2倍，旅游收入增长3倍；至2013年，全市接待游客3153万人，实现旅游收入210亿元。全市共有星级酒店35家，旅行社131家；国家A级旅游景区14个，其中AA级旅游景区1个、AAA级旅游级景区8个、AAAA级旅游景区5个。

第一章　旅游规划与开发

1989年后，日照市旅游业开始起步，并进行小规模旅游开发。2001年，编制完成《日照市旅游发展总体规划》，2009年完成总体规划修编；并相继完成五莲县、莒县、岚山区、山海天旅游度假区等区域旅游总体规划和五莲山、浮来山、刘家湾赶海园、河山等景区及项目规划；2013年始，各区（县）编制区域乡村旅游规划。全市形成以《日照市旅游发展总体规划》为统领，各区县总体规划为基础，旅游项目规划和专项规划为主体的旅游业发展规划体系。在旅游规划指导下，全市依托168千米黄金海岸线、五莲山、浮来山等丰富的自然禀赋和海文化、莒文化等深厚的历史文化资源，大力推进旅游项目开发建设。2013年，全市在建、拟建旅游大项目75个，规划总投资1332.5亿元。其中，续建项目23个，新开工项目18个，前期储备项目18个，前期工作项目16个。

第一节　旅游规划

2000年，日照市委托青岛大学编制《日照市旅游发展总体规划》，2001年经日照市政府正式批复实施。该规划将日照市整体旅游形象定位为“滨海生态市、东方太阳城”,将旅游产业空间布局为海滨度假旅游区、五莲生态与宗教文化旅游区、莒县历史文化旅游区。

2007年,在《日照市旅游发展总体规划》的基础上,委托北京大衍致用旅游规划设计院启动《日照市旅游发展总体规划》(简称《规划》)修编工作。经过前期调研、研讨论证、征求意见、规划评审等阶段,于2009年完成总体规划修编工作。《规划》明确日照旅游形象定位为“阳光度假海岸,水上运动之都”,提出“一心、二带、三区”的全市旅游业发展战略布局。“一心”即建设城市旅游中心,“二带”即建设阳光海岸休闲度假旅游带、北国江南休闲旅游带,“三区”即南部滨海休闲旅游区、山岳生态旅游区、莒文化旅游区。

根据《日照市旅游发展总体规划》,五莲县、莒县、岚山区、山海天旅游度假区相继完成区域旅游总体规划,五莲山、浮来山、磴山寨、刘家湾赶海园、河山、龙门崮等景区规划也陆续完成。

2013年,山东省旅游局开展“乡村旅游规划年”活动,启动乡村旅游发展专项规划,编制完成《日照市环城市游憩带专项规划》,并通过专家评审。同时,编制完成东港区、岚山区、五莲县、莒县乡村旅游发展规划。至2013年年底,全市编制旅游规划60余项,形成较为健全的旅游产业发展规划体系,为指导全市旅游业高起点、科学性、持续性发展起到基础作用。

第二节 旅游项目开发

自地级市建立至2005年,全市开始对已有的景区、景点陆续进行修复及小规模开发建设。自2006年始至2013年,全市旅游资源开发进入快速发展时期,累计总投资59.5亿元,一大批新旅游开发项目建成开放,已建、在建和规划建设的旅游开发项目呈规模化、大型化发展趋势。

五莲山、九仙山景区开发 1988年,五莲山(含九仙山)被省政府列为省级风景名胜区,其知名度大幅度上升。1995年,五莲县正式将其列入开发计划,修复孙膑书院遗址,重塑孙膑像,开辟孙膑书院游览区。1998年,编制《五莲山风景区总体规划》。2003年,五莲山被评为国家AAAA级旅游景区。2013年,创建为省级旅游度假区。

日照海滨国家森林公园项目 1992年,经林业部批准,在大沙洼林场基础上建立日照鲁南海滨国家森林公园,成为全国首批国家森林公园之一。2001年,被评为国家AA级旅游景区。2002年,经国家林业局批复,鲁南海滨国家森林公园正式改名为日照海滨国家森林公园。2009年,晋级为国家AAAA级旅游景区。至2013年,公园总面积800公顷,树种结构以日本黑松为主,森林覆盖率75.8%。园内林木茂密、林荫成片,海滩平坦、沙质细腻,海水清澈、凉风习习,是休闲、度假、避暑、疗养胜地。

大青山景区开发 1997年,五莲县在开辟进大青山道路的基础上,修建进山山门,修复揽岳塔、万和寺,建设汉王府、戴月听涛亭、刘邦塑像,开发锁羊小区等一系列景点。1999年,修通大青山游览道路。2000年6月,五莲县聘请有关专家对大青山进行详细考察,制定《大青山开发建设思路》。自2006年始,采用国际先进运营模式,整合国际优良资源,以中国国粹文化为主题,以国际文化艺术交流、教育展览培训、旅游度假酒店、休闲娱乐为主要服务内容,将大青山景区建成生态森林公园。

万平口海滨旅游区开发 1998年7月,日照市万平口海滨旅游区管理委员会成立后,对景区开发进行整体规划。2001年11月至2002年3月中旬,拆除该景区沿海滩涂一线的所有永久性和临时性建筑物,改修新沿海路,新建万平口海滨生态公园及相应的配套设施,建成集绿地、景观、停车、餐饮、洗浴为一体的生态海滨公园。2002年6月，在万平口海滨旅游区举办山东省全民健身活动月启动仪式。2002年，日照万平口海滨旅游区被评为A级旅游景区。2004年10月，开工恢复南部灯塔广场原生态礁石景观，建成沿海广场、绿化景观，2005年5月1日向社会开放。是年，扩建万平口生态广场停车场，新建演艺广场。中部建设世界帆船锦标赛基地，北部建设水上运动基地。2009年，日照奥林匹克水上公园（含万平口、灯塔、世界帆船锦标赛基地、水上运动基地四部分）被评为国家AAAA级旅游景区。

浮来山景区开发　2001年、2002年，莒县将浮来山景区开发建设列为重点工程，累计投资1800万元。2001年7月开始，建设华人寻根馆、城堡式山门、浮丘阁、景区广场、朝阳观等一批景点，被评为国家AA级旅游景区。2002年，重点建设车行道、步行道、供水管网、停车场、厕所、电力通信、浮丘阁、朝阳观、围墙、定林寺修缮和景区绿化等，成立莒县浮来山风景区管理委员会。2004—2005年，重点开发建设自然动物区与景区游乐区，主要有动物园、滑草场、霹雳炮等。2004年，升级为国家AAA级旅游景区。2006年，重点建设福寿阁与福寿文化广场。各项设施与景点的相继完成，初步形成浮来山景区总体框架，延伸景区景深，增强景区内涵，提高浮来山旅游知名度。2007年，编制完成《莒县浮来山风景名胜区总体规划》。2009年，与涉旅企业签订协议，一期投资3000万元，主要建设游客服务中心、购物中心、停车场、公安派出所、五星级厕所等工程，并进行绿化美化，2011年6月全部投入使用。2011年，升级为国家AAAA级旅游景区。

竹洞天景区开发　自2004年起，日照竹洞天风景区旅游开发有限公司开发建设竹洞天景区，建成六大功能区，景点30余处，分别是竹文化园、民俗文化园、水上娱乐园、侗族风情园、休憩园、原生毛竹林，构成"北国江南、别有洞天"的旅游特色。园内建有竹楼、竹亭、竹廊，少数民族艺术团常年为游客表演民族歌舞，还设置游客参与的竹竿舞、斗鸡、套鸭等娱乐项目。是年，被国家旅游局评为"全国农业旅游示范点"。2011年，景区投资建设36米富有江南风情的侗族风雨桥和竹林和谐共生的鸟语林。2012年，扩建歌舞表演场所，对剧院内舞台及游客座席进行全面改造、整修，丰富民族歌舞节目内容，建成园区标志性建筑物。在状元桥与风雨桥之间新建"水帘洞天"，在水池里栽种观赏类睡莲，把状元桥与风雨桥立体连接。2013年，投资建设"快乐大闯关"户外娱乐节目场地，与日照电视台联合举办市首档大型户外娱乐节目《相约竹洞天、快乐大闯关》；修建竹文化书画苑，并邀请竹文化艺术家到景区写生、作画。

龙门崮景区开发　2002年始，山东荣安集团投资开发龙门崮景区，工程一期投资3000万元。主要开发松、杏、洞等自然资源，结合历史记载和神话传说，规划建设"龙湖""梅园""竹园""桃园""松园"等生态景园，建设"鸡鸣寺""百龙街""龙王庙""龙凤塔"等人文主体景观。同时，建设龙湖山庄、草坪广场、停车场等辅助设施。工程于2004年4月底完工，5月1日正式对游人开放。

刘家湾赶海园开发　2005年，东港区邀请深圳北林苑景观规划设计院对涛雒镇刘家湾海滩园区进行规划。规划刘家湾赶海园景区、金沙岛国际海滨浴场、金沙岛国际沙滩高尔夫球场、刘家湾别墅度假村、桥东头别墅度假村、碧瀛海岸度假村、海滨特色居住区等十个特色功能区，工程总投资1.6亿元。一期工程完成园内道路建设、景区绿化；二期工程建成主体广场、景点、景观设施；三期工程建成办公楼、旅游综合服务中心、露天游泳池、延伸到大海的栈道、沙岛浴场。2008年5月，正式开园迎客。"赶海旅游"这一别具特色的旅游项目，成为日照旅游业的一大亮点。2011年被评为国家AAAA级旅游景区。

沭河湿地公园开发　沭河湿地公园顺沭河而建，北起莒县日照路，南至335省道，全长9.8千米，总面积1070公顷。其中，景观绿地746公顷，水域324公顷。由南至北沿线布置城市绿洲、沭水拖蓝、古今夕照、世纪飞虹、文化圣域、阡陌人间、莒人广场、健身乐园、大河之舞、长波望月、泓天一水等11个主要景观功能区和50个景观节点,形成景观空间和情感空间的双螺旋。2008年9月,启动一期工程,北起振兴路边线,南至广场东路中心线延伸线,规划控制面积60公顷,工程概算投资3588万元。建设包括市政工程、景观工程等两个主要项目以及“大河之舞”和“长波望月”两个中心景点。二期工程,北接一期工程,南至浮来东路延伸线以南约200米,规划控制面积35.8公顷,建设包括市政工程、景观工程等两个主要项目以及“莒人广场”等中心景点,于2009年竣工。三期工程北起日照路大桥北侧,南至振兴路大桥南侧100米,占地面积54.8公顷,概算投资5300万元;充分利用沭河岸边有利地势,以大地景观的形式表现原生态和自然景观,打造“泓天一水”景区,2010年7月竣工。四期工程自浮来东路至泰安路,全长约4300米,包括园内景点建设、种植土方整理、苗木栽植、道路、人行道铺装、大理石路沿石安装、雨水管道铺设等。2011年,莒县沭河湿地公园风景区被评为“山东省省级水利风景区”。2012年,莒县沭河湿地公园被评为“国家AAA级旅游景区”。

阳光海岸梦幻海滩公园开发 2009年年初,决定利用三年左右时间,对北起日照海滨国家森林公园、南至万平口景区阳光海岸带进行保护和整治。是年4月,阳光海岸梦幻海滩公园建设开工,坚持生态、共享、文化、环保等理念,以日、月、水、云四个元素为主题,建设映旭、浴月、临涛、泊烟4个开放广场,以及37个“UFO”造型的建筑单体、2800平方米的曲线形钢结构商业模块。配套建设公厕、垃圾、污水处理设施,安装节能景观灯、照明灯7300余盏。建成沿海木栈道、自行车道、林中步道以及扬帆桥、七彩桥2座廊桥和近1000个停车位的停车场。在对原有绿化保护基础上,进行恢复补植。2010年4月竣工,5月阳光海岸梦幻海滩公园对外开放。

阳光海岸山海天段项目 阳光海岸山海天首期规划南起太公一路,北到贵宾楼附近,全长2500米,规划建设面积50万平方米,建设投资2亿元,景区结合南中北三处不同属性外围土地使用状况,形成河口自然海岸、迎曦休闲海岸、活力律动海岸三段不同风格的岸线景观。2010年10月开工建设,投资1亿元,建有建筑面积14500平方米的阳光海岸综合服务中心,其中70%的面积在地下,有5D影院、慢摇吧、特色购物街、餐饮休闲街、文化长廊等设施,突出购物、美食、文化和休闲四大功能,能满足游客游购娱等多种层次需求。其地上12个单体建筑造型采用仿生学,模仿鱼群游入大海,以线性方式排列组合,由南到北层层跌落,为游客提供一条视野开阔的通海视廊。2012年5月,工程竣工对外开放。

日照游泳馆项目 又名日照游泳中心,位于青岛路与济南路交会处东侧。2008年10月20日开工建设,占地10万平方米,总建筑面积3.1万平方米,地上二层,地下一层,共设有3500个座席。按世锦赛标准要求设计,场馆包括游泳馆区、跳水馆区、训练馆区和戏水馆区4个区域。场馆内除设有标准游泳池和标准跳水池外,还设有室内游泳训练池和戏水池。另外,在馆外还设有室外游泳池和室外跳水池。其规模和功能不仅能满足游泳、跳水、花样游泳、蹼泳、水球等各级比赛要求,同时能满足赛后全民健身、群众体育及水上健身娱乐等活动需要。2010年8月9日竣工启用,举行2010年中国水运会。2011年6月11日,正式对外运营。先后承办山东省公安系统游泳救生比赛、2011年全国游泳锦标赛、山东电信系统游泳比赛及2012年全国少儿游泳锦标赛。

日照城市展览馆项目 位于海曲东路北侧、万平口西侧,紧邻日照植物园。由日照城市建设投资集团有限公司投资建设,总投资1.5亿元,总建筑面积10200平方米,布展面积8000平方米,是日照城市标志性建筑之一。展览馆主体3层,方案创意“海上鸥舞”“海上日出”“时空隧道”,表现出飞升动感纯净的形象。布展设计采用大气现代的装饰语言,寓意“多彩畅想”“日照启航”。2011年7月9日,正式开馆。

日照植物园项目 位于青岛路以东、海曲东路以北,紧靠日照市奥林匹克水上公园,规划占地面积

24.6公顷。为与万平口生态广场遥相呼应,凸显“城市,让生活更美好”的城建理念,本着“生态、自然、节约和人本、文化、景观”的原则,以植物科普为主题,立足收集地方植物,结合引种驯化和高新技术,丰富植物种类,融入日照文化元素,收集植物2000余种,按照“花街、水岸、文轴”进行功能分区,建有玫瑰园、竹园、梅园、水花园、岩石园、桃花园、盲人植物园、农夫果园等17个植物专类园和展览温室,充分体现日照“南方的北方、北方的南方”的地域特点。2011年7月9日,正式免费向市民开放,成为市民休闲娱乐和学习科普知识的良好去处。植物园是日照首个运用中国园林造园手法打造的一处精品园林,已成为一个具有海洋元素、南北交融、物种和文化内涵丰富的精品特色植物园。

“海曲人家”特色街项目 位于济南路以北、山东路以南的香店河畔,全长约770米,是香店河整治工程的重要组成部分。2011年1月,市城投公司打破传统河道治理方式,坚持市场化运作,实施“海曲人家”特色街开发建设项目。规划设计目标是打造集旅游观光、休闲会所、特色餐饮、文化展览等功能于一体的滨水生态特色街。项目包括以餐饮、茶室、咖啡馆等建筑为主的6个组团,五莲路景观桥、历史文化展览馆、广场、绿地、亲水平台等,建筑面积约2万平方米。2012年7月竣工。

五莲山滑雪场项目 位于五莲山、九仙山中间,北邻白鹤湖。由日照市飞天旅游开发有限公司投资兴建,总投资3000万元。滑雪场设有大型停车场、管理中心、滑圈道、初级道、中级道、高级道、摩毯、5D影院,是集休闲娱乐、极限运动、社交等于一体的综合性场所。项目占地面积为15万平方米,造雪覆盖面积近4万平方米。生态停车场占地1.7万平方米,可同时容纳小车260台、大巴车75台。游客服务中心分上、下两层,长87.6米,宽16米,建筑面积为2600平方米,内部分餐厅、雪具、更衣、5D影院、观光厅等5个功能区,冬季可为滑雪场服务,春夏秋三季可成为游客旅游购物场所。2013年1月1日对外营业,滑雪场填补了日照市冬季旅游的空白。

杏石温泉开发项目 位于五莲县城西北部原管帅镇境内,206国道贯穿南北。温泉核心区规划用地面积6.3平方千米,由温泉旅游核心区、管帅温泉镇、桃花岛休闲度假区3部分组成。温泉核心区项目由深圳杏石投资管理有限公司投资建设,总投资4.8亿元。是以温泉养生产品为核心,结合康复疗养、商务会议、生态休闲、旅游地产等功能于一体的大众化温泉项目。2011年8月开工,建设室内馆、VIP洗浴馆、综合楼、室外泡池以及清和园、清香园、清泉园、人工湖景区设施。2013年12月,项目完工并正式对外营业。

浮来青四季滑雪场项目 浮来青滑雪场位于莒县夏庄镇,是在原冬季滑雪场基础上改造成山东省首家露天四季滑雪场,2013年9月开始建设。项目占地面积1万平方米,总投资1500万元。项目采用先进的旱雪毯铺设而成,旱雪对环境适应性高,具有不变形、不扭曲等多种优势;对身体无伤害,滑雪感觉与自然雪相似度大于90%,滑雪技术相同,安全系数明显高于自然雪。滑雪场设有初、中、高三个等级滑道,滑雪者可以直行、斜行、曲线滑行,甚至波浪式起伏或中途紧急停止滑雪,新奇好玩。初次体验滑雪的游客能够更加安全、真实地感受到滑雪带来的乐趣,有功底的滑雪爱好者还可以在旱雪毯上做出雪板立刃等专业动作。通过“四季旱雪”延长滑雪场经营期,计划于2014年4月30日完工,5月1日开业迎客。

第三节 乡村旅游开发

1999年,东港区以王家皂村为试点,选出6户渔家,重点培育“渔家乐”旅游,推出赶海、乘船出海、垂钓、参观海水养殖、海鲜加工、海鲜烧烤、篝火晚会等特色旅游活动,首次开启日照市乡村旅游。之后,经过典型示范、积极培育，渔家乐旅游迅速发展壮大。至2013年，沿海13个渔村全部开展旅游接待，经营户达3000户、8万余张床位。

2004年，王家皂民俗旅游村、桃花岛风情园、任家台民俗旅游村被评为全国农业旅游示范点。2005年，以乔家墩子村为试点，对民俗旅游接待户进行双标间改造，由原来一房间3~5张床改造成星级酒店标准间。2005年，乔家墩子民俗旅游村、竹洞天风景区、肥家庄民俗旅游村、靴石民俗旅游村被评为全国农业旅游示范点。2006年，岚山区巨峰镇被评为全国农业旅游示范点。为规范渔家乐民俗旅游，制定《"渔家乐"民俗旅游户等级划分与评定》标准。2008年，市旅游局印发《民俗旅游管理办法》和《关于加强民俗旅游管理的指导意见》，在董家滩村进行"五统一"试点，成立董家滩民俗旅游协会（75户入会）、金沙滩旅游接待中心管理机构，设立金沙滩民俗旅游网站，对民俗旅游户实施统一宣传、统一接待分配、统一接待价格、统一菜单、统一结算的"五统一"管理模式。之后，乔家墩子、刘家湾等16个村相继加入协会。

2008年，全国农业旅游示范点评定取消，浮来青生态园被评为全省农业旅游示范点；莒县夏庄镇、东港区涛雒镇被评为全省旅游强乡镇。2009年，市旅游局与东港区旅游局、五莲山风景区管委会联合工商、公安、卫生、消防等部门开展民俗旅游业户培训。2010年，刘家湾村被评为全省农业旅游示范点；浮来山镇、秦楼街道被评为全省旅游强乡镇；青啤（日照）梦工厂被评为工业旅游示范点。2011年，莒县城阳街道被评为全省旅游强乡镇；莒县夏庄镇小窝疃村被评为特色村。东港区河山镇范家官庄村蓝莓采摘和五莲县叩官镇、松柏镇、户部乡等乡镇的樱桃采摘逐步受到市民喜爱，果品成熟采摘游火爆。2012年，在五莲县叩官镇大旺村和董家楼村开展试点，依托村委创办采摘游合作社，组建叩官镇旅游协会，统一整合资源、全面推介、优质服务。五莲县松柏镇被评为全省旅游强乡镇；莒县城阳街道岳家村、五莲县松柏镇刘家南山村被评为全省乡村旅游特色村。2013年，市旅游部门落实全省农家乐"改厨改厕"工作，对农家乐厨房、厕所基础硬件设施进行改造，每户省、市、县三级分别给予8000元、5000元、3000元的奖励资金，共改造921户。是年，东港区、岚山区、莒县、五莲县列入省财政旅游补贴范围，每个区县补贴60万元，有效地改善全市乡村旅游设施条件，提高了旅游接待水平。

2013年，全市乡村旅游接待游客1135万人次，实现收入73.5亿元，占旅游总收入的35%，成为全市经济发展的一大亮点。旅游旺季期间，各民俗旅游村一铺难求。据统计，乔家墩子民俗村每个周末平均每天接待游客2.3万人。周末民俗户房间价格保持在240~300元，非周末房价140~180元，全村仅住宿一项每天可收入300万元以上，每天综合收入约690万元。

第二章　主要景区景观

按照《旅游区（点）质量等级划分与评定》国家标准，1994—2013年，日照旅游景区景点由1个发展到40个。其中，国家A级旅游景区14家（AA级1家、AAA级8家、AAAA级5家）。

日照市 A 级景区评定情况表

表 18-1

级别	景区名称	创 A 级时间
AAAA 级	五莲山旅游风景区	2003 年升 AAAA 级
AAAA 级	海滨国家森林公园	2001 年 AA 级,2009 年升 AAAA 级
AAAA 级	万平口海滨旅游区	2002 年 A 级,2009 年升 AAAA 级
AAAA 级	浮来山景区	2001 年 AA 级,2004 年升 AAA 级,2011 年升 AAAA 级
AAAA 级	刘家湾赶海园景区	2011 年升 AAAA 级
AAA 级	竹洞天风景区	2008 年升 AAA 级
AAA 级	磴山寨景区	2008 年升 AAA 级
AAA 级	山东龙门崮风景区	2010 年升 AAA 级
AAA 级	莒县沭河湿地公园	2011 年升 AAA 级
AAA 级	五莲县大青山景区	2003 年升 AA 级,2012 年升 AAA 级
AAA 级	多岛海景区	2013 年升 AAA 级
AAA 级	莒县浮来青旅游度假区	2013 年升 AAA 级
AAA 级	马鬐山旅游区	2013 年升 AAA 级
AA 级	御海湾生态观光茶园	2009 年升 AA 级

第一节 自然景区景观

日照地处沿海,风景旖旎,气候宜人,拥有众多人文景点、自然景观及休闲娱乐景区,是中国优秀旅游城市,是旅游、度假、休闲、娱乐的最佳目的地之一。

日照市万平口海滨风景区(又名日照奥林匹克水上公园) 位于市区东部沿海万平口区域,由灯塔广场、世界帆船锦标赛基地、万平口生态广场、水上运动基地四部分组成,总面积约 920 万平方米,是日照市打造“水上运动之都”城市品牌的重要区域和载体。南部为灯塔广场,总面积约 48.9 万平方米;总体布局分为广场、海滨休闲区、旅游服务区 3 个部分。中部为世界帆船锦标赛基地,2004 年 9 月被国家体育总局批准为“国家水上运动训练基地”,先后承办全国帆船锦标赛、欧洲级、470 级世界帆船锦标赛、2013 激光雷迪尔级帆船世界锦标赛、中国水上运动会等一系列重大赛事。世界帆船锦标赛基地东侧是万平口生态广场,占地 45 万平方米;总体布局以海曲东路和碧海路为景观主、副轴线,分别形成以生态和海洋为主题的标志性景观空间。北部是水上运动基地,占地 532 万平方米。主要建设项目有潟湖、激流回旋、万平口桥、浮动码头、船库、湖心岛、广场、舞台、喷泉等,能够承办水上运动中的帆船、帆板、赛艇、皮划艇、摩托艇、龙舟、滑水、激流回旋等 8 个大项、123 个单项的全部赛事。2007 年与 2010 年,承办两届中国水上运动会。2011 年,承办第十一届全国运动会部分水上项目。其中,太阳广场占地 9 万平方米。广场大型音乐喷泉是山东省最大的音乐喷泉,也是国内为数不多的大型海水音乐喷泉之一,有 20 种水型变化,主喷泉喷射高度达 80 米。

梦幻海滩公园 位于阳光海岸南段，南起万平口风景区，北至太公一路，西临水运基地，占地面积61万平方米，全长2650米。该公园以“人与自然和谐共生”为主题概念，坚持生态、共享、文化、环保等理念，以日、月、水、云四个元素为主题，建有映旭、浴月、临涛、泊烟4个开放型主题广场，在广场上设有33个以UFO为原型的建筑单体、14个曲线形钢结构商业模块，以满足零售、餐饮、卫生、救护等需求；所有广场均设置无障碍通道，过街天桥解决人车分流难题；配套建设标识系统、座椅座凳、自行车亭、廊架、烧烤、木结构小卖部等服务设施，为游人营造舒适的游乐环境。

日照海滨国家森林公园 位于日照市北沿海路北首。公园依山傍海，林海相依，总面积800公顷，森林覆盖率75.8%。园内动植物种类繁多，空气清新，气候宜人；在7千米的黄金海岸线上，滩阔浪缓、沙质细润、海水洁净，被有关专家誉为“中国沿海仅存未被污染的黄金海岸”，景区沙滩被美籍华裔物理学家丁肇中誉为“夏威夷所不及”。公园分为森林旅游区、海滨娱乐区、疗养度假区和太公文化区4个功能区。公园建有水下鲨鱼馆、动物园、姜太公纪念馆、钓鱼中心、海水浴场、森林浴场等景点；开发出多人骑自行车、欧式马车、游览观光车、水上骑士、沙滩车、摩托艇、海上快艇、空中飞人等游乐项目；至2013年，已有26家独具特色的海滨酒店投入运营，可同时容纳2500人住宿、5000人就餐，公园旅游服务设施日益完善。先后被评为“山东省十大新景点”“山东省十佳森林公园”“山东省生态教育示范基地”等称号。

浮来山风景区 位于莒县县城城西6千米处，海拔298.9米，面积10平方千米，由飞来峰、浮来峰、佛来峰鼎足而成，三峰拱围相连形似卧龙，独具清雅灵秀之韵。景区内主要景点有千年古刹定林寺，为文学评论家刘勰故居所在地；“天下银杏第一树”，树龄3300年以上，堪称生物界中的活化石；校经楼，为刘勰遁迹校经藏书之处；三教堂，为山东省唯一的一座三教寺；千年古观朝阳观，相传高道张三丰曾在此炼丹传道；华人寻根馆，有8000年树龄的檀根王（已被列入吉尼斯世界纪录）为代表的50余件根雕艺术品；景区内室外五百罗汉塑像群；自然动物区，推出老虎骑马、驯狮等大型特色动物表演及高山滑草和采摘果实等众多参与性项目。

五莲山风景区 位于五莲县城东南17.5千米处，西与九仙山风景区隔壑相望，总面积13平方千米。全山28峰，主峰五莲峰海拔515.7米，有峰、石、涧、泉和殿、阁、楼、亭等景点118处，以奇、秀、险、怪、幽、奥、旷七大特色而著称。五莲山原名为五朵峰，为九仙山的属峰，明万历三十年（1602年），敕建护国万寿光明寺，诏改五朵为五莲，始自成一山。遍山峰石，或雄伟或形奇或秀美，各具风格，仪态万千。宋熙宁年间文豪苏轼为知密州，曾以“奇秀不减雁荡”赞五莲和九仙两山。清朝侍读大学士翁正春将五莲山与泰山、崂山相提并论：“岱以崇隆显，崂以幽窅显，莲以峭削海。”

九仙山风景区 位于五莲县城东南16.5千米处，东与五莲山隔壑相望，总面积55平方千米。景区内山群峭峻，高耸入云，奇石突兀，各具形态，峰卡山垛峰697米。万寿峰、情侣峰如巨锥插天，奇秀而险绝；梳妆峰由下而上，巨石层叠为阶，鬼斧神工，浑然天成。诸如情侣、兔耳、观音、鹰窝、抱犊、观星、试剑、卧象、璇雷等名峰，均具气势，自成格局。其中，桃园、水帘、凤凰三大名洞常引游客流连忘返。关口“黄草关”、地名“土坡”，相传为战国时孙膑败袁达、李睽、独孤臣之处。抱犊峰东南有“孙膑书院”，传说为孙膑读书的地方。景区内还有江北双绝的龙潭大峡谷和江北第一杜鹃花园。峡谷内瀑布飞飘，烟雨润丰，潭水清碧，云涌雷聚。进入5月，映山红盛开时节，满山遍野，姹紫嫣红，万亩绽放，峰放夕阳、河映红霞，景色如诗如画，东坡居士曾有“九仙今已压京东”之盛赞。位于九仙山东南麓的丁家楼子村西巨石上的石刻“白鹤楼”三字，是苏轼在宋熙宁年间游览留下的真迹，为九仙山一大名胜；而位于丁家楼子村东的丁公石祠是中国四大奇书《金瓶梅》作者兰陵笑笑生的祠堂。

磴山寨旅游风景区 位于岚山区虎山镇西北,距海岸5千米,景区面积17.04平方千米。景区突出休闲、娱乐、山寨文化、禅宗文化、生态旅游为主体的旅游目的地,形成集海、山、林为一体的"山寨文化"型生态休闲旅游度假胜地。2008年,被评为国家AAA级旅游景区。景区内分布有99座山(头)、99道沟。四季层峦叠翠,古木参天,山林连绵起伏,阔叶林、沟谷雨林、针叶林等多种植物被自然分布。

阿掖山风景区 位于岚山区安东卫街道、岚山头街道交界处,主峰老爷顶海拔314.8米,面积15平方千米。景区内峰峦叠嶂,云雾缭绕。景区内景点众多,卧佛寺始建于唐总章元年(668年),是鲁东南的佛教圣地,历史上多次被毁,院内现存3棵千年银杏树,见证了寺院曾经的繁华和历史的变迁。2005年9月10日,由山东省佛教协会主席觉照大师主持,举行"阿掖山卧佛寺大雄宝殿奠基仪式暨卧佛开光法会",开始修复重建卧佛寺。寺中卧佛是全国寺庙中第一座整体缅甸大玉卧佛(长5.6米,高2.3米,重16吨),也是全省寺庙中最大的玉卧佛。此外,还有笔架山、鳌头山、观日石、水帘洞、陈僧洞、观云院等景点。

天台山风景区 位于东港区涛雒镇西南部,天台山海拔265米,东南两面向海,西北两面环山,南可见海上缥缈前三岛,北可望历史古港琅琊台,古有"登上天台山,凡人也成仙"之说,山中有汤谷,是东夷人祖先羲和祭祀太阳神的圣地,是东方太阳崇拜和太阳文化发源地,也是东夷人祭祀先祖的圣地。天台山遗迹众多,山上有太阳神石、羲和部落遗址、祭祀羲和与女娲的老母庙和老母洞、仓颉造字石刻等三十多处遗迹。

刘家湾赶海园 位于东港区涛雒镇刘家湾村以东,2010年被评为AAAA级旅游景区。该园在规划设计上利用蓝天、碧海、金沙滩的优势,既突出海洋文化特色,反映地方民俗风情,又适应现代人返璞归真、回归自然的心理追求。园区拥有5.4千米长的黄金海岸线,内有万亩潮间带、千亩沿海防护林和两万亩浅海水域,林海相映;7.5万平方米的观景绿化带和千亩沿海防护林带,葱茂苍翠、树姿优雅、青翠欲滴、疏密有致,林中空气清新,冬暖夏凉,被专家称之为天然"氧吧"。赶海区内滩平沙细,纹路清晰,面积广阔;1000公顷潮间带,盛产竹蛏、文蛤、四角蛤等40余种贝类和马蹄蟹、花旦蟹等10余种蟹类;浅海盛产虾皮、杂色蛤、海蜇等100多种海珍品;游客可在退潮后进入沙滩拾贝、推虾皮、支迷糊网、挖海蟹、捡海贝等,并可观日出、听涛赏月、观海潮。赶海园是一处以赶海为主,集旅游度假、休闲娱乐、居住为一体,具有沿海民俗风情的多功能综合型特色旅游景区。

竹洞天风景区 位于日照城区西将帅沟毛竹园,总面积70多公顷,其中毛竹面积15公顷,其他竹子面积28公顷,水域面积27公顷。景区绿化面积在80%以上,生长着毛竹、淡竹、斑竹、箬竹、紫竹、钢竹、金镶玉竹等100多个竹子品种。同时,辟有专门的竹子品种展示区域,既是天然氧吧,又是生态植物园。

龙门崮风景区 位于东港区三庄镇龙门崮山,总面积15.8平方千米。景区内有1个湖、2座山、3个潭、4个顶、5座峰、6个池、72个洞、1个中心、3个峡谷,100多个景点。石人、石鸡、龙门石、试心石、情侣石,石石有故事;天洞、仙女洞、望海洞、仙螺洞、文心洞,洞洞皆传说。龙门崮植被茂盛,品种繁多,苹果、山楂、大枣、柿子、李子、梨等经济园林遍野,春华秋实,林茂果香;芙蓉、国槐、柞树等生态林遍布于层峦沟壑中,苍松叠翠,郁郁葱葱;山下湖光潋滟,流水潺潺,增添了龙门崮的秀美与灵气。

桃花岛风情园 位于山海天旅游度假区卧龙山街道桃花岛村以东,建于1998年,面积2平方千米。桃花岛风情园以桃花岛为主体,主要包括桃花岛、渔港码头、桃花园、桃花岛民俗旅游度假村。桃花岛距海岸千余米,面积0.5平方千米。岛上奇石耸立,风光秀美。岛上有一口石泉,泉水清澈甘甜,泉碑上镌刻有"桃花岛神水泉"。

大青山景区 位于五莲县城西南7千米处,面积30平方千米。区域内有3个峡、4个甸、6个潭、8个坪、9个峪、36座峰、108个洞,错落有致,布局奇妙,以“秀、幽、奇、旷”四大特色著称,有鸟鸣翠谷、层林密结、千峰万树槐花开的原始景象,更兼古圆柏、祥云寺、古城墙、揽岳塔、戴月亭等古遗迹和汉高祖刘邦走马摔冠、屯兵西征的传说。

浮来青旅游度假区 位于莒县夏庄镇,距县城25千米,前身为山东浮来青茶厂,在山东省“南茶北引”唯一茶叶研究机构——临沂地区茶叶试验研究站基础上组建。该区拥有15公顷有机茶园、677公顷茶园基地,是全部采用松林防护、微喷灌溉的无公害有机绿色生态示范园。主题形象定位为“莒风流韵浮来茗香”,分为综合服务区、浮来品茗区、古莒风情区、水岸商业区、红色旅游区、休闲娱乐区六大板块,区内建有采茶园、品茗轩、滑雪场、漂流区、垂钓台、文化苑、茶博馆等,食、住、行、游、购、娱方便快捷,是休闲度假的理想乐园。度假区被省政府确定为山东省北方茶叶高科技示范园,被国家旅游局确定为全国生态农业旅游观光示范园。园区背依浮来,怀抱沭水,身承莒风,心归茶田,具有得天独厚的莒文化、茶文化、民俗文化和乡村文化。区内地貌类型多样,有平原、山丘、水域、湿地、茶园、松林,景观宜人,美不胜收,形成春品茶、夏垂钓、秋采撷、冬观卉的乡村特色旅游景观。

多岛海景区 位于岚山区城南,总占地面积8平方千米。景区以保护环境、发掘历史、打造宜人居住环境的设计理念,重点培育现代服务业、生活居住和都市旅游三大功能,形成集商业与旅游、休闲、文化与娱乐、居住于一体的滨海新城区。海上碑商业广场位于岚山区海安路与金牛岭路的交会处,占地面积6.7公顷。广场建筑风格以地中海为底,局部海洋主题,提炼城区独特布局结构,为多彩的城市生活场景和需求提供丰富的空间,体现传统和现代、现实和未来之间的有机延伸结合;兼顾风景观赏和商业环境营造,注重自然与人工相结合,形成具有岚山独特魅力的标志性城市空间。

河山风景区 位于日照市城区北10千米处的河山镇西,面积16平方千米。河山以“众河之源”而得名,主峰海拔628米,是日照滨海最高的山。其山势峥嵘、气势雄伟而又俊秀俏丽,素有小泰山之别称。景区于20世纪90年代初始建,区内除以奇松怪石、险峰幽谷之自然风光著名外,更以世界上最大的摩崖石刻——“日照”巨书享誉天下。

花仙子景区 位于东港区西湖镇,占地66公顷。景区是集农业科技育种、育苗、特色采摘、园林苗木、种子生产、观光造景、婚庆文化旅游、有机餐饮、休闲度假于一体的新型生态景观农业示范单位、摄影采风基地和青少年科普基地,建有蒙古包、垂钓园、儿童游乐园等特色景点和婚纱拍摄实景基地、水下摄影基地、木屋风车、河畔沙滩、青少年体验馆等一系列景观工程。

沭河公园风景区 位于莒县城东,沭河沿岸,风景区总投资3亿元,采用“珍珠项链式结构”,由南至北布置城市绿洲、沭水拖蓝、古今夕照、世纪飞虹、文化圣域、阡陌人间、莒人广场、健身乐园、大河之舞、长波望月、泓天一水11个主要景观功能区和50个景观节点。

第二节 人文景区景点(名胜古迹)

日照历史久远,文化底蕴深厚,名人文人颇多,故居遗址可考。进入21世纪后,日照市高度重视挖掘开发人文资源,修复建设人文旅游景点景区,开发建设具有日照特色、彰显文化底蕴的人文景观。

丁肇中祖居 位于东港区涛雒镇驻地,是全市爱国主义教育基地、科普基地和清代北方古建筑游览胜地。始建于清光绪二十四年(1898年),当地人习称为“五宅”,由“种德堂”“观兰堂”“同生堂”“古梅轩”“慎德堂”五个庭院组成，占地面积 1 公顷。2002 年 11 月，涛雒镇开始丁肇中祖居修复一期工程，完成“种德堂”“五宅”大门等修复工作，修复旧房 63 间，添置室内古家具和部分仿古字画，建成丁肇中科技展馆。

丁公石祠　位于九仙山东南麓的叩官镇丁家楼子村东部。系地方名人丁耀斗为颂扬其父丁惟宁的功德，以昭后世而兴建。石祠始建于明万历三十六年(1608 年)，坐北朝南，全部用石料建成，由祠、坊、门组成。祠面阔 3 间，一门三窗，七檩两梁，重梁双柱，石板瓦雕花脊，龙形双鸱吻，门楣上刻“柱史丁公祠”5 个字，祠内正堂北壁刻“羲黄上人”4 个字，两侧间北壁正中各嵌一块石碑，两山墙之正中各嵌石碑 3 块，碑刻内容有《柱史丁公石祠记》《九仙山丁宪副先生祠堂歌》《游览诸公留题》等。原祠内沿墙一周有料石砌筑高 1 米、宽 0.6 米的 2 层高台，台上供奉丁氏世祖灵位。

莒国故城遗址　位于莒县县城所在地。于春秋初年开始，莒国共修建三重城垣，即外城、内城、子城。庄王十年(前 687 年)，齐小白(后为齐桓公)奔莒避难，历史成语“毋忘在莒”即从此典故而来。公元前 550 年，齐庄公伐晋未成，遂袭莒。齐将杞梁在“且于门”战死，其妻闻知，痛不欲生，哭夫十日，临淄城墙崩塌，后演为孟姜女哭长城的传说。1977 年 12 月 23 日，山东省革命委员会将莒国故城确定为“省级文物保护单位”。

齐长城遗址　齐长城在五莲县境内自汪湖镇泥牛子村入境，于户部乡出境，途经高泽、许孟等乡镇，总长 50 余千米。其中的黄草关、穆陵关、锦阳关三大关隘的黄草关就在五莲县境内。齐长城有着悠久的历史，始建于周元年，比秦始皇修建的万里长城还要早，主要用于防鲁，后齐宣王扩修东段而延伸，赖于防楚，《战国策》《诸城县志》《齐记》均有记载。经 1500 余年的沧桑巨变，大部分地段长城已不复存在，仅有个别地段依稀可辨，尤以许孟镇院西段留存较好。另马耳山东麓、松柏长城岭村后长城依稀可辨。五莲山管委会在九仙山卧象龙潭景区西北山麓修复 2000 余米齐长城。

牌孤城遗址　战国时期古军事营垒，又称盘左城、排孤城，位于五莲县东南九仙山东麓和街头镇迟家庄西北之间，因北依牌孤山而得名，是九仙山八大功能区之一的牌孤遗风区。牌孤城虽经一千余年风雨侵蚀，石城范围仍依稀可辨。该遗址东西城墙遗存价值较高，东墙内部出土许多铜剑、铜戈、铜箭链等文物。残缺的瓦片、陶片随处可见。其中，尤以 1964 年出土的 8 块古铜玺(印)为最，印文均为“左桁正木”。据《字意》记载，“左桁正木”为齐国东境为首的官员。按出土的文物分布情况及民间传说推论，此处是一座古战场，曾在这里发生过激烈的战争，并与牌孤城有直接关系。8 块铜玺引起学术界的高度重视，对研究战国时期齐国经济、文化、军事有重要意义。

昆山古城遗址　位于五莲县城东北 6 千米处，为汉代昆山古城遗址。《汉书 · 地理志》记载，昆山是琅琊郡 51 个县之一，为侯国。据记载，汉初元元年(前 48 年)三月，封城阳荒王为昆山侯，建昆山侯国。据实地考察，昆山古城遗址为 2.5 平方千米，已出土汉代砖、瓦、三楞箭头、铜钱等文物。1958 年，在遗址发现东北西南方向的石道和大方砖砌成的房基，可见当时既有通衢大道，又有宏伟的建筑。据勘测，城西有庙宇，城东有墓陵，由此看来，当时的昆山城已比较繁华。1998 年，五莲县王炳存在遗址上打井以用于酿酒，经水利专家勘测后，下挖 5 米掘出方口古井一眼，水质甘澈，富含矿物质。新井方位与古井方位差 0.5 米，可见当时水文勘测技术已相当先进。

丹土遗址　位于五莲县城东南 37 千米处，与东港区两城镇(原始社会时亚洲最大的城市)相邻。丹土村坐落在遗址的偏南部位。1957 年，经中国科学院考古研究所、北京大学考古系、山东大学历史系、山东博物馆联合考察，确认该遗址属新石器时代龙山文化。从丹土遗址出土的大量保存完好的石器、陶器、青铜器,分别标志着不同社会时期的不同文化,出土的石器有石斧、石铲、石锛、石凿、石镰、石镞等。在出土的玉器中有大玉铲、玉璜、玉琮、璇玑等。最早出土的4个长形大玉铲和4个大玉环陈列在中国历史博物馆。

老枫桥 位于五莲县城东南高泽镇院山村,建于宋代,清光绪《日照县志》载,老枫桥畔镌"老枫化人"4个字,系明代隐士张暹所书,今字迹已不可辨,桥为南北向,宽1.5米,长6米,高5米,单空弓形,桥基用石块砌成,桥身为灰砖建筑,北桥头局部曾为水毁,今已修复。

尧王城遗址 位于岚山区高兴镇。1977年,省政府公布为第一批文物保护单位;2006年5月,国务院核定为全国重点文物保护单位。尧王城遗址属早期龙山文化遗址之一,中美考古队在对该遗址发掘中,发现炭化水稻颗粒,这是在当时唯一发现龙山文化时期人工栽培水稻的实物证据,发掘的陶文残片对研究文字起源有重要意义。

陵阳河遗址 位于莒县城东南10千米处的陵阳河南一片黄土地上。该遗址属大汶口文化中晚期类型,遗址中出土的"图像文字"是汉字的祖型;出土的成套酿酒器具表明中国早在五千年前就掌握了酿酒技术;出土的陶制号角反映了5000年前人类已经开始有组织的生活,为研究中国从原始社会向阶级社会过渡时期的社会历史提供珍贵资料。

东海峪遗址 位于东港区东海峪村西北,遗址包括从大汶口文化晚期到龙山文化时期的历史遗迹。首次发现的蛋壳黑陶镂孔高柄杯,为1992年中国文物精华展中200件文物珍品之一,代表了龙山文化制陶艺术的最高水平。遗址中台基的发现,夯筑技术的使用,开辟了中国传统的夯筑台基式土木建筑的先河,在中国古建筑史上具有重要地位。

两城遗址 位于东港区两城镇西北两城河岸边,1934年发现,1977年列为省级文物保护单位。据英国版本《世界史便览》载,公元前2800—2000年两城为"亚洲最大的城市和文化中心"。该遗址上层为春秋文化,下层为龙山文化,先后出土大量的石器、玉器、骨器、陶器等。

护国光明寺 位于五莲山风景区,明万历三十五年(1607年)建成,明神宗赐名"护国光明寺"。1984年,五莲县成立五莲山开发协会,采取社会捐资的办法,筹资50万元修复光明寺,后几经扩修,形成现今山门、寺墙、西配殿、伽蓝殿、天王殿、东西廊房、念佛堂、地藏殿、大雄宝殿、校经楼、分贝阁、御史楼、御幡楼、寥天阁、送子殿、钟楼、石佛园、五莲大佛、罗汉群雕像等建筑群。1998年,江苏省镇江定惠寺监院觉照和尚率僧侣入住光明寺,并担任方丈,主持佛寺。

定林寺 位于浮来山风景区浮来山峰南麓,省级文物保护单位。定林寺是山东省现存最古老的佛教寺院之一,由山门、正殿、校经楼、三教堂等组成。现存殿宇楼堂40余间,均系清康熙七年(1668年)地震后重建。寺南北长95米,东西宽52米,占地近5000平方米,分前中后三进院落。寺内"天下银杏第一树",树高26.7米,干围15.7米,堪称生物界的"活化石"。寺中的"校经楼"匾额,系郭沫若先生1962年亲笔所题,此楼乃中国古代著名文学评论家刘勰晚年校经之处,辟为刘勰生平陈列馆。寺院的"三教堂"是山东省唯一的同室内供奉孔子、老子、释迦牟尼牌位的殿堂。

朝阳观 位于莒县浮来山。朝阳观始建于唐朝,因傍依常年不竭的龙泉,佛家初建称龙泉寺,由于此处风水极佳成为佛道两家相争的宝地,为观为寺曾三易其名,四易僧道。在清末道家强盛,更名为朝阳观至今。由山门、玉皇殿、三宫殿、泰山行宫等组成,均系2003年重建。相传高道张三丰曾在此传功、炼丹,香火盛极一时。

第三章 旅游活动与促销

1994年，日照市开始旅游市场开发。1999年10月，开始有组织、有计划、有目的地开展旅游节庆促销活动。1994年，日照市国内客源市场主要是日照周边城市；1995—1999年，加大对周边省市的促销力度，河南、江苏及省内济南等地的游客逐渐增多。自2000年起，市旅游部门按照“西拓、南进、北上搞外联”工作思路，大力开发埠外旅游市场。“南进”，打通苏豫皖客源市场；“西拓”，打开西北部客源市场；“北上”，吸引京津冀的大量游客；“外联”，拓展国际市场。同时，大力挖掘开发当地节庆活动，举办旅游节会活动宣传造势。2013年，全市创意策划并组织旅游节庆活动38项。

第一节 节庆活动

中国·日照元旦迎日祈福大典 创办于2010年，每年元旦早晨，万名群众聚集万平口海滨生态广场，迎接新年第一缕曙光。该活动每年举办，活动参与人数由500多人发展到4万多人，参与人员从当地市民扩大到全国范围。2015年1月1日，中央电视台一套晚间新闻黄金时间，在报道全球各地欢度新年时，用时23秒重点播出中国·日照元旦迎日祈福大典活动。

杜鹃花节 创办于2000年，每年4月25日至5月5日在九仙山风景区举办，活动主要内容有开幕式（文艺表演）、游园赏花、旅游企业洽谈和记者说明会等。邀请人员以旅行社为主，旅游管理部门、旅游联盟、自驾游俱乐部、户外活动俱乐部和景区为辅，邀请范围由市内、省内到省外，地域不断扩大，友好单位遍及山东、江苏、北京、天津、河南、河北、浙江等地。

全国群众登山健身大赛（五莲站） 创办于2011年，大赛主题是“美丽中国、健康你我”，该活动连续举办两年，大赛开幕式共设置专业运动员登山、群众登山、自行车健骑三组路线。三组参赛选手均从五莲山滑雪场停车场出发，途经兰陵路、十八盘、情侣峰、山盟阁、苍傲岭、笔架峰观景台等九仙山景点，总里程分别为9.13千米、9千米和11千米。活动开始前，进行太极拳展演、民间艺术表演和老年健身秧歌表演等健身演出。

中国·五莲大青山国际太极拳大赛 创办于2013年，大赛由五莲县人民政府和日照市体育局主办，五莲县旅游和文化体育广播电视局、五莲县体育总会、五莲县大青山旅游开发有限公司、中国国际太极拳网承办。来自全世界16个国家和国内40多支参赛队伍的300余名太极高手云集大青山，国内陈式、杨式、吴式、武式、和式等派系的主要传承人悉数到齐，云集大青山，以武会友、切磋交流。

五莲县樱桃采摘节 创办于2011年，活动以“爱旅游·爱生活”和“休闲惠民·美丽中国”为主题。该活动在五莲县松柏镇刘家南山民俗旅游村樱桃采摘区开幕，至2013年连续举办三届。刘家南山村位于九仙山风景区西山门南侧，种植樱桃有400年历史，至2013年，有正值盛果期的小樱桃树56公顷，大樱桃树20公顷。由于三面环山，山前小气候特征明显，该村樱桃成熟较早，比周边地区相同品种提前7~10天成熟上市，该村被誉为“江北樱桃第一村”。采摘节期间，可同时接待300人。樱桃交易市场逐步完善，年樱桃产量70万千克，接待采摘游客2.5万人，实现旅游收入420万元。

月湖山水葡萄采摘节 创办于2012年，每年8月底在五莲县月湖山水城市农庄举办。月湖山水城市农庄园区占地面积40公顷,内设葡萄观光走廊3000米,种植国内外优良葡萄品种67个,兼种核桃树1.2万余棵,各类果树8000余棵,有十多个品种。

浮来山福寿文化节 创办于2003年,每年的10月2—4日在浮来山风景区福寿文化广场举行。活动内容包括开幕式和文艺演出、银杏树王见证百年情缘——金婚老人喜庆活动、祈福益寿、幸福自留地植树、大型福寿年画展、福寿宴、福寿艺术品展、经贸洽谈会等。

中国(日照)北方竹文化旅游节 创建于2004年,以"弘扬竹文化、发展竹旅游"为主题,每年4月底5月初在竹洞天风景区举办。竹文化节期间,举办开幕式及少数民族歌舞表演、"南竹北移"座谈会、竹文化研讨会、竹文化书法展、"相约竹洞天"摄影大赛、书画家竹洞天笔会、特色竹工艺品展销等活动,以竹会友,吸引市民和游客到竹洞天赏竹怡情。

浮来青滑雪节 2013年12月14日,在莒县夏庄镇浮来青旅游度假区广场举办首届浮来青滑雪节。来自青岛旅游协会、周边旅行社、媒体记者等共计1000多人参加开幕式。

中国陵阳桂花节 创办于2012年,每年9月20日至10月7日在莒县陵阳镇陵阳街村举办。桂花节以陵阳镇千亩桂花园区为平台,以创办民俗旅游业为载体,突出桂花展览、展示、观光、交易四个重点,是一次融合民俗表演、观光旅游、吃农家饭、体验农村休闲生活于一体的盛会。

全市还有刘家湾赶海旅游节、林海风情节、九仙山七夕情侣文化节、生态黄墩仙桃采摘节、重阳金婚庆典、圣公山庙会、青年集体婚庆节、中国·日照巨峰冬茶节、中国·安东卫海货节、渔民节、日照市桂花节、花仙子市民赏花节等活动。

第二节　国外及港澳台市场开发

1989—1991年,先后有英国、美国、澳大利亚、罗马尼亚、加拿大、法国、荷兰、波兰、马来西亚、奥地利、德国、日本、韩国等13个国家和地区的游客到日照观光旅游。

1992—1995年,先后在海外建立起20个联络点,与16个华侨、华人社团建立并保持密切联系;邀请63名华侨及港澳同胞重点人物回乡观光考察;接待50多个国家和地区的华侨、华人及港澳同胞8708人次。

1995年,与国内外信函联系和资料交换300余件,各类外宣资料800余份,遍及18个国家和地区,同时通过出国团组向国外发放宣传材料。1996年,派出团组166批449人次,出访30多个国家和地区。强化对外宣传,做好市情宣传材料《中国日照》宣传,编写并翻译《日照投资指南》及其他外宣资料。在国外建立宣传联系点60多处,发放各类外宣材料900余份,涉及30多个国家和地区。

2002年11月22日至12月11日,市旅游局派员参加由省旅游局组织的山东考察团,赴东南亚四国考察。其间,随团拜会马来西亚旅游部部长阿布杜尔·卡迪尔、马来西亚孔教会会长沈慕羽、新加坡总理政治秘书、新加坡—山东经贸理事会主席陈原生、印尼文化旅游局执行主席圣陶沙、巴厘岛省副省长艾加斯特、泰国普吉省副省长玛尼特·瓦塔那森等政要和知名人士,宣传日照。2003年10月,与台湾旅奇传播公司旅网国际采访编辑采风团合作,实现台湾与山东日照网上促销合作。2008年7月,邀请俄罗斯联邦工会联合会主席格奥尔基耶维奇到日照参会考察,市旅游局与阿穆尔州旅游协会签订友好合作协议。

2010年,开展鲁台市县旅游合作互访年活动,5月17日日照市旅游行业协会与台湾屏东市(县)旅行商业同业公会签订合作协议书,双方以鲁台市县旅游合作互访年为契机,加强合作,互为旅游目的地,互相输送游客，建立合作交流机制和旅游机构负责人每年互访制度；双方互为平台，开展旅游推广合作；加强培训合作，推动双方旅游企业的合作。2012 年 6 月，为开拓俄罗斯旅游市场，分别在俄罗斯圣彼得堡和莫斯科两市举行“日照·圣彼得堡旅游与港口经济合作恳谈联谊会”“中国·日照（莫斯科）旅游与人才招聘说明会”。是年 6 月，台湾旺旺中时集团记者团一行 9 人到日照采访，此次采访内容在其旗下各媒体刊登和播出。

2013 年 8 月 17—24 日，应台湾乡村旅游协会邀请，山东省旅游局组织日照等市 13 人的乡村旅游考察团，赴台湾考察乡村旅游发展情况。2013 年，全市共接待海外入境游客 28.1 万人次。

第四章　行业管理

1994 年 6 月，日照市旅游局单独设立，开始对全市旅游业实施统一行业管理。通过加强旅游市场监管、旅游文明创建、旅游行业培训等方式，规范旅游市场秩序，提升从业人员整体素质和水平，提高游客满意度。2003 年成功创建中国优秀旅游城市。截至 2013 年年末，日照市旅游系统共创建国家级、省级、市级青年文明号单位 17 个，创建 AAA 级旅行社 11 个、绿色饭店 16 个，全国导游员有 2458 人。

第一节　旅游市场监管

1989 年，市旅游局与外事办公室合署办公，开始进行旅游宾馆、饭店的星级评定准备工作。1992 年，设立日照宾馆、海天宾馆、海景宾馆等一批旅游涉外定点饭店。1993 年，经星级评定委员会评审，怡然酒店、碧波大酒店、石化宾馆成为全市首批二星级旅游涉外饭店。

1994 年 6 月，开始对全市旅游业实施行业管理。1997 年，共青团日照市委和侨办相继成立日照青年旅行社和日照中国旅行社。

1998 年，贯彻实施《旅行社管理条例》和《山东省旅游管理条例》，督促旅行社为游客办理意外保险，促使全市旅游市场管理步入规范化。4 月和 9 月，市旅游局会同市中保人寿保险公司，全面检查旅行社为游客办理意外保险情况，对 2 家违规旅行社下达限期整改通知书。1998—1999 年，着力发展壮大旅游市场接待主体，先后批准成立国铁、和平、升阳 3 家旅行社；批准 4 家旅游涉外饭店（莒县金城大酒店、玉德华侨饭店、丽都假日酒店、岚山裕隆大酒店）；批准 2 家旅游涉外定点商店（五莲县百货大楼、东港区五交化公司）；批准 1 家旅游涉外定点餐馆——五莲县购物中心大酒店。

2000 年，制定并实施《日照市国内旅游经营服务定点管理暂行办法》《旅游团队定点购物管理办法》《景区（点）经营自律通知》，规范全市旅游市场，提高旅游服务质量。全市组织开展以创建中国优秀旅游城市为中心的“旅游质量标准推行年活动”。2001 年 4 月，市政府召开全市整治旅游市场动员大会。5—7 月，共清除违法经营摊点 12 户，取缔无证导游 35 人。同时，开展整顿规范管理旅行社活动，注销旅行社 1 家，限期整改 3 家，评选公布信得过旅游单位 18 家。2002 年，针对景区和旅游饭店开展重点检查活动，部分景区存在的摊点摆放杂乱、车辆停放无序、卫生状况较差、消防安全存有隐患等问题得到改善。年内，聘请旅游社会监督员 60 余人，加强对旅游行业的监督管理。

2003年,把防控"非典"工作摆在中心位置,关闭各星级饭店内所有夜总会、歌舞厅、游戏厅、网吧。是年"五一"期间,各星级饭店入住率同比下降98%,五莲山、九仙山接待游客1354人次,万平口景区接待游客5600人次。在旅游饭店管理上,实行星级酒店百分考核办法,评出日照市十大名菜。在旅行社管理上,实行旅行社诚信考核、导游IC卡管理制度。2004年1月,在郑州市召开的全国旅游工作会议上,日照市被授予"中国优秀旅游城市"称号,五莲山风景区获评"AAAA级旅游景区(点)"。

2005年,制定并实施《日照市整治旅游市场秩序工作方案》,采取明察暗访和定期与不定期检查方式,重点查处违规导游员、旅行社及旅游车辆,有效地打击旅游经营中的违法违纪行为。年内注销违反《旅行社管理条例》的旅行社3家。2006年,在全市旅游行业开展诚信旅游教育活动,加强诚信建设,规范服务行为。涌现出无偿捐献骨髓的紫帆旅行社经理屠艳青、日照首个全国优秀导游员辛文等先进人物。2007年,明察暗访520余次,检查导游790余人次,纠正导游违规行为95人次,处罚违规导游10人,对1家旅行社作出罚款5000元并通报批评的处罚决定。2008年,查处违规导游48人,取缔"无证旅行社"2家。

2010年,开展"五级联动创优工程",完成中国优秀旅游城市复核工作。省旅游局授予五莲县"山东旅游强县"称号,成为全省首批13个旅游强县之一。2010年,取缔日照华星、中联、银河等6家违规旅行社。

2011年,开展旅游市场检查和执法170次,检查旅行社240家次,A级景区30家次,星级酒店72家次,导游2085人次,查处违规导游130人。共受理查处各类投诉、咨询电话及意见建议600余件,投诉办结率和游客满意率达100%。2012年4月,市纪委成立日照市旅游软环境综合整治工作领导小组,市综治委成立旅游秩序整治专项组,联合开展专项检查和执法,全年开展旅游市场检查和执法200余次,旅游投诉办结率和游客满意率达100%。对5家违法违规旅行社进行行政处罚,对违规旅行社、景区、酒店下达限期整改通知书9份,进一步规范旅游市场秩序。2013年7月,成立由市旅游、公安、物价、食品药品监管、卫生等11个部门组成的旅游综合执法办公室,开展联合执法,共出动执法人员930人次,检查景区150次,检查导游1195人次,查处违规导游51人,无证导游33人。对9家旅行社下达责令限期整改书,对2家严重违规旅行社分别处以5000元、3000元的罚款。共接受旅游投诉咨询求助电话259起,查处投诉件14起,办结率、游客满意率均达100%。

第二节　旅游文明创建

创建中国优秀旅游城市　2000年年初,日照市开始创建"中国优秀旅游城市"。经市政府申报、省旅游局推荐、国家旅游局批准,同意日照市为中国优秀旅游城市争创城市。按照国家旅游局《中国优秀旅游城市检查标准》的20个大项172个项目,进行分解量化。是年1月19日,市政府与32个市直部门及各区(县)签订责任书。成立"创优"宣传活动指导小组,制订整体宣传方案,开展"创优"宣传活动。2001年4月19日,对日照市创建"中国优秀旅游城市"活动领导小组进行调整,成立以市长为组长的创建"中国优秀旅游城市"活动领导小组,下设办公室,具体负责"创优"活动的组织、指导、协调工作,并广泛宣传发动,使"创优"活动家喻户晓、深入人心。"创优"领导小组先后召开16次调度会,组织45次检查,个别督导110余次。出台《关于加快旅游业发展的意见》,确定当年拿出80万元用于扶持旅游业发展,以后逐年增加,政府每年安排一定数量的专项资金用于旅游开发。2003年10月17—19日,经过四年不懈努力,日照市争创"中国优秀旅游城市"通过省旅游局初审;11月19—24日,通过国家旅游局验收;12月10日,国家旅游局正式批准日照市为中国优秀旅游城市。

创建“青年文明号”　1998 年,日照市旅游业系统开展创建“青年文明号”活动。石化宾馆餐饮部和阳光华府大酒店餐饮部率先获得省级“青年文明号”称号。1999 年,富豪大酒店餐饮部等 4 家单位获得市级“青年文明号”。2000—2002 年,共创建 14 家。其中,碧波大酒店宴会服务班、莒县浮来山风景区游客服务中心和凯莱旅行社外联部为省级“青年文明号”单位。2003—2005 年,全市共争创 11 家。其中,碧波大酒店宴会班为国家级“青年文明号”单位。2006—2011 年,共创建 9 家省、市级“青年文明号”单位。2013 年,莒县浮来山风景区管委、日照雅禾国际大酒店客房部等因未参加复核被取消“青年文明号”称号。截至 2013 年年底,全市旅游业系统共争创国家级“青年文明号”单位 1 个,省级“青年文明号”单位 8 个,市级“青年文明号”单位 8 个。

创建旅游强县　2007 年 7 月,五莲县被省旅游局确定为首批省旅游强县创建试点县。五莲县以创建全省旅游强县为抓手,着力推进旅游业由服务业龙头到国民经济支柱产业、由省内一般观光地到国内知名休闲度假胜地、由旅游小县到旅游强县“三个跨越”,大力发展生态旅游业。2008 年,五莲县加大旅游基础设施、公共服务设施和配套设施建设力度。打通五莲山与九仙山两山连接路,修复光明寺,打造十八盘、情侣峰、老母阁、孙膑书院等一批精品景观景点。建成杜鹃花园、红叶谷等一批特色观光园林和九仙山艺术馆、金瓶梅主题文化园等项目,提升了“两山”旅游的文化内涵。2010 年 1 月,五莲县通过省旅游局验收,成为全省首批 13 个旅游强县之一。

创建 A 级旅行社　2007 年,按照山东省旅游局《山东省旅行社等级评定管理办法》和《山东省旅行社等级划分与评定标准》,逐步在全市开展 A 级旅行社评定工作。A 级旅行社分 AAAAA、AAAA、AAA 三个等级,结合申报旅行社经营业绩、营业条件、服务项目、管理机制、商业信用和社会声誉等要求进行检查评定审核。2009 年,日照碧波国际旅行社有限公司被评为山东省 AAA 级旅行社。2012 年,经评定审核,日照海峡国际旅行社有限公司等 10 家旅行社为山东省 AAA 级旅行社。

创建绿色旅游饭店　自 2007 年始,根据国家行业标准,全市开展创建绿色旅游饭店 2 家。2008 年,全市创建金叶级绿色旅游饭店 2 家,银叶级绿色旅游饭店 8 家;2009 年、2011 年创建金叶级、银叶级绿色旅游饭店各 1 家,2010 年创建 2 家银叶级饭店。2012 年、2013 年受经济下行影响,企业创建绿色饭店意愿降低。截至 2013 年年末,日照旅游业系统共有 16 家绿色饭店,其中金叶级 2 家、银叶级 14 家。

第三节　导游队伍建设

导游员资格考试　1994 年,全市有导游员 4 人。由于报考人数较少,山东省的全国导游员资格考试集中在济南、青岛等城市。2002 年,全国导游资格考试开始在日照设考区。2003 年,日照考区报名人数为 258 人。之后,每年呈递增趋势。2006 年,报考人数为 491 人;2010 年,报考人数为 877 人。自 2012 年起,山东省全国导游资格考试在日照进行改革试点,考试由一年一次改为一年两次。至 2013 年,全市全国导游员有 2458 人。

2006 年,导游管理服务中心导游员王雪梅通过中级导游员资格考试,全市中级导游员实现零的突破。之后每年报考人数逐年增多,至 2013 年,全市中级导游员有 40 人。2013 年 12 月,日照市旅游局刘虹、日照平安国际旅行社导游员解龙通过全国高级导游员资格考试,全市高级导游员实现零的突破。

导游员技能竞赛　1999 年起,每两年举办一次全市导游员技能大赛,以赛代训,提高导游员业务素质。通过大赛,评选出“十佳导游员”和“优秀导游员”。2011 年,进行“2011—2012 年职业化导游团队及职业化导游”评选，日照平安国际旅行社有限公司被评为“职业化导游团队”；解龙、叶艳栋、李帅帅、厉娜等被评为省级职业化导游。2012年，“浮来山集团杯”导游(讲解员)大赛中，叶艳栋、解龙、杜建忠获共青团日照市委授予的“日照市青年岗位能手”称号，朱洁、陈妮、李帅帅等人获市妇联授予的“日照市巾帼岗位明星”称号。2012年，在好客山东导游团队建设中，解龙、叶艳栋、王茂刚、郑德霞被评为“2012—2013年度省级好客导游”，另评选出50名市级“好客导游”。

2006年，日照金秋旅行社导游员辛文，获得全国优秀导游员称号；2007年，赵光美获得山东省优秀导游员称号。是年，导游员屠艳青无偿为湖北武汉市小学生张志远捐献骨髓，被评为“感动日照”人物，被省旅游局授予山东省模范导游员称号，2008年屠艳青被评为山东省道德模范。

2008年，莒县导游员李晓杰被评为山东省见义勇为先进分子、日照市“十大杰出青年”。2009年，李晓杰获得中央文明办“全国好人”称号。2012年，日照平安国际旅行社导游员解龙获“全国优秀导游员”称号。

第五章　旅游产业

随着日照旅游业的快速发展，旅行社、旅游景区(点)、旅游饭店、宾馆、购物商店等旅游市场主体不仅在数量、规模上有大的发展，而且在发展层次上达到新的水平。1994—2013年，全市景区景点由1家发展到40家，其中A级景区14家，全国工农业旅游示范点14个；旅游饭店由157家发展到2360家，其中星级酒店35家，是1994年的12倍；旅行社由1家发展到131家；旅游商品、纪念品定点生产单位从无到有，发展到34家，大型旅游购物商场8家；旅游直接从业人员20万余人。全市旅游业基本形成旅游要素齐全的配套服务体系，成为拉动经济增长、增加社会就业、提升城市形象的重要支柱产业。

第一节　星级饭店

1992年，设立日照宾馆、海天宾馆、海景宾馆等一批旅游涉外定点饭店。1994年，设立怡然酒店(二星级)、碧波大酒店(二星级)、石化宾馆(一星级)等星级旅游涉外饭店。1999年，碧波大酒店成为全市首家三星级旅游饭店。2000—2005年，先后发展17家星级饭店，其中7家三星级，10家二星级。2006—2009年是星级饭店迅速发展的4年，共发展星级饭店27家。其中，四星级酒店4家，三星级23家。2006年、2007年、2008年分别批准设立8家、7家、8家星级饭店。2006年，雅禾国际大酒店率先成为四星级饭店。2010—2013年，批准设立中豪、好来、聚泰3家三星级饭店。至2013年年底，全市拥有四星级饭店4家、三星级旅游饭店28家、二星级旅游饭店2家。

第二节　旅　行　社

日照最早从事旅游经营服务的旅行社是日照中国国际旅行社，成立于1987年，隶属市旅游局。1997年，共青团日照市委和侨办相继成立日照青年旅行社和日照中国旅行社。1998年成立升阳、日照、国铁和平安4家旅行社，1999年批准设立8家旅行社，2000—2002年，共批准设立旅行社11家。2003年设立

33家,2004年设立23家。至2013年,全市共拥有国际旅行社4家,国内旅行社127家,经营国内组团旅游线路有150多条;主要旅游目的地有北京、河北、河南、山西、陕西、新疆、江苏、上海、福建、海南、浙江、贵州、云南、四川等地,客源地以省内周边、河南为核心,逐步向安徽、江苏、北京、上海、陕西、湖北等省市辐射。自2006年起,市旅游局开展了3次“十强旅行社”“十优旅行社”评选活动。

第三节 旅游商品

日照旅游商品开发起步较晚,2000年前没有形成日照特色的旅游商品、纪念品。进入21世纪,日照市高度重视旅游商品开发,立足当地文化、民俗和物产,着力打造日照特色旅游商品。2001年5月,印发《日照市旅游商品、纪念品定点生产单位管理暂行规定》。2006年12月,举行日照市“兴业王府大街杯”旅游商品“三宝”评选抽奖仪式,最终日照海米、绿茶、黑陶被评为日照旅游商品“三宝”。2009年7月,组织旅游商品定点单位参加庆祝地级日照市建立20周年名优产品展。2011年,旅游购物商店、旅游商品生产和销售企业积极参与首届“好客山东贺年会”。日照农民画绣、兆启黑陶、欢城酒入选《山东优秀旅游商品名录》。2011年6月,由省旅游局组织的“到山东不可不买的100种特色商品”评选活动中日照绿茶、日照农民画两种产品入选。2012年5月28日,日照市旅游商品研发中心成立。7月,日照市最大的旅游购物商店东方购物广场开业。9月,日照市旅游协会旅游商品分会正式成立,首批31家旅游商品企业加入该协会。是年年底,日照碧波茶庄、罗莲家纺五莲专卖店、莒县新世纪商厦获批金牌旅游购物商店称号。日照市兆启黑陶文化研究院、日照市碧波茶业有限公司、日照农民画院、日照市锦丽工艺品有限公司、日照艺安沙文化传播有限公司获批山东省旅游商品研发基地称号。2013年,日照绿茶、农民画绣、沙画、剪纸、东夷太阳饼五件旅游商品参加“香港山东周”推介活动。是年8月,由市委宣传部主办,市旅游局承办中国日照文化旅游纪念品设计大赛,共展示317件作品,最终评选出121件实物类、设计创意类旅游商品分获金奖、银奖、铜奖和优秀作品奖。

至2013年,全市旅游商品、纪念品定点生产厂家有日照市鲁南水产食品加工厂、日照市通海水产食品加工厂、日照市茶叶贸易有限公司、日照市裕源酿造有限公司、日照市森达木业有限公司、日照市东港区薄家口茶厂、日照维多利保健食品有限公司、山东雪青茶场有限公司、日照五莲山洞宾泉水有限公司。全市形成以黑陶、茶叶、干鲜海产、农民画、民间工艺、酱菜为主的六大类一百余个品种的旅游商品、纪念品。

特色农产品

涛雒大米　东港区涛雒镇素有“鱼米之乡”之称,涛雒大米自古远近闻名。涛雒地处沿河两岸和河流入海地区,土壤由河流冲积物和海积物形成,有机质丰富,所产大米米质细腻、入口醇香。20世纪70年代,涛雒大米在青岛等地设有专卖店。至2013年,涛雒大米通过国家农产品地理标志认证,水稻种植面积发展到1000公顷。

日照绿茶　日照绿茶汤色黄绿明亮,栗香浓郁,回味甘醇,含有丰富的维生素、矿物质和对人体有益的微量元素,享有“中国北方第一茶”之美誉,是日照市重点旅游商品。

日照银杏　市内各区县均有种植。其叶、果、皮具有较高的药用和食用价值,从叶片中提取的黄酮甙和萜内酯对治疗心脑血管疾病有特殊功效,并有延缓衰老、抗病毒、抗癌作用,已开发药品、食品、保健品、化妆品等。

日照蓝莓　集中产地为东港区陈疃镇,全镇有13个村、4000多户农民从事蓝莓生产经营,有机蓝莓种植面积640公顷,生产的蓝莓鲜果通过中国绿色食品认证、日本JAS有机食品认证、欧盟GAP有机食品认证。陈疃镇获"山东省名优特经济林蓝莓之乡"称号。

日照生丝　日照生丝柔软滑爽,手感丰满,强伸度好,富有弹性,光泽柔和,吸湿性强,对人体无刺激性。生丝是高级纺织材料,可以织制组织结构不同的各类丝织品,用作服装、室内用品、工艺品、装饰品等。2013年,全市拥有桑园面积4800多公顷,蚕茧产量4105.3吨,年产生丝1800吨。

特色水产品

日照乌鱼蛋　日照独有的海珍品,历史悠久,驰名海内外。系由日照特产金乌贼的缠卵腺加工而成,其色乳白,状如卵,经厨师之手,可加工成状若花瓣、薄如纸片的高级食品。乌鱼蛋之所以名贵,系因其营养丰富、味道鲜美,有冬食去寒、夏食解热之功效,且富含人体必需的多种微量元素。

日照大竹蛏　一种珍贵海产贝类,个体肥大,足部肌肉特别发达,两壳合抱呈竹筒状,壳质薄脆,壳面光滑,肉质肥满鲜嫩,富有弹性,汤汁洁白,是竹蛏中的极品,是日照市重要的地方特产。

日照东方对虾　又称中国对虾,具有个体大、体型侧扁、甲壳薄光滑透明、肉质厚、肉味鲜美、风味独特、质量上乘等地方特色,为虾类之冠,名列海产"八珍"之首,是日照市渔业经济的特色和优势产业。

日照金乌贼　日照地方特产,栖息地集中在日照市近海水域,以胴体肥厚、肉味鲜美而闻名,更因为以其缠卵腺而加工的"乌鱼蛋"为传统贡品并享誉国宴而成为日照水产品的一张名片。

日照虾皮　产自两城镇的虾皮,个头极小,是普通虾皮的1/3大,却饱满均匀,富含蛋白质、矿物质,尤其是钙含量突出,有"钙库"之称。"踩高跷推小虾"是近海渔民特有的捕虾方式。

日照西施舌　学名叫沙蛤,是一种非蚬非蚌的贝壳类海洋特产,产于日照沿海。壳体呈厚实的三角扇形,壳内面为淡紫色或白色。打开外壳,壳内肉质软体丰满,尖部色泽红艳,根部清白如玉,像是一条小舌头,故以古代越国美女西施之舌誉之,俗称西施舌。西施舌主要生活在潮间带下区至稍深的沙质海底,肉质细嫩,口感润滑,味道鲜美,清淡别致;蛤肉含有多种氨基酸,营养甚为丰富。

特色工艺品

日照农民画　日照农民画的艺术母体可追溯至龙山文化时期陶器、石刻等文物上的绘画,在古代民间称之为"抹画"。改革开放后,日照农民画在传承中得到发展,1988年日照市被命名为"中国现代民间绘画画乡"。1989年后,先后创立日照现代民间美术研究室、农民画艺术中心,数百名农民画爱好者走上艺术创作道路。市美术馆收藏农民佳作近千件,有200余件参加省级以上展览,300多件出国巡回展出,100余件在全国获奖,近100件作品被国家美术馆、博物馆收藏。农民魏本合的作品曾在法国、土耳其、马来西亚、美国、墨西哥等国家和地区巡回展出。

日照黑陶　龙山文化著名、典型的陶器,被史学家称之为"原始文化中的瑰宝"。两城镇是龙山文化的重要发源地之一,黑陶制作具有4000多年的历史,历代从未间断黑陶制作。20世纪80年代初,北京工艺美术学院陶瓷系曾聘请两城镇前下庄村厉彦相就沉碳法黑陶制作进行讲课,并作蛋壳陶的研究工作。1990年,两城黑陶厂与山东大学历史文化学院一起对两城龙山黑陶、白陶、红陶进行研究并开展产品开发研制,所研制的黑陶产品获首届国际工艺品博览会金奖。2005年,两城镇被命名为"黑陶之乡"。

第十九编　商业　服务业

1989年，全市百货、物资、建材营销按照计划经济体制要求，实行国家计划分配、统购统销，并在国家政策允许范围内发展服务业。从1993年开始，除烟草、民爆器材和粮食、食盐等实行国家专营专卖外，其他百货商品、物资建材逐渐放开经营、议价销售。是年，组建日照市供销社集团公司，实行企业化经营。1996年，撤销日照市商业局，组建日照市商业集团总公司。百货商品、物资建材等全部放开经营、议价销售，粮油购销开始实行国家政策性购销与议价粮油购销并行。1998年，实行粮油购销政企分开、储备与经营分开政策，按国家粮油收购保护价敞开收购，顺价销售。2006年，全面放开粮油购销市场和价格，按市场经济规律组织营销。随着市场放开，全市商贸、餐饮、住宿、娱乐等各类服务业快速发展。至2013年，全市逐步建立起完善的日用百货、物资建材等各类商品流通和社会化服务体系。

第一章　国有商业

1989年12月，日照市商业局辖市属国有企业14家，其中商业营销企业8家，商品批发企业3家，商办工业3家。全市国营商业系统共有商业网点56处，负责全市日用百货、五金交电、针织鞋帽、副食品等商品采购、批发、生产加工和商品零售工作。全市国营商业系统完成商品购进额10577万元，销售额12640.7万元，实现工业总产值2978万元。1992年12月，东港区成立商业局，莒县、五莲县设立商贸委，统管本区、县的商贸流通工作。全市各类商业网点168个，其中批发网点26个、零售网点142个。1993年，全市商业系统完成商品销售41915万元，实现利税578.5万元。

1996年1月，日照市商业局改为日照市商业集团总公司。是年12月，更名为日照市商业行业管理办公室，行使行业管理职能。全市有各类商业网点209个，其中批发网点38个、零售网点171个。全市商业系统完成商品销售8.1亿元，实现利税2178万元。2001年2月，撤销日照市商业行业管理办公室、市贸易局，合并组建日照市贸易办公室。2004年12月，市贸易办公室加挂日照市服务业办公室牌子，主要负责全市商业、物资、供销、石油等流通工作；并设立日照市生猪定点屠宰办公室，挂日照市生猪屠宰管理稽查大队牌子。2007年，全市生猪定点屠宰62.5万头，查处私屠乱宰窝点15个，没收不合格肉品6050千克，罚没收入18万元。2009年12月，市贸易办公室及其管理的企事业单位一并划归日照市商务局管理。

2010年11月，组建日照市商务综合执法支队，受日照市商务局委托，负责生猪定点屠宰、酒类流通、拍卖、电子商务、二手车交易、特许经营、零售商促销、零售供应交易、家电下乡等市场监管和“12312”商务举报投诉电话承办工作。2011 年,各区(县)全部成立商务综合执法大队。执法大队组织开展食品专项整治活动,定期开展二手车、拍卖、特许经营专项执法检查,开展电子商务执法。是年,全市生猪定点屠宰厂(场)、点有 69 家;全市酒类经营登记备案 2860 户,其中批发 410 户、零售 2110 户、其他 340 户;全市商务执法 1873 人次,查处私屠乱宰点 29 处,查获私屠乱宰肉、注水肉、病害肉共 14 吨;查处酒类商品违规、侵权 100 余件,罚没款 16 万元。

2013 年,市商务综合执法支队重点加强生猪屠宰、酒类流通等领域的执法监管力度。全市共有定点屠宰企业 39 家,年屠宰生猪 80 多万头。全市酒类经营企业 3460 余户。全市商务执法 1680 人次,查处私屠乱宰点 7 处,查获私屠乱宰肉、注水肉、病害肉 0.8 吨;查处酒类商品违规、侵权 70 余件,罚没款 9 万元。

1989 年,日照国有商业处于沟通城乡商品交流、繁荣市场的重要地位。全市国有商业完成商品购进总额 10577 万元,同比增长 11%;商品销售总额 12640.7 万元,同比增长 5%;商办工业产值 2978 万元,实现利税 561.3 万元,同比增长 6.3%。

1991 年,为适应开放式贸易市场的新形势,国营商业进行一系列改革,破独家经营思想,改“官商”作风,参与市场竞争;企业内部实行专业划细、部组核算、联合兼并、工资浮动、专业承包等形式的经营责任制。市商贸中心兼并酿造厂、食品厂、电器厂、华鲁石化公司、蔬菜公司,成立日照市贸工集团总公司。1992 年,全市商业系统以提高经济效益为中心,增强竞争意识,大力开拓城乡市场。更新改造商业网点 12 个,新建网点 8 个,扩大营业面积 2.3 万平方米。百货大楼、对外供应公司、日照商城等一批网点相继落成开业。1993 年,全市商业系统完成商品销售总额 51915 万元,同比增长 12%;实现利税 1638.6 万元,同比增长 11%。

1996 年 1 月,为搞活国有商业,实现扭亏为盈,市商业局成建制改为日照市商业集团总公司,同时挂日照市商业行业管理办公室牌子。1996 年 12 月,更名为日照市商业行业管理办公室,行使行业管理职能。全市商业系统完成商品销售总额 8.54 亿元,比 1995 年同期增长 16%;实现利税 2178 万元,同比增长 20.5%。

1999 年始,市贸易办公室按照“发展大好的、放开搞活小的、破产重组难的”思路,对市属国有企业实施改革,对骨干企业逐步退出国有股本,向集团化方向发展;一般企业通过产权制度改革,组建股份合作制公司;困难企业实施破产重组。对日照百货大楼、日照五交化采购供应站、日照市酿造厂、日照市外轮供应公司、日照市华鲁石化公司、日照市食品厂等企业改制为股份制合作企业。对日照纺织采购供应站、日照糖酒茶供应站、日照市贸工集团总公司、日照市华侨友谊供应公司、日照市对外供应公司、日照市商业开发总公司、日照市国际贸易公司、日照市食品公司实行依法破产。2002 年,全市国营商业完成商品销售总额 6.24 亿元,同比增长 14%;实现利税 2639 万元,同比增长 14.9%。全市国营商业系统企业改制基本到位,改制率 95%。

2003 年,全市商业系统及时调整商品流通结构,加快商品经营向品牌经营和规模经营转变、单一商品经营向资本运营转变,使全市商业步入良性发展轨道。全市商业系统完成商品销售总额 63320 万元,同比增长 2.7%;实现利税 2668 万元,同比增长 7.2%。

2004 年,市服务业办公室成立后,大力开拓农村市场,推进现代化服务业建设,在全市组织实施“万村千乡”“家电下乡”“冷链物流”等市场工程,迅速膨胀连锁经营规模,加快传统商业模式向现代化流通服务业转变。至 2005 年,全市发展农村工业品、农业生产资料超市 36 处,规范改进农家店、农资专卖店

500 多处。全市商贸流通企业完成商品销售总额 58.4 亿元,实现社会零售总额 120.4 亿元,服务业增加值 163 亿元,同比分别增长 19.2%、15.2%和 21.6%。

2006 年始,按照“活力在流通、繁荣在三产”发展思路,加快全市商业服务业发展。全市实现服务业增加值 175 亿元,同比增长 13%;实现社会消费品零售总额 144 亿元,同比增长 15%。2007 年,全市实现服务业增加值 223.17 亿元,同比增长 18.4%,实现社会消费品零售总额 172.27 亿元,同比增长 18.8%。2008 年,全市实现服务业增加值 252 亿元,同比增长 16%,实现社会消费品零售总额 198 亿元,同比增长 15.8%。2009 年,全市实现服务业增加值 285 亿元,同比增长 13%,实现社会消费品零售总额 226 亿元,同比增长 14%。2010 年,市贸易办公室划归日照市商务局管理,组建日照市商务综合执法支队。

第二章 供销合作商业

1989 年,全市供销社有 9 家企业和 22 个基层供销合作社,全年完成商品销售额 1.99 亿元,实现利润 246 万元。1990 年 2 月,市供销社升格为处级社。1992 年 12 月,东港区、莒县、五莲县供销社划归市供销社管理,全年购进商品 5.22 亿元,销售 5.37 亿元,均比 1991 年度大幅度增长。

1993 年 8 月,市供销社以市属企业为核心组建山东日照供销社集团总公司,同市供销社一套机构两块牌子。各区县供销社以同样模式成立供销集团公司并运转。是年,全市供销系统有独立核算企业 118 家,干部职工 1.3 万人。其中市直企业 17 家,区县直企业 40 家,基层供销社 61 家;固定资产原值 1.77 亿元,净值 1.42 亿元,挂账包袱 1.1 亿元,所有者权益 1.1 亿元。至 1996 年,市供销社发展 20 家市属企业,涉及商品流通、社办工业、外经外贸、餐饮旅游、房地产开发、仓储运输等众多领域。

从 1995 年始,全市供销系统大力吸纳社员股金,投资设施建设,但在吸纳股金中出现高息揽储、违规操作问题,加之经营管理粗放,经济效益低下,至 1998 年 10 月发生严重的供销社社员股金挤兑事件。1998—2004 年,全市供销社系统以兑付社员股金、处理化解债务问题、保持供销商业稳定发展为重点,积极开展“清欠、变现、改革”。到 2004 年下半年,供销社社员股金挤兑问题基本得到解决,全市供销商业基本步入健康发展轨道。

2005—2008 年,工作重心由抓稳定向建设农村现代流通服务体系转移,大力推进农村流通现代化、农村合作经济组织和基层社三项建设。至 2008 年年底,全市供销社系统建成乡村综合超市 243 处,改造规范日用品、农资专卖店 1736 处,创办农村社区服务中心 61 处,发展各类农村合作经济组织 60 个。

2009—2012 年,按照“科学发展、服务创新、合作联合、强社惠农”的发展理念,全力构建城乡日用品、农资流通网络、农村社区化服务、农产品经营服务“四个体系”。是年,全市供销社完成经营总收入 41.1 亿元,同比增长 82%;实现利税 4007 万元,同比增长 55.5%。

2013 年,开展“项目建设年”活动,通过项目建设和龙头培育,提升全系统经营服务水平。全年共争取财政扶持资金 950 万元,拉动全社总投资 3.9 亿元,建设 14 个规模较大、效益较好的新项目。至年底,全市供销社建设农村社区服务中心 128 处,领办农民专业合作社 112 家,发展直营超市 230 家,改造规范日用品、农资专卖店 2120 处。全年完成销售总额 64 亿元,实现利税 5200 万元。

经过努力,市供销社实现由计划经济向市场经济转变、由濒临崩溃到浴火重生的转折、由低谷向全省全国领先水平的飞跃。2005—2006 年连续两年在全省供销系统考核排名第一;2007 年,被人事部、全国供销总社评为"全国供销合作社系统先进集体";2008 年,被中共山东省委表彰为"山东省先进基层党组织";2012 年,被人力资源和社会保障部、全国供销总社授予"全国供销合作社系统先进集体"称号。2009—2013 年,连续 5 年被授予"省级文明单位"称号。

第一节 供销经营体制

1989 年,根据国务院《关于深化供销社体制改革的意见》,全市供销社系统推行以包效益、包服务、奖惩与经济效益挂钩为基本内容的经营承包责任制,实行主任(经理、厂长)任期目标责任制。1990 年,市供销社对所属企业进行审计摸底,搞清基数,调整人员,公开竞包。至年底,市供销社与各企业签订第二轮经营承包责任制。1991 年,根据山东省政府《关于进一步搞活商品流通的通知》,实行经营放开、价格放开、分配放开和用工放开的"四放开"政策,企业开始走向市场。1993 年,实行新的会计制度,推行股份制,实行各种企业联合,引进各种性质的资金。是年,莒县农业生产资料公司被确定为第一批股份制改革试点企业。市生活服务公司、市老干部古董行、市农业科技开发公司等 4 个实体合并,组建市兴合物资开发有限责任公司;对畜禽开发公司、棉麻公司、供销大厦进行股份制改造;对人民商场、大昌集团、果品总公司等企业破产清算。

2000 年,对海天宾馆实行资产租赁经营,合伙承租人租赁日照市海天宾馆资产,注册成立日照海天大酒店有限责任公司;农业生产资料公司实行破产清算,在妥善处理历史遗留问题的基础上,实行资产重组,成立日照金汇工贸有限公司;是年,日照市日达实业总公司确定转让,底价 36 万元,产生竞标人并组建市维通进口车辆修理有限公司。

2001 年,日照棉麻集团公司通过企业与职工解除劳动合同,给予一次性经济补偿措施,妥善安置职工,企业随之解散,并于 2003 破产;市供销社成立工作组进驻华峰包装厂,制定和实施企业与职工解除劳动关系,给予一次性经济补偿的安置方案,年底企业解散。2002 年,日照市果品总公司总负债 2668 万元,资产负债率 406.8%,实施破产清算。

2003 年,日凯实业总公司实施破产清算,企业累计亏损 4109 万元。日照人民商场资产负债 3538 万元,资产总负债率 221.5%;6 月成立破产监管组,负责破产财产的清点、保管,核查企业债权。2004 年,日照人民商场破产还债。

2004 年,日照大昌集团企业账面资产 1005 万元,负债总额 8826 万元,资产负债率 878.2%。2005 年,日照大昌集团股份有限公司破产还债。

2005 年 3 月,对山东凌云工贸股份有限公司资产进行重组,通过购买山东凌云工贸股份有限公司流动资产、固定资产及房产、土地使用权,注册成立日照凌云工贸有限公司。

至 2013 年,市供销社先后对直属 13 家企业、40% 以上的区、县供销社按照"一企一策、注重实效"的思路和现代企业制度的要求,进行经营体制改革改制,盘活存量资产,加强资本运营。

第二节 生产资料供应

农业生产资料供应是日照市供销社系统的主营业务,供应品种主要有化肥、农药、农膜、农药器械和中小农具等。1988 年,市供销社对化肥、农药、农膜实行专营,农资销售额逐年提高。1989 年,全市供销社完成农业生产资料销售额 4815 万元,农药器械销售 140 万台(件),中小农具销售 30 万台(部)。1993 年,全市供销社完成农业生产资料销售额 19563 万元。

1994 年,取消化肥、农药、农膜、农机具等农业生产资料专营政策,放开农资经营市场。全市供销社以市场为导向,以农民需求为经营重点,广泛组织货源,实行保质监销,建立追查机制,确保农资质量。1998 年,全市实现销售额 17.03 亿元。

1999—2004 年,全市供销社努力化解股金风险、实施企业改制和保持系统稳定等一系列难题,农业生产资料销售额逐年减少。2003 年,全市供销社农业生产资料销售额为 6.29 亿元。

2005 年,市供销社联社抓住新农村建设和国家实施"万村千乡市场工程"建设的有利契机,大力推进农村现代流通服务体系建设。至年底,发展农业生产资料超市 59 处,规范改造农资专卖店 495 处。2006 年,新建农业生产资料超市 114 处,规范改造村级农资专卖店 527 处,全市乡村专卖店有 1030 处,网点辐射全市 2570 个村庄,受益农民 176 万人。

从 2009 年开始,各区县供销社先后投资配置测土、检测设备,建成农化服务中心,积极开展测土配方和直采直供服务。2010 年,全市供销社农资超市和专卖店基本纳入连锁经营体系,连锁直营超市农资配送率达 100%。全年完成农业生产资料销售额 6 亿元,其中直供化肥 13 万吨。

至 2013 年,培育东港坤丰、莒县新宇等 6 家骨干龙头企业,大力建设县级配送中心、农化中心,完善基层销售网点,打造起覆盖全市的农资流通服务网络体系。全市建设服务样板店 400 多个,改造专卖店 1400 多个,年农资供应量占全市总售量的 80%以上,完成农业生产资料销售额 13.8 亿元。

化肥　1989 年,化肥销售主要由市、区县供销社农资供应部门和基层供销社农业生产资料供应店经营;主要品种有尿素、碳酸氢铵、磷酸二铵、过磷酸钙、钙镁磷肥、氯化钾及各种专用肥;供应方式主要是根据分配计划逐级下拨到基层,基层门店负责供应到农户,计划不足部分由各单位自采。是年,全市完成化肥供应 6.95 万吨,销售额 481.5 万元。1992 年是实行粮油奖售化肥政策的最后一年,全年奖售化肥 9841 吨,完成奖售任务。1993 年,实行粮油收购与化肥供应挂钩,当年统配议价供应化肥 27.7 万吨。

1994 年 8 月,国务院《关于改革化肥等农业生产资料流通体制的通知》规定,化肥经营实行"一主、两辅"销售渠道,即市、县(区)农资部门和基层供销社为化肥流通的主渠道,农业三站(土肥站、农技站、植保站)和生产厂家为化肥销售的辅渠道;同时,允许农垦、林业、烟草在本系统内销售化肥。从此,全市化肥等农业生产资料不再实行专营。

从 1999 年起,化肥出厂价由政府定价改为政府指导价,放开化肥零售价格。2000 年后,化肥经营渠道全部放开,除供销社主渠道外,农业、林业部门和生产企业均可经营,价格按照市场规律运行。2005 年后,各级供销社把保质、足量作为服务"三农"的重要内容,不断建立和完善经营服务网络,全年完成化肥销售 31.7 万吨。至 2008 年年底,全系统建成农资超市 269 处,规范改造农资专卖店 1884 处,覆盖全市 85%以上的村庄。是年,全系统销售化肥 28.5 万吨。2009 年,供销社农资经营由"卖商品"逐渐向"优质服务"转变,积极开展测土配方和直采直供服务。2010 年,全市供销社农资超市和专卖店基本纳入连锁经营体系。2011 年后,全市供销社把农资经营服务创新与农产品经营服务紧密结合,广泛开展以测土配方施肥和病虫害防治为重点的技术服务,初步建立起农业技术服务体系。2013 年,全市供销社建设规范农资专卖店 2120 处,全市销售化肥 37.7 万吨。

农药　1989 年,国家对农药实行专营政策,农药由供销社农业生产资料经营部门经营,其他部门使用的农药必须由供销社供应。全市供销社建立市、乡、村三级供应服务网络。

1990年后,全市各级供销社普遍设立“庄稼医院”,为农民提供虫情、病情预报和防治配方。1993年,全市供销社销售农药1831吨。1994年后,由于农药供过于求,不再实行专营政策,全部实行市场调节。1997年,全市各级供销社共设立“庄稼医院”67家,全年销售农药6160吨。

进入21世纪,农药经营与化肥经营一样,商品经营逐渐由“专卖商品”向“优质服务”转变。2007年农药销售量最高,为7288吨。2013年,全市供销社销售农药6123吨。

农膜　日照市农膜经营品种主要有地膜、大棚膜和新品种膜。地膜用于花生、瓜果、黄烟、蔬菜等地面覆盖,大棚膜主要用于蔬菜大棚和拱棚覆盖,新品种膜主要是微膜、输水膜、有色膜等。1989—1994年,农膜产销实行严格指令性计划,由供销社农资公司和基层供销社经营。1989年,全市供销社供应销售农膜759吨。1991年,省物价局对农膜价格进行调整,其中农膜8740元/吨、大棚膜8900元/吨、地膜9000元/吨、微膜9580元/吨,较1989年分别增长近2000元/吨。1994年,全市供销社供应销售农膜1047吨。

1995年后,由于流通体制改革,农膜经营市场全面放开,除供销社主营、工厂自销和农口单位经营外,个体商店等陆续参加经营。

第三节　生活资料供应

从1989年开始,着力调整经营结构,增加花色品种,完善服务设施,转变经营方式,提高服务质量,促进业务经营和为农服务的同步发展。1992年,全市供销社生活资料销售额2.4亿元;1993年,销售额为5.2亿元。1997年,全市供销社生活资料销售额20.2亿元。其中,凌云大厦销售11.87亿元。1998年,因受股金挤兑影响,全市供销社生活资料总购进、总销量及库存明显下降,至1999年,全市供销系统生活资料销售额下降到3.8亿元。

进入21世纪,全市供销社以市场为导向,引入现代营销方式,建设农村现代流通服务体系,形成区县有配送中心、乡镇有连锁超市、村庄有综合服务中心和农家店的经营模式,实现生活消费品销售量逐年递增。2013年,全市供销社系统实现日用消费品销售额26.4亿元。

棉花　计划经济时期,棉花购销由供销社专营。1989年,日照市实行棉花调出、调入包干办法,同时提高棉花收购价格,规定棉花收购价格调整为300元/50千克。全市供销社收购销售棉花1026吨。1993年,市政府成立日照市棉花生产办公室,具体负责发展棉花生产。

1994年,国家再次提高棉花收购价格,由1993年的每50千克330元调整为544元。由于棉花价格大幅度上涨,出现棉农惜售现象,遂实行收购每担标准皮棉544元,奖售优质标准化肥55千克、柴油26千克的优惠政策。是年,全市收购棉花1439吨。1995年,国家将棉花价格定为700元/50千克,奖售省控尿素15千克。1996年后,棉花种植面积逐年减少。是年,全市收购棉花1362吨。1997年,全市收购棉花1540吨。

1998年,国家再次调控棉花收购价格,由每50千克700元降为650元。是年11月,国务院下发《关于深化棉花流通体制改革的决定》,此后棉花市场逐渐放开,终止合同定购和定购内棉花加价和奖售政策。

2001年,国务院下发《关于进一步深化棉花流通体制改革的意见》,放开棉花收购政策,鼓励市场公平竞争;实行社企分开,经营和储备分开;加强对棉花市场的管理和宏观调控,推进棉花产业化经营。至此,全市棉花购销全部实行市场化经营。2013 年,全市供销社购销棉花 341 吨。

日用消费品 经营品类主要包括火柴、食糖、卷烟、酒、布匹、针织衫裤、服装鞋帽、洗涤用品、耐用消费品、家用电器和五金产品等种类。1989 年,全市供销社立足市场,与青岛缝纫机、南京熊猫电视机、夏普洗衣机等 30 个品种生产厂家建立起业务关系。全市供销社日用消费品销售突破 1 亿元。1990 年,市供销社制定《工业品分购联销实施方案》,成立联购分销领导小组,并确定联购分销业务范围和考核奖惩办法。1992 年,全市供销社日用消费品纯销售 2.4 亿元。1993 年,供销社开始经销摩托车。

1996 年,全市供销社加强厂商联合,与全国各地 200 多个名优厂家合作,建立经销业务关系。是年,日用消费品销售额为 5.2 亿元。1997 年,全市供销社日用消费品销售额为 20.2 亿元。1998 年,因受股金挤兑,全市供销社日用消费品销售额为 5 亿元。1999 年,销售额下降到 3.8 亿元。至 2004 年,全市供销社日用消费品销售额缓慢增长。

2005 年,市供销社全面推进农村现代流通体系建设。至 2007 年年底,全系统建成乡村综合超市 222 处,改造规范农家店 1546 处,改变过去"油盐酱醋找个体、大件商品跑城里、集中购物赶大集"的传统消费方式。

至 2008 年,累计建成连锁综合超市 269 处,规范改造农家店 1884 处,覆盖全市 100%的乡镇、85%以上的农村,成为全市农村日用消费品流通服务体系主体。至 2009 年,全市建成连锁综合超市 299 处、农家店 1994 处,全市农村覆盖面达 88%。依托连锁配送网络,落实国家扩大内需政策,组织家电下乡 5.2 万台,摩托车下乡 1.2 万辆,销售额 1.49 亿元。至 2013 年,全市供销社系统建成连锁日用品综合超市 469 处、便民店 2422 个,全系统日用品流通服务网络广泛覆盖全市村镇,日用消费品销售额为 26.4 亿元。

第四节 农副产品购销

农村改革开放后,农副产品购销打破计划界限,供销社收购业务进一步扩大,对大宗农副产品实行分购联销措施,品种不断扩大,数量不断增加,收购业务量大幅度增长。1989 年,全市供销社实现农副产品购销 5328 万元。1993 年设区带县后,全市供销社加强收购业务,农副产品收购量迅猛增长。全市供销社购销额近 2 亿元,其中粮食购销 4857 万元。1994 年,全市供销社农副产品购销额 3.28 亿元。1998 年,全市供销合作社受股金挤兑影响,农副产品购销量严重下滑,1999 年完成 9651 万元。

2003 年,全市各级供销社整合资产,扶持发展农副业生产,兴办专业合作社,探索果品、蔬菜、板栗、花生、黄烟、药材等产品的生产、加工、销售一体化经营新路子。当年,农副产品购销额 9800 万元,帮助农民增收 360 万元。2004 年,全市农副产品购销额达 1 亿元。莒县夏庄花生专业社吸纳 20 余户加工业主加盟,1000 余户农民入社,形成区域内花生生产、加工、销售一体化经营的典范。2005 年,全市发展农副产品行业协会 7 处,发展专业合作社 6 处。全市供销社系统购销农副产品 1.2 亿元。至 2007 年年底,全系统已发展供销社专业合作社、行业协会 48 个,涉及花生、果品、板栗、药材、禽蛋、生猪及农资流通等众多领域,吸收入社农户 9348 户,全市购销农产品 2 亿多元。2008 年,全系统新办专业合作社和行业协会 19 个,建设农产品标准化生产基地 13 处。2009 年,全市围绕茶叶、果品、畜牧等产业兴办专业合作社 84 个,建设标准化农产品生产基地 23 处,先后注册"莒之果"油桃、"汇合"花生、"青未了"瓜菜等 10 余个品牌,并通过建设交易市场,成立展销中心,参加或举办展示会、交易会,实施"农超对接"等方式,进行产品推介,打入大市场,形成品牌效益。至2010年,全系统创办、领办专业合作社85处,带动农民1.89万户,建成农产品标准化生产基地33处,注册农产品品牌17个,增加农民收入1.05亿元。

2011年,依托基层供销社和专业合作社,建成总面积77公顷的15个生产基地,开展花生新品种种植示范,推广使用新肥料、新技术,进行花生大田作物生产经营服务创新,取得亩均增产100千克,增收近千元的示范效果。全年完成农副产品购销总额3.25亿元。截至2013年,全市供销社共创办、领办专业合作社109个,发展农产品标准化生产基地83处。同时,大力开展农产品冷链物流配送,采取"超市+合作社+基地+农户"的经营模式,开拓农产品流通新渠道。当年,全市供销社完成农副产品购销总额8.09亿元。

第五节　农村综合服务

1989—2004年,全市供销社农村综合服务主要体现在组织农业生产、生活资料供应和农副产品销售等方面,在组织工业品下乡、农副产品进城,促进城乡经济发展和新农村建设方面发挥较大作用。

2005年始,市供销社围绕全市经济和社会发展大局,工作重心由主抓稳定向建设农村现代流通服务体系转移。印发《关于加强农村现代流通服务体系建设的意见》,提出至2007年年底,建立起覆盖全市农村的综合性经营服务体系。2006年,全国供销合作总社将日照市发展农村社区服务中心的做法定为"日照模式",并在全国推广。2007年,印发《关于推进农村社区服务中心建设的意见》,指出要坚持党委政府领导、供销社主办、多方参与、市场化运作,将建设农村社区服务中心作为社会主义新农村建设的重要任务。在一些人口比较密集、辐射能力较强的乡镇或中心村,创办农村社区服务中心,为农民群众提供综合性服务,搭建起集日用品销售、农资品经营、农产品购销、科技信息服务、文体健身服务于一体的综合服务平台。至2008年,农村社区综合服务中心发展到64个。

2009年,印发《关于加强基层供销合作社建设　构建农村新型经营服务体系的意见》,要求利用3~5年时间,落实"恢复阵地、联合织网、完善功能"三项任务,改造建成一批体制健全、产权明晰、机制灵活、功能完善的供销社新型基层组织。印发《关于加强社区服务中心建设的意见》,赋予供销社牵头建设农村社区服务中心的职能。全市建成农村社区服务中心83个。2010年,全市供销社立足于丰富社会化服务内容和提高农民生产生活质量,当年新建农村社区服务中心10个,全市有93个。2012年,按照《关于加快构建农村现代经营服务新体系　全面推进供销合作社改革发展的意见》要求,大力推进经营创新、组织创新、服务创新。全市新建农村社区服务中心11处,在60%以上的农村社区服务中心引入公益性服务项目,并将供销社领办的花生、水稻、黑木耳、果品等专业社纳入农村社区服务中心,丰富社区服务内涵。

2013年,全市供销社围绕城镇化建设和农村、农民日益变化的新需求,主动参与镇域商务区和新型农村社区建设,积极探索供销社、村两委、合作社"三位一体"的社村共建之路。当年,全市农村社区综合服务中心有128个。

第六节　再生资源回收利用

1989年,根据《山东省钢材、有色金属管理暂行规定》,钢材、有色金属统一由供销社收购,并组织实行调拨,其他单位和个人不得收购,不准进入市场交易。当年,全市供销社完成废旧物资收购额175

万元。

1990 年，完成废旧物资收购额 230 万元。此后，受市场经济和经济效益的影响，全市供销社系统回收的废旧物资品种主要是废旧钢铁和废旧紫杂铜，其他品种明显减少。1994 年，废旧物资回收市场基本放开，但经营单位和个人必须具有公安部门颁发的特种行业许可证方可经营废旧物资。全市供销社系统废旧物资收购额大幅度下降，收购额为 665 万元。1996 年，供销社重视废旧物资回收工作，完成收购额 3476 万元。1998 年，收购废旧物资 654.7 万元。1999 年，废旧物资回收市场完全放开，不再由供销合作社独家经营。是年，全市供销社收购 62 万元。2000 年，根据财政部、国家税务总局《关于废旧物资回收经营业务有关增值税政策的通知》规定，对废旧物资回收经营单位销售其收购的废旧物资免征增值税。2004 年，完成废旧物品收购 318 万元。

2005 年后，市供销社以建立再生资源市场体系为目标，组织再生资源回收利用和精深加工，再生资源回收利用体系建设稳步启动。至 2011 年，市供销社与万宝集团共同组建物宝再生资源公司，东港区、岚山区、莒县、五莲县供销社分别成立再生资源回收利用公司，启动再生资源回收利用体系建设，成为供销社经营结构调整的新亮点。2012 年，全市供销社系统从事废旧物资回收的网点和单位有 80 个，当年收购额 5892.81 万元。2013 年，全市供销社系统从事废旧物资回收的网点和单位发展到 81 个，当年收购额 9461.02 万元。

第三章　粮油购销

1989 年，日照市粮油购销体制沿袭统购统销的计划经济体制，实行粮食购销调拨包干基数，一定三年（1988—1990 年）不变。1990 年秋粮收购开始，将粮食合同定购改为国家定购。1991 年，日照市开始建立地方粮食储备。1993 年，山东省核定日照市粮食定购任务 6 万吨、花生仁 1.6 万吨，为粮食购销平衡、花生调出市。1996 年起，全市推行粮油政策性购销与商业性经营（包括议价粮油购销）“两条线运行”的购销体制改革，实行财务分开、单独核算。政策性业务费用由中央和地方财政补贴，商业性经营业务则由企业自负盈亏。1998—2003 年，全市大力推进国有粮食企业产权制度改革，着力构建粮食安全体系、粮食市场体系和放心粮油体系。实施按保护价敞开收购、顺价销售、资金封闭运行政策，建立完善粮食价格形成机制；落实政企分开、储备与经营分开、中央与地方责任分开、新老财务挂账分开措施，对国有粮食购销企业按照市场化要求进行改革重组。至 2003 年，全市完成 46 家除购储企业之外的国有粮食企业产权制度改革，占应改制企业的 85%。

2004 年 6 月，根据国务院《关于进一步深化粮食流通体制改革的意见》要求，启动全市粮食流通体制改革。至 2006 年 6 月改革历时 2 年，全市粮食流通体制实现由计划经济体制向社会主义市场经济体制转变，全面放开粮食购销市场和价格。2007—2013 年，全市粮食管理部门由过去的粮食主管部门改称粮食行政管理部门。市、区县粮食局职能由过去直接管理国有粮食企业改为负责粮食流通管理和粮食市场宏观调控，指导全市粮油市场建设与管理；管理手段由行政手段为主变为依法行政和行业指导并重。

第一节 粮油收购

粮食收购

合同定购 1989年,全市(不包括莒县、五莲县)粮食定购任务27000吨,实际完成27310吨,超任务310吨。是年,国家提高粮食收购价格,每50千克小麦定购价格由24.10元提高到25.80元,玉米由16.60元提高到17.60元,粳稻由20.95元提高到27元,籼稻由17.90元提高到22.90元;并实行在合同定购粮"三挂钩(定购粮食奖售化肥、柴油,发放预购定金)"政策中增加奖售化肥数量,每交售50千克小麦奖售化肥11千克、玉米奖售化肥10千克、大米(稻谷按70%折合)奖售化肥15千克。

国家定购 1990年,实行粮食合同定购改为国家定购,强调完成国家定购任务是各级政府的责任,也是农民应尽的义务。定购任务由乡镇负责落实到村、户,组织农民保质保量按时完成。全市收购国家定购粮食27170吨。

1991年,全省粮食定购实行1991—1992年度粮食购销调拨及财务包干,全市国家定购任务3.1万吨,其中小麦2.5万吨、玉米0.45万吨、大米0.15万吨。1991年收购国家定购粮食31030吨,超额完成任务。1992年,国家提高粮食收购价格,小麦由每50千克25.80元提高至32元,全市完成国家定购任务31903吨。1993年,省核定全市(以下含莒县、五莲县)粮食定购任务6万吨。粮食收购实行保护价制度,保护价为:每50千克小麦32.50元、玉米21元、粳稻35元。同时,实行价外加价办法,即国家定购粮食挂钩奖售的化肥、柴油,由原来按平价供应实物,改为以货币方式在粮食收购时向农民找补平议价差的办法。价外加价标准:每收购50千克小麦、玉米找补价外加价款4.20元、大米5.20元。当年,全市实际收购定购粮60059吨。1994年,国家再度提高粮食收购价格,每50千克小麦定购价为54元、玉米41元、粳稻56元,调动了农民交售国家定购粮食的积极性,全市如数完成国家定购粮食任务。1996年6月1日起,山东省政府再次提高国家定购粮食价格,每50千克小麦由原来的54元提高到76元,玉米由41元提高到63元,粳稻由56元提高到78元。此次提价成为历史上粮食收购价格提高幅度最大的一次,价格提高后,不再实行价外加价。当年,全市收购国家定购粮食60059吨。1997年,在当时国家定购价格高于市场价格的情况下,确定国家粮食定购任务内收购的粮食仍执行1996年粮食定购价格,同时出台按每50千克小麦69元价格作为保护价、敞开收购农民余粮政策。

1998年,在保留粮食定购任务不变的同时,粮食收购价格主要以市场供求决定的原则,由省政府确定。自此之后,粮食定购价、保护价一年一定,在粮食收购前下达。当年,省政府确定调低粮食定购价格,每50千克小麦定购价为73元、玉米61元、粳稻78元;同时下达保护价,每50千克小麦64元、玉米54元。1999年,因粮食市场价格持续走低,省政府确定对国家定购小麦、玉米,实行定购价和保护价同价,将国家定购粮食价格调整到保护价水平。即每50千克小麦定购价和保护价64元、玉米46元,粳稻定购价60元(保护价收购品种只限小麦、玉米)。全市完成国家定购粮食59900吨,占计划的99.8%;收购保护价粮食37900吨,其中小麦32900吨、玉米5000吨。

2000—2002年,国家定购粮食任务不变,继续实行定购价同保护价同价。其中,2002年小麦收购定购价和保护价下调为每50千克55元;秋粮收购价格各市自定,玉米只定购,退出保护价范围。

2003年,小麦保护价与上年相同,每50千克55元;秋粮仍实行定购制度,收购指导价为每50千克玉米55元、粳稻65元。全年完成粮食定购53200吨。自2004年夏粮收购起,放开粮食市场和粮食价格,取消粮食定购任务。

托市收购　2006年夏粮收购起，国家明确河北、江苏、安徽、山东、河南、湖北6个小麦主产省中储粮分公司及各中储粮直属库，作为辖区小麦最低收购价政策执行责任主体，实施托市收购政策。规定：山东省适用时间为每年6月1日至9月30日，在此期间，当小麦市场价格低于最低收购价格时，由中储粮总公司和省地方储备粮管理公司（单位）按照最低收购价格，挂牌收购农民交售的小麦。新粮上市后，各级政府和粮食行政管理部门引导和鼓励各类粮食经营和加工企业履行收购义务，积极入市收购新粮。每年小麦最低收购价在小麦播种前由国家发改委、国家粮食局等5个部门联合公布。2006年小麦最低收购价以当年生产的国标三等小麦为标准品，白麦每50千克72元，红麦、混合麦每50千克69元。当年，中储粮日照直属库托市收购小麦75484吨。2007年小麦最低收购价与2006年相同，中储粮日照直属库托市收购小麦12604吨。2008年后，因市场价格高于国家出台的最低收购价而未实行托市收购。

社会粮食收购　2004年，粮食收购市场全面放开，按照《粮食流通管理条例》《山东省粮食收购管理办法》等，允许有收购资格的粮食经营者入市收购。市、县（区）粮食行政管理部门由管理国有粮食企业改为管理全社会粮食行业。从2005年起，粮食统计制度随之改为统计全社会粮食流转情况。至2013年，全市纳入统计范围的各种经济性质的粮食企业85家，粮食购进量580.54万吨。

花生仁收购

1989年，山东省政府提高花生仁收购价格，每50千克花生仁由上年72元提高到76.8元；并提高化肥奖售标准，交售50千克合同定购花生仁，奖售标准化肥20千克。是年，全市收购花生仁13370吨。

1990年，花生仁收购由合同定购改为国家定购。省政府下达日照市花生仁收购计划1万吨，实际完成17370吨；1991年，完成收购1万吨；1992年发生特大干旱花生减产，实际收购7099吨。1993年，设区带县（莒县、五莲县）后，全市花生仁定购计划调整为1.6万吨，当年实际完成任务17114吨。

1994年，由于放开粮油销售价格，国家不再收购花生仁。1995年，为掌握油源，安排好市场，恢复花生仁国家收购。是年，省政府下达日照市花生仁国家收购计划18500吨，完成18500吨。1996、1997年均完成省政府下达的花生收购任务。

1998—2001年，继续保留花生仁国家收购，由市政府根据市场情况自行确定收购数量和价格，全市收购任务为18500吨，价格由市物价部门根据市场及周边地区价格情况一年一定。1998年全市收购18500吨，1999年收购18300吨，2000年收购17600吨，2001年收购16100吨。2002年，全市花生定购任务由18500吨调减至1.6万吨，实际收购1.3万吨。

从2003年开始，不再下达花生仁收购计划。

第二节　粮油销售

粮油供应

城镇居民粮油定量供应　1989年，执行《山东省〈市镇粮食定量供应暂行办法〉实施细则》，对非农业人口实行以人分等定量供应办法，居民凭“市镇居民粮油供应证”购粮。如外出用粮，可凭介绍信到供应粮店或农村粮所提取粮票，在异地购粮或用餐。城镇居民粮食供应品种主要为面粉、大米、杂粮，供应比例为细粮70%、粗粮30%。对城镇定量人口食油供应标准为每人每月0.25千克；对复员回乡军人、老红军、重残荣誉军人、病员、归国探亲华侨等进行补助供应。1989—1992年，国庆节和春节期间每人补助供应食油 0.5 千克,豆类供应数量为每人每月 0.5 千克(占杂粮指标)。

为减轻财政负担和粮食企业亏损挂账,1991 年国家第一次提高粮食销价(自 1979 年以来),小麦由每 500 克 0.136 元提高到 0.21 元,标准面粉由每 500 克 0.178 元提高到 0.28 元。1992 年农业生产资料价格上涨,农民种粮收益普遍下降。国家决定购销联动提高粮食定购价和统销价。小麦定购价由每 500 克 0.258 元、统销价由 0.21 元统一提高到 0.32 元,标准面粉统销价由每 500 克 0.28 元提高到 0.40 元,并在部分地区试点放开粮食销售价格。日照市政府决定,自 1992 年 10 月 1 日起,除军供粮油继续按国家规定统销价供应外,包括城镇居民口粮在内的其他粮油销售价格全部放开,居民手持粮票及供应证节余粮暂时挂存。同时,各种粮油票证停止流通,但城镇居民定量标准、户粮关系档案继续保留。为不降低城镇居民生活水平,实行对职工、大中专学生补助办法,在职职工和离退休人员每人每月补助 5 元、大中专学生每人每月补助 3 元。1993 年 4 月 1 日起,全国放开粮食销售价格,城镇居民粮油定量供应办法自动失效。是年年底,全国性粮价大波动。为稳定市场粮价和保证居民口粮供应,自 1994 年 11 月起,国家实行限价限量供应措施。从 1995 年 1 月始,全市恢复购粮证供应办法,凭证当月购粮有效,过期作废。

地方城镇人口粮油供应　从 20 世纪 80 年代起,国家有计划地每年按非农业人口千分之二办理“农转非”,主要解决城镇单职工家属及子女的城镇落户问题。粮食部门按规定办理“农转非”户粮关系,此项“农转非”为国家计划内“农转非”。为解决计划内“农转非”指标不足的问题,1994 年开始在部分重点城镇试行《山东省地方城镇户口》(俗称蓝皮户口)的“农转非”。1995 年,山东省计委分配日照市地方城镇户口“农转非”计划指标 12100 人,1996 年分配 11260 人。市粮食部门给这部分城镇非农业人口办理地方城镇户粮关系,发给购粮证。

城镇居民限价限量供应　从 1993 年下半年开始,因部分地区粮食减产等原因,出现粮价波动。1994 年涨幅较大。国家定购小麦价格每 500 克 0.54 元,而市场价格涨到 0.85 元,标准面粉涨到 1.20 元。从 1994 年 11 月起,国家出台粮食限价限量销售政策,各地恢复了粮食供应证制度。为稳定市场,保证城镇居民粮油供应,日照市在主城区指定 10 处骨干粮店,负责城镇居民粮油供应。从 1995 年 1 月始,城镇居民(含地方城镇人口)实行凭证限价限量供应,供应标准为每人每月特二面粉 10 千克、花生油 0.5 千克。供应价格:特二粉每 500 克 0.97 元,花生油每 500 克 5 元。春节期间,每人凭购粮证供应大米 2.5 千克,价格为每 500 克 1.30 元,食油 1 千克。是年,全市粮食部门供应城镇居民口粮 5.6 万吨。1996 年仍对城镇居民实行凭证限价限量供应办法,每人每月定量掌握在 10 千克成品粮内,当月有效,过期作废。

1996 年下半年起,粮食供求形势发生变化,市场粮价开始下滑,小麦市场价格跌到国家定购价以下。按照提高后的小麦定购价核定的面粉销价高于市场价,国有粮店有价无市,粮食供应证再次失效。但户粮关系继续保留,非农业人口迁入、迁出,仍须到粮食部门办理粮食供应转移手续。自 2001 年 5 月 1 日起,取消市镇居民粮食供应转移证明。国家确定城镇居民户口迁移时,不再办理城镇居民粮食供应转移证明;同时,农业人口转为非农业人口不再办理供粮手续,自 1955 年开始实行的非农业人口定量供应办法终止。

农村粮油供应　1989 年,对农村缺粮户实行粮食统销政策。全市农村粮食统销的主要对象是沿海盐民、渔民,城建区失地农民,库区、灾区和经济作物区缺粮农民。统销粮食品种主要有小麦、玉米、瓜干等,也供应部分面粉和大豆。1991 年,根据省政府部署,开始压缩平价粮油销售,渔民、盐民口粮等农村统销粮,改供议价粮油。1992 年 10 月,除军队供应以外的粮油销售价格全面放开,农村统销政策随之结束。取消农村统销后,农村因灾和个别困难户缺粮,通过粮食部门临时借粮和民政部门救济解决。

军队粮油供应　1989 年,对部队用粮实行供给粮票和价购粮票制度,部队战士用粮凭军用供给粮票、机关干部凭军用价购粮票的供粮办法。1993 年 3 月起,停止流通原粮食部版的军用供给粮票和军用价购粮票,启用不含代金、无价证券的军用粮票,建立专门军粮供应管理部门和军粮供应网点。

1997 年年初,根据国务院、中央军委《关于深化军粮供应体制改革的通知》,中央军委总后勤部、财政部、国内贸易部、国家粮食储备局印发《军粮供应管理暂行办法》,规定:军供大米、小麦粉原则上用定购粮解决。是年 4 月,设立日照市军粮供应中心,负责当地驻军和来训部队的粮油供应保障工作。

2001 年,军供大米实行全省统筹、统一品牌、统一包装、统一质量、统一配送制度,军供小麦粉由省粮食局认定厂家、定点生产、统一品牌、统一包装、统一质量。2003 年,山东省军供粮比例调整为大米 60%、小麦粉 40%。2006 年 10 月 1 日至 11 月 30 日,在山东省进行军用购粮卡改革试点。2007 年 1 月 1 日起,推行军用购粮卡改革,取消纸质军用粮票,实行军粮刷卡供应,沿用至今。

社会粮食销售

2004 年,全市进行粮食流通体制改革。自 2005 年起,按照《粮食流通管理条例》规定,统计全社会各类经济性质的粮食企业粮食销售情况。包括纳入统计范围的 85 家企业,粮食批发、零售企业门店、超市销售的粮食,粮食加工企业加工转化的粮食,地方储备粮转换销售的粮食。

第三节　粮油储运

粮油储备

中央储备粮　1990 年 9 月,国务院作出《关于建立国家专项粮食储备制度的决定》,开始建立国家专项粮食储备制度。山东省核定日照市国家专项粮食储备计划 1 万吨,品种为小麦。其中,从多购小麦库存中划转 5000 吨,新收计划 5000 吨,省对市均按每 50 千克 46.00 元结算,实际收购价格按不低于最低保护价(中等质量)每 50 千克 43.70 元执行。中央财政给予利息补贴和每市斤二分二厘储存费用补贴。从 1991 年 4 月 1 日起,国家专项储备粮划转国家粮食储备局统一管理,地方粮食部门代存,结算价格按每 50 千克 46.00 元,账务单列;重申国家专项储备粮粮权属中央,未经国务院批准,任何地区、部门、单位和个人都不准动用。是年 6 月,山东省下达日照市 1991 年度国家专项储备小麦收购计划,收购价格仍按每 50 千克不低于 43.70 元最低保护价执行,省对市按每 50 千克 46.00 元结算。1992 年省下达日照市新收国家专项储备粮计划。至 2000 年,此规模保持不变。2000 年 1 月,国家成立中央储备粮管理总公司,在各省设立分公司,直接管理中央储备粮。2000 年 8 月,中央投资建设的莒县国储库一期竣工。2000 年 11 月,市及各区县代存的原中央专项储备(1990—1994 年建立,称老储备)如数转为商品粮;莒县国储库新入库小麦转为中央储备粮。2001 年 10 月,莒县国储库二期竣工,当年入库中央储备小麦。2001 年 11 月,中央投资建设的山东日照国家粮食储备库一期仓容建成投入使用。2002 年 10 月,山东日照国家粮食储备库二期及办公楼等配建工程全部竣工,当年入库中央储备粮。2003 年 6 月,山东日照国家粮食储备库上收中国储备粮管理总公司济南分公司管理,并更名为中央储备粮日照直属库。2011 年 10 月,莒县国储库上划中国储备粮管理总公司山东分公司管理,更名为中央储备粮日照直属库莒县分库。

地方储备粮　1991 年开始,日照市建立地方储备粮。山东省下达日照市地方专项储备计划,品种为小麦,收购价格随行就市,粮权归市地。1992 年 9 月,省政府决定,省、市地、县都要建立粮食储备制度,当发生粮食供应紧张、市场价格上升幅度过大时,由政府运用储备粮投放市场进行调节,平抑粮价。储备粮的费用(含利息)由同级财政定额拨补。当年新增地方储备粮计划2000吨,品种为小麦。1993年市、区县两级政府全面建立地方储备粮制度。1994粮食年度,按省政府要求,日照市开始建立粮食风险基金,规模为596万元,主要用于地方储备粮和地方政府为平抑粮食市场价格吞吐粮食发生的利息费用和价差支出。从1995年开始,粮食风险基金列入地方财政预算(1995年为799万元),从而保证地方储备粮油的利息、费用补贴来源。1995年4月,国务院发出《关于深化粮食棉花化肥购销体制改革的通知》,规定"地方储备粮食,产区不少于3个月销量的规模,销区和大中城市不少于6个月销量的规模"。1996年5月,按照省调整地方储备粮计划的通知,全市地方储备粮规模调减至1.45万吨。1999年10月,根据省核定地方储备粮规模要求,调减莒县地方储备粮2000吨。2004年4月,根据省下达计划,市政府发文分配地方储备粮任务。2005年后,地方储备粮规模逐年增加。

地方储备油　2008年1月,日照市开始建立地方储备油。是年,山东省下达日照市地方储备油指标800吨,其中散装油700吨(国标四级大豆油),小包装成品油100吨(国标一级大豆油),均为市级储备。2010年10月,根据省核定地方储备油规模,全市地方储备油指标增加至2500吨,其中散装油2300吨、小包装成品油200吨,并扩大到区县级。此储备规模保持至2013年。

成品粮储备　2008年3月,日照市开始建立成品粮储备。按照山东省关于建立成品粮储备要求和《日照市粮食供应应急预案》规定,全市建立成品粮储备规模。该储备全部建立在市级,指定日照市军粮供应中心负责储备管理。此储备规模保持至2013年。

仓房设施

仓库建设　1989年,建设平房仓库一处,增加仓容0.5万吨。1991—1992年新建仓容2.8万吨。1996年,日照新瑞粮食工业集团公司在丹阳路日照城关粮所旧址建设平房仓库1座,增加仓容1万吨,作为面粉加工原料库使用。2000年1月,山东省日照粮食储备库(丹阳路日照城关粮所旧址)从日照新瑞粮食工业集团公司划出成立,作为市级粮食储备库。同年,东港区粮食局在丹阳路北段新征土地2.6公顷,建设东港区粮食储备库,一期工程建成8000吨粮仓。2004年地方储备粮规模扩大,同时要求储备粮集中存放。之后,市及各区县加大粮食储备库的新建、扩建力度。为满足地方储备粮规模增加的需要,市粮食局在聊城路新征土地3.6公顷,开工建设市级粮食储备库新库。一期工程建成高大平房仓4栋,于2005年投入使用。2006—2007年,二期工程建设高大平房仓2栋。2007年岚山区粮食局在原碑廓镇朱曹粮站新建粮库2栋。2008年莒县粮食局在原店子集粮所新建高大平房仓4栋。2008—2009年,市级粮食储备库新库三期工程,建设高大平房仓2栋及办公、电子测温等配套设施,全部工程竣工。2009年,东港区粮食局利用省财政第二批省调控资金重点扶持项目,获调控贷款1500万元,对东港区粮食储备库实施改扩建工程,建设高大平房仓3栋。同年,岚山区粮食局在原碑廓镇朱曹粮站新征地3.3公顷,新建高大平房仓2栋。

仓储配套设施建设　1989—2003年,全市粮食仓储配套设施非常简陋,主要使用简易机械和人力进行粮食出入库及查仓。2004年开始,逐步配套粮食输送设备、机械通风设备、环流熏蒸设备、粮情测控设备和仓储运输设备等设施。是年后,全市粮食系统新建粮食储备库全部采用机械通风技术。粮食储存过程使用机械通风技术调控温度和水分,粮仓地面使用可移动地上通风笼与离心通风机相连进行通风。同时,全部配备环流熏蒸设备,粮食熏蒸采用环流熏蒸技术。全部采用计算机电子测温设备监控粮情,在仓库粮堆内布设测温专用电缆,实施计算机联网,可通过计算机直接监控仓内各点温度,并呈现立体画面,随时掌握仓内粮情。2005年,市粮食储备库新库投入使用后,配备接卸粮食震动清理筛和输送机,粮食经过振动筛清理后利用输送机直接入库。至2013年年底,市粮食储备库已拥有输送机30台、扒谷机5台、粮食清理筛7台、卸粮机6台、风机12台、其他设备18台,可同时开两个仓口卸粮,一天卸粮入库1000吨。

仓储保管

1987年前,全市粮食保管工作以制度管理为主,缺少技术性规范。1987年后,逐步加强技术规范化保管。6月,商业部印发《粮油储藏技术规范(试行)》,并重新修订颁发《国家粮油仓库管理办法》;9月,省粮食局作补充规定,要求各市地每年组织一至二次普查或抽查。市粮食局采取每年4月、8月、12月组织普查,各基层储粮单位大多采用1月、3月、7月查仓制度。危险粮(极易发热霉变的粮食)一天一查;半危险粮(只能气温较低季节短期存储而不能在当地安全过夏的粮食)三天一查;安全粮(可在当地安全过夏的粮食)七天一查。1994年12月开始,全市粮食仓储企业严格执行《国家储备粮油"一符""三专""四落实"的规定》(一符:账实相符;三专:专人保管、专账记载、专仓储存;四落实:数量、质量、品种、地点落实),加强粮食仓储保管。

2004年后,全市粮食系统各粮食仓储企业全面使用储粮三项新技术(机械通风技术、磷化氢环流熏蒸技术、粮情电子测控技术),粮食从入库到出库全面采用机械化入库、环流熏蒸、电子测温、机械化出库、散粮运输等现代化储运技术,仓储管理水平得到较大提升,全市粮食储运进入一个新的发展时期。全市粮食系统新建粮仓全部达到"四无"粮仓(无虫害、无变质、无鼠雀、无事故)。2005年开始,省粮食局在全省开展以"建一流设施、创一流管理"为目标的地方储备粮规范化管理年活动,日照市粮食储备库围绕"管理行为规范化、业务操作标准化、管理手段信息化、管理制度科学化"的要求,深入开展以"推动规范化管理、提高管理水平"为主题的规范化管理活动,取得明显成效。2007年被省粮食局授予"山东省规范化管理示范粮库"称号,并于2010—2013年连续保持该称号。

至2013年年底,全市粮食仓储企业(含已改制粮食企业)共有粮油保管人员223人;拥有仓储配套设施:通风机305台,粮食输送机158台,清理设备54台,其他移动式设备80台,粮食检验、化验设备360台(套)。

第四章　物资经销

20世纪80年代后期,国有物资供应企业已逐步放开物资经营权,绝大部分生产资料允许个体私营商业经营。至1993年,全市物资系统在保证完成少部分国家计划调拨物资的同时,主要通过协作、联营、补偿贸易、串换调剂、开订货业务会来稳定物资货源。同时,全市物资流通由计划统配转为供需市场调节经营,物资经营模式出现了多元化。1994年,市物资系统大部分企业停止运营;到1996年,境内物资计划统配流通体制完全退出市场。

第一节　物资供应

金属材料　1989年,市金属材料公司为全市金属材料经营的主渠道,经营品种分为黑色金属材料、有色金属材料、稀有金属材料三大类、30多个品种、300多个规格。全年销售钢材2.15万吨,销售额5748万元。1990年,受国家宏观调控政策影响,计划供应钢材指标减少。为保证市场的基本需求,市物资系统先后与河南安阳钢铁厂、济南钢铁厂、青岛钢铁厂、莱芜钢铁厂等建立业务关系。当年销售钢材2.16万吨,销售额5832万元。1992年后,钢材全部实行市场化经营,个体、私营、联营等形式的钢材经营企业迅速发展。市物资系统金属材料经营逐渐萎缩,业务量急剧下降。区、县金属材料部门大多不能正常运营,职工下岗待业。1994年,为适应市场需求变化,全市物资系统金属材料经营企业对经营机构和经营策略进行调整,大力发展配送制、代理制等营销方式。当年销售钢材2.81万吨,销售额7582万元。2000年,市金属材料公司深化改革,部分职工自愿出资入股改制为日照市物丰金属材料有限公司,当年销售钢材1.7万吨,销售额5145万元。主要销售地点是省内各地市,市内各区县建筑行业和钢材经销企业。进入21世纪,全市建筑用钢材需求迅速增长,昊业贸易有限公司等多家专业钢材批发、零售市场建成开业,钢材流通主要由私营业主经营。2012年,市物丰金属材料有限公司因内部账务清算停业。

化工建材　1989年,全市沥青、水泥、玻璃、纯碱、烧碱、轮胎、电石等物资的购进主要靠计划外购进,货源来自齐鲁石化、大连石化、扬子石化、青岛、临沂、连云港等。全年化工、建材销售额2195万元。1992年,取消计划内建筑材料经营指标,建筑材料经营全部走向市场,建材生产厂家直销、联销网点逐步增加,个体私营性质的经营单位迅速发展。全市物资系统化工、建材销售额3074万元,占市场份额的6%,购销额逐年大幅下降。1994年,市物资化工轻工公司停业。

木材　1989年,市物资系统木材经营以计划外购进为主。主要来源,一部分是直接与吉林省林业部门联营购进,一部分由黑龙江及其他地市购进。主要木材种类有红松、白松、落叶松、榆木、椴木、桦树、曲柳、柞木、马尾松、美国松、各种色木等。销售客户主要是日照市区的建筑装饰工程公司和沿海造船企业。全年销售木材24571立方米,销售额1720万元。随着木材市场全面放开,木材经营呈多元化竞争的局面,国有木材经营企业经济效益逐年下滑,市物资系统木材经营业务日渐萎缩,业务量下降。市木材公司将经营重点转移到钢模板租赁业,当年租赁收入11万多元。1992年后,全市木材业主要由个体经营商经销。

煤炭　1989年,日照市燃料公司负责全市工农业生产和居民生活用煤供应,以计划经营为主。货源主要来自山西大同、晋城、阳泉煤矿,河南焦作煤矿,山东新汶、枣庄、淄博煤矿等。全年物资系统购进煤35万余吨,供应工业企业43家、城镇居民90余万人口。1991年后,逐步转为市场调节经营,是年城市居民计划煤票废止。1993年,煤炭市场部分放开,全国煤炭订货会的订货合同成为煤炭供应的主要形式,生产用煤企业开始直接从煤矿购进,多元化煤炭经营格局逐步形成。市燃料总公司全年销售煤炭103.8万吨,销售额30335万元。1997年后,煤炭市场全部放开。市燃料总公司煤炭购销业务逐渐萎缩。全年销售煤炭18.8万吨,销售额4887万元。2002年,市燃料总公司因资不抵债,不能清偿到期债务,不能正常运转而停业。2003年6月,日照市燃料总公司申请破产。

第二节　设备器材

机电设备　1989年,市机电设备总公司主要经营三类机电产品:机床、锅炉、车辆、大型机械、拖拉机及工程所需的成套设备类,仪表、工具、仪器、电工产品、中小型机械类,磨具、焊条、蓄电池、磨料、电动部分产品类等。除少数产品计划供应外,大部分产品都放开经营、自由购销。当年购进汽车307辆,实现机电产品销售额 5316 万元。1990 年，全市销售汽车 353 辆，完成机电产品销售额 6124 万元。货源地主要是上海、南京、济南、青岛、博山、临沂、潍坊、烟台。1992 年，国家取消机电产品计划，汽车、机电产品完全走向市场化。1996 年，市物资系统停止机电设备经营。

民爆器材　国家对民爆器材销售实行严格的许可证管理，由物资部门计划调拨分配和组织供应，价格执行政府定价。1992 年前，市化工轻工公司负责民爆材料管理和供应，设巩山、老龙窝 2 个炸药库和管理站。民用爆破器材包括各类炸药、雷管、导火索、非电导爆系统、起爆药和爆破剂。1993 年，山东省国防科工办落实民爆材料专营机构及职责，将民用爆破器材转由东港区民爆物品供应公司经营，市化工轻工公司停止民爆器材经营。

第五章　商品交易市场

中共十一届三中全会后，日照市逐步放开对集市贸易的限制，开放城市农副产品市场，恢复传统的山会、庙会，积极建设和发展各类市场。1989 年后，日照市根据境内城乡居民不同需求，从扩大集贸市场规模、数量入手，建设规范化专业市场，建立完善商品市场网络，集贸市场得到快速发展。至 2013 年，全市商品交易市场发展到 255 处，其中各类专业批发市场 66 处。

第一节　集贸市场

改革开放前，日照市集贸市场多为自发形成，多设立在人口比较集中的乡村街巷或树林河滩上，基本上是马路集、露天集。上市经营的商品以自种自收农副产品和部分日用品为主。改革开放后，随着市场经济的发展，日照市高度重视集贸市场建设，有计划地改造和发展城乡集贸市场和农副产品批发市场。1989 年，全年市场建设投资 270 万元，改造和建设市场设施、场地，设立市场公平秤 40 台，扩大市场场地 6 万平方米，建水泥售货台 8484 米，加强市场规范化建设。全市集贸市场发展到 189 处，其中城市市场 3 处，农村市场 186 处，年成交额 40719 万元，占社会消费品零售总额的 45.94%。

1990 年，利用各大、中集市和城区、乡镇驻地集市通街扩路之机，扩大市场规模，使城乡集贸市场呈现出持续发展的活力。市工商局投资 30 万元兴建正阳路农贸市场；日照街道日照北路居委会投资 20 万元，建成占地 6700 平方米、拥有仓库 42 间、封闭大棚 900 平方米的正阳工业小商品专业批发市场；岚山海洲路居委会筹资 90 万元，建成占地 3300 平方米、设有 120 间房屋、封闭式的岚山人民商场。全市共投资 226 万元，新建市场 10 处，面积 2.3 万平方米。其中，顶棚市场 4 处，18920 平方米；通街扩路增加有效市场面积 28 万平方米。全市城乡集贸市场成交额 4.51 亿元，占社会消费品零售总额(8.86 亿元)的 50.9%。

1992 年，召开全市市场建设工作专项会议，印发《关于加快市场建设的意见》。投资 70 万元，建成占地 5000 平方米、建筑面积 2350 平方米的城郊农副产品批发市场；石臼街道石臼路居委投资 320 万元，建成建筑面积 9732 平方米、容纳 1000 余个摊位、日上市 5000 余人的棚顶式石臼商场；日照街道十二村投资 340 万元，建成建筑面积 8500 平方米、经营房 160 间、售货台 960 米的“东港副食品商场”。全市新建、改建各类市场17处，增加面积12.4万平方米，市场面积增长5.3倍。

1993年，根据《关于加快市场建设的意见》，制定下发《日照市“八五”期间市场建设规划及1993年市场建设实施计划》，突出抓好城区大型市场和乡镇首集改造。城区市场，重点加强东港石臼商场、莒县莒洲综合批发市场、五莲县罗山商场的扩建和日照太阳城市场、安东卫海货城的筹建工作；新建工业品、生产资料、农副产品等各类专业市场、批发市场和综合市场21处，当年完成乡镇首集改造12处，累计改造81%；新建、扩建、改建市场19处；是年，日照市劳务市场和日照市人才市场建成开业，全市房地产、技术、钢材、煤炭、汽车等生产资料市场不断完善。至1993年年底，全市有城乡集贸市场223处。其中，城市20处，农村203处。全年市场成交额8.3亿元，比1992年同期增长54.79%，占社会商品零售总额的37.6%。

1994年，日照太阳城市场、安东卫海货城、日照煤炭市场等3处较大市场建设被列入市长工程。其中，太阳城市场投资8000万元，总设计面积7.73万平方米，4月20日正式奠基，分二期建设。5月20日一期工程开工兴建，开工建设面积5.3万平方米，完成投资3800万元。是年，全市共投放市场建设资金9968万元，新建市场26处，扩建市场15处，增加市场面积38万平方米，增加摊位3万余个。其中，日照商场和莒县人民商场的市场成交额首次分别突破亿元大关。全市城乡集贸市场发展到236处，生产资料市场10处，生产要素市场5处，商品成交额达11.8亿元，市场消费品零售总额占社会消费品零售总额的42.8%。

1995年，围绕“菜篮子工程”，突出加强日照蔬菜批发市场和石臼蔬菜批发市场等8处农副产品市场的新建、改建、扩建，完成投资1652.5万元，增加市场面积7.7万平方米。是年，全市共投资9821万元，新建各类市场21处；投资3253.5万元，改建、扩建市场25处；投资2691.5万元，增加市场面积29.4万平方米，摊位2万余个。全市城乡集贸市场249处，成交额18.9亿元，同比增长47.7%。全市年交易额过亿元市场由2处发展到5处。“八五”期间，全市投资2亿元，新建、改建、扩建市场94处，增扩市场面积48万平方米，增加摊位4.6万个，分别是“七五”期间的20倍、8倍、9倍和10倍。

1997年，开始实行市场建管分离，市场建设职能移交市贸易局，工商部门不再直接参与建设市场。全市投资5300万元，新建、改建、扩建市场29处，增扩面积31万平方米，增加摊位1.6万余个。其中，五莲县汽车配件公司投资兴建的日照汽车城建成并投入使用。日照开发区同发房地产公司将闲置两年、建筑面积1万平方米的观海苑市场改建成日照市建材批发市场，安置吸纳下岗职工200多人，填补日照无建筑材料市场的空白。是年，全市有商品交易市场261处，其中消费品市场247处，生产资料市场14处。全年商品交易市场成交额45.2亿元，达到历史最高水平，其中有8处市场成交额过亿元。

1998年，实施“四市二街”再就业工程，为下岗职工提供摊位1600多个。日照城区建成正阳路市场、天德市场、蓝天小五金机电市场、果品批发市场、营盛商场及北京路市场等8处市场。岚山办事处海洲路居委投资2000万元，建成岚山鲜活水产品批发城，占地4.8万平方米，完成建筑面积2.3万平方米，上市摊位达1200余个，日人流量2万人次，年成交额1.8亿元，成为全市最大的鲜活水产品批发市场。是年，全市商品交易市场发展到287处，其中当年新建市场17处。1999年，岚山鲜活水产品批发城被农业部列为“全国菜篮子工程”定点市场。是年，继续加大对各类市场的建设、培育和发展力度，全市筹集资金5915万元，新、改、扩建市场28处。其中，投资4081万元，新建市场18处，增加市场面积26.6万平方米，增加摊位1.3万个。当年，全市商品交易市场达290处。其中，消费品市场273处，生产资料市场17处。年成交额首次突破50亿大关，达57.4亿元。其中，木材成交额9301万元，占生产资料总成交额的

23.5%,机动车成交额789万元。

2000年后,市工商局不再负责全市市场培育建设、布局规划职能。全市各级工商机关通过规范市场经营、整顿市场秩序等措施,继续支持各类市场建设。至2000年年底,全市各类商品交易市场发展到270处,成交额64.6亿元,同比增长12.5%。其中,消费品综合市场5处,年成交额5.02亿元;农副产品市场9处,年成交额1.84亿元;工业消费品市场1处,年成交额288万元。至2003年,全市商品交易市场达287处。其中,城市市场31处,农村市场256处;年成交额60.42亿元,其中城市7.34亿元,农村53.09亿元,超亿元市场9处。“九五”期间,全市动员社会投资3亿元,新、改、扩建市场110处,增扩面积71.6万平方米,增加摊位6.6万个。全市有9处市场成交额过亿元。

进入21世纪后,开展市场规划论证和建设管理工作,鼓励引导村居、企业、市场主体投资兴建市场,加快商品市场特别是批发市场的建设和发展。同时,加强市场管理和规范化建设,提高全市各类市场规模、档次和水平。至2010年,全市建成各类商品交易市场232处。其中消费品综合市场126处,农副产品市场90处,机动车交易市场7处,生产要素市场1处。全市市场建设基本形成大中小结合、高中低档并举、产地销和集散地综合协调、批发零售配套、布局合理的市场流通格局。2013年,全市共有各类市场255处,其中消费品市场220处,生产资料市场35处;登记企业法人市场59处。

第二节 专业市场

1989年后,随着商品生产的快速发展,贸易市场也发生着显著的变化,由综合市场逐步分离出以经营某种商品或某一类商品为主的专业批发市场。至2013年,专业批发市场分为三种类型:一是产区专业批发市场,如海产品、果品、蔬菜等专业市场;一般设立在农副产品、海产品主要产地和乡镇村及家庭经营比较集中的地方;二是销地专业市场,大多设在市、区县城内及集镇,主要引进外地大批商品进行批发交易,如太阳城批发市场、莒县服装商场、五莲罗庄商业街等;三是中转集散市场,既不设立在产区,也不设立在销区,而是把产区商品引进来,再扩散出去,如安东卫海货城、同发观海苑建材批发市场等。

1989年后,日照市高度重视专业市场建设,提出坚持“政府决策、合理布局、社会兴办、工商监管”的原则,按照“稳定数量、扩大规模、完善功能、提高档次”的要求,加快全市专业市场建设。1992年,印发《关于加快市场建设的意见》,提出“建设大市场、搞活大流通”发展思路,坚持做到零起点规划、高标准建设、高质量服务、高效益运营,指导市场主办单位改扩建设市场上档次、上规模,完善市场服务功能,增强市场辐射力。全市相继兴建5处汽车、钢材、木材等工业品专业批发市场和果品、蔬菜等农副产品专业批发市场。1990—1992年,在市区和重要乡镇先后规划建设石臼商场、正阳工业小商品专业批发市场和汽车、钢材、木材等专业批发市场。

1993—1997年,按照统一规划、分工建设、加快发展的要求,多方筹集资金,多种形式兴办市场,加快全市专业市场建设进程。市政府会同东港区重点建设太阳城市场,岚山办事处重点建设安东卫海货城。莒县发展各类专业市场9处;五莲县发展各类专业市场6处,其中2处木材专业批发市场,3处蔬菜、水果批发市场,1处畜产品批发市场。

1998年,针对不少企业有闲置荒废厂房和场地的现象,大力支持各类企业充分利用空闲厂房和场地,改造挖潜,兴办市场。市物资集团利用空闲场地,兴办小五金机电批发市场,当年即投入试运营。1999年,全市建设3处建筑装饰材料市场、木材交易市场。全市生产资料市场发展到17处,年成交额

3.95 亿元,同比增长 2 倍。至 2003 年年底,全市各类专业批发市场有 50 处。

2004—2005 年,各市场主办单位按照货上台、菜入筐、鱼虾入盘、垃圾入袋的标准,对各市场进行升级改造。至 2005 年,全市各类专业批发市场发展到 49 处。2006 年后,面对市场经济不断向专业化、系列化、集约化、社会化发展的趋势,境内各市场主办单位积极适应新形势,大力发展专业批发市场,不断扩大市场规模,完善市场配套设施,建立健全市场管理制度,提高市场竞争力。至 2013 年,全市各类专业市场发展到 57 处,其中农副产品市场 23 处。

第三节 庙会 山会 物资交流会

20 世纪 80 年代前,日照境内庙会曾被取消,1980 年得以恢复。日照县相继恢复城关、两城、南湖、涛雒、高兴、碑廓、夹仓、巨峰、安东卫、三庄、黄墩、秦家楼、陈疃 13 处山会;莒县恢复浮来山、屋楼崮两处庙会,恢复招贤、东关、石井等山会,陆续开放峤山、安庄、东莞、中楼等 10 多处山会;五莲县洪凝、潮河、街头、管帅、魏家、于里沟、许孟等 7 处山会也相继恢复。

20 世纪 80 年代,庙会、山会、物资交流会稳步发展,规模扩大,上市人员增多,商品花色品种齐全。至 1989 年,全市有各种形式的定期物资交流会 30 多处,成交额在 600 万元以上。

1989 年后,全市不断加大对各类专业批发市场和综合商场、市场的兴建和发展,各类商业设施林立,货源充足,商品琳琅满目,交易繁荣昌盛,方便了人们的生产、生活消费和地区间的商品、物资、信息交流,人们对庙会、山会、物资交流会已渐渐失去热情,赶会商家和群众逐渐减少,庙会、山会、物资交流会的规模不断减小。1993 年,全市举办物资交流会 21 次,与会的国营、集体、私营、个体业户及乡镇企业约 2310 家,成交额 724 万元。1995 年,举办五莲县物资交流大会,其间成交额 4835 万元。其中,签订销售合同 52 份,金额 1612 万元,个体户零售额达 114 万元。

2000 年后,物资交流会逐渐取消,外地商家到日照以商品展销会等形式进行商品销售。

第六章 社会服务业

实行改革开放后,国家放开政策限制,个体、私营服务业逐步发展起来。1989 年,日照市各类商业服务业 1265 家,从业人员 3512 人。其中,全民、集体所有制性质的服务业户 173 家,从业人员 1943 人;个体私营业户 1092 家,从业人员 1569 人。随后,全市国有、集体所有制服务业企业通过改制转换所有制形式,发展成为民营企业;同时,个体私营服务业得到迅猛发展。2000 年,全市各类商业服务业发展到 27985 家,从业人员 86805 人,年营业收入 184950 万元。进入 21 世纪,日照海滨旅游业的快速发展,有力地促进了餐饮、住宿等服务业的发展;同时,信息产业、电子商务、家政服务、中介服务等新兴服务业兴起,全市服务业得到快速发展,成为第三产业的重要支柱。至 2013 年,全市各类服务业 19469 家,从业人员 42114 人,年营业收入 11.39 亿元。

第一节　餐饮　旅馆业

餐饮业　1989年，全市（不含莒县、五莲县）有餐饮业户448家，从业人员1630人。其中，国有网点10家，从业人员138人；集体网点77家，从业人员821人；个体经营网点361家，从业人员671人。此后，全市将发展第三产业作为国民经济的支柱产业来抓，采取一系列措施，支持饮食服务业发展。除市、县政府招待所餐厅外，市、县直机关单位和港务局等大型企业兴建一批专家招待所餐厅，如碧波大酒店、友谊饭店、供销合作社招待所、和平饭店等餐饮酒店。个体餐饮业发展迅速。羊肉馆、豆腐店、海鲜酒楼、地方名吃随处可见，凯莱大酒店（后称德泰大酒店）、红都大酒店、阳光华府、怡然酒店、广电大酒店、富豪大酒店、山孚大酒店、龙特酒店、红珊瑚海鲜酒店等档次较高的大酒店相继建成开业，全市餐饮业呈现出空前繁荣景象。1999年，全市餐饮业户发展到1.6万家，从业人员51433人，年营业收入13.78亿元。其中，私营酒店、饭店166家，从业人员1924人，年营业收入63617万元；个体餐饮网点15474家，从业人员49509人，年营业收入74174万元。

进入21世纪，外来投资增多，民营高档酒店发展较快，先后建成雅禾国际大酒店、海韵大酒店、凌海大酒店、山水大酒店、海纳君豪酒店、莒县华伦大酒店等高档大酒店。快餐业及西式餐饮在境内兴起，影响较大的有速8酒店、咖啡之翼、福星快餐、立京快餐店、肯德基日照连锁店、山东金德利快餐连锁、台湾永和美食林、名典咖啡语茶西餐厅、梦保咖啡西餐店、迪欧咖啡日照店等。

随着沿海旅游业的发展，个体餐馆数量迅速增长，在王家皂、乔家墩子、任家台、刘家湾等沿海民俗旅游村，家家户户开设宾馆饭店，成立渔家院、农家院、生态美食园等，发展农家乐餐饮服务业。在城区福海路、菏泽路、海滨五路、临沂路等路段形成美食、小吃一条街。2003年，全市有餐饮业户2437家，从业人员5889人，年营业收入75564万元。其中，私营酒店、饭店191家，从业人员1240人，年营业收入33833万元；个体餐饮网点2112家，从业人员4649人，年营业收入41731万元。

2008年后，居民饮食开始注重生态食品、无公害农产品，聚餐由追求高档酒店转向农家乐、生态园，全市海鲜餐馆、农家饭、生态美食园得到快速发展。至2012年，全市住宿餐饮业户发展到6735家，从业人员16736人，年营业收入64030万元。其中，个体民营业户6668家，占全市总户数的99%。2013年，全市国有酒店减至14家。适合大众消费的中、低档农家乐餐馆得到较快发展，全市个体住宿餐饮业户发展到6707家，从业人员12478人。

旅馆业　1989年，全市（不含莒县、五莲县）共有旅馆、招待所817家，从业人员1882人。其中，国营8家，集体78家，个体731家。

90年代初，日照市区及莒县、五莲县汽车站附近个体旅社迅速增加，市区福海路成为宾馆、旅社一条街，富豪、红都、海景等星级宾馆相继建立。1993年，全市有宾馆398家，从业人员2790人。其中，国营宾馆171家，从业人员2083人；个体经营业户227户，从业人员707人。至2000年，全市宾馆、酒店发展到2184家，从业人员5605人，年营业收入13761万元。其中，民营宾馆、酒店73家，从业人员955人，年营业收入4438万元；个体旅馆2111家，从业人员4650人，年营业收入9323万元。

进入21世纪，快速发展的旅游业带动全市旅馆业的迅猛发展，市、县城区及旅游景点、风景区新建宾馆、酒店鳞次栉比。每年旅游旺季期间，无论星级宾馆，还是农家乐式的家庭小旅社，客房都紧张；特别是“五一”至“十一”小长假及夏季周末，更是一铺难求。至2013年，全市宾馆、酒店发展到7109家。其中，国有 14 家,集体所有制 23 家,民营 337 家,个体经营业户 6707 户。

第二节 居民服务业

1989 年后,日照市制定优惠政策,鼓励和支持兴办各类服务业,全市个体私营居民服务业得到快速发展,呈现国家、集体、联合体、个体一齐上的格局。至 1993 年,全市有理发业、浴池业、洗染业、摄影业、日用品修理业等各类服务业网点 3491 个,从业人员 7458 人,年营业收入 14416 万元。其中,私营业户 5 个,个体工商户 3302 个。

90 年代中期,外省个体理发户陆续进入日照设店,初期以温州人居多,后期以东北人居多;市内不少下岗人员看中美容美发业投资少、见效快的优势,纷纷加入美容美发业。与此同时,个体户兴办的洗浴按摩场所、日用品修理网点等日趋增多。1996 年,全市有各类居民服务业网点 4413 个,从业人员 8601 人。其中,个体经营户 4255 个,从业人员 8577 人。到 90 年代末,居民服务业中非公有制经营业户迅速发展,而公有制居民服务企业逐渐退出市场,形成多元体制共存、以个体经营户为主的格局。1999 年,全市各类居民服务业发展达到高峰,经营网点 14305 个,从业人员 28944 人。其中,个体经营户 14155 个,从业人员 28797 人,分别占总量的 99%和 99.5%;比 1996 年分别增长 2.33 倍、2.36 倍。

进入 21 世纪,服务业市场竞争激烈,各经营业户纷纷更新设备,改造场所,增添服务项目,拓宽服务领域,提高服务质量,以满足各层次人员的需求。洗染业则从传统的洗衣业务拓展为水洗、干洗、皮衣美容、衣物织补等,并实行上门清洗、定期保养、预订服务等。日用品修理业由初期的修理生活日用品拓展为修理电动车、摩托车、电脑、冰箱、彩电、空调、锁具、燃气灶、油烟机和汽车保洁等全方位的服务,并开展家电上门清洗、安装、维修等服务。照相、洗理、婚庆礼仪、中介服务等各类居家服务业在服务领域和质量上都得到进一步拓展和提高。至 2010 年,全市各类居家服务经营业户发展到 8965 个,从业人员 19276 人。之后,重点在拓展项目、规范经营、提高质量上下功夫,境内居家服务业得到稳步发展。2013 年,全市有各类居家服务经营业户 11894 个,从业人员 24061 人。

照相　摄影　1989 年,全市(不含莒县、五莲县)有照相馆 79 家,从业人员 231 人。20 世纪 90 年代后,日照照相馆实行租赁经营,私人经营的彩色摄影发展迅速,经营范围除冲、扩、印等以外,婚纱艺术摄影等也逐渐兴盛。90 年代末,境内市、区县商业局、供销社及集体所有制照相馆进行改制,国营、集体企业逐渐退出照相行业。2000 年,全市有照相、摄影经营店 38 家。此后,彩色照相机逐渐普及,照相馆业务转向冲、扩、印等多种业务,部分转向婚纱摄影。照相业从单一的人体摄影拓展到扩印、录像、数码摄影、婚纱摄影、制作电子相册等。之后,境内婚纱摄影业得到较快发展,主要为新婚青年拍摄结婚艺术照,业务由单纯摄影黑白、彩色照片,逐渐发展到套餐式婚庆服务,包括拍摄室内、室外结婚照、化妆美容、装饰婚车、出租婚纱、结婚录像等服务。2005 年后,多家婴幼儿摄影影楼开业,专门进行儿童摄影,为小孩百日、周岁及生日等拍摄纪念照、制作影集等。

之后,数码相机进入普通家庭,胶卷相机逐渐退出使用,照相业主要从事扩、印照片,拍摄艺术照、婚纱照、制作影集等专业业务。随着手机照相、录像功能的增强和平板电脑的发展,人们习惯于随手自拍(照相)、录像,在家庭电脑上剪辑、U 盘储存,用 QQ、微信交流。除结婚证照、生日、纪念日等较大活动及办证需要照片外,基本不去照相馆、影楼照相。至 2013 年,全市有照相馆、影楼、婚庆照相、摄影经营店 722 家。

理发　美容　1989年，全市理发店共有248家，理发员307人。90年代后，国营、集体理发店逐渐退出，理发业全部为个体私营，并顺应居民需求，从单一的传统理发拓展到烫发、洗发、文眉、文眼线、修面、美容、焗油、吹风、染发、推拿、按摩、足浴、婚礼化妆、激光祛斑、营养去皱、健胸丰乳等，逐步向美容保健方向发展。至1999年，全市理发、美容店发展到1440家，从业人员1538人。2000年后，出现美体、足疗、减肥中心，部分美发、美容店兼营美体、足疗、减肥等业务。足疗店主要从事中药泡脚、脚部按摩、修剪等业务。2007年，全市城区共有美容美发店787家，从业人员1869人；足疗店22家，从业人员101人。2010年后，境内高档美容、美体、减肥中心（店）及大众理发店发展较快，更加规范。至2013年，全市有美容美发店1202家，从业人员1301人；足疗店36家，从业人员208人。

洗浴服务　1989年，全市有国营浴池9家。90年代中后期，个体浴池发展迅速，城区乡镇驻地都有个体浴池。在城区出现档次较高的洗浴中心，进行泡澡、淋浴，开展汗蒸、桑拿、搓背、按摩、修脚、捏脚等业务。洗浴业从单一洗澡拓展为桑拿、足浴、按摩、休闲等服务为主的服务业。至1999年，全市洗浴经营业户发展到37家，从业人员296人。进入21世纪，随着家用太阳能热水器和电热水器的应用，个体浴池数量减少，高档洗浴中心相继开业，部分星级酒店也设有洗浴中心。2004年，碧波大酒店建成休闲洗浴中心5层，建筑面积7800平方米。2007年，市城区共有洗浴业191家。其中，洗浴中心38家，从业人员693人。2008年后，洗浴业主要突出保健、按摩、理疗、休闲功能。境内洗浴中心（店）的足疗保健、理疗按摩、商务休闲等服务项目发展较快。至2013年，全市有洗浴业86家。其中，洗浴中心74家，从业人员150人。

中介服务　90年代后期，中介服务业开始发展，主要有搬家、企业招工、钟点工等服务，实行有偿服务。21世纪初，中介业务逐渐扩大至婚姻介绍、家政服务、房屋租售、技能培训等业务。2003年，境内出现专业的房地产中介公司。部分中介公司建立网站，进行网上中介服务，服务范围进一步扩大，包括求职、招聘、房屋租售、生活服务、二手车市场信息、交友征婚，代办企业、车辆注册登记、年检等业务。2007年，全市有各类中介公司136家，其中房产中介19家。2008年后，中介服务业快速发展。其中，劳动力中介服务发展为人事代理服务公司，为党政机关、企事业单位临时用工提供人力资源服务，开展职业介绍、就业指导、劳务输出、劳务派遣等服务；劳动技能培训学校等中介培训机构利用国家扶持政策，免费培训企业下岗职工和进城务工青年；安全保卫服务发展为保安公司，为社会各单位、社区提供安全保卫服务；家政服务内容、项目进一步扩大，从早期的保洁、保姆、钟点工为主拓展到月嫂护理、病床陪护、老人护理、孕妇保健、儿童接送、助学园、婴幼儿早期教育和家政、保洁服务等业务。2006年5月，日照“阳光大姐”家政服务中心成立，开始为家政育婴月嫂服务，后逐渐扩展到婴幼儿洗澡、游泳，产后护理、宝宝理发和孕婴产品销售等；至2013年，日照阳光大姐发展为4家连锁分店，家政服务员有2000余人。服务领域涉及养老护理、母婴生活护理、产后恢复、家庭保洁、家务服务、医院陪护等12个门类、30个家政服务项目。2013年，全市各类中介服务企业464家，从业人员3712人。日照市中介服务业逐步走向规范化、专业化。

礼仪服务　21世纪初，庆典礼仪公司开始兴起，主要为各种庆典礼仪活动进行策划服务。服务内容有婚礼庆典、开业庆典、厂庆校庆、开工奠基、竣工封顶、楼市开盘、迁址入住、剪彩开幕、颁奖揭牌、成立大会、产品促销和各类综艺演出等。婚庆服务公司提供婚庆礼仪策划、婚庆摄影、婚庆主持人、婚庆花车、婚礼庆典等服务，兼营或出租庆典用品。2007年，共有庆典礼仪公司10家。2010年后，婚庆礼仪服务业更加完善，服务项目扩展到婚车租赁、婚车装饰、结婚组照、迎娶司仪、出租婚纱礼服、摄像制碟等系列化服务。至2013年，全市庆典礼仪公司发展到57家，其中婚庆礼仪公司33家。

第三节 娱乐服务业

20 世纪 80 年代,随着人们物质文化生活水平的提高,市内各行业、单位及个体工商户开办的歌舞厅、台球室、录像放映厅(室)、电子游戏厅等娱乐场所逐渐发展起来。1989 年,全市有各种录像放映厅(室)4 个,观看者大多为青年、青少年及进城打工者;电子游戏厅(室)2 个,玩者多为中小学生。台球娱乐场所多散见于街头路边、广场,露天经营。歌舞娱乐场所则主要由较大宾馆、酒店附设经营。

90 年代初期,城区主要商贸区街道两旁卡拉 OK 演唱活动日渐活跃,除寒冷冬天外,演唱活动大都从日暮到深夜。1995 年,全市有各类娱乐服务业场所 1669 个,从业人员 4098 人。90 年代中期,人们休闲娱乐的场所和形式增多。适应商务活动及娱乐生活需求,个体户在城区繁华地带开办的各式练歌房、音乐茶座、咖啡屋等日渐增多。部分酒店、饭店设有卡拉 OK 包间、歌舞厅、迪厅等。1997 年,全市有各类娱乐服务业经营场所 1179 个,从业人员 2553 人。90 年代后期,由于人们娱乐消费需求的变化,境内露天卡拉 OK 及歌舞厅、迪厅减少。1999 年,全市有各类娱乐服务业经营场所减少到 367 个,从业人员 882 人。

进入 21 世纪后,为适应人们对娱乐方式的更高要求,市内较大的娱乐场所更新设施,服务形式趋向多样化、高档化。境内出现 KTV 包房(厢)、KTV 歌厅、夜总会、茶楼、咖啡馆、酒吧等场所,兴起形式多样的娱乐方式,而台球活动、录像放映市场则逐渐萎缩。与此同时,网络文化市场兴起,并呈快速发展态势,一般 3~5 台电脑可成为一个网吧,光顾者多为青少年学生。2007 年,市城区有茶楼 17 家,咖啡馆 8 家,酒吧 3 家。全市有文体、娱乐服务业经营场所 102 个,从业人员 245 人。其中,国有、集体所有经营场所 7 个,民营业户 19 个,个体经营点 75 个。

2010 年后,乒乓球馆、跆拳道馆、武术馆、羽毛球馆等健身活动场馆及图书馆、书画室、象棋馆、围棋馆等文化娱乐场馆增多。至 2013 年,全市有文体、娱乐服务业经营场所 466 个,从业人员 2351 人。其中,国有、集体所有经营场所 5 个,民营业户 175 个,个体经营点 285 个。

第二十编　经济贸易

日照市地处中国对外开放的前沿，扩大对外开放、发展外向型经济具有得天独厚的条件，是加快发展的最大优势。地级市建立后，日照市高度重视对外开放，在全市实施外向带动战略，大力发展外向型经济，利用外资和对外贸易取得突飞猛进的发展，有力地促进了全市经济的迅速崛起。至2013年，全市累计批准利用外资项目1188个，正常运营的利用外资企业320家，合同利用外资47.54亿美元，实际利用外资39.74亿美元。其中，总投资过千万美元的项目121个，占项目总数的40.7%。2013年，完成进出口总值330.4亿美元，绝对值和增幅分别居山东省各市第三位和第二位，进出口市场涉及世界5大洲100多个国家。

第一章　招商引资

1989年后，日照市坚持以培育主导产业为目标，以项目引进为中心，外资、内资一起引，外力、内力一起用，大力开展招商引资工作，先后引进日照钢铁、山东精品钢、亚太森博浆纸、现代威亚发动机、华海造船等一批产业龙头项目，为全市产业结构优化升级、经济社会快速发展注入动力与活力。

第一节　招商活动

国外招商

1994年7月，日照市在韩国举办大型招商引资活动，先后召开日照投资环境招商说明会、旅韩日照籍华侨联谊恳谈会，拜会和接待了韩国工商界、金融界、航运界的一批资深人士。共接待客户467人，签订利用外资项目合同7个，合同外资额586.4万美元；协议24个，外方投资9211万美元；签署贸易协议12项，贸易额925万美元；签署劳务合作合同1项，外派劳务120人。1996年7月，日照市组团赴美国进行招商引资和商务考察，重点推进勘验船舶和煤化工项目。2002年，举办韩国汉城招商活动，共签订利用外资项目37个，合同外资额3163万美元。2003年10月，举办地级日照市建市后第一个大规模的中韩（日照）投资贸易博览会，各区（县）、园区、乡镇全部赴韩国组织开展招商引资。2004年3月，日照市组团在日本首次举办招商引资活动，取得良好效果。2008年4月，组织赴阿联酋迪拜和英国伦敦的招商活动，实现了对欧洲招商的新突破。2009年9月，组织赴美国、巴西招商经贸活动，搭建了日照市在美国特别是在纽约和硅谷的招商平台。2013年7月，组团赴新加坡、南非、肯尼亚进行考察访问，推进重点项目招商引资工作。

国内招商

港澳台招商　1992 年 5 月,日照市代表团赴香港招商引资,先后召开恳谈联谊会、招商说明会,拜访有关知名人士、企业家等,共签署项目合同、协议 12 个,总投资额 2251 万美元,利用外资 631 万美元。2002 年,组团参加山东省政府在香港举办的招商活动,共签订利用外资项目 20 个,合同外资额 3880 万美元。2004 年,日照市组团赴台湾进行招商活动。2005—2013 年,多次在香港举办日照市产业招商和蓝色经济区合作恳谈会。

外省市招商　1992 年 8 月,日照市委、市政府在西安举行以引进人才为主要内容的经济技术洽谈会,接待洽谈 3960 人次,要求调入的 1174 人,落实接收单位的 147 人,当场办理手续的 111 人;引进资金 2618 万元,引进新技术产品 40 个。2002 年,先后组团到北京、西安、深圳、厦门、成都、银川等大中城市举办招商活动。2004 年,日照市提出"国内招商重点突破江浙"工作方针,加大对江浙的招商力度,并分别在温州、宁波设立招商办事机构。2005 年,东港区重点在杭州、东莞、温州等地开展系列招商活动;莒县以温州等地为主实施重点招商;五莲县多次赴温州、上海等地开展小分队、专题性招商。2008 年 2 月,组织赴昆山、上海、深圳、东莞等地举办针对台商的招商活动。2010 年,先后赴北京举办鲁南临港产业区暨日照国际海洋城推介会,赴重庆参加"重庆 · 山东周"及鲁渝合作项目集中签约活动,赴深圳、东莞、温州、昆山等 4 个市考察并开展招商推介活动。2011 年,在北京举办日照市蓝色经济区规划建设恳谈暨项目推介签约会。2013 年 3 月,组织各区县沿欧亚大陆桥和山西中南部煤炭大通道沿线部分城市开展系列招商推介活动。

省内招商　2004 年,日照市委、市政府开展"接轨青岛、融入半岛"活动,各区县、园区加大对青岛地区的招商力度,并在青岛设立招商办事机构。2009 年 1 月,组织赴青岛、济南等市有针对性开展招商活动;2 月,组织赴枣庄、临沂、济宁、菏泽等鲁南各市开展合作交流与招商活动。尤其是与青岛结成友好战略城市以后,至 2013 年,多次赴青岛进行"日照—青岛合作峰会"活动,开展企业洽谈、产业对接、经济合作,通过招商活动,洽谈招引一批新项目,加快了日照经济发展。

市内招商　2008 年 7 月,举办首届中国 · 日照国际工艺品博览会系列活动,邀请来自美国 5 个城市的市长、世界 CEO 俱乐部的 12 名 CEO、23 个国家和地区的 27 名华商会会长、100 多名签约投资商等中外嘉宾 300 多人出席。2008 年 11 月,承办青岛日照合作峰会暨经贸洽谈会,举办投资说明会和重点项目签约活动;2009 年 5 月,开展日照市第二届艺博会、首届绿茶节活动;6 月,举办"齐鲁行"暨日照建市 20 周年庆典、物流产业发展高峰论坛、鲁南临海产业区推介及项目签约、投资基金与日照企业对接会等活动,宣传和招商效果显著;8 月,举办"海外华商博士投资创业合作交流年"、东部沿海国际经贸论坛等活动。9 月,举办日照市对外经贸联谊恳谈会,来自 25 个国家和地区的 260 多名客户参加,签订合同(协议)项目 23 个,合同、协议外资额 18046 万美元。2013 年 8 月,举办第六届中国油品峰会暨(中国 · 岚山)石化投资发展战略研讨会,来自全国的 300 余家油品企业参会,全面推介市情、区情,提升了日照市石化产业的影响力。

第二节　产业招商

浆纸产业招商　1993 年,莒县造纸厂与东营市华泰集团合作,成立日照华泰造纸有限公司。2002 年,经过多方努力,投资 29.3 亿元,年产 31.5 万吨木浆、17 万吨白卡纸板的山东日照木浆有限责任公司成立;2005 年,新加坡金鹰集团旗下企业以 37 亿元的溢价收购山东日照木浆有限责任公司股权,企业改名为山东亚太森博浆纸有限公司(简称“亚太森博”);2010 年,该企业投资 113 亿元、年产 150 万吨木浆的二期项目投产,成为中国产能最大、环保水平最高的木浆生产企业,也是山东省最大的利用外资项目。

钢铁产业招商　2002 年,H 型钢项目、喜多来彩涂板等一批投资过亿元的项目落户。2003 年 3 月,引进河北客商投资兴建的日照钢铁集团公司在岚山区开工建设,9 月竣工投产。经过多次扩大产能和技术升级,形成可年产生铁 1321 万吨、钢坯 1268 万吨、钢材 1247 万吨的生产能力。2008 年,投资 1.5 亿元的 PC 钢棒项目建成投产。2010 年,推进华浙钢棒二期、联华管业、华钢钢管、天泰钢构等投资额在 1 亿元以上的配套项目 17 个,完成投资 14.04 亿元。2011 年,投资 3.2 亿元的鑫通源钢管、投资 2.2 亿元的天健卷管等 39 个项目投产,投资 5000 万美元的华钢特种钢棒、投资 5.5 亿元的钢材深加工等 24 个项目开工建设。2013 年 6 月,山东钢铁日照钢铁精品基地在岚山工业园区开工建设,计划总投资 567.48 亿元,环保投资 64.7 亿元,设计年产铁 810 万吨、钢 850 万吨、钢材 790 万吨。

粮油产业招商　2002 年,山东粮油、三维油脂、凌云海糖业等一批投资过亿元的企业落户日照粮油加工园区。2003 年,大海油脂、新良油脂落户。2006 年,中储粮油等项目落户。2011 年,中纺粮油、中储粮油二期等项目建成投产,森达美一期年产 30 万吨棕榈油项目开工建设,到位资金 26.4 亿元。

汽车及零部件招商　2005 年,经过多方努力,韩国现代发动机项目落户日照经济开发区。2008 年,威亚发动机二工厂、投资 2900 万美元的汽车模具项目开工建设。2010 年,推进山东重工重卡、现代汽车自动变速箱、龙泰汽车等投资额在 1 亿元以上的项目 35 个,完成投资 29.96 亿元。2011 年,投资 2.9 亿美元的派沃泰变速箱等 59 个项目投产,到位资金 40.1 亿元;龙泰汽车年产 30 万辆微型车等 53 个项目开工建设,到位资金 24.1 亿元。2013 年,引进汽车及零部件产业项目 23 个,到位资金 37.6 亿元。

船舶制造招商　2007 年 8 月,由山东万宝集团有限公司、山东海岳进出口有限公司、日照东远船业有限公司、新加坡莱佛士航运私人有限公司四方联合投资,将日照市造船厂兼并后成立山东华海船业有限公司,注册资本 7000 万元,实际投入建设资金 2.7 亿元。日照港达船舶重工有限公司由日照港下属的山东港湾建设集团有限公司与日本中和物产株式会社于 2007 年共同出资兴建,注册资本 7500 万元,具有一级Ⅲ类钢质一般船舶生产资质,主要建造海上平台服务船、溢油处置船、成品油船、散货船、锚艇、甲板驳、近海拖轮、港口拖轮及海上工程船等船型。日照海洋装备制造基地,由日照市与新加坡 JES 国际控股有限公司合作建设,计划总投资 100 亿元,2011 年 4 月 2 日开工,规划建设周期三年,主要生产海洋装备设施,企业建成投产后预计年实现销售收入 300 亿~500 亿元。

化工产业招商　2002 年,福岛丰源沥青项目落户岚山化工园区。2008 年,投资 3.8 亿元的 500 万吨选煤项目、投资 3 亿元的环保清洁能源项目、投资 18 亿元的石大科技石化项目在岚山化工园区建设。2010 年,招引推进森达美棕榈油、石大科技二期、金石沥青等投资额在 1 亿元以上的项目 46 个,完成投资 55.54 亿元。2011 年,投资 9 亿元的石大科技二期、投资 3.5 亿元的晨曦集团苯酐及配套项目、投资 8 亿元的气分装置资源优化二期项目等 24 个项目投产,到位资金 28.1 亿元。2013 年,引进石化产业项目 51 个,实际到位资金 58.1 亿元。

高新技术产业招商　2008 年,远大太阳能光伏科技项目、中天光源太阳能项目、苏米特 LED 项目完成注册,日照软件科技园正式运营,美国亿帆环球科技、加拿大戈尔特西斯等 12 家软件公司进驻。2011 年,海帝电器二期、香港世捷数字液晶电视、众山生化等 26 个项目投产,到位资金 13.2 亿元;投资 17.6 亿元的年产 3000 吨多晶硅、天一生物医学科学园等 40 个项目开工建设,到位资金 30.9 亿元。2013 年,全市引进高新技术产业项目35个,实际到位资金24.4亿元。尤其是信息服务外包产业,招引青苹果服务外包和文化创意产业园、山东善缘信息科技有限公司等项目。

第三节 区域合作

区域联合与协作 1989年后,日照市根据经济社会发展的实际需要,充分运用“政府搭台、部门服务、企业唱戏”的形式,积极引导企业走出去、请进来,围绕日照对外开放前沿、鲁南经济带、环渤海经济区、新欧亚大陆桥和煤炭大通道沿线城市等重点区域,积极开展经济技术合作交流和经贸洽谈活动。“八五”期间,全市与全国30个省、市、自治区100多个市、地、州建立协作关系,与外地企事业单位、科研院所、大专院校合作,签订执行的内联项目519项,引进资金4.3亿元。“十五”期间,全市共引进内资17.6亿元,全国县处级以上单位在日照设立办事机构53家。1992—2013年,日照市每年组团参加淮海经济区、陇海兰新经济带市长联席会、顾问会等横向联合会议。2002年8月,日照市承办陇海兰新经济促进会第九次年会,国家有关部门、新亚欧大陆桥经济带11个省区、42个市地州等216人参加。2011年5月,参加环渤海区域合作市长联席会第十五次市长会议,批准日照市成为环渤海区域合作市长联席会第41个成员市。2011年11月,环渤海区域产学研(日照)对接活动及2011年第三次市长特派员集中办公会议在日照市举行。这是日照市加入环渤海区域合作市长联席会以后的一次重大活动,会上有20个重点项目集中签约,签约金额9.2亿元。2012年4月,组织各区(县)、部分企业60余人参加在西安举办的第十六届西洽会。会议期间,共洽谈成功项目7个,其中蓝色经济项目4个,签约项目2个,投资额21.3亿元。2013年5月,赴黔江区考察访问,并参加在重庆市举办的第十六届中国(重庆)国际投资暨全球采购会。日照市海通丝业、三汇玻璃、海汇集团等5家企业与黔江区签署了桑蚕生产加工、平板玻璃生产、机械制造等5个合作项目,计划总投资7.2亿元。

接轨青岛 2004年,在全市开展“接轨青岛、融入半岛”活动。2005—2009年,日照市主动与青岛各有关部门衔接,两市多次召开经济合作、企业洽谈、产业对接会议,合作领域不断拓宽。2010年7月,青岛、潍坊、日照规划部门启动三市区域空间布局与协调发展战略研究,青岛港、日照港、烟台港、威海港与韩国釜山港签署“4+1”港口战略联盟。2012年11月1日,青岛市党政考察团到日照市考察,并与日照市签署《加快推进蓝色经济区建设战略合作框架协议》,两市合作发展进入新阶段。2013年11月27日,“山东半岛城市部门战略合作联盟”成立大会在青岛举办,联盟成员由青岛、烟台、威海、潍坊、日照、滨州、东营7个市的发改委和经济合作部门组成,致力于加强互动、深化合作,推动山东半岛城市一体化发展。

辐射鲁南 2011年3月,日照市政府与临沂市政府签署《落实山东半岛蓝色经济区发展规划推进区域发展合作协议》,建立共同推动鲁南经济带城市合作机制。2011年6月1日,与济宁市签署《共建蓝色经济区和鲁南经济带合作协议》,建立共同推动鲁南经济带城市合作机制。2012年9月11—14日,日照党政考察团赴枣庄、菏泽、济宁、临沂,考察学习鲁南四市在“转、调、创”,加快经济社会发展等方面的经验,进一步加强与鲁南经济带各市的交流与合作,并分别与枣庄、菏泽两市签署《加强鲁南区域合作共享蓝色战略机遇协议》。至此,日照市与鲁南四市全面搭建起多层次、宽领域、全方位合作的新平台。

第四节　引进与利用外资

外商投资企业　地级市建立后，日照市利用外资由小到大，快速发展。从 1985 年第一家合资企业落户，至 1989 年利用外资项目 5 个，总投资 6258.67 万元，利用外资 1007.47 万美元。2004 年，全市新批利用外资项目 63 个，合同利用外资 2.31 亿美元，实际利用资金 1.07 亿美元。2013 年，全市新批外商投资项目 22 个，到账外资 5.29 亿美元，绝对值和增长幅度分别居山东省各市的第七位和第五位。截至 2013 年年底，全市累计批准利用外资项目 1188 个，实际利用外资 39.74 亿美元。世界 500 强企业中落户日照市的 12 家，投资企业 23 家，合同利用外资 9.49 亿美元，实际到账外资 8.56 亿美元。

外资来源地　随着日照市投资环境的逐步改善和对外开放力度的不断扩大，到日照投资的国家和地区大幅拓宽。2004 年，日本丸红株式会社、日本索尼公司、比利时百瑞集团、法国液化空气集团、新加坡金鹰集团等世界知名跨国公司到日照市投资建厂。2013 年，到日照市投资的国家和地区达到 37 个。

投资领域　1989 年前后，日照市外商投资主要集中在第二产业，合资或独资建立生产加工企业。2000 年以后，外商投资领域不断拓宽，已经逐步延伸到一、三产业，进一步优化了投资产业结构。截至 2013 年年底，日照市第一、第二、第三产业占全市实际利用外资的比重分别为 1.7∶82∶16.3。外商投资第二产业主要集中在以汽车发动机及零部件制造、冶金、化工、粮油、浆纸、木材等领域。

增资并购　外商以并购方式进行的投资日趋活跃，投资性公司从无到有，增资扩股已成为利用外资的重要方式。亚太森博（山东）浆纸有限公司及邦基三维油脂有限公司并购、恒宝食品公司马来西亚上市、液化空气（中国）投资有限公司投资设立液化空气（日照）有限公司、亚太森博（山东）浆纸有限公司关联股东境外贷款等项目实现了全市利用外资方式的新突破。2013 年，日照市实际利用外资主要集中在增资、并购上，合同外资中，森博浆纸、威亚汽车发动机、实华原油码头、派沃泰变速箱等增资并购合同外资 3.14 亿美元，占全部利用外资的 79.4%。实际到账外资中，增资项目到账占全部利用外资的 63.7%。另外，股权出资、跨境人民币投资、投资性公司投资、境外股东借款等投资方式不断增加。

第二章　对外贸易

改革开放后，日照市外贸出口以农副产品为主，但数量较少，主要由国营外贸公司从事收购经营，然后交予山东省外贸公司出口。1989 年，全市从事外贸收购业务的企业有 5 家，完成外贸收购额 1.02 亿元。1992 年以后，随着外贸经营权逐步放开，市内从事对外贸易业务的企业逐步增多。2000 年，日照市与 80 多个国家和地区建立了经贸合作关系。2010 年、2012 年、2013 年，日照市进出口贸易额先后突破 100 亿美元、200 亿美元、300 亿美元。2013 年，全市完成进出口总值 330.4 亿美元，居山东省第三位。

第一节　出口贸易

出口企业　1989 年，日照市有外贸国营公司 5 家，主要在市内组织货源，供货山东省外贸公司对外出口。1992年12月，日照市第一家自营进出口企业——日照市进出口公司获得进出口经营权之后，进出口贸易实现从收购供货到自营进出口的转型。2004年，市内许多生产企业、流通公司及民营企业先后获得进出口自主权，开始进入外贸领域。1995年，国家取消外贸收购计划和统计管理，全市不再执行出口计划统计，只统计自营进出口情况。全市形成外商投资企业、民营企业、国有企业三路大军共同发展的对外贸易格局。2004年，日照市有出口实绩的企业310家，其中出口1000万美元以上的企业14家。2013年，全市有进出口实绩的企业998家，其中进出口过亿美元的企业49家，过千万美元的企业228家，有15家外贸企业获“全省外贸百强企业”称号，日照市被评为“全省出口农产品质量安全示范市”。

出口产品 1989年，日照市外贸出口以农副产品出口为主。随着外向型经济不断扩大，出口商品结构发生变化，农副产品相对减少，纺织品、化工产品、五金、食品、地毯、绣花品、服装等工业产品逐渐增多。出口商品结构、出口市场结构以及出口主体结构、贸易方式等逐步得到改善。2002年，中煤日照公司划归地方统计后，煤炭出口占首位，所占出口比重为56.8%。2006年，钢铁成为第一大出口商品，所占比重为28.9%。至2013年，全市逐步形成以钢铁、汽车零部件、食品、柠檬酸、塑料制品、家具、五金工具、健身器材、纺织服装等外贸出口行业。其中，钢铁、水产品、汽车零部件和柠檬酸等为主要出口产品，出口额分别占全市出口总额的32.2%、12.9%、9.3%和5.1%。

出口市场 1992年，日照市外贸公司获得进出口经营权后，出口商品主要是农副产品和部分工业品，出口市场以日韩、欧美等国为主。在巩固拓展传统发达市场的同时，积极开辟中东、东盟、拉美、非洲、南亚、俄罗斯等新兴市场。2013年，日照出口市场拓展至世界五大洲、100多个国家。其中，亚洲占出口总值的61.6%，欧洲占出口总值的18.5%，美洲占出口总值的16.3%，非洲占出口总值的2.3%，大洋洲占出口总值的1.4%。出口前几位的国家和地区分别是东盟各国6.52亿美元，占比16.8%；日本5.64亿美元，占比14.5%；韩国5.43亿美元，占比14.0%；美国3.95亿美元，占比10.2%；欧盟3.49亿美元，占比9.0%；俄罗斯3.25亿美元，占比8.4%。

出口总额 1989年，全市完成外贸收购额1.02亿元，其中粮油1660万元、食品4680.1万元、土畜产736.2万元、机械化工261.9万元、丝绸1563.1万元、抽纱704.8万元。1993年，当年完成自营出口589万美元，其中市进出口公司完成出口320万美元。1997年，全市出口突破3亿美元，达到3.5亿美元；2001年，全市出口突破6亿美元，达到6.2亿美元；2004年，全市出口突破10亿美元，达到10.8亿美元；2008年，全市出口突破20亿美元，达到25.3亿美元；2011年，全市出口突破30亿美元，达到39.1亿美元；2013年，全市出口达到38.8亿美元。

出口名牌产品和示范基地 2012年，山东省政府正式授予日照市出口农产品质量安全示范市称号，莒县、东港区、岚山区先后通过国家级出口农产品质量安全示范区验收。比特电子的“Bittel”、可意食品的“金色玫瑰”、信伟粮油的“YU WEI及图形”和金禾生化集团的“RZBC”被评为“山东省重点培育和发展的国际知名品牌”。东港区抽纱和五金建材、莒县塑料制品、开发区汽车零部件外贸转型升级获得省级专业型示范基地。金禾生化集团被评为省级科技兴贸出口创新基地，柠檬酸的世界占有率达29%。山东比特电子工业有限公司被评为全省首批机电产品出口基地企业，日照锦绣抽纱制品有限公司和山东国软信息技术有限公司被评为全省重点文化产品和服务出口企业。

第二节　进口贸易

进口产品　1989 年，日照市进口商品多为木材、机械、化肥、水泥、车辆等。1999 年，境内口岸的木材进口商由 5 家发展到 20 多家，进口木材品种从单一的奥古曼发展到柳桉木、辐射松等 20 多种，木材来源由加蓬、赤道几内亚等少数国家增至马来西亚、刚果、俄罗斯、新西兰等四大洲十几个国家，日照口岸成为山东省最大的原木进口集散地。2000 年后，以铁矿砂、镍矿、大豆、煤炭、精炼铜、食用植物油、木片、原糖等资源类商品和机械设备为主的进口业务迅猛增长。2007 年，日照口岸镍矿进口数量占全国总进口量的 40%左右，成为全国最大的进口镍矿中转口岸；铁矿石进口成为全国第一大进口口岸。2013 年，日照港进口前六位的产品分别是：金属矿砂 1.53 亿吨，货值 92.4 亿美元；大豆及其粮食 960.68 万吨，货值 83.7 亿美元；煤炭 3344.46 万吨，货值 24.3 亿美元；精炼铜 16.1 亿美元、棕榈油 10.7 亿美元、木材 8.4 亿美元。

进口市场　1989 年，日照市进口产品国主要有加蓬、赤道几内亚、马来西亚、刚果、俄罗斯、日本等国及欧美部分国家。2003 年后，随着铁矿石、镍矿、煤炭进口量的提升，进口国家拓展到巴西、澳大利亚等五大洲几十个国家。2013 年，日照市进口产品分布在五大洲的比例是：美洲占进口总额的 46.6%，亚洲占进口总额的 24.2%，大洋洲占进口总额的 21.8%，欧洲占进口总额的 4.3%，非洲占进口总额的 2.9%。进口前五位的国家和地区分别是巴西、澳大利亚、美国、东盟国家、韩国，进口额分别占全市进口总额的 24.6%、21.5%、13.1%、11.7%、7.4%。

进口总额　日照港建港初期，功能单一，以出口煤炭为主，进口数量较少。1989 年，日照市进口总额为 5930 万美元（据日照海关数据）。20 世纪 90 年代后，国家下放进出口权，日照市获得进出口权的企业增多，进口产品增加。1994 年，进口额达到 1.59 亿美元。进入 21 世纪后，随着日照港口功能的不断完善，进口产品大幅提升。2006 年进口总额超过 20 亿美元，达到 20.76 亿美元。2010 年超过 100 亿美元，达到 111.02 亿美元。2012 年超过 200 亿美元，达到 213.67 亿美元。2013 年，全市完成进口额 291.6 亿美元。

第三节　出口加工贸易

加工贸易额　日照市出口加工贸易始于 20 世纪 90 年代初。1993 年，出口加工贸易企业发展到 10 家，出口加工额不足千万美元。2000 年，出口加工贸易企业发展到 30 多家，出口加工额达到 6100 万美元。进入“十五”以后，日照市出口加工贸易进入快速发展时期。2005 年，出口加工企业发展到近百家，完成出口加工额 4.7 亿美元，其中出口过千万美元的企业有 11 家。2010 年，完成出口加工额 8.9 亿美元，过千万美元的企业有 16 家，其中威亚汽车发动机出口 0.7 亿美元。2013 年，完成出口加工额 15.5 亿美元，过千万美元的企业有 22 家。

出口主要国家　1993 年，日照市加工贸易出口主要集中在日本、美国、欧洲等发达国家。2000 年后，日照市加工贸易出口拓展到东南亚、非洲、中东等 100 多个国家和地区。到 2013 年，日照市加工贸易出口遍布 5 大洲 170 多个国家和地区，其中加工贸易出口前九位的国家和地区分别是俄罗斯、日本、韩国、美国、哈萨克斯坦、英国、德国、印度、巴拿马。

出口主要产品 1993年,出口加工产品以水产品、纺织抽纱、蔬菜为主。2000年,出口加工产品增加电子产品、塑料制品。2013年度,日照市加工贸易出口前八位的主要产品是发动机、小轿车用自动换挡变速箱、聚乙烯塑料袋、漂白硫酸盐木浆、冻的其他鱼片、白卡纸、冻冷水小虾虾仁、冻的大麻哈鱼片等。其中,威亚汽车发动机出口3.6亿美元,派沃泰自动变速箱出口1.2亿美元。

第三章 经济技术合作

1992年,日照国际经济技术合作公司获得对外劳务合作和对外承包工程经营资格,日照市经济技术合作开始起步。1993年,日照第三木器股份有限公司在美国设立首家日照市境外投资企业;全市签订对外劳务合作合同16项,合同金额460.57万美元,期末在外劳务171人;争取国际无偿援助项目3个,受援金额40.9万美元。至2013年,全市累计外派劳务人员3万余人,外派国家涉及日本、韩国、新加坡、俄罗斯、波兰、德国等20多个国家及地区;共批准境外投资项目70个,投资总额近6亿美元,实际投资总额2亿多美元,境外投资涉及美国、日本、韩国、澳大利亚、俄罗斯、德国、越南、坦桑尼亚、莫桑比克、印度尼西亚、马来西亚、墨西哥、几内亚、埃塞俄比亚、菲律宾、新西兰、泰国等30多个国家和地区。

第一节 外派劳务及对外承包工程

外派劳务企业 1992年,日照国际经济技术合作公司获得对外劳务合作经营资格,成为全市首家开展对外经济技术合作的企业。至2013年年底,全市具有对外劳务合作经营资格企业6家,分别是山东中海国际经济合作有限公司、日照市振兴房地产开发有限公司、日照华东国际经济技术合作有限公司、日照五洲贸易有限公司、日照恒昌境外就业服务中心、日照华通境外就业服务中心。设立省级对外劳务合作服务平台2家,分别是东港区外派劳务服务平台、莒县对外劳务合作服务平台。

对外承包工程企业 1992年,日照国际经济技术合作公司获得对外承包工程经营资格,成为全市首家开展对外经济技术合作的企业。至2013年年底,全市具有对外承包工程资格企业4家,分别是山东金星钻探有限公司、山东港湾建设有限公司、日照山海天建筑安装工程有限公司、山东省第八地质勘察院。

劳务合作与外派劳务人员 1993年,日照市签订对外劳务合作合同16项,合同金额460.57亿美元,期末在外劳务人员171人。1994年,签订对外劳务合作合同26项,合同金额752.4亿美元,期末在外劳务人员481人。2000年,全市实现外派劳务800余人次,年底在外近3000人;2010年,全市实现外派劳务1712人次,年底在外3210人;2013年,全市外派公司直接外派劳务人员1176人次。储备劳务人员近4000人次,提供合格劳务人员2000余人次。截至2013年,全市累计实现外派劳务人员3万余人,涉及日本、韩国、新加坡、俄罗斯、波兰、德国等近20个国家和地区;外派工种有水产、服装、建筑工程、餐饮、电焊、印刷包装、农业种植等30余个。

第二节　境外投资

境外企业　1993 年，日照第三木器股份有限公司在美国设立宝乐木制家具有限公司，成为日照市首家境外投资企业。1994 年，全市境外企业累计发展到 14 家，并有 8 家开业运营。2010 年，全市新批境外投资项目 10 个，境外中方投资额 3879 万美元。2013 年，全市新批境外投资项目 13 个，中方投资额 13150 万美元。至 2013 年年底，全市累计批准境外投资项目 65 个，核准境外投资总额近 5 亿美元，对外实际投资总额 2 亿多美元。

投资国家和行业　境外投资涉及美国、日本、韩国、澳大利亚、俄罗斯、德国、越南、坦桑尼亚、莫桑比克、印度尼西亚、马来西亚、墨西哥、几内亚、埃塞俄比亚、菲律宾、新西兰、泰国等 30 多个国家和地区，涉及矿产资源开发、水产品加工、机械加工、游艇制造、农业开发、境外营销网络建设等 10 余个行业，投资方式有设立办事处、开办贸易公司、投资办厂、参股、并购等。

第三节　经济技术贸易

服务外包基地　2009 年，日照市国际服务外包项目开始起步，日照市高新区 1.2 万平方米软件楼动工建设。2010 年，日照高新区服务外包示范基地 1#、2#服务外包研发楼投入使用，日照大学城创意产业基地建成，为企业服务外包、科技研发、孵化和创业等提供了良好的载体。重点推进国际服务外包公共平台建设，先后与甲骨文(中国)软件系统有限公司合作共建“云计算”平台，与山东大学、山东省科学院、山东健元生物科技有限公司合作建立日照高新区软件工程实验室等 3 个公共技术平台，山东领信信息科技股份有限公司倡导成立日照市软件服务外包产业技术创新联盟，为全市十几家外包企业提供公共技术平台。2013 年，全市有省级服务外包示范基地 1 个(山东日照高新技术产业园)，科技孵化器 1 个(清大华创日照科技孵化器)，软件园 2 个(日照经济开发区软件科技园、山海天旅游度假区软件园)，创业培训基地 2 个(首都师范大学日照动漫基地、日照创意产业培训基地)。

服务外包培训基地　人才是服务外包产业发展的基础。日照市有普通高校和高等职业技术院校 7 所，均设有计算机和相关专业，构成高、中、低三个层次的软件和信息服务人才培养体系。2013 年，全市有省级服务外包人才培训机构 7 家，其中山东外国语职业学院、日照职业技术学院和日照市软件人才专修学校等高校服务外包人才培训机构 4 家，企业实训机构 3 家，每年培训和实训服务外包产业技能型和实用型人才 1000 余名。

服务外包企业　2009 年，全市服务外包企业有 42 家，从业人员 700 多人。2010 年，新招引世界五百强外包企业“甲骨文”和深圳残友集团到日照市设立公司，承揽信息管理系统方面的外包业务。新发展格瑞菲斯、丰源家纺、三川文具等服务外包企业 7 家，全市服务外包企业发展到 62 家，取得双软认证企业 5 家。2013 年全市已登记注册的各类服务外包企业有 81 家，重点培植沃索思、领信科技、国软信息、在天软件、德亚多信息、甲壳虫动漫、比特电子等 30 家骨干外包企业，其中有 21 家企业开展离岸外包业务。中国 100 强服务外包企业湖南青苹果数据中心、世界 500 强企业美国甲骨文均落户日照市，主要承揽数字化报刊出版、信息管理系统等方面的外包业务。

服务外包业务　2013 年，全市接包合同 359 份，接包合同金额 8705 万美元，比上年分别增长 89.9%

和 29.4%；完成服务外包离岸执行额 6424 万美元，比上年增长 10.9%，位居山东省各市第八位。企业主要从事金融流程外包、软件研发及开发、软件技术服务、信息系统运营维护、报刊数字化出版、动漫制作等业务，承接离岸外包来源地有美国、日本、俄罗斯、加拿大、韩国等近 10 个国家和地区。山东领信信息股份公司与美国翰德·太平洋公司签订 100 万美元的外包合同，当年累计执行 75 万美元。凌智软件承接俄罗斯的外包业务、在天软件承接日本的程序开发等执行额均在 50 万美元以上。

重点服务外包产业园　2008 年 7 月，山东日照高新技术产业园被命名为省级国际服务外包示范基地。基地占地 12.1 公顷，总规划建筑面积 21.7 万平方米，其中服务外包基地建筑面积 10 万平方米，1.2 万平方米的软件楼。引进领信信息、凌智软件、红桥网络、在天软件、深度软件、活点网络等软件和服务外包企业 26 家，从业人员 800 多人。日照经济开发区软件科技园引进戈尔特西斯、宇启科技、国软软件等软件开发及服务外包企业 16 家，从业人员 300 多人。日照大学科技园引进清大华创日照科技孵化器、日照创意产业培训基地（规划中）和首都师范大学日照动漫基地。清大华创日照科技孵化器是清华大学和清华大学科技园参股投资建设的新型现代服务平台，已吸引服务外包企业 15 家，从业人员 400 多人。山海天旅游度假区软件园占地 2 公顷，总投资 6000 万元，主要进行集成电路及软件的设计、开发，微生物强化采油技术的开发与服务。

第四节　参加国内大型经贸活动

广交会　广州出口商品交易会，每年举办两届。地级日照市建立后开始参加广交会，摊位数从最初的 1 个发展到 100 余个，参展企业从 1 家发展到 70 家，广交会已成为全市外贸企业对外出口业务的重要展示窗口与联系平台。参展的企业包括机电、家具、办公用品、纺织、服装、食品、玩具等多个行业领先的生产和贸易商，几乎涵盖日照市所有出口商品。第 113 届广交会于 2013 年 4 月中旬在广州琶洲展馆举行，日照市共设有摊位 104 个，参展企业 67 家。第 114 届广交会于 2013 年 10 月中旬举行，日照市共设有 107 个摊位，参展企业 70 家。

华交会　中国华东进出口商品交易会，1991 年创办，每年 3 月 1 日在上海举行，是华东地区区域性国际经贸会。由上海市、江苏省、浙江省、安徽省、福建省、江西省、山东省、南京市、宁波市 9 个省市联合主办。日照市每年组织约 10 家企业参展，成为纺织服装等生产企业重要展会活动，尤其是对日韩客商有较大的吸引力。

青交会　青岛跨国采购洽谈会暨进出口商品交易会，创办于 2003 年，每年举办两届，被业内人士誉为“南有广交会，北有青交会”。2013 年，展会联合河北、河南、山东、山西、江苏、浙江、福建以及东北三省纺织协会举办地区纺织行业采购洽谈对接会，吸引欧美、日韩、东南亚等地区及中国港澳台客商现场采购。日照市每届都组织企业参展，均取得良好效果。

此外，日照市还多次组团参加深圳、西安、新疆、云南等地举办的大型商品交易会。

第二十一编　金　融

1989年后，日照市金融机构和从业人员数量大幅增加，不同性质的金融机构遍布城乡，初步形成银行、保险、证券、期货等功能比较齐全的金融机构体系。至2013年年底，日照市拥有94家金融机构，既有商业银行，又有政策性银行；既有传统意义上的银行业金融机构，又有如村镇银行、贷款公司等新型银行业金融机构。银行业机构提供的金融服务不断丰富和完善，从简单的存、贷、汇业务，到多样化、个性化的金融服务，传统银行业务模式发生重大转变，金融超市功能逐步显现。

全市基本建立覆盖广泛、功能齐全的跨市场、跨境支付结算体系。人民银行建立和完善一系列的金融监控信息系统，支付清算、账户管理、征信管理、国库管理、货币金银管理、反洗钱监测分析、金融统计监测管理信息等和办公政务实现了信息化。商业银行的综合业务处理、资金汇兑、银行卡服务等基本实现计算机联网处理和数据集中处理，自助银行、网络银行、电子商务、网上支付结算等新型金融服务迅速发展。

至2013年年底，全市银行业本外币各项存款余额1780.1亿元，是1989年的137倍；本外币各项贷款余额1489.5亿元，是1989年的104倍。银行业机构税后利润45亿元。全市保险业累计保费收入33.4亿元，为经济社会承担各类风险责任6111.6亿元，累计赔付8.2亿元。全市两家证券公司本年累计开户138户，累计交易额485亿元。全市19家小额贷款公司贷款余额35.4亿元，本年累计贷款额86.1亿元。13家融资性担保公司担保责任余额31.9亿元，担保额40.1亿元。

第一章　银　行

1989年地级日照市建立后，市和各县分别设有中国农业银行、中国工商银行、中国建设银行和中国人民银行等分行，组建城市和农村信用社，形成多家金融机构并存、金融业务多样化的局面。1993年日照市设区带县后，各金融机构加大吸收存款力度，努力争取上级行资金支持，不断增加信贷投放。限制对投资过热行业贷款，大力支持港口、铁路、能源工程建设和企业技术改造，确保全市重点项目建设，促进产品升级换代。信贷投放向“三农”倾斜，支持农业增效、农民增收，同时加大对中小企业、民营企业扶持力度，增加扩大消费、增加就业方面的贷款支持，促进全市经济结构调整；逐步化解过去积累的金融风险，不良贷款比例逐年下降，处置撤销少数违规经营不能支付到期债务的部分机构。截至2013年年底，全市存款1684亿元，贷款1489亿元，实现直接融资55亿元。

第一节　存　款

1989 年，中国工商银行、中国农业银行和中国建设建行相继对企业开办大额存单业务。中国人民银行日照支行统一审定储蓄种类，停办一些不规范的、影响银行声誉的储种，如“摸奖储蓄”“贴水储蓄”“存期累进储蓄”等，加强对“有奖储蓄”的审批和管理。随后，各县人民银行支行加强储蓄业务市场管理，对变相提高利率的做法予以处罚，名目繁多的有奖储蓄被停办，储蓄业务逐步走上正轨。

1990 年后，储蓄存款利率连续下调，各金融机构采取开办代收代付业务、电脑储蓄等改善服务质量、提高工作效率的措施，使储蓄存款仍保持一定增势。1990 年，全市储蓄存款余额为 11.91 亿元。

1999—2000 年，全市企业经济效益滑坡，企业存款增长缓慢。1999 年年底，企业存款余额为 28.9 亿元，同比少增 0.8 亿元。2000 年年底，全市企业存款余额为 30.46 亿元，同比少增 0.73 亿元。

2001 年，企业经营形势出现好转，全市金融机构强化企业存款组织工作，企业存款连年增长。年底，全市企业存款余额为 36.76 亿元，较 2000 年增长 16.7%。受机关事业单位职工加薪和完善城镇居民最低生活保障制度等收入政策的影响，城乡居民收入信心增强，储蓄存款开始出现恢复性增长。全年全市储蓄存款余额 96.68 亿元，较 2000 年增加 9.74 亿元，增长 11.20%。

2002 年，全市企业特别是电力、交通、石油、煤炭和电信等单位经营效益明显提高，加之贷款大幅增长形成大量派生存款，使企业存款迅速增加。年底，全市企业存款余额为 43.11 亿元，较年初增长 23%。储蓄存款增速明显加快，增长 13.75%，比 2001 年高 2.5 个百分点。年末，余额为 109.97 亿元，比 2001 年增加 13.29 亿元。其中，活期储蓄存款增加 5.12 亿元，定期储蓄存款增加 8.17 亿元，在新增存款中，定期储蓄存款占 61.43%，保持了较强的稳定性。

2009 年，受宏观经济金融形势影响，全市各项存款余额为 819.47 亿元，较年初增长 32.05%，增幅居全省第三位。

2012 年，深入推进农村支付环境建设，提前实现“双百”目标，全市 2858 个行政村实现“足不出村”办理存取款业务。全市金融机构人民币存款余额为 1442.48 亿元，比年初增加 294.84 亿元，同比多增 140.99 亿元，比年初增长 25.69%。

2013 年，全市金融机构人民币存款余额为 1737.5 亿元，较年初增加 294.3 亿元，同比少增 0.6 亿元。

第二节　贷　款

1989 年，大部分工业企业经营效益滑坡，信贷资金周转缓慢，资金形势趋于紧张。全市各专业银行贯彻“限长促短、扶优限劣”的贷款方针，调整信贷投向结构和投量。1990 年，各专业银行进一步实行“保优不包优、限劣不卡劣”的灵活性信贷原则，集中资金保证重点企业、重点产品的生产需要，促进产业结构、产品结构调整。年底，全市工业贷款基本满足生产正常资金需求。

1994 年，为限制企业盲目生产，促进实现最终销售的有效益生产，市工商银行采用工业流动资金贷款与企业销售收入回收率挂钩的办法，同时提高了抵押担保贷款的比重。

2000 年，日照市工业贷款投向由短期转为以中期为主，票据融资规模迅速增长。年底，短期工业贷款较年初增加 0.40 亿元，同比少增 2.3 亿元，主要投向 A 级以上优质客户；中期流动资金贷款比年初增加 2.4 亿元,同比多增 3 亿元。同时,企业短期融资需求倾向于利用票据、信用证、保函等融资手段,全年累计签发银行承兑汇票 16.4 亿元,较 1999 年增长 5.1%;办理贴现贷款 9.8 亿元,较上年增长 120%。2000 年年底,全市农业贷款余额为 15.38 亿元。市人民银行支农再贷款余额由年初的 4710 万元增加到 1.6 亿元,引导农村信用社增加农业贷款 1.7 亿元。

2002 年,全市全年新增农业贷款 3.89 亿元,农户贷款率达 30%,其中联保贷款余额 2.96 亿元,涉及农户 139788 户,较好地满足了农户的贷款需求。2003 年,工业贷款余额 18.79 亿元,较 2002 年增加 2.3 亿元,中长期基本建设贷款余额 23.05 亿元,重点支持临海大工业、港口、交通重点项目和基层行业的资金需求。2003 年,全市农业贷款余额 29.09 亿元,较 2002 年增加 5.5 亿元。

2004 年,全市贷款增幅居全省第一。其中,1—5 月贷款投放呈逐渐下降趋势,6—12 月,贷款投放呈"W"型波动。宏观调控作用在二季度比较明显,贷款增速明显下降;自三季度后,金融机构积极贯彻"有保有压"货币政策,信贷投放增速回升。

2011 年,面对复杂多变的经济形势,日照市坚持把畅通货币政策传导机制作为执行货币政策的核心,出台多项政策措施,引导金融机构加大信贷支持和金融创新力度,全市金融机构本外币各项贷款余额为 1107.14 亿元,比年初增加 144.9 亿元,增长 15.1%。各项贷款余额为 1107 亿元,比 2010 年增加 144.9 亿元,增长 15.1%,多增 14.4 亿元,是全省 7 个新增贷款同比多增的地市之一。

2013 年,深化"为民服务创先争优"活动,全面推动各项业务工作优化升级,确保了辖区金融体系的安全稳定。全市金融机构各项贷款余额为 1489.5 亿元,较年初增加 180.0 亿元。其中,人民币各项贷款余额为 1271.9 亿元,较年初增加 152.3 亿元,同比多增 25.2 亿元;外币各项贷款余额为 35.7 亿美元,较年初增加 5.5 亿美元,同比少增 5.6 亿美元。

第三节　结　算

结算方式　结算方式是指用一定的形式和条件来实现各单位(或个人)之间货币收付的程序和方法。现行的银行结算方式包括银行汇票、商业汇票、银行本票、支票、汇兑、委托收款、异地托收承付等。

1989 年 4 月,日照市实行新的结算方式,分为汇票、银行本票、支票、信用卡等 4 种,总称"三票一卡"。

1993 年 1 月,日照市作为第四批电子联行试运行单位参加全国电子联行。全市各专业银行发有全国联行行号并参加同城票据交换的银行机构之间、异地跨系统贷记业务(代收业务,包括信汇、电汇和委托收款、托收承付结算的邮划、电划)均通过电子联行办理,借记业务(代付业务)暂不纳入。

1994 年起,各专业银行和其他金融机构的会计核算均由收付记账法改为借贷记账法,同时使用新的结算凭证。当年,整顿结算秩序,执行"三不准"(第一不准任何理由压票、任意退票和受理无理拒付;第二不准在结算制度之外规定附加条件,影响汇路畅通;第三不准违反规定开立账户)。

2002 年 6 月,全市实现银行卡联网通用,率先完成人民银行济南分行部署的联网通用任务。取消各商业银行 50 万元以上大额汇划款项必须通过人民银行转汇的规定,各行通过行内电子汇兑系统办理。下半年,日照市商业银行加入全国城市商业银行结算中心。

至 2013 年年底,全市共推动 50 家符合条件的营业网点加入现代支付系统,其中 45 个为农村地区基层营业网点。大力推广网上银行、手机银行等电子化服务渠道,全年网上银行交易额近 8000 亿元,手机银行交易额70余亿元,柜面排队客户较年初下降24.68%。

联行清算 联行清算是指人民银行与专业银行以及专业银行之间汇划资金的清算。随着金融管理体制的改革和专业银行的相继成立,全国联行往来由人民银行统一管理,改为“各专业行自成联行系统、跨行直接通汇、相互发报移卡、及时清算资金”,畅通了汇路。

1990年,人民银行实行电子联行制度,异地跨行资金划拨业务通过电子联行往来办理,加速了资金周转。1992年,执行《中国人民银行电子联行往来制度》,电子联行业务得到全面规范。1993年1月,日照市人民银行正式开通电子联行业务。1996年后,各商业银行资金清算系统陆续开通,系统内往来资金实现24小时及时到账。1996年7月,山东省人民银行开通全省城市信用社、农村信用社以及其他非银行金融机构特约联行。1999年,日照市设立特约联行。

2000年10月,中国人民银行决定:“借鉴吸收,以我为主,自主开发”,加快中国现代化支付系统建设。2005年3月14日、4月11日、5月23日和6月27日,大额支付系统分4批完成在全国的推广应用,日照市首批运行,取代全国电子联行系统。每笔业务实时到账,其功能和效率达到国际先进水平。

2006年8月1日,人民银行全国联行机构停止发起全国联行往账业务。全国联行业务停办后,联行专用章及报单等重要物品由人民银行地市中心支行保管,全国联行作为支付清算系统重要应急处置方式保留。

2013年8月,在全省率先上线运行中央银行会计核算数据集中系统(ACS),为金融机构提供更加优质高效便捷的服务。组织日照银行做好第二代支付系统模拟运行,保证系统顺利上线。

票据交换 票据交换,也称票据清算,一般是指同一城市(或区域)各金融机构对相互代收、代付的票据,按照规定时间和要求通过票据交换所集中进行交换并清算资金的一种经济活动。它是银行的一项传统业务,票据交换业务不仅涉及银行间票据的交换与清算,还牵涉社会资金的使用效益等。

1990年12月,日照市票据清算中心正式成立,各银行以会员制身份参加。后将经济较为发达、条件比较成熟的岚山、汾水、虎山、涛雒、奎山等镇纳入同城票据清算范围。至1994年年底,全市有58家金融机构营业网点参加全市票据交换。当年累计业务量30余万笔,清算资金总额150亿元。

1996年7月29日起,以日照市票据清算中心为中心,将同城票据交换的范围扩至莒县、五莲县级金融机构,初步形成“大同城”的格局。

2000年8月,中国人民银行日照市中心支行自主研发的新同城票据清算系统正式运行,第一批入网单位有85家。全市票据清算工作进入网络清算阶段,贷记业务实现实时到账,借记业务变“隔场抵用”为“次场内抵用”。同时与全国电子联行系统连接,实现“天地对接”,解决了过去“天上三秒、地上三天”的资金清算瓶颈。

2003年,中国人民银行日照市中心支行制定并实施《日照市同城清算网络系统灾难应急方案》,建立完备的同城网络清算灾难应急机制。

2008年4月21日,中国人民银行日照市中心支行根据总分行的统一部署,结合辖区实际,在全市依托同城清算系统,开办银行本票业务,丰富辖区支付结算手段,为企、事业单位资金周转提供更多选择。

2012年,为开展人民币银行结算账户管理系统与同城清算系统账户信息比对工作,同城清算系统在全省范围内实行升级换版,升级后同城清算系统,安全系数更高。通过账户信息比对,规范银行业金融机构账户行为,实现人民银行对银行结算账户的非现场监管,督促落实账户实名制,维护辖区经济金融秩序。

2013 年，中国人民银行日照市中心支行采取每日、月度和季度三种模式，完成全辖 20 家机构 40 个账户的对账工作，对账 11040 户，实现内外账务全部核对相符。

第二章　保　险

1995 年年底前，日照市保险业务由中国人民保险公司日照市支公司独家经营，开办的险种主要有企业财产保险、农业保险、货物运输保险、机动车辆保险、家庭财产保险、职工养老保险、学生平安保险等。全市保险业务总收入 7797.9 万元，其中财产险业务收入 5465.4 万元，人身险业务收入 1872.7 万元，涉外业务保费收入人民币 459.8 万元。至年底，国内外业务赔款（含给付）总支出 2553.7 万元，其中国内财产保险赔款给付 2147.9 万元，人身保险赔款给付 229.1 万元，涉外业务赔款人民币 176.7 万元。随着人身险业务的不断扩大，1996 年 5 月，根据《中华人民共和国保险法》对产、寿险实行分业经营的要求，公司实行体制改革，一分为二为财产、人寿两个公司。此后，随着保险市场逐步放开，保险企业逐年增加。2013 年，全市保险企业增加到 30 家，实现保费收入 33.35 亿元，同比增长 23.0%。其中，财产险保费收入 15.12 亿元，增长 20.2%；人身险保费收入 18.23 亿元，增长 25.5%。全市保险服务能力进一步提升，支付各项赔款与给付 11.22 亿元，增长 24.0%。其中，财产险赔付 6.92 亿元，增长 6.8%；人身险赔款及各项给付 4.3 亿元，增长 67.3%。

第一节　保险机构

1989 年，日照市保险机构有中国人民保险公司日照市支公司 1 家，下设各分公司多家。

1995 年年底，平安保险股份有限公司日照支公司成立。1998 年 1 月，太平洋保险公司日照支公司成立。2000 年 12 月，太平洋保险公司日照支公司按照国务院关于产、寿分业经营要求，分别成立中国太平洋人寿保险股份有限公司日照中心支公司（以下简称“太平洋寿险日照中心支公司”）和中国太平洋财产保险股份有限公司日照中心支公司。2002 年，泰康人寿保险股份有限公司日照中心支公司开业。2004 年后，保险市场逐步放开，在市区营业的保险机构逐步增多，保险业务逐步扩大，天安保险股份有限公司日照中心支公司、新华人寿保险股份有限公司日照中心支公司分别成立；2005 年，永安财产保险股份有限公司日照中心支公司、大地财产保险股份有限公司日照中心支公司、安邦财产保险股份有限公司日照中心支公司、太平人寿保险有限公司日照中心支公司分别成立；2006 年，中华联合财产保险股份有限公司日照中心支公司、阳光财产保险股份有限公司日照中心支公司分别成立。2008 年，安华农业保险股份有限公司日照中心支公司、中国人民人寿保险段份有限公司日照中心支公司分别成立；2009 年，中国人寿财产保险股份有限公司日照市中心支公司成立；2011 年，平安养老保险股份有限公司日照中心支公司成立；2012 年，英大泰和财产保险股份有限公司日照中心支公司、太平财产保险有限公司日照中心支公司、阳光人寿保险股份有限公司日照中心支公司、华夏人寿保险股份有限公司日照中心支公司分别成立。至 2013 年年底，永诚财产保险股份有限公司日照中心支公司、渤海财产保险股份有限公司日照中心支公司、安盛天平财产保险股份有限公司日照中心支公司、长安责任保险股份有限公司日照中心支公司、富德生命人寿保险股份有限公司日照中心支公司等相继开业,全市保险公司有30家。

第二节 保险业务

财产保险业务

1989年,全市经营财产保险业务有中国人民保险公司日照市支公司1家。财产险分为国内业务和涉外业务两部分。1996年,中国人民保险公司日照市支公司财产险、人寿险分营后,其财产险的国内业务与涉外业务并轨。1998年太平洋保险公司日照支公司成立。至2002年,财产险保费收入12139万元,财产保险主要有企业财产保险、家庭财产保险、机动车辆保险、货物运输保险、产品责任保险、意外伤害保险、农业保险、工程保险、船舶保险等。投保企业、家庭或个人涉及全市,至2013年年底,财产险业务收入5465.4万元。

企业财产保险　1990年,银行紧缩银根,压缩信贷规模,企业资金短缺,直接影响企财险业务发展。1991年,各级政府将保险业列为发展第三产业的重点行业之一,要求各有关部门、企业单位,其固定资产和定额流动资产都必须参加企财险和机损险,企业财产保险业务面临发展机遇。1994年,重点推进国有、集体、私营企业的企财险,发展附加险和特约保险业务,控制、限制亏损险种业务发展,对企财险大户实行目标责任制。开办企财险附加第三者责任险、出租汽车治安险、路面划损险、企财险附加营业中断险、水管爆裂责任特约险等。1999年,各财产险公司面临承保面缩减的压力,对个体、私营以及管理制度不健全的国有企业据实列明投保财产,增加效益险种比重,限制风险不易控制的业务,全年实现业务收入2089万元。2005年,保险行业面临周期性调整,全市各财产险公司从重规模向速度、质量、效益并重的增长方式转变。深挖险源,发展企财险业务;推广客户经理制,对电力、高速公路等大型商业风险业务组织专业营销团队展业;利用电子商务、电话营销等新型营销渠道销售定额保单;推广小企业和工商户财产险、变压器险,限制开展机损险业务,全年实现业务收入3052万元。2009年后,企业财产保险业务发展较快,当年实现业务收入5035万元;2013年实现业务收入5700万元。

家庭财产保险　1980年国内保险业务恢复后,家财险成为最先开办的险种之一,市内各公司由城市至农村逐步推开,由普通家财险扩展至储金返还型家财险(简称"两全"家财险)、还本家财险、家财险定额保单等。20世纪90年代,配合全省住房制度改革,开办职工抵押贷款购房保险。2000—2003年,开办投资保障型家财险。根据客户不同需求,设计分散性险种组合,采取试点和目标管理相结合的方式推广。2004—2013年,各财产险公司根据不同层次需要对家财险实行险种组合销售,家财险成为有效益的险种之一。

机动车辆保险　机动车辆保险包括机动车损失保险、机动车第三者责任保险、机动车车上人员责任险、机动车全车盗抢损失险及其附加险。随着交通运输事业的发展,市内各公司普遍开办。服务领域由城市汽车逐步扩大至农用拖拉机、农用汽车及社队企业和专业承包户汽车。1992年9月,将机动车辆第三者责任险列为法定保险,实行强制投保。人民银行将车损险费率上调70%。1998年,停办机动车辆第三者责任法定保险。1993—2002年,各财产险公司使用全国统一的机动车辆保险条款。2003年后,机动车辆保险管理制度进行改革,各财产险公司自行制定机动车辆保险条款及费率,逐步实现险种个性化、服务特色化。保险企业根据投保车辆的不同情况调整第三者责任险费率,机动车辆保险成为财产险业务的第一大险种。2013年,实现保费12.27亿元,约占全市保费总收入的36.8%。

货物运输保险 20世纪80年代后，日照进出口贸易迅速发展，保险公司适应外贸体制改革的需要，陆续下放进出口货运险业务权，进出口货运险业务快速发展。1991年铁路部门依法实行保价运输后，保险公司一方面发展铁路货运险业务，另一方面积极发展水路、陆路等货运险业务，重点发展公路集装箱货运险业务。随着交通运输事业的发展，国内水路、陆路、航空等各种货运险业务发展迅速。2013年，全市此项业务保费收入8679万元。

农业保险 1990—1992年，保险公司贯彻"既要稳妥、又要积极"的指导思想，推进农业险体制改革，将政策性保险与商业性保险分开经营。1995—1998年，政府不再参与商业保险运作，农业险由政策性业务向商业化模式经营转变。1999年后，人保财险山东分公司改制为商业性保险公司，原来设置的农业险机构撤销，人员分流，农业险日渐萎缩，险种由50余个减少到几个。2005年，业务量多年负增长的局面被扭转。人保财险日照分公司开展小麦、玉米、黄烟等农业保险，开办政策性能繁母猪保险、治安保险，外出农民工人身意外伤害保险。2009年度共承保种植业5.67万公顷，能繁母猪14.6万头，为全市种植业和养殖业赔款1300.7万元，其中为受灾小麦赔款101.1万元，受灾玉米赔款16万元，受灾黄烟赔款279万元，能繁母猪赔款904.6万元。2013年，全市农业保险实现1745万元。

责任保险 自1988年起，保险公司陆续推出产品系列责任险和产品质量保证保险、雇主责任险、公众责任险、职业责任险及其他责任险。随着保险市场经营主体增加，企财险展业难度大，分散性责任险成为各财产险公司业务增长的主要险种之一，先后开办30多个险种。日照责任保险主要险种有公众责任保险、火灾公众责任保险、产品责任保险、校(园)方责任保险、旅行社责任保险、物业管理责任保险、雇主责任保险、律师职业责任保险、注册会计师职业责任保险、医疗责任保险、医疗诊所责任保险、血站采供血责任保险、电梯责任保险、机动车停车场责任保险、承运人旅客责任保险、食品安全责任保险、农产品安全责任保险、风景名胜区责任保险、道路危险货物承运人责任保险(地颁)、道路客运承运人责任保险(地颁)等。2013年，全市责任保险收入5753万元。

船舶保险 船舶保险分为沿海内河船舶险、渔船险及远洋船舶险。日照是全国开展船舶保险业务最早、业务量较大的市。20世纪90年代后，船舶保险市场主要由驻沿海内河区域的人保财险分支机构、太平洋保险分支机构及中国船东互保协会等多家经营。受人员、技术等因素限制，船舶保险业务一直处于亏损状态。保险公司采取开展附加险及船上人员责任险、限制小船投保等措施，控制经营风险。船舶保险业务的发展，对全市渔业生产和航运事业的保障与发展起到重要作用。2013年，全市实现保费收入2125万元。

工程保险 20世纪80年代至90年代初期，国家在制定工程预算标准时不含工程保费，保费由谁支出不明确，工程承包合同对保险问题未作统一规定，制约工程险业务的发展。保险业对外开放后，保险市场主体增加，涉足工程险的保险公司逐渐增多。2013年，英大财险日照中心支公司开办在建工程保险，当年保费收入2.6万元。

人寿保险

人身险业务按保障范围划分为寿险、意外险和健康险，其实施方式有自愿保险和法定保险。1989—1995年，人身险和财产险兼业经营，人身险业务发展滞后。1996—2013年，人身险业务依法实行专业经营。全市经营人身险业务的市场主体增加，保险公司引入个人代理人营销机制后，人身险业务迅猛发展，开办数百个险种。至1996年年底，共开办普通寿险、年寿险、意外保险、健康险和个人营寿险等23个险种。此后，经营人寿保险业务的公司逐步增加，相继有平安保险股份有限公司、太平洋保险公司、泰康人寿保险股份有限公司、太平人寿保险有限公司、中国人民人寿保险股份公司、华夏人寿保险股份有限公司、富德生命人寿保险股份有限公司共7家公司在日照成立支公司。2013年，全市人寿保险业务收入182356万元，赔款支出7919万元。其中，中国人寿日照分公司2013年年底共有9个营业机构，38个乡镇代理网点、5个中介机构、48家中介代理网点，正式职工280人、业务员2000余人，服务网络遍布城乡。人寿保险共开办人寿、养老、医疗、意外伤害、分红保险5大类，险种183个，年保费收入5.38亿元，承担风险61.04亿元，累计支付保赔款0.60亿元。

第三节　保险理赔

1989年后，人保日照分公司开始设专职理赔人员，并通过加强对理赔人员的业务培训，不断提高工作质量。随着保险业务覆盖面扩大，保险市场主体增加和市场竞争加剧，理赔管理逐步由分级核赔向高度集中理赔转变。2005年后，各保险公司高度集中核赔权限，重大赔案请评估公司理算赔款，采用现代化信息手段，动态监控理赔流程，理赔管理质量明显提高。

1989年，人保日照分公司业务部门负责企财险、船舶险、货运险、家财险、车损险及第三者责任险、其他责任险及农业险的理赔管理，同时负责承保工作，实行“一条龙”服务。随着业务发展和人员增加，设立专门理赔部门负责理赔工作，实行保赔分离。

第三章　证券与期货

第一节　证券市场

2006年后，日照市先后出台《日照市人民政府关于推进资本市场发展加快企业上市工作的实施意见》《日照市人民政府关于进一步加快企业上市工作的意见》《中共日照市委　日照市人民政府关于做大做强金融业的意见》《日照市人民政府关于加强和改善金融服务支持小型微型企业发展的意见》《日照市人民政府关于进一步加快全市金融业创新发展的实施意见》，明确日照市企业上市、挂牌工作在财政奖励、税收补偿等方面的扶持政策。至2013年年底，全市共有境内上市公司1家、境外上市公司1家、在齐鲁股权托管交易中心挂牌企业11家；有2家券商在日照开设6个营业部，开户138户，累计交易额485亿元。

第二节　期货市场

日照境内期货交易市场起步很晚，自2009年始，至2013年年底，共有2家期货公司营业部，筹建1家大宗商品交易中心。

期货公司营业部　日照2家期货公司营业部分别为成立于2009年12月的格林大华期货有限公司

日照营业部和 2013 年 11 月成立的大越期货日照营业部。截至 2013 年年底，2 家期货营业部累计开户 489 户，代理交易量 193.47 万手，代理交易额 2750.83 亿元。

筹建大宗商品交易中心　2013 年 12 月，为探索建设介于现货与期货之间的大宗商品交易市场，依托日照港口群迅猛发展的物流优势，经山东省政府金融办批准，日照港与鲁证期货合作设立日照大宗商品交易中心，推出铁矿石、大豆、焦煤 3 个交易品种。

第四章　金融监管

金融监督管理主要包括行政管理、业务监管、风险监管等。日照市金融监管分两个阶段。2003 年年底前，作为人民银行总行的派出机构，人民银行日照分行在本辖区行使中央银行职能，对全市银行业实施管理和监督。2003 年 12 月，《中华人民共和国银行业监督管理法》颁布实施，人民银行不再行使对银行业金融机构的监管职能，对银行业金融机构的监管职责由新成立的中国银行业监督管理委员会承担。从 2004 年始，中国银行业监督管理委员会日照监管分局全面行使对全市银行业金融机构的监督管理职能。

第一节　行政管理

行政管理主要包括机构准入、高管任职资格管理等内容。

机构准入管理　1989 年，人民银行日照市分行对辖区内各金融机构实行行业年检制度，年年进行年检，三年进行一次换证，对不符合规定要求的吊销营业许可证；对超出业务范围的，限期更正，并予以处罚。运用法律手段，处理银行之间、银行与企业之间的矛盾和纠纷。

1990—1994 年，查处擅自设立的金融机构 20 处，对擅自或变相提高利率吸储行为进行处罚，避免“利率大战”“机构大战”的发生。1995 年，进一步完善金融部门联席会议制度，重大举措由联席会商定，有效地减少金融部门相互之间的“内耗”行为。1997 年，金融体制改革取得新进展。按效益原则和业务量大小，优化调整金融机构网点布局，撤销“三部”机构 6 个、农村储蓄代办网点 2715 个。日照市商业银行筹建获人民银行总行批准，成立中国太平洋保险公司日照支公司，规范成立日照市黄海典当行等 6 家典当行，设立日照市岚山农村信用社联社。

1999 年，对各商业银行的监管实行非监控手段，通过微机联网与分析各类报表，实时掌握各行情况，并建立商业银行非现场监管信息库，作为对其监管的主要依据。对城乡信用社的监管仍以现场监管为主，但实行严格的金融监管责任制。

2000 年 12 月 28 日，日照市商业银行组建。2001 年，做好城市信用社的分类处置工作，对城市信用社中心社实施关闭撤销，对五莲县城市信用社改制为农村信用社，对莒县城市信用社由农村信用社实施收购式撤销。2003 年，根据国务院统一部署，金融监管职能从中国人民银行分离，成立中国银行业监督管理委员会。12 月 18 日，中国银行业监督管理委员会日照监管分局从中国人民银行日照市中心支行正式分设成立。中国人民银行日照市中心支行工作重点转变为贯彻实施货币信贷政策、金融服务、维护辖区金融稳定等。至 2004 年，为 404 家银行业金融机构换发新版许可证。2005 年，先后批准 3 家银行在高科技园设立综合性营业网点，审查批准日照市商业银行在五莲县设立支行。

2008年，制定实施《日照市银行业金融机构高级管理人员市场准入操作手册》和《商业银行升格支行达标验收实施手册》，细化监管标准，规范工作程序。2010年，发挥市场准入的监管引领作用，促使银行向以人员、机制、效能为三大支柱的科学经营方式转型。组织专人对拟升格机构内部控制进行量化打分，评价验收合格后予以批复同意升格。

2013年，农信社改制为农商行工作取得突破，五莲农商行年内正式开业；莒县联社筹建农商行申请材料年内获得银监会批复。引进股份制金融机构，浦发银行日照分行、华夏银行日照分行开业。批设小微企业特色金融机构，新批设建设银行、招商银行3家特色支行；批设3家村镇银行县域支行，并对村镇银行重申立足县域客户、不得跨区域发放贷款的监管要求，推进村镇银行机构、业务、服务“三下沉”，确保将信贷资金稳定在县域。

高管任职管理　1989年地级日照市建立后，加大对金融监管力度，加强对金融机构管理人员的稽核和监督检查。1994年，随着《中华人民共和国商业银行法》的颁布实施，国有商业银行商业化改革步伐明显加快。各行普遍实行干部年度考核制度，中层干部竞聘上岗，并进一步缩减科室，精简机关工作人员，充实一线力量，形成人人争先的局面。

1997年，全面实行金融机构“一把手”负责制，建立完善金融机构自我约束机制。实行劝告书、警告书、处罚书“三书”制度，督促金融机构改善和加强经营管理。进一步加强金融机构市场准入、市场退出、高级管理人员任职资格管理。对各级各类金融机构法人代表及主要负责人的任职资格开展审查。

1998年，普遍实施对金融机构负责人的谈话诫勉制度，促使各银行机构健全领导责任制、目标责任制及风险内控制度。

2004年，建立实施高管人员年度考核评价反馈制度。在监管流程上初步形成包括资格审查、约见谈话、业绩跟踪评鉴、谈话提醒、离任审计、年度考核反馈在内的动态管理体系，共对16名高级管理人员任职资格、74个机构变更进行审核和批复，约见谈话70余人次，对103名高管人员进行年度考核。

2007年，共否决高管人员任职资格3人，责成银行机构对13名高管人员给予纪律处分。开展现场检查项目13个，投入检查工作日2374个，检查机构63家，发现违规问题163个，违规金额27.69亿元，责令银行机构对36名责任人进行处理。

2010年，严格高管人员资格管理，否决2名离任审计问题多、合规意识较差的拟任高管人员任职资格，取消2名有严重违规行为的高管人员的任职资格。同时，督促农信社建立完善的人才培训计划，不断强化内部管理和风险管控，坚持依法合规、审慎经营，实现稳健持续发展。

2011年，加强高管人员履职行为监管。抓住银行机构高管人员履职行为这个关系风险控制的内部因素，综合采用督促引导、分解任务、考核评价等方式，将高管人员履职行为引导到监管要求上去。

2013年，加强金融领域风险防控，对所辖各银行47名支行行长、8名主管会计进行轮岗交流，制定《加强员工离职审计管理的通知》，将离任审计扩大到信贷、会计、出纳等重要岗位人员，要求银行对涉案人员进行内部处理或解除劳动合同前，将问题整改方案及责任人处理意见向监管部门备案，防止对责任人“一辞了之”，离职后“既往不咎”或“带病提拔”问题。

第二节　业务监管

业务监管主要包括现场检查、非现场监管、风险监管等内容。

1989 年，金融监管主要包括试编全社会信用规划、建立社会信贷总量控制制度，对各家银行和非银行机构贷款的最高限额实行监控、考核、调节，不得突破。对银行检查的主要内容是贷款规模。

1993 年，根据国务院统一部署，对乱设投资机构、乱集资、乱提利率的“三乱”进行整顿清理。在信贷管理上对国有商业银行实行限额下的资产负债管理，对其他机构则实行有监督的资产负债比例管理。

2003 年 12 月 18 日，中国银行业监督管理委员会日照监管分局挂牌成立后，对照《中华人民共和国银行业监督管理法》《中华人民共和国行政许可法》等法律法规，对原有的监管制度和办法进行修订，并按照《中国银监会监管职责分工和工作程序的暂行规定》，制定《日照市银行业金融机构不良贷款“双降”监控考核办法》。组织完成钢铁、电解铝、水泥、房地产、汽车等行业贷款抽查、日照市商业银行贷款五级分类专项检查、建行全面业务检查、邮政储蓄全面业务检查、东港联社非信贷资产专项检查、国有商业银行新增不良贷款检查、工行三项业务后续检查等 14 项现场检查任务，累计投入现场检查工作日 2000 余个，查处违规机构 35 个，涉及违规金额 5.14 亿元，罚款 4 万元，没收违法所得 0.96 万元，处理责任人 29 人，规范了辖区银行经营行为。

2005 年，建立《关注事项》报送制度，对非现场监管发现的突出问题及时跟踪分析。建立监管统计分析通报制度，对信贷集中、集团客户授信、房地产信贷、不良贷款等 8 个方面进行风险提示，建立房地产、汽车零售贷款违约客户的信息反馈制度，全年共风险提示 20 余次，发出《监督检查意见书》24 个，提出监管建议 96 条。先后组织完成各类现场检查 11 项，累计投入现场检查工作日 1200 余个，有 10 家金融机构受到行政处罚，责令金融机构对几十名责任人给予纪律处分，针对检查发现的苗头性问题，提出各类合理化建议 62 条。

2007 年，围绕日照市“港口立市、生态建市”的经济发展战略，区别对待、有保有压。日照市商业银行共淘汰低质量贷款企业 227 户，超比例集团客户由 4 户减少到 1 户，流动性比例由年初的 64.71%上升至 77.5%。收回多宝鱼养殖和水泥建材等行业风险贷款 67 笔、4250 万元。完成山东森博浆纸 70 亿元银团贷款合作项目。全年累计抽查贷款 166 户，发现问题 57 个，发出风险提示 17 份，筛选出辖内 56 户不良贷款企业，清除 37 户、15227 万元。督促辖内银行机构核销不良贷款 10299 万元，完成全年核销计划的 98.4%。

2013 年，不良贷款持续“双降”。11 月末，不良贷款余额为 11.72 亿元，比年初减少 0.33 亿元；不良贷款率 0.74%，比年初降低 0.13 个百分点，资产质量总体状况较好。

第二十二编　财政　税务

1989年,日照市地方财政收入6538万元,地方财政支出7927万元。1992年12月,日照市设区带县。1993年,全市地方财政收入2.89亿元,支出3.15亿元。从1994年起,日照市结合国家“分税制”改革,对各区(县)实行按企业隶属关系划分收入级次的管理体制。此后,财政收入实现稳定增长。2002年,实施所得税、营业税共享改革,启动农村税费改革,进一步减轻农民负担。同时,先后两次调整完善市对区(县)的财政管理体制。2006年后,取消农业税和农业特产税征收,狠抓地方财源建设,加大财源培育力度,全市财政收入增长较快,民生支出大幅增长。2013年,全市地方财政收入100.09亿元,财政支出158.23亿元。

1989—1993年,日照市建立健全所得税制度,税收收入逐年持续快速增长。1994年,新税制实行国家税收和地方税收分设,市国税局和市地税局分别成立。2000年以后,深化税收征管、机构和人事制度改革,市税收收入总量稳定增长,与经济增长基本保持同步。1994年,国税税收收入3.96亿元;2000年,国税收入突破10亿元大关,达到10.51亿元;2010年,国税收入突破200亿元大关,达到237.63亿元;2013年,达到526.88亿元,首次突破500亿元大关,收入总量居全省第二位。2013年,地税收入66.09亿元,增收8.15亿元;其中,完成公共财政预算收入57.05亿元,增收7.06亿元。地税收入占财政收入比重达到57%。

第一章　财政收支

1989年以后,财政事业以建设公共财政为主线,逐步深化财政改革和财政管理,财政实力不断增强,财政保障能力显著提高。1994年起,国家正式实行“分税制”财政体制,构建中央与地方之间以划分税种为基础的分级财政体系。日照市结合国家“分税制”改革,对各区(县)实行按企业隶属关系划分收入级次的管理体制。同时,在全市实行住房公积金制度,此后,财政收入实现稳定增长。1998年,全市地方财政收入65593万元,财政支出91438万元。1999年,贯彻国务院明确提出的“尽快建立公共财政框架”要求,实施以建立公共财政框架为目标的改革。全面推进包括部门预算、国库集中收付制度、政府采购制度在内的预算管理制度,重点向“三农”(农村、农业和农民)、社会保障、教育、科技、文化等公共服务领域倾斜。2002年,实施所得税、营业税共享改革,启动农村税费改革,全市专门面向农民的各项税费全部取消。同时,先后两次调整完善市对区(县)的财政管理体制,实现市与区(市)的共赢。2006年,取消了农业税和农业特产税征收。增值税收入增多,全市财政收入增长较快,民生支出大幅增长。2011 年后,认真落实积极财政政策和财源建设激励政策,制定实施了年度财源建设考核办法,进一步加大财源建设考核扶持力度,着力支持产业结构优化、招商引资、技术改造、节能减排等,地方财政收入持续快速健康发展。

第一节　财政收入

日照市升格为地级市后,山东省对日照市实行“定额上缴、每年递增 8%,增长 8%以上部分留市”的财政管理体制。随着经济体制改革的深入,国民经济得到较快发展,财政收入规模进一步扩大,地方财政收入大幅增长。1989 年全市财政收入 6538 万元,1990 年达到 7266 万元,1991 年达到 8779 万元,1992 年突破亿元达到 10789 万元,四年增长 65%,年均递增 18.3%。

1993 年,设区带县后,市对东港区、莒县实行“定额补助、比例递增”(定额补助数分别为 1698.2 万元和 589 万元,递增比例均为 5%)的财政管理体制;对五莲县实行“定额上缴、比例递增”(定额上缴 107 万元,每年递增 8%)的财政管理体制。全市财源扩大,财政收入增长,当年达到 28944 万元。其中,工商税收收入 25038 万元,占总收入的 86.50%;企业所得税收入 146 万元,占总收入的 0.5%;农业税收收入 2005 万元,占总收入的 6.93%。

从 1994 年 1 月 1 日起,全国普遍实行分税制财政体制。日照市根据中央有关规定和要求,结合当地实际,经测算,拟定了分税制改革方案,对市、县(区)两级财政收支和税收返还基数等分别作了明确规定。在财政收入中,资源税、国有土地有偿出让收入为省市共享收入:资源税中的石油资源税为省级收入,其他资源税省市暂不参与分成;国有土地有偿出让收入,省分享 5%,市分享 3%,莒县、五莲县分享 92%,东港区除去上缴省的部分,全部留市。耕地占用税为市县(区)共享收入:市分享 15%,县(区)分享 85%。按照新老体制渐进过渡的原则,1994 年 1 月 1 日后,市县(区)两级财政均按新体制运行,但老体制规定包干上缴的仍上缴(五莲县上缴递增比例由 8%减为 7.5%),有补贴的仍补贴,上缴或补贴额不影响税收返还数。1994 年,随着分税制财政体制实施,税种结构发生了很大变化,除当年财政收入略受影响外,从此以后全市财政收入实现连续增长,财政实力日渐增强。1994 年,全市财政收入 23709 万元,其中增值税收入 4552 万元,占总收入的 19.20%。营业税收入 5090 万元,占总收入的 21.47%。企业所得税收入 1809 万元,占总收入的 7.63%。农业税收收入 5392 万元,占总收入的 22.74%。1995 年,全市财政收入 33349 万元,比设区带县初增长 16%。增值税收入 5279 万元,占总收入的 15.83%。营业税收入 7231 万元,占总收入的 21.68%。企业所得税收入 2990 万元,占总收入的 8.97%。农业税收收入 7379 万元,占总收入的 22.13%。

1997 年,“亚洲金融危机”爆发,日照市贯彻中央实施的积极财政政策。当年,全市地方财政收入完成 55622 万元,仍保持平稳较快增长,比 1996 年增长 18.6%。2002 年,全市地方财政收入首次突破 10 亿元大关,达到 103994 万元。

2004 年,出口退税政策调整,报关出口的货物需从国库退付的增值税 25%部分从地方国库库款中退付。当年,地方增值税仅完成 9869 万元,比 2003 年同口径略有下降。2005 年,出口退税政策再次调整,改由中央统一退库。当年,地方财政收入完成 147562 万元,比上年增长 31.4%。

2006 年,国家取消了农业税和农业特产税征收,当年全市地方财政收入突破 20 亿元大关,达到

207609 万元,比 2002 年翻了一番。自此,全市进入财政收入增长最快的时期。至 2009 年,全市地方财政收入又比 2006 年翻了一番,达到 434837 万元。至 2010 年,地方财政收入突破 50 亿元大关,完成 55.61 亿元。“十一五”(2006—2010 年)期内全市地方财政收入平均增幅为 30.65%。

2013 年,全市地方财政收入实现 1000923 万元。其中,增值税收入 126404 万元,占总收入的 12.63%;营业税收入 260356 万元,占总收入的 26.01%;企业所得税收入 106787 万元,占总收入的 10.67%;耕契两税收入 71931 万元,占总收入的 7.19%。

第二节　财政支出

日照市在预算执行过程中始终坚持量入为出、量财办事的原则,连年实现当年财政收支平衡。全市财政支出大部分用于经济建设和民生事业,财政支出工作从“发展经济、保障供给”逐步发展到满足社会公共需要、保障和改善民生、调节收入分配和稳定经济职能,支出结构日渐优化,民生保障能力日渐增强,公共财政职能作用逐步确立。1989 年全市财政总支出 7927 万元,至 1999 年财政支出突破 10 亿元,“十五”期间,财政支出平均增长率 15.07%,支出增幅高于收入,2005 年财政支出突破 20 亿元。“十一五”期间,财政支出平均增长率 33.34%。2011 年财政支出突破 100 亿元,达到 124.35 亿元,财政支出结构日趋合理,民生类支出达到 75.26 亿元,占总支出的 60.52%。2013 年,财政支出 158.24 亿元。

经济建设与基础建设支出　1990—1994 年,市财政用于支持农业的预算内资金和预算外资金分别为 9536 万元和 4072 万元,其中 1994 年就分别投入 3979 万元和 1148 万元,比 1993 年分别增长 49.47% 和 7.19%。重点支持黄淮海平原开发、商品粮基地建设、高产高效农业示范区、乡镇企业技术改造和农村社会化服务体系建设等项目。按照调整产业结构和产品结构、提高企业效益从而增强企业上缴税利能力的原则,重点支持国有企业的技术改造,筹措融通资金,缓解企业流动资金紧缺状况。1990—1994 年,投放到工交、流通、商贸企业的财政周转金达 9000 万元。其中,1994 年投放 3000 万元,是 5 年投放总额的 1/3。

1995 年,为加强农业基础地位,发展农村经济,根据当地实际情况,市财政重点扶持“菜篮子”、“米袋子”、果品基地和以脱毒育苗为主的农业高新技术的开发推广。先后投放各类支农资金 440 多万元,保证重点项目的尽快落实。千方百计筹集资金(包括争取省财源建设项目资金),重点支持企业技术改造和产业结构调整。全年市级累计投放各类财政周转金 12800 万元,退付中央和地方企业增值税 1157 万元,超基数返还企业所得税 610 万元,返还外贸企业补亏资金 80 万元,解决粮食企业历年挂账 514 万元,建立粮食风险基金 653 万元,在一定程度上缓解了部分企业资金紧张的局面。按照日照市政府要求,足额征收专控商品附加费 463 万元,为支持经济建设和文教事业的发展起到很好的作用。日照市经济开发投资公司全年融通市内外资金人民币 1574.6 万元,美元 100 万元,为搞好财源建设提供了一定的资金条件。

1997 年,日照市把支持生产发展放在首要位置上。首先是以“二次创业”为契机,认真实施工业带动战略,努力搞好骨干财源建设。全市累计投放到企业的各类财政周转金达 1.5 亿元,促进了企业生产发展和技术进步。其次是大力扶持农业生产发展,培植基础财源。全市累计投入农业的各项财政资金达 1.1 亿元,重点支持既富农民又富财政的创税农产品生产、“两高一优”农业和农业产业化建设,支持农业综合开发、农田水利基础设施建设和农业科技推广项目。其中,投入 1835 万元用于农业综合开发项目;

投入600万元用于粮食自给工程;利用世行贷款247.2万元,支持森林资源发展和保护项目;投入112.5万元,支持了库区扶贫开发。人畜饮水解困工程是1997年度"市长工程",全年共投资2053.5万元,其中财政配套资金534.4万元,完成全市260个村的饮水工程任务。

2000年,日照市把支持工业发展的重点放在推进企业技术创新、加快新产品开发上,强化工业发展的龙头和示范作用。全年投放到企业的各项财政资金1.07亿元,返还增值税、营业税、企业所得税1400多万元,支持企业发展。争取中央转贷资金5243万元,专项用于防潮堤、水土保持、污水处理和农网改造等基础设施工程。同时,大力扶持农业生产发展,培植基础财源。全市累计投入农业的各项财政资金1.1亿元,重点支持既富农民又富财政的创税农产品生产、"两高一优"农业和农业产业化建设。

2004年,日照市充分运用国债、贴息、税收等政策手段,支持全市经济结构调整、重点项目、招商引资和外向型经济发展。全市落实出口退税和免抵调减增值税2.83亿元,其中地方负担7064万元,拨付出口扶持资金980万元,落实企业挖潜改造和中小企业技术创新资金1327万元,并出台企业创名牌财政扶持政策,设立专项奖励资金,对获得中国驰名商标、中国名牌、山东名牌的企业给予奖励。利用国债资金3139万元,建成及在建项目13个。向上争取专项资金5.4亿元,其中无偿资金5.26亿元,支持农村税费改革、农业基础设施、防汛工程、科技创新、污水处理等。按照集中财力办大事的要求,支持16件"为民办实事"和重点项目建设。全年投入世帆赛基地建设资金6000万元,潮石公路建设2300万元,迎宾路拆迁1500万元,山海路建设绿化1409万元,火车站广场改造1500万元,市会展中心5900万元,疾病控制中心和传染病医院1000万元,农村公路改造1525万元,民兵训练基地500万元,经济适用住房补贴支出3000万元。偿还各类政府债务1.33亿元,其中偿还博物馆、老干部活动中心、城市建设工程历年欠账等4660万元,归还省级专项借款、国债转贷本息3267万元,通过土地市场化运作归还供销社股金借款5385万元。

2005年,日照市落实资金410万元,用于支持企业节能降耗、集约经营。围绕建立促进县域、镇域经济统筹发展机制,制定招商引资跨区县落户企业税收分配办法,鼓励县乡发展"飞地"经济。拨付资金340万元,对综合考核前10位的经济强镇进行扶持奖励。制定财政支持新农村建设的28项措施,加大对中央、省、市支农政策的落实力度。全市取消农业税进一步为农民减税1918万元;拨付资金9488万元兑现粮食"直补"、成品油价格补贴、良种补贴和大型农机购置补贴政策;拨付资金4000多万元,重点支持农业综合开发、农业产业化经营、农村劳动力转移等;积极发挥财税政策和财政资金的导向吸附作用,支持全市经济结构调整、重点项目、招商引资和外向型经济发展。年内,全市落实企业出口退税5.15亿元,其中地方财政负担2436万元。落实贷款贴息、企业挖潜资金648万元,支持企业技术创新、开拓国际市场等。实施企业创名牌战略,拨付奖励资金95万元,对获得中国名牌、山东名牌的16个品牌进行奖励。积极向上争取资金4.84亿元,重点支持农业基础设施、土地开发整理、粮食购销企业改革、环境保护等项目。加大"三农"政策落实力度,全市降低农业税税率2个百分点,进一步为农民减税4250万元;为62.8万户农民发放粮食"直补"资金1733万元,比2004年增长23.02%;落实补贴资金300万元,用于2万公顷优质专用小麦良种推广工程;落实资金200万元,对226户购置大型农机具农民进行补贴。同时,运用财政补助、贴息等手段,支持农业双增工程、农村劳动力转移、人畜饮水和农业龙头企业等。

2007年,在加大财政投入的同时,市财政充分发挥财政政策和财政资金引导作用,支持区域经济、新农村建设、重点事业发展和重点项目建设。支持区域经济方面,全市落实企业出口退税6.87亿元,拨付资金5206万元用于企业自主创新、节能降耗减排、环境保护等。设立服务业发展引导资金,拨付资金

1408 万元，重点支持现代服务业和物流业项目、“万村千乡”工程、农村社区服务中心建设等。安排资金 200 万元用于奖励发展快的区县、乡镇。加大“五奖一补”政策实施力度，落实配套资金 1500 万元对财政困难县进行奖补。新农村建设方面，拨付资金 8028 万元，重点用于农田水利建设、农业技术推广、农业产业化、节约型农业建设、农村劳动力转移等。拨付资金 1620 万元加快实施“村村通”自来水工程，建成通水 531 个村，新增受益人口 36.5 万人。拨付资金 847 万元，用于建立能繁母猪养殖及生猪良种、防疫补贴。重点事业和项目方面，市级投入城市环境综合整治、沙墩河治理、临沂路、滨海路建设等重点项目资金 3.2 亿元；利用国家开发银行贷款 8.7 亿元用于日照奥林匹克水上公园建设，并多渠道筹措资金支持 2007 年中国水上运动会举办，为重点项目建设和重大活动提供了资金保障。

2010 年，日照市加大强农惠农政策落实力度。发放小麦直补和农资综合直补资金 1.19 亿元，良种补贴 1446.5 万元，农机具购置补贴 450 万元，大中型水库移民后期扶持补贴 8975.76 万元，成品油价格补贴 2.22 亿元，小麦、玉米农业政策保险和能繁母猪补贴 2058.5 万元，家电下乡补贴 703 万元，并将能繁母猪财政补贴标准由每头 50 元提高到 100 元。

2013 年，日照市加大惠农补贴力度。发放粮食直补、农资综合等各类惠农补贴 5.89 亿元；拨付资金 5.3 亿元，重点用于小型农田水利重点县、重点中小河流治理等项目；进一步扩大村级公益事业一事一议奖补范围，落实资金 6997 万元对 636 个村进行奖补。

教育科技医疗卫生支出　1989 年地级日照市成立之初，在财政资金非常紧张的情况下，用于支持教育、科技发展的资金仍然保持较大幅度的增长。1990—1994 年，教育经费总支出累计 25764 万元。其中，1994 年支出 11693.4 万元，比 1993 年增长 52.80%；科技和科学事业费的增长幅度也大大高于财政收入的增长水平。从 1993 年开始，财政部门每年安排 30 万元，专用于莒县农业科学研究所发展农业科技事业。

1998 年，日照市建立技术改造和技术开发基金 290 万元；调剂资金 800 多万元用于市中医院、市博物馆等项目建设。

2002 年，日照市对全市 416 个中小学危房改造项目进行全面检查。

2004 年，日照市落实专项补助资金 340 万元，用于 13 处农村中小学危房改造。全年教育支出 4.00 亿元，其中市级支出 6297 万元，增长 26.43%；科技支出 1614 万元，其中市级支出 700 万元，增长 22.38%。2005 年，全年教育支出 6.48 亿元，其中市级支出 9738 万元，增长 36.87%；科技支出 2639 万元，其中市级支出 1155 万元，增长 38%。支持公共卫生体系建设，全市医疗卫生支出 7931 万元，增长 12.5%。

2007 年，日照市拨付资金 7527 万元，实施农村义务教育“两免一补”，并免除城市义务教育阶段学生杂费。拨付资金 1690 万元，对高校、职业学校和普通高中家庭经济困难学生进行了资助。完善新型农村合作医疗制度，市级以上财政对县、区参合农民人均补助标准分别提高到 30 元和 25 元，补助资金达到 3864 万元。

2009 年，加大教育投入，扎实推进农村义务教育经费保障机制改革，落实资金 8458 万元，全部免除农村中小学生杂费并免费提供教科书，补助了 4000 余名寄宿生生活费，对 567 处农村中小学校提供了公用经费保障。落实资金 1522 万元，免除 6.9 万名城市学生杂费，实现城乡义务教育免杂费“无缝”覆盖。落实资金 1808 万元，对 2.7 万名普通高校和中等职业学校家庭经济困难学生进行资助。对高校家庭困难学生按每人每月 40 元的标准发放临时伙食补助。采取“以奖代补”方式，落实资金 2680 万元用于农村中小学校舍维修改造。落实农村义务教育“两免一补”资金1.04亿元、城市义务教育免杂费资金1668万元，为家庭经济困难学生提供助学金3243万元。拨付资金2866万元实施农村中小学“211工程”（即热水、热饭、取暖、改厕）、教学仪器更新和校舍维修改造。农村义务教育债务化解完毕，比山东省规定时间提前一年。

2010年，拨付资金1.37亿元用于深化农村义务教育经费保障机制改革，城乡义务教育免杂费无缝覆盖，困难学生资助体系进一步健全。落实资金6298万元，支持实施中小学校舍安全、“两热一暖一改”和教学仪器更新工程，进一步改善办学条件。落实资金1666万元用于村卫生室服务能力提升；筹集资金4198万元对基本药物制度试点进行补助。

2012年，全面落实教育投入政策，全市教育支出316053万元，占财政支出的比重21.05%；2013年321071万元，占财政支出的比重20.36%。将农村家庭经济困难寄宿生生活费补助标准提高250元，使小学达到每生每年1000元、初中达到每生每年1250元，将享受补助的困难学生占寄宿生的比例由8%提高到10%。落实财政资金4015万元用于中小学校舍安全工程建设，进一步改善办学条件。医疗卫生支出也逐年提高，2013年达到132535万元，比2012年增长15.1%，比2010年增长93.2%。

社会保障支出　1990—1994年，日照市重点支持社会保障制度建设，配合有关部门进行失业保险、养老保险和医疗保险政策的制定与管理，为建立企业平等竞争和优胜劣汰机制创造条件。

1997年后，日照市加强社会保障资金管理，积极稳妥地推进社会保障制度改革。加强公费医疗管理情况的日常监督检查，为下一步医疗经费管理改革打下基础；社会保障基金纳入财政专户管理工作逐步展开；城镇和农村社会养老保险制度改革得到进一步深化。按照压一般、保重点的原则，通过合理安排，精心调度资金，不仅保证工资发放和机关正常运转，而且增强对重点事业发展的保障能力。安排下岗职工生活保障金205万元，保证了下岗职工的基本生活需要。

2000年，日照市积极推进“三线”并“两线”改革，各区县均将下岗职工基本生活保障转向失业保险；加强公费医疗管理的日常监督检查，配合有关部门制定了《日照市建立城镇职工基本医疗保险制度实施方案》；进一步完善养老、失业保险和城市居民最低生活保障制度，加大保险基金的征缴力度，增强了社会保障能力。

2001年，日照市认真贯彻“一要吃饭、二要建设”的原则，坚持按“保工资、保稳定、保法定支出”的顺序安排支出，严格履行支出管理职能，从严控制通信费、会议费、接待费等一般性支出，统筹安排资金，保证机关事业单位人员工资的正常发放、下岗职工基本生活保障金的及时足额到位和城市特困居民的基本生活需要，确保政权机关正常运转；安排粮食风险基金1444万元，使全市粮食风险基金规模达到2906万元，保障粮食流通体制改革各项政策的落实、财政对经济和社会发展的保障能力明显增强。市县两级分别设立工资资金专户，统筹安排预算内外资金、合理运筹农村教育费附加，优先保证工资发放的资金需要，初步建立保工资及时足额发放的运行机制。同时，积极争取上级工资转移支付补助，将其全部分配到区县，用于乡镇一级的工资发放，并通过预拨、增拨调度款等办法，缓解基层保工资的压力，确保工资的正常发放，并消化部分陈欠，维护全市改革、发展和稳定大局。全年共拨付省、市转移支付资金2412万元，全部用于困难乡镇的工资发放，使市、县、乡三级从10月1日起全部落实人均80元的增资政策。

2004年，全市共为60.7万户农民发放种粮补贴资金1408万元，减轻农民负担2.1亿元，人均减负和受益达到93元。出台扶持经济强镇、带动困难乡镇发展的政策措施。落实再就业税费减免、社会保险补贴政策，出台灵活就业人员医疗保险参保办法，全面推开新型农村合作医疗试点，实施农村特困群众救助制度，建立计划生育特困家庭救助公益金，全市社会保障和抚恤救济支出1.2亿元，增长6.5%，发放城市居民最低生活保障金770万元、特困群众救助粮款266万元、困难企业军转干部补助531万元。根据日照市住房价格上涨和干部职工购房实际，将住房公积金贷款限额由5万元提高到10万元，并加大公积金归集管理力度，共为2573个家庭发放贷款1.65亿元。

2006年，日照市把保障民生放在首位，统筹安排财力11.7亿元，从转移支付和专项资金等方面向区县、乡镇进行重点倾斜，相继实施一系列惠民政策。开展清理规范公务员津贴补贴工作，统筹运用财力，严格政策标准，及时将补贴发放到位，确保改革平稳运行。对涉农补贴资金实行"一本通"发放，共发放粮食"直补"资金1843万元，农资综合补贴4015万元，大中型水库移民后期扶持补贴1.12亿元，优质良种推广补贴400万元，农机购置补贴210万元。实行石油价格改革财政补贴制度，对渔业、城市公交、农村客运、出租车等行业补贴9283万元。提高城乡居民最低生活保障和优抚对象补助标准，完善农村"五保"供养、计划生育奖励扶助和救助等制度，启动文化信息共享和农村电影放映补贴工程，政府每场补贴200元，从第四季度开始全市60%的行政村每月放映1场公益电影。加强住房公积金管理，归集住房公积金2.63亿元，发放住房公积金贷款1.75亿元。深入实施经济适用住房货币"直补"和廉租房补贴制度，为低收入住房困难家庭发放补贴3414万元。

2008年，日照市加大社会保障支持力度。完善城乡居民最低生活保障制度，城市低保月保障标准从210元提高到235元，农村低保年保障标准提高到900元，并确保离退休人员工资及时发放。启动城镇居民基本医疗保险试点，同时将新型农村合作医疗财政补助标准由40元提高到80元，将五保对象集中供养标准由2000元提高到2200元，分散供养标准由1200元提高到1400元。提高带病回乡退伍军人、参战、涉核人员等部分优抚对象，以及中华人民共和国成立前老党员抚恤和生活补助标准，其中中华人民共和国成立前老党员补助标准翻了一番。加大住房保障支持力度，归集住房公积金3.45亿元，提取住房公积金1.66亿元，发放住房公积金贷款8924万元；为503户低收入家庭发放经济适用房货币"直补"资金2814万元，为1310户低收入家庭发放廉租住房补贴158万元。根据抗震救灾工作需要，市财政落实资金4373万元用于支援四川灾区。落实资金530万元支持"问题奶粉"处置工作。

2010年，日照市积极支持医药卫生体制改革，新型农村合作医疗制度进一步完善，财政补助资金2.3亿元，农民参合率达到97.65%；城镇居民基本医疗保险面进一步扩大，财政补助资金3405万元，1.12万名参保居民享受医疗待遇；在635个村实施新型农村养老保险改革试点，为22.5万农民发放基础养老金7805万元。完善城乡居民低保制度，农村低保年保障标准提高到1300元，城镇低保月保障标准提高到303元，农村"五保"集中供养标准提高到2400元。落实资金3049万元，支持就业创业工作。筹集资金500万元，支持实施千百重点文化工程。加强住房公积金管理，全市归集住房公积金6.06亿元，支取3.49亿元，为1986户家庭发放公积金贷款2.65亿元。积极落实支持保障性住房的有关优惠政策，在市区配建廉租房200套，发放经济适用房补贴3800万元，为780户低收入家庭发放廉租房补贴。

2012年，在全市范围全面推行新型农村养老保险制度，60周岁以上的农民按时足额领取基础养老金，并从2012年10月起将基础养老金标准由每月55元提高到60元，2013年1月起再次提高到65元。将新农合和城镇居民基本医疗保险补助标准分别由200元提高到240元，农村低保年保障标准由1400元提高到2000元，城镇低保月保障标准由320元提高到350元。全面实施基本药物制度，乡级定点医疗机构基本药物报销比例提高到90%以上。加大保障性住房建设支持力度，争取上级资金2.99亿元支持保障性住房建设，发放经济适用房货币化补贴2800万元，为989户低收入家庭发放了廉租房补贴。"达维”台风自然灾害突发后，立即启动应急机制，及时拨付市级财政资金 1000 万元，并争取上级资金 3610 万元，支持灾区救灾重建。

其他支出　其他支出是除上述支出以外包括一般公共服务、公共安全支出，环境保护补助资金，专项支出如排污费支出、水资源费支出、矿产资源补偿费支出、公路运输管理费支出、水路运输管理费支出等，价格(政策性)补贴支出，支援不发达地区支出，下放港口以港养港支出，债务利息支出，车辆税费支出等。随着改革和经济的发展、财源的扩大，这些支出也随着全市财政收支的不断增长而增长。

第二章　财政管理

财政管理包括预算管理、财务监督、非税收入管理、政府采购等。日照市财政工作始终将支持发展作为第一要务，积极支持和参与各项经济体制改革，逐步理顺各级政府、企业和个人之间的分配关系，深入开展财源建设，相机调整政策，创新支持手段，有力地推动经济持续快速健康发展。同时，以建设公共财政为目标，不断改革和完善财政管理体制、财政收支制度和财政运行机制，财政管理水平显著提高。充分发挥财政调控作用，调动各级政府发展经济、培植财源和组织收入的积极性。努力运用财政杠杆，调动社会闲置资金，拓展国内外融资渠道，综合利用一切可用财力为经济建设服务。加强财政调控，优化经济结构。改变传统的预算编制办法，实行部门预算制度。按照一级财政、一级金库的原则，健全财政金库体系。改革和完善预算外资金收支两条线制度、政府采购制度以及各类专项资金管理制度。扩大政府预算管理范围，逐步将各级各部门收取的行政事业性收费和政府性基金等纳入预算管理，统筹安排支出，推行综合财政预算管理制度。不断完善会计制度和社会审计制度，规范行政和事业单位的会计制度和会计管理。进一步加强对财政资金收入和支出的监督管理，组织实施税收财务物价大检查，相继开展财政收入征管质量、专项资金管理使用、企业会计信息质量、行政事业单位预算执行情况等方面的监督检查，监督内容覆盖财政收支监督、会计监督和财政内部监督等多个方面，监督力量不断加强，与社会主义公共财政相适应的财政监督机制日臻完善。

第一节　预算管理

预算管理是财政管理的中心环节，主要是按照国家财政政策、制度和规定，有计划地组织财政收入，合理安排财政支出，实现财政收支平衡。其中，预算编制是预算管理的主要环节。

1989 年以后，由各级财政部门按照上年度预算执行情况和本年度收支预算编制预算，提请各级人民代表大会审查批准预算草案。日照市财政局负责编制年度市本级决算，汇总各区县决算，提请市人民代表大会审查和批准。市人民代表大会及常务委员会对市级和全市预算、决算进行监督，维护财政预决算的严肃性。

1991 年 10 月，国务院颁布《国家预算管理条例》。1995 年 1 月，《中华人民共和国预算法》颁布实施，财政预算编制逐步迈入规范化、法制化管理轨道。日照市严格按照国家有关规定，努力深化财税体制改革，加强财源建设，保证必需，力求平衡，科学编制各级年度预算。

2004 年，日照市试编部门预算。部门预算是部门依据国家有关政策规定及其行使职能的需要，由基层预算单位编制，逐级上报、审核、汇总，经财政部门审核后提交立法机关依法批准的涵盖部门各项收支的综合财政计划。部门预算是与市场经济体制相适应的现代政府预算管理方式，也是市场经济国家的通行做法。实行部门预算有利于预算编制的统一性和精细化，有利于预算管理的规范化，对强化预算管理，提高预算管理水平意义重大。

从 2005 年开始，日照市市级部门（单位）全面实行部门预算。

2007 年，日照市按改革后新的政府收支分类科目编制部门预算，对基本支出预算按经济分类“款”级科目细化到具体支出用途，项目支出预算按功能分类细化到具体单位和具体项目。

2009 年，日照市完善基本支出预算编制，更新基础信息库，按照定员定额的原则核定基本支出，保障部门、单位正常运转和基本支出需要。

2011 年，日照市在严格控制一般性支出基础上进一步细化预算编制：一是将工业发展资金等大额支出及利息收入等常年必有收入按收入口径分别编入预算。二是进一步细化预算编制，确保每个支出项目都按要求列入相应的预算科目。三是支出预算中包含上级专款及上年结转等有关内容。按照《日照市市直单位行政事业性收费等资金拨付办法》规定统筹比例，同时加强各项收费及罚款等非税收入的管理。

2013 年，对部门预算编制办法进行调整，实行公用经费综合定额，适当提高定额标准，将项目支出按照原则上各占 50%的比例，划分为“基本业务费”和“专项业务费”，并实行不同的管理措施，其中专项业务费全面推行政府采购、财政评审和直接支付制度。

第二节　财政监督

财政监督是中国社会主义财政分配、调节和监督三大职能之一，是财政分配和调节职能得以实现的保证，也是整个国家经济监督体系中的一个重要组成部分。随着社会政治经济的发展和财政管理体制的变化，财政部门不断更新监督理念、拓宽监督领域，在深化财政改革、加强财政管理、规范财经秩序、促进经济健康发展的过程中发挥了重要作用。

日照市财政监督检查工作始于 1989 年开始的税收财务物价大检查，1989 年设立日照市税收财务物价大检查办公室（1989—1998 年），1998 年 12 月日照市税收财务物价大检查办公室更名为日照市财政监督检查局。

2005 年起，日照市启动国库集中支付制度改革，在市直部门和五莲县率先实行国库集中支付。2006 年，在各区县全面推行国库集中支付制度改革。2009 年，创新性地将“乡财乡用县管”与国库集中支付改革进行有机结合，在市县两级初步建立预算执行动态监控体系，在全省率先实现改革的“横向到边、纵向到底”，全面建立起国库集中支付制度。

税收财务物价大检查　1990 年，日照市税收财务物价大检查办公室（以下简称市大检办）受山东省税收财务物价大检查办公室（以下简称省大检办）委托，对石臼港务局、日照新华书店和岚山港务局 3 个省级企业进行重点检查，查出各类违纪金额 66.66 万元，收缴入库 50.48 万元。

1991 年，在全市 1476 户行政、企事业单位进行自查自报的基础上，重点抽查 540 个单位，查出违纪金额 232.5 万元，收缴入库 168 万元。

1992 年 8 月，市大检办从市行政、企事业单位的现职财会、审计工作人员中聘用 50 名“兼职检查员”,参加每年一度的税收财务物价大检查和日常专项检查工作。

1993年,对1632家企业、单位和个体工商户进行重点检查,检查面为58%,共查出各种违法违纪金额1912万元,其中上缴财政755万元。本年度大检查实现与整顿财税金融秩序、加强财税管理、推进财税改革和预防惩治腐败、加强廉政建设紧密结合,取消不合理收费30多项,减轻社会负担650万元。

1995年,开展全市清理检查“小金库”工作,共清查出“小金库”资金515.5万元,其中单位自清自查“小金库”资金442.9万元,重点检查查出“小金库”资金71.6万元,收缴财政58.5万元。

1998年,日照市对1997年大检查年底没有核实定案的单位进行定案处理,收缴违纪款项135.32万元。对莒县、五莲县、东港区1997年大检查工作进行复查验收,共复查11户,查出各种违纪金额152万元,应入库130万元,入库59万元。

财政监督 1990年5月,日照市对1989年度农业税收政策执行情况进行监督检查,检查发现挪用1989年减免税款800多元、农业税减免税款7450元未落实到村户、特产税5000元未办退库手续。6月,对全市各乡镇、街道1989年度财政(含财政所、计生办、派出所、土地管理、工办)执法情况进行检查,共查出违纪金额29.54万元,其中自查自报27.23万元,重点检查2.31万元。

1992年,日照市对全市乡镇统筹费管理使用情况进行检查,共查出各类违纪金额60.58万元、发现案件线索4起,整理问题70个、提出改进建议65条。

1994年,日照市组织开展乡镇财政普查工作,分13个检查组,对全市69个乡镇进行检查。

1996年6月,根据财政部和山东省财政厅的专项部署,日照市财政局派工作组对日照日益木制品有限公司1995年度财务决算及财务收支情况进行重点检查,作出财政检查结论和处理决定。

2000年,日照市对86个部门和单位进行监督检查,共查出各种违规违纪金额7975万元,对32个问题单位提出整改建议43条。先后对市直、各区县下岗职工基本生活保障资金、失业保险基金、企业基本养老保险基金、城市居民最低生活保障资金、机关事业养老保险基金、农村养老保险基金1998年以后管理使用情况进行重点检查和复查验收,重点检查18个部门30个单位,查出各种违纪金额6123万元。

2003年,日照市组织开展“收支两条线”、支农专项资金、会计信息质量、预算收入征管质量、行政事业性收费等8项检查活动,共对全市21个系统76个单位进行财政监督检查,共查出违纪金额7473万元。

2005年,日照市对城市基础设施配套费征收、减征、免征管理及相关支出情况进行检查。对市工商行政管理系统财务收支及“收支两条线”规定执行情况进行检查。

2007年,全市对80多个单位进行财政监督检查,查出违规金额8696.6万元。配合省财政厅开展对日照市地税局、市工商局和市技术监督局2005年、2006年度预算情况审查及会计信息质量检查工作,对市药检局2006年新型农村合作医疗补助资金检查工作。

2009年,全市对156个单位进行财政监督检查,查出违规违纪金额10400万元。对市文化系统与劳动系统2008年财务收支及专项资金情况、家电下乡补贴、科学技术与农林水事务中央财政专项支出资金进行专项检查,开展日照市“小金库”专项治理工作。

2011年,为深入推进部门预算改革,提高部门预算编制质量,日照市对16个单位2010年预算编制执行及2011年预算编制情况进行专项检查,查出违规违纪金额1237.07万元。

2013年,日照市对41个单位2013年预算执行情况进行监督检查,查出各类违规金额1688.62万元,对市直31家单位公务卡使用情况及财务管理等情况进行专项检查。

会计信息质量检查　2004年,为规范会计师事务所和会计师执业行为,日照市重点对金融、煤炭、出版、外贸四个行业2004年会计信息质量和会计师事务所执业质量进行专项检查。

2006年,日照市对5家企事业单位2005年度会计信息质量进行检查,对1家会计师事务所执业质量及其出具审计报告的2家企业进行延伸检查,共查出违规违纪金额3541.07万元,提出整改建议12条、建章立制10条。

2008年,日照市随机从民生和节能减排行业中抽取26个单位开展会计信息质量检查,共查出违规违纪金额3541.07万元,提出整改建议12条。

2010年,日照市重点对房地产、能源、医药卫生等社会关注热点行业12家单位(10个行政事业单位和2家企业)会计信息质量进行检查,共查出违规违纪金额397.44万元。

2013年,日照市对22个教育单位进行会计信息质量检查,共查出违规违纪资金1635.65万元。

第三节　非税收入管理

非税收入是财政收入的重要组成部分。1989年以后,日照市非税收入管理大体分为两个时期,1989—2004年为预算外资金管理时期,2004年以后为非税收入管理时期。

预算外资金管理　1989年,日照市继续执行《山东省预算外资金实施办法》规定,对行政事业单位和企业主管部门的预算外资金实行财政专户储存管理。对预算外资金管理大致有四种管理方式,即财政间接管理、财政集中代管、行业集中调度、财政直接支配与调剂。财政部门负责组织和管理预算外资金收入与相应安排支出。

1993年,《日照市预算外资金管理暂行办法》出台,明确日照市财政局为市人民政府管理预算外资金的管理机构。按《日照市预算外资金管理暂行办法》要求归集、管理、监督、使用预算外资金。行政事业单位预算外资金包括行政事业性收费,行政事业单位预算外收入、业务服务收入、各种专项基金等。

1996年1月,日照市预算外资金管理局设立,隶属于日照市财政局管理,正处级事业单位。6月,日照市出台《日照市预算外资金管理办法》,进一步明确预算外资金归政府所有、财政管理、部门使用,对预算外资金收取、使用、管理、监督等方面作出明确的规定。7月,开展预算外资金集中清查活动,从银行、监察、审计、财政、物价等部门抽调32人组成6个检查组,对市直46个系统、146个单位1994—1996年以后的1268个收费项目及预算外资金收支情况进行全面清理检查,摸清全市预算外资金的家底。

1997年4月,清理整顿预算外资金账户工作领导小组成立,对市直单位预算外资金账户进行专项清理整顿,涉及单位227个,共撤销旧户441个,开设新户329个,新增代管单位33个、新增代管资金2760万元,有效地遏制了化整为零、多头开户、乱拉存款、逃避监督等行为,在全市建立了预算外资金账户管理新机制。统一规范养老保险基金和失业保险基金的专户管理。9月,出台《日照市第二预算管理暂行办法》,在全市范围内有预算外资金收支活动的国家机关、事业单位、社会团体以及代政府征收专项基金的单位实行第二预算管理办法。

2003年8月,对全市行政事业性收费、政府性基金的收支管理情况进行专项清理检查,清理检查范围是所有具有行政事业性收费、政府性基金、集中所属单位和下级单位资金、接受捐赠资金、国有资产有偿使用、罚款和罚没收入等非税收入的各级行政机关、事业单位、社会团体以及其他代行行政职能的社会组织及其所属单位。各级行政机关、事业单位为发起人成立的各类社会团体收取的会费,也列入清理检查范围。

非税收入管理　2004年4月，市下发《关于深化财政改革进一步加强非税收入管理的意见的通知》，全面实施“分离”制度、推行非税收入征管系统软件，增强服务和管理职能、严格执行收费和基金立项审批程序、完善上下级财政资金缴拨办法、深化部门预算改革，逐步推行综合预算管理、进一步加强非税收入的组织领导和监督检查等六项措施，对非税收入全面推行“票款分离”和“收支两条线”管理制度，从源头上治理和预防腐败，防止乱收费，优化经济发展环境，保障合法收费和基金收入及时足额上缴财政，增加财政收入，增强政府宏观调控能力，具有重要意义。

2006年6月，日照市颁布《日照市政府非税收入管理暂行办法》(以下简称《办法》)，明确界定日照市非税收入管理范围。《办法》对非税收入管理实行收缴分离、收支脱钩制度。政府非税收入实行收缴分离制度，罚没收入实行“罚缴分离”，其他政府非税收入实行“票款分离”。实行收支脱钩制度，对政府非税收入除有规定专项用途或需补偿征收成本支出外，政府非税收入不与执收单位支出挂钩。同时，强化票据管理，实现源头控制，财政票据实行“凭证领购、分次限量、票款一致、验旧领新”制度。按照建立公共财政基本框架的要求，编制综合财政预算，把政府非税收入形成的可用财力一并纳入部门预算编制范围，统筹安排财政支出。同时，政府非税收入支出资金的拨付严格按国库集中支付制度规定的程序办理。9月15日，日照市预算外资金管理局更名为日照市非税收入管理局，隶属关系、经费形式、人员编制、领导不变。

2011年，日照市下发《关于政府非税收入纳入预算管理有关问题的通知》，决定从2011年1月1日起调整全市部分非税收入管理方式，除教育收费(包括当时在财政专户管理的高中以上学费、住宿费，高校委托培养费，党校收费，教育考试考务费，函大、电大、夜大及短训班培训费等)以外的财政专户管理的行政事业性收费，全部纳入国库管理。

2013年9月，日照市下发《关于清理规范行政事业性收费项目的通知》，根据省政府和市政府要求，在全市开展清理规范行政事业性收费项目活动，自9月1日起，取消37项行政事业性收费项目，合并19项行政事业性收费项目，将7项行政事业性收费项目转为经营服务性收费项目，继续保留25项省级行政事业性收费项目。11月下发《关于进一步加强罚没收入等非税收入管理的通知》，进一步深化“收支两条线”管理改革，加强罚没收入、国有资产资源有偿使用收入等非税收入管理。

收支两条线　1992年，省财政厅、中国人民银行山东省分行《关于进一步加强预算外资金管理的暂行办法》规定，一个行政事业单位只能存在由财政同意、人民银行批准的在一家银行开设预算外资金“收入上解户”和“支出结算户”两个账户。除由财政拨付的各种经费及专款可直接通过“支出结算户”进行核算外，其他所有资金活动必须通过财政专户。

1993年12月，日照市出台《日照市直预算外资金管理暂行办法实施细则》，将行政事业单位的预算外资金、各种专项基金、社会性集资收入全部纳入财政部门专户储存，实行收支两条线管理。实行预算外资金专户储存、收支“两条线”管理的单位须在财政部门和人民银行批准的专业银行开立收入和支出账户。

1996年，《日照市预算外资金管理办法》要求，财政部门要在银行开设统一的专户，用于预算外资金收入和支出管理。部门和单位的预算外资金收入必须上缴同级财政专户，支出由同级财政按预算外资金收支计划和单位财务收支计划统筹安排。对预算外资金，根据不同情况分别实行第二预算管理和专户储存收支两条线管理方式，逐步建立了“收之有据、用之合理、调度灵活、运筹有方”的预算外资金管理新机制。

1997 年 4 月,日照市下发《关于公布暂实行“专户储存、收支两条线”管理模式单位名单的通知》,要求市直自收自支事业单位和有收费项目,对收入不固定或无收费项目,但有预算外资金的行政事业单位、社会团体、企业主管部门暂实行“专户储存、收支两条线”管理模式。

2000 年,按照中央、省、市关于“收支两条线”工作推进统一部署,日照市对预算外资金管理进行了完善规范。(一)实行罚缴分离和票款分离。(二)取消收入汇缴专用存款账户。(三)建立预算内、外资金统筹安排使用的管理机制。(四)建立并完善相关的业务规范。

2005 年 6 月,日照市下发《关于将国有资产租赁等其他收入全部纳入财政非税收入征管系统管理的通知》,决定从 2005 年 7 月 1 日起,将市直各部门单位国有资产有偿使用收入、国有资本经营收益、国有资产租赁收入、主管部门集中收入、捐赠收入以及财政性资金产生的利息收入等非税收入,全部实行“票款分离”,纳入财政非税收入征管系统管理。

2008 年 3 月,日照市下发《关于全市公安交通管理部门罚没收入征缴改革有关问题的通知》,将全市各级公安交通管理部门对违反交通安全法律法规的行为人进行处罚所收取的罚没收入,由原通过各市“罚缴分离”系统征缴管理,改为通过山东省非税收入征收管理系统进行征缴管理。对异地违法车辆及驾驶员的相关信息交换,将通过全省公安交警违法管理系统和山东省非税收入征收管理系统的对接予以完成。

非税收入征管系统建设 2000 年 6 月,全市安装并运行省财政厅研发的票款分离管理系统,建立起统一的收费平台,形成覆盖全市的收费网络,实现全市收费票据共享、异地缴费、网上核对收入和票据的有机结合管理。

2003 年 12 月,日照市下发《关于启用“山东省非税收入管理系统”有关问题的通知》,从 2004 年 1 月 1 日起在全市范围内全面启用新非税收入管理系统,全市形成以计算机网络系统为支撑,覆盖市、县、乡三级,具备网上对账、自动分成、异地缴费、票据管理和统计报表 5 项功能,支持所有商业银行代收的多功能、开放式、网络化征管系统。

2009 年 5 月,日照市下发《关于对非税收入系统中分成项目和停止征收项目有关问题的通知》,进一步规范系统中非税收入项目分成、国有资产出租、处置收入项目的使用等问题。根据省财政厅《关于省直接管理县(市)财政体制改革有关非税收入管理问题的通知》,凡原由直管县征缴、各市参与分成的非税收入项目,2010 年 1 月 1 日起市级一律不再参与分成。对通过非税收入管理系统参与直管县分成的项目,将市级分成比例全部并入县级分成,省级分成不变。

第四节　政府采购

市政府采购工作起源于 1999 年对机关事业单位车辆实行统一保险试点,市财政局通过竞争性谈判的方式,对 250 余辆公务用车进行统一保险,节约支出 70 余万元。

2000 年 9 月,颁行《日照市政府采购管理暂行办法》,对政府采购工作作出基础规范。12 月,下发《日照市政府采购监督管理暂行规定》,要求对政府采购实行申报制度。

2002 年,出台《日照市政府采购内部操作规程》《日照市政府采购中心工作流程》《日照市政府采购内部审批权限》《日照市采购中心内部科室职责分工》《日照市政府采购中心政务公开制度》等一系列规章制度,政府采购工作初步规范。

2007 年 2 月,下发《日照市市级政府采购协议供货管理办法》,推行并规范协议供货制度,对协议供货商的确定、协议供货价格的调整、协议供货采购程序、监督检查方式与办法都做了详细规定。6 月,下发《日照市政府采购监督管理暂行办法》和《日照市政府采购监督工作流程》,明确政府采购工作中各职能部门监督管理职责、范围、内容以及对采购过程中的违法违纪处罚程序,进一步规范了政府采购工作流程。

2009 年,政府采购预算管理模式逐步完善,在将政府采购预算与部门预算同步编制的基础上,逐步将所有财政性资金的采购项目全部纳入政府采购预算编制范围,增强采购预算的科学性和约束力,减少采购的随意性。积极推行电子化政府采购,单位采购计划的申报、审核、审批、采购方式的确定、采购结果的录入与汇总、采购相关业务信息查询等均可通过网上申报查询系统实现,也为加大政府采购监督管理力度提供技术平台。

2011 年,全市共组织政府采购活动 2200 余次,采购合同额 19.73 亿元,同比增长 5.65%,占同期财政支出的比重达到 15.9%,节约资金 4.13 亿元,节支率为 17.29%,连续三年节支率位居全省第一。出台《关于进一步加强政府采购中分散采购管理的通知》《日照市政府采购评审专家管理办法》等规章制度,政府采购范围已覆盖到办公自动化、环保科研、医疗等专用设备、车辆保险与购置、地质勘探测绘、道路和市政公用设施建设等货物、服务、工程类项目,进入了"大采购"范畴。

2013 年,全市共组织政府采购活动 2871 次,采购合同额 36.66 亿元,同比增长 52.94%,节约资金 7.64 亿元,节支率 17.25%,其中,市级组织 1492 次政府采购活动,合同额 16.58 亿元,同比增长 157.13%。出台《日照市政府采购代理机构备案管理办法》,将考核工作与备案登记进行有机结合。对市直 30 个单位开展政府采购专项检查,对 21 家代理机构进行综合考核,对 370 余名政府采购评审专家进行复验。

第三章　税　务

1989—1993 年,日照市建立健全所得税制度,改革和完善流转税制度,开辟新税种,恢复部分老税种,重新建立多税种、多环节征收的复合税制体系,初步适应改革开放以后多种经济成分、多种经营方式、多种流通渠道、多种分配方式并存的经济状况,税收收入逐年持续快速增长。1994 年,新税制实行国家税收和地方税收分设,市国税局和市地税局分别成立。1995 年,税务系统建设完善办税服务大厅,实行专管员由"管户"向"管事"的转变,成立独立执法的稽查分局,形成"纳税申报、税务代理、税务稽查"三位一体的征管格局。1996 年以后,日照市全面推行"以申报纳税和优化服务为基础,以计算机网络为依托,集中征收,重点稽查,强化管理"的征管新模式,建立纳税人自行申报纳税制度。2000 年以后,以全面推行税收管理员和建立"一级稽查"体制为切入点,深化税收征管、机构和人事制度改革,在全市逐步建立起专业化的税收征管新格局。2002 年以后,明确稽查、评估执法权限,赋予基层局征管检查职能,实现服务、监控、检查的有机结合。全面推行税制改革后,全市税收收入总量稳定增长,与经济增长基本保持同步。1994 年,国税税收收入 3.96 亿元;2000 年,达到 10.51 亿元;2010 年,达到 237.63 亿元;2013 年,达到526.88亿元,首次突破500亿元大关,收入总量居全省第二位。地税收入66.09亿元,同比增长14.06%,增收8.15亿元;其中,完成公共财政预算收入57.05亿元,同比增长14.12%,增收7.06亿元。地税收入占财政收入57%,地税组织的地方级税收收入占财政收入中税收收入的75.35%。

第一节 税务机构

1989年6月,日照市税务局下设直属、城关、丝山、两城、河山、下湖、南湖、陈疃、三庄、竖旗、黄墩、西湖、后村、巨峰、大坡、高兴、涛雒、奎山、岚山、汾水、碑廓、虎山税务所和石臼分局。

1992年12月,日照市设区带县,五莲县、莒县税务局划为日照市税务局下设单位。

1993年3月,日照市东港区税务局、日照市税务局开发区分局成立。1993年6月,日照市税务局涉外分局成立。1994年7月,根据《山东省国家税务局关于〈日照市国家税务局职能配置、内设机构、人员编制方案的请示〉的批复》要求,国税、地税分设。

国税机构 1994年7月,日照市国家税务局成立,由山东省国家税务局垂直管理,同时接受地方政府领导;组建东港区、莒县、五莲县国家税务局,下辖岚山办事处国家税务局(1994年7月日照市税务局岚山分局改称岚山办事处国家税务局)和市局直属征收分局、开发区分局、石臼征收分局、稽查分局、进出口税收管理分局、涉外税收分局、税务师事务所、税务干部培训中心(海景宾馆)8个直属单位。各区县的基层征收机构均为国税所,全市共77个(分局)所。

1996年4月,石臼征收分局撤销,业务范围划归直属征收分局管理;全市的基层所撤销,按经济区域,成立了27个基层国税征收分局。岚山办事处国税局汾水分局撤销并入岚山办事处国税局。1999年8月,市局稽查局、直属分局升格为副处级单位。

2001年3月,日照市国家税务局计划征收分局、税收评估管理局成立,日照市市区国家税务局成立。

2003年4月,撤销税收评估管理局,计划征收局、进出口分局分别改称计划征收科、进出口税收管理分局。

地税机构 1994年7月,日照市地方税务局组建成立,下设装具票证管理所、税务稽查局、税收事务所、征收一处、征收二处、征收三处6个事业单位。

1998年10月,各级地方税务局机构的设置、人员编制收归省垂直管理。

1999年11月,根据国务院办公厅《关于转发国家税务总局深化税收征管改革方案的通知》精神,全市53个基层税务所按照经济区划设立24个农村征收分局。

第二节 税收征管

1990年,日照市重点加强沿海水产品、苹果、大牲畜、生猪贩运和集贸查补工作。清缴堵漏,均衡组织入库,对全市进行所得税、奖金税、建筑税汇算清缴。广泛开展税法宣传活动,加快征管改革步伐,进一步完善征管体系,改过去税务人员上门收税为纳税人定期到当地税务机关申报纳税。实行征收、管理、检查或征管、检查分离。

1991年,通过所得税汇算清缴、建筑行业重点检查和税收财务大检查,开展“三查”(港查、夜查和集市查),确立“取之适度、促进平衡、用足政策、涵养税源”的工作指导原则,重点帮助企业在练好“内功”上狠下功夫。

1993 年,是设区带县第一年,也是《中华人民共和国税收征收管理法》实施的第一年,严格执行税收政策,进一步推行"两个规程"试点工作,从档案卡、纳税申报、纳税监督到税收档案,实行统一的规范管理办法。推行"征收、检查、辅导、总结"征管工作四个阶段工作法,使税收征管体系更加科学。

国税征管　1994 年,根据新税制的特点和要求,进一步完善各种征管文书,设置增值税征管台账、个体税收征管台账、税款征收月报表等,保证征管工作的需要。制定冷藏业和基层供销社税收征管办法,堵住管理漏洞。坚持纳税申报制度,建立健全增值税专用发票管理制度,开展专用发票检查,保证增值税专用发票的正确使用和安全保管。适应征管改革需要,开展税务代理业务,市局成立会计师事务所,并与 14 个单位办理代理协议。

1995 年,日照市确立四种征管模式,即在市直、县直分局设征收服务厅,配备微机,实现微机操作。服务厅以外的工作仅限税务稽查,其他基层征收机关实施征收、稽查、内勤"三阶段工作法"。稽查分局实行综合选案。审理执行专业管理分工合作、相互协调的新税务稽查运行机制。

1996 年,日照市建立起"以纳税申报和优质服务为基础,以计算机网络为依托,集中征收,重点稽查"的新的征管模式。

1997 年,各征收分局设立办税服务厅,完善办税服务措施,以办税服务厅为主,代征点为辅助,全面实行纳税人自行申报或委托税务代理代办申报的征收制度。

1998 年,日照市税务局理顺办税服务厅窗口职责和办税流程,使办税更加简单、快捷。重点抓异常申报工作,在全市推行集中申报审核制度,扩大细化申报审核范围。明确审核责任,当年的异常申报率由 43%降到 30%。

2005 年,日照市税务局实施税源精细化控管,把税源分为重点企业、中小企业和个体业户,分别实施不同的管理措施。先后健全完善 57 个重点税源管理模型,对 58 个行业建立监控指标和行业平均税负率,对 37 个行业建立行业评估模型,对个体业户实施 A、B、C 分类管理。全面落实税收管理员制度,将全市所有纳税人的管理服务责任逐户落实到 272 名税收管理员,按月考核。在东港区国税局试点进行国、地税联合办理税务登记,并召开现场会,在全市进行推广。推行税库银联网,保证税款的安全完整,方便纳税人。

2007 年,日照市税务局加强重点税源管理,将年纳"两税"60 万元、所得税 100 万元以及年销售收入过亿元的 249 户企业纳入全市重点税源监控范围,实施"问题管理",完善《税收管理质量讲评制度》,对税收执法、所得税管理、预警分析系统等 7 项议题进行讲评,降低税收风险。

2010 年,日照市税务局以税源专业化管理为重点,积极探索实施以税源科学分类为基础的组织管理机构和个性化管理模式,建立管事到组、责任到人的专业管理团队。结合新版普通发票推行,开发"普通发票网络开具与认证管理系统",实现普通发票从发售、开具、验旧、认证到申报比对的网络化闭环管理,并在全省国税系统推广应用。

2013 年,日照市税务局修订完善《基层税源专业化岗责体系暨岗位业务流程》,以税收质量管理讲评会议制度为平台,围绕制度落实和风险管理两条主线,强化实证分析、风险评查和长效机制建设,制定金融、大宗货物批发等 3 个行业管理模板。缫丝加工行业纳税评估模型及案例被评为全国"百佳"。强化组织、制度和技术保障,金税三期工程成功上线并正常运行。扎实有效地推进"营改增"试点工作,实现了 8 月 1 日试点纳税人顺利开票、9 月按期申报缴税的预定目标,全市 4165 户纳税人纳入试点范围。

地税征管　1994 年,对延期缴纳税款、滞纳欠税加强管理,制定专项考核办法,明确条件、期限及办理程序,促使延期缴纳税款批准手续规范化。加强个人所得税征收管理,制定《日照市个人所得税征收管理暂行办法》。对日照开发区税收征管范围进行明确。成立日照市地方税务局税务行政复议委员会。

2004 年,对税源进行分类管理。对市直年纳税额 50 万元以上、区县年纳税额 10 万元以上的重点税源大户实行重点动态管理,建立专门征管台账,推行专门机构和专门人员管理责任制;对实行查账征收、自行申报的中间层次纳税业户推行评估为主、稽查为辅的管理模式;对广大个体业户推行"微机定税",进行典型调查、核定税额、定期定额征收。全面取消手工发票,启用新版防伪税控发票及发票税控管理信息系统。推行税收征管责任制,合理划分征管责任区,按照下管一级的原则,全市建立一级责任区 8 个,二级责任区 32 个,三级责任区 102 个,在明确责任区的基础上,进一步落实征管责任。

2008 年,探索建立"三员互动"农村税收征管模式,进一步整顿农村税收征管秩序。积极开展省局大集中工程上线运行工作,做好新发票系统上线及业务运维相关工作,共清理整改各项征管数据 109936 条,补录以前年度财务报表数据 16380 条。

2013 年,"金税"三期于 10 月 8 日成功上线试运行,开展非正常户核查清理工作,对符合总局公告注销条件的纳税人开展注销清理。严格税种认定操作管理,纠正随意删除税种登记的行为。

第三节　税收收入

1990—1993 年,全市税收收入分别是 9305 万元、8859 万元、11219 万元、31388 万元,分别完成全年计划的 106%、85.84%、107.9%、133.7%,呈逐年增长之势。此后,国税、地税分别统计。

国税收入　1994 年,全市共组织税收收入 39559 万元,不含海关代征税收,国内税收收入完成 22814 万元,完成各项税收任务。

1995 年,全市加强对收入完成情况的调度考核,对屡催不缴的欠税企业,按《中华人民共和国税收征收管理法》的规定严格处理,对 100 家左右收入形势的纳税大户实行重点管理,检查纳税企业 1868 户,查补税款 3502.8 万元。全市共组织税收收入 41869 万元,同比增长 5.84%。不含海关代征税收,国内税收收入完成 26288 万元,同比增长 15.23%。

2000 年,认真贯彻加强征管、堵塞漏洞、惩治腐败、清缴欠税的工作方针,狠抓工作落实,各项工作取得较好成绩。全市共组织税收收入 105109 万元,突破 10 亿元大关,同比增长 30.78%。不含海关代征税收,国内税收收入完成 68531 万元,同比增长 38.18%,完成各项税收任务。

2007 年,全面实施"管理强税"和"科技兴税"战略,以强化税源监控、重点税源管理和分析预警为重点,税收征管长效机制不断健全完善。共组织税收收入 1066892 万元,首次突破 100 亿元大关,同比增长 42.2%,增收 316537 万元,位居全省第八位;不含海关代征税收,国内税收收入完成 365906 万元,同比增长 51.1%,增收 123738 万元,收入增幅居全省首位;其中,市及以下级收入完成 84060 万元,同比增长 63.6%,增收 32687 万元。

2010 年,加强重点税源监控,落实领导干部联系重点税源企业、重点税源分析例会等制度,全市共组织国税收入 2376280 万元,同比增长 36.53%,收入总量居全省第 5 位。不含海关代征税收,国内税收收入完成 645929 万元,收入总量居全省第十三位,同比增长 6.47%;其中,市及以下级收入完成 157230 万元,同比增长 6.20%,收入总量居全省第十三位。

2013年，对金融、商贸、植物油加工行业进行评查，扎实有效地推进“营改增”试点工作，落实各项税收优惠政策和结构性减税政策，共组织国税收入526.88亿元，同比增长6.47%，首次突破500亿元大关，收入总量居全省第二位。其中，国内税收完成77.29亿元，同比增长7.33%。市及以下级收入完成20.9亿元，同比增长9.15%，完成全年组织收入任务。

地税收入 1994年，全市地税系统完成各项收入13942万元。6个征收单位全部超额完成收入任务。其中市直征收处完成6749万元，其他区(县、处)完成7193万元。

1995年，全市各级地税部门克服组建时间较短、基础条件差、工作关系没有理顺等困难，在抓好重点税源收入的同时，不放松对零散税收的管理，通过清理欠税，加强收入调度，开展执法检查，最大限度地减少税收“跑冒滴漏”现象，保证了税收任务的超额完成。全市地税系统共组织收入18479万元，比上年增长32.54%，增收4537万元。

1998年，受亚洲金融危机影响，全市外贸出口大幅度下降，市场需求不旺，国有企业效益下滑。全市各级地税部门实行收入责任制，分片包干，强化措施，排查税源，加强调度分析，加大税务稽查和专项检查力度，全面清查漏征漏管户，清理欠税，加强对高消费区、高收入人群和行政事业单位等非生产领域的税收征管，超额完成市委、市政府和省局确定的收入目标。全市地税系统组织收入达到35449万元，比1997年增长10.94%，增收3496万元。

2001年，加大征管、稽查力度，加强对个体工商户的控管，对企业纳税人有区别地实施重点税源监控，全市地税系统共组织收入54226万元，比2000年增长23.40%，其中：企业所得税14962万元，比2000年增长138.97%，增收8701万元。

2002年，坚持“依法征税、应收尽收、坚决不收过头税”的组织收入原则，努力克服各种政策性减收因素影响，加强征管，堵塞漏洞，清缴欠税，全市地税系统组织各项收入58296万元，同比增长7.51%，增收4070万元。

2011年是“十二五”开局之年，收入总量实现历史性跨越。全市地税收入突破50亿元大关，累计完成各项收入50.01亿元，同比增长39.16%，增收14.07亿元；其中，市县级收入完成38.79亿元，同比增长41.48%，增收11.37亿元，实现了十二五时期“开门红”。

2013年，在经济发展增速放缓的形势下，面对营改增、小微企业优惠政策落实等政策性减收因素影响，强化分析调度，挖掘税源潜力，推进管理增收，实现了全市地税收入平稳增长，完成各级安排的收入任务。全年共完成各项收入66.09亿元，同比增长14.06%，增收8.15亿元；其中，完成公共财政预算收入57.05亿元，同比增长14.12%，增收7.06亿元。地税收入占财政收入比重达到57%，地税组织的地方级税收收入占财政收入中税收收入的比重达到75.35%。

第二十三编　计划　物价　统计

1989年后，随着经济体制改革的不断深化，全市各级发展与改革部门履行拟订全市国民经济和社会发展战略、中长期规划和年度计划并组织实施的职责，逐步建立和完善与社会主义市场经济体制相适应的计划工作新思路、新机制、新办法，顺利实施了国民经济和社会发展中长期规划及年度计划，全市国民经济和社会各项事业得到快速发展，人民生活水平不断提高。

1989年后，全市工农业产品、基础工业品与加工工业品之间的比价关系基本理顺，逐步形成适应社会主义市场经济以市场调节价为主的价格形成机制。1998年5月后，贯彻《中华人民共和国价格法》，价格管理工作重点转入清费、治乱、减负阶段，鼓励消费、扩大内需、抵制通货紧缩。2010—2013年，改革和完善价格听证、集体审价委员会等工作制度。取消和停征192项行政事业性收费，构建矛盾疏导、政策指导、信息引导三位一体价格公共服务机制。推进水、石油、天然气、电力、交通、电信等领域价格改革，各项工作取得新成绩。

1989年后，全市统计系统在加强统计基础工作和基层建设的同时，逐步改革完善各项统计制度，扩大调查统计的范围和内容。到2013年，全市基本建立起适应改革开放新形势需求的统计管理体制。

第一章　计划管理

1989年后，日照市逐步建立和完善与社会主义市场经济体制相适应的计划工作新思路、新机制、新办法，认真拟订全市国民经济和社会发展战略、中长期规划和年度计划并组织实施，全市国民经济和社会各项事业快速发展，人民生活水平不断提高。2001年后，全面推进经济结构战略性调整，提高全市经济的整体素质和综合竞争力，推动经济协调发展和社会全面进步。至2005年，实现生产总值426.5亿元，年均增长15.2%，高于全省2个百分点。人均GDP达到15829元，比2000年翻一番。2011—2013年，全市GDP三年年均增长11.5%；地方财政收入达到100.09亿元，年均增长17.9%；固定资产投资年均增长21.3%；第三产业增加值占比达39%；城镇居民人均可支配收入和农民人均纯收入年均分别增长12.7%、14.7%，万元GDP能耗年均下降3.86%。

第一节　年度计划

1990—1994年，全市年度计划编制和实施中，努力搞好综合平衡，确定重点生产力布局，合理安排年度计划，加强宏观调控与协调服务，使全市经济发展既遵循持续、稳定、协调发展的总方针，又突出超常规、大跨度、跳跃式发展的新思路。同时，加强年度计划实施过程中经济运行调控，搞好对宏观经济运行的监测、预测和预警，定期提出经济运行和经济政策的分析报告，促使计划目标尤其是主要宏观调控目标的实现。其间，全市国民经济主要指标增幅居全省十七市地前列，国内生产总值年均增长18.5%，乡及乡以上工业总产值和农业总产值增长32.4%和18.9%，固定资产投资平均增长72.2%，财政收入年增长23%，外贸出口商品供应总值增长46.9%，科技教育等社会各项事业都取得较大成绩，该时期为全市经济发展较快较活跃的时期。

1995年，日照市加强经济运行调控，强化固定资产投资检查工作，着力抓好项目库的开发利用，论证入库250个经济效益高、市场前景好的项目，搞好资源综合平衡，提出桥头堡"重在建设"的主要内容；加快日照、岚山两港建设，实现日照桥头堡的"枢纽""窗口""龙头"三大功能。全市国内生产总值达到120亿元，比1994年增长22.5%。全年实际利用外资6980万美元，增长66.39%。地方预算内财政收入5.11亿元，增长27.8%。各项存款余额64.18亿元，各项贷款余额55.5亿元，分别比年初增长25.9%和22.47%。

1998年，日照市做好全市国民经济运行预测、预警和监督检查，及时把握运行态势，定期分析经济运行的特点，研究存在的问题和困难，提出解决办法与措施。计划全市实现国内生产总值175亿元，同比增长13%，高出全省2个百分点。其中，第一产业增长6.9%，第二产业增长16%，第三产业增长13.5%。第一、二、三产业比例调整到28.3：36.6：35.1，第二、第三产业比重加大，经济结构进一步优化，国民经济保持好的发展势头。

2004年，年度计划重点是坚持城乡统筹，推动农村经济全面发展；大力培植临港工业，全力提高制造业水平；加强招商引资和重点项目建设；促进服务业快速发展；扩大开放，不断增强经济发展活力。全年共争取列入国家、省规划项目120个，承诺扶持资金3.97亿元（含外国政府贷款），下达投资计划项目95个，安排补助投资2.25亿元。争取国家将日照市9个项目列入淮河流域工业废水治理专项规划，国家下达计划1220万元。争取省工业结构调整专项基金3000万元。争取国家安排垃圾处理厂、医疗废物无害化处理中心等4个项目中央预算内投资2626万元。争取省安排全市县城电网建设改造工程省统借统还资金9275万元。争取社会事业项目建设资金775万元。

2009年，根据中央、省、市经济工作会议精神和"十一五"规划要求，兼顾需要和可能，发展重点是着力扩大内需，促进经济平稳较快增长；坚持城乡联动，加快建设社会主义新农村；调整优化经济结构；增强经济发展动力；推进节能减排；加大统筹建设力度；大力发展社会事业；提高民生保障水平。加大接轨青岛和区域经济合作力度，两市政府签署《关于加快推进青岛日照区域合作一体化发展备忘录》和先进制造业、现代服务业、旅游文化合作等一批协议；签约项目77个，投资总额104.79亿元，其中利用市外资金98.45亿元。

2011年，发展重点是构建现代产业体系，推进经济发展方式转变；注重内需外需协调拉动，努力保持经济平稳较快发展；推进城乡统筹发展、实施科教兴市、人才强市战略；深化改革开放；构建生态环境体系；着力保障和改善民生；加快壮大临港产业，努力增创蓝色发展新优势。超前构筑基础设施，"两纵三横"铁路网和"三纵两横"高速公路网等重大基础设施不断完善，日照机场列为"十二五"华东地区九个拟新布局项目的首位。抓住以日照精品钢铁基地为核心内容的山东省钢铁产业结构调整方案被国家确定为唯一试点的重大机遇，把日照钢铁精品基地建设作为"头号工程"，积极配合省主管部门做好规划、立项、土地等争取工作,及时搞好协调服务。

2013年,在年度计划安排上,日照市抓调整促转变。一是大力促进现代农业发展。牵头抓好农业十大产业振兴和百万吨粮食生产能力建设规划的组织实施,建设千亿斤粮食产能规划田间工程、基层农技推广服务、标准化规模养殖、小流域治理、沿海防护林等项目24个,进一步增强现代农业发展优势。二是大力促进临港产业发展。在国家和省核准备案的30个项目中,威亚发动机三工厂等临港产业项目有15个,总投资143.8亿元。三是大力促进高技术和战略性新兴产业发展。四是大力促进现代服务业发展。在200个大项目中,安排现代服务业项目42个,完成投资68.4亿元。争取省级以上引导资金1790万元,全市安排1100万元,支持现代物流、新兴服务业等62个项目建设。

第二节 五年计划及实施

"八五"计划

计划指标 "八五"(1991—1995年)计划时期,根据中共十三届七中全会精神,结合日照市情,提出"初步建成具有工业基地、交通枢纽、外贸口岸、商贸中心、旅游服务等多种功能、外向型经济为主、中等规模的现代化港口城市和欧亚大陆桥东端桥头堡之一"的主要任务。明确全市经济社会发展主要指标是:国民生产总值年均增长10%,农业总产值年均增长4%,工业总产值年均增长15%;全社会固定资产投资规模12.2亿元;地方财政收入年均增长10%,银行各项存款年底余额年均增长15%,各项贷款年底余额年均增长13.2%;社会商品零售总额年均增长12%,供应出口商品收购总值年均增长17.5%。工业全员劳动生产率年均增长4%以上,万元生产总值综合能耗年均降低3%,资金利税率每年提高一个百分点;各类中等职业学校在校生1995年达到4200人,"八五"末基本扫除文盲。人口自然增长率控制在10‰以内,居民实际消费水平年均增长5%。

实施结果 至1995年,全市国内生产总值达到125亿元,年均增长18.8%;三次产业比例由1980年的67∶15∶18调整为33∶37∶30;人均国内生产总值4664元,年均增长18.2%。境内财政收入达到7.43亿元,年均增长27.3%。工农业生产能力显著提高,主要经济指标均超额完成"八五"计划。累计完成全社会固定资产投资110亿元。铁路通车里程达到75.5千米,公路通车里程由930千米增加到1300千米。拥有港口泊位22个,年通过能力2025万吨。出口商品供货总值28.9亿元,年均增长51.6%。累计取得重要科技成果800余项,其中具有国际先进水平的48项。90%以上的人口和地区基本普及初级中等义务教育,基本扫除青壮年文盲。农民人均纯收入为1697元,年均增长19%;城镇居民人均生活费收入为4014元,比1990年增加2575元。

"九五"计划

计划指标 "九五"(1996—2000年)计划期间,日照市提出"人民生活全面达到小康水平,为到2010年基本实现现代化、进入全省沿海先进城市行列奠定坚实基础"的总任务和实施"港口带动、外向带动、工业带动、科教兴市、基础设施推动"的发展战略。明确全市经济社会发展主要指标是:国民生产总值至2000年达到255亿元,年均增长15%,第一、二、三产业分别增长5%、20%和19%,第三产业比例调整为20∶45∶35;人均国内生产总值年均增长14.7%。全社会固定资产投资累计完成400亿元;社会商品零售物价总指数上涨幅度控制在8%左右;境内财政收入年均增长18%;进出口总额为12.3亿美元,年均增长20%。万元生产总值综合能耗年均降低5%。城镇居民人均生活费收入为8200元,农民人均纯收入为

4000元。人口自然增长率控制在6‰以内。

实施结果　至2000年,全市国内生产总值209.5亿元,年均增长12.3%,比1980年翻了三番。三次产业比例调整为24.3∶39.1∶36.6,实现了由第一产业为主向第二产业为主的转变。全社会固定资产投资累计完成275亿元,年均增长14.2%。地方财政收入达到8.43亿元,年均增长20.4%。粮食生产能力达到120万吨左右,农业现代化水平达到53%,传统农业正向现代农业转变。工业增加值68.8亿元,比1995年翻一番多。城镇人口80.1万人,城市化水平达到29%。进出口总值达到5.57亿美元,占国内生产总值的比重为22%。五年累计实际利用外资5.5亿美元,比"八五"期间增长1.9倍。日照港完成木片码头主体工程,岚山港液体化工码头建成运营,两港泊位达到24个,实现货物吞吐量3121万吨。日竹高速公路建成通车。新增公路通车里程467千米。电力网络达到全省一流水平。五年取得重要科技成果353项。提前实现教育"两基"目标,人均受教育年限达到8年。人口自然增长率控制在7.06‰。城镇居民人均可支配收入6502元,农民人均纯收入2844元,年均分别增长8.3%和10.9%。社会消费品零售总额57.9亿元,年均增长13.2%。

"十五"计划

计划指标　"十五"计划期间(2001—2005年),全市经济和社会发展主要预期指标是:国内生产总值年均增长12%,至2005年达到369亿元,人均13000元;一、二、三产业年均分别增长4%、16%和12%,增加值分别达到62亿元、171亿元和136亿元。三次产业的比例调整为17∶46∶37。地方财政收入达到15亿元,年均增长12%。城市化水平达到37%。全社会固定资产投资累计完成526亿元,年均增长15%。物价涨幅控制在3%左右。进出口总额年均增长20%,达到13.8亿美元,占国内生产总值的比重达31%。实际利用外资年均增长10%。城镇居民人均可支配收入和农民人均纯收入年均分别增长6%。城镇登记失业率控制在4%以内。社会消费品零售总额年均值增长14%,达到111亿元。人均期望寿命73.5岁。城市人均居住面积达到15平方米;农村居住条件进一步改善。高中段教育普及率达到85%以上。每千人拥有卫生技术人员、医院病床数分别达3.5人和2.3张。经常参加体育活动的人数比达到40%。人口自然增长率控制在7.25‰以内。近岸海域水质达到功能区的要求,主要河流和水库达到地面水环境保护功能区的要求,市区及各县城区环境空气质量保持在国家二级以上标准。森林覆盖率达到31.6%。

实施结果　"十五"期间,经济增长速度逐年加快。2005年全市实现生产总值426.5亿元,年均增长15.2%,高于全省2个百分点。人均GDP15829元,比2000年翻一番。规模以上工业增加值136.08亿元,年均增长40%。境内财政总收入86.42亿元,其中地方财政收入14.75亿元,同口径年均增长23.1%。三次产业比例调整到2005年的16∶47.9∶36.1。林牧渔业增加值37亿元,占农业增加值的54%,水产、茶叶、畜牧、果蔬等特色农业的产业化经营格局初步形成。工业化进程明显加快。钢铁、能源、浆纸、化工、机械、粮油等临港产业实现销售收入273亿元,占规模以上工业销售收入的52%。机械制造、食品加工、纺织服装、建材等优势产业不断壮大。销售收入超过10亿元的企业9家,超过50亿元的2家。以港口物流、旅游、会展、房地产等为特色的服务业日益繁荣,商贸流通、餐饮娱乐等传统服务业稳步发展。2005年实现社会消费品零售总额125.1亿元,年均增长14.9%。港口货物吞吐量8421万吨,集装箱运量21.36万标箱。基础设施建设实现新突破。全社会固定资产投资保持较快增长,5年累计完成投资717.6亿元,年均增长29%。港口基础设施建设投资累计完成70亿元,是"九五"期间的9.7倍,25万吨级矿石码头、木片码头、集装箱码头等相继建成投产。交通、通信、电力等基础设施进一步改善。公路通车里程达到2482.2千米,高速公路通车里程达到139.6千米。固定和移动电话用户数125.36万户。电力装机容量86万千瓦。日百新玛特购物广场、利群购物广场等一批商贸设施相继改造和建成营业。开工建设了日照水库、青峰岭水库等4座大中型水库除险加固工程,全市有效灌溉面积达到11.9万公顷。乡及乡以上企业改制面达到98%。直接融资取得突破,1家企业上市。农村税费改革全面展开,粮棉流通体制改革深入推进。开通对韩海上航线,与国外4个城市新建友城关系,与129个国家和地区建立了经贸关系。2005年,进出口总值达到25.47亿美元,年均增长35.5%。5年累计实际外商直接投资6.15亿美元。生态市建设开创新局面。生态环境保护得到加强,循环经济发展成效显著。全市大气质量一直保持在优良水平,近岸海域水质保持国家一类标准。先后被批准为创建国家循环经济示范市、全省首家循环经济示范市和国家环境保护模范城市,通过国家级生态示范区验收。城市生活污水集中处理率达到71.5%,城市生活垃圾无害化处理率达到91.2%,工业用水重复利用率提高到76%,森林覆盖率达到31.6%。高新技术产业产值占规模以上工业总产值的比重达到7.9%,提高2.9个百分点。基本普及高中段教育,人均受教育年限达到8.3年。高等学校发展到7所,在校生达到5万人。争取国家批复设立岚山区。连续被国家授予"全国双拥模范城"荣誉称号。连续5年被省委、省政府授予人口和计划生育目标管理一等奖,人口自然增长率控制在5.82‰。2005年城市居民人均可支配收入9809元,年均增长8.6%;农民人均纯收入4123元,年均增长7.7%。城市人均住房面积和农村人均居住面积分别达到22.56平方米和30.1平方米,城市人均公共绿地面积达到19平方米。社会保障体系进一步完善,城市低保实现动态管理下的应保尽保,农村特困群众得到有效救助。5年新增城镇就业人口14.8万人,城镇登记失业率控制在3.5%以内。

"十一五"规划

计划指标 "十一五"时期(2006—2010年),全市经济社会发展的主要目标确定为经济实力显著增强。至2010年,全市生产总值达到910亿元,年均增长15%。人均生产总值达到32500元,地方财政收入达到29.7亿元,年均增长15%。三次产业比例调整为9∶53∶38。固定资产投资年均增长20%。社会消费品零售总额达到245亿元,年均增长15%。物价总体水平基本稳定,居民消费价格指数控制在104%。循环经济得到进一步发展,资源利用效率明显提高,万元GDP综合能耗比"十五"期末降低20%,工业用水重复利用率达到80%。生态市建设步伐加快,城市生活垃圾无害化处理率达到100%,城市生活污水处理率提高到90%,森林覆盖率达到35%。科技创新能力得到明显加强,研发投入占GDP比重达到2%,高新技术产业产值占规模以上工业总产值的比重达到20%。投资、财税、卫生、社会保障、公共管理体制改革取得突破性进展,体制机制创新能力显著增强,建立起比较完善的社会主义市场经济体制。开放型经济达到新水平,进出口总值年均增长20%。实际外商直接投资年均增长30%。城乡发展更加协调,城市化水平达到50%。城市居民人均可支配收入达到14400元,农民人均纯收入达到5800元,年均分别增长7%左右。各项社会事业进一步发展,居住、交通、教育、文化、卫生和环境等方面的条件有较大改善,人均受教育年限达到9年以上,每万人拥有医生数和病床数超过13人和23张,人口自然增长率控制在5.8‰。农村剩余劳动力得到合理流转,城镇就业岗位持续增加,每年新增农村劳动力跨区域转移就业2万人,城镇每年新增就业3.85万人,城镇登记失业率控制在3.5%以内。社会保险、社会救助、社会福利与慈善事业相衔接的社会保障体系更加完善。

实施结果 "十一五"期间,"十一五"规划确定的主要发展目标预期完成。2010年,全市生产总值1025.08亿元,年均增长15.1%,实现翻一番的目标;人均生产总值达到36883元,是2005年的2.3倍;规模以上工业增加值达到623.63亿元,年均增长26.5%,是2005年的3.8倍;地方财政收入达到55.61亿元,年均增长30.4%,是2005年的3.8倍;5年累计完成固定资产投资2512亿元,年均增长23.6%。规模以上工业企业突破千家,服务业增加值达到363.27亿元,粮食生产连续六年突破100万吨。结构调整取得新进展。三次产业结构由2005年的16.4∶47.2∶36.4调整为2010年的9.8∶54.8∶35.4。钢铁、石化、汽车、浆纸、粮油等临港产业实现主营业务收入占规模以上工业销售收入比重达到50%以上;高新技术产业产值占规模以上工业总产值的比重达到20.9%,比2005年提高13个百分点。新增国家认定企业技术中心2家,省级企业技术中心15家。5年共实施技术改造项目1738项,完成投资643亿元。实施一批节能减排重点工程,加快淘汰落后产能步伐,淘汰立窑水泥生产线44条、479万吨产能。单位生产总值能耗、化学需氧量和二氧化硫排放总量比2005年大幅度降低。基础设施得到新加强。港口、公路、铁路等综合交通运输体系进一步健全,日照港通过能力达到1.5亿吨,吞吐量达到2.27亿吨,是2005年的2.7倍,其中集装箱运量106.1万标箱。山西中南部至日照港铁路通道开工建设,新菏兖日铁路电气化改造顺利完工,铁路营运里程达到134.2千米,高速公路通车里程达到139.6千米。日照至东明输油管道、日照至仪征输油管道及配套工程已开工建设,胶州至日照天然气长输管线贯通。完成小仕阳水库、巨峰水库等8座大中型水库除险加固工程。全市电力装机容量达到257万千瓦,顺利实施城乡电网改造工程。鲁南临港产业区列为省级区域开放合作综合配套改革试点。全面取消农业税,集体林权制度改革试点顺利启动。日照钢铁精品基地列入国家钢铁产业调整振兴规划和全国钢铁行业结构调整试点。日照港股份有限公司在上海证券交易所上市,日照恒宝食品有限公司在马来西亚上市。日照经济开发区晋升国家级经济技术开发区,日照保税物流中心(B型)封关运营,鲁南(日照)国际航运与贸易中心建成启用。2010年,进出口总值133.14亿美元,5年年均增长39.2%;5年累计实际外商直接投资达到15.4亿美元,是"十五"时期的3.7倍。现代威亚年产40万台发动机及模具项目、亚太森博浆纸二期等利用外资大项目建成投产,森达美棕榈油项目开工建设,世界500强企业累计有18家投资日照。城市建成区面积达到89.8平方千米,城镇化率47.08%。北京路、山东路等城市主干道衔接贯通,市生活垃圾无害化处理场升级改造工程建成并投入运营,在全省率先实现全部行政村通硬化路,农村自来水普及率提高到91%。日照水上运动基地获"中华人民共和国成立60周年百项经典暨精品工程"称号。市区环境空气质量始终保持优良。获联合国人居奖、中国人居环境奖、世界清洁能源奖及"中国十佳绿色发展城市、国家循环经济试点市、中国金融生态城市、中国投资环境百佳城市"等称号,城市魅力进一步提升。社会建设取得新成效。教育事业快速发展,实现城乡免费义务教育,中等职业教育在校生3.01万人,日照职业技术学院晋级为国家示范性高职院校,大学科技园在校学生4.9万人。人口自然增长率控制在3.8‰。新型农村合作医疗参合率达到97.65%。市文化艺术博览中心、莒州博物馆建成启用,市级综合文化中心暨日照图书馆、社会福利中心开工建设;举办两届中国水上运动会,承办第十一届全运会日照赛区比赛。"平安日照"建设被中央综治委表彰为"全国社会治安综合治理优秀市"。广电、新闻、妇女儿童、档案、气象等事业不断进步。人民生活有了新改善。新增城镇就业再就业22.4万人,城镇参加基本养老保险、基本医疗和失业保险人数分别达到28.33万人、63万人、14.8万人。城镇居民人均可支配收入和农民人均纯收入分别达到17558元和7504元,年均分别增长12.4%和12.6%。电脑、汽车、移动通信等新兴消费品拥有数量明显上升。

"十二五"规划

计划指标 "十二五"期间(2011—2015年),全市经济社会发展的主要目标是:经济实力显著提升。

工业化、信息化、城镇化、市场化、国际化进程加快,经济保持平稳较快发展。至 2015 年,全市生产总值达到 2000 亿元,年均增长 12%,人均生产总值达到 66000 元,超过全省平均水平,社会消费品零售总额年均增长达 16%以上,固定资产投资年均增长达 20%以上,进出口总值年均增长 12%,地方财政收入年均增长达 15%以上。发展方式明显转变。科技创新能力迅速提升,加快发展绿色经济。努力实现由突出工业发展向现代工业、现代服务业和现代农业协调发展转变,由高耗能、资源型向清洁、低碳和循环经济发展转变,由投资、消费、出口拉动向消费、投资、出口拉动与科技创新驱动转变,由陆域经济发展向海陆一体发展转变,由城区、县城发展向城乡统筹、一体化发展转变。经济结构优化升级。三次产业比例调整为 6∶56∶38,战略性新兴产业、海洋产业、文化产业占生产总值的比重分别达到 10%、35%、5%。财政收入占生产总值比重显著提升。蓝色经济快速壮大。日照钢铁精品基地等建成投产,培育壮大钢铁、石化、浆纸、修造船等运量大、外向型和港口依赖度高的临港产业集群;海洋产业、涉海产业不断壮大;港口吞吐量超过 3 亿吨,其中集装箱运量达到 260 万标箱,以港口物流为主的现代物流业发展加快,基本形成现代产业体系。城乡统筹协调发展。促进农村人口向市区、县城和中心镇集聚,城镇化水平达到 55%,中心城区人口达到 110 万人。社会就业比较充分,城镇登记失业率控制在 3.5%以内,人口自然增长率控制在 5‰以内。

实施结果 “十二五”规划前三年(2011—2013 年),地区生产总值达到 1500.16 亿元,2011—2013 三年年均增长 11.5%;地方财政收入达到 100.09 亿元,年均增长 17.9%;固定资产投资年均增长 21.3%,第三产业增加值占比达 39%,城镇居民人均可支配收入和农民人均纯收入年均分别增长 12.7%、14.7%,万元 GDP 能耗年均下降 3.86%。加快推进产业结构调整,构建现代产业体系成效显著。临港产业不断壮大,形成钢 1200 万吨、汽车 75 万辆(含农用车)、发动机 78 万台、浆纸 188 万吨、自动变速箱 70 万台、大豆油脂 700 万吨、油品加工 990 万吨、糖 240 万吨的主要产能。日照钢铁精品基地已开工,临港产业集群化、链条化发展趋势明显。加快发展高新技术产业和战略性新兴产业,2013 年,规模以上工业高新技术产业占工业总产值的比重达到 17.97%。驰名商标总数 13 件,山东省著名商标 62 件。大力发展现代服务业,2013 年服务业增加值中,物流业占 9.8%,金融业占 4.8%;旅游总收入占生产总值的比重达 14%;鲁南金融服务中心建设扎实推进,全市各类金融机构有 94 家,形成多元化金融服务体系。城投类企业债券已公开发行 8 亿元,填补了日照市发行城投类企业债券融资空白。制定实施《日照市农业十大产业振兴规划和稳定百万吨粮食生产能力建设规划》,在稳定粮食生产的基础上,大力发展特色农业。2013 年粮食播种面积 16.58 万公顷,总产 102.02 万吨,连续 9 年突破 100 万吨。花生、瓜菜、水果、肉类及水产品等保持稳定增长,林木覆盖率达到 39.2%。农业产业化水平不断提高,市级以上重点龙头企业达到 202 家,农民专业合作社达到 2185 家。大力实施高效节水工程,新增高效节水灌溉面积 1.4 万公顷;新增供水能力 1 万立方米/日;加固小型病险水库 102 座;农村自来水普及率达到 95%;农村社区建设创新发展,已规划农村社区 412 个。认真落实各项支农政策,维护农村社会和谐稳定。2011—2013 年,港口建设完成固定资产投资 117 亿元,新增生产性泊位 8 个,新增港口通过能力 1325 万吨。山西中南部铁路通道日照市境内累计完成投资 53 亿元,占计划投资的 85.5%,计划 2014 年全线贯通;胶新铁路电气化改造工程已开工建设,计划 2014 年年底送电通车;青日连铁路可研报告上报国家发改委;日照至临沂至曲阜至济南城际铁路已列入省城际轨道交通网规划,并报国家发改委;巨峰至岚山港铁路完成规划研究。日照港疏港高速公路、长深高速公路日照段通车。日照民用机场项目选址报告、预可研报告、可研报告分获中国民航局、国务院和中央军委、国家发改委批复。中石化日照至仪征、中石油日照至东明原油管道建成。

一批城镇自来水厂、供排水管网和热力管网、城乡一体化垃圾收集转运等设施相继进行建设，全市污水日处理能力达25.8万吨，中水日生产能力达8万吨，生活垃圾日处理规模达到1200吨。城市信息化水平日益提升，智慧城市建设进入提质提速阶段。加大城中村改造力度，至2013年年底，主城区89个城中村中32个村已完成改造，45个村正在改造。出台《关于加快城镇化发展的意见》，2013年全市人口城镇化率达到51.31%。对外开放迈出新步伐，改革创新增添新动力。2011—2013年，进出口总值、利用外资年均分别增长35.2%和16.8%。企业“走出去”步伐加快，境外资源性投资开发力度加大，投资区域进一步拓展。科技创新能力得到加强，全市共组建国家认定企业技术中心2家，省级工程技术研究中心22家，省级院士工作站5家，省级重点实验室1家，建立省级技术创新联盟7家，组建市技术创新联盟6家。争取组建国家地方联合工程实验室1家、省级工程研究中心1家、省级工程实验室5家。积极推进减排工程建设，2011—2013年，全市共完成减排项目274个。亚太森博浆纸、华泰纸业等公司完成污水治理提标改造工程建设，日照钢铁公司建成投运所有180平方米及以上烧结机脱硫设施，华能日照电厂3号、4号机组已建成投运烟气脱硝工程。加快完善城乡公共文体设施，完善乡镇、村居（社区）综合文化站和文化活动场所115个，建成市级全民健身公园3处，县级全民健身公园3处。医疗卫生条件持续改善，新农合人均筹资标准提高到350元。实施完成35项“为民办实事”工程。就业、养老、医疗等社会保障各项指标提前完成“十二五”规划目标。

第二章　物价管理

1989—1991年，日照市贯彻国务院《关于加强物价管理和严格控制物价上涨的决定》精神，将整顿经济秩序作为价格改革的重点，“调、放、管”相结合，物价平稳，市场有序。1992年起，日照市加快价格改革步伐，有计划地放开部分商品价格，初步形成以市场取向与政府价格政策调控结合的价格约束机制。1997—2000年，日照市发挥价格政策在扩大内需和促进经济发展中的作用。1999年6月，日照市对粮食实行保护价敞开收购、顺价销售；将棉花收购价格由政府定价改为政府指导价，放开销售价格。2000年后，日照市提高公有房屋租金标准，调整部分集中供热价格，清理整顿汽车、住房消费领域的收费和政府建设性基金，取消部分收费项目。2001年后，进一步缩小政府定价、政府指导价的范围，扩大市场调节价的比重。至2013年，日照市90%以上的农副产品、生产资料、社会消费品价格实行市场调节价。

第一节　价格总水平

1989年以后，全市共经历3次较大的物价上涨，分别为1989—1996年、2007—2008年和2011年。

1988年，全国性物价上涨，从中央到市政府出台一系列有关抑制通货膨胀的调控措施。1990年后的3年“治理整顿”期间，日照市严格执行“价管权限上收一级”和“13类商品提价需报国务院特批”的规定，并发出《关于加强价格申报制度的通知》。1994年6月，市政府发布《日照市人民政府关于加强对居民基本生活必需品和服务价格监审的通知》，对29种居民基本生活必需品和服务价格实行“提价申报、调价备案和差率管理”。从而控制物价上涨幅度，保证群众生活和社会安定。1995年以后，为使物价形势有明显好转,以“管理效益年”活动为动力,制定《强化宏观调控、微观管理、确保物价总水平明显低于去年的十条措施》,物价调控能力明显增强,物价涨幅逐月下降。进一步完善城镇居民口粮供应办法,实行限量凭证供应,每人每月10千克面粉。对以粮油为原料的副食品实行全省统一制定的批零差率、毛利率、利润率和最高限价管理。馒头毛利率25%、油条毛利率35%,挂面加工环节销售利润率不超过2%,零售环节批零差率不超过12%。猪肉以生猪收购价为基础,县城所在地毛白差率控制在55%以内,大中城市控制在65%以内。白条肉的批发价格在按毛白差率计算的零售价格基础上,倒扣不少于15%的批零差率作价;直接购进白条肉销售的,其批零差率不超过15%。鸡蛋以养鸡场的批量出售价格为基础,顺加15%的批零差率制定零售价格。蔬菜不同品种在20%~50%的批零差率内发布指导性零售价格。

1997—2000年,全市市场年度价格总水平出现改革开放20年以后的首次下降。截至1999年12月,全市商品零售价格总水平连续26个月下降,居民消费价格连续20个月低于上年同期水平。全年商品零售价格总水平比上年下降3.2%,居民消费价格总水平比上年下降0.6%。2000年,全市居民消费价格总水平止跌转升。

2001—2008年,面对通货膨胀、通货紧缩、国际金融危机、重大自然灾害等复杂局面和各种困难,物价部门科学分析,积极应对,保持价格总水平的基本稳定。2003年在“非典”影响较大的情况下,市场物价保持稳定,居民消费价格总水平上升0.3%。其中,食品类价格上升3.2%,非食品类价格下降1.3%,服务项目价格上升2.8%。2008年,物价工作环境发生巨大变化,中央将“防止经济增长由偏快转向过热、防止物价由结构性上涨转为明显通货膨胀”(“双防”)作为宏观调控的首要任务,严禁出台除节能环保外的政府调价项目。

2009年以后,日照市认真贯彻落实国家及省各项价格调控政策,维护市场价格水平基本稳定。2010年,出台《关于充分发挥价格职能作用促进经济平稳增长意见》。2011年,提出《关于稳定消费价格总水平保障群众基本生活的通知》的22条措施,适时启动“双低”联动机制,为城乡低保群众及优抚对象、中华人民共和国成立前老党员发放价格补贴766万元。建立价格调控联席会议制度。制定完善《日照市物价系统应对价格异常波动工作预案》《日照市价格监督检查应急预案》。同时,严格控制调价项目,制定出台《关于发挥价格杠杆作用促进我市经济发展方式加快转变的实施意见》和《关于充分发挥职能作用促进我市民营经济发展的实施意见》,对促进全市经济发展方式转变、加快民营经济发展提供政策支持。完善落实社会救助和保障标准与物价上涨挂钩的联动机制,发放价格补贴资金660万余元,约11.5万名困难群众从中受益。2012年,组织召开三次价格调控联席会议,督查价格调控措施落实、通报价格情况。全市居民消费价格总水平同比上涨2.4%,分别低于全国、全省平均涨幅0.9个百分点和0.5个百分点。2013年,物价涨幅持续回落,全市居民消费价格累计同比上涨2.1%。

第二节 价格管理

1989年后,按照调放结合、以放为主的原则,进行价格管理体制改革,扩大市场调节范围。至2011年,95%以上的商品和服务实行市场调节价,不到5%的商品和服务实行政府定价或政府指导价。

农产品及餐饮业价格

猪肉销售价格　从1989年起,鲜肉价格已放开,只对剔骨冻猪肉及部分熟肉制品价格进行管理。1990年,在提高冻猪肉销售价格的同时,放开除酱猪肉、香肠以外的其他熟肉制品销售价格,并对生猪收购和猪肉销售价格实行最高限价管理。从1991年5月起，为制止乱涨价行为，对放开价格的猪肉等主副食品实行提价申报制度。1998年8月起，由于猪肉供求形式发生较大变化，日照市借鉴济南等城市肉价改革的经验，确定全部放开肉价，取消对生猪、猪肉的购销指导价格。

粮食购销价格　1989—1990年，小麦、玉米等主要粮食购销价格仍由政府定价，同时，议价粮油价格则逐步放开。1991年5月1日起，为进一步理顺粮油价格，搞活粮油流通，国务院决定调整粮油统销价格，实行购销同价，全国平均每500克提高1.35元。1991年，小麦每50千克（下同）由13.60元提为21.00元，玉米（中等）由9.50元提为15.00元；特一面粉由25.00元提为38.00元、特二面粉由21.50元提为34.00元，标准面粉由17.80元提为28.00元。1992年4月1日起，国家提高粮食定购价格，小麦每50千克（下同）由25.80元提为32.00元、玉米由17.60元提为21.00元。1998年，国务院对粮食流通体制进行改革，实行按保护价敞开收购农民余粮；粮食企业实行顺价销售，粮食收购资金封闭运行。1999年，农产品价格由于粮食连年丰收和受国际环境影响，粮、棉、油料、茧等农产品价格跌至近年来最低点，小麦收购价每50千克（冬花麦三等）63元，比1998年降低1元。玉米定购价（中等质量标准）每50千克46元，比1998年降低15元，保护价每50千克40元，比1998年降低14元。2000年，省政府确定粮食定购价格和保护价格执行同一价格。中等玉米（水分14%）全省统一收购保护价格为500克0.49元，定购任务内的玉米按照调整后的保护价格收购。等级差价，均由1999年的等级差率4%调整为每相邻等级差价额为每500克0.02元。2001年，经省政府同意，确定小麦收购保护价格维持2000年水平不变。秋粮定购价格也实行全省一价，与2000年相同。

餐饮业价格　1989年后，政府除继续对馒头、油条、火烧、牛奶等主副食品价格进行管理外，餐饮业价格已逐步放开。1997年，为制止餐饮业价格暴利行为，制定《日照市餐饮业价格管理细则》，对餐饮业实行价格等级管理，共分为特一级、特二级、一级、二级、三级5个级别，并相应核定其饭菜毛利率、烟酒的综合差价率及服务收费标准。1998年，对餐饮业价格管理改等级管理为年审管理制度。2001年起，取消餐饮业价格等级管理制度，实行餐饮业明码标价管理制度。全市餐饮业统一使用日照市餐饮业商品标价签、日照市餐饮业服务收费价目表。此后，对餐饮业的价格按照国家计委《制止牟取暴利的暂行规定》《山东省制止牟取暴利和价格欺诈行为暂行规定》以及国家计委《关于商品和服务实行明码标价的规定》及实施细则的有关规定进行管理。餐饮连锁企业提供的餐饮服务价格，实行市场调节价。

工农业产品综合比价

1994年，日照市农业生产和农村经济得到长足发展，农产品购销两旺，农产品收购价格比1993年上升54.9%。全省农村工业品零售物价指数比1993年上涨16.7%，工农业产品综合比价即剪刀差比1993年缩小24.7%，农民在出售农产品价格方面受益6.42亿元，平均每个农民受益265元。由于农产品大幅提价，1994年农民人均纯收入1331元，比1993年增长36.5%，创历史最好水平。

1995年，由于农副产品收购价格提高，工农产品比价逐渐缩小，农民人均纯收入1697元，扣除物价因素，增长5.9%。

城市供水价格

1994年，日照市调整自来水价格。居民、机关、团体用水由0.30元/立方米调为0.45元/立方米，工业生产用水由0.40元/立方米调为0.60元/立方米。1999年，水利工程向农业供水的价格由0.03元/立方米调为0.06元/立方米，因奎山水厂附加费的部分费额理进水价，加上随水价一同收取的排污费、污水处理费、工业附加费3项，导致水价上涨，居民生活用水由0.70元/立方米调为1.38元/立方米，工业用水由0.90元/立方米调为1.56元/立方米,建筑饮食用水由1.50元/立方米调为2.39元/立方米,船舶用水由3.50元/立方米调为5.15元/立方米。2000年,市物价局召开由30多个部门和企业领导参加的日照市自来水价格听证会,与会人员对供水单位的汇报和价管科调查的论证达成共识,水价作了适度调整。生活用水由1.38元/立方米调为1.58元/立方米,工业用水由1.56元/立方米调为1.76元/立方米,饮食和建筑业用水由2.37元/立方米调为2.59元/立方米,船舶用水由5.15元/立方米调为5.35元/立方米。莒县、岚山两地在召开价格听证会后,也适当调整了自来水价格。2010年,实现工业用水与服务业用水同价。2012年,积极推进水价改革,研究制定水库原水和城市非居民自来水基本价格调整方案。2013年,研究制定水库原水和城市非居民自来水基本价格调整方案。为改变工业用水价格长期偏低状况对日照市及周边城市非居民用水及水库原水价格进行大量调研和分析,并提出调整水价方案,城区非居民生活用水基本水价,由1.76元/立方米上调为2.33元/立方米,上调0.57元/立方米;非居民生活用水到户综合水价由3.11元/立方米上调为3.68元/立方米。

污水处理价格

2003年,日照市召开城市供水价格暨污水处理费听证会。2004年,积极推进城市供水价格及污水处理价格改革,运用价格杠杆促进节约用水。2006年,出台日照市城市居民生活用水实施阶梯水价,制定五莲县污水处理费标准。2008年,调整城市污水处理费到0.92元/吨。2009年,将行政事业性用水、工业用水、经营服务性用水污水处理费收费标准统一调整为1元/立方米。

用电价格

综合电价管理　政府对电价实行分类管理,共分大工业用电、非工业和普通工业用电、居民生活用电、非居民照明用电、农业生产用电五大类。1991年,整顿电价,制定分类综合电价最高限价。居民生活照明用电每千瓦时0.40元,较前降低25%。后经多次调整,从2009年4月1日起,日照市城乡用电实行同网同价为0.52元/千瓦时。2013年,认真落实居民生活用电阶梯电价、高耗能企业差别电价等价格政策,促进了节能减排。积极为国电莒县风力发电、生物质发电等项目争取上网优惠电价政策。

农村电价管理　1991年,鉴于农村电价既高且乱的状况,制定分类综合电价最高限价,居民生活照明用电较前降低25%。1999年,为降低电价收费,国家出台城乡同网同价,农网改造和农电体制改革(以下简称“两改”)的政策措施,自1999年1月11日起,居民生活用电附加费(0.01元/千瓦时)停收,电价由0.422元/千瓦时降为0.412元/千瓦时。2001年,对全市农网改造后的居民生活用电价格进行测算,报请省局批准,确定全市农村居民生活用电0.62元/千瓦时。

成品油价格

1989—1997年,成品油实行国家定价,价格变动不大,1998年后改为实行政府指导价。因受国际市场原油价格影响,成品油价格波动较大且频繁。2004年5月中旬,国际油价涨至最高点,国家提高柴油价格,出厂价每吨提高280元,零售中准价按照出厂价调整幅度等额调整。后每年多次调整,价格逐年提高。2009年,日照市贯彻成品油价格政策,共调整成品油价格8次。2010年,贯彻国家、省成品油价格政策,调整成品油价格3次。2013年,全年共调整成品油价格13次。

药品价格

1989—1992年,药品价格实行国家定价的管价方式。管价权限为大部分药品价格由国家和省物价局制定,小部分地产药品价格和医疗单位自制药剂价格由市地价格主管部门制定。1992年,国家对生物制品价格实行统一领导、分级管理的原则,由国家和省制定价格,采取国家定价、国家指导价和市场调节价三种形式。1993 年,国家对盐酸林可霉素、青霉素等原料出厂价由国家定价改为国家指导价,但制剂价格仍实行国家定价。随着价格改革的不断深入,国家陆续放开部分小药品、小成药、小器械和部分中药材价格。1996 年,国家整顿药品价格秩序,规范药品价格,对部分抗生素、生物制品价格进行调整,要求各医药生产、经营企业严格执行属于政府定价或政府指导价的药品价格,严格执行国家规定的作价办法。2000—2005 年,日照市加强对招标药品的价格管理,对招标和药品制定临时零售价格,让利于消费者。2006 年,制定市属医疗单位 2006 年中标药品临时零售价格。2007 年,制定药品最高零售价格。推行医疗收费和药品价格公示制度,住院治疗费一日清单制度。2008 年,对全市 115 项医疗服务价格进行归并,对医疗服务价格进行测算,制定出台医技诊疗类、中医及民族医技诊疗类医疗服务价格。2010 年,公布市直第二批药品最高零售价格目录。

食盐价格

食盐价格一直由国家定价,长期以来,市场供应充足,价格平稳。2004 年 10 月,日照市对食盐价格进行检查,全市食盐价格基本稳定,东港区小袋盐价格每袋 1.00 元,县城及农村每袋 0.8~0.9 元。2011 年 3 月,受日本地震引发核电站泄漏和食盐涨价谣言影响,食盐价格涨幅较大,商场、超市、小卖部全部脱销。物价、盐业等各有关部门积极采取措施,市场供应充足。

房地产价格

商品房价格 2000 年,为实施全市商品房和经济适用房的房价公开、透明,组织专人对商品房基本(平均)房价水平进行认真调查,在反复测算的基础上,拟定全市经济适用房的指导价格为 850 元/平方米。2001 年,组织有关人员对全市经济适用房的成本进行核实,确定荣华小区二期工程销售基价为 846 元/平方米。2011 年,重新制定市区廉租住房租金标准。

物业服务价格 2005 年,日照市制定出台《日照市住宅小区物业管理等级服务评定标准办法》,认真对城市花园等 14 个小区的物业综合服务费进行审核。2011 年,制订《日照市住宅物业服务收费管理实施细则》和《日照市住宅物业服务等级标准及收费标准》。2013 年,制定《日照市住宅物业服务收费管理实施办法》,以市政府规范性文件形式公布实施,该项工作走在全省的前列。同时印发《普通住宅前期物业服务费等级标准》《住宅物业服务质量等级标准》等实施细则。制定政策期间,采取网上公开征求意见、召开座谈会等方式,充分听取社会各方面的意见和建议,保证政策的科学性、合理性。新的物业服务收费政策出台后,为有效规范全市住宅物业服务收费秩序提供了政策支持。

工业生产用蒸汽价格

2008 年,日照市调整理顺工业生产用蒸汽价格,由 130 元/吨先后调整为 179 元/吨、193 元/吨,实施煤热价格联动。2009 年,按照煤热价格联动机制,将工业生产用蒸汽中准价格由每吨 193 元降低为 182 元。2010 年,调整工业生产用蒸气中准价格。2011 年,建立工业蒸汽价格与煤炭价格联动机制。2012 年,适当提高工业用蒸汽中准价格。2013 年,完善落实油运、煤气联动机制,对工业用蒸汽中准价格进行适当调整。

城市供暖价格

2001 年,日照市召开市热力公司供暖价格听证会。2005 年,进一步规范市内供气及集中供暖价格。2008 年召开听证会,居民供热价格由 19.5 元/平方米调整为 24 元/平方米(建筑面积的 90%计算),低保群体维持 16 元/平方米价格不变。2009 年,调整居民供热价格。2011 年,积极推进供热计量价格改革,制定相关政策。2012 年,制定完善冬季供热价格。2013 年,会同市住建委出台市区冬季供暖价格有关政策,并对以前的价格政策进行整合。严格按照上级有关文件精神,落实居民生活用电阶梯电价、高耗能企业差别电价等价格政策,对两部制热价政策进行调整,由基本热价的50%调整为30%。

城市燃气价格

瓶装石油液化气　1989—1991年,日照瓶装石油液化气价格采取计划内和计划外两种价格管理形式,1992年开始统一实行政府定价。2000年,日照市放开瓶装石油液化气价格,由经营者自主定价;管道液化气价格及相关收费标准由政府价格主管部门制定。1994年,制定计划外液化气价格为对用户零售价格每吨2150元,企业可根据季节、市场供求在上下不超过10%幅度内浮动;各县区经营的计划外液化气销售价格由县区物价部门核定。1998年,液化气价格由石油、石化集团公司按照国家发展计划委员会制定的定价原则制定。2000年,计划内民用液化气出厂价格调整为每吨2785元。针对液化气价格波动较大的问题,日照市物价局连续几年发文要求各县区密切关注当地液化气价格变动情况,严格贯彻执行国家发改委加强液化气价格管理保证市场供应有关规定。灌装煤气(12.5千克)全市实际平均销售价格:2008年82.45元、2009年59.8元、2010年76.09元、2011年85.9元。

管道天然气价格　2010年,日照市天然气价格由3.2元/立方米降低为:居民用天然气价格2.66元/立方米,非居民用气3.00元/立方米,年减少企业和居民支出810万元,其中工业用户减少支出219万元。2011年,对管道天然气价格进行适时调整。2013年,积极到省物价局争取同网同价政策,尽量压减中间环节的各项费用,慎重平衡存量气与增量气在价格构成中的权重,本着最大限度让利于民的原则,合理确定全市天然气最终销售价格。在全省其他地市普遍上调价格的形势下,召开天然气价格调整论证座谈会,下调居民天然气价格,本市居民用天然气价格由2.913元/立方米降低为2.795元/立方米,并制定实施居民壁挂炉采暖用气与生活用气同价政策。

交通运输价格

城市公交价格　2001年,在对公交成本进行认真核算的基础上,日照市降低市内公交票价。2005年,通过召开价格听证会对市区部分公交线路的票价进行适当调整。

客运出租票价　2005年,日照市适时出台出租车加收燃油差价1元的办法。2009年,理顺100多条客运线路的客运价格。2010年,规范部分线路的汽车客运价格。2011年,规范出租车等候时间及相关价格政策,并根据油价上涨情况对市区出租车实行燃油附加费政策。2013年,完善落实油运、煤气联动机制,对道路班车客运票价中准价格进行适当调整。

第三节　收费管理

1990年后,日照市开始实行行政性事业性收费许可证制度。按照《山东省收费许可证管理暂行办法》,凡实施行政性事业性收费的单位必须到当地物价部门申领由省物价部门统一印制的收费许可证,省、市(地)、县级物价部门分别核发。1996年6月,全市统一换发新版收费许可证和收费员证。1998年7月,收费许可证由国务院价格主管部负责统一制订样式,国家及省两级价格主管部门印制,各级价格主管部分别核发,有效期3年。

收费年审

1990—2013年,在全市收费单位逐年开展收费年审工作。

1994年年底,确定行政性、事业性收费单位1886个,发放行政、事业性收费许可证1885个,培训收费员 2850 人,设立收费项目 3150 项。通过年审,全市共取消不合理收费项目 375 项、收费标准 593 个,减轻群众、企业经济负担 5250 万元。1995 年,全年共办理收费许可证 752 个,年审 1443 个收费单位,审出超标违价收费金额 203.75 万元,其中退还用户 142.70 万元、没收 61.05 万元,罚款 4.40 万元,撤销不合理收费项目 23 项。2000 年,全年共审验收费许可证 1808 个,年审总金额 7.3 亿元,审验出违纪收费金额 338.6 万元。2001 年,坚持收费许可证年审制度,采取审验与监督检查相结合的方法,审验面与审验质量同步提高。全市收费许可证审验 1866 个,审验率达 98%。经过审验取消不合规定的收费项目 13 个,年可减轻群众负担 290 万余元。2011 年,认真开展行政事业性收费年度审验和经营性收费清理工作,注销行政事业性收费许可证 4 个,纠正存在问题单位 22 个,清理规范经营性收费项目 112 项,进一步减轻了企业和群众负担。2012 年,严格落实国家和省的有关政策,取消收费项目 40 个,降低收费标准 9 项。2013 年,严格按照国家、省的规定,对收费单位的行政事业性收费资格进行重新审查,初步建立收费许可证网上办理、收费年审网上审验的动态监管系统。全年共对 413 个收费单位的收费情况进行审验,共变更收费许可证 66 个,注销收费许可证 13 个,审验行政事业性收费总额 19.6 亿元,进一步规范收费行为。

行政事业性收费

行政事业性收费分为涉企收费、涉农收费、其他收费三类。1999 年 11 月,市政府发布《日照市收费管理暂行办法》,加强收费管理。

1990—1999 年,日照市集中开展制止乱收费、乱罚款和各种摊派为重点的治理"三乱"工作。根据《山东省行政性事业性收费管理条例》《山东省行政性事业性收费管理条例实施办法》,日照市严格行政事业性收费项目审批权限,狠抓行政事业性收费清理整顿工作,加强对收费人员的业务培训,清理各部门越权制定的收费标准和县区政府及部门越权擅自批准的收费。遵照中央关于减轻农民负担和开展反腐败斗争的指示,开展行政事业性乱收费治理。按照中共中央办公厅和国务院办公厅文件要求,取消一批涉及农民负担的收费项目和达标项目,降低部分收费标准,并清理涉农收费,查处一些乱收费单位。1990 年,日照市对获准收费的行政、事业单位进行"四查"(查项目、收费范围、执行标准、资金用途)"四整顿"(整顿收费项目、收费标准、票证、章法)。1991 年,按照中共中央、国务院《关于坚决制止乱收费、乱罚款和各种摊派的决定》,日照市认真开展收费清理。1996 年,中共中央、国务院下发《关于切实做好减轻农民负担的决定》后,日照市开展专项治理乱收费工作,共完成三项治理任务:一是审核处理涉及农民负担的收费项目,取消农村宅基地有偿使用等 37 项收费,暂缓执行水资源费等 2 项收费,限期修改婚姻登记等 17 项收费,纠正有强制行为、摊派和搭车收费等 14 项收费。全面审核市级涉及农民负担项目的文件,取消 46 项收费;二是治理国家机关及其所属单位利用职权乱收费,在完成全国分三批公布取消的 192 项乱收费项目的同时,对土地、公安、交通、民政、教育、工商、环保等系统群众反映强烈的问题进行重点审查,对检查发现的问题,根据上级文件和要求,明令废止 55 项乱收费项目;三是重点清理整顿建设领域涉企收费。

1997 年,日照市认真贯彻"清费、治乱、减负",分阶段、按步骤地对辖区内行政事业性收费进行全面清理整顿。全市共对 1996 个收费单位的 849 个收费项目逐一进行清理登记,并对其中 300 余个涉企涉农收费项目的收费依据、收费范围、具体执收情况以及现实可行性等方面逐项分析衡量,取消撤并 35 个涉企收费和涉农收费项目。1999 年,对市直各有关部门和单位的收费、集资、摊派等事宜进行年审和清理,符合国家、省政府收费项目的有 310 项 2000 小项,取消违规收费 6 项,取消和降低收费标准 40 项。

2009 年,制定出台《规范涉及企业收费的七条意见》。2010 年,理顺涉企收费,编制日照市涉企收费项目及标准目录；进一步推行“两证一卡”制度，实施进企业收费保护制度。2013年，按照国家和省的要求，及时降低有关收费标准，取消部分收费项目，对全市30个行政单位(系统)进行行政事业性收费专项清理。降低全市保存人事关系及档案收费、出入境检验检疫收费等收费标准；取消ATA单证册调整费、货物行李物品保管费、税务发票工本费等收费项目；停止征收因公护照费(含加急费)、户口簿工本费、户口迁移证和准迁证工本费、矿产资源勘查登记费、采矿登记费、企业注册登记费、个体工商户注册登记费等收费项目。

经营性收费

1989年起，日照市对经营性收费实行逐步放开的改革政策。1990年，日照市对经营性收费试行收费许可证制度；加强理发等服务行业放开的收费标准管理，出台招待所、宾馆收费管理暂行规定。1992年，日照市放开修理业、理发洗澡等大部分服务价格，主要管理宾馆招待所客房价格、电影票价、旅游票价、涉外报务收费等。1993年，电影票价改为市场调节价。1997—1998年，调整公共汽车票价，舞厅门票、体育比赛和文艺演出门票等实行市场调节价。2001年，放开宾馆招待所、汽车修理价格。2008年，全面清理规范经营性服务收费，重点是自立项目收费、超标准收费、超额收取费用、侵占客户利益、违反规定收费、只收费不服务或服务差等方面，暂停收费单位、降低收费标准、清理违规收费、规范收费许可证及收费文件和收费项目。2011年9月，省政府发布《山东省服务价格管理办法》后，日照市采取政府定价、政府指导价、市场调节价3种价格形式加强服务价格管理。2013年，改变批费、办证的单一模式，结合收费年审工作，初步建立市管经营服务性收费目录台账制度，审批规范全市农村有线数字电视收费标准；批复市社会福利院老年人养老服务收费标准；审批规范全市事故车辆停车费政策及水运基地停车场、市博物馆停车场收费标准收费；调整中小学学生装价格；规范全市房屋档案利用收费标准；审批规范城市建筑垃圾处理费收费标准；制定全市机动车驾驶员培训收费标准及机动车驾驶人实际道路驾驶技能模拟电子考试训练费；推动门票价格优惠工作，降低了部分景区节假日门票价格。

几项重要收费管理

教育收费　1995年，托幼园收费，实验示范班全日由每生每月46元提高为105元，提高幅度为128.2%，住宿由每生每月64元提高为124元，提高幅度为93.75%，一类幼儿园全日由每生每月39元提高为87元，提高幅度为123%，住宿由每生每月54元提高为115元，提高幅度为125.6%；托儿所全日每生每月由40元提高为83元，提高幅度为107.5%，住宿每生每月由40元提高为101元，提高幅度为152.5%。

2000年，根据山东省政府的规定，全市大中专院校和中小学学校收费标准普遍提高。义务教育阶段学杂费：小学每生每学期，城市由40元提高到55元，农村由30元提高到40元，初中每生每学期，城市由65元提高到90元，农村由55元提高到70元。非义务教育阶段学杂费：普通高中实行招生收费并轨，取消计划外招生。并轨后的学杂费收费标准为：每生每学期，省级重点高中(含省级规范化学校)由500元提高到800元。城市高中由330元提高到500元，农村高中由180元提高到300元，职业高中学杂费每生每学期800元；住宿费：凡住校学生不分学校类别，每生每学期(含水电费)农村由40元提高到50元，城市由50元提高到70元。2007年，加强中小学教材价格管理，落实好学校教学和学生生活用电、用水、用气价格政策，落实义务教育阶段学生免收杂费政策，完善落实高中择校生收费政策。2013年，做好幼儿园收费的调整规范工作。通过对幼儿园收费进行调查研究、成本监审和网上公开征求意见、召开座谈会听取社会各方面的意见和建议，在充分考虑到群众承受能力的基础上，制定公布调整规范公办幼儿园收费方案。

医疗收费 2000年,全市调整新的医疗收费标准,清理、规范、调整医疗机构收费项目4664项,其中新增项目1798项,调整项目1195项,废止项目1604项,保留项目67项,规范调整的收费项目共计3060项。明确新增医疗收费项目和大型医疗设备收费标准的申报规定。2009年,在做好成本监审的基础上,对全市115项医疗服务价格进行归并,制定出台医技诊疗类、中医及民族医技诊疗类医疗服务价格。2011年,适当调整提高医疗废物处置费标准。落实国家基本药物制度,制定过渡期内全市基本药物最高采购限价,完善药品采购价格,进一步降低药品零售价格。2011年,对全市医疗机构医疗服务价格进行清理规范,出台《日照市医疗机构医疗服务价格(修订本)》,共保留医疗服务价格4170项,采用五级分类法,理顺医疗服务比价关系,规范医疗服务价格行为。2013年,制定实施五莲县公立医院医药价格改革方案,调整规范市人民医院、市中医院非普通病房床位费收费标准,市妇幼保健院新生儿疾病筛查收费标准。理顺和规范医疗垃圾处理收费政策。

第三章 统计管理

1989年以后,全市在加强统计基础工作和基层建设的同时,改革完善各项统计制度,扩大调查统计的范围和内容,逐步建立起适应改革开放新形势需求的统计管理体制。

第一节 统计报表

综合统计

城市社会经济基本情况调查 1989年后,为全面反映城市社会经济建设规模、结构、速度、效益及综合发展水平,每年开展“城市社会经济基本情况统计年报表”调查,初期报表指标达300多项,包括人口、土地、综合经济、农业、工业、交通运输等内容。地级日照市成立后,城市社会经济调查队每年向山东省统计局报送“城市社会经济基本情况统计年报表”。2009年,报表指标调整为260多项。2013年,“城市社会经济基本情况统计年报表”包括265个指标,统计范围和数据涉及40多个市直部门、7个统计专业科室。

城乡划分属性调查 根据国务院2008年发布的《统计上划分城乡的规定》,日照市每年下半年进行一次村级单位城乡划分属性调查。

国民经济核算统计

1989年,国家统计局对1985年制定的国内生产总值年报制度、指标解释和计算方法进行修订。在生产领域基础上,进一步扩大核算范围,开始进行国内生产总值使用核算,并在年报制度中增加按支出法计算国内生产总值的试算表式。日照市统计局按照国家统计局统计制度要求,开始按支出法计算国内生产总值,国内生产总值在国民经济核算中的地位得到巩固和加强。

1992年,根据《中国国民经济核算体系(试行方案)》的要求,日照市对国内生产总值的资料来源和计算方法作了进一步细化,以国内生产总值为主,国民收入降到附属地位。1993年,根据国家统计局规定,正式取消国民收入统计报表制度,国内生产总值成为国民经济核算的核心指标。1994年,执行国家统计局建立的国内生产总值支出法统计年报制度,对国内生产总值生产核算的产业部门分类进行调整和细化。

2003年,根据国家统计局的部署,取消MPS体系,全面采用《中国国民经济核算体系(2002)》体系。根据国家统计制度规定,从2005年年报开始,国民经济核算有关年报的GDP产业类别的行业划分,按新国民经济行业分类划分为94个行业,将季度GDP分为19个门类。日照市统计局实行市、区、县GDP季度联审制度。

2006年4月,日照市执行根据经济普查的基础资料结合常规年度的基础资料情况,在非普查年度与普查年度核算方法衔接的基础上制定的《中国非经济普查年度国内生产总值核算方法》,为非经济普查年度GDP核算提供指导。

2009年,日照市执行根据第二次经济普查资料制定的《中国第二次经济普查年度国内生产总值核算方法》。2011年,国家统计局对现行GDP统计核算制度进行重大改革,省统计局取消分级核算、全省联审的模式,改由省统计局统一对各市季度GDP进行核算。

非公有制经济统计

2002年,山东省统计局制定《山东省非公有(民营)经济统计核算制度》,根据通知要求,日照市自2002年第二季度起正式实施。2011年,为准确及时地反映全省非公有经济发展现状,省统计局修改完善《山东省非公有经济增加值核算方案(试行)》。从2013年起,按照相关文件要求,按照民营经济界定范围和核算办法,开始核算民营经济增加值。

农业统计

1991年,按照国家统计局统一部署,在全市推行农村统计一套表制度,该制度分乡镇调查统计报表制度、统计部门计算的综合统计报表制度和参照执行的报表制度三部分,共56个表种、7630项统计指标。年内,统计年报开始执行第一、二两部分,农产品产量、生产条件、现代化水平及农村自然灾害指标和各类产值及收入分配等价值量指标都通过一套表的形式逐级汇总上报。1994年,按照省确定的指标对全市1990—1992年农村奔小康情况进行测算,并对已达到小康标准的区(县)整理材料报省统计局验收。2013年,开展乡镇统计联网直报,实现了“四大工程”向农村统计的延伸,促进农村统计现代化建设。

工业统计

1992年4月,日照市建立工业增加值和工业销售产值月度统计、工业经济效益评价考核体系和主要财务指标统计制度,定期计算和公布工业经济效益综合指数,增加区县、部门独立核算工业企业主要经济指标季报和主要工业产品产量(实物量)库存季报。经济效益指标由原来的季报15项指标改为月报34项指标。自2007年起,执行国家统计局建立的“工业企业成本费用调查”年报制度,通过在部分重点规模以上工业企业建立成本费用调查制度,直接采集计算工业中间投入和增加值所涉及的基础数据,以改革工业增加值和工业增加值率的计算方法。从2011年定期报表开始,提高规模以上工业的统计起点,由年主营业务收入500万元以上提高到2000万元以上。从2012年年报起,工业统计报表制度开始执行一套表联网直报。

固定资产投资和建筑业统计

1996年,按照山东省统计局部署,日照市开展计划总投资在50万元以上在建项目调查。根据国家统计局制度方法改革的统一部署,从2011年定期报表开始,提高固定资产投资项目统计起点,由计划总投资 50 万元及以上提高到 500 万元及以上，500 万元以下项目不再纳入固定资产投资统计范围。

交通运输统计

1994 年，为了解交通运输邮电业生产经营活动的基本情况，为各级政府制定政策和计划以及进行经济管理与宏观调控提供依据，日照市执行山东省统计局运输邮电软件业统计报表制度。

2015 年至今，按照省局统一部署，日照市取消独立核算交通运输企业财务状况表，主要报表有港口分货类吞吐量及库存量、载客汽车能源消费，载货汽车能源消费，水路运输企业能源消费，港口能源消费等。

能源统计

能源统计专业起步较晚。长期以来，能源统计分散在工业、物资、商业等其他专业统计报表中。1986 年，国家建立能源统计制度。“十一五”期间，能源统计制度不断完善。2006 年，日照市建立单位 GDP 能耗统计指标体系、监测体系和考核体系，增加了主要耗能工业企业单位产品能耗，开始编制能源平衡表；2009 年，进行季度能耗核算；“十二五”开始构建能源、资源、环境、应对气候变化“四位一体”的能源统计体系。2011 年，增加非工业重点耗能单位能源消费；2012 年，增加环境年报；2013 年，增加能源生产销售与库存；2015 年，增加经销企业能源购进销售与库存。

社会统计

2005 年，山东省建设厅和山东省统计局联合下发《山东省城镇化监测评价方案》，对城镇化进行年度监测。自 2007 年开始，山东省在逢 3、5、7 年份进行全省 1%人口抽样调查，其中逢 5 年份与全国 1%人口抽样调查结合进行。但随着经济社会的不断发展，社会各界及各级政府相关部门对全省相关人口数据的需求越来越多，要求也越来越高。为及时、准确地掌握相关情况，山东省确定从 2016 年起，建立年度全省 1%人口抽样调查制度，在逢 0 年份与全国人口普查、逢 5 年份与全国 1%人口抽样调查结合进行。通过年度 1%人口抽样调查，测算并发布全市常住人口数据。根据妇女儿童发展规划，对妇女儿童事业发展进行年度监测等统计工作。

文化产业统计

根据《国家统计局关于印发〈文化及相关产业分类〉的通知》（国统字〔2004〕24 号），自 2006 年起逐步建立起日照市年度文化产业统计制度。2012 年根据省局统一部署，日照市开始实行具有山东特色的《文化及文化创意相关产业统计制度》。2013 年根据《国家统计局关于印发文化及相关产业分类（2012）的通知》（国统字〔2012〕63 号）的要求，文化产业统计执行最新国家标准。

科技统计

1989 年后，在全市范围内对科技成果情况进行全面统计，主要包括成果名称、完成单位、任务来源、工作起止时间、鉴定日期、组织鉴定单位、密级、成果水平、应用技术成果分类、已取得的经济效益等项目。1991 年，日照市开始执行山东省统计局科技统计年报表制度。1995 年，工业科技统计随同第三次全国工业普查进行。2000 年，开展全社会 R&D 资源清查工作，并以清查结果代替科技年报。2001 年，正式建立非工业企业及事业单位科技活动统计报表制度和科技综合统计报表制度。2002 年，工业科技统计范围进一步扩大，由原来的大中型工业企业扩大到规模以上工业企业。2003 年，将软件开发单位并入非工业企业及事业单位科技活动统计报表制度统计范围。同时，新建高技术产业综合统计报表制度，综合范围为规模以上工业企业和软件业企业，调查表共有 10 张。2004 年，规模以上工业企业科技统计随同全国第一次经济普查进行。2005 年后，新建重点企业科技活动情况年快报制度。此后，科技统计沿用 R&D

资源清查制度，形成全社会科技综合统计调查制度。

服务业统计

2007年始，山东省统计局组织实施《服务业重点行业统计调查制度》。2009年，按照省委、省政府关于培育服务业三大载体的决策部署，为全面、及时反映日照市三大载体统计发展水平，《服务业三大载体统计监测制度》正式实施。2010年，为进一步规范部门服务业统计工作，全市建立《日照市服务业调查制度》，加强对部门统计工作的指导和协调。2012年，为建立统一、规范的服务业统计，《重点服务业企业统计报表制度》进入试运行阶段，通过“一套表”网上直报平台进行报送。2013年，《重点服务业企业统计报表制度》更名为《规模以上服务业统计报表制度》并正式实施。

物价统计

居民消费价格统计　1989年开始，日照市编制职工生活费用价格指数和消费品零售物价指数。1994年，编制居民消费价格总指数、商品零售价格总指数、农产品收购价格分类指数。2001年，按国际通行做法编制以2000年为基期的居民消费价格定基指数和商品零售价格定基指数。2008年，开始编制城镇低收入居民基本生活费用价格指数。2012年8月，全面使用CPI手持数据采价器代替纸介采集价格，并将数据直接上传服务器。2013年，流通和消费价格统计报表包括居民消费价格指数、商品零售价格指数、城镇居民基本生活费用价格指数。

工业产品价格统计　2000年8月，日照市开始编制工业品价格指数，确定74家企业为调查代表企业。2002年1月，对日照市工业品价格调查企业和调查产品进行增选，增加调查企业26个。2003年，工业品价格调查实施在地统计，区县局负责搜集基层数据和录入，工业品价格调查单位增加到150家。2004年4月，对部分生产资料价格实行监测，开展旬报。2005年1月，省城调队要求停止报送价格监测旬报工作。2011年编制工业品价格定基指数，基期为2010年，5年为一个周期，2010年为定基年份。同时工业品价格指数更名为工业生产者价格指数，产品增加基本分类。

固定资产投资价格统计　2003年11月，日照市开展固定资产投资价格调查。2005年1月，编制固定资产投资价格指数。2012年，固定资产投资价格统计调查移交国家统计局日照调查队。

房地产价格统计　2001年1月，日照市开始房地产价格调查工作。2001年4月，编制一季度房地产价格指数并上报山东省城调队。2005年7月，将原按季度编制的房屋销售价格指数调整为按月编报。2005年11月，改进和完善房屋、土地、租赁分类价格指数，增加平均价格计算，增加物业管理服务等价格分类指数。2012年1月，房地产价格统计报表工作移交国家统计局日照调查队。

城乡居民生活统计

城市居民生活统计　城镇住户调查主要包括家庭基本情况，如性别、年龄、职业、文化程度、收入等；家庭货币收支和主要商品购买情况，期初、期末手存现金，储蓄、借贷收入和支出；贵重耐用消费品的拥有量及需求；居住条件等。

1989年1月，日照市开始实施城镇住户调查经常性记账工作，样本调查户为50户。1999年1月，调查样本从50户扩充到100户。2011年1月，由省级调查样本100户扩大到全市500个调查户。其中，东港区150户、岚山区100户、莒县100户、五莲县100户、日照开发区50户。

农村居民生活统计　主要包括农户的基本情况，农户的家庭经营生产情况，农户的总收入和纯收入，农户的总支出，现金收支平衡和出售产品、购买商品情况，农户的粮食收支平衡，农户主要实物消费量和贵重耐用物品的拥有量。

第二节　专项调查

第一次农业普查　1997年开展的第一次农业普查，是中华人民共和国成立后进行的大规模的有关农业方面的国情国力调查。普查结果为1996年年底，全市农业生产经营单位630125个，从业人员1539625人；其中农业户数628440户，从业人员1515966人；农业企业单位1685个，从业人员23659人。在农村住户中，非农业户27453户，其中工业户8851户、建筑业2345户、交通运输业1453户、批零餐饮业9122户、其他业5682户。

第二次农业普查　2007年开展第二次农业普查，普查的标准时间是2006年12月31日。普查对象是全市范围内从事农业生产经营和服务的单位、农村住户、从事农业生产经营活动的非农村住户、行政村和乡镇。普查表分别为农业土地利用普查表、住户类普查表、非住户类农业生产经营单位普查表、农业服务业经营单位普查表、行政村普查表和乡镇普查表6种。普查内容包括六个方面：一是从事第一产业活动单位和农户的生产经营情况；二是乡镇、村委会及社区环境情况；三是农业土地利用情况；四是农业和农村固定资产投资情况；五是农村劳动力就业及流动情况；六是农民生活质量情况。此次农业普查采用普查员直接访问普查对象、当场登记的方式进行。

全国首次第三产业普查　全国首次第三产业普查于1993年年初进行。普查结果为：1991年、1992年，全市第三产业企业单位分别为3350个和3852个；年底从业人员分别为43543人和50891人；个体户数分别为28976户和32672户；年底从业人员分别为41753人和46662人。全市第三产业增加值分别为102607.4万元和120235.6万元，其中国有经济增加值分别为61693.5万元和73450.7万元，个体经济增加值分别为13643万元和17452.8万元。

第三次全国工业普查　第三次全国工业普查于1995年年初进行，普查结果为：1995年年底，日照市全部工业企业和生产单位数为17670个，其中轻工业12816个，重工业4854个；年底从业人员287901人，其中轻工业175964人、重工业111937人；全部工业当年价总产值1064322万元，其中轻工业652368万元，重工业411954万元。

第一次基本单位普查　1996年，日照市进行第一次基本单位普查。普查结果为：1996年年底，日照市法人单位10159个，其中企业法人单位5991个，事业法人单位783个，机关法人单位368个，社会团体法人单位41个，基层群众自治组织2992个。产业活动单位17871个，其中营利性单位9080个，非营利性单位8791个。

第二次基本单位普查　2001年，日照市进行第二次基本单位普查。普查结果为：2001年年底，全市法人单位11752个，其中企业法人4276个，事业法人656个，机关法人505个，社会团体法人306个，其他法人6009个。产业活动单位17010个，其中生产经营性产业活动单位6797个，非生产经营性产业活动单位10213个；个体工商户54614户。

第一次经济普查　2004年，日照市开展第一次全国经济普查。普查结果为：2004年年底，全市共有从事第二、三产业的法人单位10953个，其中企业法人单位4010个，机关、事业法人单位1148个，社会团体法人单位146个，其他法人单位5649个。产业活动单位15259个，其中第二产业2700个，第三产业12559个。个体经营户82605户，其中第二产业22612户，第三产业59993户。

第二次经济普查　2008年，日照市进行第二次全国经济普查。普查的标准时点为2008年12月31

日,时期资料为 2008 年度。普查对象是在日照市境内从事第二产业和第三产业的全部法人单位、产业活动单位和个体经营户,以及法人单位在外市开办的二、三产业活动单位。普查结果为:2008 年年底,全市共有从事第二、三产业的法人单位 14259 个,产业活动单位 18034 个,个体经营户 109796 户。

第三次经济普查 2013 年 4 月 17 日,日照市下发《关于开展第三次全市经济普查的通知》,并组建经济普查领导小组及办公室。全市抽调 7000 多名普查员、普查指导员。普查标准时点为 2013 年 12 月 31 日,普查时期为 2013 年 1 月 1 日至 12 月 31 日。本次普查采用联网直报与手持电子终端设备(PDA)采集相结合的方式。普查结果为:2013 年年底,全市共有从事二、三产业的法人单位 19085 个,活动单位 23499 个,个体经营户 115099 户。

社情民意调查 社情民意调查统一使用全国统计系统社情民意调查专用号码"12340",主要利用计算机随机抽样的方式取得样本,采用国际上通用的计算机辅助电话调查(CATI)方式进行调查,确保调查结果的科学性、准确性和普遍性。调查过程全程监控,没有中间环节。采用该系统,可排除调查过程中的人为干扰因素,数据的真实性、准确性得到有效保证。社情民意调查延伸了政府统计的职能,把群众的意见、满意程度、需求通过社情民意调查数据准确反映出来。

全国 1%人口抽样调查 根据《全国人口普查条例》规定,逢 5 的年份进行全国 1%人口抽样调查。日照成立地级市以后,分别在 1995、2005 年进行 1%人口抽样调查。

2005 年,全国统一开展 1%人口抽样调查。此次调查,日照市抽中东港区、岚山区、五莲县、莒县以及经济开发区的 28 个乡镇、街道共 9487 户,调查对象 24589 人。

R&D 资源清查 国家分别在 2001 年和 2009 年先后组织两次全国 R&D(研究与试验发展)资源清查。2009 年 12 月 31 日零时开始,国家统计局、科技部、国家发改委、教育部、财政部和国防科工局六部委联合组织第二次全国 R&D 资源清查。这次清查的主要目的是全面调查了解全国 R&D 活动的总体规模和分布情况,研发队伍的规模和素质状况,研发资源的投入、成果及产出效益情况,政府对 R&D 活动扶持政策的落实情况。

根据全国第二次 R&D 资源清查结果,日照市 2009 年年底有 R&D 活动的单位为 55 个,共有 R&D 人员 3048 人,R&D 经费内部支出 4.30 亿元。

第四次人口普查 1990 年 7 月 1 日零时,日照市开展成立地级市以来的首次人口普查——全国第四次人口普查。普查历时两年多时间,先后经过组建机构、户口整顿、培训骨干、登记编码、复查验收、电脑汇总、资料开发等阶段。全市 3 个街道、7 个镇和 12 个乡组建人口普查办公室,1095 个村(居)委会成立普查小组。全市共划分 1040 个普查区、3217 个调查小区,选调工作人员 4000 余人。普查登记工作于 7 月 1 日开始,7 月 8 日完成。

第四次人口普查结果首次实现了全部资料由电子计算机处理,比前三次普查的手工汇总速度快、质量高。通过普查,全市 1990 年 7 月 1 日零时,居民总户数 290015 户,总人口为 1024424 人,在全市总人口中,男性 520978 人,女性 506746 人,性别比为 102.81;调查时点前一年出生人口为 24354 人,死亡人口 9708 人。

第五次人口普查 2000 年 11 月 1 日零时,日照市开展成立地级市以来的第二次人口普查——全国第五次人口普查。历时两年多时间,先后经过组建机构、户口整顿、培训骨干、登记编码、复查验收、电脑汇总、资料开发等阶段。全市共划分 2980 个普查区、8941 个调查小区,选调工作人员 1 万余人。第五次全国人口普查采取长短表结合的方式,抽选出 10%的户填报长表,其他 90%的户填报短表。普查除设有普查表短表、长表和死亡人口调查表外，还增加了一张附表“暂住人口调查表”。普查登记工作于 11 月 1 日开始，11 月 10 日完成。第五次人口普查首次采用光电录入技术，排除人工录入的再生性误差，减少了人工成本。通过普查，全市 2000 年 11 月 1 日零时，居民总户数 892068 户，总人口为 2685928 人，在全市总人口中，男性 1350519 人，女性 1335409 人，性别比为 101.13。调查时点前一年出生人口为 32852 人，死亡人口 17648 人。

第六次人口普查 2010 年 11 月 1 日零时，日照市开展成立地级市以来的第三次人口普查——全国第六次人口普查。历时两年多时间，先后经过了组建机构、户口整顿、培训骨干、地图绘制、登记编码、复查验收、电脑汇总、资料开发等阶段。第六次人口普查首次采用电子地图绘制技术，将全市无缝隙全覆盖划分成 3004 个普查区、11741 个调查小区。此次普查共选调工作人员 1.5 万余人。第六次全国人口普查登记工作于 11 月 1 日开始，11 月 10 日完成。

第六次人口普查采用光电录入技术，排除人工录入的再生性误差，减少了人工成本。通过普查，全市 2010 年 11 月 1 日零时，居民总户数 1011808 户，总人口为 2801013 人。总人口中，男性 1415966 人，女性 1385047 人，性别比为 102.23。调查时点前一年出生人口为 28337 人，死亡人口 18517 人。

第二十四编 国有资产管理 国土资源管理 安全生产监督管理

日照市重视国有资产管理、国土资源管理和安全生产监督管理工作。1989年后，全市落实优化国有资产结构、保障国有资产保值和增值任务；严格执行“十分珍惜、合理利用土地和切实保护耕地”基本国策；全面落实安全生产责任制，先后下发一系列政策文件，制定有效措施，不断创新监督管理模式，推动社会主义市场经济与生产力的融合发展，使全市国有资产管理、国土资源管理和安全生产监督管理工作逐步实现法制化、规范化、科学化。

第一章 国有资产管理

为加强国有资产管理，优化国有资产结构，实现国有资产保值增值的目的，1991年，日照市设立国有资产管理办公室；1993年，更名为日照市国有资产管理局；2001年，更名为日照市国有资产管理委员会办公室；2010年11月，改称为日照市国有资产监督管理局；2012年7月，更名为日照市国有资产监督管理委员会办公室。

第一节 企业国有资产管理

1989年，企业国有资产实行经营承包责任制，1990年开始实行税利分流改革。1993年，新的企业财务与会计制度实施，企业折旧基金和企业留用资金不再作为预算外资金。1994年新税制改革后，统一内资企业所得税，改革国有企业利润分配制度，与改革前相比，国家与企业分配关系发生了重大变化。随着产权制度的改革和企业所有权与经营权的分离，政府更多地担负起国有资产的管理职能。

日照市的企业改制始于1993年。是年5月，经过资产评估和产权界定，原日照市化工厂和日照市水泵厂分别改制为山东洁晶化工集团股份有限公司和日照机械集团股份有限公司（后更名为山东同泰机械集团股份有限公司）。

1994年11月，日照市下发《关于企业产权制度改革中有关政策规定的执行意见》，对企业改制工作进行规范指导，使企业改制工作速度进一步加快，各级国有资产管理部门主要组织参与资产评估和产权界定工作。1996年，开展以兼并破产为主要形式的企业改制工作。

1997年8月，日照市下发《关于进一步深化企业改革的实施意见》，明确指出全市深化企业改革的基本思路是着眼于搞活存量资产，积极推动资本的优化重组；实施放开放活战略，重塑微观基础和企业形象；正确引导增量投入，大力发展民营经济，培植新的经济增长点。至 1997 年年底，全市达到《中华人民共和国公司法》要求，且经过省体改委等部门批准的股份有限公司有 16 家，股本总额 11863 万股，国家 6744 万股，占 57%；法人股 765 万股，占 6.5%。

1998 年，日照市下发《公司制企业公有股权转让实施办法》和《中小企业产权转让实施办法》，鼓励中小企业进行产权转让和股权置换，严格企业产权转让和股权置换工作程序，加强资产评估、产权界定、资产处置、收益收缴等工作。截至 1998 年年底，8 家试点企业改制工作基本完成，其中 3 家进行了国有（集体）股权置换，1 家进行了产权转让，2 家资不抵债企业实施零价转让，另 2 家分别改制为国有控股公司和国有独资公司。全市乡镇以上企业完成改制 783 家，改制率达到 76.8%。其中，市属企业完成改制 113 家，实行股份制的 22 家，股份合作制的 14 家，企业集团 12 家，兼并 28 家，联营 13 家，租赁 10 家，出售 5 家，外资嫁接 5 家，破产 11 家。

至 2000 年年底，国有企业已改制 97 家，改制率 31.4%，改制企业主要集中在工业、商业企业，而粮食、外经及公用事业等企业改制速度缓慢。在已改制的 97 家企业中，有 18 家企业采取整体出售的形式，占 18.56%；47 家改为有限责任公司，占 48.45%；破产 19 家，占 19.59%。另外，有 3 家企业改制为规范的股份有限公司，有 3 家企业将集体或部分资产租赁给其他企业，有 3 家企业被外地企业整体兼并，有 3 家企业采用股份合作形式进行改制。

2001 年年底，全市国有企业共 206 家，改制企业 8 家。其中，有限责任公司 6 家，股份有限公司 1 家，破产 1 家。8 家改制企业在改制时账面资产 24814 万元，账面负债 27270 万元，净资产-2465 万元，资产负债率 110%；评估确认资产 26947 万元，负债 27299 万元，净资产-352 万元，资产负债率 101%。改制企业经批准共核销待处理资产损失 820 万元，占评估值的 233%；改制企业用于安置职工费用共 950 万元，占评估值的 270%；改制企业债务承接数额 27299 万元，占评估值的 100%。2003 年年底，全市乡及乡以上企业完成改制 887 家，改制率达到 98.1%。市属企业已完成改制 139 家，改制率达 98.6%。

2013 年，根据日照市《市管企业国有产权转让有关事项的通知》，办理市管企业及各级子企业国有资产产权占有、变更、注销登记，共 7 家。其中，占有登记 3 家，变更登记 3 家，注销登记 1 家，实收资本 48.4 亿元（国家资本 30.4 亿元）。日照市对国企改革、重大财产处置、招商引资中的国有资产处置项目，坚持依法公开挂牌、交易，对市保安服务公司机动车驾驶员培训中心车辆 52 台、价值 7.04 万元，市住建委房屋资产 43.4 万元，市外轮供应公司国有股权 63 万元，共 3 宗国有资产进行公开处置，依法实施进场交易，并以 113.44 万元为底价公开竞价，成交价 139.44 万元，增值幅度 22.91%，确保实现国有资产保值增值。加强国有资产评估统一管理，与企业主管部门、国土部门密切配合，依法界定产权，确认评估价值，为全市企业提供客观、公正的服务。

第二节　行政事业单位国有资产管理

行政事业单位国有资产管理，主要是建立管理制度、会计核算、实物管理、资产处置和购置、财产清查、产权登记、国资信息等方面的基础管理工作。

2006 年，日照市下发《关于进一步加强市级行政事业单位国有资产管理工作的意见》，对盘活存量资产，优化资产配置，提高国有资产运营效益有了依据，确保国有资产的安全和完整。

2007 年以后,日照市先后下发《日照市行政事业单位资产核实暂行办法》《关于加强国有资源和资产运营管理工作的意见》《日照市行政事业单位国有资产处置管理暂行办法》《日照市行政事业资产管理信息系统实施方案》和《日照市市直行政事业单位部分通用资产配置标准》等制度规定,逐步完善和规范行政事业单位国有资产管理行为,确定根据不同类型的资产分别实施集中统一管理和授权经营的运行模式,为行政事业单位资产的整合、调整、处置和保值增值提供制度保证,最终达到产权清晰、配置科学、使用合理、处置规范、监督公正的目标。

行政事业单位国有资产产权登记 1995 年,日照市制定《行政事业单位国有资产产权登记实施办法》,组织开展行政事业单位产权登记(初始登记)工作,共登记行政事业单位 754 家,登记资产总额 20. 5 亿元,负债总额 4. 4 亿元,国有资产 16. 1 亿元,固定资产 13. 8 亿元。初始登记后,于每年年底进行一次年检。

2013 年,全市行政事业单位资产总额 219. 8 亿元。其中,市直行政事业单位资产总额 103. 1 亿元;区(县)行政事业单位资产总额 116. 7 亿元;全市执行企业会计制度的事业单位资产总额 10. 2 亿元。在资产总额中,固定资产 110. 35 亿元,占资产总额的 50. 2%。其中,市直行政事业单位固定资产总额 51. 5 亿元,占市直行政事业单位资产总额的 50%;区(县)行政事业单位固定资产 58. 85 亿元,占区(县)行政事业单位资产总额的 50. 4%。年底负债总额 97. 3 亿元,净资产总额 122. 5 亿元。其中,市直行政事业单位负债总额 35. 4 亿元,净资产总额 67. 7 亿元;区(县)行政事业单位负债总额 61. 9 亿元,净资产总额 54. 8 亿元。

行政事业单位资产处置管理 对行政事业单位占有资产的调拨、转让、报损、报废等处置行为进行管理,有利于国有资产的合理转移和有效使用。

1994 年,日照市下发《日照市行政事业单位财产管理暂行办法》,指出行政事业单位处置国有资产,必须实行报批手续,行政事业单位对所占用的国有资产进行转让和出售,必须报经国有资产管理部门或其授权部门批准,逐步加强行政事业单位的资产处置管理工作。

1995 年,日照市开始实行市直行政事业单位占有、使用的房屋、建筑物、土地、车辆及单位价值在 5 万元以上(含 5 万元)专用仪器处置事项,需经主管部门审核后,报市国资局会同市财政局审批,行政事业单位资产处置管理工作逐步走上规范化。

2011 年,日照市审核批准市直新营中学教学楼拆除报废;市审计局资产报废 24. 22 万元;市审计局、市中医院报废车辆 2 台,核准资产处置备案 3. 64 万元;拍卖广电大酒店使用权 305 万元,五年每年递增 5%;批复市民政局、日照宾馆、干休所、环卫处等单位的资产处置,均采取公开交易、公平竞争的办法实行“阳光操作”,对于资产处置的变价收入和残值收入,按照市政府非税收入管理的规定,实行“收支两条线”管理,收入直接缴入国库或财政专户。

行政事业单位固定资产情况 至 2013 年,全市行政事业单位有 943 个,其中市直 189 个,东港区 217 个,岚山区 139 个,莒县 204 个,五莲县 175 个,日照开发区和山海天 19 个。固定资产共计 110. 35 亿元。其中,房屋面积 270. 38 万平方米,总价值 55. 5 亿元;其他构筑物价值 7. 8 亿元;土地 3716. 25 万平方米,价值 6. 04 亿元;汽车 5243 辆,价值 7. 25 亿元;交通工具 5920 台,价值 7. 45 亿元;其他办公家具设备类价值 33. 56 亿元。

第二章 国土资源管理

1989 年 11 月,日照市土地管理办公室成立,隶属于市政府办公室。1993 年 7 月,日照市土地管理局成立。1996 年,日照市地质矿产局在日照市建材管理局基础上组建。2001 年 5 月 30 日,日照市土地管理局、日照市地质矿产局合并,组建日照市国土资源局。

日照市国土资源局主要担负全市土地管理、矿产管理、测绘管理三项职能,在土地管理方面,建立土地规划、耕地保护、土地征收补偿、土地供应、土地储备和土地批后监管等工作机制;在矿产资源管理方面,建立矿产资源储量勘探认定、矿业权登记发证、矿山批后监管和地质环境恢复治理工作机制;在测绘管理方面,建立基础测绘管理、测绘行业监管、测绘地理信息维护更新等机制。2009 年,日照市连续运行卫星定位服务系统建成,2012 年,数字日照地理信息空间框架完成建设,“天地图”日照网站开通,政务网、移动网三维地理信息公共服务平台启用,在全市多部门多领域推广应用。

第一节 土地利用规划

根据《中华人民共和国土地管理法》规定,各级政府组织编制土地利用总体规划,下级规划应当依据上一级规划编制;土地利用总体规划实行分级审批,省级报国务院批准;省、自治区、直辖市政府所在地的市,人口在 100 万以上的城市和国务院指定城市的土地利用总体规划,经省政府审查同意后,报国务院批准;除报国务院审批以外的土地利用规划,逐级上报省政府批准;其中,乡级土地利用总体规划可由省政府授权设区的市政府批准。

土地利用总体规划 1996 年,日照市开始编制第一轮土地利用总体规划,基础数据为 1996 年年底的变更调查数据,规划期限为 1996—2010 年。2000 年 8 月,该规划经省政府批复实施。

规划要求至 2010 年,全市耕地减少量不得超过 6480 公顷,土地整理、复垦和开发补充耕地量不得少于 7147 公顷,全市耕地保有量不低于 230519. 53 公顷,其中基本农田保护面积达到 202316. 2 公顷,占现有耕地面积的 88. 02%;日照市驻地城区建设用地规模控制在 55 平方千米以内。

在此轮规划中,日照市将《日照市基本农田保护区规划》(以下简称《规划》)作为专门的章节进行了论述。根据《规划》和日照市实际,日照市以经核定的 1996 年 10 月 31 日土地详查变更的耕地面积为基数,确定全市基本农田保护面积为 202316. 2 公顷,保护率 88. 02%。

2005 年,日照市第二轮土地利用总体规划开始修编。市政府办公室印发《日照市土地利用总体规划修编工作方案的通知》,召开专题会议部署,后因中共中央 1. 2 亿公顷耕地红线等有关政策的调整,全国土地利用规划编制工作暂停。2008 年 10 月,全国规划纲要出台实施,第二轮土地利用规划重新启动。规划基础数据以 2005 年变更调查数据为基础,规划期限为 2006—2020 年,于 2010 年经省政府批复实施。

规划要求到 2020 年全市耕地保有量不少于 230256 公顷,其中基本农田保护面积不少于 201913 公顷;全市建设用地总规模控制在 77655 公顷,其中城乡建设用地规模控制在 56629 公顷,中心城区允许建设区控制在119.61平方千米。

2011年，为适应数字国土的要求，日照市对土地利用总体规划进行数据库建设。建设过程中，有关基础数据与2009年的变更调查数据进行衔接;2012年9月，市、县、乡三级土地利用总体规划进入数据控制时代。

土地整治规划　2011年，日照市编制《日照市土地整治规划(2011—2015年)》(以下简称《规划》)。该规划于2013年12月2日，经日照市人民政府批准。

《规划》阐明规划期内全市土地整治的战略与目标，规划控制的指标，明确土地整治的重点区域、重点工程和重点项目，是指导全市土地整治的政策性文件，是规范有序开展土地整治工作的基本依据。

《规划》以2010年为基期，2015年为规划目标年。规划范围包括本市全部行政辖区，面积5358.57平方千米。

土地利用年度计划　为落实《中华人民共和国土地管理法》赋予土地利用计划的职能和国务院《关于深化改革严格土地管理的决定》，国土资源部于2004年12月出台《土地利用年度计划管理办法》，以国土资源部第2号令下发施行。从2007年开始，土地利用年度计划把未利用地转为建设用地也纳入计划管理。

山东省从1996年开始下达土地年度计划，日照市1995年前用地指标节余。随着经济和社会的较快发展，日照市先后开工建设一大批国家、省、市重点工程，日照机场、山东钢铁日照精品基地、青日连铁路(在建)、613省道连接线等项目的落地，导致用地指标严重不足，全市用地指标缺口增大，所以节约集约用地，严控增量、盘活存量的任务越来越重。

第二节　耕地保护

日照市严格落实“十分珍惜、合理利用土地和切实保护耕地”的基本国策，坚守全市耕地保有量和基本农田保护面积红线，夯实基本农田保护基础性工作，确保总量不减少、用途不改变、质量有提高。1998年，获“全省耕地保护先进单位”称号;2001年，获“全国基本农田保护工作先进单位”称号。

耕地保护责任机制　1996年，日照市在全国率先成立耕地保护委员会，市长任主任，副市长任副主任，各区(县)及市直有关部门主要负责人为成员。2008年，市政府下发《日照市县级政府耕地保护责任目标考核办法》，明确各区(县)政府主要负责人对本行政区域内的耕地保有量、基本农田保护面积等负总责，进一步加大耕地特别是基本农田保护的力度。市政府每年将耕地保护责任目标分解下达到各区(县)，市、县、乡、村层层签订耕地保护目标责任书，定期进行考核，跟踪问效。市政府每年组织国土、农业、统计等部门对各区(县)政府耕地保护责任目标履行情况进行检查考核，将考核结果纳入全市目标管理绩效考核，与干部的考核、奖惩挂钩。

耕地质量管理　2006年，全市开展农用土地分等级工作，建立日照市耕地质量等级评价体系。2012年，全市开展耕地质量等级成果补充完善工作，以2011年土地变更调查成果数据库为基础，依照《农用土地质量分等级规程》要求，更新补充有关资料数据，对原有耕地质量等级成果进行补充完善，以保证成果质量。该项成果获2013年省国土资源厅科学技术奖一等奖。

基本农田永久性保护　1994年，日照市下发《日照市基本农田保护管理办法》，把保护基本农田纳入国民经济和社会发展计划。根据土地资源、人口增长、经济发展状况和土地利用总体规划，划定基本农田保护区。1996 年,对全市 1.8 万片基本农田进行圈界和统一编号,并定期进行保护管理、地力保养和环保状况检查。村村编制“基本农田统计簿”,设立高标准的保护标志,标明基本农田面积、位置和责任人。2004 年,全市开展基本农田保护工作检查,全市共划定基本农田保护区 20.17 万公顷,占耕地总量的 88%。加强基本农田基础档案资料管理,认真落实基本农田公示制度。2005 年,新设立永久性保护标牌 1719 块,签订责任书 402465 份。全面推进基本农田保护示范区建设,争取并完成国家级基本农田保护示范区(莒县基本农田保护示范区)的建设,建立基本农田保护联合监管机制,对基本农田实行重点监控、重点管理、重点保护。

2013 年,全市基本农田数据库建设工作启动,建成后的数据库将纳入地方各级国土资源遥感监测“一张图”和综合监管平台,并作为今后开展土地变更调查、规划管理、用地审批、土地整治、占补平衡和土地执法的重要依据,也将作为各级政府耕地保护责任目标履行情况的考核内容。

第三节　地籍管理

土地调查

土地资源详查　日照市(东港区、岚山区范围)土地资源详查始于 1989 年 4 月,1991 年 9 月完成;莒县 1990 年 3 月开始,1992 年 4 月完成;五莲县 1989 年 12 月开始,1991 年 12 月完成。此次详查取得六项成果:查清土地资源的数量、分布及利用现状,编制市、乡(镇、街道)、行政村的土地总面积和各类土地面积统计汇总表;编绘 1∶5 万土地利用现状图,乡镇、街道 1∶1 万土地利用现状图和行政村 1∶1 万地籍图;绘制 1∶1 万分幅土地权属界线图;编绘市、乡(镇、街道)土地边界接合图表;编写市土地资源调查报告和乡镇街道土地资源调查说明书;编制市、乡镇耕地坡度分级面积统计表;进行土地初始登记、变更登记和统计工作,初步建立起较为完善的土地使用档案。1994 年 10 月,土地详查市级汇总完成,形成一套准确完备的土地数据资料,包括东港区、莒县、五莲县 7 个一级类、37 个二级类、23 个三级类的土地利用现状资料,编绘各类数据资料成果和土地资源调查图件。全市土地详查成果通过省级验收,被评定为优秀等次。土地详查是日照市第一次大规模的土地利用现状调查,取得大量的数据资料,为加强对土地资源的科学管理奠定坚实基础。

土地利用现状更新调查　2004 年 9 月至 2006 年 2 月,根据国土资源部和山东省人民政府的要求,全市开展土地利用现状更新调查工作,取得四项成果:完成各级辖区控制范围界线,包括县级辖区控制范围界线、乡镇辖区界线、海涂界线和海岛的调查;完成土地权属调查,包括国有土地所有权、集体土地所有权界线,城镇、农村居民点以外的国有土地使用权界线、权属性质的调查;按照《全国土地分类(过渡期间适用)》的要求,对调查范围内的土地进行土地利用现状分类;建立农村土地利用现状数据库和管理系统。

第二次全国土地调查　2007 年,根据国务院《关于开展第二次全国土地调查的通知》(国发〔2006〕38 号)要求和国土资源部、省政府的安排部署,全市开展第二次全国土地调查工作。建立起农村土地调查成果数据库和城镇土地调查数据库。同时,以此为契机,取得具有日照特色的四大成果,地形图数据库;RZ-CORS 系统;城镇地籍空间数据库管理信息系统;土地登记管理信息系统。日照市连续运行卫星定位服务系统(RZCORS),获山东省第三届国土资源科学技术一等奖,城镇 1∶500 数字地形图,获第四届山东省国土资源科学技术一等奖;日照市 1∶500 基础地形数据库及综合应用服务系统,获第六届山东省国土资源科学技术一等奖。

年度土地变更调查　日照市印发《关于完成全市土地普查将土地详查数据变更至1996年10月31日同一时点的紧急通知》,1996年8月开始,历时3个月,将土地调查数据统一至1996年10月31日的同一时点。2010年开始,按照国发〔2006〕38号文件要求,建立年度土地变更调查工作新机制。在影像、图形、地类、面积和权属为一体的土地调查数据库的基础上,进一步完善土地资源变化信息的调查统计、监测与快速更新工作机制,实现国土资源监管方式从“以数管地”到“以图管地”的转变,进一步扩大调查成果的应用。

土地登记

土地申报登记　1988年11月,日照市开展城镇国有土地使用权申报登记工作,1989年3月完成申报,并开展权属调查和地籍测量。1990年1月,日照市启动土地使用权登记发证工作,成立土地登记发证领导小组。2月奎山驻地、石臼大孙家村进行试点,4月土地证书颁发大会召开,颁发土地证书676本。1994年,城镇和村庄地籍调查工作全面完成,颁发城镇国有土地证书3.4万本、农村集体建设用地证书61万本,并在莒县开展集体所有权土地登记发证试点,颁发集体土地所有权证560本,颁发“五荒”土地使用证335本。截至1996年,全市完成土地登记74万宗,完成率100%;完成集体土地使用权4200宗,完成率92%。此后,土地登记申报登记工作转入正常管理轨道。

1998年,在完成3个城区和37个建制镇86平方千米权属调查和地籍测量基础上,日照市办理土地使用权变更登记19048宗。1999年,市政府下发《关于做好1999年土地证书年检工作的通知》,在全市开展土地证书年检工作,土地登记工作得到进一步加强,解决了由于行政区划造成的土地登记发证数目不清的状况。

农村集体土地确权登记　2011年12月,按照“试点先行、典型带动、全面推开”的要求,全市启动农村集体土地所有权确权登记发证工作。至2013年,全市2880个村庄的集体土地所有权确权登记发证工作完成,调查土地50.47万公顷,发证面积50.36万公顷,实测界址点41.6558万个,发放所有权证书20316本,调处土地权属争议171起,调查率、发证率分别达到100%和99.98%,建成全市1∶5000农村集体土地所有权数据库。2013年7月,日照市通过省级验收。

2012年,日照市启动农村宅基地使用权和集体建设用地使用权确权登记发证工作。至2013年,完成2842个村宅基地使用权和集体建设用地使用权1∶500地形图的测量、权属调查及建库工作,共调查面积4.4783万公顷;完成地籍区、地籍子区的划分和宗地统一编码工作,对数据库中的11万宗地进行转码,实行双码并行。同时,将农村地籍数据库与原有城镇数据库整合,建成城乡一体的地籍管理信息系统。

地籍管理信息系统建设

2004年,日照市开始探索土地登记的信息化建设。2007年,市国土资源局自行开发出土地登记发证信息系统,初步实现土地登记数据网络化管理,并在土地登记中引入条形码作为防伪标识。2008—2010年,以第二次全国土地调查为基础,建成城镇地籍数据库、土地利用现状数据库,在此基础上,初步建成城镇地籍管理信息系统。

2011年,日照市采用统一平台、统一标准,以土地产权管理为核心,以土地登记为主线,以土地调查统计和遥感监测为基础,开发应用图属一体,带扫描资料,融初始、变更、抵押、查封登记为一体的城乡土地登记系统,实现土地登记业务流程的全自动化和地籍信息的动态更新,满足地籍信息的查询、统计、服务和分析功能。配置二代身份证阅读器、扫描枪等硬件设施,实行土地登记网上办公、无纸化办公,实现土地登记高效化,提升“零障碍”服务保障能力。土地证上添加二维码防伪标识,以方便群众查询。将土地登记系统数据、农村集体土地所有权数据、农村集体土地使用权数据、土地利用现状管理数据、基本农田管理数据、基础地形管理数据等整合到统一的平台，建立起城乡一体化的地籍管理信息系统，实现地籍数据的集中管理、更新、综合分析、实时更新和数据库的实时备份；建立良好的变更机制，支持历史图形、权属、档案数据的查询、维护，实现土地登记的网上查询，提高数据的管理水平，建立数据的长久更新机制。

第四节　建设用地管理

工业用地　2004年，《国务院关于深化改革严格土地管理的决定》提出，“除按现行规定必须实行招标、拍卖、挂牌出让的用地外，工业用地也要创造条件逐步实行招标、拍卖、挂牌出让”；2006年，《国务院关于加强土地调控有关问题的通知》中规定，工业用地必须采用招标拍卖挂牌方式出让；2007年，《中华人民共和国物权法》以基本法的形式，确立工业用地必须采用招标拍卖挂牌方式出让。根据有关规定，日照市自2007年起对工业用地实行招标拍卖挂牌方式出让。2008年，日照市下发《日照市工业用地招标拍卖挂牌出让暂行办法》规定，严格实行“五公开”方针（出让计划公开、宗地信息公开、出让方案公开、出让过程公开、出让结果公开）。2012年，日照市下发《关于推行国土资源网上交易的通知》，推行工业用地网上交易，将工业用地全部纳入日照市国土资源网上交易平台公开出让。

划拨用地　日照市严格执行国土资源部《划拨用地目录》，从严管理划拨用地项目供地范围，落实划拨用地批前公示制度。按照国土资源部《关于贯彻落实〈国务院关于促进节约集约用地的通知〉的通知》要求，从2008年开始，受理划拨用地申请后，经审查对符合划拨用地条件并纳入土地供应年度计划的，除有保密要求的用地外，其他划拨土地及时通过中国土地市场网等相关媒体，将申请人、项目名称、项目类型、申请用地面积等情况予以公示，公示时间不少于10日。

土地有偿使用　1990年，日照市下发《日照市乡村企业用地有偿使用办法》。至此，国家、集体、个人建设用地全面开始实行有偿使用制度，全市土地使用制度改革已初具规模。1998年，日照市下发《关于切实加强土地资产管理意见的通知》，进一步深化土地使用制度改革，推行土地有偿有限期使用制度，除国家机关用地、军事用地、城市基础设施用地、公益事业及安居工程用地和国家重点扶持的能源、交通、水利等项目用地可采取行政划拨外，其他建设用地都应实行有偿使用制度。

土地征收管理　1990年，日照市下发《日照市对建设项目用地实行统一征用、划拨的暂行办法》，要求切实推行国家建设项目由政府土地管理部门统一组织征地，逐步规范建设用地审查报批程序，严格执行征地补偿标准。1999年，修订后的《中华人民共和国土地管理法》颁布后，土地管理方式由限额审批制度转变为土地用途管制制度，使用土地的单位和个人必须严格按照土地利用总体规划确定的用途使用土地。

2005年，日照市拟定《日照市征收土地地面附着物补偿标准的意见》，测算出日照市征地统一年产值标准和征地区片综合地价。2006年，日照市举办“日照市制订征地统一年产值标准、征地区片综合地价和地面附着物补偿标准”听证会，完成征地统一年产值和征地区片综合地价测算工作，形成《征地统一年产值标准测算成果》《征地区片综合地价测算成果》。同年，日照市创建失地农民安置新机制，获市政府工作创新成果奖。失地农民安置新机制主要包括四个方面的内容，一是实行留用地安置；二是实行整体补偿安置；三是实行货币安置；四是依托用地单位进行就业安置。

2009 年,日照市完成征地区片综合地价调整工作,为被征地农民维持生计和就业、生产生活提供基本保障条件,使征地补偿标准适应当前经济社会发展水平。2010 年,《山东省土地征收管理办法》和《实施规范》先后出台,对土地征收工作中严格落实征地公告、勘测调查公开、安置补偿方案公示等征地工作程序做出明确规定,保证被征地群众的知情权、参与权和确认权。

2011 年,为进一步完善征地补偿制度,切实保障被征地农民合法权益,日照市制定《关于实行征地补偿准备金制度的通知》(以下简称《通知》),对预存征地补偿准备金缴纳范围、测算、缴纳方式以及管理进行明确规定。《通知》规定,拟申请用地单位在土地征收审查前,以用地预申请的形式,将土地征收补偿安置费用、土地报批费用足额预先存入征地补偿准备金专户。申请征地经审查通过后上报省国土资源厅前,先将社会保障费用拨付至社会保障基金专户。申请征地经国土资源部或省厅审查同意开具缴款单据后,属于上缴中央国库的,直接划转中央国库;属于上缴省国库的,直接划转省级国库。申请征地经国土资源部或省国土资源厅批准后,按照土地征收补偿安置方案(协议)分别拨付,属于补偿给农村集体经济组织的,拨付给农村集体经济组织;属于补偿给被征地农民的,拨付给被征地农民。

2013 年 10 月,日照市下发《日照市被征地农民参加养老保险暂行办法》,将被征地农民纳入社会养老保险体系,可以按照灵活就业人员的相关规定参加城镇企业职工基本养老保险,也可以选择参加居民基本养老保险,健全了被征地农民社会保障体系。全市共有 336 个村(居)的 66364 名达到退休年龄的被征地农民参加企业职工基本养老保险,落实资金 21.55 亿元,其中政府补贴 4.41 亿元、个人缴纳 17.14 亿元。养老金从 2014 年 1 月开始发放,发放标准 571 元/月·人。

第五节　土地市场建设

1991 年,日照市下发《日照市城镇国有土地使用权出让和转让暂行办法》,全市土地供应实现从“无偿无限期划拨使用”向“有偿有限期使用”的重大转变。土地使用权出让方式以协议出让为主。1994 年,日照市印发《日照市人民政府关于依法清理整顿土地市场的通知》,开展土地市场清理工作,清除长久以来土地管理政出多门,多头批地、私下交易等带来土地非法交易的弊端,使土地市场步入依法、规范、有序的轨道。日照市坚持资源与资产管理并重,使土地使用制度不断改革创新,土地市场建设逐步建立起来。

1995 年 12 月 22 日,日照市首次开展土地使用权招标、拍卖,招标出让国有土地使用权一宗,面积 7556 平方米。1999 年,国有土地使用权首次成功拍卖,成交价格为 506 万元,高出底价 118 万元,土地出让价格终于实现由市场决定。2001 年 7 月,日照市印发《关于对城市规划区内商业、金融、旅游、娱乐、经营性房地产开发用地实行招标拍卖的通知》,比国土资源部出台《招标拍卖挂牌出让国有土地使用权规定》提前 1 年。是年,山东省委组织部、省国土资源厅在日照市举办全省县(市)党政主要领导干部土地使用制度改革研讨班,组织参观市土地矿产交易中心,现场观摩土地拍卖会。营盛小区面积 13.13 公顷的旧城改造用地,经过 13 家竞买者近 1 个小时、136 轮次的激烈竞价,最终以 12600 万元高价拍卖成交,高出起拍价 6800 多万元。

2002 年 6 月,北大(日照)产学研居基地项目工程第三期用地以挂牌方式公开出让,该宗地最终以总额 4.87 亿元、亩均 88.74 万元的价格成交,创造单宗土地全省最高价。公开挂牌出让使该宗土地的价格比原协议出让价高出近 4 倍,实现土地资本运营效益和政府收益的最大化。是年 7 月,日照市对东港区、岚山办事处、日照经济开发区国土资源管理机构实行垂直管理,从根本上改变以往分散多头管理、多头供地的混乱局面,避免在用地标准、用地价格上的不正当竞争。

在旧城改造、企业搬迁等方面,市国土资源局探索建立“经营土地、兼顾各方”的旧城改造新机制,将旧城改造工程运作方式由过去的以项目运作为主改为以土地经营为主,并在此基础上,积极探索运用收取级差地租加快发展的新途径,由经营土地向经营规划转变,破解一直困扰城市建设的难题。

2003年,在广泛调查研究基础上,按照国家有关法律法规和政策,下发《城市经济适用住房市场化运作办法》,在不改变经济适用住房现有政策的前提下,对经济适用住房用地进行市场化运作,把经济适用住房用地通过招标拍卖挂牌的方式公开出让,将政府收益设立专户,用货币形式直接补贴给经济适用住房购房户,取得住房困难户、房地产企业、政府各方都满意的效果。

2006年5月,国土资源部出台《招标拍卖挂牌出让国有土地使用权规范》和《协议出让国有土地使用权规范》。在全国、全省尚未出台规范性国有建设用地使用制度之时,日照市先行一步,探索出一套成功经验。

第六节　国土资源执法监察

1990年,市土地管理局土地监察大队成立,监察人员统一着装,并给每个乡镇土地管理所配备三轮摩托车,加强土地监察工作。8月,通过开展清理越权批地,清查出违法占地97件,结案率100%。1994年7月,全市开展清理整顿土地市场,历时1年,共查处私自转让、出租、抵押土地使用权1026宗,补缴出让金、租金54万元。1996年7—8月,全市开展土地执法专项检查,共查处各类土地违法案件212宗。

1997年5—8月,全市开展非农业建设用地清查,共清查各类非农业建设用地88229宗,总面积5932.03公顷。1999年5月,日照市下发《关于在全市开展土地管理执法活动年的实施意见》,在全市开展土地市场清查。

2001年,国土资源执法监察实行公开办案、联合办案和巡回检查、重大案件备案制度,加强土地信访工作,实行目标管理、逐级归口办理及局长公开接访、领导包案制度。日照市下发《日照市矿产资源勘查开采秩序整顿工作实施方案》,对全市矿产资源勘查开采秩序集中整顿。

2002年,日照市开展河海沙集中整治、矿产资源勘查开采秩序治理整顿、矿山封采、河砂运销秩序整治三项整顿活动,规范矿产资源勘查开采和运销秩序。日照市在矿产资源勘查开采秩序治理整顿方面,对全市476处矿山企业和8个地质勘查单位进行彻底清查;在城市房地产开发建设用地清理整顿方面,对清查出的违法用地,依法进行严肃处理,有效地整顿城市房地产开发建设用地秩序;在地图市场清理整顿方面,查处有政治性问题的地图产品5种,“三无”(无编制单位、无出版单位、无审图号)产品2种,非法编制出版的地图产品10种,审批手续超过时限的地图产品24种,粗制滥造的10种,对8家商场(店)提出警告,并对有关责任人进行严肃处理。

2003年7月,全市山石资源保护专项整顿工作开展,对一批浪费资源、破坏环境严重的小矿山企业予以关停。2005年12月,《日照市整顿和规范矿产资源开发秩序工作实施方案》公布,全市整顿和规范矿产资源开发秩序全面启动。

2008年5月,省政府下发《关于对开发区违规扩区违法用地行为进行专项整治的通知》,省国土资源厅下发《关于应用遥感技术开展土地执法检查的通知》。根据两个文件精神,全市首次应用遥感技术开展土地卫星片区(简称卫片)执法检查。11月,土地违法违规问题专项整治行动开展,全市共清理出2008

年1—9月新增建设用地183宗、面积514.9公顷,立案查处违法用地74宗,拆除违法用地32宗,面积32公顷,退还土地面积30.88公顷;处罚没款847.29万元;对30名责任人分别给予相应党纪政纪处分,对5人移送司法机关追究刑事责任。

2010年7月19日至8月16日,国家土地督察济南局对日照市土地利用与管理情况例行督察,日照市在例行督察初查和验收时被国家土地督察济南局评价为是历次督察准备最充分的市之一,整改工作被认定为认真扎实,成效显著。通过对土地矿产卫片执法检查,核查出175宗违法用地,全部立案,收缴罚款1023.99万元,没收建筑物33.2万平方米,复耕土地面积5.62公顷,受党纪政纪处分140人。

2011年,按照省政府办公厅统一部署,全市开展违法违规用地专项整治,对2010年1—12月新增建设用地进行认真清理核查,核查出违法违规用地75宗,面积30.49公顷(耕地18公顷),占新增建设用地比例为4.18%,通过上级检查验收。

2013年,日照市开展对上年度土地矿产卫片执法检查,对110宗、36.22公顷违法用地和8个矿产违法勘查开采图斑,全部立案查处并整改到位,收缴罚款225.73万元,没收非法建筑8.81万平方米,拆除违法建设6.5万平方米,对46名相关责任人提出党纪政纪处分建议,通过上级检查验收。

第七节　矿产资源规划与监管

矿产资源总体规划

第一轮矿产资源总体规划(以下简称《规划》)　2002年5月,《规划》编制工作开始。《规划》以2000年为基期,至2005年。规划目标为:地质矿产调查评价和矿产勘察方面,重点开展对金(银)、铜、铁、饰面花岗岩、砖瓦用页岩及地下水等矿产资源的调查评价,规划面积1710平方千米,基本摸清全市矿产资源潜力,提供6~7处可供勘查的大、中型矿产地;矿产资源开发利用与保护方面,全市金属及多数非金属矿产矿石开采总量为200万吨,建材类矿产矿石开采量为220万立方米,年均增长率6%左右,矿业产品产值达1.95亿元,压减小矿山、小砖瓦30%,禁止在耕地上开采砖瓦用的黏土,矿产资源综合利用率提高3%~5%,开采回采率、选矿回收率平均提高2%~3%;矿山生态环境保护方面,“三区”(城市规划区、旅游风景区、地质地貌景观保护区)、“三线”(铁路线、主要公路线、海岸线)直观可视范围内的矿山生态环境恢复治理率达到70%以上,矿山“三废”(废水、废渣、废气)达标排放率达到100%,矿山废水回收率达到70%,矿山工业固体废弃物综合利用率达到65%以上。

第二轮矿产资源总体规划　2007年开展编制,基准年为2005年,规划期为2006—2015年,展望到2020年。该规划于2010年经省国土资源厅批复。规划目标为:开展市域范围的1∶5万矿产地质调查,增加矿产资源远景区1~2处,旅游地质调查、农业生态环境地球化学调查、区域水文地质调查、矿山环境地质调查、地质遗迹调查、遥感地质及地质灾害调查取得较大进展;完成金矿等重要矿产勘查工作,饰面用花岗岩等矿产的勘查程度有所提高。完成重要城市地下水应急备用水源地勘查。继续开展危机矿山接替资源勘查,进一步缓解危机矿山资源枯竭问题。小矿山数量在2010年的基础上再压减10%,矿山总数控制在450个左右。矿产资源开采回采率、选矿回收率明显提高,采选总回收率与共伴生矿产综合利用率在2010年的基础上再提高3个百分点。矿山企业综合利用比率达到75%以上,矿山固体废弃物资源化利用率达到65%,矿山环境恢复治理率达65%。矿产品精深加工比例进一步提高,矿产资源利用方式向规模化、集约化、规范化方向转变。至2015年,历史遗留矿山固体废弃物利用率达85%,土地复垦率

达 85%,地质环境恢复治理率达 70%。生产、在建矿山固体废弃物利用率达 65%以上,土地复垦率达 85%,废水重复利用率达 85%,地质环境恢复治理率达 75%。

矿产资源监督管理

1989 年,市矿产建材管理局成立,针对辖区内存在的国有、集体、个体采矿一起上,无证采矿、乱采滥挖、超层越界、争抢资源、掠夺性开采等现象,分别于 1989 年、1993 年、1996 年三次依法对矿业秩序进行治理整顿。经过整顿,全市矿业秩序明显好转,矿产资源开始进入依法开采的轨道。1998 年 8 月,全市矿业秩序整顿维护工作通过省政府的检查验收。

2001 年 9 月至 2002 年 6 月,全市进行矿产资源勘查开采秩序治理整顿,对 433 处矿山企业的采矿许可证进行逐一清查,依法取缔 5 处非法采矿场点,注销 37 处到期的采矿场点的采矿许可证,办理 28 处延续采矿场点的采矿许可证,查处 16 处拖缴、欠缴矿产资源补偿费的矿山企业,制止海岸偷沙行为 20 余起。

2005 年 12 月,日照市下发《关于印发日照市整顿和规范矿产资源开发秩序工作实施方案的通知》。2006 年 2 月 22 日,日照市对城区以北的丝山区域 38 处建筑用花岗岩开采矿山进行集中封采。至此,日照城区周边采矿全部停止。同年 5 月 11 日,根据日照、临沂两市签订的《关于建立协调监管机制共同维护交界地区矿产资源开发秩序的协议》,日照市国土资源局与临沂市国土资源局及相关区县在莒县召开首次联席会议,对浮来山省级地质遗迹保护区的保护与治理工作达成共识。10 月 24—25 日,全省山石资源专项整治暨矿产资源整合现场会在日照市召开,东港区将 60 多个分散山石开发企业集中起来,统一划分区域开采,科学解决破坏城市环境、乱采滥挖等问题;五莲县引进先进开采技术,使饰面花岗岩资源利用率达到 85%以上等做法,在全省推广学习。2009 年 10 月,市政府被国土资源部、国家发改委等 10 部委联合表彰为“整顿和规范矿产资源开发秩序工作先进集体”。2011 年 4 月 7 日,通过国家矿产资源深化整合工作验收组的检查验收。

至 2013 年 12 月,全市先后关闭小、散、乱,开采技术落后,破坏资源,破坏生态环境、不具备安全生产条件的山石类矿山企业 400 余处。矿山总数由 2005 年的 763 处压减到 305 处,整合率达 60%以上。规模化、集约化的矿产资源开发利用模式,促进全市矿产资源集约利用和生态环境的恢复保护。

第三章　安全生产监督管理

日照市坚持“安全第一、预防为主、综合治理”的方针,综合运用法律、行政和政策等手段,通过开展安全生产宣传教育培训、安全检查(含执法监察)、安全准入、专项整治等活动,依法对安全生产行为监督管理,使全市人民群众生命财产安全得到有力保障。

第一节　综合监管

机构设置　1989 年,日照市劳动局设立安全监察办公室,负责矿山监察、劳动安全卫生和锅炉压力容器监管工作。1994 年,日照市安全生产委员会办公室成立,对市有关行业管理部门安全生产进行监督、指导,负责全市生产经营单位安全监察工作。1999 年,市政府在市经贸委设立安全生产办公室。2001 年 3 月,日照市安全生产委员会办公室开展特种作业人员培训和对安全设施进行同时设计、同时施工、同时投入生产和使用的“三同时”验收工作。7 月,该办公室更名为日照市安全生产监督管理局。2005 年 4 月,日照市安全生产监督管理局调整为市政府组成部门,同时挂日照市安全生产委员会办公室牌子。2009 年 6 月,日照市安全生产委员会更名为日照市人民政府安全生产委员会,办公室仍设在日照市安全生产监督管理局。在日照市安全生产监督管理机构组建的同时,县级安全生产监督管理机构也全部建立健全,部分乡镇还配备专职安全监管人员。至 2013 年年底,市县乡三级共有监管执法人员 287 人(含乡镇兼职人员)。随着安全生产示范社区、烟花爆竹“打非”、“12350”安全生产投诉咨询热线的开通等工作,监督网络进一步向社区、村居延伸,基层群众安全生产意识普遍提高,安全生产监管格局基本建立完善起来。

综合监管　1989 年,全市对安全生产的监管工作重心由一般行政指导、管理逐步调整为依法对企业开展执法检查活动。从 1990 年开始,日照市将全市事故起数、伤亡人数和经济损失等指标纳入统计管理,建立面上的安全生产情况分析体系,方便对安全生产工作的指导。

1995 年 2 月,日照市下发《日照市安全生产责任制暂行规定》和《日照市安全生产奖惩暂行办法》两个规范性文件,对各区(县)、部门履行安全生产监管职责情况实行责任制考核,并落实奖惩措施,有效地推动安全生产的深入开展。

2001 年,日照市以海上和道路交通、港口作业、渔业生产、建筑施工、消防等行业领域为重点,严格实行安全生产“一岗双责”安全生产领导责任制,落实企业安全生产责任。此后,每年日照市都在重大节假日和重要政治活动时部署开展重点行业、重点领域安全生产大检查。

2002 年开始,市政府和各区(县)政府签订安全生产责任书,将安全生产控制指标进行分解。组织 14 个考核组,对各区(县)安全生产责任控制指标落实情况进行检查,共检查考核企业 110 多家,各项指标均控制在规范之内。此后,这项工作持续开展。

2003 年,全市开展加强安全生产基层基础工作,根据《中华人民共和国安全生产法》和《山东省安全生产监督管理规定》等有关法律法规,制定下发《日照市人民政府关于加强安全生产基层和基础工作的意见》,着力解决一些地区和单位对安全生产的认识不高,基层工作不到位,基础工作薄弱等方面的问题,进一步强化安全措施、落实责任,健全规章制度,提高安全管理水平,加大安全生产投入,提高从业人员的安全意识。其中,对县级以下政府设立安监机构提出明确要求,对村居安全生产网络建设也明确指导意见。根据市政府文件精神,乡镇(街道)安监机构开始建立,部分乡镇当年就成立安全生产监督管理办公室,配备兼职安监人员。

2006 年,《山东省安全生产条例》发布实施,明确乡镇(街道)安全生产责任,并对相应安监机构的委托执法做出明确规定,乡镇一级安全生产监管和执法队伍也普遍建立起来。其中,莒县建立实施乡镇中心中队联合安全执法模式,五莲县将乡镇中队全部纳入县级安监机构管理,均比较有效地整合了安全监管力量,提高监管效率。

2007 年,按照全省统一部署,开展安全生产基础数据统计工作,在各级政府和有关部门协助下,统计沿海港口 2 个,作业泊位 32 个,年总吞吐量 1.1 亿吨;客运码头 1 个,年均客流量 3.1 万人,各类渔船和养殖船舶 1564 艘(只),公路总里程 6000 多千米,运输企业 23 家,出租汽车公司 10 家,长途客运车辆 971 辆,危险化学品运输车辆 273 辆,其中剧毒危险化学品运输车辆 2 辆;排查铁路道口 23 处;瓶装液化气站

38个，天然气门站2个，液化气储量11279吨，天然气储量383万立方米，燃气管道250千米，其中天然气管道212千米；发电企业13家，总装机容量1051000千瓦时，年发电量541485.73千瓦时；水库12座，总库容超过10亿立方米；市区大中型商业零售网点36个，营业面积566680平方米；各类文化公共聚集场所353个；锅炉354台，压力容器2555台，压力管道611千米，电梯391台，起重机械82台；建筑施工企业260家；共发放危险化学品安全生产许可证30家，农药经营许可证599家，危险化学品生产储存企业71家，涉氨制冷企业300余家，矿山620余座。通过此次基础数据排查统计，基本掌握全市安全生产概况，对实施安全生产综合监管起到指导作用。

2010年，为进一步解决企业新建项目和工程外包作业中事故多发问题，日照市开展重点工业项目安全设施大检查和重点行业领域生产经营项目发包安全生产专项治理活动，整治"以包代管""只包不管"问题，严格项目发包资质审查。全市共检查新建项目100多个，整治企业1200多家，排查出各类事故隐患6300多处。

2013年，全市开展"安全生产巩固年"活动，共检查生产经营单位4000余家，排查整改各类隐患12600余处，其中查处非法生产、经营、运输烟花爆竹案件14起，查获非法烟花爆竹产品30万余头，整改隐患122处；对2家非法开采非煤矿山企业实施关闭，注销14家；对全市300余家液氨、液氯使用企业逐一进行排查整治，查改隐患1300余处，关闭液氨、液氯使用企业16家。同时，全面推进非煤矿山、危险化学品、烟花爆竹等重点领域企业安全生产达标创建工作。年底，全市工商贸企业达标170家，非煤矿山行业标准化建设124家，烟花爆竹批发企业4家，危化品生产企业实现全部达标。

第二节　安全评价　安全培训　安全咨询

安全评价　1989年，市安全监察办公室对企业安全生产的监督，主要是围绕特种设备和从业人员安全培训开展情况进行。1999年，市安全监察办公室对部分市直企业安全设施"三同时"进行审查，审查矿山企业2家，工贸企业10家。

2001年，市安监局成立，将安全设施"三同时"工作作为市场准入的重要把关手段，在危险化学品、非煤矿山、工贸企业和燃气、港口等行业全面开展安全设施审查工作，全市的建设项目均严格按照《中华人民共和国安全生产法》《中华人民共和国矿山安全法》《危险化学品安全生产管理条例》等法律法规和规章要求，进行安全评价和相关验收。特别突出全市临港产业重化工项目的安全监管，2005年，针对岚山港区危险化学品从业单位的安全生产现状，市安监局会同有关部门，开展岚山港区危险化学品区域安全评价，对评价过程中发现的问题，实施综合治理，取得良好效果。

2009年，根据岚山港规划区日益突出的危险化学品储存量大，品种多，从业单位集中，重大危险源密集，致使规划区内交通条件、监管机制、救援装备等与港口的快速发展不适应的问题，市安监局对岚山港规划区区域内安全生产现状开展安全评价，找出存在的突出问题，完成《日照岚山化工园区总体规划》和《日照市岚山港区暨岚山化工产业园区危险化学品区域安全论证报告》的编制工作，从安全发展规划、事故隐患整改、监管机制建设、市场准入、应急救援、安全投入6个方面提出对策措施和整改建议，市政府第29次常务会专题听取汇报，市政府办公室召开协调会议、制定工作方案，明确18项重点整治工作，分工21个部门负责整改；投资近亿元，实施道路拓宽改造和应急设施建设。

在强化建设项目安全设施"三同时"监管工作的同时，不断加强对安全评价中介机构的管理。市安监局制定《关于加强安全生产评价机构管理的意见》,对安全评价、安全培训等级中介机构实行规范管理,提高安全服务水平。至2013年,在全市注册的安全生产评价机构3家,备案12家,累计审查3000多家(次)。

安全培训 1991年,根据劳动部《特种作业人员安全技术培训考核管理规定》,组织开展对特种作业人员的培训和考核发证工作,对从事电工、金属焊接切割、起重作业、企业内机动车辆驾驶、建筑登高架设作业等行业人员实行资格认证制度。1999年,国家经贸委下发实施《特种作业人员安全技术培训考核管理办法》,对特种作业范围重新作了划定,主要包括电工作业、金属焊接切割作业、起重机械(含电梯)作业、企业内机动车辆驾驶、登高架设作业、锅炉作业(含水质化验)、压力容器操作、制冷作业、爆破作业、矿山通风作业(含瓦斯检验)、矿山排水作业(含尾矿坝作业)等。至2001年,核发特种作业人员操作证6000多个。2010年,国家安全监管总局下发《特种作业人员安全技术培训考核管理规定》,重新核定特种作业范围,增加石油天然气、冶金、危险化学品、烟花爆竹等行业领域的高危作业,并根据国家行政体制改革要求,确立对特种作业人员安全技术培训、考核、发证、复审工作,实行统一监管、分级实施、教考分离的原则。

2011年,日照市开展"安全生产进党校"活动,对乡镇党委书记、乡镇长进行安全培训,全市所有乡镇(街道)分管安全生产的副书记、副乡镇长(主任)全部参加安全生产专题培训;市安监局组织全市执法大队、中队培训班,进一步夯实基层工作,提高了安全监管执法能力。

根据国家安监总局下发的《生产经营单位安全培训规定》精神,市安监局对工矿商贸生产经营单位的从业人员组织安全培训,对煤矿、非煤矿山、危险化学品、烟花爆竹等生产经营单位的主要负责人和安全生产管理人员,经资格培训考核合格的,发给安全资格证书。至2013年年底,全市成立安全培训中介机构11家,培训安全生产管理人员10万多人次。

安全咨询 1991年6月,日照市首次开展以"安全就是效益"和"提高职工安全意识"为主要内容的安全生产周活动。全市国有规模以上企业和重点企业员工3000多人参加活动。1992—2001年,连续10年全市开展以"国有大中型企业创建良好安全生产环境、提高全社会安全意识""勿忘安全、珍惜生命""治理隐患、保障安全""安全、生命、稳定、发展""落实安全规章制度、强化安全防范措施"等主题安全生产周活动,全市企业员工和群众普遍参加了活动。

2002年6月,中共中央宣传部、国家安全生产监督管理局等部委决定开展首次安全生产月活动,将安全生产周活动的形式和内容进行延伸。自2002—2013年,日照市先后组织开展"安全责任重于泰山""实施安全生产法、人人事事保安全""以人为本、安全第一""遵章守法、关爱生命""综合治理、保障平安""科学发展、安全发展"等主题的安全生产月活动。按照确定的主题,结合日照市实际,组织协调各区县、各部门,综合运用广播电视、报纸、网站和移动通信客户端,多形式、大密度、立体式、全方位地开展安全生产法律法规和安全常识宣传教育,提高企业职工、社会群众的安全生产意识。安全月期间,设置安全宣传咨询日、生产安全事故警示教育、应急预案演练、群众性安全生产活动、安全日照专题报道等多个环节,在全社会营造良好的安全氛围。全省安监系统首届"新绿洲杯安全文化书画展"在日照市博物馆举办,共征集来自全省各类书画、篆刻作品680多幅,择优展出220幅。来自全省参加安全文化建设现场会的与会代表200多人及日照市社会各界人士观摩了书画展。

第三节　安全生产专项整治

1989年以后，日照市不断在各行业各领域和重点企业开展安全生产专项整治活动。

工矿商贸领域整治　2003年，非煤矿山安全状况普查专项行动开展，对全市近600家矿山开采企业和石材加工企业进行检查，基本查清非煤矿山安全生产底子。2005年，在全市工矿商贸企业开展“安全生产示范企业”创建活动，围绕安全生产“双基”(基层和基础)建设，制定创建标准，当年有220多家企业参与创建活动中，48家企业获“安全生产示范企业”称号。2006年，安全生产标准化达标创建活动开展，经过3年的努力，全市规模以上企业和重点矿山企业全部达到三级以上安全生产标准。

2010年，日照市开展冶金机械等行业建设项目安全设施“三同时”、煤气安全管理、淀粉、面粉生产企业、粮食、水泥等行业筒仓在用(在建)企业专项整治。通过整治，规范建设项目设立、设计、施工和竣工验收等环节安全设施的监督管理，确保建设项目的本质安全。对辖区重点工业项目和各区县重点建设项目逐一进行核查落实，彻底摸清底数，建立规范完善的项目“三同时”管理台账，为更好地开展安全监管奠定基础；对含焦炉、高炉、转炉的冶金企业，重点检查作业人员培训持证上岗、交接班制度、煤气安全规章制度建设、设备设施安全、防护器材配备、应急救援演练等方面的内容，对存在的问题督促整改；对全市25家获得食品生产许可证的小麦粉、淀粉生产加工企业进行检查，进一步加强淀粉、面粉加工企业的安全监管，针对粉尘危害制定切实有效的预防措施；强化粮食、水泥等行业筒仓立项、招标、施工、验收和使用各环节的安全管理工作，进一步规范和加强粮食、水泥等行业企业的安全监督管理。

2011年，在全市非煤矿山企业积极推广“三化”(规模化、规范化、机械化)开采，建立以“推广机械化、强化轮锯开采、推行中深孔爆破技术”为内容的非煤矿山安全监管机制，全市380余家矿山企业，有200多家采用中深孔爆破技术，120多家采用轮锯开采，矿山企业安全生产技术水平有了显著提高，安全生产形势明显好转。

危险化学品生产经营领域整治　2002年，全市组成30个检查组，检查危险化学品生产经营单位420多家，查处和整改各类隐患670多条，有效地改善危险化学品从业单位安全生产条件，防范事故的发生，并连续开展“五个整顿、两个关闭”危险化学品安全专项整治，道路运输危险化学品安全专项整治和危险化学品槽罐车充装单位的专项整治，取得良好效果。2007年，全市开展对化工和医药生产企业的安全生产整治。2009年，全市开展氯碱企业、炼油企业专项安全检查。2010年，全市开展对停产、复产、新开工企业和大型化工储罐区的安全专项整治，严防化工装置开、停车和试车环节事故发生，保障大型化工储罐区的安全运行。全市开展严厉打击危险化学品非法生产、经营和建设项目“未批先建”行为的专项行动和冬季安全生产集中整治行动，重点督查全市31家危险化学品生产企业的危险化工工艺自动控制改造工作。2011年，全市开展对农药、医药生产企业、重点危险化学品生产、储存企业、炼化企业、危险化学品经营市场进行专项整治。共检查危险化学品生产企业42家次，查处违法行为2起，责令停产停业整顿企业1家。全市检查危险化学品经营企业648家，查处违法违规行为15起，责令停产停业整顿企业1家，依法对3家企业实施行政处罚，罚款12万元。同时，通过检查，狠抓隐患整改工作，日照市共下发整改指令书151份，整改隐患568处，关闭使用企业3家。2012年，日照市开展“两重点一重大”(重点监管的危险化学品和危险化工工艺、重大危险源)危险化学品企业的专项整治，组织对涉及爆炸性危险化学品生产、储存企业进行专项安全检查。全市共排查出危险化学品重大危险源24处，有10家企业涉及电解、氯化、加氢、聚合、裂化5种重点危险化工工艺,涉及重点监管危险化学品16种。2013年,日照市开展石油化工企业、石油库和油气装卸安全专项检查。

烟花爆竹生产经营整治　2005年,烟花爆竹生产经营监管职能调整到安全生产监督管理局,烟花爆竹安全监管工作重点"打非治违"。2006—2013年,日照市每年开展烟花爆竹"百日安全"专项整治活动。2011年,市政府拨专款,为各区县配备烟花爆竹摩尔探测仪26台,其中东港区2台、岚山区4台、莒县18台、五莲县2台;2012年,全市共查处违法和违规经营行为70余起,受理群众举报40余起,收缴烟花爆竹成品、半成品300余万头,礼花弹、礼花炮500余箱;2013年,在烟花爆竹"百日安全"专项整治行动中,全市共出动执法人员3340人次,检查烟花爆竹经营单位1762家次,下达整改指令372份,取缔非法经营业户43家,查获非法经营烟花爆竹4200余箱,非法销售的劣质鞭炮70余万头,烟花弹100箱支,刑事拘留5人。

第四节　安全执法检查

2005年,日照市成立安全生产执法监察支队。2006年东港区、岚山区、莒县、五莲县、日照经济技术开发区安全执法监察队伍相继建立,市、县两级执法监察人员有26人;至2013年,有168人。

2002年,日照市开展特种作业人员持证上岗情况专项检查,共检查企业48家,核查特种作业人员3200多名,查处未持证上岗人员400多人。2004年,日照市开展建设项目安全设施"三同时"专项检查,对未依法履行"三同时"的企业下达隐患整改通知书。市安全生产监察支队成立后,每年都制定年度执法检查计划,除总体检查外,对重点行业企业、重点生产经营行为进行专项执法检查。2010年,针对工程发包领域事故多发的状况,开展专项治理工作,全面排查、治理发包领域"以包代管""只包不管"行为,查处违法行为189项。通过整治,规范企业在生产经营项目、场所、设备发包出租环节中的安全管理,控制事故多发的局面。同时,开展涉氨制冷和化工企业的专项检查,检查企业数量都在400家(次)以上,消除大量隐患,促进企业安全生产主体责任的落实。2010—2013年,日照市连续开展落实企业主体责任执法检查,有效地推动企业依法依规生产,夯实了安全生产的基础。

第五节　安全事故调查与处理

1990年,市安全监察办公室建立事故统计制度,每月对市内企业发生事故的起数、伤亡人数和直接经济损失进行统计,对企业发生的亡人事故,进行调查处理。2007年,国务院《生产安全事故报告和调查处理条例》发布实施,事故调查处理按照法律法规,进一步规范。

2005年5月4日,山东泰山民爆器材有限公司火雷管半成品生产车间发生一起重大生产安全事故(原事故统计口径,死亡3人以上10人以下为重大事故,2007年《生产安全事故报告和调查处理条例》发布实施后,统计口径调整为较大生产安全事故),当场死亡4人,送医院经抢救无效死亡5人,3人受伤。事故发生后,市政府成立调查组,依据《中华人民共和国安全生产法》《山东省安全生产监督管理规定》等法律法规,认定该起事故是一起因生产经营单位违反操作规程、疏于安全管理引发的重大责任事故。后依法依纪处理事故责任人9名。

2012年9月26日,山东中海水运工程有限公司在岚山港区防波堤工程爆夯作业过程中发生事故,造成8人死亡。市政府成立事故调查组，经调查认定该事故是一起现场作业人员严重违反《爆破安全工程》《基床爆夯施工方案》等有关规定，事故有关单位及管理人员安全管理不到位而引发的责任事故，处理事故责任人12名。

2013年5月24日，日照市东西明望台安置区工程在进行土方回填作业过程中，发生挡土墙坍塌事故，造成3人死亡，5人受伤，直接经济损失约397.7万元。经调查认定，该事故是一起施工单位盲目组织施工，建设、监理单位履行职责不到位，挡土墙不能满足承载力要求，存在质量和结构缺陷而引发的生产安全责任事故。8名相关责任人和3家涉事公司受到处理。

第二十五编　工商　质监　审计

地级日照市建立后，全市高度重视和加强工商行政管理、质量技术监督和审计工作，努力维护经济秩序，规范经济行为。20世纪90年代中后期，随着改革开放的不断深入，围绕加强市场经济管理、完善市场经济秩序，日照市全面开展监督管理工作。2000年后，日照市重点加强法规、制度建设，建立完善依法行政、规范高效的行政监督管理体系。至2013年，全市工商行政管理涉及各行业、全方位的经济行为；质量技术监督更加规范、全面；审计监管从政府财政资金、行政事业资金审计延伸到社保资金、重大项目资金、国有资产、国有企业经营等领域。全市建立起完善、高效的工商、质监、审计等市场经济监督管理体系。

第一章　工商行政管理

1989年开始，日照市对公有制企业区分为法人登记和营业性登记。法人经登记取得企业法人资格和经营权，营业性登记取得经营权。3月起，开始对财产私人所有、雇工8人以上个体工商户登记为私营企业，并依法进行登记发照。是年年底，全市共登记私营企业51户，从业人员1398人，注册资本361万元。1992年始，全市逐步开展省著名商标认定工作，注册商标突破300件。1993年，按照"拓宽监督管理广度，日照市增加监督管理深度，强化监督管理力度"要求，维护"转轨"时期经济秩序，做到"放而有度，活而有序，管而有法"，为企业改制搞活创造良好的发展环境。是年11月，国家工商局授予日照市工商局外商投资企业核准登记权。当年新登记外商投资法人企业141家。1998年，国务院改革工商行政管理体制，实行省以下工商行政管理机关垂直管理。日照市工商系统人、财、物统一上划山东省工商局，实行垂直管理。2002年，按照省编办、省工商局批准的《机构改革实施方案》，全市工商系统进行机构改革工作。市企业注册局成立，统一受理市直各类企业注册登记。2005年，日照市实行"小局大所"改革，充实基层一线执法力量，拓宽工商所职责权限，促进工商行政管理职能到位。2008年9月1日起，全市统一停止征收个体工商户管理费和集贸市场管理费。2010年，日照市率先设立全省首家消费者法律援助联络站，依法维护消费者权益。2013年，市工商局由省垂直管理改为地方政府分级管理体制。全市新登记各类市场主体20375户，同比增长27.2%。其中，民营经济增长较快，新登记民营经济市场主体20218户，注册资本(金)169亿元，同比分别增长27.7%、24.9%。

第一节　市场监督管理

1989年，日照市对市场开办者、经营者的资格、行为和经营商品进行监督检查，全年查处缺斤少两行为1366次，没收不标准秤和取缔黑秤284杆，查处市场霸市行为为207起，移交公安机关拘留2人。

1991年，日照市制定实施《日照市集贸市场发展设想与规划》，有组织、有计划地开展市场秩序整顿。其中，开展“整顿经济秩序、打击非法活动”专项治理活动，共查处无证经营户898户，其他违章违法行为259起，处理霸市行为46起，抓获团伙4个；开展秋季市场违章违法活动专项检查，查处各类违章违法经营户106户，罚款5436元；开展农资、钢材、石油、汽车、煤炭等重要生产资料市场监督检查，共取缔67个非法经营网点，查处非法经营的煤炭5280吨、化肥1509.98吨、石油52吨。

1993年，日照市开展市场登记管理工作，对全市228处市场逐一进行审核，按规定程序登记市场223处，对5处不符合规定市场未给予登记。全市开展打击非法经营和欺行霸市行为，共查处2237件违章案件，是上年的1.2倍，其中缺斤少两案件占总数的70%以上。全年共处理市霸53人次，强买强卖、缺斤少两等违章行为6570起。

1996年，全市推行市场巡查制，从严从快处理强买强卖、欺行霸市等违章违法行为为95起。元旦、春节期间，组织120多人和30多台车辆，分别在市区、县及区驻地和较大集镇对欺行霸市和假劣烟、酒、饮料、无照经营违法违章行为集中进行查处，共检查各类经营户1000余户；全年查处市霸121起，移交司法机关处理107人次。春耕夏播期间，日照市进行农资市场集中整治，共检查乡镇、村52处，检查单位及个人1840户，取缔非法经营户158户。加强石油市场整顿，检查成品油经营单位170家，对5家没有取得成品油批发经营资格的单位限期进行变更，对80家擅自使用中国石化标志的单位限令拆除。

1998—1999年，日照市重点加强粮食市场监督管理。1988年，根据国务院《粮食收购条例》，对全市粮食经营户进行清理，重新予以核准登记68家粮食收储企业、45家粮食批发企业、95家粮食零售和40家粮食加工企业。全年共检查清理国有、集体、个体粮食经营单位462家，规范登记248家，取缔214家。全市查处非法粮食经营案件41起，查获粮食946吨。1999年，继续加大粮食市场监管力度。全市设立粮食市场管理举报电话78部，成立粮食市场稽查队6个，共清理整顿各类粮食企业和经营户1980家。

2000—2002年，日照市重点整顿和规范市场经济秩序。2000年，全市进一步落实和完善市场巡查制和执法不作为追究制，对30处固定设施大棚市场、室内市场重新颁发市场登记证。全市共整治市场277处，查纠乱设摊点3981个，不明码标价业户2078户，查处违章违法案件1247件。2001年，全市加强对市场执法检查，全年共查处商品交易市场违法违章案件3370起，罚没金额8万元，其中无照经营1611件，乱设摊点300件，掺杂使假及假冒伪劣307件。2002年，全市组织开展集贸市场专项整治活动，对208处集贸市场开办单位及进场经营业户进行彻底清查，对6处省级重点市场、4处市级重点市场进行集中整治。全市整改问题230余个，依法取缔无照经营业户700余个，补办营业执照870个。

2006年，日照市印发《关于印发〈矿山、成品油、燃气等高危特殊行业整治方案〉的通知》，针对成品油经营主体资格、油品质量及与成品油相关的其他商品，开展高危特殊专业整治，共检查加油站56个，吊销营业执照加油站4个，取缔非法加油站14个。全市共查处成品油案件48件，案值18.19万元，罚没金额14.75万元。

2008—2010年，日照市集中开展成品油市场专项整治。2008年，全市共检查成品油经营企业179家，清理取缔非法加油站9处，抽查检测73处加油站点，立案查处违法违章案件65起。2009年，在全市开展成品油质量抽检工作，共检查成品油经营企业115家，取缔非法加油站3家，立案查处65家。2010年，根据省工商局等八部门《关于开展成品油市场专项整治的通知》要求，开展成品油质量定向监测工作，共取缔无照非法加油点50余处，抽取成品油样品196个，立案查处销售不合格成品油案件41起。

2011—2013年，日照市集中开展“红盾护农”行动。2011年，日照市印发《2011年“红盾护农”行动方案》《关于在全市开展农资市场专项整治行动的通知》，在全市范围内开展以柴油、化肥、农药、农机为重点的“保春耕”、服务“三夏”、保秋种农资市场专项整治行动。全市共检查农资经营户1912户，抽检农资样品325个，取缔无照经营业户8户，立案查处不合格农资案件158起，罚款171.8万元，没收违法所得8.25万元。受理投诉10件，为农民挽回经济损失15万元。2013年，全市继续推进“红盾护农”行动，开展服装、建材等市场专项整治行动，对农资、电线电缆、成品油等重点商品定向跟踪监测，建立不合格商品“黑名单”制度，规范商品检测档案，及时发布商品质量信息，对不合格商品经营行为立案查处，共组织抽检化肥170个批次、农药22个批次、柴油20个批次、汽油30个批次、服装26个批次、建材53个批次。

商品交易市场监督管理

地级市成立后，全市深入开展规范化文明市场创建和市场专项整治活动，建立长效监管机制，全面加强商品交易市场监管，严查各类违法行为，为消费者营造放心的消费环境。1989年，按照《城乡集贸市场规范化管理暂行规定》和“五好”集市要求，对全市专业市场、集贸市场进行集中整顿。

1990年，日照市印发市工商局《日照市生产资料市场管理实施细则》。按照省工商局《山东省城乡集市贸易规范化管理若干规定》要求，在全市推行经营活动规范化、管理工作规范化、服务设施规范化的市场“三规范”创建活动。全市创建“山东省文明集贸市场”3处，其中莒县人民商场被命名为1989—1990年度“全国文明集贸市场”。

1991年，日照市制定集贸市场管理考核办法。在全市开展“创文明市场，抓规范管理”活动，在大中集市及专业批发市场实行编号定位、对号入市、亮证经营、明码标价的管理措施，推行信誉卡及“一证代三证”制度。全市命名“日照市文明集贸市场”10处；获“山东省文明集贸市场”称号2处、山东省“五好”文明市场称号2处，莒县人民商场被命名为1991年度“全国文明集贸市场”。

1997—2000年，日照市实行市场办管脱钩，重点加强市场硬件设施改造，提高市场设施档次。1997年，日照市确定日照商场、东港副食品商场、石臼商场、莒县人民商场、五莲罗山商场、岚山人民商场等市场为第一批改造市场。全市共投资220万元，改造防蝇防尘设施7140平方米，制作摊位证1016个，制作铁皮盒1200余个。通过改造，市场达到七统一，即统一铝合金防蝇防尘营业房、统一瓷瓦售货台、统一商品器具、统一度量衡器、统一卫生服、帽，统一摊位证、统一物价牌。1998年，日照市共筹集资金9839万元，新建、改建、扩建市场33处。1999年，日照市逐步向生产资料市场、展销会、租赁柜台、摊点群和商业门店延伸，将市场巡查制和设立“3·15”消费者投诉台相结合，建立健全快速反应执法体制，市场巡查效果明显。

2001年，全市开展“文明在港城，满意在日照”集中活动，创建规范化文明市场。重点加强市场秩序管理，做到划行规市，严禁乱摆摊点，清理“探头”市场；加强市场卫生管理，确保市场整洁、整齐、美观。2002年4月9日，全市集贸市场整治工作会议召开，深入开展整顿与规范市场秩序工作。全市共出动宣传车辆210台次，发放宣传材料6万余份，张贴通告6500张。是年，获“山东省级规范化文明市场”称号1处、山东省“三十强”市场1处。

2006年，日照市开展市场监管“重心下移、关口前移”活动。全市40%以上大型商场和超市建立不合格商品退市、商品质量承诺等制度，实行“片区监管责任制”。全市65个基层工商所对辖区内经营户进行建档，加强市场巡查、商品抽查。全市获“山东省级规范化文明市场”称号2处。

2013年，日照市印发《关于深入创建全国文明城市、开展集贸市场专项整治活动的通知》，建立网格监管责任制和分片督导责任制,高标准推进集贸市场创建全国文明城市工作。日照市与市区各类集贸市场主办单位签订创建全国文明城市目标责任书 39 份,向市场主办单位下发 87 份《日照市创建全国文明城市工作督办通知单》,查找、督办集贸市场问题 336 个。全市共督导清理垃圾 2000 余吨,清理占道经营、店外经营 3200 余户,清除乱搭乱建 715 处,清除乱贴野广告 1 万余个,清除乱涂写 2 万余处,拆除违规广告牌 664 个,设置禁止吸烟、禁止随地吐痰警示牌 1858 个,张贴消防栓标志 1632 处。市城区重点街道、重点市场业户持照率达到 98%。全市有 9 家市场被命名为“山东省文明诚信市场”。

其他各类市场监督管理

经纪人市场　中华人民共和国成立后,经纪人成为商品交易中不可缺少的媒介,不过此行业没有章法规范,任其自发活动。20 世纪 60—70 年代,多数经纪人中介活动被当成投机倒把行为予以制止。中共十一届三中全会后,境内经纪人重新活跃在各个经济生活领域。1987 年,国务院发布《城乡个体工商户管理暂行条例》,国家工商局印发《城乡个体工商户管理暂行条例实施细则》(以下简称《条例》《细则》),日照市应集市经纪人要求,根据《条例》和《细则》,对经纪人进行试探性的登记,全市共登记发放个体工商户营业执照 425 户。

1993 年 7 月 16 日,省政府办公厅印发《山东省工商行政管理局关于加强经纪人中介活动管理的报告的通知》,明确指出:工商行政管理机关是经纪人活动的主管机关,所有中介组织和个人,必须经工商行政管理机关核准登记后,方可从事经纪活动。依据此规定,对全市劳动力市场经纪人中介机构进行监管。规定:具备条件的人员经工商行政管理部门培训、考核,取得“经纪人资格证书”后,方可向工商行政管理机关申请领取“经纪人服务许可证”。是年起,日照市对经纪人登记实行年检制度。

2005 年是国家工商总局新修改《经纪人管理办法》具体实施的第一年。全市经纪人户数稳步增长。至 2005 年 8 月底,全市共注册登记经纪人 331 户,从业人员 865 人。其中,个体经纪人 79 户,占总户数的 23.9%;合伙经纪人 8 户,占总户数的 2.4%;公司经纪人 2.4 户,占总户数的 64.7%;兼营经纪人 16 户,占总户数的 4.8%,其他组织 14 户,占总户数的 4.2%。公司经纪人已成为经纪行业发展的主要形式。据统计,全市经纪业务量达 18981 万元。境内前三位的是:生产要素市场经纪业务量 10583 万元,消费品市场经纪业务量 1189 万元。

2010 年,依据《经纪人管理办法》的规定,日照市对经纪人实施信用经营、诚信服务活动,注重提高经纪从业人员的职业道德品质。建立健全农村经纪人诚信档案,加强“经纪户口”管理和市场巡查。全市实有登记注册经纪人总数 1087 户,经纪执业人员 8921 人,年经纪业务量 897419 万元。

2011 年,按照“鼓励、扶持、引导、规范”的工作思路,以“培育一批经纪人、带动一批农户、创出一方品牌、激活一方经济”为目标,日照市将水产品、茶叶、水果、蔬菜等行业作为培育发展农村经纪人重点领域,着重培育发展农产品营销、农产品贮藏加工等七类农村经纪人,推动全市农村经纪人队伍数量、质量实现双提升。

2013 年,日照市重点加强经纪人及经纪执业人员信用管理,逐步建立健全守信激励、失信惩戒、严重失信淘汰机制。通过开展“优秀诚信农村经纪人”“讲诚守信、放心中介”等活动,引导经纪人诚信守法经营。

机动车辆市场　1990 年,日照市开始对汽车交易市场进行监督管理,并对机动车辆实行验证盖章管理制度。未经工商部门验证加盖验章的车辆,公安车辆管理部门一律不发放牌照,不办理初次登记过户手续。全年共验证交易车辆 630 辆,成交额 940 万元,其中新车 160 辆。

1996年6月19日,日照市制定《日照市机动车辆交易市场管理暂行规定》,明确规定机动车经营范围、交易手续、验证程序、管理权限、处罚标准。

2002年,日照市成立机动车辆交易市场管理所,依法负责机动车辆交易验证,查处倒卖、擅自拼装、拆解机动车辆等违法行为。是年10月6日,机动车辆交易市场管理所进驻机动车交易市场,与物价、旧机动车交易市场评估办公室联合办公。全年共办理各种旧机动车成交手续2599辆,成交额6400万元。

2003年,日照市印发《关于进一步规范全市客货运输车辆经营活动的通知》,在全市开展专项整治、规范客货运输车辆经营活动,对从事营运性客货运输业务的单位和个人进行全面检查,共检查企业216家,个人96户。建立个体运输业户监管档案,纳入日常监管。同年,按照《山东省人民政府关于取消部门行政事业性收费项目的通知》要求,停止收取旧机动车辆市场管理费。

2005年,日照市印发《关于加强旧机动车市场管理工作的通知》,对全市旧机动车市场监督管理作出进一步规定。全市有国家工商局批准"小轿车经营单位"的企业发展到16家。2006年,日照市开始受国家工商局委托,对汽车总经销商报送国家工商局备案的日照品牌汽车销售经营企业,进行实地审查,重点审查品牌汽车销售企业场地、人员、资金及有无违法行为。

2008年,日照市印发《关于进一步规范运输车辆经营活动的通知》,企业年检期间,在全市范围内开展运输企业、营运车辆登记摸底,整顿规范运输车辆秩序。全年共查处无照运输业户204户,罚款57.65万元。同时,做好汽车销售企业登记备案管理工作,为36家企业申报品牌汽车经营资格。

2010年,日照市印发《关于加强二手车流通秩序管理的实施意见》,对全市二手车市场进行全面整顿规范。检查二手车市场6处,检查品牌汽车经营企业26家,查处案件3件,罚没款4万元。

第二节　企业登记管理

企业登记　1989年,省工商局工商企业登记管理实行分权制衡,对下级登记机关登记权限进行分工,日照市工商局登记权限较之前有相应的扩大。年底,全市经批准登记的企业有6409户。

1990年11月,按照山东省政府办公厅转发省工商局《关于支持企业搞活经营的报告》要求,积极支持企业改革,搞活经营,发展经济。

1992年,为支持企业深化改革及党政机关兴办经济实体,日照市连续印发《关于进一步支持搞好国营大中型企业的意见》《关于积极支持第三产业发展的意见》《关于支持流通企业实行"四放开"的意见》3个文件,放宽登记政策、提高办事效率,简化工作程序,登记注册当天拿照率达50%;变更登记发照一般不超过3天。是年,市县工商机关派出112名干部定点帮扶58家企业,有力地推动企业创新与发展。至年底,全市累计登记注册公有制企业9185户。其中,登记党政机关办经济实体企业414家。

2005年,日照市启用"山东省工商行政管理综合业务系统",市、县、所三级全部联网,正式推行企业信用等级分类管理。同时,制定出台《关于进一步扶持服务业发展的实施意见》,降低服务业准入门槛。按照省工商局《服务招商引资工作实施方案》要求,对招商引资项目实行全程跟踪服务,对已建成的招商引资项目定期联系,上门帮扶,使项目真正落地开花结果。

2008年,日照市以实施新公司法为契机,支持地方国有、集体企业改制重组,使全市内资企业得以稳定、有序发展。随着国有、集体企业改革的不断深化,一些中小国有、集体企业均转为私营登记管理,使得企业户数减少。12月底,全市实有内资企业3991户,比上年同期减少0.8%。其中,法人企业1555户,比上年同期减少 7.82%；注册资本(金)1270782 万元，较 2007 年同期增长 6.06%，企业户数继续呈下降趋势。

2009 年，日照市出台推动经济平稳发展具体措施，引导企业内部实行二、三产业分离。全市 36 户大企业实现分离登记，新增营业收入 1.05 万亿元，新增入库营业税及附加 3959 万元。围绕市委、市政府确定的 138 个重大项目，创新推出登记注册"补换欠制度"，落实"三提前、三告知、五帮助"具体服务举措，建立部门定期联席制度和服务大项目情况季报制度，实行全程跟踪服务。

2013 年，日照市出台优化市场主体发展环境的 18 条意见，推行零障碍准入、零条件支持、零距离服务、零缝隙规范的服务模式。印发《关于进一步界定工商登记环保前置许可的通知》，明确界定工商登记前置许可的范围，进一步降低市场准入门槛。完善修订《登记窗口工作规范和工作制度》，下放企业登记权限和内部审核权限，推出"容缺登记服务"、"分段登记服务"、"电子表格"申请、"电子邮件"登记、"工商 QQ"解答等举措，进一步提升登记注册工作效能。推行临港物流、汽车零部件、石油化工等十大产业、新兴产业开通"工商直通车"服务、重点项目筹建登记制度、大项目联系制度，实行大项目"一对一"对接服务。是年年底，全市实有各类市场主体首次突破 13 万户，达到 13.7 万户，注册资本(金)1621.64 亿元。

个体私营企业登记　1989 年 3 月始，全市对财产私人所有、雇工 8 人以上个体工商户确定为私营企业，从而确立私营企业的雇佣关系，并依法进行登记发照。是年年底，境内共登记私营企业 51 家，从业人员 1398 人，注册资本 361 万元。

1993 年 5 月 18 日，全市个体私营经济工作会议召开，表彰 20 名"模范个体工商户"、4 家"文明私营企业"，充分肯定个体私营经济在推动全市经济发展中发挥的重要作用。6 月 2 日，印发《日照市关于进一步鼓励加快个体私营经济发展的若干规定》，出台 35 条优惠政策，鼓励全市个体私营经济发展。

1994 年，日照市对全市个体私营经济实施引导、培育、扶持、管理并重的方针，鼓励和引导个体私营经济走出市门、国门。全市共发展外向型私营企业 12 家，实现出口创汇 1075 万元。年内新发展个体工商户 2.7 万户，私营企业 330 家，从业人员 5.7 万人。是年，全市个体工商户发展到 55592 家，私营企业 471 家，从事个体私营业人数达 15 万人，注册资金 4.4 亿元，产值(营业额)25.1 亿元。

2008 年 9 月 1 日起，日照市停收个体工商户管理费。积极深入开展"红盾帮扶"工程，落实好各项帮扶措施，民营经济发展势头迅猛，资金增长迅速。至 2011 年年底，全市私营企业数量达 16854 家，注册资本(金)总额达 662.84 亿元。其中，注册资本(金)超过 5000 万元的企业有 261 家，1 亿元以上的有 85 家。当年新登记私营企业 3744 家，注册资本(金)151.49 亿元。全市累计实有个体工商户 93533 户，居全省第 13 位；实有资金数额 31.79 亿元，居全省第 11 位。

2012—2013 年，日照市开通"家庭农场"等新型农村市场主体注册登记通道，明确登记注册流程，放宽名称登记条件、免收登记费用，并从注册登记、合同、商标、广告等多方面提供支持和帮助，以促进新型农村市场主体快速健康发展。2013 年，全市新登记个体工商户 15490 户，资金数额 98619.29 万元，户均资金 6.4 万元，比 2012 年同期户均 5.4 万元增加 1 万元。至 2013 年 12 月，全市共有个体工商户 108374 户，资金总额 44.6 亿元。

外资及港澳台资企业登记　1989 年 8 月，山东省工商局印发《关于支持和促进外向型经济发展意见的通知》，提出从工商行政管理职能出发，全方位促进对外开放。1991 年 6 月，市政府印发《日照市发展外向型经济的若干规定》《日照市鼓励华侨和香港澳门同胞投资试行办法》《日照市鼓励外商投资的实施办法》《日照市鼓励台湾同胞投资办法》。全市登记注册外商投资企业及港澳台商企业 23 家，其中独资企业 2 家、合作企业 2 家、合资企业 19 家。投资总额 3000 万美元，注册资本 2423 万美元，实际出资 2380 万美元。

1992 年 5 月，市工商局出台《关于支持外向型经济发展的意见》；6 月，市工商局获得外商投资企业委托登记管理权。1993 年，市工商局设立外商投资企业登记管理专职机构，制定《外商投资企业登记工作程序》。当年，全市新登记外商及港澳台商企业投资法人企业 141 家，投资总额 15694 万美元，注册资本 11974 万美元。

1995 年，全市推行外商投资企业缴费项目卡制度，积极扶持利用外资嫁接改造老企业，合理引导外商向基础产业、主导产业、第三产业、出口创汇项目投资，外商投资企业得到较快发展。1996 年，日照市首次实行政务服务承诺制度，开展优质服务，提高登记管理效率。1997 年，市工商局建立更加系统的登记管理制度及工作机制，严格登记质量和审批程序，履行承诺事项和承诺时限，提高服务质量。全市累计登记注册外商投资企业 443 家，创历史最高纪录。

1998—2000 年，受亚洲金融风暴的影响，外商投资企业的发展处于回落阶段，3 年全市外商投资企业的实有数依次为 390 家、288 家、199 家。2002 年 2 月 26 日，国务院公布《指导外商投资方向规定》和《外商投资产业目录》。市工商局准确把握逐步放开的外商投资领域及国家限制、禁止的外商投资项目，严格执行外资产业政策，促进外商投资企业健康发展。是年，外商独资企业发展较快，新登记注册独资企业 45 家，占新登记注册外商投资企业的 68.2%。全市累计登记注册外商投资法人企业 237 家、分支机构 35 家。2003 年，全市外商投资企业大户增多、投资加大。全市涌现出加德士沥青、华泰食品、美加水产食品有限公司等一批实力较强的大企业。是年，韩国投资企业累计达 80 家。

2008 年，国际金融危机后，境内外商投资企业户数减幅趋缓，保持在 530～550 家。是年，全球遭遇严重的经济萧条，投资者投资意愿低迷，解散及撤销登记户数达 51 家，为历年来最高。2012 年年末，全市实有外商及港澳台商投资企业跌至 450 家，创 2008 年以来历史新低。

2013 年，全市新登记 31 家，同比增长 19.23%；法人企业 22 家，同比增长 100%。全市外商及港澳台商投资企业投资总额增长迅速，比上年同期增长 44.90%，注册资本和外方认缴比上年同期分别增长 11.87%和 11.81%，仍呈现快速增长态势。

第三节　消费者协会

1989 年，日照市消费者协会成立。1994 年 3 月 4 日，市消费者协会成立大会召开。大会依据《中华人民共和国消费者权益保护法》《山东省保护消费者权益条例》，审议通过《日照市消费者协会章程》，选举产生第一届理事会和常务理事会。消费者协会设立办公室为日常办事机构，挂靠日照市工商行政管理局。市消协成立后，大力加强基层组织建设，完善组织服务网络。

1998 年，针对农民农机投诉难问题，市消协联合市农机局成立山东省消费者协会农机投诉站日照分站，于 3 月正式挂牌办公，受理涉及农机方面的投诉。4 月 30 日，“市‘3·15’投诉举报中心”挂牌成立，在全市开通 55 部尾数为“315”的投诉举报电话。之后，以该中心为中枢的区（县）、乡镇投诉举报网络全面运转。

1999 年，市消协加强会员发展和“一会三站”（分会、指导站、投诉站、联络站）组织建设工作。全市共建立健全消协分会 69 个，指导站 770 个，投诉站 74 个，联络站 153 个，发展会员 6 万人。

2005 年，日照市重点加强农村投诉站和行业专业投诉站建设。根据省政府办公厅《转发省工商局、省消协关于在农村建立消费者协会投诉站和“12315”申诉举报网络站的意见的通知》要求，加强农村投诉站规范化建设，做到“五个统一”，即统一名称、统一悬挂牌匾、统一设置宣传栏、统一发放站长聘书、统一“3・15”工作手册。是年 9 月，以保险行业协会为依托，成立日照市消费者协会保险投诉站，受理全市范围内的保险消费纠纷投诉。针对呈现的房地产热，设立房地产投诉站，以受理有关房地产方面的投诉案件。

2007 年 4 月，市消协组织对区县消协基层组织规范化建设考评验收。全市 68 个工商所全部建立消协分会；以村两委为依托建立村消费者协会投诉站、村“12315”申诉举报联络站“两站”2057 个，占全市行政村总数的 70%以上；“两站”名称统一规范，都有固定办公场所、联系电话和宣传栏，各项工作制度健全，受理消费者投诉文书齐全。5 月，省消协对日照“一会两站”基层组织规范化建设进行检查验收，给予高度评价。

至 2013 年，市消协在洗染、保险、通信、太阳能行业以及大型卖场共设立专业投诉站 13 处，发展 10 家名优企业为市消协投诉和解联络单位、10 名优秀客服工作人员为“3・15”志愿者，在全市建立起完善的消费者协会组织服务体系。是年，市消协被评为全国消协组织消费纠纷处理工作先进集体，东港区消协被评为全国消协组织新闻宣传工作先进集体。

第二章　质量技术监督

1989 年，日照市标准计量局更名为日照市技术监督局，根据《中华人民共和国计量法》《中华人民共和国标准化法》的规定，全面开展计量、标准、质量等监督管理工作。2000 年，日照市技术监督局划归山东省质监局实行垂直管理，更名为日照市质量技术监督局，业务范围扩展至质量、计量、标准、特种设备、食品等多个领域。2013 年 12 月取消省垂直管理，重新划归日照市政府管理。1989—2013 年，市质量技术监督机构认真履行职能，在服务全市经济社会发展方面发挥了重要的质量技术监督管理作用。

第一节　标准化监督管理

20 世纪 90 年代，作为一项技术基础工作，标准化已经从传统工业领域发展到经济、社会各个方面。《中华人民共和国标准化法》《标准化法实施条例》《农业标准化管理办法》相继出台实施，标准化事业受到前所未有的重视。1989—2005 年，全市组织开展企业标准化工作水平评价、采标、企业标准备案、产品执行标准登记等工作，企业标准化管理步入规范化发展阶段。2006 年 10 月，日照市印发《关于进一步加强标准化工作的实施意见》，在各个领域推动标准化工作。2007 年 6 月，国家标准委下发《关于对拟立项的国家标准制修订计划征求意见的函》，日照金马化工有限公司申报的“合成乳胶”被列入 2007 年度第四批国家标准项目，是日照市企业第一次牵头制定国家标准项目。2010 年 1 月，日照市印发《关于进一步推进标准化战略的实施意见》，建立“政府推动、市场引导、企业为主、社会参与、各方协调”的工作机制,推行“统一管理、分工负责、共同推进”的标准化工作模式,实施政府奖励和扶持政策,有效地推进全市标准化工作。2012年10月,日照市印发《关于用产品质量标准化和认证推动产业优化升级的实施意见》,进一步落实实施标准化战略扶持政策。把国际标准、国家标准、行业标准、地方标准和企业标准等技术标准研制列入科技计划,纳入市科技进步奖评奖范围,建立健全评价制度,鼓励企业争创“标准化创新贡献奖”。至2013年年底,全市企业累计参与国家标准制修订40项、行业标准制修订22项、山东省地方标准制修订15项;创建AAAA级标准化良好行为企业1家、AAA级标准化良好行为企业23家、AA级标准化良好行为企业35家、AAA级商品质量管理企业3家;设立国家级服务标准化试点项目2个、山东省服务标准化示范单位9家;山东五征集团有限公司、山东金马工业集团股份有限公司获得山东省首批“标准创新贡献企业”称号。

产品质量认证 1991年5月,《中华人民共和国产品质量认证管理条例》颁布实施,全市企业产品质量认证工作快速开展,特别是中国面临加入世贸组织,认证工作更加受到重视。1992—1997年,全市有25家企业通过ISO 9000质量体系认证,6家企业通过产品认证。1998年9月,日照市技术监督信息研究所加挂日照市质量认证咨询中心牌子,承担全市质量认证咨询工作。2002年起,全市开始建立并实施强制性产品认证(3C认证)制度;2003年11月,《中华人民共和国认证认可条例》实施,体系认证从质量管理体系认证扩大到包括环境管理体系认证、职业健康安全管理体系认证和食品安全管理体系认证在内的多元体系认证;对质量检验机构的考核管理逐步发展到对产品质量检验机构实施计量认证、审查认可(验收)和实验室认可的“三合一”审查,认证认可工作纳入统一管理的法制轨道。2006—2012年,加大认证咨询工作力度,业务迅速发展。至2013年年底,全市共获得各类认证证书(有效)1355张,其中强制性产品认证证书484张;管理体系及自愿性产品认证证书773张,其中质量管理体系认证证书425张、环境管理体系认证证书183张、职业健康安全管理体系认证证书29张;产品认证证书75张,其他认证证书61张;食品农产品认证证书115张。

组织机构代码 1993年8月,日照市开始建立统一代码标识制度(组织机构代码工作),在全市启动代码标识工作。1994年,贯彻执行山东省技术监督局与中国人民银行山东省分行联合下发《关于加快在全省账户管理中实施查验全国统一代码证书的紧急通知》的要求,全市代码工作首次在部门中推广应用。至1995年7月,全市共申办代码证书5506家,其中莒县2203家、五莲县1193家、东港区1100家、市直1010家,初步建立日照市代码数据库。1999年6月,日照市实现与省信息所代码数据库联网,代码赋码权由市级直接赋码转移到省级代码服务器自动赋码,并开始发放代码IC卡。同年9月,国家质检局下发《关于在全国质量技术监督系统全面使用组织机构代码标识的通知》,加强代码在本系统应用。市质监局与人民银行日照市分行建立工作联系制度,每月定期为其提供代码信息,银行在开户时实行查验组织机构代码制度,达成信息互联共享。2000年1月起,组织机构代码证书年检制度开始实行。2003年1月,《山东省组织机构代码管理办法》正式实施。2004年3月,市质监局行政审批业务全部纳入日照市行政服务中心。2012年,全市实施“网上预审、即时办卡、便民利民”工作制度,提高工作效率。至2013年,全市组织机构代码数据总量为31168家,商品条码系统成员单位保有量为282家。组织机构代码在财政、税务、金融、统计、公安、海关、社会保障等二十多个部门的60多个社会和经济管理领域得到应用。

第二节　质量监督管理

1998 年，日照市技术监督局行使质量监管职能。2001 年 12 月，市技术监督局依据《中国名牌产品管理办法》开始组织开展中国名牌产品评价工作。2012—2013 年，市质监局根据《质量发展纲要（2011—2020 年）》“建设质量强国”要求，实施“质量强市”战略。

质量兴（强）市与名牌战略　1997 年，日照市开始山东名牌产品申报创建工作；1998 年，获得首个山东名牌。至 2003 年，全市已有 4 个产品获山东名牌产品称号。2004 年 9 月，市政府召开全市质量兴市暨实施名牌战略动员大会；10 月，印发《日照市质量兴市实施方案》；11 月，出台《关于大力实施名牌战略的意见》，正式启动日照市质量兴市和实施名牌战略。是年，山东雪青茶场有限公司、山东日照酒业有限公司、山东五征农用车有限公司的 3 个产品获山东名牌产品称号。至此，全市已有 7 个山东名牌产品。

2005 年，日照市将“力争实现中国名牌零突破”写入政府工作报告，名牌创建工作成为政府经济工作中的一项重要内容。9 月，日照海通丝业有限公司“三维”牌桑蚕丝获“中国名牌产品”称号，结束日照市无中国名牌的历史。全市新创建山东名牌产品 16 个，使日照市一举摆脱全省名牌数量末次位置。同年，全市 2 个产品获国家免检产品，2 家企业获首届山东省服务名牌，1 家企业获山东省政府质量管理奖。2006 年，东升地毯集团公司“东升”牌地毯获“中国名牌产品”称号，21 个产品获“山东名牌产品”称号。全市 5 个产品获国家免检产品，3 家企业获山东省服务名牌，3 个产品获首届山东省名牌农（林、水）产品称号。2010 年，日照市印发《日照市市长质量奖管理办法》，启动首届日照市市长质量奖评选。日照港集团有限公司、山东五征集团有限公司、日照金禾生化集团有限公司 3 家企业和于波涛、吕国伟、王廷龙 3 人获首届日照市市长质量奖。2012 年，五征集团有限公司获第四届山东省省长质量奖，日照港集团有限公司获山东省省长质量奖提名奖。山东丰华食品有限公司、山东阿掖山集团有限公司获优质产品生产基地龙头骨干企业称号。2013 年，全市创山东名牌产品 22 个，山东省服务名牌 5 个。东港区创建国家质检总局命名授牌的“全国知名品牌创建示范区”，为全市第一个国家级区域品牌示范区。12 月，五征集团有限公司参加国家质检总局组织的中国自主品牌价值评价，五征集团品牌价值逾 12 亿元。

地理标志产品（日照绿茶）　自 20 世纪 60 年代“南茶北引”在日照获得成功后，经过近 50 年种植栽培，日照绿茶逐步培育出汤色黄绿明亮、茶香浓郁、回味甘醇、叶片厚、香气高、耐冲泡等独特优良品质，在全国绿茶中享有较高声誉，成为“江北第一茶”。日照绿茶以其独特的品质赢得广大消费者信赖的同时，出现以次充好、以假充真等现象，扰乱了日照绿茶的品牌形象。2004 年年底，市政府提出日照绿茶地理标志产品（原产地域）保护申请，通过地理标志产品保护，规范日照绿茶市场，打造日照绿茶品牌。2005 年 7 月，山东省质监局批准发布由日照市制定地方标准《日照绿茶》质量标准（DB37/T541-2005）。2006 年 3 月，国家质检总局发布公告，批准对日照绿茶实施地理标志产品保护，为山东省第一个茶叶类、全市第一个地理标志产品。同年 10 月，发布实施《日照绿茶地理标志产品保护管理办法》。2007 年，国家质检总局发布公告，核准雪青、北极春、碧波等首批 6 家日照绿茶生产企业准予使用日照绿茶地理标志保护产品专用标志。2009 年、2013 年国家质检总局先后发布第 39 号公告和第 82 号公告，核准第二批、第三批准予使用日照绿茶地理标志专用标志的企业。截至 2013 年，全市共有 26 家日照绿茶企业具有合法使用地理标志保护产品专用标志的资格。

产品质量监督检查　根据《中华人民共和国产品质量法》和《山东省实施中华人民共和国产品质量

法办法》规定，全市实行以抽查为主的产品质量监督检查制度，定期监督检查为市、县级质监部门履行产品质量监督的主要方式。1990年，全市定期监督检查30家企业的90批次产品，抽检合格率70%。之后，每年定期进行监督检查。2000年，全市定期监督检查600家企业的1600批次产品，抽检合格率78%。随着定期监督检查力度加大及抽检范围扩大，促使生产企业高度重视产品质量，抽检合格率逐年提高。2005年，全市定期监督检查1000家企业的2400批次产品，抽检合格率84%。2013年，全市定期监督检查326家企业的561批次产品，抽检合格率达99.64%，全市产品质量状况良好。

第三节　计量监督管理

1985年，《中华人民共和国计量法》颁布实施后，全市计量工作逐步走上法制化管理轨道。1989年日照市技术监督局成立后，在设立日照市计量测试所基础上，增设日照市衡器管理所，专门负责台案秤等日用衡器及地衡的检定修理。1992年1月，计量科设立。市、县局分级负责本行政区域内的计量管理工作，开展量值传递、执行强制检定和其他检定校准任务。同年，市衡器管理所并入市计量测试所。1996年，市衡器管理所重新设立，主要承担日用衡器及地衡的检定修理工作。2005年1月，市计量测试所、衡器管理所、仪器供应站合并，组建日照市计量测试所；将莒县、五莲县计量测试所、衡器管理所、仪器供应站划归市计量测试所管理，在莒县、五莲县分设计量工作站。2006—2013年，莒县、五莲县计量测试所为县质监局直属机构实施管理。

第四节　特种设备安全监管

监督检验体系　1989年，市劳动局设安全办公室负责锅炉、压力容器监督管理。1990年，锅炉压力容器安全监察机构建立；同年4月，日照市锅炉压力容器检验所和日照市劳动安全卫生检测站（日照市特种设备监督检测站）成立。随着经济发展和特种设备数量增加，县级劳动主管部门逐步设立专职或兼职安全监察机构，配备专、兼职安全监察人员，负责或兼职管理所辖区域锅炉压力容器的安全监察工作。

2000年10月，市、县两级劳动部门锅炉压力容器安全监察机构、检验机构划转质监部门管理。市、县级质监部门增设锅炉压力容器安全监察科、检验机构，实行省以下垂直管理。2001年3月，日照市锅炉压力容器焊工考试委员会由日照市东方热电有限公司转移到日照市锅炉压力容器检验所。2002年9月，日照市特种设备协会成立，挂靠日照市质量技术监督局。

2004年6月，市锅炉压力容器安全监察科更名为特种设备安全监察科，同年成立日照市特种设备监督检验所。2007年12月，日照市特种设备监督检验所更名为山东省特种设备检验研究院日照分院（以下简称日照分院），受山东省特检院和日照市质监局双重管理，负责开展各类特种设备监督检验和定期检验、特种设备作业人员考试及危险化学品常压罐车的委托检验工作。2008年7月，日照分院通过山东省质监局实验室资质认定，通过项目为21项产品696个参数。2013年，日照分院获得山东省质监局批准的特种设备考试项目29项，经国家质检总局核准的检验项目49项。

2013年年底，全市共有市级特种设备安全监察机构1个，县级特种设备安全监察机构4个，专职安全监察人员8人，兼职安全监察机构3个，兼职安全监察人员4人。特种设备检验检测机构5家，其中综合检验机构1家，自检机构1家，气瓶定期检验机构3家。

安全检验监管 1989—2000 年，全市各级监管机构认真履行特种设备检验职责，逐步开展各类特种设备的监督检验和定期检验工作。2001 年，日照市首次开展锅炉安装监检工作，全市检验各类特种设备 2372 台（次）。2002 年，日照市筹建锅检所液化气钢瓶检验站、溶解乙炔气瓶检验站、氧气瓶检验站，开展各类气瓶定期检验工作；首次开展锅炉水（介）质检测、危险化学品常压罐车委托检验工作，对东港区沿海 86 家育苗厂“土锅炉”进行整治。2003 年，日照市首次开展球罐监督检验工作。2004 年，检验各类特种设备 16987 台（次）。2006 年，参与日照市首次特种设备事故应急救援演练。同年 7 月，成功对一起液化石油气汽车罐车泄漏起火事故的剩余液化石油气进行后续处置。2007 年，检验各类特种设备 7857 台（次）；同年 8 月，为五莲一起液氯钢瓶泄漏事故提供应急救援技术支持。2009 年，全市检验各类特种设备 8511 台（次）；首次开展非球罐压力容器现场组焊监督检验、车用气瓶安装监督检验、起重机械制造监督检验、300 吨起重机械（时为全市最大吨位起重机械）的监督检验工作。同年，对全国体育运动会青岛赛区核心区 133 台特种设备进行全面复检，发现一般问题 56 项、严重问题 14 项，有效地保障青岛赛区特种设备安全。2010 年，开展压力管道元件制造监督检验工作。同年，以岚山港为重点，开展压力管道定期检验工作。全市检验各类特种设备 9365 台（次）。2013 年，组织开展移装电站锅炉安装监督检验、LNG 气瓶制造监检工作，与山东省特检院合作开展 300 兆瓦发电机组的亚临界电站锅炉安装监检、3000 立方米大型球罐（时为全市最大球罐）的安装监检工作；同年 6 月，参与日照市液氨泄漏事故应急救援演练。全市检验各类特种设备 19848 台（次）。

至 2013 年年底，全市共有特种设备使用单位 2781 家，特种设备制造单位 9 家，特种设备安装、改造、维修单位 60 家，在用特种设备 10355 台（辆）（不含气瓶）。其中，锅炉 450 台，压力容器 4316 台（不含气瓶），电梯 2744 台，起重机械 2404 台，厂内专用机动车辆 429 辆，大型游乐设施 12 台，工业压力管道 270 余千米，车用气瓶 10566 只。全市各类持证检验、安装、维修等行业技术人员 12175 人。其中，锅炉类 1344 人，压力容器类 1937 人，气瓶类 110 人，压力管道类 167 人，电梯类 646 人，起重机械类 5851 人，大型游乐设施类 15 人，场（厂）内专用机动车辆类 1051 人。

第三章 审 计

1989 年，围绕“治理整顿、深化改革”工作方针，日照市共完成审计项目 39 个，审计总额 12826 万元，查出各类违纪金额 388 万元，上缴财政 51 万元，促进增收节支 13 万元。

1990—1993 年，全市初步建立起内部审计组织体系。1990 年，20 个单位设立内审科，配备内审人员 60 人；至 1993 年年底，内审机构增至 114 个，配备专职内审人员 137 人；成立审计师事务所 4 家，从业人员 38 名。全市初步形成以国家审计机关为主体、内部审计机构为基础、社会审计组织为补充的审计体系。

1993—1995 年，全市审计重点转向财税、金融、重点投资项目和重点资金等方面。财税审计，先后对五莲县财政决算、东港区预算执行情况进行审计，重点查处截留财政收入、虚列支出等违纪违规问题。金融审计，先后对市内工商银行、农业银行、中国银行、建设银行、信托投资公司及日照、石臼信用社等金融机构进行审计，重点查处挤列成本、多收贷款利息、超规定发放补贴等问题。基本建设项目审计，对 102

个基建项目进行竣工审计,查处计划外投资、漏缴税费等违纪违规问题368万元。行政事业单位审计,突出对政府机关、执法部门及专项资金的审计监督。内部审计由常规审计向基本建设、经济效益、工程预决算、内部控制制度等方面拓展。

1996年后,日照市进一步加强同级财政预算执行审计,从账户入手,下审一级,对财政、税务、金融等主管部门和所属的二、三级预算执行单位进行审计。至1999年,全市共审计预算执行单位310个,查出挤占挪用、漏缴税金、违规收费和私设小金库等问题2.45亿元,上缴财政900万元。1998年,市纪委、市委组织部等5个部门印发《关于实行领导干部离任审计制度的通知》。全市审计机关对36名行政事业单位领导干部进行离任审计。

2001年,市经济责任审计办公室成立。各区县均建立经济责任审计专职机构,进一步加强领导干部经济责任审计工作。

2012年,由市纪委、市委办公室、市政府办公室、市审计局、市财政局、市监察局等9个部门组成联合工作组,对31个市直单位和区(县)直部门、乡镇等18个单位进行审计整改专项检查,有效地解决审而不改的问题,使审计整改成为一项常态化工作。

2001—2013年,全市共完成审计项目2413个,查出违规金额71.92亿元。其中,上缴财政6.4亿元,审减工程造价19.2亿元。日照市对1234名领导干部进行经济责任审计,查出违规金额14.19亿元。

第一节　国家审计

财政审计　1989—1995年,全市财政审计工作重点审计区县、乡镇财政决算、预算执行情况。1993年,市县两级审计机关对16个县、乡财政进行审计,查处越权减免、漏交和截留财政收入等违纪金额78万元。1994年,全市完成21个县乡财政审计,对五莲县财政决算和东港区预算执行情况进行审计。查处截留财政收入、虚列支出等违纪违规问题528万元,增加财政收入20万元。1995年,日照市对24个县乡财政进行审计,查出隐瞒截留转移收入、虚列财政收支等违纪金额1166万元。

1996年,贯彻落实《中华人民共和国审计法》,日照市开始对同级财政预算执行情况进行审计。自1995年12月起,日照市对财政、税务等主管部门及所属二、三级等60个预算执行单位进行审计,重点对财政预算执行、预算外资金、专项资金、财政有偿使用资金及预算外专户储存情况进行审计,共查出违纪金额1274万元,针对发现的挤占地方财政收入、漏缴税金、违规收费等问题和财税管理中存在的薄弱环节提出审计建议。

1997—2000年,在摸清财政家底的基础上,日照市进一步深化审计内容,从账户入手,下审一级,对财政、税务、金库等主管部门和所属二、三级预算执行的218个单位进行审计,共查出挤占挪用、漏缴税金、违规收费和私设小金库等问题21921万元,上缴财政919万元,决定处理处罚684万元。财政预算执行审计结果为政府运筹财经工作和人大加强财政监督提供可靠依据。

2010年,日照市对市地税局税收征管和财政财务收支情况进行审计,延伸调查12家纳税企业挂账未缴税款974.43万元,有3家企业漏提漏缴税款26.32万元,限期征收入库税款1000.75万元。对山海天旅游度假区管委、五莲县政府2008年度财政决算及2009年度预算执行和其他财政财务收支情况进行审计,查处山海天旅游度假区管委违规为欠缴出让金4118万元的企业、开出全额土地出让收入票据和为其办理土地使用证,违规支付“财源建设扶持资金”604.4万元;抽查发现企业账面欠缴税款1885.2万元，违规未缴国库土地出让收入28723.3万元、未缴国库国有资产收益1074万元，招待费及会议费等支出六套账、金额723.50万元，占公务费支出的34.33%；未及时核销账务资产549.90万元，7.50万元大额支出无明细附件，使用非正规发票19张、报销金额13.8万元，有未加盖对方单位印鉴的发票入账；违规发放加班费、就餐补助费51.80万元，未认真落实2005年财政决算审计结论，审计建议未得到采纳，移送事项尚未完全处理，“白条抵库”问题依然存在，“白条抵库”金额为163.2万元，现金日记账与库存现金差异1.33万元；往来款项仍未得到及时清理，截至2009年10月末，预算外资金账“暂付款”科目余额为17460.6万元。

2011年，日照市对市财政局预算执行和其他财政收支情况进行审计。审计和调查共涉及单位87个，涉及资金198亿元，查出违规资金1.91亿元，管理不规范资金9.69亿元，为财政增收节支6.46亿元（其中上缴财政1.7亿元，审减工程造价4.76亿元）；向有关部门移送涉嫌经济案件线索4起。组织市县两级审计机关，成立6个审计组，对地税部门税收征管情况进行审计，并延伸调查65家纳税企业。审计发现少提少缴税款812.09万元、未缴税款3397.63万元、少征少扣税款160.34万元、未缴代扣税款442.17万元、税务部门应征未征和入库不及时税款675.04万元等问题。

2013年，日照市紧紧围绕“稳增长、促转调、惠民生”重大部署，重点对市财政局组织市级预算执行、市地税局税收征管、部分市直部门单位预算执行、政府投资、政府性债务等进行审计。审计共涉及项目单位392个，查出违规问题金额9.64亿元，管理不规范金额60.43亿元，损失浪费金额821万元，侵害人民群众利益8332万元，移送处理事项1项、移送处理1人。

金融审计　1990年，根据审计署《关于对国家金融机构的财务收支实行经常性审计的通知》要求，日照市首次对工商银行日照分行、农业银行日照分行的财务收支进行审计，查出乱挤成本费用、漏缴税金等问题。

1993年，根据省审计厅统一部署，日照市对中国银行日照分行、工商银行日照分行、农业银行日照分行、建设银行日照分行开展专项清理。查出擅自设立信托投资公司、违章拆出资金等8个方面问题，并及时督促整改。1994年，重点对工行、农行、中行和建行的信托投资公司进行审计，查出多收贷款利息、超规定发放补贴等违纪资金25万元，上缴财政17万元。

自1995年起，日照市对五大银行和保险公司逐步实行经常性审计。截至1997年年底，累计审计金融单位67个，为整顿财政金融秩序，落实宏观调控措施发挥了重要作用。

2001年，日照市对市城市信用合作社中心社、中国人民保险公司日照分公司及4个支公司进行审计，查处应自行纠正的问题资金1257.57万元，收缴入库税款9.33万元，账务调整资金5042.91万元。对中国人民保险公司日照分公司及莒县、五莲县、东港区、岚山支公司1999—2000年度资产负债损益的真实、合法和效益情况进行审计。审计查处违规少计各项收入35.89万元，少计多计支出资金87.85万元，漏计欠缴各项税金9.33万元，补缴入库各项税金及附加9.33万元。

2002年，日照市对农业发展银行日照市分行和莒县、五莲县支行等4个金融单位2001年度资产负债和损益情况进行审计，查处少代扣代缴税金3.14万元，违规列支6.90万元，没有正式文件或有关批复依据拨付财政库款2000万元、拨付财政本单位各项资金820万元，部分国库经收处延压预算收入，上缴税金3.14万元，就延压预算收入问题向中国人民银行日照市中心支行发出审计建议书。对国家金库日照市中心支库2001年度办理国家预算资金收支情况进行审计。对审计发现问题，及时向中国人民银行日照市中心支行发出审计建议书。

2003—2004 年，日照市对中国人寿保险股份有限公司日照分公司 2002 年度资产负债损益情况进行审计。查处未扣缴税金及附加 5.69 万元，账外资产 2.62 万元，违规向代理单位现金支付手续费 5.63 万元，“预收保费”科目核算不够规范，丢失保单回执 6 份，金额合计 25320 元，上缴税金及附加 5.69 万元，调增固定资产 2.62 万元。

2010 年，日照市对东港区和莒县农村信用合作联社 2009 年度资产负债损益及 2008 年以来执行国家信贷政策情况进行审计和调查，查处违规虚假调节表外不良贷款 3630 笔、金额 12111 万元，分类不合规资产、由不良贷款调为正常类贷款 11367 万元，违规贷款 8 亿元，占全部贷款的 13.21%，其中 2.12 亿元形成或面临损失；“三查制度”执行不到位，致使贷款 16591 万元贷后不长时间出现损失；6 家贷款企业逃废银行债务，48 笔、5085 万元贷款被悬空，存在潜在金融风险；违规多发股金 762.25 万元，漏提漏缴企业所得税 217.95 万元，违规到其他单位报销财务费用 57.7 万元，未计入固定资产 1360.30 万元；东港区信贷投向存在偏差，农业贷款投放未达到规定目标要求，移送中国银行业监督管理委员会日照监管分局处理；抵债资产被开发或无偿占用涉及 5 处、金额 1149.25 万元，移送山东省农村信用社联合社日照办事处处理。

企业审计　1989 年，日照市对市经济技术协作服务公司进行财务收支和利润审计，共查出转移资金、滥发钱物等违规金额 10 万元，损失浪费 5 万元，提出处理意见和建议 9 条，帮助被审计单位促进增收节支 4 万元。

1990 年，日照市对市饲料公司、矿产石材厂、啤酒厂、羽绒制品厂开展承包经营审计。其中，对啤酒厂审计，查处该企业承包期间亏损 310 万元，针对企业管理混乱、财务失控等问题，逐一调查处理，清理债权债务，收回沉淀货款 95 万元。同时，从财政、税务、银行等部门抽调 40 多名业务骨干组成 11 个审计组，对全市 128 个承包到期的企业全部进行兑现审计。

1993 年，日照市重点对亏损严重的 56 家企业进行审计。在搞好财务收支审计的基础上，严肃查处侵犯企业合法权益的行为。通过对 17 家企业审计，查出“三乱”金额 107 万元，有效地保护企业合法权益。严肃查处严重违法违纪行为，通过对 18 家企业审计，查处挤占成本费用、漏缴税金等违纪金额 221 万元，上缴财政 46 万元。

1995 年，日照市对全市 58 家重点企业和亏损大户进行资产、负债、损益审计。查出不实资产 431 万元，不实负债 136 万元，虚增利润 875 万元，虚减利润 301 万元。对市义东集团公司、天德实业公司开展经济责任审计，查出亏损金额 2350 万元。

2002 年，对利用国际金融组织贷款和国外援款的 6 个项目执行单位进行审计，查处滞留、延期拨付等违纪违规问题 585 万元。全市对 21 家国有企业进行审计，查出漏缴税金、资产负债损益不实等金额 2336 万元，收缴财政 296 万元。

2004 年 8 月，根据省审计厅统一部署，对全市粮食企业财务挂账进行清理审计。共抽调 71 人组成 18 个审计组，历时 2 个月，对全市 47 家国有粮食购销企业盈亏情况、粮食库存情况、新老财务挂账情况、政策性补贴情况进行逐一核实，为深化国有粮食购销企业改革提供翔实的决策依据。

2007 年，对林业可持续发展项目、淮河流域污染控制项目等国外贷援款项目进行审计，提高外资利用质量，降低政府偿债风险。

2009 年，全市共对 81 家重点纳税企业进行审计和调查，扩大审计监督覆盖面，提高审计成效。并连续多年对日照市信用担保有限公司进行延伸审计，在审计中发现该公司存在注册资本不足、为企业“垫付”银行借款产生不良资产等问题后,督导企业制定可行性意见,整改审计发现的问题。

2011 年,在对日照港集团公司审计中,通过对其营业收入、货物吞吐量、职工薪酬等情况进行绩效分析和评价,提出加强港口国有资产经营管理、完善企业业绩考核、建立港口公用基础设施投资渠道、改进日照至韩国平泽航线运营机制等审计建议,得到被审计单位较高评价。

2013 年,全市共实施审计和参与审计项目 9 个。其中:山东省审计厅统一部署安排的审计项目 3 个(世行贷款环保二期项目、世界银行贷款山东生态造林项目日照子项目、日照盐业公司资产负债损益情况审计),市委组织部委托项目 5 个(市驻沪办、市公路局工程处、五莲县委组织部、东港区编办、市社科联),配合省厅审计项目 1 个(地方政府性债务审计)。通过审计,查出违纪违规金额 16465.24 万元,提出合理化审计建议 14 条,被采纳 14 条。

行政事业审计　1989 年,对 18 个行政事业单位按季度进行定期审计,对退休养老基金、林业育林基金使用情况进行专项审计,查出挤占挪用资金 18 万元。1990 年,对 30 个行政事业单位进行定期审计,重点查处挤占挪用、贪污私分等违规违纪问题,查出违规资金 3 万元,收缴财政 3 万元。

1991 年,对市广电局、电视台、医院、公证处等 24 个行政事业单位进行审计,查出违规金额 326.86 万元,私设“小金库”12 个,挤占挪用专项资金 11 万元,贪污受贿 9.86 万元,有 6 人移交司法部门处理。同时,重点审计公安系统、边防局财务收支及收费管理情况,查处违规金额 95 万元,并分别进行没收、罚款处理。

1993 年,围绕群众关心的焦点问题,对群众反映强烈的农民负担、党政机关向企业借款、10 个“执罚”部门罚没款项的收缴与管理情况和 7000 门程控电话工程集资、邮电通信建设基金和电信附加费的征集、管理和使用情况,开展专项审计调查,查处纠正违规违纪行为。

2010 年,日照市对市委机关单位、市教委及直属 3 所义务教育学校等 14 个党政事业单位财政预算执行及其财务收支进行审计,查处乱收费、账外资金等违规金额 632.2 万元,未建立固定资产明细账进行会计核算单位 9 个,占审计单位的 64.28%。对市级残疾人就业保障金、住房公积金进行专题审计,查处挪用保障金 196.06 万元。

2012 年,日照市对 7 个党政事业单位预算执行及财务收支进行审计,查处截留财政资金、隐瞒收入等违规金额 282.83 万元,应上缴财政 46.85 万元;查处财务人员挪用公款 50.69 万元,现金短款 8.55 万元,并移送市纪检、监察机关处理。对全市 4 个县(区)社保资金进行专项审计,延伸审计 32 家企业、298 个单位,查处违规在非银行机构开户 38 个、违规存款 6.7304 亿元,利息损失 2379.93 万元,年度社保基金收益率低于同期 CPI 指数,基金处于贬值状态。对东港区土地资源和土地出让金进行审计和审计调查,查处违规使用土地出让金 1.3016 亿元,欠征土地出让金 1.5804 亿元,土地资源闲置 36 公顷,供地率为 46.56%。

2013 年,日照市对 6 个行政事业单位预算执行和财务收支进行审计,查处挪用滞留事业费及专项资金、发放补贴等违规金额 1.0948 亿元,固定资产未入账及账实不符 5.2027 亿元,已收缴海域使用金 97.07 万元,应追缴财政收入 223.05 万元。对市本级和东港区城镇保障性安居工程、市体彩公益金、慈善捐赠和红十字会捐赠款物情况进行专题审计,审计保障性安居工程资金 4.0388 亿元,查处滞留资金、虚列支出、隐瞒转移等违规金额 6606.22 万元。同年,根据国务院办公厅《关于做好全国政府性债务审计工作的通知》要求,日照市对全市 4 个县(区)及所属 45 个乡镇(截至 2013 年 6 月底)政府负有偿还责任的债务、政府负有担保责任的债务和政府可能承担一定救助责任的其他相关债务情况进行审计。查出 4 个县(区)的政府性债务余额91.6184亿元,45个乡镇政府性债务余额8.7976亿元,查出财政部门漏报债务余额33.6012亿元,融资平台公司举借政府性债务2.389亿元,2006年以后违规发生的新的乡镇债务6.7435亿元,违规集资余额2.4757亿元。

经济责任审计 1989年,围绕推进和完善企业承包经营责任制,日照市对市电器厂、木器厂、水泵厂和商业贸易中心,开展企业厂长(经理)承包经营审计。1990年,围绕深化企业改革重点,日照市对市饲料公司、啤酒厂、矿产建材厂、羽绒制品厂开展承包经营责任审计,对全市128个三年承包到期的企业进行厂长经营责任兑现审计。1995年,日照市对市义东集团公司、天德实业公司开展经济责任审计,查处亏损金额2350万元。

1997年,日照市印发《关于对市属大中型企业1996年度经济责任审计的实施方案》,对市属32家中二型以上企业开展经济责任审计,审计资产21亿元,负债金额18亿元,查出企业盈利4239万元,亏损及历史挂账包袱3.006亿元,为市委、市政府考核干部和奖惩兑现提供依据。

1998年,日照市印发《关于实行领导干部离任审计制度的通知》,开始对领导干部离任、提拔任用进行经济责任审计。年内对36名行政事业单位主要领导人进行审计。其中,根据审计报告,有4名提拔、8名调动、4名降职使用。

2010年,日照市对58个行政事业单位主要领导人任期经济责任情况进行审计。其中,市直24人,区县30人,乡镇党委书记4人;离任审计46人,任中审计12人。审计中重点关注对大额支出无明细附件、不合规票据及假发票的查处,查处违规金额2.465亿元,查处漏记固定资产、未核销结转及长期挂账1.6497亿元。查明应上缴财政1116.50万元、上缴入库税款658.81万元、归还专项资金3243.33万元。

2011年,根据全市各级集中换届的实际,日照市重点对45名领导干部进行经济责任审计,其中离任34人、任中11人。查处违规金额28.665亿元,其中收取赞助费、无依据收费11.3025亿元,滞留财政收入2.8255亿元,滞留或挪用专项资金6.0696亿元,发放福利补助、账外支出等违规金额6.5546亿元,欠收及漏缴税款6491.75万元,公款私存及白条抵库金额2272.98万元。纠正违规资金,上缴入库2.7335亿元,上缴财政专户4335.12万元。

2013年,日照市对全市46个市直和区县党政事业单位主要领导人进行经济责任审计,查处违规金额4.5855亿元,已上缴入库税款及专项资金377.01万元,应上缴入库904.13万元。同年,对日照经济技术开发区管委主任、财政局、经济发展局和农发局局长、街道党委书记5名领导进行经济责任审计,查处自行制定优惠政策返还土地出让金、税金等违规金额4.7125亿元,挪用专项及代管资金、截留和人为调节预算收入、发放党政干部招商引资奖及补贴、违规集资及信托贷款等违规金额48.9414亿元。全区一类政府债务余额共计28.5075亿元,政府负有偿还的债务率为398.62%,远远超过政府性债务风险控制点。查处应上缴土地出让收入9320.70万元,归还滞留及挪用土地补偿款9024.20万元、项目拆迁补偿款8225.94万元、代管村级资金1300万元,提出“确保项目拆迁补偿款及村级资金安全完整,建立和完善偿债机制,加强政府债务控制和管理”审计建议。

固定资产投资审计 1989年,根据审计署和国家计委《关于对暂缓建项目进行跟踪审计的联合通知》精神和市政府要求,日照市第一批5个停建项目进行跟踪审计。审计总建筑面积6800平方米,审计总金额253万元。

1990年,日照市开展基本建设重点建设项目审计。对剧院建筑工程决算审计,查出工程决算严重不实,施工单位采取弄虚作假、虚报冒领等手段提高工程造价,经审计,核减工程造价32.5万元。对市设计院、化肥厂、劳保工业处等 8 个基建项目进行审计，发现普遍存在超计划、超投资建设及漏缴建筑税等问题，分别给予罚款和补缴入库处理。

1994 年，全市审计机关围绕控制基建规模，提高投资效益，积极开展新建项目开工前审计、重点项目在建审计和竣工审计。通过对 23 个基建项目的审计，查处计划外投资、漏缴税费等违纪问题 163 万元，已入库 56 万元。

2002 年，根据全省统一部署，日照市组织实施城乡电网建设与改造项目审计。历时 5 个月，对日照市投资 4.5 亿元的城乡电网改造项目进行审计，查出超计划投资、挤占工程成本、乱收费、漏缴税金等违纪违规问题。2003 年，日照市对青岛路拓宽、日照水库除险加固等建设项目进行审计，查出招投标不规范、挤占工程成本、漏缴税金等问题，审减工程造价 172.1 万元。

2006 年，日照市审计局对市会展中心、灯塔风景区及 32 项市政工程、29 项园林工程进行审计，完成市会展中心、市政工程和灯塔风景区部分工程的审计，共审计投资额 23110 万元，核减工程款 5130 万元，核减率 23%。同时，积极探索拓展投资审计领域。对日照水上运动基地、南沿海公路等重大投资项目进行跟踪审计试点，发现项目管理中存在的问题和薄弱环节，及时督促整改，有效地控制投资预算和工程造价，促进建设项目规范化和标准化管理。

2008 年，日照市印发《日照市政府投资项目跟踪审计实施细则》，对跟踪审计的内容、程序、责任作出明确规范，建立起跟踪审计快速反应机制，力争把问题及时、有效地消灭在萌芽状态。是年，全市对 26 个工程项目进行竣工决算审计，审计投资总额 4.8 亿元，审减工程造价 5792 万元；对 9 项重点工程进行全程跟踪审计，共出具跟踪审计意见单 9 份，提出审计意见和建议 53 条，有效避免经济损失，节约政府投资。

2010 年，全市跟踪审计新增中央投资项目 200 个，涉及资金总量 454779 万元，提出整改建议 187 条，发放现场整改通知单 112 份，促进项目单位建立健全管理制度 26 项，并对市政、园林等 63 个工程项目进行竣工结算审计，审计项目投资总额 72091 万元，审减工程造价 10009 万元。是年，市审计局对市游泳馆建设工程、市区供热改造工程、市社会福利中心工程等 21 项城市建设项目全过程实施跟踪审计，提出审计意见和建议 153 条，全部被建设和施工单位采纳。

2013 年，日照市积极探索竣工决算必审制、重大项目跟踪制、关键项目委托制的方式，紧密跟踪财政资金投向，防止造成重大损失浪费和工程质量问题。组织开展国际海洋城、日照机场、中心商务区、污水处理厂、市图书馆及社会福利中心、香店河整治等 39 个建设项目、135 个分项工程的全程跟踪审计和竣工决算审计。对大中型灌区续建配套和节水改造工程等进行专项审计调查，共审计工程报审额 11.63 亿元，审减工程造价 1.84 亿元。聘用 34 家中介机构对 64 个政府投资项目进行审计，涉及工程报审额 11.9 亿元。

第二节　内部审计

1989 年，全市内审机构共审计单位和项目 195 个，查处违规金额 133 万元，损失浪费金额 353 万元，促进增收节支 69 万元，移送涉嫌贪污案件线索 1 起，移送司法机关 4 人；内审机构提出审计建议被采纳 298 条，促进提高经济效益 70 万元，在改善企业经营管理、完善内部经营机制、深化改革等方面发挥积极作用。

1990年,日照市印发《市审计局关于进一步加强和改进内审工作的报告》,对机构组建、工作开展等方面提出具体要求,健全完善内审机构。当年,全市有20多个单位建立内审科,配备内审人员60人。

1993年,日照市重点加强内部审计指导和管理工作。全市共有114个部门单位建立内审机构,配备专职内审人员137人。日照市各级内审机构共审计单位项目802个,促进增收节支542万元。

1996年,全市单位内审机构达到195个,其中专职机构95个,配备专职内审人员215人。全市共完成审计项目923个,查出损失浪费金额404万元,提出审计建议被采纳500条,提高经济效益412万元。

1999年,全市内审机构审计单位779个,纠正违规金额5685万元,查出损失浪费金额906万元,促进增收节支590万元。

2002年12月,日照市内部审计学会成立。当年,全市已建内审机构127个,配备内审人员306人。全市共审计单位441个,纠正违规行为金额1910万元,经审计终止不合规经济合同130份,避免经济损失289万元,内部审计为维护国家财经法规,促进部门单位改善经营管理、提高经济效益等方面发挥积极作用。

至2013年,日照市共组织对93个市直部门单位进行业务培训和现场指导,对12个单位进行内部审计现场观摩,对7个行业系统进行内部审计指导,举办业务培训班31期,培训人员近1000人次,有效地提高了内部审计工作质量。2013年7月,民营企业内部审计现场会在山东晨曦集团召开,各区县审计局、内审协会及全市26家骨干民营企业参加,会议总结交流民营企业内部审计工作经验,研究探讨新形势下开展内部审计工作的思路和措施。山东省内审协会及17市内审协会进行现场观摩。

第三节　社会审计

审计事务所审计　1989年,全市社会审计完成委托审计、查证、咨询服务项目4个,查出违纪问题人员2人,验证注册资金552个单位,验证总金额3亿元。

1990年,全市接受审计机关委托事项5项,查出违纪金额9亿元,查证事项21项,查证总金额250万元。社会审计工作的开展有效地缓解审计机关人员少、任务重的矛盾,社会审计事务所成为全市经济活动审计监督的重要力量。1991年,审计事务所共接受部门、单位委托的承包离任审计等113项,纠正违纪金额50万元,挽回经济损失4万元,促进增收节支5万元。1993年,社会审计事业发展迅速,全市共建成审计师事务所4个,从业人员38人。社会审计组织坚持优质服务的原则,共接受委托审计、评估资产及基建预决算审计等1008项,查出违规违纪金额356万元,为企业挽回经济损失56万元,促进增收节支483万元。1995年,全市共完成资产评估、承包离任、资金验证等业务995项,核减虚假注册资金1257万元,为企业追回经济损失32万元,促进增收节支352万元。审计基建决算项目116个,审减项目支出1279万元,审减率达14.8%。1997年,全市已建立审计师事务所7个,从业人员113名,共完成资产评估、承包离任、资金验证等业务3416项,促进提高经济效益2392万元。1998年,围绕目标管理、全员培训、严格奖惩、质量意识、承诺服务等重点,全市共承办审计服务项目2132项,查证验证总金额405648万元,为委托单位挽回经济损失949万元,促进企业提高经济效益1311万元。1999年,全市共承办审计服务项目575项,查证验证总额163774万元,为委托单位挽回经济损失610万元,促进企业提高经济效益492万元。2000年,审计事务所与审计局脱钩。

会计师事务所审计　1990年8月,经山东省财政厅批准,日照市会计师事务所正式成立,隶属日照市财政局管理，主要开展全市财务监督检查，同时承担财政投资项目、社会委托项目的查证、验资、咨询、业务培训和账目查验。

1990—1992 年，业务以全市财务监督检查为主。1993 年，在搞好全市财务监督检查的基础上，日照市会计师事务所承揽基建工程类社会审计（审核）项目 8 个，审前决算金额 958.8 万元，审计核增金额 53.8 万元，审计核减金额 207.2 万元。

1994 年，全市完成基建工程类社会审计（审核）项目 11 个，审前决算金额 2045.3 万元，审计核增金额 38.6 万元，审计核减金额 311.1 万元。1995 年，全市完成基建工程类社会审计（审核）项目 32 个，审前决算金额 1900.8 万元，审计核增金额 29.6 万元，审计核减金额 261.4 万元。1996 年，全市完成市级机关办公大楼决算审核，共审核决算 73 项，原报决算额 8752.31 万元，审后额 7253.76 万元，核减额 1498.55 万元。同年，全市完成其他基建工程类社会审计（审核）项目 20 个，审前决算金额 4280.8 万元，审计核增金额 57.3 万元，审计核减金额 556.5 万元。1997 年，全市完成基建工程类社会审计（审核）项目 10 个，审前决算金额 859.2 万元，审计核增金额 17.3 万元，审计核减金额 103.1 万元。1998 年，全市完成基建工程类社会审计（审核）项目 17 个，审前决算金额 3265.7 万元，审计核增金额 73.2 万元，审计核减金额 489.7 万元。

1999 年，全市完成基建工程类社会审计（审核）项目 24 个，审前决算金额 6894.3 万元，审计核增金额 36.4 万元，审计核减金额 965.2 万元。是年 12 月，按照国家党政机关与经济实体脱钩的要求，根据财政部《关于进一步加快会计师事务所和审计师事务所体制改革的通知》精神，日照市会计师事务所与日照市财政局正式脱钩，由山东省注册会计师协会实行行业协会管理。

第二十六编　口岸管理

口岸是国家根据政策需要和具体地理条件而设置的对外来往门户，是国际货物运输的枢纽，是经国务院或省人民政府批准，供人员、货物和交通运输工具出入境的港口、机场、车站等。

日照口岸综合管理机构是伴随着日照港(原称石臼港)、岚山港建成对外开放运营而设立的。1985年，日照港建成运营，国家驻日照市的管理机构日照海关、日照检验检疫局、日照海事局、日照边防检查站等单位相继建立，代表国家行使管理权，服务地方和口岸的发展。同年，县级日照市口岸办公室成立。1992年，日照市口岸办公室改称为日照市口岸管理委员会；1996年改称为日照市口岸办公室。

日照市高度重视口岸建设，制定一系列口岸建设发展的优惠政策，大力发展港口经济。口岸系统全力实施"港口立市"战略，使口岸建设始终保持高速度、高效率、高收益的发展态势。日照口岸在全省率先建成国内第三个、省内第一个国际贸易与航运服务中心，成为世界卫生组织口岸核心能力建设达标口岸，被国家口岸管理办公室表彰为全国运行管理先进口岸，连续十二届获得全省文明口岸荣誉称号，口岸通关大厅被评为全省文明示范窗口。

第一章　口岸综合管理

日照口岸管理机构配备齐全，监管服务功能完善。市口岸办公室为口岸管理、协调、监督的综合管理部门；海关依法监管进出境的运输工具、货物、行李物品、邮递物品和其他物品，征收关税和其他税、费，查缉走私，编制海关统计等业务；检验检疫局负责日照辖区出入境卫生检疫、动植物检疫和进出口商品检验、鉴定、认证和监督管理等业务；海事局依法对进入中国领水、内水、港口的外国籍船舶实施监督，对在港外籍船舶实施港口国监督检查，开展港口对外开放有关审批等业务；边防检查站依法对出入境人员、交通运输工具及其携带、载运的行李物品、货物等实施检查、监督。这些口岸单位代表国家行使管理权。日照港集团、岚桥港务公司、山东童海港业、裕廊公司、实华公司、日青集装箱公司等港口企业，主要从事港口经营业务；日照火车站、坪岚铁路管理处等铁路运营单位，主要负责港口集疏运业务；引航站、外轮理货、日照外代、日照外运、日照外轮供应公司等240多家口岸经营服务企业，主要从事引航、外轮理货和船货代理服务。

第一节　口岸开放

1986年5月，国务院批准日照港为一类对外开放港口。6月4日，第一条外轮巴拿马籍"百岁商人"

靠泊日照港煤码头，该船是日照港口岸查验单位实施对外轮进行联合检查的第一艘船舶。1989 年 9 月，国务院批准岚山港为一类对外开放港口。

1997 年，日照至北京旅客列车开通。2003 年，日照至韩国平泽的客箱班轮航线开通。2010 年 12 月，日照至韩国平泽的客箱班轮换用"日照东方"号首航。2010 年 2 月，岚桥港首次靠泊外轮。2013 年 3 月，由山东亚太森博浆纸有限公司打造的世界上最大的木片运输船"巴达维亚"号交付使用；9 月，岚山港区第一座 30 万吨级原油码头通过省政府验收，正式启用。第二座 30 万吨级原油码头建设工程正在积极推进，第三座 30 万吨级原油码头和 30 万吨级矿石码头已完成工程可行性报告的编修和编制。

2013 年，日照山字河机场建设奠基启动。2015 年 12 月，机场建成启用。

第二节　口岸管理

日照市口岸办公室成立后，认真履行"管理、协调、监督、仲裁"工作职能，贯彻实施"港口立市"战略，以打造"阳光口岸"为主线，把"提升口岸服务功能、提高口岸服务质量和增强口岸综合竞争力"作为工作的着力点，口岸各项事业进入一个快速发展阶段。2013 年，日照口岸被表彰为全国运行管理先进口岸，石臼港口岸、岚山港口岸全部成为世界卫生组织口岸核心能力建设达标口岸；日照口岸连续十二届获得全省文明口岸荣誉称号，日照口岸通关大厅被评为全省文明示范窗口。市口岸办公室 2012 年被评为省级文明单位，2013 年被市委、市政府评为政风行风建设先进单位。

第二章　海　关

1984 年 6 月 7 日，经国务院批准，石臼海关设立（日照海关前身），隶属于青岛海关，是中华人民共和国成立后青岛关区设立的第一个隶属海关。1986 年 5 月正式开关，1992 年 12 月，经海关总署批准更名为日照海关。日照海关设立 2 个派驻机构：日照海关驻岚山港办事处、日照海关缉私分局。建关之初，日照海关曾管辖临沂市全境。1994 年 6 月，临沂海关开关后，临沂地区的有关业务交由临沂海关办理。

第一节　海关监管

监管业务　1989 年后，日照口岸的进出口货运量急剧增加，贸易方式日益呈多样化，监管活动从一般贸易货物为主扩大到包括减免税货物、外商投资企业货物、保税及加工贸易货物等在内的其他货物。1995 年 9 月，首次办理国际铁路联运业务。2003 年 6 月，日照港至韩国平泽港客货班轮航线开通，日照海关当日监管进境旅客 222 人次、集装箱 7 个标箱，自此该关增加了旅检业务门类，负责对进出境旅客行李物品实施监管。2006 年 3 月，按照中共中央、国务院、中央军委部署，首批武警官兵抵达日照海关开展执勤任务，进一步增强了海关监管和缉私力量。2008 年 12 月，日照保税物流中心（B 型）批准设立，日照海关于 2009 年 8 月增设保税物流中心监管科，负责日照保税物流中心监管业务，当年 12 月，日照保税物流中心开关运营。至 2013 年，日照海关已基本涵盖除空运货物和邮件、快件监管业务以外的所有海关业务。

监管业务改革 1991年之后，日照海关不断总结监管经验，把查验的货物分为外形查验、一般查验和重点查验3种。1994年4月，日照口岸率先退出对进出境船舶的联检，按国际惯例船方或其代理人向海关办理进出境手续，改变了船管工作多年延续一贯制的做法。1997年5月，报关自动化系统工程(H883EDI/PC系统)安装，并在业务现场试运行。1998年6月，该系统正式运行，进口报关单主要数据项目，如经营单位、贸易国别、贸易及成交方式、外汇来源及商品名称等均实行代码制，由代理报关的预录入机向计算机输入各项内容，海关利用计算机网络，通过数据统一处理，将“前期管理、现场监管、后续管理”等各个工作环节有机结合起来，实行货管、征税、统计三大业务一体化综合作业。同年9月，日照海关同该关驻岚山港办事处联网成功，实现了两口岸H883/PC系统之间的信息交流与共享。2003年，日照口岸50余种进出口商品及常规集装箱箱载数据库建立，同年实现与辖区内13家船舶代理公司舱单数据联网，统一、规范了进出口舱单缮制、传输。2006年，日照海关加快通关业务改革步伐，成功切换H2000选择查验管理系统，启动区域通关“多点报关、口岸验放”“属地报关、口岸验放”“海运直通”“整车物流”等多种监管通关模式，全年办理多点报关单票量4200票，海运直通进口业务852笔、6194标箱、4.48万吨，各项业务运行良好。2007年，日照海关深化通关作业改革，对口岸大宗散货采取个性化通关监管措施，助力口岸散杂货集散基地建设，铁矿砂、黄大豆等口岸主要进出口货物均实现量价齐增。2008年4月，中韩车载物流业务在日照海关正式启动。2009年10月，日照海关启动出口货物分类通关模式。2011年1月，进口货物分类通关模式启动，按照风险高低对进出口货物实施分类，实行差别化作业的通关管理。

2013年5月，日照海关进口通关作业无纸化改革试点成功。6月，海运进口舱单管理系统完成切换，当日申报船代公司11家。8月，日照海关开展分类查验和查验分流，提高海关监管查验作业效能和口岸通关效率。

外贸企业和报关员管理 坚持“便利、顺畅、高效、简化”原则，日照海关将出口企业分为A、B、C三类，于1994年公布首批10家A类企业。同年10月，日照日荣水产有限公司成为日照市首家被青岛海关授予“信得过企业”的外贸企业。1995年9月，日照海关举行MOU签字仪式，与中煤石臼分公司等5家进出口企业签署谅解备忘录。1997年以后，日照海关加强对企业报关员及业务监管人员的管理和培训，执行海关主管、社会共管和企业自管的综合管理制度。1997年2月，进一步规范代理报关行为，日照海关要求船舶代理人持证报关，并为参加首期船舶代理报关员培训班考试合格的23名船舶代理人核发船舶代理报关员证。3月15日起，日照海关对辖区的报关企业及报关员进行集中年审。1999年，日照海关将企业分成A、B、C、D四个管理类别，实施分类管理制度。2002年，日照海关大力推行便捷通关，选择部分企业实行“便捷通关”模式，在青岛关区范围内适用提前报关、加急通关、快速转关、担保验放等4项便捷通关措施。2004—2008年，海关总署每年评定一批“红、黑名单”企业，被评上红名单的企业，可享受到海关优先派员到企业查验进出口货物、根据预约在非工作时间和节假日优先办理加急通关手续、进出口海关必检商品目录中的商品可免予化验等一系列便利措施。2005年，为体现守法便利原则，日照海关选取山东日照森博浆纸有限责任公司等13家信誉良好、进出口行为规范的企业签订“海关信誉审价、企业加快通关”合作备忘录，实行“信誉审价”，加快通关速度，降低通关成本。2006年10月，日照美加水产食品有限公司等4家企业被青岛海关授予“海关诚信企业”称号，享受海关各项便捷优惠措施。12月31日起，全国海关统一实施“报关员记分管理系统”，进一步规范报关员行业管理。2008年，日照海关执行新修订的《中华人民共和国海关企业分类管理办法》，对不同的通关便利措施予以整合，实行全国统一的企业分类标准、程序和配套管理措施。2013年，按照海关总署统一部署，日照海关取消报关员资格核准审批，对报关人员从业不再设置门槛和准入条件。

第二节　海关缉私

1999 年，国家组建海关缉私警察队伍，负责对走私犯罪案件的侦查、拘留、执行逮捕、预审工作，综合运用刑事执法与行政执法两种手段严厉打击走私。日照海关缉私分局作为地方专职缉私机构，业务辖区为日照、临沂两市。

打击走私工作　1993 年前后，走私违规活动在日照沿海趋于频繁，走私货物以轿车为主，另有摩托车、香烟等。面临这一形势，日照海关充实调查工作队伍，进一步建立健全情报网络，对沿海 7 个乡镇的 100 多个渔村船只、码头进行深入调查，建立起详实的资料档案，同时，在公安、边防等部门的大力支持、配合下，集中力量开展打击走私斗争。1993 年 7 月，日照海关查获某公司走私进口韩国轿车 45 辆，案值 900 万元。1994 年 1 月，日照海关查扣走私日本产摩托车 350 辆，案值 200 万元。仅两年时间，共查获走私违规案件 32 起，案值 98.95 亿元。1995 年，日照海关开展打击利用假报关单、假海关印章、假关员签字为内容的“三假”斗争。同年 10 月，根据举报，查获上海某公司持伪造的日照海关《登记手册》在上海吴淞海关走私进口腈纶短纤 100 吨，价值 100 万余元。1996 年，日照海关开展以打击货运渠道走私为重点的走私违法活动，查获青岛新星贸易公司走私进口 21000 吨毛豆油案，案值 1.4 亿元人民币。1998 年 9 月，日照市成立打击走私综合治理领导小组，当年查获走私违规案件 9 起，案值 6192 万元。

缉私职能调整　1999 年 4 月，日照海关走私犯罪侦查支局（以下简称日照支局）正式成立，依法履行打击走私犯罪的职责，辖区为日照、临沂两市。2003 年 1 月，经国务院批准，日照海关走私犯罪侦查支局更名为日照海关缉私分局（以下简称日照分局）。日照分局在原有的刑事执法职能基础上增加行政执法职能，依法负责日照海关辖区的走私违规案件的查处工作。

日照分局主要缉私成果　2000 年 1 月 20 日，根据举报立案侦办犯罪嫌疑人刘某涉嫌走私冻海虾案，案值 140 万元，涉税 70 万元。2003 年 6 月 23 日，情报自侦莒县某塑料制品厂涉嫌走私聚乙烯案，案值 317.31 万元，涉税 77.09 万元。2007 年，日照某公司涉嫌低报价格走私废塑料案被破获，案值 4000 余万元，涉税 200 万余元。2009 年，日照某公司低报价格走私进口废塑料 18854.73 吨案立案侦办，案值 12778.43 万元，涉税 835.76 万元。2010 年，华大公司走私木材案立案侦查，案值 1200 万元，涉税 144 万元。2011 年，日照某公司走私鱿鱼案等刑事案件 4 起被查获，案值 3319 万元，涉税 240 万元。2013 年，某公司涉嫌走私普通货物案立案侦办，涉案燃料油 3 万余吨，案值约 1.2 亿元人民币，涉税约 900 万元，并立案侦办崔某等涉嫌走私枪支弹药案，查扣涉嫌走私枪支弹药一宗，是该局建局以来立案侦办非涉税案件第一案。

第三章　出入境检验检疫

日照出入境检验检疫局（简称日照检验检疫局）隶属于山东省出入境检验检疫局，实行垂直管理体制，负责日照辖区出入境卫生检疫、动植物检疫和进出口商品检验、鉴定、认证和监督管理工作。执法依据主要是“四法四条例”，即《中华人民共和国进出口商品检验法》及其实施条例、《中华人民共和国进出境动植物检疫法》及其实施条例、《中华人民共和国国境卫生检疫法》及其实施细则、《中华人民共和国食品安全法》及其实施条例。

第一节 机 构

日照检验检疫机构

日照进出口商品检验局 1982年8月，青岛商检局石臼筹备处成立。1983年12月，青岛商检局石臼筹备处更名为青岛商检局石臼商检处，主要负责石臼港出口煤炭检验和临沂地区出口商品的产地检验。1984年1月，青岛商检局石臼商检处改称为中华人民共和国山东进出口商品检验局石臼处，于1985年11月更名为中华人民共和国石臼进出口商品检验局。1992年5月，更名为中华人民共和国日照进出口商品检验局，负责日照市辖区内进出口商品检验、鉴定和监督管理工作。

日照动植物检疫局 1983年7月，经农业部动植物检疫总所批准，中华人民共和国青岛动植物检疫所石臼分所设立，1985年5月，对外挂牌办公。1988年6月，石臼分所更名为中华人民共和国石臼动植物检疫所。1989年5月，中华人民共和国岚山动植物检疫所设立，与日照动植物检疫所一个机构两块牌子。1992年4月，石臼、岚山动植物检疫所分别更名为中华人民共和国日照动植物检疫局、岚山动植物检疫局。

日照卫生检疫局 1985年12月，中华人民共和国青岛卫生检疫所石臼港检疫站成立，隶属青岛卫检所。1987年7月，石臼卫生检疫站更名为中华人民共和国石臼卫生检疫所。1990年10月，中华人民共和国石臼进口食品监督检验所正式挂牌成立，担负日照口岸进口食品监督检验工作(与石臼卫生检疫所一套机构，两块牌子)。1992年5月，石臼卫检所更名为中华人民共和国日照卫生检疫局。1993年2月，日照卫生检疫局划归卫检总所直接领导，由原来的二级局改为直属局。

1999年11月，日照进出口商品检验局、日照动植物检疫局、日照卫生检疫局三局合并，组建为中华人民共和国日照出入境检验检疫局。

岚山检验检疫机构

岚山进出口商品检验局 1989年9月，岚山港实行对外一类开放。10月，中华人民共和国岚山进出口商品检验局筹备处成立。1992年7月，中华人民共和国岚山进出口商品检验局成立，隶属日照进出口商品检验局。

岚山动植物检疫局 1989年5月，中华人民共和国岚山动植物检疫所成立，1992年4月，更名为中华人民共和国岚山动植物检疫局。

岚山卫生检疫局 1989年6月，岚山卫生检疫所成立，隶属石臼(日照)卫生检疫所。1992年5月，岚山卫生检疫所更名为中华人民共和国岚山卫生检疫局。1993年2月，岚山卫生检疫局成为国家卫生检疫总所的直属局，属青岛片。

1999年11月，中华人民共和国岚山进出口商品检验局、中华人民共和国岚山动植物检疫局和中华人民共和国岚山卫生检疫局合并组成中华人民共和国岚山出入境检验检疫局。2008年1月，岚山检验检疫局由省局直接管理的分支局改为委托日照检验检疫局代管，保留机构名称，规格不变。

2010年9月，中华人民共和国山东出入境检验检疫局岚山办事处设立，中华人民共和国岚山出入境检验检疫局撤销，负责日照港区、岚山港区和日照保税物流中心的所有出入境人员、货物及交通工具的检验检疫、鉴定监管和签证放行业务。

2013 年 10 月，山东检验检疫局岚山办事处由日照检验检疫局代管。日照检验检疫局隶属山东检验检疫局，负责日照辖区出入境卫生检疫、动植物检疫和进出口商品检验、鉴定、认证和监督管理工作。

第二节　进出口商品检验

日照口岸执行法定检验的进出口商品种类有 200 余种，出口法检商品主要是食品、轻工、纺织、矿产、机电产品、金属材料，进口法检商品主要是食品及其原材料、纺织原料、矿产、金属材料、机电产品、化工品、轻工原料等。

日照口岸严把进出口商品质量关，使检验监管工作进一步规范化。经检验，每年都有数量较多的不合格商品被发现，维护了出口商品信誉。对重要大宗进口商品如矿产品、石油产品、金属材料、机电设备等，严格执行有关规定和标准，准确检验鉴定品质、数量、重量、安全、卫生、环保，及时出证索赔。

退运、销毁不合格商品，守护国门安全　2003 年，日照口岸对从韩国进口的一批 2700 吨废钢铁检验时，发现夹带大量生活垃圾，按照相关法律规定作出退运处理。2004 年，在打击非法入境肉品专项行动中，日照口岸查获从巴西进口的牛蹄筋、牛肚 19 件，计 525.4 千克，进行公开销毁。2011 年，日照口岸检出并退运 5 批矿产品，包括 2 批有害元素不合格的铜精矿、1 批固体废物、1 批掺杂限制类进口固体废物氧化皮的铁矿、1 批货证严重不符的炼焦煤。山东检验检疫局为此发布全省警示通报 3 份，国家质检总局发布全国警示通报 3 份。2012 年，检出 6 批进口机电产品不合格，全部进行退运处理，并检出退运 6 批不合格矿产品，国家质检总局、山东检验检疫局为此发布警示通报 8 份。

防止贸易欺诈，维护企业利益　1989 年，临沂市肉鸡联合公司从匈牙利引进一套价值 1300 多万元的加工设备，经检验 32 件部件短缺，70 多件部件损坏，总索赔金额 7 万多元。1990 年，临沂木材公司由苏联进口原木，经检验根数溢卸 202 根，体积短少 494.52 立方米，外方根据出具的索赔证书如数赔偿。1992 年，沂水毛纺厂从意大利购买两套细纱机，经检验规格、型号与合同不符，是使用过的旧设备，及时对外方出具索赔证书，挽回经济损失 120 多万元。1995 年，石臼粮油转运站接运一船 2 万吨进口毛豆油，经检验，油中掺入大量海水，索赔 200 多万美元。1996 年，日照口岸检出一船 6 万吨美国二氨水湿严重，部分有结块现象，索赔 1800 万余元人民币。检出莒县某公司进口韩国石材加工设备不合格，及时出具索赔证书，索赔 15 万美元。1997 年，检出某外商合资企业进口的一条速冻蔬菜生产线，设备报价 35 万美元，经鉴定设备为七成新的二手设备，核定价值 27 万美元，降价率达 38%。1999 年，日照检验检疫局认真做好大宗商品检验，大宗商品提赔金额达 3732 万美元。2001 年，为中国石化国际齐鲁公司索赔 107 万元人民币，为中信贸易公司索赔 200 多万元人民币。2005 年，检出不符合合同要求的矿砂等货物多起，为企业出具对外索赔金额总计 512 万元。2011 年，一船印度铁矿品质量严重不合格，成功索赔 612.5 万美元；2012 年，检出短重超过 5‰的货物 482 批次，短重重量 18 万吨，短重金额 3079 万美元。国家质检总局、山东检验检疫局为此发布警示通报 7 份。2013 年，全年累计检出不合格货物 3754 批次、货值 95.14 亿美元，产品涉及进口大宗矿产品、进口食品、进口轻工制品等，按照国家相关规定或贸易双方约定，对上述产品采取退运、销毁、索赔等处理。国家质检总局对 3 批次退运矿产品，在全国范围内发布警示通报。

第三节 进出境动植物检疫

遵照《中华人民共和国进出境动植物检疫法》(以下简称《动植物检疫法》)《中华人民共和国进出境动植物检疫法实施条例》(以下简称《动植物检疫法实施条例》)以及相关法规,为防止动物传染病、寄生虫病和植物危险性病、虫、杂草以及其他有害生物(以下简称病虫害)传入、传出国境,保护农、林、牧、渔业生产和人体健康,促进对外经济贸易的发展,日照检验检疫局依法对日照口岸进出境动植物、动植物产品和其他检疫物,装载动植物以及来自动植物疫区的运输工具,实施检疫。

1999年后,国际疫情疫病增多,许多国家相继爆发口蹄疫、疯牛病、猪瘟等疫情。对此日照检验检疫局一方面促进日照辖区进出口贸易的发展,另一方面为防止发生国际动物传染病、寄生虫病和植物危险性病虫害以及木质包装材料带有害生物入境问题,依法认真开展动植物检疫工作。同年11月,国家质检总局、海关总署、对外贸易经济合作部联合发布第23号公告,决定自2000年1月1日起,对来自美国、日本等国入境货物采取紧急检疫措施。

日照口岸出口动物产品主要是水产品、肉食品、肠衣、动物性饲料等,主要输往欧盟国家、美国、日本、韩国等国家和地区。进口动物产品主要是水产品、肉食品、皮张、动物性饲料、鬃毛等。进口国家与地区主要是俄罗斯、美国、日本、东南亚各国和阿根廷等。日照口岸输入动物主要是奶牛,进口国主要是澳大利亚、新西兰。为防止动物传染病、寄生虫病传入国境,日照检验检疫局依法严格施检。

第四节 国境卫生检疫

国境卫生检疫机构的主要工作是对所辖口岸出入国境的交通工具、人员、行李、集装箱、货物、邮包及尸体棺柩等物品实施卫生检疫查验和医学检查;对口岸范围内的涉外宾馆、饭店、俱乐部、候机(船)厅等公共场所,饮食服务行业从业人员,食品生产经营单位、供水服务单位,停靠在口岸范围内的交通工具、出入境货物及其储存场地等进行卫生监督;对来自疫区的、被传染病污染的、发现传染病媒介的入出境交通工具、集装箱、行李、货物、邮包等物品,进行卫生处理;对入境、出境的废旧物品和曾经驶于境外港口的废旧交通工具,根据其污染程度,分别实施消毒、除鼠、除虫,对污染严重的应实施销毁;对不符合卫生要求的入境、出境的尸体、骸骨进行卫生处理。传染病监测工作的重点为检疫、检测传染病和禁止入境的5种疾病。检疫传染病有鼠疫、霍乱、黄热病;监测性传染病有脊髓灰质炎、流行性感冒、疟疾、登革热、流行性斑疹伤寒、回归热及卫生部发布的其他传染病;禁止入境的疾病有艾滋病、性病、麻风病、精神病、开放性肺结核。监测对象主要是来华外籍人员,出入境中国公民和交通员工。监测项目除一般性常规检查外,利用血清学技术重点进行艾滋病、性病、病毒性肝炎等监测。预防接种的主要对象为出国的中国公民、来华居留的外籍人员、入出境交通员工,常规接种的疫苗有黄热病疫苗、霍乱疫苗(2000年起停止接种)等。

出入境人员传染病监测 对入境人员多次查出乙肝、澳抗阳性、肺结核、艾滋病、性病、肝炎等传染病病例,并妥善处置。2005年,成功应对巴哈马群岛籍1名船员入境检疫发现感染性病(淋病)的事件和1名尼泊尔籍男子患传染性肺结核事件,防止了检疫传染病的传播。2009年7月,截获2例病例输入性甲型H1N1流感病例确诊病例,为全省海港口岸首次截获。2013年,对出入境人员严格体温监测和医学巡查,防止登革热、脊髓灰质炎、人感染禽流感等口岸疫病疫情的传入传出。全年共检测出各种病例6139例。

出入境交通工具医学媒介生物监测　2001年,在巴拿马籍“中国星”轮上首次发现美洲大蠊。在来自越南的货轮上首次捕获黄胸鼠7只,在来自泰国的货轮上捕获褐家鼠3只。2004年,首次检出淡色库蚊、白纹伊蚊、巨尾阿丽蝇、大头金蝇、丝光绿蝇、舍蝇等病媒昆虫。2006年9月,在来自印度尼西亚的船舶中两次检出库蚊、伊蚊等。2007年7月,连续两次在来自疫区印度尼西亚货轮中检疫发现大量活蚊,国家质检总局为此发布警示通报。2011年,对来自朝鲜的巴拿马籍“顺腾”(SAFE RISE)轮进行入境船舶卫生检疫查验和熏蒸处理后,检获鼠类20只,这是日照口岸在船舶检疫中发现鼠患最为严重的一次。全年口岸媒介生物平均截获率97.5%,列全省系统第一位。

突发公共卫生事件处置　2005—2013年,妥善处置8名中外船员因病突发死亡事件和多起下地抢救治疗的公共卫生事件。在来自禽流感疫区印度尼西亚某轮上发现2只不明原因死鸟,初步判定该轮为禽流感染疫嫌疑船,及时启动防控禽流感应急预案。查获3起外轮船员将进境鸽子擅自卸离船舶案件,及时将22只进境鸽子追回、扑杀销毁,有效消除了禽流感疫情传播的隐患。

国际航行船舶食品监督　2001年,查获来自一类动物传染病非洲猪瘟疫区的猪肉产品840千克,查获来自疯牛病疫区德国产牛肉380千克;2002年,对来自口蹄疫、疯牛病疫区的106船次肉类,一律实施就地封存处理。2006年,检疫来自禽流感疫区的船舶422艘次,截获疫区禽肉及制品船舶76艘次、7129千克。2008年,检疫来自疫区的船舶602艘次,截获疫区禽肉船舶98艘次、4200千克,猪肉2560千克。

第四章　海事管理与边防检查

海事管理机构的主要工作是依法对进入中国领水、内水、港口的外国籍船舶实施监督,对在港外籍船舶实施监督检查,对外开放有关审批等工作。

日照口岸边防检查机关设立日照边防检查站和岚山边防检查站,隶属于山东省公安边防总队,对辖区出入境人员、交通运输工具及其携带、载运的行李物品、货物等依法实施检查。

第一节　外轮进出口岸管理

日照口岸　从1986年开始,日照港务监督对国际航行船舶进出日照口岸实行监督管理。1994年1月起,日照港务监督积极探索检查制度改革,出台《日照港务监督对国际航行船舶联检制度改革办法》。1995年3月,《国际航行船舶进出中华人民共和国口岸检查办法》开始施行,同年5月,日照口岸取消登轮联检制度。

1997年6月,日照港务监督、海关、卫检局、动植物检局、边防检查站等查验单位成立日照港口岸查验单位联合办公室,集中办理国际航行船舶进出口手续,进一步提高了船舶进出口岸手续的办理效率。

2009年,船舶在港“零待时”服务启动,实行24小时7天工作制度,及时办理船舶进出口岸审批查验手续。2010年,将综合政务受理分为船舶、船员、通航和危防专业受理几个窗口,实行首问负责制、一次性告知制、预约服务制、限时办结制等切实有效的便民措施,国际航行船舶进出口岸查验实行"24小时预约"办公。2012年,实行船载客货网上申报系统、国际航行船舶进出口岸申请外网申报系统。2013年,开展电子口岸建设课题研究,进一步提高国际航行船舶通关效率。

岚山口岸　1989年9月3日,国务院批准岚山港为一类开放港口。同年12月7日,经中华人民共和国港务监督局批准,岚山港务监督局从1990年1月1日起,对进出岚山港的外轮实行联合检查,对中国籍国际航行船舶进出口岸实行检查。随之,《岚山口岸船舶进出口岸联检规定》《岚山港外轮联检工作暂行办法》相继出台,对进出岚山港口岸的外轮实行昼夜联检,并允许外轮直接靠码头联检。1994年,岚山港口岸制定《岚山港改革外轮联合检查制度的实施方案》和《国际航行船舶进出岚山口岸检查办法》,查验单位一般不再登轮检查。

第二节　边防检查

日照边防检查站和岚山边防检查站分别负责对日照和岚山港口岸出入境船舶手续的办理、船舶边防检查及在港船舶监护和船员及出入境旅客的边防检查、监管工作。为加强口岸限定区域的管理,完成覆盖全港区码头的闭路电视监控系统建设,建立"闭路电视监控、港区巡查、警区执勤、快速出警、船方自管、锚地巡查"六位一体的新型监护执勤模式。2013年,检查站完成口岸限定区域的围网封闭,确保了口岸限定区域秩序安全稳定。

日照和岚山边防检查站从成立至2013年12月,共检查出入境船舶63748艘次,船员1365322人次,旅客789298人次。

出入境交通工具检查　日照边防检查站担负着日照口岸32个开放泊位的出入境船舶手续的办理、船舶边防检查及在港船舶监护任务。建站之初,对在港船舶监护的方式主要采取梯口监护。2002年3月,日照港煤码头实行勤务制度改革试点,取消梯口监护,实行卡口监护。在此基础上,东区、北区、西区码头设立电视监控,2008年后实行覆盖全港码头的闭路电视监控系统管理。为进一步加强口岸限定区域的管理,2013年7月,口岸限定区域围网封闭工作完成,并配套建立推行口岸限定区域分级管理机制,保证了口岸限定区域秩序的安全稳定。

岚山边防检查站主要担负着岚山口岸的岚山港、岚桥港、油品、实华4个港区,14个正式对外开放泊位、8个临时进靠国际航行船舶泊位、人员及其行李物品、船舶及其载运货物的边防检查、监护等任务。2004年,岚山边防检查站率先进行监护勤务改革,实现"电子警察"上岗,减轻官兵的执勤压力。2005年,岚山边防检查站探索出"口岸限定区域,技术监控,卡口监护,机动巡查,快速处警和协同管理相结合"六位一体的边检勤务新模式。2006年,港区内边防报检服务大厅建成,将边检职能全部前移至码头,节省了边防报检时间。2007年,船舶网上报检系统正式推广,缩短了船舶候检时间,提升了口岸通关效率和码头泊位使用率。2008年,网上自助办证系统和网上报名系统研发,与原来的网上报检系统构成了三位一体的"边检业务网上办理系统"。2009年,集网上办证、网上考试、网上预检、网上预约服务等功能为一体的"边检实时在线服务平台"实行,进一步完善网上报检业务系统功能。2010年,应用AIS船舶自动识别系统引进。在报检室、巡查值班室分别安装AIS系统,通过电子海图直观显示船舶相关信息,实现了对锚地船舶及在港船舶动态信息的全时段实时监控。2013年,岚山边防检查站研发推出山东公安边防总队海港边检勤务一体化综合应用平台(Duty Integration System),并荣获“日照口岸创新成果奖”。

出入境人员检查　2003年,日照与韩国平泽开通客货班轮,日照边防检查站开始承担旅客检查任务。边检工作以查控为主,坚持服务与管控并举,工作中心向改善边检服务、提高通关效率转移。日照边防检查站通过开展“走访”活动,了解服务对象需求,广泛征求意见和建议,并先后推出“3G无线验放”“证件办理直通车”“带工自助通关服务”“移动警务车快捷办证”等20余项便民服务举措,群众满意度持续提升,通关效率显著提高。截至2013年12月,日照边防检查站共检查出入境旅客789298人次。

第五章　引航管理

日照港引航站是日照市唯一的专业化港口引航机构,代表国家行使领海引航主权,对进出日照口岸和靠离码头的中外船舶实行强制引航。

在煤码头一期工程建设期间,石臼港(日照港前身)着眼于投产后的实际工作需要,于1984年2月选派3名航海专业大学毕业生到大连港学习引航。1986年2月,3名大学毕业生学成归来,成为港口引航生产的主力。随着石臼港的发展、开放,引航业务逐年增多,至2013年,引航站成功引领中外船舶超过1万艘次,达到10450艘次,在全国44家引航机构中名列第十位,跨入国内大型引航机构行列。其中,引领长度250米以上的超大型船舶2230艘次,位列全国引航机构第九位。

第一节　机　构

1985年6月,港口引航工作由港务监督管理。1988年1月,引航工作划归石臼港务局管理。1991年8月,石臼港务局引航站成立。1992年5月,石臼港更名为日照港,引航站也随之更名为日照港务局引航站。1995年3月,引航站更名为日照港务局引航公司。2003年5月,日照港(集团)有限公司成立,引航站随之更名为日照港(集团)有限公司引航公司。

2007年3月,因国家对引航管理体制进行改革,日照港(集团)引航公司与岚山港务有限公司所属拖轮公司引航部分与日照港(集团)有限公司成建制分离,成立日照港引航站,成为具有独立法人资格的市属事业单位,为全市的港航企业提供船舶引航服务。

至2013年,日照港引航站内设8个科室,正式职工60人,其中引航员46人(高级引航员14人,一级引航员12人,二级引航员8人,三级引航员5人,助理引航员7人)。

第二节　船舶引航

引航业务　1985年10月20日,“红旗121”号在引航员的引领下,成功靠泊煤码头,这是该码头首次靠泊大型船舶。1986年,在仅有3名引航员的情况下,引领中外船舶504艘次。1995年,引航员引领中外船舶1563艘次。2008年,引航员引领中外船舶6355艘次,其中引领长度250米以上的超大型船舶512艘次。2013年,引航员引领中外船舶突破1万艘次,其中引领长度250米以上的超大型船舶2230艘次。

标志性船舶引航　1985年10月20日,第一艘货轮“红旗121”号在引航员的引领下,成功靠泊煤码头。

1987年10月21日,“欧罗泊”号货轮在引航员的引领下靠泊石臼港煤码头。该轮载重11万吨,是当时石臼港引航员引领靠泊的最大吨位的船舶,也是当时中国口岸靠泊过的最大的煤炭运输船舶。

1996年7月,引航员引领“托密斯光荣”号矿砂船靠泊成功,该轮长254米,装载6.1万吨铁矿砂,是当时进靠杂货码头长度最长、载货最多的船舶。

1997年10月29日,引航员引领首艘15万吨级“亚马逊”号船舶成功靠泊煤码头,是日照港引领大型煤轮史上的一个里程碑。

1999年3月7日,引航员引领吨位为6.6万吨、吃水13米的超大型船舶“新况”轮成功靠泊杂货码头2万吨级泊位,刷新了日照港杂货码头接卸最大载重量、最大吃水船舶纪录。

2003年10月,引航员引领17万吨级煤轮“苏澳”成功靠泊煤码头,刷新日照港靠泊最大吨位煤轮纪录,为“日照港效率”品牌的创立提供了先决条件。

2004年6月15日深夜至16日凌晨,日照海域突然风雨交加,靠泊在煤炭码头的货轮“长宁”号发生险情。16日0点48分,在狂风巨浪冲击下,“长宁”号陆续断掉4条缆绳,船体大幅摇摆。引航公司派出精干力量登轮抢险,成功化解该轮险情。

2004年9月21日深夜,为货主和船方的利益,引航员克服富余水深仅30厘米、夜间视线不良等困难,抢潮引领6万吨级大豆船“琳克斯”轮进港靠泊,得到了客户高度评价。

2005年10月28日,引航员利用15万吨级航道引领20万吨级重载船“科克斯”轮进港靠泊,创造了日照港开港以来接卸船舶吨位最大、长度最长、载货量最多等多项历史纪录。

2006年9月18日,引航员成功引领超大型船舶“河北创新”轮靠泊,该船船长319米、船宽55米、吃水19.22米,为当时日照港靠泊长度最长、吃水最深、载货量最多的船舶。

2009年3月10日,引航员引领“沙钢巨人”轮成功靠泊,刷新了日照引航史上引领船舶长度最长(332米)、宽度最宽(60米)、载重吨最大(29万吨)、载货量最多(27万吨)、吃水最深(20米)五项纪录。

2011年7月15日,30万吨级超级油轮“波塞冬”号,成功靠泊日照港实华原油码头。该轮船长332米,载重30.6万吨,此次实际装载燃料油17.4万吨,进港吃水15.7米。该轮的成功靠泊打破了日照市港口接靠油轮船舶吃水最大、载货量最多的纪录。

2012年7月6日,巴拿马籍30万吨级油轮“喜讯”号成功靠泊日照港岚山港区实华原油码头。该轮长333米,吃水19.3米,载货25.8万吨,进港吃水、载货量再创日照口岸接卸油轮历史新高。

同年8月15日,引航员引领吃水19.82米、载货26.8万吨的超大型油轮“萨拉”号顺利靠泊日照港岚山港区实华30万吨级原油码头。8月16日,中石化集团给日照港引航站发贺电,对“萨拉”号的成功靠泊表示感谢。

2013年3月14日21时左右,超大型矿砂船“福神角”轮在引航员的引领下,历时5个多小时,安全靠泊日照港岚山港区11号泊位。该轮船长292米,实际载重15.9万吨,吃水17米,为当时日照港岚山港区夜间进港吃水最深的船舶。

同年4月14日上午10时，“巴达维亚”轮在引航员的引领下，成功靠泊日照港木片专用码头。“巴达维亚”轮长215米，宽37米，满载载货量7万吨，吃水10.4米，是中国制造的第一艘木片运输专用船，也是当时世界上载货量最大的木片运输专用船。

同年9月12日，引领超大型油轮“吉玛”轮成功靠泊日照港岚山港区实华30万吨级原油码头。该轮长333.5米，船宽70米，载重吨31.3万吨，装载27.8万吨原油，刷新了日照港接卸船舶的船宽、载货量两项最高纪录。

同年12月19日8时，随着巴拿马籍超大型矿砂船“力士”轮在引航员的引领下顺利靠泊日照港东10泊位，日照港引航站年度引领船舶突破1万艘次大关。

第三节　引航技术与管理

引航服务管理　引船站一方面强化调度职能，充分发挥调度这个引航生产核心的作用，统筹安排引航作业，使生产组织更加顺畅；另一方面充分发挥安全专家组作用，积极组织人员对新码头、新泊位以及重点船舶开展技术攻关，引航服务领域不断拓宽，引航技术水平不断攀升，屡次刷新引航纪录，填补了诸多技术空白。

2013年7月，交通运输部在“阳光引航现场推进会”上发出通知，要求引航机构要在保障安全的基础上，为航运企业提供公正、公开、规范、高效、廉洁的引航服务，塑造良好“国门形象”。引航站按照通知要求，对社会实行了“四公布两公开”，即公布引航申请程序、公布拖轮配备使用标准、公布引航工作流程、公布行风举报电话，公开船舶引航计划、公开引航收费标准，助力港航企业砥砺前行；在日照市航贸中心服务大厅设立引航业务受理与结算中心，并开通引航申请网上申报系统，有效提高了引航申请的受理效率；实行“一个窗口受理、一个窗口审核、一个窗口收费”的“一站式”服务模式，确保申请引航船舶审核工作的不间断；规范引航收费管理、结算、审核，严格按照国家有关标准收费，并对外公开；在保安全、保船期的前提下，努力降低各项服务成本。

引航技术攻关　1997年，引航公司组织“10万吨以上船舶靠离煤码头”技术攻关，与大连海事大学合作开发船舶操纵模拟系统，该系统采用三维视景，画面直观，操作简便，居当时国内领先水平。次年，对船舶模拟操纵系统进行升级改造，将其升级为国内引航系统首台三通道120度视角模拟系统，进一步改善了引航员培训手段。

1999年，引航质量体系按照ISO 9002标准建立，运行效果良好，并于7月通过中国船级社质量认证公司的审核。与科研单位共同开发的“差分GPS自动导航系统”，于1999年一季度安装调试完毕，并交付使用。

2002年8月，引航公司与港务局通信信息中心计算机站联合开发引航调度自动化系统。该系统由引航、计费两部分组成，节省人力、物力，为查询提供了方便。

同年，引航公司从港口生产大局出发，充分发挥技术和人才优势，积极进行超大型船舶引领技术攻关，攻克“17万~18万吨级超大型船舶减载后，靠5万吨级散货泊位”的技术难题，为港口增加收入上亿元，有效地缓解了腹地大型工矿企业“等米下锅”的紧张局面。

2004年，引航公司成立超大型船舶引领攻关小组，对20万吨级矿石船靠泊日照港进行技术攻关；4月底，攻关小组结合日照港实际，形成一套安全可行的超大型船舶引领方案；5月15日，引领17万吨级

“至尊船长”轮安全进港靠泊,保障了日照港20万吨级矿石码头投产仪式的顺利举行。

2008年10月,引航站与上海海事大学共同研发的“日照港引航生产安全监控管理系统”投入使用,有效地提高了引航管理的信息化、科学化水平,该项目获日照市科技进步一等奖。

2010年,日照港引航站与上海海事大学联合研发“数字海事气象实时监控管理系统”,基本建成覆盖日照港引航重点区域、全天候运行、高效可控的现代化引航气象动态监控和管理系统,实现信息共享,提高了引航站港口气象信息化管理水平。

2013年,日照港引航站《基于日照港岚山港区实华30万吨级原油码头现状的VLCC油轮引领技术研究与应用》获日照市科学技术进步一等奖。日照港引航站将该成果应用于实际引航工作中,全年共安全引领30万吨级超大型油轮123艘次,帮助实华公司完成原油吞吐量2380万吨,为港航企业赢得了良好的经济效益和社会效益。

第二十七编　中国共产党地方组织

1989年6月12日，国务院批准日照市升格为地级市。是年10月31日，中共山东省委公布地级日照市委领导班子，王树文任市委书记，王家政、刘丙寅、于学田任市委副书记，房训佐、刘京玉、张振业、邵长福、李连成任市委常委。

1990年8月，中共日照市第八次代表大会（代表大会届次按原县级市届次顺延）召开，选举产生中共日照市第八届委员会。至2013年，中共日照市党员代表大会先后召开5次，选举产生5届市委领导班子；市委全体委员会议先后召开52次。历届日照市委坚持党的基本路线，加强党的建设，认真贯彻执行党中央和省委方针政策，立足日照实际，制定实施一系列重要决策部署，团结带领全市人民锐意改革，开拓进取，使全市国民经济和社会各项事业保持了持续、快速、健康发展，政治安定、社会稳定、人民群众生活水平全面提高的良好局面。

第一章　组织机构

第一节　地级市建立后机构设置

地级市建立后，中共日照市委辖日照、石臼、岚山头3个街道，两城、涛雒、汾水、碑廓、巨峰、黄墩、三庄7个镇，竖旗山、东陈疃、南湖、尹家河、河山、秦楼、西湖、小后村、奎山、高兴、大坡、虎山12个乡，共22个乡镇、街道党委。市委下设工作部门为市委办公室、研究室、组织部（内设组织员办公室）、宣传部（内设精神文明办公室）、统一战线工作部、政法委员会、市直机关党委、纪律检查委员会。

第二节　设区带县后机构设置

1993年日照市区划调整、设区带县后，中共日照市委辖东港区委、莒县县委、五莲县委。市委下设工作部门为市委办公室、组织部（内设组织员办公室）、宣传部（内设精神文明办公室）、统一战线工作部、政法委员会、政策研究室、市直机关工作委员会、纪律检查委员会，市委老干部局（由市委组织部管理）。

1996年机构改革后，市委设置工作部门8个，分别是市委办公室、组织部、宣传部、统一战线工作部（台湾工作办公室与其合署，挂市政府台湾事务办公室牌子）、政法委员会（社会治安综合治理委员会办公室与其合署)、政策研究室、市直机关工作委员会、纪律检查委员会(监察局与其机关合署);另设部门管理机构2个:老干部局、信访局。

2000年机构改革后,市委工作部门调整,保留市纪委(监察局与其合署)、市委办公室(内设机要局、保密办,保密办挂保密局的牌子)、市委组织部(内设市委企业党建干部局)、市委宣传部(内设精神文明建设委员会办公室、市委对外宣传办公室,外宣办挂新闻办公室的牌子)、市委统一战线工作部、市委政法委员会(市社会治安综合治理委员会办公室与其合署)、政策研究室、市委台湾工作办公室(挂台湾事务办公室的牌子)、市委市直机关工作委员会;保留市委老干部局(由组织部管理),保留市委、市政府信访局(由市委办公室、市政府办公室管理,以市委办公室管理为主),档案馆加挂档案局的牌子,行使有关行政管理职能;岚山工委、日照经济开发区工委、山海天旅游度假区工委为市委派出机构。改革后,市委工作机构有9个,部门管理机构有2个。

2004年,岚山区设立,辖中共岚山区委。

2009年机构改革后,市委工作部门调整,原与市人事局合署的市机构编制委员会办公室单独设置,列入党委机构序列。改革后,市委工作部门10个,分别是市纪委(监察局与其合署)、市委办公室、市委组织部、市委宣传部、市委统一战线工作部、市委政法委员会、市委政策研究室、市机构编制委员会办公室、市委台湾工作办公室(挂台湾事务办公室的牌子)、市委市直机关工作委员会;部门管理机构2个(分别是市委老干部局,由组织部管理;市委、市政府信访局,由市委办公室、市政府办公室管理,以市委办公室管理为主)。

中共日照市第八届至第十二届委员会书记、副书记、常委一览表

表27-1

届　别	职　务	姓　名	任职时间
中共日照市委员会(1989.10—1990.8)	书　记	王树文	1989.10—1990.8
	副书记	王家政	1989.10—1990.8
		刘丙寅	1989.10—1990.8
		于学田	1989.10—1990.8
	常务委员	王树文	1989.10—1990.8
		王家政	1989.10—1990.8
		刘丙寅	1989.10—1990.8
		于学田	1989.10—1990.8
		房训佐	1989.10—1990.8
		刘京玉	1989.10—1990.8
		张振业	1989.10—1990.8
		邵长福	1989.10—1990.8
		李连成	1989.10—1990.8
中共日照市第八届委员会(1990.8—1995.12)	书　记	王树文	1990.8—1995.6
		尹忠显	1995.6—1995.12

续表27-1

届　别	职　务	姓　名	任职时间
中共日照市第八届委员会（1990. 8—1995. 12）	副书记	王家政	1990. 8—1993. 3
		刘丙寅	1990. 8—1992. 12
		于学田	1990. 8—1995. 11
		尹忠显	1992. 12—1995. 6
		熊可山	1992. 12—1995. 12
		车金河	1992. 12—1995. 12
		班开庆	1995. 6—1995. 12
	常务委员	王树文	1990. 8—1995. 6
		王家政	1990. 8—1993. 3
		刘丙寅	1990. 8—1992. 12
		于学田	1990. 8—1995. 11
		房训佐	1990. 8—1992. 12
		刘京玉	1990. 8—1992. 3
		张振业	1990. 8—1995. 12
		邵长福	1990. 8—1995. 12
		李连成	1990. 8—1995. 12
		何克睦	1990. 12—1994. 3
		董书堂	1992. 3—1995. 12
		朱士杰	1992. 3—1995. 6
		尹忠显	1992. 12—1995. 12
		熊可山	1992. 12—1995. 12
		车金河	1992. 12—1995. 12
		肖开富	1992. 12—1995. 12
		韩朴明	1994. 3—1995. 12
		班开庆	1995. 6—1995. 12
中共日照市第九届委员会（1995. 12—2003. 4）	书　记	尹忠显	1995. 12—1998. 6
		焉荣竹	1998. 6—2001. 6
		夏　耕	2001. 6—2002. 12
		李兆前	2002. 12—2003. 4
	副书记	班开庆	1995. 12—1997. 12
		熊可山	1995. 12—1998. 2
		车金河	1995. 12—2001. 1
		邵长福	1995. 12—2002. 1
		焉荣竹	1995. 12—1998. 6
		王　伟	1997. 12—2002. 3

续表27-1

届　别	职　务	姓　名	任职时间
中共日照市第九届委员会（1995.12—2003.4）	副书记	杜克宁	1997.6—1998.6（挂职）
		杨庆文	1998.6—2000.1
		夏　耕	2000.1—2001.6
		刘　战	2000.1—2002.9
		李兆前	2001.6—2002.12
		徐学武	2002.1—2003.4
		李　敏	2002.1—2003.4
		于建成	2002.12—2003.4
	常务委员	尹忠显	1995.12—1998.6
		班开庆	1995.12—1997.12
		熊可山	1995.12—1998.2
		车金河	1995.12—2001.1
		邵长福	1995.12—2002.1
		焉荣竹	1995.12—2001.6
		李连成	1995.12—1998.2
		肖开富	1995.12—2001.1
		韩朴明	1995.12—2000.3
		莫西云	1995.12—2003.4
		丁原胜	1995.12—1998.2
		刘　战	1996.1—2002.9
		王　伟	1997.12—2002.3
		李　敏	1997.12—2003.4
		王均生	1997.12—2001.1
		杨庆文	1998.6—2000.1
		夏　耕	2000.1—2002.12
		党英明	2000.1—2003.4
		李　续	2000.3—2003.3
		周惠平	2000.7—2003.4
		李守民	2001.1—2003.4
		孙海亭	2001.1—2003.4
		李兆前	2001.6—2003.4
		徐学武	2002.1—2003.4
		孙运河	2002.1—2003.2
		于建成	2002.12—2003.4
		张建国	2003.3—2003.4

续表27-1

届　别	职　务	姓　名	任职时间
中共日照市第十届委员会（2003. 4—2007. 3）	书　记	李兆前	2003. 4—2007. 3
	副书记	于建成	2003. 4—2006. 2
		杨　军	2006. 2—2007. 3
		徐学武	2003. 4—2007. 3
		李　敏	2003. 4—2006. 9
		李守民	2003. 4—2007. 3
	常务委员	李兆前	2003. 4—2007. 3
		于建成	2003. 4—2006. 2
		杨　军	2006. 2—2007. 3
		徐学武	2003. 4—2007. 3
		李　敏	2003. 4—2006. 9
		李守民	2003. 4—2007. 3
		党英明	2003. 4—2007. 3
		周惠平	2003. 4—2007. 3
		孙海亭	2003. 4—2007. 3
		张建国	2003. 4—2007. 3
		赵效为	2006. 12—2007. 3
		张超超	2003. 4—2005. 9
		黄金华	2003. 4—2007. 3
		张永霞（女）	2003. 4—2007. 3
		钱焕涛	2005. 12—2007. 3
中共日照市第十一届委员会（2007. 3—2012. 2）	书　记	李兆前	2007. 3—2008. 2
		杨　军	2008. 2—2012. 2
	副书记	杨　军	2007. 3—2008. 2
		李守民	2007. 3—2008. 1
		赵效为	2008. 2—2011. 1
		李同道	2011. 1—2012. 2
		孙海亭	2008. 1—2011. 12
	常务委员	李兆前	2007. 3—2008. 2
		杨　军	2008. 2—2012. 2
		李守民	2007. 3—2008. 1
		赵效为	2007. 3—2011. 1
		李同道	2011. 1—2012. 2
		孙海亭	2008. 1—2011. 12
		周惠平	2007. 3—2008. 1

续表27-1

届　别	职　务	姓　名	任职时间
中共日照市第十一届委员会(2007.3—2012.2)	常务委员	孙海亭	2007.3—2008.1
		张建国	2007.3—2009.4
		侯成君	2007.3—2012.2
		邹斌芳(女)	2011.12—2012.2
		毛继春	2008.1—2012.2
		唐　慎	2009.2—2012.2
		张喜忱	2008.1—2012.2
		黄金华	2007.3—2012.2
		张永霞(女)	2007.3—2011.12
		钱焕涛	2007.3—2012.2
		王　斌	2007.3—2012.2
		密首范	2009.4—2012.1
		范　真	2011.12—2012.2
		高　勇	2012.1—2012.2
中共日照市第十二届委员会(2012.2—)	书　记	杨　军	2012.2—
	副书记	李同道	2012.2—
		侯成君	2012.2—2013.3
		孟庆斌	2013.5—
	常务委员	杨　军	2012.2—
		李同道	2012.2—
		侯成君	2012.2—2013.3
		孟庆斌	2013.5—
		邹斌芳(女)	2012.2—
		唐　慎	2012.2—2012.7
		钱焕涛	2012.2—
		王　斌	2012.2—
		解世增	2012.2—
		刘西良	2012.2—
		范　真	2012.2—
		高　勇	2012.2—
		高　杰	2012.2—
		万　同	2012.9—
		尹成基	(挂职两年)2013.12—

第二章　党代表大会

第一节　第八次代表大会

中共日照市第八次代表大会于1990年8月22—24日在市驻地召开，大会应到会代表300名，实到295名，32名特邀代表和74名列席代表参加会议。市委书记王树文代表中共日照市第七届委员会作《加强团结　锐意进取　为建设社会主义的现代化港口城市而奋斗》的工作报告。经过民主讨论，会议批准这个报告。会议审议通过中共日照市纪律检查委员会的报告，选举产生中共日照市第八届委员会和中共日照市纪律检查委员会。24人当选为市委委员，5人当选为市委候补委员；15人当选为市纪委委员。新当选的市委委员、候补委员平均年龄48.8岁；妇女3名；大专以上文化程度的22名，占75.9%。

八届一次全委会议　1990年8月24日会议召开。会议选举王树文、王家政、刘丙寅、于学田、房训佐、刘京玉、张振业、邵长福、李连成为常委；王树文为书记，王家政、刘丙寅、于学田为副书记。市委常委平均年龄51.1岁，大专以上文化程度的8人。王树文就如何做好当年后四个月和第二年春天工作，加强市委一班人自身建设作出部署。

八届二次全委(扩大)会议　1990年12月23—24日会议召开。会议学习《中共中央批转中央纪委〈关于加强党风廉政建设的意见〉的通知》和中共中央、国务院《关于一九九一年农业和农村工作的通知》；回顾总结1990年工作，研究部署1991年的工作。

八届三次全委(扩大)会议　1991年7月9—10日会议召开。会议讨论通过《关于学习江苏五市经验、加快日照经济发展的决议》。

八届四次全委(扩大)会议　1992年1月9—10日会议召开。会议学习中共十三届八中全会和省委五届七次全委(扩大)会议精神，审议通过市委《关于进一步加强农业和农村工作的意见》；会议回顾总结1991年的工作，研究部署1992年的任务。

八届五次全委(扩大)会议　1992年11月16—17日会议召开。会议学习中共十四大精神，传达贯彻省委五届九次全委(扩大)会议精神，审议通过市委《关于学习贯彻落实中共十四大精神加快经济和社会发展步伐的决议》。

八届六次全委(扩大)会议　1993年9月14—15日会议召开。会议传达贯彻全省“深入开展反腐败斗争，加强党风廉政建设工作会议”精神，研究部署全市深入开展反腐败斗争，加强党风廉政建设工作。

八届七次全委会议　1993年10月15日会议召开。会议通过日照市出席省第六次党代会代表候选人预备名单，传达学习省纪委召开的市地纪委书记会议精神，通报全市开展反腐败斗争、加强党风廉政建设的情况。

八届八次全委会议　1994年12月30—31日会议召开。会议传达贯彻省六届三次全委会议和全省经济工作会议精神，审议通过《中共日照市委关于贯彻落实四中全会〈决定〉和省委〈实施意见〉的意见》，回顾总结1994年的工作，讨论研究1995年工作意见。

八届九次全委会议 1995年9月22—23日会议召开。会议讨论通过《关于召开中国共产党日照市第九次党代表大会的决定》,审议通过《日照市市级机构改革实施意见》和《日照市国家公务员制度实施方案》。

第二节 第九次代表大会

中共日照市第九次代表大会于1995年12月8—11日在市驻地举行。大会应到会代表348名,实到会代表339名,列席人员38名。尹忠显代表中共日照市第八届委员会作《解放思想 团结实干 为把日照建设成为现代化的港口城市而奋斗》的工作报告。经过民主讨论,会议批准这个报告。会议审议通过中共日照市纪律检查委员会的报告,选举产生中共日照市第九届委员会和中共日照市纪律检查委员会。29人当选为市委委员,6人当选为市委候补委员;21人当选为市纪委委员。新当选的市委委员、候补委员,平均年龄47.39岁;妇女3人;大专以上文化程度的31人,占88.6%。

九届一次全委会议 1995年12月11日会议召开。会议选举尹忠显、班开庆、熊可山、车金河、邵长福、焉荣竹、李连成、肖开富、韩朴明、莫西云、丁原胜为常委;尹忠显为书记,班开庆、熊可山、车金河、邵长福、焉荣竹为副书记。会议审议通过《中共日照市委关于加强自身建设的决定》。尹忠显代表市委常委会,就增强使命感和紧迫感、本届市委工作重点、搞好自身建设以及切实做好明年各项工作等作出安排部署。

九届二次全委会议 1996年1月28日会议召开。会议审议并原则通过《日照市国民经济和社会发展第九个五年计划和2010年远景目标纲要(草案)》。

九届三次全委会议 1996年11月13—14日会议召开。会议学习贯彻中共十四届六中全会和省委六届六次全委会精神,讨论通过《中共日照市委关于学习贯彻〈中共中央关于加强社会主义精神文明建设若干重要问题的决议〉的实施意见》,审议通过《日照市"九五"期间社会主义精神文明建设规划》。

九届四次全委会议 1996年12月22日会议召开。会议贯彻落实中共十四届五中、六中全会和中央经济工作会议精神,审议并原则通过《中共日照市委1997年工作要点》,审议通过《新亚欧大陆桥日照桥头堡建设规划》。

九届五次全委会议 1997年10月21—23日会议召开。会议传达学习省委六届九次全委(扩大)会议精神,对全市学习贯彻中共十五大精神,解放思想,抓住机遇,加快发展,大力开展二次创业,切实加强社会主义精神文明建设、民主法制建设和党的建设的重大问题作出部署。

九届六次全委会议 1998年8月30日会议召开。会议研究确定日照市出席省第七次党代会代表候选人预备人选名单,审议通过《关于召开中国共产党日照市代表会议的决定》。

九届七次全委会议 1998年12月11—12日会议召开。会议学习贯彻中共十五届三中全会和省委六届十二次全委会、省七次党代会、省委七届一次全委会精神,总结1998年工作,研究安排1999年工作。审议通过《中共日照市委关于贯彻〈中共中央关于农业和农村工作若干重大问题的决定〉和省委〈实施意见〉的意见》和《市委1999年工作要点》。

九届八次全委会议 1999年10月13—14日会议召开。会议传达贯彻中共十五届四中全会和省委七届二次全委会精神,专题研究部署全市国有企业改革和发展工作。

九届九次全委会议 1999年12月24日会议召开。会议传达贯彻省委七届三次全委会精神,研究部署2000年工作,审议通过《中共日照市委2000年工作要点》。

九届十次全委会议　2000年11月13—14日会议召开。会议传达学习省委七届五次全委会精神,审议《日照市国民经济和社会发展第十个五年计划纲要(草案)》。

九届十一次全委会议　2001年6月28—29日会议召开。会议传达学习省委七届六次全委会精神,审议通过市委《关于加强和改进党的基层组织建设的实施意见》。

九届十二次全委会议　2001年10月16日会议召开。会议学习贯彻中共十五届六中全会和省委七届七次全委会精神,研究加强和改进党的作风建设的具体措施。

九届十三次全委会议　2002年4月4日会议召开。会议确定日照市出席省第八次党代会代表候选人预备人选名单,审议通过《中国共产党日照市第九届委员会第十三次全体会议关于召开中国共产党日照市代表会议的决定》。

九届十四次全委(扩大)会议　2002年12月5日会议召开。会议传达省委八届二次全委会精神,讨论并原则通过《中共日照市委关于学习贯彻中共十六大精神的决定》。

九届十五次全委会议　2002年12月29日会议召开。会议表决通过6名新任区县党政正职人选。

九届十六次全委会议　2003年1月22日会议召开。会议审议通过《关于召开中国共产党日照市第十次代表大会的决议》。

九届十七次全委会议　2003年4月6日会议召开。会议审议通过九届市委向市第十次党代会提交的工作报告(讨论稿),酝酿中共日照市第十届委员会委员、候补委员和市纪委委员候选人预备人选建议名单。

第三节　第十次代表大会

中共日照市第十次代表大会于2003年4月8—11日在市驻地召开。大会应到会代表360名,实到会代表355名,列席人员67名。市委书记李兆前代表中共日照市第九届委员会作《抓住机遇　跨越发展　为建设美丽富强文明开放的新日照而努力奋斗》的工作报告。经过民主讨论,会议批准这个报告。会议审议通过中共日照市纪律检查委员会的报告,选举产生中共日照市第十届委员会和中共日照市纪律检查委员会。29人当选为市委委员,6人当选为市委候补委员;21人当选为市纪委委员。

十届一次全委会议　2003年4月11日会议召开。会议选举李兆前、于建成、徐学武、李敏、李守民、党英明、周惠平、孙海亭、张建国、张超超、黄金华、张永霞(女)为常委;李兆前为书记,于建成、徐学武、李敏、李守民为副书记。李兆前代表市委常委会向新一届市委提出明确历史责任、牢记党的宗旨、努力加强学习、坚持党性原则、严格廉洁自律、切实转变作风六点要求。

十届二次全委会议　2003年11月9日会议召开。会议学习中共十六届三中全会和省委八届六次全委会议精神,研究部署贯彻落实意见;听取讨论市委常委会工作报告;安排当前和以后一个时期的工作。

十届三次全委(扩大)会议　2004年2月10日会议召开。会议由市委、市政府主要领导同志述职述廉。

十届四次全委会议　2005年5月17日会议召开。会议学习胡锦涛总书记《在山东潍坊寿光市保持共产党员先进性教育活动党员干部会议上的讲话》《在山东考察工作结束时的讲话》和省委书记张高丽在省委八届十次全委会议上的讲话,审议并原则通过《中共日照市委关于构建社会主义和谐日照的意见》。

十届五次全委会议 2005年11月17—18日会议召开。会议传达学习中共十六届五中全会和省委八届十一次全委会精神,听取市委常委会工作报告和“十一五”规划纲要的说明,审议通过《日照市国民经济和社会发展第十一个五年总体规划纲要(草案)》,决定提请市十五届人大四次会议审议。

十届六次全委(扩大)会议 2006年5月11—14日会议召开。会议贯彻落实中共十六大和十六届五中全会精神,学习先进地区创造性开展工作的新思路、新经验、新做法,现场观摩全市经济社会发展取得的新成绩、新亮点。会议一致认为,要增强危机意识、机遇意识、创新意识,坚定了跨越发展的信心与决心;要落实责任、落实措施、埋头苦干、务求实效。

十届七次全委(扩大)会议 2006年10月31日会议召开。会议学习贯彻中共十六届六中全会和省委八届十三次全委会议精神,审议市委常委会工作报告,审议通过《中共日照市委关于构建社会主义和谐社会的决定》。

十届八次全委会议 2006年12月1日会议召开。会议审议通过《关于召开中国共产党日照市第十一次代表大会的决议》。

十届九次全委会议 2007年3月12日会议召开。会议审议通过十届市委向市第十一次党代会提交的工作报告和中共日照市第十一届委员会委员、候补委员、市纪委委员和出席省第九次党代会代表候选人预备人选建议名单。

第四节 第十一次代表大会

中共日照市第十一次代表大会于2007年3月15—18日在市驻地召开。大会应到会代表390名,实到会代表384名,列席人员84名。市委书记李兆前代表中共日照市第十届委员会作《坚持科学发展 推动跨越发展 为早日跨入全省先进行列而努力奋斗》的工作报告。经过民主讨论,会议批准这个报告。会议审议通过中共日照市纪律检查委员会的报告,选举产生中共日照市第十一届委员会和中共日照市纪律检查委员会。45人当选为市委委员,9人当选为市委候补委员,30人当选为市纪委委员。

十一届一次全委会议 2007年3月18日会议召开。会议选举李兆前、杨军、李守民、周惠平、孙海亭、张建国、赵效为、侯成君、黄金华、张永霞(女)、钱焕涛、王斌为常委;李兆前为书记,杨军、李守民为副书记。李兆前从政治坚定、以人为本、同心同德、勤于学习、转变作风五个方面对新一届市委提出要求。

十一届二次全委会议 2007年7月4日会议召开。会议传达学习胡锦涛总书记6月25日在中央党校省部级干部进修班发表的重要讲话和省第九次党代会精神。市委书记李兆前围绕学习贯彻胡锦涛总书记重要讲话和省第九次党代会精神,对深入贯彻科学发展观,加快转变工作指导,大力推进科学发展、跨越发展,努力实现富民强市新跨越作出安排部署。

十一届三次全委会议 2007年11月14日会议召开。会议学习贯彻中共十七大和省委九届二次全委会议精神,审议通过《中共日照市委关于深入开展学习宣传贯彻党的十七大精神的决定》。

十一届四次全委会议 2008年12月30日会议召开。会议学习中共十七届三中全会、中央经济工作会议和省委九届六次全委会议精神,并就贯彻落实工作作出部署;听取市委常委会工作报告;审议并原则通过市委《关于贯彻落实党的十七届三中全会决定推进农村改革发展的实施意见》;评议市委2008年度干部选拔任用工作。

十一届五次全委会议　2009年5月16日会议召开。会议学习胡锦涛总书记在山东考察时的重要讲话精神、省委九届七次全委会议精神和山东党政代表团赴江苏学习考察后省委书记姜异康、省长姜大明在日照的讲话，结合日照实际，对全力保增长、保民生、保稳定，加快建设海洋特色的新兴城市作出全面部署。

十一届六次全委（扩大）会议　2009年6月29日会议召开。会议审议通过《中共日照市委常委会关于贯彻落实科学发展观情况的分析检查报告》。

十一届七次全委会议　2009年10月20日会议召开。会议传达学习中共十七届四中全会和省委九届八次全委会议精神；听取和讨论市委书记杨军代表市委常委会向全委会作的工作报告；审议通过《中共日照市委关于加强和改进新形势下党的建设的意见》。

十一届八次全委会议　2009年11月29日会议召开。会议以“两公开、四差额”方式票选2名区县党政正职人选。

十一届九次全委会议　2010年6月22日会议召开。会议学习贯彻中央关于加快经济发展方式转变的重大决策部署和省委九届十次全委会议精神，审议通过《中共日照市委日照市人民政府关于加快经济发展方式转变的意见》。

十一届十次全委会议　2010年12月11日会议召开。会议学习中共十七届五中全会和省委九届十一次全委会议精神，结合日照实际研究部署了贯彻落实意见；听取和讨论了市委常委会工作报告；审议通过《中共日照市委关于制定日照市国民经济和社会发展第十二个五年规划的建议》。

十一届十一次全委会议　2011年8月16日会议召开。会议学习贯彻胡锦涛总书记“七一”重要讲话和省委九届十二次全委会议精神，分析全市经济社会发展形势，强调要始终以经济建设为中心，坚持开放创新，坚持打基础、利长远，注重统筹城乡发展、统筹经济发展与社会民生建设、统筹开发建设与环境保护，为全市“十二五”开局和长远发展奠定坚实基础。

十一届十二次全委会议　2011年11月21日会议召开。会议学习贯彻中共十七届六中全会和省委九届十三次全委会议精神；听取和讨论市委常委会工作报告；审议通过《中共日照市委关于认真贯彻党的十七届六中全会精神加快建设滨海文化名城的实施意见》；审议通过《中共日照市委第十一届委员会第十二次全体会议关于召开中国共产党日照市第十二次代表大会的决议》。

十一届十三次全委会议　2012年2月14日会议召开。会议审议通过十一届市委向中国共产党日照市第十二次代表大会作的工作报告（讨论稿），决定将报告提交中国共产党日照市第十二次代表大会审议。酝酿通过中共日照市第十二届委员会委员、候补委员、市纪委委员和出席省第十次党代会代表候选人预备人选建议名单。

第五节　第十二次代表大会

中共日照市第十二次代表大会于2012年2月26—29日在市驻地召开。大会应到会代表390名，实到会代表382名，列席人员151名。杨军代表中共日照市第十一届委员会作《用好蓝色机遇　造福日照人民　为加快建设海洋特色新兴城市而努力奋斗》的工作报告。经过民主讨论，会议批准这个报告。会议审议通过中共日照市纪律检查委员会的报告，选举产生中共日照市第十二届委员会和中共日照市纪律检查委员会。45人当选为市委委员，9人当选为市委候补委员，30人当选为市纪委委员。

十二届一次全委会议 2012年2月29日会议召开。会议选举杨军、李同道、侯成君、邹斌芳、唐慎、钱焕涛、王斌、解世增、刘西良、范真、高勇、高杰为常委；杨军为书记，李同道、侯成君为副书记。会议批准市第十二届纪律检查委员会第一次全体会议选举产生的常务委员会委员和书记、副书记人选。会议审议通过《中共日照市委关于加强领导班子建设若干问题的决定》。杨军就贯彻落实市第十二次党代会精神、加强新一届市委领导班子自身建设，提出坚持发展第一要务、坚持加强学习、坚持执政为民、坚持真抓实干、坚持精诚团结、坚持严于律己六点希望和要求。

十二届二次全委会议 2012年12月4日会议召开。会议学习贯彻中共十八大、十八届一中全会和省委十届二次全委会议精神，审议通过《中共日照市委关于深入学习宣传贯彻党的十八大精神率先全面建成小康社会的决议》。

十二届三次全委会议 2012年12月28日会议召开。会议听取和讨论市委书记杨军受市委常委会委托作的工作报告，总结2012年工作，部署2013年工作任务。

十二届四次全委会议 2013年12月28—29日会议召开。会议学习贯彻中共十八届三中全会、习近平总书记考察山东重要讲话和省委十届七次、八次全委会议精神，听取和讨论市委书记杨军受市委常委会委托作的工作报告，审议通过《中共日照市委关于学习贯彻党的十八届三中全会精神全面深化改革的意见》。

第二十八编　地方权力机关

1989年8月26日，山东省第七届人民代表大会第十一次会议决定，地级日照市人民代表大会于1990年1月召开，届次按原县级市届次顺延。同年10月31日，经中共山东省委批准，成立地级日照市人大筹备组，王树文任组长，史佩涓、徐朋杰、黄献法任副组长。1990年1月，地级日照市首次人民代表大会——市十二届人大一次会议召开。

至2013年，日照市人民代表大会先后完成6次换届选举，召开代表大会27次；市人大常委会召开会议177次。日照市人大及其常委会认真履行宪法和法律赋予的权力，在加强民主法制建设、保障改革开放、维护社会稳定、促进经济增长和各项社会事业发展等方面做了大量工作，充分发挥了地方国家权力机关的作用。

第一章　人大代表

第一节　市县乡人大代表

依照法律规定，地方各级人大代表是地方各级权力机关的组成人员；全国人大代表和省、市人大代表分别由下一级人民代表大会选举产生，县、乡人大代表由选民直接选举产生；人大代表按法定时限实行换届选举。

1990—2013年，日照市人民代表大会共换届选举6次，县级人民代表大会换届选举6次，乡级人民代表大会换届选举7次。1995年以前，县、乡两级人大每届任期为三年；1995年，依照《中华人民共和国地方各级人民代表大会和地方各级人民政府组织法》规定，县级人民代表大会每届任期由三年改为五年。2004年，依照《中华人民共和国宪法修正案》规定，乡级人民代表大会每届任期由三年改为五年。自2007年始，县、乡两级人民代表大会换届选举同步进行。

1990年春，市、乡两级人大换届选举。此次换届选举工作从1989年10月开始，至1990年2月结束，共选出市人大代表395名，乡级人大代表1626名。

1993年春，市、县两级人大换届选举。此次换届选举工作从1992年9月开始，至1993年2月结束，选出市人大代表370名，县级人大代表1048名。

1996年春，乡镇人大换届选举。此次换届选举工作从1995年10月开始，至1996年2月结束，选出乡镇人大代表3971名。

1998年春，市、县两级人大换届选举。此次换届选举工作从1997年10月开始，至1998年3月结束，选出市人大代表 344 名,县级人大代表 882 名。

1999 年春,乡级人大换届选举。此次换届选举工作从 1998 年 11 月开始,至 1999 年 3 月结束,选出乡级人大代表 3986 名。

2002 年春,乡级人大换届选举。此次换届选举工作从 2002 年 1 月开始,至 2002 年 3 月结束,选出乡级人大代表 3253 名。

2002 年年底,市、县两级人大换届选举。此次换届选举工作从 2002 年 10 月开始,至 2003 年 2 月结束,选出市人大代表 341 名,县级人大代表 876 名。

2004 年,岚山设区,选举区人大代表,从 2004 年 10 月开始,至 2004 年 12 月结束,选出区人大代表 198 名。

2007 年,市、县、乡人大换届选举。此次换届选举是三级人大首次同步换届选举。从 2007 年 8 月开始,至 2008 年 1 月结束,选出市人大代表 341 名,县级人大代表 1022 名,乡级人大代表 3249 名。

2011 年年底,市、县、乡人大换届选举。根据新修订的代表法的规定,此次选举实行城乡按相同人口比例选举代表。从 2011 年 8 月开始,至 2012 年 5 月结束,选出市人大代表 343 名,县级人大代表 1027 名,乡级人大代表 3032 名。

第二节 驻日照市全国、省人大代表

驻日照市的全国人大代表由省人民代表大会选举产生,驻日照市的省人大代表由市人民代表大会选举产生。1989—2013 年,日照市共有第七届至第十二届全国人大代表 20 名,第七届至第十二届省人大代表 130 名。

地级日照市建立后驻日照市历届全国人大代表一览表

表 28-1

届　次	姓　名
七届(1988—1993 年)全国人大代表 1 人	刘丙寅(省委提名,在日照参选)
八届(1993—1998 年)全国人大代表 2 人	尹忠显、孙吉芳(女)
九届(1998—2003 年)全国人大代表 5 人	马先富、刘凤仙(女)、孙吉芳(女)、迟玉才、焉荣竹
十届(2003—2008 年)全国人大代表 4 人	于建成、马先富、刘凤仙(女)、杨宝友
十一届(2008—2013 年)全国人大代表 4 人	马先富、杨军、徐清(女)、姜卫东
十二届(2013—　)全国人大代表 4 人	李同道、杜传志、邵仲毅、姜卫东

地级日照市建立后驻日照市历届省人大代表一览表

表 28-2

届　次	姓　名
省七届（1988—1993 年）人大代表 14 人	史佩涓、房训佐、何学志、车金河、马鸣皋、唐保禄、伊健民、李维书、郑全花（女）、尹相溪、周弘初、胡美禄（后补选）、陈为信（后补选）、孔德祥（后补选）
省八届（1993—1998 年）人大代表 21 人	王希文、王岫云（女）、王树文（1995 年 6 月，市十三届人大常委会第十七次会议罢免）、王家政、车金河、毛俊波、史佩涓、刘丙寅、孙雨、李环子（女）、李志久、宋性端、张玉佩、张加扬、张宗团、张德庆、陈为信、戚素芬（女）、唐宝禄、梁云爱、尹忠显（1995 年 9 月，市十三届人大常委会第二十次会议补选）
省九届（1998—2003 年）人大代表 23 人	马成训、王庆龙、王希文、王岫云（女）、王泽晓、车金河、尹忠显、朱志祥、刘蔚（女）、刘贤亭、苏昭思、李环子（女）、张永霞（女）、张宗团、林鹤峰、贾同梅（女）、徐启莲（女）、黄金华、焉荣竹、解世增、熊可山、夏耕（2001 年 1 月，市十四届人大二十九次会议补选）、李兆前（2003 年 1 月，市十四届人大常委会三十六次会议补选）
省十届（2003—2008 年）人大代表 23 人	于建成、马成训、王勇、王廷龙、王庆龙、毛晖明、朱志祥、刘蔚（女）、刘兆亮、许传江、孙运河、孙欣亮、李兆前、张宗团、陈瑞荣（女）、林鹤峰、郑玉平（女）、相同耀、姜卫东、徐启莲（女）、彭善功、熊可山、王德业（2006 年 5 月，因工作调动调入日照人民银行）
省十一届（2008—2013 年）人大代表 24 人	丁宏利、马成训、王廷龙、王勇、王德业、刘守亮、刘香初（女）、安榕平、许传江、孙运河、杨军、李兆前、张健、陈瑞荣（女）、武玉亮、林鹤峰、周惠平、郑加贵、徐立峰、徐淑利、彭贤功、薛健、赵效为（2008 年 9 月，市十六届人大常委会六次会议补选，2012 年 1 月市十六届人大常委会第二十九次会议辞职）、李同道（2011 年 2 月，市十六届人大常委会第二十三次会议补选）
省十二届（2013 年—）人大代表 25 人	丁宏利、丁雪洁（女）、马祖斌、王洪彩（女）、叶成、许传江、孙丙华（女）、杜江涛、杨军、李同道、李淑萍（女）、张书本、张桂伟、张健、陈维芹（女）、武玉亮、林鹤峰、周惠平、赵刚、赵娜（女，回族）、徐立峰、黄金华、戚素芬（女）、蔡中堂

第二章　市人大常委会组织机构

第一节　领导机构

1990 年 1 月，日照市第十二届人大第一次会议选举产生市十二届人大常委会。此后，分别于 1993 年 3 月、1998 年 2 月、2003 年 2 月、2008 年 1 月、2012 年 3 月召开第十三届人大一次至第十七届人大一次会议，选举产生第十三届至第十七届人大常委会。

日照市第十二届至第十七届人大常委会主任会议成员一览表

表 28-3

届　别	职　务	姓　名	任职时间
第十二届（1990.1—1993.3）	主　任	王树文	1990.1—1993.3
	副主任	史佩涓	1990.1—1993.3
		刘京玉	1991.3—1993.3
		徐朋杰	1990.1—1993.3
		黄献法	1990.1—1993.3
		何学志	1992.3—1993.3
	秘书长	庄资诚	1990.1—1993.3
第十三届（1993.3—1998.2）	主　任	王家政	1993.3—1998.2
	副主任	史佩涓	1993.3—1998.2
		张振业	1996.2—1998.2
		浦瑞霆	1993.3—1998.2
		孙吉芳（女）	1993.3—1998.2
		赵奉迪	1993.3—1998.2
		袁文清	1995.3—1998.2
		单联云	1996.2—1998.2
	秘书长	董瑞昌	1993.3—1998.2
第十四届（1998.2—2003.2）	主　任	熊可山	1998.2—2003.2
	副主任	李连成	1998.2—2001.2
		房训佐	2001.2—2003.2
		肖开富	2001.2—2003.2
		何克睦	1998.2—2003.2
		于焕伦	1998.2—2001.2
		孙吉芳（女）	1998.2—2000.5
		袁文清	1998.2—2001.2
		单联云	1998.2—2001.2
		葛彦京	1998.2—2003.2
		杨作田	1998.2—2001.2
		梁云爱	2001.2—2003.2
		蔡建华（女）	2001.2—2003.2
		李志久	2001.2—2003.2
		牟大勇	2001.2—2003.2
	秘书长	董瑞昌	1998.2—2003.2

续表28-3

届　别	职　务	姓　名	任职时间
第十五届（2003.2—2008.1）	主　任	李兆前	2003.2—2008.1
	第一副主任	孙运河	2003.2—2008.1
	副主任	徐善来	2006.2—2008.1
		张玉佩	2006.12—2008.1
		梁云爱	2003.2—2008.1
		蔡建华（女）	2003.2—2007.2
		李志久	2003.2—2008.1
		牟大勇	2003.2—2005.2
		靳惠民	2003.2—2008.1
		王　应	2003.2—2007.2
第十五届（2003.2—2008.1）	副主任	薄　明	2005.2—2008.1
		孙承金	2007.3—2008.1
	秘书长	司朝瑞	2003.2—2003.7
		朱洪祥	2004.2—2008.1
第十六届（2008.1—2012.3）	主　任	李兆前	2008.1—2008.7
		杨　军	2008.7—2012.3
	第一副主任	周惠平	2008.1—2012.3
	副主任	张玉佩	2008.1—2012.3
		梁云爱	2008.1—2012.3
		薄　明	2008.1—2012.3
		高丽萍（女）	2008.1—2012.3
	秘书长	万志新	2008.1—2012.3
第十七届（2012.3—）	主　任	杨　军	2012.3—
	第一副主任	黄金华	2012.3—
	副主任	梁云爱	2012.3—
		王森勋	2012.3—
		高丽萍（女）	2012.3—
		崔　亮	2012.3—
	秘书长	万志新	2012.3—

第二节 工作机构

1990年1月,市第十二届人大常委会机关设办公室、法制工作委员会、财政经济工作委员会、农村经济工作委员会、城乡建设环境保护工作委员会、教育科学文化卫生工作委员会6个委室。1996年1月,增设人事代表工作室,1997年1月增设研究室。至2013年,市人大常委会机关设立办公室、研究室、人事代表工作室、法制工作委员会、财政经济工作委员会、农村经济工作委员会、城乡建设环境保护工作委员会、教育科学文化卫生工作委员会8个委室。

第三章 市人民代表大会

第一节 第十二届人民代表大会

日照市第十二届人民代表大会代表有395名。该届人民代表大会任期从1990年1月至1993年3月,届内共举行3次会议。

十二届人大一次会议 1990年1月10—14日会议在市驻地召开,这是组建地级日照市后举行的第一次人民代表大会。出席会议代表386名。会议分别听取审议市人大常委会及市政府、市中级人民法院、市人民检察院(以下简称“一府两院”)工作报告,并作出相应决议。会议选举王树文为市人大常委会主任,史佩涓、徐朋杰、黄献法为市人大常委会副主任,庄资诚为市人大常委会秘书长,丁银昌等16人为市人大常委会委员;选举王家政为日照市市长,房训佐、熊可山、肖开富、何学志为日照市副市长;于焕伦为市中级人民法院院长,董书堂为市人民检察院检察长(后报经省人大常委会批准)。会议期间,收到议案1件和建议、批评、意见171件。

十二届人大二次会议 1991年3月27—31日会议在市驻地召开,出席会议的代表有367名。会议听取审议市人大常委会和“一府两院”的6个工作报告,并作出相应的决议。会议批准《日照市国民经济和社会发展第八个五年计划纲要》。会议补选刘京玉为市人大常委会副主任。会议期间,收到建议、批评和意见215件。

十二届人大三次会议 1992年3月21—24日会议在市驻地召开,出席会议的代表有371名。会议听取审议市人大常委会和“一府两院”的6个工作报告,并作出相应的决议。会议补选何学志为市人大常委会副主任,孙运河为市人民检察院检察长(后报经省人大常委会批准)。会议期间,收到议案1件和建议、批评、意见146件。

第二节 第十三届人民代表大会

日照市第十三届人民代表大会代表370名。该届人民代表大会任期从1993年3月至1998年2月,届内共举行5次会议。

十三届人大一次会议　1993年3月6—10日会议在市驻地召开。这是设区带县后的第一次人民代表大会，出席代表有359名。会议听取审议市人大常委会和“一府两院”的6个工作报告，并作出相应的决议。会议选举王家政为市十三届人大常委会主任，史佩涓、浦瑞霆、孙吉芳（女）、赵奉迪为市人大常委会副主任，董瑞昌为市人大常委会秘书长，丁银昌等15人为市人大常委会委员；选举尹忠显为日照市市长，肖开富、陈万光、焉荣竹、刘丕祥、祝利民（女）为日照市副市长；选举于焕伦为市中级人民法院院长，孙运河为市人民检察院检察长（后报经省人大常委会批准）。会议选举王家政等23人为省八届人大代表。会议期间，共收到代表建议、批评和意见49件。

十三届人大二次会议　1994年3月28—31日会议在市驻地召开，出席会议的代表有350名。会议听取审议市人大常委会和“一府两院”的6个工作报告，并作出相应的决议。会议补选孙运河为日照市副市长，何克睦为市人民检察院检察长（后报经省人大常委会批准）。会议期间，共收到代表建议、批评和意见25件。

十三届人大三次会议　1995年3月23—27日会议在市驻地召开，出席会议的代表有354名。会议听取审议市人大常委会和“一府两院”的6个工作报告，并作出相应的决议。会议补选袁文清为市人大常委会副主任；补选市人大常委会委员2名。会议期间，共收到代表建议、批评和意见36件。

十三届人大四次会议　1996年2月5—9日会议在市驻地召开，出席会议的代表有336名。会议听取审议市人大常委会和“一府两院”的6个工作报告，并作出相应的决议。会议批准《日照市国民经济和社会发展第九个五年计划纲要》。会议补选张振业、单联云为市人大常委会副主任；补选班开庆为日照市市长，徐善来为日照市副市长；补选市人大常委会委员1名。会议期间，共收到代表建议、批评和意见22件。

十三届人大五次会议　1997年2月24—28日会议在市驻地召开，出席会议的代表有351名。会议听取审议市人大常委会和“一府两院”的6个工作报告，并作出相应的决议；审议通过《新亚欧大陆桥日照桥头堡建设规划》。会议补选市人大常委会委员2名。会议期间，代表共提出建议、批评和意见51件。

第三节　第十四届人民代表大会

日照市第十四届人民代表大会代表有344名。该届人民代表大会任期从1998年2月至2003年2月，届内共举行5次会议。

十四届人大一次会议　1998年2月22—27日会议在市驻地召开，出席会议的代表有335名。会议听取审议市人大常委会和“一府两院”的6个工作报告，并作出相应的决议。会议选举熊可山为市人大常委会主任，李连成、何克睦、于焕伦、孙吉芳（女）、袁文清、单联云、葛彦京、杨作田为市人大常委会副主任，董瑞昌为市人大常委会秘书长，于刚业等17人为市人大常委会委员；选举焉荣竹为日照市市长，莫西云、刘丕祥、孙运河、徐善来、杨文延、郑玉平（女）、董维杰、傅瑞荣为日照市副市长；选举燕振安为市中级人民法院院长；选举李克英为市人民检察院检察长（后报经省人大常委会批准）；选举马成训等25人为省九届人大代表。会议期间，代表共提出建议、批评和意见32件。

市十四届人大二次会议　1999年2月24—27日会议在市驻地召开，出席会议的代表有335名。会议听取审议市人大常委会和“一府两院”的6个工作报告，并作出相应的决议。会议补选杨庆文为日照市市长；补选市人大常委会委员2名。会议期间，代表们共提出建议、批评和意见24件。

十四届人大三次会议 2000年2月26—29日会议在市驻地召开，出席会议的代表有334名。会议听取审议市人大常委会和“一府两院”的6个工作报告，并作出相应的决议。会议补选夏耕为日照市市长，王胜科为市中级人民法院院长，补选市人大常委会委员2名。会议期间，代表们共提出建议、批评和意见62件。

十四届人大四次会议 2001年2月24—27日会议在市驻地召开，出席会议的代表有335名。会议听取审议市人大常委会和“一府两院”的6个工作报告，并作出相应的决议；批准《日照市国民经济和社会发展第十个五年计划纲要》。会议补选房训佐、肖开富、梁云爱、蔡建华（女）、李志久、牟大勇为市人大常委会副主任，补选市人大常委会委员2名。会议期间，代表们共提出建议、批评和意见54件。

十四届人大五次会议 2002年2月22—25日会议在市驻地召开，出席会议的代表332名。会议听取审议市人大常委会和“一府两院”的6个工作报告，并作出相应的决议。会议补选李兆前为日照市市长，补选市人大常委会委员1名。会议期间，代表们共提出建议、批评和意见32件。

第四节　第十五届人民代表大会

日照市第十五届人民代表大会代表有341名。该届人民代表大会任期从2003年2月至2008年1月，届内共举行6次会议。

十五届人大一次会议 2003年2月20—26日会议在市驻地召开，出席会议的代表有335名。会议听取审议市人大常委会和“一府两院”的6个工作报告，并作出相应的决议。会议选举李兆前为市人大常委会主任，孙运河、梁云爱、蔡建华（女）、李志久、牟大勇、靳惠民、王应为市人大常委会副主任，司朝瑞为市人大常委会秘书长，马建华等19人为市人大常委会委员；选举于建成为日照市市长，张超超、徐善来、侯成君、毛继春、张喜忱、孙雨、解世增、徐清（女）为日照市副市长；选举王胜科为市中级人民法院院长，李克英为市人民检察院检察长（后报经省人大常委会批准）；选举于建成等27人为省十届人大代表。会议期间，代表们共提出建议、批评和意见65件。

十五届人大二次会议 2004年2月1—4日会议在市驻地召开，出席会议的代表有335名。会议听取审议市人大常委会和“一府两院”的6个工作报告，并作出相应的决议。会议补选朱洪祥为市人大常委会秘书长，补选市人大常委会委员4名。会议期间，代表们共提出建议、批评和意见57件。

十五届人大三次会议 2005年2月19—22日会议在市驻地召开，出席会议的代表有329名。会议听取审议市人大常委会和“一府两院”的6个工作报告，并作出相应的决议。会议补选薄明为市人大常委会副主任。会议期间，代表们共提出建议、批评和意见48件。

十五届人大四次会议 2006年2月8—11日会议在市驻地召开，出席会议的代表有331名。会议听取审议市人大常委会和“一府两院”的6个工作报告，并作出相应的决议。会议批准《日照市国民经济和社会发展第十一个五年规划纲要》。会议补选徐善来为市人大常委会副主任，李守民、刘西良为日照市副市长，巩盛昌为市人民检察院检察长（后报经省人大常委会批准）；补选市人大常委会委员3名。会议期间，代表们共提出建议、批评和意见35件。

十五届人大五次会议　2006年6月14—15日会议在市驻地召开，出席会议的代表有312名。会议听取审议日照市人民政府工作情况的报告；审议批准《日照市城市发展战略规划》和《日照市城市总体规划》；以举手表决的形式做出《日照市第十五届人民代表大会第五次会议关于批准〈日照市城市发展战略规划〉和〈日照市城市总体规划（2006—2020年）〉的决议》，按照有关规定，《日照市城市总体规划》报省政府批复实施；会议补选杨军为日照市市长。

十五届人大六次会议　2007年2月28日至3月3日会议在市驻地召开，出席会议的代表有335名。会议听取审议市人大常委会和"一府两院"的6个工作报告，并作出相应的决议。会议补选张玉佩、孙承金为市人大常委会副主任。会议期间，代表们共提出建议、批评和意见46件。

第五节　第十六届人民代表大会

日照市第十六届人民代表大会代表有341名。该届人民代表大会任期从2008年1月至2012年3月，届内共举行6次会议。

十六届人大一次会议　2008年1月4—8日会议在市驻地召开，出席会议的代表有338名。会议听取审议市人大常委会和"一府两院"的6个工作报告，并作出相应的决议。会议选举李兆前为市人大常委会主任，周惠平、张玉佩、梁云爱、薄明、高丽萍（女）为市人大常委会副主任，万志新为市人大常委会秘书长，丁亮等27人为市人大常委会委员；选举杨军为日照市市长，赵效为、侯成君、孙雨、解世增、徐清（女）、万同、刘西良为日照市副市长；选举王胜科为市中级人民法院院长，巩盛昌为市人民检察院检察长（后报经省人大常委会批准）；选举丁宏利等28人为省十一届人大代表。会议期间，代表们共提出建议、批评和意见32件（含由议案转作建议、批评和意见7件）。

十六届人大二次会议　2008年7月23日会议在市驻地召开，出席会议的代表有325名。会议补选杨军为市人大常委会主任，赵效为为日照市市长。

十六届人大三次会议　2009年1月13—15日会议在市驻地召开，出席会议的代表有338名。会议听取审议市人大常委会和"一府两院"的6个工作报告，并作出相应的决议。会议期间，代表们共提出建议、批评和意见55件。

十六届人大四次会议　2010年1月12—15日会议在市驻地召开，出席会议的代表有330名。会议听取审议市人大常委会和"一府两院"的6个工作报告，并作出相应的决议。会议期间，代表们共提出建议、批评和意见95件（含由议案转作建议、批评和意见9件）。

十六届人大五次会议　2011年1月11—14日会议在市驻地召开，出席会议的代表有320名。会议听取审议市人大常委会和"一府两院"的6个工作报告，并作出相应的决议。会议批准《日照市国民经济和社会发展第十二个五年规划纲要》。会议补选市人大常委会委员3名。会议期间，代表们共提出建议、批评和意见138件（含由议案转作建议、批评和意见3件）。

十六届人大六次会议　2011年6月2日会议在市驻地召开，出席会议的代表有315名。会议补选李同道为日照市市长。

第六节 第十七届人民代表大会

日照市第十七届人民代表大会代表有343名。该届人民代表大会2012年3月换届，截至2013年12月，已举行2次会议。

十七届人大一次会议 2012年3月20—24日会议在市驻地召开，出席会议的代表有340名。会议听取审议市人大常委会和"一府两院"的6个工作报告，并作出相应的决议。会议选举杨军为市人大常委会主任，黄金华、梁云爱、王森勋、高丽萍（女）、崔亮为市人大常委会副主任，万志新为市人大常委会秘书长，丁杰等28人为市人大常委会委员；选举李同道为日照市市长，唐慎、刘西良、万同、杨留星、陈刚、刘兆亮、郇梅（女）为副市长；选举程乐群为市中级人民法院院长，巩盛昌为市人民检察院检察长（后报经省人大常委会批准）。会议期间，代表们共提出建议、批评和意见173件（含由议案转作建议、批评和意见16件）。

十七届人大二次会议 2013年1月6—10日会议在市驻地召开，出席会议的代表有326名。会议听取审议市人大常委会和"一府两院"的6个工作报告，并作出相应的决议；会议选举丁宏利等29人为省十二届人大代表。会议期间，代表们提出建议、批评和意见160件（含由议案转作建议、批评和意见4件）。

第二十九编　地方行政机关

1989 年 10 月，经中共山东省委批准，地级日照市人民政府筹备组成立，王家政任组长，房训佐、熊可山、肖开富、何学志任副组长。1990 年 1 月，日照市第十二届人民代表大会第一次会议举行，大会选举王家政为日照市人民政府市长，房训佐、熊可山、肖开富、何学志为副市长，地级日照市人民政府正式成立。历届市政府坚持以经济建设为中心，坚持依法行政，深化改革，扩大开放，开拓进取，与时俱进，日照市经济实力显著增强，社会事业全面进步，人民生活水平不断提高。

第一章　市政府机构

第一节　领导机构

1990 年 1 月，日照市第十二届人民代表大会第一次会议选举王家政为市人民政府市长，房训佐、熊可山、肖开富、何学志为副市长。

1993 年 3 月，日照市第十三届人民代表大会第一次会议选举尹忠显为市人民政府市长，肖开富、陈万光、焉荣竹、刘丕祥、祝利民（女）为副市长。

1996 年 2 月，日照市第十三届人民代表大会第四次会议补选班开庆为市人民政府市长。

1998 年 2 月，日照市第十四届人民代表大会第一次会议选举焉荣竹为市人民政府市长，莫西云、刘丕祥、孙运河、徐善来、杨文延、郑玉平（女）、董维杰、傅瑞荣为副市长。

1999 年 2 月，日照市第十四届人民代表大会第二次会议补选杨庆文为市人民政府市长。

2000 年 2 月，日照市第十四届人民代表大会第三次会议补选夏耕为市人民政府市长。

2002 年 2 月，日照市第十四届人民代表大会第五次会议补选李兆前为市人民政府市长。

2003 年 2 月，日照市第十五届人民代表大会第一次会议选举于建成为市人民政府市长，张超超、徐善来、侯成君、毛继春、张喜忱、孙雨、解世增、徐清（女）为副市长。

2006 年 6 月，日照市第十五届人民代表大会第五次会议补选杨军为市人民政府市长。

2008 年 1 月，日照市第十六届人民代表大会第一次会议选举杨军为市人民政府市长，赵效为、侯成君、孙雨、解世增、徐清（女）、万同、刘西良为副市长。

2008 年 7 月，日照市第十六届人民代表大会第二次会议补选赵效为为日照市人民政府市长。

2011 年 6 月，日照市第十六届人民代表大会第六次会议补选李同道为市人民政府市长。

2012 年 3 月，日照市第十七届人民代表大会第一次会议选举李同道为市人民政府市长，唐慎、刘西良、万同、杨留星、陈刚、刘兆亮、郇梅（女）为副市长。

日照市人民政府领导人员表

表 29-1

届次	职　务	姓名	任职时间
筹备组	组　长	王家政	1989 年 10 月至 1990 年 1 月
	副组长	房训佐	1989 年 10 月至 1990 年 1 月
		熊可山	1989 年 10 月至 1990 年 1 月
		肖开富	1989 年 10 月至 1990 年 1 月
		何学志	1989 年 10 月至 1990 年 1 月
	秘书长	刘丕祥	1989 年 11 月任职
第十二届	市　长	王家政	1990 年 1 月至 1993 年 3 月
		尹忠显	1992 年 12 月任职
	副市长	房训佐	1992 年 12 月离职
		熊可山	1990 年 1 月至 1993 年 3 月
		肖开富	1990 年 1 月至 1998 年 2 月
		何学志	1992 年 3 月离职
		陈万光	1990 年 9 月任职
		陈晓丽(女)	聘请,1990 年 9 月至 1992 年 9 月
		焉荣竹	1992 年 9 月任职
		祝利民(女)	1992 年 12 月任职
	市长助理	刘丕祥	1992 年 5 月任职
	秘书长	刘丕祥	1992 年 5 月离职
		党英明	1993 年 2 月任职
第十三届	市　长	尹忠显	1995 年 6 月离职
		班开庆	1995 年 6 月至 1997 年 12 月
		焉荣竹	1997 年 12 月任职
	副市长	肖开富	
		陈万光	1996 年 8 月离职
		焉荣竹	1997 年 12 月离职
		刘丕祥	1993 年 3 月至 2001 年月
		祝利民(女)	1992 年 12 月—
		高振刚	挂职,1995 年 3 月至 1997 年 12 月
		孙运河	1994 年 3 月任职
		徐善来	1996 年 2 月任职
		杨文延	1996 年 11 月任职
		董维杰	1997 年 12 月任职
	市长助理	常喜太	1993 年 3 月任职
		高振刚	挂职,1993 年 4 月至 1995 年 3 月
		宋戈平	1995 年 3 月任职
		李志久	1995 年 10 月任职
		张守训	1996 年 1 月任职
		方　凌	1996 年 1 月任职
		王振仑	1996 年 1 月任职
	市政府经济顾问	李吉士	1993 年 3 月任职
	秘书长	党英明	1996 年 2 月离职
		靳惠民	1996 年 2 月任职

续表 29-1

届次	职　务	姓　名	任职时间
第十四届	市　长	焉荣竹	1998 年 6 月离职
		杨庆文	1998 年 6 月至 2000 年 1 月
		夏　耕	2000 年 1 月至 2001 年 6 月
		李兆前	2001 年 6 月至 2002 年 12 月
		于建成	2002 年 12 月任职
	副市长	莫西云	2003 年 2 月离职
		刘丕祥	2001 年 1 月离职
		孙运河	2003 年 2 月离职
		徐善来	2006 年 2 月离职
		杨文延	2002 年 10 月离职
		郑玉平(女)	2003 年 2 月离职
		董维杰	2002 年 12 月离职
		傅瑞荣	2003 年 2 月离职
		张超超	2000 年 5 月聘请,2002 年 3 月任职
		侯成君	2002 年 12 月任职
		毛继春	2001 年 1 月任职
		张喜忱	2002 年 12 月任职
	秘书长	靳惠民	2003 年 2 月离职
第十五届	市　长	于建成	2006 年 2 月离职
		杨　军	2006 年 2 月至 2008 年 1 月
	副市长	张超超	2005 年 9 月离职
		徐善来	2006 年 2 月离职
		李守民	2006 年 2 月至 2007 年 1 月
		赵效为	2006 年 12 月至 2008 年 1 月
		侯成君	
		毛继春	2008 年 1 月离职
		张喜忱	2008 年 1 月离职
		孙　雨	2003 年 2 月任职
		解世增	2003 年 2 月任职
		徐　清(女)	2003 年 2 月任职
		万　同	2004 年 7 月任职
		刘西良	2006 年 1 月任职
		许　超	2006 年 8 月挂职
	秘书长	陈　刚	2003 年 3 月任职

续表 29-1

届次	职务	姓名	任职时间
第十六届	市长	赵效为	2008 年 1 月至 2011 年 2 月
		李同道	2011 年 2 月任职
	副市长	侯成君	2012 年 3 月离职
		唐　慎	2009 年 3 月任职
		孙　雨	2012 年 3 月离职
		解世增	2012 年 3 月离职
		徐　清（女）	2012 年 1 月离职
		万　同	
		刘西良	2012 年 2 月离职
		许　超	2008 年 8 月离职
		余兴安	2010 年 4 月任职
		杨留星	2012 年 1 月任职
	副市级干部	崔　亮	2009 年 12 月至 2012 年 3 月
		槐国栋	2007 年 11 月至 2012 年 1 月
	秘书长	陈　刚	2008 年 3 月任职
第十七届	市长	李同道	
	副市长	唐　慎	2012 年 8 月离职
		钱焕涛	2012 年 9 月任职
		万　同	2012 年 9 月离职
		刘西良	
		余兴安	2012 年 4 月离职
		杨留星	
		陈　刚	2012 年 3 月任职
		刘兆亮	2012 年 3 月任职
		郇　梅（女）	2012 年 3 月任职
		马先俠	2012 年 9 月任职
	特邀咨询	孙海亭	2012 年 3 月任职
		毛继春	2012 年 3 月任职
		张喜忱	2012 年 3 月任职
		孙　雨	2012 年 3 月任职
	秘书长	陈　刚	2012 年 5 月离职
		李崇禧	2012 年 5 月任职

第二节　工作机构

1989年升格后机构设置　市政府工作部门设办公室、计划委员会、经济委员会、农业委员会、城乡建设委员会、交通委员会、经济体制改革委员会、科学技术委员会、教育委员会、文化体育委员会、计划生育委员会、民政局、公安局、国家安全局、司法局、监察局、人事局、劳动局、财政局、税务局、商业局、粮食局、对外经济贸易局、对外经济委员会、卫生局、环境保护局、审计局、工商行政管理局、物价局、技术监督局、外事侨务办公室、水产局。之后,市政府先后增设盐务局、经济研究中心、公路局、矿产建材局、防空委员会办公室、乡镇企业局、广播电视局、机械化学工业局、轻工业局、纺织工业局、经济技术协作办公室、旅游局、口岸管理委员会、黄金工业总公司(加挂黄金工业局牌子)、土地管理局、水利局、农业局、林业局、统计局、海洋局、城市信用社中心社、航运管理局、大陆桥工作办公室、仲裁委员会办公室。

1996年机构改革后机构设置　改革调整后,市政府工作部门41个,分别是市政府办公室、计划委员会、经济体制改革委员会、对外经济贸易委员会、教育委员会、科学技术委员会、公安局、国家安全局、监察局(与纪委机关合署)、民政局、司法局、财政局、人事局(机构编制委员会办公室与其合署)、劳动局、建设委员会、交通局、水利局、农业局、林业局、贸易局(挂市政府财贸办公室牌子)、粮食局、文化局、广播电视局、卫生局、体育运动委员会、计划生育委员会、审计局、统计局、工商行政管理局、技术监督局、乡镇企业局、环境保护局、土地管理局、地方税务局、海洋与水产局、机械化学工业局、地质矿产局、旅游局、外事办公室(侨务办公室与其合署)、农业办公室、口岸办公室;另设置部门管理机构4个:物价局保留正处级规格,法制局、国有资产管理局、防空办公室为副处级规格。监察局与纪委机关合署,不计入机构个数。

2000年机构改革后机构设置　改革调整后,市政府工作部门31个,分别是市政府办公室(挂市政府法制办公室牌子)、市发展计划委员会、市经济贸易委员会、市对外贸易经济合作局、市教育局、市科学技术局、市公安局、市监察局(与市纪律检查委员会机关合署)、市民政局、市司法局、市财政局、市人事局(市机构编制委员会办公室与其合署)、市劳动和社会保障局、市规划建设委员会、市交通局、市水利局、市农业局、市林业局、市粮食局、市文化局(挂市新闻出版局牌子)、市广播电视局、市卫生局、市体育局、市计划生育委员会、市审计局、市统计局、市环境保护局、市国土资源局、市海洋与渔业局、市旅游局、市政府外事办公室(挂市政府侨务办公室牌子)、市政府口岸办公室;议事协调机构的办事机构1个(市人民防空办公室);部门管理机构1个(市物价局,由市发展计划委员会管理);机构总数33个。

2004年机构改革后机构设置　改革调整后,市政府工作部门31个,分别是市政府办公室(挂市政府法制办公室牌子)、市发展和改革委员会、市经济贸易委员会、市对外贸易经济合作局、市教育局、市科学技术局、市公安局、市监察局(与市纪律检查委员会机关合署,不计入政府工作部门个数)、市民政局、市司法局、市财政局、市人事局(市机构编制委员会办公室与其合署)、市劳动和社会保障局、市规划建设委员会、市交通局、市水利局、市农业局、市林业局、市文化局(挂市新闻出版局牌子)、市卫生局、市体育局、市人口和计划生育委员会、市审计局、市统计局、市环境保护局、市国土资源局、市海洋与渔业局、市旅游局、市政府外事办公室(挂市政府侨务办公室牌子)、市政府口岸办公室、市安全生产监督管理局、市城市管理行政执法局;议事协调机构的办事机构1个(市人民防空办公室);部门管理机构1个(市物价局,由市发展和改革委员会管理)。机构总数33个。

2009年机构改革后机构设置　改革调整后,市政府设置工作部门31个,分别是市政府办公室(挂市政府法制办公室牌子）、市发展和改革委员会、市经济和信息化委员会、市商务局、市教育局、市科学技术局、市公安局、市监察局（与市纪律检查委员会机关合署）、市民政局、市司法局、市财政局、市人力资源和社会保障局（挂市外国专家局牌子）、市住房和城乡规划建设委员会（挂市城市管理行政执法局牌子）、市交通运输局、市水利局、市农业局、市林业局、市文化广电新闻出版局、市卫生和计划生育委员会、市体育局、市审计局、市统计局、市环境保护局、市国土资源局、市海洋与渔业局、市旅游局、市政府外事侨务办公室、市政府口岸办公室、市人民防空办公室、市安全生产监督管理局、市食品药品监督管理局；部门管理机构2个：市物价局、市金融工作办公室。监察局与市纪律检查委员会机关合署，列入政府工作部门序列，不计入政府机构个数。

2013年食品药品工商质监管理体制改革后机构设置　2013年食品药品工商质监管理体制改革，将工商、质监省级以下垂直管理改为地方政府分级管理体制。至2013年年底，市政府工作部门由31个增加到33个，分别是市政府办公室（挂市政府法制办公室牌子）、市发展和改革委员会、市经济和信息化委员会、市商务局、市教育局、市科学技术局、市公安局、市监察局（与市纪律检查委员会机关合署）、市民政局、市司法局、市财政局、市人力资源和社会保障局（挂市外国专家局牌子）、市住房和城乡规划建设委员会（挂市城市管理行政执法局牌子）、市交通运输局、市水利局、市农业局、市林业局、市文化广电新闻出版局、市卫生和计划生育委员会、市体育局、市审计局、市统计局、市环境保护局、市国土资源局、市海洋与渔业局、市旅游局、市政府外事侨务办公室、市政府口岸办公室、市人民防空办公室、市安全生产监督管理局、市食品药品监督管理局（挂市食品安全委员会办公室牌子）、市工商行政管理局、市质量技术监督局；部门管理机构2个：市物价局、市金融工作办公室；监察局与市纪律检查委员会机关合署，列入政府工作部门序列，不计入政府机构个数。

第二章　施政情况

第一节　第十二届市政府施政情况

（1990年1月至1993年3月）

1990年1月，市十二届人大一次会议选举产生市政府领导机构，任期至1993年3月。此届政府任期的3年，是日照市升格为地级市的起步阶段，百业待兴，多方关系亟待理顺。在这种特殊的历史条件下，市政府团结依靠全市人民，坚定不移地贯彻执行党的路线、方针、政策，遵循省委、省政府提出的“加强港口管理，搞好对外开放，开发建设鲁南，振兴山东”地级日照市建市指导思想，团结实干，开拓进取，大力推进两个文明建设，使全市出现了国民经济和各项社会事业持续稳定发展、政治安定、社会稳定的局面。1992年，全市完成国内生产总值44.99亿元，实现国民收入41.2亿元，工农业总产值达到97亿元，分别比1989年增长45.1%、50.5%和62.4%，年均递增13.2%、14.6%和17.5%。

农业基础得到强化，农村经济全面发展。调整优化农村产业结构，积极推动农业综合开发，使农村经济在粮食生产稳定增长的同时得到全面发展。围绕发展高产优质高效农业，组织82项农业科技开发，推广120余项适用技术,农业生产水平明显提高;投工1.1亿个,投资1.2亿元,完成各类工程1.2万个,强化农业基础设施建设,农业生产条件有了较大改善;四级乡镇企业已发展到7.4万家,转移劳力39万人,完成产值占农村社会总产值的55.5%;实施建设“海上日照”战略,水产品总产量3年增长1.3倍。1992年,全市农业总产值32.97亿元,比1989年增长28.4%;农民人均纯收入达到788元,增加121元。

工业速度、效益、后劲同步增长。坚持内涵与外延并重、速度与效益并重,加强现有企业管理,深化企业改革,深入开展“质量品种效益年”、“三严两整顿”(严格劳动纪律、严格工艺纪律、严格岗位责任制,整顿现场管理、整顿规章制度)等活动,工业发展步伐加快,效益不断提高。1992年全市工业总产值完成49.03亿元,比1989年增长95.8%,其中乡及乡以上工业完成产值29亿元,实现利税2.08亿元,分别增长91.1%和89.1%。全市进行技术改造274项,完成技术开发项目87项,总投资4.15亿元,发展后劲大大增强。大中型项目建设成绩斐然,继兖日水煤浆项目一期投产后,木浆、大宇水泥等项目前期工作基本就绪,大电厂一期工程、10万立方米水厂等项目前期工作扎实推进。

商品流通更加活跃,财政金融持续稳定发展。按照“大商贸”思路,深化流通体制改革,大力推行“四放开”,企业活力不断增强,流通体系进一步完善,城乡市场更加活跃。1992年,全市社会商品零售总额完成19.2亿元,比1989年增长58.3%。交通运输发展加快,货运周转量增长79.1%。坚持开源与节流并重,财政收支保持基本平衡。1992年,全市完成财政收入1.91亿元,财政支出2.3亿元,分别比1989年增长49.8%和39.1%。千方百计开辟融资渠道,信贷能力大幅度增加。1992年年底,各项存款余额24亿元,各项贷款余额26.5亿元,分别比1989年年初增长1.1倍和1.4倍;日照金融市场开业一年零八个月融资72亿元;3年保险理赔2986万元。

对外开放不断扩大,外向型经济发展迅速。通过举办“三胞”联谊会、西安经济技术协作洽谈会、香港新闻发布会和参加青岛小交会、广交会等活动,加强与市外、国外的联络,提高了日照的知名度。对外交往不断扩大,与土耳其的特拉布松市结为友好城市。进行外贸体制改革,理顺内部和上下关系,增强了外贸企业活力。1992年,全市完成出口商品收购额7.33亿元,比1989年增长1.9倍。引进利用外资有了突破性进展,全市已累计批准开办利用外资项目105个,合同利用外资1.01亿美元,实际利用外资4960万美元。日照开发区建设起点高、开发快、效益好,基本形成大发展的框架和规模;岚山开发区起步虽晚,但进展较快,已取得明显实效。两个开发区的举办,为促进全市改革开放起到了重要试验、示范作用。内联工作成效显著,已与37个市(县、区)和473个大专院校、科研单位、大中型企业建立友好关系与经济技术关系,引进一大批专业技术人才和资金、技术。制定和落实《日照市成片土地开发试行办法》等政策,房地产开发呈现良好势头,1992年就出让土地116幅、195.7公顷。

港城基础设施建设得到强化。修订完成城市总体规划;完成东港区境内016省道改造、204国道、048省道路基拓宽和郝李路五莲西段、莒新路莒县段改造工程;进行诸城至日照输变电工程建设和日照变电站扩建;开通市区7000门程控电话、移动通信、无线寻呼和五莲、莒县直拨电话;结合开展城市“三上”(规划、建设、管理上台阶)等活动,投入资金8635万元,完成街道硬化56万平方米,给排水工程35处,治污工程13处;沿海、五莲山和浮来山等区域旅游服务设施建设得到加强。日照港新增2个万吨级以上泊位,岚山港液体化工品储运站建成,两港上年完成吞吐量1320万吨,比1989年增长47.3%。

科技教育等各项社会事业不断发展。实施省以上科技攻关和科技开发项目75个,有15项科技成果获省以上奖励,有些成果填补省内国内空白;推广应用各类科技成果118项,经济增长的科技贡献率得到提高。31个乡镇实现初等义务教育;市、县区职教学校发展到19处,在校生比三年前增加1倍;完成校改投入4798万元,城镇中小学校舍改造完成80%以上。组建曙光歌舞团,新建39个乡镇文化中心、1890个农村文化大院;23部文艺作品获省以上奖励。全市卫生机构病床新增206张,农村集体办医的卫生室改建1308个。扩建了日照电视台、广播电台,新建岚山、五莲、莒县等5个电视差转台,开通微波传输线路。组织参加28次省以上体育比赛,获得奖牌258枚;承办全国摩托艇比赛等5次省以上体育比赛。计划生育工作水平和质量不断提高,在人口生育高峰期,人口自然增长率在8‰以下。高质量地完成了第四次人口普查工作。新闻、出版、档案、史志、外事、侨务、对台事务和社会保障等各项事业都有较大发展。

社会主义精神文明建设不断加强。以宣传中共十一届三中全会以来的路线、方针、政策为主线,大力加强思想政治工作,深入开展城乡社教,广大干部群众跟党走社会主义道路的信念更加坚定。加强社会公德、职业道德教育,行业作风和社会风气不断好转。深入进行国防教育,加强民兵预备役建设;广泛开展军民共建活动,建成"省级双拥模范城"。大力推进社会主义民主和法制建设,坚持依法治市,加强社会治安综合治理,刑事案件发案率是全省最低的市地之一,为改革开放、经济发展和人民群众生活创造了良好的政治与社会环境。

第二节　第十三届市政府施政情况

(1993年3月至1998年2月)

1993年3月,市十三届人大一次会议选举产生新一届市政府领导机构,任期至1998年2月。此届政府任期5年间,坚持以邓小平理论和党的基本路线、基本方针为指导,坚定不移地把改革开放和现代化建设事业不断推向前进,较好地完成了十三届人大一次会议确定的任务目标,全市呈现出政治安定、经济发展、社会进步、人民群众安居乐业的良好局面。

经济实力不断增强,产业结构逐步优化。1997年全市国内生产总值143.71亿元,比1992年增长1.01倍。地方财政收入6.18亿元,按可比口径,比1992年增长3.29倍,连续五年实现了财政收支平衡。全社会固定资产投资五年累计完成173.7亿元,年均递增29.7%。银行信贷累计500多亿元。农业基础地位进一步巩固。农田水利基本建设和农业综合开发取得较好成绩,粮油生产迈上新的台阶,林、牧、副、渔和乡镇企业全面发展。1997年全市第一产业增加值39.36亿元,比1992年增长34.9%。工业呈现出总量扩大、增量优化、后劲增强的发展势头。五年内全市累计完成工业投入65.8亿元,年利税过千万元的企业由1992年的3家发展到17家;大型临海工业建设取得重大进展,大宇水泥粉磨厂一期工程竣工投产,日照电厂正在加紧建设,木浆项目初步设计通过国家计委审查。1997年,全市第二产业增加值51.76亿元,比1992年增长1.58倍。第三产业有了新的发展。太阳城市场、安东卫海货城等一批骨干市场相继投入使用,凌云集团进入全省流通行业十强和全国供销企业百强第二位;个体私营经济发展态势良好,全市个体工商户发展到1.12万户,私营企业1644家,分别比1992年增加8.5万户和1578家;城市公交、地方海运、旅游、房地产、社会服务等新兴行业逐步发育。1997年,第三产业增加值52.59亿元,比1992年增长1.58倍。全市经济结构进一步优化,三次产业比例由1992年的46∶27.7∶26.3调整为27.4∶36∶36.6。

各项改革向纵深推进,对外开放迈出新的步伐。以股份制改造和战略性重组为重点的企业改革取得较大进展。全市经规范确认的股份有限公司达到16家,组建股份合作制企业330家、市级以上企业集团68家,对13家特困企业实施破产重组,有5家县属以上企业被省内大企业兼并或收购,盘活存量资产近

5亿元。农村以家庭联产承包为主的责任制和统分结合的双层经营体制进一步完善，产业化生产和股份合作制经营持续发展，土地使用权流转、小型农田水利设施产权制度改革初见成效。社会保障体系逐步建立和完善，市、县、乡机构改革和推行国家公务员制度工作完成省政府规定的任务目标。日照开发区被列为全国开发区行政管理体制和机构改革试点单位。财税、金融等宏观经济体制改革取得重要进展。对外开放的广度和深度不断拓展和深化。五年间，全市实际利用外资累计3.4亿美元。1997年，全市完成进出口总额8.12亿美元，比1992年增长1.9倍。对外经济技术合作与交流不断扩大，已与50个国家、地区和国内100多个市地建立合作关系。园区建设规模进一步扩大，全市先后创办中小企业园、民营科技园、山海天旅游度假区、少数民族扶贫开发试验区、对外加工贸易储运区，为扩大招商引资创造了良好条件。

桥头堡建设取得新的突破，城市载体服务功能逐步完善。经过努力争取，国家正式批准日照市为新亚欧大陆桥东方桥头堡，并将日照桥头堡建设列入《中国21世纪议程优先项目计划》，省委、省政府专门制定了日照桥头堡建设及鲁南经济带发展规划。日照港二期工程和岚山港煤炭专用泊位竣工投产，日照至北京特快旅客列车正式开行，日照至日本大阪、韩国釜山集装箱航线相继开通。积极推行口岸查验和港路运输“一站式”服务，口岸查验效率和水平进一步提高。1997年，两港吞吐量1844万吨，比1992年增长39.7%。以交通、电力、通信、城建为重点的基础设施建设成效显著。公路建设，对境内主要国道、省道进行拓展改造，新建石岚沿海公路，市与县驻地全部由二级公路连接。电力建设，完成一批规模较大、档次较高的输电线路和变电站等电力骨干工程，实现了双电源供电和全市户户通电。通信建设，建成数字移动、无线寻呼等通信网络，电话交换机容量达到14.8万门，比1992年增长4.7倍。城市建设，编制完成跨世纪城市总体规划，新建改建城市道路49条、268千米，市区建成区面积由13.1平方千米扩展到25平方千米。为充分体现海滨城市特色，决策实施了市区建设重点的战略东移，市级机关办公大楼、电力大厦、邮电枢纽大楼等一批骨干工程相继建成使用，新市区开发建设已初具规模。

科技、教育等社会各项事业持续发展，精神文明建设水平进一步提高。实施“科教兴市”战略取得新的成绩。5年来，全市取得重要科技成果629项，其中3项达到国际先进水平，50项达到国内领先水平，科技进步对经济增长的贡献率达到40%，比1992年提高8个百分点。国家级社会发展综合实验区通过国家实验区专家组评审。教育结构不断优化，教学水平逐步提高，先后创办了市广播电视大学、经济学校等5所大中专学校，全市提前完成教育“两基”任务，3所学校被确定为全国重点职业学校，创办日照职业技术学院工作通过国家教委评审。文艺创作取得新的成果，群众性文化活动日趋活跃。医疗卫生事业健康发展，全市实现了农村初级卫生保健，创建爱婴市工作通过省级验收，市中医院一期工程开工建设。有线广播电视专用传输网主干线工程建成开通，节目覆盖率和传输质量明显提高。竞技体育取得较好成绩，1997年获得省委、省政府授予的“振兴山东体育贡献奖”。实施可持续发展战略成效显著。连续五年人口自然增长率为6.17‰。对重点污染企业实行限期治理，全市大气质量保持一级水平，城市饮用水源合格率100%，近岸海域水质保持一类标准。耕地保护工作得到加强。矿产资源勘查、开发管理步入法制轨道。新闻出版、对台事务、侨务、外事、民族宗教、人防、老龄、史志、档案等各项事业都有新的发展。精神文明创建活动卓有成效，社会文明程度进一步提高，先后涌现出刘加锋、郭合连、王彦波等一批英模人物和先进群体。双拥共建深入发展，日照军分区正式组建，国防后备力量建设得到加强，优抚工作“四个一”建设经验在全国推广。积极推行村务公开，促进了农村基层政权民主化、法制化建设。认真处理人民来信来访，妥善解决农民和企业负担重、山区和库区群众以及城镇低收入人员生活困难等问题，密切了党群、干群关系。反腐败斗争逐步深入,严厉查处一批大案、要案,促进了党风、政风和社会风气的进一步好转。加强政府法制建设,自觉坚持依法行政,政府工作初步纳入法制化轨道。深入开展“二五”“三五”普法教育,全社会的法制观念进一步增强。在全省率先开通110报警服务系统,在打击犯罪、为民服务等方面发挥了重要作用。大力推行社会治安综合治理“细胞工程”,严厉打击各类违法犯罪活动,为改革开放和现代化建设提供了稳定的社会环境。

城乡居民收入稳步增加,人民群众生活继续得到改善。1997年,全市城镇人均可支配收入5193元,农民人均纯收入2298元,分别比1992年增加3296元和1510元。城乡居民储蓄存款余额63.8亿元,比1992年增长2.71倍。至1996年年底,全市17个乡镇、899个行政村达到小康水平。1997年农村贫困户和贫困人口分别减少3240户和9400人。人民群众的衣食住行、文化娱乐、医疗保健条件都有改善。

第三节　第十四届市政府施政情况

(1998年2月至2003年2月)

1998年2月,市十四届人大一次会议选举产生新一届市政府领导机构,任期至2003年2月。此届政府任期的五年,经历了亚洲金融危机和中国加入WTO(世界贸易组织)等重大事件。面对各种机遇和挑战,市政府坚持以邓小平理论和“三个代表”重要思想为指导,解放思想,与时俱进,真抓实干,较好地完成了市十四届人大一次会议确定的任务目标。

经济实力明显增强,结构得到优化。2002年,实现国内生产总值239.99亿元,比2001年增长12.6%,5年平均增长11%。农业生产水平不断提高,完成农业增加值53.38亿元,比2001年增长3.6%,5年平均增长4.8%。工业经济快速发展,日照电厂和森博浆纸等一批骨干企业建成投产,全市工业增加值达到91.35亿元,比2001年增长16.8%,5年平均增长15.2%;规模以上工业实现销售收入139.95亿元、利税10.8亿元,5年平均分别增长17%和18.1%。第三产业繁荣活跃,全市实现第三产业增加值99.8亿元,比2001年增长14%,5年平均增长13.5%;社会消费品零售总额74.91亿元,5年平均增长12.5%;金融机构存款余额182.51亿元,5年平均增长15%。地方财政收入达到10.4亿元,按可比口径比上年增长7.2%,5年平均增长13.1%。三次产业比例调整为20.4∶41.4∶38.2,非公有制经济增加值占国内生产总值的比重达到45.5%。

各项改革向纵深推进,对外开放不断扩大。企业产权制度改革不断深化,如期实现了国有大中型企业“三年两个目标”(三年实现改革、脱困两大目标),乡及乡以上企业改制率97.2%。坚持用改革的办法解决前进中的问题,“两金”(存货资金和应收账款资金)风险得到化解,一些企业的历史遗留问题得到解决。整顿和规范市场经济秩序工作成效明显。机构改革、行政审批制度改革基本完成,农村税费改革取得阶段性成果。广泛开展招商活动,努力提高对外开放水平。2002年实际利用外资5574万美元,比2001年增长55.3%,5年累计实际利用外资3.97亿美元,是前5年的1.2倍;完成进出口总值9.23亿美元,比2001年增长20.2%,年均增长2.6%,全市经济外向度达到29.2%。

基础设施日臻完善,城市面貌发生显著变化。2002年,完成固定资产投资85.36亿元,比2001年增长13%;5年累计完成固定资产投资350亿元,是前5年的两倍。日照港木片码头、油码头和岚山港液体化工码头竣工投运,港口货物吞吐量和集装箱运量分别达到3805万吨和6.26万标箱。日东高速公路日照段、北沿海路及菏日铁路复线日照段建成通车,同三高速公路、胶新铁路日照段和疏港路开工建设,硬化改造境内国道、省道和县乡公路563千米。沿海防潮堤工程和日照水库除险加固工程进展顺利。城乡电网改造任务全面完成。奎山水厂、市污水处理厂一期工程和莒县污水处理厂投入运行。城市建成区面积扩展到39.9平方千米,新增城市绿地246万平方米,人均公共绿地达到12.4平方米,被评为全国园林绿化先进城市。

科教兴市战略深入实施,社会事业全面发展。5年全市共取得重要科技成果371项,省级高新技术企业发展到11家。国家农业综合开发高新技术示范园建立。日照职业技术学院成立。曲阜师范大学和山东体育学院落户日照,5200余名学生入校学习,结束了日照市没有普通高校的历史。全市新建扩建普通高中17所,高中段招生比例提高22个百分点。市博物馆一期工程、市医院新病房楼建成启用。获得2005年欧洲级和2006年470级帆船世界锦标赛承办权。计划生育工作连续五年被省委、省政府授予一等奖。国土资源管理得到加强。在全省率先实现了环境保护"一控双达标"(污染物总量控制、工业污染源达到排放标准、空气和地面水达到环境质量标准),被列为国家可持续发展实验区、全国生态示范区建设试点市和国家环境保护重点城市。新闻出版、民族宗教、外事、侨务、对台事务、审计、统计、物价、人防、老龄、史志、档案、气象、残疾人事业等都有新的发展。

城乡居民收入稳步增加,生活质量明显改善。城镇居民人均可支配收入7423元,农民人均纯收入3121元,年均分别增长7.4%和6.3%。城乡居民人均住房面积分别为19平方米和27.1平方米。实现了村村通程控电话,固定电话普及率提高10个百分点,移动电话用户增加22.5万户。社会保障体系不断完善,覆盖面进一步扩大。5年新增城镇从业人员5万人,安置下岗失业职工5923人。

精神文明和民主法制建设不断加强,社会保持稳定。全市深入开展"三个代表"重要思想学习教育活动,精神文明创建取得明显成效。国防教育和后备力量建设得到加强,双拥共建跨上新台阶,被命名为全国双拥模范城。"三五"普法和第一个依法治市五年规划完成,村(居)委会直选推行。反腐败斗争不断深入,一批违法违纪案件得到查处。民主评议行风的经验在全国推广。社会治安综合治理走在全省前列。深入开展"严打"整治,积极做好信访工作,妥善处理人民内部矛盾,强化安全生产监督管理,保持了政治安定和社会稳定。

此届政府任期的5年,完成了现代化建设第二步战略目标,初步建立起社会主义市场经济体制,实现了人民生活水平总体上由温饱向小康的跨越。

第四节　第十五届市政府施政情况

(2003年2月至2008年1月)

2003年2月,市十五届人大一次会议选举产生新一届市政府领导机构,任期至2008年1月。此届政府任期5年间,坚持以邓小平理论和"三个代表"重要思想为指导,认真落实科学发展观,深入实施"四大战略",积极构建和谐社会,完成市十五届人大一次会议确定的目标任务,有力地推进了日照市科学发展、跨越发展、和谐发展。

经济快速攀升,综合实力显著增强。全市生产总值由2002年的240亿元增加到2007年的630亿元,5年平均增长17.1%,比上一个5年提高6.1个百分点。人均GDP突破3000美元,是2002年的2.6倍。境内财政总收入由36.4亿元增加到149.69亿元,5年平均增长32.7%;地方财政收入2007年实现28.98亿元,是2002年的2.79倍。5年累计完成全社会固定资产投资1142.95亿元,是上一个5年的

3.3 倍。社会消费品零售总额由 74.91 亿元增加到 172.27 亿元,5 年平均增长 18.1%。金融机构存贷款余额分别由 182.5 亿元、165.8 亿元增加到 528 亿元和 539 亿元,5 年平均分别增长 23.7%和 26.6%。

结构调整成效明显,优势产业不断壮大。三次产业结构调整为 13.7∶50.1∶36.2。农业综合生产能力逐年提高,茶叶、蔬菜、水产、畜牧等特色农业和农村二、三产业快速发展,社会主义新农村建设扎实推进。工业化进程加快,钢铁、能源、机械制造、浆纸、食品加工、石油化工等临港工业迅速崛起,一批骨干企业培育壮大,成为经济增长的重要动力。全市规模以上工业企业由 233 家增加到 796 家,主营业务收入过亿元的企业由 31 家发展到 118 家;规模以上工业企业年主营业务收入、增加值、利税分别达到 943.6 亿元、236.6 亿元、114.17 亿元,5 年平均分别增长 45.7%、40.7%和 58.2%。高新技术产业产值 5 年平均增长 64.3%。物流、旅游、金融等服务业快速发展,日照港实现亿吨跨越,年货物吞吐量从 2002 年的 3805 万吨提高到 13063 万吨,跃升为中国大陆沿海第九个亿吨综合枢纽大港。

各项改革深入推进,对外开放迈出新步伐。农村税费改革完成,各项综合配套改革稳妥推进。企业改革不断深化,现代企业制度逐步完善,各类要素市场快速发育。日照港、昌华集团分别在上海证交所、新加坡证交所上市。民营经济发展活力增强,日钢、五征、金马、三木、东升、晨曦等一批民营企业成为区域经济发展的骨干力量。财税、粮食、行政管理和事业单位等改革取得明显成效。全市 5 年累计实际利用外商直接投资 6.39 亿美元,是上一个 5 年的 1.6 倍。在日照市投资发展的世界 500 强企业由 3 家增加到 16 家。进出口总值由 9.23 亿美元增加到 57.6 亿美元,5 年平均增长 44.2%,外贸依存度由 29%提高到 66%。承办第六次泛黄海中日韩经济技术交流会议、中意企业合作高层论坛等重要活动,开通了至韩国平泽的客箱班轮航线,日照口岸落地签证获得国务院批准,与国外 5 个城市缔结友城关系,出入境外国人数从 2002 年的 3.9 万人增加到 24.3 万人。接轨青岛全面启动,与半岛城市群、鲁南经济带和沿亚欧大陆桥地区各市的合作取得新的成果。鲁南(日照)国际贸易与航运服务中心开工建设。青岛流亭机场在日照市设立虚拟空港,日照港与青岛港合资成立集装箱码头有限公司。

基础设施建设加快,城乡面貌焕然一新。日照市制定城市发展战略规划,完成新一轮城市总体规划修编,争取设立岚山区,搭起了"双城一区、轴向拓展"的城市框架。5 年日照市累计完成市政建设投资 107.5 亿元,新增城市道路、绿化面积分别是上一个 5 年的 4 倍和 5 倍,森林覆盖率达到 33.45%,人均公共绿地面积达到 20.4 平方米。灯塔广场、世帆赛基地、水上运动基地、迎宾路、银河公园等城市精品工程建成,城市环境综合整治定量考核连续 5 年保持全省第一。港口规划建设取得重大进展,《日照港总体规划》通过交通部和省政府联合审查。5 年全市累计完成港口建设投资 118 亿元,是上一个 5 年的 5.4 倍,先后建成矿石、集装箱等万吨级以上泊位 20 个,新增通过能力 5530 万吨。胶新铁路、同三高速、南北沿海公路建成通车,境内国道、省道全部升级改造;第一批百座水库除险加固工程全面完成,城市调水供水工程顺利实施,新增城市日供水能力 20 万立方米;新增变电容量 126 万千伏安,新建、扩建 220 千伏变电站 5 座。5 年累计投入 45 亿元,大力推进农村"路水电医学"等设施建设,村村通硬化路率、自来水普及率、有线广播电视通村率分别达到 98.5%、84%、87%,完成乡镇卫生院改造 46 所,新建改造农村中小学 612 所。

经济社会协调发展,人民生活水平显著提高。"科教兴市"战略深入实施,5 年取得重要科技成果 576 项,国家专利申请量、授权量 5 年平均分别增长 40%;争创中国名牌产品 3 个、中国驰名商标 3 个、山东名牌产品 45 个、山东著名商标 24 个,日照绿茶成为国家地理标志保护产品。小学、初中适龄儿童入学率均达到 100%,高中段教育普及率比 2002 年提高 38.9 个百分点;大学科技园入园高校达到 6 所,在校大学生5.5万人。环境保护工作进一步加强，节能降耗、治污减排和节约集约用地取得初步成效。连续5年被省委、省政府授予人口和计划生育目标管理一等奖。卫生、文化、体育、广播电视等事业取得新的成绩。城镇居民年人均可支配收入由7423元增加到13021元，农民年人均纯收入由3121元增加到5319元，年均分别增长11.9%和11.3%；城乡居民储蓄存款余额达到250亿元，是2002年的2.2倍。5年累计新增城镇就业17.58万人，帮助4.2万名城镇失业人员实现再就业，有组织转移农村劳动力11万人。社会保障体系进一步健全，养老保险制度不断完善，城乡低保实现动态管理下的应保尽保，新型农村合作医疗参合率达到93.5%。实施经济适用房货币直补和廉租房补贴政策，5年拨付1.64亿元为3654户城市低收入家庭解决了住房困难。坚持不懈地为群众办实事，5年完成市办实事重点项目58件，有效解决了农民出行难、吃水难、看病难和困难群体生活难、就业难、子女上学难等切身利益问题。“平安日照”建设扎实推进，公众安全感进一步提高。

5年中，日照市先后荣获中国优秀旅游城市、国家环保模范城市、国家卫生城市、国家园林城市、国家节水型城市、全国绿化模范城市、创建国家循环经济示范市和全国双拥模范城、中国金融生态城市、中国投资环境百佳城市、世界清洁能源奖等十几个先进称号，先后成功承办了国际欧洲级和470级帆船锦标赛、首届中国水上运动会、中国电影“金凤凰”奖颁奖系列活动等重大体育赛事和文化活动，城市竞争力、吸引力和影响力显著提升。

第五节　第十六届市政府施政情况

（2008年1月至2012年3月）

2008年1月，市十六届人大一次会议选举产生新一届市政府领导机构，任期至2012年3月。此届政府任期4年间，市政府认真落实科学发展观，深入实施“四大战略”“双轮驱动”，抢抓机遇、攻坚克难、开拓奋进，全市经济社会发展取得重大成就。

综合实力跨上新台阶。全市生产总值突破千亿元大关，从2007年的629.6亿元增加到2011年的1214.1亿元，年均增长13.4%；人均生产总值达到4.32万元，是2007年的1.9倍。境内财政总收入实现510.2亿元，其中地方财政收入68.5亿元，是2007年的2.4倍。进出口总值从2007年的57.6亿美元增加到207.6亿美元，跃居全省第三位，跻身全国外贸百强市。规模以上工业增加值实现727.6亿元，固定资产投资880.7亿元，社会消费品零售总额365.4亿元，分别是2007年的3.1倍、2.5倍和2.1倍。主营业务收入过亿元的企业发展到342家，利税过千万元的300家，分别增加211家和223家。港口货物吞吐量从1.3亿吨跃升到2.5亿吨，相当于4年再造一个亿吨大港；集装箱运量140万标箱，是2007年的3.3倍。金融机构本外币存贷款余额均突破1000亿元，信用总量突破2000亿元，分别是2007年的2.2倍、2.1倍和2.6倍。

优势特色产业快速成长。三次产业结构由2007年的13.7∶50.1∶36.2调整为9.2∶54.4∶36.4。临港大工业迅猛崛起，日照钢铁精品基地列入国家钢铁产业调整振兴规划；汽车及零部件加工已形成整车75万辆、发动机48万台、变速箱50万台的产能；大豆加工能力600万吨，居全国第二位。4年新增油品加工能力700万吨、浆纸110万吨、木材300万立方米。战略性新兴产业加速发展，高新技术产业产值4年平均增长40.7%，11家企业被列入全省首批战略性新兴产业重点调度名单，省级以上企业技术和工程技术研究中心达到47家，新创国家级、省级名牌产品和驰名商标97件。现代服务业发展势头强劲，物流企业发展到600家,实现增加值115.3亿元;游客接待量2451.4万人次,实现旅游总收入151.4亿元,分别是2007年的2倍和2.3倍;加快推进鲁南金融服务中心建设,招商银行、兴业银行、交通银行、中信证券、大华期货和7家保险公司在日照设立分支机构,日照银行在青岛、济南设立分行,新设村镇银行2家。现代农业发展步伐加快,粮食总产连续7年超百万吨,特色农业面积突破6.7万公顷,规模以上农业龙头企业发展到392家,农民专业合作社达到1809家,无公害农产品、绿色食品、有机农产品和地理标志农产品达到291个,日照市被省政府授予"山东省出口农产品质量安全示范市"称号。

基础设施建设实现重大突破。"双城一区、轴向拓展、海陆一体、东西联动"的城市发展框架全面拉开,人居环境持续改善,建成区面积达到93.4平方千米、绿化覆盖率43.1%,城镇化率47.9%。4年全市投入建设资金231.8亿元,建成阳光海岸梦幻海滩、游泳馆、城市规划展览馆、植物园、香河公园等精品工程和天然气长输管线、市区集中供热、垃圾污水处理等大型市政公用设施,完成山东路拓宽改建、北海路建设等一批城市道路工程,改造城中村62个,城市载体服务功能和管理水平明显提升。加快构筑综合交通运输体系,港口集疏运条件更加完备。4年完成港口固定资产投资114.5亿元,建成岚山港区30万吨级原油码头和深水航道一期、南作业区主航道等港口公用基础设施,新增生产性泊位13个、通过能力5681万吨。争取国家将山西中南部铁路大通道出海口定在日照港,并全面开工建设。新菏兖日铁路电气化改造、枣临铁路、东平铁路和疏港高速公路、334、335、342省道改建工程建成通车,日照至仪征、东明原油输送管道投入运营。日照机场争取工作取得重大突破,被列入国家和省"十二五"机场建设发展规划。完成4座大中型水库和360座小型水库除险加固,新发展节水灌溉1.29万公顷,疏浚治理河道200千米。日照水库向市区供水三期、"北水南调"二期和马陵水库并网供水工程竣工投运;220千伏后村、招贤、稍坡输变电工程建成启用。

开放创新展现新局面。日照成为山东半岛蓝色经济区重点开发建设的"两极""三组团"之一;国家主体功能区规划把日照市列为重点开发区域,其战略地位空前提高。日照经济开发区升级为国家级经济技术开发区,日照国际海洋城被列为全省重点打造的三个中外合作园区之一,日照保税物流中心(B型)封关运作,岚山国家级木材贸易加工示范区获准设立,鲁南(日照)国际贸易与航运服务中心建成启用,中韩陆海联运汽车货物运输通道开通,日照国家海洋公园获得批复。接轨青岛进入桥隧同城新时代。招商引资工作成效明显,4年累计招引亿元以上项目511个,实际到账外资16.1亿美元,在日照投资的世界500强企业达到18家。企业上市工作取得新进展,恒宝食品在马来西亚上市,新贵科技在齐鲁股权托管交易中心挂牌交易,日照港通过非公开发行股票募集资金26.9亿元。新一轮政府机构改革完成,行政审批事项精简率达到64.1%。农村综合改革不断深化,集体林权制度改革基本完成。在全省率先实现基本药物制度在基层医疗卫生机构和一体化管理的村卫生室全覆盖,药品价格平均降幅达49.8%,门急诊、住院次均费用分别下降42.4%和43.2%。财税、文化等领域的改革扎实推进。

社会事业蓬勃发展。各级各类教育协调发展,城乡免费义务教育全面实现,学前教育和高中阶段教育基本普及,职业教育得到加强,教育教学质量全面提高。日照市实现全部乡镇有综合文化站,全部行政村有文化大院或文化活动室,农家书屋基本实现全覆盖。创作推出大型旅游歌舞表演《日出先照》,新编大型历史剧《毋忘在莒》晋京演出并荣获全省新创作剧目一等奖。对县乡村医疗卫生设施进行扩建改造和设备升级,公共卫生和基本医疗服务体系得到完善。十一届全运会日照赛区比赛和2010年中国水上运动会等重大体育赛事举办。人口目标责任制考核连年获省一等奖。"十一五"主要污染物总量减排任务全面完成,城市环境综合整治定量考核保持全省第一。耕地总量保持动态平衡。公共安全体系不断完善,“平安日照”建设成效显著。日照市实现了全国双拥模范城“四连冠”。妇女儿童、老年人、残疾人、红十字等事业持续发展,外事、侨务、对台事务、民族宗教、打击走私、司法仲裁、统计、人防、史志、档案、气象等工作取得新的成绩。

人民群众得到更多实惠。4 年中各级财政用于民生的投入达 217.4 亿元,年均递增 38.9%,完成市级为民办实事重点项目 48 件。全市累计新增城镇就业 18.5 万人,转移农村劳动力 12.2 万人。城镇居民人均可支配收入 20098 元,农民人均纯收入 8756 元,分别是 2007 年的 1.5 倍和 1.6 倍。日照市在全省率先实现新农保和城镇居民养老保险国家试点全覆盖,新农保参保率走在全省前列;城镇基本医疗保险覆盖率 100%,新农合参合率 99.6%;城镇五项保险实现市级统筹,覆盖城乡的社会保障体系初步形成。经济适用房货币直补、廉租房补贴、实物配租和公共租赁住房有机衔接的住房保障体系不断完善。日照市在全省率先建立以城乡低保为基础,临时救助、自然灾害救助和医疗、教育等专项救助为辅助的新型社会救助体系。全面落实各项惠农政策,累计发放各类补贴 21 亿元。全部行政村通硬化路,农村自来水普及率提高到 92%,农业机械化综合水平 80.6%,新建改造农房 12.4 万户,新建农村综合超市 367 个,建成新型农村社区 273 个、社区服务中心 108 处,农民生产生活条件明显改善,农村面貌发生新的变化。

此届政府任期的 4 年中,日照市相继获得联合国人居奖、中国人居环境奖、国家可持续发展先进示范区、全国绿化模范城市、首届中国法治政府奖、全国社会治安综合治理优秀市、省级文明城市等荣誉。特别是日照成为山东半岛蓝色经济区的重要增长极,区域发展战略上升到国家层面,让日照发展站在新的历史起点,展现出更为广阔的发展前景。

2012 年 3 月,市十七届人大一次会议选举产生新一届市政府领导机构。2012—2013 年,全市经济发展稳中有进,稳中向好;大项目推进取得突破;城乡一体化发展提速;改革开放迈出新的步伐;保障和改善民生取得新成效。2013 年,全市地区生产总值达到 1500.16 亿元,人均 5.28 万元。社会消费品零售总额 476.21 亿元。公共财政收入突破百亿元大关,达到 100.09 亿元。城市居民家庭年人均可支配收入上升到 25090 元;农村人均纯收入达到 11304 元。各项社会事业得到新的全面发展。

第三十编　政协地方组织

1989年10月，中共山东省委公布地级日照市政协筹备组成员名单，王家政任市政协筹备组组长，赵全忠、陈学志、伊健民任副组长。1990年1月，政协第四届日照市委员会（按原县级日照市政协届次顺延）第一次会议召开，地级日照市政协成立。至2013年，市政协共换届六次，选举产生六届市政协常务委员会；召开全体委员会议24次。历届政协日照市委员会坚持以马克思列宁主义、毛泽东思想、邓小平理论、“三个代表”重要思想、科学发展观、习近平新时代中国特色社会主义思想为指导，突出团结和民主两大主题，切实增强履行政协职能的责任感和使命感，政治协商更加有效，民主监督更加有力，参政议政全面推进，各项工作取得显著成绩。

第一章　政协委员

第一节　市政协委员

按照《中国人民政治协商会议章程》的规定，每届地方政协委员会的参加单位、委员名额和人选及界别设置，经上届地方委员会主席会议审议同意后，由常务委员会协商决定。

政协日照市第四届委员会委员名额255名，第一次全体会议共有委员255名，设置16个界别，其中中共党员52名，人民团体、社会各界196名，占77%；特别邀请人士7名，占3%。本届期间，共增补委员14名，因工作变动等原因不再担任市政协委员1名。届末实有委员268名。

政协日照市第五届委员会委员名额266名，第一次全体会议共有委员266名，设置21个界别，其中中共党员26名，占10%；民主党派、无党派人士10名，占4%；人民团体、社会各界195名，占73%；特别邀请人士35名，占13%。本届期间，共增补委员35名。届末实有委员301名。

政协日照市第六届委员会委员名额280名，第一次全体会议共有委员280名，设置22个界别，其中中共党员18名，占6%；民主党派、无党派人士14名，占5%；人民团体、社会各界221名，占79%；特别邀请人士27名，占10%。本届期间，共增补委员35名，因工作变动等原因不再担任市政协委员1名。届末实有委员314名。

政协日照市第七届委员会委员名额301名，第一次全体会议共有委员301名，设置24个界别，其中中共党员16名，占5%；民主党派、无党派人士21名，占7%；人民团体、社会各界232名，占77%；特别邀请人士32名，占11%。本届期间，共增补委员35名，因工作变动等原因不再担任市政协委员5名。届末实有委员 331 名。

政协日照市第八届委员会委员第一次全体会议共有委员 320 名，设置 25 个界别，其中中共党员 17 名，占 5%；民主党派、无党派人士 29 名，占 9%；人民团体、社会各界 229 名，占 72%；特别邀请人士 45 名，占 14%。本届期间，共增补委员 24 名，因工作变动等原因不再担任市政协委员 2 名。届末实有委员 344 名。

政协日照市第九届委员会委员名额 347 名，第一次全体会议共有委员 340 名，设置 27 个界别，其中中共党员 21 名，占 6%；民主党派、无党派人士 44 名，占 14%；人民团体、社会各界 239 名，占 70%；特别邀请人士 36 名，占 11%。本届期间，共增补委员 18 名，因工作变动等原因不再担任市政协委员 17 名，病故 1 名。届末实有委员 340 名。

第二节　驻日照市全国、省政协委员

1989—2013 年，日照市有第十三届全国政协委员 1 名；第七届至第十三届省政协委员 44 名。

地级日照市建立后驻日照市全国政协委员一览表

表 30-1

届　　次	姓　　名
第十三届全国政协 （2013 年—）委员 1 名	叶　成

地级日照市建立后驻日照市省政协委员一览表

表 30-2

届　　次	姓　　名
第六届省政协 （1988—1993 年）委员 4 名	王金荣　马先富　张善德　范在金
第七届省政协 （1993—1998 年）委员 7 名	于学田　刘凤仙（女）　王咸诗　马世治　王学孟 傅瑞荣　郑志新
第八届省政协 （1998—2003 年）委员 6 名	王家政　张培宏　傅瑞荣　杨宝友　王坤英（女）　张仁发
第九届省政协 （2003—2008 年）委员 9 名	邵长福　车金河　梁云爱　徐清（女）　刘在德 王坤英（女）　董全宏　杨宝友　林玉营
第十届省政协 （2008—2013 年）委员 9 名	李同道　李守民　梁云爱　徐清（女）　孙承金 王坤英（女）　董全宏　杨宝友　林玉营
第十一届省政协 （2013 年—　）委员 9 名	刘家顺　李守民　王坤英（女）　梁云爱　郇梅（女） 董全宏　林玉营　申维君　武玉杰

第二章　市政协组织机构

第一节　领导机构

1990 年 1 月，政协日照市委员会召开四届一次会议，选举产生第四届市政协主席、副主席、秘书长、常务委员。此后，日照市分别于 1993 年 3 月、1998 年 2 月、2003 年 2 月、2008 年 1 月、2012 年 3 月召开市政协五届一次至九届一次会议，选举产生第五届至第九届市政协主席、副主席、秘书长、常务委员。

政协日照市委员会第四届至第九届主席会议成员一览表

表 30-3

届　别	职　务	姓　名	任职时间
第四届（1990 年 1 月—1993 年 3 月）	主　席	王家政	1990 年 1 月—1993 年 3 月
	副主席	赵全忠	1990 年 1 月—1993 年 3 月
		陈学志	1990 年 1 月—1993 年 3 月
		伊健民	1990 年 1 月—1992 年 2 月
	秘书长	徐凤文	1990 年 1 月—1993 年 3 月
第五届（1993 年 3 月—1998 年 2 月）	主　席	于学田	1993 年 3 月—1995 年 12 月
		熊可山	1996 年 2 月—1998 年 2 月
	副主席	赵全忠	1993 年 3 月—1998 年 2 月
		陈学志	1993 年 3 月—1996 年 2 月
		刘凤仙（女）	1993 年 3 月—1998 年 2 月
		王咸诗	1993 年 3 月—1997 年 4 月
		马世治	1993 年 3 月—1998 年 2 月
		张汉三	1995 年 3 月—1998 年 2 月
		董书堂	1996 年 2 月—1998 年 2 月
		王学孟	1996 年 2 月—1997 年 4 月
		郑志新	1996 年 2 月—1998 年 2 月
		程海世	1996 年 2 月—1998 年 2 月
	秘书长	王学孟	1993 年 3 月—1996 年 2 月
		董衍湘	1996 年 2 月—1998 年 2 月

续表30-3

届　别	职　务	姓　名	任职时间
第六届（1998 年 2 月—2003 年 2 月）	主　席	王家政	1998 年 2 月—2002 年 2 月
		邵长福	2002 年 2 月—2003 年 2 月
	副主席	丁原胜	1998 年 2 月—2003 年 2 月
		刘凤仙(女)	1998 年 2 月—2003 年 2 月
		马世治	1998 年 2 月—2003 年 2 月
		张汉三	1998 年 2 月—2003 年 2 月
		郑志新	1998 年 2 月—2001 年 2 月
		程海世	1998 年 2 月—2003 年 2 月
		张守训	1998 年 2 月—2003 年 2 月
		张培宏	1998 年 2 月—2003 年 2 月
		梁云爱	1998 年 2 月—2001 年 2 月
		刘在德	2001 年 2 月—2003 年 2 月
	秘书长	董衍湘	1998 年 2 月—2002 年 2 月
		李广业	2002 年 2 月—2003 年 2 月
第七届（2003 年 2 月—2008 年 1 月）	主　席	邵长福	2003 年 2 月—2008 年 1 月
	副主席	莫西云	2003 年 2 月—2006 年 2 月
		丁原胜	2003 年 2 月—2005 年 2 月
		刘凤仙(女)	2003 年 2 月—2007 年 2 月
		程海世	2003 年 2 月—2005 年 2 月
		张培宏	2003 年 2 月—2005 年 2 月
		傅瑞荣	2003 年 2 月—2008 年 1 月
		刘在德	2003 年 2 月—2008 年 1 月
		戚素芬(女)	2003 年 2 月—2008 年 1 月
		荆建迎	2005 年 2 月—2008 年 1 月
		王和田	2005 年 2 月—2008 年 1 月
		刘彦芝(女)	2006 年 2 月—2008 年 1 月
		党英明	2007 年 3 月—2008 年 1 月
		王坤英(女)	2007 年 3 月—2008 年 1 月
	秘书长	李广业	2003 年 2 月—2006 年 2 月
		李宗江	2006 年 2 月—2008 年 1 月

续表30-3

届　别	职　务	姓　名	任职时间
第八届（2008 年 1 月—2012 年 3 月）	主席	李守民	2008 年 1 月—2012 年 3 月
	副主席	党英明	2008 年 1 月—2012 年 3 月
		戚素芬(女)	2008 年 1 月—2012 年 3 月
		王和田	2008 年 1 月—2011 年 1 月
		孙承金	2008 年 1 月—2012 年 3 月
		王坤英(女)	2008 年 1 月—2012 年 3 月
		董淑波	2008 年 1 月—2012 年 3 月
		董全宏	2008 年 1 月—2012 年 3 月
		林玉营	2008 年 1 月—2012 年 3 月
		毛晖明	2011 年 1 月—2012 年 3 月
	秘书长	李宗江	2008 年 1 月—2010 年 12 月
		董淑波(兼)	2011 年 1 月—2012 年 3 月
第九届（2012 年 3 月—　）	主席	刘加顺	2012 年 3 月—
	副主席	孙承金	2012 年 3 月—
		戚素芬(女)	2012 年 3 月—
		王坤英(女)	2012 年 3 月—
		董淑波	2012 年 3 月—
		董全宏	2012 年 3 月—
		林玉营	2012 年 3 月—
		毛晖明	2012 年 3 月—
		许传东	2012 年 3 月—
	秘书长	苏海勇	2012 年 3 月—

第二节　工作机构

政协日照市委员会根据政协章程的有关规定设置工作机构。1990 年,市政协机关设办公室和学习提案委员会、文史联谊委员会、经济建设委员会、科教文卫委员会。1993 年 9 月,市政协办公室增设研究室(正科级)。1996 年 10 月,研究室升格为正处级,科教文卫委员会改称科教文卫体委员会,同时增设社会法制委员会。2008 年 12 月,市政协经济建设委员会改称经济委员会,同时增设人口资源环境委员会;增设离退休干部服务中心,为办公室管理的副处级事业单位。2011 年 2 月,市政协增设委员活动工作室,为正处级单位。2012 年 4 月,学习提案委员会改称提案委员会。至 2013 年,市政协先后设立提案、文史联谊、经济、科教文卫体、社会法制、人口资源环境 6 个专门委员会和办公室、研究室、委员活动工作室 3 个办事机构。

第三章　市政协全体委员会议

第一节　四届政协全体委员会议

政协日照市第四届委员会共召开3次全体委员会议。第一次全委会共有委员255名,代表16个界别。

四届一次会议　1990年1月9—13日会议召开。会议审议通过市政协常委会工作报告、提案工作情况的报告;列席市十二届人大一次会议,听取并讨论市政府工作报告及其他报告;选举王家政为四届市政协主席,赵全忠、陈学志、伊健民为副主席,徐凤文为秘书长,选举常务委员38名。

四届二次会议　1991年3月26—30日会议召开。会议审议通过市政协常委会工作报告、提案工作情况的报告;列席市十二届人大二次会议,听取并讨论市政府工作报告及其他报告;补选市政协常务委员1名。

四届三次会议　1992年3月20—23日会议召开。会议审议通过市政协常委会工作报告、提案工作情况的报告;列席市十二届人大三次会议,听取并讨论市政府工作报告及其他报告;补选市政协常务委员1名。

第二节　五届政协全体委员会议

政协日照市第五届委员会共召开5次全体委员会议。第一次全委会共有委员266名,代表21个界别。

五届一次会议　1993年3月5—9日会议召开。会议审议通过市政协常委会工作报告、提案工作情况的报告,列席市十三届人大一次会议,听取并讨论市政府工作报告及其他报告;选举于学田为五届市政协主席,赵全忠、陈学志、刘凤仙(女)、王咸诗、马世治为副主席,王学孟为秘书长,选举常务委员40名。

五届二次会议　1994年3月27—30日会议召开。会议审议通过市政协常委会工作报告、提案工作情况的报告;列席市十三届人大二次会议,听取并讨论市政府工作报告及其他报告;补选市政协常务委员4名。

五届三次会议　1995年3月22—26日会议召开。会议审议通过市政协常委会工作报告、提案工作情况的报告;列席市十三届人大三次会议,听取并讨论市政府工作报告及其他报告;补选张汉三为市政协副主席,补选市政协常务委员2名。

五届四次会议　1996年2月4—7日会议召开。会议审议通过市政协常委会工作报告、提案工作情况的报告;列席市十三届人大四次会议,听取并讨论市政府《关于日照市国民经济和社会发展第九个五年计划及2010年远景目标纲要草案的报告》及其他有关报告;补选熊可山为市政协主席,董书堂、王学孟、郑志新、程海世为副主席,董衍湘为秘书长,补选常务委员2名。

五届五次会议 1997年2月23—27日会议召开。会议审议通过市政协常委会工作报告、提案工作情况的报告,列席市十三届人大五次会议,听取并讨论市政府工作报告及其他有关报告;补选市政协常务委员4名。

第三节 六届政协全体委员会议

政协日照市第六届委员会共召开5次全体委员会议。第一次全委会共有委员280名。

六届一次会议 1998年2月21—26日会议召开。会议审议通过市政协常委会工作报告、提案工作情况的报告;列席市十四届人大一次会议,听取并讨论市政府工作报告及其他有关报告;选举王家政为六届市政协主席,丁原胜、刘凤仙(女)、马世治、张汉三、郑志新、程海世、张守训、张培宏、梁云爱为副主席,董衍湘为秘书长,选举常务委员41名。

六届二次会议 1999年2月23—26日会议召开。会议审议通过市政协常委会工作报告、提案工作情况的报告;列席市十四届人大二次会议,听取并讨论市政府工作报告及其他有关报告;补选常务委员4名。

六届三次会议 2000年2月25—28日会议召开。会议审议通过市政协常委会工作报告、提案工作情况的报告;列席市十四届人大三次会议,听取并讨论市政府工作报告及其他报告。

六届四次会议 2001年2月23—26日会议召开。会议审议通过市政协常委会工作报告、提案工作情况的报告;列席市十四届人大四次会议,听取并讨论《关于日照市国民经济和社会发展第十个五年计划纲要(草案)及2001年政府工作的报告》及其他报告;补选刘在德为市政协副主席,补选常务委员3名。

六届五次会议 2002年2月21—24日会议召开。会议审议通过市政协常委会工作报告、提案工作情况的报告;列席市十四届人大五次会议,听取并讨论市政府工作报告及其他报告;补选邵长福为市政协主席,李广业为秘书长,补选常务委员2名。

第四节 七届政协全体委员会议

政协日照市第七届委员会共召开5次全体委员会议。第一次全委会共有委员301名。

七届一次会议 2003年2月19—25日会议召开。会议审议通过市政协常委会工作报告、提案工作情况的报告;列席市十五届人大一次会议,听取并讨论市政府工作报告及其他报告;选举邵长福为七届市政协主席,莫西云、丁原胜、刘凤仙(女)、程海世、张培宏、傅瑞荣、刘在德、戚素芬(女)为副主席,李广业为秘书长,选举常务委员47名。

七届二次会议 2004年1月31日至2月3日会议召开。会议审议通过市政协常委会工作报告、提案工作情况的报告;列席市十五届人大二次会议,听取并讨论市政府工作报告及其他报告;补选市政协常务委员5名。

七届三次会议 2005年2月18—21日会议召开。会议审议通过市政协常委会工作报告、提案工作报告,列席市十五届人大三次会议,听取并讨论市政府工作报告及其他有关报告;补选荆建迎、王和田为市政协副主席。

七届四次会议 2006年2月7—10日会议召开。会议审议通过市政协常委会工作报告、提案工作报告;列席市十五届人大四次会议,听取并讨论市政府工作报告及其他有关报告;补选刘彦芝(女)为市政协副主席,李宗江为秘书长,补选常务委员 3 名。

七届五次会议　2007 年 2 月 27 日至 3 月 2 日会议召开。会议审议通过市政协常委会工作报告、提案工作报告;列席市十五届人大六次会议,听取并讨论市政府工作报告及其他报告;补选党英明、王坤英(女)为市政协副主席。

第五节　八届政协全体委员会议

政协日照市第八届委员会共召开 4 次全体委员会议。第一次全委会共有委员 320 名。

八届一次会议　2008 年 1 月 3—7 日会议召开。会议审议通过市政协常委会工作报告、提案工作报告;列席市十六届人大一次会议,听取并讨论市政府工作报告及其他有关报告;选举李守民为八届市政协主席,党英明、戚素芬(女)、王和田、孙承金、王坤英(女)、董淑波、董全宏、林玉营为副主席,李宗江为秘书长,选举常务委员 53 名。

八届二次会议　2009 年 1 月 12—15 日会议召开。会议审议通过市政协常委会工作报告、提案工作报告;通过会议政治决议;列席市十六届人大三次会议,听取并讨论市政府工作报告及其他有关报告。

八届三次会议　2010 年 1 月 11—14 日会议召开。会议审议通过市政协常委会工作报告、提案工作报告;通过会议政治决议;列席市十六届人大四次会议,听取并讨论市政府工作报告及其他有关报告。

八届四次会议　2011 年 1 月 10—13 日会议召开。会议审议通过市政协常委会工作报告、提案工作报告;通过会议政治决议;列席市十六届人大五次会议,听取并讨论市政府工作报告及其他有关报告;补选毛晖明为市政协副主席,董淑波为秘书长(兼),补选常务委员 4 名。

第六节　九届政协全体委员会议

政协日照市第九届委员会至 2013 年共召开 2 次全体委员会议。第一次全委会共有委员 340 名。

九届一次会议　2012 年 3 月 19—23 日会议召开。会议审议通过市政协常委会工作报告、提案工作报告;通过会议政治决议;列席市十七届人大一次会议,听取并讨论市政府工作报告及其他有关报告;会议选举刘加顺为九届市政协主席,孙承金、戚素芬(女)、王坤英(女)、董淑波、董全宏、林玉营、毛晖明、许传东为副主席,苏海勇为秘书长,选举常务委员 65 名。

九届二次会议　2013 年 1 月 5—9 日会议召开。会议审议通过市政协常委会工作报告、提案工作报告;通过会议政治决议;列席市十七届人大二次会议,听取并讨论市政府工作报告及其他有关报告。

第三十一编　法　治

1989—2013年，日照市公安、司法各部门紧紧围绕地级市建立后的中心工作，逐步扩大和调整充实队伍；不断加大普法宣传力度，加强依法治理工作；坚持标本兼治，防打开路、打防结合，积极构筑社会治安防控体系。日照市先后依法开展"严打整治""打黑除恶"等专项行动，充分发挥打击、调节、管理和服务职能，全力维护社会稳定，预防和减少重大治安事故发生，为全市经济社会发展保驾护航，有力地保证和促进了"平安日照"与和谐社会建设。

1989年地级日照市建立后，山东省第七届人大常委会第十一次会议决定设立日照市人民检察院、日照市中级人民法院及日照市城郊人民检察院、城郊人民法院。1992年12月，日照市设区带县后，莒县、五莲县人民检察院和两县法院，分别划归日照市人民检察院和日照市中级人民法院管辖，城郊人民检察院、城郊人民法院分别改称东港区人民检察院、东港区人民法院。1998年，日照经济技术开发区人民检察院和人民法院成立；2005年，岚山区人民检察院、岚山区人民法院成立。1989—2013年，全市各级检察、法院机关认真履行宪法和法律赋予的职责，坚持围绕中心、服务大局，不断探索检察、法院工作规律和服务模式，充分发挥打击、预防、监督、保护等职能作用，依法打击各类刑事犯罪，查办和预防职务犯罪，促进了全市民主法治建设，维护了社会稳定和社会公平正义。

第一章　公　安

地级日照市建立后，日照市公安局为正处级单位，直管全市27处派出所。1993年，随着日照市设区带县，市公安局先后设立东港分局、岚山分局，莒县公安局、五莲县公安局分别由临沂地区公安处、潍坊市公安局改属日照市公安局，后增设日照经济开发区分局。

1989—2011年，全市公安机关按照中央关于"稳定压倒一切"的战略方针，紧密结合地级市建立后的任务和社会治安实际，全力维护社会稳定并不断加强公安队伍自身建设。在维护社会稳定上，确立情报信息主导警务理念，做到预防在先、发现在早、处置在小；在防范和打击犯罪上，坚持以打开路、打防结合，积极构建严打、严防长效机制；在安全监管上，树立以人为本、积极预防、重在建设的安全观，全力预防和减少重大治安灾害事故发生，保障人民群众生命安全和全市改革开放、经济建设的顺利进行。

2012年，日照市创新警务工作理念，完善警务运行机制，强力推进社会化视频监控建设全覆盖工程、流动人口社会化管理机制、全警常态化大走访机制、全天候巡逻防控机制、"警的"联动机制等"八项重点突破"，着力完善地面地下空中一体、网上网下一体、城乡海陆一体、人防物防技防心防一体的防控布局，进一步提升了动态化信息化条件下驾驭社会治安局势的能力与水平，初步形成"群众得实惠、党委政府满意、社会各单位受益、公安机关效能提升”的多赢局面，实现了打基础、利长远的目标。2013 年，全市公安机关以提升群众安全感、满意度为总目标，以提升“八个能力”为抓手，以建立打防责任制和大回访机制为切入点，坚持科技强警、人才强警、创新强警，全面深化平安日照、法治日照、公安队伍建设，确保全市社会政治稳定、社会治安稳定。

第一节　国内安全保卫

为适应形势任务变化，日照市加强情报信息工作，严密控制敌、社情动态，加强政治侦查工作，严厉打击邪教组织犯罪活动，在对非法组织、境内外敌对势力、资产阶级自由化分子、邪教、会道门斗争以及宗教、民族、文化领域的安全保卫工作方面取得较大发展，维护了全市社会政治稳定。

情报信息　日照市把情报信息工作作为国内安全保卫工作的中心环节，深入开展敌社情调查，认真组织开展国内安全保卫基础调查，大力加强秘密力量物建工作，及时掌握影响国家安全和社会政治稳定的预警性、苗头性、行动性信息，较好地发挥了预测预警、服务实战的效能，确保重大政治活动和重点敏感期间的社会政治稳定。2007—2013 年，日照市先后围绕做好中共十七大、北京奥运会、中共十八大、十八届三中全会等重大活动、重要会议、重点敏感期安全保卫工作，建立完善情报信息会商研判机制，切实加强情报信息工作，及时掌握可能影响社会政治稳定的各种倾向性问题和深层次、内幕性情报信息，超前预警、积极防范各类安全隐患，确保社会政治稳定。

打击非法宗教活动　日照市认真贯彻“保护合法、制止非法、打击犯罪、抵制渗透”的宗教政策，正确对待宗教和信教群众，严格依照法律政策，与统战、民政、宗教事务管理等职能部门密切配合，坚决打击利用宗教进行的违法犯罪活动，认真做好抵御境外宗教渗透工作，及时发现、查处境外宗教渗透活动案件。1994 年，日照市取缔非法宗教聚会点 5 处。1997 年，日照市取缔非法聚会点 11 处，收缴非法宗教宣传品 300 余份，处理自封传教人 4 人，教育信教群众 300 余人。2012 年，日照市破获一起非法宗教活动案件，依法对该组织予以取缔。

文化保卫　1989 年 10 月，曲阜师范大学日照分部、日照广播电视大学、日照职业技术学院等高等院校成立。此后，随着市委、市政府争引大学政策的出台，日照大学科技园成立，一批高校陆续落户日照。日照市把高校文化保卫作为一项重要任务列入工作日程，指导高校保卫部门加强内部安全保卫工作，在重要敏感节点及时深入高校了解师生思想动态，掌握学校周边及校内治安状况，确保高校稳定。2009 年，公安部、省公安厅要求将高校和文化领域安全保卫工作职能划归到公安机关国内安全保卫部门。日照市按照职责分工，认真开展高校和文化保卫工作，积极推进“平安高校”创建活动，加强对高校内部安全保卫工作的监督、检查和指导，维护高校和文化领域安全稳定。

第二节　打击刑事犯罪

侦查破案

1989—2013 年，日照市公安局坚持“抓住战机、积极侦查、依靠群众、及时破案”的方针，逐步形成现场勘查、调查访问、运用侦查措施和刑侦技术手段以及缉捕、讯问犯罪分子等一套完整的破案程序和方法，遵循实事求是、依靠群众、遵守法制及迅速侦查的工作原则，严厉打击各类刑事犯罪活动，全力维护社会治安稳定。

1989年，全市立刑事案件262起，破案245起，缴获赃款及赃物折款13.4万元。1993年，全市共破获各类刑事案件736起，提请逮捕、拘留违法犯罪分子1720人，摧毁犯罪团伙75个，缴获赃款及赃物折款1312万元。1996年，全市发生的43起杀人命案及其他15起重大恶性案件全部侦破。2007年，全市共破获各类刑事案件4088起，刑事拘留2287人，提请逮捕数和起诉犯罪嫌疑人数增幅全省第一。2010年，全市共立刑事案件4784起，破获各类刑事案件3421起，抓获犯罪嫌疑人1897人；打掉恶势力犯罪团伙16个，抓获涉案人员114人；破获拐卖妇女儿童案件60起，解救被拐儿童50人、妇女10人。2011年，在追捕逃犯“清网行动”中，抓获在逃3年至12年的命案重点逃犯7人，重点逃犯到案率29.16%，创历史新高，超过全省平均水平。市公安局刑科所与云南警方合作，利用DNA技术直接认定“西双版纳杀害某人妻女案”犯罪嫌疑人的真实身份，并直接破获2008年“3·27”东港区石臼街道文化社区高某母女被害案。

2013年，针对社会治安形势日趋动态化、复杂化而警力紧张的实际，日照市公安局创新建立打防责任制，制定实施《刑事案件侦办责任考核办法》和《可防性案件工作责任制》，将每起案件的侦办责任明确到单位、明确到民警，把每一起可防性案件的堵漏除患责任落实到派出所等基层单位民警，对侦查终结的案件实行“一案一奖分，一案一追责”的积分奖惩制，调动了全警参与打防工作的积极性，做到更快地破大案、更多地破小案、更好地控发案。是年，全市破获刑事案件5695起，抓获犯罪嫌疑人2129人，提请逮捕854人，抓获网上逃犯434人，刑事破案率位列全省各市地第三位。

打黑除恶

2006年，根据省、市统一部署，市公安局在全市范围内部署开展打黑除恶专项斗争。全年共打掉恶势力犯罪团伙2个，抓获团伙成员11人，破获各类刑事案件17起。2008年，日照市成立由市委常委、政法委书记任组长，市政府分管副市长、法院院长、检察院检察长、公安局局长任副组长，有关部门负责人为成员的全市打黑除恶专项斗争工作领导小组，办公室设在市公安局。年内，全市打掉恶势力犯罪团伙21个，抓获团伙成员240人，破获各类刑事案件160起。

2012年，侦破以姜某某为首的黑社会性质犯罪团伙案件，移送起诉组织成员14人，破获案件48起。2013年6月，日照经济开发区人民法院对姜某某涉黑犯罪组织作出一审判决，主犯姜某某以组织、领导黑社会性质组织罪、故意伤害罪、敲诈勒索罪等罪名被判处有徒刑20年，其余13名组织成员均以参与黑社会性质组织罪等罪名被判处相应的刑罚。这是日照市侦破的首起黑社会性质犯罪团伙案件，省打黑办发贺电。年内，全市打掉恶势力团伙30个，抓获团伙成员214人，破获各类刑事案件407起。

“严打”

1996年，按照公安部、省公安厅统一部署，自4月下旬至7月底，日照市开展新一轮严打斗争，共破获刑事案件173起，其中省级督办案件3起，抓获犯罪嫌疑人346人，打掉犯罪团伙32个，追捕逃犯113人。

2001年4月，中央作出在全国范围内开展为期两年“严打整治”斗争的决策部署，是继1983年“严打”斗争以来又一次在全国范围内开展的大规模“严打整治”斗争。按照中央、省、市统一部署，坚持打黑除恶、治爆缉枪、打击经济犯罪三条战线齐头并进，全面出击，推动斗争向纵深发展。至2003年3月，全市共破获刑事案件8564起，抓获犯罪嫌疑人3928人，打掉犯罪团伙273个，缴获赃款及赃物折款1183.7万元。刑事立案数比“严打”前同期下降18.3%，破案数同比提高21%。此后，日照市公安局继续贯彻“依法从重从快、严厉打击严重刑事犯罪”的方针，紧紧围绕社会治安动态形势，集中力量，主动出击，有的放矢地开展"严打"专项斗争，不间断地组织开展系列专项打击行动，逐步推动"严打整治"常态化，运用统一打击行动的形式保持严打斗争势头，巩固和发展严打成果，始终保持对各类违法犯罪活动的严打高压态势，确保社会治安局势持续平稳。

网上追逃、打拐

1999 年，根据公安部、省公安厅统一部署，全市于 7 月、8 月、9 月组织开展"网上追逃"专项斗争，通过网上比对抓获各类逃犯 163 人，其中地级督捕逃犯 5 人。2000 年起，全市"网上追逃"工作逐步规范化、制度化、常态化。2005 年起，全市公安机关不断强化"网上追逃"工作，进一步提高网上逃犯信息质量，就上网逃犯数量、信息质量及抓获撤销情况实行每月通报制度，推进追逃工作深入开展。2005—2013 年，全市累计抓获各类网上逃犯 5837 人，其中抓获本省外市逃犯 858 人，外省逃犯 1063 人。

2009 年起，全国、全省打击拐卖儿童、妇女犯罪专项行动部署开展，日照市公安局根据上级部署，深入开展全市"打拐"工作。2009—2013 年，全市共破获拐卖案件 135 起，抓获处理涉嫌拐卖犯罪嫌疑人 110 人，解救被拐卖儿童 79 人、被拐卖妇女 32 人。

禁毒

20 世纪 90 年代，禁毒工作以打击吸毒贩毒为主，工作职责由市公安局刑侦部门承担。1999 年 11 月，日照市禁毒工作领导小组成立。2002 年 5 月，市公安局在刑侦支队下设缉毒缉私大队，专职负责全市禁毒工作，为日照市第一支专职禁毒队伍。2003 年，全市公安机关以严厉打击毒品违法犯罪为龙头，打、防、管、建相结合，在堵源截流、缉毒破案、禁吸禁种、创建"无毒社区"、禁毒宣传教育、易制毒化学品管理等方面均取得了新的成绩，共破获涉毒案件 27 起，抓获各类涉毒违法犯罪嫌疑人 43 人。2004 年，日照市禁毒委员会成立，进一步明确了各成员单位的职责任务。是年，市公安局共破获涉毒案件 41 起，抓获各类涉毒违法犯罪嫌疑人 59 人。严格易制毒化学品管理，对全市 81 家麻黄素经营、使用单位和 6 家二类易制毒化学品使用单位进行检查备案。2005 年，开展娱乐场所业主及从业人员禁毒知识培训班，共培训娱乐场所近百所，培训人员 300 余人。市公安局与市教育部门确定 5 所中学为市级中学生毒品预防教育示范学校。

2010 年，市公安局坚持"四禁并举、堵源截流、严格执法、标本兼治"的禁毒工作方针，广泛动员和依靠社会各界力量，深入推进禁毒人民战争，全市共破获涉毒犯罪案件 12 起，抓获犯罪嫌疑人 24 人。2011 年，全市共破获涉毒违法犯罪案件 58 起，处理违法犯罪嫌疑人 91 人。是年，市公安局举办网上禁毒培训班、全市禁毒业务培训班、全市易制毒化学品管理信息系统升级培训班；组建全市首支禁毒志愿者队伍，先后发展禁毒志愿者 370 人，广泛开展禁毒宣传教育工作。2012 年，市公安局组织开展含麻黄碱类复方制剂百日整治和易制毒化学品专项整治行动，查获易制毒化学品 67.61 吨。

2013 年，以"扫毒害、保平安"禁毒攻坚会战为主线，与各部门通力协作，分线出击，破案缴毒成果再创新高。共破获毒品案件 50 起，抓获毒品犯罪嫌疑人 97 人，破获省级毒品目标案件 3 起，创历史新高。8 月，市公安局下发《关于开展社区戒毒社区康复工作的通知》，各区（县）共建成社区戒毒社区康复工作办公室 7 个，责令社区戒毒社区康复 25 人，强制隔离戒毒 2 人。纳入易制毒化学品管理信息系统的企事业单位有 216 家。

案件预审

1989 年，日照市公安局设预审科。各级预审部门建立后，先后制定预审工作流程、大要案提前介入制度、预审员工作制度、疑难案件集体讨论把关制度等一系列规章制度，始终贯彻"依法从重从快"的方针，发案后提前介入，积极参加现场勘查，掌握第一手资料，受案后抓紧审理，及时审结。1997 年 7 月，根据省公安厅关于改革和加强刑侦工作的决定，全市公安机关各级预审部门整建制并入刑侦部门，市公安局预审监管科改为监所管理科。

监所管理

看守所　1989 年，日照市看守所共 20 间平房，占地面积 1200 平方米。1989—1990 年，市看守所羁押在押人员 1990 人，其中杀人、抢劫、爆炸、纵火、强奸、伤害等犯罪嫌疑人 584 人。1993 年，莒县、五莲县划归日照市，全市看守所增至 3 处。1993—1994 年，五莲县看守所改建，占地面积 11988 平方米，建筑面积 3925 平方米。1996 年，莒县看守所改建，占地面积 13320 平方米，建筑面积 1986. 72 平方米。1999 年 3 月，日照市看守所重建，占地 2. 2 公顷，总建筑面积 9800 多平方米。1996—2000 年，全市看守所羁押在押人员 8253 人，其中杀人、抢劫、爆炸、纵火、强奸、伤害等犯罪嫌疑人 2288 人。2006 年，按照公安部、省公安厅统一部署，全市公安监管部门会同武警日照支队，以看守所等级化管理为主导，以改革勤务模式、规范执法执勤行为、加强监管动态信息化建设为重点，大力推行人防、物防、技防、联防“四项改革”，构建起看守所和武警看守中队共保安全的长效机制。是年 10 月 20 日，山东省监管执勤改革工作现场会在日照市召开，对日照市监管执勤改革工作给予高度评价。2011—2013 年，全市看守所共羁押在押人员 7348 人，其中杀人、抢劫、爆炸、纵火、强奸、伤害等犯罪嫌疑人 1257 人。至 2013 年，全市 3 处看守所连续 10 年被山东省公安厅评为达标单位，其中，市看守所、五莲县看守所被评为二级看守所，莒县看守所被评为三级看守所。

治安拘留所　市治安拘留所始建于 1982 年，有拘舍 8 间，服务范围为市、区两级公安政法部门和国家、省属驻日照公安机构。2007 年，市拘留所迁建，占地面积 4 公顷，建筑面积 8100 平方米。莒县公安局治安拘留所建于 1980 年，占地面积 3770 平方米，建筑面积 1213 平方米。五莲县公安局治安拘留所始建于 1982 年，2003 年投资 100 余万元新建。1989—2003 年，全市治安拘留所共收拘被监管人员 21426 人。2004—2013 年，全市治安拘留所共收拘被监管人员 22023 人，其中治安拘留 19118 人，司法拘留 2905 人。

第三节　治安管理

公共秩序管理

公共场所管理　1989—1994 年，根据治安形势的发展，日照市公安局严格贯彻“管理从严”的方针，多措并举，不断加强公共场所安全管理。其间，检查公共场所 3100 余处（次），抓获各类违法犯罪嫌疑人 831 人。1995—1999 年，以旅店业、公共娱乐服务场所为重点，加大扫除“六害”（制黄贩黄、赌博、卖淫嫖娼、吸毒贩毒、利用封建迷信坑骗、拐卖妇女儿童）工作力度，日照市公安局查处卖淫嫖娼案件 143 起，处罚违法人员 197 人，查封、销毁“老虎机”（用于赌博的游戏机）20 多台。2000 年，日照市公安局集中开展公共场所整治专项行动，清查各类娱乐服务场所 1200 余家（次），取缔无照经营、违法经营场所 158 家，破获各类违法案件 169 起，查处违法人员 345 人，查扣游戏机 248 台。2001—2012 年，日照市公安局每年以严打整治行动为契机，不定期开展集中清查打击行动，加大对涉黄涉赌违法犯罪活动的打击力度，全面提升娱乐服务场所治安管理水平。2013 年，日照市公安局出台《娱乐服务场所备案管理工作规范》，坚持“毛毛雨”式清查与信息化查控有机结合的管理模式，不断提升场所管控效能。是年，检查场所行业 650 余家（次），依法处罚违规经营单位 47 家，处罚违规人员 36 人，取缔无证场所 11 家。

禁止赌博　20世纪90年代后，根据《山东省禁止赌博办法》，针对一些区域赌博活动屡禁不止、败坏社会风气的实际，加大宣传教育力度，严管严惩多措并举，取得明显成效。2000—2003年，全市共查处赌博案件406起，查获赌博团伙29个，查处违法人员1396人。2004年后，以"打四黑除四害"专项行动为载体，严厉查处赌博尤其是利用电子游艺机赌博等违法活动。2012年，全市共查处利用游戏机赌博场所7个，查处违法犯罪人员38人，收缴各类赌博机200多台。是年11月，日照市举行"铲赌博、正风气"专项行动暨销毁赌博游戏机现场会，集中销毁全市收缴的各类赌博机218台。

扫黄打非　1991年9月，《全国人民代表大会常务委员会关于严禁卖淫嫖娼的决定》通过。1992—1997年，全市共查处卖淫嫖娼案件686起，查获卖淫团伙31个，捣毁卖淫窝点51个，查处违法人员829人；查处介绍、容留卖淫嫖娼案件48起，治安处罚292人；查获传播淫秽物品团伙7个，查处违法人员43人；收缴淫秽书刊1737册，淫秽光盘及其他淫秽物品4110件。2000—2003年，全市公安机关共查处卖淫嫖娼案件923起，查获卖淫团伙83个，查处违法人员583人，取缔卖淫窝点92个；查处介绍、容留卖淫嫖娼案件356起，查处违法人员501人；收缴淫秽书刊800余册，淫秽光盘2907盘，其他淫秽物品1337件。此后，全市综合采取打防管控措施，强力整治传播淫秽物品、卖淫嫖娼等丑恶现象。2013年，全市查封出售淫秽书籍音像制品的店面、摊点27处，收缴淫秽书刊2100余册，淫秽光盘1310盘，查处卖淫嫖娼案件17起，抓获组织者及卖淫人员68人。

危爆物品管理

1994年12月，全市爆炸物品安全管理工作现场会在五莲县召开。是年，全市收缴非法炸药、雷管、导火索等。1996年，按照新颁布实施的《中华人民共和国枪支管理法》，进一步严格枪支管理，全年全市收缴各类非法枪支，查处私藏枪支案4起，提请逮捕1人。1998年9月，经省有关部门资格认证，全市确立5个烟花爆竹储存、销售点和4家爆破器材储存经营单位。2001年4—10月，根据省、市统一部署，在全市组织开展治爆缉枪专项行动，收缴各类枪支等。是年9月，在山东第一机械厂集中销毁收缴非法枪支2037支。2002年，开展民用爆破器材、烟花爆竹安全生产专项整治活动，共收缴非法制、售、存炸药等；查处涉爆案件537起，追究刑事责任10人，治安处罚425人。2000年，在全市组织开展公务用枪安全大检查，共检查公务用枪单位45个，对公务用枪逐一进行核对、登记，对持枪人员资格重新审核，收回"持枪证"34个，销毁报废公务用枪249支。完成武器库（室）报警监控系统标准化建设，一线配枪单位配备专用枪柜40个。2013年，建成烟花爆竹流向管理信息系统，全市4家烟花爆竹销售企业信息已全部录入，实现对民用爆炸物品全程动态监控。是年，检查涉爆涉枪单位334家，发放宣传材料8万余份。

特种行业管理

1990年8月，市公安局对全市特种行业进行全面检查整顿，共查处违法案件151起，处罚人员434人。1998年，对全市241家印刷企业、1969名从业人员进行全面清查整顿，全市印刷行业连续3年无违法犯罪。2000年，《关于建设旅馆业治安管理信息系统的实施方案》印发，至年底，全市第一批共38家旅馆（50张床位以上）安装旅馆业治安管理信息系统并正常运行。至2011年，全市1036家旅（宾）馆全部安装治安管理信息系统。2012—2013年，全市安装旅馆业信息系统2891套，培训从业人员14320人（次），其中，沿海13个民俗旅游村"家庭式"旅馆安装信息系统365套，覆盖率100%，通过旅馆业信息系统抓获网上逃犯62人，带破刑事案件37起。2013年，全市共办理特种行业许可证219家；清理取缔开锁业户37家、刻字业户51家；规范旧货业户475家；印刷业户939家；整顿二手手机业78家。

治安案件查处

1989—2013年,按照公安部、省公安厅部署,依据《中华人民共和国治安管理处罚条例》,对违反治安管理的人员进行查处,严厉打击各类违反治安管理规定的非法行为,维护了正常的社会秩序,净化了社会治安环境。全市共查处治安案件143632起,移交567起,处罚90466起,劳动教养598起,其他处理31080起。

重大活动安全保卫

1989—2013年,全市共举办国际、国内重大体育赛事和重要活动220起,按照"严之又严、细之又细、实之又实"的要求,坚持立体化防控、点线面结合,精心组织部署,严密措施落实,确保各项赛事和重要活动安全、顺利进行。

群防群治组织建设

基层治安保卫委员会　1993年日照市设区带县后,在全市农村推行社会治安综合治理"细胞工程"建设,治安保卫委员会(简称"治保会")划分小组,小组包户,层层签订治安承包责任书。全市共有治保会3204个,人员13669人,其中单位内保组织400个,城镇43个,乡村2761个。1995年,各区(县)村(居)治保组织进一步加强,大多数村(居)成立以民兵为主的治安巡逻队,加强了站岗巡逻。至1997年,全市治安保卫组织已发展到3374个、人员13519人,其中单位内保组织730个,城镇248个,乡村2396个。2000年,全市共有治保会2775个,成员有1.2万余人,建立群众性治安联防组织4200余个、2.16万余人。全年治保干部、联防巡逻队员在站岗巡逻中发现和扭送各类违法犯罪嫌疑人600余人,协助公安机关破获案件210起,为缓解警力紧张、加强社会治安综合治理发挥积极作用。2005年起,按照专群结合的要求,市公安局督促、指导村居、单位健全治保会、巡逻队等群防群治组织。至2013年,全市共有治保组织3461个,对8110名治安人员进行了培训。

保安服务　1989年7月,日照市保安服务公司组建。1992—1993年,五莲县、东港区、莒县保安服务公司先后成立。1999年,经济技术开发区保安公司成立。是年11月,经省公安厅批准,日照市保安服务总公司成立,下设东港、岚山、经济技术开发区、莒县、五莲、海上保安公司6个分公司和1个直属大队。至2003年年底,全市有保安队员1266人。2008年,按照"市场防范保安化"的要求,不断拓展保安服务市场,是年,全市保安队员有4600余人,服务单位300余家。2013年,按照上级有关要求,市保安公司的脱钩改制工作完成,保安服务全面市场化。

社区警务

派出所改革　1997年,市公安局出台《关于进一步改革和加强公安派出所工作的意见》,制定《派出所六项标准和相应考核办法》,全面落实民警包片制度,推行派出所勤务制度改革,派出所工作改革取得全面发展。全市78个派出所共设立治安责任区256个,初步实现了"发案少、秩序好、群众满意"的目标。1999年,在全市各乡镇组织的行业作风评议中,全市79个派出所全部进入前5名,其中有46个派出所名列第一。2003年,依据公安部《公安派出所正规化建设规范》要求和《山东省公安派出所等级评定考核细则》,市公安局把等级评定工作标准要求贯穿于派出所工作的始终,建立完善基层所队队伍、业务建设长效机制,促进基层所队的规范化建设。2012年起,结合"社区六进"(消防、车管、危管、外管、网管、物管业务进社区)工作,市公安局以派出所等级评定工作为抓手,不断建立和完善基层派出所规范化建设的长效机制。至2013年年底,全市一级派出所有13个,二级派出所有38个。

社区警务　2002年,市公安局下发《关于加强社区警务建设的意见》,推进社区警务工作开展。东港、经济技术开发区公安分局率先在城区派出所实施社区警务战略，按照“一区一警、一区两警或一区多警”的警力配置模式，组建新的社区警务室，全年市区建起社区警务室13个，配备社区民警23人、治安联防队员50人。莒县、五莲县公安局在县城开展试点工作，全市社区警务工作形成雏形。2003年，在全市范围内全面推行社区警务战略，全市建立规范的社区警务室36个，配备社区民警56人，在打击犯罪、治安联防、信息控制、便民服务等方面发挥了积极作用。2008年，市公安局下发《全市实施社区和农村警务战略的工作意见》，全市建成警务室231个，其中社区警务室71个，农村警务室160个，配备社区民警93人，农村警务室民警212人。2012年，按照省公安厅统一部署，全市开展消防、车管、危管、外管、网管、物管等“社区六进”工作，至2013年年底，全市290个社区已全部完成“六进”，全市社区警务工作水平进一步提升。

第四节　户政管理

常住人口管理

至2013年，全市共有5个区县级户政管理部门，75个户籍派出所，按照属地管辖原则，负责公民户口的迁出、迁入、出生、死亡的登记和变更。

户口登记　1991年，全市推行农村户口城市化管理，对农村户口实行户口簿、门牌号、方位图“三位一体”模式管理。1996年，全市启用和换发新式居民户口簿和常住人口登记表“双换”工作。截至1998年年底，全市“双换”工作全面完成，共换发居民户口簿90万册，启用新式常住人口登记表280万张。

布建人口信息管理系统　1992年，人口信息计算机管理系统建立，引进包头市公安局研制开发的DOS版常住人口信息系统2.0版本。至1994年年底，全市77个户籍派出所全部建成常住人口信息管理系统，270万人口的数据信息全部录入微机并进行管理。1996年，日照市率先在全省实现派出所—分县局—市局三级人口统计微机化管理。2000年，市级人口信息查询库建设完成，并成功接入“百城联网”工程，实现跨省、自治区、直辖市常住人口的快速查询。2006年，人口信息数据市级中心数据库建成。2013年，市公安局对现有人口信息系统进行了全面升级改造，并实现了人像嵌入式比对功能。

实施“户房一体化”工程　根据《中华人民共和国户口登记条例》等规定，居民应在常住地派出所登记户口，即户口属地化管理。自改革开放后，由于全市实行单位或村居管理户口的模式，造成大量空挂户口、人户分离问题，给社会管理及居民工作、生活带来诸多不便。2012年，全市推行“户房一体化”工程，即按照“居住地登记户口”的原则，对本市范围内单位集体户中的家庭户口及户口登记地址与实际居住地址不一致的常住户口居民，澄清底数，集中规范登记，达到人户一致。至2013年年底，全市共核实居民实际居住情况285984人，变动居民户口273669人，“户房一体化”格局基本形成。

流动人口管理

1989年，日照市首次推行租赁房屋治安管理许可证发放和租赁房屋治安管理责任书签订制度。1996年，日照市制定《关于加强流动人口管理工作的意见》，成立全市流动人口管理协调领导小组，对全市流动人口管理工作作出部署。年内，全市公安派出所分别成立暂住人口管理站73个，配备暂住人口专管员168名。2001年，市公安局在全市范围内开展出租房屋和流动人口集中清理整顿专项行动，共清理整顿出租房屋10179间，清查暂住人口28166人，新登记暂住人口5231人。至2002年，全市户籍派出所全部完成暂住人口信息管理系统和三级人口信息网络，人口信息系统实现了三级联网。2007年6月，全市继续集中开展流动人口和出租房屋整治活动,至2008年年底,全市共录入流动人口信息227004条,出租房屋60399户,注销流动人口138872人;从中破获刑事案件102起,查处治安案件373起,抓获违法犯罪嫌疑人729名,其中逃犯61人。2012年,流动人口管理社会化联动新机制建立,至2013年12月,全市有1406家厂企单位安装暂住人口自主申报系统,录入流动人口信息246882条,出租房屋信息28317条,从中抓获网上在逃犯罪嫌疑人14人,发现吸毒人员及有犯罪前科人员392人。2012年10月1日,《山东省流动人口服务管理办法》施行,全市取消"暂住证"制度,流动人口服务管理进入了居住登记和居住证时代。

居民身份证管理

1988年,全市居民身份证集中颁发工作全面展开,至1989年年底全部完成,共制发证件60余万张,发证率98.1%。从1991年起至1994年,市公安局认真做好全市年满16周岁公民的居民身份证申领工作,共制发居民身份证15万张。同时,对居民身份证实行微机化管理,提高底卡质量和工作效率。1999年8月,国务院下发《关于实行公民身份号码制度的决定》,10月1日起,按照公安部、省公安厅统一要求,全市建立和实行公民身份号码制度。公民身份号码由18位数字组成,共编制公民身份号码275万个,清理错号1000余个,登录常表200余万份。自此,原15位的居民身份证编号被公民身份号码取代。2004年1月,《中华人民共和国居民身份证法》施行。日照市于2004年年底正式启动第二代居民身份证的换发准备工作,至2009年年底,全市共受理第二代居民身份证信息2112416条,提前完成换发任务。截至2013年12月,全市共制发加载指纹信息的第二代居民身份证58113张。

户籍管理制度改革

1989年起,根据国务院、省政府关于户籍制度改革的系列政策文件精神,日照市户籍制度改革主要是以推进城镇化为目标,以实施积极的户口迁移政策为主线,全面降低户口迁移门槛,切实保护进城落户农民合法权益,助推经济社会发展。1997年,市公安局制定《关于加快个体私营经济发展的实施意见》,放宽个体、私营从业人员在城镇落户的条件。2000年12月,市公安局下发《批转市公安局等部门关于进一步改进户籍管理的报告的通知》,放宽投资兴办企业、购房、引进人才、投靠亲属等落户条件。2003年,按照省、市统一要求,市公安局制定《关于进一步改革城市和小城镇户籍管理制度的意见》,调整放宽包括人才落户在内的多项户口迁移政策,对广泛吸引各类人才参与日照市经济和社会事业建设发挥了积极作用。2004年,市公安局下发《关于进一步改革我市户籍管理制度的意见》,实行积极的人口迁移政策,推行政策条件准入制度,逐步放宽落户条件,大力引进适用人才,进一步优化人口结构,加快推进城市化进程。2012年11月,按照国务院办公厅《关于积极稳妥推进户籍管理制度改革的通知》和省政府办公厅《关于贯彻国办发〔2011〕9号文件积极稳妥推进户籍管理制度改革的通知》精神,下发《关于积极稳妥推进户籍管理制度改革加快新型城镇化进程的实施意见》,明确在原有基础上,进一步降低购房落户门槛,降低人才引进户口迁移门槛,降低投资经营户口迁移门槛,鼓励农村务工人员向城镇迁移。该意见实施后,由于户口迁移门槛全面降低,全市落户城镇人员的数量明显增加。

第五节 交通管理

1987年前,各县设交通监理站,隶属于交通部门。1987年,根据国务院《关于改革道路交通管理体制的通知》,日照市(县级)交通管理站(队)由交通局划归公安局管理,成立日照市公安交通警察队。1990

年6月,市公安局交通警察队更名为日照市公安局交通警察支队。日照市设区带县后,市公安局交警支队对东港区、岚山区、日照经济技术开发区、莒县、五莲县交警大队实行人、财、物直管,形成全市道路交通统一管理体制。

道路交通秩序管理 日照市不断改善交通管理手段,加强现代化设备和交通设施建设,逐步提高科学管理水平。2010年,全市实行道路交通管理"包保责任制",开展机动车涉牌涉证违法行为专项整治和道路交通安全突出问题集中整治行动。2012年,日照市开展"七治"专项整治行动和百日交通安全整治行动,重点加大对超员、超速、疲劳驾驶等严重违法行为的查纠力度。2013年,日照市实行市区网格化交通巡控机制,全面构筑覆盖中心城区主次干道全员化、全方位、全天候动态巡逻管控网络,开展道路交通"平安行·你我他"行动,构建"政府主导、部门协作、齐抓共管、综合治理"的工作格局。

车辆和驾驶人管理 1990年,日照市汽车号牌开始由"山东90×××××"更换成"山东11×××××"。全市机动车保有量16292台,机动车驾驶员10387名。日照市设区带县后,1994年,日照市汽车号牌更换为"鲁L×××××"。1996年,按照省统一部署,市公安局完成256辆公、检、法、司、安部门的警车号牌和鲁O公安专段民用号牌的换发工作。2002年,市公安局投资470余万元,建成东港、五莲、岚山、莒县交警大队复合检测线4条。2007年,在市车管所和五莲、莒县车管分所首次启动"九二式"小型汽车自选号牌工作。2008年6月,日照市启用新版驾驶证。2013年,全市12家小型汽车驾驶人科目二技能考试场通过验收;推进车管进社区工作,共设立社区车管服务站67个。市公安局交警支队车管所被共青团中央、全国妇联、公安部授予全国青年文明号,被公安部表彰为全国优秀公安基层单位。

交通安全管理设施 1989年以前,日照城区交通设施较少,共有3处红绿灯,3000米护栏和隔离墩。1990—1993年,市区主要路口信号灯指挥设施增设5处。1998年,路口交通信号灯逐渐增多,在市区东关路与兴海路口、海曲路日凯酒店路段分别安装闭路监控系统1套和超速监测仪1套。1999年,全市安装交通标志牌70面,施划交通标线190千米延长米。2000年,日照市实施"畅通工程",引进安装LED光源的长臂式信号灯、人行横道灯3处。2003年,市区共设交通标志牌405面,交通指挥信号灯达48处,路口灯控率达到34.3%,重复漆划交通标志标线1400余千米,临时停车泊位2200余个。2004—2009年,全市每年新增不同数量的交通信号灯、视频监控、电子警察以及施划交通标线、安装交通标志。2011年,全市新增交通信号灯34处,施划交通标线166.8千米延长米,安装交通标志牌50面,安装中央隔离护栏18400米,安装视频监控43处,卡口37处。2013年,全市新增交通信号灯24处,更换交通信号灯17处,施划交通标线232.4千米延长米,安装交通标志牌419面,安装中央隔离护栏30624米,安装视频监控17处,卡口型电子警察6处。

交通事故处理 日照市探索实践道路交通事故行政调解、司法调解和人民调解相互衔接、相互补充机制,构建起以道路交通事故法庭、联调速裁中心为载体的交通事故矛盾纠纷化解体系。2007年年初,岚山区开展试点,由区法院在交警大队设立交通事故法庭,专门审理道路交通事故案件,被省高级人民院、省厅交警总队在全省推广为道路交通事故处理"岚山模式"。2008年5月,市公安局协调司法部门在交警部门设立道路交通事故法律援助服务中心,专职负责交通事故法律咨询、律师代理、法律援助、公证等工作。2011年后,市公安局设立道路交通事故纠纷人民调解委员会,市司法局派驻法律工作者担任道路交通事故人民调解员,从事交通事故纠纷调解工作。2013年,保险理赔快速服务机制推行。建立统一调解标准、统一调解模式、统一理赔金额、统一法庭确认的联调速裁机制,最大限度拓展事故矛盾纠纷化解途径。1991—2013年,全市共发生交通事故24399起,死亡4628人,受伤19834人,造成直接经济损失

7578 万余元。

第六节　消防管理

1990 年，武警日照市消防大队正式组建，后升格为消防支队（正团级）。日照市设区带县后，分别从潍坊市、临沂地区接收五莲县公安消防科、莒县公安消防科，东港、岚山公安分局分别成立消防科。2013 年，全市公安消防部队现役官兵共有 275 人，政府专职消防员编制 214 人。全市公安消防部队坚持“预防为主、防消结合”的工作方针，不断加强消防组织和制度建设，全力推动完善消防安全责任体系，深入实施消防安全“防火墙”工程，着力推进消防安全网格化管理，全面清剿火灾隐患，大力加强消防安全设施、装备建设，强化消防安全宣传，不间断开展防火灭火救援实战演练，有效提升消防安全管理水平，保持全市消防安全形势平稳。

消防监督

1993 年，日照市防火安全委员会成立，全市第一部地方性消防政府规章《日照市建筑工程消防安全管理规定》《日照市城市消防规划》正式实施。1997 年，筹资 80 万元，在市区增设市政消火栓 263 个，市区市政消火栓总数达到 340 个；投资 500 万余元，从英国进口可升高 41 米登高消防车，并开通运行支队火警调度指挥中心，实现了全市统一接受、处理火警。2000 年，编制完成日照市新一轮城市消防规划；施行“火警回执”制度，《人民日报》《人民公安报》等媒体予以报道。

2001 年，新修订的《日照市城市消防规划》实施；《公共场所消防管理标准》和《公共场所消防安全设施配备标准》出台，《各类学校消防安全管理规定》和《医院消防安全管理规定》制定实施。2003 年，市消防大队精减部分消防审批项目，消防行政审批项目从原 26 项精减为 6 项，取消消防行政收费项目。2004 年，向社会推出《消防宣传五项承诺及实施办法》。2006 年，市消防大队落实国务院《关于进一步加强消防工作的意见》，就制定“十一五”消防规划、加大消防投入、加快消防站和消防装备建设等进行部署。市消防大队开展一系列专项检查治理和宣传活动，开展易燃易爆化学物品、消防产品、火灾隐患普查整治等 7 次大型消防专项治理。2007 年，市消防大队开展“拉网式”消防安全大检查，对存在重大火灾隐患的 20 个单位下发《重大火灾隐患整改通知书》，挂牌督办 3 处。省公安厅通报的日照海利达国际贸易有限公司、五莲县英格玛音乐广场、日照市食为天生态园、山东亚太森博浆纸有限公司 4 个单位存在的重大火灾隐患，全部整改完毕并经复查合格。

2010 年，全市深化“消防平安创建”推进城乡火灾防控基础工作现场会召开，制定《日照市构筑社会消防安全“防火墙”工程实施方案》。确定了“一乡（镇）一站一车”的乡镇消防站建设标准，投入资金 300 余万元，配备 42 台农用消防车，全市有 43 个乡镇达到“一队一车”标准，走在了全省前列。是年，在华美酒店“10·12”火灾中，市消防大队成功疏散 156 名群众，保护财产价值 1.4 亿元，公安部部长孟建柱专门对此作出批示：“山东消防工作防范在前、小火自救的工作经验，值得研究、总结。”2011 年，在全省农村社区消防工作会议上，日照市介绍乡镇消防队伍建设经验做法。2013 年，市消防大队出台《关于加强和改进消防工作的意见》《日照市消防工作考核实施细则》和《日照市民俗旅游场所消防安全整治工作标准》，开展消防安全大排查大整治等 9 个专项行动，完成了省安委会挂牌督办的莒县东关市场重大火灾隐患整改工作；53 个乡镇、街道深入开展消防安全“网格化”管理，232 个社区开展“消防进社区”工作，931 个消防安全重点单位实施“户籍化”管理，1900 余家“九小场所”完成消防安全标准化建设达标。市消防大队发动全市近万名消防志愿者，深入各单位、学校、农村、社区及家庭开展消防宣传。

消防安全设施

至 2013 年年底，全市共有 9 个消防站，配备执勤消防车 57 辆，其中水罐消防车 8 辆，泡沫消防车 16 辆，A 类泡沫消防车 4 辆，防化洗消消防车 1 辆，登高平台消防车 4 辆，举高喷射消防车 7 辆，抢险救援消防车 7 辆，通信指挥消防车 2 辆，泡沫运输车 1 辆，战勤保障消防车 7 辆。车载水量 254 吨，车载泡沫 66 吨，车载 A 类泡沫 1.6 吨，库存泡沫 87 吨。配备个人基本防护装备 5026 件(套)，个人特种防护装备 901 件(套)。

企业消防与义务消防组织

企业消防队伍　全市共有 9 支专职消防队，其中企业公安消防支队 1 个，企业专职消防队 8 个，人员 205 人，配备消防车辆 15 台。至 2013 年，全市所有重点消防单位均建立义务消防组织。

消防志愿者队伍　2005 年，日照市青年消防志愿者服务支队和曲阜师范大学、山东体育学院等 5 支高校志愿者服务大队成立。2008 年，日照市青年消防志愿者协会注册成立，并组建东港区、经济技术开发区、莒县、五莲、岚山消防志愿者服务大队。2012 年，日照市应急志愿者服务支队成立，建立 11 支消防应急志愿者服务大队。2013 年，日照市山海天旅游度假区消防志愿者服务大队和 72 个社区消防志愿者服务中队成立，并在社区内设置宣传服务站。至 2013 年年底，全市共注册消防志愿者 14139 人，组建消防志愿者服务大队 35 个、服务中队 178 个。

火灾与扑救

市消防大队开展岗位大练兵，大力开展业务培训和大比武工作，扎实组织开展预案制定和演练工作，举行大型联合灭火救援演习，不断提高灭火救援实战能力。在做好灭火工作的基础上，市消防大队加强应急救援队伍建设，成立应急救援支队和民政、交通、水利、医疗救护、环保、地震、红十字会、气象、供电、供水、供气 11 支应急志愿者服务大队，发生灾害事故时，按照“统一组织、统一调配、资源共享”原则，第一时间调集相关专业救援队伍和专业器材装备做好应急工作。全市消防平均每年出警 2000 起，其中参加抢险救援和社会救助占总出警数的 60%～70%，承担大量的急难险重救援任务，共营救疏散群众 12931 人，保护财产价值 57.7 亿元，为群众解决大量实际困难，有效保护了人民群众生命财产安全。

1993 年 12 月 30 日晚 19 时许，日照港煤码头栈桥皮带机发生特大火灾，大火烧毁栈桥 1000 余米，并烧毁了大量的电缆、煤炭传送带等物资，直接经济损失 214 万元。经专家调查认定，火灾为传送带机械故障，传送流轮与皮带摩擦发热引起。

1994 年 6 月 26 日 20 时 50 分，五莲县于里乡宏大贸易公司冷藏厂因违反规定在仓库内使用 200 瓦灯泡，使之烤燃堆放的纸箱，引起火灾，烧毁建筑 180 平方米，各类纸箱 21200 余个，其他物品一宗，损失 21 万元。

1997 年 4 月 26 日 20 时 40 分，五莲县造纸厂草料厂因新建车辆施工工地上建筑塔吊交流接触器接触不良过热造成相间短路，飞溅熔珠落入草垛引起火灾，烧毁麦草 861 吨，直接经济损失 41.7 万元。

2000 年 12 月 11 日，位于东港区陈疃镇境内的 500 千伏日照变电站 A 相变压器发生火灾，烧毁变压器 1 台，电缆若干，直接经济损失 26 万元。

2003 年 10 月 11 日 7 时 44 分，东港区日照街道合村村办企业日照市泡沫塑料厂发生火灾，烧毁瓦房 12 间，平顶烘干房 168 平方米、自动机 4 台、发泡机 1 台、原料、半成品、成品及其他物品一宗，火灾直接财产损失 63 万余元。经调查，火灾系因烘干房内半成品泡沫塑料高温积热不散发生自燃引起的。

2010年10月12日23时37分,日照华美酒店有限公司五楼首尔厅发生火灾,并沿玻璃幕墙迅速向西立面、南立面蔓延,酒店5层、6层、16层、17层10余个房间过火,火灾直接财产损失571.15万元。起火部位位于首尔厅西北角距北墙3米处的西墙墙面木墙裙处,起火原因为墙面插座故障所致。

2011年7月22日17时52分,日照岚桥港口石化有限公司脱硫装置发生爆炸后引发火灾,直接财产损失39.5万元。

第七节 出入境管理

境外人员管理 1991年,《日照市涉外宾馆管理规定》《日照市涉外宾馆外管工作标准》制定。1993年,制定《日照市涉外单位、“三资”企业境外人员管理暂行规定》,对市及国家、省驻日照市20多个涉外单位进行联检。1994年,印发《基层公安机关出入境管理工作意见》,把外管工作部分纳入基层公安机关的职责范围,建立起多层次的管理网络。1995年,培训外管联络员82人,基层派出所兼职外管民警97人,逐步形成市局、区县局、派出所(边防工作站)三级出入境管理网络。1998年,集中开展查处“三非”(非法入境、非法居留、非法就业)人员、打击拐卖外国妇女专项治理工作,依法遣送查处15名朝鲜籍妇女。2000年10月,市公安局启用1999版外国人贴纸签证。2005年,以各种形式对全市出入境管理民警、外管联络员、户管员等进行外管业务培训。对市区公安派出所全部安装外国人临时住宿登记管理信息系统并联网共享。经公安部批准,为5名外籍侨民签发中国绿卡。2007年11月,国务院正式批复同意在日照港口岸开展口岸签证工作,至此,日照市成为全国第37个口岸签证城市。2009年,在全市范围内开展外国人管理专项排查整治工作,共查处各类涉外案事件15起、15人次,配合有关部门查处非法宗教活动1起。2010年,开展“三非”外国人专项整治行动,查获“三非”外国人10人,查获一起拐卖12名朝鲜妇女案件。2011年,日照至韩国平泽“日照东方”号客箱班轮航线复航,近500名韩国籍带工相对固定地往返中韩从事贸易活动,治安隐患较大。为消除安全隐患,充分发挥“派出所—社区—村居”三级管理作用,督促境外人员申报住宿登记,做到不漏管失控。2013年,以“外国人管理进社区”为抓手,进一步延伸境外人员服务管理工作的触角,在境外人员聚居区或经常涉足的重点区域建立境外人员服务管理工作站,拓展涉外警务工作内容,通过社区民警积极主动开展法律宣传、涉外纠纷调处、住宿信息登记和居(停)留到期提醒等服务工作,切实掌握境外人员动态情况。是年,在全市建立境外人员服务站29个,走访境外人员2767人次。

公民出国(境)管理 1989—1998年,在实现与省公安厅出入境管理信息系统联网前的10年间,市公安出入境管理部门共受理公民因私出国境730人次和赴中国香港、澳门、台湾512人次。1996年,市公安局印制《申请出境人员须知》《外国人申办证件须知》《怎样写出境申请书》等宣传材料,将出入境证件的申请条件、手续、审批结果、收费项目和标准等向群众公开。1999年,根据省公安厅部署,全市公安出入境管理信息系统实现与省公安厅联网。日照市推出《出入境管理工作服务经济建设十条措施》,简化企业人员因商务活动赴香港的申请手续,改进企业人员出国从事经贸、商务活动的受理审批工作。是年,全市受理、审批公民因私出国(境)596人次。2000年,在全市开展1997版护照启用及新的《中华人民共和国普通护照审批、签发管理规范》实施工作。出入境管理综合信息系统全部开通,实现了出入境管理各项业务受理、审核、审批、制证网上运行。2002年2月1日起,公民因私出国申请提交境外邀请函和签发超过护照附发出境登记卡取消,简化内地居民赴港澳地区申请手续。特殊身份人员出国实行登记备案制度实行，对全市520余家单位19031名特殊身份人员登记备案。2003年，市公安局新建出入境接待服务大厅启用，推出《出入境管理工作服务群众、服务经济发展十项措施》，进一步简化程序、提高效率。2004年，全市实施公民按需申领护照，日照市成为全国率先实行公民按需申领护照的100个大中城市之一。2007年，日照市认真开展清理整顿非法出入境中介活动专项行动，会同有关部门依法将涉嫌组织他人偷越国境案的犯罪嫌疑人相某春逮捕。2009年1月起，日照市开展省内跨户籍地办理出入境证件试点工作，推出在互联网上外国人申请签证预受理和公民出国(境)申请网上预约受理服务业务。2011年，市公安局通过建立日照公安服务在线、微博、QQ群等方式，实行网上在线咨询，不断拓宽服务群众新渠道。2012年5月，电子普通护照正式启用。日照市公安局在出入境接待窗口安装了POS缴费机，实现申请人自助刷卡缴费。2013年，建立出入境民生警务回访中心，对出入境办证群众全部实行回访和温馨提示，倾听群众诉求，提升群众满意度。日照市试行开展利用"双向速递"办理赴港澳团队旅游再次签注业务，是继济南、济宁之后全省第三个推出此项业务的市。

第八节 边防管理

1989年，日照市设日照边防大队。1990年，日照市边防大队升格为日照市公安边防支队，为正团级单位。至2013年，市公安边防支队下设东港、岚山、日照经济技术开发区3个边防大队，12个边防派出所，1个直属舰艇大队和1个勤务中队。

边防保卫

建立边防网络 1989年，日照边防辖区各村居普遍建立治保会组织。至2013年，边防陆地辖区面积达296.3平方千米，辖市辖区共9个乡镇、街道，138个村(居)，其中有328个企事业单位，176个公共场所、557个特种行业、1个宗教场所、20个重点行业，共有治保会145个、巡逻队114个、船管组织13个、渔业协会7个、企业内部保卫组织58个，各类群防群治组织成员1832人。市级监控中心1个、海防视频监控站9个、安装社会面视频监控295套，接入边防派出所或警务室24套。

维护边境治安 市公安边防部门以打造沿海平安带为抓手，以厚重稳固的沿海防控体系建设为统领，积极构建海陆一体、党政军警民联防的平安海疆，全力确保沿海区域治安稳定。1989年，市公安边防部门查处沿海辖区刑事案件8起、治安案件63起，打击处理违法犯罪嫌疑人171人。2010—2012年，市公安边防部门参与、完成了上海世博会边防安保、中国水上运动会、全国青年帆船锦标赛、中日韩国际帆船赛等重大安保任务。查处刑事案件294起、治安案件1497起，打击处理违法犯罪嫌疑人2159人，抓获网上在逃人员88人；调处各类矛盾纠纷3820起。2013年，市公安边防部门完成在日照举行的世帆赛、全运会、激光雷迪尔级帆船世界锦标赛等重大安保任务。全年共查处刑事案件99起、治安案件574起，打击处理违法犯罪嫌疑人676人，抓获网上在逃人员32人，调处各类矛盾纠纷1479起。

打击走私、偷渡 1991年，市公安边防部门在市区石臼、岚山两港建立2处观通站。1993年，查获走私汽车107辆，摩托车11辆，香烟1300余箱，价值2000万余元。1995年11月，市公安边防部门破获日照市自中华人民共和国成立以来第一起偷越国(边)境案件，抓获朴某某等犯罪嫌疑人7人。1996年，石臼边防派出所破获1起利用外轮走私文物案，抓获走私分子2人，缴获价值9万余元的商代铜鼎。1997年5月，在岚山港东南6海里处，破获一起租用渔船组织他人偷越国(边)境案件，抓获偷越国(边)境者29人、组织他人偷越国(边)境者5人。2004年，侦破公安部边防局挂牌督办的"4·24"预谋偷越国(边)

境案,抓获组织他人偷越国(边)境者 6 人、运送者 2 人、偷越国(边)境者 12 人。截至 2013 年年底,全市累计查获走私案件 2 起,涉案金额 2000 万余元;查获偷越国(边)境案件 21 起,抓获组织他人偷越国(边)境者 42 人、运送者 5 人,偷越国(边)境者 86 人。

船舶、渔船民管理

船舶管理　1989 年,市公安边防部门组织渔民开展"文明船""信得过渔民"评选活动,共检查船舶 1.3 万余艘次,对违规船舶罚款 482 艘,警告 136 艘,扣港整顿 47 艘。1991 年,制定实施《船只报结关暂行规定》。1995 年 8 月,经市政府批准,日照市海上保安服务公司成立,以海上保安服务为主。2000 年始,按照公安部《沿海船舶边防治安管理规定》《重点船舶管理规定》,对有走私偷渡、海上违法犯罪嫌疑的船只进行重点管理控制。2001 年,对边防辖区 3800 余艘船舶和 1 万余名渔船民全部换发新式船舶户口簿、出海船民证。2012 年,《日照市旅游船艇管理办法》出台。全市边防派出所全部安装 RFID 渔港渔船进出港监管系统和日照市渔业安全信息救助系统。联合市海洋渔业部门、海警部门开展"维稳 2012"海上联合执法行动。2013 年,"模范船舶"评选和旅游休闲类船艇专项整治重点组织开展。万平口风景区成立旅游船艇船管站。

渔船民管理　市公安边防部门依靠广大渔船民,破获一批走私、偷渡案件,保卫国家领土主权安全,维护了边防辖区安全稳定。在渔船民教育方面,采取集中与分散、登门与登船、普遍与重点相结合的渔船民管理方法,对渔船民进行法律、政策、边防法规及反走私偷渡等内容的宣传教育;重点突出冬休夏养期间的集体教育,重点加强对大马力渔船教育管控工作,确保不发生越界捕捞等违法违规行为。2011 年,市公安边防部门将"创建模范党组织"活动延伸到社会治理创新中,成立 12 个由边防民警任书记、渔民党员为骨干的"海上流动党支部",搭建基层党组织和党员联系服务群众的平台,进一步发挥党员渔船民在生产作业、抢险救助和打击海上违法犯罪等工作中的骨干作用,更好地满足海上边防维稳和渔业经济发展的需要。省委副书记王军民专门作出批示并予以肯定。至 2013 年,全市共组织开展渔船民教育活动 3.6 万余场次,走访检查各类船舶 16 万余艘次、渔船民 18 万余人次,走访养殖单位和业主 6200 余个次,发放各类宣传材料 180 万余份,利用边防心连心短信平台发送各类短信 26 万余条,受教育渔船民和沿海群众 110 万余人次。列管各类船舶 4272 艘,渔船民 15081 人,列管率均达 100%。

第九节　"110"报警服务

1993 年 12 月,日照市公安局 110 指挥中心组建,开通三条 110 报警市话专线,实行 24 小时轮流值班,负责接处市区及东港区范围内的警情。各区县公安机关和消防、交警支队及大队(中队)相应成立指挥中心或指挥室,相应设立 110、119、122 报警服务台。1996 年 9 月,按照全国城市 110 报警服务台建设漳州现场会精神和省公安厅菏泽、青岛会议精神,市公安局着手建设 110 报警服务台,从巡警支队抽调 42 名民警,分别在日照老城区和新市区同时设立 2 个 110 报警服务台,按照"有警必接、有难必帮、有灾必救、有求必应"的服务承诺,实行 24 小时全天候值班,随时接受人民群众的报警求助。莒县、五莲、岚山公安机关先后于 1996 年年底设立 110 报警服务台。

1997 年,全市广泛开展共建日照"110"精神文明建设活动,投资 100 万余元,购置一套具有自动显示主叫号码和背景资料、自动录音、自动分流等先进功能的 TG110 报警指挥系统,建立 110、119、122"三台合一"报警指挥系统,在全省率先实现 110、119、122 报警联网。该系统在市公安局 110 指挥中心设有 4

个人工接警台,1个处理报警台;在各分局、县局、消防、交警支队及各交警大队分别设立2个人工接警台;在老市区、新市区110出警机动大队和各消防大队、中队设报警电话。在全市任何一个地方拨打110,市公安局、辖区所在地的分县局110指挥中心同时接到报警;拨打119(或122)时,市公安局指挥中心、消防支队(或交警支队)及辖区所在的大队(中队)同时接警,110实现二级接警、三方通话,119、122实现三级接警、四方通话。本着就近属地处警的原则,市公安局巡警支队在老城区、新市区组建110机动队,各分局、县局及刑警、交警、消防等警种也设有处警机动队,配备交通、通信工具及其他必备器材,实行全天值班备勤,保证城区3~5分钟内、农村及偏远地区及时到达。为进一步规范110工作,市公安局制定《110报警服务台接警处警办法》《指挥中心110报警服务台及各机动队规章制度》,对报警、接警、处警等环节进行规范,初步形成以市公安局指挥中心为龙头,以各单位110指挥室为纽带,以基层实战单位为依托,集中、权威、高效、统一的110指挥调度和快速反应机制。

1997年9月,着手建立海上110报警服务体系。海上110指挥中心设立,负责指挥调度全市海上接处警,各边防派出所设立海上110值班室。边防支队机关与石臼、岚山边防派出所分别组建海上110快速反应机动中队,配置有专用巡逻艇与摩托艇,沿海船管站、养殖单位、停泊点和大马力作业船上均设立报警服务点,构筑成上下贯通、纵横相连的快速接处警的海上110指挥体系,海上110覆盖整个日照沿海海域。

1998年2月,加快推进110向海上、向农村延伸。5月,110社会联动工作专题会议召开,市政府与21个联动部门逐一签订责任状,市公安局与各联动部门签订协议书。各联动部门积极参与,设立公开电话,成立抢险救灾、为民服务小分队等,实行24小时值班,随时接受群众求助,形成110社会联动的良好态势。

2002年4月,市区110处警任务分工调整,将市区110处警机动队下沉到市区各派出所,每个派出所配备一辆依维柯警车和通信工具,屯警街面,有警处警、无警巡逻,进一步提升了110处警快速反应水平。

2005年5月,就110、119、122"三台合一"作出进一步规范,东港区、日照开发区、山海天旅游度假区范围内的所有110、122报警、求助和投诉,统一由市公安局110指挥中心受理,岚山区、莒县、五莲县范围内的所有110、122报警、求助和投诉,统一由岚山分局、莒县公安局、五莲县公安局110指挥中心分别受理。处警一律由案(事)件发生地、求助地、投诉地公安机关负责,119报警、求助和投诉继续由消防部门承担。

2007年起,全市建立350兆无线集群对讲系统,在所有巡逻、处警车辆上统一安装GPS卫星定位系统,常态推行"警灯闪烁工程",建立完善以110指挥中心为龙头,以派出所、街面巡逻力量为骨干,各警种密切配合的扁平化指挥调度体系。

2012年,创新警务模式,赋予特警巡防力量市区夜间110接处警任务,以此进一步为派出所民警减负,进一步完善市区网格化巡防体系。

第十节　经济犯罪侦查

1989—1996年,全市公安机关管辖的经济犯罪案件由刑侦部门负责侦查。1996年7月,金融、财税诈骗案件,伪造股票、债券等有价证券案件,股票、期货诈骗案件,伪造、贩运货币案件,各种非法融资、集资案件5类经济犯罪案件,由公安刑侦部门划归经保部门管辖侦查。1997年,检察机关管辖的涉税类、走私犯罪类、侵占类等5类经济犯罪案件移交公安机关管辖侦查。1999年,公安经侦部门案件管辖分工理顺,确定公安经侦部门管辖侦查的案件为86类88种。2002年9月,市公安局经济犯罪侦查支队正式组建,设侦查大队和经文保大队,主要从事经济犯罪案件侦办和经济文化保卫工作。2009年,经文保职能被划归治安部门。2011年,经侦部门管辖89种经济犯罪案件进一步明确。1996—2013年,全市共破获经济犯罪案件2200余起,抓获各类犯罪嫌疑人3800余人,挽回经济损失16亿余元。

2001年起,按照中央、省、市关于整顿和规范市场经济秩序的工作部署,市公安机关先后组织开展针对集贸市场、加油站、食品药品放心工程、中介市场、汽车市场经营秩序系列专项整治行动,因地制宜地组织开展打击涉税犯罪、走私贩私、制假贩假、非法传销及制贩假币等专项斗争和集中统一行动,严厉打击各种经济犯罪活动。

2003年,非法传销活动从外地进入日照并逐步蔓延。日照市先后组织开展系列集中打击、清查整治专项行动,严厉打击各类非法传销和变相传销活动。从2003—2008年,全市共破获非法传销案件62起,打击处理违法犯罪嫌疑人372人,刑拘传销骨干268人,其中提请逮捕119人,经法院判处有期徒刑的105人,涉案金额1.2亿元,追缴赃款赃物折款5000余万元,解救被禁锢群众720人,教育遣返参与传销人员上万名。经过打击整治,本市非法传销活动在此后数年绝迹。

2011年,按照公安部统一部署,日照市开展打击侵犯知识产权和制售假冒伪劣商品违法犯罪"亮剑"专项行动,全市共破案30起(其中两起被列为部督案件),打掉犯罪团伙15个,捣毁制假售假窝点18处,抓获犯罪嫌疑人75人,查获假冒伪劣食品、烟草、酒类、服装等涉案物品1宗,涉案价值达1420万余元。开展打击银行卡犯罪"天网—2011"专项行动,全市共破案39起、抓获犯罪嫌疑人53人,移送起诉犯罪嫌疑人51人,抓获网上逃犯23人,收缴涉案银行卡1101张、涉案金额1.56亿元,挽回损失190.5万元。

2012年,根据公安部、省公安厅统一部署,日照市开展严厉打击经济犯罪"破案会战"专项行动。其间,全市共破案581起,移送起诉1078人,与2011年同比分别增长7.9倍、7.5倍;涉案金额13亿余元,挽回经济损失6200余万元;发起两起全国性集群战役。是年,市公安部门查破陈某宏等人集资诈骗案,查实受害群众共有50余人,涉及全市及省内省外共10余个省市,涉案金额380万余元。2013年10月,东港区法院对此案作出刑事和处罚判决。

2013年,日照市开展"打假"专项行动,共破案48起,抓获犯罪嫌疑人74人,打掉制假窝点16个,涉案价值6700万余元,挽回经济损失800万余元。行动期间,发起4起集群战役。继续开展打击整治假发票行动,全市破案18起,刑拘29人,涉案金额1.42亿元,挽回税款损失7000余万元,在全国范围内发起一起虚开增值税专用发票案集群战役,两起案件被列为部督案件,总成绩位居全省第五位。查破赵某某非法经营案,抓获犯罪嫌疑人10人,捣毁生产、销售窝点5处,涉案总价值1038.6万元。

第十一节　公共信息网络安全管理

进入20世纪90年代后,以计算机为特征的信息化建设发展极为迅速。据不完全统计,1997年全市计算机国际互联网用户只有几百户,2000年达到1万余户,2010年发展到50万余户,至2013年年底,全市互联网用户已达到160万余户。公共信息网络安全监察的前身是计算机管理监察,该业务自1993年起步,主要开展市级公安二级计算机网络建设和全市计算机病毒的防治工作。1996年,市公安局设立计算机管理监察科,2008年设立网络警察支队,至此,全市公安机关网络安全保卫工作机构、制度、机制进一步健全完善，逐步走向法治化、规范化的轨道。

安全监督管理

经营性上网服务营业场所管理　全市最早的一家网吧（为公众上网提供服务的营业性场所）始建于1999年9月，位于海曲东路，名称为“您好网吧”。2000年以后，公用上网服务业迅速发展，网吧数量呈大幅上升趋势。为加强对网吧的安全管理，规范网吧经营行为，全市公安公共信息网络安全监察部门对网吧逐一登记造册，根据有关计算机安全规定，安装安全管理软件，逐步强化安全管理，及时开展网吧专项治理行动，引导全市网吧经营逐步走向规范化。

2003年，全市网吧已发展到300余家。按照省公安厅部署，日照市率先安装完成ID卡管理系统，并自主研发网吧短信报警系统，实行网吧上网实名制，落实安全管理制度和安全技术措施。2007年，全市组织安装网吧视频监控。2008年，部署开展网吧治理专项行动，检查网吧2000余次，依法处罚网吧192家，停业整顿48家，取缔黑网吧1家，整改安全隐患272处，抓获各类违法犯罪人员39人（包括上网命案逃犯2人）。2011年，网吧二代身份证实名上网管理系统建设完成，全部建成网吧视频监控系统，实现报警和远程控制，增强了对网吧的管理。

非经营性上网场所管理　自1999年始，日照市先后多次对全市计算机安全专用产品市场开展集中治理整顿，重点整治对象是：没有申领销售许可证而将生产的计算机信息系统安全专用产品进入市场销售的；未在计算机信息系统安全专用产品上标明“销售许可”标记而销售的；计算机信息系统安全专用产品经销未经当地公安机关经销许可等违法行为。1999—2003年，全市共查处无证经营单位10家，收缴非法安全专用产品50余件，并为30家符合条件的单位办理了安全专用产品经销许可证。

2007年，全市信息系统安全等级保护定级工作会议召开，部署完成定级备案工作。2008年，全市非经营性互联网上网服务单位和场所安装应用互联网安全管理审计系统。2011年，《关于将全市互联网联网单位落实安全保护技术措施纳入社会治安综合治理专项考评工作的通知》下发，为落实安全保护技术措施工作顺利开展打下基础。2013年，全市部署开展落实互联网安全保护技术措施建设任务，并将该项工作纳入全市社会治安综合治理考评范围，推动全市非经营性上网服务场所安全保护技术措施落实。

防病毒、反黑客

1989年后，网络病毒逐步泛滥，种类多、蔓延快、危害大。日照市及时将计算机病毒疫情通报全市各重要计算机信息系统联网单位，指导各单位做好防范工作，及时安装系统补丁程序，升级杀毒软件做好查毒杀毒工作，遏制网络病毒蔓延。同时，指导各联网单位、网站采取设置防火墙、限制访问等技术防范措施，强化网站的防攻击能力。

1999年，根据公安部和省公安厅统一部署，全市公安系统解决计算机2000年问题领导小组成立，制定实施方案，举办有全市公安机关计算机专业技术骨干参加的培训班，并制作发放计算机2000年问题升级光盘、软盘20余张，集中组织力量，有效解决了全市公安系统全部计算机的2000年问题。2001年，组织开展计算机病毒疫情调查活动，在互联网上发布计算机病毒疫情信息，普及计算机病毒防治知识。按照“谁主管、谁负责”的原则，公安机关对重要计算机信息系统使用单位特别是金融部门、互联网接入单位、信息服务等单位，加大督导检查力度，健全安全组织，完善管理制度，落实技术防范措施，整改安全隐患，保障了全市重要领域计算机信息系统安全。2007年，日照市重点对全市计算机信息安全管理制度和安全技术防范措施进行检查。2008年，互联网报警服务网站建设开通，并在日照市主要网站上挂接了报警岗亭和虚拟警察。

案件查处

随着计算机信息系统应用的快速发展，全市计算机违法犯罪案件从无到有并呈逐年上升趋势。2000年，全市共查处计算机违法犯罪案件11起。2003年，全市查处计算机违法犯罪案件60余起，依法处罚违法人员200多人。2005年9月，市公安局将利用互联网传播色情内容的犯罪嫌疑人李某查获。经查，李某于2003年通过架设服务器开办色情网站，并通过发展网站会员非法获取经济利益。2007年，依法查处网络造谣者郭某某。2008年，加大网络案件协查督办力度，年内抓获网上逃犯64人。2009年，深入开展整治网上低俗之风、打击网上淫秽色情"09亮剑"专项行动、网上治安综合整治、打击手机淫秽色情等专项行动，查处一批违法人员，关停一批网站，净化了全市网络环境。2010年，组织开展打击网络淫秽色情专项行动，共破获网络淫秽色情违法案件22起，抓获违法犯罪嫌疑人73人。2011年，集中打击整治网络违法犯罪活动，深入开展打击网络诈骗、黑客攻击、"清网行动"等专项行动，全市共侦破涉网案件69起，查处违法犯罪嫌疑人109人，抓获上网逃犯26人。2013年，继续深化打击整治网络违法犯罪专项行动，全市公安机关共侦破各类涉网违法犯罪案件152起，抓获违法犯罪嫌疑人203人。

第二章 检 察

1989年10月，根据山东省第七届人大常委会第十一次会议决定，日照市人民检察院筹建。1990年7月，市人民检察院正式对外办公，下辖城郊人民检察院。1992年12月，日照市设区带县后，莒县、五莲县人民检察院划归日照市人民检察院管辖，城郊人民检察院改称东港区人民检察院。1998年9月，市检察院派出院日照经济技术开发区人民检察院成立；2005年1月，岚山区人民检察院成立。全市各级检察机关认真履行宪法和法律赋予的职责，不断探索检察工作规律和服务模式，充分发挥职能作用，依法打击各类刑事犯罪，查办和预防职务犯罪，为促进反腐倡廉建设和行政执法监督发挥了重要作用。

第一节 刑事检察

审查批捕 1990年，全市共受理各类提请批捕案件151件212人，经审查批捕141件197人，不批准逮捕2件5人。1991年，全市受理各类提请批捕案件179件250人，经审查批捕170件239人，其中批捕自侦案件20件20人，不批准逮捕案件8件11人。1992年，全市受理各类提请批捕案件136件213人，其中自侦案件10件13人；经审查批捕130件197人，批捕重特大案犯54人，不批准逮捕3件11人。

1993年，是日照市设区带县第一年，全市共受理各类提请批捕案件386件623人，其中市院直接受理1件1人；经审查批捕353件538人，其中批捕自侦案件13件14人，不批准逮捕22件56人。全年共备案审查374件605人。

1997年，是《中华人民共和国刑事诉讼法》《中华人民共和国刑法》修改后实施的第一年，全市共受理各类提请批捕案件527件775人，其中受理自侦案件40件43人。经审查，全市批准逮捕440件605人，批捕重特大案犯371人，不批准逮捕61件124人；侦查部门撤回15件16人；受理9件10人，经济案件6件6人，法纪案件1件1人，公安局提请批捕案件2件3人，均做出批捕决定；审查备案101件167人，提出纠正意见30余条，审查登记案件429件610人，复查案件462件684人，审查批准延长羁押期限案件14件37人。

2000年，市检察院审查批捕处更名为侦查监督处。全市共受理各类提请批捕案件675件975人。经审查，全市批准逮捕528件735人，不批准逮捕135件217人。

2011年，全市共受理各类提请批捕案件973件1323人，经审查批准逮捕各类犯罪嫌疑人972件1322人，不捕232件367人。受理自侦部门报捕案件36件38人，经审查决定批准逮捕28人，不捕10人。追捕31人，判决43人，其中判处10年以上的7人。2012年，全市受理各类提请批捕案件883件1319人，经审查，批准逮捕950人，不批捕352人。其中，受理自侦案件44件48人，决定批准逮捕34人，不捕14人。追捕漏犯41人。2013年，全市受理各类提请批捕案件968件1358人。经审查，全市批准逮捕908人，不捕429人，追捕漏犯57人。

立案监督　1997年，日照市履行新修订的《中华人民共和国刑事诉讼法》赋予检察机关法律监督的重要职责，积极开展立案监督工作。全市共受理立案监督案件6件7人，经过初查，通知公安机关立案3件，实现了本市立案监督工作“零”的突破。

2002年，市人民检察院把有影响、群众反映强烈的案件作为立案监督工作重点，共受理立案监督案件74件，要求公安机关说明理由74件，公安机关直接立案或通知公安机关立案74件。立案监督案件有罪判决率达到100%。2011年，办理监督立案26件，监督撤案24件，追捕漏犯34人，纠正违法29件。2012年，监督立案34件，监督撤案15件，追捕漏犯41人，书面纠正违法13件。2013年，监督立案80件，监督撤案56件。

审查起诉　2006年，备案审查、请示汇报案件等制度进行完善细化，并根据省院要求，逐步建立起案件质量预警机制等。继续探索实行自侦案件公诉一体化制度。东港、开发区等院探讨实行恢复性司法活动，对一些轻微的刑事案件采用刑事和解处理，收到了很好的效果。全市共受理各类移送审查起诉案件1352件2182人，同比增长7.64%和7.91%；经审查，向法院提起公诉1315件2012人，同比增长12.39%和13.54%。市检察院共受理各类移送审查起诉案件75件168人，同比增长25.9%和3.7%；经审查提起公诉40件75人，同比持平和下降51.6%。

2007年，积极探索贯彻宽严相济刑事司法政策的方式，制定《关于对未成年犯罪嫌疑人实行捕诉前品行调查的规定》。为更好地做好未成年人案件的审查起诉和审判工作，市检察院与中级人民法院及有关部门协商，决定将东港区、岚山区和开发区受理的未成年人刑事案件集中在东港区人民检察院审查起诉，由东港区人民法院统一审判。东港区检察院成立未成年人刑事案件检察科，与东港法院批准成立的未成年人刑事案件审判庭相对应。此项工作于7月1日实行，同年11月25日，该科已受理审查起诉案件40件88人。是年，全市公诉部门共受理各类移送审查起诉案件1744件2989人，与2006年同期相比，件数和人数分别增长29%和36.98%；经审查，向法院提起公诉1358件2192人，同比分别增长3.27%和8.95%。市院公诉处受理各类移送审查起诉案件78件198人，同比分别增长4.29%和17.86%；经审查提起公诉44件136人，同比增长10%和81.33%。

2012年，辩证把握宽严相济刑事政策的精神实质，充分考虑起诉的必要性、权威性，严格依照法律规定，灵活运用不起诉条件，充分发挥不起诉作用，对可诉可不诉的案件尽可能不诉，取得较好效果。五莲县检察院制定《关于交通肇事案件相对不起诉暂行办法》，明确规定对交通肇事案件作相对不起诉的条件和不能作相对不起诉的情况，增强了工作的可操作性。全市公诉部门做不起诉处理129人，其中绝对不起诉为4人,相对不起诉109人,存疑不起诉16人。市检察院及莒县检察院、五莲县检察院均成立未成年人刑事检察工作办公室,负责未成年人涉罪案件的捕、诉、监、防一体化工作及其他涉及未成年人的刑事检察工作。全市全年共受理各类移送审查起诉案件2139件3832人,同比分别增长23.79%和45.05%;审查后提起公诉1484年2243人,同比分别增长8.17%和12.94%。配合公安机关开展经侦破案会战,2012年共受理审查起诉经侦破案会战案件483件1238人。

2013年,全市共受理各类移送审查起诉案件1504件2295人,同比减少29.7%和40.1%,经审查提起公诉1265件1840人,同比分别减少14.7%和17.97%;受理各类移送审查起诉案件123件206人,经审查提起公诉36件81人。东港区检察院依托石臼检察室,与石臼中盛社区联合成立正心教育基地,并制定《未成年人社会教育观护基地工作实施办法(试行)》及相关适用文书模板,对涉罪未成年人进行帮扶、教育和监管,帮助涉罪未成年人顺利回归社会。为无监护条件、无固定住所、无经济来源的“三无”涉罪未成年人提供工作机会和劳动技能培训,创造非羁押措施和非监禁刑适用条件,同时对诉前和诉后的特定观护对象展开针对性帮教,切实教育挽救涉罪未成年人。

出庭支持公诉 2006年,市人民检察院共出席法庭577件1110人,法院判决1240件1929人。2007年,市人民检察院共出席法庭669件1214人,法院判决1301件2047人。2008年,市人民检察院共出席法庭840件1479人,法院判决1474件2266人。2009年,市人民检察院共出席法庭789件1473人,法院判决1447件2311人,制定《量刑程序指导意见》,试行量刑建议。2010年,市人民检察院共出席法庭616件1047人,法院判决1261件1900人。全面推行量刑建议,对734件提起公诉的案件提出量刑建议,占已诉案件的66%,量刑建议采纳率达95%以上。按照高检院《关于积极推进量刑规范化改革全面开展量刑建议工作的通知》的规定,从10月1日开始进行量刑规范化改革。2011年,市人民检察院共出席法庭707件1192人,法院判决1324件1859人。2012年,市人民检察院共出席法庭共834件1365人;法院判决1551件2325人。自10月后,改变简易程序案件一般不出庭的现状,基本实现简易程序案件全部集中出庭。东港区检察院与区法院签署《关于规范适用简易程序开庭审理公诉案件工作的试行意见》,着重规范简易程序的适用范围,集中审理及简化庭审程序的办法。全市共办理简易程序案件725件1019人,出庭334件533人。2013年,市人民检察院共出席法庭1429件2134人,法院判决1419件2114人。

审查起诉中的侦查监督 2006年,全市退回补充侦查152件439人,追诉漏犯13人,不起诉13人。针对侦查和审判活动中的违法现象,市人民检察院提出书面纠正违法通知书15份、书面检察建议4份,口头提出纠正违法意见79条,其中有63条侦查和审判部门进行了反馈。2007年,退回补充侦查186件,比2006年多34件,建议侦查机关对犯罪事实不是犯罪嫌疑人所为和犯罪情节显著轻微不够犯罪等撤案144人,比2006年多65人;追诉漏犯47人,比2006年多34人。改变侦查机关定性65人,比2006年多37人;追诉漏罪31条,比2006年多21条,不起诉13人,针对侦查和审判活动中的违法现象,提出书面和口头意见112条,其中有75条侦查和审判部门进行了反馈。

2008年,把监督权的行使放在构建和谐社会的大环境下予以考量和运用。在保证监督数量、力度的基础上,提高监督质量和效果。全市共退回公安机关补充侦查181次,追诉漏犯35人,追诉漏罪34条,改变定性93人,不起诉32人;针对侦查和审判活动中的违法现象,口头或书面提出纠正违法意见60条。

2012年,按照省检察院的统一部署,市人民检察院开展“另案处理”专项检查活动,对侦查行为中的违法情形依法提出纠正违法意见,并监督纠正。全年共追诉漏犯50人,追诉漏罪54件,发出侦查违法建议书38件,保证了法律的统一正确实施和侦查活动依法进行。2013年,全市共追诉漏犯36人,追诉漏罪

48 条，纠正侦查违法 28 件。拓宽监督渠道，针对公安机关移送审查起诉的案件中近 10%撤案或作绝对不起诉处理的情况展开调研，下发《关于当前办理轻伤害案件的意见》，有效监督侦查办案。

审判监督　2006 年，针对侦查和审判活动中的违法现象，市人民检察院提出书面纠正违法通知书 15 份、书面检察建议 4 份，口头提出纠正违法意见 79 条，成功抗诉一起职务犯罪案件。2007 年，提出书面和口头意见 112 条，其中有 75 条侦查和审判部门进行了反馈。2008 年，强化审判监督观念，提高抗诉和纠正违法的能力，共向法院抗诉 3 起案件。2009 年，按照高检院和省院的部署安排，市人民检察院积极开展刑事审判法律监督专项检查活动，共办理抗诉案件 1 件，法院采纳抗诉意见 1 件。2010 年，抗诉工作取得较大进展，抗诉案件数量较往年有较大的增长，抗诉质量高，办案效果好。全年共办理抗诉案件 17 件，同比增长 750%。其中，二审抗诉案件 12 件，审判监督程序抗诉案件 5 件。改判 7 件，发挥重审 1 件，维持原判 2 件，抗诉意见采纳率为 80%。2011 年，坚持"敢抗、善抗、抗准"的原则，进一步加强抗诉工作，共提出刑事抗诉 5 件，法院采纳抗诉意见 2 件。2012 年，继续坚持刑事抗诉工作"数量与质量并重"的指导思想，共向法院提起刑事抗诉 10 件，法院经审理依法采纳抗诉意见 4 件。2013 年，依法稳步开展刑事审判法律监督工作，全年共抗诉 3 件，法院均采纳抗诉意见，纠正审判违法 20 件。

第二节　反贪污贿赂

1990 年市检察院刚组建时，人员相对较少，市检察院经济检察处同城郊院经济检察科合署办公，确定在打击经济犯罪斗争中应坚持"两为主"工作方针，即以查处贪污、贿赂案件为主，以抓大案为主。全年共受理各类经济犯罪案件 53 起 56 人，立案 33 起 36 人。其中，贪污案 18 起 20 人、受贿案 9 起 9 人、挪用公款案 5 起 6 人，其他案件 1 起 1 人。市检察院共批准逮捕 14 人，占立查人数的 38. 89%；移送起诉 16 起 18 人，起诉 10 起 12 人，法院均作有罪判决；为国家挽回经济损失 67 万余元。

1991 年，市检察院共立查各类经济犯罪案件 47 起 49 人，立查案件数比 1990 年增长 42. 4%。其中，贪污案 27 起 27 人、贿赂案 14 起 14 人、挪用公款案 5 起 7 人，其他案件 1 起 1 人。大要案 15 件 17 人，占立案总件数的 31. 91%，为国家挽回经济损失 100 万余元。

1992 年，市检察院共受理各类经济犯罪案件 48 起，立查 34 起 41 人，比上年下降 28%。全年共查处贪污贿赂重点案件 24 件，占立案数的 70. 6%，大要案 13 起，占 38. 2%，同比增长 6. 3 个百分点。

1993 年，市检察机关打击经济犯罪的职能由经济检察部门转移到反贪污贿赂局，按照中纪委二次会议关于反腐败斗争的系列指示精神，坚持把查处贪污贿赂犯罪案件作为反腐败斗争的工作重点，全年共受理各类经济犯罪案件 129 起，立案侦查 53 起 56 人。

1994 年，日照市坚持"严格执法、狠抓办案"的工作方针，集中精力查办党政机关、行政执法机关、司法机关和经济管理部门（简称"三机关一部门"）的贪污贿赂案件，立查案件数量创历史新高。全年受理各类经济案件 101 件，立案侦查 63 件 69 人，同比增长 19%，其中贪贿案件 41 件 47 人，占立案数的 65. 1%，挪用公款案件 16 件 16 人，占立案数的 25. 4%，假冒商标案件 2 件，偷税案件 3 件，其他案件 1 件。反贪工作呈现以下特点，一是大要案比例高，全年立查贪污贿赂等大要案 34 件，占立案数的 54%，是 1993 年的两倍。二是工作重点突出，社会影响大。全市查处党政机关等部门的经济犯罪案件 17 件 21 人，占立案数的 27%。三是窝串案多，立查 63 件案件中，侦查发现的窝串案有 27 件，占立案总数的 43%。

1995 年，日照市对反贪工作实施"一把手"工程，服务于经济发展大局，以查办大要案为突破口，突出抓好重点部门中的经济犯罪案件和副处级以上干部经济犯罪案件的查处工作。全市共受理各类经济犯罪案件 177 件,立案侦查 91 件,比 1994 年的 63 件增加 44%;贪贿案件占立案总数的 68%。全市共立查各类经济犯罪大案要案 60 件,占立查案件总数的 65.9%,同比增长 12 个百分点,其中贪污贿赂大要案件 47 件,占贪贿案件的 75.8%。查办重点部门经济犯罪,特别是查处一批处级领导干部犯罪案件。

1997 年,根据修改后的《中华人民共和国刑法》规定,检察机关负责侦查贪污贿赂等经济犯罪案件,原属检察机关管辖的投机倒把、假冒商标和涉税案件犯罪改由公安机关侦查。全市共受理贪污贿赂等经济犯罪案件 152 起,立案侦查 83 起,其中贪污(含职务侵占)案 46 起,受贿(含商业受贿)案 11 起,挪用公款(含挪用资金)案 18 起,假冒商标案 2 起,涉税案 6 起。结案 76 起,结案率为 91.6%。

1998 年,根据高检院、省检院的部署和省检院反贪局的要求,3 月组织全市检察机关反贪部门开展集中教育整顿和执法执纪大检查活动。5—6 月,全市检察系统反贪部门组织专门力量对 1997 年以来立查的贪污贿赂等职务犯罪案件(83 件 88 人)进行全面自查和复查。结合贯彻落实"收支两条线"规定,对 1997 年以来涉案扣押款物进行全面的清理和检查。全年全市共受理案件线索 126 件 127 人,立案侦查 41 件 42 人,除年初管辖规定下发前立查的 2 起侵占案外,其余均为贪污、贿赂和挪用公款案,贪污案 13 件,贿赂案 5 件,挪用公款案 21 件。

2010 年,全市共立查贪污贿赂犯罪案件 71 人,同比上升 91.9%。大要案 60 人(要案 3 人),占立查案件数量的 86.7%。共立查司法机关犯罪案件 4 人,实现了查办司法领域案件的新突破;立查行政执法领域犯罪案件 20 人,立查涉农领域犯罪案件 19 人,立查商业贿赂犯罪案件 37 人。共移送起诉 59 人,提起公诉 42 人,起诉大要案 32 人,作出有罪判决 19 人,实刑判决 9 人,其中判处十年以上刑罚的 5 人,一审判决后,未提起上诉的 11 人。

2011 年,全市共立查贪贿案件 56 件 60 人,其中大要案 46 件 50 人,大要案比例为 83.3%;共立查科级以上干部 23 人;立查商业贿赂案件 40 件 41 人,其中大要案 32 件 33 人;立查工程建设领域贪贿犯罪 19 件 19 人,其中大要案 13 件 13 人;立查涉农贪贿犯罪案件 8 人,其中大案 6 人,专项工作取得明显成效。提起公诉 58 人,起诉大要案 44 人,判决生效 58 人,均为有罪判决,判决率为 96.7%,同比上升 25.45 个百分点;实刑判决 26 人,其中判处十年以上刑罚的 12 人,重刑判决案件明显增多。一审判决后,未提起上诉 32 人。

2012 年,全市共立查贪污贿赂等职务犯罪 54 人,其中贪污 16 人,贿赂 33 人,挪用公款 5 人,立查大案要案 33 人(要案 6 人),占立案总数的 61.1%。9 月,高检院反贪总局在日照召开全国检察机关部分省级院反贪工作座谈会,对日照市查办职务犯罪等工作给予充分肯定。

2013 年,全市共立查贪污贿赂等职务犯罪 49 件 64 人,立案人数同比上升 18.5%,其中大要案 49 人(要案 4 人)。立查国家机关工作人员贪贿案件 23 人。紧紧围绕三项重点工作,立查发生在群众身边、损害群众利益的贪贿案件 44 人;立查工程建设领域贪贿案件 8 人;立查商业贿赂犯罪案件 31 人。

第三节　渎职侵权检察

1990 年,市检察院设立法纪检察处,承办属人民检察院管辖的各类法纪案件。全市共立查各类法纪案件 3 件 4 人,其中非法拘禁案 1 件 2 人,玩忽职守案 1 件 1 人,重大责任事故案 1 件 1 人。侦查终结 2 件 2 人,移送起诉 1 件 1 人,移送免予起诉 1 件 1 人。起诉 1 件 1 人,法院有罪判决 1 件 1 人。

2000年，市检察院法纪检察处更名为渎职犯罪侦查局，重点加大对非法拘禁案件的查处力度。全市共立查各类渎职侵权案件8件11人。其中，非法拘禁案7件10人，徇私枉法案1件1人，重大案件3件。侦查终结7件10人，移送起诉7件10人。起诉6件8人。法院判决1件2人。2001年，全市检察机关共立查各类渎职侵权案件12件12人，其中滥用职权案1件1人，玩忽职守案8件8人，徇私舞弊案3件3人。重大案件有4件。侦查终结12件12人，移送起诉6件6人，撤案6件6人，移送起诉后退回撤案4件4人。无起诉案件。法院有罪判决5件7人。

2002年，市检察院渎职犯罪侦查局更名为渎职侵权检察处。全市共立查各类渎职侵权案件16件16人，其中滥用职权案2件2人，玩忽职守案6件6人，非法拘禁案8件8人，重大案件8件。侦查终结14件14人，移送起诉10件10人，撤案4件4人。起诉2件2人，不起诉2件，起诉后改不起诉1件1人。当年法院未判决。

2003年，全市渎职侵权检察机构全部更名为渎职侵权检察局。全市共立查各类渎职侵权案件11件8人。起诉6件6人，不起诉1人。法院有罪判决5件5人。

2008年，根据高检院关于开展“深入查办危害能源资源、生态环境渎职犯罪和涉农职务犯罪专项工作”的决定，共立查各类渎职侵权案件9件9人，重特大案件5人。

2013年，根据高检院和省检院部署开展的“查办和预防发生在群众身边、损害群众利益职务犯罪”专项工作，全市共立案侦查各类渎职侵权案件17件23人。其中，滥用职权案20人，玩忽职守案3人；重特大案件11人，要案1人；16人涉及专项领域案件。法院作出有罪判决13人，五年以上实刑2人。在全市范围内开展打击套取农机专项补贴专项行动，共立案14人，其中贪贿案9人，渎职案5人。

第四节　监所检察

日照市监所检察工作的发展分为三个阶段，1990—1993年为第一阶段，监所检察机构逐步理顺，监所检察处成立，配备专职人员。1993—2009年为第二阶段，认真贯彻执行全国监所检察工作会议精神和省院工作部署，比较健全的工作制度机制形成，实现监所检察工作的稳步发展。2009—2013年为第三阶段，推进监所检察工作向刑事执行检察转型，针对云南“躲猫猫”事件对执法公信力的冲击，市监所检察部门会同监管单位开展系列专项活动，严打牢头狱霸，促进监管安全，维护在押人员合法权益，建立健全突发事件的应急处理机制。加强信息化、规范化建设，建成监管场所信息网、监控网和检察专线系统（简称“两网一线”），实现对监所执法活动的实时、动态监督。2013年，修改后刑诉法实施后，监所检察部门增加八项新的职责，监所检察工作由“刑罚执行和监管活动监督”向“刑事执行监督”转型。

看守所执法活动监督　1990—1992年，监所检察职能由市院刑事检察处履行。1993年，市检察院成立监所检察处，认真执行《人民检察院看守所检察工作规范》，对看守所的执法活动监督实行驻所检察形式。严格落实驻所检察工作制度，消除安全隐患9起，防止安全事故3起。

2000年，加大对看守所收押、出所和羁押期限的监督力度，保证了看守所执法活动的顺利进行和刑罚的正确执行。加强对职务犯罪嫌疑人的监管措施的落实，严防串供、翻供事故发生。加强对减刑、假释、暂予监外执行工作的监督力度，审查法院减刑裁定书13份，暂予监外执行决定书1份。2001年，进一步执行羁押期限监督工作，催办即将到期案件60余次。办理审查批捕案件1件1人、审查起诉案件1件1人、审查减刑案件2件2人、暂予监外执行案件2件2人。

2013 年,严格执行刑罚变更执行同步监督制度,共审查看守所呈报的减刑、假释、暂予监外执行材料 16 件,监督纠正减刑不当 4 件 4 人。开展“交付执行与留所服刑”专项检查活动,对看守所将罪犯交付执行、留所服刑情况进行全面的调查摸底和清理纠正。

监外执行检察　1993 年,采取联合检查与自行检查、普通检查和重点检查相结合的方法,对监外执行罪犯加强教育和管理,督促建立健全帮教小组 324 个,协助制定帮教措施 873 条,开展法制宣传 426 次,帮助解决实际困难 30 人次,建立联系点 12 个。

1994 年,积极探索做好监外执行罪犯检察工作的新路子,东港区检察院建议区政法委统一组织公、检、法、司部门,对辖区内外执罪犯进行部分与重点考察。1997 年,对外执罪犯采取联合检查和专项检查的方式,督促帮助建立基层帮教组织 60 个,建立帮教措施 81 条,提出整改建议 11 条,为 16 名外执罪犯排忧解难。1998 年,对监外执行罪犯监督管理工作进行抽查,督促建立帮教组织 94 个,订立帮教措施 188 条;发现重新犯罪 4 人,及时监督有关部门依法处理。2000—2005 年,监外执行检察工作开展。

2007—2009 年,根据省综治办等 5 个部门的安排部署,扎实开展核查纠正监外执行罪犯脱管漏管专项行动工作,共移交外省监外执行罪犯 87 人,省内外市 198 人,市内外县 291 人;纠正异地监外执行罪犯管制 2 人,缓刑 26 人,假释 19 人。探索监外执行检察的长效机制,普遍建立监外执行罪犯台账,使用省检察院推广的监外执行监督管理软件,建立全市监外执行罪犯信息数据库。对全市监外执行罪犯进行专项检察,2009 年考察监外执行罪犯 3106 人。

2010—2013 年,落实山东省检察院《关于加强和规范社区矫正法律监督工作的意见(试行)》,积极探索创新社区矫正监督方式,加快健全社区矫正信息渠道畅通机制,每年两次联合开展社区矫正检察工作,对各区县监外执行工作进行随机检察。

第五节　民事行政检察

1991 年 11 月,市检察院民事行政检察处组建,此后,全市民事行政检察业务不断发展,维护法院裁判权威、释法说理、息诉罢访,化解社会矛盾。

1999 年,市检察院确定“抓重点、上水平,抓棱角、搞突破,抓机制、增活力,抓素质、树形象”的工作思路。2002 年,为解决在办案过程中存在的问题,日照市印发《日照市中级人民法院、日照市人民检察院联席会议关于审理民事行政抗诉案件若干问题的纪要》,就民行检察工作及法院再审中的若干问题做出规定,对困扰民行工作的案件受理范围、调阅法院案卷、审限等重大问题达成共识。

2004 年,在全省首届民行检察精品案件评选活动中,日照市检察院报送的日照市水产供销综合开发公司申诉案等被评为全省“十佳”民行案件和精品民行案件。2007 年,在高等教育出版社出版的省检察院组织编写的《民事检察监督百案精析》一书中,日照市有 8 个案例入选,其中东港检察区院有 6 个案例入选,在全省基层检察院中排名第一。

2010 年,结合办理农村信用联社借款纠纷民事申诉案,针对办案中发现的金融机构在办理贷款过程中暴露出的问题,向信用社提出检察建议,该做法被省检察院《山东检察简报》肯定为积极推进社会管理创新工作方式,被高检院民行厅《民事行政检察工作情况》向全国各省民行部门转发学习。

2012 年,全市办理民事抗诉、再审检察建议被采纳和新型案件共 165 件,审查提抗案件和自行办理案件共 56 件。全市民事抗诉、再审检察建议法院再审后改变原判决 24 件。办理的巨峰镇 66.67 公顷耕地复耕行政执法监督案件被评为首届全省民行检察“十佳”创新案件和首届全国民行检察优秀案件;2013 年被表彰为全国首届民事行政检察优秀案件。2013 年,全市共受理民事行政申请监督案件18 件,通过审查不支持监督案件 7 件,提出再审检察建议 1 件,作其他处理的 10 件。全市有 32 件民事监督案件改变原审判决,其中市检察院提出抗诉的 30 件劳动争议案件,经法院再审后全部改变了原判决。

第六节 控告申诉检察

1990 年 3 月,市检察院设立控申处。是年,全市检察机关受理各类举报 344 件,受理不服贪污罪被免予起诉的刑事申诉案件 5 件。1991 年,根据案件管辖和归口办理的要求,全市检察机关受理各类举报248 件,同比下降 30.9%。受理“两不一免”(不捕不诉免诉)申诉案 9 件,同比上升 12.5%。立案复查 4件(均为七日内申诉),驳回申诉、维持原免予起诉决定 4 件。1992 年,受理控告申诉案件 150 件,同比下降 35.5%。全年查处上级院和本院检察长交办案件及初查案件 19 件,其中立案 9 件。

2011 年,贯彻执行八部委联合制定《关于开展刑事被害人救助工作的若干意见》和实施办法,救助刑事被害人 3 件 4 人,发放救助金 20.6 万元,化解社会矛盾。

2013 年,《中华人民共和国刑事诉讼法》修改实施后,刑事申诉出庭抗诉等内容调整至控申部门。控申处做好控申、热线与派驻检察室业务对接,积极应对中央涉法涉诉信访制度改革和“两法”修改后检察信访工作面临的新情况新问题,全市共受理群众来信来访 249 件,其中举报类 155 件;不服法院刑事裁判申诉 12 件,不服民事裁判申诉 36 件;控告类 55 件。接待不属于检察管辖重复信访、法律咨询等 200 件。全市民生检察服务热线为群众提供法律咨询和解答 897 次,查办举报线索 3 件,挽回经济损失 34.32 万元,办理辖外刑事申诉 19 件,促进当事人刑事和解 4 件。受理刑事申诉案件 13 件,立案复查 10 件,提出再审建议 1 件,出席再审法庭 1 件,法院改判 1 件;不予抗诉 9 件。其中,市检察院办理 6 件,均做到事实清楚、适法正确,释法说理到位,案结事了。办理刑事被害人救助 16 人,发放救助金 8.3 万元,帮助受害人走出生活困境,取得良好社会效果。

第三章 法 院

1989 年 11 月,根据山东省七届人大常委会第十一次会议的决定,日照市中级人民法院(以下简称日照中院)筹建。1990 年 5 月,日照中院对外办公,辖城郊人民法院一个基层院。日照市设区带县后,1993年 1 月,中院所辖基层法院增加莒县人民法院和五莲县人民法院;市城郊法院更名为东港区人民法院。2005 年 1 月,日照经济技术开发区人民法院和岚山区人民法院先后成立。

1990—2013 年,围绕全市改革发展稳定大局,在各类案件数量大幅上升的情况下,日照市两级法院认真履行法律职责,不断拓宽服务领域,强化审判职能,提升司法公信力,促进司法公正。两级法院共收案 442762 件,结案 440339 件。其中,2009—2013 年,全市每年收结案均在 3 万件以上。

第一节　刑事审判

治安案件审判　1990 年，日照市开展“打流窜”“挖逃犯”“扫黄”“除六害”等专项斗争，对危害大、影响大、罪行严重的犯罪分子，特别是对那些犯有杀人、抢劫、强奸、爆炸、破坏电力设备、流氓等罪行的犯罪分子，以及惯犯、累犯和犯罪集团的首要分子依法快审快判。全年两级法院共受理危害社会治安一审案件 104 件，审结 82 件，惩处罪犯 108 人。

1991—1992 年，日照市坚持“严打”方针，开展“打拐”“反盗窃”“打假”等专项斗争，把杀人、抢劫、强奸、重大盗窃、破坏电力设备、拐卖人口等方面的严重刑事犯罪作为打击的重点，依法从重从快审理，打击犯罪分子的嚣张气焰。其间，全市法院共受理危害社会治安一审案件 243 件，审结 198 件，惩处罪犯 221 人。

1993—2000 年，日照市依法严厉惩处严重危害社会治安的犯罪分子，继续开展反盗窃、打拐、“扫黄”、打击车匪路霸、打击农村流氓恶势力等专项斗争；重点打击杀人、抢劫、强奸、盗窃、破坏生产建设设施等犯罪，特别对有黑社会性质的集团犯罪，坚持快审快判，坚决予以严惩。依法判处一批罪大恶极的犯罪集团首犯和惯犯。全市两级法院受理严重危害社会治安一审案件 3742 件，审结 3056 件，惩处罪犯 3560 人。

2001 年 4 月，中共中央作出在全国范围内开展“严打”整治斗争。在“严打”中，坚持把斗争的锋芒对准有组织犯罪、带有黑社会性质团伙犯罪、车匪路霸和流氓恶势力犯罪，盗窃抢夺等多发性犯罪，特别是对危害大、影响大的重大恶性案件，坚持快审快判。截至 2006 年，“严打”整治斗争期间，全市两级法院受理严重危害社会治安一审案件 1641 件，审结 1634 件。

2007—2013 年，全市共受理严重危害社会治安一审案件 2633 件，审结 2611 件。

经济犯罪案件审判　1989 年 8 月，最高人民法院、最高人民检察院联合发布《关于严惩贪污受贿、投机倒把等经济犯罪活动的通告》。日照市大力宣传通告内容。1990—2006 年，进一步加大对贪污、受贿、走私、挪用公款、重大诈骗、偷税漏税、制售假冒伪劣商品等严重经济犯罪案件的审理力度，全市共受理一审经济犯罪案件 5199 件，惩处罪犯 8212 人，为国家和集体挽回经济损失 3000 万余元。其中，1996 年 11 月，依法对原地级中共日照市委书记王某某徇私舞弊、受贿案进行公开审理。

2007—2013 年，参与整顿和规范市场经济秩序专项斗争，依法严厉打击贪污、贿赂、诈骗、虚开增值税专用发票和持有、使用假币等各种经济犯罪活动。其间，全市两级法院共审结各类经济犯罪案件 1392 件，判处罪犯 1416 人，为国家和集体挽回经济损失 2000 万余元。

第二节　民事审判

1989 年，《中华人民共和国民事诉讼法（试行）》颁布后，法院在民事审判中试行庭审方式改革，改革的中心是落实公开审判、法官中立原则，防止审判活动中出现不规范行为。是年起，全市民事纠纷案件呈现明显上升趋势。1991—1994 年，随着《中华人民共和国民事诉讼法》《最高人民法院关于适用〈中华人民共和国民事诉讼法〉若干问题的意见》的先后施行，全市民事审判程序进一步规范，案件审理和审结数量总体出现上升趋势。1993 年，全市法院受理民事纠纷案件 2989 件，审结 2916 件；1994 年受理民事纠纷案件 3512 件，审结 3438 件，民事案件数量逐年攀升。

1995—1997 年，民事审判遵循正确、合法、及时的工作原则，在查明事实、分清是非的基础上，重视对当事人进行耐心疏导教育、消除和化解矛盾。在处理婚姻家庭案件中，切实保护妇女、儿童和老人的合法权益。劳动争议案件增多，内容也有变化，涉及的主体既有国有、集体企业，也有“三资”企业，其中因劳动报酬和劳动保险而引起的纠纷居多，很多案件属于集团性诉讼。1997 年，受理民事纠纷案件 6589 件，审结 6062 件。1998 年，共受理民事纠纷案件 7623 件，比 1997 年同比增加 1000 余件，审结 6726 件。

1999—2001 年，加大积案清理力度，认真解决案件审理超审限问题；全面推进公开审判，以公开促公正；强化合议庭职责，确保案件公正审理。加强对农村承包纠纷案件和与农业发展相关案件的审理，依法处理农业产业化经营及生产、加工、销售中出现的案件，农民兴办股份合作制企业出现的案件，农村粮食购销中出现的案件。其中，2000 年，受理民事纠纷案件 8298 件，审结 7390 件；2001 年，受理民事纠纷案件 8254 件，审结 7927 件。

2002—2004 年，民事审判进一步规范和强化当事人举证责任，明确当事人的举证时限和审判人员调查取证的范围，扩大简易程序审理案件的范围，推行案件流程管理制度，保证案件在法定的审限内结案，更加方便当事人通过诉讼维护自己的合法权益。其中，2002 年，受理民事纠纷案件 7251 件，审结 6870 件。2003 年，受理民事纠纷案件 7096 件，审结 6811 件。2004 年，受理民事纠纷案件 7958 件，审结 7700 件。

2005 年，民事审判按照“能调则调、当判则判、调判结合、案结事了”的要求，贯彻落实最高人民法院《关于人民法院民事调解工作若干问题的规定》，不断提高诉讼调解水平。全年受理民事纠纷案件 7785 件，审结 7357 件。2006 年，共受理民事纠纷案件 9362 件，审结 8770 件，其中权属侵权案件 4549 件，占民事案件首位；其次是婚姻家庭纠纷案件，2825 件。2007 年，为加快办案节奏，提高办案质量，两级法院积极探索和加强民事审判方式改革，强调当事人的举证责任，强化庭审功能。是年，受理民事案件 10669 件，审结 10199 件。同时贯彻专门工作与群众路线相结合的方针，加强对基层调解组织的业务指导，培训人民调解员 560 人。

2008 年后，随着法制的健全和公民法律意识的增强，全市各类民事纠纷案件大幅度上升。是年，全市两级法院共受理各类民事案件 12236 件，审结 11755 件，在审结的民事案件中，民间借贷纠纷案件 1228 件、婚姻家庭纠纷案件 3277 件、权属侵权案件 6063 件，此三类案件占审结案件总数的 89.90%。其中，涉及工资、保险、福利、劳动保护等劳动争议纠纷案件 340 件；审结房地产开发与建设、房屋租赁、房屋买卖等房地产纠纷案件 399 件，依法审理部分著作权、名誉权、肖像权等涉及人身权的纠纷案件。2009 年，受理民事纠纷案件 12504 件，审结 11652 件。2010 年受理民事案件 14400 件，审结 13595 件，其中受理房地产开发与建设、房屋租赁、房地产抵押等纠纷案件 205 件，审结劳动争议案件 769 件，审结名誉权、荣誉权和肖像权等人身权纠纷案件 4857 件。民事、经济纠纷案件公开宣判率 80%，案件结案周期缩短为 28 天，当事人服判息诉率为 95.3%。2011 年，受理民事案件 16944 件，审结 15315 件。其中，离婚案件 3347 件，赡养案件 24 件，继承案件 62 件。2012 年，受理民事案件 16087 件，审结 16195 件。其中，受理离婚案件 3378 件，达到历史新高，但其所占民事案件总量的比例下降至 21.00%。2013 年，受理民事案件 16652 件，审结 15379 件。其中，审结婚姻家庭、继承纠纷案件 3940 件，依法保护受害人特别是妇女、儿童、老年人的合法权益。在民事审判工作中，两级法院注意严格依法妥善处理群体诉讼案件，对矛盾容易激化的债务、房地产、拆迁、劳动争议等案件，充分运用调解手段平息纠纷。

第三节 经济审判

市、区(县)两级法院注重把依法审判与宣传法律、调处纠纷、帮助修订完善合同、整顿健全调解组织等工作结合起来,深入厂矿、城镇和农村开展巡回审判,就地办案,帮助当事人修订完善经济合同,有效处理各类经济纠纷。针对经济纠纷案件跨市、县甚至跨省的新特点,加强与其他地区司法部门的合作联动,合力解决经济纠纷,维护市场秩序和社会大局稳定。1990—1991 年,两级法院坚持审判是服务经济发展的重要举措,加强经济审判工作。全市组织巡回法庭 25 个,深入 200 多个乡村和企业单位,理顺各种经济纠纷达 800 余件,在国营大中型企业建立法律联系点 14 个,聘请司法联络员 53 人,凡是涉及国营大中型企业和地方骨干企业的纠纷案优先立案处理,为企业追回欠款 1000 万余元。1990 年,受理经济纠纷案件 1238 件,审结 1118 件,结案标的额 2000 万余元。1991 年,受理经济纠纷案件 1316 件,审结 1283 件,结案标的额 2500 万余元。

1992—1995 年,各种经济关系调整加快,经济纠纷案件急剧上升。其中,1992 年全市法院受理经济纠纷案件 1424 件,涉及购销合同案件 986 件。其间,重点审理农村承包合同案件和乡镇企业经济纠纷案件,共审理此类案件 800 余件。1994 年,受理经济纠纷案件 1824 件,股票、债务、票据等新类型案件逐渐出现并增多。1995 年,受理经济纠纷案件 2125 件,审结买卖合同、借款合同案件 1059 件。两级法院充分发挥调节经济关系的职能作用,为国有企业的发展提供超前服务、延伸服务和专项服务,对国有企业起诉的案件,优先立案、优先审理、优先执行。同时注重保护集体、个人和私营企业的合法权益,审结此类案件 800 余件。

1997 年起,随着市场经济秩序的好转,经济纠纷收案数量趋于稳定,每年受理 3500 件左右,审结 3100 件左右,总体形势较为平稳,经济审判工作为维护全市经济社会发展大局发挥了积极作用。至 2001 年,全市法院共受理经济纠纷案件 18010 件,审结 15881 件。

2002 年,经济审判被纳入大民事审判的范畴,全市撤销经济审判庭,经济审判统称为商事审判。是年,受理商事案件 2100 余件,审结 1978 件。至 2007 年全球经济危机爆发前,全市共受理经济纠纷案件 27338 件,审结 26354 件。

2008 年,因受全球经济危机影响,经济纠纷案件数量出现井喷现象,全年受理经济纠纷案件 7434 件,其中主要集中在借款合同、买卖合同等案件,同时,票据、股权等新类型纠纷案件逐渐出现。根据最高人民法院“为大局服务、为人民司法”的工作理念,全市法院在商事审判中始终坚持能动司法,增强司法服务的主动性,依法审理金融借款、大宗商品交易、理财产品等案件,促进经济发展方式转变,保障宏观经济平稳较快发展。积极深入企业、事业单位,就案件审理中发现的问题有针对性地提出司法建议,为保障全市经济社会率先创新优质发展保驾护航。至 2013 年,全市受理经济纠纷案件 36558 件,审结 34268 件。

第四节 行政审判

行政审判 1992 年,日照中院行政庭设立,审慎受理和审理各类行政案件,但被诉行政机关消极出庭、消极答辩、消极举证等现象严重制约着行政审判工作的进一步发展。自 1993 年开始,日照中院行政审判工作的重心调整到优化行政审判司法环境上,紧紧依靠党委领导、政府支持,不断破除制约行政审判工作发展藩篱。至 2001 年,全市法院共受理行政一审案件 2328 件,审结 1976 件,一审行政案件协调撤诉率 46.51%,行政机关败诉率为 22.01%。

2002—2006 年,依托行政诉讼案件审理这个平台,着力进行改革创新,优化行政审判外部环境,连续推出行政诉讼首长出庭应诉、行政败诉绩效考核两个机制,并以此为依托建立健全政府法院间的良性互动机制,行政首长出庭应诉率逐步提高,行政机关败诉率连年降低,群众对行政执法和行政审判工作满意度不断攀升。

2007 年,在省高院召开的第七次全省行政审判工作会议上,日照市介绍行政应诉审判的经验做法,得到最高人民法院、省高院的充分肯定,最高人民法院领导称之为"全国首创"。2009 年 10 月,日照市在全国法院探索化解行政争议经验交流会上,就实施行政诉讼绩效考核机制、推动法治政府、亲民政府建设作典型发言,得到最高人民法院领导的充分肯定,称赞"日照的做法很好,对人民法院做好行政审判工作开拓了思路,增强了信心"。此后,《人民日报》《人民法院报》等诸多媒体先后报道日照市行政审判的经验做法,在全国引起强烈反响,众多外地法院前往日照考察学习,广受好评和称赞。经最高法院和有关专家学者的联合推荐,日照市政府参选"首届中国法治政府奖"。2011 年年初,经中国法治政府评选委员会的严格审查评选,日照市政府荣获"首届中国法治政府奖"称号,是全国唯一获此殊荣的地级市政府。

1989—2013 年,全市共受理行政一审案件 7480 件(含中院受理的 422 件),审结 7451 件(含中院审结的 421 件),结案率达 99.61%;受理行政二审案件 538 件,审结 531 件,结案率达 98.70%。上述审结的一二审行政案件中,判决行政机关败诉的案件共 548 件,行政机关败诉率为 6.87%。另外,还审查执行行政非诉执行案件 9972 件。

国家赔偿审判　日照法院的国家赔偿审判工作始于 1995 年 1 月《中华人民共和国国家赔偿法》实施后。2002 年,日照中院设置国家赔偿委员会,下设国家赔偿办公室,挂靠行政审判庭,作为日常办事机构和案件主办单位。自开展工作后至 2013 年,全市共受理并审结国家赔偿案件 6 件,结案率 100%。

第五节　审判监督

审判监督是人民法院审判工作的一个重要组成部分,主要是通过再审程序,纠正已经发生法律效力的判决、裁定。1998 年之前,全市法院审判监督工作由内设的告诉申诉庭负责。1998 年,告诉申诉庭分立为立案庭和审判监督庭,至此,审判监督工作由审判监督庭专职负责,实现了立案权与审判权的分立和相互制衡的新型审判管理体制。自审判监督工作开展以来至 2013 年,全市法院共审结各类案件 402 件,其中刑事案件 15 件,民商事案件 384 件,行政案件 3 件。

刑事再审案件　刑事案件进入审判监督程序的途径主要为当事人及其近亲属的申诉,法院院长发现和上级法院指令再审,检察机关的抗诉。《中华人民共和国刑事诉讼法》实施后,全市两级法院严格执行各项刑事审判制度,规范审判程序,案件质量逐年提高。1991 年后,刑事申诉案件大幅度下降。1997 年 1 月,修订后的《中华人民共和国刑事诉讼法》施行;是年 10 月,修订后的《中华人民共和国刑法》施行。随着庭审程序的规范,案件质量的提高,刑事案件进入再审的数量逐渐减少。1997 年 10 月至 2013 年,中院审结刑事再审案件 15 件,其中改判 7 件,发回 2 件,维持 6 件。从审理结果看,案件发改率较高,达到 60%,刑事再审发挥了不可替代的纠错功能。

民商事再审案件　1991 年,《中华人民共和国民事诉讼法(试行)》颁布实施,全市两级法院认真贯彻执行法律规定,结合告申工作实践,切实加强民商事审判监督,本着实事求是、有错必纠的原则,认真审查民商事申诉案件,依法民商事再审案件。

1991—1996年,全市民商事再审案件数量并不多。1997年之后,随着全市的经济发展,社会矛盾凸显,借贷纠纷、伤害赔偿纠纷、合同纠纷等案件大量增加,民商事再审案件骤增。为解决申诉难的问题,2007年,立法机关对民事诉讼法审判监督程序作了重大修改。新修订的民事诉讼法基本确立再审之诉模式,强化保障当事人申请再审权利的意图。2008年,最高人民法院公布实施配套的司法解释,增强了可操作性。2012年,修改的民事诉讼法对审判监督程序作了进一步的完善,较好地平衡了再审制度的纠错作用与裁判终局,以及法律关系稳定性之间的关系。2002—2013年,日照中院共审结民商事再审案件384件。其中,本院决定再审及提审案件150件,占39.06%;省高院指令再审案件58件,占15.1%;检察机关抗诉再审案件176件,占45.83%。

行政再审案件 行政案件由于收案少、原告撤诉率高等,致使该类型再审案件数量远远少于刑事、民商事案件。2002—2013年,日照中院共审结行政再审案件3件,其中维持、改判、调解各1件。行政再审案件的主要特点,一是案件案由主要集中在工伤行政确认、工伤行政处罚、土地确认、土地补偿以及房屋产权登记行政撤销纠纷等方面;二是该类案件多因抗诉引起,相应地,中院指令再审占大多数;三是同一事实的案件占多数。

第六节 执行工作

1990年,日照中院设立执行庭。至1998年,全市两级法院共执结各类案件16724件,执结标的额43958万元。1999年,"执行年"活动开展,进一步加大执行力度,充分运用法律赋予的强制执行手段,不断探索行之有效的执行方式和方法,最大限度地减少执行积案。1999年下半年,"执行工作宣传周"和集中清理未结执行案件行动相继开展。全年共执结各类案件7605件,标的额3.52亿元,较上年上升57.8%和137.4%,实现了当年收结案平衡,并消化历年积案1006件,"执行年"活动收到明显成效。

2000年7月,全省法院率先成立执行局。根据中共中央11号文件和最高人民法院的要求,全市法院建立统一管理、统一协调、统一指挥的执行工作新机制。2001年,制定《关于实施债权凭证制度的若干规定(试行)》,在全省法院率先实行债权凭证制度,省高院给予高度评价并在全省推广。下半年,日照中院完成执行局内部的"两权分立"改革,并于2002年年初制定《执行流程管理暂行规定》和《关于案件执行权分立行使的暂行规定》,省高院将日照中院的做法定名为"日照模式",与新泰模式、东营模式,并列为全省法院执行分权的三大模式。

2002—2003年,完善统一管理、统一协调、统一指挥的执行工作机制,深化执行裁决权、实施权的分离改革,充分运用委托执行、提级执行、交叉执行、指令执行等方式攻坚破难,提高案件执结率。2003年,省高院在《关于全省法院开展集中清理涉金融未执结案件专项活动的情况总结》中,认为"日照法院大胆实践审计执行、担保执行、股权执行,探索并检验了一些好的执行方式方法,丰富了我省执行工作实践经验"。

2011年,扎实开展"反规避执行"专项活动,共办理各类执行案件6790件,执行财产13.46亿元,执行结案率和自动履行率明显上升。对外出躲债逃避执行的,通过实施公安机关协查机制查找到被执行人,以法律高压将被执行人的躲债、避债的心理防线压垮。全市法院在公安机关的全力配合下,查找被执行人46人，对450案450名当事人采取拘留措施，移送公安机关审查47人，其中被追究刑事责任3人。是年5月中旬，省高院在五莲县召开全省法院开展“反规避执行”专项活动座谈会，日照中院作典型经验介绍。

2012年后，针对民事执行权配置不科学、不合理，致使一些案件“执行难”的问题，指导基层法院根据单位工作实际进行大胆实践。通过对基层法院执行权不同配置模式的探索和尝试，探索出一条适合基层法院不同实际情况的民事执行权配置四种模式，分别是以岚山区法院为代表的标准的分段集约机制模式，以五莲县法院为代表的查控兼有速执特点的分段集约模式，以莒县法院为代表的“先分组再分段”的配置模式，以东港区法院为代表的“分组+分段+快速反应”配置模式。在实施新的执行权配置模式后至2013年，全市共受理案件14517件，执结案件14289件，结案率98.4%，实际执结案件11022件，实际执行率77.1%，执结到位标的额15.8亿元，执行标的到位率达71.5%。在对1860名当事人进行的问卷调查中，当事人对新的执行权配置模式表示满意的达99%。2012年，省高院以“关于执行权配置问题的调研”为题，作为全省重点调研课题，日照中院根据两级法院开展执行权配置的情况，撰写《关于民事执行权配置的调研报告》，通过省高院重点调研课题的验收。日照法院执行权配置模式的探索被《人民法院报》《山东法制报》等媒体进行了报道，社会反响强烈。

第七节　技术鉴定

1990年，日照中院法医技术室正式成立。1992年，日照市设区带县后，东港区、莒县、五莲县法院均设立法医技术室，共配备法医4人，中院及基层法院各1人，主要负责各类伤情及伤残鉴定，为审判工作提供科学证据。1993年，日照中院增加一名法医。1997年，日照中院法医技术室更名为技术室，业务范围由法医鉴定扩展到司法会计、文检等内容。

1993—1997年，全市共出具各类鉴定3159份，较好地服务了审判工作。2005年2月，第十届全国人民代表大会常务委员会通过《全国人大常委会关于司法鉴定管理问题的决定》，法院技术室不再参与具体司法鉴定工作，转而从事法院技术鉴定对外委托工作，法院司法技术部门主要负责本院的对外委托、技术咨询、技术审核和指定破产案件管理人工作，中院技术室还承担注射执行死刑的监督指导和确认死亡工作。至2013年，日照中院技术室共受理对外委托案件1249件，接受技术咨询、技术审核案件2187件，对外委托案件均做到准确、及时，注射执行死刑未发生任何技术事故。

第四章　司法行政

日照市司法行政工作认真履行法治宣传、法律服务、法律保障职能，至2013年，连续组织实施6个五年普法规划和4个依法治市五年规划，加强普法教育宣传；发挥律师在维护社会稳定中的特殊作用，全市法律服务行业形成形式多样、有序竞争的发展格局；坚持抓基层打基础、全力推进司法所规范化建设；强化执法监督检查，推行执法服务公开，促进公正执法、诚信文明服务，法律服务水平不断提升。

第一节　基层司法行政

司法所　1991年，日照市根据省司法厅建设规范化司法所的要求，细化具体措施，全力推进司法所规范化建设。设区带县后，全市乡镇司法所由原来的22个增至77个。1993年10月，在乡镇机构改革中，岚山办事处和莒县29处乡镇司法所撤销。1994年12月，岚山办事处、莒县恢复被撤销的司法所。至此，全市各乡镇（街道）全部建立司法所。1996年，全市建立健全以司法所为主体的基层司法行政组织体系，区县、乡镇、村（居）三级矛盾纠纷排查、人民调解网络初步形成。1997年，根据上级统一部署，实行司法所和法律服务所分离。2000年，在全市部分乡镇撤并之前，全市共有乡镇司法所69个，乡镇合并后，至年底，全市基层司法所调整为53个。2013年6月，《关于进一步加强县域司法行政规范化建设的意见》印发，并总结推广东港区司法行政规范化建设的做法。

人民调解　至1990年，全市普遍建立起四级调解网络，即乡镇建立调解领导小组，管区设调解网（片）长，村（居）有调解委员会，村（居）民小组设调解员。1996年，在全市开展创建规范化人民调解委员会活动，结合实际制定规章制度和实施细则，进一步规范完善人民调解组织内部运行机制。2005年，全市健全完善以乡镇（街道）调解中心为重点的城乡基层调解网络。至2010年年底，全市乡镇、村（居）民调解组织覆盖率100%，共有各类人民调解委员会3084个，人民调解员9972人，其中专职3440人，兼职6532人。至2013年年底，全市建立行业性调解组织27个，其中道路交通事故调解委员会8个，医疗纠纷调解委员会6个，劳动争议调解组织6个，物业管理纠纷调解组织1个，其他行业性调解组织6个，90%的行业性矛盾纠纷在专业化调解框架内得到有效化解。莒县夏庄镇党委、政府探索实施人民调解“以奖代补”机制，其他区县相继出台人民调解“以奖代补”政策，保障人民调解工作顺利开展。

社区矫正　2007年9月，日照市下发《关于开展社区矫正试点工作的意见》《关于社区矫正衔接工作的意见》，在全市各区（县）和部分乡镇（街道）开展社区矫正试点工作。日照市制定《社区服刑人员综合状态评估指标体系表》，对社区服刑人员社会危害性实行分级量化管理“体检式”评估。按照评估结果对社区矫正人员制定有针对性的矫正方案并实施分级管理，采取相应监管措施。东港区探索实施“信、通、卡”同步衔接法，实现矫正基础工作的前置与司法所之间的人员衔接、档案衔接、帮教衔接，有效避免脱管漏管。各区（县）和乡镇（街道）建立社区矫正工作机构，各行政村（社区）成立社区矫正工作小组，形成市、区（县）、乡镇（街道）、社区（村居）四级工作网络。2010年5月，岚山区司法局在全省率先建立社区矫正管理教育培训中心，成为社区矫正人员积极接受矫正、争当合格公民的“新港之岸”。是年年底，全市有2个区县成立社区矫正专门机构，配备专职矫正工作人员70人，社区矫正社会工作者2人，社会志愿者268人。2011年，针对社区服刑人员在外地务工、“人户分离”、流动性强的特点，制定《日照市社区矫正移动管理平台手机使用管理规定（试行）》，在全市建立社区矫正移动管理平台，利用“GPS”定位技术，对矫正对象实施随时实地定位管理跟踪监管帮教。五莲县在全省成立首家社区矫正管理局，并在县城周边流转土地113.33公顷，组建集“教育矫正、监督管理、帮困扶助、心理矫治”四位一体的社区矫正中心。2012年8月，在日照市主办的全省社区矫正执法培训班现场观摩五莲县社区矫正中心（曙光基地）。至2013年年底，全市共建立就业基地3个、教育基地18个、社区服务基地41个、管理教育服务中心2个，共接收社区矫正人员4280人，累计解除2251人，重新犯罪2人，重新犯罪率仅为0.46‰。

安置帮教　根据省社会治安综合治理委员会《关于充实调整综治委刑释解教人员安置帮教工作协调小组的通知》要求，2000 年，日照市刑释解教人员安置帮教工作协调小组成立。至 2003 年，全市各区（县、办事处）分别成立刑释解教人员安置帮教工作领导协调小组和办公室，各乡镇（街道）设立安置帮教工作站，凡有刑释解教人员的村（居）委会，分别成立帮教小组，形成从市、区县（办事处）安置帮教办、乡镇（街道）工作站到村（居）帮教小组的四级工作网络。2009 年，通过建立健全安置帮教组织、及时搞好对接、全面掌握底数、帮助解决就业四个方面，加强对刑释解教人员的安置帮教工作。2012 年，全市组织开展服刑在教人员未成年子女排查帮扶活动。岚山区汾水镇、东港区南湖镇分别被中央综治委、山东省综治委授予“全国刑满释解、解除劳动教养人员安置帮教工作先进集体”“刑释解教人员安置帮教工作先进单位”称号。

基层法律服务　1989 年，全市乡镇法律服务站招聘工作人员由县级司法局和乡镇（街道）政府共同考试、考核，择优录用，并组织培训后上岗。1991 年，乡镇（街道）法律服务站更名为乡镇（街道）法律服务所。1998 年，法律服务所直接由区县司法局组建。2001—2005 年，市、县两级重点加强乡镇法律服务所建设，扩大基层法律服务工作覆盖面，指导各区县对基层法律服务工作者开展培训工作。2008 年，在全市开展“法律服务和法律援助工作为构建社会主义和谐社会服务”主题实践活动。2010 年，在全市考核录用一批基层法律服务工作者，充实加强基层法律服务队伍，按照一乡一所的原则，恢复了部分法律服务所。至 2013 年 12 月，全市 55 个基层法律服务所共有基层法律服务工作者 293 名。其中，有 3 个基层法律服务所被评为“2010—2012 年度省级文明法律服务所”。

第二节　律　师

律师机构　1989 年，日照市法律顾问处为正科级单位。1991 年 4 月，市法律顾问处更名为日照市第一律师事务所。1995 年 6 月，日照市第一律师事务所更名为日照太阳律师事务所。1996 年 5 月，《中华人民共和国律师法》颁布施行，该法对律师事务所设有专章规定，分为国家出资设立的律师事务所、合作律师事务所和合伙律师事务所三种组织形式。是年，司法部制定发布《律师事务所登记管理办法》，对三种律师事务所分别规定了不同的管理办法。全市司法行政部门认真贯彻律师法，适应律师工作体制改革的要求，很快理顺了律师工作体制。至 2013 年 12 月，全市共有 38 家律师事务所、342 名执业律师，其中执业律师在 10 人以上的律师事务所有 13 家。

国资律师事务所改制　1990 年 8 月，日照市对外律师事务所设立，为科级单位。1993 年，国务院批转司法部关于律师工作的改革方案，要求律师机构打破传统的所有制形式，向“不要国家编制、不要财政拨经费、自愿组合、自我管理、自收自支、自我发展”的方向发展。是年 10 月起，全市国资律师事务所全部实行“单独核算、自负盈亏、自收自支、结余留用”。1995 年 6 月，市对外律师事务所更名为天祥律师事务所。1999 年，全市共设国家定编的律师事务所 13 个和外地驻日照分所 1 个。2000 年 9 月，根据国务院关于国资律师事务所与挂靠单位脱钩改制的指示精神，对已实现自收自支的国资律师事务所进行体制改革，内容包括人员脱钩、财务脱钩、业务脱钩和名称脱钩四个方面。至 2001 年 3 月，全市有 13 个国资律师事务所和 1 个分所全部脱钩改制。

合作律师事务所　1993 年 2 月，全市第一家合作律师事务所日照市第二律师事务所成立。1995 年 6

月,日照市第二律师事务所更名为律苑律师事务所。1997 年 7 月,日照中东律师事务所成立。2001 年 3 月,在国资律师事务所脱钩改制中,原国资律师事务所山东东方太阳律师事务所、山东天祥信合律师事务所、山东名律律师事务所、山东海曲律师事务所、山东旷世律师事务所、山东文心正律师事务所改制为合作律师事务所。2008 年 5 月,按照司法部的统一部署,合作制律师事务所全部改制为合伙制或个人律师事务所,至此,合作制律师事务所退出历史舞台。

合伙律师事务所 1999 年 4 月,全市第一家合伙律师事务所天晨律师事务所成立。2001 年 3 月,国资律师事务所山东律苑律师事务所、山东宝元律师事务所、山东海洋律师事务所、山东世纪星律师事务所、山东竞天律师事务所、山东莲信律师事务所、山东法程律师事务所、山东海师律师事务所日照分所脱钩改制为合伙律师事务所。至此,全市合伙律师事务所有 9 家。

专业职务评审 律师职务是根据律师工作的性质及其实际工作需要而设置的工作岗位,其职务分为四级。20 世纪 80 年代,律师实行专业职务聘任制度,其专业职务的评审工作由司法行政机关律师管理部门负责。1992 年 4 月,评审工作划归组织人事部门负责。省司法厅设省律师职务高级评审委员会,负责评审全省高级律师职务任职资格,即一、二级律师的评审;市司法局负责评审市局直属律师事务所的初级律师职务的任职资格;市律师职务中级评审委员会负责评审中级(三级)律师职务的任职资格。各区县司法局设有律师职务初级评审委员会,负责评审本区县的初级律师职务的任职资格,分别报请同级政府主管人事部门审核批准。至 2013 年,全市共评出一级律师 5 人,二级 8 人,三级 24 人,初级 41 人。

律师业务 全市各个律师事务所普遍开展刑事辩护与民事、经济、行政诉讼代理及非诉讼等业务。至 2013 年 12 月,全市律师共担任党政机关企事业单位、社会组织和公民个人常年法律顾问 1820 家。顾问律师介入深化国企改革、转换经营机制中,承办国有企业和集体企业改组、联合、兼并、股份制改制、产权转让、租赁、承包、破产等有关法律事务,参与项目洽谈,帮助起草、审查、修改合同,提供法律咨询等工作。至 2013 年,全市共代理各类案件 23.8 万多件,为单位和个人避免和挽回经济损失 102.8 亿元。

律师协会 1993 年 11 月,日照市律师协会成立并召开全市第一次律师代表大会,选举产生协会理事会和会长、副会长,通过《日照市律师协会章程》。2007 年 4 月,全市第二次律师代表大会召开,选举产生新一届律师协会组成人员。

律师管理 2001 年起,日照市先后下发《关于进一步加强律师队伍建设的意见》《日照市律师事务所规范化管理暂行规定》《日照市律师事务所百分制考核办法》《日照市律师出庭行为规范》等文件,规范律师和律师事务所执业行为。日照市每年组织一次全市律师管理干部培训班,提高司法行政机关管理能力和管理水平。出台《关于在全市开展律师执业秩序专项整治方案》,组织依法查处违法设立的法律服务机构和冒充律师从事有偿法律服务的“假律师”“黑律师”,开展律师职业道德和执业纪律教育评查活动,推行律师执业社会监督员制度,聘请 15 名律师社会监督员。至 2013 年,全市先后查处律师事务所、律师违法违规案件 12 起,对违反道德、纪律的行为进行批评、停止执业和罚款等处罚,规范律师法律服务市场秩序,形成律师事务所自律、律师协会行业管理和司法行政机关监管的制度保障体系。

第三节　公　证

机构沿革　地级日照市建立后，市公证处为正科级行政单位。1994 年 8 月，市公证处进行改革，分为两个组，分别挂市公证处和市涉外公证处的牌子，对内仍为市公证处。1996 年 6 月，日照市涉外公证处与日照市公证处合并为日照市公证处。2001 年 7 月，市公证处由行政机构改为副处级自收自支事业单位。2007 年 6 月，市公证处更名为日照市阳光公证处。

公证业务　公证机构改革前，日照市的公证业务发展较为缓慢，公证处承办公证业务主要是涉外及涉港澳台、民事协议类等传统业务，部分经济类公证业务也大都涉及农村土地使用权发包承包合同、山场、林场发包承包合同等公证。机构改革后，公证业务由以往的涉外及涉港澳台、民事协议类等传统公证业务为主逐步向经济类公证业务发展，并随着经济社会的快速发展而不断拓展，业务量年均递增 10%以上。1989—2013 年，全市共办理各类公证事项约 22.6 万件。其中，办理经济公证 10 万余件，办理事关社会稳定和人民群众切身利益的村（居）改造、教育医疗、就业、住房、环境保护、安全生产、婚姻家庭等公证事项 5 万余件，办理涉及继承、赠与、遗嘱、声明、委托等公证事项 4 万余件，办理涉外和涉港澳台公证 3.6 万余件。

公证队伍建设　1989 年 12 月，市司法局内设公证律师管理科，对公证机构和人员进行管理，并指导公证员开展业务。1992 年 5 月起，根据公证员资格取得必须参加全国公证员资格统一考试，合格后由省司法厅任命的要求，每年组织 1～2 次公证业务培训班，并派员参加司法部、省司法厅组织的培训，提高公证员的业务水平。1996 年 8 月，公证律师管理科撤销，公证管理科和律师管理科分设。随着公证业务发展的需要，各区（县）相继建立公证管理部门。2006 年 9 月，日照市公证员协会成立；2011 年 11 月，日照市公证员协会更名为日照市公证协会。

至 2013 年，全市共有公证机构 5 家，公证员 28 人，助理 25 人，辅助人员 12 人。其中，一级公证员 3 人，二级公证员 3 人，三级公证员 11 人，四级公证员 5 人。

第四节　司法鉴定

1999 年 12 月，省司法厅明确日照市司法局增加管理日照地区面向社会服务的司法鉴定工作职能。2006 年，根据全国人大颁布的《关于司法鉴定管理问题的决定》的有关规定，全市共设立 7 家司法鉴定机构，核准执业司法鉴定人 50 人，其中法医司法鉴定所 5 家，有法医司法鉴定人 32 人。“三大类”（法医鉴定类、物证鉴定类、声像资料鉴定类）外的会计鉴定机构 2 家，有会计司法鉴定人 18 人。2008 年，日照市新增 1 家物证类（文字、痕迹）司法鉴定机构。2006—2013 年，全市司法鉴定机构累计受理各类鉴定案件 19798 件；全市有 8 家鉴定机构参加省级认证认可。

第五节　监狱劳教

日照监狱变革　1998 年 4 月，省政府批准筹建山东省日照监狱。1999 年 4 月，司法部批复同意新建山东省日照监狱。后由于各种情况,日照监狱未开工建设。2008 年,经省政府和司法部批准,在原日照监狱筹建处的基础上建设日照市劳动教养管理所,日照监狱原有的资产、人员、编制整体转移到日照市劳教所。

日照市劳教所　2009 年 8 月,省政府批复同意组建日照市劳动教养管理所;9 月,司法部批复同意设立日照市劳动教养管理所;12 月,根据省编办批复,市编委明确日照市劳动教养管理所为市司法局直属机构,处级建制。

日照市劳动教养管理所建设项目征用东港区南湖镇彭家河村集体林地 1.6 公顷;于 2010 年 11 月奠基,总投资 8520 万元。2011 年 7 月,综合办公楼开工建设。2013 年 7 月,综合办公楼正式启用;是年 11 月,劳教所建设工程全部竣工验收,均采用现代信息技术、通信技术和多媒体技术。

山东省鲁南监狱　山东省鲁南监狱原址位于济宁市微山县。2009 年,经省政府、司法部批准,在日照市东港区建设新的关押点,2012 年 10 月 19 日正式启用。鲁南监狱是山东省监狱系统第一家跨地区建设新监狱的单位。

第六节　法律援助

法律援助机构　1996 年 11 月,根据司法部《关于迅速建立法律援助机构开展法律援助工作的通知》,市司法局成立日照市法律援助中心筹备领导小组。1997 年 3 月,日照市法律援助中心成立,为全额财政拨款的科级事业单位。2003 年 7 月,市法律援助中心加挂"市 148 法律服务热线协调指挥中心"牌子,承担法律咨询服务工作。1999—2013 年,市法律援助委员会先后进行 4 次调整。至 2013 年,全市共有专职法律援助人员 32 人,兼职人员 664 人,法律援助联络员 2998 人,法律援助志愿者 5166 人,初步形成以执业律师、公证员、基层法律工作者为主体,以法律援助联络员和社会志愿者队伍为补充的法律援助队伍。

法律援助业务　自 1997 年 3 月成立,市法律援助中心始终坚持以创新谋发展。1998 年,日照市成立第一家以市委副书记为主任,市委政法委书记、市人大、市政府、市政协分管领导为副主任、相关部门负责人为成员的法律援助委员会,解决了初创时期法律援助的许多难点问题,被司法部誉为"日照模式"在全国推广,成为全国法律援助机构建设的基本模式。1999 年 11 月,日照市制定《关于在全市广泛开展法律援助工作的意见》,把法律援助纳入规范化、制度化轨道。这一做法被司法部誉为"为无立法权的地市制定规范化文件创造了成功经验",在全国推广。2000 年,日照市残疾人法律援助联络站、日照市维护老年人合法权益法律援助联络站、日照市维护未成年人合法权益法律援助联络站、日照市妇女法律援助联络站先后成立,并在日照军分区成立全国第一家军人军属法律援助联络站;日照市农民工法律援助联络站在市劳动和社会保障局成立。2004 年 12 月,市法律援助中心与国际司法桥梁基金会进行成功对接,共同开展"12·4"法律援助(刑事)咨询宣传活动。2009 年 7 月,日照市再审案件法律援助联络站在市中级人民法院成立。2010 年 1 月,日照法律援助网正式开通,是山东省首个市级法律援助机构网站;4 月,日照市消费者法律援助联络站设立。2011 年 5 月,日照市下发《关于进一步加强民生保障体系建设的意见》,首次把法律援助纳入全市民生保障体系建设。2012 年 5 月,全市各级检察机关分别成立法律援助联络站。2013 年 5 月,"残疾人法律援助月"活动组织开展。1997—2013 年,市法律援助中心共办理法律援助案件 10249 件。

至2013年12月，市、区（县）两级法律援助机构依托各级工会、共青团、妇联、残联、老龄委、消协、民政、劳动仲裁等部门建立法律援助联络站36个；在全市8个律师事务所设立法律援助案件受理点；在全市54个乡镇（街道）依托司法所建立法律联络站；在2998个村（居）聘请法律援助联络员，形成“一乡一站、一村一员”的农村法律援助网络。

日照市法律援助中心2012年2月被评为“全国优秀法律援助中心”“全国十佳法律援助单位”；2013年1月被司法部评为“全国法律援助便民服务示范窗口”。

“148”法律服务专线 1998年，根据省司法厅、省邮电管理局《关于在全省司法行政系统学习推广“148”法律服务专线的通知》，制定《在全市学习推行东明县“148”法律服务专线工作实施意见》。2001年3月，“148”法律服务专线被划归市法律援助中心管理，同时与各区县“148”法律服务专线联动。至2013年，全市共受理法律服务咨询电话55960个，接待来访12600人次。

第三十二编　军　事

日照市升格为地级市后，在军事机构设置上，经历由人民武装部到军分区的两个阶段。1989 年 11 月至 1994 年 1 月，民兵武装及征兵、协调军地关系等工作由市人民武装部履行职责。1994 年 1 月日照军分区成立后，日照市正式有了军事领导指挥机关。日照驻军、武警部队和广大民兵在完成战备、训练、执勤任务的同时，发扬拥政爱民的光荣传统，积极参加军民共建社会主义精神文明活动和支援地方重点工程建设。与此同时，兵员征集、预备役建设、民兵带建、国防教育、人民防空等工作也取得显著成绩。

第一章　军事机构

第一节　日照军分区

1993 年 12 月，原日照市人民武装部奉命撤销。中国人民解放军山东省日照军分区筹建工作办公室设立，并与日照市人武部交接班。

1994 年 1 月 1 日，按照山东省军区命令，日照军分区筹建办自零时起对辖区民兵预备役工作行使指挥权。1 月 18 日，中国人民解放军山东省日照军分区正式成立（以下简称日照军分区），隶属于山东省军区建制，为日照市军事领导指挥机关。军分区机关设司令部、政治部、后勤部，辖东港区、莒县、五莲县人民武装部。

日照军分区成立后，按照党管武装的原则设立中共日照军分区委员会，实行党委统一领导下的首长分工负责制。中共日照市委书记兼军分区党委第一书记，军分区政治委员任党委书记，军分区司令员任副书记，实行上级军事机关和地方党委、政府对武装工作的双重领导制度。日照军分区成立后，牢固树立“小分区要有大作为”的思想，牢记使命、艰苦创业、奋发进取、与时俱进，全面工作有成效，重点工作有突破，取得较为突出的成绩。

第二节　市、区（县）人武部

日照市人民武装部　1989 年 10 月 7 日，省政府印发《关于日照市升为地级市后军事机构设置的复函》（〔1989〕鲁政函 62 号文）复函山东省军区：“日照市升为地级市后，市人武部定为正县级单位，其名称和员额不变。”市人民武装部（以下简称人武部）于是年 11 月正式对外办公，至 1993 年 12 月 30 日奉命撤销。

区(县)人民武装部　1992 年 12 月,日照市设区带县,成立东港区人武部,莒县、五莲两县人武部分别由临沂军分区、潍坊军分区移交日照军分区管辖领导。

1993 年 8 月,为适应岚山工委、办事处履行县级党委、政府职能的需要,日照军分区设立岚山办事处人武部。1996 年 4 月,人武部由地方收归现役时,因岚山办事处不属正式行政区划,人武部不能收归现役。为保持岚山人武工作的连续性,经日照市委和军分区党委批准保留人武部,人员在东港区人武部列编。1997 年 1 月,省军区同意升格为副团级,编制仍属东港区。1999 年 7 月,经省军区党委批准,岚山人武部在省内列编,为副团级人武部。

1996 年 4 月,根据中共中央、国务院和中央军委《关于县(市、区)人民武装部收归军队建制的通知》精神,日照军分区所辖 3 个区(县)人武部由地方建制收归军队建制。编制等级为正团级,设军事科、政工科、后勤科。为当地军事领导指挥机关,同级地方党委的军事部,兼同级人民政府的兵役机关,接受上级军事机关和同级地方党委、人民政府的双重领导。人武部收归军队建制,只是建制的改变,同级地方党委、人民政府对人民武装部的领导制度不变。按照合理调配、保留骨干、妥善安置、各得其所的原则,对 1986 年随建制移交地方的人民武装部现有干部,符合《中国人民解放军现役军官服役条例》规定条件,工作需要的,原则上收归军队。其间,从部队转业、退伍后安置到人民武装部和 1994 年年底以前调入的干部,德才优秀具有高中以上文化程度,符合《中国人民解放军现役军官服役条例》规定的,经省军区考核、大军区批准后,予以留任,办理入伍手续。1996 年 4 月,日照军分区举行授衔仪式,为收归军队建制的干部授衔。

2004 年 8 月,原属东港区人武部管辖的日照经济技术开发区人武部和日照港(集团)有限公司人武部收归军分区直接管辖。

2005 年 5 月,根据中央军委命令,在原岚山办事处人武部(副团级)基础上正式组建岚山区人武部,为正团级。

第三节　乡镇、企事业单位人武部

1993 年,全市共设乡镇(街道)等基层人民武装部 88 个,有专职武装干部(以下简称专武干部)184 人,其中乡镇人民武装部 73 个,专武干部 155 人;企事业单位人武部 15 个,专武干部 29 人。1994 年,按照省委要求,日照军分区会同市委组织部门,对人武部专武干部进行了调整交流。

2000 年,日照市对部分较小的乡政府撤并后,乡镇人武部由原来的 73 个缩减为 53 个。2001 年,结合乡镇撤并工作,各区县人武部会同地方组织部门对专武干部普遍进行考核。在此基础上,对专武干部特别是基层武装部部长在较大范围进行了调整交流。全市有 17 名年龄偏大或素质较低、不适宜从事武装工作的专武干部作了调整交流。按照新的行政区划,全市设乡镇、街道人武部 52 个。

至 2013 年,日照市所辖乡镇、街道和企事业单位基层人武部共有 78 个(乡镇、街道人武部 53 个)。

第二章　兵　役

第一节　征　兵

日照军分区和各级武装部门认真履行职责,严格把好征兵关。全市广大青年发扬革命战争年代的光荣传统,自觉履行义务,踊跃报名参军。1989—2013年,日照市先后为部队输送优秀兵员,近20年无责任退兵,并涌现出大批优秀士兵和先模人物。

兵役登记　1989年后,日照军分区和各级武装部门延续以往做法,每年从7月1日起至9月30日,为全市集中兵役登记时间。各区(县)人民政府于兵役登记开始15日前,发出兵役登记布告,凡常住户口在本市的,当年12月31日前年满18周岁的男性公民持本人身份证、户口簿和学历证明,到户口所在地的乡(镇)、街道人民武装部进行兵役登记。年满17岁应届高中(含相当高中学历的学校)毕业生,本人自愿或者根据需要也可以进行兵役登记。他人不得代为登记。兵役登记时乡(镇)、街道人民武装部或者县级兵役机关,对参加兵役登记的公民,进行身体目测、病史调查和政治、文化初步审查,依据法律、法规和有关规定,确定其应服兵役、免服兵役和不得服兵役,并在户口簿中用统一标记注明。预征对象确定后,由县级兵役机关发给预征通知书,注明预定接受体格检查的时间。预征对象在规定的时间内,参加兵役机关组织的体格检查。

1997年,总参谋部《关于认真做好平时征兵准备工作的通知》下发后,加大对平时征兵准备工作的力度。2000年年初,莒县人武部经过反复酝酿、论证,针对春节期间外出人员返乡过年、人员比较集中的时机,结合民兵整组在该县东莞、夏庄两个乡镇进行兵役登记试点,积累了一些经验。

兵员征集　日照市适龄青年历来有参军报国的优良传统,报名参军热情持续高涨。按照《中华人民共和国兵役法》和国务院、中央军委历年下达的征兵命令,以及省分配的征兵任务,日照市及各区县分别成立征集领导小组和办公室,由相关单位和兵役机关抽调人员组成秘书、后勤、宣传、政审、体检、优抚、纪检组,分头进行各项工作,并建立征兵工作目标责任制,确保征兵工作质量。每年在新兵入伍时,市委、市政府、军分区都要在日照火车站举行欢送仪式,市和军分区领导及市直有关部门、区县人武部负责人出席,营造参军光荣的浓厚氛围。

1994年起,日照市人民政府征兵办公室对役前教育、与部队联系、优抚优待、奖励、帮扶、退伍安置等15项内容作出明确规定和量化,在入伍、复议、退伍3个环节上全程跟进,优质服务,使征兵工作每年都能高标准地完成,新兵质量逐年提高。从1997年开始在征兵体检中试行乙肝表面抗原酶标法,1998年开始全面推广。

20世纪90年代末,各级兵役征集机构于征兵期间,利用新闻媒体和张贴宣传标语等形式,深入开展征兵宣传工作,营造"一人参军、全家光荣"的良好社会氛围,鼓励应征青年到部队建功立业。莒县人武部从1999年起,组织专人到部队采访做出突出成绩的本县籍干部战士,制作《当兵出息人》专题片,征兵期间在县电视台黄金时间连续播放，收到较好的效果。每年征集开始，广大适龄青年争先到站报名，涌现出许多父母送子，兄弟争相参军的动人事例。军分区自组建以来无责任退兵，市征兵办公室先后4次被济南军区和山东省征兵办公室评为征兵工作先进单位。

2001年9月，《国务院、中央军事委员会关于修改〈征兵工作条例〉的决定》，取消征兵期间成立办事机构的限定，在不增加人员编制的情况下，把各级征兵办公室作为由各有关职能部门组成的日常工作机构。征兵期间，全市各级党组织、人民武装部、宣传部门及各级政府职能部门，积极协调一致，采用多种形式，进行宣传教育发动。在深入宣传教育的基础上，适龄青年主动报名，参加目测和体检，组织进行政治审查，而后定兵。男青年为当年年满18~20周岁，高中以上文化程度的青年和企业事业单位职工可放宽到21周岁，大专以上文化程度的可放宽到22周岁；女青年为年满18~19周岁。每年在征兵工作开始后，市和各区（县）政府征兵办公室把做好应征报名对象的体格检查作为一项重要内容，市成立体检中心组负责检查和指导。各区（县）分别成立体检组，组织实施体检工作，并设立征兵体检站，对进站体检青年进行封闭式体检。

2002年，各区（县）人民武装指挥自动化管理系统开始试用于征兵工作，对全市兵役登记、征兵体检、政审、选送等环节进行微机管理，便捷数质量分析、增强信息透明度，提高了工作效率。从2003年冬季征兵起，在全市各区县、办事处全面应用征兵体检自动化管理系统，利用系统局域网，将体检的科室和主检及征兵办公室联网。体检过程中，各项信息适时输入网络系统，主检能够及时了解体检情况并进行全程监督，最后进行网上定兵。

每年在征兵过程中，对入伍的新兵均进行政治审查。政审主要由征兵办公室工作人员配合公安、教育、村居委、机关单位等部门具体组织实施。通过落实“四老”评议、“两委”推荐制度，对政审青年实行张榜公布，严格落实村居、乡镇、区县三级联审和横向联审等制度，保证新兵政治质量，并加大对高学历青年的征集力度，规定凡高中以上文化程度青年报名参军且初检合格的一律上站参加体检，对没有及时上站体检的开通“绿色通道”，准其直接上站体检，不实行单科淘汰，而且规定只要其体检、政审合格，必须定兵。2001年，省军区司令部与省教育厅、民政厅、公安厅联合下发通知，要求省辖区内所有全日制高等学校都应赋予征集任务。规定征集在校生的年龄为18~22周岁。从2002年开始，按照山东省统一部署，对体检合格的应征青年进行统一文化测试。

2011年9月，日照市出台《关于进一步加强和改进新形势下征兵工作的意见》。意见对各级各有关部门不断加强征兵工作的宣传教育，广泛深入地开展全民国防教育和依法服兵役教育，建立健全经常性征兵工作宣传教育机制提出具体要求，并决定每年5月、10月集中组织开展“征兵宣传月”活动。

根据国务院、中央军委决定，从2013年开始，全国征兵时间由冬季改为夏秋季。日照市征兵工作于每年6月下旬开始，7月乡镇目测初检，8月1日组织应征青年体检政审，9月5日起运新兵，9月30日征兵结束。

新兵被批准入伍后，由所在区县人武部发放入伍通知书，同接兵部队办好交接手续，进行集结，输送到部队。在启程前的一段时间，各基层武装部分别组织被批准入伍的青年开展植树造林、清扫卫生、修路补桥、照顾孤寡老人、到烈士陵园宣誓等活动。地级日照市建立后，每年在大批新兵启程时，市委、市政府、日照军分区都要在日照火车站举行欢送新兵仪式，市和军分区领导及市直各有关部门、各区县人武部负责人以及接兵部队首长出席，并由市领导讲话，对新兵和各级各有关部门落实好优待政策提出要求。

至2013年,全市未出现责任退兵。

招收飞行员 空军飞行学员的招收延续1987年以来随军队院校一起招生,从高中应届毕业生中选拔的做法,一般从上年的10月开始,至下年2月招飞结束。其间,主要进行宣传发动、组织报名和预选初检工作。经过学校和区(县)、市级招办的层层选拔,预选合格的考生到招飞中心接受全面检测,检测项目分为体格检查和心品检测两类。其中,体格检查标准共116条148项。录取时不但要求有较高的身体条件和心理素质,同时要求高考成绩达到一定的分数线。1989—2013年,全市共有数十名符合条件的高中生被选为飞行学员。

招收军校学员 从1999年起,全市在各区县人武部设立报考军队院校报名点,并在当地招生部门、考生所在中学和户口所在地派出所的配合下,完成报考军队院校的考生政审工作。2003年6月,根据总政治部、教育部的要求和防治"非典型性肺炎"的实际,由军分区与市招生办共同负责全市报考军队院校和普通高等学校国防生考生的体检、面试工作。军分区成立招生和防治"非典"工作领导小组,依据山东省军区招生办制定的面试、体检工作细则和三总部关于军校招收学员体检标准,按照"公平竞争、公正选拔、公开程序、严格标准"的原则,对全市符合条件的考生做好面试、体检,为军校输送合格学员。

第二节 预 备 役

预备役登记 从1989年起,对全市退出现役的军队干部进行预备役军官登记和颁证。1991年,根据《中华人民共和国兵役法》关于"军官预备役退出现役时,符合服预备役条件的,转入军官预备役"的规定和中共中央组织部、人事部、总参谋部、总政治部关于对转业军官进行预备役登记统计的通知,由日照市人武部和莒县、五莲县人武部分别组织对辖区1988年9月1日以后被授予中国人民解放军军官军衔的转业军官,符合年龄条件规定的进行登记、统计,于每年3月底前报上级干部部门。

1996年8月,根据《中华人民共和国预备役军官法》和中央军委文件精神,日照市预备役军官军衔工作领导小组成立。10月,日照军分区对全市兵役机关登记未编入预备役部队和未预编到现役部队的,退出现役转服军官预备役的授予相应的预备役军官军衔。其后,日照市士兵预备役和军官预备役登记工作,自老兵退伍到次年6月底,按照规定进行登记统计,编组上报。

预备役部队训练 1998年预备役某团成立后,以1990年总参谋部颁发的《预备役部队军事训练大纲》,作为指导预备役部队开展军事训练工作的基本依据,突出高科技知识的学习,并按照预备役某师制订的《高科技知识三年规划》进行学习。强化各级军官的高科技知识意识,较好地改变各级军官的知识结构,为探索新形势下提高预备役部队"两个能力"(快速动员能力、遂行作战能力)打下了较好的理论基础。对未经过训练的预补士兵,一般由所在县人武部负责训练,预备役部队协助。专业训练一般由预备役部队组织,在训练中心集中驻训。对退伍军人或经过基本军事训练的人员,由预备役部队负责补训,训练时间为20天。为进一步落实预补士兵的军事训练任务,预备役部队每年在开训前都要和各区(县)人武部召开联席会议,成立训练协同机构,明确责任分工,联合下达训练指示,形成抓训练的合力。本着补退数量一致、地域一致的原则,具体制定兵员补充计划,各区(县)人武部依据计划,择优选定参训对象,严格按照训练大纲规定的内容、时间组织训练,打牢单兵技术战术基础。通过"部、团"密切协作,齐抓共管,预补士兵的训练质量有较大提高,全区预备役士兵的训练走上正规化的路子。

第三章　民　兵

第一节　组织建设

日照市民兵工作，实行由地方党委和军事系统双重领导制度、军地领导双向兼职制度。为适应形势发展要求，日照军分区和人武部门先后对全市民兵组织进行两次调整改革，加强全市民兵组织建设。

1991 年，根据中央军委批转的总参《关于在新时期加强我军后备力量建设的几个问题的报告》，日照市对民兵组训规模进行调整改革。截至 1997 年，全市 100%的基层武装部和 80%的民兵连达到总部规定的基层建设标准。

1997 年，为适应建设社会主义市场经济体制新形势的需要，做好军事斗争准备，本着“有利于领导、有利于提高质量、有利于开展活动、有利于执行任务、有利于平衡负担”（简称“五个有利于”）方针，日照市对民兵工作进行第二次调整改革。主要内容是压缩基干民兵数量，扩大民兵应急分队和对口专业技术分队规模。在国有大中型企业编组民兵工作的同时，在一些新兴企业也编组部分基干民兵。在布局上做到内陆向沿海、农村向城市扩展。重点加强海防民兵建设，调整了海上基干民兵的组织结构。根据新形势下民兵所担负的不同任务和沿海地区的特点，对海上民兵组织进行调整。把建设的重点放在具有远海作业能力的船只和民兵上。按照“单船编班，对船编排，船队编连或营”的原则，对海上基干民兵数量进行调整。通过调整编组，加强了海防民兵的组织建设，为战时快速动员奠定了基础。

第二节　教育训练

政治教育　民兵政治教育在不同的时期有不同的教育内容和要求，主要是依靠地方党委，通过党、团组织和群众团体来具体实施。日照军分区政治机关和各级人武部门，在地方党委的统一领导下，认真组织和推动全市民兵的政治教育工作，并涌现出一批政治教育工作先进单位。1994 年，莒县赵家二十里堡村民兵连被山东省军区表彰为基层民兵政治教育先进单位。1995 年，日照军分区在民兵政治教育中，坚持强化首位意识，扎实有效地开展以革命人生观为核心的“四个教育”，收到明显效果，受到省军区的通报表彰。各级民兵组织坚持以民兵连队的“部、室、家”为阵地成立演出队，做到“占领阵地、用好舞台、唱好主角，当好领唱”，带头宣传文明新风，利用文化夜校，学文化、学科技，积极开展评选五好家庭活动。1997 年，五莲县洪凝镇洪凝村居委会民兵营被济南军区评为“红旗民兵之家”。1999 年，东港区秦楼街道高家村和五莲县潮河镇刘官村民兵之家分别被济南军区评为“红旗民兵之家”。2001 年，岚山人武部探索实行民兵政治教育“三上船”（民兵组织上船、国防报刊上船、活动制度上船），提高了海上民兵政治教育的质量。

军事训练　日照军分区成立之前，由各区（县）人武部组织基干民兵进行常规训练。1994 年日照军分区成立后,以民兵干部和民兵对口专业分队为重点,加强规范化训练。1998 年起,执行总参谋部新颁布的《民兵军事训练大纲》,随着市和各区(县)民兵应急分队的建立和专业技术分队数量的增加,应急分队和专业技术分队成为训练的重点。民兵应急分队训练内容除基本军事技能外,重点加强连排集结与机动和连排处置突发事件能力的训练。由各区(县)人武部成建制组织,时间一般为 10 天。1999 年中央军委提出全军实行科技练兵,民兵训练加大了科技练兵的力度。2000 年 5 月,军分区在东港区人武部进行专业分队科技练兵先行试点,为全分区开展科技练兵积累经验,摸索方法和路子。2001 年 12 月,莒县人武部在应急分队中增编了女子民兵应急排。

2003 年起,日照军分区试行四种组训方式:一是在地方具有军民通用技术、设备、人才的单位编组对口专业技术分队,利用地方技术及人才优势,按照民兵训练的要求加以规范,做到训练兼顾工作、工作兼有训练。二是军分区将船员职业资格培训与民兵分队海上训练相挂钩,聘请驻日照相关人员,为民兵传授专业知识,培训技术人才,用其装备组织训练见学,解决了一些训练难题。三是利用某集团军跨省市连年来日照海训的有利时机,军分区与其搞好协同训练,多次组织民兵进行课目演练。四是军分区和人武部两级统一编组成指挥机构,进行战术作业和演练,既按大纲要求完成训练任务,又全面锻炼了首长机关。2004 年,军分区党委制定出台《关于落实党委议训制度的规定》,坚持每季度或重要训练阶段适时分析军事训练形势,针对问题研究训练措施。由于改进了组训方式,训练质量有较大提高,在 2005 年省军区组织的考核中,东港区人武部被评为按纲施训优秀达标单位。

2005 年 3 月,日照军分区受领山东省军区赋予的民兵海上支前保障试点任务,按照理论准备、分训合练、综合演练的步骤,围绕信息化条件下对保障任务进行了探索和实践。是年 9 月,省政府、省军区领导,参加省军区军事集训的师团领导以及沿海 7 个地市领导现场观摩 6 个课目演示。

民兵干部的训练主要由各区(县)人武部组织,民兵干部调整更新的于当年组织轮训。2003 年 4 月,针对防治非典型性肺炎的实际,省军区要求减少重大活动,全市各基层武装部采取分散组织,对民兵应急分队和专业技术分队进行了小集中训练。当月,军分区在五莲县人武部开展民兵干部训练改革试点。

专武干部训练 专武干部训练一般都在每年的 3—4 月,由各区(县)人武部组织,每期时间为 5~7 天。自 2000 年,军分区利用现役干部集训之机,组织各区(县)专武干部一起参加集训,每年将全市专武干部轮训一遍,提高专武干部队伍的军事业务素质和参与地方经济建设工作的能力。

第三节 参与抢险救灾

全市各级民兵组织在完成生产、训练、战备执勤等任务的同时,还充分发挥突击队和先锋队的作用,在抵御干旱、山林灭火、抗击台风和风暴潮袭击等危急时刻,成建制上阵,发挥民兵的突出作用。2003—2013 年,全市民兵参加各类抢险救灾 1500 多次,解救转移群众 87000 多人次,为地方挽回直接经济损失数亿元。

1997 年 2 月 12 日,东港区河山山林突然起火,火势迅速蔓延到两个山头,军分区紧急调用东港区民兵应急分队和民兵共 500 余人赶赴现场,经过 2 小时奋力扑救,终于扑灭大火,保住了河山山林。

1998 年 7 月 24 日上午 9 时至下午 2 时,在 11 号台风的影响下,一场特大暴风雨袭击日照,日照市区平均降雨量为 410 毫米,局部达 500 多毫米。万平口海堤 5 处决口 400 余米,海水随着 10 多米高的巨浪涌向堤外,沿海游乐场、宾馆及村庄被淹。东港区竖旗乡在6个小时内降雨达250毫米,有2个塘坝被水冲垮,洪水冲进村庄,3名村民被洪水冲走下落不明。市委、市政府紧急调用东港区8个重点乡镇应急分队和基干民兵及驻军某部人员参加抢险救灾。军分区司令员与市、区领导现场指挥,蹚着齐腰深的水,打桩挖泥,转移群众和物资,有的还冒着生命危险放炮炸开溢洪道,经过10小时与狂涛骇浪的搏斗,用4万条袋子装土堵住缺口,保住了海堤和塘坝,同时帮助安全转移群众3000多人。是日,莒县长岭、寨里2个乡镇有10多人被洪水围困,县人武部领导带领机关干部和民兵实施救援,遇险人员全部被救出。全市各区(县)人武部出动民兵应急分队,参加当地抢险救灾,用袋子6万余条。参加"7·24"抗洪抢险的军分区系统11个单位和个人受到市委、市政府和军分区通报表彰。

2002年7月16日,莒县峤山与龙山两镇交界处发生山林火灾,县人武部领导带领机关干部、职工和民兵应急分队(纸厂)共52人,于凌晨3时30分赶到现场,一直到20时30分明火扑灭后才撤回。17日凌晨1时30分,山火复燃,队伍重新集结后于凌晨4时赶到现场,至6时50分将大火彻底扑灭。

2003年7月17日,日照沿海遭受暴风雨袭击,日照经济技术开发区蔡家滩村前拦海坝险情严重,附近工厂、村庄数亿元人民财产受到威胁。军分区组织东港区人武部快速集结应急分队队员及民兵共260人,在军分区首长指挥下,奋战5小时,完成任务。

2007年8月10日,东港区、日照经济技术开发区遭受持续强降雨袭击。由于时间短、雨量大,部分地区受灾严重。东港区人武部紧急调动机关干部职工和民兵应急分队100余人投入抢险救灾。

2008年4月3日,东港区秦楼街道卧龙山发生山火,东港区人武部组织机关干部、职工和秦楼街道民兵应急分队共100余人参加抢险,扑灭山火。

2011年4月4日,东港区河山山系发生大火,军分区接到市的命令后,即组织东港区人武部快速集结应急分队队员及民兵共500余人赶赴现场,奋战17个小时,扑灭山火。

2012年8月2日晚至4日,在台风"达维"的影响下,一场特大暴风雨袭击日照,大片房屋受损、农作物受灾,各类种植、养殖大棚受损严重。市委、市政府紧急调用东港区、岚山区8个重点乡镇应急分队和基干民兵及驻训部队300余人赶赴险情地点,军分区司令员等与市领导现场指挥,经过一夜与狂涛骇浪的搏斗,保住了海堤和塘坝,同时安全转移群众3000多人。灾后,军分区出动基干民兵500余人,协调驻训部队300余人,帮助灾后重建,清淤海沙近1万立方米、清理倒伏树木1000余棵。

第四章 武警部队 边防检查站

1989—2013年年底,驻日照部队有武警、边防、消防、边防检查站等部队。

第一节 武警部队

中国人民武装警察部队日照市支队 1990年9月,中国人民武装警察部队日照市支队正式组建,下辖直属中队、日照市中队,隶属武警山东总队管辖。1993年1月,武警临沂市支队莒县中队、武警潍坊市支队五莲县中队交接归属武警日照市支队。2005 年 6 月,增编武警日照市支队教导队和武警日照市支队警通勤务汽车中队。

中国人民武装警察部队日照市边防支队 1990 年 3 月,中国人民武装警察部队日照市边防支队正式组建,又称日照市公安局边防保卫分局,隶属武警山东边防总队建制领导。边防支队在市区下设 10 处边防派出所(连级)。1996 年,各边防派出所分别改建为边防工作站(营级)。2001 年,武警边防部队改进为“统一领导与分级指挥相结合”的管理体制,实行垂直领导、双重管理,称中国人民武装警察部队日照市边防支队,又称日照市公安边防支队。2002 年,全市 10 个边防工作站分别改建为边防派出所(营级)并沿用至今。

中国人民武装警察部队日照市消防支队 1990 年 2 月,经公安部批准组建武警日照市消防大队,为副团级单位。1990 年 12 月,升格为消防支队,为正团级单位。至 2013 年,武警日照市消防支队辖东港、岚山、日照经济技术开发区、莒县、五莲县 5 个消防大队。

第二节　边防检查站

中华人民共和国日照边防检查站 1985 年 2 月,中华人民共和国石臼边防检查站成立,为正团级单位。1992 年 6 月,中华人民共和国石臼边防检查站更名为中华人民共和国日照边防检查站。2002 年 3 月,实行新编制。2004 年,实行编制调整。2005 年,在日照港东区和北区取消梯口监护,建立闭路电视监控、分港区巡查、警区执勤、快速处警、船方企业自管、锚地巡逻六位一体的新型监护执勤模式。

中华人民共和国岚山边防检查站 岚山边防检查站成立于 1989 年 4 月,隶属山东省公安边防总队,为正团级单位,主要担负岚山港一类开放口岸的边防检查、监护任务,负责对出入境船舶、人员、行李物品及其载运的物资实施边防检查监护,打击偷渡、走私、贩毒等违法犯罪活动,维护港口出入境秩序,维护国家的主权和尊严。

第五章　人民防空

日照市认真贯彻国家人防法律法规和“长期准备、平战结合、全面规划、重点建设”的人防工作方针,坚持人防建设与城市建设、防卫作战、要地防空作战相结合的原则,全市人防建设实行平战结合,不断发展,为战时防空、平时防灾救灾奠定了基础。

第一节　组织指挥

指挥体系建设 1993 年,市政府组织编制《日照市防空袭预案》。1998 年,市政府在《日照市防空袭预案》的基础上修订完善为《日照市防空袭方案》。2002 年,东港区、岚山办事处和日照经济技术开发区分别制订区、街道防空袭方案。2008 年 8 月,日照市人民防空指挥部成立,并建立健全市县(区)两级军政联席会议，形成齐抓共管的领导合力，完成全市重要经济目标等级和类别调整、省人防办批复一级重要经济目标。2009 年，日照市人防机动指挥所建成。2010 年 4 月，日照市人防指挥所暨政府应急指挥中心工程开工建设，2013 年 5 月建成并投入使用。

疏散体系建设与演练　自 2006 年始，日照市开展疏散体系建设，省人防办批复日照市疏散选址方案。2007 年，日照市市直机关疏散基地开始建设。2007 年 9 月 14 日，日照军分区与市人防办公室组织日照市首次军地联合防空袭演练，市人防办充分利用人防设施设备资源多次参加济南军区、省、市组织的应急疏散演练、防汛抢险演练和学生防空防灾应急演练等活动。2013 年 9 月 18 日，结合警报试鸣，同步进行学生和居民应急疏散演练、消防救援演练和医疗救护演练，共有 2600 多人参与疏散避险演练。2011 年 10 月，在第六次全国人民防空会议上，日照市人防办被表彰为“全国人民防空先进单位”。2007 年，被济南军区评为“人民防空工程建设与管理工作先进单位”。2010 年，日照市和莒县被省国防动员委员会表彰为“全省人民防空先进城市”，先后有 3 人次受到国家人防办表彰，4 人次受到济南军区表彰。

第二节　人防工程

工程规划建设　坚持规划先行，充分发挥规划对人防建设的指导作用。1992 年，编制《日照市人防建设与城市建设相结合规划》，2003 年，编制《日照市人民防空工程建设规划》，2008 年，编制完成《日照市人防建设规划（2008—2020）》。1995 年，建设地上地下结合的人防工程。2002 年 9 月，开工建设人防工程，于 2004 年 4 月投入使用。2013 年，开工建设人防工程，工程建成后，在提高城市综合防护能力的同时，缓解城市交通压力，方便城市居民停车，服务人民群众生产生活。在抓好自建人防工程的同时，抓住城市化建设、旧城改造等机遇，抓好人防工程建设，积极开展结合民用建筑修建防空地下室工作，迅速扩大人防工程面积。2006 年后，每年加强人防工程规划、建设监管工作，先后启动规范的施工图设计、施工图设计审查、质量监督、防护设备市场监管程序，全面实施人防工程专业监理，切实提高了人防工程的建设质量。

工程管理　1999 年、2001 年、2012 年，先后 3 次组织对全市人防工程维护管理工作检查，对全市人防工程进行普查建档。积极推动人防工程服务人民群众生产生活，自建的人防工程和市区人防工程全部开发利用。2010 年夏季开始，将有条件的人防工程设为避暑纳凉点，进一步拓宽人防工程的服务功能。抓好人防工程的维护管理，加强对社会建设工程的平战结合管理，悬挂安装人防工程标志牌，保证人防设备设施的正常使用，保持人防工程安全运转无事故，积极探讨人防工程产权制度改革，充分发挥其战备效益、社会效益和经济效益。

第三节　通信警报

通信建设　1998 年，日照市首次在市区安装电动防空警报器 2 台，至 2007 年，市区（含岚山城区）警报覆盖率达到 100%。2008 年，各县驻地开始安装防空警报器。2011 年，视频会议系统建成并与全省联网，全市人防指挥自动化设备设施逐步完善。

警报试鸣　1999年,日照市建立防空警报试鸣制度,并确定每年的5月12日(1938年5月12日,日本侵略者的飞机5架连续两次轰炸日照县南湖大集,致400余名赶集群众被炸死,炸伤无数)为全市防空警报试鸣日。是年5月12日,日照市组织首次防空警报试鸣。2008年,日照市防空警报试鸣日调整为9月18日("九一八"事变日),并建立灾情警报试鸣制度,利用防空警报鸣放灾情警报信号。2009年9月18日,首次在市、区县和乡镇鸣放防空防灾警报。试鸣的同时利用电视、手机、网络、机动警报等多种手段发放防空防灾警报,音响鸣响率保持在100%。

第三十三编　人力资源

日照市重视人力资源的开发、建设和利用，按照“优先用好现有的、积极引进急需的、大力培养未来的”人才开发方针，通过对外人才引进、对内考试选拔、注重教育培训、搞好开发利用等措施，及时为党政机关和企事业单位输送合格的人才。按照社会主义市场经济要求，建立劳动合同制度，明确用工单位与劳动者的权利和义务，正确协调劳动关系，制定和规范合理的工资制度，维护双方的合法权益，保证用工单位和职工队伍稳定。贯彻落实《中华人民共和国劳动法》，搞好劳动监察、调解和仲裁，规范劳动用工和报酬，依法收缴各种社会保险，确保用工单位按时发放工资，合法保护劳动者权益，努力营造安定、和谐、舒适、健康的劳动用工环境。通过加强人才队伍建设和充分开发利用人力资源，为全市经济振兴、社会进步、文化繁荣提供了坚实的人力资源保障。

第一章　人才队伍建设

第一节　公务员队伍

公务员考试录用　1993年国务院颁布《国家公务员暂行条例》后，日照市各级党政群机关录用公务员和机关工作者，按照公开报名、统一考试、严格考核、择优录用的原则，面向社会，公开招考，当年全市各级共招考录用公务员327人。1995年，破除地域、行业界限，市直部分机关招考公务员和机关工作者12人。1997年，机关进人方式发生根本变化，在公务员入口建立“凡进必考”机制，打破身份界限，允许工人身份人员和应届大中专毕业生报考，并允许农民报考乡镇机关。2005年，招考公务员和机关工作者，考录报名实行网上办理，面试实行区县考官整体交流、市直考官全封闭。2013年，市县乡三级机关考录公务员311人，其中市直机关和参照管理单位15人、县直机关及参照管理单位61人、乡镇机关88人、公安系统53人、法院系统38人、检察院系统16人、地税系统5人、工商系统30人、质检系统5人。通过考试、考核等方式，为市直21个部门考选公务员34名，补充一批具有基层工作经验的人员，改善市直机关人员结构。

公务员培训　从1994年开始，根据《国家公务员暂行条例》要求，全市各级机关开展公务员制度知识宣传学习活动，培训人事系统及政府部门骨干1000余人。

1998—2000年，日照市制定《1998—2000年日照市国家公务员培训工作规则》，组织全市1.5万名公务员和各类专业技术人员进行《创业与成功》培训；适应办公自动化形势要求，全市1100余名机关工作人员参加不同形式的计算机应用培训，780人取得初级证书；组织1000余名公务员参加“全球竞争与企业战略”培训；对新晋升处级职务的领导干部参加山东省行政学院组织的培训；组织部分科级青年干部参加党校培训。

2001—2005年，组织全市4200余名公务员和机关工作者参加外语、计算机技能、计算机安全员培训；举办3期科级干部“依法行政与现代管理”培训班；举办全市公务员法骨干与师资培训班；对全市新录用的公务员进行初任培训；对机关事业单位8229名在职人员进行更新知识培训和依法行政知识培训。

2006—2010年，日照市在全市公务员中开展公共管理核心课程更新知识全员培训；组织50余名担任科级职务的公务员到北京、济南、青岛等地进行任职培训；举办全市人事管理岗位培训、面试考官培训、参照管理单位公务员法学习培训等专题培训班，累计培训2600多人次；组织新提拔担任科级领导职务的公务员进行任前培训；在全市公务员中进行公共经济在职培训。

2011—2013年，按照《山东省“十二五”行政机关公务员培训规划的通知》，日照市探索建立培训理念更加开放、培训模式更具活力、培训内容更有实效的公务员培训体系。转发《公务员职业道德培训大纲》，举办全市公务员职业道德培训工作业务骨干培训班；举办104名公务员及选调生初任培训班。

岗位责任制与机关事业单位考核　1990年7月，日照市制定《日照市机关岗位责任制试行办法》，以签订岗位目标责任书为主要形式，结合半年检查、年度考核，将考核结果同评选先进和干部提拔使用结合。1993年，岗位责任制以制定职位说明书的形式进行管理，对各部门各单位的职责范围提出明确要求，对每个职位要求和条件制定具体规定。1994年，日照市制定《关于党政群机关工作人员考核实施意见》，按照管理范围，市委组织部负责党群机关事业单位考核，市人事局负责政府机关事业单位考核。2000年12月，印发《关于进一步加强全市政府机关、事业单位年度考核工作的通知》，增设基本称职（基本合格）等次，建立优秀等次和受奖人员公示制度，对拟定为优秀等次和受奖人员在本单位范围内实行为期一周的公示。2012年，按照全省公务员平时考核试点工作会议精神，日照市印发《关于开展公务员平时考核试点工作的通知》，开展全市公务员平时考核试点工作。2013年，全市各试点单位按照工作方案开展平时考核试点。年度考核备案的机关事业单位工作人员13422人，其中考核优秀等次2371人（给予记三等功262人、嘉奖2360人），称职（合格）11007人，没有基本称职（基本合格）等次，不合格3人，未定等次24人，17人未参加考核。

行政奖励表彰　1992年，日照市下发《关于加强国家行政机关奖励表彰管理工作的通知》，对奖励表彰工作实行规范化、制度化管理。1994年，日照市制定《关于进一步加强行政奖励表彰管理工作的意见》，对行政奖励表彰工作进一步进行规范。1995年，奖励工作执行《国家公务员奖励暂行规定》，奖励分为嘉奖、记三等功、二等功、一等功，授予荣誉称号5种。2001年，对拟受奖励的先进集体和先进个人，按干部管理权限和“三个一票否决”（是否违反计划生育政策，是否参加邪教组织，是否出现违纪违法现象，若这三种情况出现一种，就一票否决）制度，对有问题的坚决不予表彰奖励和推荐上报；制定《日照市行政奖励表彰实施办法》，对奖励表彰的种类、权限、周期、数量、程序等方面予以明确。2010年，印发《关于评选表彰日照市“人民满意公务员”和“人民满意公务员集体”工作的通知》，评选表彰日照市人民满意的公务员13名、人民满意的公务员集体8个。2013年，日照市印发《关于落实鲁办发〔2012〕17号文件进一步做好评比达标表彰管理工作的通知》，成立日照市评比达标表彰工作协调小组，负责对全市评比达标表彰工作进行政策指导、统筹协调、审核审批和监督检查。市委、市政府表彰先进集体86个、先进个人58

名；部门联合表彰 11 次，先进集体 99 个、先进个人 1187 名；向上级推荐表彰 16 次，先进集体 38 个、先进个人 88 名（含先进工作者 1 名、记一等功 1 名）。

监察与惩戒　1995 年，日照市对市直机关 2 名违纪人员给予开除公职处分。1996 年 9 月，人事部下发《关于国家公务员纪律惩戒有关问题的通知》，对《国家公务员暂行条例》中有关行政处分和行政处分的变更与解除问题做出说明。1998 年，对市直机关 3 名违纪人员给予开除公职处分，为 2 名改判无罪人员安排工作并理顺和补发工资。2010—2013 年，对市直部门 4 名工作人员因贪污、贿赂、违规配备车辆等问题受到行政处分进行备案。

辞职、辞退　1998 年，日照市制定《关于为加快发展个体私营经济搞好服务的意见》，鼓励机关事业单位工作人员辞职，从事个体私营经济活动。2000—2006 年，市直机关有 3 名公务员辞职，有 1 名公务员被辞退，有 1 名事业单位人员被辞退。2007 年，市直机关有 2 名公务员辞职，有 4 名事业单位人员被辞退。2013 年，1 名公务员和 1 名参照公务员管理的事业单位工作人员辞去公职。

第二节　专业技术人员队伍

专家管理　1990 年 3 月，日照市科技干部管理工作由市科委划归市人事局管理。1993 年，根据山东省人事厅《关于认真做好 1993 年政府特殊津贴工作的通知》，全市推荐 4 名科技人员享受政府特殊津贴，从 10 月起发放政府特殊津贴每人每月 100 元，由国家财政列支。1995 年，根据人事部《关于进一步做好有突出贡献的中青年科学技术管理专家工作的意见》，全市推荐 8 名科技人员享受政府特殊津贴 4 名获批。政府特殊津贴改每月发放为一次性发放，仍由国家财政直拨，每人 5000 元，免征个人所得税，并颁发政府特殊津贴证书，荣誉终生享有。2000 年，全市优秀专业技术人员表彰暨享受政府特殊津贴专家会议召开，对评选出的首批 10 名市级优秀专业技术人员进行表彰，对日照市第一批市级优秀专业技术人员进行表彰。2002 年，经过区县和市直部门自下而上推荐，会同市科技局组织专家评选 10 名市级优秀专业技术人员，从中推荐 1 人参加省级优秀专业技术人员评选。2007 年，《日照市有突出贡献的中青年专家选拔管理暂行办法》制定，采取以外地评委为主的异地封闭评审，选拔出首批 20 名日照市有突出贡献的中青年专家。2013 年，日照市向省推荐省级有突出贡献的中青年专家 2 名；市政府对第四批 20 名日照市有突出贡献的中青年专家进行命名表彰；组织开展第六届日照市青年科技奖评选活动，选拔 20 名青年专业技术骨干；先后组织推荐第八批省特级教师 15 人、山东名医药专家 8 人、省优秀乡镇农业技术人员 7 人、省优秀乡镇水利技术人员 16 人、省优秀乡镇林业技术人员 9 人、省优秀乡镇农机技术人员 6 人、省优秀乡镇渔业技术人员 4 人；全市有享受政府特殊津贴专家 22 人、山东省有突出贡献中青年专家 11 人、日照市有突出贡献中青年专家 80 人。

博士后工作站建设　2008 年，日照鲁信金禾生化有限公司经人社部、全国博士后管委批准，设立日照市首个博士后科研工作站。2010 年 8 月，日照经济技术开发区、日照海汇集团获批设立博士后科研工作站。2012 年，日照经济技术开发区博士后科研工作站招引北京大学博士王勇、日照海汇集团博士后科研工作站招引清华大学博士张利进站开展工作。日照市在站博士有 4 人。2013 年，日照港集团有限公司获批设立博士后科研工作站。海汇集团博士后科研工作站招引大连理工大学博士杨洛鹏进站工作，为鲁信金禾博士后科研工作站王德培、张强办理出站手续。

专业技术职务评定　1991 年，日照市组建日照市职称改革领导小组，下发《日照市企事业单位评聘专业技术职务的实施意见》等文件。1993年，日照市组织开展1992—1993年两个年度，工程、教育、卫生等27个系列20752人的专业技术职务任职资格评审。1995年，日照市制定《关于做好企事业单位专业技术人员考核工作的通知》，把考核合格作为晋升专业技术职务的必备条件，规定考核优秀者优先推荐晋升高一级专业技术职务；市直组建中、初级专业技术职务评审委员会38个，评审2067名中级和8179名初级专业技术人员的任职资格，推荐评审402名高级专业技术人员的任职资格。2000年，日照市加大职称评审工作的改革力度，指导全市企事业单位专业技术人员年度考核和任职期满考核工作，建立健全专业技术人员考绩档案。2002年，根据人事部通知精神，日照市评聘高、中级专业技术职务任职资格的人员要求进行计算机应用能力考试，取得相应科目（模块）的合格证书。2006年，日照市组织卫生系列、计划生育技术中初级职务任职资格人员参加全国统一的考试；社会化评审系列全面推行网络化评审。

2013年，日照市不断完善网络化申报评审机制，全面实行分级分类评审，向省推荐呈报专业技术职务高级资格250人，组织评审中初级专业技术职务资格585人；为311名实习期满的大中专毕业生确定专业技术职务任职资格，为调入的40名专业技术人员办理资格确认；深化中小学教师职称制度改革，过渡中小学教师2.56万人，向省推荐呈报正高级教师10人、高级教师196人，组织评审中初级教师资格502人。

人事考试　人事考试工作始于1993年，按其内容和性质分为专业技术资格考试、执业（职业）资格考试和社会化考试。1993—1997年，共组织全市44254人参加职称外语、专业技术资格和执业（职业）资格等考试，首次组织录用公务员笔试。2000—2001年，日照市组织全市13870人参加职称外语、专业技术资格和执业（职业）资格等考试。2003年，日照市把全市专业技术人员计算机应用能力考试纳入市人事局统一管理，组织10期考前培训，培训2654人次；组织4249人考试，日照市考试合格率为80%；1741人参加市直事业单位招考工作人员笔试；36人参加军转干部安置考试。2004—2005年，日照市分别组织各类考试30多个类别，报考43820人次；其中组织4154人参加职称外语考试，6820人参加专业资格考试，3242人参加18个专业的执业（职业）资格考试，21538人参加计算机应用能力考试，4588人参加80多个专业的工程、教育等系列职称评审综合考试，5807人参加公务员录用笔试及其市直事业单位招考工作人员笔试、军转干部安置考试和社会委托考试。2007—2012年，日照市分别组织考试八类40项，6年共报考159164人次。2013年，日照市组织考试16批次，报考29083人次。其中，录用公务员笔试11988人；市直事业单位招考工作人员笔试3075人；职称外语等级考试3504人；卫生专业技术资格考试1316人；计算机应用能力考试5810人，12805个考试模块；经济专业技术资格考试1991人。5次为市内外有关单位招聘人员提供考试服务。

工人技术等级岗位考核　考核范围为机关事业单位在岗技术工人。考核内容包括：思想政治表现、生产工作成绩和技术业务水平，技术业务水平包括技术业务理论和实际操作技能；思想政治表现、生产工作成绩、技术业务水平三项考核全部合格的由省人事厅颁发人事部统一印制的技术等级岗位证书。取得技术等级岗位证书的工人按取得的技术等级兑现相应的工资待遇。1995—1996年，日照市对市直机关事业单位1352名汽车驾驶员进行一个月的业务培训，统一组织技术业务理论考试和实际操作考核，确定技术等级。日照市对全市机关事业单位电工、中式烹调师、营销人员等121个工种3456名技术工人进行培训考核，确定技术等级。1997—2000年，日照市分别对全市机关事业单位101个工种5487名技术工人进行培训考核，确定技术等级。

2001—2003 年，日照市对全市机关事业单位 83 个工种 1957 名技术工人培训考核，确定技术等级，累计培训考核全市机关事业单位技术工人 13213 人次，涉及 23 个系列 156 个工种。其中，11892 名考核合格人员获得省人事厅统一印制的机关事业单位工人技术岗位证书，兑现相应的工资待遇。2005—2007 年，日照市对全市机关事业单位 73 个工种 1500 名技术工人进行等级考核，确定技术等级。2008—2012 年，日照市对全市机关事业单位 3473 名技术工人进行等级考核，涉及 65 个工种 110 个等级专业。2013 年，日照市对 1271 名技术工人技术等级考核，涉及 46 个工种，分 5 批完成实际操作技能考核，年底集中完成专业理论考试。

专业技术职务岗位设置　1991 年 10 月，根据山东省职称改革领导小组《关于合理设置专业技术岗位的意见》，日照市将专业技术职务限额管理转换为岗位设置。1992 年，日照市制定《关于专业技术职务岗位设置的通知》，对企业单位专业技术岗位设置和事业单位初级岗位设置，采取宏观控制的指导方法，提出设岗结构比例意见，由单位自行设置；对全民事业单位中、高级岗位设置采取数额控制的办法，由全市统一管理，重点放在教育、卫生、农业、工程系列。1995 年，日照市制定《关于进一步做好专业技术岗位设置调整核定工作的意见》，规定从 1995 年起所有实行专业技术职务聘任制的企事业单位设置技术岗位，都要使用《事业企业单位专业技术岗位设置管理册》。改革专业技术岗位审批办法：全额、差额管理事业单位增设岗位报同级政府人事部门审批，自收自支和企业化管理事业单位报其主管部门审批，企业参照省规定的设岗意见和结构比例实行自主设岗。2000—2005 年，日照市加强岗位设置管理，在市中医院对专业设置岗位进行探索。严格按照省里规定的结构比例，核准核实有关数据，拟定岗位调整方案。按照“以事定岗、因事设职”的原则，建立《专业技术人员岗位管理册》，对专业技术岗位和聘任工作实行台账式动态管理。2006—2010 年，日照市制定《日照市事业单位岗位设置管理实施方案》，在事业单位推行岗位设置管理制度；完成市直 1835 个事业单位岗位设置，占应实施岗位设置管理事业单位总数的 91.7%；涉及 45686 个编制 48853 名人员，分别占纳入岗位设置管理编制总数和人员总数的 95.1% 和 95.4%。市直 635 个单位完成岗位竞聘，占纳入实施范围单位总数的 31.8%，涉及 11645 个编制 12357 名人员，分别占纳入实施范围编制总数和人员总数的 24.2% 和 24.1%。2011—2012 年，岗位设置管理制度初步入轨运行，实现事业单位由身份管理向岗位管理的转变。市直 1842 个事业单位完成岗位竞聘，占纳入实施范围单位总数的 92.1%（高于全省平均水平 8.7 个百分点），涉及 47748 名人员，占纳入实施范围人员总数的 93.2%（高于全省平均水平 12.2 个百分点）。2013 年，强化岗位管理在事业单位人事管理中的基础性作用，对 41 个发生岗位变更的单位及时进行岗位变更调整，对 57 个人员岗位发生变动的单位及时进行岗位变动备案，事业单位岗位管理工作步入动态化、规范化、科学化的轨道。

专业技术职务竞聘　1993 年，全市大部分企业和自收自支、企业化管理的事业单位实行专业技术职务评聘分开。1997 年，市直 17 个人才密集的全额和差额事业单位进行评聘分开试点。1998 年，日照市制定《关于全面推进竞争聘任专业技术职务的通知》，在全市企事业单位全面推行专业技术人员双向选择竞争聘任。市直 138 个全额、差额事业单位 1040 名高级和 8534 名中级专业技术人员参加竞争聘任，其中 83 名高级、427 名中级专业技术人员落聘或低聘，落聘率 5.3%。1999 年，在全市事业单位中推行竞争聘任专业技术职务。市直 25 个部门 135 个事业单位进行竞争聘任，266 名高级、541 名中级专业技术人员参加竞争应聘，有 18 名高级、65 名中级专业技术人员落聘。2000 年，日照市加大岗位竞争聘任力度，在东港区人民医院率先实行全员专业技术职务竞争聘任。2001 年，日照市印发《关于加强竞争聘任专业技术职务工作的通知》，要求各部门各单位结合专业技术人员聘任期限，及时开展全员聘任专业技术职务,严格按规定程序和方法标准开展竞争聘任,确保竞争聘任公正合理;凡未按规定开展竞争聘任专业技术职务的人员,一律不予办理聘任备案手续,聘任或落聘人员要及时办理相应的工资福利待遇,至年底全市事业单位专业技术职务全部实行竞争聘任。2005 年,《日照市专业技术职务聘任管理暂行办法》制定,对专业技术职务聘任工作实行规范化管理。2009 年,《事业单位专业技术岗位竞聘工作暂行办法》制定,事业单位专业技术岗位竞聘工作制度化、规范化水平不断提高。

第二章　人才与人力资源开发利用

第一节　人力资源配置

人员录用和调配　地级市建立之初,充分发挥计划调配的主渠道作用,积极为党政机关和企事业单位提供人才保障服务。1990—1992 年,日照市从市外调入干部 1264 人,调往市外干部 180 人,市内调整干部 2481 人。打破干部职务终身制,增强企事业单位的生机与活力,全市聘用干部 12042 人。1995 年,全市吸收录用 5 名做出突出贡献的企业负责人及课题主持人和 32 名任副乡级职务满 3 年以上的乡镇选聘制干部为国家干部,2051 名企事业单位管理人员和专业技术人员办理聘用制干部。市外调入干部 262 人,市内调配 523 人,促进干部结构的优化组合。1996—1998 年,日照市严格控制向市直机关、事业单位调入人员。根据上级有关政策规定,3 年吸收录用任副乡级职务满 3 年以上的乡镇选聘制干部及乡镇优秀企业家 110 人为国家干部。根据《关于从民办教师中选招公办教师的通知》,将符合条件的 3305 名民办教师转为公办教师。1999—2003 年,日照市吸收录用 137 名任副乡级职务满 3 年以上的乡镇选聘制干部及乡镇优秀企业家为国家干部。根据山东省人事厅文件精神,将全市最后一批 3206 名民办教师转为公办教师。2004—2008 年,招聘编制内教师 62 人,卫生系统及公路、职业技术学院等单位编制外招聘工作人员 170 人。2010—2012 年,日照市探索市直机关缺员单位从基层遴选工作人员的招考办法,通过公开招考,为市直 6 个部门考选工作人员 9 人;为日照高级技工学校、市水产研究所、日照广播电视台、市环境监测站等事业单位公开招聘 180 名工作人员;为市直事业单位公开招聘硕士研究生以上学历的高层次人员 163 人;为市直综合类及卫生类事业单位聘用人员 124 人,指导市直卫生系统组织招聘初级岗位专业技术人员 261 人。2013 年,日照一佳学校 285 人聘用教师被纳入日照一中管理,妥善解决历史问题。日照市组织市直 31 个部门 66 个事业单位公开招聘专业技术人员 382 人,其中研究生占 117 人。

人事计划管理　2001—2003 年,为控制事业单位职工人数增长幅度,日照市对财政拨款单位增加人员进行严格控制,编制《日照市机关事业单位 2002 年职工人数和工资总额计划》。2004 年,日照市实行全市人事计划统一指导、分级调控、分类管理的办法,明确人事计划管理的目标原则及具体要求。2007 年,日照市制定《日照市市直机关事业单位节编奖励办法》,建立人事编制综合管理信息系统,在机关事业单位推行编制实名制,落实人事计划备案制度。2010 年,日照市加强对市外人员调入管理,从严控制财政拨款单位调入人员。针对政策性安置任务重、安置难度逐年增大的实际,在调查研究、充分论证的基础上，与接收部门沟通协调，制定机关事业单位接收退役士兵和军转家属安置计划。2012 年，日照市加强对机关事业单位人员调入管理，对财政拨款单位人员调入人员从严控制，重点调入急需专业人员和符合政策性安置的人员，经市政府同意后办理有关手续。制定机关事业单位进人计划，实行增人计划卡和网上管理联动，促进机关事业单位人事管理的规范化。2013 年，日照市将山海天旅游度假区的人事管理职能交由山海天管委管理。

人力资源市场管理　2013 年，按照山东省人力资源和社会保障厅《关于进一步加强人力资源市场监管有关工作的通知》，制定下发《关于加强人力资源市场统一管理切实维护市场良好秩序的通知》，召开专题会议进行研究部署，对新设立人力资源服务机构的审批职能进行适当调整，对人力资源招聘会的审批备案进行规范，加强人力资源市场监管检查，切实维护市场正常秩序，防止发生突发事件。加强人力资源市场管理及人力资源服务机构从业人员队伍建设，组织 6 名人力资源市场管理人员和 56 名人力资源服务从业人员参加在济南举办的业务培训。

留学人员回国服务　1999 年年初，市委组织部、市人事局、日照开发区等联合组团，赴江苏、上海学习人才创业园区的经验，并就有关园区建设进行规划，制定优惠政策和管理措施。2001 年，日照市组织 54 人带 53 个项目参加在青岛、威海举行的中国山东海外百名博士创新周活动，与 21 名海外博士签订 29 项合作协议。2002 年 4 月，日照市组织中国留日同学总会回国服务交流团日照科技项目洽谈会，市县 60 多个部门和单位就 58 个项目与 20 多名海外博士进行洽谈，签订 30 多项合作协议，并举行中国留日同学总会日照科技创新基地揭牌仪式；6 月，组织市直 8 个部门和部分区县参加青岛国际化人才创业项目洽谈会，就 25 个项目进行洽谈，达成一批合作意向；12 月，组织全市 20 多个项目单位参加在济南举办的“2002 中国山东海外人才交流暨经贸技术合作洽谈会”，就经济技术合作项目与海外留学人员和企业家交流洽谈，与 20 多名海外博士签订 30 多项合作协议，其中 8 个项目达成合作意向。2004 年，日照市组织市直有关部门、各区县参加在济南举办的“中国山东第三届海外人才交流暨经贸项目洽谈会”，就人才、科技、资金及经贸项目与来自海外的 100 名高层次留学人员及部分美国机械制造、生物制药、IT 领域的企业家进行洽谈，收到显著成效。2006 年，日照市组织市直有关部门、各区县参加在济南举办的“中国山东第四届海外人才交流暨经贸项目洽谈会”，就 11 个技术合作项目与海外留学人员进行洽谈，一批项目与外国专家组织及外国专家达成合作意向。2008 年，日照市组织市直、区县及有关项目单位的 50 余人，参加在济南举办的“中国山东第五届海内外人才交流暨技术项目洽谈会”，有 8 个项目达成合作意向。2009 年，日照市引进留美博士刘新新等专家到山东五征集团有限公司进行汽车新产品研制开发等项目。2010 年，日照市组织市直有关部门单位，参加在济南举办的“中国山东第六届海内外高端人才交流暨技术项目洽谈会”，就人才、科技、资金及经贸项目与来自海内外的 200 余名高层次人才交流洽谈，达成意向 25 人，签署重点经济技术合作项目 4 个。2013 年，日照市组织开展山东半岛蓝色经济区海外高层次人才项目征集工作，发动各区（县）、市直企业提报引进海外高层次人才项目，在网上发布项目 24 个，进行对接、交流。海外博士日照行活动召开，各参会区县及市直有关单位抓住机会与留学人员进行洽谈交流，洽谈 10 个人才引进及技术合作项目。

实施人才发展项目　2009 年，根据省人社厅《关于做好 2009 年度鲁南地区引进发展急需人才项目申报工作的通知》，日照市筛选上报 16 个项目获省资助。2010 年，日照市组织全市有关部门和单位，根据山东省人社厅资助重点行业要求和日照市临海产业区重点产业发展需求，择优推荐 14 个引进发展急需人才项目和 12 个人才招聘项目。经山东省人社厅评审，13 个引进发展急需人才项目和 3 个人才招聘项目获得省人社厅资助，资助资金 48 万元。2011 年，日照市组织全市有关部门和单位根据省资助重点行业要求，择优向省里推荐 2011 年度人才引进项目 20 个。经省人社厅审查，3 个人才引进项目获得省人社厅资助，资助资金 70 万元。2012 年，日照市择优向山东省人社厅推荐人才发展项目 40 个、经省里统一评审，有 7 个项目获得省里资助，资助资金 80 万元。2013 年，日照市组织全市各有关部门和单位，提报山东省资助蓝色经济区人才发展项目 60 个，并按照省里要求进行筛选，选择优秀人才、项目向省人社厅进行推荐争取上级资助。其中，9 个项目获得资助，资助金额 95 万元。

人才援疆　2010 年，按照中央和山东省委、省政府援疆工作会议精神，日照市对口援助新疆喀什地区麦盖提县。在对口援助工作中，日照市积极探索"人才智力援疆"的新渠道，受麦盖提县政府委托，日照市采取直接招聘的方式，从日照市为麦盖提县直财政全额拨款事业单位公开招聘本科以上学历专业人才 20 名。2011 年，受麦盖提县政府委托，日照市采取直接招聘的方式，从日照市为麦盖提县直财政全额拨款事业单位公开招聘本科以上学历专业人才 12 名。日照市高度重视中央"少数民族普通高校毕业生赴对口援疆省市培养计划"，全年接收两批 60 名麦盖提县少数民族普通高校毕业生在日照职业技术学院进行为期 2 年的语言和专业技能培训。

2012 年，日照市接收 224 名麦盖提县少数民族普通高校毕业生在日照师范进行为期 2 年的语言和专业技能培训。在培养过程中，及时了解情况，掌握工作动态，明确工作任务，解决学校培养及乡镇实习过程中遇到的困难和问题，确保培训工作取得实效。

第二节　人才交流与服务

人才引进　1990 年，日照市组织对 218 个企事业单位的人才情况进行普查，并对 13 个小（一）以上企业的人才情况进行重点调查。全年接洽各类人才 1313 人，办理人才求职登记 151 人，引进人才 39 人。1991—1992 年，日照市制定《关于鼓励专业技术人员到乡镇企业工作的暂行规定》，成立日照市引进人才工作领导小组；制定《日照市引进人才优惠政策规定》，在中央电视台、《光明日报》等新闻媒介发布人才招聘启事。在西安举行以引进人才为重点的经济技术洽谈会，接待洽谈 3960 人次，要求调入 1174 人，落实接收单位 147 人，当场办理调动手续 111 人；引进资金 2618 万元，引进新技术产品 40 个；召开全市引进人才工作会议，对先进单位进行表彰。1993—1994 年，日照市召开全市引进人才工作座谈会，印发《关于企业引进人才工资待遇及有关问题的处理意见》，提出具体处理意见。日照市印发《日照市引进开发人才智力的暂行规定》，召开全市引进人才工作"双先"（引进人才先进集体、引进的优秀人才）表彰会，对 29 个引进人才做得好的单位和 27 名引进的优秀人才进行奖励表彰。1995—1996 年，人才引进工作的重点转移到以高层次人才为重点的整体性人才资源开发；下发《关于实施人才工程的意见》，对全市人才工程的实施进行有效的指导。组织参加全省人才技术交流大会，吸引 6900 余名各类人才洽谈。1997—1998 年，日照市制定《日照市 1997—2010 年人才队伍发展目标》，根据《日照市加快高层次人才智力引进开发的暂行规定》，突出日照桥头堡和农业两大特色，围绕高新技术产业和支柱产业引进人才。1999—2000 年，日照市制定《关于为全市企事业单位选调急需专业硕士研究生的工作意见》，组织市直和区县有关部门、单位赴济南、兰州、郑州等地参加 40 余所高校毕业生供需见面会，引进毕业研究生 15 人；制定《加快农村乡土人才队伍建设的意见》《农村优秀乡土人才选拔管理暂行办法》，将乡土人才纳入整体性人才资源开发的范围；针对高层次创新人才匮乏的实际，组织市直和区县有关部门、单位赴外地开展引进活动,与毕业研究生55人和急需本科生79人签订就业协议。

2001—2004年,日照市制定《日照市2001—2010年人才资源发展规划纲要》;组织市直和区县有关部门参加省高层次人才洽谈会,与174名高层次人才达成用人意向;组团参加武汉、青岛、济南等地举办的毕业研究生供需见面会,引进硕士和本科毕业生80余名;先后组织区县、市直各有关部门参加在曲阜举办的国际孔子文化节中国专利高新技术产品博览会和在青岛举办的全国人才流动中心组织的网上人才招聘会。2005—2008年,日照市启动"海滨城市、魅力日照、面向全国公开选拔引进百名研究生"活动,先后在"国家人才网""中国研究生人才网""山东省人才网""日照人事人才网"及有关高校校园网站发布招聘信息,组织100多个部门单位赴济南、武汉、西安、成都、长春、兰州等地区参加毕业生就业市场42场次,与113名硕士研究生签约;针对临港工业快速发展,人才需求数量急剧增加、层次越来越高的实际,主动为重点建设项目提供零距离服务,为满足威亚汽车(山东)发动机有限公司等临港工业和重点建设项目对人才的需要,组团赴济南、西安、哈尔滨、长春等地参加人才招聘会和毕业生就业市场招聘。为2004年、2005年市直企事业单位引进的研究生,发放购房补贴。2009—2012年,日照市制定《日照市引进高层次专业技术创新创业人才暂行办法》等,面向全国为市直机关事业单位招聘硕士以上毕业研究生139人;印发《关于申报引进高层次专业技术创新创业人才的通知》,经过材料组审核、专家组评定和市人才评价认定委员会评审,确定高层次人才10人和1个创业团队作为第一批人才引进政策待遇兑现对象;组团赴南京、无锡、上海、武汉等高校毕业生密集和高层次人才众多的地区开展人才引进活动,为2010年年底评价认定的10名高层次人才和1个创业团队兑现住房补贴和创业启动金近600万元。2013年,日照市组织参加在青岛举办的中国海洋人才市场启用仪式暨山东半岛蓝色经济区首届高端人才和项目洽谈会活动,现场达成就业意向78项。组织参加山东半岛蓝色经济区七市在广州、深圳、厦门三地举办的"山东半岛蓝色经济区引进高层次人才洽谈会"活动,推介日照发展资源和人才政策,发布高层次人才岗位需求计划,洽谈引进高层次紧缺专业人才。组织企业参加"2013清华大学首场招聘会暨山东省高层次人才招聘会",收到简历339份,其中博士生25份、硕士生165份。

区域性人才合作　1995年,依托日照市人才市场与潍坊教育学院开展联合办学,全市培养急需的畜牧、艺术、卫生等各类人才500余人。1998年,与山东省内外5所高等院校挂靠,日照市开展联合办学,开办专科、本科班,设置5个专业,招收学员370余人参加学习。2001—2002年,与山东科技大学联合开办本科起点公共管理硕士研究生(MPA)课程班,45人参加学习。与全国20多所高校联系输送培养学生。

2005—2007年,日照市承办鲁南、苏北人才交流协作"10+2"(山东、江苏两省及十个地市)首届联席会议,暨"鲁南苏北地区第一届人才交流大会",来自10个城市的120多家单位提供就业岗位3800多个,进场求职人员6000多人,3000多人达成交流意向;与驻日照大中专院校校园网、山东半岛城市人才网、山东人才网、山东高校毕业生就业网等网站合作,举办网上人才招聘会3场,为433家单位发布网上招聘信息,登记各类人才7300余次,网站浏览点击量达68万余次。与山东科技大学联合开办在职人员攻读工程硕士学位班,101人参加学习;联合驻日照11所大中专院校,在日照职业技术学院举办"相约日照大型人才招聘会";组织20家企事业单位到山东科技大学举办"山东科技大学日照市校园专场招聘会"。2008年,日照市签订"青岛日照'人才一体化'合作机制协议书",建立"四位一体"人才合作模式。在日照职业技术学院首次举办省级规模大型人才招聘会"山东省高职类毕业生就业市场暨鲁南苏北高校毕业生供需见面会",来自省内外172家用人单位到场招聘,驻日照12所大中院校万余名毕业生入场求职,达成就业意向2000余人。2009年7月和12月,日照市承办山东省人力资源和社会保障厅在日照市举办的“2009年鲁南苏北地区高校毕业生就业双向选择大会”和“山东省2009年秋冬高校综合类毕业生就业市场”,邀请336家用人单位参会,提供就业岗位1.24万个,吸引求职人才1.9万余人,达成就业意向4100人次。组团参加青岛市人才市场招聘会、中国海洋大学日照市专场招聘会、2009年青岛市人力资源管理年会暨展览会,与青岛人才服务机构就市场体系建设、人才素质测评服务、市校人才智力合作等方面进行交流合作。2010年12月,日照市承办“山东省2010年秋冬高校毕业生服务‘鲁南经济带’综合类就业市场”,来自省内外200多家用人单位和近万名高校毕业生参会。2011年,日照市组织参加青岛人力资源管理高峰会暨展览会、中国北方人才市场学习考察等活动。2012年,日照市组织参加第一届半岛蓝色人力资源国际高峰论坛暨第五届青岛人力资源管理高峰会、第十八届鲁台经贸洽谈会、山东省第七届海内外高端人才暨项目洽谈会等活动。2013年7月,日照市组织参加江苏连云港举办的“夏季人才交流大会暨东中西人才服务交流合作会议”,入会代表介绍人才交流服务工作情况,交流经验,就共同面对的困难和问题,探讨对策。

人才公共服务 1996年,日照市制定出台《日照市外商投资企业中方干部管理暂行办法》,为无管理条件的部分三资企业、有关部门代管人事关系和人事档案200余份。1997—2001年,根据《山东省人事代理暂行办法》,为到民营企业、乡镇企业、股份制企业、各类事务所等工作的人才在人事档案、职称考评、养老保险、党团关系管理等方面,提供人事代理服务,促进人才的合理流动。5年人事代理单位达到94家,代管人事档案5600余份。2002—2004年,日照市对事业单位编制计划内新进的人员和编制计划外聘用的人员全部实行人事代理,为4709人提供人事代理服务。2005—2007年,市人才交流服务中心成立中共日照市人事代理中心委员会。中心党委在日照人事人才网站设立“流动党员网上支部”。出台《大中专毕业生和委托人事代理人员落户有关问题的通知》,解决新形势下毕业生和代理人员落户问题。2008年,日照市为40家市直事业单位的1848名编制外聘用人员进行“三龄一历”(年龄、工龄、党龄和学历)审核。根据《市直事业单位编制外聘用人员社会保险费缴纳实施办法》,为近50家市直事业单位的886名编制外聘用人员进行工资核对套改,并代收代缴社会保险。根据流动党员的分布特点,重新划分17个支部,并对“流动党员之家”网站进行升级改版。2009—2012年,日照市印发《日照市人才交流服务中心档案管理制度》,明确人事档案的管理范围、接收程序、转出程序及借阅办法等。全市新增人事代理人员13160人;新增劳动代理人员2870人。2013年,新增人事代理单位189家,总数达到912家;新增人事代理人员6295人,总数达到28560人;新增劳动事务代理人员1412人,总数达到14211人。

人才派遣 2004—2007年,根据企业和单位的人才需求,创新人才管理方式,日照市制定《日照市人才交流服务中心员工派遣暂行办法》,实行人才派遣制度。市人才交流服务中心与日照市专业技术人员继续教育协会共同投资成立日照陆桥人力资源有限责任公司,建立人才派遣载体。日照市先后与37家用人单位建立人才派遣关系,为用人单位派遣工作人员636人。2008年,印发派遣人员《员工手册》,制定派遣人员的计划生育管理办法,与37家派遣单位重新签订人才派遣协议,与627名派遣人员重新签订劳动合同。新增派遣单位15家,新增派遣人员382名。2009—2011年,日照市先后为市人大、政协、林业局与江苏淮安富士康科技集团等单位招聘工勤人员及技术人才145名。探索新型人才服务模式,为北京中智、智联易才、上海外服等公司开展人事外包服务52人次。3年新增人才派遣合作单位26家,派遣员工835名。2012—2013年,严格落实《日照市人才交流服务中心员工派遣暂行办法》,定期举办派遣单位和派遣人员的劳动合同法培训班,完善派遣单位、派遣员工的信息库。2年新增人才派遣单位42家,总数达到122家,新增人才派遣员工1058人,总数达到2537人;金保中心减少派遣单位22家、总数达到105家,新增劳务派遣员工637人、总数达到3520人。

人力资源市场　1992年9月和11月,日照市先后召开首届和第二次日照市人才供需见面会,当场落实接收532人和363人。1993年12月10日,日照市人才市场开业。同时举办全市人才供需见面会,当场落实接收78人。1995—1997年,市人才市场实现与全省、全国人才市场联网,五莲县、东港区、莒县相继建立起县级人才市场,并实现微机联网;制定《加快培育和发展日照市人才市场的意见》,对全市人才市场给予政策指导;市人才市场接洽各类人才3925人,提供人才需求信息1000余条,409名不包分配的大中专毕业生和其他专业人员通过人才市场就业;组织召开全市首届大中专毕业生与用人单位双向选择见面会。1998年4月,市人才市场搬迁至新市区和平饭店沿街房一楼办公。全年接待148个用人单位、4200余名求职人员,其中990余人与用人单位达成聘用意向;8月,在日照职业技术学院举办市区大中专毕业生就业双向选择见面会;11月,在和平饭店举办个体私营经济单位招聘人才见面会。1999年,日照市把每月18日定为市人才市场集中开放日,首次人才开放日共接待43家企事业单位设摊招聘,2000余人求职择业,170余人与用人单位达成聘用意向。2002年,日照市综合利用法律、经济和行政手段,控制人才流向,引导各类人才向生产力布局、经济布局最需要的地方流动,打破人才交流身份、地域、单位所有制限制,让用非所长的专业技术人才找到用武之地。2003—2004年,日照市把每周六定为市人才市场集中开放日,市人才市场实现与全国、全省、半岛城市群人才市场的信息联网。2005—2010年,市人才市场先后举办大型人才招聘会63次、周六人才招聘会234次,10455家企事业单位设摊招聘,提供就业岗位17.3万个,6.6万人实现就业或再就业。日照人事人才网站进行升级改造,在日照人事人才网站上划分出独立的人才服务网站“日照人才热线”,为用人单位和求职者在网上招聘提供了方便。2011—2013年,北京路劳动大厦日照人力资源市场启用,实现市级人才市场、劳动力市场和高校毕业生就业市场的“三场合一”。三年共计举办公益性招聘活动85场次、市场化人才交流和员工招聘活动194场次,接待招聘单位8161家,提供就业岗位和引进人才岗位21.61万个,吸引求职人员20.7万人次,达成就业意向5.6万余项。人力资源市场的有效服务,提高了就业成功率和招聘质量。

第三节　国外智力引进

聘请外国专家项目　1995年,市引进国外智力办公室成立后,坚持以企业需求为导向,积极执行聘请引智项目,有重点地掌握部分市县属企业和项目的进展情况,深入市县属大中型企业大力宣传引智工作。全市有7个单位申报9个专家需求项目。在山东省引智办的指导下,帮助市玻璃厂聘请2名日本专家,进行玻壳生产项目的技术指导。1996—2000年,市直有关单位编制专家需求计划,与外国专家组织建立业务联系,分别执行引进外国专家项目5个、6个、11个、19个、38个,聘请外国专家8人、19人、13人、25人、42人,解决了一批工农业生产技术难题。据不完全统计,通过引智新增产值9000余万元,新增利税850余万元。2001—2005年,合计执行引进外国专家项目81项,引进外国专家119人次。围绕生物技术、电子信息、新材料三大领域引进高科技产品项目48个。2006—2010年,全市分别申报国家审批(G类)项目38个,省批(L类)项目58个,日本花甲项目24个。山东五征集团有限公司进行的汽车新产品研制开发项目、以色列眼科专家约翰·盖茨到中医院进行的婴幼儿青光眼和白内障手术指导等项目取得良好效果;日照市益康有机农业发展公司将工业废渣变为有机饲料和肥料技术项目被省人社厅列为当年省重点引智项目;荷兰专家史迪克大夫第11次到市医院开展神经外科手术指导项目,累计接诊疑难病人1000人次,实施椎管狭窄、巨大脑血管畸形、巨大特殊部位脑膜瘤病及脑动脉瘤、高位椎管内肿瘤等高难度手术150余例,并每年资助2~4名医护人员到荷兰索菲亚医院进行为期6~8周的进修学习,为市医院神经外科技术的发展与进步做出重大贡献。2011—2013年,全市先后申报国家审批(G类)项目13个、省批(L类)项目28个、日本花甲项目13个。日照港裕廊码头有限公司在聘请的3名新加坡专家的指导帮助下,通过规范船舶装卸标准、控制粉尘货物撒漏、提升现场装车质量等方式,全面提升货运服务质量和效率,多次打破生产纪录;日照海恩锯业有限公司聘请德国锯业专家沙尔·格哈特,指导圆锯片基体燃气式自动化热处理设备的研制及工艺方法的研究项目,针对锯片特点研究燃气炉设备及其工艺,选择天然气作为热处理能源,提高自动化程度,不仅有效和节约使用能源,还提高生产效率及产品质量,降低生产成本。此项技术填补国内空白,达到国际先进水平。

农业引智示范推广　1996年,围绕农业和农村经济结构调整优化,把加快农业科技进步、发展农业经济、增加农民收入作为项目计划,大力引进和推广外国先进的农业科学技术和先进经验,抓好省级农业引智成果示范基地建设,促进其发挥示范和辐射作用。在东港区建立日照市第一个省级农业引智成果示范园——东港区林业高科技示范园,主要推广日本北海道黄杨、北美红枫、韩国三叶树等林木。1997—2000年,日照市引进推广国外苹果、畜禽、蔬菜等优良品种96个,通过引智解决农业生产技术难题20余个。组织市直有关部门和各区县人事局参加全国农业引智成果推广展示洽谈会,接洽项目30余个。莒县建立日照市第二个省级农业引智成果示范园——莒县畜牧引智成果示范园,推广波尔山羊、比利时系长白猪等品种。2001—2005年,日照市引进推广国外畜禽、蔬菜、花卉、水果、粮食等优良品种,引进推广土耳其杨树和韩国海松、扁柏、无名松等优良品种,引进一批农、林、渔先进技术项目,解决一系列农业生产难题。2006—2010年,日照市重点推广国外板栗、甜柿、蓝莓、绿芦笋、辣椒和优良獭兔、良种鸡品种引进与推广等引智示范推广项目,组织全市农业部门参加晋冀苏鲁豫皖农业引智成果精品展示推介会,一批农业引智成果,被列为山东省千村引智示范项目,并被编入国家外国专家局经济技术专家司和出国培训管理司及山东省人事厅共同编印的《引进国外优秀农业成果集》。2011—2013年,日照市重点推广杜洛克猪、优良种鸡引进,无公害蔬菜种植加工技术,生物灭藻净水球成果转化、生态环保养猪示范、国外优良中级品种引进、扁形绿茶全程机制技术等引智示范推广项目。其中,五莲县宏大食品有限公司的无公害蔬菜种植加工技术通过"基地+农户+专业村"的模式进行规范化生产,发展9000多个专业户,50多个专业村;通过"培训+管理+品牌"进行标准化种植,聘请国内外专家,分期、分批、分类进行培训,受训人员1万余人次,蔬菜生产实行统一供种、统一用药、统一技术指导。

外国专家管理　1999—2004年,日照电厂聘请的德国西门子公司专家约瑟夫被省人民政府授予对在山东工作并对全省经济建设和社会发展做出突出贡献的外国专家最高奖项"齐鲁友谊奖"。市人民医院聘请的荷兰神经外科专家史迪克获得"齐鲁友谊奖"。日照职业技术学院聘请的外籍教师皮特获得"齐鲁友谊奖"。2005—2007年,根据国家外专局对外国专家实行规范化和程序化管理的要求,开始为到中国工作的外国专家提报省外国专家局办理"外国专家来华工作许可证""外国专家证""聘请外国专家资格许可证"等证件,提报省外国专家局办理"外国专家证"和"外国专家来华工作许可证"合计101人次。威亚汽车发动机(山东)有限公司副总经理韩国专家金钟焕获得"齐鲁友谊奖"。2008—2010年,按照省外国专家局的要求,日照市完成外国专家管理系统软件的试运行工作;日照市开始自主办理外国专家有关证件;3年共办理"外国专家来华工作许可证"68人次、"外国专家证"275人次。国家外国专家局批准山东外国语职业学院、日照市卓越英语儿童学校的聘请外国专家资格，全市外国文教专家聘请单位达到10家。荷兰神经外科专家史迪克获得“山东省国际科学技术合作奖”，现代威亚汽车发动机（山东）有限公司的韩国专家韩相大获得“齐鲁友谊奖”。2011—2013年，办理“外国专家来华工作许可证”172人次、“外国专家证”440人次，服务项目主要分布在教育、卫生、园林、机械、汽车及相关零部件制造、房地产、电子信息、旅游服务业领域。荷兰神经外科专家史迪克被授予“山东省荣誉公民”、日照市“荣誉市民”称号，山东外国语职业学院外籍教师高田拓、现代派沃泰自动变速箱（山东）有限公司总经理宋昌一、日照港集团聘请的新加坡专家施养华、济宁医学院日照校区聘请的加拿大专家叶福先生分别获得“齐鲁友谊奖”。

出国（境）培训　1996年，根据日照经济建设和社会发展的需要，有计划、有重点地组织全市高层次管理人才出国（境）进行培训。日照市先后2次组织市直有关部门负责人14人，分别赴德国、新加坡就社会保障体系建设和人才资源开发管理进行培训。1997—2002年，日照市完成派出培训项目27批次，选派出国培训106人。其中，新亚欧大陆桥日照桥头堡培训被列为国家和省引智重点项目。2003—2007年，全市审批出国培训135人，包括赴澳大利亚进行生态城市建设与环境保护等培训，赴德国进行水上运动应急管理培训、“现代物流与货代培训”、“合同案件司法公信力高的关键方法”培训，赴荷兰的“废弃物处理及湿地修复培训”，赴美国的“中小学教学法培训”、大学科技园规划建设与管理等培训项目，涵盖物流、环保、法律及教育等全市重点关注发展领域。2007—2012年，全市审批出国培训224人，主要涉及区域经济规划与发展、现代服务业、职业教育、农产品出口、蓝色经济区建设、审计、港口生态环境保护和污染防治、艾滋病防治、海上休闲运动项目管理与市场开发等方面的培训。2013年，审批出国培训环境保护、现代服务业、蓝色经济与园区发展等领域技术人员40余人次。为提升日照海洋开发、控制和综合管理能力，着力培养一批专业化的海洋经济人才，选派日照港等企业11名高级管理人员赴澳大利亚进行海洋经济开发与管理培训，并实地考察布里斯班港务公司等企业机构；选派3名服务业从业人员赴美国攻读MBA。

对外合作交流　2003年，日照市充分发挥与多个外国专家团体、近百名海外留学生保持固定联系的基础，广泛利用信息、资源等方面优势，通过各种途径，开展招商引资，特别是重点对日本和韩国的招商引资。争创和巩固发展3个省级农业引智示范园，接待国外招商考察团（组）30多批900余人，合同利用外资1.05亿美元，实际利用外资7508万美元。2004年，接待北美洲中国学人交流中心成员和瑞典皇家医学研究院博士等，向有关企事业单位推荐98个高新科技项目，并组织专门项目对接洽谈会。组织日本福冈留学生交流会等20余名日本各界人士考察日照，日本企业家猪又悟先生投资20万美元的“樱花语服饰有限会社”落户日照东港区高科技园，并于9月底投产。2008年5月，2008中国（日照）有机农业与自然农法国际论坛举办，日本自然农法国际研究开发中心的6名专家和省内外农业、水产、畜牧、环保等方面的专业技术人员100余人参加论坛。2010年，邀请美国MMFX技术集团总裁大卫·波拉克代表团一行6人到日照与山东钢铁集团就高品质“纳米钢”项目合作事宜进行洽谈，并考察日照钢铁公司。2003—2012年，市外国专家局帮助日照经济开发区吸收利用外资超过5亿美元。2013年，组织“海外高层次人才日照行”活动，吸引来自世界各地的53名高层次人才与日照市60多家重点企业进行对接洽谈，10个项目初步达成合作意向；邀请德国、美国、日本、比利时等8个国家的15位高层次外国专家，到日照市6家企业进行实地考察指导，具体实施7个蓝区行项目，3个项目签订长期合作协议。组团参加国际人才交流大会、海内外高端人才交流暨技术项目洽谈会、日本花甲专家项目洽谈会、海外学人千人大会暨自贸区论坛等引智活动,推介引智项目100余个。组织多家企业参加上海、北京外籍人才招聘会,与30多名外籍人才达成引进意向。评价认定重点扶持的高层次创新创业人才19人,扶持高层次创新创业团队7个。

蓝色经济引智试验区 2012年5月,国家外国专家局批复在日照市建立"中国蓝色经济引智试验区",这是国家外国专家局在国内设立的第一个国家级引智试验区。日照市委、市政府设立中国蓝色经济引智试验区管理委员会办公室,与市外专局合署办公。10月,中国蓝色经济引智试验区在日照揭牌,项目管理研究院同时挂牌运行。中国蓝色经济引智试验区建设单位联席会议暨管理委员会第一次会议召开,专家讲座、海外高层次人才"日照行"等活动开展,试验区网站建设、引智项目征集、外国专家需求调研、出国培训筛选等工作全面铺开。2013年,日照市一手抓体制机制建设,成立日照市引智试验区建设工作领导小组,有效整合现有政策、项目、资金、服务等资源,共同推进引智工作;一手抓政策体系建设,制定《日照市人民政府关于加快推进中国蓝色经济引智试验区建设的意见》《日照市引智专项资金管理办法》《日照市引智示范推广基地管理办法》等政策文件,建立完善引智政策体系。试验区成立以来,累计聘请外国专家223人次,帮助全市38家企事业单位解决农业、工业、高新技术产业等领域的技术难题。15个项目获得省引智专项资金资助78万元,6个引智项目获得国家引智专项资金22.5万元,争取国家、省级资金合计100.5万元;市级引智资金投入113万元对国家级、省级引智项目1∶0.5配套,重点资助扶持7个市级引进外国专家项目、2个市级引智示范推广项目、6个市级引智示范推广基地。

第四节　大中专毕业生就业

毕业生就业指导 1996年12月24日,山东省政府办公厅发出《关于明确大中专毕业生和毕业研究生就业分配管理工作分工的通知》,规定自1997年起省人事厅负责研究编制非师范类毕业生的就业分配计划并组织实施。1997年,非师范大中专毕业生的就业管理从计委和教育局移交给人事局,改分配派遣为就业指导与介绍。制定《关于做好1997年全市大中专毕业生就业分配工作意见的报告》,要求通过市场机制和必要的行政手段,实行多渠道、多形式安排毕业生就业,积极稳妥地推进毕业生就业分配制度改革。1998年,规定凡到日照工作的硕士以上研究生,报考市级机关公务员可免公共科目考试;到县以下行政机关工作经考核合格可直接过渡为公务员;到事业单位工作不受单位增人计划的限制,允许先进人再追加计划;到企业单位工作将安排到效益较好有住房条件的国有大中型企业对口专业技术岗位。毕业生参加工作时间及工龄从报到起薪之日起计算。1999年,教育部规定高等职业教育毕业生不再使用教育部门统一印制的"全国普通高等学校毕业生就业派遣报到证",实行学校推荐自主择业制度。改革毕业生的派遣期为两年(自毕业之日起算)。2000年,日照市制定《关于接待就业毕业生档案及户粮关系管理问题的意见》,对未落实工作单位的毕业生,自离校之日起3个月内凭就业报到证或就业推荐书、户口及粮食关系迁移证明、迁入地毕业生就业主管部门出具的落户证明,到家庭所在地办理落户手续。入学前系城镇居民户口的落回原家庭户;入学前系农村户口落回家庭户,其城镇居民户口性质不变。2001年,日照市制定《关于做好2001年大中专学校毕业生就业工作的意见》,鼓励和支持毕业生自主创业;引导和鼓励毕业生从事农业和农村经济建设;鼓励毕业生积极参与西部省份经济建设或到发达地区自谋职业。2002年,电大、高职毕业生统一使用"全国普通高等学校毕业生就业报到证",在身份、待遇等方面与普通专科毕业生一样对待,不再办理录用干部手续。规定对经双向选择落实就业单位的毕业生,公安部门凭就业报到证或就业通知书、毕业证书、就业协议书办理落户，毕业生就业主管部门不再出具落户介绍信。2003 年，日照市降低毕业生的准入门槛，允许毕业生跨区域就业和多种形式就业。2004—2005 年，建立未就业毕业生登记制度、发展毕业生就业市场等办法，促进毕业生最大限度就业；落实未就业毕业生登记制度和推荐就业制度，对暂时就业有困难的毕业生，按照生源地范围进行未就业登记，开展免费就业指导和就业推介，帮助毕业生尽快就业。2007 年，日照市印发《关于引导和鼓励大中专毕业生面向基层就业的实施意见》《关于进一步规范大中专毕业生就业市场的通知》，成立大中专毕业生就业工作领导小组，加大毕业生就业工作力度，统筹协调全市毕业生就业工作。2009 年，日照市制定《关于进一步加强高校毕业生就业工作的通知》，通过完善工作机制，畅通毕业生就业渠道，促进、鼓励和引导高校毕业生面向基层就业。2013 年，全市报到高校毕业生 9160 人，实名制登记 9160 人，实名制登记率 100%。提供针对性就业服务人数 5794 人，实现就业 5395 人，就业率 93. 11%。

就业实践基地　2005 年，日照市制定《日照市大中专毕业生就业实践基地管理暂行办法》，挑选 8 个单位作为试点单位。2006 年，日照市与驻日照大中专院校和山东大学、山东科技大学联系，开展市校合作活动，在教育、卫生系统和港口、水产、商贸、食品、生产加工等单位建立市级实践基地 11 个，320 余名毕业生参与实践，涉及机械、机电、食品加工、市场营销、财务会计、临床医学、护理等专业。2007 年，日照港集团有限公司和鲁圣电力器材有限公司申报为国家级毕业生就业见习基地，与山东科技大学建立“山东科技大学日照市毕业生就业实践基地”。2010—2013 年，全市毕业生就业见习工作座谈会召开，《日照市高校毕业生就业见习管理暂行办法》印发。全市 4 年累计新认定高校毕业生见习基地 79 个，总数达到 101 个；发布见习岗位 7811 个，吸纳 6456 名高校毕业生参加见习，期满实现就业 5107 人，市区（县）两级财政为毕业生发放见习补贴 684. 83 万元。

大学生创业引领计划　2010 年，日照市举办大中专毕业生创业培训班，帮助毕业生增强创业意识，掌握基本的创业知识和技能，提高创业能力。制定《日照市市级创业孵化基地认定管理办法（暂行）》，全市建设高校毕业生创业孵化基地 4 处，由政府出资免费对 419 名有创业意向的大中专毕业生进行创业培训，并实行跟踪服务。2011 年，市政府办公室制定《关于进一步做好以创业带动就业工作的实施意见》，采取有效措施引领大学生创业。全年培训有创业意愿的大学生 261 人，实现自主创业 125 人。全市创业孵化基地 6 处，吸引入驻企业 229 家，创业孵化 514 人。新建大学生创业园 6 处，吸引入驻企业 115 家，进园创业大学生 343 人。全市各级财政投入资金 113 万元，鼓励扶持大学生创业。发放孵化基地奖励补贴 4. 5 万元、房租补贴 70. 9 万元。发放 17 名大学生小额担保贷款 104 万元、9 名自主创业大学生一次性创业补贴 1. 8 万元、33 名大学生社保补贴 19. 99 万元。减免 47 名大学生税收 11 万元、125 名大学生行政性事业收费 0. 8 万元。2012 年，日照市制定《日照市市级大学生创业引领专项扶持资金管理使用暂行办法》《日照市大学生创业孵化基地和大学生创业园管理办法》，规范创业专项资金管理使用、创业指导专家的征集活动、创业项目库及孵化基地的建设管理，完善大学生创业扶持政策体系。大学生创业孵化基地有 12 处，吸引入驻企业 235 家，创业孵化 1266 人；大学生创业园 6 个，吸引入驻企业 292 家，大学生创业进园 2224 人。全市开展创业指导、创业培训和职业培训进校园活动共 23 次，进园创业大学生 1143 人，实现自主创业 231 人。兑现创业奖补资金、房租补贴 68. 9 万元，其中市级 31 万元；争取省级大学生创业奖补资金 75 万元。为 23 名大学生发放创业补贴 4. 3 万元，毕业年度内高校毕业生享受税收优惠 33 人，优惠 2. 475 万元。享受行政性事业收费减免 32 人，减免 0. 614 万元。为 13 名自主创业大学生发放小额担保贷款 96 万元。2013 年，日照市认定日照高新区创业服务中心为日照市大学生创业园，日照经济技术开发区人才创业服务中心、山东创胜建材家居广场有限公司为日照市市级大学生创业孵化基地，并分别给予20万元奖励。建设大学生创业孵化基地14处，吸引入驻企业334家，创业孵化人数为1324人；大学生创业园6个，吸引入驻企业299家，大学生创业进园人数1665人。全市发放奖励资金和房租补贴173.4万元，培训有创业意愿大学生2119人，实现自主创业306人。

"三支一扶"计划和社区就业计划 2006年，按照山东省"三支一扶"(支教、支农、支医和扶贫)办公室的统一部署，日照市制定《日照市关于组织开展高校毕业生到农村基层从事支教、支农、支医和扶贫工作的实施意见》，成立工作领导小组和协调管理办公室，负责管理全市"三支一扶"工作。是年，根据招募标准条件、岗位要求、专业限制等情况确认报名资格，在纪检监察部门全程监督下，由专业考官负责面试工作，招募专科以上学历43名毕业生参加"三支一扶"计划，并进行岗前培训。服务领域分支教15人、支农12人(含兼职青年工作人员)、支医16人，为其发放每月1000元的生活交通补助费，并办理医疗保险和人身意外保险。2007—2009年，日照市分别招募47名、60名、90名毕业生参加"三支一扶"计划，服务期满的"三支一扶"大学生83%以上实现就业。选聘51名高校毕业生充实到农村任职。2010—2013年，日照市召开全市高校毕业生就业工作暨"三支一扶"计划实施工作会议，印发《日照市关于继续实施高校毕业生"三支一扶"计划工作的通知》，4年共招募本科以上学历398名毕业生参加"三支一扶"计划。认真落实服务期满"三支一扶"大学生的各项优惠政策，全市特设一批岗位定向招聘"三支一扶"大学生。在全市服务期满的"三支一扶"大学生中，51人考取公务员、63人招聘到事业单位，被企业录用18人、灵活就业5人，期满就业率达到90%以上。日照市印发《关于印发〈日照市高校毕业生社区就业计划实施工作方案〉的通知》，正式启动实施"高校毕业生社区就业计划"，招募高校毕业生服务社区32人，组织区县招募高校毕业生服务社区公益性岗位161人。

特困生就业帮扶 2010年，为帮助特困家庭未就业毕业生实现全部就业，采取建立特困生登记制度，完善信息库内容，了解掌握每位特困生的求职意向；为每位特困生发放就业服务联系卡，安排专人进行"一对一"帮扶，做好跟踪服务；对每位特困生提供不少于3次的就业信息；定期利用人力资源市场举办专场推介会，予以重点推荐；政府开发的公益性岗位，优先用于安置特困生；优先安排特困生到毕业生就业见习基地见习。通过以上措施，44名特困生实现全部就业。2011—2013年，日照市分别帮扶39名、25名和51名特困生实现就业。

第五节　劳动就业

就业促进 1990—1994年，城镇劳动就业历经由计划招工到市场就业的转制过程。地级市建立之初，日照市城镇失业1万余人，城镇登记失业率达15%以上。日照市委、市政府把就业工作作为全市重点解决的10个热点问题之一，下发《关于进一步做好劳动就业工作的通知》等10余个文件，成立劳动就业委员会，设立乡镇劳动服务站，动员全社会力量，共同做好就业工作。通过改革招工办法，开办招工市场，实行敞开报名，采取下达指令性招工计划、清退私自招用的临时工、腾岗安置失业青年以及倡导集体组织起来就业和自谋职业等措施，拓宽就业渠道，提高安置效益。1995年，在全省率先建立就业基金制度，发挥失业保险和就业基金的救济和扶持作用，市直有关部门为13户特困企业提供298.3万元的扶持资金，向42户特困企业的6836名职工发放83.59万元的生活救济款，为特困企业解决职工基本生活保障金310万元。

1998年，日照市下发《关于进一步做好企业下岗职工基本生活保障和再就业工作的通知》等近10个文件，按照“三三制”资金筹集渠道，筹集下岗职工基本生活保障金238万元；争取省支持生活保障金260万元，下岗职工基本生活得到保障。全市建立企业再就业服务中心161处，当年1215名企业下岗职工全部进入企业再就业服务中心，发放9—12月基本生活保障金117.7万元（含服装厂52.47万元）。

2001年，日照市印发《关于进一步做好就业和再就业工作的通知》，促进再就业优惠政策的落实。全市筹集下岗职工基本生活保障金569.9万元，使用361万元。其中，发放生活费244万元，代缴社会保障费102万元，再就业培训支出15万元。培训各类人员8736人次，其中失业、下岗职工再就业培训2591人次，劳动预备制度培训5084人次，892名下岗职工实现再就业。至年底，滞留中心的下岗职工由年初的1545人减少到401人。

2003年，日照市制定《日照市就业工作目标责任考核办法》，明确区县政府、市直有关部门和群团组织的责任以及考评办法。有关职能部门各司其职，密切配合，积极落实就业扶持政策，强化就业服务。全市开展就业再就业培训11193人次，其中免费开展再就业指导教育和技能培训2155人次；进入企业再就业服务中心的8859名下岗失业人员在政府扶持下实现全部就业。

2004年，市委、市政府把就业再就业工作列为16项为民办实事项目之一，劳动保障部门结合招商引资、民营经济、园区建设、城市建设，搞好新、扩建项目的跟进衔接，及时掌握用工需求，开发就业岗位；开展劳务派遣和劳动保障事务代理服务，为下岗失业人员、进城务工农民和用人单位提供优质服务；落实税费减免、社保补贴、岗位补贴、小额贷款、免费服务、工商登记、场地安排等各项政策措施，促进下岗失业人员再就业。全年组织各类职业培训2.7万人次。

2006年，日照市印发《关于进一步加强就业工作的通知》，市就业工作领导小组各成员单位出台资金管理、税费减免等配套文件，基本建立市场导向就业机制、公共就业服务体系和多种手段有机结合的就业政策体系。全市累计发放再就业优惠证12210个，发放下岗失业人员小额担保贷款39万元，扶持各类企业吸纳安置下岗失业人员3300余人。培训农村劳动力7984人，培训后转移就业率达到98%以上。

2009年，日照市制定《关于做好当前经济形势下就业工作的通知》《日照市公益性岗位开发管理办法》，把“保民生、稳就业、促和谐”作为首要任务，重点解决城镇困难群体、高校毕业生、农民工、妇女、残疾人群体的就业问题。倡导企业界公开承诺不裁员倡议活动，全市承诺不裁员企业220余家，稳定职工19万人。全年地方财政预算安排就业资金1403万元，支出就业资金2307万元，其中支出岗位、社保、培训等补贴2248万元；认定38家困难企业发放岗位补贴670余万元。为各类安置型企业及下岗失业人员减免各项税费167万元，发放40笔下岗失业人员小额担保贷款116万元。

2010年，市政府将就业目标任务考核列入各级政府绩效考核重要内容，层层分解细化就业服务、就业投入、小额贷款、创业联动等工作。落实创业岗位开发及一次性创业补贴、小额担保贷款、税费减免等一系列扶持政策，全市新创办个体工商户和私营企业1.8万家，其中经过就业（创业）培训创办的企业2696家；新创办个体工商户从业人员和私营企业雇工7.15万人，其中经过就业（创业）培训成功创业，实现带动就业1.06万人。

2013年，市政府把实施“创业助推工程”作为为民办实事项目，扶持劳动密集型小企业吸纳就业和劳动者自主创业，充分发挥创业带动就业“倍增效应”。全市组织实施创业培训5055人，就业技能培训4.1万人。全市安排小额贷款担保基金1.58亿元，发放小额担保贷款1.77亿元，实际支出小额担保贷款贴息资金393.08万元；支出就业资金1.31亿元；落实各类就业补贴6392万元，惠及8.85万人次；安排失业保险基金扩大支出试点资金预算6918万元,实际支出试点资金6913.1万元。失业保险金标准由原来每人每月680元,提高至每人每月780元。新创办个体工商户和私营企业1.93万户,享受一次性创业补贴企业65个;享受创业岗位开发补贴317人。

劳动力市场 1991年,日照市劳动局在兴海路与东关南路交会处市劳动服务公司所在地开办劳动力市场。1992年,日照市取消一年一度的指令性招工计划,实行求职人员和用工单位通过劳动力市场供需见面,实现双向选择。1994年年底,全市职业介绍机构发展到4处,乡镇劳动服务站66处,莒县和五莲县实现劳动力供求信息微机化处理。1995—1999年,通过在各大城市建立较为固定的劳务输出基地,逐步形成劳务输出产业化,劳务输出4051人。规范劳动力管理,为38名外国人办理到日照市就业和就业延续手续。2005年,日照人力资源市场(劳动力市场)启用,建立市、县、乡、村四级农村劳动力转移组织体系,在2995个行政村聘请劳务信息员4100人,实现农村劳动力的动态管理。2009年,全市各级人力资源市场累计组织职业介绍洽谈会105次,办理求职登记6.41万人次;有组织转移农村劳动力2.57万人。统筹城乡就业及农民工工作,帮助476名返乡农民工实现创业,清理拖欠农民工工资2209万元。2010年,日照人力资源市场改扩建工程总投资3000余万元,总面积达6400平方米,设立10个功能服务区、1个总服务台、78个服务窗口,可设招聘摊位156个。发挥人力资源市场的平台作用,全市各级人力资源市场发布招聘信息2651条,为城乡各类人员办理求职登记6.43万人、职业介绍3.53万人、职业指导3.69万人。推进基层平台建设,全市基层劳动保障协理员达到3730人,已建成的78个社区配备至少2名的就业服务专(兼)职工作人员。将农民工纳入城镇就业和社会保障体系管理范围。组织开展就业服务进"千村百镇"特色品牌服务创建活动,把就业服务送进百姓家中。搭建"培训、就业、维权"三位一体的劳务输出平台,累计转移就业57.6万人。2013年,日照市将失业登记管理、困难人员认定、零就业家庭登记、求职、培训报名、劳动力资源管理、创业指导、小额担保贷款审核推荐等业务下沉到基层,方便群众就地就近享受就业服务。按照建设城乡人力资源数据库要求,结合实际需要,开发融身份识别、信息采集与比对、信息导入为一体的信息采集移动终端,并安装到所有基层公共(就业)服务平台,将其与就业失业登记、城乡劳动力资源数据库建设相结合,夯实就业实名制管理基础。

就业再就业 1990—1991年,全市招工安置失业人员7671人,城镇登记失业率由15%以上下降到6.5%。1994—1997年,全市劳动服务企业发展到80处,安置各类失业人员1.25万人。就业再就业工程试点顺利,全市多渠道、多形式累计安置失业、下岗职工1.81万人,安置就业人员2万多人,城镇登记失业率3%左右。1998—2001年,抓好骨干劳动服务企业的培植与发展,全市劳动服务企业发展到102处,4年安置各类人员2.43万人。全市1.1万名企业下岗职工实现再就业,实现出大于进的目标;为412名农民合同制工人和150名农民合同制骨干办理转招转非手续。

2002—2009年,全市城镇实现就业再就业27.87万人,其中下岗失业人员再就业7.13万人,帮扶141户城镇零就业家庭至少1人就业,实现存量消零;农村零转移就业贫困家庭164户,实现动态消零。城镇登记失业率控制在2.85%。

2010—2013年,全市实现失业人员等困难群体就业7380人,其中通过开发落实保洁、绿化、看护、驾驶、速录等公益性岗位安置1428人;全市新增城镇就业20.68万人,其中全市新增农村劳动力转移就业14.66万人,城镇登记失业率为2.31%。

第三章　劳动关系与机关企事业工资

第一节　企业劳动关系与劳动工资

劳动合同和劳动力管理　1990—1994 年，全市鉴证劳动合同 11.88 万份，纠正违法合同 1.29 万份。劳动合同鉴证的范围扩大到乡镇企业，完成总量的 50%。对部分私营企业用工按规定督促签订劳动合同，正确协调劳动关系，维护企业和职工双方的合法权益。1996 年，日照市抓好集体协商签订集体合同试点和劳动合同的管理工作，在全省建立第一家乡镇劳动关系协调委员会，全市劳动合同签证率 95%。1997 年，日照市在全省最早完成在乡镇建立劳动关系协调机构的任务。1998 年，日照市对纳入立户的企业核发“劳动管理”登记手册，实行年度审核，将劳动计划立户纳入规范化的轨道。2000 年，日照市建立实施企业空岗报告制度，进一步完善农村劳动力审批招用的政策规定。2002 年，日照市建立协调劳动关系三方会议制度，集体合同和劳动合同制度覆盖面迅速扩大。2003 年，企业职工工作时间、休息休假制度和女工特殊劳动保护政策贯彻实施。2008—2009 年，日照市推进劳动合同三年行动计划，健全劳动用工信息数据库，全面实施劳动用工备案制度，全市各类企业劳动合同签订率 98%。2010 年，加强对全市企业经济性裁员的指导和管理，建立停产半停产企业职工情况快报制度，定期报告企业停产半停产和裁员情况。2011 年，推动、指导企业与职工依法签订劳动合同，明确企业与劳动者的权利和义务，全市规模以上企业劳动合同签订率 99%，小企业劳动合同签订率 85%，开展工资集体协商的企业 1489 家，全市各类已建工会的企业集体合同签订率 85%。2012 年，市协调劳动关系三方在市人社局、市经信委、市总工会的基础上，吸纳市工商联为会议组成成员，由三方 3 家增加到三方 4 家。2013 年，按照劳动合同法的要求，对劳务派遣企业、劳务派遣行为实施严格管理。全市在工商部门登记的劳务派遣机构户数为 170 户，实际开展业务的机构户数为 33 户，涉及劳务派遣员工 9111 人。全市规模以上企业劳动合同签订率 99%；企业集体合同审核备案新增 242 份，集体合同签订率 91%。

企业工资宏观调控　1994 年，按照“微观放开搞活、宏观管住管好”的改革思路，日照市加强工资总量的宏观调控。一是确定全市企业职工的月最低工资标准为 170 元，建立企业最低工资保障制度 130～150 元。二是实行工资总额分级分类管理的弹性计划，加大工资调控力度。三是建立《工资基金使用手册制度》。年底，市县属企业职工年人均工资 3730 元，比 1993 年人均工资 2553 元增加 1177 元，同比增长 46%。1996 年，全市企业职工月人均增资 72 元，月最低工资标准调整为 200 元。1997 年，全市职工工资总额 10.64 亿元，其中企业 6.86 亿元，分别比 1996 年增长 6.19% 和 4.89%。职工年平均工资 5323 元，比 1996 年增长 2.72%；扣除物价因素的影响，实际平均工资增长 1.5%。其中，企业 4825 元，比 1996 年增长 3%；扣除物价因素影响，实际平均工资增长 1.78%。国有企业职工平均工资 5146 元，比 1996 年增长 3.23%，扣除物价因素影响，实际平均工资增长 2.01%。1999 年，企业职工月最低工作标准调整为 260 元。2002 年，全市在岗职工平均年工资 9322 元，比 2001 年增长 10.8%；其中，全部企业在岗职工年平均工资为 8182 元，比 2001 年增长 11.3%。2006 年，全市企业工资指导线确定，发布 7 大行业 14 类企业的人工成本预测预警信息,调整企业职工月最低工资标准为480元。2007年,企业职工月最低工资标准调整为620元。

2008年,日照市发布劳动力市场工资指导价位618个,发布最低小时工资标准为5元。2010年,企业职工月最低工资调整标准为760元,小时最低工资标准由5元调整为8.5元。2013年,企业职工月最低工资标准调整为1220元,小时最低工资标准由11元调整为12.5元。2003—2012年,日照港职工工资总额由2.43亿元增长到7.23亿元,年均增长12.87%;经营者年薪由29.63万元增长到117.45万元,年均增长16.54%。

第二节　机关事业单位工资福利

工资晋升　1989年,根据国发〔1989〕82号文件,从是年10月起,日照市提高专业技术人员各职务起点工资标准和最高工资标准。根据鲁工改〔1989〕3号文件,全市审批升级工资4849人;根据有关文件规定,审批进档工资166人,审批退休人员补贴1275人,增发退职干部生活补贴73人。1990年,根据鲁人新〔1990〕45号文件,为全市13055人普调一级工资,其中8014人在普调的基础上再升一级。1993年工资改革以后,机关工作人员较大规模地增长职务工资档次有6次,增资时间分别为1995年10月、1997年10月、1999年10月、2001年10月、2003年10月和2005年10月。同机关工作人员工资一样,事业单位工作人员工资调整标准有5次,调资时间分别为1997年7月(人发〔1997〕89号)、1999年7月(国办发〔1999〕78号)、2001年1月(国办发〔2001〕14号)、2001年10月(国办发〔2001〕70号)和2003年7月(国办发〔2003〕93号)。随着调整工资标准,相应提高津贴水平,使工资构成保持合理关系。

1997年,根据鲁人薪〔1997〕14号文件,日照市将机关行政人员基础工资标准由原每人每月90元提高到110元,事业单位人员在原职务(岗位)工资标准的基础上各档增加14元,津贴、奖金(活工资部分)按其在工资构成中的原有比例相应提高,全市人均月增资21.66元。

1998年,根据鲁人薪〔1995〕1号等文件精神,日照市制定日人薪〔1998〕8号文件,规定机关工作人员在原级别任职期间连续五年考核称职或连续三年考核优秀,或连续四个考核年度中有三个年度考核为优秀的,可在本职务对应的级别内晋升一个级别。

1999年,根据国办发〔1999〕78号文件,日照市将机关行政人员的基础工资标准由每人每月110元提高到180元,级别工资标准由15级至1级每人每月55~470元提高到85~720元;全市列入调资标准范围60885人,人均月增资129.6元。

2001年1月,根据国办发〔2001〕14号文件,日照市将机关行政人员的基础工资由每人每月180元提高到230元,各职务层次工资起点标准提高到50~480元,级别工资由15~1级85~720元提高到115~1166元。市直机关事业单位列入调资标准范围11813人,人均月增资119元。10月起,根据国办发〔2001〕70号文件,机关行政人员各职务层次工资起点标准由50~480元提高到100~850元;市直机关事业单位列入调资标准范围11906人,人均月增资80元。

2003年,按照省调资工作会议的要求,日照市为市直机关事业单位1.2万余名工作人员调资,人均月增资50元。根据国办发〔2003〕93号文件,日照市将机关行政人员各职务层次工资起点标准由100~850元提高到130~1150元。

2007年,机关事业单位在职人员全部套改兑现新工资,离退休人员全部及时增加离退休费,全市机关事业单位工资收入达到全省中等水平。

2011 年，日照市对市直 1.3 万名在职人员和 3000 多名离退休人员的津贴补贴进行调整。对信访补贴、纪检补贴、审计补贴等 9 种特殊岗位补贴进行规范，市直审核落实相关特殊岗位补贴 241 人。修订完善公安干警加班补贴的具体发放管理办法，为市直 1000 多名公安干警落实加班补贴新标准。

2013 年 1 月和 9 月两次提高市直机关公务员工资 78 元，工资收入水平与省直机关相一致，在全省并列第六位。市直机关事业单位 1.7 万人次晋升级别档次和薪级工资。

提高工龄津贴标准　1992 年，日照市将全市机关事业单位工作人员的工龄津贴标准由每工作一年 0.5 元提高到 1 元，并按本人实际工作年限计发。

发放开放城市补贴和机关目标管理责任制考评奖　1993 年 1 月，日照市为市直机关事业单位工作人员，发放每人每月 20 元开放城市补贴和 20 元机关目标管理责任制考评奖。

年终发放一次性奖金　1993 年，根据国办发〔1993〕85 号文件规定，日照市为市直机关事业单位年度考核为称职(合格)以上的在职人员，年终发放一次性奖金，奖金按本人当年 12 月的月基本工资额计发。

提高住房补贴　2004 年，市直机关事业单位工作人员的住房补贴由占基本工资的 25%提高到 35%。

发放考勤奖、目标管理奖和离退休人员生活补贴　2005 年，为市直机关事业单位工作人员发放人均 140 元考勤奖、目标管理奖和离退休人员生活补贴。

提高教师退休金标准　1995 年，日照市对连续从事教育工作满 30 年，并由省教委颁发 30 年教龄"教育荣誉证书"的中小学教师，其退休金按 100%发放。1998 年，日照市对县(区)党校女教师工作满 25 年的，其退休金按原工资的 100%发放。

实行年休假制度　2010 年，根据中共山东省委办公厅、山东省政府办公厅《关于安排省直机关工作人员年休假有关问题的通知》，全市机关事业单位实行年休假制度。

实行财政统一发放工资　2000 年，贯彻省政府《关于在全省实行行政事业单位由财政统一发放工资的通知》，全市机关事业单位实行财政统一发放工资。

第三十四编　民　政

20 世纪 80 年代，民政部门职能主要为社会行政工作，概括为基层政权建设的一部分，社会保障的一部分，行政管理的一部分。1990 年后，随着农村经济体制和城市改革的推进，民政工作除救灾救济、拥军优属、优抚安置、社会福利、行政区划、地名管理、婚丧管理等传统业务外，新增城乡基层民主选举、城市社区建设、农村社会养老保险（后移交市人力资源社会保障局）、社会团体登记管理、民办非企业登记管理和社会福利彩票等工作。民政工作宗旨也由“上为中央分忧，下为百姓解愁”“三个服务”（为广大人民群众服务，为最需要帮助的困难群众服务，为改革发展稳定大局服务）定位为“以民为本，为民解困”。中共十八大后，民政部门职能职责定位由发挥保民生保底作用，上升到发挥对社会建设管理和服务与支撑作用上来。至 2013 年，日照市先后 4 次召开全市民政会议，总结经验，部署任务，推动民政工作由传统计划经济体制管理方式向市场经济体制管理新方式转变，民政企业、事业单位发展方式由粗放型向集约型转变，全市民政工作不断深入发展。

第一章　基层政权与社区建设

1989—2013 年，全市先后进行 7 个届次的村（居）委会换届选举，同时进行乡镇机构改革、简政放权和小乡镇撤并工作。至 2013 年，全市乡镇、街道共有 55 个（街道 11 个、镇 40 个、乡 4 个）比 1992 年设区带县时减少 22 个；村、居民委员会共有 1944 个，比 1992 年设区带县时减少 1039 个。在全市基层政权与社区建设工作中，积极推行民主选举、民主决策、民主管理、民主监督和村务公开，逐步搭建起与经济社会发展相适应的城乡基层新型管理和服务平台。

第一节　村民自治

村委会换届选举　1988 年 5 月，全国人大常委会颁布《中华人民共和国村民委员会组织法（试行）》（简称《村委会组织法（试行）》），6 月在全国试行。省人大常委会通过《关于贯彻实施〈村委会组织法（试行）〉的决定》，要求各地要认真组织力量，层层试点，逐步展开。1990 年，依据法律，全市 1095 个村（居）委会进行第三届换届选举工作，加强了村（居）委会组织、职责、场所的建设。

1993 年 4 月，全市进行第四届村（居）民委员会换届选举工作，至 6 月结束。其间，市民政局印发《村委会组织法（试行）》4500 份，各区县印发 9000 份，新闻媒体进行广泛宣传。各级在换届选举工作中，紧扣依法、民主主题，民主协商推荐村委会候选人，杜绝过去有些地方发生的指选、派选等现象。

1995—1996 年，全市进行第五届村民委员会换届选举工作。按照省民政厅总结推广的邹城市“六统一”（统一程序、选票、表格、验收、发证、归档）选举办法要求，市民政局制定换届选举方案，并抓好乡村干部的培训，使村委会换届选举工作更加规范。

1998 年 11 月，《中华人民共和国村民委员会组织法》（简称《村民委员会组织法》）正式颁布实施，省九届人大常委会第五次会议于 11 月通过《山东省村民委员会选举办法》，对村委会换届选举的组织领导、机构设置、选民登记、候选人提名、写票方式、投票程序、计票方法以及村民小组长和村民代表的推选等作出规定。是年年底，全市部署第六届村民委员会换届选举和《村民委员会组织法》颁布实施后的首次直选，经过准备、投票选举、建章立制、干部培训和检查验收 5 个步骤，至次年 6 月底，全市第六届村民委员会换届选举工作完成，2990 个村（居）委会共选出村委会成员 10046 人。

2002 年 3—9 月，全市进行第七届村民委员会换届选举工作。154.8 万村民参加选举，其中 88.7%的选民参加直接投票，平均参选率 91.5%；选出新一届村民委员会成员 8894 人，平均每村 3.1 职，其中有 987 名村委会主任和 3275 名村委会副主任、委员连选连任，分别占 34.2%、55%；99.6%的村居完成换届选举任务，选举成功率 99.7%。

2003 年，《关于第八届村民委员会换届选举中若干问题的意见》下发。2004 年年底至 2005 年 4 月，全市进行第八届村委会换届选举工作。日照市编写《日照市村“两委”换届选举工作指南》，加强换届选举工作的指导。换届后，全市共减少村干部 3828 人，减幅 33.1%；村“两委”成员交叉任职率 85.4%，比换届前提高 30.5 个百分点，其中村党组织书记、村委会主任“一人兼”率 93.6%，比换届前提高 50.5 个百分点。

2007 年年底至 2008 年 4 月，全市进行第九届村民委员会换届选举工作。第九届村委会换届选举后，市民政局分层次对新一届村委会成员及配套组织成员进行任职培训。

2011 年，按照新修订的《中华人民共和国村民委员会组织法》，全市进行第十届村委会换届选举。至 7 月底，全市 2979 个行政村居中 2955 个完成村（居）委会换届，占 99.2%；选举产生村（居）委会成员 9598 名。其中，1953 名经济能人、复退军人、大中专毕业生、离岗退休人员当选为村（居）委会成员，占 20.3%；村（居）委会主任兼任支部书记的“一人兼”比例达 86.2%，村（居）委会成员兼任村支部成员的 7356 人，交叉兼职率 65.1%，妇女进村（居）委会比例达到 100%。

村务公开民主管理　《村委会组织法（试行）》实施后，全市逐步建立、发展和完善村级民主制度。1990 年，民政部在莱西召开全国村级组织建设工作座谈会后，市民政部门参照莱西的经验做法，在全市开展以村民自治为基础，抓好民主政治配套建设，并逐步建立健全村民代表会议制度。

1995 年，全市村民委员会村务公开工作由点到面普遍推开，并开展评选村民自治先进单位等活动。

1997 年，全市深入开展村民自治示范和“四民主一公开”（民主决策、民主选举，民主管理、民主监督和村务公开）活动，政务和村务更加透明，并组织对全市乡村干部进行培训。

1998 年，《中华人民共和国村民委员会组织法》（简称《村民委员会组织法》）正式颁布实施和全市第六届村民委员会换届选举后，全市各村加强村委会配套制度建设，制定和完善《村规民约》和《村民自治章程》。省民政厅在五莲县召开全省村务公开民主监督现场经验交流会，总结推广五莲县村务公开十监督的经验。

2001 年，贯彻《村民委员会组织法》及《山东省实施〈村民委员会组织法〉办法》，在全市推广完善村务大事村民公决、村民质询会议、“两推一选”等经验。是年5月,在全省村民自治经验交流会上,东港区村务大事村民公决的经验做法被推广。《人民日报》、中央电视台等对日照市村务大事村民公决的经验做法进行报道,全国人大常委会副委员长曹志到日照考察工作时给予高度评价。

2002年,全市推广东港区涛雒镇实行村务大事村民公决制度的经验,召开全市村务公开民主管理现场经验交流会,推进全市村务公开民主管理工作。

2003年,村务公开协调领导小组成立,全市村务公开民主管理工作会议召开。至年底,全市绝大多数村建立村务公开民主管理制度,完善村务大事村民公决制度,群众满意率达到85%以上。东港区被民政部命名为“全国村民自治模范区”。

2004年,根据省委、省政府办公厅印发的《山东省村务公开民主管理工作规范》和省民政厅《关于进一步做好村务公开和民主管理工作的通知》精神,各区(县)相继成立村务公开协调领导机构和办事机构。经过努力,全市村务公开民主管理工作上了一个新台阶。2005年8月,在第二次全省村务公开民主管理工作经验交流会议上,市委、市政府介绍了日照市村务公开民主管理工作的经验做法。东港区村务大事村民公决制度、两城镇建立村务参议监督委员会的做法被全国村务公开领导小组推广。2007年,东港区“村务大事村民公决”制度荣获“首届全国村务公开民主管理制度创新奖”。

2008年,全市第九届村民委员会换届选举后,各区(县)深入开展村务公开民主管理示范活动,进一步加强村民自治配套组织建设,促进了村务公开民主管理工作的深化和完善。五莲县松柏乡获“全国村务公开民主管理先进乡镇”称号。2009年,东港区村务大事村民公决制度建设入选中央电视台《民主的脚印》系列节目,五莲县松柏乡获得“全国村务公开民主管理先进乡镇”称号。2011年,全市所有村居全部建立村委会下属组织、村务监督机构以及村务公开民主管理制度。

2013年,根据《山东省实施〈村民委员会组织法〉办法》要求,全市修订完善《村民自治章程》《村规民约》《村务公开目录》等,深化村(居)务公开工作,进一步推进基层民主政治和农村“两个文明”建设。至年底,全市有95%以上的村居建立村务公开栏,每村累计公开项目50余项;85%以上的村达到村民自治示范村的要求。

第二节 居民委员会与社区建设

居民委员会建设 1989年,全市共有31个居民委员会。1992年日照市设区带县后,全市居民委员会增至33个,其中东港区31个,五莲县2个。

1990年,《中华人民共和国居民委员会组织法》颁布施行后,市民政局会同有关部门在日照街道日照南路居委会实施《居民委员会组织法》试点。

1992年,省民政厅下发《关于在全省城市开展居民自治示范活动的通知》后,市民政局进行居民自治示范活动试点工作,组织居委会进行民主选举,加强居委会组织、制度和民主政治建设。

1993年5月,贯彻《山东省实施〈中华人民共和国城市居民委员会组织办法〉办法》,全市居民委员会建设进一步加快。

1997年11月,日照市印发《关于进一步加强城镇居民委员会建设的通知》,对建立完善居委会组织工作提出8项具体要求。市民政局加强对城镇居民委员会工作的指导,全市居民委员会建设逐步走向规范化、法制化轨道。

至2013年，全市居民委员会有154个。其中，东港区73个，岚山区37个，莒县33个，五莲县11个。

城市社区建设 随着城市化进程的加快和城市经济社会的发展，在居民委员会建设的基础上，日照市城市社区逐步发展起来。《中华人民共和国居民委员会组织法》颁布施行后，市民政部门开始在市区居民比较集中的小区探索建立社区服务组织。

1995年4月，省民政厅确定东港区日照街道为全省创建社区服务“示范社区”试点单位，开展面向老年人、残疾人、优抚对象的福利服务和面向社区居民的便民利民服务，逐步成为城市社区建设的一项重要内容和社区居民不可或缺的重要公益性服务工作。

1997年，社区服务工作协调委员会成立，由市政府分管领导任主任，市直有关部门负责人为成员。是年8月，协调委员会召开全体成员会议，总结全市社区建设工作，制定《日照市城市社区服务“九五”（1996—2000年）发展规划》，进一步明确各成员单位职责，形成社区工作齐抓共管的新局面。市民政局在加强城镇居民委员会工作指导的同时，积极推进社区建设，不断拓展社区服务。

2000年11月，中共中央办公厅、国务院办公厅转发民政部《关于在全国推进城市社区建设的意见》，日照市把社区建设作为系统工程，纳入重要议事议程。2001年，按照便于管理、便于开发社区资源、便于社区居民自治的原则，科学合理划分社区，大力推行村居合并建立社区居民委员会，并在全市首批规划的15个社区委员会进行换届选举和建立社区居委会试点工作。全市共选举产生社区居委会成员498名。

2002年，按照省民政厅《全省城市社区建设示范活动指导纲要》和示范社区基本标准，全市全面启动社区建设示范活动。日照市开展社区治安集中整治活动，在昭阳小区建立起全市第一个社区警务室；在林海小区进行社区建设试点，成立社区服务中心、社区医疗服务中心、社区服务一条街和社区警务室。2003年，林海社区被确定为省级示范试点。

2004—2005年，日照市先后出台《关于加快推进城市社区建设的意见》《日照市解决城市社区居委会配套用房办法》《关于明确社区居委会职责的意见（试行）》等文件，加速推进全市城市社区规范化建设步伐。2005年年底，年初计划建设的47个社区全部建成，并围绕落实科学发展观要求，开展和谐社区建设活动。

2007年，根据省政府《关于进一步做好社区工作的通知》精神，日照市对加强社区基础设施建设、完善社区建设经费投入机制、加快社区规范化建设、建立协调联动机制提出要求，促进了全市社区工作全面开展。

2008年，全市城市社区建设工作专题会议召开，就如何解决城市社区建设工作中遇到的突出问题进行专题研究。市级拨付社区配套用房资金、社区工作经费共1641万元；并从市福彩公益金中拿出50万元作为专项资金，援建100家城市社区图书室。

2009年，日照市印发《关于进一步加强全市社区建设工作的意见》《日照市城市社区配套用房建设管理暂行规定》等文件，进一步完善规范社区建设，使社区建设在财政保障、资金拨付、配套用房、人员配备等方面取得实质性的进展。全市新建城市社区18个，总数达到82个。民政部命名东港区石臼街道为“全国和谐社区建设示范街道”，城建花园、金阳社区为“全国和谐社区建设示范社区”。

2010年，全市社区建设围绕“八抓一建成”（抓规划编制、政策配套、软硬件投入、经费保障、班子建设、体制创新、城乡统筹、典型带动，建成一批有特色、规范化的和谐社区），探索建立以领导推进为保障、以“四有六进”（有人办事、有钱办事、有房办事、有章理事和社会救助、劳动保障、综治安全、卫生计生、文体教育、便民利民服务进社区）为载体、以“权走费转”为配套、以共驻共建为抓手的社区建设运行机制，解决了长期以来制约城市社区建设的难题，形成职责明确、体制理顺、机制健全、协调有序的工作格局，实现了具有日照特色的和谐社区建设的重大突破。民政部转发《日照市部门工作进社区实行权随责走费随事转》的做法；东港区被确定为“全省城市社区建设示范区”；秦楼街道城建花园社区“放学来吧”被评为“2009年度全国志愿服务品牌项目”。

2011年，全市城市社区发展到91个。全市社区工作以加强和完善基层社会管理和服务体系为主线，狠抓服务设施建设、组织建设、服务体系健全完善等重点工作，不断强化自治和服务功能，健全新型社区管理和服务体制，提升基层社会管理水平。是年8月，市委、市政府召开全市城乡社区建设工作会议，表彰40个先进单位和26个先进个人。东港区秦楼街道城市花园等3个城市社区被评为“全省城市社区建设示范社区”。

2012年，日照市围绕社区工作规范化、标准化、精细化，不断扩大社区覆盖面，加强社区工作人员队伍建设，探索开展网格化管理，深化社区管理和服务，进一步提高城市社区建设水平。新成立幸福、滨海2个社区，全市城市社区达到93个。东港区创新设立“邻居节”，专门制定城市社区工作人员管理办法，130多名城市社区工作者参加了首次业务知识考试。

2013年，以创建社区服务品牌为抓手，以社区工作网格化、精细化、信息化为目标，不断完善基础设施配套，规范社区管理服务，城市社区管理服务功能不断强化。市政府第82号政府令将社区配套用房纳入小区公共服务设施建设管理，“幸福夕阳”“放学来吧”等6个项目被评为全市首批城市社区服务品牌项目；东港区石臼街道探索建立三维数字信息管理平台，搭建起社区与居民的互动平台。

农村社区建设　2006年，根据中共中央《关于构建社会主义和谐社会若干重大问题的决定》中关于“全面开展城市社区建设，积极推进农村社区建设”精神，在加强城市社区建设的同时，把加强和推进农村社区建设列入重要议事日程，社区建设从城市开始向农村延伸。日照市于2007年出台《关于推进农村社区服务中心建设的意见》，开展以构建农产品营销网络为目的的社区服务中心建设；东港区、莒县被民政部确定为“全国农村社区建设实验县（区）”。

2008年，日照市下发《关于加快农村社区服务中心建设增强村级活动场所综合功能的意见》，对社区服务中心建设作出规定。此后，农村社区建设以社区服务中心建设为重要载体有序推进，全市建成农村社区服务中心61处。

2010年，日照市印发《关于推进农村社区建设的意见》，并制订《日照市农村社区建设规划》，全市共规划建设农村社区441个，建成农村社区服务中心200处。

2011年，全市全面推开农村社区建设，在强化社区组织协调管理职能和服务功能、促进政府服务职能和村民自治功能向社区转化等方面取得初步成效。是年10月，民政部确定日照市为“全国农村社区管理和服务创新实验区”。12月，市委、市政府印发《全国农村社区管理和服务创新实验区工作方案》，部署全市农村社区管理和服务创新实验工作。

2012年，日照市农村社区管理和服务创新实验工作委员会成立，分层次确定67个试点社区，开展以建立社区组织、服务、自治、保障等四个体系为重点的创新实验工作，得到民政部领导的充分肯定，赞扬日照市社区建设工作“切合实际、方向正确、路子对头”。

2013年，根据日照市《关于深入推进农村社区管理和服务创新实验工作的意见》，全市规划农村社区407个，建成350个，办公服务用房建筑面积约35万平方米、其他公益性场所约40万平方米。莒县88%

的社区完成撤村设社区工作，其他各区（县）也进行了试点，全市共选举产生社区居委会成员 1621 人。莒县城阳街道墩头社区直接选举产生了全市首个农村社居村民委员会。全市村、居民委员会合并建立社区居民委员会后，减少了村居干部，大幅度节约经费支出，提高了工作效率。是年 6 月，由南京大学政府管理学院教授等组成的中期评估组对日照市创新实验工作进行中期评估。在福建省厦门市召开的全国社区管理和服务创新实验区中期评估工作总结交流会上，日照市介绍了社区管理创新实验的经验做法。

第二章　优待工作

日照市是滨海革命老区，又是沂蒙和山东革命根据地的重要组成部分，优抚对象面广量大。1992 年后，市和区县民政部门按照“国家、社会、群众”三结合的优抚工作体制，认真贯彻“思想教育，扶持生产，国家抚恤，群众优待”的优抚工作方针，落实优抚政策，完善优抚工作制度，使全市优待抚恤标准不断提高。在全省率先提出为优抚对象“解三难（治病难、生活难、住房难）、奔小康”的目标，积极探索建立抚恤定补标准自然增长机制、农村税费改革后优待金县级财政承担和优抚对象医疗保障的新路子，确保重点优抚对象生活水平与经济社会发展同步提高。

第一节　优待抚恤

优待　地级日照市建立后，全市认真贯彻落实《军人抚恤优待条例》和《山东省优待烈属、军属和伤残军人规定》，对革命烈士家属、因公牺牲家属、病故军人家属（简称“三属”）和革命伤残军人，在享受国家抚恤之后，生活仍有困难的，由所在乡镇给予适当优待，保障他们的生活略高于当地群众的平均生活水平；对不能经常参加生产劳动的年老体弱复员军人和带病回乡退伍军人，在按国家规定享受定期定量补助后，生活仍有困难的，给予适当优待；对农村义务兵家属给予普遍优待。对义务兵在部队服役期间获得荣誉称号和立功者，凭部队团以上单位政治机关证明信按比例增发优待金，其资金来源以村统筹为主。1990 年，根据省政府《城镇非农业人口义务兵家属优待金问题的通知》精神，对城镇非农业户口的义务兵家属，按不低于当地轻工业二级工月标准工资的 1/2 计算，按年计发优待金。对生产、生活遇到困难的优抚对象由民政部门实行临时补助。

1991 年起，全市优抚对象优待金由原来以村为单位优待，实行以乡镇为单位社会化统筹，优待标准达到统一并有所提高，优待金兑现比较及时。1994 年，全市义务兵家属优待金年户均 500 元。

1996 年，全市推行县级优待金城乡一体化社会统筹办法，义务兵家属户均优待金提高到 650～700 元。

1997 年 12 月，日照市出台《日照市优抚对象优待金统筹管理试行办法》，初步实现优抚工作由行政管理到依靠法规、制度的转变，统一全市优待标准。市、区县两级民政部门对优待金统筹进行试点，再次提高优抚对象的优待标准，均衡社会负担，并统一实行“城乡义务兵家属优待证”。是年起，市直义务兵家属优待金标准为 1000 元/年，并在全市推广实行“优待证”制度，优抚对象凭证领取优待金。

2002 年 10 月，为确保农村税费改革中优抚对象待遇不受影响，制订新的《日照市农村优抚对象优待办法》，将农村义务兵家属优待金由区县统筹改为列乡镇财政预算，义务兵及其他重点优抚对象的优待标准在原基础上有较大幅度提高，生活水平进一步得到改善。其中，农村义务兵家属优待金户均达到 2000 元。

2011 年，日照市出台《关于进一步加强和改进新形势下征兵工作的意见》，规定义务兵家庭优待金标准不低于上年度农民人均纯收入，并足额安排财政预算。2012 年，义务兵家庭优待金有较大幅度提高。全市共为义务兵家庭发放家庭优待金。2013 年，全市再次提高义务兵优待金标准。

抚恤定补　1989 年，根据民政部、财政部《关于调整部分优抚对象抚恤补助标准的通知》，从 1 月起上调全市“三属”等部分优抚对象的抚恤补助标准和在乡复员军人的定补标准。其中，全市享受复员军人每月人均定期补助 25.90 元，比原标准人均增加 10 元。老红军、烈属、因公和病故军人家属，在乡和在职革命伤残军人的抚恤标准也有较大幅度提高。1992—2000 年，根据国家有关规定，全市在乡退伍红军老战士生活补助标准先后进行 5 次调整，从 1992 年月补 166 元至 2000 年调整为 520 元。1993 年起，先后 6 次提高“三属”定期抚恤金标准；3 次调整在乡、2 次全面调整残疾抚恤标准。

1994 年，在乡复员军人提高定补标准，在月人均 25.78 元的基础上，每人每月提高 5 元。

1995 年，退伍军人月人均补助 17.23 元。从 1996 年起，全市在乡复员军人定补标准调整为 40 元。

1998 年，全市探索建立优抚对象抚恤定补优待标准自然增长机制，并在五莲县进行试点。此做法较好地解决了优抚标准低、增长速度慢的问题，使大多数优抚对象的生活水平与其他社会成员生活水平同步增长，不断提高。

从 1989—2012 年，根据国家有关规定，全市伤残军人抚恤金先后进行 8 次调整。

2003 年，市政府下发《关于建立优抚对象抚恤补助标准自然增长机制的通知》，再次提高优抚对象的补助标准，确保优抚对象的生活随着当地人民群众的生活水平同步提高。

2004 年，《军人抚恤优待条例》将原伤残等级改为 1 至 10 级，因战、因公致残的被评为 1 至 10 级的，享受抚恤。新旧伤残军人的套改关系，特等套 1 级，一等套 3 级，二等甲套 5 级，二等乙级套 6 级，三等甲级套 7 级，三等乙级套 8 级。取消革命伤残人员的保健金，统称为抚恤金。至 2005 年，全市伤残军人抚恤均按此政策规定落实。

2005 年，日照市按照新规定，为伤残人员集中换发新证。市直义务兵家属优待金提高到 2000 元/年，2010 年提高到 3000 元/年。

2007 年 8 月起，为全市带病回乡退伍军人、部分参战退役人员、部分参核涉核退役人员发放 100 元/月生活补助。后经 5 次调整，至 2013 年 10 月，生活补助提高到 320 元/月。

2011 年 8 月起，为全市年龄在 60 周岁以上、未享受到国家定补的农村籍退役士兵，每服一年兵役每月补助 10 元标准发放生活补助，全年共为符合条件的退役老兵发放补助 500 万元。自 2011 年 7 月起，为部分烈士子女和中华人民共和国成立前改正人员子女发放生活补助。2012—2013 年，按照民政部有关规定，为全市退役老兵发放补助金；为烈士子女发放补助金。

优抚对象思想教育　在做好优待抚恤工作的同时，加强新形势下优抚对象的思想政治教育，日照市定期召开优抚对象代表会、座谈会和开展对烈属、重残荣军等走访慰问活动。1990 年，日照市在全省民政会议上介绍的注重加强优抚对象教育，促进优抚工作稳步发展的经验做法在全省推广，之后民政部在全国推广。日照市每 3 年左右召开一次优抚对象代表会议。1991 年、1994 年、1997 年分别召开全市表彰优抚对象先进、模范个人,调动广大优抚对象积极性。1991 年 8 月,在日照市升为地级市后首次召开的全市优抚对象先进个人暨拥军优属先进单位代表会上,授予 19 名优抚对象为“全市优抚对象模范个人”荣誉称号。1997 年,莒县人民医院医师张英被总政治部授予“全军优秀军队干部妻子”称号,并涌现出一批省、市优抚对象先进模范个人。

第二节　烈士褒扬

1989 年,全市烈士褒扬工作认真贯彻国家《革命烈士褒扬条例》和“褒扬烈士、教育群众”的宗旨,按照中共中央《爱国主义教育实施纲要》要求,不断加大经费投入,切实加强烈士陵园建设和革命烈士纪念建筑物的保护与管理,积极做好革命烈士纪念馆陈列布展和烈士事迹的搜集整理等工作,充分发挥烈士陵园爱国主义教育、革命传统教育、国防教育阵地的作用,传播先进文化和精神文明。

烈士纪念建筑物

至 2013 年年底,全市在历次革命战争和社会主义建设事业中,共有 7300 余人革命志士献出宝贵生命。其中,第一、二次国内革命战争期间牺牲的有 164 人。为纪念革命先烈,全市先后修建 7 处革命烈士纪念建筑物和革命烈士纪念馆,其中省级重点烈士纪念建筑物 2 处、市级 3 处、其他 2 处。建立日照革命烈士纪念馆、日照暴动纪念馆,对革命烈士事迹进行了陈列布展。

日照烈士陵园　日照烈士陵园坐落在东港区海曲西路,始建于 1945 年抗日战争胜利后,原占地 1.73 公顷,1988 年向北扩建 1.07 公顷,现共占地 2.8 公顷。日照烈士陵园主要纪念建筑有抗日烈士纪念塔、日照革命史纪念馆、日照暴动纪念馆和无名烈士纪念碑及烈士墓区等,于 1946 年 6 月落成。塔主体高 10.5 米,塔顶是一尊高 2.5 米、手持步枪的八路军战士戎装石刻雕像。塔顶四面石匾上镌刻着时任新四军军长兼山东军区司令员陈毅、山东省政府主席黎玉等山东党政军领导的题词。陈毅的题词是“民主已经实现,鲜血不曾白流”。东西两面塔体上镌刻着从 1932 年日照暴动至 1945 年抗战胜利期间日照县牺牲的 840 名烈士名录。塔体北面由时任中共日照县委书记牟景途、县长辛明撰写的《悼日照抗日烈士》塔文。1967 年,日照县将抗战初期牺牲的中共日照县委书记范景蘧、模范共产党员尹仲岩等 58 位散葬烈士遗骸移于陵园墓区,并修建了院墙、大门。1980 年,在纪念塔北侧建立日照革命烈士纪念馆,纪念馆分上下二层,馆名由原山东省人大常委会副主任、中共日照县委第一任组织部部长、日照暴动领导人之一陈雷(牟春霆)题写。馆内以大量史料、图表、照片和许多珍贵的革命文物,介绍了第一次国内革命战争到中华人民共和国成立期间的日照革命斗争历史。1985 年在纪念馆西侧修建革命烈士骨灰堂。1990 年,新建仿古式四柱三楼牌北大门,全国政协原副主席谷牧题写门额。1997 年,兴建“日照暴动纪念馆”和烈士纪念亭等设施。纪念馆于 2000 年清明节对外开放,以大量史料和图片介绍了日照农民暴动前的革命斗争形势、暴动发起和暴动失败后党组织的恢复和发展等情况。2009 年,对日照烈士陵园进行整修。新建日照著名烈士墓区,拓展塔前广场,园区绿地升级,对纪念馆进行重新装修布展,采用声光电等多种现代化手段,进一步提高了布展的感染力和教育效果。为褒扬烈士和便于群众开展纪念活动,将各区县部分较著名的 141 名烈士统一在日照烈士陵园安放卧碑。现陵园共有 189 座烈士墓,其中原有烈士墓区 53 座墓安葬 58 名烈士,包括 10 名无名烈士。1989—2013 年,日照烈士陵园及烈士纪念馆先后接待参观群众 150 余万人次,成为广大干部群众和青少年进行爱国主义、革命传统教育阵地。1990 年 6 月,山东省人民政府批准日照烈士陵园为“山东省重点烈士纪念建筑物保护单位”,并为省级爱国主义教育和国防教育基地。

莒县烈士陵园　莒县烈士陵园位于小店镇古迹崖村，始建于1944年9月，占地面积2.8公顷。原中共中央政治局常委宋平为莒县烈士陵园、莒县革命烈士纪念馆题写匾额和馆名。至2013年，全县共有烈士3549名。陵园内主体纪念建筑有抗日烈士纪念塔、烈士祠等，其中有王玉璞烈士纪念塔、曹吉亭烈士纪念塔、张同恩烈士纪念碑等，另新立孟家西楼战斗烈士纪念碑、宋寿田烈士纪念碑。陵园内陈列着中共一大代表、山东省早期党组织负责人王尽美烈士和其他多名烈士事迹和重要战役、战斗事迹。2005年12月，被省委宣传部确定为省级爱国主义教育基地。2013年清明节前，莒县民政部门将散葬在县域内的烈士墓迁入烈士陵园集中管理，共有1335座烈士墓；并将烈士陵园向南扩建1.67公顷，总占地面积4.47公顷。

五莲县烈士陵园　五莲县烈士陵园始建于1973年，位于县城中，陵园占地0.62公顷，建有纪念堂（内有革命斗争史展览）、纪念碑和大门（牌楼）、附属用房等建筑物。2010年，五莲县将烈士陵园迁至卧龙山，征用土地8.67公顷，总投资1500万元，于是年11月开工建设，2012年4月1日建成启用。主要建筑有革命烈士纪念馆、革命烈士纪念碑、纪念碑广场、革命烈士墓和牌坊及辅助用房，廉政教育展览及百名烈士事迹展等。

其他烈士纪念设施

东港区葡萄山烈士陵园　位于三庄镇范家楼村葡萄山，于2012年5月开工建设，共占地0.8公顷。将散葬在辖区内的烈士遗骸移入陵园，进行集中管理，共有1202座烈士墓。

岚山区梭罗树烈士陵园　位于虎山镇梭罗树村西山，于2012年10月建成，将散葬在辖区内的烈士遗骸移入陵园，进行集中管理。陵园共有810座烈士墓，并建立革命烈士纪念碑和纪念馆。

岚山区黄墩烈士陵园　位于黄墩镇北侧，1960年该镇将部分散葬烈士遗骸移入陵园，共有47座烈士墓。1988年该镇为烈士墓逐一立碑，并建立"革命烈士纪念碑"，碑名由原滨海三军分区副政委、南京军区政治部顾问王建青题写。在此安葬的著名烈士有被朱信斋杀害的八路军独立营政委董振彩等。

日照经济技术开发区烈士陵园　位于奎山街道岭山堡，2013年，陵园将辖区内的110座散葬烈士墓迁此集中管理。

散葬烈士墓普查

2011年，按照民政部和省民政厅要求，对日照市辖区内散葬烈士墓开展普查工作，全市共统计零散烈士墓3897座。至2013年年底，全市完成散葬烈士墓的集中管理工作。

烈士事迹编写及宣传

1981年，日照县对全县革命烈士进行普查登记，组织编写《山东省日照县革命烈士英名录》，收集日照县籍在革命战争、抗日战争、解放战争、抗美援朝和社会主义建设中牺牲的2396名烈士名录和基本情况；收集编写革命战争年代在日照县区域牺牲的外地革命烈士名录和基本情况，共129名。1984年编写《山东省著名革命烈士英名录》，其中收录日照县籍59名著名革命烈士、莒县籍58名著名烈士事迹简介。1995年，由市民政局副局长辛崇法担任主编，编辑出版《日照英烈》第二辑（第一辑于1987年编辑出版），共收录尹景伊、宋寿田、范景蘧、钟家全等25名较著名烈士事迹。全国政协原副主席谷牧作序，迟浩田等党和国家领导人题词。2012年4月，《山东省抗美援朝烈士名录（日照市）》编辑出版，共收录日照籍561名革命烈士信息。

每年清明节期间市委、市政府和驻军及各区县党委、政府，分别组织机关、学校、企事业单位的干部、学生、员工，在当地烈士陵园举行悼念革命先烈活动，缅怀先烈，并利用报纸、电视等新闻媒体开设专栏或专题节目以及报告会等形式，宣传革命烈士事迹。

第三章　双拥工作

地级日照市建立以后，日照市和驻地部队高度重视双拥工作，成立市双拥工作领导小组，定期研究双拥工作，继承和发扬战争年代的光荣传统，积极开展争创双拥模范城活动，在全市叫响“再难不难子弟兵，致富不忘烈军属”和“军爱民，民拥军，军民团结一家亲”的口号，为提高部队战斗力动真情、办实事，并积极做好省内外到日照训练官兵的拥军保障工作，全市双拥工作在继承中发展，在改革中创新，走上了经常化、规范化、制度化、法制化的轨道，巩固和发展了“同呼吸、共命运、心连心”的新型军政军民关系，促进全市经济社会事业发展和部队建设。1992 年，日照市获山东省“双拥模范城”称号；2000—2012 年，日照市先后 4 次获“全国双拥模范城”称号。

第一节　拥军优属

宣传教育　1989—2013 年，日照市每年召开拥军优属工作会议，部署开展拥军优属工作；充分利用新闻媒体和印发宣传材料、开设拥军优属和优抚政策问答专栏等，宣传拥军优属和优抚对象先进典型事迹，广泛深入进行国防教育，在全社会营造“拥军优属，人人有责”的浓厚氛围，增强全民国防意识和爱国拥军观念，推动拥军优属工作开展；为军队选送优质兵员，帮助部队完成军事演习和训练任务；保护军事设施，协调处理好地方与部队的关系；广泛开展军民共建社会主义精神文明活动。

走访慰问活动　每年新年春节、八一建军节期间，日照市均下发《关于在全市广泛开展拥军优属活动的通知》，对开展拥军优属活动作出部署。新年春节期间，日照市成立拥军优属慰问团，由市委、市政府领导任团长，市直有关部门负责人为成员，组成若干拥军优属慰问小组，分赴各区（县）和前三岛（平山、达山、车牛山）驻军，走访慰问驻军官兵和城乡重残荣军、烈士家属等优抚对象，并征求意见。各区（县）以走访、军民联欢等多种形式开展慰问活动。

为部队办实事　1992 年，日照市印发《为驻军和优抚对象办实事的意见》，要求各级各部门积极开展为驻军和优抚对象办实事活动。

1993 年，在全市双拥工作会议提出深入开展军民共建活动，积极为驻地部队解决“米袋子”“菜篮子”“书厨子”和水电路等基础设施建设。专门召开军粮供应工作会议，部署优先保障军粮供应。从是年起至 1997 年，为驻地部队划拨部分菜地，较好地解决部队的“菜篮子”问题；建立 10 余处军粮供应站，为部队供应优质米、面、油，保障部队的“米袋子”；向部分驻地连队赠送图书和娱乐等器材，丰富连队官兵的文化生活。市建委、电业局、港口医院等 20 余个单位，先后与驻军部队结成军民共建对子，先后投入 500 余万元，帮助部队解决水、电、暖、通信设施和为海、边防部队修路等实际问题；先后为日照军分区、武警等驻地部队安置 50 余名随军家属就业。

1994 年，岚山工委、办事处投入 140 余万元，发动当地群众，克服困难，为驻岚山阿掖山的某空军部队修建一条长7千米的道路,被称为"拥军路"。

2003年6月,针对驻日照某海军高山观通站吃水、用电难等实际问题,将此纳入拥军工作议事日程,分管副市长带领市直有部门在深入调研的基础上,两次召开军地协调会议,确定方案,责成市民政、水利、电业部门具体落实,于是年8月1日前夕竣工。此工程共投入资金150余万元,为该部队彻底解决了困惑多年的吃水、用电等实际困难,得到驻地官兵一致好评,《人民海军报》专门作了报道。

2007年,日照市建设日照市民兵训练基地,并投入使用。

2013年,日照市驻地部队划拨营房建设用地,投资为驻部队和边检站添置装备器材。投资为驻军部队新建办公楼。市图书馆和文体局与驻地部队建立长期联系沟通机制,为部队送去电脑和图书及体育器材。

优抚对象解"三难"　1993年,在全市双拥工作会议提出以为优抚对象解决"三难"(生活难、住房难、治病难)为重点,以与人民群众生活同步提高为标准,以实现优抚对象生活小康为目标,建立"优抚安置保障服务网络'四个一'实体化建设"(在每个乡镇建立一个扶优储金会、一个优抚医疗中心、一个退伍军人劳务介绍所,一个拥军优属指导站,简称"四个一"),并作为全市优抚和双拥工作的重要内容来抓。为探索新形势下优抚安置工作的新路子,切实解决在乡优抚对象的"三难"问题,是年下半年起,在全市农村由点到面开展优抚安置服务网络"四个一"实体化建设,并在石臼街道、刘家官庄镇、莒县中医院、街头镇等进行试点。与此同时,日照市被省民政厅确定为全省试点单位。

1994年下半年,在试点的基础上,全市70处乡镇基本完成了优抚安置"四个一"实体化建设,市政府在莒县召开全市"四个一"实体化建设现场经验交流会,总结推广莒县的经验做法,从而加快全市优抚对象解"三难"、奔小康的进程。

1995年5月,民政部、山东省人民政府在日照市召开全省优抚安置工作"四个一"实体化建设现场经验交流会议,民政部副部长杨衍银、副省长张瑞凤等出席会议并讲话,市政府主要领导介绍了日照市优抚安置工作"四个一"实体化建设的经验做法,与会人员参观了莒县、东港区"四个一"实体化建设现场,部、省领导对新形势下日照市积极探索优抚安置工作的新路子,开展"四个一"实体化建设的做法给予充分的肯定,《中国社会报》《大众日报》分别作了报道。此后作为日照和山东经验在全省和全国推广,先后有青岛、烟台、临沂等市和广西、安徽、河南、吉林等省民政部门近30个单位、200余人到日照市参观学习。

1999年6月,以解决老伤残军人、老复员军人、老烈属(简称"三老")优抚对象"三难"为重点,在全市全面开展"爱心献功臣行动",专门召开会议进行部署,认真制定规划。市和区(县)各有关部门积极响应,实行部门、单位帮扶责任制,切实帮助优抚对象办实事、解难题,并对帮扶户情况及时检查和调度。至2000年年底,全市各级共增加财政投入300余万元,社会各界捐款272万元,用于解决优抚对象的生活、住房和疾病治疗问题。市民政局被评为"全省爱心献功臣行动先进单位";市民政局副局长辛崇法在全国爱心献功臣行动表彰大会上受到民政部和全国双拥领导小组办公室的表彰。

2001年,日照市对党政事业单位在职和在乡的二等乙级以上伤残军人全部享受公费医疗待遇,实行由财政实报实销;在企业的,按照规定享受所在单位同等职工的医疗待遇。农村医疗改革后,不要优抚对象个人分担比例,同样享受合作医疗待遇。对不享受公费医疗的优抚对象,除享受合作医疗待遇外,对患重病、长期医治不愈的特困优抚对象采取从救济款中给予特别救助和安排结对帮扶等形式帮助解决。

2003年,全市二等乙级以上革命伤残军人的医疗费做到实报实销。通过国家负担与个人负担相结合,普遍补助与重点补助相结合,医疗费按比例报销与大病救助相结合,优抚医疗与合作医疗相结合的形式，进一步完善抚医疗保障制度。各级财政部门与民政部门密切配合，将优抚对象自然减员经费全部纳入优抚医疗经费，为建立优抚医疗保障制度提供资金保证。通过实施优抚医疗保障制度，当年为不享受公费医疗的“三老”优抚对象补助、减免、报销医疗费 210 余万元。

2004 年，日照市为不享受公费医疗的“三老”优抚对象投放医疗保障金 620 余万元，为“三老”优抚对象减免、报销医疗费 580 万元，占其医疗总费用的 70% 以上，有效地避免优抚对象因病致贫、因病返贫现象。是年 8 月，省民政厅在日照市召开现场经验交流会议，市政府领导作典型介绍。

2006 年，日照市为不享受公费医疗的“三老”优抚对象补助、减免、报销医疗费 130 余万元，建立健全优抚医疗保障制度，累计为优抚对象减免、报销医疗费 600 多万元。

2008 年，日照市印发《日照市抚恤定补优抚对象医疗保障办法》，对于保障优抚对象的医疗待遇提供政策依据。坚持优抚医疗保障与社会医疗保障相结合、普遍保障与重点保障相结合、政府补助与政策照顾相结合，建立以政府保障为主、社会优惠为辅、个人适度负担的优抚对象医疗保障制度。加强抚恤定补优抚对象住院医疗费“一站式”即时结算机制建设，健全完善运作程序，全面推进优抚政务公开。全市共建立 48 个服务站点。是年 3 月，在市精神卫生中心加挂“日照市荣军康复医院”牌子，负责全市优抚对象医疗康复服务的职能。建立复退军人精神病康复防治网络，收治优抚对象和“三无”病人 280 多名，长期住院治疗的优抚对象近 40 名，有效解决部分家庭和社会的后顾之忧。认真开展参战、涉核退役人员的登记、审核、认定工作，及时足额发放生活补助经费，全面落实待遇。

部队拥军后勤保障工作　1994—2013 年，多个部队先后多次在日照市区域举行军事演习训练活动；市委、市政府在每次接到部队到日照训练任务后，都及时成立拥军保障领导小组，由市委、市政府和军分区分管领导任组长，各有关部门负责人为成员，制订拥军保障方案，及时召开拥军保障动员会议进行周密部署，提出“以高标准的拥军支前保障部队高质量地完成海训任务和发展全市双拥创建成果”的要求和“军队练打赢、地方练支前”的响亮口号，腾房子、腾训练场地，保障军粮、蔬菜供应和道路、水电、通信畅通，及时帮助解决训练中的困难，并动员社会力量广发开展拥军慰问活动。

2010 年，日照市印发《关于进一步做好部队海训演习期间拥军支前保障工作的意见》，创新建立海训保障“五项制度”、落实“五个到位”、提供“五优服务”，使之更加规范化、制度化，建立和完善全市双拥工作长效机制。

第二节　拥政爱民

宣传教育　日照军分区坚持把搞好拥政爱民教育作为部队思想政治建设的重要内容和军政军民团结的基础性工程来抓，做到周密安排，精心组织，狠抓落实。结合日照市争创文明城市和全国双拥模范城活动，对官兵进行拥政爱民专题教育和作风纪律整顿，深入开展“珍惜荣誉、争做文明军人”活动，不断拓展拥政爱民渠道，丰富拥政爱民内容，因地制宜、扎实有效地开展拥政爱民活动。2013 年，日照市出台《关于组织发动日照驻地部队争创全国双拥模范城“五连冠”的意见》，将日照驻地部队支援地方经济社会发展融入“五个日照”（“蓝色日照、幸福日照、平安日照、生态日照、文明日照”）建设之中，营造全市军民共建发展的社会氛围。军分区、人武部领导经常为驻军、地方党政机关、学校和企事业单位上国防教育课和双拥课，撰写双拥宣传文章，军分区政治部撰写的《浅谈构建和谐军地关系中的协调工作》一文，获全国双拥工作理论研究论文三等奖。

拥政爱民活动 中国人民解放军、武警驻日照各部队发扬拥政爱民的光荣传统,努力践行“把驻地当故乡、视人民为亲人”的誓言,积极参与地方经济建设和平安日照建设。在人力物力上积极支援地方的道路整修、河道清理、卫生整治、兴修水利、开发建设等重点工程和重要项目。2011—2013 年,全市驻军、驻警部队投入劳动日 2 万余个,运送物资 5000 多吨,清除垃圾 300 多吨,整修道路 300 多千米。广大官兵和民兵预备役人员还积极参加“绿化美化家园、建设生态城市”活动,参加义务植树 3 万多株,建“国防林”“军民共建林”20 余处,封山造林 1 万公顷,绿化山头 50 余座,为生态建市出力流汗。

2010 年至 2013 年年底,驻地部队先后出动兵力,解救转移群众 1.7 万余人,参加工程援建、环境保护、植树造林等活动,参与抗洪抢险、扑灭山火、海上搜救及处置突发事件等任务;协助公安部门破获各类案件、制止违法犯罪活动几百起,制止突发事件十余次。日照边防支队着眼“爱民固边”要求,深入开展打击沿海地区违法犯罪活动;消防支队通过加强宣传、培训防火骨干,提高企事业单位的自防自救能力;军警民进一步规范健全联防机制,以民兵应急分队为骨干,建立村居、乡镇两级治安联防网络,全市建有 4600 多个治安巡逻队,在保护国防工程、铁路、高速公路干线安全中发挥卫士作用。

军分区和各区(县)人武部认真落实包联制度,主动协调解决包联村经济发展和困难群众基本生活问题。军分区、人武部和驻地各单位共协调资金 500 万余元,架桥 8 座,铺路 40 千米,维修街道 43 条,建扬水站 8 座,铺设管道 7200 米,为群众解决一些急难问题,为贫困村修建的塘坝、桥梁、道路,被当地群众称为“连心坝”“共建桥”“爱民路”。同时,积极参与“希望工程”等社会公益事业,参加“慈心一日捐”等活动,为社会捐款 20 万多元,翻建、改建、扩建学校 8 所,资助贫困学生 80 余人,为群众义诊 2 万多人次,义务献血 46000 毫升,使人民群众从子弟兵的实际行动中感受到温暖。

军分区和各区(县)人武部于每年元旦、春节期间,采取多种形式,开展走访慰问和便民利民、扶贫济困送温暖等活动,切实为人民群众特别是军烈属、“五保户”、下岗职工、失学儿童、孤寡老人、特困职工排忧解难,进一步密切军政军民关系,受到当地群众和社会好评。

第三节 双拥模范城创建

创建活动 1989 年,民政部、解放军总政治部在全国开展创建双拥模范城(县)活动,全国掀起双拥工作新热潮。1991 年 5 月,日照市双拥(拥军优属、拥政爱民)工作领导小组成立,由市委分管副书记任组长,市政府和市武装部分管领导为副组长,市直有关部门和驻军单位负责人为成员,明确双拥工作领导小组成员单位职责,加强了双拥工作和双拥模范城创建工作的领导。各乡镇街道和驻地部队迅速行动,军地互办实事,扎实开展双拥工作。是年 12 月,在第一届全省双拥模范城(县)命名表彰大会上,日照市被省委、省人民政府、省军区命名为“双拥模范城”。

1992 年,在全市双拥工作会议上,市委、市政府和驻地部队提出争创“全国双拥模范城”的奋斗目标。全市双拥工作坚持以发展社会生产力和提高部队战斗力为目的,以争创全国双拥模范城为奋斗目标,把双拥工作列入一把手工程,作为两个文明建设的重要内容来抓,并在拥军工作中提出“三个首先”“六个一律”的新举措,确定每年 1 月为“拥军优属活动月”、3 月为“军民共学雷锋月”、6 月为“助民劳动活动月”、8 月为“双拥活动月”,深入开展以关心国防、爱国拥军为主题的宣传教育活动和“关心国防建设十佳人物”“好军嫂”“优秀士兵母亲”等评比表彰活动,涌现出一大批关心国防建设的先进、模范单位和先进、模范个人。全市双拥工作在继承中发展,在发展中创新,双拥热潮持续高涨,呈现出“军爱民,民拥军,军政团结一家亲”的新型军政军民关系。

1994 年，全市双拥工作会议召开，再次提出争创全国双拥模范城的奋斗目标，对争创全国双拥模范城工作作了具体部署，进一步明确市双拥工作领导小组各成员单位职责，加大双拥和争创全国双拥模范城宣传力度，制作双拥宣传标牌、编拍双拥专题片、举办双拥成果展等，以多种形式在全市广泛深入地开展国防和双拥宣传教育。其间，全市共制作固定双拥宣传标语 100 余块，其他形式宣传标语 1300 余处。在市区双拥宣传标牌制作上，与市区地名标志设置结合起来，冠以双拥宣传内容，并把海曲路作为“双拥街”，营造“党政军民齐努力，争创全国双拥模范城”双拥工作的浓厚氛围。1995 年，东港区、莒县分别被省委、省政府、省军区授予“双拥模范区”“双拥模范县”称号。

1997 年，在全国双拥模范城检查验收中，日照市因双拥工作扎实、务实、规范和显著成效，省双拥检查组给予充分肯定。市民政局被评为“全国拥军优属先进单位”，市双拥办公室被评为“全省先进双拥办公室”。

1999 年，为迎接全国双拥模范城检查验收，制作“日照市双拥成果展”和《黄海岸边双拥潮》专题录像片。是年 10 月，日照市被省委、省政府、省军区再次命名为山东省“双拥模范城”，东港区再次被命名为“双拥模范区”，五莲县被命名为“双拥模范县”。全市双拥工作的整体推进，为实现创建“全国双拥模范城”的目标打下基础。

2000 年 1 月，在全国双拥模范城命名表彰大会上，日照市被民政部、解放军总政治部授予“全国双拥模范城”荣誉称号，实现了争创全国双拥模范城的奋斗目标。出席会议的市委和军分区领导受到胡锦涛等党和国家领导人接见。之后，“庆祝日照市荣获全国双拥模范城暨总结表彰大会”召开，总结全市双拥工作，表彰一批双拥模范、先进单位和个人，部署今后工作任务，提出创建双拥新业绩，争创全国双拥模范城“二连冠”的目标。

2001 年 8 月，市双拥办公室参加由总政治部、民政部和全国双拥办公室在北京军事博物馆举办的“全国首届双拥成果展”，展出日照市双拥图片 50 余幅，民政部和总政治部等军地领导专门到日照市双拥成果展室观看展览，对日照市的双拥工作给予很高的评价。在军事博物馆轮流播放日照市双拥办公室制作的《黄海岸边双拥潮》两个专题录像片。

2003 年 1 月，日照市再次被省委、省政府、省军区命名为“双拥模范城”，东港区再次被命名为“双拥模范区”，莒县被命名为“双拥模范县”。

2004 年 1 月，日照市再次被民政部、解放军总政治部命名为“全国双拥模范城”，实现全国双拥模范城“二连冠”。

2007 年 12 月，日照市第三次被民政部、解放军总政治部命名为“全国双拥模范城”，并荣获山东省双拥模范城“五连冠”。为迎接新一轮全国双拥模范城检查验收，市双拥办公室与市电视台制作了《大写的双拥》专题汇报片，展现全市双拥工作在继承中发展、在改革中创新所取得的新成就。2008 年 1 月，市委、市政府、军分区召开全市双拥工作总结暨争创全国双拥模范城“四连冠”动员会议，总结表彰在双拥工作中做出突出成绩的先进集体和个人，部署争创“四连冠”工作任务；并印发《关于争创全国双拥模范城“四连冠”的实施意见》，形成以“为部队解困难”为重点，以“军民军政团结”为要求，以“优抚对象满意”为标准，以“政策法规”为保障，不断深化优抚政策落实、双拥基础夯实、拥军好事办实、解决难题务实的双拥工作理念。举办军地领导庆“八一”双拥恳谈会，加强海训保障，投入资金、物资等为驻训部队提供保障。以争创全国双拥模范城“四连冠”为目标，在全市深入开展拥军优属拥政爱民活动。

2010 年,《日照市创建全国双拥模范城(县)目标任务分解方案》下发,对创建目标任务进行全面分解。6 月下旬,省创建双拥模范城检查组到日照市对市和莒县、五莲县双拥工作进行检查验收,检查组认为日照市双拥工作"有高度、基础牢、工作实、有特色"。2011 年,日照市围绕创建全国双拥模范城"四连冠"总目标,明确分工,细化责任,突出双拥共建工作主题活动,深度打造部队训演保障工作特色品牌。

2012 年 2 月,在全国双拥模范城命名表彰暨全国双拥工作先进单位和先进个人总结表彰大会上,日照市第四次被民政部、解放军总政治部授予"全国双拥模范城"称号。

表彰奖励　1989 年 3 月,全市拥军优属先进单位和优抚对象先进个人代表大会召开,会上表彰 72 个拥军优属先进单位。1990 年 11 月,在省政府召开的全省优抚对象和拥军优属先进代表大会上,市自来水公司、石臼街道办事处被省政府分别授予拥军优属模范单位和先进单位称号。1991 年 8 月,全市优抚对象暨拥军优属先进代表会议召开,表彰 6 个拥军优属模范单位、5 名拥军优属模范个人。1997 年省委、省政府、省军区召开全省拥军优属先进达标会议,全市有 3 个单位、3 名个人受到省委、省政府、省军区的表彰。2000 年 1 月,日照市荣获全国双拥模范城庆祝大会召开,会上总结表彰全市双拥工作模范、先进单位和个人。1989—2013 年,日照市先后有近 20 个单位、20 余名先进个人分别受到省委、省政府、省军区和民政部、解放军总政治部的表彰奖励。

第四章　转退军人安置

20 世纪 90 年代后,随着国家改革开放的深入和社会主义市场经济体制的逐步建立,特别是干部人事制度、劳动用工制度和社会保障制度改革的不断深化,军队转业干部和退伍军人的安置制度也随之发生重大改变,由过去单一的计划分配发展为计划分配与自主择业相结合的安置模式;由政府"包"分配发展为政府负责安排工作和协助就业创业相结合的分配方式;军队离退休干部管理方式和政治生活待遇进一步得到完善和提高。在转退军人安置工作中,全市各级党委、政府始终高度重视军队转业干部、退伍军人和军队离退休干部的安置接收工作,各级组织、人事(人社)、民政部门认真贯彻上级党委、政府的决策部署,严格落实各项政策规定,并结合当地实际,积极探索安置工作的新路子。至 2013 年,全市每年都圆满完成各项安置工作任务,达到了部队、转业军人双满意,为支持国防和军队现代化建设,维护社会和谐稳定做出积极贡献。

第一节　军转干部安置

计划分配安置　1989—2000 年,日照市将军队转业干部安置工作作为一项重要政治任务,列入重要议事日程,研究部署工作。全市采取计划分配的方式,妥善安置军队转业干部,圆满完成各年度军转安置任务。

2001 年,中共中央、国务院、中央军委颁布《军队转业干部安置暂行办法》(简称《暂行办法》),改变过去单一计划分配的安置模式,采取计划分配与自主择业相结合的安置方式,提出采取"考试考核"安置军队转业干部的办法。是年，日照市按照《暂行办法》的要求，经过充分调研，科学论证，对计划分配的军队转业干部，采取"考试考核、择优安置"的办法，即组织、人事部门依据军队转业干部本人的考试考核成绩和填报的安置单位志愿，按照单位接收计划确定安置单位。日照市对军队转业干部的安置，由计划分配方式迈向考试考核、阳光安置的方式，是全省最早实行"考试考核"安置办法的地市之一。在此基础上，日照市积极顺应形势的发展要求，立足军队转业干部的实际需求，先后对军转安置办法进行四次改革：2004 年推行"考试考核、公开挑选"工作岗位；2006 年实行"市区统一、按绩录取"的安置办法；2008 年实行中央、省属单位接收军队转业干部"双向选择"的安置办法；2010 年对任职满 3 年的正团职军队转业干部实行"公开挑选"工作岗位的办法。在安置工作中，日照市始终坚持"阳光作业"，规范操作，确保军转安置工作公开、公平、公正。通过改革创新，"阳光作业"，规范操作，全市军转安置工作逐步实现阳光化、公平化、程序化和制度化，得到军队转业干部、部队和社会各界的充分肯定和一致好评。日照市人力资源和社会保障局先后被山东省委、省政府和省军区联合表彰为"全省军转安置工作先进单位"。

2010 年后，日照市对计划分配军队转业干部的安置，主要采取"考试考核、公开挑选"和"双向选择"相结合的办法，继续对担任正团级职务且任职满三年的军队转业干部，依据本人考试考核成绩排名顺序，依次公开挑选安置单位，并研究确定职务；对符合市直单位录取条件的军队转业干部，依据本人考试考核成绩排名顺序，按比例分级依次录取，分级依次公开挑选安置单位；对选择到中央、省属驻日照单位安置的军队转业干部，在全市范围内与接收单位"双向选择"。在安置单位分配上，实行"考试考核、公开挑选"的办法。符合市直单位安置的军队转业干部，根据公布的安置单位分配计划，分正团职（担任正团级职务且任职满三年）、团职、营职和连排职四个职务等级，依据本人的考试考核成绩排名顺序，依次公开挑选分配单位。中央、省属驻日照单位接收军队转业干部，在全市范围内实行"双向选择"。在安置区域划分上，采取"市区统一、按绩录取"的办法。根据市直单位接收安置计划，对符合在东港区和日照经济技术开发区安置的计划分配军队转业干部，依据考试考核成绩和本人意愿，分团职、营职和连排职三个职务等级，按比例分级依次录取到市直安置。岚山区、莒县和五莲县的军队转业干部，按政策规定在本人符合条件的区域内安置。在接收单位安置计划编制上，坚持"人尽其才、各得其所"的原则。依据军队转业干部从事的工作特点、专业特长和择业意愿，结合有关单位的工作职能、编制空缺和需求情况，进行科学编制。在安置工作具体操作程序上，实行"六公开"的办法。坚持"阳光作业"，实行安置地点划分条件、考试成绩、考核赋分标准、市直录取名额、市直分配单位和分配结果"六公开"。在安置政策落实上，实行"政府专项督查"的办法。以市委、市政府名义下发通知，明确当年军转安置政策，部署有关部门单位接收安置任务；军队转业干部报到后，市政府对军队转业干部定岗定位、编制落实和工资发放等情况进行专项督查，确保各项安置政策落实到位。

1989—2013 年，全市军队转业干部均得到妥善安置，军转安置工作基本达到了军队转业干部、部队和接收单位"三满意"。

自主择业管理服务　2001—2013 年，全市完成自主择业军队转业干部管理服务工作。按照《军队转业干部安置暂行办法》的规定和有关要求，日照市在严格落实各项政策规定的基础上，积极改进管理方式，不断提升服务质量，真正让自主择业军队转业干部感受到组织的关心和温暖。一是健全管理服务机构。市、区县明确相应的管理服务机构，加强对自主择业军队转业干部的教育管理和日常服务。建立日常联系机制，及时掌握自主择业军队转业干部有关情况，跟进服务，帮其所需，特别是对患病住院的转业干部及时探望，予以慰问。二是全面落实补贴待遇。根据政策规定，按照安置地党和国家机关与其军队职务等级相应或者同等条件人员的标准，为全市自主择业军队转业干部全部落实住房补贴、医疗保险、冬季取暖费和独生子女费。三是做好就业创业帮扶工作。依据转业干部自身条件，有针对性地做好就业推荐和创业帮扶工作。注重加强对自主择业军队转业干部创业典型的宣传，积极引导自主择业军队转业干部就业创业。四是积极创新服务方式。结合四项基本制度有关要求，对自主择业军转干部及遗属开展节日走访慰问，并参照机关事业单位工作人员查体标准，为自主择业军转干部办理健康查体等。

第二节　退役士兵安置

退役士兵安置工作，由计划经济时代的政府指令性安置，逐步走上安置就业和自谋职业相结合的新路子，全面落实"三公开一监督"的考试、考核办法，大力扶持退役士兵自谋职业，城镇退役士兵自谋职业率逐步提高。

接收安置　1989—1993 年，全市完成接收安置工作。在安置工作中，认真贯彻《中华人民共和国兵役法》和《退伍义务兵安置条例》及《山东省实施〈退伍义务兵安置条例〉细则》，按照"从哪里来、回哪里去"和"妥善安置、各得其所"的方针，对非农业户口退伍军人由市安置办公室根据市劳动人事部门下达的安置计划，进行分配安置，其中安置到事业单位的人数不低于当年安置人数的 10%，其余安置到企业单位；对回农村退伍军人中的军地"两用人才"，积极帮助推荐就业，对生活困难的退伍军人给予帮助。为切实做好此项工作，市政府于每年在退役士兵报到前，均专门下达通知，对当年退役士兵接收安置及时作出部署。与此同时，市安置办公室与市公安、人武等部门合署办公，分别负责报道、落户和兵役登记等具体工作。市民政部门还在接收安置期间，举办退役士兵培训班，使退役士兵了解安置政策和当地情况，为妥善安置打下基础。

退役士兵安置改革　1993 年以后，随着市场经济的发展，城镇退役士兵和转业士官的安置难度越来越大。1995 年，全市首次出现个别单位拒绝接受安置退役士兵的情况，主要是个别中央、省属单位和部分企业单位。此后，拒绝接受安置的现象越来越严重，日照市采取督查等多种方式，督促接收单位落实。为适应新形势，切实做好城镇退役士兵安置工作，日照市在全省率先实行"按系统分配任务、包干安置"和"择优安置、保底安置"等办法，较好地解决了退役士兵安置难问题。之后，日照市推行考试考核办法，实施"阳光"安置。

1999 年 12 月，国务院、中央军委下发《中国人民解放军士官退出现役安置暂行办法》，退役士兵安置制度逐步统一规范。自 2000 年起，在市直推行择优安置城镇退役士兵办法，根据退役士兵在部队服役期间的表现，进行量化考核，按得分多少排列名次，依次选择安置单位。2001 年"八一"期间，中央电视台新闻报道了日照市的做法。2001 年 10 月，《日照市鼓励城镇退役士兵自谋职业暂行办法》出台，对符合安排工作条件的退役士兵由政府发给一次性经济补助金，并在工商、税务、贷款等方面给予一定优惠政策，鼓励自谋职业。

2002 年 11 月，《日照市考试考核安置城镇退役士兵暂行办法》发布，在全省率先实行"三公开一监督"考试考核安置退役士兵的"阳光安置办法"。2009 年，日照市对考试考核办法进行进一步修改完善。2011 年 9 月，日照市印发《关于加强退役士兵职业教育和技能培训工作的实施意见》，全面加强退役士兵职业教育和技能免费培训工作，扶持和促进退役士兵就业创业。2011 年 10 月，国务院颁布新的《退役士兵安置条例》后，在全市建立起以扶持就业为主的自主就业、政府安排工作等多种方式相结合、城乡一体化的退役士兵安置制度。

第三节　军队离退休干部(士官)安置

接收安置　日照市从 1982 年开始接收安置军队退离休干部，集中 5 批次，后分年度安置。除 1982 年前部分享受地方工资标准的，绝大部分享受军队工资待遇标准，使用中央财政专项资金，工资由服务管理机构核准。市和各县军休所积极做好军休干部的服务管理工作，认真落实政治、生活待遇，为军休干部安度晚年创造良好条件。

住房建设　日照市军队离、退役、退休干部接收安置分为三个阶段。第一阶段：1982 年以前，采取个别接收、分散安置的做法。第二阶段：1982—2000 年主要采取专门建房、集中安置的做法，主要接收军队移交的第一至五批军队离退休干部。第三阶段：2000 年后采取自购住房、分散安置的做法，2006 年起从第六批起接收安置完毕后，按年度移交接收安置。

日照市军队离退休干部休养所，系 1981 年根据省下达的安置接受任务，在东港区日照街道营子街征地，建楼房住宅。1984 年建成。除在军休所集中居住的，其他根据个人自愿，分散建房居住。莒县军休所于 1982 年建所。五莲县军休所于 1985 年建所。

第四节　军队无军籍职工安置

1986—2012 年，全市共接收军队移交政府安置的军队退休退职职工共 5 批 16 人，分别由所在区县乡、镇(街道)政府接收安置，享受地方同级同类事业人员待遇标准，工资由人社部门核准。

第五章　救灾　救济

1989 年后，全市认真贯彻国家关于“依靠群众、依靠集体、生产自救、互助互济、辅之以国家必要的救济和扶持”的救灾工作方针和“先急后缓、确保重点”的原则，积极开展救灾、社会救助、五保供养、流浪乞讨人员救助、困难居民医疗救助等救灾救济工作。经过不懈探索、创新和努力，至 2013 年，全市逐步建立起社会救助体系，初步实现社会救济由传统型向现代型的转变，建立起以城乡低保、农村五保、灾害救助等专项救助和扶贫为主体，以医疗救助、临时救助、流浪乞讨人员救助以及经常性社会捐助等专项救助为补充，各项救助制度相配套的城乡社会救助体系，有效保障城乡困难群体的基本生活。

第一节　救　灾

1989 年 1—6 月，全市受风雹灾害、洪涝灾害等自然灾害影响严重，造成 56 万余人受灾。进入 7 月，全市旱情严重，有120个村、15万人饮用水困难。市政府下拨救灾款20万元，统销粮50万千克。

1990年1—6月，全市先后发生小麦病虫害，遭受龙卷风、台风、冰雹、暴雨和阴雨等多种自然灾害。进入10月，全市因洪涝灾害造成部分区县损失严重。省政府先后拨付救灾款40万元，救灾粮100万千克，市政府先后拨出20万元社会救济款和95万千克救灾粮、540吨化肥等物资，用于解决生活困难群众和"双缺户"的基本生活，并发动干部职工捐款捐物，共筹集救灾款15万余元、救济粮3.5万千克和部分衣物，支援受灾群众。

1991年5月，南湖乡、尹家河乡和日照街道的48个村遭受冰雹袭击；6月，全市部分乡镇又遭暴风雨袭击。9月，全市部分乡镇不同程度遭受干旱、风雹和暴雨等自然灾害袭击。省、市政府分别下拨部分化肥、柴油、救灾粮帮助受灾群众搞好生产自救，并在全市组织救灾募捐活动，捐献物资折款计128万元；向灾民发放棉衣2400件，单衣1万件，针织衣800件，棉被200床，线毯165床；发放自然灾害救济款15万元。

1992年1—7月，全市遭受特大干旱，为抗击灾害，全市组织45万余人投入抗旱，驻军及武警出动人员、车辆，安排化肥650吨、柴油1540吨、钢材120吨、木材340吨。淘井453眼，挖山泉1.3万个，截潜流240道。市政府发放救灾款93万元、救灾粮136万千克；发动救灾捐款32万元。8月底至9月初，受16号强热带风暴袭击，全市农业生产损失惨重，有35万人受灾，市政府拨付自然灾害救济款40万元，救灾粮30万千克，用于转移安置灾民、修复因灾倒塌灾民住房及解决灾民生活困难急需。

1993年春，全市旱情严重，致使30多万人饮水困难，部分工矿企业正常生产受到影响。市政府组织投入抗旱机械1.9万台。在开展的捐助活动中，共捐助食盐10吨，衣物2000余件，物资折款37.5万元。省政府增拨自然灾害救济款90万元，市政府发放救灾款120万元，借粮200万千克，下拨抗旱柴油800吨、汽油100吨。省政府分配日照市救灾化肥100吨、柴油50吨，用于支援部分地区遭受风雹灾害的救灾工作。进入8月，全市水涝、冰雹、风暴、病虫等自然灾害发生频繁，省政府拨付自然灾害救济款40万元，救灾化肥510吨，柴油450吨。11月，东港区部分乡镇连降大雨，7个乡镇、100多个村庄受灾严重。省政府支援救灾柴油300吨，省民政厅下拨救灾款20万元，市政府增拨自然灾害救济款40万元用于受灾群众生活救助。

1994年，全市先后遭受霜冻、干旱、风雹、病虫等多种自然灾害侵袭。市政府发放救灾款100万元，用于受灾群众生活救助。5—6月，全市出现少有的严重干旱。各级党政组织深入抗旱第一线，投入劳动力110多万人，投入抗旱机械4万台，抗旱资金60万元，接收抗旱捐款153.7万元。全年共争取省下拨救灾款195万元，有偿扶贫款10万元，救灾柴油750吨、化肥160吨，用于救灾。

1995年，全市遭受暴雨、洪涝、冰雹、台风等自然灾害，37万余人受灾。省政府拨付救灾款190万元，市政府拨付救灾粮70万千克，救灾柴油250吨，救灾化肥500吨，用于受灾群众生活救助。

1996年1—6月，全市平均降雨量比常年少35%。进入8月，高温加干旱，使地瓜、花生等农作物生长受到影响。9月后，降雨集中，低洼地长时间积水，花生烂果严重。省政府先后拨付自然灾害救济款325万元，分配借粮数50万千克，用于灾民生活救济。市政府向各区（县）拨付救灾款60万元，救灾化肥440吨。

1997年1—6月，全市累计降水量比往年减少25%，旱情严重，市委市政府多次召开会议部署抗旱。全市累计投入抗旱劳力58万人，动用机电井6570眼，抽水泵站1121处，提水灌溉设备1.2万台，水库、塘坝1507座，抗旱浇灌面积4.87万公顷，造墒播种2.4万公顷，浇灌果树870万株。省政府拨付自然灾害救济补助费 450 万元,安排救济粮 900 吨。市政府组织开展向灾区“送温暖、献爱心救灾捐助”活动,共接收捐款 122 万余元,发放救灾款 190 万元。

1998 年 7 月,全市遭受特大暴风雨袭击,其中莒县受灾最为严重,全市直接经济损失近 2.5 亿元。灾情发生后,市直及各区(县)分别组织开展救灾捐助活动,共募集捐款 172 万元,全部拨付区(县)用于群众救灾。

1999 年,全市遭受冰雹、干旱、洪涝等多种自然灾害,致使 29 万余人受灾,给群众生产生活造成严重影响。灾情发生后,全市共投入救灾资金 439 万元,用于受灾群众生活救助。

2000 年,全市先后遭受干旱、暴雨洪涝、风雹等自然灾害,致使 22 万人受灾,全市累计投入救灾资金 423 万元。

2001 年 8 月,全市遭受特大风雹袭击,给部分区(县)的农业生产和群众生命财产造成严重损失,万人受灾,受灾群众生活面临很大困难。市政府下拨自然灾害救济事业费 50 万元,用于灾民生活救济和因灾倒塌房屋的恢复重建。

2002 年,全市受旱灾、低温冷冻灾和风雹灾等自然灾害影响,30 万人受灾。市政府下拨特大自然灾害救济补助费 193 万元,用于采购粮食,解决受灾群众的基本生活困难。

2003 年,全市先后遭受旱灾、暴雨洪涝、风雹灾等自然灾害,27.5 万人受灾。共投入救灾资金 557 万元,其中市级投入 194 万元、区(县)投入 138 万元,用于受灾群众生活救助和倒房恢复重建。

2004 年,全市受风雹灾、暴雨洪涝等自然灾害影响严重,有 23 万人受灾。全年投入救灾资金 379 万元,其中市级投入 164 万元、区(县)投入 114 万元。

2005 年,受风雹、台风等自然灾害影响,全市 25.8 万人受灾。其中,8 月受 9 号台风“麦莎”影响,东港区、岚山区、五莲县不同程度遭受暴风雨袭击。全市投入救灾资金 529 万元。其中,省下拨 116 万元,市级投入 246 万元,区(县)投入 167 万元。

2006 年,全市先后遭受旱灾、洪涝、风雹灾等自然灾害,8.7 万人受灾。全年各级政府共投入救灾资金 493 万元。其中,市级投入 233 万元,区(县)投入 136 万元。

2007 年,全市遭受洪涝、风雹、台风等自然灾害影响,60 万人受灾,紧急转移安置 1.71 万人。全市投入救灾资金 979 万元。其中,市级投入 406 万元,区(县)投入 199 万元。

2008 年,全市共发生 3 次较大暴雨洪涝灾害,受灾 19 万余人,累计造成直接经济损失 1.94 亿元。灾情发生后,安全转移受灾群众 7000 余人,各级政府共下拨救灾款 685 万元,其中省及以上救灾款 635 万元、市大灾预备金 50 万元,用于灾民修缮房屋和生产。

2009 年,全市先后发生一次旱灾和 3 次风雹灾害,受灾 31 万余人,造成直接经济损失 6014.7 万元。省政府下拨自然灾害生活补助资金 580 万元。

2010 年,全市先后发生低温冷冻及雪灾、风雹灾等 7 次自然灾害,受灾 27.58 万人。市政府下拨大灾预备金 47 万元,对因灾造成生活困难的重灾户进行救助。省政府下拨自然灾害生活补助资金 720 万元,重点保障受灾群众的基本生活。

2011 年,全市先后发生旱灾、台风、暴雨洪涝及雪灾 4 次自然灾害,全市 85 万人受灾,直接经济损失 4.17 亿元。省政府下拨自然灾害生活补助资金 1240 万元、市财政下拨市级自然灾害补助资金 170 万元,重点保障灾民的口粮、衣被、取暖等基本生活。其中,莒县、五莲县遭受特大暴雨洪涝灾害,市民政局下拨 36 万元,调拨帐篷 70 顶、棉被 500 床、棉衣 200 件,用于暴雨洪涝灾害受灾群众的救助工作。

2012年8月，受第10号台风“达维”带来的影响，全市53个乡镇，90%以上的村居都遭受不同程度的灾情，直接经济损失达33亿元，受灾108万人。市政府下拨1000万元市级自然灾害救助资金用于受灾群众生活救助。中央和省政府下拨2400万元用于受灾群生活救助和因灾倒房恢复重建。

2013年，全市先后发生2次风雹灾害，造成6万人受灾，直接经济损失6769万元。全市累计投入救灾款物439万元。省下拨自然灾害补助资金650万元。

第二节　社会救济

农村五保供养　农村五保供养是农村社会救济中特殊、重要的组成部分，主要形式为由农村集体供给，分散供养。中共十一届三中全会后，供养资金渠道调整为乡镇统筹和村提留，供养方式为分散供养与集体供养并存。自1984年开始，日照以村为单位兴办敬老院，提倡由集体供养五保老人。1987年，根据省民政厅的部署，各区县开始建设乡镇敬老院，在全市先后有奎山、陈疃、竖旗等乡镇建立乡镇敬老院。1988年12月，省民政厅下发《山东省乡镇敬老院管理规程（试行）》，对敬老院管理服务作出具体规定，全市认真贯彻“依靠集体、以养为主、民主管理、勤俭办院”的方针，坚持入院自愿、出院自由的原则，使敬老院集体供养的人数不断增加，分散供养人数逐渐减少。是年，石臼街道采取社会筹资的办法，共筹集120万元，兴建石臼福利院，于1989年重阳节竣工并投入使用，共占地1.33公顷，建设二层办公楼一栋、三层宿舍楼2幢，总建筑面积2300平方米，食堂、医疗室等配套设施齐全，可供120人居住。配备服务人员9名，当年入住66位老人，每人每年由所在村居提供生活费1000元及粮食，成为日照市首个规范化管理的乡镇级敬老院，1990年被评为省级“文明敬老院”。

1994年，国务院颁布《农村五保供养工作条例》后，全市各级认真贯彻落实，通过民主管理、规范服务，使全市农村五保供养工作走上规范化的轨道，有效保障了五保对象的民主权利和基本生活。1995年，全市共有五保户8107户、9275人，共有敬老院141所。其中，乡镇敬老院52所，村办敬老院89所，入院人数2330人，入院率为24.9%；分散供养6945人。市民政局在全市开展评选“十佳敬老院”活动，东港区石臼福利院被民政部授予“全国模范敬老院”称号。

1998年起，全市对乡镇敬老院实行百分考核和等级管理，全年改扩建敬老院16所。1999年，在等级敬老院建设中，全市各级共投入资金100余万元，5所敬老院达到一级敬老院标准、30所敬老院达到二、三级标准。2002年农村税费改革后，逐步形成以财政保障为主的长效机制，实现农村五保供养从集体供养到财政供养的历史性转变。但实行税费改革后，乡镇财政收入锐减，加之取消五保粮统筹，五保供养和敬老院曾一度出现了萎缩趋势。至2003年年底，全市共有敬老院175所，其中乡镇办46所、村办128所；集中供养五保对象2146人。

2004年，为适应农村经济改革和农村税费改革的新形势，日照市制定《日照市农村五保供养工作暂行办法》，全市农村五保工作走向规范，供养标准稳步提高。2005年起，在全市实施乡镇敬老院改扩建三年规划，连续3年将五保供养工作列为“为民办实事”重点项目，对设施落后、房屋条件差、容纳量少的敬老院全部进行改建、扩建。经过全市各级共同努力，先后投入市级以上资金1800万元，区县、乡镇配套资金2000余万元，于2006年完成52所敬老院改扩建工程。随着供养资金的落实，全市集中供养能力大大提高，供养人数又陆续增加。

2007年，《关于建立农村五保供养经费财政保障机制的意见》出台，明确省、市、县、乡供养资金分担比例和管理拨付办法，供养经费实行以财政供养为主的省、市、县、乡（2：2：3：3）“四级联保”的农村五保供养机制，实现了五保供养从集体供养到财政供养的历史性转变。2008 年，全市投入 690 万元，对 27 所完成集中供暖建设的乡镇敬老院按照“以奖代补”原则进行补助。

2010 年，根据省政府《山东省农村五保供养办法》规定，对全市同时具备无劳动能力，无生活来源，无法定赡养、抚养、扶养义务人，或者法定赡养、抚养、扶养义务人无赡养、抚养、扶养能力的老人、残疾或者未满 16 周岁的村民，统一实行农村五保供养。全年累计支出五保供养经费 1880 万元，由省、市、县、乡统筹和实行社会化发放。2011 年，市民政局、市慈善总会联合日照市太阳能协会，开展“慈心暖老”项目建设，投资 150 万元，为全市 52 所敬老院免费安装太阳能洗浴设施和饮用开水设备。2013 年，日照市争取省级专项资金 450 万元，对全市 18 所乡镇敬老院实施“四室”（公共浴室、卫生室、活动室、办公室）、“两房”（厨房、锅炉房）、“一厅”（餐厅）、“一气”（暖气）配套改造。全市 52 所乡镇街道敬老院，分别有 5 处、31 所被评为全国三星级、二星级农村五保供养服务机构。至 2013 年年底，全市共有五保供养对象 7761 人，其中集中供养 5540 人，集中供养率为 71.4%。

医疗救助　2006 年 8 月，日照市印发《关于建立城市特困群众大病医疗救助制度的试行意见的通知》，在全市初步建立起大病医疗救助制度。2010 年，日照市出台《日照市城乡困难居民医疗救助办法》，建立城乡一体化、均等化的“五线一网”医疗救助制度，实行在定点医疗机构“一站式”即时结算，形成具有日照特色的医疗救助新机制。其中，患病住院的城乡低保对象和农村五保对象，在卫生、人力资源和社会保障部门规定的定点医疗机构发生的，符合新型农村合作医疗和城镇基本医疗保险用药目录和诊疗范围的医疗费用，个人负担部分按照一定比例实行住院医疗救助。2010 年，市直城镇低保对象住院和门诊大病治疗费用个人负担部分按照 40% 的比例给予救助，每人每年救助金额累计不超过 1 万元。是年 9 月，省民政厅在五莲县召开现场会议，对五莲县医疗救助“一站式”结算和社会救助信息系统平台建设等经验做法在全省进行推广。

2011 年，城乡低保对象和农村五保对象在定点医疗机构治疗的费用，扣除城镇医保和新农合报销部分，对个人负担部分的救助比例提高为 50%。全年对 716 人通过“一站式”结算的方式进行医疗救助，救助金额达 85.5 万元。2013 年，全市各区县均实现医疗救助“一站式”结算运行机制，城乡低保对象、五保对象住院医疗费个人负担部分民政救助比例由 50% 提高到 55%。全年共对 21896 人次实行医疗救助，发放救助资金 1415.1 万元。其中，通过医疗“一站式”即时结算救助 5013 人次，救助金额 463.2 万元。

临时救济　1989—1993 年，临时救济是以解决农村贫困群众温饱为重点。每年由政府拨付专项社会救济款，春季救济款一般用于解决贫困群众生活困难；冬季拨付救济款一般用于解决棉衣被等。其中，1989 年发放社会救济款 18.9 万元，1990 年发放 50.5 万元，1991 年发放 90 万元，192 年发放 11.3 万元。

1994 年后，对城乡居（村）民因灾害、疾病造成的生活临时困难，市和各区县采取临时救助方式予以救济，以保障其基本生活。2002 年全市建立临时社会救助制度，全市累计救济临时困难群众 2.3 万人次，发放临时救济金 805 万元。2008 年，全市发放临时救济金 11 万余元，救济困难群众 108 户；为发放企业军转干部发放补贴救助金。2010 年，全市对 6410 人次实行临时救助，发放救助资金 272 万余元。其中，低保家庭大学入学新生 144 名。

2011 年 11 月，《日照市城乡困难群众临时救助实施办法》印发，明确对城乡困难家庭由于各种特殊情况造成暂时生活困难时，由政府给予非定期、非定量的救助制度。根据救助对象困难原因、程度等各种因素，临时救助可以分为临时医疗救助、教育救助、生活救助等种类。每年救助金额视情分别给予不超过5000元、4000元、1000~3000元的一次性救助。是年，全市对7265人次实行临时救助，发放救助资金625.6万元。其中，低保家庭大学入学新生130名。2012年，全市对8919人次实行临时救助，发放救助资金942万余元。其中，低保家庭大学入学新生136名。2013年，全市对11932人次实行临时救助，发放救助资金738万余元。其中，低保家庭大学入学新生161名。

第三节　流浪乞讨救助

1989—2003年，按照国务院颁布的《城市流浪人员收容遣送办法》，市及各区县民政部门对从农村或外地流入城区的流浪乞讨或流浪街头生活无着的人员进行救助、教育和收容遣送。1990年，日照市收容遣送站设立，对在全市城区范围内流浪人员，查明身份的，通知家属来接；不能接回的，安排人员负责遣送。1992年后，根据国务院《关于收容遣送工作改革问题的意见》，收容对象扩大到“三无”人员。

2003年，国务院颁布《城市生活无着的流浪乞讨人员救助管理办法》后，强制性的收容遣送办法废止，日照市开始对流浪乞讨人员实施救助管理。是年8月，日照市收容遣送站更名为日照市救助管理站，主要承担日照市区范围内的流浪、乞讨人员的救助管理及外地市护送回的本市籍流浪、乞讨人员的接收、中转、安置工作。

2010年，日照市印发《关于进一步做好城市生活无着的流浪乞讨人员救助管理工作的通知》，对新形势下救助管理工作作出规定，并成立日照市流浪乞讨人员救助工作领导小组。2011年起，“关爱救助·传递温暖”寒冬送温暖、“接送流浪孩子回校园”、“接送流浪孩子回家”等专项行动开展。各级救助机构均建立并实施24小时救助、分类救助等一系列救助服务制度，对流浪乞讨人员提供生活救助、医疗救助、教育矫治、返乡救助、临时安置等救助服务。2013年，日照市建立日照市流浪未成年人救助保护工作联席会议制度，完善政府主导、民政牵头、部门负责、社会参与的流浪未成年人救助保护工作机制。是年10月，日照市救助管理站迁至市福利中心新址办公。新站投资600余万元，集救助管理站、流浪未成年人救助保护中心于一体，建筑面积7296平方米，设计床位300余张。莒县、五莲县在福利中心建设中专门设立救助区域。1989—2013年，全市共救助流浪乞讨人员4525人次，其中救助流浪未成年人97人次。

第六章　社会福利事业

地级日照市建立后，全市社会福利事业坚持扶老、助残、救孤、济困的宗旨，大力兴办社会福利企业，发展老年社会福利事业、孤残儿童福利事业和残疾人社会福利事业，推进社会福利事业社会化，发行福利彩票，筹集社会福利资金。至2013年，全市累计发行社会福利彩票24.96亿元，筹集公益金2.95亿元，有力支持了全市社会福利、社会救助和社会公益事业的发展。

第一节　社会福利企业

1984 年,日照市开始兴办社会福利企业,安置具有一定劳动能力的残疾人员劳动就业。地级日照市建立后,市民政局设立社会福利企业办公室,各区县分别成立相应工作机构。1989 年,日照市共有社会福利企业 26 处,职工 469 人。其中,残疾人职工 207 人,占生产人员的 45.5%。

1990 年,民政部等国家 7 个部委下发《社会福利企业管理办法》(以下简称《办法》)后,市民政部门严格执行《办法》要求,对申办的社会福利企业必须运到残疾人就业比例,对安置残疾人员达不到生产人员总数 35%的,一律不得批准为社会福利企业;福利企业必须按月足额发放残疾职工工资并交纳基本养老保险费。至 1992 年,全市社会福利企业发展到 41 家,从业人员有 936 人,其中残疾职工 377 人,占生产人员的 55.1%,年产值 3144 万元,实现利税 216 万元。1995 年,全市社会福利企业发展到 157 家,职工总数达 3900 余人,安置残疾职工 1600 余人,产值达 1.79 亿元,实现利税 1200 万元。

1997 年起,市福利企业办公室联合市国税局、地税局于每年,日照市开展一次年检工作,1996 年、2000 年先后两次进行福利企业换证工作。2002 年,日照市开始取消民政部门向福利企业收取的社会福利生产管理费。全市 39 家福利企业安置残疾职工 500 人。为维护社会福利企业中残疾职工的切身利益,在年检中对"四残"人员达不到规定标准的,或"四残"人员上岗率达不到 100%、出勤率达不到 80%以上,一律责令其限期整改。从 2006 年起,日照市新增为残疾职工办理录用劳动合同、社会保险及最低工资标准等年检内容,要求企业录用残疾职工必须为其办理劳动合同、社会保险,保证最低工资不低于每月 480 元。至 2013 年年底,全市社会福利企业共安置职工 1514 人,其中残疾职工 660 人;所有企业残疾职工均达到生产人员的 50%以上,最高的达 70%以上,残疾职工工资月人均 1250 元。

第二节　社会福利机构

国办福利机构　1996 年,日照市社会福利院成立,为全额拨款的科级事业单位,负责全市荣誉军人疗养和市区老年人保健工作,实施开展社区服务的各项具体工作任务。该院占地 1 公顷,建筑面积 8000 多平方米,规划配套床位 108 张。2008 年 10 月,首次把分散寄养在社会上的 7 名社会弃婴、孤残儿童接入福利院集中养护。2011 年 6 月,集中养护孤残儿童转移到新建设的市社会福利中心。

2012 年,市社会福利中心设立日照市儿童福利院,与市社会福利院一个机构两块牌子,为正科级全额拨款事业单位,承担城镇无劳动能力、无生活来源、无居所和无法定赡养人的"三无"老人的收养和全市孤儿与弃婴的收养、康复、教育等工作。2013 年,市社会福利中心集中养护社会弃婴、孤残儿童 49 人;集中供养城镇"三无"老年人 13 人,社会老年人 115 人。

2012 年,五莲县社会福利中心投入使用,占地面积 3.57 公顷,建设楼房 6 幢,建筑面积 1.6 万平方米,床位 500 张,总投资 3000 万元。其中,一期工程投资 800 万元,建设老年公寓楼 2 幢,建筑面积 5200 平方米,床位 150 张。莒县社会福利养老中心位于浮来山镇驻地以西,于 2013 年 3 月开工建设,老年公寓规划建筑面积 2 万平方米,设计床位 1000 张。建成后,主要用于社会老年人代养,预计 2015 年投入使用。

2013 年,根据省民政厅、财政厅《关于加强农村幸福院建设的实施意见》建设为农村老年人提供生活居住、日间照料、休闲娱乐、精神慰藉等服务的农村老年人互助养老院要求，全市共建设100所老年幸福院。东港区、岚山区、五莲县分别建设1处街道综合性养老服务机构。全市共建城市社区老年人日间照料中心40处、农村日间照料中心62处、农村幸福院100个，增加养老床位600张。

民办福利机构　2001年，按照民政部《"社区老年福利服务星光计划"实施方案》要求，至2004年，全市共投入资金2154万元，改建社会福利院1所，建成县级老年福利服务中心3处、社区老年福利服务活动站30处。2007年建设社区老年福利服务站8处，积极争取社会力量兴办社会福利机构，审批建设老年公寓2处。

2003年后，日照市社会力量兴办养老服务机构热情高涨，并吸引海内外多家企业、团体到日照探索建立民办高档养老社区、高品质养老项目，至2013年，已建成日照华侨老年公寓、乐万家老年公寓等7家民办福利机构，共有床位1320张。其中，日照华侨老年公寓于2004年1月投入使用，位于东港区昭阳小区，建筑面积2000平方米，由日照华侨实业有限公司投资主办，床位60张。日照市乐万家老年公寓于2004年12月建成，位于日照经济技术开发区宋家湖村，建筑面积3500平方米，床位100张，是日照市首批省级养老服务社会化示范活动试点单位。日照市老科技工作者协会老年公寓建于2008年，位于日照市山海天旅游度假区，租用土地4公顷，建筑面积约1.5万平方米，投资1100多万元，床位400张，配套设施齐全，功能完备，先后养护380名老人。日照市老科技工作者协会老年公寓2009年被评为"日照市建市20周年行业领军品牌"奖，2010年被省老龄委评为"山东省城镇优秀养老服务机构"。日照经济技术开发区社会福利养老中心位于日照经济技术开发区郑州路，2009年4月投入使用，系医养结合型民办养老机构。该机构租赁海星纺织原办公用房改造而成，装修房屋72间，床位100张，配套设施齐全，累计入住老年人360多人。日照中盛幸福老年公寓位于东港区石臼街道海滨五路，2010年3月投入使用，系集养生保健、休闲娱乐为一体的花园式老年公寓，由中盛社区投资1200余万元兴建，建筑面积7500平方米，床位360张，房间和文体等设施配套齐全；2012年12月获山东省"十佳"敬老企业荣誉称号。莒县夕阳红养老院位于莒县城阳街道屋楼崮南山坡，是莒县首家民办养老机构，项目占地面积1.4公顷，规划建筑面积3800平方米，设计床位200张。五莲县乐天年颐养院位于五莲县城，是五莲县首家民办养老机构，占地面积2.53公顷，设计床位500张，投资5900万元，工程分两期建设，其中一期工程投资1500万元，建筑面积3000平方米，设床位100张，2013年10月投入使用。

第三节　儿童福利

2004年10月，民政部开展对残疾儿童手术矫治医疗救助行动——"明天计划"，市社会福利机构为供养的60名孤残儿童进行了康复手术。

2008年10月，市社会福利院将在社会上分散寄养的7名社会弃婴、孤残儿童接到福利院集中养护。

2009年8月，山东省民政厅开展"齐鲁福彩助残"行动，由省级福彩公益金资助、省假肢矫形中心为各区县低保家庭中的残疾人免费安装假肢活动，全市300多名肢残残疾人员报名，并进行现场取模，制作假肢。同年，日照市开展"重生行动——贫困家庭唇腭裂儿童手术康复"工作，对符合条件的18名儿童全部免费矫治。2009—2012年，全市开展城乡低保家庭先天性心脏病儿童调查工作，对筛查出的66名儿童实施免费手术治疗，解除低保家庭的负担。

2010年，根据省民政厅、财政厅《关于发放孤儿基本生活费的通知》精神，从2010年1月起，全市福利机构供养的孤残儿童基本生活费为 1000 元/人/月，散居孤残儿童 600 元/人/月。

2011 年 6 月，日照市儿童福利院建成使用，面积 4750 平方米，床位 200 张。

2013 年 1 月起，全市福利机构供养的孤残儿童基本生活费为 1200 元/人/月，散居孤残儿童 720 元/人/月。2013 年年底，全市散居、集中供养孤儿 392 人、发放基本生活费 372 万元。

第七章　社会事务管理

第一节　婚姻管理

婚姻登记

结婚登记　1980 年前，结婚登记执行中华人民共和国中央人民政府于 1950 年颁布的《中华人民共和国婚姻法》，男子年满 20 岁、女子年满 18 岁，非三代内血缘近亲、无麻风病、无医生认为不能结婚的病症，方允许结婚。由男女双方亲自带户口、年龄证明，到所在区（公社）政府进行登记，经审查符合婚姻法规定，发给由省统一印制的结婚证。1980 年 1 月起，结婚登记执行第五届全国人民代表大会第三次会议通过新的《中华人民共和国婚姻法》，男子年满 22 周岁，女子年满 20 周岁，方准予登记结婚，并提倡晚婚。1995 年，日照市实行婚前健康检查，登记结婚需增加指定医院出具的婚前医学检查证明。2003—2013 年，全市简化结婚登记手续，取消婚前健康检查程序和婚姻状况证明材料，只需双方户口本、身份证即可登记结婚。

离婚、复婚登记　离婚、复婚登记亦由民政部门登记。如结婚后双方同时提出离婚者，到一方户口所在地婚姻登记机关登记离婚，当事人双方持居民身份证、户口证明、所在单位介绍信、结婚证件，向婚姻登记机关提出申请，并填写申请书和离婚协议书，经审查符合离婚条件者，准予离婚，发给由省统一印制的离婚证。如一方提出离婚，需经人民法院调解，调解无效，依法裁定，收回结婚证，发给离婚判决书。离婚后，愿意复婚者，需到婚姻登记机关办理复婚手续。

特殊婚姻登记　现役军人婚姻、涉外婚姻、涉港澳台居民婚姻、华侨婚姻、不同民族间的婚姻为特殊婚姻。现役军人结婚须持有部队政治机关出具的婚姻状况证明，对方持普通公民所持证件，共同到一方户口所在地婚姻登记机关进行登记。涉外婚姻程序与中国公民相同，但外国人必须持有所在地政府出具的身份及有关婚史的证明。涉外离婚，当事人均应向有管辖权的中级人民法院提出离婚请求，通过诉讼程序解决。不同民族间的婚姻，除按民族政策给予照顾外，其他与同民族的公民同样对待。1992 年 6 月，省民政厅批准日照市民政局增设“涉外婚姻登记业务”，“承办本辖区内的涉外婚姻登记和大陆探亲、旅游、经商的台湾同胞的婚姻登记”。是年，全市涉外婚姻登记 1 对、涉台湾婚姻登记 1 对。

婚姻登记管理

1986 年 1 月，婚姻登记改由乡镇政府民政办公室办理，各乡镇设立婚姻登记办公室，并配有专职婚姻登记员。

1990 年 4—6 月，为纪念《中华人民共和国婚姻法》颁布 40 周年、1980 年《中华人民共和国婚姻法》

颁布10周年，市民政局在全市开展宣讲、维护、贯彻婚姻法活动，并进一步加强婚姻登记管理，清理违法婚姻。1991年，市民政局与各乡镇签订“婚姻管理目标责任书”。1992年，各乡镇分别设立婚姻登记处，负责本辖区内的婚姻登记工作。全市共设立24个婚姻登记处，实行婚姻档案统一管理。

1997年1月，山东省发布实施《山东省婚姻登记管理办法》，实行由市、县（区）集中办理婚姻登记，市民政局和各区县分别设立婚姻登记处。是年，全市共设婚姻登记处5处、巡回登记点1个。市婚姻登记处负责办理市直范围内的居民间婚姻登记业务；东港区、莒县、五莲县实行乡镇定点定期巡回登记或集中登记（岚山办事处于2005年12月设立）。2000年2月，全市实行以县区为单位集中登记。是年6月，市民政局将日照居民婚姻登记业务由市下放至东港区婚姻登记处，同时承接省民政厅下放的日照居民与港澳台、华侨、外国人间的婚姻登记。

2012年，市和各县区婚姻登记机关均建立并实行登记与服务人员、场地、收费、服装“四分离”，自愿服务签单，服务项目、收费、依据“三公开”等管理服务制度；开展免费颁证、婚姻家庭辅导、劝和调解等基本服务。2013年，全市结婚登记颁证率达到90%以上，莒县、五莲县婚姻家庭辅导率达到80%以上。

2005年，市民政局开展婚姻登记机关规范化创建活动，全市5个婚姻登记处分别被民政部和省民政厅命名为“全国婚姻登记规范化单位”和“全省婚姻登记规范化单位”。2010年，市民政局被民政部和省民政厅分别表彰为“婚姻登记规范化建设‘十一五’突出贡献单位”和“规范化建设先进单位”。2012年，东港区民政局婚姻登记处被民政部命名为“国家AAA级婚姻登记机关”。

第二节　殡葬管理

殡葬管理　1989年，全市农村均建立移风易俗理事会，遵循丧事简办的原则，负责操办丧事，并开展深埋不留坟头和平坟还耕活动。全市年火化率约93.28%。1990年，市政府下发《关于加强殡葬管理的通知》，明确规定大力推行火葬，禁止土葬，提倡节俭、文明办丧事。1991年，市民政局与各乡镇签订“殡改责任书”，各乡镇把殡改工作列入《村级规范化守则》和村规民约，并作为评选文明村、文明户的条件，使全市火化率一直保持在全省先进水平。

2006年，日照市印发《关于认真做好移风易俗工作的通知》，对推进殡葬改革、实行移风易俗作出部署。2009年，日照市开展公墓清理整顿工作，为全市2598处农村公益性公墓建立档案。在此基础上编制日照市《2009—2015年经营性公墓建设规划》。各级殡葬单位建立并实行岗位责任和考核考评等各项管理制度，对服务项目实行政务公开，接受社会监督。

2013年，日照市印发《关于在全市建立殡葬救助制度的通知》，在全市建立起覆盖重点优抚对象、城乡低保对象、农村五保供养对象和无家可归、无收入来源、无法定赡养人等城市“三无对象”，包括遗体接运费、遗体火化费、骨灰寄存费等在内的殡葬惠民政策。各区县出台具体实施办法，实现惠民殡葬政策全面覆盖特殊群体。东港区、岚山区、莒县、五莲县均建立殡葬救助制度，将遗体运输、火化、骨灰寄存（1年）等基本丧葬费用800元/人纳入财政补贴。日照经济技术开发区、山海天旅游度假区、日照国际海洋城制定《临时救助办法》，给予救助对象不超过1000元的一次性救助。

殡仪馆建设　全市有殡仪馆3处。日照市殡仪馆于1973年筹建，1975年年底建成，共占地1.27公顷，建筑面积5272平方米，1976年2月开业；莒县殡仪馆成立于1962年，占地1.67公顷；五莲县殡仪馆成立于1972年，占地1.67公顷。2012年2月，市政府第61次常务会议决定迁建市殡仪馆。市殡仪馆新馆位于东港区南湖镇王家官庄村西北，陈疃镇南鲍疃村以东、南山村以北，项目总投资6000余万元，占地6.67公顷，2013年8月主体建筑开工，建筑面积12833平方米，绿化面积5518平方米，绿化率43%。业务接待厅、悼念瞻仰厅、休息厅等设施配套齐全。

公墓管理　至2013年，全市共有公墓(农村集中安葬区)2908处，其中历史形成的村级公益性公墓(农村集中安葬区)2902处，坟墓85万余座，占地约233.33公顷。市及区(县)级公益性公墓3处。分别是市区庙山公墓，建于1994年，占地3.67公顷，同时设立市公墓管理处；日照经济技术开发区车家村公墓，建于1994年，占地1.47公顷；岚山区桫椤树公墓，建于2009年，占地16.67公顷。3处公益性公墓共有墓穴5万余个。经营性公墓3处。其中，日照市千秋苑公墓建于2003年，占地4.27公顷；莒县东山公墓建于2000年，占地1.33公顷；五莲县卧龙山公墓建于1997年，占地2.4公顷。3处经营性公墓共建成墓穴4000余个。2011年，日照市千秋苑公墓被省民政厅评为“全省殡葬改革示范单位”。

第三节　收养管理

全市收养登记工作未设专门机构。市和岚山区收养登记业务分别在所属婚姻登记机关办理；东港区收养登记业务在区局社会事务科办理，莒县、五莲在县政务大厅办理。市婚姻登记处负责办理华侨以及居住在香港、澳门、台湾地区的中国公民的收养登记。其他区县按照属地管理原则，办理辖区内收养登记业务。收养登记的一般程序为申请—受理—审查—报批—登记—颁证。

2009年，日照市印发《关于贯彻〈关于解决国内公民私自收养子女有关问题的通知〉的实施意见》，开展私自收养清理整顿活动。对2009年4月1日之前发生的国内公民私自收养，符合《中华人民共和国收养法》规定条件的，可直接到户口所在地的民政部门进行报名登记；2009年4月1日之后发生的，到当地公安部门报案，查找不到生身父母和其他监护人的由公安部门送交当地社会福利机构或民政部门指定的抚养机构抚养。至2009年6月，全市共办理国内公民私自收养子女58件。

2010年，全市各级收养登记机构统一使用全国、全省收养登记系统办理收养业务。内地公民收养实现全省联网；华侨以及居住在香港、澳门、台湾地区的中国公民办理收养登记实现全国联网。

2013年，日照市开始涉外送养工作。是年12月，市福利院抚养的残疾儿童党民政(男孩)被西班牙一家庭收养，是日照市涉外送养的第一个儿童。

第八章　地名管理

1990年6月，地级日照市地名委员会成立。1991年，市政府出台《日照市地名管理暂行办法》规范地名工作。全市地名工作机构认真贯彻国家和省有关地名工作政策、法规，积极做好地名普查和地名命名，推广使用标准地名和地名标志设置及更新，开展地名信息化建设。

第一节　地名普查

地名普查　1980年3月至1983年6月，全市首次开展地名普查工作。1990年6月，根据中国地名委员会和省民政厅的部署，全市开展地名补查和资料更新工作，经过6个月的时间，完成补查任务，获取大量地名资料，进一步充实了地名档案。全市共补查考证地名1879条，走访村(居)委会650个，征集到各种文字资料37万余字。以"地名统计表"形式上报省地名1814条。其中，行政区域和居民点名称1399条，企事业单位名称95条，人工建筑和名胜古迹、纪念地名称61条，自然地理实体名称253条；注销地名6条，以"地名补查和资料更新成果表"上报地名151条；标注1∶5万地形图2套20幅；绘制1∶1万市区图2套4幅。通过本次地名补查，解决个别地名用字不规范、读音不准、拼音不标准的问题，实现地名名称的标准化。

2009年12月，按照第二次全国地名普查工作部署，历时3年，全市第二次地名普查工作完成。各级累计培训5570人，参与普查工作人数3510人，购置各种普查设备器材211件，投入资金460余万元。各级普查员进村入户，深入细致做好普查工作，共普查地名信息2.3万余条，完成信息整理录入2.11万条，采编信息300万字。建立完善地名数据库，对1∶5万的矢量地图进行修改，普查陆地边界线830千米、海岸线168.5千米(不含岛岸线)，修标测绘成果图55幅，市、区(县)分别制作第二次地名普查试点工作成果图集，标准化处理地名65条，设置地名标志1799个，普查历史地名125个，较第一次全国地名普查新增数据1.9万余条，更名地名数量29条。2013年1月，通过省民政厅组织验收。

地名图书编纂　1991年10月，编辑出版《山东省地名录·日照分册》，共收入日照市地名词条1603条，并着手整理《日照市地名志》词条。1992年，参与《中华人民共和国地名词典》山东省卷日照市地名的编纂工作，提供日照市有关地名词条。1996年，参与《山东省地名志》编纂工作，向编辑组提供日照市地名相关词条。2005年，市地名办公室与市有关部门绘制出版《日照市行政区划地名图》。

2009—2012年，在做好地名普查工作的同时，认真开发利用普查成果，先后制作"日照市敬老院分布图""日照市福利机构分布图""日照市救灾仓库和避难场所分布图""日照市城市社区分布图""日照市农村社区分布图""日照市福利设施分布图""日照市流浪乞讨管理区域图"等系列民政工作用图，为建设服务型民政提供地名资料基础。2013年，五莲县编辑出版《五莲县地名志》《五莲县地名文化探究》。

第二节　地名命名与标志设置

市区道路命名

1989年前，县级日照市地名委员会分别对市驻地日照镇和石臼镇道路名称和自然实体进行命名。城市道路命名的基本思路是体现日照市名称和区位特点：日照市驻地城区路街名称，南北方向要有"阳"字的含义，东西方向要有"海"字出现。即南北道路为"×阳路"，如日照路、正阳路、昭阳路、丽阳路等；东西道路为"×海路"，如海曲路、望海路、兴海路等。石臼区域路的命名，南北方向的道路有"海滨"二字，如海滨一路、海滨二路等；东西方向的道路有"黄海"二字，如黄海一路、黄海二路、黄海三路等。

1994 年 5 月，根据全市城市建设总体规划，制订《日照市市区主干道路命名方案》。与此同时，发布《关于公布日照市新市区主干道路及部分自然地理实体命名、更名的通知》，公布启用新市区主干道路命名方案，共命名市区 78 条主干道路和 40 个自然地理实体名称。命名的基本思路是：新市区所属区域的道路根据路街的规模，采用省内外城市的专名作为路名。新市区北区（铁路以北）道路用省内城市名称命名，如济南路、青岛路、烟台路、威海路、临沂路等；新市区南区（铁路以南，即日照经济技术开发区）道路用省外城市名称命名，如大连路、上海路、秦皇岛路、兰州路等。同时，对贯通日照市区南北、东西的两条主干道分别以“北京路”“山东路”命名。各区县编制相应的城区地名总体规划。

新市区北区　南北路自东向西依次为青岛路、文登路、威海路、烟台路、北京路、枣庄路、菏泽路、临沂路、兖州路；东西路，自北向南依次为德州路、聊城路、滨州路、东营路、潍坊路、山东路、济南路、淄博路、泰安路。原海曲东路延伸至青岛路。在山东路与济南路之间的两条便道分别为五莲路、莒州路。

新市区南区　兖石铁路以南，北京路以西。南北路，自东向西依次为郑州路、太原路、临沂路、银川路、兰州路、西宁路；东西路，自北向南依次为大连路、秦皇岛路、天津路、连云港路、上海路、宁波路、温州路、福州路、厦门路、广州路、湛江路、北海路、海口路。

山海天旅游度假区　南北路，自东向西依次为北海路、山海天路；东西路，自南向北依次为太公岛一路、太公岛二路、太公岛三路、天台山路、天阁山路、龙山路、桃花岛一路、桃花岛二路。对卧龙山、天阁山、天台山、太公岛等自然实体进行了命名或更名。

市区地名标志设置

地名标志设置对于巩固地名标准化，加强地名管理，方便人民群众生活具有重要意义，被称为“当地人的脸、外地人的眼”。1987 年，市地名办公室在市区日照、石臼各主要街道的路端、路口和路段的主要位置设立 107 块路面标志牌。

1991 年，制定《日照市地名标志管理暂行办法》。市地名办公室在日照、石臼 2 个街道设置编挂沿街大小门牌 1715 个。

1994 年，新市区、日照经济技术开发区、山海天旅游度假区道路命名之后，在各个路段全部设置地名标志。2001 年 11 月起，按照“市场化运作、公开招标、以牌养牌”的办法，在市区设置标准不锈钢路牌。至 2013 年年底，市区设置 1600 余块，设置门楼牌 5 万余块。东港区参照该办法，设置地名标志 3 万余块；莒县设置路牌 200 块，门楼牌 3 万余块；五莲县设置地名标志 2 万余块。

农村地名标志设置

1987 年 3 月，日照市开始农村地名标志设置和安装，到 1992 年年底基本完成。1994 年在五莲县街头镇进行农村地名城市化管理试点。1995 年 4 月，全省农村地名城市化管理现场会在五莲县街头镇召开，该镇驻地路、街、巷、门楼牌设置的经验在全省推广。随后全市农村地名城市化管理工作全面铺开。1999 年 12 月，在东港区后村镇召开全市现场经验交流会，推广后村镇部分自然村推行地名城市化管理的经验。经过两次现场会的推动，全市农村地名城市化管理工作取得明显成果。至 2003 年年底，全市有 42 处乡镇驻地、260 余个自然村完成路街巷命名更名和标志设置工作，命名路街巷 2826 条，设置标志牌 4638 个，编设门牌 9 万余个，基本达到村内城市化、村外标准化的要求。

第九章　民间组织管理

1989年,国务院颁布《社会团体登记管理条例》,明确各级民政部门是社会团体登记管理机关。1990年,市民政局内部增设社会团体登记管理科,负责全市社团登记工作。1991年11月,市民政局社团管理科对外称日照市社团管理办公室,开始着手建立和完善社会团体登记、年检、执法、监管、档案管理等各项工作。2000年,在市民政局设立民间组织管理局,为副处级单位,具体承办全市性社团和市直单位所属和挂靠的民办非企业单位的登记管理工作。2008年3月,日照市民间组织管理局被民政部授予"全国民间组织登记管理工作先进单位"。2010年9月,根据市政府"三定"方案,市民政局增加社会组织党建职责,负责社会团体、民办非企业单位登记管理,承担市委社会组织工作委员会的具体工作。新设行政服务科负责行政审批事项办理。市民间组织管理局加挂市民间组织执法监察局牌子。2012年6月,日照市民政局社会组织登记服务窗口被民政部评为全国民政系统"群众满意窗口";9月,日照市社会组织党工委被授予"全国社会组织创先争优优秀指导单位"称号。

第一节　社会团体登记管理

1991年4月,日照市成立清理整顿社会团体领导小组,对辖区内社会团体进行清理整顿工作。1992年,对村(居)社会团体组织进行调查,并对社会团体进行年检工作。

1997年,印发《关于严禁擅自以社团名义搞非法违法活动的通知》。全省清理整顿社会团体电视电话会议召开后,全市清理整顿社会团体工作全面展开。至1998年12月,全市社团总数由1997年的417个减少到281个。

2000年3月,下发《关于加强民间组织管理工作的通知》。2002年,开通"日照民间组织信息网站",将全市206个社团和3455个民办非企业单位信息录入"中国民间组织信息管理系统"。是年8月,在省政府召开的第二十一次民政会议上,市政府以《加强民间组织管理,促进经济社会发展》为题作典型发言;在日照市召开的全国民间组织管理信息宣传、软件培训会议上,日照市作典型介绍,并在日照广播电视大学计算机系举办"中国民间组织信息管理系统"软件操作培训。

2003年,《山东省实施〈社会团体登记管理条例〉办法》施行后,全市社会团体进入正常登记管理轨道。同时放宽条件,降低门槛,扩大各级各类农村经济协会注册登记范围。2004年,按照积极发展中介服务机构,规范发展各类行业协会等自律性组织的要求,把培育发展农村经济协会作为民管工作的重中之重,本着放宽条件、简化程序的原则,狠抓农村经济协会登记备案工作。全市共登记农村经济协会142个,备案75个,90%以上的乡镇成立1处以上的农村经济协会,新注册登记社会团体118个、民办非企业单位42个。在"集中执法月"活动中,全市共稽查民间组织137个,查处117个,确保民间组织的健康发展。2005年,日照市大力培育发展农村经济协会,相家官庄西红柿协会等10个新农村经济协会成为典型。全市登记农村经济协会174个,备案64个,登记率和备案率均达100%。

2006年,社会团体清理规范和全市民办非企业单位诚信建设活动开展。2007年9月,全市有27个单位在全省发展农村经济协会暨先进民间组织表彰会上被授予“全省十佳百强农村经济协会”和“全省先进民间组织”荣誉称号；莒县蜂业协会被评为“全国科普惠农兴村先进单位”。

2009年，日照市制定《关于推进行业协会改革与发展的实施意见》，加快推进全市行业协会改革和发展工作。全市组织开展集中整治和规范行业协会、市场中介组织服务和收费等工作。根据市委《关于加强和改进新形势下党的建设的意见》要求，在非公有制经济组织、新社会组织中建立党组织，选好配强社区、“两新”组织等党组织负责人，推行以行业主管部门为主组建和管理新社会组织的模式。

2010年9月，市民间组织管理局承担市委社会组织工作委员会具体工作后，至年底，全市共登记社会组织1016个。其中，社会团体628个，涵盖行业性、专业性、学术性、联合性全部类别。莒县食用菌协会被民政部评为“全国先进社会组织”，日照保险行业协会等16家社会组织被省民政厅评为“山东省先进社会组织”。

2011年，市社会组织党工委根据省委组织部、省社会组织党工委《关于在全省非公有制企业和社会组织中按照党员“一方隶属、多重管理、全程作用”模式开展“建组织、扩覆盖”活动的通知》等文件精神，在市直业务主管部门中成立社会组织党委（总支）、在社会组织中发展党员、规范建设基层党建示范点、推进社会组织基层党组织党务公开等工作。是年11月，在全省成立第一家具有社会组织孵化性质的园区——日照市社会组织创业园运营，首批确定入驻社会组织15家，其中公益类社会组织12家。市民政局开展全市先进社会组织评选表彰活动。

2012年，日照市开展资助社会组织承接社会服务项目试点工作，经过社会组织自愿申报、业务主管单位推荐、试点工作办公室评议审定等程序，确定关爱失独家庭、关爱空巢老人、救助贫困儿童、扶持贫困大学生就业等10个公益服务项目，列支50万元专项资金对10个公益组织实施资助，开展社会服务。

2013年，按照民政部《关于开展创建全国社会组织建设创新示范区活动的通知》，日照市积极组织开展示范区创建工作。开展福彩公益金资助社会组织承接社会服务项目，列支30万元市级福彩公益金资助社会组织开展公益项目。日照暖阳公益联合会“日照暖阳项目”被民政部评选为全国优秀志愿服务项目三等奖，是山东省唯一获奖的全国优秀志愿服务项目。11月，开展在行业协会商会类社会组织兼职（任职）清理整顿工作，规范党政机关干部在社会团体兼任领导职务。

第二节　民办非企业登记管理

1998年10月，国务院颁布《民办非企业单位登记管理暂行条例》，明确民政部门是民办非企业单位登记管理机关。

2001年7月，市民政局开始办理对民办非企业单位登记工作。2002年，开展“民办非企业单位复查登记检查验收”，全市民办非企业单位登记注册率为95%，民办非企业单位的管理工作趋于规范。2004年，结合复查登记和年检工作，市民政局共注销民办非企业单位648个，乡村民办非企业单位及农村卫生组织、托儿所等由于业务管理体制变化被注销。

2006年，开展社会团体清理规范和全市民办非企业单位诚信建设活动。制定市管民办非企业单位自律与诚信建设实施方案，采取签署倡议书、举行“慈心一日捐”捐款以及建立健全重要信息披露机制等方式，深入开展自律与诚信建设活动。2007年，市民政局在全市开展民办非企业单位自律与诚信建设。

2010 年,开展民办社会工作服务机构情况调查,机构名称中带有“社会工作”“社工”字样,章程中明确社会工作服务宗旨、业务范围和服务方式的民办非企业单位,直接确定为民办社工机构。至年底,全市共登记民办非企业单位 388 个,涉及科技、教育、体育、文化、教育培训、信息中介等多个门类。在全市社会组织开展“慈心一日捐”和抗震抗旱救灾捐赠活动,各社会组织积极行动起来,大力弘扬“一方有难、八方支援”的抗震救灾精神,伸出援助之手,积极帮助灾区人民克服困难。2013 年,在全市民办非企业单位中开展塑造品牌与服务社会活动。

第三节　非公募基金会登记管理

2013 年 7 月,根据省民政厅《关于创新社会组织登记和管理工作的通知》精神,非公募基金会的登记权限由省民政厅下放至设区的市和县(市、区)民政部门,市民政部门开始承担非公募基金会的登记管理工作。日照市第一家非公募基金会日照一中教育基金会成立。至年底,全市登记注册非公募基金会 3 家。

第三十五编　外事　侨务　对台工作

日照市地处全国对外开放前沿，是扩大开放、走向世界的重要门户。1989—2013 年，日照市先后邀请国外客商来访 2502 批 4533 人次；全市因公临时出国 3175 批 9652 人次。先后与土耳其特拉布松市等 5 个国外城市缔结为友好城市，与巴西瓜路佳市等 30 多个国外城市建立友好交流与合作关系。

日照市是山东省重点侨乡之一，海外华侨华人众多。2013 年，日照市旅居海外华侨华人约 3 万人，分布在 26 个国家和地区，以美国、韩国、朝鲜、日本、加拿大、澳大利亚分布较为集中，约占海外华人华侨的 80%。他们热爱家乡、关注日照，在日照市对外开放和现代化建设中发挥了重要作用。

日照市在 20 世纪 40 年代有近万人去台湾，截至 2013 年，加上二、三、四代台胞，日照市约有台胞 6 万人，台属 6 万多人，是山东省对台工作重点市之一。建市以来，重视开展对台经贸活动。1987 年 11 月，台湾地区正式开放台湾居民前往大陆探亲。加强涉台宣传教育，积极推介日照。

第一章　外　事

外事工作是对外开放的窗口，是加强对外联系的桥梁和纽带。地级市建立后，日照市外事部门牢牢把握积极作为、科学务实的工作基调，充分发挥综合协调职能，进一步增强责任感、紧迫感，科学谋划，开拓创新，全力做好外事工作，全面提升服务水平，为全市扩大对外开放、发展外向型经济做出积极贡献。

第一节　出入境管理

外交部下放授权权限　1990 年 10 月以前，日照市人员出访向山东省外事部门申报，由省外事部门出具出国签证事项表，报外交部办理护照和签证。邀请国外客人来访，也必须向上级外事部门申报，由上级外事部门对外发出邀请函电和通知签证函电。同年 10 月，外交部下放授权权限，下发《关于增加被授权单位的通知》，授权日照市自 11 月起对外发邀请函电和通知签证函电；同年，下发关于日照市外办可出具“事项表”，同意日照市外事办公室可以向山东省外事办申办护照、签证，出具申请出国护照、签证事项表。

办理对外邀请、因公出国批次和数量　1990—2013 年，日照市对外邀请来访共 2502 批，4533 人次，签批因公临时出国共3175批9652人次。其中,1990—1993年,日照市对外邀请来访217批768人次,因公临时出国239批826人次。对外邀请来访最多的是2008年,为212批368人次;对外邀请来访最少的是2003年,为54批96人次。因公临时出国最多的是2006年,为200批600人次;因公临时出国最少的是2013年,为86批205人次。

第二节　领事保护与涉外案件处理

1989—2013年,日照市外事部门协助驻外使领馆妥善处理海上渔业纠纷、重大自然灾害、突发事件、社会动乱、劳务纠纷等方面80多起领事保护案件,有力维护了日照市民在海外的安全和合法权益。

越界捕鱼　1999年3月17日,妥善处理日照市渔船因越界捕鱼被韩国海警抓扣案。

工资拖欠　2004年8月22日,妥善处理日照实习生在日本LookRUN公司实习工资被拖欠事件。

劳务纠纷　2007年6月,妥善化解日照在莫桑比克务工人员因劳资纠纷而威胁对大使馆采取极端措施的问题;7月,妥善处理莒县在蒙古国务工人员劳务纠纷案。2008年7月,协调处置日照在俄罗斯务工人员劳务纠纷事件。

应急处理　2005年7月27日,妥善解决莒县公务员在韩国研修期间,因组织其赴韩机构未能兑现出国前的有关承诺,提出到大使馆请愿的问题;2011年2月,完成日照在利比亚人员的安全撤离任务;3月,妥善处置在日本大地震重灾区的日照市38名研修生失联的突发事件。

合资纠纷　2004年11月,妥善处理莒县中韩合资企业华蔚纸业有限公司韩方投资人合资纠纷一事。

购物纠纷　1999年3月28日,妥善处理FW公司常驻工地代表美国专家在海纳商城购物被打事件。

交通肇事　2003年3月至2008年12月,先后妥善处理奥地利籍专家涉嫌交通肇事罪被刑事拘留案,韩国籍工人在同三高速日照路段交通事故案,韩国籍4人因车祸死亡案件,日本籍1人因车祸死亡案件。

入境求助　2008年6月13日,4名驾帆船到华的日本公民因缺乏淡水、食品等向日照市求助,在市外侨办、口岸办、体育局和日照海关、边检、检验检疫、海事等部门的帮助下,帆船在日照世帆赛基地成功靠泊并办理入境手续。

货物滞留　2008年10月,妥善处理因日照至韩国平泽市黄海轮渡出现故障,400名韩国商人货物滞留船上的问题。

第三节　对外友好关系

1989年后,日照市先后与土耳其特拉布松市、新西兰吉斯本地区、日本室兰市、墨西哥夸察夸尔科斯市、韩国唐津郡5个城市缔结为友好城市,与巴西瓜路佳市、德国舍讷贝克市、德国布兰肯堡市、韩国平泽市、韩国浦项市、西班牙巴塞罗那市、法国旺多姆市、意大利雷焦·艾米利亚市、俄罗斯布拉戈维申斯克市、瑞典韦斯特罗斯市、南非乌吞古卢市、加拿大奥沙瓦市、美国阿罕布拉市、澳大利亚黄金海岸市等30多个国外城市建立友好交流与合作关系。

友好城市

土耳其特拉布松市　地处土耳其共和国东北部黑海沿岸，系特拉布松省省会城市，总面积4664平方千米，总人口75万人，是土耳其东北部黑海沿岸重要贸易、交通、文化、旅游中心。该市盛产烟草、柑橘、玉米、马铃薯和榛子，主要矿产有铜、铅和铁，主要产业为水产捕捞和加工业、茶叶种植和加工业、水泥制品业、手工艺品及首饰加工业、木制品加工业、纺织品加工业、金属加工业、制鞋业等，拥有机场和特拉布松港口。特拉布松港建于1949年，是该地区最大港口，吞吐量为250万吨，主要出口粮食、家畜和烟草。1991年10月，特拉布松市副市长布尔汗·贾黑特·唐奇率团对日照市进行首次访问，双方签署《关于发展友好城市关系意向书》。1991年12月，日照市市长王家政率团赴特拉布松市进行首次访问，双方签署《关于建立友好城市关系协议书》，正式缔结友城关系。1996年8月至2005年10月，特拉布松市市长阿瑟姆·阿依坎、沃尔康·加拿利澳卢先后率团到日照访问。1997年5月至2005年9月，市委、市政府有关领导先后率团访问特拉布松市。

新西兰吉斯本地区　位于新西兰北岛东海岸中北部，紧靠国际日期变更线，是全世界每天最早见到太阳的地方之一。吉斯本总面积8331平方千米，人口43910人，其中市区人口约33200人，主要产业为林业、牧业、农业、渔业、食品加工业、木材加工业、酿酒业、园艺业。吉斯本地区拥有吉斯本机场和吉斯本港，交通较为方便。1994年9月，由新西兰中部地区卫生保健总局主席罗斯·詹森爵士率政府代表团到山东访问，吉斯本地区市长约翰·克拉克同团。其间，代表团到日照进行友好访问。1995年6月，日照市政府领导率团赴吉斯本地区考察，双方签署《关于发展友好合作与交流关系意向书》。1996年8月，吉斯本地区市长约翰·克拉克率团到访，双方签署《关于建立友好城市关系协议书》，正式缔结友城关系。2000—2011年，日照市委、市人大常委会、市政府、市政协有关领导先后率团赴吉斯本地区考察访问，吉斯本地区市长蒙·方、行政长官鲍勃·艾略特先后率团对日照进行友好访问。

日本室兰市　位于日本北海道地区南部，总面积80.66平方千米，人口94531人。室兰港于1872年建成使用，有大型船舶公用码头46个、企业专用码头63个，航道最大入港船舶为15万吨，货物年吞吐量5400万吨，是日本重要港口。室兰市主要产业有工业、水产业、商贸业和港口运输业，骨干工业有钢铁冶炼铸造、机械制造、石油精炼、造船、水泥等。日照市自1996年起与室兰市开展友好交流，2000年10月签署《关于发展友好城市关系意向书》，2002年7月26日正式缔结友城关系。在友好交往中，双方互派团组17批182人次，民间交流团组12批87人次；日照市先后派出短期专业技术研修生4批8人次，为期3年的服装加工技术研修生10批40人次；双方开展中学生校际交流活动4次。

墨西哥夸察夸尔科斯市　位于加勒比海与大西洋一侧的墨西哥湾，城区面积471平方千米，人口30万人，是墨西哥重要石油化工港口城市。第一产业有农业、畜牧业和渔业等，仅占国民经济的2.23%；第二产业有矿业、石油与天然气开采、制造业、电力与建筑业等，占国民经济的38.08%；第三产业有商业、运输、金融及公共管理等，占国民经济的55.69%。2005年10月，夸察夸尔科斯市市长伊万·赫尔曼率团访问日照，双方签署《关于发展友好城市关系意向书》。2005年10月26日，日照市十五届人大常委会第22次会议通过《关于日照市与墨西哥夸察夸尔科斯市缔结友好城市关系的决定》。2005年11月，市长于建成率团访问夸察夸尔科斯市，双方签署建立友好城市关系协议书，正式缔结友城关系。2006—2013年，日照市委、市人大常委会、市政府有关领导先后率团访问夸察夸尔科斯市，维拉克鲁斯州州长贝尔特朗、夸察夸尔科斯市市长蒙铁尔先后率团到日照访问。

韩国唐津郡　位于忠清南道北部、韩国的西海岸，面积694.8平方千米，人口16.4万人。东面是牙山市，东北面与平泽市隔西海大桥相望，西边是瑞山市，南面是礼山郡，北面隔南阳湾和京畿道华成郡相邻。唐津郡交通发达，西海岸有高速公路、国道和西海大桥交会，平泽港客船码头位于唐津港内。唐津郡于2002年4月通过韩国地方政府国际化协会北京代表处联系日照市对外友好协会，表示愿同日照市建立友城关系。2003年11月13日，唐津郡郡守金洛圣访问日照，两市签署友好交流意向书。2004年9月15日，唐津郡新任郡守闵宗基访问日照，与日照市达成互派公务员见习访问协议。2004年11—12月，唐津郡共有107名公务员分7批到日照考察。2007年4月27日，市长杨军访问唐津郡，双方签署建立友好城市协议书，正式缔结友城关系。2013年9月，“2013中国日照韩国周”期间，两市签署友好交流与合作协议书，就全面加强行政、经贸、教育、文化、旅游和医疗等领域合作达成共识，日照港与唐津港签署建立友好港口关系协议书。截至2013年，唐津郡副郡守以上级别到访13次，日照市副市长以上级别访问唐津郡6次。

友好合作关系城市

亚洲地区有韩国平泽市、浦项市、首尔市铜雀区、始兴市，菲律宾卡加布兰市。

欧洲地区有德国布兰肯堡市、舍讷贝克市，法国旺多姆市，西班牙巴塞罗那市，意大利雷焦·艾米利亚市，瑞典韦斯特罗斯市，俄罗斯布拉戈维申斯克市。

非洲地区有南非德班市、乌姆萨图兹市。

美洲地区有加拿大奥沙瓦市、美国阿罕布拉市。

大洋洲地区有澳大利亚黄金海岸市和西澳洲罗伯恩郡。

第四节　重要到访出访活动

来访　1989—1995年，日照市共接待国外各类代表团600余批3000多人次。其间，促成以色列哈代拉市市长来访，为推进两市友好交流合作奠定了基础；接待澳大利亚班克斯敦市市长到访，开辟和建立新的对外交往渠道。

1996—2000年，日照市接待到访活动持续增多，规格不断提高。其间，邀请新西兰吉斯本地区和土耳其特拉布松市市长到访，并分别签署友好关系协议；接待美国海思煤化工项目考察团、日本与韩国板栗考察团、日本驻华使馆和韩国驻青岛总领馆官员及中国驻土耳其大使馆吴克明、驻土库曼斯坦大使馆商务参赞梁生银等重要到访团组。

2001—2005年，日照市对外交往发展迅速，高层到访取得重大突破。先后促成韩国平泽市市长、德国舍讷贝克市市长、新西兰吉斯本地区市长、日本室兰市市长、美国富乐敦市市长和韩国平泽市、日本室兰市、日本清水市代表团到访。先后接待玻利维亚驻华大使、韩国驻青总领事、中国驻丹麦大使等相继来访，尤其是韩国唐津郡百名公务员分7批到日照市观摩考察，在全省引起轰动效应。

2006—2013年，到访团组和人数持续增加，国家和地区覆盖面不断扩大，高层互访频繁，成果丰硕。其间，斐济驻华大使艾萨拉·泰莱尼、马尔代夫驻华大使莫芮德、韩国国会议员朴振、韩国驻青岛总领事黄胜炫、澳大利亚黄金海岸市市长汤姆·泰特、罗马尼亚克鲁日县县长霍利亚、物理学家丁肇中、现代集团会长郑梦九、现代汽车集团副会长薛荣兴、美国甲骨文公司全球副总裁罗伯特·格林等重要外宾到访，推动了相关领域的务实合作。2013年9月26—30日，“2013中国日照韩国周活动”在日照举办，以韩国驻青岛总领事黄胜炫、现代汽车集团副会长薛荣兴为代表的370余名韩国嘉宾友人齐聚日照对接项目、洽谈合作,畅述友情,共谋发展。5天时间里,8大板块21项活动精彩亮相,多家媒体进行广泛报道,日照成为共同关注的焦点。

出访 1989—1995年,日照市出访团组共计479批1636人次。其间,市级领导率团或随团出访美国、加拿大、日本、新西兰、澳大利亚等30多个国家和地区,均取得良好效果。1991年12月,市长王家政率团赴土耳其进行友好访问。1994年6月,市长尹忠显率团一行10人赴以色列进行友好访问。

1996—2000年,随着新亚欧大陆桥东方桥头堡地位的确立,日照市对外交流与合作的渠道日益广泛,领域不断扩大。1996年,先后有4位市级领导人率团或随团赴德国、比利时、芬兰、瑞典、荷兰等国家考察访问。1997年5月,副市长肖开富率团赴土耳其、以色列进行考察访问。1997年,市级领导有11人次率团或随团出访,增进对外部世界和交往对象的实际了解,扩大对外影响,推进了国际交流与合作。1999年,日照市共办理市级领导人及各种名义的对外公务函电400余份,涉及30多个国家和地区。2000年,全市市级领导人率团或随团出访13人次,外派出国(境)执行公务人员180批597人次,其中经贸团组115批318人次,非经贸团组40批95人次,技术研修培训团组25批184人次,涉及20多个国家和地区。

2001—2007年,日照市出访活动持续频繁,大力发展国际城市关系,与日本室兰市、韩国平泽市、韩国唐津郡、墨西哥夸察夸尔科斯市、新西兰吉斯本地区、德国舍纳贝克市、法国洛里昂市等国外10余个城市的友好关系更加密切,通过各种渠道与美国、澳大利亚、加拿大的3个城市建立联系,使国际关系城市突破20个,完成在美洲、欧洲、亚洲、大洋洲等全球主要板块建立友好交往渠道的布局。2002年7月,市长李兆前率团访问日本室兰市,双方签署《建立友好城市关系协议书》,正式缔结友城关系。2004年,市长于建成率团访问丹麦,促成岚山超临界发电项目签约。

2008—2013年,日照市高层出访频繁,成果丰硕。新建友好交流与合作关系城市11个,分别是菲律宾卡加布兰市、俄罗斯布拉戈维申斯克市、美国阿罕布拉市、加拿大奥沙瓦市、南非德班市、南非乌姆萨图兹市、南非乌吞古卢市、法国旺多姆市、德国布兰肯堡市、澳大利亚黄金海岸市、韩国铜雀区,日照市国际关系城市有30余个。其间,市委书记杨军、市长李同道分别出访加拿大、英国、俄罗斯、韩国、瑞士、匈牙利等国,推动了与上述国家的友好关系发展和经贸、文化、教育、体育等领域的交流与合作。2013年,市委书记杨军赴新加坡、南非、肯尼亚进行友好访问,探讨友好合作,洽谈项目。

第二章 侨 务

日照市是山东省重点侨乡之一。全市侨务部门以北美、日韩、东南亚地区为重点,以侨团为抓手,主动联系,奋发有为,努力育侨源、招侨资、引侨智、汇侨力,积极听侨声、察侨情、解侨忧、聚侨心,推动国外侨务工作跨越发展,实现国内侨务工作新突破,有力地促进了全市经济社会事业发展。

第一节 侨 情

华侨概况 随着改革开放的不断扩大,旅居海外的日照人日益增多,其知识层次、从事职业等情况也较早期华侨华人发生较大变化,逐步转向科技、教育、工业、卫生等领域。据统计,日照市海外华侨华人中有一大批在政治上有影响、经济上有实力、科技上有造诣的重点人物。尤其在科技领域，以物理学家、诺贝尔奖获得者丁肇中为代表的专家学者共1000余人，在山东素有“科技侨乡”之称。2013年，全市旅居海外华侨华人近3万人，分布在世界26个国家和地区，以美国、朝鲜、韩国、日本、加拿大、澳大利亚分布较为集中，约占海外华侨华人总数的80%。

投资情况 海外华侨华人惦记家乡，关注日照，一批有实力的企业家纷纷到日照投资兴业，在日照市对外开放和现代化建设中发挥了重要作用。2013年，全市共有侨资项目200余个，实际利用侨资70多亿美元，华侨华人在经济建设中的地位日益重要。

归侨情况 日照市的归侨多是中华人民共和国成立后从朝鲜回国的，约有2000人，侨眷近7万人。侨务部门根据党和国家的方针政策，积极帮助归侨侨眷解决在住房、就业、子女升学、土地及生产生活等方面存在的困难和问题，使归侨侨眷皆能安居乐业。

第二节 侨务政策与管理

落实侨务政策 1990年《中华人民共和国归侨侨眷权益保护法》颁布实施，使侨务工作由依靠政策走上依法管理的轨道。1991年山东省颁布《山东省实施〈中华人民共和国归侨侨眷权益保护法〉办法》，1997年对“实施办法”进行修改，同时山东省侨办会同有关部门联合制定多个配套政策文件。为进一步落实国家和省有关法规政策，日照市不断加大工作力度，在落实提高早期归侨退休待遇、归侨侨眷职工下岗就业、“三侨”考生优惠加分、发放归侨生活困难补助、华侨到日照定居等政策方面均取得显著成效，并通过开展“侨法宣传月”、设立“侨法宣传角”等多种形式，向社会广泛宣传侨法，推动侨法宣传工作常态化，基本形成爱侨助侨、依法护侨的社会氛围。

出台促进侨务工作文件 2013年，日照市根据《国家侨务工作发展纲要（2011—2015年）》，下发《日照市人民政府关于促进侨务工作科学发展的实施意见》，进一步明确侨务工作服务全市科学发展的切入点，提出新时期侨务工作的主要目标和重点措施，成为推进当前和今后一个时期侨务工作的重要指导性文件。

第三节 侨务工作

海外联络联谊 1989—2013年，已与韩国中华总商会、印尼中华总商会、马来西亚马中经贸总会、泰国工商总会、美中工商联合会、美国山东同乡会、法国山东协会等20多个国家和地区的40多个社团、商会建立稳定的交流关系，逐步形成以北美、东南亚地区及日韩等国为重点，其他地区逐步拓展的海外友好关系网络，为日照市扩大开放、发展外向型经济、集聚了宝贵的侨力资源。

改善侨眷民生 2002年，日照市共有贫困归侨侨眷1800余人。对于贫困归侨侨眷，党和政府非常重视，把扶持和帮助他们脱贫致富作为一项重要工作来抓。自2003年起，日照市逐步发起成立以日照侨务扶贫救助基金、政府财政救助、侨爱新村项目、亲侨助困工程、圆梦行动、常芳助学基金为主体的“立体化侨务扶贫救助机制”，全市每年可利用侨务扶贫救助资金100余万元，可帮扶救助贫困归侨侨眷、学生300余人。自1989年以后，共为全市1000多名归侨侨眷办理身份认定手续，照顾归侨、侨眷子女升学100余人，妥善处理归侨、侨眷来信来访1020件（次）。

华人华侨支持家乡建设　1989年后，侨务工作进入全方位、多层次发展的新阶段，越来越多的海外华人华侨到日照探亲、创业、捐款捐物，积极投入到日照市经贸、科技、文化、教育、医疗等各项事业中。1989年，美籍华人张复兴捐款6.3万元，为家乡莒县陵阳镇借庄村建教学楼1座，改善本村及邻村学生的学习条件。1990年，美籍华人许传修捐资4万美元在日照一中和蓬莱二中设立“玉德奖学金”。1991年，美籍华人尹作玉捐款16万元在日照开发区裴家村新建“思母小学”。1996年，尹作玉捐款12万元，在山东师范大学设立奖学金，奖励优秀教师和品学兼优学生；先后捐赠临沂侨办、日照侨办面包车、轿车各1辆。美籍华人李荣新，自1989年以后，与丈夫尹书田、长子尹衍梁先后向日照一中捐款230万元，新建教学楼1座（又名“书田楼”）和体育馆1座，另向家乡公益事业捐款17万元。2004年，经山东省侨办和日照市外侨办牵线搭桥，促成新加坡金鹰集团与日照市合作，成立亚太森博浆纸有限公司。2006年，韩国中华总商会会长、现代汽车集团副会长薛荣兴为支持家乡教育发展，捐款30万元建设莒县荣兴小学，并推动韩国现代汽车集团与日照职业技术学院合作建立现代汽车人才培养基地，韩国现代汽车集团捐赠现代汽车18个车型50辆车、26台发动机和180件套汽车零部件，总价值达100万美元，建设现代汽车维修技术校内实训基地。2010年，新加坡金鹰集团主席陈江和向日照市捐赠3000万元人民币，用于日照市图书馆项目工程建设，这是日照建市以来收到的最大一笔捐赠资金。

第三章　对台工作

第一节　涉台经贸

日照市在20世纪40年代有近万人去台湾，截至2013年，加上二、三、四代台胞，日照市约有台胞6万人，台属6万多人，是山东省对台工作重点市之一。1986年，第一家台资企业入驻日照。此后，台企数量逐渐增多，投资规模不断扩大。1991年，全市台资企业10家，至1998年发展到100余家。台商在日照的投资领域主要集中于机电、纺织、食品、农业种植、加工制造、精细化工等产业，并逐步向旅游资源开发、商业服务、水产品加工等领域延伸。为适应国家经济发展方式转变，台资企业通过多种途径升级改造，台商投资呈现由劳动密集型向资金密集型、技术密集型转化的趋势。1999年，市台办制定下发《对台经济工作意见》，向台湾企业界推介日照市科技成果和招商项目。利用举办“日照（北京）招商引资恳谈会”“日照市人民政府招待酒会”“建市十周年对外经贸联谊恳谈会”“厦门对台招商会”之机，主动联络台商台企参观考察，宣传日照，洽谈合作。2000—2005年，日照市新增台资项目33个，总投资额近2亿美元。2005年10月，日照市台商工业园启用并举行第一批进园项目签约仪式，共签订协议项目14个，投资总额2700万美元。2006年，市政府主要领导带领招商团赴广东省东莞市开展大规模对台招商活动，签订项目22个。2007年，省台办批准设立山东省（五莲）台湾工业园和山东省（东港）台湾工业园，当年有5家台资企业落户台湾工业园，总投资额5300多万美元。推荐评选省级文明诚信台资企业2家，市级台资、台属企业16家。2008年，在岚山区高兴镇新批准设立以木片加工、五金、商贸物流等临港产业为主导产业的山东省（岚山）台湾工业园。2009年，台湾工业区厂商联合总会、中小企业经营战略协会、工商建研会等多个团组到日照考察,两地经贸合作进入快速发展时期。2011 年,市政府主要领导率团赴台湾参加“台湾山东周”活动,洽谈推动经贸合作项目。2012 年,举办日照市市情暨招商引资环境推介会,120 余名全国台企联、各地台协会会长、重要台商参加活动。2013 年,出台《日照市支持台资企业发展优惠政策》,大力支持台资企业在日照发展。9 月,市政府主要领导率团赴台湾参加高雄亚太城市高峰会。截至 2013 年 12 月,全市累计批准台资项目 202 个,总投资 6 亿多美元;台资企业 69 家,其中投资 1000 万美元以上的台资企业有 10 家;建立省级台湾工业园区 3 个。

第二节　对台交往交流

1987 年 11 月,台湾地区正式开放台湾居民前往大陆探亲。1988 年,日照籍台胞、台湾润泰工业集团董事长尹书田回乡省亲,捐款修建日照一中“书田楼”并为家乡架设输电线路。1994—1995 年,全市接待台胞 781 人次,因私赴台 117 人,安置台胞 20 人。1996 年 4 月,在台北成功举办莒县书法作品展;6 月,日照市举办“鲁照”杯根艺书法大赛,邀请台湾著名盆景艺术大师、中国文化大学教授梁悦美现场指导,促进两地间的文化交流。1998 年,举办莒县同乡会回故乡书画展和台胞刘光芬画展活动;同年 12 月,日照市委副书记邵长福率中学教育管理交流访问团赴台交流访问,与台湾有关部门进行交流学习,这是日照市首次由市领导带队赴台开展交流活动。1999 年 11 月,台胞王文燮率领台湾“日照中学旅台校友联谊会”首次回乡访问。2000 年,组织举办台湾摄影家许子专先生摄影展。2002 年,举办台湾著名画家王农“马到成功画马展”和莒县同乡会台胞书画展。2003 年,台湾日照同乡会、日照校友会、莒县同乡会先后组织 5 批 89 名台胞、台商到日照市考察交流。8 月,以市委书记李兆前为团长、各区县委书记和市直有关部门、企业负责人为成员的日照经贸考察团赴台湾考察交流。2004 年 10 月,台湾日照同乡会参访团在荣誉会长王文燮、会长王恕民带领下回乡参访并参加日照一中建校 80 周年校庆。2007 年,市农业经贸考察团赴台考察;市人民医院被确定为山东省台湾同胞定点医疗服务机构。2009 年 10 月,举办“高雄市里长齐鲁文化之旅”活动,邀请高雄市 48 名里长、社区理事长先后参访日照、临沂、济宁、泰安、青岛 5 市,被国台办确立为重点交流项目,由日照市台办每年举办。2010 年 4 月,台北青年演奏家乐团一行 8 人到日照参访,其间举办“日照—台北青年学生文艺交流”活动。2011 年 8 月,台湾润泰集团总裁尹衍樑先生一行到日照市参访考察,并参加大润发商业中心开业活动。2012 年,举办首届“日照—台湾两岸文化联谊暨海峡两岸书画名家联展”系列活动,邀请两地 20 多名书画家座谈交流并举行笔会、现场作画。2013 年,台湾刘泰英、王文燮等知名人士率团到日照市参观考察。截至 2013 年 12 月,到日照市探亲、旅游、经贸考察的台胞 21035 人次,交流团组 600 余个;日照市组织赴台交流团组 180 个 791 人次,因私赴台近 7000 人次。经批准,全市累计安置定居台胞 125 人。

第三节　涉台宣传教育

1989 年,利用报刊、电台、信件等形式向台胞宣传“一国两制”祖国和平统一的重要意义和对台工作方针政策。1990—1993 年,以扩大开放、加强交流、引进外资为重点,进行涉台教育和对台宣传工作。1994 年,全市发放介绍日照图片、资料 22 种 4 万份,组织撰写 52 篇对台宣传稿件。1995 年,开展“联谊先联人、交友要交心”活动,市区县主要负责人出面会见台胞 120 人次。1996 年,利用台湾刊物《台声》杂志和《工商时报》专版宣传日照，系统介绍日照市经济社会发展和投资环境。引导广大台属开展向台湾亲友“寄一张贺年卡、写一封家信、介绍一个项目”的活动，增进两岸人民亲情。1997 年，组织各级干部和广大群众积极踊跃参加省台办和大众日报联合举办的“迎香港回归、促祖国统一”知识竞赛活动；在全市中小学开展“台湾问题与祖国统一”为主题的涉台知识进校园教育活动。1999 年，邀请香港、台湾记者到日照采访，在《香港商报》、台湾《两岸共赢》杂志分别刊登对市长的专访和《勿忘在莒龙山日照行》等文章。2000 年，南京华艺音像公司与台湾卓越传播公司合作摄制的电视纪录片《大陆名城之旅》摄制组对日照市采访拍摄，在电视台通过卫星播出。2001 年，编印对台宣传画册《黄海明珠·日照》，通过各种渠道在台湾发行。2004 年，在华夏经纬网设立日照网页，制作栏目 26 个，组织撰写《走进山东》一书日照专页 12 页，并在台湾发行。2007 年，在市委党校举办涉台知识讲座和学习班，培训干部 300 多人，丰富了各级干部的涉台知识。2009 年，邀请台湾东森、TVBS、中天电视台和《远见》杂志等媒体，对日照市循环经济、联合国人居奖、农村渔家乐、帆板运动、太阳能利用等进行采访，并在台湾播出。2011 年，中天电视、年代电视、真晨报、少年中国晨报、台湾《工商时报》等媒体对日照市港口发展、太阳能利用、绿能产业和独特的区位优势、良好的生态环境进行考察，在岛内作了系列报道。2012 年，国台办确定日照为“魅力城市”宣传入岛重点城市之一，台湾旺旺集团中时文化传媒到日照市采访 8 天，在台湾主流媒体报道。同年，日照市电视台赴台拍摄电视纪录片《丁惟汾》并在台湾播出，引起较大反响。

第四节 涉台社会团体

日照市台属联谊会 1998 年 8 月 11 日，召开日照市首届台属代表大会，120 名台属代表与会，日照市台属联谊会成立，会议选举马世治任台属联谊会首届会长。后于 2003 年 12 月、2013 年 1 月，先后召开第二届、第三届台属代表大会，分别选举傅荣瑞、叶成为台属联谊会会长。

日照市台湾同胞投资企业协会 2009 年 6 月 10 日，日照市台湾同胞投资企业协会成立，陈亮祖当选为首任会长。6 月 12 日举办协会成立庆典大会，大会共有全国 45 个台协会包括 23 名会长在内的 136 名代表，以及特邀嘉宾 210 多人出席。2012 年 10 月 14 日换届，陈亮祖连任会长。

日照市海峡两岸经贸文化合作促进会 2012 年 8 月 9 日，日照市海峡两岸经贸文化合作促进会召开成立大会，通过了海峡两岸经贸文化合作促进会章程，选举阎波为首届会长。

第三十六编　文　化

日照地区文物古迹众多，名人荟萃，文化人才辈出。至2013年，全市普查确认和发掘出全国重点文物保护单位7处、省级文物保护单位19处、市级文物保护单位44处、县级文物保护单位307处，其他不可移动文物931处。中华人民共和国成立后，日照市先后涌现出作家王安友、李存葆，画家王板哉等文化名人。1989年地级日照市建立后，文化艺术事业快速发展，文艺创作硕果累累，至2013年，日照市共获省以上大奖37项，其中，泰山文艺奖17项，山东省精品工程奖7项，其他省以上大奖13项。日照农民画、日照黑陶、五莲茂腔、岚山渔民号子、“满江红”、“水族舞”等民间艺术纷呈。全市共有世界文化遗产1处，列入第二批国家级非物质文化遗产名录和第一批国家级非物质文化遗产扩展项目名录5项，省级非物质文化遗产名录和扩展项目名录14项。图书、档案、地方党史、地方史志、新闻媒体、非物质文化遗产保护和利用等工作成绩显著，新建市博物馆、图书馆、档案馆、方志馆，不断满足着人民群众日益增长的文化需求。

第一章　文学艺术

中华人民共和国成立之初，日照籍作家王安友以家乡题材创作的戏剧（吕剧）《李二嫂改嫁》，在全国影响很大。20世纪80年代，五莲籍作家李存葆创作的中篇小说《高山下的花环》，一度轰动全国。

1989年后，日照市艺术创作进入空前活跃期，呈现出百花齐放、百家争鸣的喜人景象，并涌现出以赵德发、夏立君等为代表的一大批作家、诗人。1996年，日照文艺奖设立，一年一评，对鼓励文学艺术创作发挥了一定作用。

2001年日照市文学艺术界第二次代表大会召开后，市文学艺术界联合会逐步发展团体会员49个，主要有作家协会、文艺评论家协会、美术家协会、戏剧曲艺家协会、音乐舞蹈家协会、书法家协会、民间文艺家协会、摄影家协会、赏石协会、花卉盆景协会、根艺协会、艺术设计家协会、民间收藏家协会等。

至2013年，日照市共获省以上大奖37项，其中泰山文艺奖17项、山东省精品工程奖7项、其他省以上大奖13项。

第一节　民间文学艺术

民间文学

1989年，市文化部门参加“国家艺术科学重点研究项目——中国民间文学集成”的编纂工作，将流传在日照境内的“民间故事”“民间歌谣”“民间谚语”挖掘、收集、整理出来。同年10月印刷出版《日照民间故事卷》第一卷和《日照民间歌谣·谚语卷》第一卷。在此前后，刘树芬主编的《莒县民间文学集成》“故事卷”“歌谣卷”和“谚语卷”（三集）、赵斌主编的《五莲民间故事选》先后出版。

2005年，市图书馆在莒县、五莲民间故事集的基础上，编纂出版《日照民间故事选编》为国家非物质文化遗产名录项目的推选提供大量素材和依据。

民间戏曲、音乐

满江红　“鲁南五大调”之一，曲调优美细腻，古雅抒情，素有“细曲”“雅歌”之称，是古时渔民在海上消遣、节庆娱乐的一种音乐表现形式。伴奏乐器就地取材，以酒桌上的“碟子”“酒盅”“碗筷”和“钱琴”（铜钱穿串而成）为主。所唱内容以“四盼”“梁山伯与祝英台”“白蛇传”等传统曲目为主。1957年刘克山、徐子茂携“四盼”进京演出，引起轰动。2008年，满江红被列入第二批国家级非物质文化遗产名录。

五莲茂腔　茂腔，是在五莲境内流行广、群众喜闻乐见的一个剧种。据推算，茂腔戏已在五莲流行200年以上。五莲茂腔起源于明末清初的民间小调、秧歌。明末，敲狗皮鼓（或牛皮鼓）演唱的“姑娘腔”传入五莲境内，与当地花鼓秧歌相结合，演变为“肘鼓子”，即“本肘鼓”，唱者以方言土调演唱，伴奏配以肘鼓、手锣。五莲茂腔还与苏北的柳琴戏乃至近代的京剧、河北梆子有渊源，与胶州茂腔、高密茂腔、诸城茂腔、莒县“周姑戏”等，既是同宗，又有区别。特别是自20世纪50年代五莲县茂腔剧团建立后，曲调和演奏艺术不断创新发展，形成具有鲜明特征的茂腔剧种，内容多是倾诉人间不平、抨斥世事丑恶的民间传说、历史故事等。传承下来的传统剧目有“四大京”“八大记”《红罗帐》《葡萄架》《梁山伯与祝英台》等50多个。移植改编《小姑贤》《天波楼》《搜书院》《生死牌》《墙头记》《杨八姐游春》《状元与乞丐》《郑小姣》等剧目近60出，先后上演《刘介梅》《三世仇》《夺印》《李双双》《红灯记》等现代剧目80多出。另有创作剧目《卧龙沟》《九仙女下凡》《市场红哨》《慈母碑》等。

周姑戏　“周姑戏”已有近200年的流传历史，是日照地区具有浓厚乡土文化气息的地方戏，有“肘鼓子”“拉魂腔”“拴老婆橛子”“盘凳子”等民间叫法。主要的传统剧目有《张郎休妻》《井台会》《龙凤面》《砸蛮船》《穆桂英招亲》等20余个剧目。2009年，周姑戏被列入山东省第二批省级非物质文化遗产名录。

黄墩皮影戏　“黄墩皮影戏”主要流传于岚山区黄墩镇、东港区三庄镇等地区，俗称影子戏。19世纪末，夏良滨从莒南县涝坡镇学得此艺，后来迁至黄墩镇黑家沟，距今已有百余年历史。黄墩皮影戏早年主要在春节期间表演，一般由七八个人组队。表演时，用一块方正的白布作幕布，内有灯具照明，透过白布演出皮影戏。一人敲击锣、大钵、小钵等乐器，一人拉京胡（或二胡），两人演唱，两人操作皮影。黄墩皮影戏对白幽默风趣，融入地方方言，表演起来节奏明快、通俗易懂，演出也极为方便，深得群众喜爱。黄墩皮影图案造型粗犷、夸张、逼真，富“人情”味。通过绘图、剪形、勾线、上色、缝制插签等工序制成，颇具当地民间艺术特色。每段故事完全是口传心授，唱、做、念、打浑然一体，具有典型的口头艺术特点。2006

年，黄墩皮影戏被列入山东省省级非物质文化遗产名录。

吹打乐　奎山夹仓传统吹打乐，起源于清代，由民间音乐爱好者根据民间历史流传的打击乐的几种牌子和京剧武场中的“钮丝”“紧急风”“四击头”“调钹”等十余种牌子整理而成，曲调优美宛转、柔中带刚、悦耳动听。主要包括两大类别：吹打乐、锣鼓乐。吹打乐，主要表现在民间流传的“连成谱”，艺人以京剧武场中有名的、动听的曲牌为基础，结合当地民间流传吹打乐整理而成，主要用于迎宾、迎亲、戏前开台、戏中休场和节日娱乐之用。锣鼓乐以“斤求两”和“长行”（欢迎曲）为主，流传盛行100年以上。“斤求两”，节奏和乐点主要以古时“度量衡”的计算方式，连续盘升，愈打愈动听，愈奏愈紧凑，愈敲愈激烈，抑扬顿挫，优美动听，乐感独特。“长行”（欢迎曲），主要以民间艺人自编自演为特点，以几块动听的牌子为基础，加以变换，亦长亦短，具有欢乐祥和气氛。

岚山渔民号子　“岚山渔民号子”主要流传于岚山区一带，是历代渔民在耕海牧鱼过程中统一劳作的“号令”。岚山渔民号子没有歌词，唱词多是语气助词，如“啊、嗨、嗷、呦、哎、啦、安”等。其基本唱法为船老大下令，由一个号子手领号，其他渔民唱和。在繁重、危险的渔业生产中，岚山渔民号子起到了协调劳动、增进团结的作用，长期以来深受广大渔民的喜爱。岚山渔民号子唱腔优美，旋律规整，粗犷有力。

“岚山渔民号子”主要有成缆号、箍桩号、拿船号、推关号、撑篷号、撑篙号、棹棹号、打户号、悬斗号、掏鱼号、溜网号、点水号等十几类，有的欢快、有的高昂、有的轻缓、有的低沉，时长时短、时紧时松，从而以其优美的旋律、高亢的音调、独特的韵味成为日照渔文化的重要组成部分。2006年，参加在舟山群岛举办的泛太平洋地区国际渔歌邀请赛，并获“最佳号子王”称号，同年被列入山东省第一批省级非物质文化遗产名录。

民间说唱

日照有许多富有地方特色的民间传说和故事，如秃尾巴老李传说、孟姜女传说、姜太公传说、牛郎织女传说、刘勰传说、孙膑传说、桃花岛传说、吕母传说、坏才刘克学的故事等，这些故事、传说，或传播名人事迹，或歌颂民间智慧，或颂扬传统美德，或鞭挞邪恶，或解释地名由来，具有传统教育功能，反映日照人“乐善好施、勤劳简朴”的性格特征。

莒县渔鼓说书在莒地传衍数百年，一张嘴、一架渔鼓、一副玉板，即可演出，一人说，众人听。在庙会、集市、乡间小屋灯火下、向阳的石街房、村头地脚等，随地可唱。表演主要用当地方言，俚韵土语，通俗易懂，乡土气息浓厚，表达诙谐幽默，说唱老百姓喜欢的故事戏。在1996年首届山东省农民文化艺术节曲艺比赛中，朱世年演唱的《劝世良言五字歌》获铜奖。2012年8月，魏延良代表日照市文艺家协会出席山东省“第五届山东国际大众艺术节”大赛中，表演的说唱《抗震英雄刘中明》渔鼓书段，获二等奖。

民间舞蹈

日照市东临黄海，人们的生活与海息息相关，由此衍生出了丰富多样的海洋渔文化。很多民俗与渔业和海洋密切相关，民间历来有祭海、祭潮、行船、海上禁忌等独具地域特色的渔家生产生活习俗，并逐渐演变成祈求“人安年丰”的“渔民（开海祭海）节”，集表演性、寓神性于一体的民间舞蹈“水族舞”“三节龙”等，反映渔民劳作情景的劳动号子——“岚山渔民号子”，独具海洋渔文化特点。

水族舞　水族舞表演以展现众多水族形象和动作为主。由一水族头“海夜叉”领舞，多在旱船出场时表演几个回合。旧时，旱船多由一个俊俏小伙伴作美女，“坐”在船内，充当船娘子，船艄公手持桨板，伴随鼓点，作出“拔锚”“收揽”“行船”等各种动作，船后旁有一个丑婆，由男性扮演，说笑逗闹，“水面”便出现了拟人化的水族——鱼、鳖、虾、蟹、蚌等，载歌载舞。常见的剧情有《鹬蚌相争》《渔翁与蚌精》《哪吒闹海》《水漫金山》等。道具采用竹篾、白绸布或绵纸等手工制作鱼、鳖、虾、蟹、蚌等水族造型，伴奏乐器有笛、唢呐、笙、箫、二胡、三弦、琵琶等民间乐器；另有盘、盅、碗、筷、竹板等，加进堂鼓、定音鼓、大鼓等打击乐器，多用在日照流行的《满江红》以及《渔民号子》和地方小调，为各种水族表演伴奏出单独的音乐色彩。水族舞起源于沿海一带的模仿水族即兴发挥的民俗表演活动，将传统戏剧融入表演中，描述爱情、伦理、寓言故事，阐述海洋文化内涵。中华人民共和国成立初期，日照沿海一带水族舞的表演如大秧歌一样广泛热烈，今已较为少见。

狮子舞　狮子舞在日照地区普遍流行。其中，碁山镇狮子舞从清代同治年间开始。动作上既保留原有的传统技法，又融入当地的风土人情和习俗，动作上化繁为简，更加适合表演。莒北一带大户人家有喜庆活动都以请碁山镇珠山村艺人表演为荣。一段开场锣鼓后，大小“狮子”依次出场，表演者一前一后，共披一狮子皮。另有一人或两人身着黄衣扮作驯“狮”的武士，手捧绣球，在前引“狮子”撩逗表演，故有“狮子滚绣球”之别称。出场后先表现温柔、驯顺、调皮动作的神态吸引观众，然后以表现勇猛、威武、刚毅动作的跳跃、登高、跌扑、腾转、争球、滚球等让表演达到高潮，最后在锣鼓声中徐徐退场。1953 年，由该村陈其敬、陈现福等 8 人组成的舞狮队被选为沂水专署代表队之一，去济南参加全省大会演获一等奖。表演狮子舞时，多有一对“旱船”，两个“姜姥”，加之快书、笑话或者高跷等，共结为一个团体。

舞龙灯　在日照岚山沿海和五莲县洪凝、许孟等多有龙王庙，逢年过节有舞龙灯的传统习俗，教人们敬奉龙王，保佑一方风调雨顺、五谷丰登。五莲洪凝舞龙灯可追溯到清乾隆时期。当时适逢盛世，天下太平，百姓安居乐业。洪凝镇集市繁荣，每年正月闹元宵，几家富商带头捐资，唱大戏、舞龙灯、放焰火，热闹非凡。舞龙灯有“游龙”“祭龙”“收龙”等形式。“游龙”是龙灯队的人举着龙架绕集市，一般在正月初八。“祭龙”是把扎制裱糊的龙灯摆在家庙或广场上，鞭炮齐鸣，龙灯起舞，再根据各村邀请，依次下乡演出。正月十五这晚为高潮，各商号均备有焰火、礼炮，每到一处鞭炮齐鸣，烟雾缭绕，火龙犹在云中翻腾，煞是好看。“收龙”是在每年正月十六晚即舞龙灯的最后一晚，举行“收龙”仪式。这一晚做舞龙的最后一组动作：龙抱窝，龙头在中间，龙身成盘卷状，意龙在繁衍生息。舞龙灯须有配合节目，一般设鼓乐队，除打奏乐外，外加唢呐、笙、笛等民族乐器，演奏起来气势恢宏。高跷队、舞狮队、秧歌队、旱船、毛驴等杂耍也必不可少。各种灯具，如蛤蟆灯、乌龟灯、虾鱼蟹灯等紧密配合。

打花棍　打花棍是日照地区 20 世纪 50 年代重要的群众娱乐方式之一，几乎村村都有，逢年过节，人员众多的花棍队伍走街过巷，蔚为壮观。花棍用长 1.5 米的竹竿，在竿身均匀地涂上红、绿、黄三种颜色，并在竹竿上钻孔，用铁丝穿上铜钱和铃铛。

打花棍在民间长期流传中不断变化，已从原来的“女打男跳”变为“男女打跳”，有点打棍、来回扫棍、旋转扫棍等打法，左跳、右跳、上跳、跨跳、跳起转体等跳法。打跳到高潮时，打棍者将绳子系在自己的一只脚上做扫棍动作，另一脚做单足跳。与舞姿结合起来有“锦鸡展翅”“二郎担山”“明月戏蝉”“鹞子翻身”“嫦娥奔月”“金蛇盘身”等花式。

转秋千会　在莒县流传着一个有上百年历史的民间娱乐竞技项目，在清明节期间，成百上千的人自发地立起架杆，捆好绳索，或亲自参与表演，或欢声喝彩，久而久之，形成了一个规模宏大的活动——转秋千会。

相传莒县綦山净土寺僧人长于武术,作法时必在坛场立起百尺千杆,作飞千表演,临空抛撒纸符,名曰"驱逐缢鬼"。礼成后告之施主,须还来年秋千会神愿,于是每年清明节前,村上善男信女效法飞千之技,后相沿成俗,嬗变为秋千盛会。明代文学家李开先留有摩崖诗一首:彩架达长河,女郎笑自歌。身轻如飞燕,手捷似摺梭。村落人烟少,秋千名目多。从旁观者惧,仕路今如何?

"莒县转秋千会"独具特色,一般的秋千多是"荡",而莒县的秋千是"转",称作"转秋千",它既保留了古代祭典的遗风,又传承着惊险杂技的艺能,令游人大饱眼福。2009 年,莒县转秋千会被列入山东省第二批非物质文化遗产名录。

日照农民画

日照农民画是在日照抹画的基础上发展起来的,是日照的特色文化品牌,画面生活气息浓厚,色彩艳丽、线条粗壮,构图饱满。其创作队伍从 20 世纪 70 年代的"日照县美术学习班"开始,在日照县文化馆和日照市美术馆的不断培训下,逐渐发展壮大,创作的作品也逐渐丰富,是日照城市瑰宝之一。1988 年,日照被文化部命名为首批"中国现代民间绘画画乡"。从此以后,日照农民画走出国门,多次在海外举办展览,国内外艺术家新闻媒体接踵而至。

1995 年,山东省美术家协会、山东省农民书画研究会、日照市文化局联合,以日照农民画为主,进京展出。1998 年 10 月,为迎接香港回归组织辅导日照农民画百米长卷绘制工作,同年在中国科技馆展出。1999 年,组织农民画 30 件,赴上海参加中国农民书法美术研究会在上海金山举办的"全国农民画联展"。2001 年,由中国农民书法美术研究会、山东省农民书法美术研究会举办,日照市人民政府承办的"新世纪、新风采——全国农民画联展""新世纪、新风采——理论研讨会"在日照博物馆开幕。展览汇集全国 27 个省、直辖市的 300 余件作品和 50 余篇论文,编辑发行"新世纪、新风采——全国农民画联展理论研讨会"文集、出版《日照农民画集》。2002 年,组织农民画作品 35 件,参加由中国美协、中国农民书法美术研究会在陕西户县举办的"全国农民画联展""全国农民画理论研讨会";在山海基地举办"日照农民画创作研究班",创作优秀作品 50 余件并组织农民画作品 5 件,参加浙江秀洲区举办的"全国农民画联展";中央电视台播出"日照农民画";与日照市邮政局合作出版发行首套"日照农民画"邮政明信片。2004 年,组织农民画作者复制优秀作品参加中国美协在户县举办的"全国农民画联展";组成日照市文化代表团,日照农民画赴法国布列塔尼大区参加"中法文化年";组织黑陶、农民画、绿茶等日照文化品牌特产参加中央电视台举办的"魅力中国",丁万里、李金山、邱阳、魏本和、吕相林合作的农民画《魅力日照》,在演播厅展示。

2006 年,日照市美术馆组织日照农民画赴济南参加由山东电视台主办的"第三届中国书画艺术博览会(山东)",精选百余件近年来的力作参加展览,是山东省唯一组织农民画参展的地市。2007 年,日照市美术馆参加山东省农民书画美术研究会第二届四次理事会,并作典型发言;参加由文化部社会文化图书馆司、浙江省文化厅在浙江秀洲联合主办的"第三届中国农民画艺术节";参加由中国农民书画研究会、山东省农民书画美术研究会在山东莱芜联合举办的"中国莱芜农民书画艺术博览会"。2008 年,到土耳其特拉布松市进行文化艺术民间工艺交流,展出日照农民画;日照市 40 幅农民画参加由山东省文化厅、林业厅和农民书画美术研究会联合举办的"山东省迎奥运农民书画展",日照市共有 14 幅作品获奖,其中一等奖 2 件、二等奖 2 件、三等奖 10 件,是获奖最多的地市;日照农民画应邀远赴西宁参加"首届青海国际唐卡艺术与文化遗产博览会";组织 35 幅日照农民画参加由农业部批准,中国农业博物馆、中国民间文艺家协会、北京市文物局联合举办的"中国农民艺术节",日照美术馆被评为优秀组织奖。2009 年,参加由山东省文化厅、农业厅、农民书画美术研究会举办的中华人民共和国成立 60 周年全省农民书画展，日照市有 50 幅农民画及日照农民画绣参展，其中获一等奖 2 个、二等奖 3 个、三等奖 5 个、优秀奖 20 个；10 月 22 日，选送 5 幅农民画作品参加由中共重庆市委宣传部、綦江县人民政府等举办的“第二届中国重庆・綦江农民版画艺术节”，获二等奖 1 个、三等奖 1 个、优秀奖 3 个；选送 20 幅日照农民画参加在天津举办的“大张庄杯”全国五省市现代民间绘画邀请展，获金奖 1 个、银奖 2 个、铜奖 3 个。2010 年，为日照农民画及衍生产品参加美国交流展，创作复制 50 幅日照农民画，并在美国、韩国展出；选送 6 幅新创日照农民画作品，参加由文化部社文司、浙江省文化厅在浙江秀洲举办的“时代新风——中国现代民间绘画新作展”，创作以端午民间文化习俗为内容的 8 幅日照农民画参加浙江秀洲举办的“端午农民画创作全国邀请展”；选送 45 幅农民画作品参加由中国农民书画研究会主办的“中国农民画作品展”；选送 10 幅日照农民画参加“第二届山东省农村文化艺术节”；由日照市美术馆申报的《日照农民画走进中小学课堂》被文化部评为全国美术馆发展扶持计划优秀公共推广项目。2012 年，组织日照农民画参加在枣庄举办的第二届中国非遗博览会，日照市美术馆获组委会颁发的参展奖。2013 年，组织 30 件日照农民画作品参加喜迎十艺节“全省农民书画展”；选送 20 件农民书画作品参加上海金山举办的“华东地区农民画联展”。

剪纸

日照地区剪纸以五莲剪纸、莒县剪纸为代表，分布较广。

五莲剪纸　五莲剪纸起源于明末清初，剪纸题材繁多，精彩纷呈，与当地的生产生活息息相关，更与当地的民俗密不可分。剪纸色彩艳丽，主要由红绿黄等各色剪成，以大红为主。图案造型简洁明快，千姿百态，常以人物、动物、生肖、植物、花卉、神话故事等为题材，是节日庆典等重大民间活动的装饰品之一。剪纸的工具有剪刀、蜡烛、各色纸、底样等。根据用途不同，有张贴用的过门笺、灯笼花、顶棚角花、顶棚团花、窗户角花、窗棂花、窗裙子、墙围子花、馒头(饽饽)花等；有刺绣用的耳枕子花、鞋帮花、鞋头花、鞋底花、鞋垫子花、云肩花、袖口花、裤脚花等。代表作品有《如意吉祥》《龙凤呈祥》《年年有余》《麒麟送子》《松鹤延年》《马上封侯》《金鸡报晓》等。2006 年，五莲剪纸被列入山东省第一批省级非物质文化遗产名录。

莒县过门笺　“莒县过门笺”又称“过门彩”，是一种春节期间张贴在门楣上的剪纸艺术，在莒县及其周边地区极为盛行，是当地春节民俗文化的重要内容、相传在明清时期就已盛行。“莒县过门笺”用红、绿、黄、粉红、紫、蓝等彩纸刻制而成，在每年的春节期间和春联一同张贴。张贴在门楣上的“过门笺”迎风飞舞，和春联交相辉映，给节日增添了无尽的喜庆氛围，深受群众喜爱。“莒县过门笺”题材多样，寓意丰富。既有“锦上添花”“福禄寿喜”“竹报平安”“年年有余”“鸿福临门”等传统题材，也有“四海欢腾”“一家瑞气”“万里春光”等具有现代气息的作品，有单色作品也有套色作品，是莒县剪纸艺术的代表作，展示着民间美术的魅力，寄托着广大人民群众的美好祝愿。“过门笺”用传统手工刻制而成，一刀一凿镌刻出莒地质朴、厚重的民风民俗。“莒县过门笺”于 2008 年被国务院列入第二批国家级非物质文化遗产名录，得到更好的保护。

手工艺品

日照市有很多富有地方特色的民俗手工艺品，具有代表性的有日照黑陶、五莲割花、核雕、船模。

日照黑陶　日照制陶文化源远流长。在日照境内距今四五千年的龙山文化遗址出土的文物，主要是陶类。陶器以表面透黑的砂质陶和乌黑光亮的细泥质陶为主，有部分磨光黑陶，器表以素面为主，有的饰弦纹、划纹和镂孔,各类黑陶制品均制作精细、美观。日照黑陶是龙山文化典型的器物,蛋壳陶是该时代的陶器精品,是权力和地位的象征。日照境内有800多处龙山文化遗址,其出土的器物主要是陶类。

虽然龙山时代以后无蛋壳陶出土,但是黑陶始终作为人类生产生活的重要用具,其制作技艺以传统黑陶制作技艺的方式传承发展。明洪武时期立村的日照臧家窑、田家窑、朱家窑、徐家窑等村庄,以制陶闻名,黑陶烧制业一直传承延续至今。

中华人民共和国成立初期,黑陶以烧制黑陶盆、缸、罐等生活器具为主,在百姓的日常生活中几乎随处可见。20世纪80年代末90年代初,随着市场经济的兴起和科技进步,锅碗瓢盆逐渐以金属、塑料原料为主,日照黑陶逐渐淡出了生活领域,转而以工艺品的形式继续在民众的生活中发挥作用。相继出现日照龙山黑陶工艺研究所、日照黑陶厂、邢葆东陶艺工作室、广云黑陶研究所等民间制陶场所,及卜广云、邢葆东、王丙山、安玉峰、苏兆启等黑陶工艺大师。

2005年,在日照博物馆设立日照黑陶研究中心。2008年,山东省黑陶艺术家委员会在日照成立。2011年,日照被中国民间文艺家协会授予"中国黑陶文化之乡""中国黑陶之都"称号。2011年,中国黑陶艺术委员会在日照成立,中国黑陶文化博物馆在日照筹备。在中国首届黑陶文化艺术节暨中国黑陶艺术精品展中,来自全国6个省市的50余家黑陶企业参加,1500余件黑陶作品参展,日照市黑陶作品荣获一等奖3件、二等奖4件、三等奖5件,充分展示了日照黑陶艺术魅力,打造日照特色文化品牌。

日照黑陶在制作、烧制等方面主要采用轮制、模制、印坯、灌浆、手塑等方法,在造型上讲究美观、古朴、高雅,陶面有浮雕、烤彩,并刻有字画等,融古老制陶工艺与传统美术工艺于一体,对拉坯、烧制技术要求很高。由于日照黑陶制作工艺繁琐,用传统方法烧制,耗时费力,学习周期长,经济效益不高,对中国传统文化素质要求较高,导致传承队伍建设面临一定困难。

五莲割花　五莲割花,在民间俗称"割(ga)花子",它是通过绣和割两道工序完成,而用割的工艺实现由一件绣品向完全相对称的两件绣品的转变。五莲割花以绒面呈现,美观耐用,曾大量应用于制作鞋头、鞋垫、垫肩、坐垫等耐磨用品上。

"五莲割花"与中国古老的刺绣技艺一脉相承,并发展为地域性很强的具有独特技巧的一个绣种。五莲割花的内容,更是丰富多彩,天上飞的、地上走的、水中游的、地上长的、树上结的、水中生的,只要寓意祥和,均可成为割花的纹样内容。另外民间传说中的人物、生活中的动植物形象都成为割花的对象,割花能手们借以表达他们对生活的憧憬、热爱。2009年,五莲割花技艺被列入山东省第二批非物质文化遗产名录。

核雕　核雕艺术一直在日照流传,太阳城市场、王府大街等区域都有核雕人的摊位。核雕是一门集观赏、把玩、佩带、收藏于一体的微雕艺术。人们或将核雕作品系挂于胸颈、腰间,或垂吊在纨扇、折扇下,或摩挲赏玩于掌心,或作为摆件陈列,其乐融融,意味无穷。

核雕作品讲究姿态鲜活、深雕细作,十分精致,成为收藏和人情往来的佳品,具有一定的艺术价值和观赏价值。

船模　日照渔业发展历史悠久。与渔业相关的民俗和手工技艺都非常多。日照的传统小船制作主要以古代大风船按比例缩制而成的,一般在0.8米左右,大的2米左右。制作的小船主要有两种:一种是布篷子船,在水中既可以漂浮也可以作为观赏用;一种是小帆船,主要作观赏用。小船的制作者多是渔民出身,他们有丰富的造船经验,无需图纸,就可心中有数,按照船体的比例,经过严格的选材解板、水泡塑形、雕刻组装、刷油上漆等工序,再现传统木制小船神采。

第二节　剧团演出

市级专业剧团　1987年,原日照吕剧团改组,新组建日照黄海歌舞团。根据业务变化和演出需要,日照黄海歌舞团进行人员分流,一部分演职人员被分流到其他单位工作,留下一部分演员继续从事文艺演出。

1992年,日照黄海歌舞团再次进行人员调整和分流,原有职工保留13人,同时改名为日照市文工团,依托位于望海路的排练厅,开办营业性影视放映厅,安排部分职工专门从事影视节目放映经营活动。

1997年年底,将隶属于日照市文化局的日照市文工团和隶属于日照市体委的日照曙光歌舞团合并,组建日照市艺术团。

2009年3月,日照市艺术团推行内部机制改革。2010年3月,更名为日照市艺术剧院,内部实行"老人老办法、新人新办法"的双轨用人机制,即原在编人员继续实行事业单位管理,新进人员实行聘用制。设置岗位45人,下设日照市歌舞团、日照市吕剧团,业务功能进一步扩展,集艺术创作、艺术表演、艺术人才培养、精品工程生产于一体,是日照市唯一一家国办专业艺术表演机构,成为演职人员过百人、年演出过百场的大团。

歌舞类公益性演出　20世纪90年代,日照文工团、黄海歌舞团引进先进的管理模式和优秀的演员阵容,进行歌舞类节目的创作,以新鲜独特的形式和内容赢得群众的喜爱。当时正值歌舞初兴之时,黄海歌舞团不仅在山东省内进行公益性演出,还到江苏、安徽蚌埠等地进行演出。

1997年,日照市艺术团组建后,与市群众艺术馆等合作,参加每年组织的各类大型演出活动。

2012年5月,日照市艺术团协助市文广新局承办"纪念毛泽东同志《在延安文艺座谈会上的讲话》发表70周年文艺晚会";2013年,完成"纪念'五一口号'发布65周年文艺晚会""纪念毛泽东诞辰120周年"两台大型文艺演出任务。创编演出歌舞《和谐大家庭》《中国我为你歌唱》《又唱东方红》、情景剧《军民大生产》《南泥湾》等一批反映时代新风、极具艺术性、思想性的文艺作品;完成"十艺节"全国舞蹈比赛及"文华奖"参评剧目展演保障服务工作。组织编排群舞作品《一个母亲最后的微笑》、相声《李二嫂》,其中舞蹈《一个母亲最后的微笑》进入全国决赛并获得优秀表演奖。"梦想大舞台"进基层活动演出33场,公益演出覆盖莒县、东港区、岚山区、五莲县,积极参与包联村文艺演出、书画、图书借阅"三下乡"活动,举办演出8场。同时有每年不少于30场的文化下乡、进社区的演出任务,千百重点文化工程演出、元宵节文艺演出等60~80场次。

戏曲类公益性演出　1991年,大型八场现代吕剧《石龙湾》赴济南参加庆祝建党70周年的演出活动,并参加山东省第三届艺术节演出,被省吕剧团定为参加1992年全国艺术节的节目。1992年,《石龙湾》进京演出并参加华东五省舞台艺术优秀剧巡回演出。2001年,大型新编古装吕剧《状元师傅》由艺术团进行首演。2009年6月,新编大型历史吕剧《毋忘在莒》在日照会展中心首演,受到广泛欢迎。该剧先后在济南、日照等地演出近百场。中国戏剧文学学会致函邀请吕剧《毋忘在莒》晋京演出,参加2009年12月上旬在北京举办的中国戏剧文学奖优秀剧目调演活动。2012年新版《毋忘在莒》作为日照市"文化建设年”活动的一项内容，于5月公演，10月参加全省优秀舞台剧目展演，再获盛誉。2013年，创作吕剧《醉青天》，先后进农村、社区演出60场。

文化交流性演出　1989年后，日照黄海歌舞团、文工团积极开展各种形式的外界交流活动，如外出学习、外出演出等。2003年，日照市艺术团部分演员随日照市文化代表团赴韩国平泽访问，先后在韩参加两场大型交流演出，一场民族器乐演奏专场。另外，韩国平泽组成的民间艺术团先后到日照市与市艺术团的演员同台合作演出。2004年中秋节，在韩国的“旭日号”万吨轮上，市艺术团与韩国的表演团体共同举办“中韩中秋联欢晚会”。2007年，市艺术团赴兰州进行“新丝绸之路”文化交流。2011年春，市艺术团实现整台自编歌舞节目首次出省演出，组织编创人员精心打造一台红歌节目；4月应邀赴山西省大同市，巡演6家大型企业。演职人员77人，行程3000千米，观众人数超过2万人。2013年，第十届中国艺术节期间，接待外演项目印度达克莎·谢思舞蹈团《纱丽》、北京儿艺话剧《想飞的孩子》、海南三亚歌舞剧《执着》3场演出的市场推介和票务组织工作。

第二章　文物　考古

日照历史悠久，文化底蕴深厚，早在旧石器时代，就有人类在这里繁衍生息。至2013年，全市已发现两城镇遗址、陵阳河遗址、丹土遗址、东海峪遗址等“龙山文化”遗址近百处，其中1934年发现的两城镇遗址是龙山文化的典型代表。陵阳河遗址发掘的原始陶文早于甲骨文1000多年，为中国文字始祖；距今已有5000多年历史的日照黑陶被公认为是华夏文明瑰宝。

2007—2011年开展的第三次全国文物普查中，日照市共登记不可移动文物1236处，其中复查登记839处、新发现397处。按类别分：古遗址765处、古墓葬241处、古建筑61处、石刻30处、近现代重要史迹及代表性建筑139处；按行政区划分：东港区117处、岚山区84处、莒县831处、五莲县171处、日照经济技术开发区33处。截至2013年年底，日照共有世界文化遗产1处、全国重点文物保护单位7处、省级文物保护单位19处、市级文物保护单位45处、县级文物保护单位307处，其他不可移动文物931处。

日照全市文物工作由市文化局文化科统筹部署，2008年12月移交至新成立的市文物管理办公室，2012年7月市文物管理办公室更名为市文物局，为市文化广电新闻出版局下设的副处级全额拨款事业单位，负责全市文物管理工作。全市有国有博物馆3处，文物管理机构4处。

1993年12月，日照市人民政府公布全市文物保护工作纲领性文件《日照市文物保护管理规定》，并于2008年第二次修订完善，同时印发《日照市关于进一步加强文物保护工作的意见》，进一步指导全市文物工作。

全市文物管理部门在做好文物保护的同时，推进重点文物保护项目进度。两城镇遗址保护总体规划获国家文物局批复，并经省政府公布实施；齐长城莒县段保护方案获国家文物局批复；丹土遗址保护规划编制获国家文物局批复立项。大遗址保护规划方面共争取中央、省财政专项补助经费4342万元。

第一节　古　迹

古遗址

丹土遗址　位于五莲县潮河镇丹土村，因村东侧有大片红烧土而得名。清末(约1900年)由学者王献唐之父王廷霖发现，1934年在王献唐的提议下，“中央研究院”著名历史语言研究所的王湘、祁延霈先生调查山东东部沿海地区，正式确认了丹土遗址。中华人民共和国成立后，山东大学、山东省文物考古研究所、山东省博物馆、故宫博物院、中国社会科学院、中美联合考古队等单位先后对丹土遗址做了调查、勘探和发掘。1995—2000年，山东省文物考古研究所对该遗址进行考古勘探与发掘，发现大汶口文化晚期、龙山文化早期和龙山文化中期三个由小到大、由里及外、由早到晚连续扩展的城址。

丹土遗址东西长约680米，南北宽约490米，面积约为33万平方米。地势自西向东倾斜。文化层一般在0.3米~3米，最深处达4米。文化内涵丰富，延续性强，包含大汶口文化、龙山文化、西周、春秋、战国至汉代等遗存。出土遗物有石器、玉器、陶器、铜器等。龙山时代陶器主要有鼎、鬶、罐、蛋壳高柄杯、觯形杯、三足杯、圈足盘、豆、盂、壶、钵、器盖等。出土的玉器有玉钺、玉璜、玉琮、玉璋、玉刀、玉璇玑等，数量较多。这些精美玉器以器形大、扁薄、嵌绿松石、钻双孔等为特征。该遗址发现有龙山时代房址，面积较大、有隔间。基槽深且宽，有角柱。房基多处于不同层位，但分别在相同的垫土之上，形成了大片集体居住的聚落特点。

通过考古调查，以及考古发掘和出土遗物断定，丹土大汶口文化城是第一个经科学发掘年代最早的城。丹土大汶口文化城1977年被山东省革命委员会公布为省级文物保护单位，1996年被国务院核定公布为全国重点文物保护单位。

齐长城遗址日照段　齐长城遗址日照段位于莒县、五莲县境内。

齐长城西起济南市长清区，途经济南、泰安、淄博、莱芜、潍坊、临沂、日照、青岛8个市，在青岛市的黄岛入海，东西蜿蜒千余里。经日照市的齐长城约70千米，其中莒县段历经17座山头，全长约16千米。有两段：西段呈东西走向，从沂水县垛庄东南沿莒沂边界入莒；北段呈南北走向，从光光山入莒。两段会合后呈西北—东南走向入五莲。五莲段全长54千米，其汪湖镇东云门段、松柏乡前长城岭村后和张榜沟段长城遗址保存较好。

齐长城始建于春秋时期，完成于战国时期，是抵御鲁、晋、楚的入侵，在南部边境地区修筑的以城墙为主体，包括关隘、城堡、烽燧和古交通要道的设施。齐长城建筑特点，一是因地制宜，充分利用地形山势，且建筑材料就地取材，多数城墙系土石砂加盐水版筑而成；二是以险制塞，某些地段以悬崖峭壁代替城墙，是国内现存最古老的系统防御军事工程。1977年被山东省革命委员会公布为省级文物保护单位，1987年，齐长城被纳入世界文化遗产，2001年被国务院核定公布为全国重点文物保护单位。

两城镇遗址　位于山海天旅游度假区两城街道驻地北，发现于1934年，是新石器时代遗址之一。

中华人民共和国成立后，考古专家在西城镇遗址开展调查研究工作。1995—2004年，经国务院批准，由山东大学、美国耶鲁大学、芝加哥自然历史博物馆等单位的考古学者组成中美联合考古队，在日照市文化局的配合下对以两城镇遗址为中心的聚落形态进行区域系统调查。在深入细致调查和勘探的基础上，对该遗址进行有计划的科学发掘，取得了重要成果。

该遗址重点保护区面积79.3万平方米，文化层厚2米~5米，以龙山文化为主，含商周、汉文化遗存。

遗址有三圈城壕，墓葬呈现明显的等级区别。遗址内发现近百平方米的房址，并出土玉器、蛋壳黑陶、白陶等器物。这表明，两城镇遗址是龙山时代两城地区的中心，是筑有大型防御设施的、经过高度整合的早期国家的都城。同时，发现较早的小麦遗存、大豆遗存、确切的酿酒证据等，表明两城镇遗址的社会生产力当时已经非常发达。结合其他种种证据表明，两城镇先民在应用技术方面显示出较高水平，跨入同期先进行列，其社会组织结构的复杂化和文明化进程的发展程度较高。两城镇遗址 1977 年被山东省革命委员会公布为省级文物保护单位，2005 年被列入“十一五”期间全国 100 处重要大遗址保护项目，2006 年被国务院核定公布为全国重点文物保护单位。2013 年，《两城镇遗址保护总体规划》经国家文物局批复，由省政府公布实施。

尧王城遗址　位于岚山区高兴镇南辛庄子村周围。尧王城遗址是龙山文化遗址之一。

1934 年，考古学家王湘、祁延霈等对该遗址进行了调查。1978 年秋至 1979 年春，临沂地区文管会对遗址进行试掘，发掘面积 200 多平方米。1992 年秋至 1993 年春，中国社会科学院考古研究所在日照市文化局的配合下，对该遗址进行两次勘探和发掘，发掘面积 800 余平方米。1998 年，山东省文物考古研究所、日照市文化局配合同三高速公路工程的建设，对该遗址的外围进行调查和勘探，发现城墙遗迹的线索。1995—2004 年，中美联合考古队对尧王城遗址进行区域系统调查，提出尧王城遗址是山东地区当时最大的史前城市的观点。2012 年秋、2013 年 10—12 月，中国社科院考古研究所和日照市文物考古研究所对遗址进行调查勘探与发掘，发现尧王城由三圈环壕和城墙环绕，并发现建筑基址、祭祀坑、墓葬和手工业作坊等。

尧王城遗址分布总面积约 330 万平方米，文化层厚度一般为 2 米~3 米，最厚处可达 6 米。地层堆积以龙山文化为主，兼有大汶口文化、岳石文化、商周文化和汉文化等遗存。

尧王城遗址是一处由大汶口文化过渡到龙山文化时期的遗址，是一个较早发展起来的大型聚落，也是尧王城龙山古国的“都城”。该遗址既有山东其他龙山文化遗址的共同特点，又有独特之处。其主要特点是：陶器以黑陶和灰陶为主，有较多的磨光黑陶和蛋壳黑陶，器表纹饰常见的有附加堆纹、划纹、压纹（暗纹）、凹弦纹、凸弦纹、连珠纹、泥饼纹、泥条纹等。主要器型有罐、鬶、鼎、壶、豆、杯、尊、瓮、盆、盘、网坠、弹丸等，值得重视的是发现了陶文和彩陶。

遗址内首次发现土坯房、奠基石和龙山文化时期人工栽培水稻的实物证据。铜渣的发现为研究中国文明史的起源提供了宝贵的实物资料。陶文残片的发现对研究文字的起源等有着重要的意义。尧王城遗址是山东已知的面积最大、年代序列最完整的大型史前遗址，1977 年被山东省革命委员会公布为省级文物保护单位，2006 年被国务院核定公布为全国重点文物保护单位。

东海峪遗址　位于日照经济技术开发区北京路街道东海峪村西北，东临黄海，西有奎山，东北部高出周围地面 2.5 米左右，渐向西南倾斜，当地称“鏊子顶”，发现于 1960 年。

该遗址面积约 7.5 万平方米，文化层厚约 0~2 米。1973—1975 年，山东省博物馆、山东大学和地方相关部门曾对其进行三次发掘，发现房址、墓葬和其他大量遗存。首次发现大汶口文化晚期、大汶口文化向龙山文化过渡期和龙山文化时期的“三叠层”，证明了大汶口文化和龙山文化之间的传承与演化关系。这里的三个文化层不仅在器物发展上互相衔接，同时，在墓葬、房屋建筑方面也有承袭关系。东海峪遗址是尧王城遗址为中心的聚落群的二级中心，属于尧王城古国的“邑城”。该遗址房屋台基的出现、夯筑技术的使用，都开启了中国传统的夯筑台基式土木建筑的先河。房屋建筑出现“散水”设施，说明先民已掌握了较为先进的防潮技术。出土的蛋壳镂孔黑陶高柄杯设计巧妙，造型体态轻盈，挺拔秀丽，制作技艺美妙，为龙山时代黑陶制作工艺高水平的代表。该遗址1977年被山东省革命委员会公布为省级文物保护单位，2006年被国务院核定公布为全国重点文物保护单位。

大朱家村遗址　位于莒县县城东8千米处，店子集镇大朱家村西侧，店子河北岸，遗址东3千米处为屋楼崮山，西临何家村。

遗址略呈长条形，平面不甚规则，东西367米，西边南北170米，东边南北210米，面积约5.4万平方米，文化层厚约0.3~0.5米，个别遗迹单位厚约1~2米，主要含大汶口文化和周代文化遗存。

该遗址发现于1963年。1966年，莒县文物管理所在此采集到一刻有图像文字的大口尊。1979年，山东省博物馆与莒县文管所共同对该遗址进行发掘。发掘共揭露面积约1000平方米，清理大汶口文化、东周、汉代墓葬40余座，出土文物近千件，其中刻有图像文字的大口尊有三件。1982年，该遗址出土彩陶盆、玉质砭石等文物。此后，日照市文物考古研究所对遗址范围、堆积及遗迹分布情况进行全面勘探，发现灰沟、居住区、墓葬区。大朱家村大汶口文化遗址内涵丰富，不仅文化面貌同陵阳河、杭头等遗址相同，而且年代一致。

该遗址的发现与发掘对原始社会后期公有制的解体、私有制的产生、文字的起源及古代针灸医疗等有独特的研究价值，1992年被山东省政府公布为省级文物保护单位，2013年被国务院核定公布为全国重点文物保护单位。

杭头遗址　位于莒县陵阳镇杭头村东约600米处，面积约6万平方米。1983年3月，山东省文物考古研究所和莒县博物馆对该遗址进行了试掘，共清理大汶口文化墓葬3座、周代墓葬2座、战国墓葬1座及部分龙山文化灰坑、汉代灰坑、灰沟、井等遗迹。文化堆积厚约1米~1.5米，分为三层。出土刻有图像文字的大口尊、高领罐、扁玉琮等大量珍贵文物。该遗址为大汶口文化时期，与大朱家村遗址和陵阳河遗址的文化面貌及时代相同。杭头遗址出土的陶器刻有“”（释为“斤”）和“”（释为“彤”）等图像文字，进一步丰富了图像文字的内容，推进了中国古文字研究工作，对于探讨氏族制度解体及向文明时代迈进这一历史时期有着独特的重要意义。杭头遗址1992年被山东省政府公布为省级文物保护单位，2013年被国务院核定公布为全国重点文物保护单位。

莒国故城　位于莒县城阳街道驻地，属周代和汉代文化遗存。为春秋时期莒国的故城，秦置莒县，汉为城阳国都城，有外郭、内城、子城三重，平面呈重“回”字形，外郭仅剩西北角，内城南部残存约500米，子城东北部残长约100米。城外护城河长约12千米。城内发现有周代冶铜、铸钱、制陶和汉代铸钱遗址。莒国故城对研究莒地当时城池格局等有重要价值，1977年被山东省革命委员会公布为省级文物保护单位。

陵阳河遗址　位于莒县陵阳镇大寺村西侧、陵阳河两岸，总面积约50万平方米，文化层厚1.2米，属新石器时代大汶口文化遗存。1963年、1977年、1979年分别进行三次局部发掘，共清理61座墓葬，获得一批十分珍贵的实物资料和图像文字资料。墓葬规模大小不一，随葬品多寡悬殊，质料优劣有别，贫富分化明显。出土刻有图像文字的大口尊、成套酿酒器、夹砂褐陶牛角形号等许多重要文物。陵阳河遗址的发掘及其重大发现，对研究中国文字的起源、酿酒技术的发明与发展、针灸医术的发展与应用、军事集权首领的出现具有重大意义，为进一步探寻中国私有制的产生、文明的起源、氏族社会向国家转变提供了珍贵的实物资料。1992年，陵阳河遗址被山东省政府公布为省级文物保护单位。

苏家村遗址　位于山海天旅游度假区卧龙山街道苏家村东。1973年发现，面积约9.6万平方米，文化堆积厚约2米，以大汶口文化和龙山文化遗存为主。文化内涵丰富，采集有大汶口文化、龙山文化的陶片,陶片以夹砂黑陶为主,有少量红陶、黄褐陶,纹饰见有弦纹、附加堆纹、乳钉纹,可辨器形有鼎、鬶、碗、豆、匜、器盖等;采集石器有斧、刀、凿等。该遗址为新石器时代聚落形态的研究提供了重要资料,1992 年被山东省政府公布为省级文物保护单位。

东城仙遗址　位于五莲县街头镇东、西城仙两村之间,基本呈长方形,面积约 7.5 万平方米。文化堆积厚约 1 米~2.5 米,以龙山文化遗存为主。东、南两侧断崖上暴露有灰坑、墓葬等遗迹,出土标本有大口尊、鼎、豆、石刀和石凿等,陶器多为黑灰色夹砂陶,纹饰有粗绳纹、附加堆纹、弦纹和镂孔。地表采集有龙山文化的鼎、罐等陶器残片。该遗址为研究新石器时代聚落分布、区域类型和文化谱系等提供了宝贵的资料,1992 年被山东省政府公布为省级文物保护单位。

小代疃遗址　位于东港区后村镇小代疃村西,分布面积约 40 万平方米,是一处内涵丰富的龙山文化遗址。采集的龙山文化陶片以夹砂黑陶为主,有少量泥质红陶、磨光黑陶以及少量白陶;纹饰有附加堆纹、乳钉纹、弦纹。可辨器形有鼎、鬶、匜、罐、盆、杯、豆、器盖等。该遗址对于研究新石器时代聚落遗址、社会形态具有重要意义,1992 年被山东省政府公布为省级文物保护单位。

塘子遗址　位于莒县城阳街道塘子村东 600 米处,遗址面积约 6.5 万平方米,文化堆积厚约 1.2 米,属岳石文化遗存。遗址曾采集有岳石文化泥质灰陶豆、簋、夹砂灰陶罐等,对研究莒地夏商周文化有重要价值。1992 年,被山东省政府公布为省级文物保护单位。

董家营遗址　位于五莲县中至镇董家营村西北临河高台地上。遗址分布面积约 13.68 万平方米,文化堆积层厚 0.2 米~1.5 米,包含大汶口文化、龙山文化和汉代文化遗存。该遗址内涵丰富,地表采集有盆、罐、豆柄等陶器残片及残石器等遗物。2001 年,山东省文物考古研究所对胶新铁路沿线进行抢救性发掘,出土陶器、玉器、青铜器、铁器、骨器等文物。遗址对于研究新石器时代大汶口文化、龙山文化和汉文化提供了重要实物资料,2006 年被山东省政府公布为省级文物保护单位。

牌孤城遗址　位于五莲县街头镇迟家庄村东北,基本呈长方形,面积约 7 万平方米,文化层距地表深约 0.2 米,文化堆积厚约 0.5 米~1.5 米,为战国时期遗址。该遗址保存较好,遗址四周城墙为夯土筑成,出土有陶罐、瓦当、铜印、剑、镞等珍贵文物。地表采集有罐、盆等陶器残片以及汉代砖瓦残块。2006 年,遗址被山东省政府公布为省级文物保护单位。

小朱家遗址　位于莒县店子集镇小朱家村西 20 米处,总面积约 4 万平方米。遗址发现于 1972 年,属大汶口文化遗存,曾采集到陶片、石铲和石凿。1979 年秋,山东省博物馆和莒县文管所联合对遗址进行试掘,共清理墓葬 6 座,均为长方形土坑竖穴墓。出土鼎、盉、壶、鬶等 80 余件陶器,陶质分夹砂和泥质两类,陶色有黑、灰、褐、白等。该遗址为研究日照地区大汶口文化中晚期发展状况提供了宝贵实物资料,具有重要的研究价值。第三次全国文物普查登录为小朱家村遗址。2013 年,遗址被山东省政府公布为省级文物保护单位。

段家河薄板台遗址　位于莒县龙山镇段家河老村周围,遗址东部有南北向的鹤河穿过,总面积约 150 万平方米。段家河薄板台遗址面积较大,属古莒地新石器时代龙山文化聚落群的中心聚落。该遗址对研究鲁东南地区新石器时代龙山文化聚落群乃至龙山古国的历史具有较高的价值,2013 年被山东省政府公布为省级文物保护单位。

古墓葬

齐家庄墓群　位于莒县刘家官庄镇齐家庄村西,南北长约 2500 米,东西宽约 650 米,分布面积约 150 万平方米,属汉代文化遗存。墓群环绕在王坟山周围,遍布在丘陵上。原封土墓很多,现存大封土墓 4

座，墓地曾出土多枚残玉璧、玉衣片、鎏金车构件、铺首、石猪、几何纹砖等文物。1977 年，墓群被山东省革命委员会公布为省级文物保护单位。

城阳王墓　位于莒县阎庄镇玉皇山和平顶山上，属汉代文化遗存。该墓群包括三座墓，一号墓封土位于玉皇山上，占地面积约 1 万平方米；二号墓位于一号墓以南约 350 米处，占地面积约 3000 平方米；三号墓位于平顶山上，占地面积约 2 万平方米。三墓均系黄土堆垒，夯土筑成。城阳王墓对研究汉代城阳国的政治、经济、文化等具有重要价值。1992 年，城阳王墓被山东省政府公布为省级文物保护单位。

刘章墓　位于莒县陵阳镇东上庄村北，封土高约 60 米，东西约 145 米，南北约 145 米，占地约 2.1 万平方米，属汉代文化遗存，曾出土石磨、陶盆、陶罐和铜洗等一批汉代器物。该墓整体保存完好，是西汉第一代城阳王刘章王陵，对研究汉代王墓形制、贵族陪葬习俗及汉代城阳国历史有重要价值。1992 年，刘章墓被山东省政府公布为省级文物保护单位。

天井汪墓群　位于莒县桑园镇东天井汪村，属春秋时期文化遗存。墓群原有封土，后因取土被夷为平地，但封土的色泽仍尚易辨认。该墓群包括五座封土，其中一、二、三号封土一字排开在村下，四号封土在大没耳朵岭前，五号封土在凤凰岭前，墓群分布面积约 12 万平方米；曾出土铜鼎、铜罍、铜鉴、编钟等器物。该墓群对研究莒地春秋时期墓葬习俗等有重要价值，1992 年被山东省政府公布为省级文物保护单位。

海曲汉墓群　海曲汉墓群位于东港区日照街道西十里堡村西南岭地上，时代为汉代—魏晋。2002 年，共发掘墓葬 90 余座，出土陶器、铜器、玉器、漆器、木器、铁器、角器、丝(天井汪墓群出土的铜罍)织品、竹简、木牍等 1200 余件，为研究汉代埋葬制度和埋葬习俗提供了重要资料，对研究鲁东南沿海一带汉代葬制葬俗具有重要价值。2009 年，墓群被市政府公布为第一批市级文物保护单位。

古建筑

定林寺　位于莒县浮来山风景区，是南北朝时期文学理论批评家、《文心雕龙》作者刘勰晚年出家和校经的场所。

定林寺始建于南北朝时期，距今已有 1500 多年的历史，现有建筑大部分为明清重修。全寺南北长 95 米，东西宽 52 米，占地面积 4940 平方米。现存前中后三进院落，以山门、大雄宝殿、校经楼、三教堂为中轴，以大雄宝殿为主体，前后左右展开，东西两庑对称，依山势逐级而建。寺内建筑均为硬山式砖木结构，坚固壮观，颇具北方建筑风格。寺内有“天下银杏第一树”，树高 26.7 米，树围 15.7 米。定林寺 1977 年被山东省革命委员会公布为省级文物保护单位。

丁公石祠　位于五莲县叩官镇丁家楼子村东部，系明代嘉靖进士丁惟宁长子丁耀斗为颂扬其父功德，以昭后世而兴建，整个建筑由祠、坊两部分组成。石祠建筑面积 46.7 平方米，占地面积 920 平方米。石祠前方偏西有古柏树，石祠内四周墙壁上镶嵌有石碑。石坊左右各有双层长方形雕云纹座，上立四棱抹角石柱，石柱正面刻对联一副，上为“一咏一觞畅百年之逸兴”，下为“勿伐勿剪绵千载之遐思”。石坊前额刻有“仰止坊”三个大字，右署“赐进士中宪大夫湖广副使前巡按直隶御史丁公讳惟宁字少滨主人题”，左署“万历三十八年孟冬吉旦不肖男耀斗述”。前额背面刻有“山高水长”四个大字。该建筑为研究明代建筑及社会习俗提供了实物资料。1992 年，丁公石祠被山东省政府公布为省级文物保护单位。

五莲山光明寺　位于五莲县五莲山风景区内，始建于明万历三十年(1602 年)，占地面积约为 6000 平方米。现存主体建筑有山门、三门、东西厢房、伽蓝楼、大雄宝殿、藏经楼，均为硬山式砖木结构，灰色布瓦及绿色琉璃瓦盖顶。附属建筑有钟楼、望海楼、无梁殿、寥天阁、观澜亭。该建筑为研究明代寺庙建筑风格以及僧俗等提供了宝贵的历史资料。2006年,光明寺被山东省政府公布为省级文物保护单位。

河山石亭　位于东港区日照街道后时家官庄村西北、河山山脉半山腰。建于明万历三十三年(1605年)。结构为四柱,攒尖顶,三面有护栏,亭顶由四块挑角飞檐石板、四块三角形石板组成,亭尖盖石形似莲花,造型古朴典雅。石亭边长2.3米,高3.46米,占地面积约5.3平方米,采用传统榫卯结构。石亭四面额板题刻:东"望海"、南"观风"、西"瞻岱"、北"仰宸"。亭内南面围檐石壁上刻有明代山西泽州知州申其学(原籍日照)的题诗,北侧刻着明万历年间日照知县李文星游历河山时的题诗《登河山》。该石亭造型古朴、风格典雅,是山东省今存明代同类古建筑中罕见的,学术研究价值极高。2013年,石亭被山东省政府公布为省级文物保护单位。

丁氏故居　位于日照国际海洋城涛雒镇驻地,是丁肇中家族祖辈居住的一处大宅院。故居占地面积4300平方米,建筑面积1345平方米。大宅院名为"种德堂",商号"同生"。丁氏故居为瓦房,砖铺地面,属典型的北方建筑结构,建于清光绪二十四年(1898年)。屋檐四角有象征长寿意义的"寿头",房前有回廊,回廊由楠木柱子支撑,有大门、二门、三门。院子为方形,有正房、南房、西房、厨房、书房、管家房、工房、东单、西单、牲口棚、粮仓、农具间、花园。丁肇中父丁观海长期在此居住,解放前移居台湾。抗战初期,丁肇中曾在此居住。该建筑对研究鲁东南沿海一带清末、民国时期建筑具有重要价值,对地方历史文化名人的研究也具有重要价值。第三次全国文物普查时,丁氏故居登录为丁肇中祖居。2009年,丁氏故居被日照市政府公布为市级文物保护单位。

两城天后宫　位于山海天旅游度假区两城街道两城三村,建于明朝中叶,民间又称"两城南庙""两城娘娘庙"。整个框架为杉木建筑结构,气势宏伟壮观,古朴典雅。初为一处宗教文化建筑群,由于历史原因,现仅存天后宫。宫内上顶分两层,呈"弓"字形。建筑所用瓦当都有人物和花草图案,前檐下有鲁智深倒拔垂杨柳及飞马骑射木质浮雕。天后宫也是革命纪念地。1932年10月,中共日照县委组织领导的农民武装暴动,北路队伍在天后宫进行整编,成立中国工农红军鲁南游击纵队。天后宫是一处典型的南方风格的庙宇建筑,具有较高的艺术、宗教价值及革命历史教育意义。第三次全国文物普查时登录为两城天后宫革命纪念地。2009年,被日照市政府公布为市级文物保护单位,名称为两城南庙革命纪念地,2013年更名为两城天后宫。

兴隆观　位于莒县招贤镇东双庙村东,兴建于明万历时期。道观坐北面南,现存前后两殿,均为砖木结构。前为关爷殿,高5.2米,面阔三间,占地面积约56平方米。后为老母殿,面阔三间,面积约56平方米。兴隆观是莒县保存较好的古建筑,对研究明代历史具有重要价值。2013年,兴隆观被日照市政府公布为市级文物保护单位。

小莲村牟氏祠堂　位于东港区日照街道小莲村文化广场西部。祠堂坐北朝南,现存房屋三间,东西长约30米,南北宽约20米,分布面积约600平方米。屋内顶部为木板结构,房顶铺设黑瓦。祠堂为清代建筑,建于清康熙四十六年(1707年),至今已有300多年历史,1949年为乡政府的办公场所,后改为学堂,之后划给供销合作社接管。牟氏祠堂历经沧桑,是历史的重要见证,对研究清代建筑也具有一定价值。2013年,牟氏祠堂被日照市政府公布为市级文物保护单位。

夹仓四村关公庙　位于日照经济技术开发区奎山街道夹仓四村内,建于清中期,现存三间。庙西北10米处存有3块石碑,均长0.96米、宽0.43米,为大理石岩,碑上有祭祀碑文,为关公庙附属文物。关公庙对研究清代建筑具有重要价值,2013年被日照市政府公布为市级文物保护单位。

涛雒丁氏建筑群　位于日照国际海洋城涛雒三村、四村，包括五宅祠堂、利生钱庄、汇昌银号、庆和运庄等建筑。五宅祠堂位于丁氏故居西南侧约 150 米处。最早建成于清乾隆时期（1736—1795 年），是供奉丁肇中先祖的一处祠堂。院落面积约 400 平方米，现存正房 3 间、东厢房 3 间，均为硬山式，屋顶覆青瓦，夯土墙壁，房门两侧各有一扇棂窗。房前有回廊，以明柱承重。

利生钱庄位于丁肇中祖居西南侧约 160 米处，毗邻五宅祠堂。始建于清同治时期（1862—1874 年），属晚清时期建筑，1924 年由丁惟沂（丁惟汾的堂兄）创办，现存房屋 3 间。

汇昌银号位于涛雒三村，始建于 1924 年，是以石料砌墙的楼房。原门朝南，有一石匾，刻有“汇昌银号”四字。当时因资金不足只建一层，呈“T”字形，共计 11 间。后因村庄修整道路，西侧一间及楼梯已被拆除。汇昌银号是日照的第一家股份制银行。

庆和运庄位于涛雒四村，创始于民国 2 年（1913 年），创始人丁惟晋。庆和运庄原为一座东西长 100 余米、南北宽 80 余米的大院，有清式房屋数十间，现仅存二层楼一座及东院墙。小楼为砖木结构，面阔四间，室内原有木板楼梯，现已拆除，二楼为木地板，青砖为墙，青瓦覆顶。涛雒丁氏建筑群于 2013 年被日照市政府公布为市级文物保护单位。

古石刻

日照市古石刻发现多处，多为摩崖石刻和碑刻，其中具有明显特征的则是海上碑。

海上碑　位于岚山区岚山头街道黄海岸边的自然岩石群上，涨潮时被海水淹没，落潮时才露出水面，是一处明末清初的海上石刻。岩石西侧上方刻有碑文“星河影动”“撼雪喷云”，为明末监察御史苏京所书；下方刻有碑文“难为水”，为清代安东卫守备阎毓秀所题。此三碑文为横书。岩石东侧上方刻有碑文“万斛明珠”和下方刻有碑文“砥柱狂澜”的竖书碑文，为明末礼部尚书王铎所书。该石刻对研究明清时期的政治、社会和文化提供了非常宝贵的历史资料。2013 年，海上碑被山东省政府公布为省级文物保护单位。

第二节　近现代重要史迹

石臼灯塔　位于日照港集团有限公司院内。灯塔高 13.7 米，八角形，块石结构，共有 5 层，塔侧刻有纪念碑文，塔身有黑白相间的横纹，采用火把或嘎斯灯引航。灯塔自民国 22 年（1933 年）使用至 20 世纪 80 年代。该灯塔为研究民国时期交通设施提供了重要资料。2013 年，石臼灯塔被日照市政府公布为第二批市级文物保护单位。

中共下元特别支部旧址　位于东港区涛雒镇下元二村。1938 年 3 月，由国民党东北军第 57 军 112 师中共地下工委委派在该师 667 团的中共负责人到涛雒镇下元一带活动，发动群众抗日，发展党员，在下元二村成立了中共下元特别支部，11 月改建为中共日照临时县委，12 月建立中共日照县委。现存房屋三栋 10 间，呈“U”字形排列，北部房屋 3 间，前出檐，房屋南墙上写有抗战标语，东西 9.5 米，南北宽 4.8 米；东部房屋 3 间，南北长 9.7 米，东西宽 4.3 米；南部房垦 4 间，东西长 15 米，南北宽 4.8 米，三栋房屋共占地面积约 164 平方米，为当地抗战时期军事研究提供了新的资料。2013 年，旧址被日照市政府公布为第二批市级文物保护单位。

山东军区机关驻地旧址　位于岚山区碑廓镇碑廓二村南部。1943 年、1944 年，山东军区机关两次入驻碑廓镇，军区司令员罗荣桓、政治部主任肖华在此居住办公。旧址占地 600 平方米，是市级党史教育基地，对研究中国的抗日战争和党史教育有重要的价值。2013年，旧址被日照市政府公布为第二批市级文物保护单位。

第三节　博　物　馆

日照博物馆　始建于1986年9月，1999年9月新馆建成并部分投入使用，2004年5月正式开馆。新建成的日照博物馆占地1.47公顷，建筑面积9260平方米，投资2800万元，下设办公室、保管研究部、群工展览部、保卫科。内设东方文明之光——日照龙山文化陈列、2002年全国十大考古新发现之一——海曲汉韵·海曲汉墓陈列、日照历史文化名人雕塑陈列、日照对外交流礼品陈列、馆藏文物陈列、日照黑陶、日照农民画等多个展厅，共有国家一级文物5件、二级文物47件、三级文物152件。博物馆先后被授予“山东省关心下一代科普教育基地”“山东省科普教育基地”“全国科普教育基地”“三星级山东省科普教育基地”等称号。

莒县博物馆　莒县博物馆始建于1983年，2009年9月新馆建成启用。新建成的莒县博物馆占地面积1.93公顷，总建筑面积1.5万平方米，项目总投资8000万元，馆藏文物1.2万余件(套)，其中国家一级文物9件、二级文物20件、三级文物91件。

莒县博物馆地下一层，地上三层，由基本陈列、馆藏精品展览和临时展览三大部分组成，共七个专题陈列。展厅分别为历代石刻厅、刘勰纪念馆厅、近现代革命史厅、东夷序曲厅、文明曙光厅、莒国春秋厅、城阳史影厅、文物遗珍厅、书画精粹厅、毋忘在莒厅、多媒体展厅等。展厅面积5000余平方米，展出藏品2500余件。

莒县博物馆自新馆启用以来，累计接待观众30余万人次，其“文明曙光陈列”2012年荣获“山东省博物馆纪念馆十大精品陈列奖”。2013年，莒县博物馆被评定为国家二级博物馆。

五莲县博物馆　建成于1998年8月，占地面积0.8公顷，建筑面积2400平方米，项目总投资260万元。博物馆1999年9月启用，编制9人，与文物管理所合署办公，下设办公室、文保部、群工部、保卫部。馆内设五莲古代史展厅、五莲发展史展厅、五莲县工业产品展厅、书画厅。2006年，五莲古代史展厅进行改造，重新布置“丹土遗址出土文物陈列”和“精品文物陈列”两个展览，有国家一级文物25件、二级文物61件。先后被授予“文明单位”“日照市爱国教育基地”“日照市社会科学普及教育基地”“山东省科普教育基地”等称号。

第四节　发掘与考古

两城镇等遗址考古发掘　1934年春，“中央研究院”历史语言研究所考古组的王湘、祁延霈，在山东东部沿海地区进行为期3个月的田野考古调查，于日照市境内发现了包括两城镇、丹土、尧王城在内的9处龙山文化遗址。

1936年，“中央研究院”历史语言研究所的梁思永、刘曜、祁延霈对两城镇遗址进行发掘。

1953—1955年，山东省文物管理处对两城镇遗址等7处遗址进行勘查。1958年，山东省文物管理处对两城镇遗址钻探、试掘，并对日照多处遗址进行调查、勘探。

1955年、1957年和1963年，山东大学刘敦愿到日照沿海一带进行多次考古调查。征集到的兽面纹玉锛在学术界有较大影响。

自 1995 年冬起，山东大学和美国耶鲁大学、芝加哥自然历史博物馆等单位组成联合考古队，用长达 10 年的时间，以两城镇为中心，进行“区域系统调查”、勘探和发掘。

东海峪遗址考古发掘　1960 年在平整土地时发现。1973 年、1975 年，山东省博物馆、山东大学历史考古专业 1975 级学员、日照县文化馆等单位先后进行 3 次发掘，发现大汶口文化晚期、大汶口向龙山文化过渡期和龙山文化早期依次相叠压的“三叠层”。这一发现，首次证明了山东龙山文化是由大汶口文化传承而来，在史前文化考古学史上具有重要价值。出土的蛋壳黑陶是龙山文化时期具典型意义的器物，代表了新石器时代制陶的高水平。

尧王城遗址考古发掘　发现于 1934 年。1978 年、1979 年，临沂地区文物管理委员会、日照县图书馆在多次调查的基础上对日照尧王城遗址进行发掘。1992 年、1993 年，中国社会科学院考古研究所、日照博物馆等单位对该遗址进行两次考古发掘，首次在山东地区发现龙山文化时期土坯墙结构的房屋建筑。

大古城汉墓考古发掘　1987 年 5 月，大古城村村民在建房时发现。山东省文物考古研究所、临沂地区文管会、日照县博物馆对该墓葬进行抢救性发掘，共清理墓葬 3 座，出土的随葬品有漆器、木器、铜器、角器、釉陶、竹简等 80 余件，是日照地区出土的第一批汉代实物资料。

丹土遗址考古发掘　1989 年秋，潍坊市文物管理委员会对五莲县潮河镇丹土遗址因村民建房而被破坏的部分遗址进行了抢救性发掘，发掘面积约 300 平方米，发现大汶口文化遗存、龙山文化遗存和少量汉代文化遗存。

1995 年、1996 年、2000 年和 2001 年，山东省文物考古研究所联合五莲县文物管理所先后对丹土遗址进行普探和试掘，发现了面积达 25 万平方米的大汶口文化晚期、龙山文化早期、龙山文化中期三个连续扩展的城址，有城墙、城壕、城门通道、出水口等，出土文物 230 余件，石器 70 余件。至 2013 年，丹土遗址发现的大汶口文化城址是山东地区发现的唯一一座大汶口文化时期城址。

海曲汉墓考古发掘　2002 年 3—6 月，为配合高速公路建设，山东省文物考古研究所对海曲汉墓进行抢救性发掘。3 座封土中共发掘墓葬 86 座，全部为中小型墓，有土坑墓、砖室墓、木椁墓三种形制。出土文物丰富，总计 1200 余件，有竹简、丝织品、漆器、铜器、陶器、玉器、角器等。海曲汉墓因墓葬保存完好，出土文物丰富精美，埋葬封土奇特，位列 2002 年全国十大考古新发现之一。

岚山六甲庄遗址考古发掘　2005 年冬，中美联合考古队在开展区域系统调查时发现。2007 年 7—8 月，山东大学、日照博物馆对该遗址进行考古发掘，发现有两座龙山文化时期的房址和数十座窖藏，初步判断发掘区域为一史前居住区和窖藏区，填补了日照地区岳石文化发掘的空白。六甲庄遗址的发掘是“十一五”国家科技支撑计划重点项目——中华文明探源工程项目之一。

董家营遗址考古发掘　2011 年 11—12 月，山东省文物考古研究所对胶新铁路五莲段的董家营遗址进行抢救性发掘，发掘面积约为 2000 平方米。主要遗迹有墓葬 45 座，灰坑（窖穴）151 座，出土器物为研究海岱地区大汶口文化的发展具有重要的价值。

下官家沟墓考古发掘　2011 年 8 月 10—20 日，山东省文物考古研究所与五莲县博物馆联合对下官家沟墓进行抢救性发掘清理。该墓位于五莲县街头镇下官家沟村西 500 米处，墓封土高 8 米，直径 15 米，面积 225 平方米。根据发掘清理及出土遗物，专家判断此墓为唐代晚期。封土为 3 层夯筑，并有红烧土层。红烧土层的出现，显示出墓的规格之高，体现了鲁东南唐代墓室结构特色，为研究鲁东南唐代葬俗文化提供了史料依据。

大薛庄墓群考古发掘 2013年4—5月,在山东省考古研究所指导下,配合晋鲁豫铁路通道工程,莒县博物馆组织人员对大薛庄墓群进行考古发掘,共布5米×5米探方21个,清理墓葬7座和现代窑址1处,M2为二层台土坑墓,其他6座均为土坑竖穴墓。M1出土汉代青铜带钩1件,M5出土战国铜镜1件。

厉家石河墓群考古发掘 2013年5月,莒县博物馆配合莒县东环路工程,对厉家石河墓群进行详细的调查勘探和抢救性发掘,共布探方2个,发现并抢救性发掘墓葬1座,出土陶罐5件,残铁剑1件。

东灶子遗址考古发掘 2013年3—7月,为配合山西中南部铁路通道工程建设,日照市文物考古研究所受山东省文物考古研究所委托,对涛雒镇东灶子遗址进行抢救性考古发掘,共布设5×5米探方110个,4×65米探沟一条,包括扩方在内共发掘面积约3010平方米。发掘共清理各时期灰坑61个,墓葬63座,灰沟1条,出土了大量陶器、石器,少量瓷器、铜器(兵器、铜构件)、铁质品等500余件,主要为龙山文化、周代、唐宋及明清时期。

考古发掘及时抢救了东灶子遗址被工程占压区域内的文物,摸清了遗址的文化内涵。特别是新石器时期龙山文化的发现,对研究鲁东南地区新石器文化面貌、聚落形态、生活环境等具有重要意义。周代墓葬大量的发现和清理,对研究该地区莒文化中,小型墓葬形制、随葬习俗等提供了宝贵详实的资料。唐宋、明清时期的文化遗存也为深入了解本地区各历史时期的社会生活提供了重要资料。

黄泥梁遗址考古发掘 2011年冬、2012年春,中国科学院古脊椎动物与古人类研究所、日照市文物局联合对山海天旅游度假区双庙村东部的黄泥梁旧石器遗址进行2次实地调查和勘探,发现原始文化层位。2013年4月,中国科学院古脊椎动物与古人类研究所、山东省文物考古研究所、日照市文物考古研究所联合申请对该遗址进行抢救性考古发掘。发掘面积约50平方米,出土石制品1700余件,石制品类型包括石核、石片、石锤、石器、搬运石材等,石器原料主要为安山岩和石英岩,初步判断黄泥梁遗址是一处原地埋藏的旧石器遗址,保留了古人类原始的生活场景。

第五节　文物保护

1993年12月,日照市发布《日照市文物保护管理规定》,2002年、2008年先后进行两次修订。2008年1月,日照市颁布《日照市人民政府关于进一步加强文物保护工作的意见》,同时批准设立日照市文物管理办公室,承担全市文物保护管理、文物保护项目审批审核、博物馆事业等职能。2012年7月,市文物管理办公室更名为日照市文物局。2012年、2013年,分别为市级以上文物保护单位聘请保护员76名、18名,并与之签订责任书。2013年,市政府成立由分管副市长任主任、有关部门负责人为成员的文物保护委员会。两城镇遗址公园管理委员会成立,专项协调开展两城镇遗址公园建设工作。莒县文物局正式挂牌成立。

2007—2011年,日照市文物工作人员开展第三次全国不可移动文物普查,共登记不可移动文物1236处,其中复查登记839处、新发现397处。2009年12月,日照市政府公布第一批市级文物保护单位27处,2013年1月公布第二批市级文物保护单位17处。

2010年,日照市文物部门制定文物单位消防安全联合大检查计划,会同日照市公安局对日照博物馆、莒县博物馆、五莲县博物馆、定林寺等重点文物保护单位进行消防安全检查。2011年,市文物部门联合日照市公安局开展打击防范文物犯罪督查行动,对辖区内博物馆、古墓葬等14处文物单位进行安全督查。2013年,日照市文物部门与市公安局建立打击和防范文物犯罪联合长效工作机制;与日照市文化市场综合执法局、日照市工商局、日照海关联合对各类文物经营活动违法违规行为进行盘点、摸查;联合日照市旅游局开展旅游等开发建设活动中文物保护情况检查工作;会同日照市消防支队开展文物消防安全大排查大整治活动。

2011年,日照市文物部门完成G204烟上线两城—汾水段改建工程、山西中南部铁路工程项目日照段、日兰高速龙山立交、沈海高速河山服务区、东港区至碑廓镇天然气工程、日照机场小后村场地、五莲县龙潭沟水库、国电莒县风电场等工程的文物调查勘探工作。2012年,日兰高速公路日照段龙山互通立交工程、山东金石沥青股份有限公司项目用地、日照钢铁精品基地的考古调查、勘探工作完成。2013年,山西中南部铁路通道东灶子遗址、沭水东调工程、沈海高速公路连接线工程、日照—濮阳—洛阳原油管道工程、河北建投新能源五莲山峰风电场等工程的文物调查工作完成。

第六节　古文化研究

日照市历史悠久,文化底蕴深厚,留给人们许多亟待研究挖掘的古文化空间。1989年以来,伴随着文化旅游事业的发展和需要,从民间学术团体到政府有关部门和单位的兴趣爱好者,逐步兴起古文化研究之风,并取得有一定价值的研究成果。突出的有以下几种:

太阳文化意蕴深厚,源远流长。1989年后,日照太阳文化研究渐兴,从民间松散闲议,到有组织地开展活动,并获得了明显的研究成果。

太阳文化节　太阳文化研讨会　从2010年开始的每年农历六月十九起,连续在天台山举办日照太阳节祀日大典。2012年的太阳节期间,邀请国内外知名专家、学者参加的中国·日照太阳文化研讨会,发布日照太阳文化标志和日照太阳文化研究会会歌。

日照太阳文化节和研究会的活动主题是保护文化遗产,整合文化资源,抢占文化高地,打造日照城市的金牌名片和人文形象,推进日照太阳文化领先国内,走向世界,促进社会和谐与进步。主题词为日出初光先照,东夷文明之光。

山东大学博士生导师张富祥认为日照打造太阳文化的系列品牌非常好,要继续举办太阳文化节,继续举办太阳文化研讨会,还要成立全国性的、甚至世界性的太阳文化研究会。他认为,要打造日照的太阳文化,提升太阳文化意识,不能局限于一个点上,因为太阳文化是很浓厚的,要把传说和考古结合起来。要树立的是一种太阳文化精神,这种精神的核心是创造、奉献。他建议,日照的太阳文化要着眼于地域文化,不要只局限于某一个方面,而是把它作为一种地域文化来讲,在地域文化的研究上可以突出太阳文化。

日照太阳文化源远流长　2009年在日照召开的"聚落与环境考古国际学术研讨会""中国日照尧王城文化论坛"会议上,40余名历史与考古专家一致认为尧王城遗址一带有都城、邑城(东海峪遗址)等大量分散的聚落,是一个强大的崇拜太阳神的文明古国。大量史料足以佐证:距今4500年到4000多年的龙山时代,在山东省日照市这片美丽富饶的土地上分布着几个古老的小国。其中,一个小国以现在的尧王城遗址(都城)为中心,周围分布着大大小小的邑城和聚落;那是一个崇拜太阳的古国,也是一个繁荣富庶的古国。它拥有发达的天文观测手段、高超的制陶工艺、先进的建筑技术和最早的图像文字;日照尧王城及其附近的天台山就是东夷文明的摇篮和神秘的“太阳古国”所在地，是上古时期羲和族人及东夷人祭祀太阳神的地方，也是世界东方太阳文化发源地。

在2012年日照太阳文化研讨会上，专家、学者提出，从迄今为止有关日照地区发现的陶文中，约三分之一含有太阳图案，反映出5000年前太阳在人们心目中的重要地位。陵阳河遗址出土的大口尊上的符号“”，是中国太阳崇拜的最早文字记载；甲骨文记录了人类的太阳崇拜；《山海经》《尚书》《史记》等史书中也分别有太阳崇拜纪录。

山东文物考古研究所研究员张学海研究发现，以日照为中心的东夷文化地区有远古太阳崇拜：日照天台山东侧有个小山头叫鸡响响喽山，山顶有巨石形成的雄鸡，昂首面对东海呈鸣状，故名。日照天台山下有老母庙，庙里供奉的是羲和老母。农历六月十九太阳生日这天，要举办庙会，周围几百里的乡民都去赶庙会，在山顶祭太阳，在山下祀老母。同时请来专门的戏班子表演节目，场面宏大，热闹非凡。

《日出先照——中国太阳文化之源》 2012年出版太阳文化专著《日出先照——中国太阳文化之源》，系日照太阳文化研究取得的初步成果。中国农民战争史研究会会长、山东大学博士生导师孟祥才认为，本书是日照太阳文化研究成果的集合，它为收集、整理、编纂更加全面的太阳文化史料奠定了良好的基础；日照是世界五大太阳文化发源地之一，该书对此做出了初步论证。书中介绍了日照是世界太阳文化发祥地并与世界其他几大太阳文化发祥地做了比较，看出中国的太阳文化和其他国家的太阳文化所占的地位，中国的太阳文化的民俗特点。通过比较研究，从而使日照太阳文化研究取得进一步的成就。

第三章　非物质文化遗产

日照拥有丰富多彩的非物质文化遗产，体现历代人民的创造力、文化价值和审美情趣。为保护和利用好非物质文化遗产，按照国务院和省政府要求，市政府分别于2007年6月、2011年10月、2013年1月，分三批批准市文化局确定的市级非物质文化遗产名录，同时申报国家级和省级非物质文化遗产名录。至2013年，已有14个项目或扩展项目被公布为省级非物质文化遗产名录，有100个项目或扩展项目被公布为市级非物质文化遗产名录。

第一节　国家级

日照市被公布的国家级非物质文化遗产项目或扩展项目共2批。

2008年6月7日，国务院公布第二批国家级非物质文化遗产名录和第一批国家级非物质文化遗产扩展项目名录，日照市《秃尾巴老李的传说》、满江红、莒县过门笺、渔民节4个项目入选。

2011年5月23日，国务院公布第三批国家级非物质文化遗产名录和国家级非物质文化遗产名录扩展项目名录，日照市《孟姜女传说》1个项目入选。

第二节　省　级

日照市被公布的省级非物质文化遗产项目或扩展项目共3批。

2006年12月30日，省政府公布第一批省级非物质文化遗产名录，日照市《秃尾巴老李的传说》、满江红、莒县过门笺、渔民节、五莲剪纸、岚山渔民号子、黄墩皮影戏7个项目入选。

2009年9月17日，省政府公布第二批省级非物质文化遗产名录和第一批省级非物质文化遗产扩展项目名录，日照市周姑戏、五莲割花技艺、转秋千会、《孟姜女传说》4个项目入选。

2013年5月7日，省政府公布第三批省级非物质文化遗产名录和省级非物质文化遗产扩展项目名录，日照市传统小船制作技艺、莒县查拳、黑陶制作技艺3个项目入选。

第三节　市　级

日照市公布的市级非物质文化遗产项目或扩展项目共5批。

第一批市级非物质文化遗产名录

2007年6月18日，市政府公布第一批市级非物质文化遗产名录44项，内容涵盖民间文学、民间美术、民间音乐、民间舞蹈、戏曲、民间杂技、民间手工技艺、人生礼俗、民间知识、传统体育与竞技、文化空间。

民间文学　秃尾巴老李传说，莒县文化馆申报；杞梁妻哭夫，莒县图书馆申报；莒县民间故事（大沈刘庄传说、响场的来历、莒州外八景由来、大咸服传说、望海楼、碁山寺和青云庵传说、公婆山的传说），莒县博物馆、东莞镇、响场村委、安庄镇、小店乡、碁山镇、刘官庄镇申报；圣公传说，岚山区碑廓镇申报；安东卫民间故事（钱淌出南门去、徐福东渡出狄水），岚山区安东卫街道申报；坏才刘克学的故事，东港区文化馆申报；东港区民间故事（刘三公的故事、回龙观传说），东港区三庄镇、西湖镇申报；五莲山民间故事，五莲县文化馆申报；九仙山传说，五莲县文化馆申报；吕母传说，日照经济开发区奎山街道申报；奎山传说，日照经济开发区奎山街道申报。

民间美术　过门笺，莒县文化馆申报；五莲剪纸，五莲县文化馆申报；日照农民画，日照市美术馆申报；日照木版画，日照市文学戏剧创作办公室申报。

民间音乐　渔民号子，岚山区安东卫街道申报；满江红，东港区文化馆申报；夹仓传统吹打乐，日照经济开发区奎山街道申报；民歌（送郎、嫁郎、十二个月），岚山区安东卫街道申报。

民间舞蹈　水族舞，东港区文化馆申报。

戏曲　皮影戏，岚山区黄墩镇申报；周姑戏，莒县文化馆申报；茂腔，五莲县文化馆申报。

民间杂技　高兴线狮，岚山区高兴镇申报。

民间手工技艺　蛋壳陶制作工艺，东港区文化馆申报；海水制盐传统技艺，东港区文化馆申报；京冬菜生产传统工艺，东港区文化馆申报；尹家湖打铁技艺，莒县夏庄镇申报；手工刺绣，五莲县文化馆、莒县安庄镇申报；蓑衣编制技艺，岚山区高兴镇申报；莒酒生产技艺，莒县浮来春酿酒集团股份有限公司申报；浮来砚手工技艺，莒县安庄镇申报。

人生礼俗　夏庄人生礼俗（婚俗），莒县夏庄镇申报。

民间知识　传统中医正骨术，日照经济开发区大岭正骨医院申报。

传统体育与竞技　转秋千，莒县文化馆申报；查拳，莒县文学艺术创作室申报；安东卫舞龙灯，岚山区安东卫街道申报；碁山狮子舞，莒县碁山镇申报；拔跌，东港区文化馆申报。

文化空间　渔民节，日照经济开发区北京路街道申报；峤山庙会，莒县峤山镇申报；莒人崇拜太阳，莒县文体局申报；太阳崇拜，东港区两城镇申报；安东卫商号，岚山区安东卫街道申报。

第二批市级非物质文化遗产名录

2011年1月10日，市政府公布第二批市级非物质文化遗产名录19项。

民间文学　民间谚语，东港区文化馆申报；民间歌谣，东港区文化馆、莒县文化馆申报；方言（莒县方言），莒县文化馆申报；歇后语（莒县歇后语），莒县文化馆申报。刘勰传说（刘勰持家定林寺的传说），莒县文化馆申报；五莲民间故事（雹子不砸邱家地的传说、中至村的传说、孝子泉的传说、苏轼题字白鹤楼的传说、孔子徒弟的传说、圣旨崖的传说、七宝山的传说、端午节插艾蒿的传说），五莲县文化馆申报；孙膑的传说，五莲县风景区管委申报。

传统音乐　大调，东港区文化馆申报。

传统技艺　传统小船制作技艺，东港区文化馆申报；草编技艺（苇笠制作技艺），五莲县文化馆申报；条编技艺（簸箕篼子拴制技艺）、峤山条编技艺，日照经济开发区奎山街道文化站、五莲县文化馆、莒县文化馆申报。

传统医药　王氏梅花针治疗技术，莒县文化馆申报。

民俗　莒县土地崇拜习俗，莒县国土资源局申报；峤山丧葬习俗，莒县文化馆申报；莒县节日习俗（春节、元宵节、二月二、清明节、端午节、六月六、七夕节、中元节、中秋节、重阳节），莒县文化馆申报。饮食习俗（五莲煎饼、五莲豆腐），五莲县文化馆申报。

第一批市级非物质文化遗产扩展项目

2011年1月10日，市政府公布第一批市级非物质文化遗产扩展项目名录9项。

民间文学　莒县民间故事（周仁寿仕莒传说、毋忘在莒传说、金牡蛎传说），莒县文化馆申报。

传统美术　剪纸（安庄剪纸），莒县文化馆申报；日照木版画（申家庄木板年画、于里木板年画、凤凰庄木板年画），岚山区高兴镇文化站、五莲县文化馆、东港区文化馆申报。

传统音乐　渔民号子（小海号子），东港区文化馆申报；民歌（东港民歌），东港区文化馆申报。

传统舞蹈　水族舞（小海水族舞），东港区文化馆申报。

传统体育与竞技　舞龙灯（许孟舞龙灯），五莲县文化馆申报。

民俗　渔民节（岚山祭海会），岚山区岚山头街道文化站申报；庙会（五莲山庙会），五莲山风景区管委申报。

第三批市级非物质文化遗产名录

2013年1月22日，市政府公布第三批市级非物质文化遗产名录16项。

民间文学　鱼骨庙的传说，涛雒镇文化站申报。

民间美术　飞白书，东港区文化馆申报；民间彩绘泥塑（泥人郑泥塑、莒县彩绘泥塑），东港区文化馆、莒县文化馆申报；民间雕塑（核雕、三庄石雕石刻），东港区文化馆申报。

民间音乐　劳动号子（岚山农民号子、东港打夯号子），巨峰镇文化站、东港区文化馆申报。

民间舞蹈　打花棍，东港区文化馆、高兴镇文化站申报。

戏曲曲艺 三庄笛梆，三庄镇文化站申报；三庄拉簧，三庄镇文化站申报；民间说唱艺术（莒县鱼鼓书），莒县文化馆申报。

民间手工技艺 手工陶技艺（东港手工轮盘制陶技艺、莒县黑陶加工技艺、莒县慢轮制陶手工技艺），日照街道文化站、店子集镇文化站、莒县文化馆申报；民间木工技艺（莒县木杆秤制作技艺），莒县文化馆申报；捕捞技艺（踩高跷推虾皮），两城文化站申报。

人生礼俗 生日习俗（五莲民间生日习俗），五莲县文化馆申报。

传统医药 韩氏烫伤药，日照经济开发区奎山街道文化馆申报。

市级非物质文化遗产扩展项目

2013 年 1 月 22 日，市政府公布第二批市级非物质文化遗产扩展项目名录 12 项。

民间文学 莒县民间故事（莒鲁会盟的故事），莒县文学艺术创作室申报；东港民间故事（高柴女的传说、五洞府的传说、石老人的传说），三庄镇文化站、后村镇文化站、南湖镇文化站申报；五莲民间故事（马耳山的传说），松柏镇文化站申报。

民间美术 剪纸（东港剪纸），东港区文化馆申报。

民间音乐 锣鼓敲打乐（斤求两），石臼街道文化站申报。

民间手工技艺 京冬菜生产传统工艺（涛雒京冬菜），涛雒镇文化站申报；传统小船制作工艺（岚山古法造船），岚山头街道文化站申报；条编技艺（筦子簸箕拴制技艺），西湖镇文化站申报。

民间杂技 武术（南湖武术），南湖镇文化站申报。

民俗 庙会（浮来山庙会、屋楼山庙会、柴鹿府庙会），莒县文化馆、店子集镇文化站、高泽镇文化站申报；饮食习俗（岚山头煎饼、碑廓锅饼、东莞李氏熏肉、许孟烧烤、涛雒羊肉面），岚山头街道文化站、碑廓镇文化站、莒县文化馆、五莲县文化馆、涛雒镇文化站申报。

第三十七编 教 育

1989年后，日照市通过深化教育体制、办学体制、学校内部管理体制和教育教学等方面的改革，不断加大教育经费投入，加快教育设施建设，努力改善教学条件，大力培养和引进教育人才，全面推进素质教育，努力提高教育教学质量，增强了教育发展的动力和活力，全市教育事业进入稳步、快速发展阶段。1996年，全市完成实现“两基”(基本普及九年义务教育，基本扫除青壮年文盲)的历史性任务。2012年，日照市被国务院表彰为全国“两基”工作先进单位。全市乡镇全部建立了具有固定教学基地的成教中心，村级农民文化技术学校办学面达100%。至2013年，通过成人学历教育，先后获得中专、专科、本科学历证书者分别为4.15万人、7.02万人、3.46万人。地级市建立时，市属高等学校尚属空白，1992年后，日照市陆续成立或引进高等院校8所，其中专科院校5所，本科院校3所。

至2013年年底，全市有幼儿园620所，在园幼儿86554人；小学377所，在校生190188人；初中90所，在校生94232人；普通高中18所，在校生47981人；中等职业学校16所，在校生35900人；高等院校8所，在校生7万余人(其中市属4所，在校生30933人)。

第一章 学前教育

日照市的学前教育工作，原由各县(市)妇联主管，1990年10月移交教育部门主管。

第一节 幼儿园所

1989年，全市(含莒县、五莲县)共有幼儿园954所，2177个班，在园幼儿5.21万人，教职工2341人。至1995年，全市幼儿园605所，2437个班，在园幼儿7.12万人，教职工3397人。全市70个乡镇(街道)有44个建立中心幼儿园，乡镇中心幼儿园建园率为62.85%。是年，全市有省级实验园2所，省级示范园1所，市级一类园40所。五莲县实验幼儿园、东港区实验幼儿园、莒县托幼办公室、岚山办事处碑廓镇教委被表彰为全省学前教育先进集体。

1997年6月，根据《日照市幼儿园—托儿所登记注册办法》，对全市幼儿园进行重新摸底调查、登记注册。2000年，在全市建立以政府办园为示范，集体办园为主体，公民个人依法办园为补充的办园体制，调动社会各方面的办园积极性。至2001年，全市幼儿园1469所，2284个班，在园幼儿6.18万人，教职工3543人。全市53个乡镇(街道)有47个建立中心幼儿园，乡镇中心幼儿园建园率为88.68%。

2002 年,对全市幼儿园进行布局结构调整。全市创建的 7 所省级实验幼儿园和省级示范园全部通过省复查验收,6 所幼儿园被评为“日照市十佳幼儿园”。2003 年,全市进行“幼儿园、小学一体化管理”的办学模式改革试点工作。对全市幼儿园办园资格重新摸底、审核和注册,于 2005 年 12 月向社会公布全市符合办园条件的幼儿园 971 所。至 2008 年,全市幼儿园调整为 845 所,2357 个班,在园幼儿 7.69 万人,全市农村学前三年幼儿入园率达 87%。60 余所幼儿园被认定为山东省学前教育信息化建设基地园。

2009 年,全市推行“以乡镇中心园为骨干、镇村一体化管理”的学前教育管理模式。2010 年,全市投入 5342 万元,新建乡镇中心幼儿园 8 所,村办幼儿园 134 所;改、扩建乡镇中心幼儿园 13 所,村办幼儿园 102 所;撤并条件差、规模小的园所 60 所。全市有幼儿园 740 所,在园幼儿 7.94 万人,学前三年幼儿入园率达 90%,学前一年幼儿入园率达 99.7%,居全省先进水平,所有乡镇(街道)均建立独立建制的中心幼儿园。

2011 年,日照市实施学前教育三年行动计划,构建“广覆盖、保基本”的学前教育公共服务体系。至 2013 年,三年共投入近 4.6 亿元,对全市城乡幼儿园进行新建和改扩建。截至 2013 年,全市各级各类幼儿园 620 所,其中公办和公办性质的幼儿园 479 所,公办比率达 77.3%,在园幼儿 8.66 万人。所有乡镇中心幼儿园通过省级认定,全市拥有省级实验园 3 所,省级示范园 28 所;市级示范园 42 所,市级一类园 80 所。

第二节　学前教育管理

管理体制　1990 年后,按照地方负责、分级管理和有关部门分工负责的原则,形成市、县(区)、乡镇(街道)三级管理体制。市、县(区)托幼工作领导机构,负责本行政区域内托幼事业的统筹、协调和指导,各有关部门按照各自的职责分工,相互配合。2009 年,日照市推行“镇村一体化”,实行统一布局规划、统一收费管理、统一教师管理、统一保教管理及统一办园质量评估的“五统一”管理模式。此模式在全国“托举希望,发展新农村幼儿教育”研讨会上作典型经验介绍,并在全省推广。2011 年,全市学前教育坚持“市级统筹、县级为主、县乡共管”的管理体制,实行政府领导、教育部门与有关部门分工负责的工作机制,并在城区确立“市区统筹、街道为主”的城区学前教育管理体制。

经费管理　1989 年 6 月,幼儿园的经费由举办者依法筹措,保障有必备的办园资金和稳定的经费来源。全市建立“谁办园谁出资、谁受益谁负担,政府适当扶持”的投入机制。此后,根据有关收费政策,结合日照市实际,于 1992—2004 年先后对全市各类幼儿园的收费标准进行 6 次调整。2013 年,对全市幼儿园收费项目和收费标准进行调整规范。幼儿园收费项目统一规范为保教费、住宿费和经省政府批准的服务性收费与代收费项目。全市公办幼儿园保教费实行按类别等级收费,收费标准调整为:省级实验、示范幼儿园每生每月 380 元,市级示范幼儿园每生每月 300 元,市级一类幼儿园每生每月 245 元,市级二类幼儿园每生每月 200 元,市级三类幼儿园每生每月 170 元。民办幼儿园收费,按物价部门审批的项目和标准执行。

管理办法　2006 年,乡镇以上中心园、实验园的设置由区县教育部门审批,其他各类幼儿园的设置由所在地乡镇教育部门审批。市教育局会同物价、财政等部门,对全市幼儿园进行评估确类,并定期进行复评,实行动态管理。在城市和农村建立不同的幼儿教师管理体制。城市幼儿园由办园单位负责幼儿教师的选拔聘用、辞退、奖励、福利、退职、退休等，教育部门负责教师资格认定、培养培训、业务指导、教研活动等管理工作。农村幼儿教师以乡镇管理为主，经审定合格的幼儿教师，由区县教育行政部门统一发放任教证书，主办单位聘用。

2009 年后，日照市建立幼儿教师招考和中小学教师分流制度，通过招考在编幼儿教师和鼓励中小学教师到幼儿园任职任教，使幼儿教师中的公办教师比率不断提高，幼教队伍的整体素质得以提升。

第二章　义务教育

第一节　学　校

实现“两基”　实现“两基”是 20 世纪 90 年代全市教育工作“重中之重”的任务。1991 年 2 月 28 日，市政府制定《日照市实施〈中华人民共和国义务教育法〉的办法》(以下简称《办法》)，对政府、社会、学校、家庭各方面在实施义务教育工作中的责任和义务，义务教育实施工作管理、标准要求、办学条件、评估、奖励及全市实施义务教育总体规划等作了明确规定。按照“全面规划、分类指导、分步推进”的原则，开展义务教育的实施工作。至 1994 年年底，经市政府评估验收，全市各区县(办事处)全部实现初等义务教育，24 个乡镇基本普及初级中等义务教育。同年 11 月，市委、市政府召开全市教育工作会议，市政府与各区县(办事处)签订 1996 年全市实现“两基”目标责任书。1995 年 10 月，东港区、五莲县、岚山办事处通过省政府“两基”验收。1996 年 11 月，经省政府评估验收，莒县以较高水平实现“两基”，至此，全市实现“两基”的历史性任务全面完成。

调整布局　1989 年，全市有小学 2141 所，教学班 8200 个，在校生 23.03 万人；初中有 270 所，教学班 2171 个，在校生 11.79 万人。这一时期，农村中小学布局分散、规模小、条件差、办学水平低，特别是农村小学中，存在大批仅有 1~3 个班的学校和多年级的“复式班”，教育教学质量得不到保证。结合初等义务教育的实施和推进，调整撤并一批规模小的农村小学和教学点，对农村联办初中也进行调整合并。至 1994 年，全市小学调整为 1703 所，8090 个班，在校生 26.09 万人；初中调整为 171 所，1985 个班，在校生 11.72 万人。1995—1996 年，各区县根据当地实际，继续进行中小学布局调整，又撤并一批规模小、条件差的村小和联办初中，中小学布局得到进一步优化，至 1997 年，全市有小学 1260 所，7612 个班，在校生 28.1 万人；初中 128 所，2646 个班，在校生 15.7 万人。2009 年 12 月，日照港中小学划转市教育局管理。

2001 年，各区县本着因地制宜、科学合理、相对集中、就近入学的原则，制定新一轮中小学布局调整规划，一般每个行政管理区设置一所完全小学，每个乡镇设置一所初中，有计划地逐步调整完善。同时日照市启动义务教育薄弱学校改造和农村中小学危房改造工程，改善农村中小学办学条件，开展城乡学校“对口支援”活动，逐步缩小城乡学校之间的差距。

均衡发展　2008—2010 年，在全市组织实施义务教育均衡发展“三线推进”战略，即在镇域内抓好小学均衡发展，在重点加强薄弱小学建设、实现办学条件均衡的基础上，充分发挥中心小学的龙头作用，实行统一资源配置、统一教师调配、统一常规管理、统一研训活动、统一质量评估的“五统一”管理；在县

(区)域内抓好初中均衡发展,以县(区)为主,加强初中学校发展的统筹规划,合理配置教育资源,使各学校校舍、内部设施配备等办学条件逐步达到均衡,建立教师合理流动机制,使校际间学科教师配备基本均衡;在市区统筹抓好义务教育均衡发展,加大义务教育薄弱学校改造力度,实行优质学校与薄弱学校联合办学、资源共享,推动市区义务教育学校的办学条件、办学水平和教育教学质量整体提升、均衡发展。

通过不断调整中小学布局,逐步优化了教育结构,扩大了优质教育资源,提高了义务教育实施水平和教育教学质量。至 2013 年,全市有小学 377 所,4390 个班,在校生 19.02 万人;初中 90 所,1790 个班,在校生 9.42 万人。小学适龄儿童入学率、巩固率和毕业率均达到 100%,初中适龄少年入学率和毕业率为 100%,巩固率和升学率分别提高到 99.7%和 90.23%。全市中小学标准化、规范化建设水平大幅度提高,其中有 31 所学校创建为省级规范化学校,201 所学校创建为市级规范化学校。

第二节　管理体制

1986 年起,日照市进行教育管理体制改革,实行县(市)、乡镇、村"分级办学、分级管理",形成三级办学、两级管理的中小学管理体制。1994 年 12 月 29 日,市委、市政府制定印发的《日照市〈中国教育改革和发展纲要〉实施意见》提出:基础教育实行地方负责、分级管理的体制。市负责对全市实施义务教育的统筹和指导;县级政府对组织义务教育的实施负有主要责任,包括统筹管理教育经费,调配和管理中小学校长、教师,指导中小学教育教学工作等;乡镇政府是实施义务教育的主体,负责落实义务教育的具体工作。从此,在全市建立义务教育市、区县两级统筹,市、区县、乡镇三级管理,以乡镇为主的管理体制。

2002 年开始,根据国务院、省政府的有关规定,全市义务教育实行"在国务院领导下,由地方政府负责、分级管理、以县为主"的管理体制。县级人民政府对农村义务教育负有主要责任,市及乡镇人民政府承担相应责任。为推动"以县为主"农村义务教育管理体制的全面落实,2004 年 9 月 6 日,日照市印发《关于进一步落实以县为主农村义务教育管理职责的通知》,进一步明确市、区县、乡镇在农村义务教育工作中的具体职责,使"以县为主"的农村义务教育管理体制日臻完善,一直沿用至今。

第三节　学制课程与教材

学制　1989 年,全市中小学学制为"五三"(小学五年、初中三年)学制。1991 年,根据实施九年制义务教育的需要,实施"五四"(小学五年、初中四年)学制改革实验。自 2001 年开始,全市义务教育阶段实行"五四"学制向"六三"(小学六年、初中三年)学制过渡,至 2003 年,全市统一实行"六三"学制。

课程　全市义务教育学校一律执行国家的教学计划和课程方案。1992 年,国家教委颁发《九年制义务教育全日制小学、初级中学课程方案(试行)》(简称《课程方案》),课程包括学科与活动两部分,全市从 1993 年秋季开学起实施《课程方案》。小学学科课程设思想品德、语文、数学、社会、自然、体育、音乐、美术、劳动等 9 科;活动设晨会(夕会)、班(队)活动、体育活动、科技文娱活动、社会实践活动和校传统活动等;周课时总量五年制一至五年级分别为 31 课时、32 课时、34 课时、34 课时、34 课时,其中各包括活动课 5 课时。初级中学学科课程设思想政治、语文、数学、外语、历史、地理、物理、化学、生物、体育、音乐、美术、劳动技术等 13 科;活动设晨(夕)会、班团队活动、体育活动、科技文体活动、社会实践活动和校际活动等;四年制初中一至四年级周课时总量分别为 35 课时、35 课时、36 课时、36 课时,其中学科课时最高为 30 课时。

1994 年 4 月,为适应国务院公布的新工时制,国家教委对 1992 年颁发的《课程方案》中的教学计划和教学大纲作了适当调整。全市从 1995 年秋季开学后按调整后的计划和大纲执行,实行每日工作 8 小时,每周工作 40 小时标准工时制。调整后的小学各年级周课时总量减少 3 至 4 课时,五年制小学一至五年级分别为 28 课时、29 课时、30 课时、30 课时、30 课时。调整后的初中各年级周课时总量为 33 课时,其中学科课时最高为 28 课时。

1998 年,以国家教委《关于全面贯彻教育方针、减轻中小学过重课业负担的意见》和《关于推进素质教育,调整中小学教育教学内容,加强教学过程管理的意见》为依据,全市中小学对部分教育教学内容和教学要求作适当调整,按不改变现行的课程结构和教材体系,不增减课时的前提下,对小学语文、数学、自然、社会 4 科,初中语文、数学、外语、物理、化学、历史、地理、生物 8 科删减教学内容,降低教学要求,部分必学内容改为选学内容,并明确只学不考的内容。

2001 年 10 月,按《关于实施〈基础教育课程改革纲要(试行)的意见〉》规定,小学阶段以综合课程为主。小学低年级开设品德与生活、语文、数学、体育、艺术(美术、音乐)等课程;小学中高年级开设思想品德与社会、语文(含写字)、数学、科学、外语、综合实践活动、体育、艺术(美术、音乐)等课程。初中阶段设置分科与综合相结合的课程,主要开设思想品德、语文、数学、外语、物理、化学、生物、历史、地理、体育、音乐、美术和综合实践活动。有条件的地方或学校,可以选择综合课程,综合课程主要有科学(含物理、化学、生物、自然地理等内容)、历史与社会(含历史、人文地理等内容)、艺术(含音乐、美术等内容)。自 2001 年秋始,根据省教育厅《关于开设小学英语课程的通知》精神和市教育局的要求,逐步开设英语课程,每周至少安排 4 次教学活动,周总授课时间约 120 分钟。

2003 年 3 月,日照市印发《全市基础教育课程改革实验工作实施方案》,规定从 2003 年秋季开学全市小学起始年级整体实施新课程,从 2004 年秋季开学全市初中起始年级整体实施新课程。

教材 全市中小学教材选用根据学制的变化和上级教育部门的有关规定,适时进行变更和调整。1989 年,小学使用的是人民教育出版社(简称人教社)依据教育部颁布的九年义务教育全日制小学各科教学大纲(初审稿)编写的"九年义务教育五年制小学"教科书。初中使用的是人教社出版的初级中学教材。

1991 年,日照市进行"五四"学制改革后,凡实施"五四"学制的学校,小学、初中由使用人教社"五三"学制教材,改为使用北京师范大学编写的"五四"制实验教材。从 1994 年秋季开学起,全市小学、初中按照当地学制,均使用人教社出版的"五四"制或"五三"制教材。

自 2001 年开始,全市义务教育由"五三"和"五四"两种学制逐步统一过渡为"六三"学制,按计划实施学制改换的年级,均使用人教社出版的"六三"制教材,未过渡年级仍使用原版教材。

2003 年从小学一年级起,2004 年从初中一年级起,全市统一使用人教社编写出版的"义务教育课程标准实验教科书"。此外,实施课程改革实验以后,全市中小学还从省教育厅开发的地方课程中选用部分教材,其中小学一二年级选用《传统文化》,小学三至六年级和初中选用《安全教育》《环境教育》和《人生规划》等。同时,市教育局结合当地实际,组织开发编写地方课程教材,有的学校根据当地本学校实际自主开发部分校本教材。

第三章 高中教育

第一节 学 校

1989 年后,日照市普通高中教育大致经历过渡发展、快速扩大规模和调整结构、规范办学几个阶段。

1992 年 12 月,日照市区划调整后,全市普通高中共有 21 所,其中市直 1 所,东港区 7 所,岚山办事处 1 所,莒县 7 所,五莲县 5 所,共有 289 个教学班,在校学生 15852 人。

1993 年,全市普通高中主要通过学校内部挖潜、改革办学模式、试行计划外自费上学等措施,逐步扩大高中办学规模和优质教育资源。1996 年 8 月,市教委在日照一中、莒县一中和五莲一中试办"公办民助"班。是年 9 月,召开全市普通高中教育工作会议,会议提出,改革办学体制,加大高中投入,逐步建立以地方政府为主,社会各界多方参与的新型办学体制,鼓励社会团体和公民个人按照国家法律和规定举办普通高中,在有条件的地方可以试行"公办民助""公有民助""民办公助"等办学形式,经济较好的地区,农村普通高中也可实行县、乡(镇)联办,以县为主的体制。之后,"公办民助"办学模式逐步扩展到条件较好的农村高中,促进高中教育的适度发展。

"十五"期间,在对全市高中段教育调研论证的基础上,制定《关于加快普及高中段教育的意见》和《全市高中段教育发展规划》,全市坚持规模效益并重,公办民办并行,新建扩建并举的原则,加快了普通高中发展步伐。新建并逐步完善日照实验高中、日照一佳合作学校、莒县实验高中、莒县四中、五莲三中等一批规模较大、标准较高的高中学校。对原有高中学校进行改建、扩建,市和各区县先后改造扩建高中学校 10 所,新增建筑面积 2.3 万平方米。日照实验高中、莒县一中、莒县二中、莒县四中等学校改制为"国有民办"性质的学校,新建的日照一佳合作学校为民办高中学校,其他高中多数实行"公办民助"的办学形式。名校带动,联合办学,2001 年全市普通高中发展到 24 所,在校生有 37825 人;2005 年,在校生达到高峰期,共有 63614 人。

"十一五"期间,在全市高中段生源已度过高峰期的情况下,进一步强化对高中段教育发展规划、学校布局与建设和高中段学校招生的统筹与管理,适度压缩普通高中招生计划,扩大职业学校办学规模,促进普通高中与中等职业教育协调发展,2007 年,全市高中段教育入学率达 90.6%,实现了基本普及高中段教育。撤并一批规模小、办学条件较差的农村高中,至 2008 年,全市普通高中学校由原来的 24 所逐步调整为 18 所,进一步优化普通高中教育资源。严禁普通高中学校盲目扩张建设,及时将普通高中工作重心从规模扩张转移到规范办学、质量提高和特色创建上来,在全市建立完善普通高中统筹调控、分类指导、跟踪评估和质量评估通报的运行机制。2010 年,在不断改善普通高中办学条件的基础上,按照《山东省普通高级中学基本办学条件标准》,为各高中学校配备能够满足教育教学需要的设施设备,推进办学条件标准化建设,全市普通高中先后有 8 所创建为省级规范化学校,15 所创建为市级规范化学校。随着国家办学政策的调整,根据教育公益性和普通高中政府办学为主体的原则,2009 年以后,先后将原改制为"国有民办"的高中一律恢复为由政府办学的公办学校,并将民办日照一佳合作学校收归为公办学校。

地级日照市建立后,全市高中教育从发展速度、办学规模、人才培养及普及高中段教育等方面都有新的突破。1993—2013 年,高中毕业生考入大学的 20 万余人,其中本科生 89338 人,同时为当地经济建设培养一大批高素质的劳动者和应用型人才。

第二节 管理体制

按照基础教育"分级办学、分级管理"的办学体制,全市普通高中实行市、区县分工负责、两级管理,以区县为主的管理体制。

学校管理 1989 年起,普通高中学校管理,包括学校行政管理、基础设施建设、干部配备、师资队伍、人事管理、经费投入等方面,市属高中由市负责;区县属高中由各区县负责;部门、行业、企业办及民办高中按照"属地管理"的原则,在教育部门指导下,由举办者负责。市教育局负责高中学校的设置审批、招生计划的制定和高中学籍管理。教育教学工作实行市教育局宏观指导,市、区县共同管理的办法。学校内部管理实行校长负责制,建立完善各项管理制度,设立有关科、室、处,具体负责学校行政、教育教学、后勤服务等方面的管理工作。同时建立学校领导班子集体领导、分工负责的责任制度和教职工代表会议制度,实施民主决策、民主管理。该管理体制沿用至今。

招生管理 1991 年起,全市普通高中招生取消预选,一律实行定向和划片招生,应届初中毕业生直接报名考试,按志愿择优录取。1992 年前,普通高中招生执行省指令性招生计划,从 1993 年起,省不再下达指令性招生计划,普通高中招生计划由市自行制定,并实行指令性和指导性相结合的招生计划,指令性计划一般占招生总数的 85%左右,其余为指导性计划,可在统招线下 30 分内招录捐资助学学生,重点高中试行招收比例不超过招生计划 15%的计划外自费生(后改称为择校生)。1998 年,改革中考招生考试制度,实行"一考四取",将普通高中招生指标分配按一定比例与乡镇、学校办学水平等综合评价结果挂钩。自 2008 年起,依据各初中学校当年毕业生数和素质教育实施水平评估情况,将重点高中统招生计划的多数作为指标生,分配到招生范围内的初中学校,使各初中学校升入重点高中的统招生基本达到均衡。全市普通高中招生统一命题,统一考试时间,统一阅卷,考试工作由各区县负责组织,市区各高中学校招生录取由市教育局统一组织,莒县和五莲县各高中学校的录取工作由县教育局负责组织进行。上述管理模式沿用至今。

学籍管理 1989 年起,根据上级教育部门的规定和要求,结合实际,日照市逐步完善学籍管理制度,规范中小学学籍管理。普通高中学生学籍由学校负责建档,市教育局学籍主管部门负责统一管理,学校配合做好本校学生的学籍管理工作,区县教育局辅助做好相应管理工作。普通高中学生转学、休学、退学、复学及借读等涉及学籍管理的事项,须经学校和区县教育局审查,报市教育局批准后,方可办理学籍变更手续,同时报省教育厅有关部门备案。市内高中学生符合转学规定申请转学的,一般高中学生不得转入重点高中。高中学生毕业证书一律由市教育局审核验印。

会考管理 1991 年起,日照市建立普通高中毕业会考(简称高中会考)制度,自本年起及以后各年度招收的普通高中新生,其高中阶段所学的全部文化课进行省级高中毕业水平考试。凡高中会考有一门以上不合格经补考仍不合格者,不发给普通高中毕业证书,不得参加普通高考。高中会考实行省、市、县(区)分工负责制,省级教育部门负责高中会考政策的制定和试题的命制;市级教育部门负责建立学生考籍档案,组织考试、阅卷和统计;区县教育部门负责考试考务的具体组织实施;会考成绩报省会考管理部门备案。会考工作由市教育局高中毕业会考办公室负责管理，于每年 1 月和 6 月组织两次考试，并实行学籍、考籍一体化管理，即学生在学籍注册时一并取得考籍，学生变更学籍同时办理考籍变更手续。为推动普通高中实施素质教育，对完成高中学业的学生，经审核基础素养评价符合要求，达到学分认定规定标准，会考各科全部合格，方可发给毕业证书。该管理模式沿用至今。

教学管理　1989 年起，普通高中教学实行市、区县两级管理，以区县教育局管理为主，各高中学校具体负责本校教学工作管理的模式。重点抓好普通高中的常规教学、质量监测、教学评估、教研科研和师资培训等工作。

第三节　学制课程与教材

学制　1989 年后，全市普通高中学制均实行三年制，未有变动。

课程　1989 年，全市普通高中执行 1981 年教育部颁布的《教学计划》。1990 年，根据国家教委对普通高中教学计划的调整，全市普通高中课程结构由学科课程和活动课程两部分组成。学科课程分为必修课和选修课，活动课程包括课外活动、社会实践活动。必修课设政治、语文、数学、外语、物理、化学、生物、历史、地理、体育和劳动技术共 11 科。选修课分两类，一类是单修性选修课，在高一年级每周 3 课时，高二年级每周 4 课时；一类是分科性选修课，分文科、理科、外语、艺术、体育、职业技术 6 类课程，在高三年级开设。1995 年，全市实行每周 40 小时工作制后，每周学科教学时属由 32 课时以下调整为 30 课时以下，每周活动总量由 38 课时以下调整为 34 课时以下。2000 年，国家教委对高中课程计划再次调整，周活动总量为 35 课时，课程设思想政治、语文、数学、外语、物理、化学、生物、地理、历史、信息技术、体育和保健、艺术、综合实践活动、地方和学校选修课。2004 年，高中一年级使用新课程标准实验教材，课程开设分八个领域，语言与文学（语文、外语）、数学、人文与社会（思想政治、历史、地理）、科学（物理、化学、生物、地理）、技术（信息技术、通用技术）、艺术（音乐、美术）、体育与健康、综合实践活动（研究性学习、社区服务、社会实践）。实行学分制，必修学分 116 分，总分达到 144 分，学生即可毕业。

教材　全市普通高中按照教材目录统一选用。1996 年秋季起，高中英语开始使用新教材。1998 年秋季起，高中政治开始使用新教材。根据教育部 2000 年颁布的《全日制普通高级中学课程计划（试验修订稿）》的规定，从 2000 年秋季始，全市实行新的《普通高中新课程方案》，语文、数学、物理、化学、生物、历史、地理也换成新教材。新教材是在大力实施素质教育背景下产生的，其特点更有利于培养学生的实践能力和创新意识。

第四章　中等职业教育

日照市的中等职业教育于 20 世纪 90 年代兴起，通过进行中等教育结构改革，改变中等教育结构单一的状况，分期分批将部分普通高中改办为职业技术中学（后改称为职业高中或职业中专），此后，经不断调整与改革，全市职业教育走上稳定、持续、健康发展的轨道。

第一节　普通中专教育

1989 年,建立地级日照市时,全市有师范类普通中专 1 所(日照师范,创建于 1958 年),非师范类普通中专尚属空白。“八五”期间,发展普通中专教育成为中等职业教育的重点。经过积极创建,经山东省人民政府批准,1993 年 6 月,在原日照市第三职业高中的基础上建立日照市经济学校;在五莲县职业中专的基础上建立日照市工业学校;1996 年 4 月,在莒县职业中专的基础上建立日照市农业学校。3 所普通中专学校,均实行“一所学校,两个牌子”的办学模式,在市工业学校保留五莲县职业中专建制,在市农业学校保留莒县职业中专建制,在市经济学校保留第三职业高中建制,既招收普通中专学生,也招收职业中专学生。

新建普通中专初期,办学规模较小,教育教学设施特别是专业教学实验实习设备尚不完善,据此,确立“政府投入、学校自筹、产教结合、自我发展完善”的办学路子。至 2000 年,全市普通中专的校舍面积扩增 11 万多平方米,开设专业由原来的 14 个增加到 36 个,在校生由开办之初的不足千人增加到 4800 余人。2002 年,经省教育厅批准,日照市工业学校、日照市农业学校开始招收“三二连读”(中专三年、高职二年)高职专科班。1998 年 4 月,经教育部批准,在日照市经济学校的基础上建立日照职业技术学院,同时撤销日照市经济学校建制,在全市建立从初级到高级的职业技术教育体系。

2007 年,日照市卫生学校由职业中专变更为普通中等专业学校,确定年招生规模为 1000 人。2009 年 12 月,依托日照广播电视大学建立日照市经济贸易学校,与日照电大一套班子两个牌子,确定年招生规模为 1200 人。2010 年 5 月,将原属职业中专的日照航海技术学校(民办)变更为普通中专学校,确定年招生规模 1500 人;在东港区职教中心基础上建立日照市机电工程学校,确定年招生规模 1200 人。2012 年 4 月,在五莲县职教中心基础上建立日照市科技中等专业学校,确定年招生规模 1600 人。至此,全市非师范类普通中专学校发展到 7 所。

第二节　职业高中教育

1989 年,连同企业、行业多形式办学(班),全市有中等职业学校 16 所,在校生 1.1 万余人(其中职业高中、中专 6047 人)。1990 年,《关于进一步发展职业技术教育的意见》印发;1998 年 9 月,《关于加快职业教育改革和发展的决定》印发;2005 年 1 月,《关于进一步加强职业教育工作的意见》印发,对各个时期职业教育改革和发展的任务目标、工作措施、优惠政策等作出明确要求和规定。按照“政府统筹、社会参与、大力发展、大家来办”的指导方针,坚持以政府办学为主体,调动各方面的办学积极性,先后由市经贸委、市卫生局、市文化局、日照港集团以及有关民营机构创办日照市职工中等专业学校、日照市卫生学校、日照市艺术学校、日照港职业技术学校、日照市航海技术学校等中等职业学校,各区县也相继由社会力量创办一批职业学校。至 1995 年,全市共有各类中等职业学校 24 所,其中政府举办的 14 所,部门、行业举办的 10 所,在校生 13798 人,占高中段在校生数的比例为 41.3%。各职业学校坚持为当地经济建设和社会发展服务的办学方向,先后开设 40 多个专业。

“九五”期间,因高校扩招拉动普通高中招生规模扩张,以及企事业单位用人对学历要求的攀高,使中等职业教育受到一定程度冲击,特别是部分地处偏远、条件较差的农村职业学校招生及在校生有所萎缩。1998 年，全市开始进行中等职业教育布局调整，确定每个区县建立和完善 1 所规模较大、功能完善、能起骨干带头作用、具有地方特色的职教中心，采取联合、挂靠、合并、资产置换等办法，把那些地处边远、交通不便、规模小、质量和效益差的农村职业学校合并到职教中心。至 2003 年，各区（县）均建立职业技术教育中心，全市中等职业学校由高峰期的 24 所调整为 15 所。通过不断加强重点学校建设，全市先后创建全国重点职业学校 6 所。

2005 年，日照市对"十一五"期间全市职业教育改革与发展作出规划和部署，进一步加强"四个统筹"（统筹规划、统筹办学、统筹资源配置、统筹政策和措施），按照"设施先进、专业配套、结构合理、机制灵活、富有活力"的原则，深化办学体制、管理体制和教育教学改革，全面落实"先培训、后就业"制度和"双证书"制度，加强实习实训基地建设，推进校企联合办学，使中等职业教育结构布局、专业配置、设施设备、教育教学模式、技能人才培养质量不断优化。至 2010 年，全市各类中等职业学校招生 12455 人，占当年高中段招生总数的 46.3%，在校生 32383 人，占高中段在校生总数的比例提高到 42.2%，中等职业教育的吸引力明显增强。

第三节　技工教育

日照市技工教育初创于 20 世纪 80 年代，1985 年成立日照市技工学校。随后莒县技工学校、五莲县技工学校、日照水产技工学校、岚山技工学校也相继建立。技工学校是培养技术工人的高中段职业技术教育，全日制在校学生招收初中毕业生，学制 3 年。

1989 年，市技工学校扩大为 7 个专业，学制 3 年，招生 325 人。开设课程有文化、专业及生产实习课，所用教材，系机械部和劳动人事部编印，以培养德、智、体全面发展的中级技术工人为目标。1990 年，市技工学校有教职工 62 人，当年招生 452 人，毕业生 168 人。1991 年，全市技工学校教职工总数 70 人，当年招生 428 人，毕业生 430 人。

1992 年，日照市岚山技工学校设立。全市技工学校教职工有 70 人，当年招生 420 人，毕业生 490 人。1993 年 7 月，市技工学校升格为副处级，全市技工学校学制由 3 年改为 2 年。以市场需求为导向，不断扩大办学规模。全市技工学校教职工有 290 人，当年招生 1512 人，毕业生 1201 人。

1994 年，全市有技工学校 4 所，分别是市技工学校、市水产技工学校、市岚山技工学校、五莲县技工学校，其中五莲县技工学校被省评定为重点技校。全市技工学校教职工总数 310 人；当年招生 1772 人，毕业生 1381 人。1996 年，日照市完善技校招生改革办法，实行招生政策、招生办法、招生程序、录取结果四公开，探索在市场经济条件下办学路子。市技工学校招生 437 人，根据举报取消 5 名违纪考生的入学资格，受到考生和社会的好评。1995 年前，技工学校毕业生能够全部安置就业，是技工教育发展的最好时期，全市技工学校在校生高峰年份达到 5800 余人。从 1996 年开始，由于就业政策变化等，招生人数有所减少。

1997 年，按照"国家指令性计划与指导性计划相结合，定向培训与自主择业相结合"的招生原则，由过去的统招统配为主改为以定向培训为主，让学校走出校门与企业"联姻"，较好地解决技校招生与就业两个难题，技校各项管理水平都有较大提高。市技工学校等 4 所技校被确定为山东省一类合格技校，五莲县技工学校通过省劳动厅省（部）级重点技校评估验收。全市技工学校招生 1661 人，其中市技工学校招生 438 人（定向委培 237 人）。1998 年，由于国有企业下岗分流、减员增效等生源大幅度下降。各级劳动部门经过推行二次、三次招生和学制方面的灵活调整,技术招生工作有明显好转。对技工学校毕业等级统考进行大胆改革,实行技工学校毕业生“二合一”考试办法(将毕业考试与技术等级考试相结合),推动技校教育由应试教育向素质教育的转变,全市技工学校招生1043人,完成招生计划的90%。2002年,市技工学校有教职工84人,本科以上学历49人,专科以上学历67人,具有高级职称资格27人,中级职称以上资格的67人,开设车工、钳工、电工、机电、电焊、家电维修、服装制作、纺织、旅游服务、港口机械驾驶、电厂热力、机械维修等20个专业,被省政府验收确定为省级重点技工学校、省技师培训基地。2003年,全市技工学校招生1780人,毕业生就业率90%。其中,市技工学校招生946人,创建校以来最高纪录,就业率95%。全市技工学校组织短期培训4982人。

2008年2月,日照技工学校升格为日照市高级技工学校;6月,整体迁入大学科技园新校区。时有教职员工210人,其中研究生13人,大学学历111人,高、中级职称教师136人,高级技师、技师71人,在校学生3000余人。对250名贫困家庭学生实施技能扶贫。学校规划占地面积36.67公顷,建筑面积12.9万平方米。成为融高、中级职业资格教育、中等学历教育和业余培训于一体的综合性技工学校和全市重要职业培训基地,毕业生就业率达98%以上。

2011年,市高级技工学校新校区项目被列入2011年山东半岛蓝色经济区建设专项资金预算,获得财政补助资金350万元。2012年,市高级技工学校按照“高端引领、高点起步”的建设思路,争取各类投资,不断完善设施设备,全部建筑面积17.1万平方米。9月,经省政府批复同意建立日照市技师学院,并在学院的基础上成功争创山东省高技能人才培训基地、山东省技师工作站。

至2013年年底,全市技工学校在职教职工663人,在校生6231人。市技师学院先后被确认为省级重点技工学校、山东省技师培训基地、国家级重点技工学校和西部教育顾问单位,被国家及省市7个主管部门授予定点培训机构,多次被评为省市职业教育、企业培训先进单位,连续多年保持市级文明单位称号。

第五章　师范教育

日照市的师范教育,办学形式以普通中等师范学校和教师进修学校为主。

第一节　学　校

普通中等师范学校　市域内普通中等师范学校为日照师范学校,建立于1956年,1989年前隶属临沂地区行署教育局管理,1990年划归日照市管理,是全市小学教师、幼儿教师培养和初中校长培训基地。1994年,学校建成省级标准化学校,1997年,创建为省级规范化师范学校。截至2013年,学校总占地面积8.5万平方米,总建筑面积6万平方米,在校学生2314人。

日照师范学校在全市范围内招生,1989—1998年,以招收三年制普通中师生为主。1999年,学校开始进行培养“专科程度小学教师”的实验工作,在初中毕业生中招收小学教育专科班学生,学制为三年中师教育加二年专科教育(简称三加二分段制)。2000年开始,正式招收“五年一贯制”小学教育专业专科生，自 2002 年起，五年制小学教育专业招生计划挂靠曲阜师范大学，由曲师大颁发专科毕业证书。2009 年，日照师范被省教育厅确定为具有培养中师学历幼儿教师资格学校。2011 年，停止招收五年制小学教育专业，以招收三年制学前教育专业（幼师）为主。1989—2013 年，日照师范共招生 11783 人。其中，中师 1738 人，中师音体美专业 790 人，幼师专业 3559 人，民师中师专业 1541 人，小学教育专业（包括小学教育音美专业）2960 人，其他中职教育专业 1195 人。

教师进修学校 教师进修学校是在全省中等师范调整过程中成立的。1980 年，莒县师范学校撤销，改建为莒县教师进修学校。1984 年，五莲师范学校撤销，改建为五莲县教师进修学校。1984 年 10 月，经省教育厅批准，日照县教师进修学校建立，1989 年更名为日照市教师进修学校（1993 年划归东港区管理）。

各区县教师进修学校由区县政府负责举办、区县教育部门负责管理。教师进修学校主要承担对当地教师队伍进行各种形式的培养、培训工作，主要办学形式是对公办小学教师进行全日制中师学历补偿教育（二年制中师进修）、教师学历达标及提高教育、教师继续教育及小学校长岗位培训等。

在 2000—2003 年中等职业教育布局调整中，日照市教师进修学校合并到东港区职教中心，五莲县教师进修学校合并到五莲县职教中心，实行“一个学校、两块牌子”的管理模式。

第二节 学制课程与教材

学制

师范学校的学制 1989—1998 年，普通中师学制为三年，招收初中毕业生；1990—2000 年，按计划招收一定数量的小学民办教师（包括民办幼儿教师）进行中师学历教育，学制二年；1997 年后，从初中毕业生中招收幼儿教师中师班，学制三年；1999—2010 年，招收初中毕业生进行小学教育专业专科教育，学制五年。

教师进修学校的学制 各教师进修学校举办的在职教师普通中师教育，学制二年；函授中师教育，学制三年；卫电师专，学制三年；与高校联合举办的师范专科函授教育，学制三年；本科函授教育，专科起点的学制三年，高中（中专）起点的学制四年。

课程与教材

1989 年，国家教委颁布《三年制中等师范学校教学方案（试行）》（简称新方案），1990 年，省教委根据“新方案”精神，制订《山东省三年制中等师范学校教学计划（试行）》（简称新教学计划）。1991 年秋季起，师范学校开始实施“新方案”和“新教学计划”，课程体系由必修课、选修课、课外活动和教育实践四部分构成，教材使用由教育部统一规定的全国统编中师教材。2000 年后，师范教育实现由三级向二级的过渡，课程设置实施《山东省五年制师范小学教育专业课程方案（试行）》，以文科和理科两种形式分设必修课、选修课、活动课和实践课四种课程体系，教材使用省教委组织编写的全省统编五年制师范教材。各教师进修学校举办的中师学历教育，课程与教材参照普通中等师范学校执行。

第六章 高等教育

1989年,地级日照市建立时,尚无高等学校。1992年后,日照市陆续成立或引进了高等学校8所,其中专科院校5所,本科院校3所,在校生7万余人(其中市属4所,在校生30933人)。

第一节 省属高校

曲阜师范大学日照校区 曲阜师范大学创建于1955年,是山东省首批应用型人才培养特色名校,鲁南鲁西南地区唯一具有博士学位授予权的省属公办重点综合性大学。

日照校区前身为始建于1985年的日照分部(教学分部),2002年9月日照校区正式启用。校园占地面积71.7公顷,建筑面积30余万平方米。

日照校区设有工学院、信息科学与工程学院、软件学院、传媒学院、地理与旅游学院、法学院、管理学院、经济学院、政治与公共管理学院、翻译学院、音乐学院、美术学院等12个整建制学院,以及3个公共教学单位、1个留学生教育学院。2013年在校本科生1.7万人,博士、硕士研究生1000余人。校区学科涵盖文、史、哲、经、管、法、理、工、教育学等九大学科门类;拥有20余个省部级、校级科研创新平台。

日照校区教职工有600余人,其中泰山学者1人,山东省有突出贡献专家、国务院特殊津贴获得者、全国模范教师、全国优秀教师、全国五一劳动奖章获得者等数十人。

山东体育学院日照校区 山东体育学院是省属公办普通高等体育院校,始建于1958年,1983年和2003年先后被国务院学位委员会批准为学士和硕士学位授权单位。2005年6月和10月,山东体育学院日照校区先后获全国首批体育专业硕士学位研究生培养试点单位资格和体育硕士一级学科授予权。

日照校区始建于2002年3月,占地53.33公顷,总建筑面积21万余平方米,其中场馆面积8.5万平方米。2003年8月开始,学院大部分系部进驻日照校区,基本承担学院全部教学训练任务。2009年随着济南校本部建设完成,基础理论系、体育社会科学系、体育艺术系等专业师生开始回迁。2011年,学院投资1000多万元,改造升级了日照校区硬件设施。校区主要承担体育系、运动系、武术系大一至大三的教学训练任务,在校生3000余人。

日照校区能承担各类教学训练和教育培训任务。建校以后,学校先后承接全国田径特许赛、全国软式网球锦标赛、全国明星足球赛、山东省农民运动会、山东省体育教育专业基本功大赛等重大赛事,被批准为"全国社会体育辅导员培训基地"。

学院发展规模定位为8000人,其中济南校本部保持4500名学生规模,日照校区将坚持长期办学不变、3500名学生规模。同时,为最大限度节约办学资源、提高办学质量和办学效益,日照校区在保障完成正常教学训练任务的基础上,充分发挥校区的教学训练资源优势,努力打造成为国家队部分运动项目、省专业队大部分项目的夏训基地和全省体育人才的培训基地。

济宁医学院日照校区 济宁医学院是省属公办普通本科高等学校,创建于1952年,设有济宁和日照两个校区,建筑面积 67 万平方米。2008 年 4 月,学校通过教育部本科教学工作水平评估。

日照校区 2003 年 3 月开工建设,2004 年 5 月正式投入使用。校区占地面积 68.4 公顷,教学、行政建筑面积近 10 万平方米,职工生活区建筑面积 12 万余平方米。2013 年,常驻教职工有 200 余人,在校生有 4000 余人。

日照校区有药学院、医学信息工程学院、管理学院、生物科学系、外语系 5 个全建制院系,设有药学、药物制剂、中药学、制药工程、信息管理与信息系统(医学信息方向)、计算机科学与技术(含软件外包方向、物联网方向、软件开发与软件测试方向)、生物医学工程(医疗器械方向)、医学信息工程、市场营销(含医药营销方向、保险营销方向)、劳动与社会保障(医疗保险方向)、公共事业管理(卫生事业管理方向)、人力资源管理、生物技术、生物工程、英语等 18 个本科专业和专业方向。其中,药学专业和药物制剂专业为省级特色专业。

山东水利职业学院　山东水利职业学院为省属公办全日制普通高校,是以水利为特色、以工科为优势的综合性高等职业院校。其前身为山东省兖州水利机械学校,1958 年 6 月批准建校。2002 年 4 月,学院升格为山东水利职业学院,实行山东省水利厅与山东省教育厅双重领导,以山东省水利厅为主的管理体制。

2004 年 8 月,学院主体搬迁到日照新校区。日照新校区占地 75.54 公顷。2009 年 5 月,水利部批准山东水利职业学院为全国水利高等职业教育示范院校建设单位,并于 2011 年 12 月通过验收。2012 年 11 月,学院被批准为山东省首批技能型特色名校立项建设单位。至 2013 年年底,在校生有 1.2 万余人。

2013 年,学院教职工 943 人,其中专任教师 593 人,具有副教授及以上高级专业技术职务的 281 人,专任教师中具有硕士以上学位的 240 人。

学院教学仪器设备总值 10021.45 万元,图书馆藏书 85.66 万余册,建设有 98 个设备先进的校内实验实训场,集学生技能训练、职业技能培训与鉴定、对外技术开发与生产服务等多种功能于一体。建筑工程技术实训基地是中央财政支持的职业教育实训基地建设项目;机电一体化实训中心是省财政支持的职业教育实训基地建设项目。

学院设有水利工程系、建筑工程系、资源与环境系、机电工程系、信息工程系、经济管理系、商务管理系,开设 53 个专业,涵盖水利、土建、制造、电子信息、财经、旅游、艺术设计传媒等 13 个专业大类。其中,水利工程和建筑工程技术专业是全国水利高等职业教育示范专业。水利工程和机电一体化技术专业是国家财政专项建设经费重点支持专业。水利工程、建筑工程技术、电子信息工程、机电一体化技术、水利水电工程管理、会计电算化、道路桥梁工程技术和工程造价等 8 个专业被山东省教育厅确定为山东省高等职业学校特色专业。水利工程、水利水电工程管理、建筑工程技术、道路桥梁工程技术、机电一体化技术、电气自动化技术、工程造价、建筑装饰工程技术、会计电算化、物流管理等 10 个专业为山东省特色名校重点建设专业。

学院积极开展对外交流与合作,先后与俄罗斯、韩国、日本、新加坡、英国等国家的 8 所高校和教育机构建立交流与合作关系。至 2013 年,学院共选派 3 个国际合作专业 350 多名学生升入俄罗斯高校莫斯科国立自然资源规划大学和伊万诺沃国立化工大学就读。

第二节　日照高等院校

日照职业技术学院　日照职业技术学院是公办全日制普通高职院校。学院前身是1985年5月山东省教育厅、财政厅批建的日照市水产技术中学;1987年2月更名为日照市职业第三高级中学;1988年8月更名为日照市第三职业高级中学并正式招生;1993年6月,省政府批准在日照市第三职业高中的基础上建立日照市经济学校;1995年获省级重点职业高级中学和国家级职业高级中学称号;1998年4月教育部同意建立日照职业技术学院;1998年6月省政府下发《关于建立日照职业技术学院的通知》。2005年4月,学院被确定为山东省首批骨干示范性职业技术学院;9月,学院整体搬迁到日照大学科技园新校区。2008年,学院被教育部、财政部确定为国家示范性高等职业院校立项建设单位,2011年以"优秀"等级通过验收。2012年,被教育部确定为"全国50所毕业生就业典型经验高校"。2013年,学院通过山东省高职院校人才培养工作评估。学院是山东省德育先进高校、山东省先进基层党组织、省级文明单位、全国学校艺术教育先进单位、国家科技成果重点项目推广技术依托单位。

学院设有电子信息工程学院、机电工程学院、工商管理学院、财政学院、建筑工程学院、艺术学院、海洋工程学院、人文与旅游学院、现代汽车学院九个二级学院,设置水产、食品、旅游、机电、汽车、建筑、财会等13个专业大类的68个专业,建成国家示范专业、国家教学改革试点专业、中央财政支持专业8个;省级品牌特色专业9个。建设国家精品课程6门,省级精品课程47门,院级精品课程105门。山东省教育厅委托第三方机构开展高职高专院校专业评估,汽车、建筑、食品3个专业大类在全省专业排名中名列第一。

学院探索实行"校内设厂、厂内设校,校企互动、双向介入"的校企合作办学模式,拥有合作企业451家,校企共建专业12个、企业冠名班33个,拥有校内实践基地120个(其中校内生产性实训基地19个),学生创新创业工作室19个,职业技能鉴定站19个,校外主要实习实训基地431个。2007年4月,学院与韩国现代汽车集团合作创办现代汽车学院。

山东外国语职业学院　山东外国语职业学院始创于2005年8月,是经山东省人民政府批准、国家教育部备案的民办全日制普通高职院校。2008年8月,由山东华信工贸有限公司作为主要投资方与日照大学科技园合作共建。2009年,学院通过教育部组织的高等职业院校人才培养工作评估。学院先后获山东省高等学校教学管理先进集体、山东省高校思想政治教育工作先进集体,为山东省重点服务外包人才培训基地、日照市国际化人才培养基地、劳务输出外语人才培训基地、港口城市国际资讯研究基地和外向型经济发展研究基地。

学院占地面积59.07公顷,建筑面积31万平方米。教学仪器设备总值3000万元,馆藏纸质图书66万册,拥有65个功能完善的实验实训室。

学院设外语学院、经济管理学院、国际商学院、信息工程学院、航空旅游学院5个二级学院,开设33个高职专业。其中,开设英语、德语、俄语、法语、西班牙语、阿拉伯语、日语、韩语等8个外语语种。学院初步形成以人文学科为主,社会学科、工学、管理学多学科协调发展的格局。2005—2013年,学院与美国、英国、加拿大、韩国、日本、新加坡、西班牙、泰国等国家的20余所高校结为姊妹学校,建立友好校际关系。

至2013年年底,全日制在校生近万人,成人教育注册生1200人。教职工有500余人,其中研究生以上学历占60%,讲师以上职称者近40%,双师型素质教师达到50%以上;外籍专家30余人,有省级教学团队1个,全国优秀教师1人,山东省优秀教师1人,山东省高校教书育人模范教师1人,山东省民办教育优秀教师2人。应用英语团队为省级教学团队,应用英语、应用日语、国际经济与贸易、工商企业管理专业为省级特色专业,旅游英语、酒店英语听说、国际经济与贸易与涉外礼仪为省级精品课程,国际经济与贸易和报关与国际货运专业为省级品牌专业群。

日照市技师学院　日照市技师学院是以培养技师和高级工为主的公办技工院校。学院前身为日照市技工学校,始建于1985年。2004年5月,学院被劳动和社会保障部确认为国家重点技工学校。2005年4月,学院与日照市职工中等专业学校合并组建日照技工学校。2007年4月,日照大学科技园新校区开工建设。2008年2月,经劳动和社会保障部批准,学院升格为日照市高级技工学校,6月迁至日照大学科技园新校区。2011年5月,经市政府批准,日照市工程技术学校成立,招收普通中专生。2012年9月,经省政府批准改建为日照市技师学院。

学院占地30.85公顷,总建筑面积17.1万平方米,实验实训设施设备总值3020万元,建有大型实训中心8处、实验实训室70处,拥有教职员工269人、注册在校生4594人。

学院设机械技术系、汽车技术系、电气技术系、商贸技术系、应用技术系等5个系,开设22个专业(其中中专专业9个),形成以预备技师和高级工为主体、中职和中级工多元并举的人才培养格局,累计培养各类技能人才4万余人。

学院全面实施一体化教学模式和校企合作、工学结合的人才培养模式,与106家企业建立校企合作关系,先后被确定为国家级重点技工学校、山东省技师培训基地、山东省高技能人才培训基地、山东省服务外包人才培训基地、山东省技师工作站和日照市示范性公共实训基地。

山东日照海事专修学院　山东日照海事专修学院为民办非学历高等教育机构,前身为创办于1998年的日照船员培训中心。2003年,经市政府批准,日照航海技术学校成立。2009年,经省教育厅批准,山东日照海事专修学院正式设立。2010年,市政府批准日照航海技术学校具备普通中专招生资质。

至2013年年底,学院占地约25.73公顷,规划建筑面积15万平方米,已完成建筑面积10.3万平方米。学院日照大学科技园新校区占地21.67公顷,2008年9月开工建设,2010年1月正式启用。

学院开设船舶驾驶、轮机管理、商务英语(海乘方向)、船舶水手与机工、船舶电气技术、国际商务、港口服务与管理等7个专业,船员专项培训项目21项。其中,船舶驾驶专业实训基地是2013年度中央财政支持的实训基地项目,商务英语(海乘方向)专业是学院重点打造的品牌专业。船舶驾驶、轮机管理2个专业考试评估成绩连年在山东海事局统计中名列同类学校首位。2012年,学院GMDSS证书培训的一次通过率稳居山东省首位。2013年,学院参加山东船员技能大比武,获得院校队中职类学校第一名。

学院拥有价值4000万元的教学仪器设备,建有各种类型实训室近60个。其中,360°全视景航海模拟器是具有国内先进水平的大型船舶模拟操纵设备。学院设备在国家海事局于2010年组织的全国性核验中以"零缺陷"通过验收。

学院拥有各类专任教师158人,其中船长、轮机长、大副、大管轮等高级船员22人。专任教师中90%以上具有远洋航海资历,70%持有远洋航区高级船员适任证书。

学院重视深化校企合作,2010年开始连续举办"航海教育发展论坛暨校企联谊双选会",吸引160余家航海类院校及企业参加。学院先后与德国艾玛仕(AMAS)、斯代勒(STELLA)、尤内万(UNIVAN)及香港华林(WALLEM)、中海海员对外技术服务有限公司等国内外300多家知名航运企业建立良好合作关系，被香港、台湾等20余家船员公司确定为人才培养基地。

至2013年年底，学院共培养各类航海人才7万余人，获得学历毕业证书和职业资格适任证书的毕业生就业率达到100%；短期培训23400余人次。

第七章　特殊教育

第一节　发展概况

日照市的特殊教育始于20世纪80年代后期，随着教育的逐步普及和九年义务教育的实施，特殊教育不断发展。

1989年，日照市(县级)聋哑学校开始筹建。1991年，市政府办公室印发《关于发展特殊教育的意见》，提出“特殊教育纳入义务教育规划、与义务教育同步实施”的要求。市财政设立特殊教育专项补助费，并做到逐年增长，特殊教育学校的生均公用经费、弱智儿童康复训练费、特教教师的有关待遇按规定全部落实，为残疾儿童接受义务教育提供保障。是年，日照市聋哑学校建成并招生(该校于1993年移交给东港区开办与管理)。至1993年，全市特殊教育学校共有3所(东港区、莒县、五莲县各1所)，专任教师44人，18个教学班，在校生276人，残疾儿童入学率为50%。

1999年，市政府决定，依托东港区聋哑学校建立日照市盲童学校，实行“一校两牌”。是年，暑假招收首届盲童学生16人。至此，基本实现了“市有盲校、区县有聋校、乡镇有弱智儿童随班就读”的目标。至2003年，全市盲、聋哑、弱智儿童在校接受义务教育的共有1283人(含随班就读残疾儿童)，三类残疾儿童少年入学率、巩固率均达92%以上。

2007年，由社会力量在莒县夏庄镇举办莒县启德培智学校(民办)，专门招收残疾弱智儿童。2011年，东港区新增1所超越弱智特殊教育学校。至2013年，全市特殊教育学校发展为6所，共有75个教学班，专任教师175人。毕业学生100人，招生188人，在校生715人，三类残疾儿童入学率达95%以上(含随班就读残疾儿童)。

第二节　教学管理

特殊教育学校的教育教学工作，按照有关规定要求，结合残疾学生的特点进行。为规范特教学校教学管理，1999年5月，市教委就特殊教育学校的建设、教学、管理等提出具体实施意见：特殊教育学校学制为九年一贯制，执行国家教委颁布的全日制盲校、聋校、弱智学校课程计划。盲校6—9年级、聋校7—9年级可作为初级中等义务教育对待。现阶段特殊教育学校主要招收适合在校学习的义务教育阶段学龄残疾儿童、少年入学。学校应对入学残疾儿童、少年的残疾类别、原因、程度和身心状况进行必要的了解和测评，有针对性地实施教育和管理。特殊教育学校班额以 8～14 人为宜。学校对招生范围以外申请就读的残疾儿童、少年，经主管教育行政部门批准后，可准其借读。特殊教育学校应依照教育行政部门颁布的校历安排教育教学工作。

聋哑学校主要开设品德、语训、语文、数学、常识、美工、体育、律动等课程，各聋哑学校在开齐学校课程的同时，为增强学生的就业能力，因地制宜，开设缝纫、电脑、刻瓷、按摩等职业技术劳动课，低年级以语言训练和文化课学习为主，高年级以学习专业技术技能为主。

第八章　教师队伍

第一节　师资来源

1989 年，全市各级各类学校教职工总数为 25130 人，专任教师 20895 人，小学、初中、高中、中等职业学校专任教师分别为 11154 人、6279 人、979 人、571 人。每年回本市报到的师范类大中专毕业生，全部由市和区县教育部门分配到学校任教。至 2000 年，全市先后分配 8600 余名毕业生充实教师队伍，教职工总数 32705 人，其中专任教师 27930 人。

2000 年以后，国家逐步取消大中专院校毕业生统一分配制度，师范类院校毕业生不再由教育部门统一分配到学校任教，代之以双向选择、竞争上岗的教师聘任制。为改善教师队伍的结构状况，不断充实教师队伍的新生力量，市和各区县教育部门根据编委审定下达的年度进人计划和学校对各学科教师的需求，制定招聘计划，按照政治合格、学历达标、具有相应教师资格、能胜任教育教学工作的原则，对符合条件的报名应聘人员进行考核考试，从各大中专院校毕业生中公开招聘教师。自 2003 年以后，全市面向社会公开招聘教师 7524 人。至 2013 年，全市有教职工 34972 人，其中专任教师 29784 人，小学、初中、高中、中等职业学校专任教师分别为 10762 人、8260 人、3636 人、1910 人。

1995 年 12 月，国务院颁布《教师资格条例》。1996 年，全市 2.8 万名在职公民办教师依法办理了教师资格过渡手续。2001 年，日照市对未参与教师资格过渡和新增的在职教师（包括民办教师）全部进行教师资格认定。从 2003 年下半年起，开始面向社会人员进行教师资格考试认定工作，此后，新招聘的教师必须具备相应的教师资格。2003—2013 年，全市向申请报考，经考试考核及体检合格的社会人员 27013 人颁发教师资格证书，其中获高中（中职）教师资格证书的 14462 人，获初中教师资格证书的 5363 人，获小学教师资格证书的 4347 人，获幼儿园教师资格证书的 2841 人。

第二节　民办教师

在 20 世纪 60 年代后长达半个世纪的时期内，民办教师是教师队伍的重要组成部分，这支队伍是在一定历史条件下根据教育事业发展需求而产生和逐步发展起来的。民办教师多在农村中小学工作，他们在环境比较艰苦、待遇相对较低的情况下辛勤工作,为农村教育发展做出重要贡献。民办教师在农村中小学教师中所占的比例较大,农村小学尤为突出,最高年份达到 61.52%。1989 年,全市有民办教师 10837 人,占专任教师的 51.9%。为调整优化教师队伍的整体结构,提高教师队伍的整体素质,从 20 世纪 80 年代起,就对民办教师队伍进行一系列调整整顿工作,加强对民办教师的培养和培训,逐步形成解决民办教师问题的关、转、招、退、辞"五字方针"。关,关住"入口"。实行民办教师登记在编制度,各县(市)对 1985 年 9 月 30 日前参加教育工作的民办教师建立个人档案,发放民办教师任教证书(俗称在册在编民办教师),之后一律不再新增添民办教师。转,根据上级有关政策,对符合转公办条件的民办教师,通过考察考核,直接转为公办教师。建市以来,全市共从民办教师中择优转为公办教师的 6966 人。招,按计划从中小学民办教师(包括幼儿园)中招收合格者进入师范学校学习,修业两年,毕业后分配为公办教师。自 1990—2000 年,日照师范学校在全市民办教师中共招收民师中师生 1541 人,毕业后全部分配到小学和初中任教。退,为老龄民办教师办理退休手续,全市先后退休的民办教师 213 人。辞,辞退不称职的民办教师。此外,有部分民办教师因种种原因自动离职。

2002 年,在最后一批 3361 名民办教师中,符合条件的 3206 人全部转为公办教师,其余分别办理了退休和辞退手续。至此,教师队伍中不再存在民办教师。

第三节　职称评定

1986 年,国家《教师职务试行条例》颁布,日照市于 1987 年首次评定教师职务。1993 年,根据日照市区划调整的实际情况,按照《山东省专业技术职务评审委员会组织条例》规定,对建市后成立的日照市中等专业学校、中学、小学 3 个教师专业职务中级评审委员会进行调整,负责全市中等专业学校和中小学教师专业职务中级任职资格的评审和高级教师任职资格的审核推荐工作。教师职务评审由教育部门负责组织,人事部门监督指导,评审通过的任职资格,报人事部门审核、公布,并发给任职资格证书。自 1993 年起,教师专业职务的评审工作每年进行 1 次。同年 11 月,日照市开始从小学高级教师中择优评聘少量中学高级教师(俗称"超小高"),评聘比例按从事小学教学人员的 3‰推荐。1999 年,日照市开始实行教师职务评聘分开的制度,凡具备规定条件的教师,均可申报相应的专业技术职务资格,经评委会评审通过者,发给任职资格证书,由所在学校根据核定批准的职务岗额进行竞争聘任。2003—2010 年,全市教师中级职务评审由市人事局具体组织实施,此后,根据有关文件规定,恢复为由市教育局具体组织实施,人事部门负责指导和监督,理顺和规范了教师职务评聘工作的相关职责。截至 2013 年,全市 22658 名中小学专任教师中,具有高级职务的 3603 人,中级职务的 12745 人,初级职务的 5434 人。

开展评聘教师专业技术职务后,教师任职考核逐步形成制度化。1991 年起,教师任职考核每年进行一次。考核主要从德、能、勤、绩四个方面进行,全面考核教师任期内的实绩,并将考核结果载入教师考绩档案,作为职务晋升、聘任及解聘的依据。2002 年后,在进行教师职务年度考核的同时,日照市对教师进行师德考核,将考核结果纳入教师职务年度考核之中,并实行师德考核结果"一票否决制"。

第九章　基础设施建设

第一节　校舍建设

城镇中小学校舍改造　20 世纪 80 年代农村中小学校舍改造结束后，日照市开始对城镇公办学校校舍改造。1993 年 4 月，日照市印发《关于抓紧筹措资金搞好城镇学校校舍改造的通知》，继续贯彻实施已出台的校改集资、捐资的规定，开通筹资渠道，完成筹资任务。1990—1993 年，全市共筹集城镇公办学校校改资金 6994 万元，新建校舍 16.2 万平方米，维修校舍 4.1 万平方米，同时，美化、绿化、硬化校园，更新配备一批课桌凳、教学仪器和图书等。全市城镇公办中小学办学条件得到较大改善。五莲县于 1990 年、莒县于 1993 年、东港和市直学校于 1994 年经省检查验收，全面完成城镇学校校改任务，达到合格标准。

“普九”基础设施达标建设　中小学校舍达标建设是普及九年义务教育的硬性条件。1994—1996 年，全市“两基”工作进入攻坚阶段，各级政府在增加财政投入的同时，广泛动员全社会集资，加快“两基”工作步伐。在实施“两基”工作的三年里，新建校舍 47.6 万平方米，其他办学条件也得到较大改善。1996 年度，经省政府验收，全市实现“两基”。

1997—2000 年，是“两基”巩固、提高阶段，全市继续改善中小学办学条件，“两基”实施水平进一步巩固和提高。1999 年 4 月，全市“两基”顺利通过省复评验收。

学校危房改造　全市各中小学校舍存在不同程度、不同数量的危房，2000 年 6 月至 2001 年 7 月，开展对中小学布局普查和危房鉴定工作，并制订《日照市 2001—2002 年中小学危房改造工程计划》，正式启动危房改造工程。2004 年，日照市把全市中小学危房改造工程列入为民办好的 16 件实事之一，推动全市危房改造工程进程，从 2000 年至本年度，全市改造各类危房 31.8 万平方米，占改造总计划任务的 87.8%，同年 7 月，通过省危房改造工程检查验收。2005 年，日照市开始逐步建立并完善校舍年度普查和维修制度，对查出的 D 级危房限期拆除重建，其他等级危房及时修缮。2008 年，日照市将“城乡中小学建设改造”列入为民办实事项目之一，并印发《关于进一步加强全市农村中小学维护改造的通知》，将任务分解到区（县），实行专项督查和调度，促进了校舍维修改造工作的进展。2005—2013 年，全市农村中小学改造和新建校舍 46.52 万平方米。在实施农村中小学校舍改造工程同时，对市区 13 处义务教育学校进行新建、改建或扩建总面积 204821 平方米。

2009 年下半年，国家实施中小学校舍安全工程。11 月，日照市印发《日照市中小学校舍安全工程实施方案》，启动对全市中小学存在安全隐患的校舍进行抗震加固改造或重建工程，使其达到重点设防类抗震标准和防御各类地质灾害的要求。2011 年，日照市将中小学校舍安全工程和乡镇公办中心幼儿园建设列为最重要的民生工程，纳入对区县政府科学发展绩效考核的重要内容，先后召开一系列调度会议，加大政府督查力度，加快工程进度。

自 2009 年在东港区、岚山区进行“两热一暖一改”(热水、热饭、取暖、改厕,称“211”工程)试点后,至 2013 年“211”工程总投资 11208 万元,涉及工程项目学校 466 所,21.04 万名学生受益,逐步解决农村中小学基本生活设施不配套、卫生条件差等问题。

第二节　教学设施

仪器装备主要包括实验仪器及耗材、图书、电教设备、学具等等。

1990 年前,各类教学仪器设备由县(市)所在地区教育部门仪器站统一采购分配,每年 10 万元左右。地级市建立初期,按“分级办学、分级管理”原则,乡镇中小学仪器装备费从乡镇教育附加费中 3%~5% 支付,市直学校和新建中小学仪器装备费由市财政每年拨 30 万元支付。

全市大规模的实验室建设与仪器装备更新经历了四个阶段。

实施“两基”阶段(1990—1997 年)。1990 年,在城镇公办学校校舍改造同时,乡镇中小学加强实验室改造与建设,配备部分教学仪器设备,同年,全市 22 个乡镇中有 15 个乡镇被评为全市中小学实验室建设先进单位,市政府拨付奖金 16.6 万元,用于购买教学仪器设备奖励先进单位。1994 年,按《日照市义务教育学校设置及内部设施基本要求》,对学校规模、校舍设施、教学仪器设备提出标准。至 1996 年,全市中小学实验室、仪器准备室、电教器材室、体育器材室、微机室、音乐室等达到规定的建设规模和标准,实验设施、教学仪器、文体器材、图书配备均达到实施义务教育的规定标准要求。

实施“中小学实验教学普及县工程”阶段(1998—2003 年)。1998 年,省教委在全省实施“中小学实验教学普及县工程”,各区县教育部门及中小学按照省教委部署和山东省中小学实验教学普及县基本条件和评估标准,继续加强各类实验室和实验设施建设,新配或更新教学仪器设备,强化实验室设备管理。全市中小学实验室建设和仪器装备水平进一步提高。2002 年 2 月,东港区、五莲县通过省政府组织“中小学实验教学普及县”验收,成为省首批中小学实验教学普及县(区)。

落实《实验室工作规范》阶段(2004—2006 年)。在创建省市规范化学校活动中,日照市积极贯彻《实验室工作规范》,2004 年 10 月,印发并实施《日照市中小学实验室工作规范(试行)》,全市中小学教学仪器设备得到进一步补充,实验教学的开出率、覆盖率、设组率、成功率均明显提高,实验室建设与管理更加规范。

实施“两个工程”阶段(2007—2009 年)。农村中小学教学仪器更新工程和特殊教育学校教学仪器配备工程。2007 年 12 月,日照市转发《关于实施农村中小学教学仪器更新工程的通知》并组织实施。至 2009 年,全市基本完成农村中小学教学仪器更新配备任务,特殊教育学校教学仪器的配备条件得到较大改善。

至 2013 年,经过不断加强中小学实验室建设和仪器配备,各级中小学的教学设施设备均达到教育部规定的基本配置标准,特殊教育学校的教学仪器设备达到省定标准。

第十章　教育行政管理

第一节　学校管理

1989 年，日照市未辖区县，市教委直接管理全市的普通中专、普通高中、职业高中（中专）、成人中专学校和其他市属中小学，农村义务教育、成人教育学校，实行市和乡镇双重管理，以乡镇管理为主。1993 年日照市设区带县后，教育管理体制和学校管理模式随之调整，各区县所属区域教育以区县管理为主，实行“分级办学，分工管理”。市教委主要负责全市各类教育的统筹规划、统筹协调、宏观管理和督查指导，并直接管理地方高等教育、普通中专教育和市属实验性、示范性中小学；区县、乡镇教育部门按照管理分工，履行对各级各类学校的管理职责。1993 年 6 月，市与东港区、岚山办事处进行教育管理工作划分，市教委直接管理的学校由原来的 21 所减少为 6 所。之后，随着教育事业发展和市区学校的新建扩建，以及济南铁路局、日照港集团企业所办学校划归地方管理。至 2010 年，市属各类学校除日照职业技术学院、日照高级技工学校由市政府主管，部门行业办学由举办者主管外，市教育局直接管理的学校 15 所，其中地方高校 1 所（日照广播电视大学），普通中专 4 所（日照师范、日照市工业学校、日照市农业学校、日照市经济贸易学校），普通高中 1 所（日照一中），初中 3 所（日照市实验中学、日照市新营中学、日照港中学），九年制实验学校 1 所（日照市外国语学校），小学 5 所（日照市实验小学、日照市新营小学、日照市金海岸小学、日照港第一小学、日照港第二小学）。

全市各级各类学校切实加强规范化管理，创建一大批市级以上规范化、示范性学校。至 2013 年，全市先后创建省级以上规范化学校、重点学校 32 所，市级规范化学校 150 所，省、市级教学示范学校 84 所，省、市级素质教育示范学校 35 所，市级依法治校示范学校 63 所，省市级电化教育示范学校 154 所。

第二节　教育督导

1991 年 3 月，日照市教育督导办公室设立，在同级人民政府、教育行政部门领导和上级督导机构指导下，行使教育督导职权。

1993—1996 年，是日照市实施“两基”工作的重要时期，围绕“两基”中心任务，日照市有计划、有重点地开展教育工作的综合督导或专项督导，先后对全市农村中小学布局调整，校舍改造，中小学教学仪器、图书、文体器材配备，教育经费投入，教师工资发放，校园环境建设及校园文化，中小学教育教学管理，农村成人教育及扫除青壮年文盲等项工作，按照“两基”的标准要求开展督导评估工作，推动“两基”工作进展，完成市委、市政府规划确定的 1996 年全市实施“两基”的历史性工作任务。

1999—2000 年，是“两基”巩固、提高阶段，教育督导的主要工作是督导评估全市中小学校舍改造和教学设备更新工作，减轻中小学生过重课业负担工作，制止中小学生辍学工作，体育、卫生和艺术教育工作，以及落实农村义务教育管理体制、教师工资发放、教师继续教育工作，并针对发现的各类存在问题，跟踪督导整改,促进上述各项工作的顺利进展。

2001年起,日照市教育督导办公室先后开展教育工作示范乡镇和办学水平优秀等级学校、文明示范学校的评估验收工作。至2003年,全市共创建教育工作示范乡镇30个;至2008年,评出办学水平优秀等级学校151所、文明示范学校81所。

2003年,日照市教育督导办公室对规范基础教育、推进中考招生改革、民办教育发展、教师队伍建设、义务教育均衡发展等工作进行专项督导。2004年,日照市教育督导办公室开展对中小学办学方向、教职工队伍管理、教育管理、中小学办学条件、教育教学质量及校园安全和学前教育工作进行督导。同年,结合本市实际,制定并实施《日照市乡镇教育工作发展性督导评估方案》,将乡镇教育发展情况纳入乡镇党政主要领导干部考核内容,进一步完善督政、督学相结合的督导评估办法和体系,日照市督政经验得到省教育督导室的肯定,有关材料报送国家教育督导团。

2006年,日照市教育督导办公室对预算内教育经费增长、建立教师的工资保障机制、农村中小学生均预算公用经费拨付、落实困难学生救助资金等项工作进行专项督导。2007年,日照市教育督导办公室重点开展规范义务教育阶段学校办学行为督查工作,违规审批学校改制、乱收费等问题得到及时纠正。本年度进行的农村义务教育发展情况督导调研,形成《关于日照市农村义务教育发展情况的调研报告》并获全省教育系统调研成果二等奖。

2009年,日照市教育督导办公室围绕推进城乡义务教育均衡发展开展督导调研,使优化教育资源布局,实现优质教育资源共享;增加基础设施投入,改善办学条件,推动中小学标准化建设;建立教师补充机制,优化教师队伍配置,加强业务培训,提高师资质量;规范中小学招生及收费,缓解择校竞争等工作得以全面推进,城乡义务教育均衡发展工作取得明显成效。

2011年,省教育工作督导团对日照市教育工作给予充分肯定,督导评估总分列全省第九位,创历史最好成绩。2013年,市政府设立日照市人民政府教育督导委员会,强化全市教育督导工作领导,在全市推动督导责任区制度建设,全市划分督导责任区62个,聘任责任区督学133人。

第三节　教育经费

1989年后,坚持把教育放在优先发展的位置,结合全市经济和社会发展实际,日照市先后制定《关于贯彻执行国务院、省政府征收农村教育事业费附加的意见》《关于多渠道筹措资金改善公办学校办学条件的决定》《关于建立教育经费保障机制的决定》《关于多渠道筹措教育经费的实施办法》《关于建立和完善教育经费保障机制的意见》等一系列关于增加教育经费投入、促进教育事业改革与发展的政策,使教育事业的改革与发展有稳定、可靠的经费来源保障。

政府财政性教育经费

政府财政性教育经费是教育经费的主要来源,包括教育事业费、教育基本建设投资和教育专项投资。

1989年后,随着全市经济的发展和财政收入的不断增长,全市预算内教育经费逐年增长,逐步实现财政教育经费的“三个增长”,即各级人民政府教育财政拨款的增长,高于财政性收入的增长,并使学生人数平均的教育费用逐步增长,保证教师工资和学生人均公用经费的逐步增长。

依法征收的教育税费

农村教育费附加　自1986年起,按国家、省规定筹措农村学校办学经费的政策,开始征收农村教育

事业费附加，至 2002 年停止征收。2004 年，规定因取消农村教育费附加和农民集资形成的教育经费缺口，从上级财政转移支付资金和本级财政预算中予以安排。

城乡教育费附加　1986 年开始征收城乡教育费附加，即产品税、增值税、营业税附加（简称“三税附加”）。1990 年 5 月，《关于多渠道筹措资金改善公办学校办学条件的决定》印发，确定了筹措资金的 12 条渠道，包括提取城镇维护费、城市建设配套费、全民及事业单位建设投资、社会集团购买力附加费等。1994 年 12 月，市委、市政府提出征收“四项教育费”，即义务教育费、职业教育费、住宿业教育费、水产土产品特产费，2004 年停止征收。

教育事业收入　主要包括学杂费、住宿费、借读费、学校自筹资金等。由学校交纳的有关费用按当时规定标准执行。2006 年 11 月，日照市印发《关于实施农村义务教育经费保障机制改革的通知》，决定自 2007 年春季开始，全部免除农村义务教育阶段学生杂费，自秋季开始，免除城市义务教育阶段学生杂费。自此，中小学延续多年收取杂费的历史结束。

社会捐资、集资办学经费　“人民教育人民办”是支持教育事业发展的社会共识。自 20 世纪 80 年代开始，在全市农村中小学校舍改造、乡镇“四中心”（中心初中、中心小学、中心幼儿园、中心成人教育学校）学校建设、城镇公办学校校舍改造、学校布局调整、普及九年义务教育及学校危房改造等工作中，社会各界团体、企事业部门和人民群众踊跃捐款捐物，为改善办学条件，推动全市教育事业发展发挥重要作用。

勤工俭学收入　勤工俭学活动是对学生进行劳动观念教育和劳动技能教育活动，同时创造的经济效益补充了学校经费的不足。1990—2013 年，全市各级各类学校勤工俭学创收 8180 万元。

第三十八编　科学技术

1989 年 11 月，日照市科学技术委员会设立。1992 年，东港区、莒县、五莲县均设科学技术委员会，市政府岚山办事处设科教委，日照经济技术开发区设科委。2001 年 4 月后，各级科委改称科学技术局。至 2013 年，全市全民独立科研机构有日照市水产研究所等 5 家，民办科技及科技中介服务机构 108 家，市级工程技术中心 104 家，省级工程技术研究中心 21 家，科技孵化单位 3 家，院士工作站 5 个。

1989—2013 年，全市科技活动逐步呈现活跃态势，争取省级以上科技计划项目补助经费 21795.6 万元。国家可持续发展试验示范区建设、农业科技、海洋科技、气象服务、地震测防等领域均取得显著成就。

至 2013 年，全市有 1749 项优秀科技成果获市级科技进步奖奖励。其中，一等奖 176 项、二等奖 488 项、三等奖 815 项。4 人获市科学技术最高奖，139 项优秀科技成果获省科技进步奖，荷兰籍医学博士史迪克(Dirk Johan Zeilstra)获山东省国际科技合作奖。1989—2013 年，全市专利申请总量 14637 件，专利授权量 9525 件。高新技术得到发展，高新技术企业 28 家，高新技术产业年产值 480.76 亿元。

第一章　科技机构与队伍

第一节　科技管理机构

日照市科学技术局(日照市科委)　1989 年，市科委与市科协合署办公，名称为日照市科学技术委员会。1992 年 10 月，日照市设区带县，东港区、莒县、五莲县设科学技术委员会，市政府岚山办事处设科教委，日照经济技术开发区设科委(与经济发展局合署办公)。1997 年 7 月，地震办改称为日照市地震局。

2001 年 4 月，市级机构改革，市科委改称为日照市科学技术局。地震局改为市政府办公室直属单位。

日照市知识产权局(日照市知识产权办公室)　2002 年 1 月，市知识产权办公室升格为日照市知识产权局，隶属于市科技局。

第二节　科研机构

全民独立科研机构

日照市水产研究所　是市海洋与渔业科研机构，其前身为1959年成立的农业部黄海水产研究所，1972年划归地方，属日照市海洋与渔业局。1995—2013年，该所先后被授予“山东省水产工作先进单位”“全国对虾育苗养殖突出贡献单位”“农业部对虾越冬先进单位”“中国专利明星单位”“山东省海洋与渔业系统先进单位”等多个国家、省级荣誉称号。1989—2013年，获科研成果60余项，取得优秀成果32项，专利12项。其中，“北方中国对虾亲虾冰下越冬方法”获国家发明四等奖，“真鲷工厂化育苗技术”“中华绒螯蟹海水育苗技术”获省科技进步二等奖，“无特定病原（SPF）对虾种群选育技术”“大竹蛏人工繁殖技术研究”获省科技进步三等奖；“中国对虾亲虾养成期病毒病预防技术”“青蟹引进技术研究”等获市科技进步一等奖。申报发明专利7项，实用新型专利5项，注册商标1项。2000年，研究所被农业部确定为“国家级中国对虾原种场”。

日照市农业科学研究所　1992年10月，由日照市农科所和莒县农科所合并成立日照市农业科学研究所。位于日照市莒县城阳镇和东港区日照街道办事处后楼村两处，占地8.5公顷，2013年有职工30人。先后承担省、市科研课题81项，获省级以上科技奖励18项，丰收计划奖2项，市级科技进步奖23项，培育农作物、蔬菜新品种8个。研究所2011年申报为山东省芝麻工程技术研究中心，保存全省芝麻种质资源400多份；2010年、2013年承担市科技局“芝麻高产栽培技术研究”“芝麻新品种选育”课题。

日照市茶叶科学研究所　前身是1978年10月山东省政府批准设立的临沂地区茶叶试验研究站，原地处莒县夏庄镇马坡岭，占地20公顷。1993年7月，随日照市区划调整，更名为日照市茶叶试验研究站。2006年9月，日照市政府批准成立日照市茶叶科学研究所。至2013年年底，有职工29人。研究所先后承担省市茶叶科研计划项目20余项、自选研究项目60余项，获得省科技进步奖8项、省丰收计划奖1项、市科技进步奖20余项、国家专利8项。在茶园区划、茶树育种、速成高产、标准化生产及名优茶加工等方面进行研究，协同、参与完成省内其他科研高校、企事业单位计划项目近10项。

日照市计划生育科研所　成立于1993年，是日照市计划生育委员会下设的具有技术指导、医疗服务、科学研究综合职能的全额拨款事业单位。科研所先后获山东省科技进步二等奖1项，三等奖2项；山东省社会科学优秀成果三等奖1项；日照市科技进步二等奖2项，三等奖2项。2002年获国家计生委“开展质量管理小组活动先进单位”；2003年获国家计生委“全国计划生育科技工作先进集体”。

日照市林业科学研究所　成立于1994年，主要从事林业生态基础性研究，协助管理日照南岭园艺场、日照市林木良种繁育基地和市直属苗圃等三个国有苗圃场，人员8人。研究所先后承担国家林木良种基地、省鲁东南尖叶杜鹃等林木种质资源库和日照市林木良种繁育基地等重点林业项目建设，被国家林业局、省林业厅分别授予“全国质量信得过苗圃”“全省优秀苗圃”称号。至2013年年底，获得省级科技进步二等奖1项，市级科技进步一等奖1项，市级科技进步二等奖3项。

民办科技及科技中介服务机构

日照市民办科技及科技中介服务机构自2001年开始成立，至2013年有108家。

工程技术研究中心　2003 年开始，市内启动工程技术研究中心建设，分为市级和省级两个层次。至 2013 年，全市省级工程技术研究中心发展到 21 个。

科技企业孵化器

日照经济技术开发区科技孵化中心　2012 年 5 月，开发区以人才创业服务中心机构设立为契机，规划建设总建筑面积 3.1 万平方米的科技孵化中心，全力推进高新技术项目的招引和产业培育，助推产业快速发展。一期工程总投资 1.2 亿元的科技孵化楼建成启用。2012 年，中心被认定为省级科技企业孵化器。至 2013 年，中心已组织 6 次评审会，36 个项目入驻孵化。通过评审入驻的企业，一般要经历种子期、成长期和成熟期三个阶段。中心先后被授予“省级软件园”“山东省中小企业创业辅导基地”“省级电子信息产业园”“青年创新创业服务基地”称号。孵化企业山东国软信息技术有限公司取得 ISO 27001 国际安全体系认证和“国家重点文化出口企业”“省级优秀软件企业”称号，并已在“新三板”上市；5 家企业通过“双软”资质认证，孵化企业实现年产值 8000 余万元。

日照高新区创业服务中心　该中心是国家级科技企业孵化器，是省级重点文化产业园区、省级创业示范园区、省海智工作基地。2011 年，创业服务中心被认定为省级科技企业孵化器，2012 年被认定为国家级科技孵化器。至 2013 年，累计孵化企业 130 家，其中在孵企业 113 家，孵化期满毕业率 90%；服务外包、电子商务、新信息、新医药、新材料、节能环保等战略性新兴产业所占比重达到 85%以上，实现年总产值 10 亿元；设立市级以上工程技术研究中心（企业技术中心）48 个。

清大华创科技企业孵化器　于 2000 年成立，是清大华创科技集团促进清华大学开发的高新技术和先进适用技术向生产力高速、高效转化的科技企业孵化器。2011 年，企业孵化器被认定为国家级科技孵化器。至 2013 年，清大华创科技集团已孵化成功 100 余项高新技术。

第三节　科技队伍

专业技术队伍　1989 年后，日照市重视科技人才的引进和培养，先后从西安、江苏、北京等地引进一大批优秀科技人才，充实和壮大了全市科技队伍。至 1994 年，全市共有各类专业技术人员 48668 人。其中，高级职称 445 人，中级职称 6913 人。至 2013 年，全市共有各类专业技术人员 18.14 万人。其中，高级职称 1.19 万人，中级职称 5.31 万人。

1990 年，在完成全民事业单位、全民企业单位、集体事业单位、集体企业单位、乡镇企业单位的职称改革后，日照市对 6000 多名农民技术人员进行职称评定。日照市成立农业、园艺、财会、林果等由专业技术水平较高的科技人员组成的各专业评审委员会，对申报职称的农民技术人员进行民主评议。至 2013 年，全市共评定农民技术员 4439 人。其中，中级职称 534 人，初级职称 3905 人。

院士及院士工作站　2009 年开始，市内有关企业、科研单位按照“不求所有、但求所用，柔性引进高端创新人才和创新团队为企业发展服务”的引进智力人才思路，着手院士工作站的建设与申报。至 2013 年，全市建立院士工作站 5 个。

第二章　科技成果与专利

第一节　科技成果

科技成果奖励办法　1990 年,《日照市科学技术研究、推广应用成果评审奖励试行办法》颁布实施。1991 年,日照市对科技人员科学技术研究和推广应用方面取得的科技成果进行表彰奖励。1994 年,《日照市科技进步奖励办法》出台。1995 年,《中共日照市委日照市人民政府关于加速科学技术进步的决定》出台。2010 年,《日照市科学技术奖励办法》通过,对 2007 年出台的《日照市科学技术奖励办法》作 5 个方面修改。一是市科学技术最高奖仍为 20 万元,每年奖励 1 人,市科学技术进步一等奖、二等奖、三等奖的每项奖金分别为 5 万元、3 万元和 1 万元,每年奖励不超过 80 项;二是增加市科学技术合作奖,每项奖金 5 万元,奖励与日照市企事业单位建立长期科技合作关系,在产学研合作或引进、消化吸收先进技术及其产业化工作中取得重大科技成果、实现成果转化、并创造显著经济效益或社会效益的市外、境外个人或单位;三是市科学技术最高奖注重引导奖励一线科技人员;四是市科学技术奖申报、评审等将采用网络技术;五是缩短对专业组评审结果的公示期,将公示期 30 天更改为 15 天。另外,明确属于软科学类的研究项目以后不予受理。

科技成果获奖项目　1991—2013 年,按照个人或单位申报,根据申报数量和成果的先进性以及产生的经济效益,市科委组织专家和有关领导按评审程序,共评出历年市科技进步奖 1479 项,其中市级科技进步奖一等奖 176 项,二等奖 488 项,三等奖 815 项。从 2007 年度开始至 2013 年,共评出最高奖 4 项(见简介),用于奖励个人;省级科技进步奖一等奖 4 项,二等奖 33 项,三等奖 100 项;省国际科技合作奖 1 项。

各年度最高奖获得者(个人)简介　寇光智,2007 年度日照市科学技术最高奖获得者,男,1963 年 1 月出生,中共党员,天津科技大学毕业,工商管理硕士研究生学位,高级工程师。日照金禾生化集团有限公司董事长,兼任中国食品科学技术学会有机酸分会理事长、中国五矿化工进出口商会有机酸分会副理事长。寇光智先后获得山东省科技进步三等奖 1 项、山东省计算机应用优秀项目二等奖 1 项、日照市科技进步一等奖 3 项,申请发明专利 2 项;被授予山东省优秀青年知识分子、省新长征突击手、日照市有突出贡献的中青年专家等荣誉称号。

姜卫东,2008 年度日照市科学技术最高奖获得者,男,1958 年 10 月出生,中共党员,高级工程师,十一届全国人大代表,全国劳动模范,山东五征集团有限公司党委书记、董事长,兼任五征集团技术中心主任、汽车设计研究院院长、山大—五征机械研究院院长。至 2013 年,企业规模居全国行业第 2 位、中国机械工业第 25 位、全国大企业集团竞争力第 48 位、中国工业企业第 452 位(其中资产周转率列第 8 位)。公司曾获“全国五一劳动奖状”“中国机械工业现代化管理企业”“山东省质量管理奖”等荣誉称号。

马祖余,2009 年度日照市科学技术最高奖获得者,男,1959 年 12 月出生,中共党员,高级技师,山东金马工业集团股份有限公司副总经理、日照锦湖金马化学有限公司总经理,山东省合成胶乳工程技术研究中心主任,日照化学技术研究院院长。马祖余已申请发明专利 2 项,获得省科学技术进步一等奖 1 项、省科学技术进步二等奖2项、全国石化行业科学技术进步三等奖1项、市科学技术进步奖数项,获得全国化工优秀科技工作者、山东省技术市场科技金桥奖先进工作者、日照市劳动模范等荣誉称号。

李瑞川,2012年度日照市科学技术最高奖获得者,男,1964年2月4日生,博士学位,山东五征集团有限公司副总经理,山东大学兼职教授、博士研究生合作导师,青岛农业大学学术学位硕士研究生导师,西南交通大学CAD工程中心学科带头人。李瑞川先后获得国家科学技术进步奖二等奖1项,山东省科学技术进步奖三等奖1项,日照市科学技术进步奖5项;获得中国专利38项,其中发明专利6项;获中国农业工程学会科技发展贡献奖、"十一五"国家科技支撑计划"多功能农业装备与设施研制"重大项目突出贡献奖,及山东省机械工业有突出贡献科技专家、山东省汽车行业十大杰出人物等荣誉称号。

第二节　科技专利

专利管理

专利申请补助　2002年,市知识产权局设立,2003年,市知识产权局、市科技局、市财政局联合研究出台《日照市专利申请资助金管理暂行办法》,对获得发明专利、实用新型专利和外观设计专利分别补助2000元、1000元、500元。2007年,市政府召开首次全市知识产权工作会议并对专利申请资助办法进行修改,更名为《日照市专利发展专项资金管理暂行办法》,对获得发明、实用新型、外观设计专利分别给予3000元、1000元、600元补助。2012年,日照市对该办法进行修订,发明专利补助提高至4000元。

专利示范企业　2004年,《日照市专利示范企业管理办法》制定,2012年进行修订。至2013年,全市共评审出5批"日照市专利示范企业",各批专利示范企业名单如下(排名不分前后):

知识产权政策　2005年,《关于加强日照地区大中专院校知识产权工作的意见》出台,《日照市科学技术发展计划知识产权管理暂行办法》《日照市卫生系统知识产权保护管理办法(试行)》制定。2006年,《日照市知识产权战略纲要》出台,对日照知识产权事业发展做出规划。《关于在全市重点工业企业和高新技术企业中开展"申报一项专利活动"的意见》出台。2010年,《关于支持自主创新加快发展高新技术产业的若干政策》出台,规定:"对本市企事业单位和个人获得受理的重大发明专利以及向国外申请专利所需申请费、实审费,经知识产权局会同市财政局审核确认后,除省财政补助外,其余部分按照规定标准给予补贴。""对重大发明专利和科技成果转化项目,经市科技局、财政局认定后给予20万元至100万元的一次性补助。"根据《日照市专利发展专项资金管理暂行办法》,制定《日照市专利资助资金申报与拨付工作细则》。2012年,修订《日照市专利申请资助金管理办法》,重点对发明专利进行资助。

专利申请与授权量

专利申请　境内历年专利申请,呈逐年增长之势。1989年申请6次,2001年申请101次,2013年申请2480次,比2001年增长20多倍。

专利授权　1989年,全市专利授权3次。1992年专利授权达到23次,在全省排第16位,增长幅度在全省排第9位。2002年,全市专利授权有69项,在全省排第17位。2013年,全市专利授权达到1707项,在全省排第15位。

2010—2013年,全市共有4项专利获山东省专利奖。其中,在第十三届山东省专利奖评选中,山东众山生物科技有限公司"一种硫酸软骨素的提取方法"和莒县光慧太阳能设备厂"全自动太阳能外桶加工机"2项专利获山东省2012年度专利三等奖。

第三章　气象服务

第一节　机　构

市级气象服务机构

日照国家基本气象站建于1954年12月1日，同期开展气象观测业务。称为日照县气象局；1990年8月，称为山东省日照市气象站；1990年8月至1996年5月，称为山东省日照市气象局；1996年5月至2013年，称为日照市气象局。日照市气象局机构规格为正处级，下辖莒县气象局、五莲县气象局，实行山东省气象局和日照市人民政府双重领导，承担日照市气象工作的政府行政管理职能，依法履行气象主管机构的各项职责。截至2013年年底，全市气象部门在职人员80人。其中，市气象局59人，莒县气象局14人，五莲县气象局7人。大专以上学历的有73人，其中本科50人，硕士学位6人；具有中级职称资格43人，高级职称资格10人。

日照市气象台　1996年5月设立，负责天气预报、灾害性天气预警、气象观测、气象通信、信息网络与技术保障、农业气象观测与服务、人工影响天气指挥等业务。2003年10月日照市海洋气象台成立，与日照市气象台合署办公。2013年年底，气象台有干部职工17人，其中高级工程师4人，研究生2人。

日照市气象科技服务中心（专业气象台）　负责专业气象用户的气象服务和“12121”电话语言自动答询系统的信息制作、发布及设备维护工作。气象科技服务始于1987年，最初通过无线气象警报广播系统广播天气预报；1996年6月与原电信局合作开通“121”电话自动答询系统；1999—2002年通过气象寻呼台向用户提供气象预报文字信息；2000年建成“12121”电话系统服务平台；2003年开展手机气象短信发布业务。2013年年底有干部职工6人，其中高级工程师3人。服务中心先后与日照港等单位签订服务协议，并与日照电厂等单位提供了微机网络信息服务。

日照市声像中心　负责电视天气预报节目的制作，1996—2001年隶属于服务科，2001年隶属于日照市气象科技服务中心。2013年年底，声像中心有干部职工6人，其中国家一级播音员1人。

日照市防雷中心　2001年正式成立，依据《中华人民共和国气象法》从事防雷减灾管理职能，负责雷电防护装置安全检测、设计评价、竣工验收和雷电防护工程等相关技术服务。2013年年底，防雷中心有干部职工17人，其中高级工程师2人。

县级气象局机构

莒县气象局（台站）　莒县气象站始建于1950年，称为山东省莒县农场气象哨；1988年9月改名为莒县气象局，实行局、台站合一。莒县气象局1996年6月起由临沂地区划归日照市气象局，1987年6月30起由莒县气象站调整为莒县国家基准气候站，2007年1月调整为莒县气象观象台，2009年1月调整为莒县国家基准气候站。2006年，全县部分乡镇建成8个气象加密观测站，2011年建设13个气象加密观测站，至2013年年底，在全县建成21个气象加密观测站和4个山洪雨量观测站。2013年年底，气象局有在职职工14名，其中高级工程师4人，主要有预报、测报、农业气象、人工影响天气、防雷管理和检测、图纸审核、工程验收、工程施工、庆典服务等业务。

五莲县气象局（台站） 1959年1月1日，五莲县气候站成立，1988年9月改名为五莲县气象局，实行局、台合一。气象局1996年6月起划归日照市气象局；2007年1月起由国家一般站调整为国家气象观测站二级站；2009年1月，由国家气象观测站二级站改为国家一般站。2012年年底，在编职工有8人，其中高级工程师2人、工程师5人；配备有天气雷达、卫星资料接收、天气图传真、电子计算机等先进技术装备；主要有预报、测报、农业气象、人工影响天气、防雷管理和检测、图纸审核、工程验收、工程施工、庆典服务等业务。

第二节　气象预报

建站初期，主要依靠收听和看天预报天气。1989年后，市、县气象站已能制作1~3天的短期天气预报及旬、月天气展望，直接服务于国民经济建设。每天在电视台发布24小时天气预报，24小时降水预报准确率达到70%以上。每旬向各企事业单位发布本旬天气预报，每季制作一期气候影响评价，年初制作上年度气候影响评价；春、秋、冬季干燥天气适时提供森林火险等级预报，遇到重要降水过程及时提供汛期雨情、非汛期雨情及订正预报产品。任何单位和个人都可以随时拨打电话自动应答系统，查询天气预报及实况资料。

1996年，市气象局升格后开始制作日照、莒县、五莲县天气预报。针对当地干旱、冰雹、雷雨、大风、洪涝等气象灾害频繁发生的情况，严格按照实时监测、滚动预报、准确预警、业务监控、跟踪服务和影响评估的流程操作。

1997年“9210”气象卫星综合应用系统工程建成后，预报员能够随时获取大量的预报信息，如中央台和山东省气象台的预报意见、北半球高空和地面实时资料、中国的数值预报产品、欧洲及日本的数值预报产品、清晰直观的卫星云图资料，预报能力大幅度提高。

2002年后，随着需求的增加和科研力度的加大，预报预测业务迅速发展，开始开展紫外线等级和森林火险等级预报。气象局2003年10月开始制作和发布海洋预报，2004年开展短时临近预报和空气质量预报（API），2005年开展CO中毒潜势预报、霾预报、地质灾害等级预报，2006年开始制作上级指导的订正预报和雷电潜势预报。

2006年后，随着气象现代化建设和数值预报产品发展及预报员综合素质的提高，预报准确率和精细化程度有了较大提高，晴雨预报准确率稳定在90%以上，高低温预报准确率超过75%，台风、暴雨的预报能力有较大提高。

2010年，一名预报员代表山东省参加全国预报业务技能竞赛，获个人全能第八名，并获全国预报技术能手称号。

2011年后，气象局开展海洋精细化预报试点实验。随着全省多普勒雷达网的逐步建成，预报员通过分析雷达资料，能较准确制作精细化的短时临近预报。海洋精细化预报业务正式开展。

2012年，日照市一般性降水72小时预报准确率为57.11%，居全省第四位；晴雨预报72小时预报准确率为91.32%，居全省第四位，较2011年同期提高了3个百分点；最低气温72小时预报准确率为79.71%，居全省第六位，较2011年同期提高了将近4个百分点；通信系统故障率为0，城镇报及时率为100%。一名预报员代表山东省参加全国预报业务技能竞赛，获个人全能第五名，并荣获全国预报技术能手称号。测报三项错情率为0,9人次获评全国优秀测报员。在全省气象测报业务竞赛中,市气象局获得了团体第六名的成绩。

2013年开始,市气象局开展空气质量指数预报(AQI)、中小河流洪水和山洪地质灾害气象灾害风险预警业务。

第三节　人工影响天气

2002年,日照市成立人工影响天气工作机构。2003年起,人工影响天气作业开展。2003—2008年,市气象局组织人工增雨(雪)作业30次,发射火箭弹400余枚。此后,随着全球气候变暖,极端性天气气候事件多发频发,人工影响天气作为气象防灾减灾的重要手段,在减轻和预防气象灾害等方面的作用越来越突出。

2004年,五莲县开始开展人工影响天气工作。5月11日,五莲县在街头镇作业点首次开展人工增雨作业,发射增雨火箭弹6发。全年共开展2次作业,取得理想的效果。2005年,莒县相继开展人工影响天气工作。

2005年后,全市每年平均实施人工影响天气作业10余次,年均发射增雨火箭弹400余枚。

2011年,日照市出现百年不遇的持续性干旱,全市气象单位抓住有利时机及时开展增雨(雪)作业,效果明显。旱情较重的五莲县成功组织一次人工增雨作业,平均降雨达到54mm,成为全年降雨量最大的区县,旱情得到缓解。

2012年,全市全年开展人工增雨(雪)作业14次、人工消雹作业3次,发射火箭500余枚。其中,10月中旬至11月上旬,先后组织3次在全市范围内流动实施人工增雨作业,11月3日增雨作业后,全市普降中雨,局部大雨,最大降雨量达34毫米。

2013年,全市开展增雨(雪)作业11次,发射人影火箭弹400余枚,受到省防汛抗旱总指挥部和省人工影响天气工作领导小组的通报表彰。

第四章　地震测防

第一节　地震活动

日照及邻近地区(北纬34.5°~36.7°,东经117.75°~122.5°)的地震主要受沂沭断裂带和南黄海地震带控制,1989—2013年共发生0.1级以上地震1250次。其中,0.1~0.9级地震487次,1.0~1.9级地震536次,2.0~2.9级地震184次,3.0~3.9级地震37次,4.0~4.9级地震4次,5.0~5.9级地震2次,最大的为1992年1月23日南黄海5.3级地震。

1989—2013年,在市域内或与市域相邻区域发生的对日照市有影响的地震有:

1991年10月19日01时37分,莒县南部(35.5°,118.83°)发生2.9级地震,震中位置在陵阳镇、刘家官庄一带,震中烈度为Ⅳ度强。地震发生后,省地震局派人前往震区与临沂地震办公室、地震监测中心工作人员组成地震宏观考察组进行实地调查。

1992 年 1 月 23 日 05 时 41 分,南黄海北部(35.20°,121.05°)发生 5.3 级地震,全市辖区大部有感。

1995 年 9 月 20 日 11 时 14 分,临沂市苍山县沂堂乡(34.97°,118.08°)发生 5.2 级地震,全市普遍有震感。

1998 年 12 月 9 日 09 时 37 分,莒县陵阳镇(35.52°,118.9°)发生 3.6 级地震,莒县和沂水、莒南、安丘、临朐等县有震感。

2001 年 4 月 14 日 19 时 6 分,五莲县管帅镇(35.78°,119.02°)发生 3.2 级地震,日照有感。

2002 年 7 月 23 日 20 时 48 分,南黄海(35.62°,122.27°)发生 4.7 级地震,青岛、文登、荣成、日照等沿海地区有震感。

2004 年 5 月 27 日 08 时 06 分,南黄海北部(35.10°,120.52°)发生 3.9 级地震,震中距日照海岸约 100 千米,日照市东港区东部普遍有震感,岚山区、莒县、五莲县部分有震感,青岛市、临沂市及江苏省连云港市辖区部分人有震感,无人畜伤亡及房屋破坏现象发生。市地震局进行了有感情况调查。

2005 年 4 月 12 日 18 时 27 分、18 时 38 分在费县苍山交界处(35.03°,117.75°)发生 3.1、3.0 级地震,日照市部分区域有震感。

2005 年 6 月 10 日 07 时 03 分,山东省临沭县与江苏省东海县交界处(34.80°,118.47°)发生 3.8 级地震,日照市普遍有感。

2006 年 2 月 8 日 14 时 21 分,临沂市(35.22°,118.52°)发生 2.5 级地震,莒县城区有感。

2006 年 4 月 27 日 06 时 27 分,莒南县(35.37°,118.72°)发生 2.8 级地震,莒县、五莲县、岚山区部分乡镇有震感。

2007 年 5 月 6 日 08 时 31 分在江苏省响水(34.20°,119.65°)发生 3.5 级地震,日照市区、莒县个别人有震感。

2008 年 7 月 31 日 18 时 46 分,莒县(35.53°,118.77°)发生 2.1 级地震,莒县陵阳镇部分人有震感。没有人员伤亡及财产损失。

2008 年 9 月 12 日 0 时 21 分,莒县(35.40°,118.67°)发生 1.7 级地震,莒县夏庄镇个别人有震感,无人员伤亡及财产损失。

2009 年 7 月 13 日 19 时 3 分,莒县(35.58°,118.87°)发生 2.1 级地震,莒县县城区域普遍有感,刘官庄、浮来山、峤山、招贤、陵阳、长岭等乡镇部分有震感。没有人员伤亡及财产损失。

2012 年 2 月 28 日 16 时 30 分,日照附近海域(35.4°,119.69°)发生 2.0 级地震,日照市区沿海一带震感明显。

2013 年 11 月 23 日 13 时 44 分,莱州市(37.10°,120.02°)发生 4.6 级地震,日照普遍有震感。

第二节　地震监测

测震台网、台站

日照地震台网中心由日照、岚山、莒县陵阳、五莲等 4 个子台及 GPS 观测站组成,于 2006 年 10 月建成并运行,其中岚山台为无人值守台。各子台均配置数字地震仪及数据实时传输处理系统,莒县陵阳台配置 BBVS-120 型地震仪，日照、岚山、五莲台配置 BBVS-60 型地震仪，数采均为 EDAS-24IP 型。除日照台采用无线网桥传输数据外，其他台站均采用光纤专线传输数据，台网中心配置服务器及数据实时传输处理系统。台网中心能够监测并定位全市及其相邻边界 1.0 级以上的地震。2010 年，日照台网中心对服务器及系统软件进行升级改造，增加周边地区观测资料质量较好的台站信号，观测台站信号达到 14 个，使地震事件分析处理更准确，速报更为及时。

日照地震台　日照地震台为日照市人民政府建立的地方监测台站，主要负责本地区震情监视和地震速报工作，原址位于日照市高新工业园区内，使用模拟地震记录仪。2006 年 3 月，日照地震台搬迁至日照银河公园，新建仪器房 1 座，仪器为数字化地震仪器，地震计型号为 BBVS-60，数据采集器型号为 EDAS-24IP，使用无线网桥传输方式。

岚山地震台　岚山地震台位于岚山区轿顶山路北官山。该台于 2006 年 9 月开工建设，2007 年 4 月安装数字化监测仪器并运行。地震计型号为 BBVS-60，数据采集器型号为 EDAS-24IP，使用 SDH 专线传输方式。

莒县陵阳地震台　莒县陵阳地震台为山东省地震局区域测震台，隶属于日照市地震局管理，观测项目有测震观测、地磁观测、大地电场观测、体应变观测、极低频探地观测和地下断层气 CO_2 观测 6 项。台站位于日照市莒县陵阳镇接家岭村东，地处昌邑—大店断裂带南端与陵阳—葛河断裂交会部位，台基为安山岩，表层为第四系冲积坡积层，岩石节理发育。

该台测震仪器于 2006 年 10 月由模拟仪器更换为数字化仪器，地震计型号为 BBVS-120，数据采集器型号为 EDAS-24IP，使用 SDH 专线传输方式。

ZD9A-II 型地电场仪为陵阳台新增观测项目，于 2006 年 9 月 22 日运行。FHD 磁力仪观测项目是在地磁相对观测室的旧址上改建的，于 2007 年 1 月 1 日投入运行，仪器型号为 FHD-2B。CO_2 观测项目 2002 年 4 月投入观测，主要测试断层气 CO_2 的排放量。体应变仪于 2011 年 4 月安装调试完毕，并投入观测。极低频探地工程项目于 2013 年年底建设完成并运行。莒县陵阳地震台自 2008 年开始进行改造，新建监测办公楼于 2009 年 5 月 1 日启用。

五莲地震台　五莲地震台位于五莲县人民路 25 号，为山东省地震局区域测震台，隶属于日照市地震局。台址基岩为砾岩，台站西侧 19 千米处为沂沭断裂带，北侧 15 千米处为山相家—郝戈庄断裂带。五莲地震台于 2006 年 10 月完成测震仪器数字化改造并投入运行。地震计型号为 BBVS-60，数据采集器型号为 EDAS-24IP，使用光纤传输方式。

强震台网　强震台主要作用是获取强震发生时地面震动的记录，为及时有效地组织抗震救灾及建立大震应急系统提供科学依据。日照强震台网由日照、岚山、莒县、五莲 4 个强震台组成。日照强震台位于银河公园内，地震计型号为 SLJ-100FBA-T，数据采集器型号为 ETNA，传输方式为 3G。岚山强震台位于岚山城区，地震计型号为 SLJ-100FBA-T，数据采集器型号为 GDQJ-Ⅱ，传输方式为 3G。莒县强震台位于莒县县城，地震计型号为 SLJ-100FBA-T，数据采集器型号为 ETNA，传输方式为光纤。五莲强震台位于五莲县城，地震计型号为 BBAS-2，数据采集器型号为 EDAS-24IPDR6，传输方式为光纤。

前兆观测

前兆观测台站　至 2013 年年底，全市建有前兆观测台站有莒县地震局观测站、日照地壳形变观测站、莒县陵阳地震台及日照地震台 GPS 观测。莒县地震局有电磁波观测手段，莒县陵阳地震台有磁力仪、地电场仪、低极频探地、二氧化碳观测手段，日照地壳形变观测站安装 TJ-2 型体积式钻孔应变仪，日照地震台安装有 GPS 观测仪。

前兆骨干观测网点 前兆骨干观测网点分为深井观测站和二氧化碳观测点,至 2013 年年底,深井观测站建有东港区畜种改良站观测站、岚山区观测站、莒县文心广场观测站、莒县浮来镇大薛庄观测站、莒县长岭观测站、五莲县于里中学观测站及五莲县汪湖中学观测站等 7 个深水井观测站,全部安装北京中科光大生产的数字化水位、水温观测仪器。二氧化碳观测点包括岚山观测点和莒县浮来镇大薛庄观测点,其中莒县浮来镇大薛庄观测点含水井观测和二氧化碳观测两种手段。

群测群防点 全市共有群测群防一般点 38 处,均为井水位、水温观测,动物习性宏观异常测报点 23 处,形成一个布局合理、手段多样化的前兆观测网络。其中,东港区一般点 5 处,宏观测报点 4 处;岚山区一般点 5 处,宏观测报点 3 处;莒县一般点 18 处,宏观测报点 9 处;五莲县一般点 6 处,宏观测报点 6 处;日照开发区有一般点 2 处;山海天旅游度假区一般点 1 处,宏观测报点 1 处;日照国际海洋城一般点 1 处。群测群防一般观测点观测仪器于 2013 年年底由手动观测更换为数字读数观测。群测群防一般点每日向区县地震局报送数据,动物习性宏观异常测报点发现动物异常及时向地震部门汇报。

第三节 地震预测预报

境内地震预报工作模式主要是根据测震及前兆资料,经常对地震活动性、地震学异常和前兆异常进行分析,对未来地震趋势作出研判,提出地震趋势预测意见。

2009 年,日照市对山东及邻近区(海)域 2010 年度的地震趋势预测意见如下:

(一)胶东半岛及其北部海域 2010 年有发生 5 级左右地震的可能。

(二)南黄海北部地区 2010 年地震活动水平 5 级左右。

(三)冀鲁豫交界地区 2010 年存在发生 4~5 级地震的可能。

(四)山东内陆 2010 年度发生 5 级以上地震的可能性不大,地震活动水平 4 级左右,可能的发震地区为沂沭带及其北西向断裂。日照内陆及邻近区域存在发生 3~4 级地震的可能。

2012 年,日照市对山东及邻区海域 2013 年度的地震趋势预测意见如下:

(一)胶东半岛及其北部海域 2013 年地震活动水平 5 级左右。

(二)冀鲁豫交界地区 2013 年存在发生 5 级左右地震的可能。

(三)沂沭带及山东内陆其他地区 2013 年地震活动水平为 4~5 级,日照内陆及邻近区域存在发生 3~4 级地震的可能。

第三十九编　卫　生

1989 年地级日照市建立后，随着经济和社会各项事业的发展，全市不断加大医疗卫生服务体系建设力度，建立健全市、区县、乡镇街道三级服务网络。至 2013 年年底，全市共有医疗卫生机构 589 个，其中医院 29 所、乡镇卫生院 48 所、社区卫生服务中心 9 所、疾病预防控制机构 10 所、妇幼保健机构 5 所、专科防治机构 7 所、门诊部(诊所)等 468 处，共有开放床位 11741 张，拥有卫生技术人员 13501 人，其中医生 5218 人。与 1989 年相比，医疗卫生机构增长 238.5%，开放床位增长 331.6%，卫生技术人员增长 233.7%，其中医生增长 279.2%。人均病床数由 1993 年的 1.23 张/千人，增长到 4.12 张/千人；卫生专业技术人员由 1993 年的 1.52 人/千人，增长到 4.74 人/千人，其中医生 1.83 人/千人。

1993 年，全市公立医疗卫生机构业务用房面积 16.94 万平方米，且多为平房。至 2013 年，全市政府办医疗卫生机构业务用房面积达到 71.38 万平方米，比 1993 年增长 321%。全市共创建省级以上重点学科 8 项，市级重点学科 56 项。至 2013 年年底，全市有 3 家市级医院通过"三甲"医院评审，5 所县级医院通过"二甲"医院评审。创建省级护理服务示范病房 17 处。日照市连续 6 年获得全国无偿献血先进市称号。全市有 2 处国家级中医药重点专科，2 处国家级农村医疗机构中医特色优势重点专科，1 个山东省首批中医药重点学科建设项目，有 16 个中医药特色专科被纳入市级重点专科建设。2013 年，全市各级各类医疗机构完成门急诊 697.39 万人次，出院病人 41.9 万人次。

第一章　公共卫生

第一节　公共卫生机构

爱国卫生机构　市和各县均设爱国卫生运动委员会办公室(以下简称爱卫办)。日照市爱国卫生运动委员会办公室设在市卫生局。1991 年 8 月，加挂日照市健康教育所牌子。至 2013 年年底，市爱卫办共设 3 个科室，人员 9 人。

卫生监督机构　2004 年，市卫生局卫生监督所成立；随后，各区县相继成立卫生监督所。2008 年 7 月，市卫生局卫生监督所升格为副处级参照公务员法管理的事业单位。2011 年 1 月，市卫生局卫生监督所 13 人划转到市食品药品稽查支队。至 2013 年年底，市卫生局卫生监督所设 5 个科室，实有在职人员

23 人。

疾病预防控制机构　1989 年，日照市辖区内疾病预防控制机构有日照市卫生防疫站、日照港卫生防疫站 2 处。1993 年、1994 年，东港区和岚山办事处分别成立卫生防疫站，全市卫生防疫机构共有 6 处。2004 年后，全市推进疾病预防控制与卫生监督两个体系建设，市和区县级卫生防疫站逐步撤销，成立各级疾病预防控制中心。2004 年 2 月，市疾病预防控制中心和市卫生局卫生监督所组建，加挂日照市卫生监测检验中心牌子，6 月日照市疾病预防控制中心正式独立办公。至 2013 年年底，市疾控中心有职工 105 人，内设 6 个行政科室、11 个业务科室和 1 处社区卫生服务站。

结核病防治机构　1989 年，辖区内有日照市结防所 1 处结核病防治机构。至 1993 年后，全市共有 3 处结核病防治机构。至 2013 年年底，市结防所设 15 个科室，职工 56 人。

麻风病性病皮肤病防治机构　1989 年，辖区内有日照市皮肤病防治所 1 处麻风皮肤病防治机构，并有 1 处麻风村。1993 年后，全市麻风病性病皮肤病防治机构共有 3 处，麻风村 3 个。

精神疾病防治机构　1989 年，辖区内有 1 处精神卫生防治机构。1992 年，全市有市精神卫生中心、五莲县精神病院 2 处精神卫生机构，床位 176 张。2003 年，莒县精神卫生中心成立，全市精神卫生机构增为 3 处，床位 256 张。

1989 年，奎山卫生院加挂山东省精神病医院日照分院牌子。1991 年 3 月，改称日照市精神病医院。1994 年 4 月，改称日照市精神卫生中心，1999 年 6 月，经市卫生局批准加挂日照市第三人民医院的牌子。2008 年 3 月，加挂日照市荣军康复医院牌子，受市卫生局及民政局的双重领导。至 2013 年年底，全院共设行政科室 9 个、业务科室 15 个。

120 紧急救援机构　2006 年 9 月 15 日，市“120”紧急救援指挥中心成立，主要负责指挥调度、组织协调全市应急突发公共卫生事件和急症病患者的医疗卫生紧急救护。至 2013 年，中心内设 4 个科室；全市共有入网急救站 11 家，其中甲级急救站 8 家、乙级 3 家。

健康教育机构　1991 年 8 月，日照市健康教育所成立，隶属于市爱卫会管理，市爱卫办加挂日照市健康教育所牌子。2004 年，市健康教育所正式成立，为独立健康教育机构。至 2013 年年底，共有人员 6 人。

第二节　公共卫生管理

公共场所卫生监督　从 1988 年开始，根据《山东省公共场所卫生许可证管理办法》规定，对检查合格者颁发卫生许可证，并每两年审核一次。

1989 年，日照市下发《关于加强公共场所消毒管理的通知》，推广使用次氯酸钠消毒器 92 台。

1992 年 8 月，日照市下发《关于加强旅店业、理发业卫生设施及用品用具消毒管理的通知》，对城区 123 家理发店专项监督检查，处罚 6 家，28 个单位购置了紫外线消毒箱或消毒车。

1993 年 8 月开始，日照市对市管公共场所单位开展大检查。全年监督监测各类公共场所 1113 户次，覆盖率 100%；从业人员培训 2468 人，健康查体 1727 人，查体率 98%，查出“五病”（脏腑之气失调所产生的病症）人员 16 人全部调离。此后，市、区县两级卫生防疫站每年均开展日常卫生监督检测，每年开展年度从业人员大查体，对查出的患有“五病”的从业人员全部进行调离。

1994 年 5 月 3 日，对日照 1 家宾馆监督中作出警告并行政处罚。该宾馆不服，向市中级人民法院提起上诉;12 月 17 日,市中级人民法院经公开审理判决,驳回上诉、维持原判,成为全省第一起卫生行政处罚上诉案件。

1997 年,全市评出 5 家省级公共场所先进单位和 15 家市级公共场所先进单位。

1999—2002 年,日照市为推进卫生城市创建,对全市旅店业、美容美发业进行专门检查整顿。2004 年,日照市对全市“五小”单位进行专项治理整顿。2006 年,日照市进行食品、公共场所及生活饮用水专项整治。2006 年 4 月,全市开始对公共场所集中空调通风系统监督检查。2007 年 7—9 月,对市区 352 家宾馆及集中空调通风系统专项检查,处罚 7 家。是年 10 月,全市开始开展游泳场所监督检查。2008 年 1 月,对市管的洗浴场所进行专项执法检查,共监测各类场所 26 家,监测指标 199 项,指标合格率为 98%。同年,市卫生局下发《日照市公共场所卫生监督信息公示制度实施方案》,初步在市管单位和莒县开展住宿业、沐浴场所、商场等公共场所单位试点。

2009 年 5 月,日照市实施公共场所卫生监督量化分级管理,岚山区被列为全省首批、全市首个美容美发业卫生监督量化分级管理试点区县。同年,市卫生监督所评出 A 级单位 35 家、B 级单位 22 家、C 级单位 205 家。2010 年 7 月,日照市对全市游泳场所进行卫生监督量化分级管理现场审核,评出 A 级单位 3 家、B 级单位 1 家。2010 年 10 月,全市 20 个住宿业、洗浴场所及美容美发场所被评为 A 级单位。2012 年 7 月 9—16 日,全市开展婴幼儿游泳场所专项检查。2013 年 10 月 16—25 日,全市开展市管、区县公共场所及涉水产品销售市场专项检查。

生活饮用水卫生监督管理　1980 年,生活饮用水监测管理工作开始。1992 年 8 月,日照港务局职工反映自来水有较严重的氨味,经调查和采样检验发现 3 个水厂氨氮超标。其中,二水厂的水源水和出厂水氨氮高达 5 毫克/升。通过调查,认定化肥厂排污管道渗漏废水污染了水源,责令化肥厂停业 3 个月整修管道后,水源水质氨氮恢复正常。

1993 年 11 月,《日照市生活饮用水卫生管理暂行办法》发布,规范全市生活饮用水供水单位管理。此后,各级防疫站开始对辖区自来水厂进行卫生监督,对水质定期进行采样监测。

1996 年,建设部、卫生部联合发布《生活饮用水卫生监督管理办法》。此后,全市各级卫生防疫机构每季度开展对生活饮用水供水单位、二次供水单位监督检查,对自来水、水源水、管网末梢水、自备水等水质进行监测。1998 年 8 月,东港区因降雨量大,市内农村饮用水源多被洪水漫灌,区政府办公室下发《关于加强自备饮用水卫生监督管理的通知》,区防疫站组织对全区 15 处乡镇自备饮用水水源进行采样检测,共采样 162 份,合格 69 份,合格率为 42.59%,不合格原因均为细菌指数严重超标。区防疫站无偿发放 500 瓶优氯净,指导各乡镇对污染水井进行消毒处理。2004 年 4 月,五莲县被列为省级农村饮用水水质卫生监测县;2006 年 9 月,五莲县被列为国家级农村饮用水水质卫生监测县。

2005 年 6 月,全市按照省卫生厅要求开展生活饮用水专项整治工作。2006 年 6 月,对全市 25 家纯净水生产企业进行专项执法检查。2007 年 1—2 月,市卫生局对全市 29 家生活饮用水集中式供水单位进行专项检查,结果为从业人员健康证持证率为 98%、蓄水池按时清洗率为 96.5%、按规定对水质消毒率为 89.7%;水源水、出厂水及管网末梢水采样检验 85 份,合格率为 99.9%。同年,全市开展农村集中式供水单位基本情况调查摸底。调查显示,全市有农村集中式供水单位 1102 家,共覆盖人口 834935 人。其中,水源是地面水的 658 家,占 71.52%;地下水的 262 家,占 28.48%;已投入使用的 920 家,正在建设中的 182 家。920 家已投入使用的供水单位中,进行水质处理的 360 家,占 39.13%;进行加氯消毒的 10 家,占 1.09%。

2008年6—10月，省卫生厅下发《关于开展全省饮用水卫生专项监督检查的通知》，市、区县卫生监督机构联合专项检查小组对全市15家集中式供水单位和所有二次供水单位进行全面监督检查。同年，全市组织开展纯净水生产经营企业专项监督检查，全市共检查35家纯净水生产经营企业、93家食品超市、批发市场，未发现“问题水厂”贵州省贵阳南明竹源天然矿泉水有限公司产品。自2008年起，市疾控中心承担日照市国家农村生活饮用水监测任务，开展供水点情况调查及水质卫生指标监测。2008—2012年，全市共采集332点次，1326份水样，开展27960项次分析，总合格率59.46%。

2009年2月，全市开展饮用水消毒剂的专项监督检查工作，共检查集中式供水单位11家、二次供水单位32家、自备水供水单位40家，检查消毒设施21台、消毒剂23种，均符合国家有关规定。2010年，全市开展生活饮用水供水单位水质消毒及检测专项整治工作，共检查供水单位87家。2010年10月，对全市集中供水单位进行全面考核认定，全市共有4个供水公司的11家水厂被评为A级单位，7家为B级单位，量化率为73.3%。2011年，全市集中供水A级单位12家、B级单位7家、C级单位6家，量化分级率达100%。同年，农村生活饮用水专项整治及卫生许可证发放管理检查开展，全市共监督检查农村生活饮用水单位911家，对具备卫生许可条件的11家供水单位发放卫生许可证。2011—2013年，五莲县每年在枯水期、丰水期分别对21个监测点的出厂水末梢水进行采样144份，饮水合格率分别为65.3%、74.3%和77.08%。2013年11月，涉水产品生产企业专项检查活动开展，共检查涉水产品生产企业8家。

食品卫生监督管理 1989—1999年，每年春季对食品生产、经营单位进行一次食品卫生许可证的审验、换发，对从业人员进行健康体检，对查出的“五病”人员全部进行调离，并建立辖区食品生产经营单位档案。

1992年9月至1993年2月，对市内204国道两侧90家路边饭店进行卫生现状调查，针对突出卫生问题加大餐饮业整治力度，此后卫生状况得到较大改善。

1994年7月，日照市下发《日照市采购食品索取检验合格证实施办法的通知》《商店（柜台）食品卫生考评标准》《食品加工业食品卫生考评标准》《饮食行业食品卫生考评标准》《街头食品商贩食品卫生考评标准》等文件，督导各区县和各食品从业单位抓好落实。

1995年10月30日，《中华人民共和国食品卫生法》颁布实施，食品卫生执法主体由各级卫生防疫站转变为卫生行政部门。市、区县两级政府举办系列宣传贯彻活动。1996年，全市开展市级“食品卫生先进单位”“食品卫生质量信得过产品”评选活动。

1998年11月，奎山街道发生多名儿童食物中毒。省、市、区三级卫生监督机构在公安、工商等部门的配合下查实为爆米花使用被有机磷污染的玉米。1999年5月21日，长岭镇小岭村肉食加工户刘某和明某自莒南肉联厂购进一批未摘除甲状腺猪喉头肉，加工成679千克熟喉头肉销售，导致230人发生中毒，其中2人死亡。2001年9月21日，三庄镇惠某家晚饭同餐4人，餐后有3人相继出现中毒症状；东港区防疫站现场调查，认定该中毒事件是厂家旧啤酒瓶被有机磷污染所致；东港区卫生局对经销商和生产厂家分别罚款5000元，并没收销毁该批啤酒3000瓶。

2001年，全市开展健康相关产品专项打假活动和卫生监督执法新世纪行动，对全市食品生产经营单位、学校、公共场所等单位进行全面督查，开展学校食堂卫生和校内及周围小卖部、摊点食品卫生集中整治活动。

2005—2006年，全市辖区开展以食品生产经营企业卫生许可专项清理整顿为重点的“卫生监督执法

1 号行动”。2005 年 5 月开始，日照市开展以学校、建筑工地食堂卫生专项整治为重点的“卫生监督执法 6 号行动”；2006 年 6 月开始，日照市开展以小型餐饮单位卫生专项整治为重点的“卫生监督执法 7 号行动”，对各级各类食品经营单位进行多轮集中整治。

2007 年，全市进行食品经营单位调查，共有食品生产经营单位 12321 家。其中，食品生产单位 772 家，食品经营单位 8132 家，餐饮（宾馆、饭店）单位 3097 家，机关、企业集体食堂 320 家。全市食品卫生许可证实际发放率 98.7%，食品从业人员 50344 人，健康证持证率 98%，分户建档率 85%。同年，全市实行量化分级管理单位 3657 家。其中，A 级单位 66 家，B 级单位 138 家，C 级单位 3453 家，餐饮业卫生监督量化分级管理实施率 96%。2008 年，奥运食品安全专项监督检查开展，共检查餐饮单位 9286 户次，抽检食品样品 600 余份，没收销毁不合格食品 200 千克、立案查处 36 起，罚款 10 万余元。

2009 年 3—5 月，日照市开展以“强化食品添加剂卫生监管，维护人民群众健康权益”为主题的食品添加剂卫生专项整治活动。2010—2013 年，日照市对使用添加剂的餐饮单位实行申报制度，严格按规定索证并做到“专人、专柜”管理。日照市开展餐饮业违法使用“地沟油”和“不合格一次性筷子”及“毒韭菜”专项整治活动。

学校卫生监督管理　1990 年，经国务院批准《学校卫生工作条例》颁布，日照市开展《学校卫生工作条例》宣传活动。1991 年，市卫生防疫站抽调 4 人设立学校卫生科，负责全市学校卫生监督工作。当年，全市组织开展在校中小学生健康体检 2.3 万多人，并要求建立学生健康档案。对 10 所市直中小学新建、改建、扩建学校的选址和建设实行预防性卫生监督检查。1992 年，省防疫站与市防疫站联合对 1100 名中小学生进行牙菌斑调查。调查发现，日照市中小学生牙菌斑平均指数为 1.97，口腔卫生合格率为 10%。1993 年，市防疫站对 24 所学校进行学校建筑与设备卫生调查。基本达标的有 18 所，占 75%；不达标的有 6 所，占 25%。其中，黑板的反射系数、照明基本达到规定要求，课桌椅符合率为 79%；教室采光不符合卫生标准的 2 所，占 8.3%；教室内的 CO_2 浓度均大于 1.5‰，超过国家标准。1995 年，日照市学生营养促进会成立。

2007 年 5 月，日照市对市管 24 所学校和托幼机构的 43 个食堂、14 个副食品商店进行检查，提出整改意见 300 余条，没收并销毁不合格食品 40 千克，对违法情节严重的 3 家学校食堂进行行政处罚。2008 年，市卫生局监督员 130 余人次，对市管的 32 所学校及托幼机构开展 3 次专项卫生监督检查，共检查 39 个学生食堂、9 个副食品店，下达整改意见 300 余条，警告处罚 3 家，没收不合格食品 80 余千克。

2009 年 3 月，日照市对全市 1626 所学校、托幼机构的食品卫生、生活饮用水卫生、传染病防治和健康教育等进行专项监督检查。检查发现，食堂卫生许可证持证率为 98.1%，食品从业人员有效健康证明持证率 99.3%；1626 所学校中，524 所学校为市政集中式供水，900 所为小型集中式供水，202 所为自备水源地下水。下达卫生监督意见书 1600 余份，立案处罚 1 家。2010 年 4—5 月，全市对市管学校及托幼机构开展拉网式大检查，共检查 29 所学校及托幼机构，提出整改意见 180 余条。2011—2013 年，全市对 25 所大中专院校、169 所中小学校和托幼机构开展卫生综合检查。

职业卫生监督　1989—1990 年，对全市 36 家乡办企业职业有害因素进行调查，共检测尘毒作业点 298 个，粉尘浓度 7.6~1116 毫克/立方米，粉尘作业点合格率为 27.3%。1992 年对全市 33 个建材行业职业有害因素进行调查，各厂矿除尘设施安装率（点）为 43.6%，普遍存在管理不善问题；监测 376 个粉尘作业点，粉尘浓度在 3.6~986 毫克/立方米，合格率为 46.8%。

1997 年，省政府颁布《山东省实施中华人民共和国尘肺病防治条例办法》。1999 年，省政府颁布《山东省职业病防治条例》。此后，全市开展大范围宣传贯彻活动。市卫生防疫站对木浆厂 386 名新招工人进行就业前查体工作，检出各类疾患 18 人。全市全年职工健康监护 19160 余人，监护率达 80%以上；进行各类有害因素检测 2417 个点，点合格率为 43.6%。

2002 年，市防疫站获得职业健康查体、职业病危害因素检测、建设项目评价资质 3 项资质。2013 年，职业卫生监督职能过渡到安监部门。此后，市卫生监督所职业卫生科负责全市放射卫生及职业病诊断机构和健康查体机构的监督检查工作。

第三节　传染病预防控制

1989 年，全市传染病发病率较低，无重大疫情暴发，报告发病率 60/10 万左右，平均死亡率为 0.727/10 万。1990 年，全市报告传染病 10 种 587 例，报告发病率 57.12/10 万，其中前三位的是肝炎 359 例、痢疾 96 例、出血热 49 例。但存在疫情报告系统不健全，漏报、迟报较多等问题。

1991—2002 年，全市传染病疫情平稳，报告发病率在 61～93/10 万，年平均发病率为 77.8/10 万，平均死亡率为 0.162/10 万。

2003 年，全市全力防控非典型性肺炎疫情。多次召开全市领导干部会议，传达贯彻国家、省指示精神，对全市非典防治工作进行安排部署，确定建立信息报告制度，组织举办培训班，对长短途客运班车、旅游船舶、出租车、公交车等开展消毒，严防通过车船等交通工具传播。在火车站、长途汽车站设立留验站，沿交通要道设立交通检查站，进行车辆消毒并粘贴消毒标志。全市各区县在进入市区的交通要道设立 35 个检查站和留验站，截至 6 月 20 日，累计检测交通工具 268465 车次，检测人员 1250114 人次，留验人数 12 人。加强宾馆饭店等重点场所防治工作，加强防治药品相关商品价格管理，所有夜总会、歌舞厅、游戏厅、网吧暂停营业。对从外地、特别是传染性非典型性肺炎疫区返乡的学生和其他各类人员由所在村居、单位及居民小区物业管理单位负责进行逐一登记、体检、上报，实行不少于 12 天的隔离观察。全市加强市、县、乡、村四级监测体系建设，确定 5 处定点医院，设立 75 个发热门诊，在城乡设立 1815 个监测点，对发烧病人或密切接触者一律就地隔离观察治疗。各级卫生部门加大疫情应急设备和物资储备，改造发热门诊和隔离病房，购置流调专用车、呼吸机、红外线体温检测仪、耳蜗式测温计，储备过氧乙酸、优氯净、灭毒威等消毒剂，以及猴式防护服、一次性防护服、防化服等防护用品。市人民医院设立全市非典隔离病房，收治全市疑似非典病人，对全市医务工作者进行培训和指导工作，组织开展全市非典医疗救护工作技术演练。9 月后，全市非典防治工作建立起长效机制，各项防治工作随着应急体系的建立健全逐步走向常态化。发生非典疫情以后，全市无传染性非典型性肺炎病例报告。

2009 年 3 月，甲型 H1N1 流感在墨西哥暴发，世界卫生组织根据其疫情发展将流感大流行预警级别逐步调升至最高级别 6 级，引起各级高度重视。市政府多次组织召开培训会议，对做好防控准备工作进行具体部署。市财政拨付 151 万元专款用于市直重点传染病防控工作。对各区县、日照经济开发区甲型 H1N1 流感防控工作统一进行督查。层层举行甲型 H1N1 流感应急响应演练、桌面推演和应急实战拉练。4—7 月，先后得到卫生部、省卫生厅等 7 名密切接触者协查通报，均进行了调查和隔离观察，未发现病人。7 月 21 日，市人民医院报告 2 例疑似病例，市、区疾控部门开展流行病学调查、标本采集和密接追踪，经省疾控中心确认为市内首例确诊病例，经治疗后 2 人痊愈出院。此后，莒县、东港区先后报告多起疫情，均按照规定进行隔离治疗，对密切接触者进行观察，病人均被治愈，接触者未发病。11 月 9—17 日，全市开展第一批甲型流感疫苗接种，共4万余人份，后进行二批次疫苗接种。12月9日，市人民医院报告首例甲流死亡病例，市区两级疾控机构立即展开防控工作，对患者接触过的场所开展消毒消杀，密接者隔离发病1例治疗后痊愈。

全市传染病预防控制工作成效显著。1990—2013年，24年来无鼠疫疫情报告；无白喉、回归热、炭疽、黑热病、森林脑炎、钩体病、登革热、SARS、禽流感、丝虫病、恙虫病疫情报告；霍乱疫情得到有效控制，1994年有4例霍乱输入性疫情；1989年后，脊髓灰质无本地野毒株病例发生；包虫病发病极少，2004年报告1例；新生儿破伤风、流脑、伤寒副伤寒、乙脑、布鲁氏菌病、疟疾、麻风病、出血性结膜炎、流感等处于较低发病水平；肺结核、病毒性肝炎、痢疾、流行性出血热等重点传染病防控工作力度不断加大，疫情得到有效控制；全市如期实现基本消灭脊灰、丝虫病等工作目标，加速消除麻疹工作进程，有效保护人民群众健康。

第四节　地方病防治

碘缺乏病防治　1991年11月，日照市发布《关于搞好地甲病病区碘盐供应禁止非碘盐销售的布告》，颁布《日照市食盐加碘防治碘缺乏病管理暂行办法》，实行碘盐销售许可证制度，对碘盐的生产、加工、供应、管理与监督作出具体规定。1992年，对全市病区碘缺乏病现状摸底调查，发现甲状腺肿大者840例，肿大率为20.78%。抽查各区县供销社及盐业公司库盐，平均含碘量为16.29毫克/千克，各售盐点食盐平均含碘量为8.25毫克/千克，居民户食盐含碘量为8.65毫克/千克，居民饮用水含碘量为5.08千克/升。2001年后，全市实施《全国碘盐监测方案(试行)》，常规化开展碘盐监测工作，定期开展碘缺乏病的病情监测。2004年，全市开展碘缺乏病病情监测，结果显示：居民合格碘盐食用率已达到较高水平，儿童甲状腺肿大率已达到国家消除碘缺乏病标准要求，且呈逐年下降趋势，人群碘营养处于基本适宜水平。2010年1月，市卫生局组织对4个区县碘缺乏病防治工作全面考评，4个区县均符合国家《实现消除碘缺乏病目标县级考核评估方案》规定的达标县标准。是年4月，省实现消除碘缺乏病目标考评检查团对日照考评验收，认为全市各区县碘缺乏病防治指标均符合国家《实现消除碘缺乏病目标县级考核评估方案》规定的达标县标准。

克山病防治　1993年，全市有潜在型克山病人418人，慢型克山病人175人。省卫生厅组织克山病专家组对全市3个病区县的克山病防治情况进行全面考核，确认全市已达到“基本控制克山病病区的标准”。1993—2003年，全市坚持对存活慢型克山病人的家庭随访制度。2000年3月，莒县安庄镇被确定为国家和省克山病监测点，配合省地研所常年开展监测科研工作。2002年，省地研所对五莲县17万居民进行健康筛查，检出7例疑似慢型克山病人，显示克山病的发病率持续降低，流行趋于终止。2004年，全市共有克山病人518例，其中潜在型269人、慢型249人，死亡2例，无急型、亚急型病人。该年度共检诊427人，未发现新病例。2006年，莒县被确定克山病病情省级监测点，全年检诊214人，发现8名慢型病人。2011年，市卫生局组织在莒县、五莲县开展病情调查，检查885人未发现新的病人。2013年，全市共有潜在型病人285人，慢型病人222人，无急、亚急型病人，死亡1人。全市克山病疫情稳定，未发现新的病人。

地方性氟中毒防治　1989年前，日照市涛雒镇为地方性氟中毒病区，有8个轻病区村，莒县发现1个轻病区村。1986—1994年，日照市和莒县卫生防疫站定期对9个村的降氟改水工程进行卫生指导，坚持每年半水期、平水期、枯水期进行3次水质水氟含量监测,水氟含量均小于1.0毫克/升。1995年,对东港区、莒县的氟病区进行降氟改水工程调研,开展第二次降氟改水工程改建。1996年5月,上级拨款10万元、莒县自筹8万元,历时2个月建设的莒县谢家南湖村除氟改水工程竣工启用,该村1026人饮用上合格的低氟水。1996年,省地方病防治领导小组办公室对东港、莒县降氟改水工作进行考核验收,确认全市已达到省基本控制地方性氟中毒标准。2001年,日照市对2个病区县9个行政村的2处降氟改水工程的管理和运转现状进行调查,全市降氟改水工程管理和运转基本正常,采集饮水样6份,水含氟量均<1.0毫克/升。2002—2013年,市、区县卫生部门加强技术指导,定期进行水质水氟含量检测。2004年起,涛雒镇氟病区8个村的供水工程分别进行改建和新建,分设6处供水工程,受益5527人。2007年,涛雒镇氟病区开始改由镇自来水厂统一供水。2013年年底,全市共有降氟改水工程3处,管理和运转正常,受益1万余人,检测水氟含量均小于1.0毫克/升。

第五节　专科病防治

结核病防治　1989年,市结核病防治所(简称结防所)与临沂地区结核病防治院办理疫情报告等交接手续,日照市结核病防治业务工作直接由山东省结核病防治中心指导。同年,市结防所新登记病人262例,登记新发涂阳病人91例。

1992年12月,市结防所在原县级日照市范围内启动实施世行贷款中国结核病控制项目,对有咳嗽、咯血、发热、盗汗等症状的可疑肺结核病人进行免费检查,对查出的传染性肺结核病人采用"链霉素、异烟肼、利福平、吡嗪酰胺、乙胺丁醇"间歇短程治疗方案给予免费治疗。市财政给予配套经费,对结核病实行结防所归口治疗管理,对涂阳病人施行免费治疗。同年,莒县启动世界银行贷款结核病控制项目。1993年11月,五莲县启动该项目,实现了本项目全市覆盖。

1996年,世界卫生组织将3月24日定为"世界防治结核病日",各级政府组织大规模的宣传活动。此后,每年都组织开展结核病防治日知识宣传。同年,市卫生局组织全市结核病归口管理工作检查。此后,每年开展2次检查,以减少综合医疗单位收治截留结核病人,避免结核病人漏登、漏报和治疗不规范现象。

1997年,东港区涛雒某中学结核病疫情发生,经普查共发现结核病人11例,属局部暴发流行。据此,当年开展全市范围内学校结核病调查,及时控制日照市职业技术学校、日照电大、巨峰高中、街头高中、日照四中、东港实验高中等学校疫情。此后,初、高中学生年度健康查体中增加胸透项目。

2000年,卫生部组织全国第四次结核病流行病学调查,五莲县潮河镇的林泉、王家埠、尧沟等村为国家调查点,岚山办事处汾水镇的仁家、张马庄、奎楼等村为省调查点,调查质量全省领先。2001年6月,市政府颁发《日照市结核病防治管理办法》,是全省首个以政府令的形式下发的地方条例,规定各级卫生行政部门加强结核病人归口管理,各综合医院不能截留收治结核病人。

2001—2003年,历时10年的世界银行贷款中国结核病控制项目在日照市先后结束。其中,东港区项目共利用世行贷款121.7万元,地方政府配套资金204万元,累计免费检查可疑结核病人22715人,登记肺管理结核病人3951例,共免费治疗病人1793例。莒县政府配套资金68.3万元,全县共计免费检查可疑肺结核病人15725人,登记结核病人2595例,对1636例免费治疗。五莲县政府配套资金25.5万元,免费检查可疑肺结核病人 9564 人,累计登记管理肺结核病人 1441 例,免费治疗病人 974 例。

2002 年 9 月,加拿大国际发展部/世界卫生组织结核病控制项目(简称 CIDA—WHO 项目)在全市实施,全市地方政府按照比例拨付配套经费。至 2005 年 12 月 31 日项目结束,市结防所共接诊可疑结核病人 6093 例,共登记结核病人 1570 例。莒县共接诊可疑结核病人 4386 例,登记结核病人 1090 例。五莲县共免费检查可疑肺结核病人 5508 人,发现并登记肺结核病人 1045 例。2007 年 1 月至 12 月 31 日,市结防所实施结核病控制 Fidelis 项目,为病人免费拍摄胸片,继续对结核病人免费治疗。4 月 1 日,五莲县首先实施山东省结核病控制“五率”(结核病人发现率、转诊率、结防机构登记率、追踪率、规范管理率)项目。

2008 年,省根据卫生部要求下达执行提高综合医院“五率”要求,在全市实施“五率”项目,利用项目经费对全市乡村防痨医生进行培训、复训,开展对综合医院的病人转诊情况每月一督查。

2010 年 7 月至 2013 年 6 月,东港区、莒县实施第五轮全球基金二期流动人口结核病防治项目。

2012 年 3 月,市结防所启动百千万志愿者结核病防治知识传播行动,招募结核病防治志愿宣传员 500 余名,提高了社会公众对结核病防治知识的知晓率。2012 年 10 月,莒县肺结核患者治疗手机管理系统研究项目启动。12 月,日照市防痨协会成立,市结防所等 29 个会员单位、70 余名代表参加了会议。

麻风病防治　1989 年前,日照市皮防所以普查调查和隔离治疗为重点开展麻风病防治工作,在全省率先建立麻风病防治网。至 1989 年年底,全市累计发现麻风病人 1515 例。

1992 年,省卫生厅麻风病基本消灭考核验收团到日照市东港区、五莲县考核验收,认定两地达到国家基本消灭麻风病工作标准。1994 年 4 月,卫生部对日照市麻风病防治工作进行考核验收,抽查莒县的麻风病防治工作情况,认为日照市达到国家规定的基本消灭麻风病的防治指标,通过基本消灭麻风病国家考核验收。

1994 年起,全市每年召开覆盖各乡镇的麻风病防治工作会议,组织开展技术培训,加强三级防治网络建设,定期开展线索调查,并将皮肤科门诊作为发现麻风病人的重要来源开展门诊诊治检测。各级皮肤病防治机构加强对现症病人的治疗和管理,现症病人均在家服药治疗,由皮防所专业人员定期进行查体送药。全市皮肤病防治机构不断加强麻风村管理,麻风村的功能由隔离治疗麻风病人变为麻风病人畸残康复,一些需要社会救助、生活不能自理、发生畸残的患者自愿选择入住麻风村。

2008 年后,全市各区县每年组织开展中央补助麻风病防治项目工作,对 671 名足麻木病人发放防护鞋 1342 双,对溃疡病人发放溃疡包 318 个,对适合手术矫形的 3 例畸残病人进行手术治疗,对 12 例现症病人发放防护用具 57 次。

2010 年,市皮肤病防治所配合省皮肤病性病研究所对东港区、岚山区、莒县 225 例治愈存活麻风病人采血,进行麻风病遗传基因病因研究。1993—2013 年,全市共发现现症病人 58 例,患病率保持在国家规定的 1/10 万以下基本消灭目标范围。2010 年 5 月,莒县确诊全市最近一例瘤型麻风病人。

至 2013 年,全市累计发现麻风病现症病人 4495 例,除死亡、外迁等原因减少外,尚有治愈存活病人 745 例,现症病人 6 例。至 2013 年年底,全市尚有 12 名患者住在麻风村中。

精神疾病防治　1989 年 5 月,奎山卫生院设立精神科,设立病床采用药物疗法、心理治疗、电休克疗法等诊疗精神疾病患者,当年收治住院精神病人 125 人。1991 年 3 月,日照市精神病医院成立。

1993 年 5 月,市精神卫生中心承办 WHO/社区精神康复家庭教育课题组研讨会,国内各大城市的精神卫生专家、教授 91 人与会。

1994 年 4 月,按照全省第二次精神疾病流行学抽样调查工作安排,市卫生局、公安局等联合下发《1994 年精神疾病流行学抽样调查实施方案的通知》,年底完成全市 500 户 8000 人流调任务。同年,莒县精神病医院成立。

1997 年,日照市被列为全国精神病防治试点市,市政府将精神病防治康复工作纳入初级卫生保健工作体系,制定下发《日照市精神病防治康复工作实施方案》《日照市大中型企事业单位精神病管理办法》《日照市农村精神病社区康复实施细则》等文件。市精神卫生中心配合残联等部门制订实施方案、规章制度和工作职责,各乡镇、街道、村居和千人以上的企事业单位均建立精神病防治领导组织,配备康复指导员,形成以市区为龙头、乡镇为枢纽、村居(单位)为网底的精神病防治康复组织管理网络和技术指导网络。

2011 年 4 月,“686”项目新增莒县和岚山区 2 个项目示范区。2011—2013 年,全市录入管理重性精神病人分别为 5414 例、7259 例、7888 例。是年,日照市未成年人心理健康辅导站(日照市心理健康教育基地)在市精神卫生中心成立,是校外未成人心理健康辅导治疗机构和全市心理健康教育基地,同时承担东港区未成年人心理健康辅导站、日照市 12355 青少年心理咨询台及日照市心理援助热线等职能。五莲县争取国家专项资金 970 万元,在精神病院原址建 4223 平方米的病房楼。是年 12 月,市精神卫生中心联合莒县精神卫生中心、五莲县精神病院,抽调 40 人精神科专科医生,对全市 3 个区 2 个县 280 万人进行逐户排查,共查出精神病人 7718 人,为病人建立健康档案,并定期进行随访管理。

2012 年 3 月,根据《2011 年中央补助日照市公共卫生专项资金疾病预防控制项目实施方案》要求,五莲县纳入重性精神疾病管理治疗项目示范县,日照市重性精神疾病管理治疗工作实现全覆盖。10 月,五莲县成立关爱青少年健康心理援助小组和青少年心理康复指导站。

第二章　医　疗

第一节　医疗机构

1989 年,日照市和莒县、五莲县均设有县级综合医院、中医医院,各乡镇(街道)设有基层卫生院。1992 年后,东港区、岚山区(办事处)设立本地综合医院。各级各类医疗卫生机构积极争取多方投资改建扩建和购置先进医疗设备,实现固定资产、医疗设备总值、床位总量、门诊住院诊疗人次、业务收入等连续高增长,医疗卫生服务环境得到较大改善。多家大型企业也在日照设立综合医院或专科医疗机构。同时,民营医疗机构不断增多,成为本地医疗卫生服务的有益补充。

全市加强重点中医专科(学科)建设,已经建成一批具有中医特色优势、能发挥示范作用、有较大社会影响的中医名科群体,有 2 处国家级中医药重点专科,2 处国家级农村医疗机构中医特色优势重点专科,16个中医药特色专科被纳入市级重点专科建设。至2013年,全市有三级中医医院2所——日照市中医医院、莒县中医医院,二级1所——五莲县中医医院,共有开放床位1920张,中医药从业人员2735人。

至2013年年底,全市共有医疗卫生机构589处,其中医院29处、乡镇卫生院48处、社区卫生服务中心9处、门诊部(诊所)468处。全市共有开放床位11741张,拥有卫生技术人员13501人。

市级重点公立医院

日照市人民医院 其前身是日照县立医院,成立于1949年1月。1950年改称日照县卫生院,1957年改称日照县人民医院。1985年5月,改称日照市人民医院。

1989年,全院职工407人,开放床位320张,价值千元以上设备有100余台,固定资产462万元,建筑面积2.3万平方米。1994年12月,日照市人民医院被省卫生厅确定为三级乙等医院。1998年,与日照市中医医院布局调整,在新市区泰安路126号新建市人民医院。一期工程投资1.56亿元,建设2.8万平方米病房大楼、5.1万平方米职工住宅楼及2330平方米传染病房楼,于2002年完工。2002年5月,医院整体迁至新址。2003年,医院占地面积19公顷,其中工作区12.67公顷,生活区6.33公顷;医疗用房建筑面积4万平方米,开放床位769张;有在职正式职工816人,其中高级职称120人、中级职称257人,博士、硕士学位24人。是年,医院完成门诊诊疗32万人次,出院人数2.2万人次,各类手术7962人次。医院固定资产、医疗设备总值、业务总收入分别为16059万元、5038万元和13000万元。拥有GE螺旋CT、日立0.3T磁共振、1000mA数字胃肠机、ATL全数字化彩超、全自动生化分析仪等万元以上大型医疗设备300余台(套)。

2004年,医院被省教育厅、卫生厅评定为济宁医学院附属医院。医院2005年建设1.1万平方米保健病房楼。2007年建设2753平方米ECT加速器楼,2008年建设3106平方米2号门诊楼。2008年,医院通过教育部本科教学评估,建立潍坊医学院研究生培训基地、山东大学护理学院研究生培养基地;同年,规划新建外科病房楼(含门诊),设计建筑面积5.88万平方米。2011年10月,新建门诊病房大楼投入启用。2013年12月,通过省卫生厅验收,命名为三级甲等综合医院。

截至2013年年底,医院医疗区占地12.67公顷,建筑面积12.9万平方米,编制床位1399张。设101个科室。其中,临床科室50个,医技科室22个,行政职能科室29个。有在职职工2148人。其中,高级职称265人,中级职称514人,博士学位9人,硕士学位314人,享受国务院政府特殊津贴专家2人,日照"十大名医"9名,市级突出贡献专家(拔尖人才)10人,省级各学会常务委员以上30人。医院有妇科、神经外科2个省级医药卫生重点专业,市级重点专科14个。承办省级以上继续教育项目13项,国家级继续教育项目2项,其中超声诊断技术已运到国内领先水平,超声科承担全国胎儿心脏超声诊断继续医学教育项目培训工作。介入水平已达到省内领先,并承办脑血管病介入治疗国家级继续教育项目。

日照市中医医院 1999年1月18日,市中医医院在泰安路126号正式开诊运营,占地12万平方米,设有临床、医技、行政科室22个,开设床位240张,有职工120人。2002年5月28日,市中医医院与市人民医院整建制交换院址,西迁至日照市望海路35号,拆除旧房屋8000余平方米,改造病房楼11800平方米,建花园广场8500平方米。2003年1月,医院自筹资金6000万元,启动2.6万平方米的门诊综合大楼建设。2004年8月20日,大楼正式启用。至2007年年底,医院共有干部职工800人,内设行政、临床、护理、药剂、医技等58个科室,设有内、外、妇、儿、五官等专业共23个二级学科病区,拥有国家级重点专科建设项目1个、省级重点专科1个、市级重点专科7个,医疗业务房屋建筑面积3.7万平方米,开放床位700张,资产总额28269万元,形成融中医、西医、中西医结合三支骨干技术力量于一体的医疗服务队伍,年门诊量264672人次,收治住院病人19101人。2008年,医院病房楼改扩建项目被国家发展改革委和国家中医药管理局批准为2009年全国重点中医医院建设项目。2009年2月21日,病房楼改扩建项目奠基。2011年4月20日,新病房楼正式启用。5月,外科病房楼318张病床全部安装验收。2011年4月6日,医院被山东省卫生厅、山东省教育厅批准为山东中医药大学附属医院。2012年,医院被国家中医药管理局评定为"三级甲等中医医院"。至2013年年底,医院占地3.39公顷,业务用房8.9万平方米;编制床位1000张,开放床位1100张;在岗职工1330人,其中高级职称140人,硕士博士学位208人,国务院特殊津贴专家2人,国家级名老中医2人,全国名老中医药专家学术经验继承指导老师2人,省高层次优秀中医临床人才培养对象1人,市级"突出贡献"专家5人,市级名医4人;设临床、医技和行政职能科室74个,其中临床科室36个、医技科室14个、行政职能科室24个;拥有国家级重点专科脑病科和国家级重点专科建设单位肝病科2个,山东省首批中医药重点学科建设项目中医脑病学1个,省级重点专科建设单位骨伤科、肿瘤血液科和针灸推拿科等3个,市级重点专科与重点建设单位18个。2013年,医院完成门诊量49.9万人次、出院病人4.2万人次,手术8460例。截至2013年,医院承办省级以上继续教育项目9项,医院整体医疗水平与规模位居全省市级中医医院前列。

市级企业医院和民营医院

市级企业医院主要有日照港口医院、兖矿日照疗养院、济铁日照疗养院、日照运总医院等。

区县级重点公立医院

东港区人民医院　其前身是城关卫生院。1985年1月,城关卫生院被改建为日照县中医医院。同年5月,日照县中医医院改称为日照市中医医院。1993年5月东港区成立后,市政府将市中医医院整体划归东港区,建立日照市东港区人民医院。1998年1月,医院搬迁至望海路66号。2013年,医院占地14公顷,业务用房13.4万平方米,编制床位499张;设65个临床、医技科室,在职职工718人。

岚山区人民医院　由日照市第二人民医院更名而来。1992年3月,日照市高旺医院同汾水医院合并为一家医院,属市直医疗卫生单位。1993年10月,市政府将医院划归岚山办事处管理,并命名为日照市第二人民医院。2004年岚山设区后,加挂日照市岚山区人民医院牌子。2013年1月,医院加盟青岛大学医疗集团。同年12月,医院通过省二级甲等综合医院评审。2013年,医院占地面积4.7万平方米,建筑面积4.3万平方米,开放床位400张,设有23个临床科室、7个医技科室、15个病区、1个急救中心、10个行政职能科室、9个后勤保障科室及1个独立的社区卫生服务中心,有专业技术人员578人,承担着临沂市医学高等专科学校及日照卫校的教学科研任务。

莒县人民医院　前身为成立于1943年4月的莒中县利民医药合作社(药房)。1950年8月,医药合作社改称山东省沂水专区莒县卫生院。1956年9月,改称莒县人民医院至今。2000年后,莒县人民医院东莞分院、城阳分院、重点专科骨科医院、眼科医院、墩头分院、口腔医院、新华分院、城北分院、城西分院、刘官庄分院先后成立。2012年12月,医院本部有2个院区,占地10万平方米,建筑面积14万平方米,拥有百万元以上大型医疗设备40余台(套),固定资产3.2亿元。设临床医技科室79个,床位1200张,年门诊45万人次,出院6.6万人次,有干部职工1800人。2013年12月,医院通过二级甲等医院复审。

五莲县人民医院　始建于1950年5月。1993年7月通过省评审验收，获卫生部认可二级甲等医院。1994年9月，卫生部授予五莲县人民医院“爱婴医院”称号。至2013年年底，医院总建筑面积达到5.3万平方米，固定资产3.3亿元，开放床位750张，拥有职工750人，年完成门急诊24.6万人次、出院22656人次。

莒县中医医院　成立于1984年12月，1994年4月被国家中医药管理局确定为二级甲等中医医院。2002年9月，山东省中医药管理局将莒县中医医院列入省管中医医院。同月，山东省红十字会批准莒县中医医院为莒县红十字会医院。2005年3月，莒县中医医院被确定为山东省中医药大学教学医院。2011年3月，莒县中医医院东都分院更名为莒县中医医院东院区并开始运营。2013年12月，莒县中医医院通过国家中医药管理局三级甲等中医医院等级评审。

五莲县中医医院　1989年12月29日，五莲县中医医院成立。1990年建院，1992年1月开始接诊。截至2013年年底，该院共有正式职工211人，其中卫生技术人员180人，已发展成为一处集医疗、保健、科研、预防、急诊急救于一体的国家二级中医医院。设有临床、医技、行政后勤等23个科室，床位199张。

东港区中医医院　2004年8月，石臼街道卫生院改建为东港区中医医院，核定床位80张，改建后，兼挂石臼街道卫生院牌子。2007年，有职工105人，其中高级7人、中级46人。设临床科室14个，医技科室7个。开放床位40张。2013年9月，在海曲新城规划区新建东港区中医医院，是年年底，一期工程开工建设。

第二节　医疗队伍

市卫生局不断加强卫生专业技术人才引进和培养，创新新进人员考聘机制和在职人员继续教育培养模式，注重专家型人才的培养，努力打造合理的人才梯队。2013年年底，全市卫生系统共有博士学位12人，硕士学位731人，本科学历3898人。全市共有享受国务院政府特殊津贴专家5名，市级以上突出贡献中青年专家8名，先后评选“十大名医”“十佳护士”各两批共40名。

第三章　护　理

第一节　护理队伍

1989年后，全市加强护理队伍建设，护理队伍不断壮大，人才结构逐步优化。1993年3月，卫生部颁布《中华人民共和国护士管理办法》，规定对护士实行考试、注册、执业管理制度。至2003年，全市注册护士1873人，全市平均每千人护理人员数为0.67，占全市卫生专员技术人员总数的27.57%，平均床护比为

1∶0.35，远低于国家护理人员配备标准。2003年后，全市大力加强医疗体系建设，加快医疗机构发展和护理队伍建设，每年通过公开招聘等形式，大量引进护理专业人员。截至2013年年底，全市有各类医疗卫生机构589处，床位10096张，注册护士5163人，全市平均每千人护理人员数为1.83，平均床护比为1∶0.51，基本达到国家护理人员配备标准。2011年，市卫生局评选出首届全市十佳护士10人；2013年联合市科协评选表彰全市十大杰出护士10人、优秀护士20人。

第二节　护理技术

1989年，市内主要医院均能开展基本疾病的护理。随着各种新型医疗设备的引进，护理设备操作技术成为护理技术的重要内容，各级医疗机构不断创新护理技术，至2013年，全市护理队伍得到快速发展，护理技术水平得到明显提高。

第四章　母婴保健

第一节　妇幼保健机构

日照县妇幼保健站始建于1953年，1985年改称日照市妇幼保健站，1989年升格为地级市妇幼保健站，承担全市妇幼保健业务指导工作。1993年，莒县、五莲县妇幼保健站划归日照市业务指导。1994年，东港区、岚山办事处妇幼保健站成立。

1995年，市妇保站改称妇保院后，各区县也都陆续由站改院，并发展成为本辖区集母婴保健、临床医疗、健康咨询、优生指导为一体的母婴保健专科医疗机构，也是本区县新生儿疾病筛查中心。日照经济技术开发区、山海天旅游度假区和日照国际海洋城均无妇幼保健专业机构，开发区相关的妇保业务指导工作由市妇保院承担，山海天和海洋城的相关工作分别由其所辖两城镇中心卫生院和涛雒镇中心卫生院承担。

1989年，市妇保站有职工28人，主要负责妇幼保健系统化管理、妇女儿童疾病普查、计划生育技术指导和妇幼疾病诊治工作。2005年，市妇保院设置床位199张，实际使用建筑面积6000平方米，实际开放床位30张，有职工87人，当年门诊量14478人次。2013年，市妇保站实际开放床位数84张，有职工211人，全年门诊量106681人次。同时，市妇保院设立市新生儿疾病筛查中心、新生儿听力筛查中心和产前筛查中心。

第二节　妇女卫生保健与疾病防治

健康查体　1989年，日照市（不含莒县、五莲县）产妇总数13143人，其中住院分娩8016人，住院分娩率 60.99%。孕产妇死亡 5 人。1990 年，对全市 54972 名妇女和 10853 名儿童进行健康查体，对查出的 14007 名妇女病患者和 4528 名患儿做相应治疗。1991 年，市妇保站在高兴乡进行妇幼保健保偿责任制试点。对孕早期妇女建档，收取一定的保偿费用，实行孕产妇系统化保健管理。截至 2013 年年底，全市孕产妇系统化率达到 94.83%。

1992 年，市妇保院与市总工会联合对市直 137 个单位女职工进行健康查体，检查 2749 人，患病 1281 人，患病率为 46.6%。患病顺位为宫颈炎、附件炎、阴道炎、子宫肌瘤和乳腺增生。1993 年，市人民医院进行产科制度改革，取消婴儿室，实行母婴同室，通过创建爱婴医院全球标准验收，在全市被首先命名为国际爱婴医院。

1994 年，《山东省婚前健康检查管理办法》实施，日照市下发《关于开展婚前健康检查的通知》，要求从 4 月 15 日开展婚前健康检查工作。4 月，市直女职工保健工作会议召开，《关于对市直机关企事业单位女职工健康查体的通知》下发，各区（县）开展女职工保健和妇女病普查普治工作，全年共检查 8401 人，妇女常见病患病率 34.5%。2003 年 10 月 1 日，《婚姻登记条例》颁布实施，婚检自愿选择，2003 年婚检率由原来近 100%下降为 65%左右。2004 年婚检 313 人，婚检率仅为 0.58%。2005 年 3 月，市人民医院在全省率先成立母婴康乐园，系统开展了孕妇学校、导乐陪伴分娩、婴儿洗澡、婴儿游泳、抚触、产后访视、婴幼儿查体、0~3 岁早期教育等产前、产时、产后母婴系列服务。

2008 年 9 月，日照市印发《关于实行自愿免费婚检的实施方案》的通知，全市全面实行免费婚检，当年婚检 4443 人，婚检率上升至 11.1%，患病 196 人。2013 年，全市婚检 34632 人，患病 1449 人，婚检率提高到 79.71%。

妇女保健　1995 年《中华人民共和国母婴保健法》颁布实施，1996 年市妇保院组织全市母婴保健法研讨班，学习贯彻《中华人民共和国母婴保健法》及配套法规，贯彻《日照市妇幼保健保偿管理暂行办法》，以实施妇幼保健保偿责任制为中心，进一步做好妇幼保健工作。1997 年，全市有接生能力的医院全部创建为爱婴医院，年底全市创建爱婴市通过省卫生厅验收。是年，市妇联、市卫生局联合转发东港区《关于充分发挥基层妇女组织作用普及妇幼保健科学知识的意见》，对“由村妇代会主任在系统培训的基础上，担任村级妇幼保健宣传员”的做法进行推广。2000 年，全市妇幼卫生工作会议在东港区召开，推广东港区健全村级妇幼保健网络的做法。2001 年，全省妇幼保健院长座谈会在日照召开，日照市作妇幼保健保偿工作典型发言。2002 年，批准在莒县妇幼保健院设立莒县妇女围产期保健中心和莒县儿童出生缺陷监测中心。2003 年 3 月，东港区人民医院经市卫生局批准，成立日照市乳腺病诊疗中心；设立日照市乳腺病诊疗技术推广中心。

2007 年 7 月，在市妇保院成立日照市产前筛查中心，启动产前筛查。2009 年，全市开展农村妇女补服叶酸、住院分娩补助和阻断艾滋病、梅毒、乙肝母婴传播工作，并纳入重大公共卫生妇幼项目管理。

2010 年，孕产妇及 5 岁以下儿童死亡率纳入市政府工作考核。2012 年 9 月，在市妇保院成立日照市产前筛查诊断中心。2012 年，全市产筛 3233 例，筛查高风险孕妇转诊进行产前诊断 31 例，确诊 21-三体 1 例。截至 2013 年年底，全市共进行产前筛查 14276 例，产前诊断 91 例，确诊 1 例。2013 年，日照市产前筛查诊断中心通过省验收。2013 年，全市产妇总数 26883 人，其中住院分娩率 100%，孕产妇死亡 3 人。

第三节　儿童卫生保健与疾病防治

1986年4月，市妇幼保健站设立儿童保健室，开展儿童保健咨询，指导督促托儿所、幼儿园落实卫生部颁发的《托儿所、幼儿园卫生保健制度》。1989年，各县妇幼保健站与县妇联、教育等有关部门配合，分期分批对托幼教师进行儿童保健知识和科学育儿知识培训，累计550人次。1991年4月16日，省卫生厅转发卫生部《全国儿童急性呼吸道感染防治规划》，日照市作为新增试点市开展该项防治工作。当年，市妇幼保健站在高兴、河山2个乡镇培训乡村医生107名，积极开展儿童呼吸道感染防治，推广实行卫生部和世界卫生组织规定的标准病例管理。1993年，全市开展儿童生长发育监测，推行4∶2∶1查体制度（1周岁以内儿童每年查体4次，1~3岁内儿童每年查体2次，3岁以上儿童每年查体1次），实行儿童系统保健管理，同时对筛查出的体弱儿童进行重点监测。2011年，市人民医院在儿科成立儿童保健门诊，除进行常规儿童查体及小儿四病防治外，重点开展小儿神经精神发育行为评估及骨密度监测工作，同时开展儿童保健常规项目和矮小、性早熟、性发育不良系统检查治疗；开展0~18岁心理、智力评估测验、气质人格测验，多动症、抽动症、自闭症诊断干预和0~14岁智力诊断性测试。2012年，市人民医院开展体格发育评估、小儿喂养、营养及早期教育训练专业化指导；开展小儿语言评估；开展儿童单纯肥胖症的诊断、治疗及干预。

托幼机构卫生保健工作　1995年，日照市转发《托儿所幼儿园卫生保健管理办法》，要求建立健全托幼园所卫生保健制度，做好儿童4∶2∶1体检工作。同年8月按照《市管单位妇幼保健保偿管理办法》对收取儿童保健保偿金开展儿童保健保偿服务。至1998年年底，妇幼保健保偿覆盖率达到81%。1996年，市妇幼保健院开展托幼园儿童入园和工作人员的健康查体，建立儿童健康档案，推行小儿急性呼吸道感染（ARI）标准病历管理，并重点做好托幼园所工作人员健康查体工作，颁发卫生部统一监测的健康证明，做到持证上岗。这是全市首次开展此项工作，当年市直单位托幼园所保教人员共查体188人。1998年，市区学校和托幼机构卫生保健工作专题会议召开，规范托幼园所卫生保健。2000年4月，根据《日照市托幼工作管理规范》，东港区召开对市直和国家、省属驻日照有关单位托幼机构卫生保健工作进行全面检查。

新生儿疾病筛查　1999年，日照市新生儿疾病筛查中心在市妇幼保健院成立，启动全市新生儿先天性甲状腺功能低下症和苯丙酮尿症“两病”筛查工作。2001年12月，市妇保院日照市新生儿疾病筛查中心通过省级评审验收。2006年，日照市对开展新筛工作确诊的100例新生儿“两病”患儿全部建立档案并免费投药进行跟踪治疗。2011年9月，日照市下发《关于印发〈日照市新生儿疾病筛查工作实施方案〉的通知》，新生儿疾病筛查增加“先天性肾上腺皮质增生症”和“葡萄糖6-磷酸脱氢酶缺乏症”2种疾病，达到4项。

2003年8月，日照市新生儿听力筛查中心在市妇保院成立。2004年1月，全市新生儿听力筛查工作启动，是年，全市听力筛查20355例，初筛可疑阳性检出率10.37%，但二次复查率29.34%。2010年，市、区（县）两级新生儿听力复筛率达到85%。2013年，全市共完成听筛28834例，筛查率达到99.00%；初筛检出可疑阳性721例，检出率为2.5%；共复筛365例，复筛率为50.62%；复筛听力异常186例，异常率为0.65%。

第五章　基层卫生

1989年后，日照市高度重视基层卫生工作，切实加强基层卫生机构建设，全面提升基层卫生服务能力。2005年，全市实现新型农村合作医疗（简称新农合，下同）全覆盖，农民参合率达到99.99%。在全省率先启动新农合重大疾病医疗保险工作，重大疾病新农合最高补偿可达到30万元。全市累计筹集资金26.88亿元，报销26.46亿元，受益人口4458.77万人次，报销万元以上的2.35万人次。至2013年年底，全市建立社区卫生服务中心10个，社区卫生服务站44处，覆盖人口61.11万人。2处社区卫生服务机构被创建为“全国示范社区卫生服务中心”。日照市先后投资3456万元，加强乡镇卫生院等农村基层卫生服务网络建设，整修业务用房43087平方米；投资6564万元，扶持960个村卫生室建设业务用房10.7万平方米，提升了全市村卫生室服务能力。

第一节　社区卫生

1997年5月15日，中共中央、国务院下发《关于卫生改革与发展的决定》，提出“改革卫生服务体系，积极发展社区卫生服务”，逐步形成功能合理、方便群众的卫生服务网络。为开展社区卫生服务，省市先后下发有关文件。2000年8月25日，市政府下发《关于发展城市社区卫生服务事业的实施意见》，明确发展社区卫生服务的一系列配套政策。2001年5月，省卫生厅下发《山东省城市社区卫生服务中心（站）管理办法（试行）》。2003年7月，日照市制定下发《日照市城市社区卫生服务站考核标准（暂行）》和《日照市城市社区卫生服务站建设基本标准（暂行）》，对社区卫生机构建设、管理、考核提供了依据。本年，城建区内，经市卫生局审批建立6个社区卫生服务站。

2004年，日照市人民医院在原来市直生活一区门诊部基础上成立泰安路社区卫生服务站，是全市成立最早、功能最齐全的社区卫生服务站。2005年11月，下发《关于印发〈日照市城市社区卫生服务中心和服务站基本标准〉的通知》，要求社区卫生服务机构建设要与社区建设同步进行，每个社区设置一个社区卫生服务站，每个街道设置一个社区卫生服务中心。新申请的社区卫生机构先由区县卫生局按此标准进行初审，再报市卫生局审批。2006年，在总结试点经验的基础上，提出“扩大试点、提高覆盖率、完善功能、科学管理”的工作思路，制定下发《关于发展城市社区卫生服务事业的实施意见》，提出到2010年在市区和县城建立起比较完善的社区卫生服务体系。至2008年，全市社区卫生服务人口覆盖率达到80%以上。

2012年3月，日照市下发《日照市基本公共卫生服务项目绩效考核方案》，将考核结果与补助资金相挂钩，促使基本卫生服务机构加强财务管理，提高补助资金使用效益。6月4日，印发《日照市家庭医生式服务工作方案》，规范了家庭医生式服务模式。至2013年年底，共签约社区家庭3.53万个，服务人口10.55万人。2009—2012年，总投资1495万元，先后完成秦楼街道、日照街道、石臼街道、岚山头街道4处社区卫生服务中心业务用房的改扩建，新增业务用房1.36万平方米。2013年9月2日，东港区秦楼街道社区服务中心被国家卫生和计划生育委员会确定为2013年全国示范社区卫生服务中心。

至2013年9月,全市共有社区卫生服务机构54个。其中,东港区28个,含社区服务中心3个;岚山区10个,含社区服务中心2个;莒县9个,含社区卫生服务中心1个;五莲3个,含社区卫生服务中心2个;开发区4个,含社区卫生服务中心2个。共创建全省星级社区卫生服务站1个,国家示范社区卫生服务中心1个。全市社区服务人口为61.11万人,社区卫生服务机构从业人员983人,其中正式编制579人。全市社区居民累计建档38.67万份,建档率达63.28%,规范化电子档案21.61万份,规范化电子建档率达35.36%;共举办健康讲座243次,接受健康教育4.8万人次;对3.33万名0~6岁儿童、3842名孕妇、23847名老年人、19007名高血压患者和4810名糖尿病患者进行健康管理,对706名重性精神病患者纳入管理。全市社区卫生服务机构完成门急诊321606人次。

第二节　农村卫生

农村卫生机构　日照市农村卫生机构主要是乡镇卫生院(所)和农村卫生室。

至2013年,全市一体化乡镇卫生院、村卫生室覆盖所有乡镇、行政村,累计下派1万名医师,培训农村卫生人员20万人次。

新型农村合作医疗　2002年10月,日照市贯彻《中共中央、国务院关于进一步加强农村卫生工作的决定》,逐步建立以大病统筹为主的新型农村合作医疗制度,要求至2010年新型农村合作医疗制度要基本覆盖农村居民。2003年3月,五莲县被省政府确定为省级首批新型农村合作医疗试点县,同年7月开始启动试点,建立新型农村合作医疗制度。同年8月,选择东港区、莒县为2004年省级新型农村合作医疗试点备选县区。2004年4月,东港区被省政府确定为新型农村合作医疗省级试点区,7月正式启动。是年11月27日,莒县被山东省人民政府列为2005年省级新型农村合作医疗试点县,2005年7月正式启动。2006年7月,《莒县新型农村合作医疗管理办法(试行)》开始实施。2007年2月,市卫生局成立日照市新型农村合作医疗专家技术指导组,对全市新农合工作给予技术指导。

2008年5月,日照市印发《关于进一步完善新型农村合作医疗制度的意见》,要求从2008年开始各级政府对参合农民的补助标准为人均60元,农民个人筹资仍为10元,筹资总额达到人均70元;2009年各级政府对参合农民的补助标准达到人均80元,农民个人筹资达到20元,筹资总额达到人均100元。同年8月,市卫生局印发《关于公布日照市市级新型农村合作医疗定点医疗机构名单的通知》,确定日照市人民医院等6家医疗机构为日照市市级新型农村合作医疗定点医疗机构。

2009年1月,日照市将2010年新农合筹资水平提高到每人每年120元。其中省财政对本市参合农民每人每年补助45元,市财政对各区县按一定比例给予补助,农民个人缴费每人20元。同年,在全市范围内实现统一取消市内转诊,统一药品报销和诊疗目录,统一报销起伏线、封顶线和报销比例,统一门诊和住院统筹分配比例。在全市建立起新的管理运行机制,全市57所乡镇卫生院、1493个村卫生室均被确定为定点医疗机构,基本实现参合农民小病不出村、就近能诊治的目标。是年12月,市卫生局等部门将2011年新农合筹资水平提高到每人每年150元,其中农民个人缴费人均30元,其余由各级财政按一定比例给予补助。

2011年,各级财政对参合农民的补助标准提高到每人每年200元,个人缴费标准提高到每人每年50

元,人均筹资额达到 250 元;新农合住院补偿最高支付限额提高到 8 万元,达到农民人均纯收入 10 倍以上。将农村 0~14 周岁(含 14 周岁)儿童先天性房间隔缺损、儿童急性淋巴细胞白血病等儿童型疾病纳入重大疾病保障范围,将重性精神疾病、乳腺癌、宫颈癌、终末期肾病血友病等重大疾病纳入试点范围,重大疾病住院费用新农合补偿比例确保达到 70%。

2012 年,全市参合农民补助标准提高到每人每年 240 元,个人缴费标准 60 元,新农合住院补偿最高支付限额提高到 15 万元。6 月,将 0~14 周岁手足口病重症患儿纳入重大疾病补偿范围。11 月,将儿童白血病、先天性心脏病等 20 类重大疾病纳入新农合大病保险补偿。是年,共为 8897 人次农村重大疾病患者补偿医疗费用 6028.18 万元。12 月,省卫生厅公布岚山区、莒县为省级新农合支付方式改革示范县。是年,全市加强异地就医结报建设,有 6 处市级定点医疗机构实现即时结报,5 个区县与 5 处省级定点医疗机构签订省级即时结报协议;对全市 1600 余处定点医疗机构实行新农合诚信等级评价管理。

2013 年 1 月,日照市在全省率先启动新农合重大疾病医疗保险工作。20 类重大疾病医疗费用经新农合报销后,新农合大病保险再给予补偿,两项合并起来,重大疾病患者新农合及大病保险年度最高可补偿 30 万元。是年,全市筹资标准为每人每年 350 元。其中,个人缴费为 70 元,各级财政补助提高到 280 元。当年累计住院补偿封顶线统一提高到 15 万元。各区县积极开展支付方式改革、强化新农合基金管理。是年,全市新农合基金使用率达 91.49%。至 2013 年年底,累计筹集资金 26.88 亿元,报销 26.46 亿元,受益人口 4458.77 万人次,报销万元以上的农民达 2.35 万人次。

农村卫生基础建设　1989 年,全市重点加强乡镇卫生院、农村卫生室建设,增添设备,提升农村卫生服务水平。1990 年,日照市南湖、三庄、两城、黄墩、巨峰、碑廓等乡镇卫生院相继被省卫生厅确定为中心卫生院。2005 年 12 月,全市 13 所乡镇卫生院获取扶持资金进行改貌和购买设备,次年 10 月全部完成并投入使用。2006 年 12 月,全市共有 13 所乡镇卫生院由省、市、县共同进行整修改造,2007 年 11 月项目全部完成并投入使用。2008 年 10 月,市政府办公室下发《转发市卫生局、市财政局关于加快提升村卫生室服务能力的意见的通知》,决定利用 4 年时间,重点扶持 960 处村卫生室业务用房整修改造和设备配备项目。2010 年,全市村卫生室服务能力提升项目全部提前完成,共建设业务用房 10.7 万平方米,总投资 6564 万元。此后三年,日照市累计筹集资金 6800 万元用于全市乡镇卫生院、农村卫生室的建改扩,使全市乡镇卫生院、村卫生室基本达到一体化标准。

农村卫生管理　1990 年 7 月,日照市决定在全市农村实施人人享有卫生保健,要求各级把初级卫生保健工作纳入当地经济和社会发展规划并作为政府任期目标的重要内容。2012 年 1 月,《关于调整村卫生室一般诊疗费标准的通知》下发,确定村卫生室一般诊疗费不再按服务项目进行分解,统一调整为最高不超过 6 元/人次,其中个人支付不超过 1 元/人次,其余部分由新农合基金支付。2013 年,《省卫生厅转发国家卫生和计划生育委员会办公厅关于开展乡村医生签约服务试点的指导意见的通知的通知》转发,各区(县)加快工作进度。至年底,全市村卫生室签约率 92.85%。

乡村医生管理　1995 年,全市加强村卫生室的内涵建设,完善六项制度,对 3876 名乡医进行审核注册登记,对 5526 名乡医进行资格考试。1997 年,东港区对村卫生室全面推行“三制”(乡医实行聘任制、工资制、养老保险制)、“五统一”(行政、业务、人员、财务、药品)。1998 年,省卫生厅关于印发《山东省乡村医生职称评定工作意见》,日照市对全市 2090 名乡村医生进行职称评定。2011 年 11 月 2 日,日照市下发《关于贯彻鲁政办发〔2011〕53 号文件进一步加强乡村医生队伍建设的通知》,对加强乡村医生队伍管理、完善乡村医生补偿和养老政策以及村卫生室建设多渠道补偿机制、积极解决乡村医生的养老等问题作出规定。是年，东港区印发《东港区乡村医生社会养老保险暂行办法》，先行试点，逐步在全区推行。2012 年 2 月，省卫生厅印发《关于转发〈东港区乡村医生社会养老保险暂行办法〉的通知》，在全省范围号召学习东港区的做法，建立起乡村医生养老保险制度；9 月 20 日，下发《关于印发 2012 年日照市乡村医生医改专题培训实施方案的通知》，采取集中理论教学和实践技能培训的方式，对全市注册乡村医生进行国家基本公共卫生服务规范和公共卫生技能、基本药物制度政策、农村合理用药等方面进行培训。

2013 年 3 月，省卫生厅下发《关于转发莒县乡村医生社会养老保险暂行办法的通知》。东港区卫生局在全省农村卫生和新农合工作会议上交流了乡村医生社会养老保险经验。

至 2013 年年底，全市共有在岗乡村医生 4412 人，为 2413 名乡村医生办理养老保险，有 556 名 60 周岁以上的乡村医生按月领取养老金，并有 311 名乡村医生按照新机制进入乡村医生队伍。

第四十编　体　育

1990年3月，日照市提出体育工作"一年打基础，三年见成效，五年大发展，十年全面振兴"的奋斗目标。此后，日照市广泛开展群众体育活动，利用每年节日举办各种类型的职工体育比赛。1994年4月，日照市下发《关于大力加强体育工作的决定》，调整体育项目布局，加快体育队伍建设，夯实群众体育基础，突出竞技体育，走"超常规、跳跃式"发展的新路子。1995年后，群众体育工作重点转到全民健身活动上来。至2013年，全市有体育场地152处（不包括全民健身工程），传统项目学校66所，业余体校4所。日照市连续举办6届全市农民运动会、6届市级社区运动会。全市老年健身活动站点发展到1056个，面积达242105平方米，其中门球场110个。全市经常参加锻炼的老年人34.6万人，占老年人口数的70%。2002年后，日照市先后承办2005年欧洲级、2006年470级世帆赛、2007年中国水上运动会、2010年中国水上运动会和2013年激光级世帆赛等重大体育赛事活动，连续11年被国家体育总局表彰为群众体育先进单位。2006年，朱华丽夺得女子米氏级帆板世界锦标赛冠军，成为日照市首个世界冠军。2008年，残疾人运动员高长龙在第二十九届北京残奥会上，取得男子标枪铜牌。

2010年11月在第十六届亚运会上，日照市参赛运动员王宁获得帆板女子米氏级第一名，蔡丽萍获女子470级帆船第二名；2011年，日照市运动员朱华丽在澳大利亚墨尔本帆船世界杯比赛中勇夺RS:X级帆板冠军；2013年，在第十二届全国运动会上，日照有15名运动员代表山东省参赛，共获得3枚金牌、5枚银牌、1枚铜牌。

第一章　体育设施

第一节　陆地体育场馆

场馆概况　1989年，全市有陆地运动场43个；有400米炉渣跑道1处，300米沙土跑道10处；篮球场220个，其中灯光篮球场2个；足球场1个；排球场48个；海水浴场1个；门球场5个；羽毛球场2个；体操房1个；乒乓球室208个。

1992年后，市及各区县不断加大投入，加快体育场、室建设，全市建设一批区县体育场和遍及机关、工厂、学校及企业、事业单位的篮球场、足球场、门球场、网球场、羽毛球场、乒乓球室等基层体育场所，同时陆续建设一批大型体育场地。

至2013年,全市各系统、各行业、各种所有制形式的各类体育场地发展到3327个,总占地面积1447万平方米,建筑面积42万平方米,场地面积679.03万平方米。其中,登山步道、城市健身步道20处,全民健身路径811处,户外活动营地1处。全市所有类型体育场地累计投资金额27.92亿元,人均场地面积2.38平方米。

全市2495个体育场地中,室外篮球场有1030个,占全市体育场地总数的41.28%;室外乒乓球场有674个,占27.01%;小运动场有146个,占5.85%;排球场有54个,占2.16%;羽毛球场有48个,占1.92%;室外门球场有45个,占1.8%;室外网球场有30个,占1.2%。

场地分布　全市2495个体育场地中,教育系统1068个,占全市体育场地总数的42.81%;体育系统18个,占0.72%;其他系统1409个,占56.48%。从场地面积上看,教育系统占总量的39.69%;其他系统占60.31%。

按照隶属关系分类,拥有体育场地最多的是社区(村),有944个,占全市体育场地数量的37.84%;街道(乡镇)有618个,占24.77%;县(市)一级有场地386个,占15.47%。

全市47%的体育场地管理单位为事业单位,4%的场地为行政机关,6%的场地为企业所有,其余43%为乡镇(街道)、居民(村)、私人场地。

2001年前,各类体育场地数量变化不大。从2001年开始,全市各类型体育场地数量逐年递增,增长速度呈直线上升趋势。2006—2010年,体育场地数量同比增长205%。2011年后,新建体育场地数量趋于平稳,增长量与上一个五年周期基本持平。

第二节　海上运动场地

海水浴场

1985年,在石臼建成第一海水浴场,位于上海路东段北侧。2014年,因港口扩建被填平。1992年,在石臼建立第二海水浴场——万平口海水浴场。

1994年,在秦楼街道王家皂村东沿海建成第三海水浴场。同年,在大沙洼林场建成国家海滨森林公园海水浴场。

2003—2007年,使用两城镇王家滩万宝海水浴场、董家滩金沙滩海水浴场、北苗家村太公岛海水浴场先后建成。全市共建成海水浴场6个,面积139万平方米。

奥林匹克水上公园

日照奥林匹克水上公园总面积920万平方米,是日照市建成区面积的1/6,2006年获得由“第二届中国国际建筑艺术双年展”专辑编委会颁发的景观规划设计一等奖。

奥林匹克公园原为一个天然潟湖,是与城市紧密相连的黄金海岸。日照历届市委、市政府对该区域采取严格的保护措施,避免低水平的开发建设。为迎接两届世帆赛和2007年中国水上运动会的举行,市委、市政府委托中国城市规划设计研究院对该区域进行反复论证,在综合考虑生态、人文、经济契合的基础上,确定水上公园开发建设的原则是:突出“生态水运”理念,认真落实“三高”要求,充分发挥日照“蓝天、碧海、金沙滩”的生态优势和“山、海、城”浑然一体、人与自然和谐共处的城市特点,做足做活水上运动文章,将日照建设成为集水上运动、体育科研、休闲娱乐、旅游观光为一体的“水上运动之都”。

奥林匹克公园分为四个部分,自南至北分别为灯塔广场、世帆赛基地、万平口生态广场、水上运动基地。

灯塔广场　灯塔广场东临黄海,南邻日照港,西至日照港铁路专线,北连万平口海滨公园及日照国际帆船比赛基地,总面积约48.9公顷。灯塔广场原为石油储罐区,曾多次列入计划改造项目。2004年,开始进行大规模的改造。规划总体布局分为四个部分:广场、海滨休闲区、公寓区和居住区。广场和海滨休闲区以原有灯塔为中心,以海滨礁石群为起点,充分利用原有的地势高差,营造丰富的绿地景观小品,形成开阔的海滨休闲广场。公寓区紧邻滨海休闲区,配套设计了阳光娱乐中心和服务设施,整个广场总建筑面积约46.48万平方米。

世帆赛基地　位于万平口海域,占地面积1.2平方千米。港池面积40万平方米,分为浅水区、深水区、特深水区。主要设施有浮动码头6条,停船泊位320个,帆船竞赛上下坡水道150米,出海口100米,挡沙堤450米,防浪堤450米。陆域面积80万平方米,主要设施有帆船俱乐部7340平方米,水上控制中心6500平方米,艇库丈量室2600平方米,停船广场2.5万平方米,集装箱停放区1.5万平方米,室外运动场2处;帆船景观雕塑3处,休闲栈道3000平方米,生态园林35万平方米。基地还配备建有组委会办公场所、新闻发布中心等辅助设施。

世帆赛基地是日照市为承办2005年欧洲级、2006国际470级世界帆船锦标赛而建设的基地设施,整个工程总投资约1.9亿元。西岸三座建筑是帆赛基地最主要的建筑。位于北部的帆船俱乐部,呈现自由蜿蜒的平面与游轮般的形体;中部水上控制中心的设计理念源自风帆的意象;位于南端的船库丈量室通过张拉膜结构围合成一个半圆的空间,为大型集会提供良好的场地。

万平口生态广场　万平口生态广场占地40万平方米,突出生态和海洋主题。总体布局以海曲东路和原沿海路为景观主、辅轴线,分别形成以生态和海洋为主题的标志性景观空间。其余场地则以绿化为主,注重物种多样性,形成整体生态背景,以灵活的方式穿插功能性小建筑,达到人与自然的和谐共存。

1998年后,广场先后引进20余家大客户、财团参与工程建设,共吸收社会资金1亿多元,进行道路、水、电、通信等旅游基础设施建设,至2013年,广场已建成海鲜城、泳地、酒家、停车场、综合服务楼等12万平方米的服务设施。在继续抓好海滨松林为主的生态旅游带建设的同时,向北延伸,面积扩大到20平方千米,重点恢复(姜)太公祠、太公钓鱼台等历史遗迹,新建“海边花园”“陆上龙宫”等一系列自然、人文景观,引进旅游飞机、民俗风情船、水上三轮车、摩托艇等项目,方便人们赶海、垂钓、健身、娱乐。

水上运动基地　水上运动基地坐落在万平口海滨生态广场,总面积532万平方米。其中,绿化面积120万平方米,城市湿地面积40万平方米,建筑面积1.57万平方米,水域面积160万平方米。基地能够承办帆船、赛艇、滑水、激流回旋等8个大项、123个小项的全部赛事,是集水上运动、旅游休闲、群众健身于一体的市政园林综合性工程。工程总投资9.6亿元,于2005年7月5日开工,2007年8月27日竣工验收备案。基地建成后,承办中国首届水上运动会,并被中央电视台体育频道确定为外景拍摄基地。主要工程项目有潟湖(比赛水道、训练水道)、码头、环路、船库、综合楼、激流回旋、群众性水上运动广场等。

日照游泳馆

日照游泳馆位于青岛路奥林匹克水上公园,2010 年 8 月 9 日竣工启用,是 2010 年中国水运会比赛场馆之一。日照游泳馆工程是按照世界锦标赛比赛标准建设的甲级体育建筑。地上二层,地下一层。游泳馆占地 10 万平方米,主体建筑面积 3.1 万平方米,投资 3 亿元。建有游泳馆、跳水馆、训练馆、戏水馆四个部分和室外游泳池、跳水池、广场等设施,设有 3500 个座席。日照游泳馆不仅能满足各级重大比赛要求,还能满足全民健身、群众体育及水上健身娱乐等需要。同时,游泳馆是一座设备设施高度智能化的绿色建筑,在国内大型场馆中首次使用变频调速技术,实现恒温恒湿。此外采用照明、空调等智能控制系统,在各个环节广泛使用太阳能利用技术。

日照游泳馆是一处全民综合健身中心,依托良好的场馆条件,将健身类、休闲类、对抗类活动完美融合,划分为游泳中心、健身中心、乒羽中心、休闲中心、娱乐中心、室外篮球网球中心六大中心。游泳馆设有高尔夫训练室、动感单车室、有氧操室、桑拿汗蒸室、瑜伽室、舞蹈室、休闲娱乐室等七型房间,包含水中健身运动区、儿童水上乐园区、力量训练区、有氧器械区、有氧运动区、室外篮球网球区、体测区、休闲区、健康餐饮区等九大区域。中心开设各种有氧健身操、肚皮舞、瑜伽、爵士舞、普拉提、民族舞、形体芭蕾、网球培训等课程。

第三节　创建“水上运动之都”

2004 年,日照市依托得天独厚的自然环境和水上运动条件,提出建设“水上运动之都”的构想。日照市已规划建设国际水上运动训练基地,具备大部分水上运动项目的竞赛设施条件,可以满足国际、国内重大水上运动赛事的需要,被批准为“国家水上运动训练基地”和 2008 年奥运会帆船帆板指定训练场地,列入第十一届全国运动会水上比赛场地。

2002 年 8 月 30 日,日照市从 5 个申办的国际都市中中选,获得 2005 年国际欧洲级帆船世界锦标赛的承办权。2002 年,日照市承办山东省全民健身月活动启动仪式;相继申办 2005 年国际欧洲级、2006 年国际 470 级帆船世界锦标赛。

2004 年、2005 年,按照“政府推动、社会参与、市场运作”的思路,先后承办 2004 年全国帆船锦标赛、2005 年国际欧洲级帆船世界锦标赛、世界帆板精英赛等 40 余项重大体育赛事活动。

2005 年年初,日照市提出承办 2007 年首届中国水上运动会的申请。从正式申办开始,经过艰苦细致的努力,用 63 天的时间获得国家体育总局《关于 2007 年在日照举办首届中国水上运动会的批复》。

2007 年,“中国航海第一人”翟墨驾驶“日照”号单人无动力帆船从日照出发,历时 953 天,于 2009 年 8 月 16 日回到日照,完成环球航行的壮举。

2010 年 8 月 28 日晚,2010 年中国水上运动会开幕在日照奥林匹克水上公园,全国人大常委会原副委员长曹志出席开幕式,来自全国各省、自治区、直辖市和香港特区的 32 个代表团、7706 人参会。

第二章　群众体育

第一节　职工体育

1989年后，随着经济发展和人民物质生活水平的不断提高，全市职工体育活动越来越丰富，篮球、乒乓球、门球、台球、太极拳、健身操、象棋、钓鱼等活动蓬勃开展。每年结合元旦、五一、七一、国庆节等节日以及迎亚运、申奥运等重要时间节点，全市积极举办各种类型的职工体育赛事活动。市通信、财政、金融、电力、教育等系统职工运动会形成惯例。区（县）职工体育发展较快。1993年始，各区县每年春季举办职工乒乓球比赛和庆“三八”妇女节跳绳和秧歌、健身操、健身球等比赛。

2006年11月，日照市银行业协会举办第一届职工乒乓球比赛。2007年5月，日照市第一届机关运动会在曲师大日照校区举行。2011—2013年，连续三年举办日照市全民健身月启动仪式暨区直机关运动会，每届均有60多个部门报名参赛，参赛运动员1300余名。

2012年6月，市体育局举办日照市第九套广播体操比赛。10月，全市地税系统第四届职工运动会在日照职业技术学院体育场举行，此后3年一次。11月，市直教育系统隆重举办第四届职工篮球比赛。

2013年4月，日照市举办为期3天的庆“五一”职工羽毛球比赛。5月，莒县举行第三届全民健身活动月启动仪式暨第三届全县机关职工运动会。

第二节　农民体育

1989年后，在每年农闲季节及元旦、春节或其他重大节日，日照市举办群众喜闻乐见的秧歌、旱船、舞狮等传统性、地方性体育活动。沿海地区，在具有地方传统特色的农历六月十三渔民节中，处于伏休期的渔民以开展多种多样的渔村健身运动会为主要欢庆方式，进行沙滩摔跤、沙地自行车等比赛。

1990年1月，日照市农民体育协会成立，协会办公室设在市农委，具体负责组织各种形式的农民体育活动。

2002年开始，全市以举办农民运动会为载体，积极开展农民体育活动。至2013年，日照市举办6届全市农民运动会。各区县也结合实际，举办本区域内的农民运动会。

2003年10月，山东省第五届农民运动会在山东省体育学院日照校区举行，比赛设置了田径和乒乓球项目。日照市具体承办并组队参加运动会。

2010年6月，日照市第五届农民运动会举行。本次运动会历时2天，来自全市32支代表队的700余名运动员参加比赛。比赛共设挑粮食赛跑、推轮胎赛跑、三人制篮球、乒乓球、放牛棋、扁担拔河、女子健美操、集体跳绳等10个项目。

2012年8月，日照市第六届农民运动会在五莲县举行，来自全市的26支代表队、近400名运动员参加比赛。运动会设庆丰年抢收忙、原地抛掷秧苗、扁担拔河、跳出龙门闯世界、抗洪抢险保家园、集体跳绳、健身气功、篮球、放牛棋、乒乓球10个项目。

第三节　老年体育

1991年，日照市老年人体育协会成立。至2013年，日照市及各区（县）、乡镇和80%的村居成立老年体协组织，形成完善的市、区县、乡镇、农村四级组织网络。85%的市直单位成立老年体协组织，全市实现老年体育工作有人办事和有组织管事的局面。

各级老年体协积极发挥作用，坚持开展体育活动。至2013年年底，经常参加锻炼的老年人34.6万人，占老年人口数的70%。全市有老年健身活动站点1056个，总面积242105平方米，其中门球场110个。全市各类老年体育裁判员398人，其中一级38人、二级360人；各类老年体育教练员1144人，其中一级59人、二级1085人。

活动项目　市内老年体育、健身项目有门球、地掷球、台球、健身球、乒乓球、太极拳剑、钓鱼、健身秧歌、健身腰鼓、健身气功、扇子舞、竹板舞、广场舞、腰鼓、慢跑、散步、自行车和棋牌类等。

项目比赛　在积极参加省级赛事的同时，至2013年年底，日照市已举办全市老年人门球赛24届、台球赛18届、乒乓球赛5届、健身球赛2届、健身秧歌赛3届、中国象棋赛8届，举办大型健身项目展示表演活动70余次，特别是每年举办的“九九”老年节健身展演活动，展现了日照老年人健康文明、奋发向上的精神风貌。

1997年、2013年，日照市老年人体育协会分别被表彰为山东省老年人体育工作先进单位。1998年，日照市老年人体育协会办公室被市政府授予老龄工作先进单位称号。

老年人运动会　2009年、2013年，日照市先后举办两届老年人运动会，运动会的主题口号为“关爱老人，共享健康”。2009年，日照市首届老年人运动会共设门球、台球、乒乓球、象棋、太极拳剑、健身秧歌、健身球、柔力球8个大项的比赛项目，共有16个代表团、2000余名运动员参赛。2013年，日照市第二届老年人运动会设门球、台球、乒乓球、象棋、太极拳剑、健身秧歌、健身球操、太极柔力球、地掷球、钓鱼10个大项25个小项的比赛项目，18个代表团、28个单位3000多人参赛。

第四节　残疾人体育

1993年，日照市在市民政局设立市残疾人联合会办公室；1997年，市残联升格为正处级事业单位并独立办公。其间，全市各级残联组织始终坚持将残疾人体育工作作为残疾人工作的重中之重，不断加大投入，培养残疾人运动员，大力开展残疾人体育运动。至2013年，日照市先后组织召开了五届全市残疾人运动会，并组团参加山东省第六、七、八、九届残疾人运动会。在全省残运会上，日照市共获得56枚金牌、21枚银牌、41枚铜牌和4次团体体育道德风尚奖。

同时，日照市组织运动员积极参加各类国际锦标赛及残奥会，共获得23枚奖牌。

第五节　群众运动团体

1989 年 12 月，日照市围棋协会成立。1990 年，日照市武术学会成立。1996 年 9 月，日照市体育总会成立，为全额预算管理的处级单位，负责体育社团和单项运动协会的组织协调工作，指导社会团体开展体育活动。

1997 年，日照市信鸽协会成立。2002 年，日照市青少年体育俱乐部成立。2003 年，日照市帆船帆板运动协会、日照市体育记者协会、日照市青少年围棋俱乐部、日照棋院成立。

2004 年，日照市网球运动协会、日照市田径运动协会、日照市篮球运动协会、日照市海韵潜水运动俱乐部成立。2006 年，日照市冬泳运动协会、日照市户外运动俱乐部成立。2007 年，日照市轮滑运动协会、日照市智达体育休闲俱乐部、日照市建峰钓鱼俱乐部、日照市奥林匹克游艇俱乐部、日照市游侠单车俱乐部、日照尾波滑水俱乐部成立。

2008 年，跆拳道运动协会、日照市台球运动协会成立，日照围棋培训中心、日照桌式足球俱乐部、日照尤尼克船艇俱乐部、日照沙滩足球俱乐部成立。2009 年，日照市日出东方运动俱乐部、日照市源瑜伽会馆成立。

2010 年，日照银河篮球俱乐部、日照好健客健身俱乐部、日照银帆水上运动俱乐部、日照青少年体育运动俱乐部、日照市龙威跆拳道俱乐部、日照市中智体育俱乐部、日照市金海岸帆船俱乐部、日照市海天国际帆船俱乐部、日照新超越体育俱乐部、日照蓝天青少年帆船帆板俱乐部、日照市金明青少年体育俱乐部等 11 家俱乐部成立。

2011 年 9 月，日照市体育局、体育总会会同日照市民政局联合下发《日照市单项体育运动协会管理规定》，全面加强对所属单项体育运动协会的建设和管理。日照市先后审批成立日照市足球运动协会、日照市钓鱼运动协会 2 个协会和日照旗翔之歌越野俱乐部、日照市环球游泳俱乐部、日照海洋益友篮球俱乐部、日照市华宇棋院、日照方圆围棋道场、日照海纳乒乓球俱乐部、日照太阳国际游艇俱乐部等 7 家市级体育俱乐部。

2012 年，日照市审批成立日照市水上运动协会、日照市羽毛球运动协会 2 个协会和日照市卧龙山武术俱乐部、日照东方围棋俱乐部、日照市金星围棋俱乐部、日照皓宇乒乓球俱乐部、日照天元围棋教室、日照弈秋围棋俱乐部、日照艾微尔瑜伽会馆、日照末那瑜伽会馆 8 家俱乐部。

2013 年，日照市审批成立日照市龙舟运动协会、日照市门球协会、日照市马术协会、日照市社会体育指导员协会、日照市水上运动协会 5 个协会和日照天行健单车户外健身俱乐部、日照尖锋自行车运动俱乐部、日照都市车友健身俱乐部、日照艾扬格瑜伽会馆、日照飞鱼游泳俱乐部、日照市广龙武术搏击俱乐部、日照市康龙武术跆拳道中心、日照市瑜伽空间会馆、日照万泽丰国际铭人海钓俱乐部 9 家俱乐部。

至 2013 年，全市成立体育社会组织 75 个。

第三章　竞技体育

第一节　运动项目

田径

1988 年,日照市田径队组建。至 2013 年,全市有教练员 6 人,在训运动员 180 余人,培养出一大批如郭冬梅、冯磊、阚永英、董雪玲、赵嘉良、赵嘉欢、曹璐瑶等优秀运动员。其中,郭冬梅在 2000 年上海举行的国际竞走大奖赛中获得 20.5 千米亚军,2001 年在文莱举行的亚洲青年锦标赛中获得 10 千米亚军,2002 年在牙买加举行的世界青年锦标赛中获得 10.5 千米第四名。冯磊在 1994 年第十七届省运会女子少年组 800 米比赛中以 2′2″7 的成绩夺冠,在 1998 年第十九届省运会获女子成年组 800 米、1500 米两项冠军,在 2002 年第二十届省运会获 800 米冠军。刘世香获 1997 年第八届全国运动会 3000 米冠军。阚永英在 2003 年厦门国际马拉松比赛中获得亚军。

柔道

1992 年,日照市组柔道队,至 2013 年,有教练员 2 人,在训队员 18 人。王加鑫 2002 年获全国少年柔道锦标赛亚军;牟宗军获全国青年柔道锦标赛第三名;李业文 2008 年获得全国柔道冠军赛冠军、2012 年全国柔道锦标赛冠军。

跆拳道

1998 年,组跆拳道队,至 2013 年,有教练员 1 人,在训队员 22 人。1998 年第十九届省运会孙惠英获跆拳道金牌。2009 年全运会赵琳获得跆拳道金牌。

摔跤

1988 年国际自由式摔跤队组建,1995 年国际式摔跤队组建,2013 年年底有教练员 3 人,在训队员 42 人。

举重

1992 年,组举重队,教练 2 人。在第十九届省运会上,臧家伟获男子 105 千克级举重亚军、2001 年全国锦标赛季军。由于日照市竞技项目布局调整,2002 年后举重项目不再招生。

武术套路

1990 年,组武术套路队,至 2013 年,有教练 2 人,在训队员 64 人。胡玉晗获 2005 年全国青少年武术散打锦标赛亚军,轩强强获 2006 年二十一届省运会散打冠军,万美娜获二十届省运会武术套路(剑)冠军,王延楠连续获得二十一届、二十二届省运会武术套路冠军及 2013 年十二届全运会全能第三名。

自行车

2000 年,组自行车队,有教练 1 人,在训队员 30 人。张伟在二十届省运会上夺得山地和场地自行车 2 枚金牌。田正斌获 2003 年全国场地团体竞赛速赛第一名。

帆板　帆船

帆板队　1984 年，在日照航海运动学校组建帆板队，1993 年日照航海运动学校划归东港区文体委，随后帆船、帆板项目不再招生。陈占营在第八届全运会和第十四届亚运会上分别获亚军。2010 年 10 月，市体校重新组建帆板队，有教练员 3 人，在训运动员 22 人。朱华丽，2006 年获女子米氏级帆板世界锦标赛冠军，成为日照市首个世界冠军；2009 年获得全运会帆板银牌，2011 年在墨尔本帆船世界杯比赛中夺得 RS：X 级帆板冠军。王宁在 2010 年广州亚运会上夺得帆板米氏级冠军。

帆船队　2002 年 9 月，市体校组建帆船队，至 2013 年有教练员 1 人，在训队员 21 人。汪超、孙玉山获二十一届省运会男子 470 冠军；丁铭良、丁铭成获二十二届省运会男子 470 冠军；汪超获十二届全运会男子 470 冠军；蔡丽萍获 2010 年广州亚运会女子 470 冠军。

皮划赛艇

2010 年，皮划赛艇队组建，有教练员 3 人，在训运动员 42 人。皮划赛艇队挂靠省水上运动学校联合培养，承担着培养输送省二线队伍的任务。2009 年，韩小燕获女子 2000 米四人单桨无舵手金牌，韩小燕、王蕾夺得女子 2000 米八人单桨有舵手银牌，余成刚夺得男子轻量级 2000 米四人单桨无舵手银牌。余成刚获 2011 年全国赛艇锦标赛冠军，2012 年赛艇世界杯男子轻量级四人单桨冠军，2012 年伦敦奥运会为中国代表团成员。

乒乓球

1992 年，乒乓球队组建，曾有 2 名教练员。从 2000 年开始，日照市实行依托社会办乒乓球学校、俱乐部联合培养的模式。二十三届省运会周期内在训运动员 11 人，与市外国语学校联合培养。

篮球

2008 年，篮球队组建，日照篮球队首次参赛获得二十二届省运会男子甲组第 7 名，计 1.5 枚金牌，实现历史突破。二十三届省运会周期内，市体校联合日照一中、日照飞龙篮球俱乐部、日照港中组建男女甲乙组篮球队伍。2013 年年底，篮球队有教练员 6 人，注册在训运动员 50 人，在二十三届省运会上，男女甲组、女子乙组均获得决赛参赛资格。

无线电测向

1975 年，由日照航海运动学校组队，培养出朱华、辛敏 2 名国际级运动健将。辛敏在全国及世界无线电测向比赛中多次获得冠军。1992 年后，国家体委按照“奥运战略”，对竞技项目作调整，之后无线电测向项目不再列入竞技体育项目。队伍采用业余训练的方式，代表日照市参加省、国家无线电比赛。

第二节　体育竞赛

参加全省比赛　日照市组团参加历届省运会比赛任务基本上由市体校承担。1992 年，日照市首次组团参赛，至 2013 年先后参加第十六届、十七届、十九届、二十届、二十一届、二十二届山东省体育运动会。在 1998 年第十九届省运会上，日照市代表团参加 9 个项目比赛，获金牌 12.25 枚，金牌位次列全省第 15 位，首次摆脱省运会倒数第一的位置，实现历史性突破。2002 年，在第二十届省运会，日照市代表团获金牌 18.22 枚。2006 年 10 月，在烟台举行的山东省第二十一届运动会，日照市体育代表团获金牌

29 枚。2010 年,在淄博举行的山东省第二十二届运动会,日照市代表团夺取 35.5 枚金牌,位居全省金牌榜第十位,创造历史最好成绩。

参加全国比赛　2009 年在第十一届全国体育运动会上,日照市参赛运动员夺得 3.5 枚金牌、1 枚银牌,实现日照市竞技体育发展的历史性突破。

2013 年在第十二届全国运动会上,日照市有 15 名运动员代表山东省参赛,涉及赛艇、跆拳道、帆船帆板、田径、武术、自行车、篮球、柔道 8 个比赛项目。在赛艇、帆船、帆板、武术、篮球等项目中,日照市运动员共获得 3 枚金牌、5 枚银牌、1 枚铜牌。其中,日照市运动员韩小燕勇夺女子 2000 米四人单桨无舵手金牌,汪超在男子帆船 470 级比赛中表现英勇摘取金牌,许家晗获成年组篮球金牌。王蕾获得女子 2000 米 8 人单桨有舵手赛艇项目银牌;余成刚获得男子轻量级 2000 米 4 人单桨无舵手赛艇项目银牌,在男子轻量级双人双桨赛艇项目中获得第四名;朱华丽获得女子米氏帆板银牌;耿庆玉获得女子 4×4 接力项目银牌;王延楠在武术套路团体赛中获得铜牌。

参加国际比赛　2006 年,朱华丽夺得女子米氏级帆板世界锦标赛冠军,成为日照市首个世界冠军。

2010 年 11 月,第十六届亚运会在广州举行,日照市运动员王宁获得帆板女子米氏级第一名,蔡丽萍获女子 470 级帆船第二名,丁铭成获男子 470 级帆船第六名。

2011 年,日照市运动员朱华丽在澳大利亚墨尔本帆船世界杯比赛中勇夺 RS:X 级帆板冠军,是中国运动员在 RS:X 级帆板世界杯赛取得的历史最好成绩。

第四章　承办赛事

第一节　承办全省比赛

2004 年山东省青少年帆船锦标赛　2004 年,山东省青少年帆船锦标赛在新建成的日照国际水上运动中心举行。这次比赛也是全国青年帆船锦标赛的预赛。

2008 年山东省首届公路轮滑锦标赛　5 月 2—3 日,山东省首届公路轮滑锦标赛在日照奥林匹克水上公园举行,全省 300 余名轮滑高手参加比赛。比赛分男女甲、乙、丙、丁组,共 24 个小项,设 500 米、1000 米、5000 米、10000 米和男子马拉松赛、女子半程马拉松赛。经过两天激烈角逐,济南雷鹰轮滑俱乐部获团体冠军,完成赛事任务。

山东省第八届残疾人运动会自行车项目比赛　2010 年 8 月 23—26 日,日照市承办全省第八届残疾人运动会自行车比赛项目。本次比赛是全省第八届残疾人运动会比赛项目,也是为备战 2011 全国残疾人运动会及第十届亚洲残疾人运动会而举行的选拔赛。来自全省 8 个代表队的 39 名运动员参加场地赛、公路赛 44 个项目比赛。经过 3 天激烈角逐,临沂市代表队、日照市代表队、淄博市代表队分获团体总分前三名。日照市运动员陈小杰、王永海、李业利、李业军、密祥龙、厉永武勇夺 7 枚金牌、5 枚银牌、2 枚铜牌和 1 个第四名、1 个第五名的成绩。

2011年山东省第一届全民健身运动会龙舟比赛 本次比赛由山东省体育局主办，日照市体育局承办，设男子直道竞速500米、800米、1000米，女子直道竞速500米、800米、1000米等8个大龙舟项目。来自济南、日照、临沂、济宁、威海等9个地市的15支代表队参赛（其中有6支女子代表队），参赛运动员近400名。

2012年山东省第二届全民健身运动会龙舟比赛 6月26日，比赛在日照市奥林匹克水上运动公园举行。来自8个市的20支代表队参加，参赛运动员520名，共设男子、女子直道竞速200米、500米、800米、1000米，男子、女子环绕赛5000米等10个比赛项目。

第二节 承办全国比赛

2004年全国青年皮划艇锦标赛 比赛在日照水库的山东省水上训练基地举行，20多个省、市及部队和体育院校皮划艇队的300多名运动健儿参赛。

2004年全国皮划艇夏季冠军赛 此次比赛在日照市举行，共设26个项目，21个单位的374名优秀选手参赛。在为期4天的比赛中，山东队夺得团体总分第一名，并以获3.5枚金牌的成绩与上海队并列金牌榜第三。广东队、福建队分别以5枚、4枚金牌列金牌榜前两位。上海队、解放军队则排在团体总分二、三位。

2004年全国沙滩排球巡回赛 在日照市万平口海滨生态公园举行2004全国沙滩排球巡回赛暨第十届全国体育运动会资格赛，日照站首轮比赛中，四川女子一队的左曼、渠越2比0战胜天津女子二队的高璐、李佳进入第二轮。

2004年全国帆船锦标赛暨全国青年帆船锦标赛 在日照市举行“凌海杯”2004年全国帆船锦标赛暨全国青年帆船锦标赛，共有12支专业帆船队、292名运动员和教练员参赛。

2005年第一届全国大学生中国式摔跤团体赛 5月2日，在日照市举行，共有15支代表队参加比赛。

2005年全国残疾人自行车锦标赛 2005年6月6—10日，“江豪建材”杯全国残疾人自行车锦标赛在日照市举行，本次锦标赛由中国残疾人联合会、国家体育总局、中国残疾人体育协会主办，山东省残疾人联合会、山东省体育总局、日照市人民政府承办，是日照市首次承办的规格最高、规模最大的一次残疾人体育赛事。12个省、市、自治区12支代表队的教练员、运动员和裁判员200多人参加锦标赛，共进行场地赛、公路赛两个大项46个小项的比赛。经过残疾人运动员五天激烈角逐，决出奖牌118枚，其中金牌47枚、银牌36枚、铜牌35枚，江苏队获得团体总分第一名。本次锦标赛有8人次超世界纪录，5人次破全国纪录，这一成绩在历届比赛中是最好的。中国残疾人体育协会授予日照市“组织有力、成绩突出”奖牌。

2006全国青少年帆板锦标赛 6月20—25日，锦标赛在日照市万平口海域举行，12支代表队的84名男女运动员参加比赛。

2006年全国沙滩排球冠军赛 此次比赛在日照市万平口举行，历时4天，各省、市、解放军、行业体协、高等院校的48支代表队，近200名运动员参赛。

2006年全国帆船锦标赛总决赛 8月5日，在日照世帆赛基地举行“丰华杯”2006年全国帆船锦标赛总决赛。

2007 年全国水上运动会 2007 年中国水上运动会由国家体育总局、山东省人民政府主办，于 8 月 28 日至 9 月 8 日在日照新建成的奥林匹克水上公园举行，是首届中国水上运动项目的综合性运动会，举行了赛艇、皮划艇(静水、激流)、帆船(帆板)、摩托艇、滑水、蹼泳、龙舟、极限运动共 8 个大项、111 个小项的比赛。比赛期间有国际国内高层官员、教练员、裁判员和运动员约 3300 多人与会。

2008 年全国青年帆船锦标赛 5 月 18—25 日，在日照市世帆赛基地举行。经过激烈争夺，在场地赛、长距离赛产生的 10 枚金牌中，有 3 枚被浙江队夺得，上海队获得 2 枚金牌，江苏、八一、西藏队分别获得 1 枚金牌。山东队共获得 2 枚金牌、3 枚银牌、3 枚铜牌。其中，蔡丽萍、潘婷婷获得女子 470 级长距离赛金牌，倪晓雯获得女子激光雷迪尔级长距离赛金牌。

2008 年全国沙滩排球冠军赛 6 月 19—22 日，“山东体彩杯”2008 年全国沙滩排球冠军赛在日照市万平口海滨生态公园举行。本次比赛由国家体育总局排球运动管理中心主办，省排球运动管理中心和日照市体育局承办。33 支男队和 36 支女队参加比赛，参赛人员近 300 人。经过激烈角逐，上海东方男子沙滩排球二队的高鹏、李佳鲁和山西女子沙滩排球一队的李颖、王露分别夺得男、女组冠军。山东济钢男二队的韩胜威、高方田和山西女子二队的李杨、胡安娜获男、女组第二名，上海东方的徐强、李阳和上海东方女子二队的缪晨辰、季琳君获男、女组第三名。

2008 年全国帆船帆板锦标赛 9 月 5—11 日，2008 年全国帆船帆板锦标赛在日照市举行。本次比赛由国家体育总局水上运动管理中心主办，日照市体育局承办，历时 7 天，有 15 支代表队，155 条参赛船只参加帆船女子 470 级、男子 470 级、女子激光雷迪尔级、男子激光级和男子芬兰人级 5 个项目的比赛。帆板比赛设 5 个竞赛项目，分别是男子 NP 级、女子 NP 级、男子米氏板级、女子米氏板级和公开级。17 支代表队参加比赛，参赛帆板共计 124 条。

2009 年全国帆板锦标赛暨十一运会帆板预赛 比赛在日照市举行，共进行 5 个级别的比赛，分别为男女 RS:X 级、男女子米式级和男子公开级，其中男女 RS:X 级和女子米式级为全运会决赛项目，全国 16 支代表队参赛。

2009 年全国沙滩排球冠军赛暨十一运会沙排预赛 比赛于 2009 年 6 月 11 日在日照市万平口举行。巡回赛是中国沙排界的最高级别赛事，也是第十一届全国运动会的资格赛。

2011 年全国青少年帆板锦标赛 9 月 6—13 日，比赛在日照市举行，10 支代表队的 112 名运动员参赛。广东队获得雷迪尔长距离、男子 470 系列赛、雷迪尔系列赛和男子 470 团体冠军，山东队则获得激光长距离、芬兰人长距离、女子 470 系列赛和芬兰人系列赛金牌。另外 3 个项目男子 470 长距离、女子 470 长距离、激光系列赛的金牌由浙江瓦萨、海南和福建队获得。

2011 年全国游泳锦标赛 9 月 21—27 日，在日照游泳馆举行，比赛为期 6 天，23 个省、市、自治区和解放军、广州军区、海军共 26 支代表队、444 名运动员参赛。

2009 年第十一届全国运动会日照赛区比赛 日照赛区比赛时间为 10 月 15—27 日，赛期 13 天，共有赛艇、激流回旋、帆船、帆板、皮划艇(静水)5 个分项、40 个小项比赛，参赛代表队 64 支，运动员 1074 人，参赛船艇 657 艘(条)。本次比赛中，山东代表团共夺得 11 枚金牌，日照市参赛运动员朱华丽、韩晓燕、王蕾、丁富学分别夺得帆板、赛艇和激流回旋有关项目的金牌。

2010 年第二届全国水上运动会 8 月 28 日至 9 月 8 日，2010 年第二届全国水上运动会在日照市举行。全国水上运动会由国家体育总局水上运动管理中心、游泳运动管理中心、社会体育指导中心、自行车击剑管理中心、日照市人民政府和山东省体育局承办。比赛设赛艇、皮划艇(静水)、激流回旋、帆船、帆板、摩托艇、滑水、蹼泳、龙舟、极限、游泳、跳水、水球、公开水域游泳、铁人 3 项、垂钓 16 个比赛项目,花样游泳 1 个表演项目,共 227 个小项。参赛运动员超过 4000 人。水运会的奥运项目比赛均为 2010 年度全国锦标赛。

2011 年第八届全国武术之乡武术比赛 2011 年 7 月 1—3 日,第八届全国武术之乡武术比赛在日照市山东体育学院篮球馆举行,22 个省、市、自治区的 66 支武术代表队,参加此次武林盛会,参赛人数达 800 余人。

2012 年全国青年帆船锦标赛 5 月 21—27 日,2012 年全国青年帆船锦标赛在日照举行。本次全国青年帆船锦标赛由国家体育总局水上运动管理中心主办,日照市体育局承办,14 支代表队的 124 名运动员参加比赛。山东队的日照籍选手丁铭良获得男子 470 级长距离赛冠军,丁铭成获得男子 470 级场地赛第三名。

2012 年全国少儿游泳锦标赛 8 月,2012 年全国少儿游泳锦标赛在日照市举行,经过四天比赛,共有 30 项全国少儿游泳年龄组纪录被刷新,北京队的马宇轩、邹逸龙等多位队员在赛事中屡创纪录;上海队获得代表单位团体总分第一名。

2013 年第十二届全运会帆板预赛 6 月 3 日,第十二届全运会帆板预赛在日照举行,山东选手林炽香在女子米氏级比赛中未能保住冠军,而山东名将朱华丽获得第三名。该次第十二届全运会帆板预赛赛期 6 天,但由于天气原因进行 5 轮比赛。最终广东队的林瑞英获得女子米氏级预赛第一名,山东队的林炽香、朱华丽位列其后。

2013 年全国少儿游泳锦标赛 8 月 1—4 日,2013 年全国少儿游泳锦标赛在日照市游泳中心举行,来自北京、上海、浙江等省市的 18 支代表队、256 名游泳运动员参加比赛。这次日照赛区比赛分 10 岁组和 11 岁组的比赛,北京赛区举办 12 岁组、13～14 岁组、15～17 岁组、18 岁以上组 4 个组别的比赛。

第三节 承办国际比赛

2002 年后,日照市按照“唱体育戏,打赛事牌”的工作思路,扩大体育交流,促进日照对外开放。日照一中男篮队代表中国中学生赴澳大利亚参赛,之后韩国庆尚南道学校体育代表团到日照访问,实现了日照市体育首次对外交流。

2005 年国际欧洲级世界帆船锦标赛 8 月 26 日至 9 月 22 日,在日照举行的 2005 年国际欧洲级世界帆船锦标赛是中国第一次承办帆船世界大赛,同时是首次在亚洲国家举办的欧洲级帆船世界锦标赛,有 30 多个国家和地区的 150 名运动员参赛。帆板精英赛是 2004 年国际帆联把米氏板改成现在选用的比赛板以后所举办的首次世界级赛事,11 个国家和地区 100 多名运动员参加比赛。

2006 年国际 470 级帆船世界锦标赛 2002 年 11 月,由日照市政府代表团赴塞浦路斯申办 2006 年国际 470 级帆船世界锦标赛,这是中国第一次承办的奥运会项目帆船世界大赛。比赛于 9 月 4—13 日在日照市世帆赛基地举行,50 多个国家和地区的 400 余名运动员参赛。

2008 年中日韩国际帆船赛 6 月 27—29 日，2008 年中日韩国际帆船赛在日照市世帆赛基地举行。日本、韩国分别获得专业设计组别“飞虎级”前三名。韩国、中国风帆 1 号、中国青岛海顺俱乐部益合号获得综合一组前三名。青岛龙之子 1 号、日照中国银行号、青岛龙之子 2 号分别获得综合二组前三名。

2009 年中日韩国际帆船赛 9 月 5 日，2009 年中日韩国际帆船赛在日照万平口水域举行，历时 3 天。中国、日本、韩国共有 10 支队伍参加专业组比赛，德国、法国、俄罗斯等国及中国台北、中国香港和国内开展大帆船运动较好的上海、青岛、威海、厦门、深圳等城市的帆船协会和俱乐部共 20 支队伍参加综合组比赛，参赛运动员 193 人。韩国 2 队、日本大学生队、韩国 1 队获得专业组前三名，中国深圳大运会队、中国华龙 2 号和中国航海运动学校风帆 2 号位列综合组前三名。

2011 年中日韩国际帆船赛 比赛是日照第四次承办中日韩国际帆船赛，共有 16 支队伍参赛。比赛分为专业级别和公开级别。经过比赛，海军大连舰艇学院、武汉木兰湖水上俱乐部、青岛友邦俱乐部队分获公开级别前三名。山水游艇会白浪帆船队、厦门飞鹏队、日本飞镖队获专业级别前三名。

2012 年中日韩国际帆船赛 9 月 6 日，比赛在日照世帆赛基地举行。比赛共有中日韩三国 10 支代表队的 52 名领队、教练员、船员参加，日照市派出 6 人组成的参赛队伍。韩国巨济队、日本特魁斯队、中国珐伊国际队分获前三名。国家体育总局、中国帆船帆板运动协会授予日照市体育局优秀组织奖称号。赛事期间，中日韩帆船运动发展论坛、2013 年激光雷迪尔级帆船世界锦标赛签字仪式等活动举行。

2013 年激光雷迪尔级帆船世界锦标赛 9 月 21 日至 10 月 7 日，在日照世帆赛基地举行，31 个国家的 86 名运动员参赛。克罗地亚选手蒂娜获得冠军，芬兰选手图拉获得亚军，美国选手瑞利获得季军，中国选手张东霜获得第四名。

第四十一编　区县概况

到2013年，日照市共辖东港区、岚山区、莒县、五莲县和日照经济技术开发区、山海天旅游度假区、日照国际海洋城3个经济园区。全市总面积5358.57平方千米，海域面积6000平方千米，总人口283.43万人。

东港区为日照市市级党政机关驻在地，东临黄海，渔业、海水养殖业发达，是海珍品的重要生产基地；中部为河畴平原，盛产粮食和油料作物；西部低山丘陵为茶叶和名优果蔬的重要产地。建区后，在工业基础薄弱的情况下，区委、区政府实施"工业强区、商贸富区、旅游兴区、农业稳区"四大战略，经济得到迅猛发展。

岚山区是新建区，沿海自古渔业发达。岚山港和坪岚铁路相继建成后，临港工业得到快速发展。区委、区政府抓住机遇，确立"民营经济、外向型经济、海洋经济"发展思路，形成冶金、液体化工、粮油加工、木材加工和海产品加工五大产业。岚山区是日照绿茶的重要产地，被评为"全国重点产茶县""中国名茶之乡""全国特色产茶县""中国茶产业发展示范县"。2013年，岚山区创建为特色农业发展先进区。

莒县丘陵、平原交接，平原占全县总面积的25.4%。沭河纵贯全境，土地肥沃，为重要的粮食、油料作物和烟草茶叶产地。全县大力实施"农业稳县、工业强县、开放兴县、文化树县"四大战略，三次产业均得到快速发展。特别是第一产业，更是获得高速发展，1996年被国务院授予"商品粮大县""烟叶生产先进县""油料生产百强县"称号。

五莲县群山连绵，丘陵起伏，山地丘陵占全县总面积的85.9%。20世纪80年代后，五莲县组织实施"山上五莲""森林五莲""果乡五莲"建设，治山造林，封山育林，林木覆盖率达54.3%，是全国生态示范县、全国造林模范县，获国际生态工程奖。境内旅游资源丰富，先后开发建设五莲山、九仙山、大青山、李崮寨等景区，形成大旅游发展格局。

第一章　东港区

第一节　建置　区划

境域　东港区位于山东省东南部，日照市中东部。东濒黄海，西连莒县，南与岚山区临界，北与五莲县、青岛市接壤。地理坐标为北纬35°12′~35°36′、东经119°04′~119°39′，东西长51千米，南北长42千米,海岸线长57千米,陆域面积1030平方千米。

东港区政府驻地位于海曲中路,地理坐标为北纬35°25′35″、东经119°27′13″。东至大海10千米,西至莒县59千米,西北至省会济南259千米,西南至莒南县城63.5千米,至临沂市109千米,南至岚山区驻地35千米、至连云港94千米,北至五莲县城47.5千米,东北至青岛市区108千米。

建置 1992年12月7日,经国务院批准设立东港区,以原日照市(地级直筒子市)的行政区域为东港区的行政区域。1993年1月,东港区正式对外办公。

区划 1992年12月,东港区设立。同月19日,经山东省人民政府批准,设立前三岛乡。东港区辖3个街道、7个镇、13个乡。

1993年5月29日,岚山工委办事处设立,岚山头街道、汾水镇、碑廓镇、虎山乡、前三岛乡由岚山工委办事处管理。同年8月20日,经日照市委、市政府批准将石臼街道的林家滩等11个村居划归日照经济技术开发区。调整后,东港区辖2个街道、5个镇、11个乡,共27个居、892个村。

1995年3月8日,奎山乡撤销,设立奎山街道;小后村乡、东陈疃乡、南湖乡、高兴乡撤销,分别设立后村镇、陈疃镇、南湖镇、高兴镇。同年11月30日,丝山乡改为秦楼街道。

1996年6月7日,河山乡、西湖乡撤乡,分别设立河山镇、西湖镇。至年底,东港区辖日照等4个街道、南湖等11个镇、大坡等3个乡。

2001年1月,东港区进行乡镇规模调整,将大坡乡并入巨峰镇,尹家河乡并入南湖镇,竖旗山乡并入三庄镇。东港区辖4个街道,11个镇。

2003年4月,奎山街道整建制、石臼街道所辖的25个行政村、日照街道所辖石场等8个行政村划归日照经济技术开发区管理。同时,将原划出的林家滩等3个村划回东港区。

2004年9月9日,日照市岚山区设立。10月将东港区所辖的高兴、后村、黄墩、巨峰等4个镇整建制划归岚山区。

至2007年年底,东港区辖日照、石臼、秦楼3个街道,两城、涛雒、南湖、陈疃、三庄、西湖、河山7个镇。550个行政村,607个自然村,50个社区。

2011年11月,涛雒镇整建制划归日照国际海洋城。

2012年7月,两城镇整建制、秦楼街道所辖任家台等33个行政村、河山镇所辖大沙沟等11个行政村划归山海天旅游度假区。同时,岚山区所辖的后村镇整建制划回东港区。

至2013年年底,东港区共辖日照、石臼、秦楼3个街道,西湖、三庄、陈疃、后村、南湖、河山6个镇。

第二节 人 口

20世纪80年代后,域内人口得到有效控制,逐渐进入低增长时期。人口寿命延长,身体素质增强,文化程度提高,职业构成趋向多元化。

人口状况 1989年,域内总人口为103.48万人。其中,男性为52.87万人,女性为50.61万人,性别比为104.46;非农业人口为10.82万人,占总人口的10.46%。出生16596人,出生率为16.20‰;死亡5372人,死亡率为5.2‰;增长11224人,人口自然增长率为11‰。

1993年,域内总人口为90.29万人。其中,男性为46.04万人,女性为44.25万人,性别比为104.04;非农业人口为10.18万人,占总人口的11.3%。出生8525人,人口出生率为9.46‰;人口死亡5104人,人口死亡率为5.67‰;自然增长3421人,人口自然增长率为3.79‰;人口密度每平方千米552人。

2000年,第五次全国人口普查,全区296762户,91.91万人,户均3.10人。其中,一代户83805户,占总户数的28.24%;两代户186768户,占总户数的62.94%;三代户25677户,占总户数的8.65%。

2007年,全区总人口为69.15万人。其中,男性为35.01万人,女性为34.14万人,性别比为102.55;非农业人口为38.03万人,占总人口的54.99%。

2010年,第六次全国人口普查,全区260396户,79.45万人,户均3.05人。其中,一代户102705户,占总户数的39.44%;两代户137547户,占总户数的52.82%;三代户19734户,占总户数的7.58%。

2013年,全区241507户,户均2.54人。总人口为61.25万人。其中,男性为31.87万人,女性为29.38万人,性别比为108.46;出生4607人,出生率为7.51‰;死亡3031人,死亡率为4.94‰;自然增长率为2.57‰。

民族构成　境内居民以汉族为主。随着经济社会发展和人口流动性增强,少数民族个数和人数逐渐增多。

1989年,境内共有25个民族,少数民族24个。

2000年,人口普查时全区共有29个民族。其中,汉族人口917693人,占99.87%。少数民族占总人口的0.13%。

2010年,全国第六次人口普查数据显示,全区共有40个民族。其中,汉族人口792421人,占99.74%。少数民族主要有满族491人、蒙古族252人、朝鲜族309人、傈僳族38人、回族411人、彝族127人、壮族81人、哈尼族31人、苗族71人、土家族57人、布依族11人、锡伯族17人、藏族18人、拉祜族13人、维吾尔族11人、瑶族18人、白族1人、哈萨克族7人、土族7人、柯尔克孜族4人、傣族3人、黎族26人、佤族4人、畲族5人、高山族2人、达斡尔族27人、羌族1人、布朗族2人、撒拉族21人、仡佬族2人、阿昌族2人、怒族9人、俄罗斯族2人、鄂温克族8人、保安族1人、裕固族1人、京族4人、独龙族1人、鄂伦春族2人。少数民族人口2098人,占总人口的0.26%。

第二章　岚山区

第一节　建置　区划

沿革　岚山西周至战国前期属莒国。金大定二十四年(1184年)置日照县,岚山属山东东路莒州日照县。

明洪武十七年(1384年),设立安东卫,其城池、民社、学校、钱粮与州县同。清乾隆七年(1742年),安东卫并入日照县,岚山属沂州府日照县。

1985年3月,岚山属县级日照市。1989年6月,属地级日照市。1992年12月,岚山属日照市东港区。1993年5月29日,日照市人民政府岚山办事处(处级)设立。2004年9月,岚山区设立,属日照市。

境域　1993年5月29日,岚山办事处辖岚山头街道、汾水镇、碑廓镇、虎山乡、前三岛乡5个乡镇街道。

2001 年 1 月，撤汾水镇，设安东卫街道，安东卫有 9 个村改为居。

2001 年 7 月 23 日，撤虎山乡，设虎山镇，原辖区不变。

2004 年 9 月，日照市岚山区辖岚山头街道、安东卫街道、虎山镇、碑廓镇、黄墩镇、后村镇、高兴镇、巨峰镇、前三岛乡 9 个乡镇街道，共 417 个村，人口 41.43 万人。

2012 年 7 月，后村镇划入东港区，中楼镇划入岚山区。2013 年，岚山区辖岚山头街道、安东卫街道、虎山镇、碑廓镇、黄墩镇、中楼镇、高兴镇、巨峰镇、前三岛乡 9 个乡镇街道，共 423 个村，人口 424493 人。

第二节　自然环境与资源

自然条件

气候　岚山属暖温带湿润季风大陆性气候，受海洋调节，夏无酷暑，冬无严寒。年平均气温 12.8℃，年际变动一般在 12.7℃～13.8℃，最高年份（1961 年和 1978 年）13.8℃，最低年份（1969 年）11.5℃。极端最高气温 38.3℃；极端最低气温-14.5℃。平均气温差 26.7℃。

降水　岚山境内年平均降水量为 897.8 毫米。年际变化显著，时空分布不均。最多年份为 1426.2 毫米，最少年份为 504.1 毫米。春、秋、冬季占年降水量的 40.3%，夏季 59.7%。6—9 月占全年降水量的 74%。

地形　岚山地处鲁东南低山丘陵区，有山岭、平地、谷地、海洋、河流、沙滩、沙坝、沙丘、礁石、滩涂、岛屿，地貌类型繁多，地势北高南低、西高东低，由西北向东南倾斜。自北而南有马鬐山、老营顶山、韩家山、浮棚山、甲子山、北垛山、南北山、白云山、大旺山、磴山、幽尔崮、圣公山、平山、黄豆山、阿掖山等山脉，除磴山、南北山南北走向外，多数山脉呈东西走向。最高点在中楼镇马鬐山，海拔 662.2 米，最低处沿海滩涂海拔不足 1.5 米。山地、丘陵、平原、洼地相间分布，山地集中分布在中楼、黄墩、巨峰等地，虎山、碑廓也有分布，一般海拔在 150 米以上。

河流　境内沟河均属山溪河流，降水后水位暴涨暴落，洪水挟带泥沙较多，河床多为沙质。域内有 5 条主干河流，自南向北为绣针河、龙王河、巨峰河、川子河、黄墩河。绣针河发源于莒南县大山水库上游张家石汪西 2 千米处的三皇山，源头海拔 385.2 米，干流长 46 千米，在岚山境内河段长 23.5 千米，下游有 8 千米与江苏省共有，在安东卫街道荻水村西南入海，总流域面积 412 平方千米，境内流域面积 133.3 平方千米。龙王河发源于境内幽尔崮山，源头海拔 355.4 米，下游称韩家营子河，独流入海，干流长 17 千米，流域面积 93.3 平方千米。巨峰河发源于境内甲子山，源头海拔 480 米，干流长 38 千米，岚山境内长 22 千米，下游经涛雒镇分竹子河与南店河两支入海，流域面积为 262.69 平方千米；1960 年在主流上游修建巨峰水库。川子河发源于后村镇牛头山，经高兴镇、涛雒镇入海，高兴境内长 6.34 千米，流域面积 30 余平方千米。黄墩河（浔河）发源于甲子山东麓，干流在岚山区内长 43.85 千米，流域面积 531 平方千米，河水西流经黄墩镇、中楼镇、莒南县入沭河，属淮河水系，其中中楼段惯称浔河。

港湾　岚山区内的港湾位于海州湾北端，不淤不冻，年平均气温 12.8℃，年降水量 915.7 毫米，潮汐为正规半日潮，百年内地震烈度为 7 级，后方腹地开阔，自然水深-7 米～-16 米，宜建造大型港口。岚山区内的岬角海蚀海岸，北起刘家海屋，南至岚山头，西折至王家庄子村前。岚山港即位于海州湾北侧基岩岬角突出的海岸线上。1977 年，在岚山老港区东侧 2.5 千米处新辟口岸，有可供开发岸线 5 千米，距岸

850~1000 米处,水深-7 米~-2.5 米,基岩埋深-20 米~-15 米。岬角外 1 千米处自然水深-18~-13 米米,基岩埋深-25 米~-18 米。

岛屿　岚山域内共有 12 个岛礁,分布在海州湾内,总面积为 0.338 平方千米,岸线总长 6.34 千米。多数距大陆较远,达山岛最远,距岚山港 26.4 海里。平山岛最大,为 0.148 平方千米。车牛山岛最高,海拔 66.2 米。海岛均为基岩岛,牛犊岛无土壤、无植被,基岩裸露,其余海岛植被覆盖率较高。岛周水域开阔、水深流急、水质清洁,水文状况良好,刺参资源丰富,海区盛产真鲷、鲈鱼、黑头鱼等名贵鱼种。

资源

土地资源　依照 2011 年调查结果,岚山区土地资源总面积 77831.11 公顷。

矿产资源　岚山区矿产资源较匮乏,以非金属矿产为主。已发现的矿产资源有金、银、铜、铁、钛、磁铁、蛇纹石、石棉、橄榄石、榴辉石、金红石、钾长石、七彩石、石墨、花岗岩、河沙、海沙、砖瓦用黏土等十几种;已探明储量的有蛇纹石(1.52 亿吨)、橄榄石(150 万吨)、石棉(15.28 万吨)、榴辉岩(3629.6 万吨);除榴辉岩、花岗岩、蛇纹岩、海沙较丰富外,其余多以小型矿点分布。已开发利用的主要有蛇纹岩、橄榄岩、石棉、钾长石、花岗岩、七彩石、河沙、海沙(已禁采)、砖瓦用黏土等。

生物资源　岚山植物资源丰富。林木树种繁多,共有 67 科、385 种(品种),分布较广的树木主要有杨、柳、槐及松类、泡桐等,另有许多零星分布的珍奇树种,如银杏、水杉等。药类植物丰富,共有 122 科 400 余种,普遍应用的就有 40 科 90 种,如苍耳、野菊花、旱莲草、丹参等。浅海计有浮游植物 32 属 50 余种,以硅藻为主;藻类有海带、石花菜等。1966 年,南茶北引首先在安东卫北山试种成功,后在日照境内大面积推广种植茶叶。

境内野生动物有 19 目 51 科 109 属 260 种。其中,鸟类有留鸟 33 种,候鸟 69 种,旅鸟 91 种,其中灰喜鹊达 3 万余只,海边黑尾鸥 2000 余只。岚山近海水质肥沃,饵料生物丰富,浮游动物有桡足类 8 属 10 种,其他动物 7 种,是各种经济水生生物洄游和繁衍生息的优良水域。近海常见鱼类有 3 纲 43 科 86 种,主要有鲅鱼、带鱼、鲈鱼、星鳗、真鲷、河豚、牙鲆、黄花鱼等;头足类有长蛸、短蛸、金乌贼、曼氏无针乌贼等;甲壳类有对虾、梭子蟹、青蟹、鹰爪虾等。潮间带常见经济价值较高的有扇贝、魁蚶、文蛤、西施舌、竹蛏、海参等。淡水水域有鲤鱼、鲢鱼、草鱼、鲶鱼、青虾、河蟹、鳖等水生动物 50 余种。

第三节　人　口

人口数量　1993 年岚山办事处设立后,岚山人口增长稳定。2003 年岚山办事处总人口 190182 人,比 1993 年增长 5.89%。2011 年岚山区总人口 423567 人,比 2004 年设区时增长 2.24%。2012 年区划调整后,全区总人口 423073 人;2013 年全区总人口 424493 人。

分布与密度　1982 年,全区人口普查每平方千米为 495 人,2010 年人口普查每平方千米为 527 人。人口分布不均,各乡镇街道人口密度差异较大,东部沿海乡镇密度较大,西部内陆乡镇密度较小。岚山头街道人口密度最大,2013 年为每平方千米 2226 人;黄墩镇人口密度最小,2013 年为每平方千米 341 人。

年龄构成　20 世纪 80 年代全面实行计划生育后,岚山人口年龄结构总变化趋势是:少年儿童比例下降,劳动年龄人口比例提高,老年人口比例呈上升趋势。

第三章 莒 县

第一节 建置 区划

莒县位于山东省东南部,日照市西部,西界沂水、沂南,东邻东港区、岚山区、五莲县,北接诸城、安丘,南毗莒南。地理坐标为北纬35°19′~36°02′,东经118°35′~119°06′。南北最大长距75.6千米,东西最大宽距37.4千米。

建置沿革 莒县历史悠久,周为莒子国,秦设莒县,汉为城阳国,后为郡、为州、为县,屡有升降,县境多有变动。

1978年,莒县隶属于临沂地区。1992年12月13日,经国务院批准,莒县由临沂地区划归日照市。

区域 1989年,莒县共辖4个镇28个乡;4个镇:城阳、招贤、阎庄、夏庄;28个乡:二十里堡、浮来山、刘家官庄、陵阳、店子集、峤山、王家墩头、大官庄、金墩、小店、长岭、寨里河、孙由、茅埠、碁山、天宝、安庄、洛河、果庄、中楼、龙山、柏崖、大石头、桑园、里庄、库山、东莞、龙王庙。

1993年4月,莒县撤销大官庄、孙由、金墩、龙王庙、茅埠、里庄、柏崖7个乡,中楼、小店、龙山、峤山、东莞、刘家官庄6个乡撤乡建镇。全县有10个镇15个乡,即城阳镇、招贤、阎庄、夏庄、中楼、小店、刘家官庄、龙山、峤山、东莞10个镇,二十里堡、浮来山、陵阳、店子集、王家墩头、长岭、寨里河、碁山、天宝、安庄、洛河、果庄、大石头、桑园、库山15个乡。

1996年2月,长岭、陵阳、店子集、安庄、浮来山5个乡撤乡建镇,全县有15个镇10个乡。

2001年1月,莒县撤销二十里堡、王家墩头、天宝、大石头4个乡。全县有15个镇6个乡。2002年2月,洛河乡、碁山乡撤乡建镇。全县有17个镇4个乡。2010年5月,莒县撤销城阳镇,建城阳街道,同时桑园乡、寨里河乡撤乡设镇。2012年7月,莒县经济开发区设立。2013年7月,中楼镇划入日照市岚山区;12月,果庄乡撤乡设镇。至此,全县共辖1个经济开发区、1个街道、1个乡、18个镇、1195个行政村。

第二节 自然环境与资源

自然条件

气候 莒县地处中纬度地带,属于暖温带季风区大陆性气候,四季分明。气候主要特征是春季温和,风多雨少;夏季炎热,雨量集中;秋季凉爽,少雨干旱;冬季寒冷,雨雪稀少。全年在作物生长季节,光照充足,热量和降水量都较丰富。但在个别年份,也出现旱涝、低温等灾害性天气。全年太阳辐射总量123.4千卡/平方厘米,直接辐射量71.7千卡/平方厘米,散射辐射量51.7千卡/平方厘米。总辐射量以5月最大,为14.6千卡/平方厘米;12月最小,为6.0千卡/平方厘米。历年日照时数平均2450.5小时。5月最多,为255.7小时;2月最少,为168.1小时。

莒县历年平均气温 12.1℃,县境北部气温低于南部 0.7℃,沿沭河道谷地气温低于两侧岭地 0.1℃~0.3℃。全年各月平均温度以 7 月最高,月平均气温 25.5℃;1 月最低,月平均气温-2.9℃。极端最高气温 39.4℃(1955 年 7 月 24 日),极端最低气温-25.6℃(1957 年 1 月 21 日)。

地貌　莒县地区由平原、准平原、丘陵、山区、中高山区组成。莒城坐落在莒县盆地中央,地理位置甚佳。全县地势北高南低,地形复杂多样,四周环山,中间丘陵、平原、洼地相接。沭河北入南出,纵贯全境。主要山峰,东有桥子山,西有浮来山,南有老营顶,北有碁山。其中,桥子山海拔 656.9 米,是全县最高峰。夏庄镇赵家孟堰村南海拔 84 米,是全县地势最低点。

区域内有海拔 200 米以上的低山 400 余座,主要分布在县区北部、东部和东南部,面积 258.7 平方千米,占全县总面积的 13.25%,一般地面坡度大于 15 度。基岩主要由花岗岩、片麻岩等酸性岩石和非石灰性砂页岩构成;土壤多属棕壤土,土层厚 15 厘米~30 厘米,表土砂砾较多,土质疏松,地下水贫乏。全县丘陵面积 1198.7 平方千米,占境域面积的 61.35%,主要分布在县境东北、西南、西北和东南部。丘陵地总平均海拔 140 米左右,地面坡度在 10~15 度。基岩为钙质岩和坡积洪积物构成,富水性差。

域内平原主要分布在县境中部沿沭河及其支流两侧的狭长地带,面积 495 平方千米,占全县总面积的 25.4%。土层深厚,土质为冲积洪积层,表土多系壤土。地势平坦,坡度小。土壤属河潮土和冲积黑土,地下水储量丰富,埋深 1 米~3 米。

全县低洼平地大都分布于莒城周围的城阳、陵阳、浮来山、阎庄、刘家官庄、峤山、招贤、店子集等乡镇的平原地带,为冲积物土属,面积 43.25 平方千米,占县内平原面积的 9%,占全县总面积的 2.3%。土壤为水稻土,地表为轻壤和中壤土,底部多为黏土,地下水比较丰富,埋深 1 米~2 米。

莒县境内有大小河流 26 条,有大中小型水库 226 座,水资源充足。较大的水库有青峰岭水库、仕阳水库、峤山水库等,较大的河流有沭河、潍河、洛河、绣珍河等,水域面积 130.6 平方千米,占土地总面积的 6.7%。

莒县土壤,因受成土母质、母岩、地形、河流、气候诸多因素影响,土壤分布复杂,全县共有 5 大土类、12 个亚类、13 个土属、93 个土种。中部地区地势较低,沭河纵贯南北,土壤成土母质多为洪积冲积物,土层深厚,沿河两岸土壤质地适中;中西部部分地区土壤质地黏重,有的并出现砂姜和砂姜层;四周山丘地区地势较高,成土母质多为岩石风化的残积、坡积物。

全县 5 个土类是棕壤、褐土、潮土、水稻土、砂姜黑土。棕壤土主要分布在沭河以东及城南各乡镇。褐土主要分布在东莞、库山、长岭、小店、浮来山等丘陵地区。潮土分布于低洼平地,是直接发育在河流沉积物、受潜水作用形成的一类土壤。水稻土多分布在城阳、陵阳、招贤、阎庄、浮来、刘官庄、店子集、峤山等乡镇的部分倾斜平原交接洼地。砂姜黑土俗名黑黏土、干沟石土,主要分布在石灰岩丘陵东侧低洼狭长地带。

自然资源

土地资源　1992 年,莒县第一次土地资源调查,总面积 194981.7 公顷。其中,耕地面积 102910.2 公顷,占土地总面积的 52.8%;园地面积 16245.9 公顷,占土地总面积的 8.3%;林地面积 20294.8 公顷,占土地总面积的 10.4%;居民点及工矿用地 17175.5 公顷,占土地总面积的 8.8%;交通用地 3826.1 公顷,占土地总面积的 2%;水域面积 13059.6 公顷,占土地总面积的 6.7%;未利用土地 21470 公顷,占土地总面积的 11%。

2007 年,莒县土地更新调查,全县土地总面积为 194954.7 公顷。其中,农用地 158291.8 公顷,占土地总面积的81.19%；建设用地24850.2公顷，占土地总面积的12.75%；未利用土地11812.8公顷，占土地总面积的6.06%。

2013年，全县行政区域总面积194961.14公顷。其中，耕地104318.02公顷，园地3923.21公顷，林地22925.39公顷，草地5453.12公顷，城镇村及工矿用地21214.41公顷，交通用地6732.11公顷，水域及水利设施用地11132.64公顷，其他用地19262.24公顷。

矿产资源　2013年，已探明境内矿产资源35种，分为金属、非金属两大类。金属类有金、银、铜、铁、锰、铅、锌等，金、银有一定储量，特别是钛铁矿资源丰富；非金属类有煤、铅土、高岭土、重晶石、沸石、水晶、石英、钾长石、萤石等，种类多，分布广，均有一定开采价值。尤以石灰岩、花岗岩、砂岩等储量丰富。

水资源　境内水资源主要来源于大气降水和地下水。全县降水量多年平均为739.6毫米，年降水总量多年平均为15.93亿立方米，多年自产水平均年径流量6.2亿立方米。地下水总储量年平均为4.67亿立方米，多年平均可利用水资源量为4.61亿立方米。年平均可利用水资源量为4.61立方米，人均占有418.5立方米。

植物资源

境内植物资源大体分为种子植物、单子叶植物、裸子植物三大门类。其中，种子植物441种，蕨类植物7科14种。

县境内林木资源丰富，树种繁多，共有76科，238种。

生物资源

莒地野生动物资源主要有软体动物如田螺、蜗牛、蚌等9种；节肢动物如水蚤、虾、蟹、蝎、蝉等5纲14目177种；环节动物如蚯蚓、金钱蛭等2纲2目7种；脊索动物门中的亚门脊椎动物如鲤、鲫、蟾蜍、蛙、壁虎、蛇、雉、刺猬、野兔、猫等5纲28目81种。

第三节　人　口

人口规模

1989年，全县总人口103.02万人。其中，男52.86万人，女50.16万人；出生率16.5‰，死亡率5.1‰，自然增长率11.4‰。

2013年，中楼镇划入日照市岚山区，全县总人口108.33万人，其中男55.59万人、女52.74万人，出生率17.12‰，死亡率5.31‰，自然增长率11.81‰。

人口构成

年龄构成　1990年，莒县学龄前儿童（0~6岁）人口171346人，占总人口的16.25%。学龄儿童（7~11岁）83962人，占总人口的7.93%。青年（15~25岁）235815人，占总人口的22.34%。育龄妇女（15~49岁）286310人，占总人口的27.18%。其中，15~19岁的育龄妇女54643人，占育龄妇女总人数的19.09%。劳动适龄人口（男16~59岁，女16~54岁）608902人，占总人口的57.8%。其中，男316145人。

2013年，0~18岁的青少年儿童为21.64万人，18~35岁的人口26.75万人，35~60岁的人口41.02万人，60岁以上的人口18.91万人。

职业构成　1990年,全县在业人口总数为632076人,占总人口的60%。职业有八个门类:各类专业技术人员18381人;国家机关、党群组织、企事业单位人员7756人;商业工作人员6902人;服务性工作人员3821人;农、林、牧、渔劳动者574094人;生产工人、运输工人和有关人员21112人;不便分类的其他劳动者10人。

2000年,国家机关、党群组织、企事业单位负责人占在业人口的0.76%,专业技术人员占在业人口的3.04%,办事人员和有关人员占在业人口的1.69%,商业、服务业人员占在业人口的8.21%,农林牧渔水利业生产人员占在业人口的82.47%,生产、运输设备操作人员及有关人员占在业人口的8.38%。

2010年,全县国家机关、党群组织、工业、商业、服务业、教育、卫生、文化、体育等行业人口占总人口的21.9%,农业人口占总人口的78.1%。

民族构成　1990年,第四次全国人口普查,全县人口包括20个民族和1名加入中国籍的外国人。其中,汉族105.28万人,占99.94%;有蒙古族、回族、藏族、苗族、彝族、壮族、朝鲜族、满族、白族、土家族、哈尼族、傣族、黎族、傈僳族、拉祜族、土族、布朗族、锡伯族、怒族,共19个少数民族,人口637人,占全县人口总数的0.06%。

2010年,根据第六次全国人口普查数据,全县共有31个民族。其中,汉族113.21万人,占总人口的99.9%;回族、满族、彝族、白族、蒙古族、傈僳族、壮族、苗族、朝鲜族、黎族、哈尼族、土家族、傣族、藏族、布依族、侗族、景颇族、拉祜族、佤族、瑶族、锡伯族、纳西族、布朗族、达斡尔族、独龙族、俄罗斯族、仫佬族、水族、仡佬族、怒族等30个少数民族,人口1140人,占全县人口总数的0.1%。

家庭构成　1990年,第四次全国人口普查统计,全县有28.41万个家庭户。按户类别分:单身户2.09万户,一对夫妇户2.59万户,二代户21.40万户,三代户1.48万户,四代户124户。按家庭户规模分:一人户2.26万户,二人户3.82万户,三人户6.06万户,四人户8.65万户,五人户5.21万户,六人户1.82万户,七人户4783户,八人户973户,九人户196户,十人及以上户50户。全县家庭户均人口3.66人。

2010年,第六次全国人口普查统计,全县有369891个家庭户。按家庭户类别分:一代户158239户,二代户199930户,三代户11617户,四代户105户。按家庭户规模分:一人户54232人,二人户120494人,三人户120483户,四人户60680户,五人户11448户,六人户2125户,七人户337户,八人户62户,九人户19户,十人及以上户11户。全县家庭户均2.65人。

第四章　五　莲　县

第一节　建置　区划

建置沿革　五莲县古属青州,自周始,先后属莒国、鲁国、齐国;后隶属琅琊郡、城阳郡、南青州东莞郡、胶州东武郡、南青州的义塘、东安、高密三郡、莒州义塘郡、莒县和东武县、河南道密州高密郡;至元朝时,属山东东路琅琊郡,县境分别归莒县、日照、诸城三县所辖。明清时,分辖于诸城县和日照县。清朝初期,分辖于沂州、莒州和青州。

中华民国时,县境属莒县、日照、诸城三县辖。1947 年 5 月五莲县建立,先后隶属于滨北专员公署、胶州专区、昌潍专区、昌潍地区、潍坊地区。1989 年属潍坊市管辖,1992 年 12 月改属日照市辖。

境域　五莲县地理坐标为北纬 35°32′~35°59,东经 118°55′~119°32′。位于山东半岛东南部,东距青岛市 160 千米,北距潍坊市 110 千米,南毗东港区,西与莒县接壤。境内东西最宽 51.6 千米,南北最长 46.5 千米,总面积 1497 平方千米。

1989 年,五莲县辖 22 个乡镇(6 个镇、16 个乡),分别为洪凝镇、许孟镇、七宝山镇、管帅镇、街头镇、潮河镇、山阳乡、院西乡、高泽乡、汪湖乡、于里乡、中至乡、罗圈乡、石场乡、杜家沟乡、山庄乡、王世疃乡、魏家乡、叩官乡、户部乡、搓河乡、松柏乡。1994 年 12 月,叩官、中至、汪湖、于里 4 个乡撤乡设镇,全县辖洪凝、管帅、七宝山、许孟、街头、潮河、叩官、中至、汪湖、于里 10 个镇;高泽、院西、罗圈、山阳、松柏、槎河、户部、石场、山庄、杜家沟、王世疃 12 个乡,634 个行政村。2000 年 12 月,全县乡镇调整,将原洪凝镇、山阳乡、罗圈乡合并为洪凝镇;原街头镇、王世疃乡、杜家沟乡合并为街头镇;原高泽乡、七宝山镇合并为高泽镇;原于里镇、管帅镇合并为于里镇;原石场乡、山庄乡合并为石场乡;原户部乡、槎河乡合并为户部乡。调整后,全县设洪凝、街头、于里、许孟、潮河、汪湖、叩官、中至、高泽 9 个镇,石场、户部、松柏 3 个乡,辖 632 个行政村(居)。2010 年 5 月,五莲县撤销洪凝镇,设洪凝街道;撤销松柏乡,设松柏镇。2013 年,全县辖 9 个镇 2 个乡 1 个街道、五莲山旅游风景区,632 个行政村(居),718 个自然村,人口 51.44 万人。

第二节　自然环境与资源

五莲县地处黄海之滨的鲁东南低山丘陵区,地貌以山地丘陵为主。由东北向西南,错落分布着大耳山、马耳山、九仙山等九大山群。土壤主要分为棕壤、褐土、潮土、砂姜黑土 4 大类。气候温和,属温带大陆性半湿润季风气候区,年均气温 13.2°C,无霜期 205 天以上,年均降雨量为 767 毫米。自然灾害多为旱灾、水灾、风雹灾、霜冻等。全县自然植被保持完好,森林覆盖率 54.3%。空气、生活饮用水质量优良。自然资源比较丰富,共有土地面积 1497 平方千米;拥有开采价值的金、银、铜、花岗石、膨润土、透辉岩等 30 多种矿产;水库总容量 24533 万立方米,地下可利用水 0.47 亿立方米,是全国水土保持先进县。被列为“全国生态示范区”。旅游资源得天独厚,五莲山风景名胜区是 AAAA 级旅游胜地,为山东省三大生态旅游区之一。

自然条件

地质　境内地质构造属胶南隆起区、胶莱中生代陆相火山盆地和沂沭断裂带三个次极构造单元的结合部位。地层从老到新有元古界胶南群,元古界五莲群,中生界侏罗系莱阳组,中生界白垩系青山组和王氏组,新生界第四系。沂沭断裂带之昌邑—大店断裂,纵穿本县西北边缘地区,经过于里的小窑村、管帅村东河、汪湖镇的高化村,一直向北、北东向延伸,在五莲境内的长度约 24 千米。县境内岩浆岩分布广泛,类型复杂,种类繁多,侵入岩分布在胶南隆起区,火山岩多分布在胶莱凹陷区和沂沭断裂带。昌邑—大店断裂沿五莲境内的汪湖、管帅、于里通过,断裂的活动造成了地裂缝和小震的发生,五莲境内的地震主要发生在该地区。

地貌　五莲县地处鲁东低山丘陵与鲁中南低山丘陵衔接地带，崂山支脉自东北向西南贯穿全境，泰沂山余脉自西延伸至境内，构成由东至西穿越全境的马蹄铁型隆起带，形成中部低山隆起，南北两向倾斜，河水呈放射状四周分流的地势特征。境内地势为中间高、四周低。主要地貌类型有山脉、丘陵、平原。沿隆起带两侧，分布着九组较大的山群，海拔 100 米以上的山 103 座，其中海拔 500 米以上的 24 座；境内海拔平均 175 米，马耳山为全县最高山峰，海拔 706.7 米。最低点在潮河镇丹土村以东，海拔 18 米。全县以低山丘陵为主，约占全县总面积的 85.9%，其中山地占 50.1%、丘陵占 35.8%。北部地势低平，为潍河平原一部分，东南部有部分河谷冲积平原，平原约占全县总面积的 14.1%。

山脉　县内山脉多呈北南和北东走向。由东北向西南，错落分布着大耳山群、马耳山群、九仙山群等九大山群。

河流　县境内地势中部高、南北低，河流呈放射状向东、南、西、北四个方向排泄。较大的河流有东南部的潮白河，南部的傅疃河，西部的袁公河，以及汇流入潍河的中至河、洪凝河、山阳河、许孟河等。

潮白河　又称潮河，发源于九仙山北麓。境内主河长 24 千米，流域面积 333 平方千米。水流东南，经叩官、潮河两镇入胶南境内，后入大海。所属潮白河水系。

街头河　发源于母山南麓。境内主河长 20.3 千米，流域面积 174 平方千米。水南流，经街头至洪河村南入日照市东港区境内。所属傅疃河水系。

袁公河　发源青山南麓。境内主河长 14 千米，流域面积 88 平方千米。水西流，经石场至聂家崖村前入莒县境内。所属沭河水系。

中至河　发源横山南麓。境内主河长 25.2 千米，流域面积 124 平方千米。水北流，经中至、高泽镇黄龙汪村东入墙夼水库。所属潍河水系。

洪凝河　发源青山东麓。境内主河长 18.4 千米，流域面积 99 平方千米。水北流，经洪凝至高泽镇西楼村东入墙夼水库。所属潍河水系。

山阳河　发源于七连山北麓。境内主河长 14 千米，流域面积 68 平方千米。水北流，经冯家坪、大尧、高泽入墙夼水库。所属潍河水系。

院西河　发源于分岭山南麓。境内主河长 17.3 千米，流域面积 48 平方千米。水北流，经许孟镇西楼子后转向东北入涓河。所属潍河水系。

许孟河　发源于九仙山北麓。境内主河长 24 千米，流域面积 115 平方千米。水流向北，经松柏、许孟镇小茅庄入涓河。所属潍河水系。

气候　属北温带季风区，因受海洋影响，冬无严寒，夏无酷暑。东南部海洋性气候特性，西北部兼有大陆性气候特点。年平均气温 13.2℃，1 月平均气温 -1.4℃，7 月平均气温 25.8℃，平均气温年较差 27.2℃。生长期年均 290 天，无霜期年均 205 天以上。年均降水量 747 毫米，降雨集中在每年 6—9 月，其中 7 月最多。春夏多东南风、西南风、秋季多东南风兼北风，冬季多西北风。年均风速 3.6 米/秒。

土壤　境内土壤因气候、地形、母质、水文地质条件的不同，形成不同的土壤类型。经人类长期开发利用，多数属耕作历史悠久、熟化程度较高的农业土壤。根据土壤分类原则，全县土壤分为棕壤、褐土、潮土、砂姜黑土 4 个土类，含 8 个亚类、12 个土属、52 个土种。土壤的分布规律由高到低依次为棕壤—褐土—潮土。

棕壤　广泛分布在县内低山丘陵区。以中至为界，高泽以南包括洪凝、石场、街头、潮河、叩官、户部、松柏、许孟大部地区，从海拔18米的潮河丹土村至海拔706.7米的马耳山，亦有广泛的片麻岩、花岗岩和非石灰性砂、页岩分布。此地区内的山丘中上部，因土体发育不完全为棕壤性土，沟底或坡麓地带沉积土层较厚，剖面发育完全，成为典型棕壤。

褐土　县境内汪湖镇西北部与莒县相邻的丘陵地带和倾斜平地上成土母质为石灰性红色黏质土，发育成褐土。自然条件好，垦殖历史悠久，土壤熟化程度较高，已演变为农业土壤，是全县粮食、棉花、烟草的主要产地之一。

潮土　五莲境内潮土主要分布在潍河、沭河、潮白河等水系的主要河流两岸。经人工改良大部分被农业利用，但仍有一部分由于砂性大，肥力低，只能作育林用地。

砂姜黑土　砂姜黑土是隐域性土类，在汪湖乡倾斜平地的低洼处有少量分布。

植被　2013年年底，全县森林面积71765公顷，森林覆盖率为54.3%。全县主要林木植被类型为中生落叶、阔叶、针叶林区，并杂生一些南方乔、灌木树种，草本植物主要有芦苇、荻子、大狗尾草、荆条等。

草甸植被全县草场有6种类型：山丘稀树灌草丛草场，山丘稀树草丛草场，山丘灌草丛草场，山丘草丛草场，河滩草甸和农林隙草地。草场主要植物有60余种，其中优势植物有黄背草、山扁豆、野古草、山莱、百里香、狗尾草、胡枝子、马唐、白羊草、芦苇、沙牛草、结缕草、荆条等。

以板栗、桃、苹果为主体的经济林遍布全县。以杂交杨、刺槐、毛白杨、枰柳为主的用材林主要分布于河流两岸及公路两侧、村院四周。以松树、麻栎、刺槐为主体的防护林主要分布于东部、南部、西南部山区。以松树、映山红（野杜鹃）、照山白为主体的风景林主要分布于五莲山、九仙山。2013年造林面积3135公顷，其中用材林475公顷，经济林1681公顷，防护林979公顷。

自然资源

土地资源　县境内山地丘陵多，耕地总体质量差，优质土地较少。土层薄和质地较差的多，土层深厚、土地质量较好的少，从而影响了土地的质量。

1989年12月，全县进行土地利用现状调查，编制土地利用现状图及村地籍图等资料。1996年起，每年开展一次土地利用现状变更调查，将土地利用现状数据统一规定为每年的10月31日。2001年7月，将1991年详查以来的图件数据进行整理，建立全县农村土地利用现状管理系统。2002年10月，全县土地总面积14.43万公顷。其中，耕地5.132万公顷，园地2.143万公顷，林地3.135万公顷，居民点及工矿用地1.025万公顷，交通用地0.416万公顷，水域0.794万公顷，未利用土地1.785万公顷。

2013年，全县土地总面积14.97万公顷，人均占有土地0.29公顷，人均常用耕地面积0.08公顷。其中农用地10.50万公顷（含耕地6.22万公顷），占全县土地总面积的70.14%；城镇村及工矿用地1.18万公顷，占全县土地总面积的7.88%；交通运输用地0.46万公顷，占全县土地总面积的3.07%；水域及水利设施用地0.71万公顷，占全县土地总面积的4.74%；其他用地2.12万公顷，占全县土地总面积的14.17%。

水资源　2013年，五莲县共有7座中型水库、14座小（1）型水库、151座小（2）型水库、644座塘坝以及其他各类引、提水工程。

地表水以降水为主，县境内降水量地理分布不均。多年平均降雨767毫米，总趋势由东南向西北递减。年内降水分布不均,有72%至75%的降水集中在6—9月以7月最多。而冬春和晚秋则干旱少雨,形成“春旱、夏涝、晚秋又旱”的自然规律。县境内多年平均径深297.9毫米,地表总径流量4.599亿立方米,境内径流量4.47亿立方米,客水径流量0.9775亿立方米,多年平均径流系数0.36,径流模数29.8万立方米/平方千米。地表水资源总量多年平均为4.0864亿立方米,水质良好,地表水pH值最大8.85,最小6.85,多数在7.5~8.5。

地下水主要存在于变质岩、火成岩、碎屑岩风化裂隙和构造裂隙中。矿化度都小于1克/升,水质良好,但出水量较少,单井出水量一般小于3立方米/小时,分布在县城东、东南、东北部,占全县总面积的46%。局部含有大理岩,水量较丰,单井出水量在30立方米左右/小时,分布在县城东昆山一带,占县域总面积的19%。沟谷地段河流,两侧呈条带状分布着第四纪冲、洪积层,主要含水层为中细砂夹砾石,水量丰富,单井出水量在40~60立方米/小时,占县域总面积的13%,是县内的主要宜井区。县境内地下水资源总量为0.7449亿立方米,地下可利用水0.47亿立方米。地下水多属重碳酸钙型水,pH最大8.43,最小5.8,多数在6.0~8.0。全县地下水富水程度差,地下水可开采系数为0.49,多年平均地下水可利用量1950万立方米。

矿产资源　五莲县境内矿产资源分布较广,广泛出露,品类较多,已探明的有金、银、铜、铅、锌、磁铁、镜铁、硫铁、锰、红柱石、石棉、石墨、大理岩、花岗岩等30余种。其中矿藏有:

铅锌矿位于七宝山的长老庄,含铅、锌、铜、银等矿物,总金属储量约1.16万吨。

红柱石矿位于许孟镇小庄东岭,储量约71.8万吨。

膨润土矿分布在许孟镇小茅庄和范家车村、丁家官庄等地。

花岗石矿大面积分布,最大出露点位于洪凝镇红泥崖村南的野虎山,储量约740万立方米。街头镇坊子村、向阳村、马咤寺村、迟家庄村、代吉子村等矿点,均具较大规模。

大理石矿位于高泽镇的昆山,储量约731万吨。

生物资源　五莲县地处暖温带,地形复杂,适宜多种植物生长,植被资源丰富,野生动物种类繁多。

1989年后,五莲县引入一些优良品种,如107杨、中荷一号杨、土耳其杨、香花槐、嘎拉苹果、新世纪柿、红灯樱桃等。分布较广的树木主要是松类、栎类、杨树、刺槐等。此外还有珍贵树种如银杏、水杉、核桃楸、崂山溲疏、刺楸、化香树、拐枣、椴树、构树、枫树、皂角、黄连木等29种,零星分布于境内各地。2013年,全县森林面积7.18万公顷,林木覆盖率达到54.3%。树种繁多,共有88科、286种和变种。

鸟类有小苍鹭、草鹭、白鹭、夜鹭、池鹭、白鹳、白额雁、小白额雁、绿头鸭、赤麻鸭、鸢、鸳鸯、金雕、红脚隼、红隼、鹌鹑、石鸡、雉鸡、勺鸡、丹顶鹤、董鸡、彩鹬、剑鸻、岩鸽、山斑鸠、灰斑鸠、珠顶斑鸠、棕腹杜鹃、四声杜鹃、大杜鹃、中杜鹃、小杜鹃、草鸮、红角鸮、领角鸮、雕鸮、纵纹腹小鸮、灰林鸮、长耳鸮、短耳鸮、普通夜鹰、楼燕、冠鱼狗、普通翠鸟、蓝翡翠、三宝鸟、戴胜、蚁䴕、黑枕啄木鸟、大斑啄木鸟、小斑啄木鸟、星头啄木鸟、小沙白灵、凤头百灵、云雀、家燕、金腰燕等150多种。

兽类有狼、狐、獾、豹猫、野兔、家鼠、黄鼠、鼬、鼹鼠、刺猬、梅花鹿、貂、貉、猴、蝙蝠等。

爬行类有黄脊游蛇、赤练蛇、黑眉蝮蛇、麻蜥、鳖、龟、壁虎等。

两栖类有黑斑蛙、中华蟾蜍等。

第三节　人　口

人口数量

1989 年,全县人口 493939 人。1990 年,全县普查总人口为 504003 人,男女比例为 1.07∶1,农业人口与非农业人口比例为 12.34∶1;2000 年,全县普查总人口 509843 人,男女比例为 1.06∶1,农业人口与非农业人口比例为 4.17∶1;2010 年全县普查总人口 514429 人,男女比例为 1.04∶1,农业人口与非农业人口比例为 1.94∶1。至 2013 年 12 月,全县人口有 514366 人。县内人口数量基本呈平缓发展态势,未出现大起大落。

人口密度

1989 年,全县每平方千米 343 人。其中,地处平原区的许孟、院西、汪湖、管帅、于里 5 个乡镇,平均人口密度每平方千米 391 人,比全县平均高出 48 人。至 2013 年,全县平均人口密度每平方千米 344 人,其中城区每平方千米 773 人,是全县平均人口密度的 2 倍多;出现人口逐渐向经济发展条件较好的县城集中的趋势。

自然变动

出生率　1989 年,县内人口出生率为 13.12‰,1990、1991 年下降为 11‰左右。1992、1993 年直线下降,降至 7.4‰左右。1994—1997 年呈上升态势,升至 12‰左右。1998 年后,出生率基本上保持在 9‰至 10‰。

死亡率　自 1989 年后,五莲县人口年平均死亡率基本保持在 6‰~7‰。

自然增长率　1989—1993 年,随着出生率的大幅下降,自然增长率直线下降,1992 年、1993 年下降到不足 1‰。1994 年后,人口自然增长率稳中有降,维持在 6‰以下,多数年份处在 2‰~3‰。

人口构成

性别构成　1988 年前,全县男、女比例之差均超过 6%。1989 年后,男、女差逐渐接近。2013 年,全县男性 262373 人,占 51%;女性 251993 人,占 49%,男、女比例之差为 2%。全县男、女性别比平均为 104。

年龄构成　五莲县人口系数为少年儿童人口系数逐渐下降,老年人口系数逐步上升。随着人口出生率的降低,人口年龄中位数逐步后移,1964 年为 18.4 岁,1982 年为 24.6 岁,2002 年为 35.2 岁,人口年龄构成由年轻型趋向中年型。按照桑德巴氏划分的标准衡量,20 世纪 80 年代前是增加型或是前进型,20 世纪 80 年代变为稳定型或不动型,自 20 世纪 90 年代起,变为衰老后退型或减少型。

行业构成　1989 年,农业人口占全县总人口的 92.6%,工业、商业等生产流通领域和机关、行政事业单位以及金融社会服务等行业人口占 7.4%。20 世纪 90 年代后,全县工业、商业、服务业、教育、卫生、文化、体育等行业快速发展,非农业人口大量增加。

1994 年,省政府下发《关于实施地方城镇居民户口有关问题的通知》,当年新增地方城镇居民近 2 万人。随着地方城镇户口及各项农转非政策的落实,非农业户口大幅度增加,到 2004 年,全县登记非农业人口 16.54 万人,城区非农业人口达 11.19 万人。2004 年 9 月 2 日,省公安厅下发《关于贯彻落实省政府办公厅转发省公安厅关于进一步深化户籍管理制度改革意见有关问题的通知》,在全省范围内取消农业、非农业户口,实行统一的户口登记制度。至 2005 年,非农业人口比例上升至 33.2%,农业人口降到总人口的 66.8%。2005 年 10 月 1 日后,人口信息系统中不再保留户口性质的标注。

民族构成　1990 年,第四次全国人口普查,全县共有少数民族 19 个,共 114 人。其中,满族最多,为 48 人;其次为彝族 21 人。2000 年,第五次全国人口普查,全县共有少数民族 727 人。2010 年,全县共有少数民族 25 个,374 人。2013 年,五莲县共有少数民族 23 个,365 人。其中,满族最多,为 137 人;其次为彝族 43 人,蒙古族 25 人。

家庭构成　1990 年,全国第四次人口普查统计,全县有集体户 800 户,13131 人;家庭户 14.19 万户,49.09 万人,平均每个家庭户 3.46 人。

2000 年,全国第五次人口普查统计,全县有家庭户 17.20 万户,50.98 万人,平均每个家庭户 2.96 人。

2010 年,全国第六次人口普查统计,全县有家庭户 17.79 万户,集体户 1610 户,51.44 万人,平均每个家庭户 2.66 人。

2013 年年底,全县有家庭户 18.04 万户,51.43 万人,平均每个家庭户 2.85 人。

第四十二编　经济园区

1988 年,为适应对外开放的需要,日照市设立出口加工区。1992 年,出口加工区更名为日照开发区;2002 年,更名为日照经济开发区。2010 年,开发区升级为国家级经济技术开发区。自成立伊始,开发区即被确定为"改革的试验区、开放的示范区和高新技术的中心区",并确立"以工业为主、以外向型为主和以经济效益为主"的方针。2013 年,开发区面积 115.6 平方千米,辖北京路、奎山 2 个街道,86 个村、居委会(简称村居),人口 12 万人。

1995 年 9 月,省政府批复设立山海天(省级)旅游度假区,以保护生态、发展旅游为主要任务。2012 年,中共日照市委、日照市人民政府对山海天旅游度假区管理体制进行调整。2013 年,山海天旅游度假区辖两城、卧龙山 2 个街道,100 个村,2 个城市社区,总人口 10 万人。

2012 年,日照国际海洋城设立。其主要功能为:发展濒海旅游、生态高科技产业;利用自然资源,开发生态居民社区,引进科研机构,发展商业、休闲旅游业;发展海洋研发服务型和高科技型产业;发展加工制造物流业。2013 年,国际海洋城辖涛雒镇,75 个行政村,人口 6.9 万人。

第一章　日照经济技术开发区

第一节　建置　区划

机构　1988 年 6 月,日照市设立出口加工区。出口加工区管理委员会(以下简称管委会)成立,下设办公室,具体负责出口加工区日常事务。同年 7 月 1 日,管委会正式对外办公。1989 年 10 月,中国共产党日照市出口加工区工作委员会(以下简称"党工委")成立。党工委下设办公室。

1990 年 3 月,市编委批准管委会为正处级单位,编制 20 人。1991 年 1 月,出口加工区编制增至 30 人,内设管委会办公室、经济发展局、劳动人事局、规划建设局、财务部 5 个局室。同年 12 月,出口加工区土地管理局成立并对外办公。

1992 年 4 月,日照市出口加工区更名为日照开发区,为市委、市政府的派出机构。

2002 年 2 月 6 日,日照开发区更名为日照经济开发区。

2010 年 4 月,日照经济开发区升级为国家级经济技术开发区,定名为日照经济技术开发区(简称日照开发区）。至 2013 年年底，开发区内设机构 10 个：党政办公室、组织部、宣传部、纪工委、政法委、经济发展局、财政局、建设局、社会事业局、农村发展局。市直部门派驻机构 4 个：公安分局、规划管理办公室、国土资源分局、环保分局。开发区设有法院和检察院。部门所属事业单位 26 个。

区域　1988 年 6 月，日照市出口加工区设立时，起步开发面积为 2.32 平方千米，位于石臼街道办事处的近港区域，不辖村居。

1993 年 8 月 20 日，根据开发区的长、中、近期规划，南区起步开发区域内的港口工业区、高科技工业园区和东港工业小区划归开发区统一管理。

1993 年 9 月，日照开发区接管隶属于东港区石臼街道的林家滩村、小滩村、东韩家村、海滨六路居委会（北李家村）、海滨五路居委会（北张家村）、宋家湖村、东南李家村、大董家村、管家村、成家村、王母宫村等 11 个村居。同年 9 月，东港区石臼街道办事处的 11 个村居划归开发区管辖，开发区域面积为 13 平方千米。

2003 年 4 月，根据日照市制定的开发区西扩拓展方案，日照开发区范围拓展为：北京路以西，兖石铁路线以南，面积为 115.6 平方千米。同月，奎山街道整建制 45 个行政村和石臼街道办事处的 25 个村居及日照街道办事处的 8 个村划归日照开发区管辖。开发区原有的 8 个村居和从日照街道划归的 8 个村居、石臼街道划归的 25 个村居共 41 个村居由日照开发区农村工作委员会管理。同月，原开发区下辖的天津路居委会（小滩村）、海滨五路居委会（北张家村）、林家滩居委会等 3 个行政居委会和林海、观海苑 2 个社区居委会划归东港区。

2004 年 3 月，日照开发区成立北京路街道办事处。同年 12 月 30 日，北京路街道办事处正式挂牌办公。

至 2013 年年底，日照经济技术开发区辖北京路、奎山 2 个街道、86 个村居、4 个城市社区。

北京路街道辖 41 个村居、4 个城市社区：

北李居（原北李家村）、东韩家村、宋家湖村、东南李家村、大董家村、管家村、成家村、王母宫村、百发居（原大孙家村）、大李家村、小李家村、大石场村、小石场村、大韩家村、别家村、前崮子村、后崮子村、东海峪村、小董家村、车家村、刘家村、八里庄村、陈家村、季家村、山后一村、山后二村、汪家台村、金家沟村、路家沟村、南张家村、裴家村、东山前村、西山前村、臧家荒村、焦柯庄村、刘家台村、李家庄子村、相家台村、南岭村、蔡家滩村、焦家庄子村、郑州路社区、润生佳苑社区、春天花园社区、秦皇岛路社区。

奎山街道辖 45 个村居：

夹仓一村、夹仓二村、夹仓三村、夹仓四村、东长河村、西长河村、小古镇村、费家村、河套村、傅疃村、青墩村、申家楼村、盘石庄、许家园村、牟家小庄社区、刘家寨村、东高家村、松园村、西河村、丁家楼村、崮河崖村、大古镇村、前两河村、后两河村、东两河村、涂家村、南屯岭村、平台村、魏家庄、李村、晓岭村、石河崖村、史家岭村、琅墩坡村、西夏家村、孔家湖子村、郭家湖子村、大岭一村、大岭二村、大岭三村、东夏家村、宋家窑村、朱家村村、东石嘴子村、岭二头村。

第二节　园区建设

园区规划

起步阶段　1989 年 2 月，根据山东省人民政府《关于日照市总体规划修订大纲的批复》，确立石臼港以西区域为日照市城市发展的工业区。

1991 年 7 月,日照市出口加工区建设指挥部确定将石臼港务局划片开发的 2 平方千米定名为港口工业小区,由港务局组织开发,林滩生活小区由出口加工区开发。

1992 年 8 月,日照开发区与省规划设计院联合完成黄海工业区 30 平方千米和山海天旅游区 12 平方千米的总体规划。同年 11 月,市城市规划管理协调会议确定日照开发区分南、北两大片,南片为铁路以南,海滨五路以西,海滨十二路以东,南到海边为界;北片为两石公路以东,太公岛一路以北,日照金帆度假村用地北线以南,东至海边为界。同年 12 月,山东省人民政府批准日照市出口加工区规划面积为 15 平方千米,起步区 1 平方千米。

南进阶段　1993 年 8 月,根据市对日照开发区的长、中、近期规划,开发区决定将南区起步区(东港区石臼办事处)的 11 个行政村划归开发区。起步区内包片开发的港口工业区、高科技工业园区和东港工业小区服从开发区统一规划管理。同月,市委、市政府对日照开发区的规划范围、规划管理、起步区的开发、行政管辖范围、机构设置、市区关系及区内税收征管等方面的问题分别作出明确规定,日照开发区在土地征用、劳动人事、项目审批、财政金融、工商税务等方面获得市级管理权限。

1993 年开始,开发区先后聘请上海、天津、济南、青岛等地专家学者到区内考察、论证,根据《日照市城市建设总体规划纲要》,制定《日照开发区总体规划》以及各功能小区的详细规划。全区划分为港口工业小区、黄海工业区、民营科技园区、黄海仓储区、林滩生活小区等 5 个功能小区。

1996 年 4 月,山海天旅游度假区挂牌办公,将日照开发区北部起步区 3 平方千米、规划区 12 平方千米划归山海天旅游度假区管理委员会管理。

西扩阶段　2003 年 3 月,开发区委托上海同济城市规划设计院编制完成新区总体规划。整个规划以"山""海""河"为主要特色,以发展高新技术、临海工业、现代物流业和休闲旅游业为主要形式,并确立生态型、园林化、现代化新城区的建设定位。4 月,日照开发区西扩,区划调整,开发面积为 115.6 平方千米。2004 年,全区完成商居区 1.7 平方千米的控制性详规和 4 个居住小区的规划设计。

2013 年,规划石臼湾海洋装备制造产业园、海洋物流园、海洋生物特色产业园等园区,其中海洋物流特色产业园成为山东省首批蓝黄"两区"特色园区。完成北部商住区概念性规划,编制沙墩河以北公园景观、产业园区和合村并居小区等规划。

基础设施建设

1991 年 8 月,日照市出口加工区开工典礼举行。港口工业区 1 号路、2 号路、3 号路等 3 条道路建设启动。至年底,加工区基本实现通路、通电、通水、通暖、通气、通信、平整土地等"六通一平"。

1993 年加工区建设十大工程,包括黄海工业区临时供水和黄海工业区 35 千伏输变电扩建、山海天旅游区 35 千伏输变电扩建和 3000 门程控电话工程等。工程共投资 6800 万元,开通 29 千米、110 万平方米道路,硬化 17 千米、60 万平方米主干道,建成并使用日照开发区机关办公楼。

1996 年,开发区提出"收缩战线,突出重点"的城建思路,本着"先急后缓,急用先干"的方针,重点抓民营科技园主干道硬化等十大工程,即民营科技园工程,530 千伏安变压器工程,太原路、连云港路排水、硬化、绿化、路灯工程,活塞生产线引进工程,镍基贮氢电池生产线引进工程,制衣漂染生产线引进工程,扩建沙滩椅工程,北李集贸市场建设工程,区标和北京路等路段 3 个大型标牌设置工程,垃圾场建设及黄海工业区港城陵园、2 个游园的绿化造型工程。

1998 年,开发区累计投资 1930 万元,新增硬化路面 3.6 万平方米,绿地 14 万平方米。2001 年,开始吸收社会资本进行城市基础设施建设。

2004—2007年，开发区完成韩国工业园、奎山工业园等园区供水、热力、燃气、强电配套50余千米。全区开工建设23条道路，沿路实现水、电、通信、供热、供气一次性配套，15平方千米规划区内实现“七通一平”。开工建设道路、桥梁、供水、排水、供电和绿化美化等城建工程100余项，完成投资5.6亿元。

2012年，开发区投资12亿元，启动48项城建工程。

2013年，开发区提出打造城市新城、工业新城、商贸新城的城市建设理念，实施总投资50亿元的城建计划，当年完成投资41.89亿元。建区至2013年年底，全区累计完成城建投入150亿元。

道路

从1991年起，全区先后开通奎山一、二、三、五路，海滨七、八、九、十路，太公岛一、二、三路，山海天路，环海路和卧龙山路等14条主干道，总长15千米，总面积75万平方米，投资总额为4178.8万元。

1994年，天津路、郑州路等道路建成。1995年，北京路竣工通车。该工程投资1566万元。7月，沿海公路开发区施工段竣工通车。该段全长3.8千米。至1995年年底，开发区完成北京路北段、秦皇岛路中段、天津路中段、郑州路中段等5条主干道路硬化，硬化面积40万平方米，起步区内路网已基本形成。

1996年6月，总投资350万元的黄海一路拓宽工程竣工通车。完成路面硬化1000米，铺油2.8万平方米，路沿石6500米，土石3500立方米。至2002年年底，全区完成基建开工面积150万平方米，硬化道路11条、81万平方米，绿化面积60万平方米，形成以北京路、黄海一路为轴线，以西安路和上海路为新拓外围空间的“五纵一横”快速网状道路骨架。

2004年，全区开工建设环奎山路等6条道路，完成11条、总长38千米的村级公路改造。至2010年年底，全区道路总通车里程已达338千米。

至2013年年底，全区建成北京路、疏港高速、大连路、现代路、深圳路等76条道路，其中城市道路51条、村村通25条，形成“六纵六横一环”的路网框架。

给水

1992年8月，日照开发区供水公司成立。

1993—1999年，开发区完成两城河引水工程和黄海工业区临时供水工程，食品工业园1000立方米输水工程和奎山10万吨水厂工程。

2007年，全区新铺设供水管线7.8千米，完成日供水6万吨的奎山前水厂一期工程，日供水能力达5万立方米。2008年，全区新铺设供水管道19千米。2009年，亚泰森博浆纸二期项目供水工程竣工。2012年，秦皇岛路等道路的地下管网建成，铺设供水管网26千米。

2013年，开发区建成桂林路供水管道、大连路供水主管道等工程；完成临沂路主管道工程、大连路主管道工程、兰州路(深圳路—山后小区)管道工程、深圳路主管道工程，新铺设供水管网28.8千米。

至年底，全区工业和居民用水得到保障。

排水

1994—2008年，开发区完成海滨七路(黄海一路至奎山一路段)排水、黄海一路排水工程，修排水延长线4500米，修筑排水管道1900米，铺设排水管道30千米。

2012 年,开发区建成秦皇岛路等道路的地下管网,铺设雨水管道 20 千米、污水管道 3 千米,全区拥有 25 万吨的日污水处理能力。

2013 年,开发区建设大连路、朱家河等道路雨污管道 20 余千米。

供电

1991 年下半年,黄海工业区 110 千伏输变电站工程启动。1994 年年底,工程竣工并投入使用。

1994—2008 年,开发区与加拿大诚信开发(加拿大)有限公司签署协议,以土地换工程的方式引进外资 300 万美元,建设山海天 110 千伏输变电站,架设供电线路 26 千米,全区每 4 平方千米拥有一座 110 千伏变电站,成为全市供电保障能力最强的区域。

至 2011 年年底,全区建成 4 座 110 千伏变电站,满足工业和居民用电供应。

2013 年,开发区启动朱家变电站建设。续建 2 台 260 吨锅炉,保证阳光热电正常运转。新增供电线路 12 千米,实施 3 条线路改造。

环境保护

2003 年 7 月,开发区提出中欧环境管理合作(EMCP)项目工作计划和开发区建成区发展循环经济的设想,开发区生态工业园国际合作项目正式启动。是年 10 月,欧盟和国内专家按照开发区建设生态工业园、发展循环经济的要求,帮助制订新区分区发展规划。

2004 年 3 月,通过中环联合(北京)认证中心审核组外审、审核和颁证,日照经济开发区通过 ISO 14001 环境管理体系审核认证,成为全省第一家通过环境管理体系认证的省级开发区。

2006 年,全区实施两河(沙墩河、崮河)综合治理、奎山封山绿化、傅疃河口湿地保护三大生态工程。2008 年,完成“两河”综合治理防洪排涝工程,经受住“7·23”特大暴雨的考验。是年,万元 GDP 综合能耗下降 8.96%,二氧化硫、化学需氧量(COD)排放量分别削减 19.65%和 55.76%。2009 年,全区完成绿化 36.7 万平方米。投资 1.3 亿元的绿源工业废水处理中心建成投运。

2011 年,万元 GDP 能耗同比下降 9.69%,二氧化硫排放量同比削减 58.29%,COD 排放量同比削减 57.56%。全区拥有 25 万吨的日污水处理能力,能够满足 3~5 年工业发展需要。

2013 年,开发区获批省级循环化改造示范园区;建成傅疃河综合治理二期、崮河人工湿地水质净化工程,全区生态环境明显改善。

燃气

2007 年,开发区开始铺设燃气管线。当年铺设 3.2 千米;2008 年,天然气门站工程启动,全区新铺设供气管道 7.2 千米;2012 年,建成秦皇岛路等道路的地下管网,铺设燃气管道 5 千米。2013 年,新增燃气管道 2 千米。

至 2013 年年底,域内共铺设燃气管道 15.4 千米,基本满足主要园区和生活区的燃气供应。

软环境建设

1994 年,日照开发区在全区机关中开展以“筹集一笔资金,扶持一家企业,承包一项工程,引进一个项目,提一条合理化建议”为内容的“五个一”竞赛活动,并将其作为衡量部门、职工工作成绩的重要内容。

1998 年,日照开发区全面整顿机关作风,改善对外形象。从“五一”开始,在机关推行统一着装、戴证上岗、主任带班打卡考勤等制度,出台 6 个考核文件,年终与机关目标责任制考核相结合,通过综合考评,按工作成绩定奖惩，调动机关工作人员工作的积极性。在行政服务大厅实行一口对外、电子申报、并联审批。同年，日照开发区管委会对土地局、规划局、经发局、招商局、人事劳动局、工商局等6个经济职能部门实行大开间办公，对进区项目从立项、可行性报告、合同章程、税务登记、工商注册、施工手续、劳动服务等方面实行“一站式”“一条龙”服务。

2004年6月，区行政服务大厅投入运行，13个职能部门的110余项审批服务事项集中进入大厅办理。

2006年，在全区开展大项目建设年活动，成立专门的抓落实办公室，加大对全区重点项目、重点工程、重点工作推进情况的督促检查力度。同时，把项目建设和服务工作纳入年度月度目标考核，严格兑现奖惩。

2008年，全区开展“软环境建设年活动”，精简审批事项，简化审批程序，推行岗位责任制、服务承诺制、首问负责制和限时办结制，并加大对行政执法行为的监管和责任追究力度。

2012年，全区开展“作风大转变、服务大提升、环境大优化”活动，全面推进规范化建设，建立健全部门投融资、政府采购等12项区级制度，各街道、各单位、各部门修订完善工作流程、科室职责和管理制度956项，机关运行更加阳光规范高效。

2013年，全区深入实施机关“软懒散”和中梗阻治理，严格落实“企业宁静日”制度，向重大工程、重点项目设置监察室，派驻监察员，优化经济发展环境。完善函告警示制度，对区直部门和街道开展巡查，对项目审批、招投标、建设施工、竣工验收等关键环节全面审计监督，加大反腐败惩治力度。

第三节　重点产业园区

日照民营科技园　1995年，科技园开始规划建设。4月，国家科委批准设立开发区民营科技园。民营科技园规划范围北起秦皇岛路，南至连云港路，东起郑州路，西至西安路，面积约1平方千米。民营科技园的发展原则为“自筹资金、自愿结合、自主经营、自负盈亏”和技工贸一体化、产供销一条龙，以民营经济为主体，其他经济共融，致力于发展高新技术。1997年5月，日照民营科技园通过国家科委的考核验收，并成为国家科委的重要联系点。2001年年底，先期开发的1平方千米全部布满项目，招引仕名水泥等企业，在建项目有金马精锻、中大机械、大华机械等。2003年日照开发区西扩后，区工委、管委为民营科技园扩展土地46.67公顷，位于西安路以西，银川路以东，高压走廊以北，温州路以南，为全区中小型工业企业聚集园区。至2003年年底，园区共有各类项目21个，总投资4.8亿元，始发车业、圣力锻造、欣瑞刺绣等10个项目开工建设。2006年年底，喜多来工业园、金马工业园、台湾服装工业园、胜利钢管、海星针织服装、海林木业等项目落地建设。2007年4月，物流产业园管理办公室设立。2012年2月，物流产业园管理办公室改称服务业发展局。

韩国工业园　2000年3月，韩国工业园开始筹建。该项目规划面积约0.5平方千米，北至黄海一路，南到连云港路，东至人才创业园西墙，西至西安路以西100米。2000年年底，新开发的33.33公顷有新华食品、华青管件、百富门润滑油等项目入驻。2003年4月，开发区西扩后，为引进中小型外资企业和民营企业，管委会新划出2平方千米的中小工业园作为韩国工业园下一步的发展空间。7月，日照韩国兴业工业园项目协议书签字仪式举行。日照韩国兴业工业园由韩国汉城机械工业株式会社和日照兴业集团公司共同出资兴建,一期项目占地200公顷。同年10月,一期工程奠基,投资8000万美元、总占地1.8平方千米。年底,园内建成投产的各类工业企业有40多家,形成一个占地133.33余公顷的工业新区。2006年6月,山东省政府批复同意在日照经济开发区设立韩国工业园和日本工业园。2012年2月,调整设置为开发区项目推进服务中心。

日照外来人才暨归国留学人员创业园 1999年9月26日,日照外来人才暨归国留学人员创业园揭牌仪式在开发区举行。2000年5月,外来人才创业园场地平整、路网建设等配套设施正式开工建设。是年,企业园以外来人才暨留学人员创业园启动建设为契机,充分利用国家鼓励留学生归国创业的政策,吸引归国留学人员和高层次人才前往创业。全年引进斯文电子、凯威公司、平易软件、网络信息安全(国家973项目)等高科技项目12个,建成科研、办公设施1.3万平方米。由在美国“硅谷”工作的付磊、付森硕士研究生创办的凯威数码公司,主要从事手机短信服务,打入北京、广州等全国20个省市信息服务市场。2001年,外来人才创业园引进科技含量较高项目12个,40多名硕士、博士随项目进园创业,其中归国留学人员10人。2005年年底,园区共有企业19家。2007年4月,园区改称日照经济开发区高新技术产业园管理办公室,划转区科技局和区科协。2008年3月,科技孵化楼开工建设,2008年4月日照软件园成立。2012年2月,调整设置为日照经济技术开发区人才创业服务中心。

日照汽车商贸城 日照汽车商贸城位于日照经济技术开发区奎山街道崮河以南、204国道两侧,规划面积1.75平方千米,2003年开始筹建,同年12月30日开工建设。至2013年年底,已有55家汽车商贸服务企业落户园区,建成营业面积42万平方米,总投资22亿元,有上海通用别克、雪佛兰、一汽丰田、东风标致、上海大众、一汽奥迪、斯巴鲁、解放商用等近50个国内外知名品牌入驻,汽车销售额占全市的2/3以上,是日照市规模大、档次高、服务全,集销售批发、养护维修、休闲娱乐、旅游度假、饮食服务等多功能于一体的综合性生态园区。园区是全国工商联汽摩配用品商会常务理事单位、山东省50家省级重点服务业先进园区、日照市十佳重点服务业先进园区,先后被授予“2008年度山东省重点服务业发展先进单位”“2010年度中华诚信汽配用品专业市场”称号。2013年,各类汽车销售总量达5万多台,销售收入44亿元,实现税收4800万元。

日照海洋装备制造基地 该项目规划面积10平方千米,依托靠海临港优势,重点发展海洋工程、船舶配套和用港工业,能满足15万~30万吨级造、修船坞和码头的需要。2007年,海洋装备制造园管理办公室成立,启动基地建设和招商推介,随后与日照港集团合资成立日照瑞盛造修船有限公司。

2011年,该区域进行填海造地,形成陆域20多平方千米,积极招引和建设船舶修造、海工装备、游艇制造等大项目,打造海洋装备制造产业基地。当年,总投资100亿元的瑞盛海工项目开工。

海洋装备制造基地主要分为四个功能区:一是大型船舶修造区,规划面积6.8平方千米,回填海域4.7平方千米,重点发展10万吨级以上大型船舶修造和海上钻井平台;二是船舶产业配套区,规划面积3平方千米,主要为大型船舶修造服务,重点发展船用关键零部件和舾装件;三是渔港经济区,规划面积3平方千米,重点发展冷链物流、远洋捕捞、海洋运输、海产品精深加工及贸易、现代渔业研发等项目;四是海工装备区,规划面积10平方千米,主要发展海上大型成套设备、大型钢结构件和万吨级中小船舶。

至2013年年底,瑞盛海工基地、华远海洋装备项目公司、日照凯雷重型装备有限公司入驻该基地。

第二章　山海天旅游度假区

第一节　区域　机构

区域

山海天旅游度假区北邻青岛市黄岛区,南接日照市区。

2012 年 8 月,东港区两城镇整建制划归山海天,秦楼街道的 33 个村和位于卧龙山风景区内河山镇的 11 个村划归山海天代管。2013 年,山海天共辖 2 个街道、100 个村、2 个城市社区,常住人口 10 万人,面积 168 平方千米。

两城街道　两城街道位于三市(日照、青岛、潍坊)、四县区(东港、五莲、黄岛、诸城)交界地带,面积 83 平方千米,共有 56 个村,户籍人口 4.5 万人。

卧龙山街道　卧龙山街道位于太公岛一路以北、青岛路以东、山海路以北,面积 76 平方千米。2012 年,由东港区秦楼街道 33 个村和东港区河山镇 11 个村合并组成。2013 年 12 月,卧龙山街道办事处作为东港区政府的派出机构设立,由山海天代管,办事处机关驻地在后滩西村,户籍人口 3.5 万人。

社区　山海天旅游度假区共有 2 个城市社区,分别为碧海路社区、青岛路社区。其中,青岛路社区辖 13 个小区,碧海路社区辖 2 个小区。

沿革

1995 年 9 月 12 日,山海天(省级)旅游度假区设立。1996 年 4 月,中共日照市委山海天旅游度假区工作委员会、日照市山海天旅游度假区管理委员会挂牌,7 月对外办公。同月,中共日照市委、日照市人民政府下发《关于山海天旅游度假区开发建设有关问题的决定》和《关于进一步理顺市区事权关系若干问题的规定》,明确山海天旅游度假区的性质、任务和权限。8 月,山海天旅游度假区被山东省科委批设为省级高新星火技术产业密集区。9 月,山海天旅游度假区被日照市政府批设为海外联谊发展试验区。2012 年 7 月,中共日照市委、日照市人民政府对山海天旅游度假区管理体制进行调整,确定山海天旅游度假区党工委、管委会为中共日照市委、日照市人民政府的派出机构,对山海天旅游度假区实行统一领导和管理,全面履行党的建设和经济、行政、社会管理职能,以北部滨海地区的生态环境、旅游资源保护为主要工作任务。

第二节　规划建设

山海天旅游度假区规划建设共分两个阶段,2012 年 7 月前受管理体制限制,对区域范围内村居没有管理权,主要为城市规划。2012 年 7 月后,结合区划调整,重新编制总体规划。

城市规划建设

机构设置　山海天旅游度假区管理委员会下设区规划建设局,负责全区的规划建设管理工作。规划建设局下设区城建监察中队(2000年更名为区城建监察大队),负责全区城建监察。山海天自来水供应中心隶属于规划建设局,负责全区自来水供应、市容环境卫生维护和部分市政园林工程的建设、管理、养护。2002年11月25日,区规划建设局更名为建设管理局。

规划编制　1997年,山海天与同济大学签订编制《山海天旅游度假区总体规划》合同,年底完成。1998年,同济大学对占地面积12公顷的太公岛海滨乐园进行控制性详细规划编制。2001年,山海天与北京达沃斯设计公司签订编制《山海天旅游度假区王家皂民俗旅游村改造规划》合同,年底完成。下半年,山海天在由同济大学、山东省城乡规划设计院编制的原总体规划方案的基础上,结合山海天实际和日照市总体发展思路,委托市规划设计研究院编制《山海天旅游度假区总体规划》,新规划从2002年开始实施。

规划内容　规划范围西至青岛路,东到大海,南抵东营路,北到秦楼街道大小陈家村附近。规划期限为15年,分两个阶段,2001—2005年为近期,2005—2015年为远期。规划人口5.5万人。

规划目标和原则　在大力发展旅游度假产业、高新技术产业、房地产业、服务业的同时,有效保护自然景观资源和生态环境,建设生态旅游度假区。尊重现状用地情况,充分考虑土地使用和村居安置,规划道路尽量不与村民用地发生矛盾,使整个规划具有较强的实施可能性。允许根据形势的需要,对土地的使用情况进行适当调整,做到规划的原则性与灵活性相统一。

空间结构　空间结构由三个片区组成:南部片区自东营路到天台山路,面积约5.5平方千米,包括高级别墅区、旅游度假村、高档旅馆以及科研设施用地。中部片区面积约4平方千米,包括全区的商业中心、文化娱乐中心,是全区将来的中心区域。北部片区占地约4平方千米,包括疗养、居住以及高新技术产业。三个片区内部设置中心绿地、停车场、商业服务、文化娱乐、体育健身等公共服务设施。全区规划居住用地400公顷,居住5.5万人。较大规模的村民居住地拟在原地改造。

土地利用　公共设施用地布局是一个区中心、两个片区中心。科研用地主要集中于山海天路以西,青岛路以东,以高新技术研究为主,污染性项目不准进区。旅游区道路骨架由三条纵向道路和十条横向道路组成。三纵分别为青岛路、山海天路和碧海路。青岛路作为快速干道,是山海天的主要出入口。山海天路是生活性干道,是区内南北联系的主要道路。碧海路为游览性干道,是全区的景观轴线和游览主线。十横为东营路、太公岛一路等。区内共设置了6处停车场,分布在山海天的各个地段。绿地体系可概括为网、带、体、点四个要素。各级道路两侧均布置相应宽度的绿地,形成“网格”。中心公园与卧龙群山形成大片的绿地与海滨风光和建筑相互补充,各居住小区的小块绿地构成全区的绿化“点”。

岸线规划　根据自然条件及使用情况,将海岸线由南向北划为四段。太公岛海滨乐园地段;公共海水浴场地段,在岸边松林中建设造型优美、体量小巧的冲洗房和林荫步行道、茶座等建筑小品,形成以海水浴、日光浴、休憩散步等形式为主的公共活动场所;海滨游乐地段,此段岸线蜿蜒盘曲,并有多处渔港,可设置海滨游乐场,王家皂海滨村落,可发展民俗旅游;桃花岛地段,在桃花岛及其附近的海面,设置以自然风光游览为主的主题公园。结合自然条件确定建筑物高度为西高东低,保障视线通透,形成风格各异、造型优美的山海天建筑轮廓线。

综合规划

2012年,根据区划调整,山海天研究制定《2013—2015年全区发展战略规划》和生态建设、旅游发展、产业培育、民生建设、基础设施、社会管理、精神文明建设7大类25项经济社会发展规划。先后编制全区合村并居布点、民俗旅游小镇布局、卧龙山山体控制、凤凰社区、富荣社区和部分中小学建设规划，邀请青岛大学旅游学院开展全区旅游业发展规划的编制工作。2013年，以日照市“十二五”规划为指导，编制完成全区经济社发展战略规划（2013—2015）；在山东省旅游局的支持下，编制全区旅游发展总体规划。

第三节　投资环境

基础设施建设

道路建设　1997年，对长220米、宽10米的太公岛一路和全长1900米、宽18米的碧海路山海天段进行硬化。1998年，硬化长800米、宽12米的山海天路南段；1999年，硬化长750米、宽12米的山海天路延伸段和长1600米、宽10米的碧海路延伸段，修建大泉沟、张家台附近4座桥涵。2012年，两城大道、卧龙山北路、两城河橡胶坝、阳光海岸与梦幻海滩海滨木栈道连接工程启动，山海天路、海天四路南段道路绿化升级改造完成。2013年，度假区投资2800万元建成两城大道，投资1500万元建成卧龙山北路，完成碧海路滨海观光通道改造提升，投资2200万元启动“两纵三横”5条市政道路建设，启动两城驻地龙山一路东延工程。全区公路通车里程210.1千米，其中国道13千米，省道19.7千米，县道20.1千米，村道157.3千米。

供水　2013年，建成区全年自来水供水总量138万立方米，其中生产用水和居民家庭用水分别为61万立方米和77万立方米。城市供水管道总长25千米。全区建成2处水厂，即市自来水两城供水厂、两城张王庄水厂。市自来水两城供水厂，设计供水能力为2万立方米/日。区内有卧龙山、太公一路南加压站，可满足山海天南部与大学城区域内的用水需求。两城张王庄（在建）设计供水能力5000立方米/日，未来可满足两城街道及卧龙山部分街道农村饮水需要。

供电　山海天区域供电主要来源于东港区秦楼街道供电所，区域内大学城的110千伏变电站和位于植物园内110千伏公园站供电，两城区域一直是单回路供电、电压不稳，无变电站。2013年，山海天在两城街道建设1座35千伏变电站，变电站主变2×20兆伏安。区10千伏电缆随市政道路敷设建成，其中南部片区10千伏电缆线路相对完善，市政道路基本敷设电缆线路，主要分布于太公岛一路、太公岛二路、太公岛三路、碧海路、山海天路等市政道路。

排水　区内排水体制由合流与分流并存，雨水管网基本随市政道路敷设，将雨水收集后，就近排入周边水体。其中，南部片区相对完善，市政道路均敷设雨水管网，管径D800～D1800，主要分布于太公岛一路、太公岛二路、太公岛三路、碧海路、山海天路。2013年，建成排水管道总长度80千米。

供热　2008年建设供热站时，为北部片区初步按供热面积280万平方米进行考虑和预留。2013年，有供热站1处，100T锅炉1台，供暖管道覆盖面积158万平方米，实际使用面积62万平方米，主管线分布呈梨状而非圆周辐射，最长管线为6千米，最短管线为3千米。

燃气　通过招商引资，胜利油田与一达燃气公司于2003年在区内投资4000万元建设天然气站，开始管网铺设。2013年年底，全区使用液化气、煤制气、天然气的总户数达到2.14万户，用气普及率达到85%。全年供应液化气总量1750吨，供应天然气总量150万立方米。

通信　2002年，山海天招商服务中心办公大楼完成建设，与讯通公司合作完成山海天路、太公岛一路、太公岛二路以及碧海路从太公岛一路到兖矿疗养院段全长约8800米的地下综合管线。2013年，本地网电话用户1.5万户,移动电话用户7.9万户;有线电视总户数8000户,普及率95%。

山海天有话端局1处,接入网3处,装机容量6336门。片区内青岛路和碧海路电信线路为埋地敷设。2013年,互联网宽带用户1.9万户。

生态保护　2012—2013年,为加强生态保护,实施卧龙山保护、两城河保护、海岸带保护、森林公园改扩建四大生态保护工程。海岸带保护工程,投入1.26亿元拆除碧海路以东违法建筑;投资700万元建设影视基地,实施桃花岛至李家台区段生态恢复。卧龙山保护工程,投资2200万元建成100千米防护围网、100千米消防通道、100个引水上山水囤的"三个一百"工程;设置高清探头17个,建成覆盖整个卧龙山区域的视频监控体系。两城河保护工程,投资2300万元建成橡胶坝,实施河堤加固整修,编制河口湿地公园规划,一批大天鹅前往越冬,启动小北河治理。森林公园保护工程,投资150万元完成森林抚育200公顷,新增绿化面积55万平方米,打造春夏秋冬四季景区,完成供电专线改造和两城河引水入园。2013年,全年城市生活垃圾无害化处理率达85%。城市公共绿地面积149.87公顷,人均公园绿地面积75平方米,建成区绿化覆盖率40%。两城街道汪家村、西黄家庄村被山东省委农村工作领导小组表彰为"生态文明村"。

软环境建设

成立招商机构　1997年,度假区设置招商经贸局,负责制定招商引资政策、谈判程序,以及项目的筛选、审计和落实;编制区内区域经济发展规划,制定区内企业经济发展目标,企业改制和区内引进企业的管理等。2012年,山海天旅游度假区投资促进中心设立,主要负责招商引资、协调办理项目相关报批工作。

制定实施优惠政策　山海天招商部门全程关注企业实时需求,确保各项手续的办理高效、便捷。入驻企业在落地建设过程中,山海天为企业的用地测量、规划要求、设计方案等具体建设内容提供专业、细致的服务;对进驻企业所形成的地方贡献,按照不同特点及发展需求对企业给予扶持;对投资规模大、效益好的实行"一事一议"政策;为入驻企业的项目接洽、投资考察、公司注册、协议签订提供"一站式"保姆服务,方便企业投资发展。

第四节　旅游开发

旅游景点

2013年,全区主要有日照海滨国家森林公园、日照御海湾茶博园风景区、阳光海岸、海水浴场、旅游度假村等景点。其中,A级以上旅游景区2个。

日照海滨国家森林公园　1992年,日照海滨国家森林公园被林业部批准为首批国家森林公园,2009年,公园被评为AAAA级旅游景区。公园位于日照市区以北15千米处,总面积788公顷,森林覆盖率78%。树种以黑松、水杉等为主,知名动植物有200余种。在景区长7千米的黄金海岸线上,拥有全国一流的天然海滨浴场和金沙滩,是进行沙滩浴、海水浴、阳光浴、森林浴的理想地点。森林公园分为森林旅游区、海滨娱乐区、疗养度假区和太公文化区等4个功能区,主要包括海滨浴场、姜太公文化园、水下鲨鱼馆、动物园、森林浴场等旅游景点。

姜太公文化园　文化园位于森林公园内,占地面积13.3公顷。园区共分四大活动区域:姜太公纪念馆、太公文化广场、姜太公钓鱼中心和娱乐中心。建筑总体吸收历代古建筑特长,殿廊彩绘以厚重的北方色调为主，结合南方风格及工艺，并将商周时期流行的兽纹、鸟纹等图案结合现代丽粉彩绘融为一体，独具特色。姜太公纪念馆面向大海，正中间大殿为武祖殿，高 17.3 米，七间式，双重檐，坐落于 139 厘米的平台之上，威严壮观。踏上平台，走进大殿，中间是高大的太公圣像，高 6.6 米，取六六大顺之意；两边为管仲、田穰苴、孙武、吴起、孙膑、张良、诸葛亮、李靖、刘伯温、郑成功等十位军事谋略家塑像。北边的侧殿为"封神殿"，里边展示的是《封神演义》中描述的 365 个神的浮雕和雕塑，人物形象逼真，神态各异，栩栩如生。所有人物着青铜色，与商周青铜器时代的文化氛围相吻合。庭院中分布着孟津亭、渭水亭、蟠溪亭、盟山、直取桥等景点。

阳光海岸　阳光海岸分南北两段，南段南起太公岛一路以南 300 米，北到大小陈家村北河，长 8 千米。其中，一期工程南起太公岛一路以南 300 米，北到贵宾楼附近，长 2.5 千米，建设面积约 50 万平方米，总投资约 2 亿元。以太公岛一路、太公岛二路、太公岛三路为轴线，建成鱼翔广场、海宴广场、洋汇广场；配套建成演艺广场、艺术堤墙、综合服务中心、自行车道、健身跑道、观海栈道、景观小品、4D 影院、休闲园路、夜间照明、游艇码头、荷兰风车等功能化、景观化旅游设施。阳光海岸北段工程南起山海路口，北至森林公园南门，全长 8.8 千米，总投资 4.5 亿元。2013 年，对碧海路以东的违章建筑进行拆除。经过初步整治，整个海岸带自南往北形成桃花岛沙滩、李家台礁石、大陈家村沙滩、肥家庄沙滩、任家台礁石、吴家台沙滩的滨海观光一条线。

海水浴场　全区有开放海水浴场 7 处，分别是王家皂海水浴场、乔家墩子海水浴场、李家台海水浴场、大陈家村海水浴场、肥家庄海水浴场、任家台海水浴场、吴家台海水浴场。其中，乔家墩子海水浴场和王家皂海水浴场结合阳光海岸南段开发，于 2012 年进行海滩岸线木栈道、冲洗房、绿道建设。建设区域南起太公岛一路，北到贵宾楼附近，西到碧海路，全长 2500 米，建设面积 50 万平方米，建设投资 2 亿元。北部从李家台海水浴场至吴家台海水浴场均为天然浴场，未进行开发建设和封闭管理，周边村民建设养殖池、海水养殖工厂等设施。2013 年，按照日照市委、市人民政府的部署要求，为更好保护海岸生态环境，对碧海路以东的违章建筑进行拆除，恢复海岸线生态环境。

民俗旅游村

全区有民俗旅游村 12 个，分别是乔家墩子、王家皂、后滩西、大泉沟、张家台、桃花岛、李家台、大陈家村、卧龙村、肥家庄、任家台、吴家台；旅馆经营户 1913 户，拥有客房 22910 间、床位 72670 个。

乔家墩子民俗旅游村　该村是一个沿海民俗旅游村，有住户 730 户、2030 人。该村位于山海天建成区，东临阳光海岸海水浴场，周边有大量宾馆酒店和度假小区。随着海洋渔业资源的日益匮乏以及城市建设进程加快，从 2003 年开始，乔家墩子村借鉴邻村旅游发展的先进经验，由部分党员和村民示范户带动，开始发展"住在渔家、吃在渔家、玩在渔家"的渔家乐民俗旅游。2005 年，乔家墩子民俗旅游村被农业部、国家旅游局授予"全国农业旅游示范点"称号。经过 10 年的发展，乔家墩子村已发展"渔家乐"民俗旅游经营业户 560 家，其中五星级"好客山东农家乐"2 家，四星级"好客山东农家乐"18 家，拥有床位 2.2 万张，可以同时接纳 3 万人食宿。2013 年，全村旅游接待 72 万人次，实现旅游收入 3800 万元，户均收入 4 万余元。村先后获"国家级巾帼示范村""省级农业旅游示范点""省级卫生村""省级爱民固边模范村""省旅游下乡工程示范村"等称号。

王家皂民俗旅游度假村　该村位于全区中心，村东毗邻山海天大酒店、村西与教授花园一路之隔。全村共有 136 户，人口 339 人，民俗旅游户 126 户。1998 年，王家皂村开始发展滨海旅游业。2004 年 12 月，该村被农业部、国家旅游局授予"全国农业旅游示范点"称号。2013 年全村接待 30 万人次，全村民俗旅游收入达到1000万元，户均收入10万元。村先后获“省级先进党组织”“市级文明村”“市级旅游先进单位”等荣誉称号。

旅游推介

1998—2011年，区内先后组织到香港、深圳、广州、大连等地进行考察旅游推介活动。2012年4月，组织岚桥锦江国际大酒店等旅游接待单位参加青岛国内旅游交易会，日照海滨国家森林公园在中央电视台和山东电视台进行专题宣传，举办“2012形象中国·百家报社聚焦魅力日照”全国新闻摄影活动开镜仪式。2013年3月22日，魅力山海天旅游推介会在御海湾茶博园召开，日照市80余家旅行社相关负责人、媒体记者、驻区14家景区、宾馆饭店的负责人与会。7月9日下午，山海天旅游度假区旅游局与泰安市泰山区旅游局在泰安市签订旅游合作框架协议，打造连锁旅游精品线路。

旅游设施

1996年7月，山海天正式对外办公后，就把旅游发展作为中心工作。根据中共日照市委、日照市人民政府的要求，对发展旅游工作进行安排部署。10月，山海天委托同济大学规划设计院编制总体规划。1997—2013年，围绕旅游道路建设、海水浴场开发建设、旅游项目招引进行旅游基础设施建设。三星级旅游饭店——金海花园大酒店建成。青岛旅游购物商店——海德堡旅游购物超市在度假区设立连锁店，旅游专业中等教育学校——天海旅游学校落户山海天。日照海洋大世界对外开放，皇家药膳酒楼、山东八大碗酒店等一批新建、扩建的宾馆接待项目相继开门迎客。海天园、兴业花园、新兴花园等一批度假小区先后建成，太公岛海滨游乐园等一批旅游项目正在加快建设，满足不同层次游客的需求。阳光海岸景区及综合服务中心投入使用，岚桥锦江大酒店实现试营业，中国（日照）海洋地质研究中心项目签约，正德大厦完成主体工程，承办了全省重点旅游项目建设现场会。新增四星级“好客山东农家乐”民俗旅游户27家，阳光海岸景区被授予“2012中国（日照）国际旅游摄影创作基地”称号，金海花园大酒店和太公岛宾馆被评为日照市首批“十佳食品安全示范店”。编制全区旅游发展总体规划。完成民俗旅游村供水、供电和消防改造6个村、1450户，实施改厕改厨848户，创建五星级民俗旅游户4家。编制乔家墩子、王家皂旅游小镇规划设计方案。加快文化遗址旅游开发，两城遗址公园规划通过国家文物局初审。推进特色滨海旅游项目，启动桃花岛生态恢复工程和万宝休闲渔业生态观光园项目。

2013年，全区有宾馆饭店126家。其中，3星级酒店4家，分别是汇源酒店、魏园度假山庄、翰林酒店、百盛商务酒店。岚桥锦江大酒店按5星级标准建设并试运行，金海花园大酒店和太公宾馆为日照市首批“十佳食品安全示范店”。全区拥有宾馆客房26322间、床位79836个。

太公宾馆　太公宾馆是日照市委组织部干部培训中心与日发集团联合投资兴建的旅游涉外宾馆，位于碧海路与太公岛二路的交会处，东临黄海，南望日照港，北观鲁南国家森林公园，交通便捷。宾馆拥有客房共115间，包括豪华标准间、豪华单人间和海景套房，房间配套设施齐全。酒店设有多个会议室和多功能厅，配有投影仪、话筒、电脑等会议设施。宾馆于2002年7月开业，年均接待游客8万人。

汇源大酒店　酒店坐落于太公岛一路中段，由汇源纸箱厂投资建设，占地0.33公顷，总投资200万元。酒店主楼共五层，6000余平方米，一至二楼为多功能宴会厅及贵宾小厅，可容纳约300人同时用餐，可承办各种宴会、庆典、聚会活动。三楼至五楼有格调高雅的套房、标准房、单人房90余间，其中部分房间带有电脑、电视、保险柜、冰箱一体化设施。现代化的大、中、小会议室可承接150余人的各种会议，配有先进的视听设备。

魏园　魏园由中国盆景艺术家协会副会长、山东省盆景艺术家协会会长魏绪珊创建，因中国书协原主席沈鹏所题“魏园”而得名。魏园占地2.67公顷，园内亭台楼阁、堂廊轩榭鳞次栉比。中国书法界泰斗启功为该园题写“清香满园”匾额。魏园雅苑是由中国书法家协会副主席、当代诗人、词人林岫为之命名的一家专业画廊，建筑面积1000多平方米，坐落于风景优雅的古式园林魏园内。日照魏园度假山庄有限公司隶属于日照市魏园盆景艺术苑，是一家集餐饮、客房、商务、娱乐、休闲于一体的三星级旅游酒店。酒店建于2005年5月，于2006年8月荣膺三星级旅游酒店。

岚桥锦江大酒店　酒店是由岚桥集团投资建设的集餐饮、客房、会议、娱乐为一体的综合型大酒店，东临大海，距海100米，毗邻太公岛风景区，是日照市的标志性建筑。酒店拥有客房443间(套)，可提供各类房型满足不同客人的需求；餐厅设有中餐厅和西餐厅，国际会议中心设有大小会议室30个。

编后记

《日照市志（1989—2013）》是自1989年日照升格为地级市后编纂的首部市级志书，从2012年下半年开始筹备编修工作，历时5年，数易其稿，至2017年年底定稿付梓。编修工作大致经历了四个阶段：

筹备启动、制定编目阶段（2012年8月至2013年12月）。2012年8月，李世恩由市政府办公室副调研员调任市地方史志办公室主任，积极向分管史志工作的副市长杨留星和市政府秘书长李崇禧汇报，重新启动《日照市志》编修工作。12月19日，市史志办在李崇禧的支持下，向市政府报送了《关于启动第二轮〈日照市志〉编修的请示》，副市长杨留星了解情况后，非常赞同和支持重新启动修志工作，于12月21日为修志工作做出第一个批示："修志存史是社会发展的需要和传承。拟同意启动二轮《日照市志》编修，鉴于时间跨度大、编修任务重、征集资料多，请市财政局、行管局、政府办等部门给予大力支持，满足修志的基本条件和要求。史志办要全员靠上，全力协调，确保按时编修出精品大作。"2013年1月，《政府工作报告》中明确提出："启动新一轮《日照市志》修编。"市史志办随后进入紧张的工作筹备阶段。11月25日，市政府第21次常务会议听取李世恩关于《日照市志》二轮修编前期工作进展情况的汇报。会议一致同意启动《日照市志》二轮修编工作，并明确规定，根据年度修编工作情况将修编经费列入财政预算，直到完成。以此为标志，这项工作正式启动。之后，市史志办先后到烟台、威海等地学习取经。12月26日，市政府召开全市地方史志暨《日照市志》二轮编修工作会议，要求各级各部门单位全力配合做好《日照市志》的供稿工作。这次会议的召开，标志着二轮《日照市志》编修进入实质性组稿工作阶段。

资料搜集、编纂组稿阶段（2013年12月至2016年7月）。2014年1月，《政府工作报告》中再次提到，"抓好《日照市志》二轮编修"。2月，《日照市志》二轮修编业务培训班举办，对全市区县和市直部门单位200多人进行业务培训。7月，从市直部门退下来的主要领导和业务领导以及退休教师中聘请修志人员，分别为朱洪祥、辛崇法、陈淑清、李振庆、邢茂环、范凤学、林凡泉（2016年9月增加李可茂）。8月，派出部分修志人员参加省史志办举办的志鉴编纂培训班。其间，通过督查等手段督促落实供稿工作。9月，《日照市志》编修办公室成立，修志人员集中办公。根据每个人所从事工作的性质特点和所了解熟悉的行业范围，将承编篇目进行细化分解，落实到人，日常工作由市人大常委会原秘书长朱洪祥负责；市史志办主任李世恩把主要精力靠在修志工作上，实行每周一次的例会制度和每月一次的编务会议制度，有条不紊地推进修志工作。至2016年7月，已召开25次编务会和100多次工作例会，讨论解决修志过程中遇到的各种问题。

总纂修订、征求意见阶段（2016年7月至2017年9月）。2016年7月，《日照市志》进入总纂阶段。查漏补缺，完善志稿。特别邀请了山东大学文学院教授岳立静负责撰写方言部分。2017年3月，再次向供稿单位征求意见。8月，全面征求社会意见。9月，对反馈意见进行加工修改，统一各编体例，合并部分交叉重复的部分，形成评审初稿，报山东省地方史志办公室以及省内外史志专家审阅。

志稿评审、精心加工阶段（2017年9月至2017年12月）。2017年9月26日，《日照市志》专家评审会议召开，邀请10位专家对志稿进行全面评议。11月，将修改后的志稿送方志出版社，进行全面终审。

其间，根据专家评审会、方志出版社审稿意见，再次对志稿进行完善提高，使志稿篇目设置更加科学，框架结构更加合理，志书内容更加翔实。于2017年年底完成并送审出版。

志稿的编纂，既注重全面性和史料性，又注重时代性、地方性和创新性。专门设立茶业、渔业、日照港、口岸管理、莒文化等编，突出本地特色和亮点。对正文中未能充分记述或不便记述的重要事项在相关章（节、目）后设“附”并在书末设“专记”，丰富了体裁形式，增强了志书的史料性和可读性。

市委、市政府高度重视修志工作。5年间，修志工作先后3次被写入《政府工作报告》；市委、市政府主要领导杨军、李同道、刘星泰、齐家滨和分管领导杨留星、王斌、郇梅、林彦芹先后对史志工作做出12次批示，过问修志工作。市委常委、市委秘书长马先侠，市政府秘书长黄秀芹非常重视修志工作，给予关心和支持。市委办公室、市政府办公室先后将《日照市志》编修工作列入落实督查项目，推动了修志进程。

在编纂过程中，还得到了省史志办的高度重视和关心指导。省政府党组成员、省史志办主任刘爱军先后三次到日照检查指导修志工作；副主任翟世杯、李刚多次来日照督导修志工作；市县基层志编纂指导处副处长李天程对修志进行业务指导。在这部志书的总纂阶段，修志专家、泰安市地方史志办公室原副主任王笃银给予了大力支持和帮助，在评审前，帮助我们统改了全稿，提升了志稿质量。在进入出版社总审阶段，中国地方志指导小组秘书长、中指办党组书记、主任冀祥德，方志出版社总编辑于伟平，副总编辑李江也对《日照市志》给予指导，并提出修改意见和建议。

《日照市志》的编纂出版，是市委、市政府正确领导的结果，是中指办、省史志办精心指导的结果，是全市各供稿单位和全体修志人员共同努力的结果。为此，谨向为该志书的编纂付出心血的领导、专家和社会各界人士致以崇高的敬意和衷心的感谢！

由于时间跨度大，书中难免存在疏漏和不足，敬请广大读者批评指正。

编　者

2017年12月